증오의 세기

**The War Of The World:
History's Age Of Hatred**

THE WAR OF THE WORLD :
History's Age of Hatred
by Niall Ferguson

Copyright © 2006 by Niall Ferguson
All rights reserved.

Lines from THE WASTE LAND from T.S. Eliot, Collected Poems 1909-1962,
are reproduced with permission of
Faber and Faber Ltd and the T.S. Eliot Estate

Korean Translation Copyright © 2010 by Minumsa

Korean edition is published by arrangement with
Niall Ferguson c/o The Wylie Agency (UK), Ltd
through Shinwon Agency.

이 책의 한국어 판 저작권은 신원 에이전시를 통해
The Wylie Agency (UK), Ltd와 독점 계약한 (주)민음사 에 있습니다.

저작권법에 의해 한국 내에서 보호를 받는 저작물이므로
무단 전재와 무단 복제를 금합니다.

증오의 세기

20세기는 왜 피로 물들었는가

니얼 퍼거슨

이현주 옮김

The War Of The World:
History's Age Of Hatred

민음사

펠릭스, 프레야, 래클런 그리고 수전에게

이 원수들 어딨느냐? 캐풀렛! 몬터규!
하늘이 당신들의 기쁨을 사랑으로 죽였으니
당신들의 미움에 어떤 천벌을 내렸는지 보라.

―셰익스피어, 『로미오와 줄리엣』 5막 3장

허공 높은 곳의 소리는 무엇인가요?
한숨 같은 어머니의 속삭임
갈라진 땅 위에서 비틀거리는
끝없는 평원 위의 두건을 맨 떼 지은 군중은 누구입니까?
보랏빛 허공에서 부서지고 되살아나고 파멸하는
산 너머의 도시는 무엇입니까?
추락하는 탑
예루살렘과 아테네와 알렉산드리아
비엔나와 런던
허상

―T. S. 엘리엇, 「황무지」 5부

차례

서론　27

1부　대(大) 열차 충돌

1　제국과 인종　73
2　오리엔트 특급　120
3　단층선　154
4　전쟁의 전염　198
5　민족의 무덤　237

2부　제국 국가

6　계획　293
7　이상한 민족　330
8　우연히 생긴 제국　395
9　변호할 수 없는 것을 변호하기　433
10　유감스러운 평화　471

3부   살육의 현장

11 번개 같은 진격   519
12 거울 유리를 통해서   556
13 살인자와 협력자   584
14 지옥문   617

4부   더렵혀진 승리

15 전쟁의 삼투 현상   663
16 결딴난 도시   720
에필로그 : 서양의 몰락   771

부속 : 역사적 관점에서 본 세계 전쟁   831
자료와 참고문헌   841
감사의 글   907

지도 2. 오스트리아 · 헝가리 제국

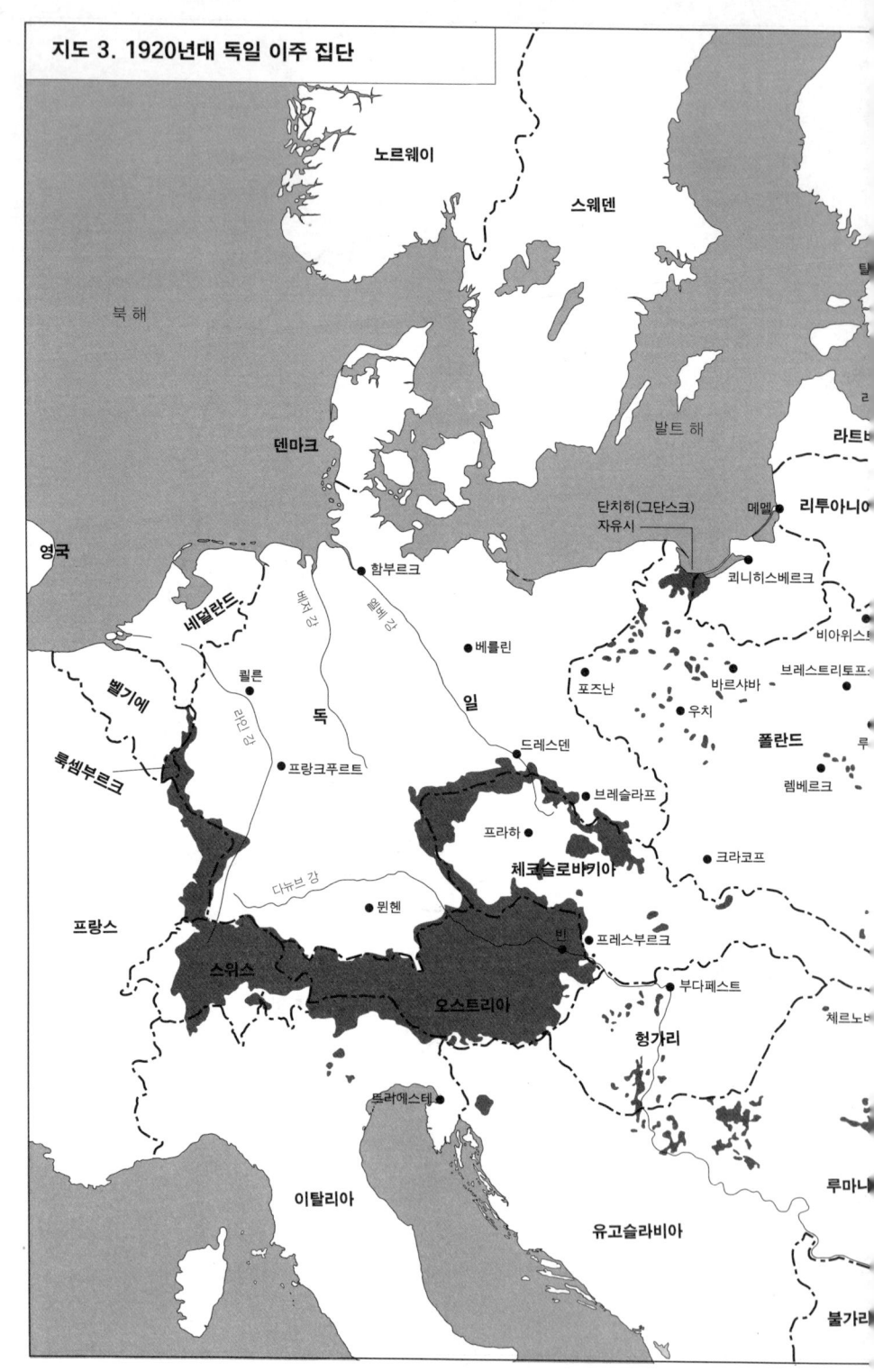

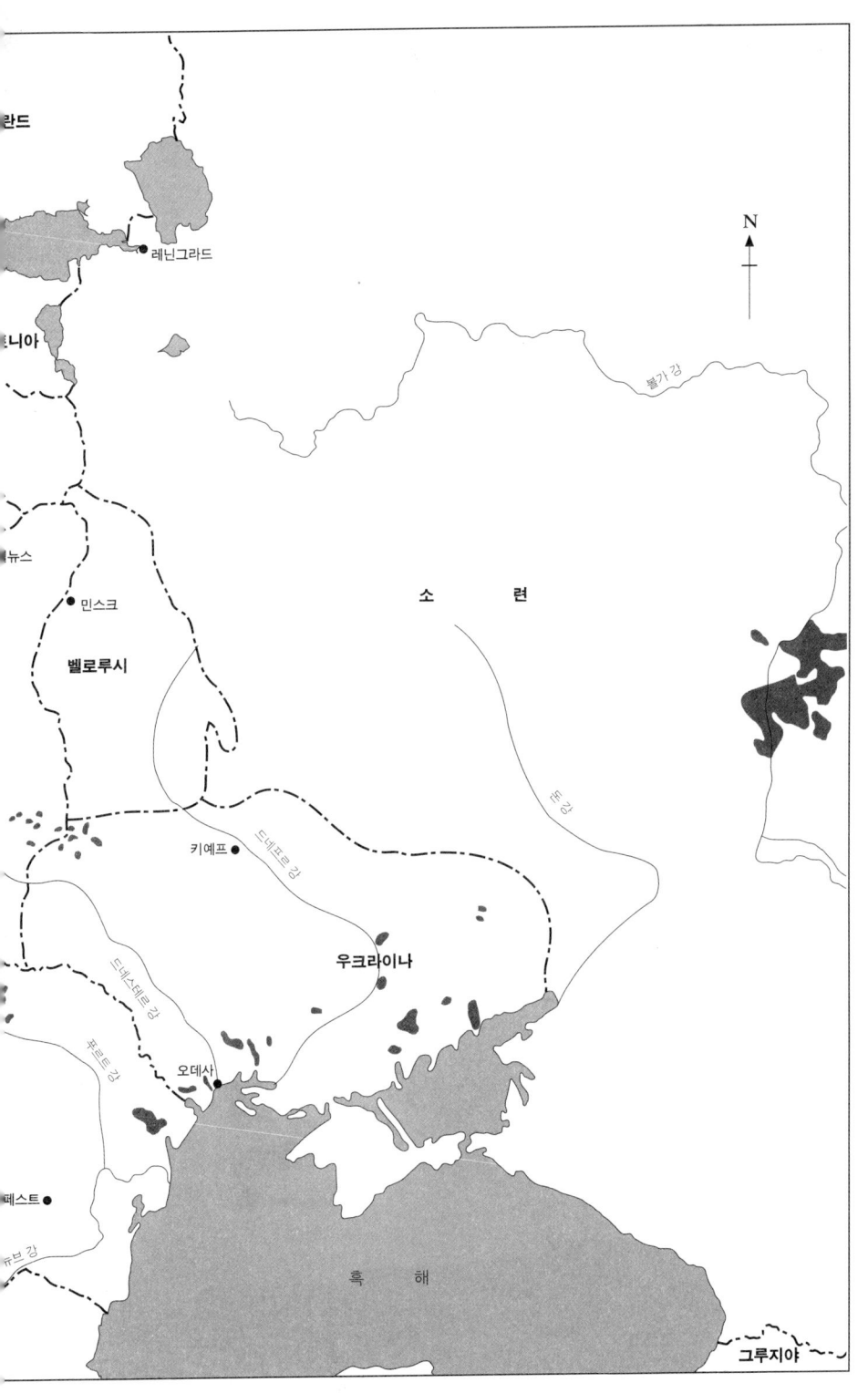

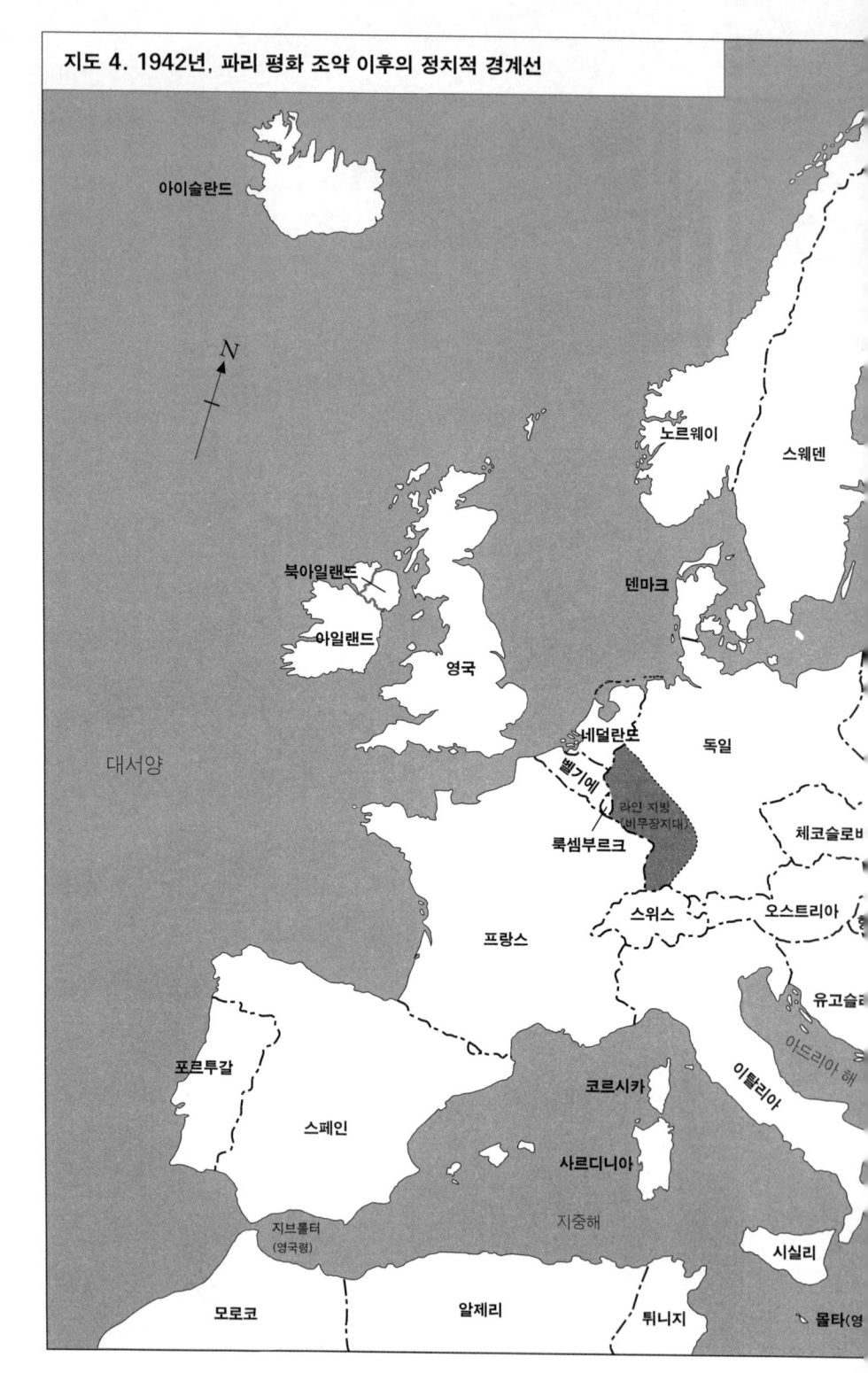

지도 4. 1942년, 파리 평화 조약 이후의 정치적 경계선

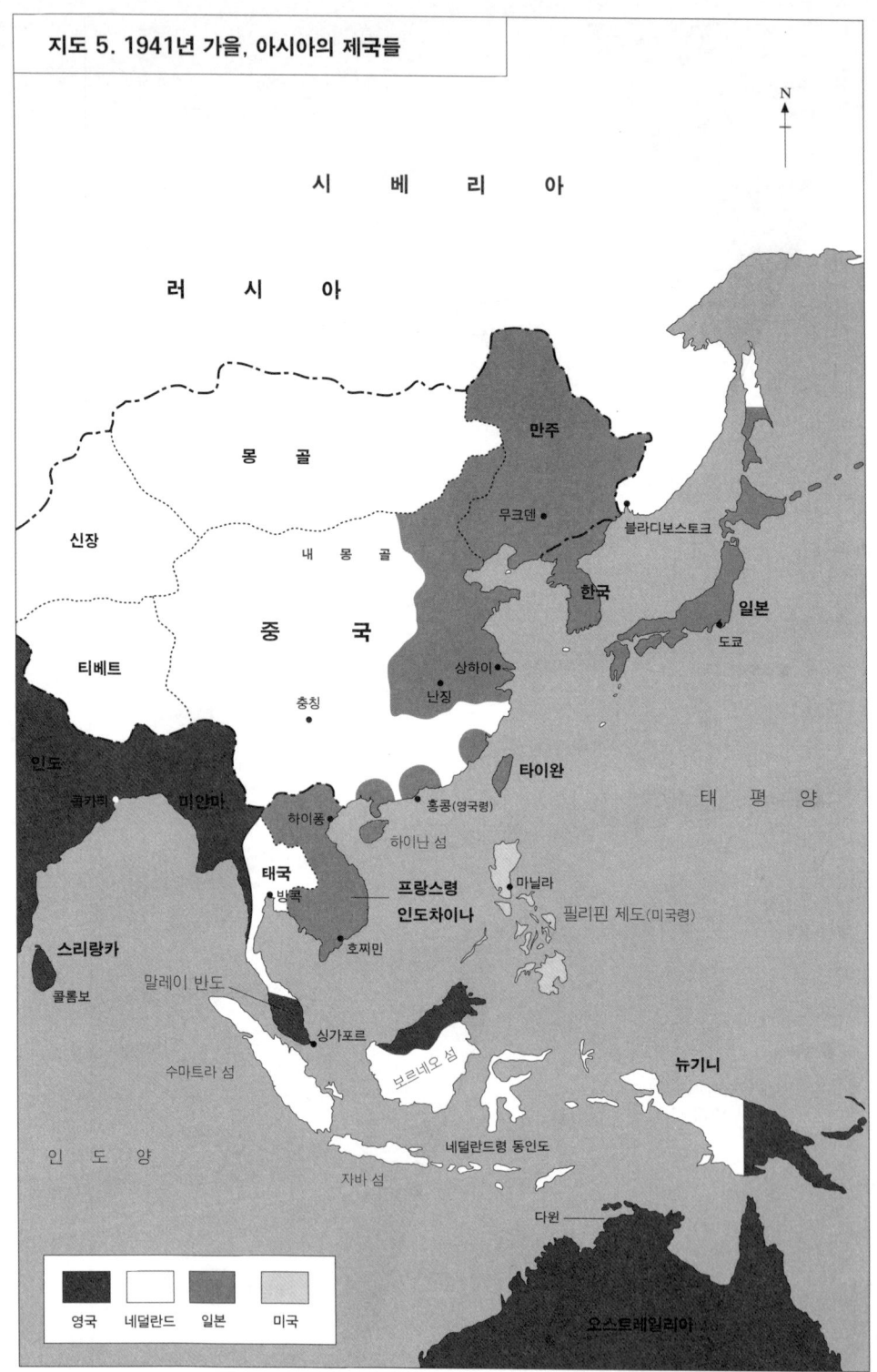

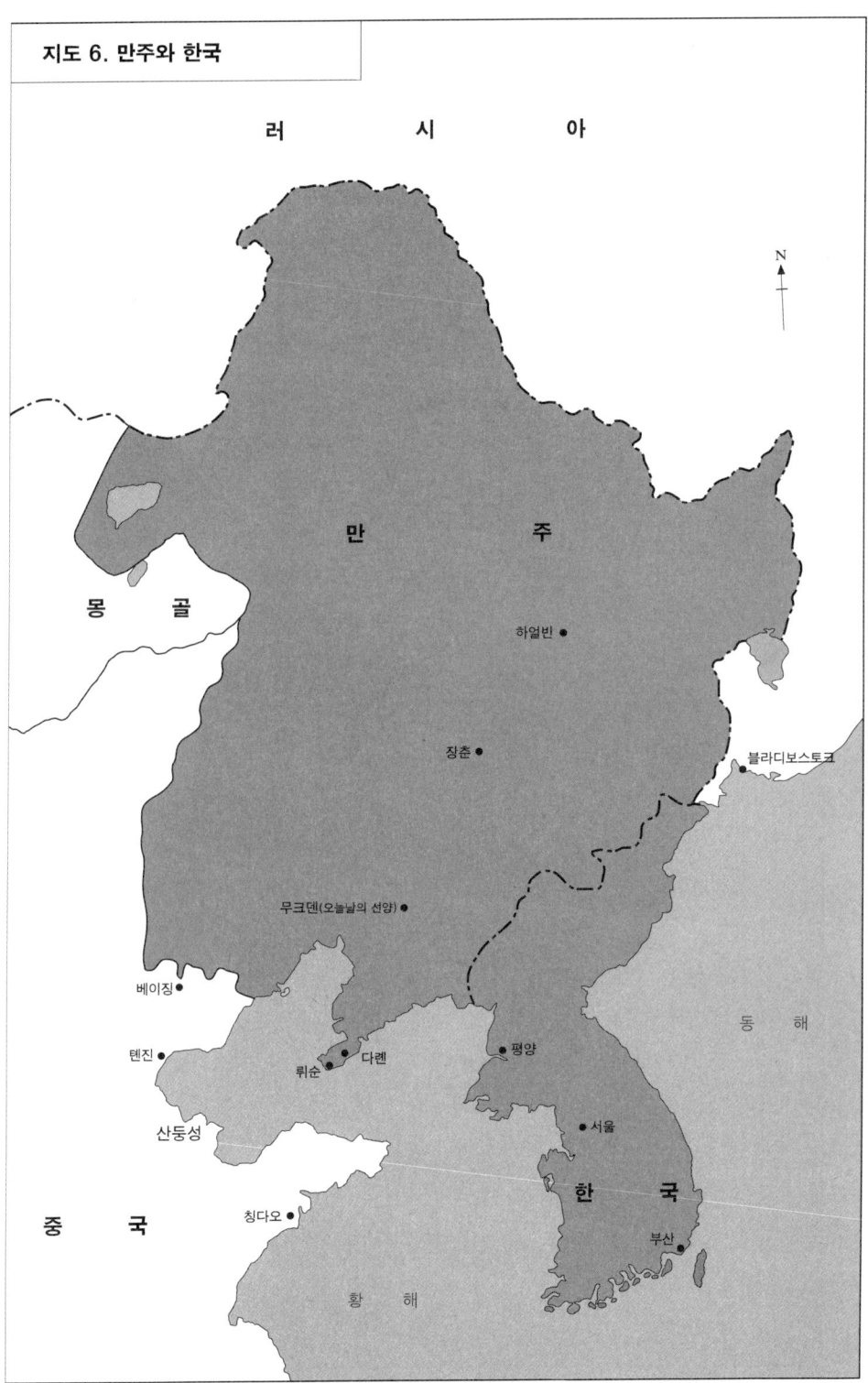

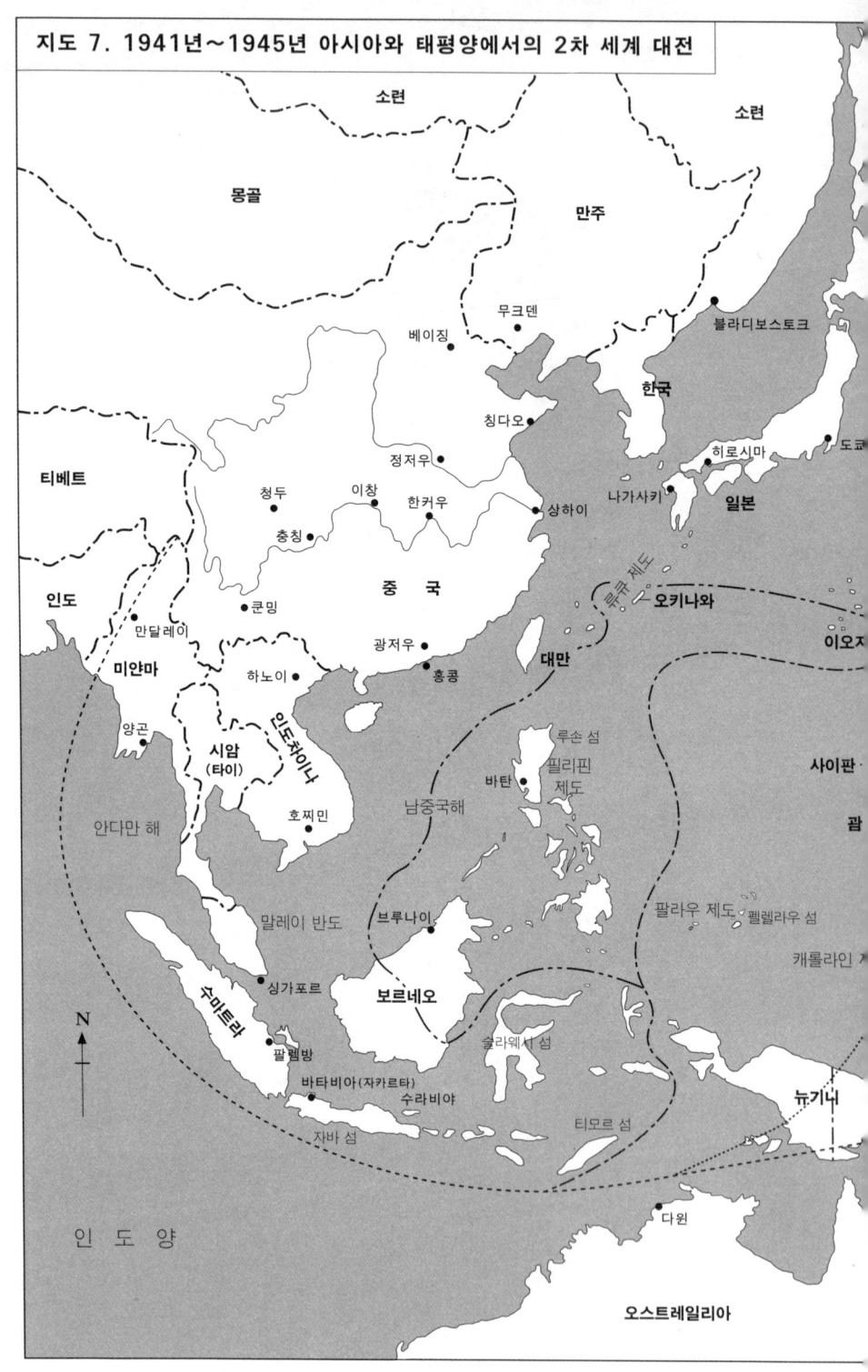

지도 7. 1941년~1945년 아시아와 태평양에서의 2차 세계 대전

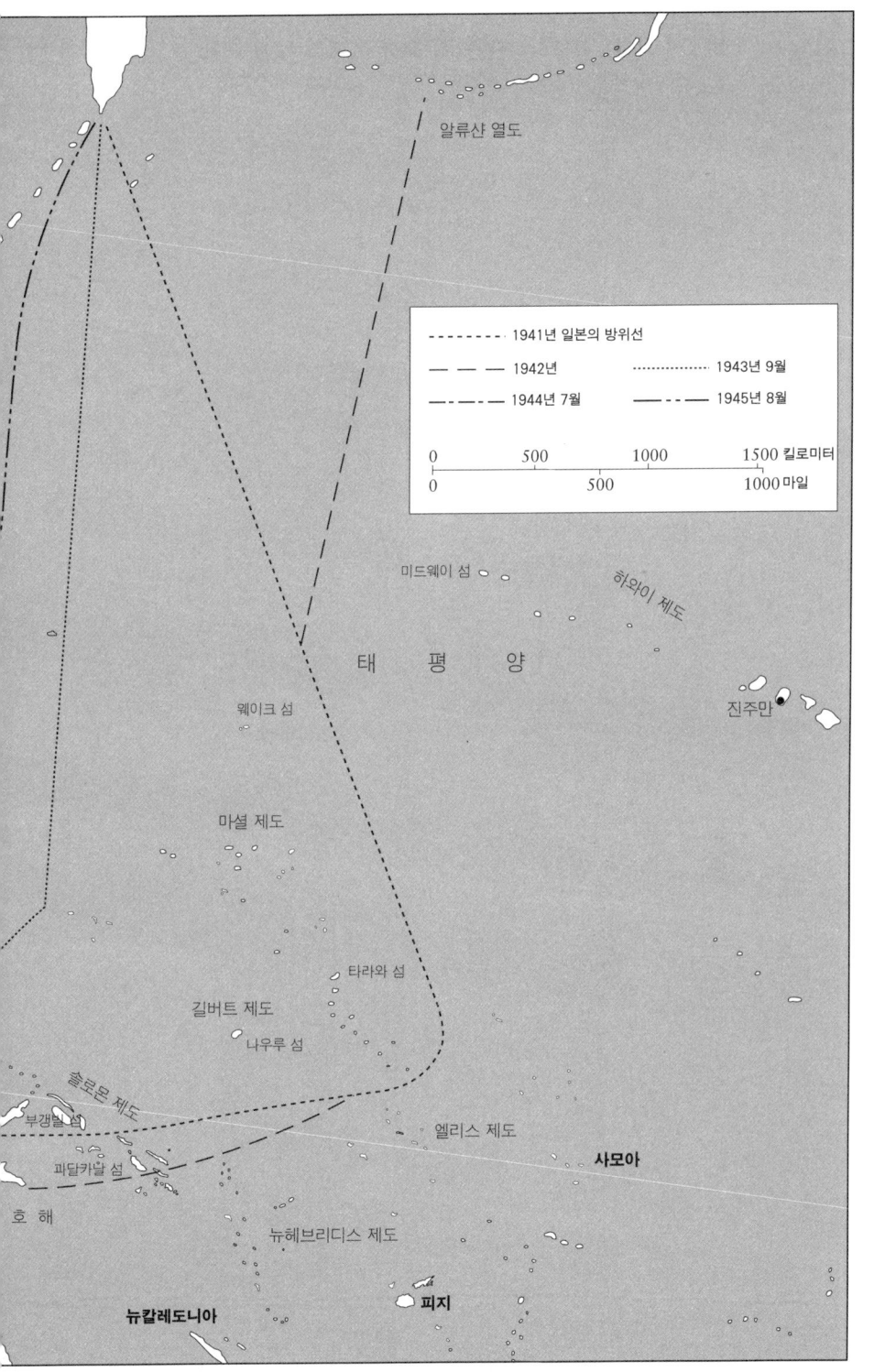

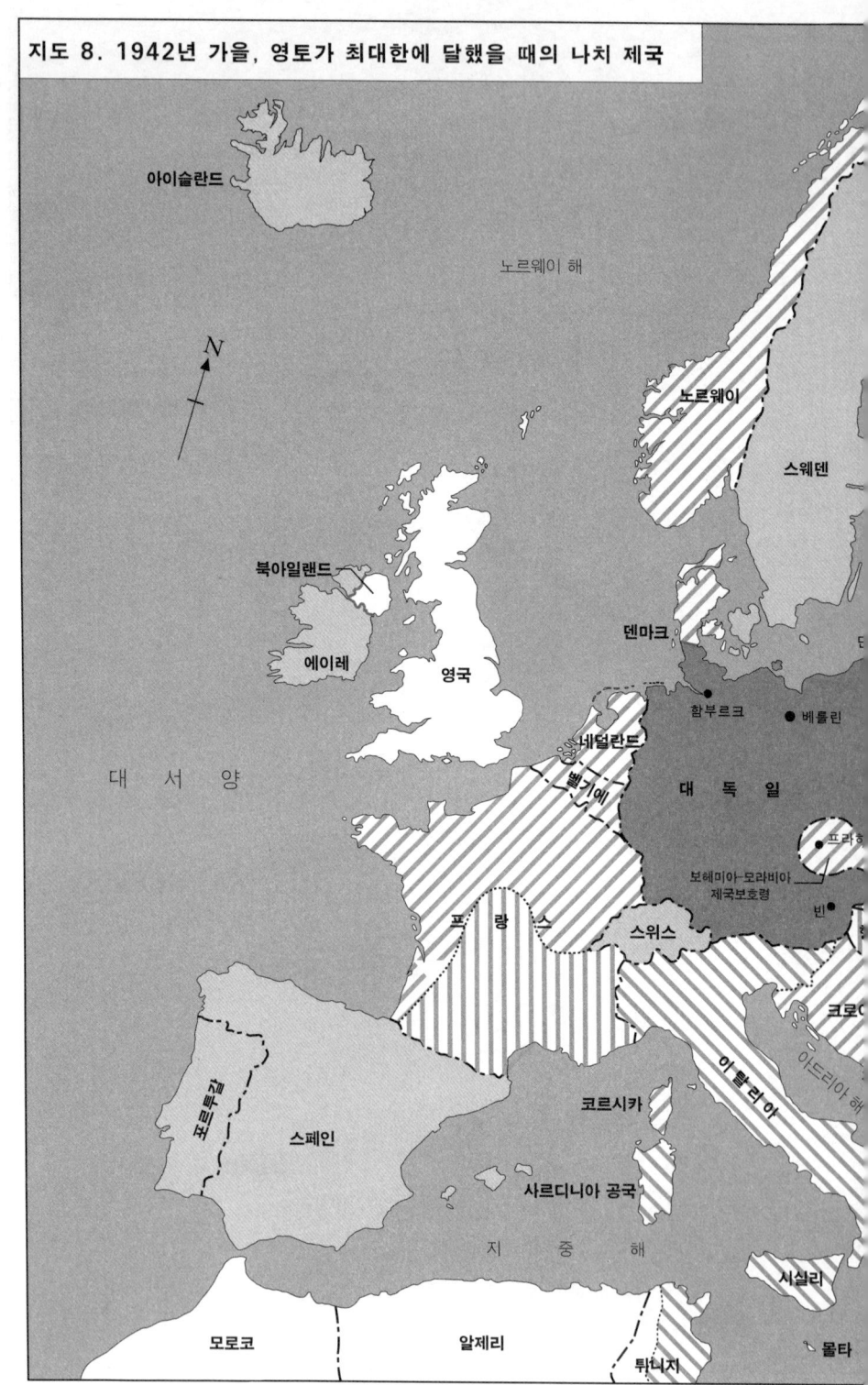

지도 8. 1942년 가을, 영토가 최대한에 달했을 때의 나치 제국

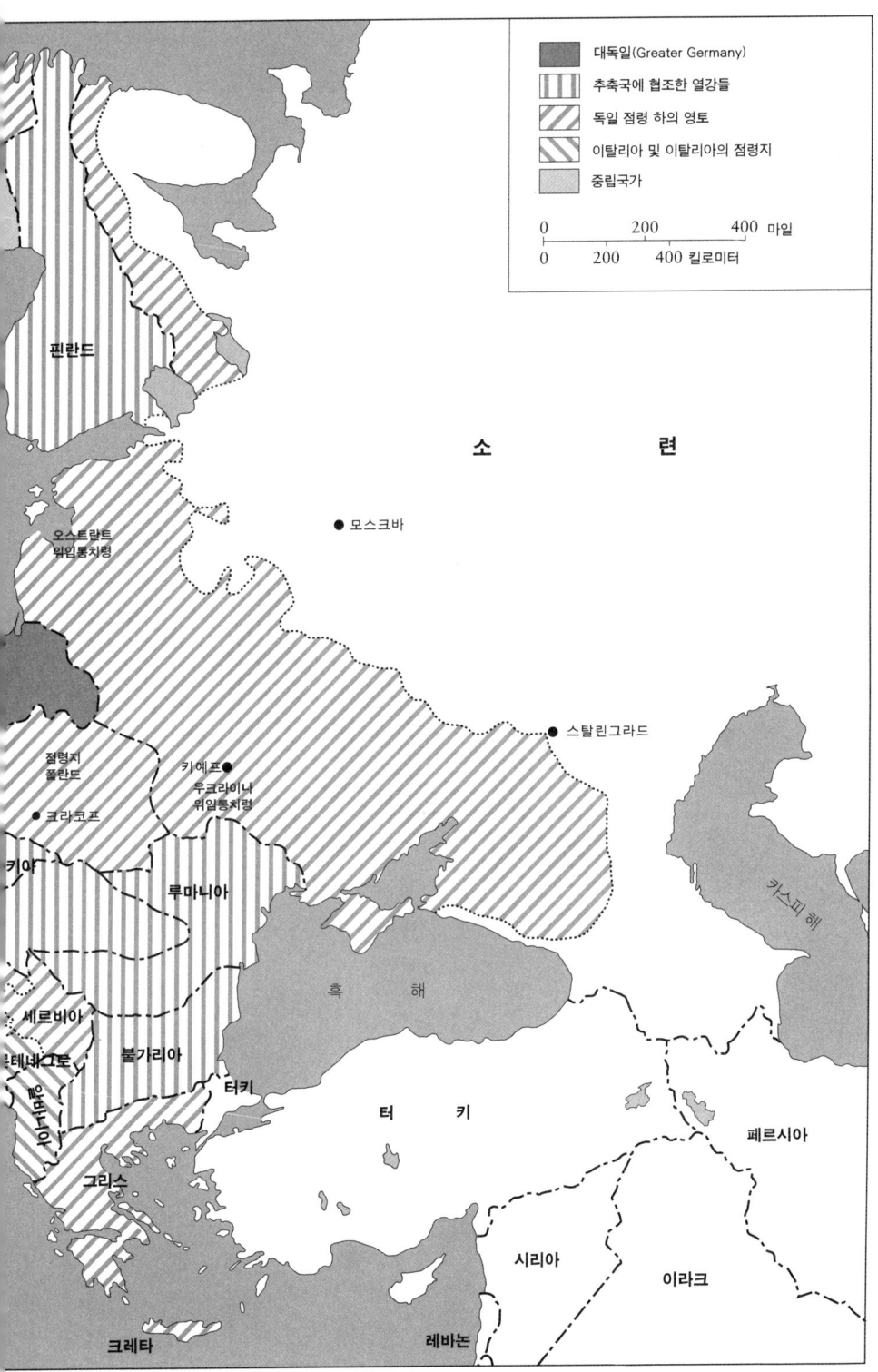

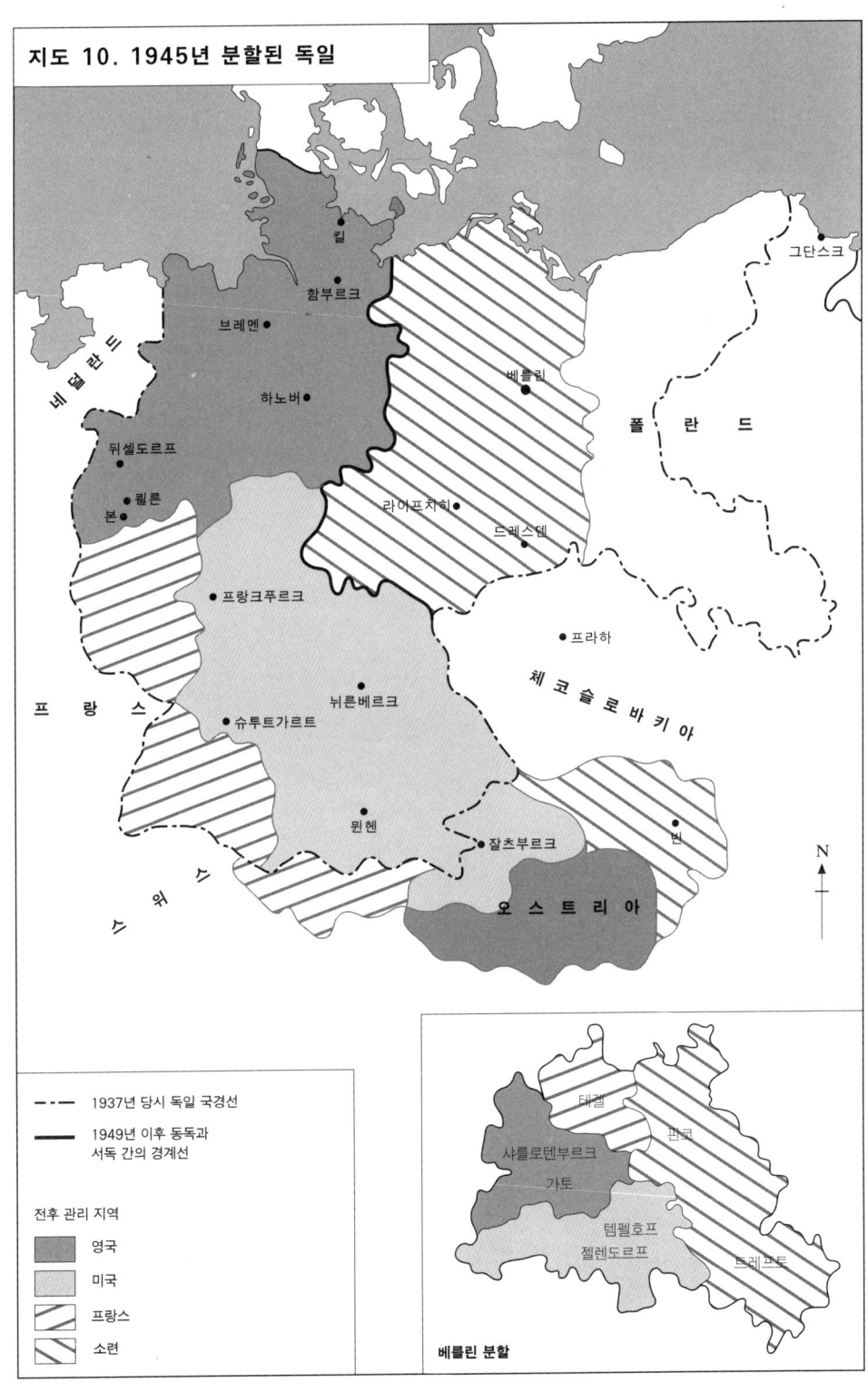

서론

집은 그 이상한 물체가 손을 대면 녹아 버리듯 허물어지며 불길에 휩싸였다. 나무는 굉음과 함께 화염으로 변해 버렸다. (……) 월요일 아침이 밝자, 세계 최대의 도시 전체를 휩쓴 그 엄청난 두려움의 물결이 무엇인지 알 수 있게 되었다. 피난민들의 물결은 금세 세찬 급류로 변했고, 철도역 근처는 쏟아져 나온 피난민들로 일대 소동이 벌어졌다. (……) 그들은 우리를 몰살시킬 수 있다고 생각했을까?
— 허버트 조지 웰스, 『우주 전쟁』

죽음의 세기

20세기를 코앞에 두고 출간된 허버트 조지 웰스의 『우주 전쟁(The War of the Worlds)』(1898)은 단순히 상상력 풍부한 공상 과학 소설이 아니다. 『우주 전쟁』은 다윈주의식 도덕성을 다룬 소설이자, 비범한 선견지명이 담긴 작품이기도 했다. 책이 출간된 후 1세기 동안 웰스가 상상한 장면들은 세계의 여러 도시에서 현실로 나타났다. 소설의 배경인 런던뿐만이 아니라 브레스트리토프스크, 베오그라드, 베를린, 스미르나(터키 서부에 있는 도시 이즈미르의 옛 이름 — 옮긴이), 상하이, 서울에서 소설 속 광경이 재현되었다.

침략군이 도시로 접근한다. 사람들은 자신이 얼마나 취약한 상태인지 좀처럼 깨닫지 못한다. 그러나 침략자들은 장갑차에서 화염 방사기, 독가스, 항공기에 이르기까지 치명적인 무기는 죄다 갖추고 있다. 그들은 이 무기들을 사용하여 군인과 민간인을 가리지 않고 무자비하게 공격한다. 도시 전체가 공포에 휩싸인다. 허둥대며 집을 등진 사람들로 도로와 철도가 꽉 막혀 버려서, 사람들을 몰살하는 일은 더욱 쉬워진다. 그들은 결국 짐승처럼 학살되고, 도시는 폐허가 되어 연기만 피어오르고 시체들이 여기저기 널린다.

웰스는 새로 산 자전거로 평화로운 마을 처치(Chertsey)를 돌아다니며 이 모든 파괴와 죽음을 상상했다. 화성인들에게 침략자 역을 맡겼다는 점에서 그의 천재성을 엿볼 수 있다. 그런데 그 모든 장면이 곧이어 현실이 되고 말았다. 침략자는 화성인이 아니라 인간이었다. 그들은 종종 희생자들을 '외국인'이나 '인간 이하의 사람들'로 치부하며 살육의 정당성을 주장했다. 20세기 전쟁은 지구와 다른 행성 간의 전쟁이 아니라 지구인들끼리의 전쟁이었다.

1900년 이후 100년은 현대 역사상 가장 잔인한 세기였고, 절대적인 관점이나 상대적인 관점에서 이전 시대보다 훨씬 더 폭력적이었다. 20세기를 지배한 두 번의 세계 대전에서 이전의 그 어떤 전쟁에서보다 많은 사람들이 목숨을 잃었다.(그림 1-1 참조) 19세기에는 '열강' 간의 전쟁이 더 빈번했지만, 두 차례의 세계 대전은 그 격렬함(연간 전사자 수)과 집중도(국가별 연간 전사자 수) 면에서 견줄 데가 없었다. 2차 세계 대전은 어떤 기준으로든, 역사상 인간이 일으킨 최대의 재앙이다. 그런데 역사가들의 지대한 관심에도 불구하고, 이 두 차례의 세계 대전을 제외하고도 20세기에는 수많은 전쟁이 일어났으며 이로 인해 목숨을 잃은 사망자 수는 100만 명도 넘을 것이다.[1] 또한 캄보디아의 독재자 폴포트(Pol Pot)는 말할 것도 없고, 1차 세계 대전 당시의 청년투르크당(Young Turk) 정권과

---

1) 멕시코혁명 전쟁(1910~1920), 러시아 내전(1917~1921), 중국 내전(1926~1937), 한국 전쟁(1950~1953), 르완다와 부룬디에서 간헐적으로 일어난 내전들(1963~1995), 인도차이나 반도의 식민 시대 이후의 전쟁(1960~1975), 에티오피아 내전(1962~1992), 나이지리아 내전(1966~1970), 방글라데시 독립전쟁(1971), 모잠비크 내전(1975~1993), 아프가니스탄 전쟁(1979~2001), 이란·이라크 전쟁(1980~1988), 수단(1983년 이후)과 콩고(1998년 이후)에서 계속되는 내전들. 19세기에는 중국에서 발생한 폭동, 특히 태평천국의 난이 치명적인 폭력 사태들을 일으켰다. 부록 참조.

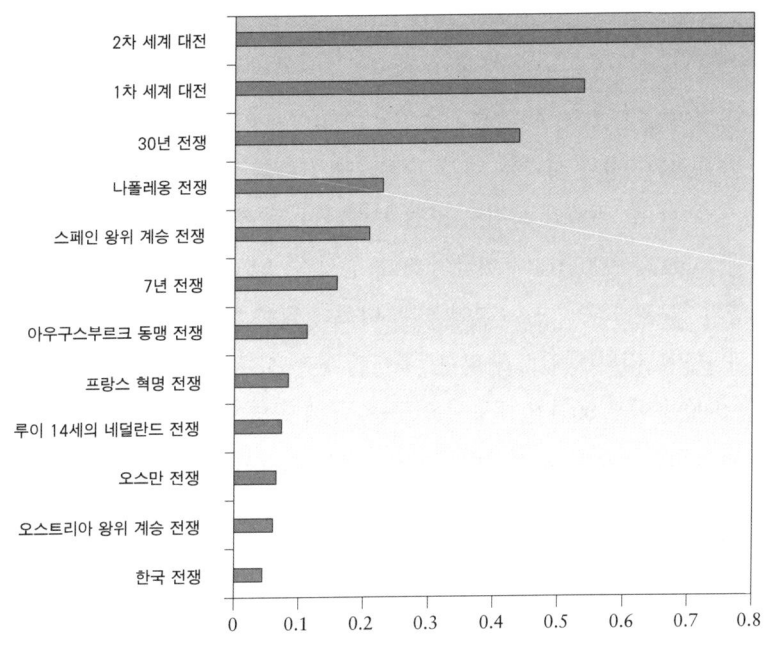

그림 1-1. 세계 인구 대비 전사자 비율

1920~1950년대의 소련 정권, 1933~1945년의 독일 나치 정권의 인종 학살, 즉 '정치적 학살'로 비슷한 수의 사망자가 발생했다. 세계 대전 전후 또는 그 사이에 조직화된 대규모 폭력 행위가 발생하지 않은 해는 없었다.

그 이유는 무엇인가? 20세기, 특히 1904년에서 1953년까지의 50년간 도대체 무엇 때문에 이 지구 별이 피로 물들었을까? 이 시대만 예외적으로 폭력적이었다는 설명은 불합리해 보인다. 어쨌든 1900년 이후 100년은 전례 없는 진보의 시기였다. 평균 수입의 기준이라 할 수 있는 1인당 국내 총생산(GDP)은 화폐 가치의 변동을 감안하면 1500~1870년에 전 세계적으로 50퍼센트 정도밖에 증가하지 않았다. 그런데 1870년에서 1998년 사이에는 6.5배가 넘게 증가했다. 달리 말하면 연평균 성장률이 무려 열세 배나 높아졌다는 얘기다. 20세기가 끝날 무렵 기술 발전과 지식의 향상으로 인간은 역사상 어느 시대보다 더 오래, 더 건강하게 살게 되었다. 세계 여러 지역에서 영양 상태가 좋아지고 전염병을 퇴치하면서 평균 수명이 길어졌다. 1900년에 영국의 평균 수명이 48세였던 데 비해 1990년엔 76세였다. 영아 사망률 역시 1900년의 25분의 1로 줄었다. 사람들은 더 오래 살 뿐 아니라 몸집도 커졌으며 나이 든 후에도 고통 속에 살지 않게 되었다. 1990년대에 미국의 60대 남성 중 만성 질환자 수는 20세기 초엽의 3분의 1 수준으로 떨어졌다. 더욱더 많은 사람들이 카를 마르크스와 프리드리히 엥겔스가 말한 '우매한 농촌 생활'에서 벗어날 수 있었다. 1900년 이후 80년간 대도시 인구는 두 배가 넘게 증가했다. 사람들은 더 효율적인 노동으로 세 배가 넘는 시간을 여가 생활에 활용할 수 있게 되었다. 그 남는 시간에 정치 대표자가 되기 위해 선거 운동을 하고 소득을 재분배한 사람들은 엄청난 성공을 거뒀다. 그리고 1900년에는 지구상의 20퍼센트만이 민주적인 국가로 간주될 수 있었으나, 1990년대엔 50퍼센트 이상으로 높아졌다. 각국 정부는 단순히 국방과 정의라는 기본적인 공공재만을 제공하지 않았다. 1944년 베버리지 보고서(Beveridge Report)에 설명되었듯이 '빈곤과 질병, 무지, 더러움, 나태'를 제거하겠다고 선언한 새로운 복지 국가가 발전했다.

　이렇게 진보를 달성한 20세기에 빈발한 전쟁의 원인은 무엇일까? 사람들이 더 가까이 모여 살게 되었다거나 파괴적인 무기의 발명 때문이라는 설명은 미흡하다. 사람들이 드문드문 사는 전원 지역에서 칼을 휘두르기보다는 인구가 밀집된 도시에 고성능 폭탄을 떨어뜨려 대량 살상을 자행하기가 훨씬 쉬워진 것은 사실이다. 그것이 충분히 설득력 있는 설명이라면, 20세기 후반엔 20세기 초반이나 중반보다 더욱 강력한 충돌이 벌어졌을 것이다. 1990년대 들어 세계 인구는 사상 처음으로 60억 명을 넘어섰다. 이는 1차 세계 대전 당시 인구의 세 배가 넘는다. 그러나 실제로 20세기의 마지막 10년 동안 무력 충돌은 눈에 띄게 감소했다. 전체 인구 대비 군사 동원과 사망률이 가장 높았던 때는 분명 20세기 전반기의 세계 대전 때와 그 직후였다. 더욱이 현대 무기는 1900년 수준보다 훨씬 더 파괴적이다. 그런데 20세기 최악의 충돌에서는 조잡한 무기들인 소총과 도끼, 칼이 주로 사용되었다.(1990년대 중앙아프리카와 1970년대 캄보디아의 전쟁이 가장 두드러지는 사례이다.) 노벨문학상 수상자인 엘리아스 카네티(Elias Canetti)는 모든 무기가 없어져서 다음에 벌어질 전쟁에서는 물어뜯기만이 허용되는 세상을 상상해 보기도 했다. 그렇게 철저히 무기가 사라진 세상에서는 정말로 대량 학살이 벌어지지 않을까? 아마도 그렇지 않을 것이다. 따라서 지난 100년간 그토록 많은 인간이 죽어 간 이유를 이해하려면 학살 행위의 동기를 찾아봐야 한다.

필자가 학생일 때 읽은 역사 교과서에는 20세기의 폭력성이 여러 가지로 설명되어 있었다. 때로 불황과 경기 침체 같은 경제 위기를 정치적인 충돌의 원인으로 들었는데, 나치 정권의 탄생과 아돌프 히틀러의 권력 '장악', 나아가 2차 세계 대전을 독일 바이마르 공화국의 실업과 결부시키곤 했다. 그러나 필자는 반대로 빠른 경제 성장이 경제 위기처럼 불안정 요인으로 작용했을지도 모른다는 의문을 품게 되었다. 이외에 20세기에는 세상이 온통 계급 투쟁에 물들어 있었고 혁명이 폭력 사태의 주요 요인들 중 하나라는 이론이 있다. 그러나 이 시대에는 프롤레타리아와 부르주아 간의 투쟁보다 인종 갈등이 더 중요하지 않았나? 20세기의 갈등이 공산주의(극단적인 사회주의)와 파시즘(극단적인 민족주의), 그리고 흉악한 제국주의같이 극단적인 정치 이데올로기의 결과라는 주장 또한 제기되었다. 그러나 겉으로는 비정치적으로 보여도 실상은 폭력적인 사상이나 종교 등 전통적인 제도는 어떤 역할을 했는가? 그리고 20세기에 전쟁을 치른 사람들은 과연 누구였던가? 필자가 어렸을 때 읽은 책에는 영국, 독일, 프랑스, 러시아, 미국 등의 민족 국가가 주역을 맡았다고 설명되어 있다. 하지만 이 정치 체제들은 어떤 면에서 민족적이라기보다는 다국적이었기에, 국가라기보다는 제국이라고 해야 할 것이다. 무엇보다 옛날의 역사 교과서들은 20세기를 지난하고 고통스러웠지만 결국에는 기분 좋은 승리를 서양 세계에 안겨 준 시기로 설명했다. 영웅들(서양의 민주주의)이 악당들(독일인, 일본인, 러시아인)과 잇따라 대결했지만, 결국 언제나 선이 악에 승리를 거두게 마련이라는 것이다. 두 차례의 세계 대전과 그 이후 냉전은 궁극적으로 세계 무대에서 펼쳐진, 도덕성을 주제로 한 연극이었다. 그러나 정말 그랬는가? 그리고 서양 세계는 정말로 20세기에 벌어진 100년간의 전쟁에서 승리자였는가?

이런 생각을 엄밀히 평가하자면, 필자는 20세기 전쟁에 대한 역사가들의 전통적인 설명이 진실을 밝히기에는 충분치 않다고 생각한다. 기술, 특히 한층 더 파괴적인 현대 무기의 등장은 분명 중요하지만, 그것은 사람을 더욱 효율적으로 살해하려는 뿌리 깊은 욕망에 대한 응답에 불과했다. 실제로 지난 100년 동안 발생한 폭력과 파괴적인 무기는 아무런 상관이 없다.

경제 위기로도 지난 세기에 발생한 모든 격변을 설명하지는 못한다. 현대사에서 가장 익숙한 인과 관계는 대공황—파시즘의 등장—전쟁의 발발로 이어지는 사건들이다. 그러나 이를 더 자세히 살펴보면 여기에는 연관성이 결여되어 있음을 알 수 있다. 대공황에 타격을 받은 모든 국가에서 파시스트 정권이 들어선 게 아니었고, 모든 파시스트 정권이 공격 전쟁에 뛰어든 것도 아니었다. 나치 독일은 경제가 대공황에서 회복한 이후 전쟁을 시작했다. 히틀러와 불가침 조약을 맺었던 소련은 세계 경제 위기로부터 차단된 상태였지만, 결과적으로 그 어떤 참전국보다 큰 희생을 치렀다. 20세기 전쟁에서 일반적인 규칙을 찾아내기는 어렵다. 경제 성장 후에 전쟁이 발발한 적도 있었고, 전쟁이 경제 위기의 결과라기보다는 원인인 경우도 있었다. 또한 심각한 경제 위기가 전쟁으로 이어지지 않은 경우도 있었다. 마르크스주의자들은 오래전부터 1차 세계 대전이 자본주의의 위기로 일어났다고 주장했지만 이는 사실과 다르다. 반대로 1차 세계 대전으로 인해 상대적으로 높은 성장률과 낮은 인플레이션을 보인 글로벌 경제 통합 시기가 갑작스레 끝나 버렸다.

물론 전쟁이 경제와는 무관한 이유로 발생한다고 주장할 수도 있다. 에릭 홉스봄(Eric Hobsbawm)은, 가장 호전적이고 잔인한 종교는 19세기에 형성된 세속 이데올로기였음에도 '짧은 20세기(the Short Twentieth Century, 1914~1991)'를 종교 전쟁의 시대라고 말한다. 홉스봄의 사상과 반대 입장에 선 폴 존슨(Paul Johnson)은 도덕적 상대주의의 등장, 다시 말해 개인의 책임감 상실과 유대 기독교 가치관의 붕괴로 20세기의 폭력이 발생했다고 주장했다. 그러나 새로운 이데올로기의 등장이나 오래된 가치관의 쇠퇴는 전체주의의 기원을 이해하는 데는 중요할지 몰라도, 그 자체를 폭력의 원인으로 간주할 수는 없다. 근대에 극단적인 신념 체계들이 여러 번 등장했지만, 이것들은 특정한 시기와 장소에서만 널리 수용되고 영향을 미쳤다. 이 점에 관해서는 반유대주의가 훌륭한 예이다. 또한 광인이나 악한에게 전쟁의 책임을 돌리는 것도 톨스토이가 『전쟁과 평화』에서 그토록 비웃었던 실수를 반복하는 짓이다. 과대망상증 환자들이 러시아 침공을 명령할 수는 있지만, 사람들이 그 명령에 복종하는 이유는 뭐란 말인가?

20세기에 발생한 전쟁의 원인을 근대 민족 국가의 출현에서 찾는 것도 설득력이 없다. 20세기의 정치 조직이 유례 없는 동원 능력을 갖추긴 했지만, 이 능력은 평화적인 목적에도 쉽게 이용될 수 있었고 실제로도 그리했다. 사실 1930년대 국가들은 과거 어느 때보다 뛰어난 사회 통제력을 발휘할 수 있었다. 국가는 다수의 공무원과 세금 징수원, 경찰을 부렸다. 교육과 연금을 제공했으며 경우에 따라서는 질병과 실업 보험금도 지급했다. 또한 철도와 도로를 소유하지 않고도 교통망을 통제할 수 있었다. 국가가 건장한 성인 남자 전원을 징집하기로 마음먹었다면, 실제로 그럴 수 있었다. 그런데 이 모든 능력이 1945년 이후에 극대화되었음에도 대규모 전쟁은 전보다 덜 일어났다. 사실 1950~1970년대에 전쟁에 개입할 가능성이 가장 적었던 국가는 포괄적인 복지를 제공하는 국가였다. 혁명적인 전투 방식이 초기 근대 국가를 변화시켰듯이, 복지 국가의 탄생은 계획과 지시, 통제 능력을 길러 준 총력전 덕인지 모른다. 이 능력이 없었다면, 베버리지 보고서나 린든 존슨의 '위대한 사회'를 생각해 내지도 못했을 것이다. 분명 복지 국가가 총력전의 원인은 아니다.

그렇다면 국가의 통치 방식이 문제였을까? 정치학자들은 민주주의 국가들이 전쟁을 원치 않는다는 점을 근거로 민주주의와 평화의 상관관계를 단정하는 경향이 있다. 그들의 논리에 따르면, 20세기에는 민주주의가 성장했으므로 당연히 전쟁이 줄어야 했고, 실제로 국가 간의 전쟁은 줄었을 수도 있다. 그러나 1920년대와 1960년대, 그리고 1980년대 민주화운동 이후에 내전이 크게 증가하고 전쟁이 잇달아 일어났다는 증거가 있다. 그러므로 우리는 중도적인 입장을 취할 수밖에 없다. 20세기의 갈등을 순수하게 국가 간 전쟁이라는 관점에서 고려하면, 국내에서 벌어지는 조직적인 폭력의 중요성을 간과하게 된다. 가장 악명 높은 사례는 나치와 그 협력자들이 유대인을 상대로 벌인 전쟁으로, 600여 만 명의 유대인이 희생되었다. 나치는 유대인 집단 외에도 살 가치가 없다고 여긴 다양한 집단, 대표적으로 병자나 동성애자, 그들이 점령한 폴란드의 엘리트층, 집시로 불리는 로마(Roma)나 신티(Sinti) 같은 집단까지도 없애려고 애썼다. 이들 가운데 300만 명이 목숨을 잃었다. 이러한 사건이 발생하기 전에, 스탈린은 반체제 활동을 벌였거나 단순히 그러한 혐의가 있는 러시아인 수백만 명을 처형하거나 투옥했을 뿐 아니라 소수 민족에게는 나치의 악행에 비교될 정도의 폭력을 행사했다. 시베리아와 중앙아시아로 추방된, 순수 러시아인이 아닌 사람 400만 명 가운데 적어도 160만 명이 정부의 학대로 사망한 것으로 추정된다. 1928~1953년에 소련에서 발생한 모든 정치적 폭력의 희생자는 최소한 2100만 명이다. 그러나 계획적인 대량 학살은[2] 전체주의 시대에 앞서 발생했다. 앞으로 살펴보겠지만, 오스만 제국 말기에 시행된 기독교 소수 집단에 대한 강제 이주와 계획적인 살해 정책은 1948년에 내려진 정의에 따르면 대량 학살에 해당한다.

간단히 말하면, 20세기의 극단적인 폭력은 상당히 다양한 모습을 띠었다. 이 폭력은 무장한 사람들의 충돌에 국한된 문제가 아니었다. 2차 세계 대전의 총 사망자 중에서 적어도 절반이 민간인이었다. 때로 그들은 인종이나 계급에 따라 살해 대상으로 지목되어 희생되기도 했다. 영국과 미국 공군이 도시 전체에 폭탄을 투하했을 때에는 남녀노소 할 것 없이 희생되기도 했다. 또한 그들은 외국의 침략자나 이웃들에게 살해되기도 했다. 대량 학살의 순수한 규모를 설명하려면, 진부한 군사적 분석 수준을 능가해야 한다.

20세기의 극단적인 폭력성, 특히 1940년대 초 같은 특정한 시기와 중유럽, 동유럽, 만주, 한국 등 특정한 장소에서 폭력 사건들이 다수 발생한 이유는 세 가지로 설명할 수 있을 듯하다. 즉, 인종과 민족 갈등, 경제적 변동성, 그리고 제국의 쇠퇴이다. 인종 갈등이란, 특정 인종 집단 간

---

[2] 1948년에 체결된 국제연합의 학살 범죄 예방과 처벌에 관한 협약(United Nations Convention on the Prevention and Punishment of the Crime of Genocide)은 종종 오해를 받는다. 협약의 제2조항은 라파엘 렘킨(Raphael Lemkin)이 『점령지 유럽에서 추축국의 통치(Axis Rule in Occupied Europe)』에서 밝힌 대량 학살의 명확한 정의를 상세히 설명한다. 그 정의에 따르면, 어떤 국가나 민족 집단, 인종 집단, 종교 집단의 전체나 일부를 파괴하려는 의도에서 나온 다음과 같은 행동이 모두 포함된다.
 a) 그 집단의 일원을 죽이는 행위. b) 그 집단의 일원에게 심각한 신체적, 정신적 해를 끼치는 행위. c) 전체적으로나 부분적으로 집단을 물리적으로 파괴할 심산으로 그 집단의 생활 조건에 해를 입히는 행위. d) 그 집단 내의 출산을 막기 위한 조치를 강제하는 행위. e) 그 집단의 아이들을 강제로 다른 집단으로 옮기는 행위.
 처벌받을 수 있는 범죄로 선언된 것은 대량 학살만이 아니다. 대량 학살 공모, 직접이고 공개적인 선동, 대량 학살 시도와 가담 행위도 해당된다.

의 사회 관계가 단절되었음을 말하는데, 이는 상당히 진전되던 인종 동화 과정이 와해되었음을 의미한다. 이 과정은 20세기에 인종상의 차이에 관한 이론에서 유전 법칙이 널리 보급되고(이 법칙이 정치 영역에서 그 힘을 잃고 있긴 했지만), 인종이 뒤섞인 이주 지역의 '분쟁지'가 정치적으로 분열되면서 요동쳤다. 경제적 변동성이란 경제 성장률, 가격, 금리, 고용 변화의 빈도와 진폭 그리고 그와 관련된 모든 사회적 압력과 긴장을 의미한다. 그리고 제국의 쇠퇴란 20세기 초에 세계를 지배했던 유럽 제국들이 해체되면서 그들이 새로 등장한 터키, 러시아, 일본, 독일 등의 제국에게 받은 위협을 의미한다. 이는 또한 필자가 '서양 세계의 몰락'을 20세기의 가장 중요한 사건으로 간주할 때 염두에 둔 점이기도 하다. 미국이 2차 세계 대전을 계기로 급부상하면서 실질적인 제국으로 인정받으며 최고의 전성기를 누렸지만, 45년 전의 유럽 제국들에는 결코 미치지 못했다.

유전자 풀

헤르만 괴링(Hermann Göring)이 2차 세계 대전을 노골적으로 '위대한 인종 전쟁'이라 부른 데에는 그럴 만한 이유가 있다. 실제로 많은 동시대인들이 그 전쟁을 그렇게 겪었기 때문이다. 당시 인종 간의 차이라는 개념을 중요시했다는 점이 오늘날에는 다소 이상하게 느껴진다. 근대 유전학은 인간이 놀라울 정도로 서로 비슷하다는 점을 밝혀냈다. DNA 차원에서 우리가 같은 종이라는 점은 전혀 의심할 여지가 없다. 이 종의 기원은 10~20만 년 전의 아프리카로 거슬러 올라가고, 기껏해야 6만 년 전에 새로운 대륙으로 퍼져 나갔는데, 진화론의 관점에서라면 그저 눈 한 번 깜박할 정도의 시간이다. 인종 간 차이는 색소 형성(조상이 적도 가까이에서 산 민족들의 멜라닌 세포가 더 색이 짙다.), 골상(유라시아 대륙 동쪽 끝 지역 민족들의 눈이 더 가늘고 코가 짧다.), 머리카락 형태 같은 외모의 차이일 뿐, 피부 아래는 서로 비슷하다. 이는 모든 인간의 기원이 같다는 사실을 반영한다.[3] 지리적인 편차가 있다는 사실은 인간이 집단을 형성하여 살아감에 따라 신체적으로 상당히 달라졌음을 의미한다. 이로 인해 중국인은 스코틀랜드인과 상당히 다르게 생긴 것이다. 그러나 완전한 '종의 분화', 정확히 말하면 이종 교배를 불가능하게 만들었을 '고립 장벽'(상반되는 혈액형을 가진 남녀가 교배할 경우 체내에 남자의 혈액형에 관한 항체가 형성되어 산모가 유산할 수도 있다. ─ 옮긴이)이 형성되면서 호모 사피엔스라는 종이 세분화될 시간은 없었다. 실제로 유전 기록을 보면, 외모가 다르고 멀리 떨어져 있어서 서로 이해하기 어려운 인종들끼리도 아주 옛날부터 짝짓기를 했음을 알 수 있다. 루이지 루카 카발리스포르차(Luigi Luca Cavalli-Sforza)는 동료 학자들과 함께, 대부분의 유럽인이 중동에서 북쪽과 서쪽으로 이주한 농부들의 후손이라는 사실을 밝혀냈다. DNA 기록에 의하면 그러한 이주가 지속되었으며, 그 결과 토착 유목민과 이주자의 결합이 이루어졌음을 알 수 있다. 로마 제국 말기에 일어난 게르만족의 대이동 역시, 이와 비슷한 유전학적 유산을 남겼다. 그중에서도 15세기 후반, 유럽의 신세계 발견 및 뒤이은 정복과 식민, 축첩으로 인한 결과가 가장 눈에 띈다. 오늘날 생물학자들은 그 과정을 '이민 전파(demic diffusion)'라고 부르는 데 반해, 19세기 인종차별주의자들은 '이종 결합(miscegenation)'이라고 칭했고, 노엘 카워드(Noël Coward)는 단순히 '합치려는 욕구(urge to merge)'라고 일컬었다. 그러나 셰익스피어가 『오셀로』(오셀로의 피부색보다 고지식함이 다른 인종과의 결혼 생활에 더 큰 운명

---

[3] 모든 Y염색체를 거슬러 올라가면 남자의 Y염색체에 도달할 수 있듯이, 오늘날 인간의 모든 미토콘드리아 DNA 연속체는 아프리카 여인에게서 내려왔다. 실제로 인류의 모든 DNA는 8만 6000명밖에 안 되는 사람들에게서 비롯되었다.

의 족쇄를 채웠다.)와 『베니스의 상인』(이 작품에서 포르티아가 자신에게 청혼한 남자들을 시험할 때 이 문제를 다루었다.)을 발표했을 때에도 이 현상은 주변에서 흔히 볼 수 있었다.

 오늘날 인간 게놈을 연구하는 학자들은 이러한 인종 간 결합의 결과를 명확히 밝혀냈다. 대다수 아프리카계 미국 흑인 DNA의 20~25퍼센트 정도가 유럽인에게서 기원한다. 하와이 주민 중 적어도 절반이 다른 종족과 결혼한 조상의 자손이다. 또한 오늘날 일본인의 DNA를 보면, 한반도에서 건너온 초기 이주민과 조몬 시대(기원전 1만 년~기원전 300년경―옮긴이)의 토착 주민이 서로 결혼했음을 알 수 있다. 유대인 남성에게서 나타나는 Y염색체 대부분이 다른 중동 지역 남성에게서 나타나는 Y염색체와 동일하다. 팔레스타인 사람들과 이스라엘 사람들은 서로 반목하고 있지만 유전적으로 아주 다르지는 않다. 진화론자인 리처드 르원틴(Richard Lewontin)은 인간에게 나타나는 유전 변이 가운데 85퍼센트 정도가 인종 내의 평균 집단에 속한 사람들에게서 발생하며, 반대로 인종 간에 발생하는 경우는 6퍼센트에 불과하다고 밝혔다. 피부색이나 머리카락 유형, 얼굴 모양에 영향을 미치는 유전 변이체에는 한 사람의 DNA에 들어 있는 수십억 개의 뉴클레오티드가 관련된다.

 일부 생물학자들은 엄밀히 따지면 인종은 존재하지 않는다고 본다. 그들은 인종이 사라지는 중이라고 말하는 게 낫다고 생각할 텐데, 1960년대부터 활동한 미국의 일부 사회과학자들은 전후 미국에서 증가하고 있는 인종 간 결혼을 미국 내 동화 과정의 가장 중요한 기준으로 묘사했다. 다문화주의로 인해 동화가 언제 어디서나 소수 인종 집단의 목표가 되어야 한다는 생각에 제동이 걸리긴 했지만, 인종 간 결혼율의 증가는 여전히 인종 편견이나 갈등이 감소하고 있음을 알리는 핵심 지표로 간주된다. 미국의 대표적 사회학자 두 사람의 표현을 빌리자면 "인종 간 결혼율은 특히 다른 집단에 대한 인정과 사회 통합을 보여 주는 훌륭한 지표다." 현재 미국 인구 센서스는 흑인, 백인, 아메리카 원주민, 아시아/태평양계 등 네 범주로 나뉘는데, 이에 따르면 미국 어린이 스무 명 중 한 명은 다른 인종 간의 결합에서 태어난 자손이다. 양쪽 부모가 같은 인종에 속해 있지 않기 때문이다. 1990~2000년에 이런 부부의 수는 네 배 증가하여 150만에 달했다.

그러나 20세기 내내 인간은 신체적으로 서로 다른 인종이 별개의 종인 양 생각하고 행동하면서 일부 집단을 '인간 이하'로 분류했다. 이민 전파가 평화적으로 발생하여 때로는 그런 일이 있었는지 알아채지도 못할 정도였지만, 어떤 환경에서는 인종 간의 관계가 심히 위험스럽다고 간주되었다. 그렇다면 생물학적으로 너무나 유사한데도 타자를 자신과 전혀 다른 존재라고 생각하는 사람들의 사고방식을 어떻게 설명할 수 있을까? 20세기 최악의 전쟁들이 바로 이런 자들 때문에 일어났다. 인종이 없다면 괴링의 '위대한 인종 전쟁'이 어떻게 발생할 수 있었겠는가?

인종 간 차이를 강조하는 이데올로기가 피상적인데도 오래 지속되는 현상을 설명하는 데에 진화론의 두 가지 제약이 도움이 된다. 첫 번째로 인간의 수가 극히 적었을 때, 다시 말해 생활이 외롭고 초라하고 거칠고 야만적이었을 때, 가장 중요한 의무는 먹을거리를 충분히 사냥하거나 채집하는 것과 자식을 낳는 것이었다. 사실 이 기간은 인간 종이 존재했던 시간의 99퍼센트를 차지한다. 협력함으로써 두 가지 의무를 다할 수 있는 가능성을 높일 수 있었기 때문에 인간은 소집단을 형성했다. 그러나 서로 접촉하게 된 부족들은 적은 자원을 두고 불가피하게 경쟁을 벌이게 되었다. 그 결과 폭력을 행사하여 다른 부족의 생활 수단을 빼앗는 약탈과 잠재적인 성적 경쟁자를 제거하기 위해 침입자를 살해하는 형태의 충돌이 나타났다. 그래서 일부 신(新)다윈주의자들은 인간의 유전자에 자신의 동족을 보호하고 다른 종족과 싸우는 프로그램이 짜여 있다고 주장했다. 그러나 경쟁 부족을 무찌르는 데 성공한 전사 부족이 상대 부족민을 모두 죽이는 것이 꼭 이성적인 행동이라 할 수는 없다. 번식의 중요성을 감안한다면 상대 부족의 먹을거리뿐 아니라 임신이 가능한 여성들을 빼앗는 것이 더 이치에 맞는 일이다. 생포한 여성이 승자의 성적 파트너가 된다는 점을 고려하면 부족 간 충돌을 일으키는 진화론적 논리마저도 다른 종족 간의 결합을 조장한다.

그럼에도 불구하고 외부 여성을 겁탈하려는 충동을 억제하는 생물학적인 요인이 존재한다. 자연이, 같은 종이지만 유전적으로 아주 다른 일원들 간의 결합을 반드시 지지하지는 않는다는 증거는 인간뿐 아니라 다른 종의 행동에서도 찾을 수 있다. 인간 사회에서 대체로 근친상간을 금기시하는 생물학적인 이유는 논리적으로 타당하다. 형제자매 간의 결혼으로 자손에게 유전적 기형이 나타날 위험이 높아지기 때문이다. 한편 선사 시대에는 먼 친척이나 생판 모르는 남을 배우자로 선호하기 어려웠을 수도 있다. 수렵 채집을 하면서 유전적으로나 지리적으로 먼 종족과 번식할 수밖에 없는 종은 오래 살아남지 못했을 것이다. 놀랍게도 최적의 족외(族外)혼은 혈통적으로 그리 멀지 않은 집단 간에 이루어졌다는 강력한 증거가 존재한다. 실제로 남보다 사촌이 생물학적으로 더 나을 수도 있다. 유대인들 사이에 흔했고, 동족 결혼 비중이 큰 사마리아인들이 여전히 선호하는 사촌 간 결혼에서 유전적 기형아를 낳는 경우는 놀랍도록 적었다. 반대로 중국 여성이 유럽 남성과 결혼할 경우 혈액형이 맞지 않을 확률이 비교적 높기 때문에, 둘 사이에 생긴 첫째 아이만 살아남을 가능성이 크다. 결국 독립된 인간 집단별로 그토록 빨리 용모가 달라졌다는 점은 당연히 특별한 의미가 있다. 일부 진화생물학자들은 이러한 현상이 단순히 유전적 부동(genetic drift, 유한한 크기의 집단에서 나타나는 세대마다 배우자 수가 유한하기 때문에 유전자의 빈도가 변하는 것—옮긴이) 때문에 나타난 것이 아니라 자웅 선택의 결과라고 주장한다. 달리 말하면 아시아에서는 눈가 주름을, 유럽에서는 긴 코를 선호하는 다소 자의적이고 문화적인 요인 때문에 서로 떨어져 있는 인구 집단의 특징들이 상당히 빠르게 강화되었다는 것이다. 예나 지금이나 유유상종이라는 얘기인데, 실제로 다른 종족에게 끌리는 사람은 성적 취향이 일반적이라고 하기 어렵다.

종족 간의 결혼을 방해하는 또 다른 장벽은, 인종이 확대된 친족 집단으로서 사회생물학적인 기능을 수행할 수도 있다는 점이다. 이는 넓은 종류의 족벌주의로, 성관계라는 직접적인 방법뿐 아니라 사촌과 다른 친족들을 보호하는 간접적인 방법으로 자신의 유전자를 번식하려는 타고난 욕망에 기인한다. 인간은 피부색이나 머리카락 유형, 골상에 의해 구분되는 같은 인종 구성원을 더 믿는 성향이 있다. 사실 이를 주입된 문화적 편견과 진화론의 관점에서 어느 정도까지 설명할 수 있는지는 의심스럽지만 말이다. 이러한 모든 요인은 현대의 엄청난 이동성과 교류에도 불구하고 인종이 다소 더디게 해체되는 듯한 이유를 설명하는 데 도움이 된다. 최근의 미세부수체(microsatellite, 유전자에서 특정 염기가 반복되는 현상—옮긴이) 연구는 엄격한 의미의 생물학적 관점에서 인종이 실제로 존재하지 않는다는 의견에 이의를 제기하면서 백인, 흑인, 동아시아계, 라틴아메리카계 주민으로 분리된 미국의 인종 집단을 유전적으로 구분할 수 있음을 입증했다. 우리가 파악해야 할 핵심 내용은, 다른 종족과 결혼할 수 있는 인간의 타고난 능력과 끊임없이 제기되는 식별 가능한 유전적인 차이의 근본적인 긴장 관계다. 유전적으로는 인종 간 차이가 거의 없는데도 인간은 거기에 중요성을 부여하려 한다.

혹자는 역사가, 특히 근대 역사가가 진화생물학을 취미로 손댈 이유는 없다고 주장할 수도 있다. 역사가에게 어울리는 관심사는 원시인이 아니라 문명인의 활동이 아니겠는가? 물론 문명은 수렵과 채집에 종사하는 부족보다 우수한 인간 조직의 형태에 부여된 명칭이다. 4000~10000년 전에 농업 활동을 체계적으로 할 수 있게 되면서, 인간은 정착 생활을 택했다. 더욱 안정된 식량 공급으로 부족의 규모가 커졌으며 공동체에서 농부, 전사, 사제, 지배자 등의 분업이 나타났다. 하지만 문명화된 정착지는 원시 부족의 습격에 늘 취약했고, 이들이 식량과 결혼 적령기의 여성을 그냥 내버려 둘 가능성은 거의 없었다. 그리고 대부분의 인간이 정착 생활의 즐거움을 선택했을지라도 그 집단들이 평화적으로 공존하리라는 보장은 없었다. 지리적으로 멀리 떨어진 문명들은 상대 문명과의 우호적인 교역을 통해 점차 국제적인 분업을 탄생시켰으나 선사 시대 인간을 자극한 동기, 즉 식량과 번식을 위한 자원을 빼앗으려는 욕구 때문에 한 문명이 다른 문명과 전쟁을 벌일 가능성 또한 존재했다. 역사가들이 지속적으로 기록을 남길 수 있을 정도로 세련된 인간 조직만을 연구할 수 있다는 점은 사실이다. 그러나 우리가 연구하는 조직이 아무리 복잡하더라도, 가장 개화된 인간이 품고 있는 본능을 놓쳐서는 안 된다. 이러한 본능은 1900년 이후 반복해서 폭발할 운명이었고, 그토록 잔혹한 2차 세계 대전을 일으킨 중요한 원인이었다.

이주와 울타리

미국의 인류학자 멜빌 J. 허스코비츠(Melville J. Herskovits)는 이렇게 썼다. "두 민족은 결코 만나지 않으면서도 피를 섞을 수 있다." 그러나 '섞기'는 서로 다른 두 인간 집단이 만날 때 갖는 다양한 선택권 중의 하나에 불과하다. 소수 민족 집단은 번식을 목적으로 독특한 상태를 유지하다가 언어, 신앙, 의복, 생활양식의 모든 면 또는 일부가 다수 집단에 통합될 수도 있다. 이와 달리 두 집단의 결합이 일시적으로 지속될 수도 있으나, 그럼에도 두 집단 중의 한 집단 또는 두 집단 모두 독특한 문화적, 인종적 정체성을 유지하거나 채택하기도 한다. 여기에 중요한 차이가 있다. 인종이 DNA 형태로 부모에서 자식으로 전해지는 신체적 특징의 문제인 데 반해, 민족성은 가정과 학교, 종교 사원에서 주입된 언어, 관습, 종교적 의식의 결합물이다. 유전적으로 혼합된 집단이 생물학적으로는 구별되지 않지만 문화적으로 다른 둘 이상의 집단으로 나뉠 수도 있다. 그 과정은 자발적일 수도 있지만, 강제로 이루어질 수 있는데, 신앙의 변화와 관련해서는 특히 그러하다. 한쪽 집단 혹은 양쪽 모두가 거주지나 다른 형태를 따른 분리를 선택할 수도 있다. 다수 민족 집단에서 소수 민족 집단이 명확히 구분된 공간에 살아야 한다고 주장하거나 소수 민족 집단이 스스로 그렇게 하려고 할 수도 있다. 두 집단은 마음 깊이 서로를 무시할 수도 있고, 불화가 생겨 내전이나 일방적인 대량 학살을 일으킬 수도 있다. 두 집단이 서로 싸우거나 한 집단이 상대의 추방에 무릎을 꿇을 수도 있다. 대량 학살은 극단적인 경우로, 한 집단이 상대 집단을 말살하려는 것이다.

소수 민족 집단이 순응하지 않아서 그런 위험에 처한다면, 생물학적인 차이가 전혀 없는 경우에도 민족적 정체성이 지속되는 이유는 무엇일까? 확실히 100년 전보다 지금은 민족 집단의 수가 줄었다. 이는 현대어의 수가 감소하고 있다는 점에서 알 수 있다. 그러나 민족 국가와 글로벌 시장이 갖은 애를 써서 문화적 동질성을 강요하려 함에도, 많은 소수 민족 집단의 문화가 놀라울 정도로 생명력을 유지하고 있다. 가끔 피억압자의 자의식을 강화하기도 한다. 물려받은 문화를 다시 전해 주는 것은 그 자체로 기분 좋은 일이기도 하다. 부모님이 가르쳐 준 노래를 우리 아이들이 부르는 걸 들으면 즐겁다. 문화 계승을 더욱 기능적으로 해석하자면, 민족 집단은 막 형성되려는 시장에서 소중한 신뢰의 네트워크를 제공할 수 있다. 물론 그러한 네트워크에서 어느 민족 집단이 거둔 성공이 다른 집단의 반감을 불러일으킬 수도 있다. 시장을 지배하는 일부 소수 집단은 특별히 차별받기 쉽고, 심지어는 재산을 몰수당할 수도 있다.

굳게 결합된 공동체는 경제적으로 강하지만 정치적으로는 약하다. 오늘날 이러한 현상은 일부 아시아 지역의 중국계 이주자에게서 나타나지만, 1차 세계 대전 이전에 오스만 제국 내의 아르메니아인이나 2차 세계 대전 이전 중동부 유럽 유대인에게도 나타났다.[4] 그러나 예외도 있기 때문에(스코틀랜드인들은 의심의 여지 없이 대영 제국 내에서 시장을 지배하는 소수 집단이었지만 반감을 불러일으키지는 않았다.) 두 가지 조건이 추가되어야 한다. 우선 공격받기 쉬운 소수 민족 집단에게 경제적인 힘이 있다 해도 그보다 정치적 힘이 없다는 점이 더 중요하다. 부유한 소수 집단만이 박해받는 것은 아니다. 나치가 유대인이나 로마, 신티를 절멸하려고 했을 때, 유럽 유대인이 모두 부자였거나 로마와 신티가 가장 가난한 민족이었던 것은 결코 아니었다. 여기서 결정적인 요소는 그들을 공식적, 비공식적으로 대표할 정치인들이 없었다는 점이다. 두 번째 조건은 한 민족 집단이 권리나 재산, 존재 이유를 박탈당할 운명이라면, 아무리 잘 무장해도 역부족이라는 것이다. 두 민족 집단 모두 무기를 갖추었다면, 대량 학살보다는 내전이 일어날 가능성이 더 크다.

민족 집단의 상대적인 규모는 그리 중요하지 않다. 실제로 다수 집단이 소수 집단의 폭력에 희생되는 경우도 있었다. 유대인 지정 거주지(Pale of Settlement)[5] 내에 널리 분포되어 있던 유대계 도시민들이 20세기 전반기에 계속해서 절감했듯이 숫자가 언제나 안전을 의미하지는 않는다. 또한 민족 갈등을 예측하는 요소로서 두 인구 집단 간의 동화 정도는 상대

---

4) '이주 집단(diaspora)'이라는 용어는 원래 바빌론 유수 후에 이방인 사이에 흩어져 사는 모든 유대인들을 가리켰다. 이는 본래의 민족성을 유지하고 있는 이민 집단을 일컫는 데도 유용하다.
5) 명확히 정해진 경계선, 혹은 별개의 관할 구역에 속한 지역이라는 의미의 '울타리(pale)' 또한 12세기 말부터 16세기 사이에 영국의 지배를 받던 아일랜드 동쪽 지역과 14세기 중반부터 16세기 중반까지 영국의 지배를 받던 프랑스 북부 지역을 가리켰다. 1791년 이후 차르 제국 유대인들의 제한된 거주지였던 러시아의 체르타 오세들로스티(cherta osedlosti, 문자 그대로 정착지의 경계선)는 다소 다른 특징을 갖고 있었다. '이주 집단'의 경우처럼, 이 말은 특정 민족 집단의 정착과 관련된 지역에 더 일반적으로 적용된다.

표 I-1. **1920년대 일부 유럽 국가와 지역, 도시에서 1명 내지 2명의 유대인 배우자가 포함된 모든 부부의 비율로 본 이민족 간의 결혼**

100쌍의 부부 당 이민족 간의 결혼 비율			
룩셈부르크	**15.5**	슬로바키아	7.9
바젤	16.1	카르파토-러시아	1.3
스트라스부르	21.2	**헝가리**	**20.5**
독일	**35.1**	부다페스트	28.5
프러시아	35.9	트리에스테	59.2
바이에른	35.9	**폴란드**	**0.2**
헤센	19.9	포센/포즈난	39.2
뷔르템베르크	38.1	브레슬라우/브로츠와프	23.8
바덴	26.4	레베르크/르보브	0.5
작센	43.5	부쿠레슈티	10.9
베를린	42.7	**소련(유럽)**	**12.7**
마그데부르크	58.4	러시아(유럽)	34.7
뮌헨	47.3	레닌그라드	32.1
프랑크푸르트암마인	30.4	키로보그라드	8.8
함부르크	49.1	우크라이나	9.6
오스트리아	**20.9**	벨로루시	6.1
빈	19.8	**라트비아**	**3.3**
체코슬로바키아	**17.2**	**리투아니아**	**0.2**
보헤미아	36.3	**에스토니아**	**13.5**
모라비아-실레지아	27.6	빌나	1.2

주의: 트리에스테(1921-1927), 폴란드(1927), 렘베르크/르보브(1922-1925), 소련(1924-1926), 러시아(1926), 레닌그라드(1919-1920), 키로보그라드(1921-1924), 벨로루시(1926), 리투아니아(1928-1930), 에스토니아(1923), 빌나(1929-1931)를 제외하고 모든 자료는 1926년부터 1929년, 또는 1939년까지 해당된다.

적으로 중요하지 않다. 상당히 동화된 소수 집단을 확인하고 분리해 내기 어렵기 때문에라도 높은 수준의 사회 통합이 갈등을 억제할 거라고 생각할 수 있다. 그러나 역설적으로 동화의 정도가 커지면(예컨대 이민족 간의 결혼율로 측정할 경우) 민족 갈등이 싹틀 수도 있다.

모든 사례 가운데 가장 중요한 1920년대 중동부 유럽의 경우 동화가 상당히 진행되었다. 여러 민족이 정착한 지역에서 이민족 간의 결혼율은 전례 없을 정도로 높아졌다. 1920년대 말에 독일계 유대인의 결혼 상대자 가운데 세 명 중 한 명이 기독교도였다. 일부 대도시의 경우엔 그 비율이 절반에 달할 정도로 높았다. 오스트리아, 체코슬로바키아, 에스토니아, 헝가리, 폴란드 일부 지역, 루마니아, 러시아(표 1-1 참조)의 경우에도 약간의 차이가 있을 뿐 그러한 추세는 비슷하게 나타났다. 물론 이 현상은 성공적인 동화와 통합을 가리키는 지표로 해석될 수 있다. 그러나 1940년대에 최악의 민족 갈등이 발생한 곳은 바로 이 지역이었다. 당시 동화, 특히 이민족 간의 결혼에 대한 반발이 일어났다는 가정을 세울 수 있다.

 이러한 가능성은 혼란스럽기는 하지만 놀랍지는 않다. 어쨌든 우리 시대에 그러한 사례를 지켜볼 수 있었기 때문이다. 르완다의 투치족 남자와 후티족 여자의 결혼이 상당히 흔한 일이 되었음에도 1990년대에 두 부족 간에는 잔인한 폭력 사태가 벌어졌다. 인종 갈등은 보스니아에서도 폭발했는데, 이 지역 역시 이전 수십 년 동안 이민족 간의 결혼율이 높았다. 이러한 사례를 통해 인종 간에 나타나는 행동은 평화적인 결합이나 피비린내 나는 대량 학살처럼 극단적인 한 가지 형태로만 나타나지 않음을 알 수 있다. 가장 지독한 민족 간의 폭력 사태에는 성폭력이 수반되기도 하는데, 1992년 세르비아계 군인들이 보스니아의 이슬람 여성들을 상대로 집단 강간을 저질렀다. 이들 군인들은 여성들에게 어린 체트닉(Četnik, 세르비아의 극단적 민족주의자를 말함 — 옮긴이)을 강제로 임신시키려 했던 것이다. 이는 이슬람 사람들을 협박하여 고향을 떠나게 하기 위한 폭력 행위 가운데 하나인가? 아니면 앞에서 설명한 야만적인 충동, 즉 남자를 살해하고 여자를 임신시켜 다른 민족을 말살하려는 충동의 결과인가? 여성을 강간하는 행동이 사람을 총으로 쏘는 행위와 같은 의도에서 비롯되었다고 간주한다면, 이는 극히 단순한 생각이다. 종종 소수민족을 상대로 한 성폭력은 제거를 위한 인종 차별주의만큼이나 가학적이면서도 에로틱한 환상의 자극을 받아 왔다. 우리가 먼저 파악해야 할 핵심은 인종 갈등의 원인으로 너무나 자주 꼽히는 증오가 간단한 감정이 아니라는 점이다. 그보다는 반감과 호감이 뒤섞인 변덕스러운 양면성이 반복해서 나타나는데, 이 감정은 미국 내 백인과 아프리카계 흑인의 관계를 오래도록 규정해 왔다. 필자는 1904년부터 1953년까지를 '증오의 시기'라고 부름으로써, 인간의 감정 가운데 가장 위험한 감정의 복잡성에 관심을 불러일으키고자 한다.

인종의 밈

인종이 유전학적으로 의미 있는 개념이 아니라고 그럴싸하게 주장할 수 있다면, 역사가는 그럼에도 불구하고 인종이 현대에 그토록 강력한 관심사가 된 이유를 찾아야 한다. 이 문제에 대한 해답은 진화생물학에서 찾을 수 있다. 인종 구분이라는 의미에서의 인종주의란 리처드 도킨스(Richard Dawkins)에 의해 유전자가 자연계에서 행동하는 방식대로 관념의 영역에서도 행동한다고 규정된 여러 '밈(meme, 유전자처럼 개체의 기억에 저장되거나 다른 개체의 기억으로 복제될 수 있는 비유전적 문화 요소—옮긴이)' 중의 하나이다. 아이러니하게도 생물학적으로 인종이 서로 다르다는 개념은, 그 개념에 의해 확인되었다는 여러 인종보다 더 성공적으로 재생산하고 본래 모습을 유지할 수 있었다.

고대와 중세에는 어떤 신원(身元)이든 완전히 지워 버릴 수 있었다. 갈리아 사람으로 태어났어도 로마 시민이 될 수 있었고, 유대인으로 태어났어도 기독교인이 될 수 있었다. 또 한편 인종적으로 아무런 차이가 없는데도 도저히 화해할 수 없을 정도로 앙숙이 된 씨족 간의 불화는 몇 십 년, 심지어는 수백 년 동안 지속되기도 했다. 변치 않는 인종별 정체성이란 개념은 인간의 역사에서 늦게 나타났다. 1492년 스페인에서의 유대인 추방은 유대인을 신앙이 아닌 핏줄에 따라 규정했다는 점에서 무척 이례적이었다. 심지어 18세기 포르투갈 제국에서도 흑백 혼혈인은 왕에게 일정한 돈을 내고 백인이 누리는 법적 권리와 특권을 얻을 수 있었다. 널리 알려져 있듯이 스웨덴의 식물학자 칼 폰 린네(Carl von Linné)는 최초로 인간을 생물학적으로 서로 다른 인종으로 세분화했다. 그는 『자연의 체계(Systema Naturae)』(1758)에서 인간을 아메리카인, 아시아인, 아프리카인, 유럽인 등 네 인종으로 나누었다. 린네는 외모와 기질, 지성에 따라 인종에 등급을 매겼는데, 유럽인을 진화 계통수에서 맨 위에 놓고, 그다음에 아메리카인(성마르고 고집 세며 느긋하고 자유롭다.), 아시아인(모질고 오만하며 열망이 크다.), 그리고 아프리카인(교활하고 느리며 어리석다.)을 차례로 배치했다. 린네에 따르면 유럽인은 관습에, 아프리카인은 변덕에 의해 통치되었다. 놀랍게도 미국 혁명이 일어날 즈음엔 이미 이러한 사고방식이 널리 퍼져 있었다. 당시 유일하게 객관적인 논쟁은 인종별 차이가 공동의 기원에서의 점진적인 이탈을 반영하는지, 아니면 다원발생론자의 주장대로 공동의 기원 자체가 존재하지 않음을 반영하는지에 대한 것이었다. 19세기 말 인종 이론가들은 두개골 크기와 모양을 근거로 더 정교한 분류 방법을 고안해 냈지만, 기본 순위는 결코 변하지 않았다. 영국의 프랜시스 골턴(Francis Galton)은 『유전되는 천재(Hereditary Genius)』(1869)에서 인종별 지능을 열여섯 단계로 구분해 측정하는 방법을 고안하여, 고대 아테네인을 맨 위에, 오스트레일리아 원주민을 맨 아래에 놓았다.

　이는 오늘날 사람들의 사고방식이 엄청나게 변했음을 의미한다. 예전에 사람들은 권력과 특권, 재산은 물론이고, 그에 따르는 사회적 의무 또한 상속된다고 믿는 경향이 있었다. 1900년 당시 세계의 많은 지역을 다스리던 왕가들은 이를 구체적으로 보여 준다. 네덜란드나 북미, 프랑스처럼 근대에 등장한 공화국도 관직과 신분은 아니더라도 재산에 관해서는 세습 원칙을 유지하는 경향이 있었다. 18, 19세기에 새로운 정치 학설들이 등장했다. 한 이론은, 권력이 세습되면 안 되고 지도자는 민중이 선택해야 한다고 주장했다. 또 다른 이론은 세습되는 특권 체계를 타파할 것을 요구하며, 모든 인간이 법 앞에 평등하다고 주장했다. 세 번째 이론은 부가 재력 있는 가문들에 의해 독점되지 않고 개인의 필요에 따라 재분배되어야 한다고 주장했다. 민주주의자, 자유주의자, 사회주의자가 이러한 주장을 개진할 때도, 인종주의자들은 세습 원칙이 모든 인간 활동에 적용되어야 한다고 주장했다. 인종 이론가들은 피부색과 골상뿐 아니라 지능과 적성, 성격, 심지어는 도덕성과 범죄 성향까지도 세대에서 세대로 유전된다고 주장했다. 이는 근대의 또 다른 역설이었다. 세습 원칙이 관직과 소유권을 더는 좌지우지하지 못하게 되었으나 능력과 행동을 결정하는 요소로 영향력을 확보하게 된 것이다. 인간은 더 이상 아버지의 직업을 물려받지 못하게 되었으며 일부 국가에서는 20세기 들어 땅도 물려받지 못하게 되었다. 대신 부모의 인종적 유산이자 특징을 물려받을 수 있었다.

그러나 결정적으로 중요한 규범적인 문제는 각기 다른 인종이 혼인을 통해 번식할 수 있는 능력을 어느 정도까지 묵인할지였다. 다른 종족 간의 혼인이 그저 불가피하다고 느끼는 사람들이 있었을 뿐 아니라 다수의 사상가들은 바람직하다고까지 생각했다. 하여간 그것은 유전병과 다소 과장된 사촌혼의 위험을 더 잘 이해한 결과이자 초기 인류학이 족외혼에 대해 강력하게 암시하던 내용이었다. 그러나 그에 대한 반응은 점차 비난으로 바뀌었다. 에드워드 롱(Edward Long)은 『자메이카의 역사(*History of Jamaica*)』(1774)에서 유럽인들이 너무 쉽게 온갖 종류의 관능적인 즐거움에 빠져 흑인 여자나 황인종 여자를 얻으려고 애쓰고, 그 과정에서 혼혈이 태어난다고 지적했다. 프랑스의 인종주의자 아르튀르 콩트 드 고비노(Arthur comte de Gobineau)는 『인종 불평등론(*Essay on the Inequality* of Human Races)』(1853~1855)에서 린네와 마찬가지로 인간을 전형적인 세 인종으로 구분했다. 그는 이 인종 가운데 아리아인(백인)이 가장 우수하고, 늘 그렇듯이 역사의 모든 위대한 업적을 세웠다고 주장했다. 고비노는 거기서 그치지 않고 새 개념을 소개했다. 다른 종족과의 결혼으로 아리아인의 혈통이 흐려졌을 때 문명이 쇠퇴하는 경향이 있다는 것이다. 또한 지적으로 우수한 백인종과 감정적인 흑인종 및 황인종의 결합이 불가피하다고 생각했다. 백인종은 본질적으로 남자답고, 황인종과 흑인종은 여자답기 때문이다. 그렇다고 고비노가 다른 인종과의 결혼을 달가워한 것은 아니었다. 그는 이렇게 지적했다. "이런 아이들이 계속 태어나 혈통이 흐려질수록 혼란은 증가한다. 그러다 그런 사람들이 너무 많아져서 균형이 완전히 무너지는 상태가 된다. 그들은 인종 무질서를 나타내는 끔찍한 사례일 뿐이다."

'인종 무질서'에 대한 반감이 극단적인 형태를 띠면 차별, 분리, 박해, 추방으로 나타났고, 결국엔 인종 청소가 시도되었다. 오랜 세월 동안 역사가들은 인종 차별이 지속되었다는 사실을 부인하고, 나치의 소위 '유대인 문제'에 대한 '최종 해결'이 어떤 선례나 필적할 사건이 없는 특이한 '홀로코스트'로 간주하는 듯했다. 그러나 이 책의 중심 가정은 20세기 중반에 나타난 독일의 반유대주의가 (보편적인 현상은 결코 아니더라도) 일반적인 현상의 극단적인 사례였다는 것이다. 히틀러와 나치의 이론가들은 유대인이 조직적으로 독일 민족의 피를 더럽히려 한다고 주장했는데, 이는 사실 전혀 새로울 것 없는 얘기였다. 그러한 생각이 차별과 추방뿐 아니라 궁극적으로는 조직적인 대량 학살의 근거가 되었다는 사실 또한 전혀 특이할 게 없다. 홀로코스트로 알려진 사건에서 두드러지는 특징은 인종 절멸이라는 목표가 아니라, 산업화되고 교양 있는 사회의 모든 자원을 마음대로 사용할 수 있는 정권이 그 일을 추진했다는 사실이다.

그렇다고 홀로코스트를 자행한 모든 사람이 인종 간의 결합을 두려워했다는 얘기는 아니다. 물론 이것이 강력한 동기였음을 알리는 결정적인 증거가 존재한다. 대량 학살에 적극 가담한 사람들 중 다수는 노골적인 물질적 탐욕에 이끌려 움직였다. 또한 일부는 개인적으로는 의도하지 않았지만 점차 극단화되는 관료주의 체제 속에서 편협한 도덕에 매여 부품으로 살아가는 사람들에 불과했다. 홀로코스트를 저지른 범죄자들 중에는 동료 집단의 압력이나 군대의 야수성에 휘둘려 행동한 보통 사람들도 있었고, 사이비 과학 이론에 사로잡혀 선악을 판단할 능력을 잃어버린 기술자들도 있었다. 또한 부도덕한 세속 종교에 속박되어 세뇌된 젊은이들도 있었다. 그럼에도 불구하고 인종에 대한 세계관이 제3제국의 기초를 이루었고 그 관점이 인간 생물학 특유의 개념인 밈에 뿌리를 두고 있었다는 점을 인식하는 것이 중요하다. 밈은 20세기가 시작될 무렵, 이미 전 세계적으로 복제되어 유일하게 성공을 거둔 개념이었으며 아주 멀리 떨어진 지역에까지 전달되었다. 19세기 후반의 아르헨티나는 반유대주의가 없다는 이유로 유럽 유대인들에겐 이상적인 이주지로 간주되었다. 그러나 1900년대 초반에 후안 알시나(Juan Alsina)와 아르투로 레이날 오코노르(Arturo Reynal O'Connor) 같은 작가는 유대인들이 아르헨티나 문화에 치명적인 위협을 가하고 있다고 경고했다. 노동자 시오니스트 신문 《빵과 명예(Brot und Ehre)》는 1910년에 다음과 같이 한탄했다.

겨우 몇 년 전만 해도 아르헨티나는 위대한 신(新)이스라엘(Eretz Israel)로 불릴 만했다. 아르헨티나는 관대하게 문을 열어 주었으므로 우리는 국적이나 신념에 따른 차별 없이 공화국이 모든 국민에게 부여하는 자유를 누릴 수 있었다. 그런데 지금은 어떠한가? 주변 분위기는 유대인에 대한 증오로 가득 차 있고, 구석구석에서 유대인을 적대적인 눈길로 바라보고 있다. 그들은 사방에서 호시탐탐 우리를 공격할 기회를 노리고 있다. 모두 우리를 적대시한다. 이는 단순히 유대인에 대한 증오 때문이라고 할 수는 없다. 이것은 앞으로 일어날 사태의 전조(前兆)로, 오래전부터 반유대주의라는 명칭으로 알려져 있었다.

피의 국경

대규모 인종 갈등이 어떤 지역에선 일어나지만, 또 다른 지역에서는 일어나지 않는 이유는 무엇일까? 남미보다 중동부 유럽에서 인종 갈등이 더 많이 발생하는 이유는 무엇일까? 특정 지역의 경우, 민족의 정체성과 정치 구조가 이례적으로 잘 어울리지 않았다는 점이 한 가지 답이 될 수 있다. 가장 두드러지는 사례로, 조각조각 이어 붙인 그림 같은 중동부 유럽의 민족 지도를 들 수 있다.(그림 1-2) 북부 지역에서 가장 규모가 큰 인종 집단을 몇 개만 꼽아 봐도 리투아니아인, 라트비아인, 벨로루시인, 러시아인이 있는데, 모두 다른 언어를 사용한다. 중부 지역에는 체코인, 슬로바키아인, 폴란드인이 있고, 남부에는 이탈리아인, 슬로베니아인, 마자르인, 루마니아인이 있다. 그리고 발칸 반도에는 슬로베니아인, 세르비아인, 크로아티아인, 보스니아인, 알바니아인, 그리스인, 터키인이 있다. 그리고 전 지역에 독일어를 쓰는 집단이 흩어져 있다. 언어는 서로 다른 인종 집단을 구분하는 방법들 중 하나일 뿐이다. 독일 방언을 쓰는 사람들 중에는 신교도가 있고, 가톨릭교도와 유대교도도 있다. 세르보크로아티아어를 쓰는 사람들 중에는 가톨릭교도(크로아티아인), 그리스 정교도(세르비아인과 마케도니아인), 이슬람교도(보스니아인)가 있다. 불가리아인 중에는 그리스 정교도가 있는가 하면, 이슬람교도(포마크족)도 있다. 터키인들은 대부분 이슬람교도지만, 소수(가가우즈(Gagauz)라는 소수 민족)는 그리스 정교도이다.

19세기 이전 중동부 유럽의 정치 지리는 이토록 이질적인 이주 집단들

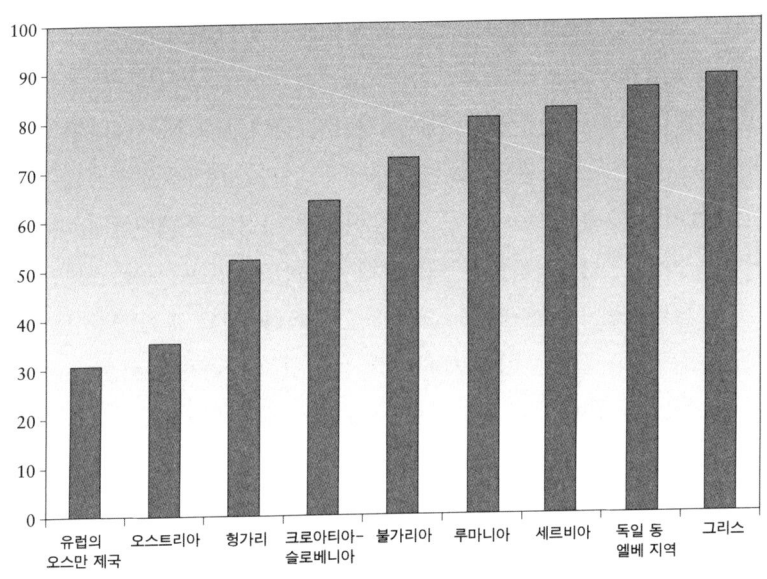

그림 1-2. 총 인구에 대한 다수 민족 집단의 비율

과 조화를 이루고 있었다. 이 지역은 왕조 제국들에 의해 분할된 상태였는데, 사람들은 대개 자기 지역에 충성심을 갖고 있었을 뿐만 아니라 멀리 떨어져 있는 제국의 군주에도 충성을 다했다. 많은 사람이 엄격하게 분류되지 않는 정체성을 갖고 있었으며 한 가지 이상의 언어를 썼다. 예컨대 오스트리아의 언어는 모국어와 일상어로 구분되었다. 대부분의 슬라브인은 19세기 농노 해방 이전에 농노로 일할 때처럼 계속해서 땅을 경작했다. 그와 대조적으로 중동부 유럽 마을 주민의 경우 주변 지방과 인종적으로 상당히 달랐다. 북쪽 도시 지역에는 독일인과 유대인이 많았고, 다뉴브 분지 지역도 마찬가지였다. 그보다 더 동쪽에서는 러시아인, 유대인, 폴란드인이 살았다. 아드리아 해안에는 이탈리아인이 살았고, 일부 발칸 지역에서는 그리스인이나 터키인이 다수 거주했다. 이 가운데 가장 놀라운 곳은 세계적인 무역 중심지들로, 여기에서는 어떤 인종 집단도 우위를 점하지 못했다. 그중 하나를 꼽자면, 오스만 제국의 항구였던 그리스 살로니카(Salonika, 테살로니키의 옛 이름)를 들 수 있는데, 여기에는 유대인이 기독교도와 이슬람교도보다 약간 많았다. 각 종교 집단은 여러 종파와 언어상의 하위 집단으로 나뉘었다. 아시케나지 유대인(Ashkenzim, 독일을 중심으로 한 동구권 유대인을 말함 — 옮긴이)과 기독교도 그리스인, 불가리아인, 마케도니아인뿐 아니라 스페인계 유대인의 언어인 라디노어를 사용하는 세파르디 유대인(Sephardic Jews, 스페인, 포르투갈 등으로 옮겨 간 유대인 — 옮긴이)도 있었다. 이들 중 일부는 그리스어, 왈라키아어, 슬라브어를 사용했다. 그리고 각양각색의 이슬람교도들도 있었다. 수피교도, 베크타시(Bektashis), 메블레비(Mevlevis), 낙시반디(Naqshbandis)와 유대교에서 개종한 마민(Ma'min)이 있었다.

그러나 1800년 이후 민족 국가가 이상적인 정치 조직으로 등장하면서, 이질적인 집단들의 배치는 무너지기 시작했다. 제대로 조직을 갖춘 대규모 인종 집단은 20세기 초에 이미 민족 국가를 건설했다. 비록 국경 내에 소수 민족 집단이, 해외에는 이주 집단이 있긴 했지만[6] 그리스, 이탈리아, 독일, 세르비아, 루마니아, 불가리아, 알바니아가 민족 국가로 탄생했다. 마자르인들은 오스트리아·헝가리 제국의 하급 협력자로서 거의 완전한 독립의 특권을 누렸다. 체코인들은 보헤미아와 모라비아에서 어느 정도 정치적 자치권을 얻겠다는 꿈에 부풀어 있었다. 폴란드인들은 자신들의 주권을 빼앗아 간 세 제국에 저항해 주권을 되찾을 희망을 품었으나, 다른 민족 집단들은 국가를 세울 꿈도 꾸지 못했다. 소르브족

---

6) 독일 제국의 동쪽 지역에 사는 폴란드인이 300만 명이 넘었고, 체코인이 10만 명이 넘었다. 그리고 대략 비슷한 수의 리투아니아인과 9만 명 정도의 소르브인이 살았다. 또한 북부 지역에는 덴마크인들이 상당히 많았고, 서부 지역에는 프랑스어를 쓰는 알자스인들이 있었다. 불가리아 주민 25퍼센트가 불가리아 민족이 아니었다. 루마니아 인구의 18퍼센트, 세르비아 인구 16퍼센트, 그리스 인구의 10퍼센트가 소수 민족 집단이었다. 이와 동시에 1300만 명이 넘는 독일인들이 제국 밖에서 살았고, 루마니아인 400만 명이 루마니아 밖에서 살았다.(루마니아의 총인구는 550만 명이었다.) 또한 200만 명이 약간 안 되는 세르비아인들이 세르비아 밖에서 살았고(세르비아의 총인구는 230만 명이었다.) 그리스인 200만 명이 그리스 밖에서 살았다.(그리스의 총인구는 220만 명이었다.)

(Sorbs), 벤드족(Wends), 카슈브족(Kashubes), 블라크족(Vlachs), 스제켈리족(Székelys), 카르파티아루스족(Carpatho-Rusyns) 등은 국가를 세우기엔 그 수가 너무 적었고, 신티와 로마(종종 집시로 잘못 알려진)의 경우처럼 여기저기 흩어져 있는 집단도 있었다. 또한 유대인과 아르메니아인처럼 오스만 제국 주변에서만 건국의 꿈을 꿀 수 있는 집단도 있었다.

민족 국가 모델이 중유럽 지역에 더 많이 적용될수록 갈등이 발생할 소지는 더 커졌다. 국내외 이주 집단들이 복잡한 그림을 이루고 있는 현실과 동질적인 정치 조직이라는 이상의 간극은 너무나도 컸다. 국경이 점차 중요성을 띠면서 위험이 커져 갔고, 점차 격차가 벌어지는 출생률로 인해 소수 민족 집단의 지위를 두려워하는 사람들의 불안은 가중되었다. 이론적으로는 신생 국가에서 이질적인 인종 집단들이 새로운 공동의 정체성에 자신들의 차이를 묻어 버리거나 동등한 집단 간의 연방 형태로 권력을 공유하는 데 찬성할 수 있다. 그러나 하나의 다수 집단이 단독으로 또는 주도적인 위치에서 국가와 국가의 자산을 소유할 가능성이 큰 것으로 드러났다. 국가가 더 많은 기능을 수행해 줄 것으로 기대될수록(1900년 이후 국가의 기능이 대폭 확대되면서), 국민의 자격을 갖춘 이런저런 소수 집단에게 혜택은 주지 않으면서도 세금이나 기타 부담의 형태로 주거 비용을 계속 올리는 방안이 점점 더 그럴듯해졌다.

따라서 1940년대에 대량 학살이 자행된 지역들이 곧 여러 민족이 정착해 살고 있던 지역들과 정확히 일치했다는 점은 결코 우연이 아니다. 여러 이름을 가진 도시들이 여기에 해당되는데, 빌나(Vilna) / 윌나(Wilna) / 빌네(Vilne) / 빌뉴스(Vilnius), 렘베르크(Lemberg) / 르보브(Lwów) / 르비브(L'viv), 체르노비츠(Czernowitz) / 체르노티(Cernăuți) / 체르노비치(Chernovtsy) / 체르니브치(Chernivtsi) 등이다. 또한 상당수 나치 지도자들이 1871년 당시 독일 제국 동쪽 국경 너머에서 출생했다는 점도 우연이 아니다. 예를 들자면 『20세기의 신화(*The Myth of the Twentieth*

Century)』의 저자이자 나치의 인종 정책을 주도한 알프레트 로젠베르크(Alfred Rosenberg)는 에스토니아의 레발(Reval) / 탈린(Tallinn)에서 태어났다. 히틀러의 농업장관을 지낸 발터 다레(Walter Darré)는 아르헨티나에 이민 간 독일인 아버지를 두었는데, 동프로이센에서 말을 키우며 자신의 인종 이론을 세웠다. 나치의 국무장관이었던 헤르베르트 바케(Herbert Backe)는 그루지야의 바투미 출신으로, 19세기에 농사를 짓던 그의 외가가 그곳에 정착했다. 보헤미아 지역 이글라우(Iglau) / 이흘라바(Jihlava)의 독일인 집단 거주지에서 자란 루돌프 융(Rudolf Jung)은 국경지대 출신의 많은 독일인 중에서 유일하게 나치 친위대(SS) 고위직에 올랐다. 상부 슐레지엔의 브레슬라우(Breslau) / 브로츠와프(Wroclaw)가 1935년 이민족 간 결혼 반대 법안에 가장 적극적으로 찬성한 지역 중의 하나라는 점은 의미심장하다. 오스트리아인과 주데텐란트 거주 독일인들은 《돌격자(Der Stürmer)》라는 잡지에 반유대주의를 선동하는 글을 엄청나게 투고했다. 벨제크 집단 처형장을 운영했던 나치 친위대 장교들 가운데 적어도 두 사람은 발트 해 지역과 보헤미아 출신의 소위 '독일 민족(국외 거주 독일인을 말함—옮긴이)'이었다.

중동부 유럽은 20세기의 살육장 중에서도 가장 비극적인 지역이다. 다민족으로 구성된 주민, 인구 균형의 변화, 정치적 분열 등 중동부 유럽의 핵심 특징들을 똑같이 갖춘 지역이 다른 데도 있었다. 유라시아 대륙 반대편에서 단일 지역으로 간주되면서 중동부 유럽과 가장 비슷한 곳은 만주와 한반도였다. 20세기 후반에 몇 가지 이유로 격렬한 충돌은 인도차이나 반도와 중미, 중동, 중앙아프리카로 옮겨 가 일어났다. 그러나 50년간 벌어진 세계 전쟁의 폭발적인 특징을 전적으로 이해하고자 한다면, 우리가 관심을 집중해야 할 지역은 처음의 두 지역이다.

변동과 불평분자들

극단적인 폭력 사태가 왜 특정 시기에 발생했을까? 이유는 인종 갈등이 경제적 **변동**과 관련되어 있기 때문이다. 사회 정치적 불안을 단순히 경제 위기로만 설명할 수는 없다. 생산량과 소득의 급격한 성장은 급격한 경기 후퇴 만큼이나 불안을 조성할 수 있다. 역사가들이 좀처럼 관심을 갖지 않는 경제 상황의 유용한 척도는 변동성이다. 이는 특정 기간 경제 지표의 변화 정도를 의미한다. 믿을 만한 기준인 1세기 동안의 국내 총생산 수치는 불행히도 몇 나라의 데이터만을 이용할 수밖에 없다. 그러나 가격과 이자율 수치에 대한 정보는 입수하기 더 쉬우며, 이를 통해 상당수 국가의 경제적 변동을 어느 정도 정확히 측정할 수 있다.

변동이 심했던 시기에는 사회적, 정치적 긴장과 압박이 강해졌다는 주장은 간단히 확인할 수 있다. 주요 산업 경제국 7개국(캐나다, 프랑스, 독일, 이탈리아, 일본, 영국, 미국)의 경우 1919~1939년에 성장률과 가격 변동이 최고점에 달했고, 2차 세계 대전 이후에 꾸준히 떨어졌다.(그림 1-3 참조) 이는 많은 것을 시사한다. 경제사가들은 경제 주기와 다양한 파동을 확인하느라 고심해 왔지만, 호황과 불황의 빈도와 진폭이 얼마나 변하는지에는 관심을 갖지 않았다. 그러나 바로 이 변화가 예나 지금이나 결정적으로 중요하다. 경제 활동이 사계절처럼 규칙적으로 이루어진다면, 여름과 겨울이 왔다고 놀라지 않듯이 급격한 성장이나 파산에도 놀라지 않을 것이며, 경제 행위자들도 그에 따라 예측을 달리할 것이다. 그러나 20세기 경제 생활의 예측 불가능성 때문에 존 메이너드 케인스(John Maynard Keynes)가 기업가, 지주, 투자가, 소비자, 정부 관료들의 '야성적 충동(animal spirits)'이라 불렀던 직감은 크게 변했다.

지난 100년간 경제 기구의 구조와 그 기구를 운영하는 사람들의 철학은 크게 달라졌다. 1914년 이전에는 재화, 자본, 노동의 국제적인 이동이

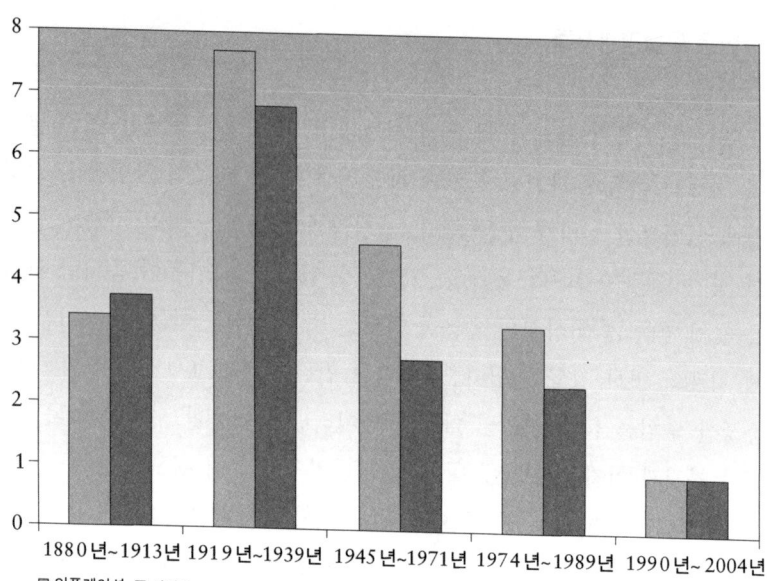

그림 1-3. 변동성: 인플레이션과 성장률의 표준편차, G7 경제국, 1880~2004

놀랄 정도로 자유로웠는데, 근래에야 부분적으로 당시와 비슷해졌다. 각국 정부는 치안과 사법을 비롯한 기초 공공재를 공급하는 수준을 벗어나 겨우 활동 영역을 확대하기 시작했다. 중앙은행은 금을 기준으로 자국의 통화 가치를 고정하는 규칙에 매여 어느 정도 활동의 제한을 받고 있었다. 이로 인해 현재 우리가 익숙해져 있는 수준보다 더 높게 성장할 수도 있었지만, 장기적으로는 가격이 안정되었다. 그런데 이러한 상황이 1차 세계 대전기와 그 이후에 급격히 바뀌었다. 정부의 역할이 커졌고 금본위제로 알려진 고정 환율제가 무너졌다. 동시대인들에게는 재화, 노동력, 자본을 가장 효율적으로 배분하려는 국제 시장과 고용 수준을 유지하거나 높이고 농산물 가격을 안정시키면서 소득과 부의 분배 체계를 바꾸려는 정부가 서로 충돌하는 것처럼 보였다. 그러나 보호 관세나 적자 재정, 강압적인 징세, 변동 환율제같이 양차 세계 대전 사이에 실시된 여러 실험은 의도하지 않았을지라도 경제 변동을 촉진하는 결과를 낳았다. 사회주의권 계획 경제는 더 나은 실적을 올렸지만, 효율성과 자유를 크게 희생한 대가였다. 복지 국가와 계획 경제 체제의 실적이 2차 세계 대전 이후 20년 동안 뚜렷하게 나아졌지만, 각국 정부의 물가와 성장이 상대적으로 안정된 것은 1979년 이후 자유 시장 경제로 돌아갔을 때였다. 잠정적으로 경제 변동성이 소멸했다고 진단할 수 있게 된 것 역시 1990년이 지나서였다. 하지만 이런 상황이 국제 경제 기구의 개선을 얼마나 반영하는지, 국가 차원의 재정과 회계 실용주의가 어느 정도까지 성공했는지, 운이 좋지만 그리 오래가지는 않을, 낭비하는 서양과 인색한 아시아 간의 결합이 언제까지 지속될지, 아직은 두고 봐야 알 일이다.

그런데 이렇게 정형화된 설명은 일부 국가와 다소 자의적으로 규정된 짧은 기간에만 적용할 수 있다는 점을 잊어서는 안 된다. 이후 분명히 밝히겠지만, 주요 산업 경제국의 실적이 세계 경제 전체의 실적을 대표한다고 생각하는 것은 잘못이다. 양차 세계 대전 사이에 나타난 인플레이션과 디플레이션, 성장과 위축의 정도는 유럽 국가들마다 크게 달랐다. 그리고 1950년대 이후 아프리카, 아시아, 라틴아메리카 경제의 변동성도 상당히 다양하게 나타났다.

경제 변동은 사회적 갈등을 악화시키는 경향이 있기 때문에 중요하다. 경제 위기를 맞은 지배 집단은 조정 부담을 다른 집단에 전가하려는 경향이 있는 듯하다. 경제 생활에 대한 국가의 간섭이 늘면서 국가가 특정 집단에 유리하게 소득을 재분배할 수 있는 기회가 확실히 증가했다. 어려운 시기에 특정 집단에 대한 공적 지원을 없애는 것보다 더 손쉬운 대응책이 어디 있겠는가? 성장의 이익이 공평하게 배분되는 경우가 드물기 때문에 급격한 성장 뒤에 사회적 혼란이 올 수도 있다는 점은 분명하지 않다. 사실 상승기에 이은 하강기에 보복 대상이 되는 이들은 상승기에 이익을 얻은 소수 집단일 가능성이 다분하다.

이 주장은 가장 잘 알려진 유럽 유대인의 사례로 설명할 수 있다. 전통적으로 역사가들은 독일 등지의 반유대 정당들의 선거 승리와 미국 반유대 인민주의자들의 사례를 1870년대 말부터 1880년대까지의 경기 침체와 연관 지어 설명하려 했다. 그러나 이 침체기의 특징인 농산물 가격의 하락은 부분적인 요인일 뿐이다. 당시 경제 성장세는 누그러지지 않았고, 주식 시장도 1870년대의 침체로부터 회복한 상태였다. 전통적인 수공업과 소규모 농업처럼 상대적으로 정체된 부문에 종사하던 사람들은 국제적 경제 통합과 금융 분야의 돈놀음으로 이익을 챙긴 사람들의 성공을 그저 지켜볼 수밖에 없었다. 일반적으로 주가 급등과 폭락처럼 주식 시장의 갑작스럽고 격렬한 변동이 가격과 생산량의 장기적인 구조적 흐름보다 더 큰 영향을 미쳤다. 경제적 변동이 미치는 사회적, 정치적 양극화 영향은 20세기의 특징이었다.

제국 국가

20세기의 충돌을 이해하자면 배경에 있는 제국을 살펴보아야 한다. 1900년 당시, 세계를 지배했던 다민족 거대 제국의 쇠퇴와 몰락이 그런 결과를 가져왔기 때문이다. 세계 대전의 주요 참전국 대부분은 제국이었거나 제국이 되려고 애썼다. 또한 자세히 들여다보면, 민족 국가나 연방 국가가 되려 했던 그 시기의 여러 정치 조직은 사실상 제국이었다. 소비에트 사회주의 공화국 연방도 여기에 해당하며, 현재의 러시아 연방도 그러하다. 그레이트브리튼과 아일랜드 연합 왕국(1922년 이후에는 북아일랜드만)은 실제로 대영 제국이었고, 현재도 그러하다. 이 연합 왕국은 줄여서 여전히 영국으로 불린다.[7] 1850년대와 1860년대에 탄생한 이탈리아는 피에몬테 제국이었고, 1871년의 독일은 프로이센 제국이었다. 오늘날 세계에서 가장 인구가 많은 두 민족 국가는 제국 통합의 결과로 탄생했다. 근대 인도는 무굴 제국과 영국령(英國領) 인도 제국의 후계자이다. 그리고 중화 인민 공화국의 국경은 본래 청 황제들이 정해 놓은 경계선이었다. 논의의 여지가 있지만, 미국조차도 '제국주의적 공화국'이라 할 수 있는데, 미국은 언제나 그랬다고 주장하는 사람들도 있다.

우선 제국은 제국으로 인해 가능해지는 규모의 경제 때문에 중요하다. 대부분의 민족 국가가 보유할 수 있는, 전투 태세를 갖춘 병력 규모는 인구통계학상 한계가 있다. 그러나 제국은 그런 제한을 크게 받지 않는다. 제국은 여러 민족으로부터 대규모 군대를 조직하여 장비를 지급하고, 세금을 징수하거나 국채를 모집하면서 식민지의 자원을 활용하는 핵심 기능을 갖고 있다. 따라서 20세기에 벌어진 대규모 전투는 제국의 깃발 아래 모인 다민족 군대가 수행했다. 스탈린그라드와 엘알라메인 전투가 바로 여기에 해당된다. 두 번째로 제국들 간의 접촉 지점, 다시 말해 국경선과 완충 지대, 서로 차지하려고 경쟁하는 전략 요충지에서는 제국 중심지보다 더 많은 충돌이 벌어질 가능성이 있다. 발트 해, 발칸 반도, 흑해로 이어지는 운명의 삼각지대는 인종적으로 뒤섞여 있을 뿐 아니라 호엔촐레른, 합스부르크, 로마노프, 오스만 왕가의 영토가 만나는 지점이기 때문에 충돌이 일어날 수밖에 없었다. 네 개의 거대 제국의 지각판이 만나는 단층선이었다는 얘기다. 극동에서는 만주와 한국이 비슷한 입장에 놓여 있었다. 석유가 20세기의 주요 연료로 등장하면서 페르시아 만도 분쟁 지역이 되었다. 세 번째로, 제국은 종종 경제 질서 창출과 관련이 있기 때문에 국제적 상업망 통합의 성쇠는 제국의 흥망과 밀접하게

---

7) 열등감에 싸인 스코틀랜드인과 웨일스인들에게는 유감스러운 일이다. 필자가 옥스퍼드 대학 학부생일 때 모든 현대사는 '잉글랜드 역사(English History)'와 '통사(General History)' 이렇게 두 범주로 구분되었다. 켈트족의 정서에 양보하는 차원에서 '잉글랜드 역사'는 나중에 '영국 역사(British history)'로 바뀌었고, 그후 다시 '영국 제도 역사(The History of the British Isles)'로 바뀌었다.

서론 61

관련돼 있다. 경제적 제약과 기회 또한 제국의 확장 시기와 방향뿐만 아니라 존속기간과 식민지 시대 이후의 발전 성격을 결정할 수도 있다. 마지막으로 제국의 평균 수명은 충돌 발생 시기에 대한 실마리를 제공할 수도 있는데, 전쟁은 제국이 막 형성될 때와 몰락할 때 특히 자주 발생하는 것처럼 보이기 때문이다.

제국이나 열강의 흥망이 예측 가능할 정도의 규칙성을 띤다는 생각은 완벽하게 규칙적인 경제 활동 주기를 찾으려던 과거 경제사가들의 실수와 별반 다르지 않다. 반대로 역사가들이 확인해 낸 70여 제국에서 가장 놀라운 점은 공간적인 지배 범위뿐 아니라 존속 기간 또한 상당히 다르다는 점이다. 두 번째 밀레니엄에서 가장 수명이 길었던 제국은 신성 로마 제국으로, 샤를마뉴 대제가 즉위한 800년부터 나폴레옹에 의해 제국이 무너진 1806년까지 존속했다. 중국의 경우 명 왕조(1368~1644)와 그 뒤를 이은 청 왕조를 합치면 500년이 넘으며, 압바스 왕조(750~1258)의 수명도 비슷했다. 오스만 제국(1453~1922)은 거의 500년 동안 지속됐는데, 제국이 멸망하기 전 50년 동안에만 붕괴 조짐을 보였다. 유럽 대륙에 위치했던 합스부르크와 로마노프 제국은 각각 300년 넘게 지속됐는데, 1차 세계 대전이 끝날 무렵 빠른 왕위 계승과 더불어 그 명을 다하였다. 무굴 제국은 현재 인도 영토의 상당 부분을 거의 200년 동안 지배했다. 이집트의 맘루크(1250~1517) 왕조와 페르시아의 사파비 왕조도 비슷한 기간 동안 존속했다. 서유럽 해상 제국들의 정확한 설립 연대는 추적하기가 더 어려운데, 이 제국들의 기원과 존속 기간을 둘러싸고 여러 주장이 제기되기 때문이다. 하지만 스페인, 네덜란드, 대영 제국은 300년 정도 지속되었고, 포르투갈 제국의 수명은 500년에 가까웠다. 그리고 이 모든 제국의 역사는 상승, 최고점, 쇠퇴, 몰락의 한결같은 궤도를 보여 주지 않는다는 점 또한 주목해야 한다. 제국은 성장하다 쇠퇴하는가 하면 재기할 수 있었고, 일부 극심한 충격에 붕괴될 뿐이었다.

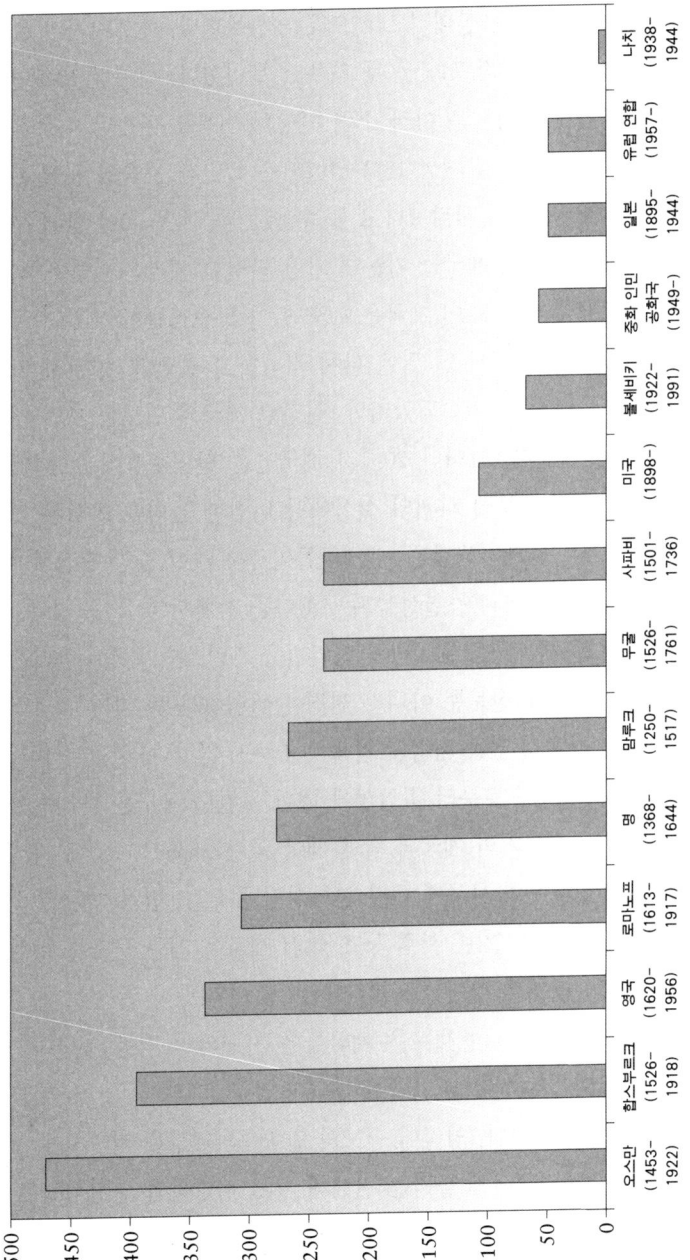

그림 1-4. 초기 근대 및 근대 제국의 대략적인 존속 기간

20세기에 탄생한 제국은 상대적으로 오래가지 못했다. 볼셰비키의 소련 연방(1922~1991)은 고작 70년을 못 채우고 무너졌다. 하지만 1949년에 설립된 중화 인민 공화국은 아직 소련 연방의 기록도 따라잡지 못했다. 비스마르크가 세운 독일 제국(1871~1918)은 47년간 존속했다. 일본의 식민 제국은 1905년부터 시작됐다고 볼 수 있는데, 겨우 40년 만에 무너지고 말았다. 모든 근대 제국들 가운데 가장 단명한 제국은 아돌프 히틀러의 소위 제3제국이었다. 이 제국은 1938년 이후 선조들이 세웠던 국경 너머로 확대되었다가 1944년 말에 다시 후퇴하고 말았다. 엄밀히 말하면 제3제국은 12년 동안 지속되었지만, 진정한 제국의 면모를 보인 시기는 6년에도 못 미친다. 그러나 20세기 제국들은 단명했음에도, 아니 어쩌면 바로 그 이유 때문에 파괴와 살상에서 비범한 능력을 발휘한 것으로 드러났다. 왜 그럴까? 해답은 이 제국들이 유례없이 중앙 집권적인 권력과 경제적 통제, 사회적 동질성을 추구했다는 점에서 찾을 수 있다.

20세기의 새로운 제국들은 제국법과 지역법을 혼란스럽게 적용한다든지, 특정 토착민 집단에 신분뿐 아니라 권력을 위임하는 등 과거 제국의 특징이었던 다소 계획성 없는 행정 조치에 만족하지 않았다. 이들은 19세기에 국가를 세운 조상으로부터 획일성에 대한 무한한 욕구를 물려받았다. 그런 의미에서는 과거의 제국과 달리 제국 국가(empire-state)에 가까웠다. 새로운 제국은 무력 사용에 대한 전통적인 종교적, 법적 제한을 받아들이지 않았다. 그들은 기존 사회 구조 대신 새로운 계층 구조를 형성하는 데 집착했고, 과거의 정치 제도를 기꺼이 없애 버렸다. 무엇보다 잔인함을 미덕으로 삼았다. 이 새로운 제국들은 자신의 목적을 추구하기 위해서라면 적국의 훈련받은 군인만이 아니라 본국, 해외 할 것 없이 모든 국민을 공격하려 들었다. 영국이 인도의 민족주의자들을 지나치게 부드럽게 다룬다고 비난했던 히틀러는 신세대 황제 지망자의 전형적인 모습을 보여 준 것이다. 이는 20세기 대격변의 진원지가 새로운 제국 국가의 주변과 정확히 일치하는 이유를 설명하는 데 도움이 된다. 또한 그 때문에 극단적인 열망을 품은 이 제국 국가들은 과거의 제국보다 훨씬 단명했던 것이다.

서양의 몰락

때로 20세기 이야기는 곧 서양의 승전보 또는 그 무용담으로 제시되곤 한다. 이 이야기에서 더 중요한 부분은 미국의 세기에 대한 내용이다. 종종 2차 세계 대전은 미국의 힘이 최고점에 달한 사건, 다시 말하면 "가장 위대한 세대(the Greatest Generation, 톰 브로커의 베스트셀러에서 따온 용어로, 1911년과 1924년 사이에 태어난 미국인들을 일컫는다. 이 세대는 제2차 세계 대전을 겪고 이후 미국의 산업을 재건해 냈다. —옮긴이)"의 승리로 표현되었다. 1990년대에 냉전이 끝나자, 프랜시스 후쿠야마(Francis Fukuyama)는 역사의 종언과 함께 서양식(영미계는 아니더라도) 자유민주주의 자본주의 모델의 승리를 선언했다. 그러나 이는 기본적으로 지난 100년의 궤적을 잘못 해석한 것으로 보인다. 세상은 다시 동양으로 방향을 튼 것처럼 보이기 때문이다.

1900년 당시 서양 세계는 정말로 세계를 지배하고 있었다. 터키 보스포루스 해협에서 베링 해에 이르기까지, 당시 동양으로 알려진 거의 모든 지역은 어떤 형태로든 서양 제국주의의 지배하에 있었다. 영국은 오래전부터 인도를 지배하고 있었고, 네덜란드는 동인도를, 프랑스는 인도차이나를 지배했다. 미국은 막 필리핀을 수중에 넣었고, 러시아는 만주를 차지하려 애썼다. 제국주의 열강은 중국에 기생(寄生)적인 전초기지를 세웠다. 과거에 비해 지배자와 피지배자 간에 더욱 복잡한 협상과 타협이 이루어졌지만, 한마디로 동양은 정복당한 것이다. 세계 인구의 20퍼센

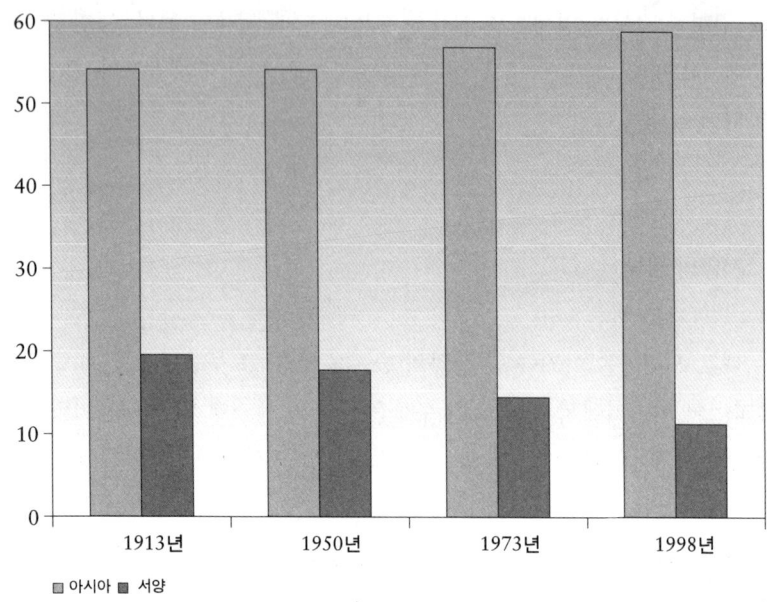

그림 1-5. 서양과 아시아: 세계 인구 점유율

트도 안 되는 사람들이 서양이라는 지배 국가들에 속한 데 반해, 세계 인구의 절반 이상이 아시아인이라는 점을 생각하면 이는 놀랄 만했다.(그림 1-5 참조)

서양이 동양을 지배할 수 있었던 이유는 과학 지식을 생산과 파괴에 체계적으로 적용했기 때문이다. 1900년 당시 서양이 상품과 물자의 절반 이상을 생산해 낸 데 반해, 동양의 경우 25퍼센트에도 못 미쳤다. 또한 동양의 지적 생활이 상대적으로 정체되었을 뿐 아니라 아시아 제국들은 아직 경제, 군사, 법률 체계를 현대화하지 못했다. 민주주의, 자유, 평등, 인종, 이 모든 개념은 서양에서 비롯되었다. 뉴턴에서 아인슈타인에 이르기까지 거의 모든 중요한 과학적 발전도 서양에서 이루어졌다. 아시아 민족주의의 영향을 받은 역사가들은 1900년 무렵 제국주의적 착취 때문에 동양이 퇴보했다고 생각했다. 이는 대부분 착각이다. 유럽은 동양

시끄러운 싸움에 뛰어들었고, 그로 인해 독일은 서유럽에서 순식간에 승리를 거두었다. 1941년 독일과 영국이 전쟁에 돌입했을 때, 히틀러는 자신의 '옛 동료'였던 스탈린을 상대로 상당히 다른 전쟁을 시작했다. 그사이 무솔리니는 동북부 아프리카와 발칸 반도에 이탈리아 제국을 세우려는 헛된 꿈을 추구했다. 이 모든 사건은 아시아에서 일본이 시작한 전쟁과는 아무런 관련이 없었다. 어쨌든 일본은 중국을 상대로 (1931년의 사태가 전쟁이 아니라면) 1937년에 전쟁을 시작했고, 1942년 중반에 영국, 네덜란드, 프랑스 제국을 상대로 벌인 전쟁에서 승리를 거두었다. 그리고 미국을 상대로 한 전쟁은 결코 이길 수 없는 싸움이었다. 이러한 국가 간의 전쟁 전후와 그 중간에 중국, 스페인, 발칸 반도, 우크라이나, 폴란드 등지에서 내전이 일어났다. 그리고 동질적인 듯한 2차 세계 대전이 끝나자마자, 새로운 충돌의 물결이 중동과 아시아를 휩쓸었다. 역사가들은 이 물결을 다소 완곡하게 탈식민화라고 부른다. 내전과 그에 따른 영토 분할은 인도와 인도차이나 반도, 중국, 한국에 상처를 남겼다. 한국의 경우 동족상잔의 전쟁은 미국 주도의 연합군과 공산주의 중국의 개입으로 국가 간 전쟁으로 확대되었다. 따라서 이후 두 열강은 대리인을 앞세워 여기저기에서 전쟁을 벌였다. 세계적인 충돌의 무대는 중동부 유럽과 만주, 한국에서 라틴아메리카와 인도차이나, 사하라 사막 이남 아프리카로 옮겨 갔다.

따라서 1930년대 말과 1940년대 초에 조직화된 충돌의 1세기, 즉 100년 간의 세계 전쟁이 점점 거세지고 있었다고 할 수도 있다. '두 번째 30년 전쟁'이라는 표현은 그 격변의 규모를 축소한 것이다. 사실 진정한 의미의 세계 전쟁은 1914년보다 10년 전에 시작해서 1945년보다 8년 뒤에 끝났기 때문이다. 1914년부터 1991년까지를 지칭한 홉스봄의 '짧은 20세기'라는 매력적인 개념도 충분치 않다. 1989년이나 1979년에 발생한 사건만큼 중요한 단절이 있었기 때문이다. 한편 소련 제국의 붕괴로 냉전기에 잠잠했던 민족 갈등이 발칸 반도 위주로 재연되었다. 이는 역사의 종언이라기보다는 반복이라 할 수 있다. 결국 필자는 세계 전쟁을 1904년과 1953년 사이에 위치시키기로 했다. 1904년에는 일본이 동양에 대한 유럽의 지배에 처음으로 효과적인 타격을 가했고, 1953년엔 한국 전쟁이 끝나면서 한반도가 분할되었는데, 이 경계선은 이미 중유럽을 갈라놓은 철의 장막과 쌍벽을 이루었다. 그러나 이 50년간의 전쟁이 끝난 뒤에는 '긴 평화'가 찾아오는 대신, 필자가 제3세계의 전쟁이라 부른 전쟁이 이어졌다.

역사가들은 언제나 깨끗한 종결, 다시 말해 자신의 이야기가 끝날 날을 갈망한다. 그러나 필자는 이 책을 쓰면서 세계 전쟁이 과연 끝났다고 할 수 있을지 의심이 들기 시작했다. 거의 규칙적인 간격을 두고[8] 대중문화의 유물로 환생해 온 웰스의 『우주 전쟁』처럼 세계 전쟁도 끈덕지게 사라지길 거부하고 있다. 인간이 같은 인간을 파멸시킬 음모를 꾸미는 한, 대도시들의 황폐해진 모습을 보기 두려워하는 동시에 갈망하는 한, 이 전쟁은 연대표의 경계선을 무시하고 재발할 것이다.

---

[8] 처음 소설이 출간되고 40년 뒤, 중국과 스페인에서 파괴적인 공습의 위력이 입증되고 있을 때, 오손 웰스가 소설 『우주 전쟁』을 바탕으로 제작한 라디오극이 방송되면서, 이 소설은 미국의 많은 청취자에게 알려졌고, 너무나도 그럴듯한 이야기에 많은 이들이 놀라움을 금치 못했다. 1953년, 진 베리와 앤 로빈슨 주연으로 제작된 영화 「우주 전쟁」은 오스카상을 수상하며 '슈퍼 사이언스의 끔찍한 무기'가 등장할 냉전을 암시했다. 25년뒤 이번엔 제프 웨인이 갈등에 의해 분열된 1970년대를 위해 화성인의 침략을 음악으로 표현했다. 가장 최근에 스티븐 스필버그의 영화 「우주 전쟁」에 등장한 화성인들은 이슬람 테러리스트들이 모방에 열을 올렸을 방식으로 미국 북동부 지역을 파괴했다.

1부 대(大) 열차 충돌

1 제국과 인종

그 시대 경제 발달에서 엄청난 사건이 1914년 8월에 끝나고 말았다!
— 존 메이너드 케인스

평온한 시대정신을 보여 준 19세기의 마지막 20년이 지나고, 갑작스레 유럽 전체는 열풍에 휩싸였다. 사람들은 열렬히 영웅을 숭배하고 일반 시민에 대한 사회 강령을 지지하고 나섰다. 어떤 이는 신앙에 기대 의심을 품었고, 어떤 이는 고대의 성(城)과 그늘진 길뿐 아니라 대평원과 거대한 지평선, 대장간과 공장을 꿈꾸었다. 전인미답의 새로운 세기에 몸을 맡기는 사람들이 있었는가 하면, 마지막으로 현 세기를 공격하는 사람들이 있었다.
— 로베르트 무질

1901년 9월 11일

1901년 9월 11일의 세상은 배울 만큼 배우고 은행에 돈 좀 있는 건강한 백인에게는 그리 나쁘지 않았다. 경제학자 존 메이너드 케인스는 18년 뒤에 그 시절을 되돌아보며 향수와 풍자가 섞인 글을 썼다. 당시 그가 속한 계급은 적은 돈으로 전 시대의 가장 부유하고 강력했던 군주보다 안락하고 쾌적하고 편리한 생활을 즐겼다.

런던 사람은 아침에 침대에서 차를 마시며 전 세계의 다양한 상품을 적당량 전화로 주문한 뒤, 그 물건들이 집으로 빠르게 배달될 거라는 사실을 당연시했다. 그와 동시에 똑같은 방법으로, 그는 지역을 막론하고 세계의 새로운 기업과 천연자원에 투자하여 아무런 노력도 없이 예상 수익을 챙길 수 있었다. 또한 재산의 안정성을 자신의 상상이나 정보에 따라 다른 대륙의 견실한

73

시민의 선의에 결부시키기로 결정할 수도 있었다.

케인스가 설명한 런던 사람은 세계의 물건들을 구매하고 다양한 유가 증권에 투자할 수 있을 뿐 아니라, 전례 없을 정도로 자유롭고 편안하게 세상을 여행할 수 있었다.

런던 사람은 여권 없이, 정식 절차를 밟지 않고도 어떤 나라나 지역이든 당장 떠날 수 있는 편안한 운송 수단을 확보할 수 있었다. 그리고 하인을 동네 은행에 급히 보내 사용하기 편한 귀금속을 받아 오게 할 수 있었다. 그런 다음, 다른 나라의 종교나 언어, 관습을 전혀 모른 채로 지갑에 돈을 채워 넣고 해외로 떠날 수 있었다.

그러나 중요한 점은 1901년에 살았던 그 런던 사람은 "앞으로 더욱 발전하는 경우를 제외하고는 이런 상황이 정상적이고 필연적이며 영원할 거라고 여기며, 여기서 조금이라도 벗어나면 정상이 아니라 수치스러운 상황이며 그런 상황은 피해 갈 수 있다고 생각했다."는 것이다. 당시 처음 나타난 글로벌 시대는 실제로 상당히 목가적이었다.

군국주의와 제국주의, 인종적이고 문화적인 경쟁 관계, 독점, 구속, 무언가를 배척하는 사업과 정책은 이 낙원에 해악을 끼칠 수도 있었지만, 런던 사람들이 보는 일간 신문에서는 즐거운 이야깃거리에 지나지 않았다. 그리고 거의 완벽하게 실행되는 국제화 과정과 일상적인 사회, 경제 생활에 전혀 영향을 미치지 않는 듯했다.

케인스의 유명한 회상이 진실임을 입증하기 위해서는 그 황금시대에 발행되었던 《타임스》를 들춰 볼 만하다. 공중에서 납치된 비행기 두 대에 의해 세계무역센터의 쌍둥이 빌딩이 무너져 내리기 정확히 100년 전, 세계화라는 그 조악한 단어가 아직 알려지지 않았는데도 세계화는 현실 그 자체였다. 날씨가 좋던 그 수요일에 케인스가 설명한 런던 시민은 아침에 차를 홀짝이며 카디프의 석탄과 파리에서 만든 가죽 장갑, 아바나의 시가 한 상자를 주문했다. 만약 스코틀랜드의 뇌조 사냥터를 가려 한다면, 브레덜베인의 방수복과 통풍이 잘 되는 사냥복(망토와 킬트)을 구매했을지도 모른다. 혹여 다른 쪽에 관심이 있다면 모리스 C. 하임의 『남학생의 특이한 추행(*Schoolboy's Special Immorality*)』 한 권을 주문했을 수도 있다. 그는 런던에 알려진 미국 회사 50여 개 중 하나를 골라 투자했을지도 모른다. 이 회사들은 대부분이 덴버 리오그란데(Denver and Rio Grande) 같은 철도 회사였다.(최신 투자 결과는 그날 보도되었다.) 혹은 《타임스》가 정기적으로 다루는 일곱 군데 주식 시장에 투자했을 것이다. 혹시 여행을 떠나고 싶었다면, 다음 날 뭄바이와 카라치로 떠날 예정인 P&O 사의 여객선 페닌슐러호나 이후 10주에 걸쳐 동양으로 떠날 예정인 스물세 척의 다른 여객선 중 하나를 예약했을지도 모른다. 영국에서 세계 각지로 떠나는 노선이 서른여섯 개가 더 있다는 점은 새삼 덧붙일 필요도 없다. 여행지로 뉴욕이 좋아 보이는가? 그렇다면 내일 떠나는 마니투호가 있고, 아니면 13일에 사우샘프턴에서 함부르크와 아메리카를 오가는 호화로운 비스마르크호를 기다릴 수도 있다. 부에노스아이레스가 더 매력적인가? 어쩌면 그는 그곳의 국영 전차 회사가 자신의 돈을 어떻게 쓰고 있는지, 혹시 손해를 보는 건 아닌지 알고 싶을 수도 있다. 그렇다면 금요일에 아르헨티나로 떠나는 다뉴브호가 있는데, 아직도 몇몇 객실은 예약할 수 있다.

간단히 말해 세계는 그의 봉이었다. 그런데 케인스가 알기로 이 봉엔 해로운 불순물이 끼여 있었다. 9월 11일자 《타임스》는 닷새 전, 무정부주의자 리언 촐고스(Leon Czolgosz)가 쏜 총에 맞은 윌리엄 매킨리 미국 대통령이 회복 기미를 보인다고 보도했지만, 나중에 밝혀진 바로는 헛된 희망이었다.(대통령의 주치의는 대통령이 상당히 건강하다고 말한 것으로 알려졌다. 매킨리는 9월 14일에 사망했다.) 이 공격으로 미국 국민들은 그때까지 무시했던 내부 위협에 경각심을 갖게 되었다. 《타임스》의 뉴욕 특파원은 경찰이 시내의 모든 무정부주의자를 체포하는 데 힘쓰고 있다고 보도했다. 하지만 대통령 암살 계획은 시카고에서 꾸며진 것으로, 무정부주의 지도자 에마 골드만(Emma Goldman)과 에이브러햄 아이작(Abraham Isaak)은 이미 시카고에서 체포된 상태였다. 촐고스는 자신의 의무를 다했을 뿐이라고 말했는데, 무정부주의자의 의무란 지도자를 죽이고 정부와 전쟁을 벌이는 것이라는 얘기였다. 그는 전기의자로 끌려가며 이렇게 말했다. "나는 내 행동이 노동자들에게 도움이 될 것이라고 생각했다." 대통령의 상태가 좋아지고 있으며 범행을 저지른 무리를 속속 체포하고 있다는 뉴스에 그 전날 주식 시장이 안정을 찾았듯, 아침을 먹으며 신문을 읽던 우리의 런던 시민 역시 안심했을 것이다. 그럼에도 그는 국가 원수 암살이 빈번해지고 있음을 알고 있었을 것이다.[1] 무정부주의 이데올로기와 테러 시도는 세계화 시대의 도래를 막는 두 가지 해악에 불과했는데, 케인스는 1919년까지 이 해악들을 까맣게 잊고 살았다.

군국주의와 제국주의 그리고 인종적, 문화적 경쟁자들의 사업과 정책은 어떠했을까? 1901년 9월 11일, 이에 대한 증거는 풍부했다. 남아프리카에서는 영국인과 보어인의 치열한 싸움이 2년 동안 이어지고 있었다. 영국 군사령관 키치너 경이 발표한 공식 성명서는 낙관적이었다. 일주일 전, 보어 측의 피해는 전사자 67명, 부상자 67명, 포로 384명이었다. 그리고 163명이 항복했다. 이에 비해 영국군 사망자는 18명으로, 이 가운

---

1) 이탈리아 왕이 그 전해에 살해되었고, 오스트리아·헝가리 제국의 황후도 2년 전에 암살당했다. 1903년에는 세르비아 왕이 암살자들에게 희생될 차례였다.

데 17명만이 적의 공격에 희생되었다. 이는 아주 영국적인 평가로서, 전쟁터에서 나온 손익 계산서인 셈이었다. 그러나 당시 영국이 적을 무너뜨리기 위해 채택한 방법은 극도로 가혹했는데 《타임스》는 이를 전혀 언급하지 않았다. 영국은 보어인들이 농가로부터 보급을 받지 못하도록 부녀자와 아이를 집에서 몰아내고 강제수용소로 이동시켰다. 수용소 환경이 너무나 열악했기 때문에 수감된 인원 중 3분의 1가량이 좋지 않은 위생 환경과 질병으로 죽어 가고 있었다. 또한 키치너는 보어인들의 통신망을 흔들어 놓기 위해 가시 철조망과 작은 요새를 설치하라고 명령했다. 《타임스》의 논설 위원들은 이러한 조치도 전쟁을 끝마치는 데에는 불충분하다고 생각했다.

보어인들이 전쟁을 오래 끌게 놔두고 잔인한 행위에 의지하여 전쟁을 악화시키게 방치한다면, 영국의 속국들과 제국 파트너들의 눈에 우리의 품격이 높아 보이지 않을 것이다. 온 국민은 우리가 남아프리카에서 착수한 임무를 완수해야 한다는 점에 의견을 모았다. 눈앞에 보이는 그 목적을 극도로 빠르고 완벽하게 달성하는 데 필요한 정책과 수단을 주저 없이 채택해야 한다.

영국이 펼치는 가혹한 정책에 불편함을 느낀 게 분명한 케이프타운의 기자만이 유일하게 다음과 같이 경고했다.

쇠몽둥이는 쇠몽둥이로 남아야 한다. 쇠몽둥이를 벨벳으로 덮을 필요는 없으며, 실제로 그렇게 하는 것은 잘못이다. 그러나 쇠몽둥이를 휘두르는 사람은 무력 행사가 영국 신사의 매너와는 어울리지 않는다는 점을 기억해야 한다. 네덜란드인의 정치적 시각은 우리가 물려받은 지배 능력을 의심하게 만드는, 영국인들의 독특한 행위를 감안하면 결코 변하지 않을 것이다.

영국인이 물려받은 지배 능력은 아프리카의 다른 지역에서도 시험받고 있었다. 같은 날 《타임스》는 우간다의 와난디족과 감비아의 '불법의 영(spirit of lawlessness, 기독교도인들을 미혹하는 이단 교리 ― 옮긴이)'을 토벌하는 원정대에 대해 보도했는데, 이 애매모호한 존재가 영국 장교 두 명의 죽음을 책임져야 했다. 많은 사람들처럼 신문 편집자들도 제국이 군사적으로 너무 확장되어 있다고 보는(아니면 인원이 부족하다고 보는) 보수적인 시각을 갖고 있음에 분명했다. 18세기 시민군을 되살려야 한다는 그들의 요구는, 모국 수호에 기여하는 것이 모든 남자의 의무라는 원칙을 구체적으로 표현한 데 지나지 않았기 때문이다.

불안이 조성되고 있는 더 중요한 이유는 대륙 열강의 관계가 불편한 상태였기 때문이다. 《타임스》의 파리 특파원은 러시아 황제 니콜라이 2세가 프랑스를 곧 방문할 거라고 보도하면서, 그의 방문 목적에 대해 두 가지 추측을 내놓았다. 첫 번째는 러시아 황제가 파리 시장에서 러시아 채권 발행을 성사시키기 위해서이고, 두 번째는 러시아가 프랑스와 맺은 군사 동맹에 충실할 것임을 약속하기 위해서라는 것이었다. 어떤 설명이 맞든지 간에 《타임스》의 기자는 파리와 상트페테르부르크의 우호적인 관계에서 위험을 감지했다. 기자는 다음과 같이 지적했다. "1871년에 독일이 알자스로렌 지방을 합병한 뒤, 현재의 프랑스는 유럽에서 유일하게 청구권을 갖고 있는 나라이며, 유럽의 평화 시대가 완성되었다고 인정할 수도 없고 그래서도 안 되는 유일한 나라이다. 프랑스 영토에 난 구멍을 메우는 문제를 고려하면, 주변 상황이 프랑스와 애국심까지 몰아 댈 경우 그들이 어떻게 행동할지는 아무도 알 수 없다." 그러나 러시아 황제의 방문은 독일이 오스트리아, 이탈리아와 맺은 삼국동맹을 강화하는 결과를 낳을 개연성이 가장 컸다. 당시 독일과 이들 두 나라의 관계는 독일의 수입 관계에 대한 이견 때문에 긴장감이 조성된 상태였다. 프랑스와 러시아의 동맹을 열렬히 확인할 경우, 삼국동맹과의 전쟁 위험이 높아질 수도 있었다.

(그 신문 기자는 어두운 결론을 내렸다.) 나는 어떤 순간에도 기존 동맹국과 손잡을 수 있는 국가는 전혀 언급하지 않았다. 왜냐하면 아직 행동을 취할 때가 오지 않았기 때문이다. 현재 어떤 동맹 체제에도 속하지 않은 국가는 결정을 내리기 전에 여유를 갖고 심사숙고할 수 있다.

상상력 있는 독자라면 러시아 황제가 프랑스 방문 길에 자신의 사촌인 독일 황제를 방문할 것이라는 뉴스에 다소 안심했을 것이다. 《북독일 신문》은 이를 러시아와 독일 정부가 유럽의 평화 유지에 전념할 것을 약속하는 상징으로 진지하게 보도했다. 그러나 프랑스와 오스만 제국의 관계가 악화되었다는 소식은 다소 불안했다. 이에 《타임스》는 술탄이 프랑스와 대영 제국을 상대로 범이슬람주의 운동이라는 괜찮은 무기를 휘둘러 볼 생각을 하고 있다고 추측했다. 발칸 반도에도 근심거리가 있었다. 신문은 러시아와 오스트리아·헝가리 제국의 관계가 약간 나아질 조짐이 보인다고 보도하면서도 다음과 같이 설명했다.

발칸 반도에서 이 두 열강의 영향력은 서로 다른 요인에 기초한다. 러시아의 영향력은 인종과 공동의 역사적인 유물, 종교, 근접성에 기초하고 있는 데 반해, 오스트리아·헝가리 제국의 영향력은 경제적인 분야에서 뚜렷이 나타난다. 최근 몇 년 동안 러시아나 오스트리아의 영향력을 감소시키는 사건은 전혀 발생하지 않았다. 두 열강 모두 기존 지위를 유지해 왔다.

분명 평화주의자의 눈에는 1901년의 세계가 케인스의 회고록에서 묘사된 바와는 달리 낙원이 아니었다. 글래스고에서 개최된 열 번째 세계 평화 회의에서 R. 스펜스 왓슨 박사는 이렇게 울부짖었다. "현 시대는 이

제껏 알던 그 어떤 시대보다 음울하다." 왓슨은 남아프리카의 잔인한 전쟁뿐 아니라 기독교 국가들의 중국에 대한 공격도 비난했다. 그는 "남아프리카의 전쟁을 생각하면 치욕을 느낄 수밖에 없으며, 중국에 대한 공격은 인류 역사상 가장 혐오스러운 탐욕을 보여 주었다."라고 주장했다. 이는 당시 중국의 의화단 운동을 진압한 국제연합군의 행태를 언급한 것이다. 그날자 《타임스》 1면에는 왓슨 박사의 비난이 타당함을 입증하는 광고가 실렸다.

중국 전리품. 전리품을 처분하기 전에 전문가에게 감정을 받는 것이 현명합니다. 라킨(Mr. Larkin), 뉴본드 가(街) 104번지, **동양 예술품 전문점.**

사회주의자들 또한, "대부분의 사람들이 어느 모로 보나 자신의 운명에 만족해하고 있으며, 능력이나 명성을 갖춘 사람이라면 누구나 보통 수준을 넘어 중상위층으로 올라갈 수 있다."라는 케인스의 주장에 이의를 제기했을 것이다. 1901년 9월 첫째 주에 《타임스》는 런던의 사망자 수가 1471명이라고 보도했다. 이는 연간 1000명당 16.9명이 사망했음을 의미한다. 1471명 가운데 7명은 천연두, 13명은 홍역, 14명은 성홍열, 20명은 디프테리아, 27명은 백일해, 17명은 장티푸스, 271명은 설사와 이질, 4명은 콜레라로 죽었다. 한편, 웨일스의 케어필리 근처 랜브라다흐 탄갱에서 일어난 폭발 사고로 광부 20명이 사망한 것으로 알려졌다. 바다 건너 아일랜드에서는 '목공 및 가구공 통합 협회' 회원 7명이 임금 인상을 요구하는 파업을 주도한 혐의로 체포되었다. 《타임스》에 따르면, 런던에 거주하는 등록된 극빈자 수는 10만 명에 육박했는데, 미래를 대비한 사람들에게 국가 보조금을 지급하는 노령 연금 체계가 아직 세워지지 않은 상태였다. 실제로 영국에서 빈곤을 탈출하는 최고의 방법은 사회적 이동이 아니라 지리적 이동이었다. 《타임스》에 따르면, 1891년부터 1900년까지 72만 6000명이나 되는 사람들이 영국을 떠났다. 자신의 생활에 만족했다면, 그렇게 많은 사람들이 영국을 등졌을까?

제국

1901년, 세계는 제국들의 세상이었다. 하지만 제국이 강해서가 아니라 약해서 문제였다.

제국 가운데 가장 오래된 청(淸) 왕조와 오스만 제국은 비교적 분권화된 상태였다. 일부 관측자들이 보기에 이 두 제국은 해체 직전에 있는 듯했다. 너무나 오랫동안 두 제국의 재정은 농촌에서 도시 중심지로 이전되는 봉건제와 유사한 시스템을 기초로 유지되었다. 해외 무역 관세 같은 수입이 더 중요해지고 있었지만, 19세기 말경 이러한 수입은 헛되이 낭비되고 말았다. 중국에서 그 과정이 더욱 진전된 상태였는데, 1840년대부터 샤먼, 광저우, 푸저우, 상하이에서 시작하여 수많은 중국의 항구도시가 유럽의 손아귀에 들어갔다. 처음에 이 항구들은 인도 아편을 대량 소비할 시장을 만들려는 뻔뻔한 스코틀랜드인들의 교두보 역할을 했다. 결국 조약에 의한 개항장은 100개가 넘었고, 유럽인들은 중국법의 적용을 전혀 받지 않는 조차지나 거류지에 거주함으로써 치외법권의 특권을 누렸다. 제국 해관은 명목상 중국 정부 관할이었지만 외국 관리들이 근무했으며, 북아일랜드 출신인 로버트 하트 경이 운영했다. 터키에서도 1881년에 설치되어 외국의 공채 소지자들이 감독하던 유럽 공채 위원회(European Council of the Public Debt)가 세금을 징수했다.[2] 상하이 부

---

[2] 이 위원회의 회원은 일곱 명이었다. 프랑스에서 두 명, 독일, 오스트리아, 이탈리아, 오스만 제국에서 각각 한 명, 영국과 네덜란드 합쳐서 한 명이었다. 무하렘 조약(Decree of Muharrem)에 따라, 부채가 청산될 때까지 소금과 담배 전매 수입, 인지세와 주정세, 특정 지역에서의 조업세와 비단 십일조

두에 위치한 상하이은행과 홍콩은행의 웅장한 사무소와 이스탄불 공채 위원회 건물에서 명확히 드러나는 이러한 주권 제한 행위는 제국의 재정과 군부의 약점을 여실히 보여 주었다. 중국과 터키 정부는 스스로 만들 수 없는 현대식 무기와 사회간접자본 비용을 대기 위해 유럽에서 변동금리로 적잖은 돈을 빌렸다. 국내 중개업체들은 런던과 파리, 베를린의 채권 시장을 통해 상당한 자금을 동원할 수 있는 유럽 은행들과 경쟁할 수가 없었다. 그러나 관세같이 구체적인 수익을 담보로 삼는다는 것은 채무를 이행하지 못했을 경우 이 수입이 외국인 수중으로 넘어간다는 얘기였다. 그리고 1870년대 터키와 1890년대 중국이 겪었듯이, 패전의 여파로 채무 불이행이 발생하는 경향이 있었다. 단순히 서양의 무기를 사들인다고 해서 전쟁에 이길 수는 없는 법이다.

따라서 1901년 당시 서양인들이, 이 취약한 두 제국이 18세기에 유럽의 경제적 영향력에 치명타를 입고 해체된 사파비 왕조와 무굴 제국의 전철을 밟을 것으로 예상했다는 점은 그리 놀랄 일이 아니다. 그러나 상황은 그렇게 전개되지 않았다. 중국과 터키에서는 근대화를 추구한 새로운 세대가 권력을 잡았다. 민족주의에 영감을 받은 이들은 앞선 동양 제국들이 맞이한 운명을 피하려고 애썼다. 1908년 이스탄불에서 집권한 청년투르크당의 과제는 이보다 3년 뒤에 마지막 황제를 권좌에서 끌어내린 중국 공화주의자들의 과제와 동일했다. 이들은 쇠약해질 대로 쇠약해진 제국을 강력한 민족 국가로 변신시켜야만 했다.

1901년에는 뚜렷이 나타나지 않았지만, 오스트리아와 러시아 제국에서는 이와 비슷한 과정이 이미 진행되고 있었다. 사회적 기반은 아시아 제국들과 비슷했지만, 두 제국은 18세기에 이미 재원을 모아 전쟁 수행

에서 거둬들이는 모든 수입, 관세 사용료와 상점에 대한 세금 증가분까지도 위원회에 양도되었다. 오스만 제국의 일부 속국, 즉 불가리아와 사이프러스, 동(東)루멜리아의 수입도 이 위원회로 들어갔다.

능력을 현대화했다. 그러나 둘 다 산업화된 전쟁의 기술적, 정치적 도전에 맞서 싸우느라 상당히 힘겨워하고 있었다. 합스부르크 왕가가 지배하던 중유럽은 인종의 다양성으로 인해 약해진 상태였다. 왕국 다섯 개, 대공국 두 개, 후국 한 개, 공국 여섯 개, 그보다 작은 영토 단위 여섯 개로 이루어진 이 지역에 적어도 열여덟 개의 민족이 흩어져 있었다. 독일어를 쓰는 인구는 전체 인구의 25퍼센트를 밑돌았다. 오스트리아·헝가리 제국은 제도적으로 분권화되어 있어 군사비 면에서는 열강들과 대등한 수준을 유지하려고 애썼다. 이 제국은 견고했지만 무력했다. 케른텐 출신 소설가 로베르트 무질은 제국의 더딘 발전에 대한 당대의 여론을 다음과 같이 능숙하게 포착했다.

> 세계 시장을 장악하거나 세계 권력을 갖겠다는 야심은 없었다. 이 제국은 유럽의 중심에, 세계의 오랜 중심축의 중심점에 있었다. 식민지나 해외라는 단어는 아직도 완전히 확인되지 않은 먼 나라 얘기처럼 들린다. 제국은 군대에 엄청난 돈을 썼다. 하지만 열강들 가운데 두 번째로 약한 제국으로 머무는 데 충분할 정도로만 돈을 썼다.

내부 개혁을 둘러싼 논쟁이 주기적으로 벌어졌다. 1867년 이후 다수 민족이 공존하는 오스트리아와, 마자르족이 지배하는 헝가리로 권력을 나눈 이 이중 제국은 지치지 않고 변칙적인 것들을 만들어 냈다. 예를 들면, '제국-왕국(kaiserlich-königlich, k.k)'과 '제국과 왕국(kaiserlich und königlich, k.u.k.)' 같은 이해할 수 없는 구분인데(헝가리 민족주의자들은 반드시 오스트리아·헝가리 제국을 '제국과 왕국'으로 불러야 한다고 주장했다.—옮긴이) 이러한 구분에 대해 무질은 오스트리아·헝가리 제국을 심지어 카카니아(Kakania)라고 불렀다.

서류상으로 이 나라는 오스트리아·헝가리 왕국이지만, 말할 때는 다들 오스트리아라고 불렀다. 즉, 마음속으로는 간직하고 있지만 서약에 의해 엄숙히 포기한 이름으로 알려져 있었다. 이는 감정이 헌법만큼 중요하며 생활에서 규정은 사실 중요하지 않다는 의미이다. 이 왕국은 헌법에 의하면 자유주의를 지향하지만 정부 조직은 성직 체계를 갖추고 있었다. 그렇지만 삶에 대한 일반적인 태도는 자유주의적이었다. 법 앞에 모든 시민이 평등하지만 당연히 모든 사람들이 시민은 아니었다. 국회는 있지만 언제나 문을 열지 않을 자유를 한껏 누리고 있었다. 그러나 비상 통치권 법령을 이용하면 국회 없이도 나라를 운영할 수 있고, 모든 사람이 전제 정치를 즐기기 시작할 때면 왕은 다시 한번 의회 정부로 돌아가야 한다고 공포했다. 민족주의적 투쟁이 너무 격렬해서 1년에 몇 번씩 국가라는 기계가 꼼짝도 못 하고 죽은 듯 멈춰 버렸다. 그러나 정부가 계속 바뀌는 와중에 숨구멍이 생기면, 모든 사람은 다른 사람들과 아주 잘 지내고 마치 아무 일도 없었다는 듯이 행동했다.

특히 보헤미아의 체코인들은 자신들이 처한 이등 국민 지위에 몸달아 했고, 1907년 모든 성인 남자에게 보통 선거권이 부여되자 더 직접적으로 불만을 표현할 수 있게 되었다. 그러나 합스부르크의 연방주의 체계는 결코 진전을 보지 못했다. 언어상으로만 허술하게 짜깁기된 오스트리아로서는 '독일화'라는 방법을 선택할 수 없었다. 최대한 얻을 수 있는 결과는 독일어를 군대 명령어로 유지하는 것이었는데, 그마저도 체코 작가 야로슬라프 하셰크(Jaroslav Hašek)는 『착한 병사 슈베이크(*The Good Soldier Švejk*)』에서 조롱거리로 삼았다. 이와 반대로, 총인구의 절반 정도를 차지한 왕국 내 비헝가리계 주민들을 '마자르화하려는' 헝가리의 꾸준한 운동은 민족주의적 감정에 불을 붙이는 결과를 가져올 뿐이었다. 당시의 시대적 흐름이 다문화주의를 지향했다면, 빈은 전 세계적으로 선망의 대상이 되었을 것이다. 정신분석학에서 분리파(1897년 구스타프 클림트를 주축으로 낡고 판에 박힌 사상에 더 이상 의존하지 않고 미술과 삶의 상호 교류를 통하여 인간 내면의 의미를 전달하기 위해 결성됨 — 옮긴이)에 이르기까지, 20세기로 접어들던 당시 문화계는 인종 간 이질적 교배의 장점을 훌륭하게 선전하고 있었다. 그러나 그 시대가 동질적인 민족 국가를 지향했다면, 이중 제국의 전망은 음울하기 그지없었다. 시대의 풍자가 카를 크라우스(Karl Kraus)는 오스트리아·헝가리 제국을 '세계 파괴 실험실'이라고 말했다. 이는 자신이 '귀족 민주주의 관료제'라고 지칭한 여러 단계의 정치 조직과 다민족 사회의 점증하는 긴장을 염두에 둔 것이다. 무질이 오스트리아·헝가리 제국을 현대 세계의 적나라한 거울이라고 설명했을 때 암시한 바로 그 내용이었다. 그 나라에서는 남과 잘 지내려는 사람들을 모두 싫어하는 성향이 일찌감치 나타났다. 나이 든 황제 프란츠 요제프(Franz Joseph)에 대한 존경심은 이 미묘한 체제를 결합시키는 데 충분하지 않았다. 결국 이 제국은 산산이 분리되는 운명을 맞을 터였다.

오스트리아·헝가리 제국이 안정된 반면 무력했다면, 러시아는 강했지만 불안정했다. 경찰관 니키포리치는 어린 막심 고리키(Maxim Gorky)에게 다음과 같이 설명했다. "거미줄처럼 보이지 않는 가는 줄이 알렉산드르 3세의 마음에서 곧바로 나온다. 그리고 또 다른 줄이 통치자를 통해 여러 등급을 따라 내려가다가 결국 나 같은 경찰관과 가장 계급이 낮은 군인에게까지 다다른다. 모든 것이 보이지 않는 힘을 가진 이 줄에 의해 연결되고 서로 결합되어 있다." 분권화된 오스트리아·헝가리 제국과 달리 권력이 중앙에 집중된 러시아는 서유럽 열강과 군사적인 균형을 유지할 역량이 있는 것처럼 보였다. 더욱이 러시아는 광대한 제국 내에 거주하는 다른 소수 민족 집단에 러시아어를 적극 강제하는 러시아화를 추진했다. 비러시아계가 수적으로 우세한 상황을 고려하면 야심 찬 전략이었다. 비러시아계 민족은 제국 인구의 56퍼센트를 차지했다. 그럼에도 러시아 경제는 차르와 그의 대신들에게 가장 큰 골칫거리처럼 보였다. 1860년대에 농노제를 폐지했는데도 제국의 농업은 조직 면에서 공동소유 형태를 유지했기 때문에 프로이센보다 인도에 더 가까웠다. 그러나 인색하다는 이유로 가끔 쿨라크(kulak, 부농―옮긴이)로 불린 새로운 소농 계층을 육성하려는 시도는 제한적인 성과만을 거두었다. 협의의 경제적 관점에서 보면, 농업 생산과 수출 증대로 산업화에 필요한 자금을 조달하는 전략은 성공했다. 1870~1913년 러시아 경제는 연평균 2.4퍼센트씩 성장했는데, 이는 영국, 프랑스, 이탈리아보다 높았고 독일(2.8퍼센트)에는 조금 뒤지는 수준이었다. 1898~1913년 선철 생산은 두 배 넘게, 원면 소비는 80퍼센트 증가했고, 철도망은 50퍼센트 이상이 늘었다. 군사적으로도 국가 주도 산업화는 효과적인 듯했다. 육군과 해군에 대한 군사비 지출은 다른 유럽 제국들 수준을 넘어섰다. 독일 총리 테오발트 폰 베트만홀베크는 "몇 년 후면 러시아의 엄청난 발전 능력에 맞닥뜨릴 수밖에 없을 것"이라고 우려했는데, 이는 그리 놀랄 일이 아니었다. 하지만 인구가 빠르게 증가하는 상황에서 곡물 수출에 주력했기 때문에 (급격히 증가하는 외채 이자를 치르기 위해), 평범한 러시아인이 느끼는 물질적인 혜택은 한정될 수밖에 없었다. 이들 중 80퍼센트는 시골에서 살았는데, 농노제의 폐지로 자유뿐 아니라 토지도 얻을 수 있다는 농민들의 희망은 물거품이 되고 말았다. 확실히 생활 수준은 높아졌지만(소비세를 기준으로 한다면), 만연한 불만을 가라앉히지는 못했다. 프랑스의 앙시앵 레짐을 연구한 사람이라면 이 현상을 충분히 설명할 수 있을 것이다. 불만을 품은 농민, 강경해진 귀족, 급진적이지만 무력한 지식인층, 그리고 폭발 직전의 대규모 인구가 사는 수도, 정확히 이것들은 역사가 알렉시스 드 토크빌(Alexis de Tocqueville)이 1780년대에 프랑스에서 확인한, 폭발로 이어지고야 말 성분들이었다. 러시아 혁명에 대한 기대감은 점점 높아지고 있었고, (고리키가 말을 듣지 않았지만) 니키포리치가 그에게 휘말리지 말라고 경고한 혁명은 이제 완성 단계로 나아가고 있었다.

서유럽의 해외 제국들은 서로 다른 특징을 갖고 있었다. 300년의 무역과 정복, 식민화의 결과물인 이 제국들은 놀라운 노동 분업의 수혜자였다. 1850년대에 이미 착취의 동의어였던 이 제국주의의 중심부에는[3] 몇 개의 대도시가 있었는데, 여기에서는 일반적으로 정치적, 상업적, 산업적 기능이 결합돼 있었다. 런던 동부의 빈민가가 인류의 물질적인 발달의 결실이 얼마나 불평등하게 분배되었는지를 여실히 보여 주긴 했지만, 이 부유한 대도시들은 인류의 발전을 상징하는 기념물이었다. 런던, 글래스고, 암스테르담, 함부르크에서 각종 운송 라인, 철도선, 전화선 등이 사방으로 뻗어 나갔는데, 이것들은 서양 제국주의의 원동력이었다. 정기선은 중요한 상업 중심지들을 세계 구석구석과 연결시켜 주었다. 이 배들은 대양을 오가고, 커다란 호수와 강을 정기적으로 오르내렸다. 승객과 짐을 내리고 부리는 항구에는 철도역이 있었고, 이 철도역에서부터 빅토리아 시대의 두 번째 대규모 네트워크가 퍼져 나갔다. 증기 기관차들은 이 철도를 따라 빈틈없이 짜인 시간표에 맞춰 규칙적으로 달렸다. 철이 아니라 구리와 고무로 된 세 번째 네트워크 덕분에 온갖 종류의 지시가 전보로 전달되었다. 제국의 관리들에게 내리는 지침과 해외 상인들이 충족시켜야 할 주문뿐만 아니라, 심지어 서유럽의 교의와 이로운 지식을 열성적으로 이교도에게 보급하는 선교사와 성직자 수천 명의 의사 교환도 전보를 통해 이루어졌다. 이러한 네트워크는 과거 어느 때보다 더 세계를 결속시켰고, 거리로 인한 장애를 없애 버림으로써 진정한 의미의 글로벌 상품, 제조, 노동, 자본 시장을 형성했다. 또한 미국 중서부의 대초원 지역과 시베리아의 스텝 지역에 사람들이 정착하고, 말레이반도에서 고무를 생산하고, 실론에서 차를 재배하고, 퀸즐랜드에서 양을

---

3) 1858년 10월, 《웨스트민스터 리뷰(Westminster Review)》에는 다음과 같은 글이 실렸다. "민족의 지적인 힘을 낮추고, 확고히 결심하여 변덕스러운 마음이 어떤 결과를 가져오는지 세상에 보여 주는 것, 이것이 바로 제국주의가 스스로 정한 임무이다."

기르고, 팜파에서 소를 키우고, 킴벌리에서는 다이아몬드를, 랜드에서는 금을 캐게 된 것도 바로 이러한 시장 때문이었다.

세계화를 민간 부문의 행위자, 즉 기업과 비정부 조직의 자발적인 과정으로 논의하기도 한다. 경제사가들은 국가 간 재화와 사람, 자본의 흐름이 어지러울 정도로 증가했다는 사실을 도표로 흥미롭게 나타낸다. 전 세계적인 산출량과 관련하여 무역, 이주, 국제 대출이 도달한 수준은 1990년대나 돼서야 다시 볼 수 있을 정도였다. 거의 모든 경제 대국이 단일 통화 체계, 즉 금본위제를 채택하면서, 이후 세대는 1914년 이전 시기를 문자 그대로 황금시대로 회고하기까지 했다. 경제적인 관점에서 보면 이 시기는 의심할 바 없이 황금시대였다. 세계 경제는 1870년부터 1913년까지, 과거 어떤 시기보다 빠르게 성장했다. 그러나 제국이 없었다면 국제 경제가 그 정도까지 통합되지는 않았을 것이다. 오스트리아, 벨기에, 영국, 네덜란드, 프랑스, 독일, 이탈리아, 포르투갈, 스페인, 러시아 등 유럽 제국들의 영토를 전부 합치면 세계 토지와 인구의 절반이 넘었다는 점을 유념해야 한다. 이는 전무후무한 정치적 세계화 과정이었다. 1870년대 아프리카에서 그리고 1890년대 중국에서 그랬던 것처럼, 이 제국들은 서로 협력하면서 어떤 반대 세력도 용납하지 않았다.

물론 서양 제국들의 최후 수단은 무력이었다. 그러나 강압에만 의존했다면 제국은 오래가지 못했을 것이다. 제국의 가장 강력한 기반은 식민지 개척, 그리고 토착민과의 협력을 통해 자신을 재현한 여러 모형을 만들어 내는 능력이었다. 이는 제국에 일종의 프랙탈 기하학(어느 부분을 잘라도 전체와 닮음꼴이면서 끝없이 반복되는 성질 ─ 옮긴이)을 적용한 것이다. 지체 높은 영국 여행자가 아프리카의 더반, 오스트레일리아의 다윈, 인도의 다르질링 등 어디에 있든 그 지역 클럽에서 차나 진(gin)을 즐길 수 있다는 얘기다. 또한 후기 빅토리아 시대의 영국 관리가 세인트키츠, 시에라리온, 싱가포르 중 어디에 있든 그 지역의 언어와 법률에 맞춤

한 지식을 갖고 있다는 얘기이기도 했다. 확실히 각 지역에서는 유럽 이민자들이 느끼는 기후와 자원의 매력 여부에 따라, 유럽인과 지역 엘리트의 균형이 독특하게 이루어졌다. 그런데 1901년, 정교한 사회 계층 구조를 모델로 한 균일한 체계가 등장했다. 외국인들은 이 체계를 계급 제도로 오해했지만, 영국인들은 이를 세속 신분과 왕에게 부여받은 지위라는, 불문율에 기반한 정교한 분류 체계로 이해했다.

1901년 당시 모든 제국은 당연히 해야 할 일들로 공을 세운 체했다. 1876년과 1903년에 델리에서 열린 접견식에서 프란츠 요제프 황제의 생일을 기념한 빈에서의 퍼레이드까지, 그들은 인종적인 다양성을 축하하는 다채로운 축제를 벌였다. 프레더릭 루가드(Frederick Lugard) 같은 영국의 제국 이론가들은 지역 지배자들에게 권력을 효과적으로 위임하는 간접 통치가 직접 통치보다 바람직하다고 주장했다. 그렇다 해도 서양 제국들 역시 동양 제국들과 마찬가지로, 러디어드 키플링(Rudyard Kipling)이 뛰어난 시 「퇴장 성가(*Recessional*)」(1897)에서 예측했던 것처럼 죽어 가고 있었다. 19세기가 끝날 무렵 대영 제국이 멀리 떨어진 식민지을 계속 지배하는 데 드는 비용은 그 이익에 비해 눈에 띄게 증가했고, 이득은 상대적으로 소수의 부유한 투자가들에게 돌아갔다. 기 드 모파상의 『벨아미』(1885)는 정치 엘리트층과 금융 시장, 확대되는 제국 사이에 형성된 비교훈적인 관계를 제대로 그려 내고 있다.

그녀는 이렇게 말하고 있었다.
"오, 그 사람들은 정말 영리한 일을 했어요. 정말 영리해요. 정말 놀라운 사업이에요. 라로쉬가 외무장관이 되던 날, 그들 두 사람은 탕헤르 원정에 합의했고, 64프랑이나 65프랑으로 떨어진 모로코 공채를 꾸준히 사들였어요. 아무런 의심도 사지 않을 정체 모를 딜러를 이용하여 아주 영리하게 사들였죠. 심지어 로스차일드 가를 우롱하는 데도 성공했죠. 로스차일드 은행은 모로코 공채에 대한 수요가 그렇게까지 꾸준한 데에 깜짝 놀랐어요. 그들은 관련 딜러들 이름을 모두 대는 것으로 응수했는데, 사실 이들 모두 믿을 수 없고 파산 지경에 놓인 사람들이었지요. 여하튼 그 조치로 로스차일드 은행의 의심은 가라앉았어요. 그리고 이제 우린 원정대를 보낼 텐데, 우리가 성공을 거두면 곧바로 프랑스 정부가 모로코의 부채에 보증을 설 겁니다. 우리 친구들은 5000만, 아니 6000만 프랑 정도를 벌 겁니다. 이제 어떻게 돌아가는지 알겠죠?"

그는 말했다. "정말 영리하군요. 난 이 일로 그 비열한 라로쉬에게 앙갚음을 할 겁니다. 그 사람, 정신 차리는 게 좋을 거예요. 내가 이 일로 그를 장관 자리에서 몰아낼 거니까요."

그는 생각에 잠기더니 조용히 말했다.

"하지만 우리가 그 상황을 이용해야 해요."

그녀는 말했다. "당신은 지금도 그 공채를 살 수 있어요. 72프랑밖에 안 되거든요."

본국과 일부 식민지에서 참정권을 확대하는 조치가 꼭 탈식민화에 시동을 걸었다고 할 수는 없다. 되레 대영 제국은 마지막 50년 동안에만 진정으로 인기를 누렸다고 할 수 있다. 그러나 대도시 유권자들이 사회 보장에 더 관심을 가진 상황에서, 평상시 제국 방위에 지출하는 엄청난 경비를 정당화하기는 더욱 어려워졌다. 영국이 보어인을 굴복시키기 위해 힘겨운 싸움을 하면서 깨달은 것처럼, 대중의 단결은 전시에나 기대할 수 있었다. 그런 감정마저도 승리의 대가가 분명해지면 빠르게 식어 버렸다. 이 점에 대해서는 가장 열성적인 제국주의자도 잘 알고 있었다. 19세기의 마지막 10년 동안 영국을 떠난 72만 6000명 가운데 72퍼센트가 제국 내의 다른 지역이 아닌 미국으로 건너갔다. 《타임스》는 불안한 마음에 다음과 같은 결론을 내렸다.

표 I-I. **1913년 당시의 제국들**

	영토(제곱마일)	인구
오스트리아	115,882	28,571,934
헝가리	125,395	20,886,487
벨기에	11,373	7,490,411
아프리카	909,654	15,000,000
프랑스	207,054	39,601,509
아시아	310,176	16,594,000
아프리카	4,421,934	24,576,850
아메리카	35,222	397,000
오세아니아	8,744	85,800
독일	208,780	64,925,993
아프리카	931,460	13,419,500
아시아	200	168,900
태평양	96,160	357,800
이탈리아	110,550	34,671,377
아프리카	591,230	1,198,120
네덜란드	12,648	6,022,452
아시아	736,400	38,000,000
포르투갈	35,490	5,957,985
아시아	8,972	895,789
아프리카	793,980	8,243,655
스페인	194,783	19,588,688
아프리카	85,814	235,844
러시아(유럽)	1,862,524	120,588,000
아시아의 러시아	6,294,119	25,664,500
영국	121,391	45,652,741
인도	1,773,088	315,086,372
유럽	119	234,972
아시아	166,835	8,478,700
오스트레일리아와 태평양	3,192,677	6,229,252
아프리카	2,233,478	35,980,913
기타	4,011,037	9,516,015
미국	2,973,890	91,972,266
인접하지 않은 영토	597,333	1,429,885
필리핀	127,853	8,600,000
터키(아시아)	429,272	21,000,000
유럽의 터키	104,984	8,000,000
일본	87,426	52,200,679
아시아	88,114	3,975,041
중국	1,532,420	407,253,080
아시아	2,744,750	26,299,950
세계 전체	57,268,900	1,791,000,000
유럽 제국	29,607,169	914,000,000
유럽 제국(%)	52%	51%

참조: 식민지 인구의 일부 수치가 추정치이기 때문에 인구의 합계는 대강의 수치이다.

앞으로 다가올 중대한 문제는 제국을 강화하고, 제국 내 여러 지역이 서로 유기적인 관계를 맺을 뿐 아니라 본국과도 그런 관계를 유지하게 만드는 것이다. 또한 모든 식민지 사람들이 곤궁에 처한 제국을 도와주게 만드는 고상한 충동을 확고한 결속으로 바꾸는 것이다.

그러나 《타임스》도 인정했듯이, 이 문제의 해결책을 쉽게 찾을 수는 없을 터였다.

잡혼

한때 이 제국의 세상은 여러 인종이 융합되어 있었다. 카리브 해, 미국, 인도를 막론하고 영국의 사업가와 군인들은 거리낌 없이 원주민 여성들과 동침했을 뿐 아니라 결혼도 했다. 허드슨 베이사(Hudson's Bay Company) 직원들은 대개 원주민 첩을 두었다. 동인도 회사는 이를 적극 장려했는데, 1778년에는 영국 군인과 인도인 아내 사이에서 태어난 모든 아이에게 세례 선물로 5루피를 주기도 했다. 시에라리온에서 해방된 노예들과 영국 식민지를 세운 이들도 잡혼에 반대하지 않았다. 물론 아프리카인과 신세계에서 여전히 노예로 있던 자손들의 경우에는 상황이 다소 달랐다. 하지만 이 경우에도 이민족 간의 결혼이 성사되었다. 토머스 제퍼슨(Thomas Jefferson)만 성적인 만족을 위해 권력을 이용한 주인은 아니었다. 식민 시대가 끝날 무렵 북미에는 적어도 6만 명의 흑백 혼혈이 있었다.

다른 제국의 경우 이민이 더 성행했는데, 이민자는 보통 독신 남자였다. 브라질에서는 대부분 내연 관계로 제한되었지만, 초기 포르투갈 이민자, 원주민, 아프리카 노예 간의 성관계는 상대적으로 제약받지 않았다. 스페인계 중남미에서도 상황은 마찬가지였다. 1605년에 페루 역사가 가르실라소 데 라 베가(Garcilaso de la Vega)가 '크리오요'(유럽인과 인디오 사이의 자손)를 정확히 정의하려 했을 때, 그는 엄격한 의미의 크리오요와, 스페인인과 크리오요 사이에서 난 자손을 구분하기 위해 쿠아르테론(Quarteron) 혹은 쿠아르트라투오(Quartratuo) 같은 용어를 만들어야 했다. 네덜란드인들 또한 거의 망설임 없이 아시아에서 원주민 첩을 얻었다.(남아프리카 보어인과의 관계에서는 이 관습이 일반적이지 않았다.) 캐나다에서 세네갈, 마다가스카르에 이르기까지, 프랑스 식민지에서 혼혈은 거의 보편적인 현상이었다. 프랑스 식민지 출신 작가 메데릭루이엘리 모로 드 생메리(Médéric-Louis-Elie Moreau de Saint-Méry)는 1797년 발표한 생도밍그(Saint Domingue) 섬에 대한 이야기에서 피부색을 열세 가지로 분류했다.

그러나 1901년 당시에는 전 세계적으로 잡혼을 혐오했다. 일찍이 1808년 모든 유라시아 혼혈은 동인도 회사의 병력에서 제외되었고, 1835년에는 영국령 인도에서 다른 종족 간의 결혼이 공식 금지되었다. 1857년 세포이 항쟁 이후 다른 종족과의 성관계에 대한 태도는 인종 분리 정책을 추구하는 과정에서 완고해졌는데, 정당하다고 할 수는 없지만 인도 내 백인 여성과 그 영향력이 증가한 게 원인으로 지적되었다. 키플링, 서머싯 몸 같은 작가들의 이야기에서 증명되듯이,[4] 인종 간 혼인은 계속되었지만 그 자손은 공공연히 멸시받았다. 1888년, 인도에서 영국군을 위해 만들어진 공식 매음촌이 폐지되었고, 1919년에 크루 경이 제국 전체의 관리들은 원주민 정부(情婦)를 두지 못한다는 금지령을 내렸다. 이 무렵 잡혼은 곧 타락이며, 범죄자 발생이 원주민 대 백인 피의 비율과 관련 있

---

4) 이러한 유형의 대표적인 예는 서머싯 몸의 「풀(The Pool)」로, 불운한 애버딘 사업가가 사모아 혼혈 신부를 서양식으로 바꾸려다 헛수고만 하는 이야기다. 영국령 인도에서는 유럽인으로 보이는 여성들의 손톱 밑 피부색을 살펴보고 '흑인 피'의 흔적을 찾아냈다.

다는 생각은 국외 이민자들 사이에 일반적으로 받아들여졌다. 또한 제국 전체가 원주민 남성이 백인 여성에게 성적인 위협을 가한다는 소문에 터무니없이 집착했다. 이 주제는 영국의 인도 지배 과정에서 탄생한 소설작 중 E. M. 포스터의 『인도로 가는 길(*A Passage to India*)』과 폴 스콧(Paul Scott)의 『왕관의 보석(*The Jewel in the Crown*)』에도 나타나며, 백인 여성이 관련된 소송 사건을 인도인 판사가 담당하지 못하게 하는 운동의 빌미가 되었다. 1901년 당시 인종 차별은 대영 제국 내에서는 일반적인 현상이었다. 이런 현상은 남아프리카에서 가장 노골적으로 나타났는데, 네덜란드 이주자들은 애초에 시민(burgher)과 흑인의 결혼을 금지했고, 그들의 자손은 강력한 법률 제정을 추진했다. 1897년 보어인의 트란스발 공화국은 백인 여성과 흑인 남성의 간통을 금지했는데 이 조치는 이후 케이프 식민지, 나탈, 오렌지 자유 공화국, 인접한 로디지아(Rhodesia)에서 제정된 법률의 본보기가 되었다.

사이비 과학은 여러 방법으로 이러한 조치에 정교한 이론적 근거를 제공해 주었다. 잡혼의 결과 신체적, 정신적으로 퇴보한다고 주장하는 인종위생학이나, 다윈 이론으로부터 인종 간의 생존 투쟁이라는 잘못된 개념을 추론해 낸 사회적 다윈주의 같은 사상은 관련 법률이 제정된 뒤에 나타났다. 이는 특히 영국의 북미 식민지와 미국에서 뚜렷이 나타났는데, 영국인들이 북미로 이주하기 시작할 무렵부터 잡혼을 억제하고 혼혈의 권리를 제한하려는 법률이 만들어졌다. 버지니아에서는 일찍이 1630년부터 인종 간 결혼이 처벌 가능한 범죄로 취급되었는데, 이는 1662년에 법률로 공식 금지되었다. 메릴랜드 식민지는 이보다 1년 앞서 비슷한 법률을 제정했다. 그러한 법률은 북미의 다섯 개 식민지에서도 제정되었다. 미국 건국 후 100년 동안 서른여덟 개나 되는 주들이 그러한 법령을 실행하고 있었고, 이 중 열 개 주는 헌법으로 잡혼을 금지하기까지 했다. 1912년 12월에는 미국에서 흑인이나 유색인종과 백인의 결혼을 영원히 금지하기 위해 연방법을 개정하려는 시도까지 나타났다. 다양한 법령과 헌법 조항의 문구는, 인종 간의 성관계를 금지하는 근거가 더욱더 구체화되고 순수 인종이 위협받음에 따라 확실히 달라졌다. 그리고 백인과 흑인에 대한 정의도 더욱 엄밀해졌다. 버지니아에서는 조부모 중에 한 사람 이상이 흑인인 경우 흑인으로 규정되지만, 증조부모 중 한 사람이 인디언일 경우에는 법률적으로 여전히 백인이 될 수 있었다. 이민의 유형에 따라 여러 주들이 금지 조항을 확대했는데 몽골인과 인도인, 중국인, 일본인, 한국인, 필리핀인, 말레이인을 포함시켰다. 처벌 또한 다양했다. 단순히 인종 간 결혼이 무효라고 선언하여 결혼의 법률적인 특권을 박탈하는가 하면, 징역 10년에 처하기도 했다. 그럼에도 이러한 법률의 기초가 되는 동기는 매우 일관되고 영속적인 듯했다.

 법적 금지 조치로도 북미에서 혼혈인 집단의 등장을 막지는 못했다. 그러나 이러한 사회 현실은 잡혼에 대한 불안감을 조성했다기보다 고조시킨 것으로 보이며, 이 상황을 반영하듯 섬뜩한 작품들이 대거 등장했다. 1850년 필라델피아에서 출간된 『인종(The Races of Men)』에서 로버트 녹스(Robert Knox)는 인종 간의 융합이 좋을 거라는 생각을 단호히 거부했다. 그는 물라토(중남미 혼혈 가운데 특히 백인과 흑인의 제1대 혼혈아를 가리킨다.—옮긴이)가 자연의 괴물이라고 주장했다. 잡혼을 반대한 가장 영향력 있는 인사로는 스위스 태생의 동물학자이자 하버드 대학 교수였던 장 루이 로돌프 아가시(Jean Louis Rodolphe Agassiz)를 꼽을 수 있다. 1863년 8월, 그는 링컨미국자유민조사위원회 회장 새뮤얼 그리들리 하우로부터 아프리카 인종이 이 나라에서 영속적인 인종으로 남을지, 아니면 백인종에 의해 흡수되어 결국 말살될지에 대한 질문을 받았다. 아가시는 정부가 인종 간의 결합과 혼혈의 증가를 막기 위해 가능한 모든 수단을 동원해야 한다고 대답했다.

교양 있는 사회에서 근친상간이 순수한 인격을 해치는 죄악이듯, 혼혈아 생산은 자연을 거스르는 죄악이다. 이민족 간의 결합은 우리의 어려움을 자연스럽게 해결하는 방법을 제시할 수 없으며, 나는 그것이 심히 거슬린다. 그것은 모든 자연스러운 감정을 악용하는 것이다. (중략) 더 나은 자연과 더 훌륭한 문명과 더 순수한 도덕성의 발전에 어울리지 않는 것을 억제하기 위해서라면 어떤 노력도 아껴서는 안 된다. (중략) 같은 민족의 남자다운 자손들 대신, 반은 인디언이고 반은 흑인이고 거기에 백인의 피까지 섞인 혼혈인들의 사내답지 못한 자손들이 미국을 차지할 경우 공화국이나 우리 문명이 맞이할 미래에 대해 생각해 보라. (중략) 생각만 해도 몸서리가 쳐진다. (중략) 그들의 피가 자유롭게 우리 자손의 피에 흘러들도록 놔둔 지금, 우리는 미개한 인종을 어떻게 없애 버릴 수 있을까?

노예제 폐지에 관한 폭넓은 논쟁 속에서도 물라토의 상대적인 장점과 도덕성, 생산력에 대한 의견 교환이 뜨거워졌다. 혼혈아의 활력을 주장하는 권위자들이 있던 반면, 의사이자 흑인종 연구자인 조사이어 노트(Josiah Nott)처럼 혼혈아의 퇴화를 주장하는 사람들도 있었다. 1864년, 노예제 폐지를 반대하는 저널리스트 두 명이 「잡혼: 미국의 백인과 흑인에 적용된 인종 혼합 이론(*Miscegenation: The Theory of the Blending of the Races, Applied to the American White Man and Negro*)」이라는 조롱 섞인 소책자를 출간하여 강렬한 항의를 받았다. 이 책자는 인종 간 결합이 인류의 다산을 가능하게 했으며, 이것이 남북 전쟁 당시 남군의 성공에 핵심 역할을 했다고 익살스럽게 주장했다.(저명한 고생물학자이자 진화생물학자인 E. D. 코프의 말을 빌리자면) 실제로 노예 해방을 반대한 사람들 대부분은 "혼혈아가 백인종만큼 훌륭한 인종이 아니며, 어떤 면에서는 체격이 건장하고 강건한 흑인보다 혼혈이 열등하다."라고 믿었다. 노트에 따르면 다른 인종 간의 결혼에서 태어난 아이들이 불임이 되거나 불임인 자손을 낳기 때문에 결국 잡혼이 혼혈의 절멸을 가져올 터였다. 혼혈아는 또한 사회 질서를 위협한다는 의심을 받았다. 사회학자인 에드워드 바이런 로이터(Edward Byron Reuter)는 불만에 차고 심리학적으로 불안정한 물라토 집단이 심각한 인종 문제를 책임져야 한다고 주장했다. 아서 딘터(Arthur Dinter)의 악명 높은 소설『핏줄을 거스른 죄악(The Sin Against the Blood)』에서 언급되는 선각자들이, 이미 로버트 리 더럼(Robert Lee Durham)의 『남부의 부름(Call of the South)』(1908) 같은 소설에도 나온다는 점 또한 놀랍다. 더럼의 소설에서 피부가 검은 아이를 낳은 사람은 다름 아닌 대통령의 딸이었다.

남북 전쟁의 결과 노예제가 폐지되긴 했지만, 남부의 주들은 인종 간의 결혼과 교제 금지를 중심으로 하는 차별 제도를 지체 없이 갖추었다. 이는 북부의 경우 공식 금지하지 않는다 해도 미국에서 인종 간의 관계가 결코 용인되지 않았다는 얘기였다. 컬럼비아 대학의 인류학 교수 프란츠 보아스(Franz Boas)는 아주 특이하게도 인종을 둘러싼 긴장을 누그러뜨리는 방법으로 인종 간의 결혼을 권장했다.(백인 남성과 흑인 여성의 결혼만을 권했다.) 실제로 군나르 뮈르달(Gunnar Myrdal)이 『미국의 딜레마(An American Dilemma)』(1944)에서 지적했듯이, 인종으로 인한 불안은 인종 간 공식 장벽이 제거되었을 때 증가하는 듯했다. 인종이 서로 다른 부부는 백인 사회에서 배척당했고, 대법원이 인종 간 결혼을 금지하는 주법을 지지하는 한 서로 다른 소수 집단으로 남아 있어야 했다. 적어도 이민 1세대들은 상당히 엄격한 동족 결혼 관습을 지켰음에도, 인종 혼합에 대한 미국의 불안감은 19세기 말과 20세기 초에 증가된 동남부 유럽의 이민 물결로 더욱 가중되었다. 그러나 인종 간 결혼에 대한 반응이 가장 극단적인 형태를 띤 지역은 미국이 아니라 독일이었다.

유대인 '문제'

얼핏 보기에 잡혼에 대한 적대감이 반유대주의로 나타났다는 것은 이해하기 어렵다. 적어도 유대인들보다 동족 결혼을 굳게 지킨 인종 집단은 거의 없다. 이 점에 대해 토라(유대교에서 율법을 이르는 말로 구약 성경의 첫 다섯 편을 말한다.—옮긴이)는 상당히 명확히 밝히고 있다.

네 하나님 여호와께서 너를 인도하사 네가 가서 차지할 땅으로 들이시고 네 앞에서 여러 민족을 쫓아내실 때에 (중략) 네 하나님 여호와께서 그들을 네게 넘겨 치게 하시리니 그때에 너는 그들을 전멸할 것이라. 그들과 어떤 언약도 하지 말 것이요, 그들을 불쌍히 여기지도 말 것이며, 또 그들과 혼인하지도 말지니, 네 딸을 그들의 아들에게 주지 말 것이요, 그들의 딸도 네 며느리로 삼지 말라.

율법을 어긴 자에게 내리는 신의 징벌은 신속하고 가혹했다. 감히 믿음을 어기고 결혼하는 딸들은 죽은 사람으로 공식 선언되었다. 일부 유대 집단은 이 명령을 상당히 엄격하게 따랐다. 예를 들어 17세기 말에 영국에서 다시 세력을 모은 유대인 집단의 경우 1830년대 이전에 다른 인종과 결혼한 사례는 거의 없었다. 그러다 네이선 로스차일드의 딸이 유대교를 배신하고 헨리 피즈로이(Henry Fitzroy)와 결혼하면서 가문이 심한 고통을 받고 유대인 사회 전체가 당혹해하는 사건이 발생했다. 실제로 1901년 이전에 영국 내 유대인과 이교도 간의 결혼율은 유대인 집단의 규모가 상대적으로 작았음에도 불구하고 매우 낮았다. 따라서 빅토리아 시대에 잡혼에 대한 반대는 비유대인들보다 유대인 사이에서 더 심했다고 해도 과언이 아니다. 그러나 이런 상황에도 불구하고 유대인의 성적인 욕구에 대한 우려는 영국의 문학 작품 곳곳에서 명확히 드러났다. 초기의 예는 조지 파쿼(George Farquhar)의 1702년 희곡 「한 쌍의 경쟁자(The Twin Rivals)」로, 이 작품에서 롬바르드 가의 부유한 유대인인 음탕한 모아바이트 씨는 자신의 아이가 유대인으로 자라길 바라는 마음에서 임신한 젊은 정부를 은밀히 자기 집으로 데려와 아이를 낳게 한다. 1733년 테오필러스 시버(Theophilus Cibber)가 각색한 호가스(Hogarth)의 「창녀의 편력(The Harlot's Progress)」은 유대인이 음란하다는 주제를 더욱 발전시켰고, 필딩(Fielding)의 「도시의 미스 루시(Miss Lucy in Town)」, 스몰렛(Smollett)의 『로더릭 랜덤(Roderick Random)』과 『페레그린 피클(Peregrine Pickle)』에서도 호색가, 간음자 같은 유대인이 등장한다. 18세기 유대인이 풍자의 대상이었다면, 19세기 초 유대인은 낭만적으로 묘사되었다. 아름다우면서 개종할 수도 있는 딸을 둔 '방랑하는 유대인(형장(刑場)으로 끌려가는 그리스도를 조소한 죄로 세상의 종말까지 방랑하게 되었다는 전설에서 나온 말—옮긴이)'은 조지 엘리엇(George Eliot)의 상대적으로 온건한 『대니얼 데론다(Daniel Deronda)』는 말할 것도 없고, 스콧(Scott)의 『아이반호(Ivanhoe)』나 존 골트(John Galt)의 『방랑하는 유대인(The Wandering Jew)』 같은 소설에서 자주 만날 수 있는 인물이었다. 하지만 19세기가 끝날 무렵 영국 문학에 나타난 유대인은 매음을 완곡하게 표현한 백인 매춘부를 연상시켰다.

　독일의 상황은 달랐다. 독일은 훨씬 나중에 해외로 진출한 제국이었기 때문에 상대적으로 뒤늦게 과학적 인종주의를 채택했다. 1898년이 돼서야 고비노의 『인종 불평등론』이 독일어로 번역된 것을 봐도 알 수 있다. 그리고 열대 지방 식민지로 이주한 독일인이 거의 없었기 때문에 사회적 다윈주의와 인종위생학 등의 수입된 이론을 아프리카인이나 아시아인이 아니라 가장 가까이에 있는 유대인에게 적용하는 경향이 나타났다. 작곡가인 리하르트 바그너는 인종의 유전적 요소인 밈이 독일에서 어떻게 확산되었는지를 잘 보여 주는 사례이다. 바그너는 1880년에 프랑스어로 된

고비노의 글을 읽은 직후, 독일 민족의 인종적 순수성이 떨어지고 있다는 생각을 받아들였다. 그는 기이하게도 1618~1648년에 벌어진 30년 전쟁에서 침략군이 독일 여성을 강간했던 사건으로 거슬러 올라갔다. 바그너는 독일인과 유대인의 피가 섞이는 경우 특히 해롭다고 생각했다. 일찍이 1873년, 고비노의 글을 읽기도 전에 바그너는 잡혼이 유대인 문제의 해결책이라는 의견에 반대했다. 그는 "금발의 독일 혈통이 이런 거머리 같은 존재를 내칠 정도로 강하지 않기 때문에 더 이상 독일인은 존재하지 않게 될 것이며, 노르만족과 프랑크족이 프랑스인이 된 과정을 통해 유대인의 피가 로마인의 피보다 훨씬 더 독하다는 점을 알 수 있다."라고 말했다.

이와 유사한 논거를 들이미는 사람들이 줄을 이었다. 베를린의 철학자이자 경제학자인 오이겐 뒤링(Eugen Dühring) 역시 고비노의 추종자였는데, 그는 『인종, 관습, 문화 문제로서의 유대인 문제(*The Jewish Question as a Question of Races, Customs and Culture*)』(1881)에서 유대인종의 특징이 주입되는 상황을 한탄하면서 독일 혈통의 순수성을 지키기 위해 잡혼 금지를 요구했다. 테오도르 프리치(Theodor Fritsch)도 『반유대주의의 경전(*Anti-Semitic Catechism*)』에서 독일인들은 유대인과의 접촉을 일절 피함으로써 순수한 혈통을 지켜야 한다고 경고했다. 그가 새로이 제시한 십계명에는 다음 조항이 포함되어 있었다. "너의 민족이 가진 고결한 면모를 유대인과의 문제로 더럽히는 것을 죄로 간주하라. 유대인의 피는 파괴할 수 없으며, 모든 미래 세대에 유대인 특유의 방식으로 몸과 영혼을 형성한다는 점을 알고 있어야 한다." 또한 어떤 독일인도 자신의 모든 조상이 유대인의 더럽힘에 저항했음을 확신할 수는 없기 때문에 마음속 깊이 유대인을 경계하라고 경고하는 이도 있었다. 인종에 대한 독일인의 생각을 명확히 밝혀 준 작품들 중의 하나로 『19세기의 기초(*The Foundations of the Nineteenth Century*)』(1899)를 꼽을 수 있다. 이 책은 20대에 독일로 이민

온 뒤에 바그너의 사위가 된 영국인 휴스턴 스튜어트 체임벌린(Houston Stewart Chamberlain)이 썼다. 체임벌린은 독일이 인종적 동질성과 혼란 사이에서 결단해야 한다고 주장했고, 범게르만 연맹(Pan-German League)의 지도자 하인리히 클라스(Heinrich Class)역시 혼혈이 독일 사회에 해로운 현상이라고 생각했다.

독일의 일부 반유대주의 문헌은 상당히 선정적이었다. 영국에서와 마찬가지로 유대인이 매춘 조직에서 책임자 역할을 한다는 섬뜩한 주장이 제기되었다. 「포주 유대인(*Brothel Jews*)」이라는 논문은 유대인이 독일 처녀들을 유혹하여 타락시키고 매매하는 행위를 죄악으로 생각하기는커녕 여호와께 제물을 바치는 행위로 간주한다고 주장했다. 같은 논리가 퇴행성 질환과 전염병 확산 현상에도 적용되었다. 이에 베르타 파펜하임(Bertha Pappenheim) 같은 독일계 유대인 페미니스트들은 매춘부 거래의 희생자 다수가 동유럽 출신 유대인 소녀라는 점을 지적했지만 허사였다. 호색적인 유대인들이 비유대인 여성들을 유혹하거나 강간한다는 고정관념 또한 이 무렵 독일의 풍자만화에 처음 등장했다. 명문가 출신일 가능성이 있는 유대인 조상을 폭로하려던 작품들은 또 다른 면에서 선정적이었다. 귀족 안내서인 『고타 연감(*Almanach de Gotha*)』(유럽의 왕족·귀족의 계보 등을 기재한 책—옮긴이)을 풍자한 『세미 고타(*Semi-Gotha*)』의 저자들은 귀족이었다가 최근 작위를 받은 기독교도 가문이 결혼을 통해 부분적으로 또는 완전히 유대인이 된 사례가 1000건이 넘는다고 주장했다. 그런데 소위 유대인 문제의 급진적인 해결책에 대한 불길한 암시가 이러한 추문을 캐는 행위와 밀접히 연관되어 있었다. 동양학자인 폴 드 라가르드(Paul de Lagarde)는 『유대인과 인도 게르만인(*Jews and Indo-Germans*)』(1887)에서 유대인을 선모충과 간균에 비유해 부패의 원인으로 지목했다. 이 경우 최고의 구제책은 외과적인 처치와 약품을 이용한 절멸이었다. 1895년, 제국 의회에서 벌어진 논쟁에서, 반유대주의자인 헤르만 알

바르트(Hermann Ahlwardt)는 유대인을 콜레라 박테리아라고 부르며, 영국이 인도에서 종교 암살 단원들을 몰살했던 것처럼 그들을 절멸할 것을 요구했다. 일찍이 1899년, 독일사회개혁당은 완벽한 격리(자기방어가 요구된다면)와 함께 궁극적으로는 유대 민족의 절멸을 통해 유대인 문제의 최종 해결을 요구했다. 인종위생학자인 알프레트 플레츠(Alfred Ploetz)의 독일 연맹 역시 전 주민을 대상으로 소중하지 않은 요소를 완전히 없애 버릴 것을 요구했다.

 그러한 요구들과 히틀러가 만든 죽음의 수용소를 직접 결부시키고 싶은 유혹을 피할 수 없을 것이다. 그럼에도 19세기에서 20세기로 접어들 무렵 이에 대항하는 움직임이 나타났다는 점을 강조해야 한다. 종종 언급되는 것처럼, 1901년에 미래의 홀로코스트를 예언하려 한 사람이 있었다 치자. 하지만 그가 사건의 책임국으로 독일을 지목할 가능성은 없었을 것이다. 유대인은 독일 인구의 1퍼센트도 되지 않았고, 그 비율은 20년 동안 계속 줄어들고 있었다. 절대적으로든 상대적으로든 루마니아는 말할 것도 없고, 러시아 서부 지역과 오스트리아·헝가리 제국의 동쪽 지역인 갈리치아, 부코비나, 헝가리에 훨씬 더 큰 유대인 집단이 존재했다. 그리고 이미 미국에는 세계에서 가장 큰 유대인 집단이 자리 잡았다. 1900년 무렵 유대인 집단이 1만 명이 넘는 쉰여덟 개 유럽 도시 가운데, 독일 도시는 베를린, 포젠, 브레슬라우뿐이었으며, 포젠에서만 유대인 집단이 전체 인구의 5퍼센트를 넘었다. 더욱이 러시아와 오스트리아보다 독일에서 유대인의 동화 과정이 훨씬 더 진전되었다. 1875년에 유대인과 비유대인의 결혼을 막는 법적인 장애물을 제거함으로써 독일 제국은 벨기에, 영국, 덴마크, 프랑스, 네덜란드, 스위스, 미국과 동일한 대열에 합류했다.(헝가리는 1895년이 돼서야 이 조치를 따른 데 반해, 오스트리아에서는 부부 중 한쪽이 종교를 바꾸거나 두 사람 모두 무교로 등록해야 했다. 러시아 제국에서는 계속 불법이었다.) 그 결과는 놀라웠다. 1876년, 프로이센의 기혼 유대인 중 5퍼센트 정도가 비유대인을 배우자로 선택했다. 1900년에 그 비율은 8.5퍼센트로 상승했다. 제국 전체로 보면, 이 비율은 1901년에 7.8퍼센트였으나 1914년에는 20.4퍼센트로 올라갔다. 이러한 통계치는 신중하게 이용되어야 한다. 다른 인종끼리 결혼할 확률은 관련된 두 인구 집단의 상대적인 크기 간의 함수이기 때문이다. 다른 조건들이 같다면, 그런 결혼은 상대적으로 작은 유대인 집단에서 발생할 가능성이 더 크다는 얘기다. 그러나 당대의 학자들은 독일에서도 유대인 집단의 규모가 가장 컸던 베를린이나 함부르크, 뮌헨에서 인종 간 결혼율이 가장 높았다는 사실에 놀랐다. 1900년 초에 함부르크에 거주하던 기혼 유대인 중 20퍼센트가 비유대인을 배우자로 삼았다. 베를린(18퍼센트)이 함부르크의 뒤를 바짝 좇고 있었고, 그 뒤를 뮌헨(15퍼센트), 프랑크푸르트(11퍼센트)가 이었다. 또한 브레슬라우에서도 인종 간 결혼이 눈에 띄게 증가했다. 수치상으로는 오스트리아·헝가리 제국의 빈이나 프라하, 부다페스트보다 훨씬 낮았다. 한편 갈리치아와 부코비나에서는 사실상 이런 사례가 없었다. 당시 미국은 독일보다 다른 인종 간의 결혼 사례가 훨씬 적었는데, 이는 미국에 이민 간 유대인들이 동화주의를 채택하지 않은 동유럽 출신이 많았다는 점을 반영한다. 실제로 1900년대의 독일 유대인처럼 미국 유대인이 다른 인종과 결혼하기 시작한 것은 1950년대에 들어서였다. 스위스와 영국 역시 독일에 뒤처졌는데, 덴마크와 이탈리아 유대인 집단만이 독일에 필적할 정도의 인종 간 결혼율을 보였다. 포젠 출신 사회학자 아르투르 루핀(Arthur Ruppin)은 이러한 추세가 베를린과 함부르크 유대인 사회의 지속에 심각한 위협이 된다고 보았다. 그리고 유대인의 피가 순수한 아리아인을 파괴할뿐더러 두 인종의 결혼이 자연법칙에 어긋나기 때문에 생리적인 반감이 생긴다는 반유대주의자들의 주장이 실제 현실과 모순됨을 지적했다. 그는 결혼 당사자들이야말로 실제로 혐오감을 느끼는지 가장 잘 판단할 수 있다고 주장했다.

유대인에 대한 법적 차별을 요구한 반유대주의자들은 유대인의 의미를 상당히 조심스럽게 규정해야 했다. 이미 유대인과 비유대인의 결혼으로 태어난 자손의 수가 상당히 많았기 때문이다. 그래도 일부 반유대주의자들이 걱정하던 바와는 달리, 잡혼의 결과 태어난 자녀의 수는 순수한 유대인 부부나 기독교인 부부의 경우보다 상당히 적었다. 1905년 당시 이종족끼리 결혼한 부부는 이미 프로이센에만 5000쌍이 넘었고, 1930년에 이르면 3~4만 쌍에 달했다. 1900년부터 1930년대까지 이종족 간의 결혼에서 태어난 자녀 수는 6~12만 5000명으로 추정되었다. 인종주의와는 상관없지만, 실제로 그런 부부 사이에서 태어난 아이들 중 소수만이 유대인으로 양육되었다. 범독일 연맹 지도자 클라스가 고안한 기준에 따르면, 1871년 제국이 탄생하던 날에 유대 종교 집단에 속했던 사람은 모두 유대인이며, 그들의 자손도 마찬가지였다. 따라서 1875년에 개신교로 개종한 유대인의 경우, 딸이 유대인이 아닌 관리와 결혼해서 낳은 손자도 유대인으로 간주되는 것이다. 클라스가 그런 의견을 글로 남길 필요성을 느꼈다는 사실은 그 자체로 의미가 있다.

반유대주의 정당들이 1880년대와 1890년대에 잠시 성공을 거두었지만, 독일의 정치 문화 역시 반유대주의를 받아들이지 않았다. 세계에서 카를 마르크스(그 자신도 기독교인과 결혼한 개종자였다.)의 평등주의적이고 세속적인 가르침을 폭넓게 받아들인 곳은 독일밖에 없었다. 1912년, 독일의 사회민주당은 제국 의회의 당당한 다수당이었다. 일부 독일 사회주의자들은 반유대주의의 영향을 받았는데, 이들은 1848년의 혁명 세대로부터 자본주의자와 유대인을 동일시하는 경향을 물려받았다. 그러나 독일 사민당 지도부는 인종 차별을 초지일관 반대했다. 미국의 주들이 차례로 인종 간 결혼을 금지하는 법률과 헌법을 제정한 반면, 제국 의회는 독일 식민지에 유사한 법률을 도입하자는 제안을 거부했다. 실제로 유대인은 어떤 법적 차별도 받지 않았다. 또한 고등교육과 직업에 접근할 수 있는 권리는 더 낫다고는 할 수 없어도 유럽의 여타 지역과 마찬가지로 보장되었다. 이후 언급하겠지만, 유대인은 차르 치하의 러시아에서 차별과 폭력에 희생될 개연성이 훨씬 높았다. 바로 그 때문에 세기 전환기에 그토록 많은 유대인이 러시아 제국을 떠나 독일과 오스트리아·헝가리 제국 등 서쪽으로 향했던 것이다. 이렇게 서쪽으로 집단 이주한 상황을 빼고는 유대인에게 닥친 운명을 이해할 수 없다. 유대인들의 집단 이주로 유대인의 전통 가운데 동족 결혼 같은 대표적인 관습이 약화되었다.

루핀뿐 아니라 펠릭스 타일하버(Felix Theilhaber) 같은 독일계 유대인들에게는 다른 인종과의 결혼이 늘어나는 경향은 유대교의 전반적인 몰락을 나타내는 한 가지 증상에 불과했다. 유대교의 몰락은 배교나 자살, 낮은 번식력, 신체적·정신적 타락으로도 나타났다. 실제로 루핀이 시온주의로 전향한 까닭은 동화 현상으로 유대교가 절멸했다는 확신이 커졌기 때문이다. 그러나 어떤 사람들의 눈에는 인종 간 결혼이 유대인 문제에 대한 최고의 해답이었다. 프레스부르크 태생의 유대인 레오폴트 콤페르트(Leopold Kompert)는 1874년에 발표한 『폐허 사이에서(*Between the Ruins*)』에서 유대인 소년과 기독교 소녀의 사랑을 동화(同化)의 상징이자 미신과 편견에 대한 대책으로 묘사했다. 오스트리아 사회민주당원 오토 바우어(Otto Bauer)가 지적했듯이, 모든 유대인 문제 가운데 마지막으로 남은 이 문제는 젊은 남녀의 취향과 선택에 의해 결정될 터였다. 인종 간 결혼을 지지하는 독일인들 중에는 시온주의자인 아돌프 브륄(Adolf Brüll)이 있었는데, 그는 군인다운 아리아인의 유전자가 주입되면 동유럽 유대인의 성격이 강해질 것으로 믿었다. 기독교로 개종한 오토 바이닝거(Otto Weininger)는 "짝을 찾으려는 본능이 개인들 간의 경계를 제거하는 요인이며, 특히 유대인은 그런 경계를 제대로 무너뜨렸다."라고 말했다. 일부 반유대주의자들조차 바로 이런 본능에 무너졌다. 19세기 후반에 『독일에 대한 유대의 승리(*The Victory of Jewry over Germandom*)』(1879)를 발표한 출판업자 빌헬름 마르(Wilhelm Marr)는 대개 반유대주의(anti-Semitism)란 말을 만들어 낸 사람으로 알려져 있다. 프리드리히 니체의 주장을 그대로 되풀이한 마르는 "미래와 생명은 유대 민족의 것이며, 독일인에게는 과거와 죽음만이 존재한다."라고 두려워했다. 그러나 「친유대주의 내에서(Within Philo-Semitism)」란 자전적 수필에서는 학생일 때와 청년으로 성장해서 폴란드에 머물 때 유대인 여자들을 사귄 적이 있다고 고백했다. 또한 그는 대서양을 횡단하는 증기선에서 젊은 유대인 여성 두 명과 불장난을 한 적도 있다고 했다. 마르는 평생 세 번 결혼했는데, 부인들 중 한 명은 개종한 유대인의 딸이었고, 다른 한 명은 부모 중 한쪽이 유대인이었으며, 세 번째 부인은 부모가 모두 유대인이었다. 루돌프 뢰벤슈타인(Rudolph Loewenstein)이 지적했듯이, 성적인 요인은 널리 인정되지는 않았지만, 반유대주의의 기초가 되는 가장 강력한 동기들 중의 하나이다. 간단히 말해 독일인과 유대인은 소위 애증 관계로 맺어졌다고 볼 만도 했다. 인종 간 결혼과 다산, 배교의 유행을 예측한 사람들이 적어도 독일에서는 자발적인 해체를 통해 유대인 문제의 해답을 찾을 수 있으리라고 생각한 데는 그럴 만한 이유가 있었다.

반유대주의의 경제학

1901년 당시 반유대주의가 단순히 잡혼에 대한 우려 이상이었다는 것은 너무도 당연한 얘기다. 경제적 불만도 그만큼 중요했다. 반유대 정책의 핵심 지지자들이 생긴 이유는 18세기와 19세기 초 해방의 여파로 아시케나지 유대인이 놀라울 정도의 사회적, 지리적 이동을 달성했기 때문이다. 로스차일드 가문이 주가 조작으로 부당 이익을 얻었다고 느낀 사람들은 특별히 인종위생학에 관심을 갖지는 않았다. 『유대인, 시대의 군주들(*The Jews, Kings of the Epoch*)』(1847)을 쓴 프랑스의 알퐁스 투스넬(Alphonse Toussenel) 등의 급진주의자들은 새로운 금융 봉건주의라고 불리던 환경에서 유대인 은행가들의 주도적인 역할에 분개했다. 마르크스도 「유대인 문제에 관하여(*On the Jewish Question*)」라는 논문에서 종교와 관계없이 자본주의자가 사실상 유대인이라고 주장했다. 유대인을 기생충으로 간주하는 유사한 적대감은 프랑스 사회주의자 피에르조제프 프루동(Pierre-Joseph Proudhon)과 러시아 무정부주의자 미하일 바쿠닌(Mikhail Bakunin) 역시 표명했다. 파렴치한 유대인 자본가는 19세기 유럽 문학 작품의 단골손님이었다. 구스타프 프라이타크(Gustav Freytag)의 『대변과 차변(*Soll und Haben*)』에서뿐 아니라 발자크의 『뉘생장 상점(*La maison Nucingen*)』, 졸라의 『돈(*L'Argent*)』, 트롤로프(Trollope)의 『우리가 사는 방식(*The Way We Live Now*)』에서도 그런 인물이 등장했다. 졸라의 소설 속 인물 군데르만은 전형적인 은행가로, 증권거래소와 세계를 장악한 사람이다. 그는 모든 비밀을 알고 있고, 신이 천둥을 만들어 내는 것처럼 시장을 마음대로 주무르는 인물이었다. 에두아르 드뤼몽(Edouard Drumont)이 『유대인의 프랑스(*Jewish France*)』(1886)를 집필하는 데 영감을 준 사건은 4년 전 발생한 유니온 제네랄 은행의 파산인데, 드뤼몽을 비롯한 사람들은 로스차일드 가에 그 책임을 물으려 했다. 오귀스트 시라크(Auguste Chirac)를 비롯한 수많은 사람들이 느끼기에 제3공화정은 유대인 자본에 장악된 상태였다.

독일의 경우, 19세기 말에 정치적으로 가장 성공한 반유대주의자들은 '농부 왕(Peasant King)'을 자처하며 유대인의 경제적인 역할을 비난했던 오토 뵈켈(Otto Böckel) 같은 인물이었다. 그의 소책자 『유대인: 우리 시대의 왕(*The Jews: Kings of Our Times*)』(1886)은 1909년까지 150만 부가 팔린 작품으로, 프랑스인들의 주장을 그가 이끌던 인민당의 주요 구성원인 헤센 지역 농부들의 기호에 맞게 조정한 것이었다. 뵈켈은 1887년부터 1903년까지 제국 의회 의원이었는데, 반유대주의 운동이 절정에 달한 1893년 당시 반유대주의자를 자칭한 열일곱 명의 의원들 중 한 명이었다. 이 무렵 독일 최고의 부자 가문들 가운데 31퍼센트가 유대계였고, 프로이센의 백만장자들 가운데 22퍼센트가 유대인이었다는 점도 주목할 만하지만, 유대인들이 단순히 자본가라서 공격받은 건 아니었다. 독일에서는 사업이나 기업 경영보다 지적인 분야에서 유대인들의 활약이 두드러졌다. 유대인은 독일인 100명당 한 명꼴도 안 되었지만, 20세기 중반 독일인 의사 아홉 명 중 한 명, 변호사 여섯 명 중 한 명이 유대인이었다. 또한 신문사 편집자, 저널리스트, 극장 감독, 학자로 일하는 유대인 수도 평균을 넘었다. 실제로 독일 엘리트 직업 중에서 군대 장교직의 경우에만 유대인이 적었다. 사실 반유대주의는 낙제생들의 질시에 불과한 경우가 가끔 있었다. 그럼에도 불구하고 19세기 말과 20세기 초에 동유럽에서 독일로 유대인이 대거 이주하면서 유대인에 대한 독일인의 인식이 악화되었다. 1914년, 독일 유대인 중 25퍼센트 정도가 외국인 또는 동유럽인(국경 지역의 상부 슐레지엔과 포젠 출신도 포함되어 있다.)으로 규정되었다. 독일의 비유대인뿐 아니라 심지어 유대인들까지도 상대적으로 가난하고, 그리스 정교를 믿으며, 이디시어를 사용하는 소위 동구 유대인(Ostjuden)들에게 상당히 비슷한 반응을 보였다. 혐오감에 가까운 불안감을 느낀 것이다.

유대인이 전문직종에서 거둔 성공은 오스트리아·헝가리 제국에서 더욱 두드러졌는데, 이들은 어디에서든 도시 인구의 많은 부분을 차지했다. 그들은 빈의 지식인 계층에서 단연 두각을 드러냈고, 프라하의 기업계에서 주도적인 역할을 담당했다. 이주해 온 동구 유대인의 수 또한 베를린보다 빈이 훨씬 더 많았다. 따라서 범게르만주의자인 게오르크 리터 폰 쇠네러(Georg Ritter von Schönerer)나 기독교 사회주의자인 카를 루에거(Karl Lueger) 같은 반유대주의자들이 전전의 오스트리아·헝가리 제국에서 거둔 정치적 성공은 이러한 경제적인 불만에 기초했고, 이는 그리 놀랄 일도 아니었다. 1897년부터 1910년까지 빈 시장을 지낸 루에거는 급속도로 사회적 동화가 이루어지던 당시 "누가 유대인인지는 내가 정한다."라고 선언함으로써 반유대주의 실천 방안을 완벽하게 요약해 놓았다. 영국 유대인 대표 위원회 회장 네빌 래스키(Neville Laski)가 20년 뒤 빈을 방문했을 때, 그 지역 상무장관은 이렇게 설명했다. "루에거의 반유대주의는 지극히 과학적이다. 자신이 유대인이라고 지적한 사람만이 유대인이라고 말한 루에거의 기준에 따르면, 유능한 유대인은 반유대주의 운동 대상에서 제외되기 때문이다."

이러한 설명에서 알 수 있듯이, 경제적 반유대주의는 인종적 반유대주의와는 상당히 다른 반응을 불러일으켰다. 가톨릭계 잡지 《게르마니아》는 일찍이 1876년에 "유대인 상점에서 물건을 사지 말라!"라는 슬로건을 내세웠다. 3년 뒤에 성직자로 변신한 반유대주의 선동가 아돌프 슈퇴커(Adolf Stoecker)는 유대인을 교사직과 판사직에서 퇴출시켜야 한다고 주장했다. 그러한 제안은 특히 유대인들의 성과를 따라잡을 능력이 부족하다고 느낀 이교도 중소기업가나 전문직업인, 화이트칼라 노동자들의 관심을 끌었다. 독일사무직노동자회는 소위 '아리안 조항'을 규칙과 규정에 집어넣음으로써 유대인을 회원에서 제외한 최초의 조합이었다. 또한 다수의 학생 클럽도 이러한 조치를 취했는데, 여기에는 전통적으로 자유주의를 지향해 온 독일학생연맹도 포함되어 있었다. 베른하르트 푀르스터(Bernhard Förster)와 막스 리베르만 폰 조넨베르크(Max Liebermann von Sonnenberg)가 독일의 특정 공무원직에서 유대인을 제외해 달라는 탄원서를 배포했을 때, 거기에 서명한 22만 5000명 가운데 4000명이 대학생이었다. 1879년 "유대인은 우리의 불행이다."라는 구호를 지어 낸 사람도 하인리히 폰 트라이치케(Heinrich von Treitschke)라는 역사학자였다.

학계에서는 특히 범게르만연맹 회원들의 활약이 두드러졌는데, 1908년 이후 이 연맹을 이끈 클라스는 빌헬름 시대의 가장 극단적인 반유대주의자로 꼽힌다. 클라스는 익명으로 펴낸 『내가 황제라면(*If I Were the Kaiser*)』(1912)에서 유대인들의 경제적 기회를 제한하기 위해 다음과 같은 험악한 권고 사항 목록을 실었다.

1. 독일의 국경은 유대인의 추가 이주를 막기 위해 폐쇄되어야 한다.
2. 독일 국적을 갖지 않은 독일 내 유대인 거주자는 즉각 그리고 가차 없이 추방되어야 한다.
3. 기독교도로 개종한 유대인과 비유대인과의 결혼으로 태어난 자손 등, 독일 국적을 가진 유대인에게는 외국인의 법적 지위가 부여되어야 한다.
4. 유대인은 모든 공직에서 물러나야 한다.
5. 유대인에게는 육군이나 해군 복무를 허가해서는 안 된다.
6. 유대인의 선거권을 박탈해야 한다.
7. 유대인은 교직이나 법관직에서 제외되어야 하고, 극장 감독직에서도 물러나야 한다.
8. 유대인 저널리스트는 유대계로 명시된 신문사에서만 일해야 한다.
9. 유대인에게 은행을 경영하도록 허가해서는 안 된다.
10. 유대인이 농지를 소유하거나 농지에 대한 저당권을 소유하도록 허가해서는 안 된다.
11. 유대인은 인종적 외부인으로서 누리는 보호에 대한 대가로 독일인에게 부과되는 세금의 두 배를 내야 한다.

클라스가 이 무자비한 조치들을 경제 위기가 아닌 경제 발전으로 나타난 현상의 해결책으로 간주했다는 점은 중요하다. 독일 내 유대인들이 성장한 원인은 바로 1834년에 체결된 독일관세동맹 덕분이었다. 돈과 상품 거래를 위해 태어난 유대인들이 독일인들보다 확대된 자유 시장을 제대로 이용하는 법을 더 잘 알고 있었기 때문이다.

이러한 모든 요소와 그 외의 다른 경제적 사정으로 사업 기회는 전례 없이 많아졌다. 대부분의 독일인은 이 새로운 환경에 천천히 적응해 나갔다. 오늘날까지 모든 계층이 사업에 아직 길들지 않았다고 할 정도로, 사람들은 사업이라고 하면 소박한 중소기업이나 농업을 생각한다. 하지만 유대인은 상당히 달랐다. 그들의 본능과 정신적인 지향점은 사업을 향하고 있다. 이제 그들의 번영기가 시작되었으며, 그들은 자신의 능력을 최대한 이용할 수 있게 되었다.

무엇보다 클라스의 설명은 인종 편견이 경제 위기만큼이나 경제 성장에 의해서도 강화될 수 있다는 사실을 완벽하게 입증해 준다.

독일인의 이주

1901년, 유대인 이주 집단은 크나큰 변화를 맞을 참이었다. 전 세계 1060만 유대인 가운데 70퍼센트가 넘는 이들이 중동부 유럽에 거주하는 아시케나지였다. 이들 가운데 300만 명이 넘는 유대인이 러시아 영토에서 살고 있었다. 이들은 서쪽으로 옮겨 가기를 열망했고, 이 중 수십 만 명은 서쪽으로 이동하면서 뉴욕과 런던의 이스트엔드 지역, 베를린, 부다페스트, 빈 등에서 새로운 유대인 집단을 형성했다. 그렇다고 동유럽에 있던 기존 유대인 집단이 쇠퇴한 것은 아니었다. 인구통계학적으로 그들은 계속해서 번성해 나갔다. 더 정확히 말하면 20세기 초와 마찬가지로 유대인들은 세계화되고 있었다. 비슷한 과정이 다른 이주자 집단을 변화시키고 있었다. 독일인 500만 명가량이 19세기에 대서양을 건너 미국 중서부에 대규모 독일인 집단을 세웠다. 그러나 초기 독일인 이주자들은 상대적으로 감소세를 보였다.

1901년 당시 독일 제국의 동쪽 국경 너머에서 살고 있던 독일인은 1300만 명이 넘었다. 900여 만 명이 오스트리아에서 살고 있었고, 400여 만 명은 더 동쪽에 위치한 헝가리, 루마니아, 러시아 등지에서 거주하고 있었다. 보헤미아와 모라비아뿐 아니라 폴란드, 갈리치아, 부코비나, 발트 해안을 따라 많은 독일인 집단이 형성되어 있었다. 또한 슬로바키아와 헝가리, 트란실바니아, 슬로베니아에서도 독일인들이 거주하고 있었다. 이러한 이민 집단이 합스부르크 왕가의 영토에만 있었던 것도 아니었다. 북부 이탈리아에는 티롤계 독일인들이 살았고, 러시아에도 독일인들이 거주하고 있었는데, 볼리니아(Volhynia), 베사라비아, 도브루자뿐 아니라 프루트 강과 드네스트르 강 입구, 볼가 강 남쪽 지역을 따라서도 독일인 집단이 자리 잡았다. 대부분 사라진 이 집단들의 역사를 독일 역사에 포함시키려던 1930~1940년대 나치 선전자들의 집착을 무작정 비난하기는 결코 쉽지 않다. 그럼에도 많은 독일인 이민자의 기원이 몇백 년 전으로 거슬러 올라간다는 점에는 의문의 여지가 없다. 독일인들이 처음으로 서부 헝가리 지역으로 이주한 것은 10세기 말, 슈테판(Stefan) 1세의 명령에 의해서였다. 12세기에 지벤뷔르거 작센(Siebenbürger Saxon)족이[5] 트란실바니아에 정착하면서 이 과정은 반복되었는데, 그들은 클라우센베르크(Klausenberg)나 헤르만슈타트(Hermannstadt), 비스트리츠(Bistritz) 같은 도시를 세웠다. 거의 같은 시기에 슬로바키아, 그중에서도 프레스부르크(Pressburg, 현재의 브라티슬라바), 카샤우(Kaschau, 코시체), 집스(Zips, 스피스카)와 슬로베니아의 라이바흐(Laibach, 현재의 류블랴나)에도 독일인 이주자 집단이 형성되었다. 이러한 정착지들은 전략적인 성

---

5) 실제로 그들은 작센이 아니라 크랑코니아 출신이었다.

격을 갖고 있었는데, 기독교 세계의 동방 원정을 따라 요새화된 정착지를 형성하려는 의도가 포함돼 있었다. 이는 발트 해안을 따라 형성된 이주 집단의 경우 명확히 드러났다. 1405년 무렵 튜턴 기사단의 영역은 엘베 강으로부터 나르바 만까지 확대되었다. 토른(Thorn, 토룬), 마리엔부르크(Marienburg, 말보르크), 뮈멜부르크(Mümmelburg, 메멜), 쾨니히스베르크(Königsberg, 칼리닌그라드) 같은 도시들은 모두 튜턴 기사단이 세웠다. 독일인들은 동유럽에 군사뿐만 아니라 민간 부문에서도 뿌리를 내렸다. 13세기와 14세기에 루블린이나 렘베르크 같은 수많은 도시들은 독일의 법률을 기초로 세워졌다. 20세기의 전화(戰禍)로 종종 그 흔적이 없어지긴 했지만(쾨니히스베르크는 철저히 파괴되었다.), 오늘날 독일의 건축 유산은 프라하는 말할 것도 없고 토룬에도 뚜렷이 남아 있다. 독일 대학 가운데 가장 오래된 대학은 1348년 카를 4세가 프라하에 세운 대학이다.

 이후 몇 백 년 동안 격동의 시간이 흘렀지만, 중동부 유럽 독일인들은 지배적이지는 않아도 변함없이 특권을 누렸다. 독일 왕조뿐 아니라 군인과 관료 들은 그 지역의 두 대제국을 통치했다. 또한 그들은 발트 해의 주요한 지주들이었다. 프라하와 체르노비츠의 관료나 교수였고, 트란실바니아에서 가장 좋은 땅을 경작했으며, 레시타와 아니나의 광산을 개발했다. 그러나 이러한 다양한 집단을 발생시킨 이주는 토착민들을 완전히 밀어낼 정도로 대규모로 지속되지는 않았다. 12~13세기에 독일 이민자 수는 1년에 2000명 정도에 불과했다. 15세기와 16세기에 이르면 폴란드 도시에서 독일인들이 행사하는 영향력은 눈에 띄게 줄었다. 17~18세기에 스웨덴과 러시아가 차례로 동부 발트 해 지역의 독일 식민을 억제했다. 바나트(Banat)와 부코비나, 발칸 반도에 독일인(특히 슈바벤 사람들)들을 다시 정착시키려던 합스부르크 왕가의 노력은 이러한 상황에서 별 성과를 거두지 못했다. 예카테리나 여제에 의해 볼가 강가와 흑해 연안으로 이주한 독일인들은 마치 대서양을 건넌 듯 조국의 문화로부터 사실

1 제국과 인종 **113**

상 고립되었다. 19세기 후반에 비독일계 주민의 출산율이 다소 높아지면서 이 독일 이주민 집단의 상대적인 규모는 더욱 줄어들었다. 더욱 중요하게는 지방 출신의 슬라브계 농민들이 전통적으로 독일계 도시였던 지역으로 대거 이주해 들어오면서 그들은 '인구 압박'을 느끼기 시작했다. 예를 들어 프라하 도심에 체코인들이 유입되면서 1880~1900년에 독일어권 인구가 21퍼센트에서 8퍼센트로 감소했다. 갈탄 광산 도시인 브뤽스(Brüx)의 독일계 인구는 89퍼센트에서 73퍼센트로 줄었다. 보헤미아 북동부에 위치한 트라우테나우(Trautenau, 트루트노프)나 모라비아의 이글라우(Iglau, 이흘라바)같이 더 고립된 지역의 독일인 집단은 자신들이 '언어의 섬(language of islands)'에 살고 있다고 생각했다. 그러한 사회적, 인구통계적인 변화는 독일 밖에 살고 있던 독일인들이 느끼던 문화적, 정치적 취약성을 설명하는 데 도움이 된다. 1904년에 독일노동자당을 세운 사람들은 다름 아닌 트라우테나우의 독일 노동자들이었으며, 1913년 당의 지도자는 인간 이하인 체코인들의 위협에 맞서 (독일의) 생활 공간을 유지하고 증가시키는 것이 당의 주요 목표라고 선언했다. 이는 1898년에 체코의 국가사회주의당이 창설된 데 대한 대응책이었다.

독일의 최동단 지역도 타 지역과 비슷한 동향을 보였다. 프로이센의 여러 지역, 즉 동프로이센, 서프로이센, 포젠, 상부 슐레지엔에 살던 독일인들 또한 영구적이지는 않더라도 주기적으로 이주해 오는 폴란드 노동자들로 인해 독일 제국 변두리의 비독일계 인구가 증가하는 상황에 불안감을 느끼고 있었다.(젊은 막스 베버가 최초로 사회학적 연구를 시도했을 때도 이 문제를 주요하게 다루었다.) 메멜(동프로이센), 단치히(서프로이센), 브롬베르크(Bromberg, 포젠), 브레슬라우(남부 슐레지엔)의 상황은 오스트리아 · 헝가리 제국 최동단 지역의 독일인 집단이 겪은 상황과 전적으로 다르지는 않았다. 중요한 점은 독일계 소수 집단이 거주하던 동쪽 지역 여러 곳에 상대적으로 유대인 이주자들이 많이 거주했다는 점이다. 아이러니하게도 나중에 벌어진 사건들에 비추어 이 경계 지역의 독일인들과 유대인들의 관계는 때로 공생 관계에 가까웠다. 두 집단 모두 슬라브족보다는 도시에 살 가능성이 더 높았고, 다들 변화된 독일어를 썼다. 동유럽 이디시어 shtetl(문자 그대로 '작은 도시'를 뜻하는데, 독일어의 Städtl과 같다.)은 본질적으로 독일 방언으로(갈리치아 이디시어의 기호가 종종 히브리어 문자에 쓰였지만) 트란실바니아 작센의 언어보다 더 고지(高地) 독일어(현재의 독일 표준어—옮긴이)에 가까웠다. 보헤미아와 그 밖의 합스부르크 왕가 서쪽 지역의 유대인이 쓰던 소위 마우셸도이치(Mauscheldeutsch)도 독일어에 가까웠다. 그리고 브레슬라우의 유대인들은 독일계 자유주의 지식인층의 중심이었다. 이들 중 자신의 종교를 지킨 유대인은 절반이 안 됐고, 다수가 기독교로 개종하여 자신을 더 이상 유대인으로 간주하지 않았다. 프라하의 유대인 중 거의 절반이 독일어를 썼으며, 스스로를 독일인 집단에 속해 있다고 간주했다. 어떤 의미에서 그들은 사실상 독일인 집단이었는데, 독일어를 쓰는 유대인이 프라하 거주 독일인의 절반에 달했기 때문이다. 유명한 전문직 가족 출신의 프라하 유대인은 이렇게 설명했다. "우리에게 독일인이 아니라고 말하는 사람은 누구든 미친 사람으로 생각했을 것이다." 독일인이 갈리치아 전체 인구에서 아주 작은 부분(0.5퍼센트)을 차지했는데도 이 지역에서도 종종 동화는 독일인화를 의미했다. 종교철학자 마르틴 부버(Martin Buber)는 빈에서 태어났지만 조부모 손에서 갈리치아에서 성장했고, 처음엔 렘베르크에서 공부하다가 이후 빈과 라이프치히, 베를린, 취리히에서 활동했다. 그는 지적 여정에서 독일어권을 두루 섭렵한 결과 하시딕 정교(Hassidic Orthodoxy)와 시오니즘을 신봉하게 되었다. 세파르디 유대인의 아들로 에를랑겐에서 의학을 독학한 작가 카를 에밀 프란초스(Karl Emil Franzos)는 갈리치아의 초르트코프(Czortków)에서 성장하고 체르노비츠에서 공부했는데, 그는 이들 지역을 '독일 낙원의 안마당'으로 칭송했다. 그는 독일 기사단 학생 단체의 회원이기도 했다. 프란초스처럼 철저히 독일화된 유대인에게 갈리치아와 부코비나는 반(半)아시아처럼 느껴졌는데 '반아시아'는 그의 가장 유명한 단편소설 시리즈의 제목이기도 했다. 다른 사람들과 마찬가지로 그의 문학적 진로는 서쪽, 다시 말해 빈과 그라츠, 스트라스부르크, 궁극적으로는 베를린을 향했다.

전통적으로 독일어를 사용하는 동화된 유대인들이 믿지 못한 사람은 독일 기독교인이 아니라 체코인이었다. 수난 주간에 유다의 형상을 매다는 의식을 행한 사람들은 독일인이 아니라 폴란드인들이었고, 인형 극장에서 술 취한 코사크 기병이 인색한 유대인을 때릴 때 큰 소리로 떠들썩하게 웃은 이들은 독일인이 아니라 벨로루시인들이었다. 독일인과 유대인의 이러한 친근감이 무너지기 시작한 것은 19세기에 접어들 때였다. 그런데 빈과 프라하에 거주하는 독일인들이 1890년대부터 스포츠클럽이나 학생 단체 같은 자발적인 모임에 인종 배격 원칙을 채택하기 시작했다. 유대계 매음굴 관리인에 대한 악명 높은 재판들 중의 하나는 렘베르크에서 열렸는데, 이 사건은 추잡한 반유대주의자들에게 풍부한 먹잇감을 제공해 주었다. 게다가 철저한 추방은 아니더라도 유대인 이민을 제한해야 한다는 요구는 쾰른보다 쾨니히스베르크에서 더 많은 지지를 받을 가능성이 있었다. 카를 파슈(Karl Paasch)가 유대인 문제를 해결하는 가장 간단한 방법으로 유대인 몰살이나 추방을 제안한 것은 단치히의 정기간행물《반유대주의자의 거울》을 통해서였다. 알베르트 아인슈타인의 교수 임용이 유대인이라는 이유로 지연된 것도 프라하에서 일어난 일이다. 그가 특수 상대성 이론을 발표한 지 6년 정도가 지난 뒤였다. 유대인과 기독교도의 파멸적인 사랑을 다룬 프란초스의 단편소설이 가장 그럴싸해 보인 곳은, 바로 이민의 증가로 유대인 비율이 30퍼센트를 넘어섰던 체르노비츠였다. 괴로워진 게르만 세계가 다시 한번 동방 원정을 간 듯한 이런 상황에서 동화, 특히 민족 간 결혼이 해결책이 될 수 있다는 생각은 거의 지지를 얻지 못했다. 소멸을 두려워하기 시작한 사람들은 유대인들이 아니라 독일인들이었기 때문이다.

번쩍이는 세계

1901년 당시 세계는 과거 어느 때보다 경제적으로 통합된 상태였다. 그러한 통합이 한번 무너지면 다시 회복하기가 얼마나 어려운지 제대로 파악한 케인스의 생각은 이 대목에서도 확실히 옳았다. 또한 지금이야 지역별, 국가별 성과의 차이가 상당했다는 사실을 알 수 있지만, 경제의 상호 의존이 그 어느 때보다 경제 성장과 관련이 깊었다는 점에서도 그는 옳았다.(그림 1-1) 미국의 1인당 국내총생산은 중국보다 열아홉 배 빠르게 증가했고, 영국의 경우는 인도보다 두 배 빠르게 증가했다.《타임스》독자의 관점에서 더 놀라운 점은 경쟁국들의 경제가 영국보다 대략 1.5배 빠르게 성장하고 있다는 사실이었다.

그러나 아침에 일어나 신문을 들춰 본《타임스》독자, 우리의 부유하고 건강한 백인을 괴롭힌 것은 경제의 미래가 아니었다. 무엇보다 제국과 인종으로 이루어진 이 세계에서 충돌이 발생할 가능성이 엄청나게 크다는 사실이었다. 이름의 성(姓)으로 판단할 때, 매킨리 대통령을 시해하려다 체포된 무정부주의자들이 모두 유대인이었다는 점은 우연이었을까? 남아프리카에서의 전쟁을 빠르게 매듭지어 보어인들을 비참하지 않게 만드는 방법이 있었을까? 러시아와 오스트리아는 말할 것도 없이 프랑스와 독일도 조만간 다시 한번 서로 맞붙을 수밖에 없었는가? 그리고 어떤 사회 문제로 인해 그토록 많은 영국의 젊은이들이 해외에서 입신출세의 길을 찾을 수밖에 없었는가? 에큐메니컬 감리교협의회가 두려워했듯이, 세속주의와 신앙 무차별론, 불경스러움에 의해 국가의 도덕적 기

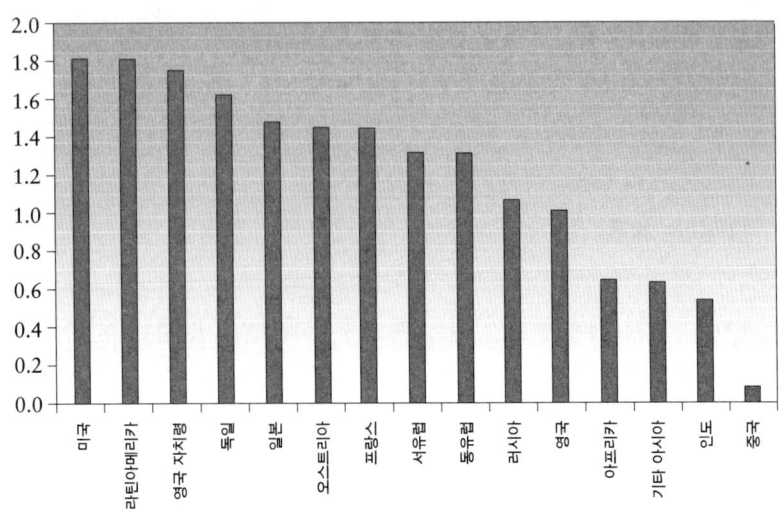

그림 1-1. 1인당 국내총생산(GDP) 연평균 성장률, 1870~1913년

강이 무너지고 있었는가? 암스테르담에서 열린 범죄인류학 회의에 고지되었던 것처럼, 범죄의 주요 원인이 타락이었는가? 확실히 이 모든 기사들은 단순한 즐거움 이상의 것들이었다. 이 시대가 화려하긴 하지만, 결코 황금시대가 아니라는 강력한 증거였다.

당시 누가 이 점을 가장 잘 파악하고 있었을까? 무질이 '발화열'로 상기시킨, 새 세기를 예고할 사상들이 상당히 많은 유대인 혹은 중동부 출신 유대인 자손의 성과라는 점이 전적으로 놀랍지만은 않다. 알베르트 아인슈타인의 물리학, 지그문트 프로이트의 정신분석, 후고 폰 호프만슈탈의 시, 프란츠 카프카의 소설, 카를 크라우스의 풍자문학, 구스타프 말러의 교향곡, 요제프 로트(Joseph Roth)의 단편소설, 아르투어 슈니츨러의 소설, 심지어는 루트비히 비트겐슈타인의 철학까지, 이 모든 것들이 신앙으로서의 유대교가 아니라 수리에 밝고 교양 있지만 빠르게 동화되어 가는 소수 민족 집단의 특수한 환경에 의한 성과물이다. 이 집단은 시대와 환경이 허락하여 자기 식으로 사고할 수 있지만, 동시에 자신이 약할 대로 약하다는 점을 간파하고 있었다. 이들 각자는 세계 통합과 전통적인 신앙 장벽의 해체가 결합된 세기말적 현상의 수혜자였다. 이들은 다수의 언어와 문화, 민족을 기반으로 한 제국인 카카니아라는 혼돈 속에서 활약했다. 이 제국은 나이를 먹어 가는 황제의 인력에 의해 느슨하게 결합해 있기 때문에 상대성 이론이 정치 영역으로 옮겨진 듯했다. 케인스가 지적했듯이, 1901년은 실제로 놀라운 에피소드였다. 너무나 안타깝게도 그 에피소드는 오래갈 수 없었다.

2 오리엔트 특급

러시아 혁명을 억제하기 위해 우리가 할 일은 작은 전쟁에서 승리를 거두는 것이다.

— 뱌체슬라프 플레베(Vyacheslav Pleve)로 추정

황화(黃禍)와 백화(白禍)

1895년 9월, 러시아 차르 니콜라이 2세는 특이한 선물을 하나 받았다. 독일 화가 헤르만 크나푸스(Herman Knackfuss)가 주군 빌헬름 2세의 밑그림을 기초로 그린 유화였다. 「황화(*The Yellow Peril*)」라는 이 그림은, 군복을 입은 여성 일곱 명이 산 정상에서 다가오는 폭풍우를 걱정스럽게 바라보고 있는 모습을 담고 있다. 그림에는 독일 황제의 생각이 그대로 드러나 있다. 여성들은 유럽의 주요 국가를 상징한다. 영국은 여성의 방패에 그려진 유니언잭으로 바로 알 수 있다. 커다란 흰 십자가가 여성들 위에 떠 있고, 번쩍이는 칼을 쥔 날개 달린 천사가 먹구름을 향해 완고한 표정을 지으며 서 있다. 먹구름 사이로 책상다리를 한 부처가 숨어 있는 모습이 보인다. 이미 산 아래 평야에 세워진 여러 도시가 번개에 맞아 여기저기 화염에 휩싸여 있다. 빌헬름 2세는 그림의 비유를 이해할 수 있도록 동봉한 편지에 손수 그 의미를 설명해 주었다.

하늘이 보낸 천사장 미카엘은 각 수호신에 의해 대표되는 유럽 열강을 소집

하여 기독교 수호를 위해 불교와 이단, 야만의 침입을 막는 데 단결하라고 촉구한다. 모든 유럽 열강의 단결된 저항에 특히 강조점을 두었다.

빌헬름 2세는 처음 그렸던 스케치 가장자리에 다음과 같이 열렬한 기원을 새겨 넣었다. "유럽의 국가들이여, 당신의 가장 성스러운 소유물을 지켜라." 그가 염두에 둔 소유물은 유럽 국가 공통의 유산인 기독교 전통이었다. 황화란 아시아의 이단과 야만을 의미했다. 아시아 정복을 계속하려면 유럽 제국들과 미국이 단결해야 한다는 얘기였다. 독일 황제는 「황화」를 그리기 몇 달 전부터 러시아 황제에게 자신과 손잡고 아시아 대륙을 교화하고 황인종의 침입으로부터 유럽을 지키자고 촉구해 왔다.

독일 황제의 꿈은 곧 실현되었다. 독일은 5년 뒤에 일본뿐 아니라 오스트리아·헝가리 제국, 영국, 프랑스, 이탈리아, 러시아, 미국과 함께 연합군을 형성하여, 1898년 산둥성에서 일어난 반기독교 운동인 의화단의 난을 진압했다. 의화단(정의롭고 조화로운 손을 의미한다.)은 유럽 선교사 수십 명을 살해했다. 서태후 세력을 등에 업은 그들은 청 왕조의 수도 베이징으로 진격하여 서양 공사관을 포위하고 독일 공사를 살해했다. 독일 원정군이 중국을 향해 떠날 때 빌헬름 2세는 "이 출발이 동서양 간의 대전투의 시작이 될 수도 있다."라고 선언했다. 그는 5세기에 유럽을 침입한 훈족의 기억을 불러일으키며 중국인이 감히 독일인을 쳐다보지도 못하도록 천 년 동안 독일을 기억하게 만들 것을 당부했다.

우리는 이미 저질러진 심각한 잘못을 바로잡아야 한다. 프로이센의 확고부동한 신념을 지키고 이를 우리 기독교인에게 보여 주어야 한다! 세계에 남자다움과 규율의 본보기를 제공해야 한다! 용서는 절대로 없을 것이며, 어느 누구도 포로가 되지 않을 것이다. 우리 수중에 들어오는 자는 누구든 우리 칼에 쓰러질 것이다!

19세기 말, 서양이 동양에 행사한 지배력을 의화단 사건만큼 잘 상징하는 사건은 없을 것이다. 무술과 물활론적인 마법을 신봉했던 의화단은 완전 무장한 8개국 연합군의 상대가 될 수 없었다.[1] 연합군은 포위된 각국 공사관을 구한 뒤, 금단의 도시 베이징의 자금성에서 대행진을 했다. 이들은 그 무렵 사망한 빅토리아 여왕의 장례식을 오문(午門, 자금성의 정문─옮긴이)에서 거행하기 전에 대영박물관에 비치할, 조상 대대로 내려오는 만주의 현판을 손에 넣기 위해 잠시 숨을 돌렸을 뿐이다. 이후 그들은 산시성과 내몽골, 만주 깊숙이 쳐들어가 토벌을 감행했다. 예를 들어, 바오딩(保定)에서는 선교사들의 죽음에 연루되었다고 의심되는 지방 관료들을 군사재판을 통해 공개 참수했다. 도시 성벽의 일부와 사원은 상징적으로 파괴되었다. 산시성의 수도였던 타이위안(太原)에서는 지역 통치자가 의화단을 지지했다는 이유로 처형되었다. 그리고 순교한 선교사들의 위령비도 세웠다. 1901년에 체결된 소위 의화단 협정에 따라 유럽 열강은 베이징에 군대를 계속 주둔시킬 권리를 부여받았고, 중국 정부에 엄청난 보상금(6750만 파운드)을 요구했다. 또한 무기 수입이 일시 정지되었다. 저널리스트인 조지 린치(George Lynch)가 지적했듯이, 이것이 문명 간의 전쟁이라면, 누가 승자인지는 명약관화해 보였다. 그러나 이 승리는 실망스러웠으니 단결한 서양의 헤게모니에 처음으로 균열이 나타날 조짐이 보였기 때문이다.

빌헬름 2세가 아틸라의 로마 약탈을 잘못 비유하여 그 효과가 다소 감소했지만, 황화에 대한 설명은 예전에 동양이 유럽을 침략한 사실을 암시했다. 7세기 무어인의 스페인 정복, 13~14세기 칭기즈칸과 티무르의 서양 정벌, 17세기 오스만 제국의 빈 포위가 대표적인 침략 사례였다. 이

---

1) 의화단은 100년 동안 무술을 수련하면 총알을 맞아도 상처를 입지 않으며 300년 뒤에는 날아다닐 수 있다고 믿었다.

러한 역사가 20세기에도 반복될 수 있다는 것은 세기말적 악몽이었다. 러시아의 무정부주의자 미하일 바쿠닌은 유럽의 여러 제국에 아시아에서 거대한 게임을 벌이지 말라고 경고했다. 그는 이렇게 지적했다. "아시아인들이 수억 명에 달하기 때문에, 이 음모는 지금까지 변하지 않았던 아시아 세계를 일깨우는 결과를 가져올 가능성이 가장 높다. 그리고 아시아는 다시 한번 유럽을 괴멸시킬 것이다." 철학자이자 시인인 블라디미르 솔로베프(Vladimir Solovev)는 셀 수 없이 많고 물릴 줄 모르는 메뚜기 떼뿐 아니라, 극동에서 다가오는 먹구름도 식별해 냈다. 그는 「반기독교에 관한 짧은 이야기(Short Tale of the Antichrist)」에서 일본과 중국 연합군이 유럽에 쳐들어와 영국 해협까지 정복할 것이라고 예측했다. 드미트리 마민시비리아크(Dmitri Mamin-Sibiriak)의 단편소설 「마지막 미광(The Last Glimmerings)」은 유색인종 야만인들이 유럽 대륙 전체에 홍수처럼 밀려들 것이라고 경고했다. 옥스퍼드의 역사가 찰스 피어슨(Charles Pearson)도 다음과 같이 경고했다. "우리는 잠에서 깨어난 뒤, 우리가 노예로 무시하고 부려 먹으려 했던 사람들에게 떠밀려난 자신을 발견할 것이다." 이에 덧붙여 피어슨은 아시아 문명의 수준이 낮긴 하지만 원기왕성하고 탄력성을 갖추고 있다고 지적했다. 중국 제국 해상 세관을 운영하던 로버트 하트 경은 이렇게 썼다. "앞으로 '유색인' 문제를 처리해야 한다는 사실은 내일 태양이 뜬다는 사실만큼이나 확실하다." 여기서 유색인 문제는 아마도 황화를 의미하는 듯하다.

그러나 실은 백화가 아시아와 세계 전체를 위협하고 있었다. 역사상 1850년부터 1914년까지 유럽인의 대탈출에 비견할 민족 대이동은 없었다. 이 시기에 유럽을 떠난 사람은 3400만 명이 넘었다. 1901년에서 1910년까지 이민자 수는 1200만 명에 가까웠다. 물론 이들 대부분은 대서양을 건넌 경우로, 1500년대부터 지속된 서유럽에서 미주 대륙으로의 이주에 해당한다. 이제 이주민의 수는 절정에 다다랐다. 1900년부터 1914년까지 총 150만 명이 영국을 떠나 캐나다로 향했는데, 대다수가 그곳에 영원히 정착했다. 그리고 이탈리아인 400만 명과 스페인인 100만 명 이상이 유럽을 떠났다. 이들 중 대다수는 미국이나 아르헨티나로 향했다. 그런데 이제는 동쪽으로 이주해 가는 유럽인의 비율이 증가했다. 특히 스코틀랜드인과 아일랜드인이 오스트레일리아와 뉴질랜드로 대거 옮겨 갔다. 1차 세계 대전이 발발하기 직전, 영국 이민자의 20퍼센트 정도가 오세아니아로 향했고, 20세기 중반 무렵엔 그 비율이 50퍼센트에 다다랐다. 또한 영국과 네덜란드, 프랑스 출신 이민자들은 말레이 반도와 동인도 제도, 인도차이나 반도에 분주하게 정착하고 있었다. 그러는 사이 테오도어 헤르츨(Theodore Herzl) 같은 시온주의 지도자들의 영감을 받아 유대인 국가를 설립하려는 희망을 품고 팔레스타인으로 옮겨 가는 중동부 유럽 출신 유대인이 점차 늘고 있었다.[2] 마지막으로 수많은 러시아인 또한 중앙아시아와 시베리아 그리고 그 너머까지 이주해 가고 있었다. 17, 18세기에 아프리카인 수백 만 명이 미국과 카리브 해의 농장에 강제로 실려 온 경우와는 달리, 이 모든 이동은 대체로 자발적으로 이루어졌다. 그러나 1900년 당시 노역 계약에 묶인 인도와 중국 출신 노동자들 역시 유럽인 소유의 농장과 광산에서 일하기 위해 이동하고 있었다. 그들의 처지는 노예 신분보다 조금 나을 뿐이었다. 아시아인들은 미국과 오스트레일리아로의 이민을 원했을지도 모르지만, 19세기 말 일본인과 중국인 이민자

---

[2] 시오니즘은 본질적으로 유대인 민족주의였다. 19세기에 아일랜드 사람들이 게일어를 부활시켰듯이, 유대인 학자들도 헤브라이어를 부활시켰다. 뚜렷한 지리적 중심이 없어서 시오니즘을 정치적으로 표현하기 어려웠다. 유대인 거주지(138쪽 참조)를 유대 국가로 바꾸는 것은 결코 현실적인 방법이 아니었다. 따라서 1860년대부터 호베베 시온(Hoveve Zion, 시온의 친구) 같은 조직은 오스만 제국이 지배하는 팔레스타인 지역에 이민 부락을 세우기 시작했는데, 이 운동은 에드먼드 드 로스차일드(Edmond de Rothschild) 남작 같은 사람들의 지지를 얻었다. 부다페스트 출신의 저널리스트 헤르츨의 『유대국가(Der Judenstaat)』는 1896년에 출간되었는데, 원래 로스차일드 가문에 새 유대 왕국의 왕실이 되어 달라고 청하는 제안서로 기획되었다.

에 대한 제한 규정이 가로막았다.[3]

이러한 민족 대이동은 경제적, 정치적 요인이 복합된, 밀고 당기기에 대한 반응이었다. 이민자들은 토지가 더 싸고 임금이 높아 대서양을 건너고, 멀고 먼 남아프리카나 오스트레일리아, 뉴질랜드로 떠났다. 그중 소수는 인종과 종교적 박해를 피하기 위해 유럽을 떠났는데, 차르 치하 러시아 유대인들이 그러했다.(아래 내용 참조) 신세계는 유럽보다 인구가 조밀하지 않았을뿐더러, 몇 가지 면에서는 더 관대한 편이었다. 그러나 이러한 대이동을 그토록 매력적으로 보이게 한 제국 정치 구조의 역할을 잊어서는 안 된다. 1900년 무렵 유럽을 떠난 이민자들은 식민화가 300년 동안 지속된 지역을 향해 떠났다. 보스턴에서 부에노스아이레스, 샌프란시스코에서 시드니까지, 초기 이민자 세대는 유럽의 도시를 고스란히 재현했고, 본국과 비슷한 언어와 법률을 사용했으며, 여러 면에서 더 바람직한 관습을 형성했다. 이미 정착한 이민자들이 많고 기후도 그리 매력적이지 않은 인도처럼 유럽인들의 이주가 제한된 지역에서조차 제국은 안전한 이주를 보장해 주었다. 인도 내 영국 이민자들이 총 인구의 0.05퍼센트 이상을 차지한 적이 결코 없었지만, 이들은 인도를 통치했을 뿐 아니라 경제를 지배하며 엄청난 권력을 행사했다. 동아시아의 주요 항구 역시 특권을 지닌 소수의 유럽인들이 운영했다.

우리는 19세기 제국들이 주로 바다로 이동했을 거라고 생각하는 경향이 있다. 그러나 그들은 바다를 이용할 때보다 더 쉽게는 아니더라도 광활한 땅에서도 편안하게 횡단할 수 있었다. 19세기 말 제정 러시아는 핀란드와 폴란드, 우크라이나로 세력을 넓혀 유럽에서 견실한 서양 제국으로 성장했을 뿐 아니라, 페르시아 국경까지 이어지는 카프카스 식민지와

---

3) 1882년, 미국에서 중국인배척법(Chinese Exclusion Act)이 통과되었다. 이 법률의 제안자 중에는 노동운동 지도자 새뮤얼 곰퍼스(Samuel Gompers)가 있었는데, 그는 유대계였다.

카자흐스탄을 넘어 저 멀리 한국의 국경과 동해에 이르는 만주까지 포함하는 광활한 지역의 통치권도 확보하여 중앙아시아 제국의 면모를 과시했다. 유라시아 민족들은 제정 러시아에 차례로 복속당했다. 실제로 1900년 당시 제정 러시아 인구 중 절반 이상이 비러시아계였다. 1858년, 러시아는 2차 아편 전쟁에서 영국이 승리를 거두고 태평천국의 난이 발발한 틈을 타 아무르 강 북쪽의 중국 영토를 강탈했다. 중국은 우수리 강과 동해 사이의 영토까지 양보했으며, 러시아는 바로 이곳에 주요 태평양 항구인 동방의 지배자 블라디보스토크를 건설했다.

아마도 시베리아 횡단 철도만큼 아시아에서 러시아의 세력을 극명하게 보여 주는 예는 찾기 어려울 것이다. 이 철도는 모스크바에서 블라디보스토크까지 약 9600킬로미터를 달렸는데, 볼가 강 유역의 야로슬라블(Yaroslavl)과 우랄 산맥의 예카테린부르크, 바이칼 호 연안의 이르쿠츠크를 지나 마지막으로 한반도 북단의 태평양 연안에 이른다. 1897년에 만주를 통과하여 블라디보스토크에 이르는 선로 공사가 시작되었으며, 20세기에 접어들 무렵 거의 완성되었다. 시베리아 횡단 철도는 유럽 러시아와 아시아 러시아 간의 여행 시간을 몇 년에서 단 며칠로 감소시킴으로써 중앙아시아와 동아시아에 대한 러시아 식민 작업을 크게 촉진시켰다. 1907년부터 1914년까지 250만 명이나 되는 러시아인이 우랄 산맥에서 태평양까지 뻗어 있는 아시아 북부의 좁고 긴 땅 시베리아에서 새 삶을 꾸렸다. 이후 정치범들의 유배지로 악명을 얻긴 했지만, 이 시기에 강압에 못 이겨 시베리아로 이주할 수밖에 없었던 사람들은 소수에 불과했다. 이 지역으로 추방된 사람들도 막상 시베리아에 온 뒤에는 즐거운 비명을 질렀다. 학창 시절에 사회주의를 받아들였던 블라디미르 울리야노프(Vladimir Ulyanov)는 혁명적인 투쟁 조직에 관여한 혐의로 1897년에 시베리아에서 3년간 유배 생활을 하게 됐는데, 민스크, 슈셴스코예(Shushenskoe)에서의 생활이 놀라울 정도로 즐겁다는 점을 깨달았다. 그는 기분 좋게 어머니에게 편지를 보냈다. "여름 동안 살이 찌고 살결도 태워서인지, 이제는 완전히 시베리아 사람처럼 보인다고들 합니다. 바로 사냥과 전원생활 때문이죠." 후에 필명인 레닌으로 알려진 이 사람은 사냥이나 사격, 낚시를 하지 않을 때에는 자유로이 책을 읽고 많은 글을 쓸 수 있었다. 심지어 그곳에서 결혼을 하고 아내와 장모를 데려오기도 했다.

  더 동쪽으로 가면, 러시아의 존재는 희미해졌다. 1859년부터 1900년 사이에 불과 9만 명이 아무르 강을 따라 정착했다. 실제로 시베리아 국경을 따라 분포한 전체 러시아 인구는 겨우 5만 명 정도였다. 1900년 당시의 여러 아시아 항구처럼 블라디보스토크 역시 다민족 도시였다. 아무르 만 연안에는 차이나타운이 형성되어 있었고, 부분적으로 러시아화된 한국인 집단과 소기업을 운영하는 일본인 집단 그리고 매음굴이 있었다. 러시아의 기록에 따르면 인구의 40퍼센트 정도가 황인종이었다. 식민지에서 종종 그렇듯이 이민족끼리 결혼을 했는데, 한 방문자의 표현을 빌리자면 이러했다. "러시아 여자는 중국인을 남편으로 삼는 데 불만이 없었고, 러시아 남자도 중국인 아내를 얻었다." 유럽 남성과 일본 여성이 만나 결혼하기도 했다. 하지만 그러한 뒤섞임은 인종별 서열이라는 맥락에서 이루어졌다. 블라디보스토크의 한 신문은 중국인을 때리는 일이 러시아인에겐 습관이 되었으며 게으른 사람들만 그런 것은 아니라고 지적했다. 시베리아와 중국 국경에 접한 하바로프스크의 전형적인 러시아 이민자는 다음과 같은 생활을 했다.

    그는 중국 노동자들이 세운 집에서 사는데, 난로는 중국 벽돌로 만들어졌다. 부엌에서는 중국 남자아이가 사모바르(러시아의 차 끓이는 주전자 — 옮긴이)를 준비한다. 집주인은 중국인 빵집에서 만든 빵과 함께 중국차를 마신다. 안주인은 중국인 재봉사가 만든 옷을 입으며, 마당에는 한국인 심부름꾼이 땔나무를 쪼개고 있다.

기차역에 내린 외국인 방문자는 영국의 인도를 머릿속에 떠올렸다.

인도인이 길을 양보하면 거만하고 당당하게 걸어 다니던 영국 장교 대신, 몸을 웅크린 중국인과 굽실대는 한국인이 길을 비켜 줄 때 플랫폼을 뽐내며 걸어 다니는 러시아 장교가 있었다. 이곳 러시아인은 개화된 백인종 서양인이며, 정복자처럼 걷는다.

중국 노동자들은 특히 철도 건설이나 조선업 같은 대형 공사에 없어서는 안 될 사람들이었다. 1900년, 블라디보스토크 조선소 노동자 중 90퍼센트가 중국인이었다. 그러나 러시아 관리자들은 이 지역에 지나치게 많이 모여든 아시아인을 추방함으로써 러시아의 지배력을 유지하는 데 전혀 양심의 가책을 느끼지 않았다. 1900년 7월 의화단 사건에 개입할 무렵, 중국인 3000~5000명이 블라고베시첸스크(Blagoveshchensk)에서 물에 빠져 죽는 사건이 발생했다. 그들은 채찍을 휘두르는 코사크 기병과 지역 러시아 경찰의 강압에 못 이겨 강폭이 넓고 유속이 빠른 아무르 강을 헤엄쳐 중국으로 돌아가야 했다. 배는 한 척도 제공되지 않았고, 물속에 들어가길 거부하거나 저항하는 사람들은 총칼에 희생되었다. 세상에 거의 알려지지 않은 이 사건은 숱한 20세기 대학살의 전조로서, 러시아인들이 모든 아시아 민족을 경멸했음을 극명히 보여 주었다. 톰스크(Tomsk) 주지사 니콜라이 곤다티(Nikolai Gondatti)는 1911년 이 사건을 다음과 같이 설명했다. "내 임무는 이곳에 다수 러시아인과 소수 황인종이 살게 만드는 것이다."

아시아 지역 영토가 넓어지긴 했지만 러시아는 만족하지 못했다. 예프게니 이바노비치 알렉세예프 제독이나 극동 군사령관이자 전쟁장관이었던 알렉세이 니콜라예비치 쿠로파트킨 같은 유력 인사들은 적어도 청 왕조의 발상지인 북만주 지역은, 시베리아 횡단 철도가 블라디보스토크에 확실히 연결되도록 러시아 제국에 포함되어야 한다고 주장했다. 러시아는 이미 중국으로부터 요동 반도를 조차(租借)하여 포트아서(Port Arthur, 뤼순의 별칭)에 영구적인 해군기지를 세웠다. 의화단 사건은 만주의 부분 합병 또는 전적인 합병 계획을 실현할 기회를 제공했다. 1900년 7월 11일, 러시아 정부는 상트페테르부르크 주재 중국 대사에게 러시아 자산을 보호하기 위해 만주로 파병하겠다고 경고했다. 사흘 뒤, 수송선이 아무르 강을 내려오면 무조건 발포하겠다는 중국의 위협을 러시아가 무시하자 반발이 터져 나왔다. 3개월 만에 만주 전역은 러시아 10만 군대의 수중에 들어갔다. 러시아 황제는 다음과 같이 썼다. "우리는 중도에 멈출 수 없다. 러시아군이 만주를 완전히 뒤덮어야 한다." 쿠로파트킨은 황제의 의견에 동의했다. "만주는 러시아 소유가 되어야 한다." 만주에 대한 완벽한 지배를 방해하는 듯한 유일한 장애물은 다른 유럽 열강이었다. 이 점 때문에 상트페테르부르크는 신중을 기했는데, 러시아는 철군을 약속해 놓고도 이를 미루면서 중국이 법률로는 아니더라도 사실상 통치권을 양보하도록 압박을 가했다. 자기만족에 빠진 러시아가 망각한 사실은 그들의 강점, 특히 기술적인 우위가 하느님이 백인에게만 선사한 무기는 아니라는 점이었다. 실제로 아시아인이 서구의 경제와 정치 조직을 채택하지 못하거나 서양의 발명품을 복제하지 못할 생물학적인 문제는 전혀 없었으니, 그 방법을 최초로 알아낸 국가는 바로 일본이었다.

대마도

1868년, 교토에서 발탁된 열다섯 살의 메이지 왕 무쓰히토(睦仁)가 도쿄에서 새로운 정권의 간판 역할을 하면서 제국의 권위를 복원한다. 이후 일본은 경제, 정치, 군사 제도의 급격한 근대화에 착수했는데, 일본

왕은 프로이센 스타일의 군주가 되었다. 북유럽 교회가 민족주의적 신교가 되었듯이, 신도(神道)는 국가 종교로 변신했다. 사무라이로 알려진 봉건 무사는 유럽식 무관 집단으로 변신했고, 그들의 수행원들은 징집군으로 대체되었다. 1889년에는 프로이센식 헌법을 채택했다. 재정과 화폐제도 역시 개혁했는데, 중앙은행과 영국 금본위제도에 기초한 통화 제도를 갖추었다. 또한 농업 경제는 섬유업의 성장과 재벌로 알려진 복합기업의 탄생으로 산업화 과정을 밟기 시작했다. 지도자들은 의복까지도 서양식으로 바꾸었는데, 문관은 수수한 검은색 프록코트를, 군인들은 몸에 딱 맞는 푸른색 제복을 입었다. 그러나 이러한 개혁을 주도한 이토 히로부미(伊藤博文)나 야마가타 아리토모(山縣有朋), 마쓰카타 마사요시(松方正義) 등은 서양에 맹종하여 서양화를 추구한 사람들과는 거리가 멀었다. 그들은 일본의 본질은 서양 과학을 받아들임으로써 지킬 수 있다는 믿음에서 부국강병으로 요약되는 일본의 목표에 걸맞게 서양 제도를 이용했다. 그들의 목표는 일본을 서양에 종속시키는 것이 아니라 정확히 그 반대였다. 그러니까 일본이 서양의 지배에 저항할 수 있는 능력을 갖추는 것이었다. 새로이 제정된 메이지(문자 그대로 '개화된'이라는 뜻이다.) 헌법은 '메이드 인 프로이센'의 특징을 띠었는데, 그뿐 아니라 새 해군은 영국군처럼 새 학교는 프랑스 학교처럼 보였다. 일본 왕과 대신들은 서양 춤을 추고, 심지어는 일본의 전통 예절을 거스르면서까지 서양식으로 미소를 지었다. 그러나 그런 모든 행동의 근저에 있던 진정한 목표는 유럽인들의 얼굴에서 미소를 없애 버리는 것이었다. 그렇게 하기 위해서는 오로지 전쟁에서 승리를 거두는 방법밖에 없었다.

 1895년, 일본은 중국과의 전쟁을 개시했다. 일본의 승리는 너무나 신속하고 광범위했기 때문에 유럽의 관측자들은 깊은 인상을 받은 동시에 크게 놀랐다. 러시아, 프랑스, 독일 정부는 서둘러 일본에 압력을 가하여 포르모사 섬(Formosa, 지금의 대만)[4] 이외의 영토 요구를 철회하면 엄청난 현금 배상금과 경제적인 이권을 주겠다고 제의했다. 이는 사실상 일본을 중국과 맺는 불평등 조약의 참가국으로 인정하는 것으로, 결국 5년 후 일본은 의화단을 토벌하는 국제 연합군에 참여한다. 이렇듯 명백히 드러난 새로운 황화는 쿠로파트킨에게 경악을 안겨 주었다. 그는 20세기 아시아에서 기독교인과 비기독교인의 충돌이 일어날 것으로 굳게 믿었다. 1903년, 일본을 다녀온 그는 차르에게 다음과 같이 보고했다. "저는 일본이 그토록 높은 수준으로 발전한 데 대해 놀랐습니다. (중략) 일본인들이 러시아인들만큼 문화적으로 발전했다는 점에 의심의 여지가 없습니다. (중략) 전체적으로 일본군은 유능한 전투군이란 인상을 받았습니다." 쿠로파트킨은 일본군이 뤼순 항을 위협하고 있다는 점을 우려했다. 뤼순 항은 상트페테르부르크와는 아주 멀지만 도쿄와는 매우 가까웠다.

 1903년, 차르가 알렉세예프 장군을 극동 지역 총독으로 임명하고 압록강을 따라 러시아군을 배치하자 일본은 격노했다. 그들은 한국을 식민지로 만들려는 자신들의 야망이 위협받는다고 생각했기 때문이다. 일본은 합리적으로 땅따먹기식 절충안을 제안했다. 한국에 대한 일본의 이해관계를 인정한다면, 러시아는 만주에서의 지배력을 유지할 수 있을 터였다. 그러나 러시아는 그 제안을 거부했다. 뤼순 항에서 발생되던 《노비크라이(*Novyi Krai*)》의 논설 위원은 다음과 같이 지적했다. "일본은 러시아에 최후통첩을 할 수 있는 국가가 아니며 러시아는 일본 같은 국가의 최후통첩을 받아서는 안 된다." 1904년 2월 5일, 상트페테르부르크의 일본 대사는 이전과 동일한 최후통첩을 전했다. 나흘 뒤 인천(제물포)항에서 최초로 총성이 울렸고, 그날 밤 일본 해군은 뤼순 항에서 어뢰 공격을 개시하여 전함 차레비치와 순양함 팔라다에 피해를 입혔다. 다음 날, 일

---

4) 실제로 일본의 팽창은 일본이 오가사와라 제도와 쿠릴 열도(1875), 오키나와(1879)를 포함하여 류큐 제도를 합병한 1870년대부터 시작되었다. 1895년에 일본이 제시한 요구안에는 요동 반도가 포함되어 있었다. 일본은 1898년에 러시아가 그 지역을 조차하여 점령하자 낙담했다.

본군은 인천항의 러시아 선박들을 다시 공격했다. 공식 선전 포고도 없이 감행한 이 공격에 러시아는 처음엔 믿을 수 없다는 반응을 보이다가 분통을 터뜨렸다. 인천항에서 일본 전함 열다섯 척에 봉쇄당했지만 항복을 거부한 바랴크호의 선원들을 추모하는 애국적인 노래가 만들어졌다.

> 우리는 전투를 위해 안전한 부두를 떠나고 있다.
> 위험한 죽음을 향해 나아가고 있다.
> 우리는 난바다에서 조국을 위해 죽을 것이다.
> 저기 황인종 악마가 우리를 기다리고 있다.
>
> 우리가 러시아 국기의 영광을 위해
> 어디서 죽었는지 비석도 십자가도 알려 주지 않을 것이다.
> 오직 파도만이 바랴크의 영웅적인 잔해를 칭송할 것이다.

차르와 대신들은 최대한의 병력을 동원하여 보복하기로 결정했다. 쿠로파트킨이 극동군 사령관으로 임명되었고, 스테판 오시포비치 마카로프(Stepan Ossipovich Makarov) 장군이 뤼순 항의 해군 작전을 책임지게 되었다. 6월에는 제국 러시아 해군의 자랑인 제2함대가 발트 해 기지를 떠나 지구 반대편으로 출격했다. 상트페테르부르크 사람들은 자신 있게 승리와 복수를 기대했다. 한 러시아 장교는 "일본군이 폭도 같은 아시아 약탈군은 아니지만, 그렇다고 근대적인 유럽 군대도 아니다."라고 지적했다. 러시아군이 모자만 휘둘러도 일본군을 혼란에 빠뜨릴 수 있다고 보았다. 언론은 일본군을 조국 러시아의 거대한 주먹 앞에 당황하여 도망가는 하잘것없는 황달 걸린 원숭이나 거대한 코사크 기병의 모자에 짓밟힌 동양의 거미로 묘사했다. 모스크바 대학 교수인 S. N. 트루베츠코이에 따르면, 러시아는 당시 근대 기술로 무장한 새로운 몽골 약탈단인 황화로부터 유럽 문명 전체를 지켜 주고 있었다. 키예프 대학 학자들은 그 전쟁을 무례한 몽골인들을 상대로 한 십자군 운동으로 설명했고, 태평양 함대에 종군한 화가 바실리 베레시차긴도 이러한 생각을 화폭에 구현했다.

20세기의 마지막 사례는 아니었지만, 선천적으로 어떤 인종이 우월하다는 개념은 거짓으로 입증될 참이었다. 러시아 해군 원정대는 놀라울 정도로 느리게 전진해 나갔다. 총사령관 지노비 페트로비치 로제스트벤스키 제독이 패배를 확신했기 때문이다. 일본군의 기습 공격을 두려워한 러시아는 북해의 도거 뱅크에서 영국 트롤 어선을 오인 사격하여 한 척을 침몰시켰고, 자국의 순양선 오로라에도 피해를 입혔다. 그들은 마치 일본군이 다음 석탄 보급 항구에서 마냥 기다릴 거라고 예상한 것처럼, 선창 가득히 석탄과 다른 군수품을 싣고 느긋하게 운항했다. 실제로 일본 해군은 8월에 이미 만주 해안을 장악했으며, 서울을 차지하고 인천에 상륙함으로써(1904년 2월) 사실상 한반도를 접수했다. 일본군은 4월에 압록강에서, 5월에 펑청(鳳城)에서 러시아군에 패배를 안겼다. 일본 제2군이 광둥(廣東)에 상륙하면서 뤼순의 러시아 주둔군은 일본군에 포위되고 말았다. 1904년 후반 내내 격렬한 전투가 벌어졌다. 12월 5일, 항구가 내려다보이는 언덕 위의 요충지를 일본군이 점령하면서 양국 간의 전투는 절정으로 치달았다. 1905년 1월 2일, 일본군은 막대한 희생을 치른 끝에 마침내 항복을 받아냈다. 두 달에 걸쳐 일본군의 유혈 공격이 끝없이 이어지자, 쿠로파트킨은 선양을 포기할 수밖에 없었다. 러시아 함대가 현장에 도착했을 때는 사실상 전쟁이 끝난 상태였다. 그리고 머지않아 로제스트벤스키 제독의 예감은 완벽히 들어맞았다. 1905년 5월 27일과 28일 이틀간, 도고 헤이하치로(東鄕平八郞)가 이끄는 쓰시마의 일본 함대는 러시아 함대 전력의 3분의 2, 구체적으로 14만 7000톤의 무기와 5만여 명의 병사를 대한 해협에 침몰시켰다.

치욕 속에 본국으로 돌아온 쿠로파트킨은 세계사의 전환점으로 여겨진 순간을 씁쓸히 되돌아볼 수밖에 없었다.

싸움은 이제 막 시작됐을 뿐이다. 1904~1905년에 만주에서 발생한 사건은 전위부대의 전초전에 불과했다. 아시아의 평화 유지가 유럽 전체에 중요한 문제라는 공통의 의식을 가질 때만 황화의 접근을 저지할 수 있다.

그러나 일본은 러시아보다 더 유럽적인 면모를 갖춤으로써 다방면에서 승리를 거두었다. 일본의 함선은 더 현대적이었고 군대 역시 일사불란하게 움직였으며 무기도 매우 효과적이었다. 레오 톨스토이가 보기에 일본의 승리는 서양 물질주의의 직접적인 승리인 반면 차르 체제는 후진적인 아시아에 속해 있을뿐더러 금방이라도 전복될 것처럼 보였다. 이제 일본은 열강에 없어서는 안 될 부속품인 식민 제국을 취득하는 데 집중해도 될 듯했다.

그 지역에 가장 많은 관심을 갖고 있던 서양 제국들은 러시아의 굴욕을 전혀 안타까워하지 않았다. 그들은 일본이 승리를 근거로 요구할지 모르는 전리품 제한에 또다시 적극 나섰다. 따라서 1905년 9월, 메인 주의 포츠머스 해군 기지에서 열린 러일 평화 협정 체결 과정에서 공식 권력보다는 비공식 권력에 만족하도록 일본에 압력을 가했다. 러시아는, 일본이 한국에 대해 영원한 정치적, 군사적, 경제적 이권을 갖는 데 동의했지만 한국은 여전히 독립국으로 남아 있어야 했다. 일본은 뤼순을 포함하여 요동 반도를 조차지로 획득하고, 현금 배상금 대신 남만주에서 러시아가 보유했던 경제 자산, 대표적으로 남만주 철도 회사를 차지했다. 그러나 정치적으로 만주는 여전히 중국 영토로 남았다. 모든 일본 국민이 이 결과에 만족한 것은 아니었다. 급진적인 민족주의자들은 반평화 협회를 결성했고, 도쿄, 요코하마, 고베에서는 폭동이 발생했다. 그러나 중요한 것은 이제 서양 열강이 일본을 동등한 국가로 취급해야 한다는 사실이었다. 따라서 1910년에 일본이 한국을 합병하려 했을 때 별다른 반대는 없었다. 일본 기업인 관점에서, 서양 열강에게 동등한 대접을 받음으로써 향후 거대한 중국 시장을 개발하는 데 지리적, 문화적인 이점을 활용할 수 있었다.

그러나 러일 전쟁은 이런 점들보다 더 심오한 지정학적 의미를 지녔다. 이전 세기의 그 어떤 전쟁보다 격렬했던 선양 전투는 잠재적인 불안 면에서 중동부 유럽에 비견될 충돌 지대가 등장했음을 암시했다. 그리하여 이곳에는 거대한 단층선이 생겨났다. 이 경계선은 만주와 한국의 북쪽, 즉 아무르 강과 압록강 사이를 관통하는데, 여기서 지나치게 확장한 러시아 제국과 역동적인 일본 제국이 충돌했다. 19세기에 이 지역에서 발생한 미동은 진도(震度) 면에서 엘베 강과 드네프르 강 사이에 위치한 유라시아 서쪽의 충돌에 비교될 수 있다. 선양에서의 군사적 충돌 뒤에 해군력에 일대 변화가 일어났다는 점을 빼놓을 수 없다. 20세기 초엽 서양이 여전히 동양을 지배했다면, 쓰시마에서 일본이 거둔 승리는 그 지배력의 약화를 알리는 사건이었다.

결국 유럽인으로서 얻을 수 있는 고유의 이익은 이제 사라졌다는 인식이 러시아뿐 아니라 서양 세계 전체를 거대한 파도처럼 휩쓸었다.

마르크스주의가 동쪽을 향해 가다

극동에서 군사적인 재앙에 맞닥뜨리고 있던 그해 1월, 러시아 수도 상트페테르부르크에서 군 병력이 노동자와 가족들로 이루어진 평화 시위대에 총격을 가하자 민중의 불만이 급기야 혁명으로 폭발했다. 시위대 지도자였던 게오르기 가폰 신부는 본래 혁명가가 아니었으나 이후 혁명 대오의 선두에 서게 되었다. 그러나 피의 일요일(1905년 1월 22일) 이후 나라 전체를 휩쓴 파업과 폭동, 반란의 물결로 러시아 혁명가들에게 결정적인 기회가 찾아왔다. 이들 중 대다수는 망명 생활을 했다. 1905년, 지방 공장 노동자들은 소비에트라는 새로운 제도를 만들어 냈으며 이를 통해 상트페테르부르크를 효과적으로 관리해 나갔다. 이 대표자 회의 일원 가운데 레온 트로츠키(Leon Trotsky)라는 사회주의 저널리스트가 있었다.

트로츠키에게 쓰시마 해전의 패배는 차르 체제의 실정에 대한 기소장이었다. 그는 이렇게 선언했다. "러시아 함대는 사망했다. 그러나 러시아 함대를 무너뜨린 것은 일본군이 아니다. 그보다 중요한 문제는 차르 정부다. 우리 국민은 이 전쟁을 원치 않았다. 지배자들이 새로운 영토를 차지하려는 야욕에 불타 뜨거운 인민의 분노를 제압하려 한다." 양측의 강화 조약이 체결된 사흘 후 차르 정부가 마지못해 제국 최초의 의회인 두마(Duma)를 설치한다는 헌법을 공포했으나 트로츠키는 이를 공개적으로 거부했다. 그는 차르 정권이 아시아의 태형(笞刑)과 유럽의 주식 시장을 사악하게 결합해 놓은 것이라고 주장했다. 러시아 사회주의자들은 매물로 나와 있는 입헌군주제 이상을 원했다. 그들의 꿈은 프롤레타리아트 혁명으로, 이 계급은 궁극적으로 차르 정권뿐 아니라 서양 제국주의 전체를 전복시킬 것이라고 생각했다.

그러나 트로츠키의 웅변은 차르의 국민들에게 깊은 인상을 주지 못했다. 좌파 진영은 철저히 양분되어 있었다. 4년 전 레닌으로 이름을 바꾼 블라디미르 울리야노프 같은 볼셰비키(다수파) 지도자들은 멘셰비키(소수파) 사회민주당 당원인 트로츠키에게 의심의 눈길을 보내고 있었다.[5] 더 중요하게는, 마르크스의 프롤레타리아 계급 투쟁 이론을 상트페테르부르크의 대공장 노동자들이 얼마나 받아들였든 간에, 러시아 국민의 압도적 다수인 농민들은 거의 동조하지 않았다. 1905년 혁명은 여러 형태

---

5) 볼셰비키는 그 이름과 달리 실제로는 다수파가 아니라 상대적으로 적은 규모의 분파였다.

를 띠었지만, 마르크스가 예상했던 수순을 따르지는 않았다. 마르크스는 프롤레타리아 계급이 파리 중심부 같은 전통적인 혁명의 요람에서는 아닐지라도, 랭커셔나 루르의 공장 지대 또는 슬럼가에서 봉기할 거라고 보았기 때문이다. 전함 포템킨(Potemkin)의 성난 수병들은 고기에 생긴 구더기 때문에 붉은 기를 올렸다. 그 와중에 볼로콜람스크(Volokolamask)의 농민들은 상트페테르부르크로부터의 독립을 선언하며 스스로 마르코보 공화국(Markovo Republic)을 세웠다. 그 외의 다른 곳에서도 농민들은 지주들의 저택을 불태우고 약탈하거나 지주의 숲에서 나무를 잘라 냈다. 보브로프(Bobrov, 보로네슈)군에서 페트로프 가문의 저택을 약탈한 농민은 다음과 같이 설명했다. "우리는 지주들의 집을 불태우고 약탈해야 한다. 그래야 그들은 다시 돌아오지 않을 것이며, 땅이 농민들 차지가 될 것이다." 프론스크 경찰서장은 다음과 같은 농민들의 주장을 보고해야 했다. "이제 우리 모두 동등하다."

트로츠키는 또 다른 어려움에 봉착했다. 본명이 레프 브론슈테인(Lev Bronstein)인 트로츠키는 우크라이나의 비교적 부유한 지주의 아들로, 그의 가족은 폴토바(Poltova) 근처의 도시 출신 유대인이었다. 바로 그 때문에 많은 러시아인은 트로츠키를 의심했다. 러시아가 일본에 패한 것이 유대인의 음모 때문이라고 주장하는 사람들도 있었다. S. A. 닐루스의 주장에 따르면, 산헤드린으로 알려진 유대인 비밀회의가 일본인들에게 최면을 걸어 스스로 이스라엘 부족이라고 믿게 만들었다는 것이다. 닐루스는 정신이 혼란해진 러시아를 피로 물들인 뒤, 일본을 선두로 중국까지 합세한 황인종 무리를 이용하여 러시아뿐 아니라 유럽까지 모두 뒤덮는 것이 유대인의 목표라고 주장했다. 뱌체슬라프 플레베(Vyacheslav Pleve) 러시아 내무장관은 이렇게 주장했다. "러시아에는 혁명 운동이 존재하지 않는다. 정부의 적인 유대인이 있을 뿐이다." 각료평의회 의장이었던 세르게이 비테(Sergei Witte) 역시 마찬가지였다. 그는 유대인이 "러시아의 저주받은 혁명의 사악한 요소들 가운데 하나"라고 지적했다.

앞에서 살펴보았듯이, 유럽에서 러시아 제국만큼 유대인 집단이 크게 형성된 국가는 없었다. 아시케나지 유대인은 중세에 신성 로마 제국에서의 차별과 박해에 대응하여 독일에서 폴란드로, 즉 동쪽으로 이동했다. 그들은 15, 16세기에 더욱 동쪽으로 이주하여 리투아니아 공국으로 옮겨 갔고, 1648년 우크라이나에서 일어난 반란 동안 박해를 받았지만 18세기까지 계속해서 동쪽으로 이주하여 정착했다. 갈리치아의 유대인 거주 집단의 규모가 크긴 했지만, 폴란드가 분할됨에 따라 유대인이 가장 많이 살던 지역들은 러시아의 지배를 받게 되었다. 갈리치아와 포젠의 유대인 집단은 각각 오스트리아와 프로이센의 휘하에 들어갔다. 러시아에 거주하는 유대인 300만 명은 단호히 차르의 이등 국민으로 분류되었다. 유대인 지정 거주지는 1835년이 돼서야 정확히 그 경계가 정해졌지만, 1791년 예카테리나 2세에 의해 처음 설치되었다. 유대인들은 거주지 경계 밖에서는 살 수 없었다. 이 거주지는 러시아 지배하의 폴란드와 열다섯 개의 구베르니아(Gubernia, 주)로 구성되었다. 구체적으로 코브노, 빌나, 그로드노, 민크스, 비테브스크, 모길레프, 볼리니아, 포돌리아, 베사라비아(1881년에 합병된 뒤), 체르니고프, 폴타바, 키예프(키예프 시는 제외), 헤르손(니콜라예프는 제외), 예카테리노슬라프, 타우리다(얄타와 세바스토폴은 제외)이다. 유대인은 러시아 내부에서의 거주는 물론이고 이주도 용납되지 않았다. 당시 지정 거주지는 라트비아와 리투아니아로부터 동부 폴란드와 벨로루시를 거쳐 서부 우크라이나와 몰도바로 이어지는 지역에 퍼져 있었다. 이러한 거주 제한에도 예외는 있었다. 길드 회원은 러시아 실업가가 꿈꿀 수 있는 최고의 지위였다. 1859년, 제1길드 회원이었던 유대 상인들은 유대인 대학 졸업자 및 장인(1865년 이후)과 마찬가지로 러시아 전역에 거주하면서 장사를 할 수 있도록 허가받았다. 따라서 상트페테르부르크나 모스크바, 키예프, 오데사 같은 주요 도시에는 유대인 상인 집단이 존재했다. 그 외의 유대인 중에도 지정 거주지 밖에서 불법적으로 사는 이들이 있었지만, 그들은 정기적으로 당국의 일제 점검을 받아야 했다.(키예프 유대인 생활의 특징이었다.)

거주지 제한은 차르 정권이 유대인에게 부과한 많은 제한들 중의 하나에 불과했다. 1820년대부터 1860년대까지 모든 러시아인과 마찬가지로 유대인들도 25년 동안 군에 징집되었다. 이 제도는 가난한 가정의 소년들에게는 지나치게 무거운 짐으로, 유대인을 기독교로 개종시키려는 지속적인 운동의 일부였다. 일단 집을 떠난 어린 신병들은 신앙을 포기하라는 온갖 압력을 받을 수밖에 없었다. 개종하는 유대 성인에게는 하사금이 지급되었고, 유대 남성의 이혼을 부추기기 위해 장려금도 제공되었다. 이러한 압력에 저항하면, 대부분 유대 율법을 따르는 정육점 고기에 붙는 특별 세금을 지불해야 했다. 유대인은 기독교인을 집안 하인으로 고용하면 안 되었다. 고등학교(김나지움)와 대학교는 다닐 수 있었지만 인원 제한이 있었다. 지정 거주지 내에서조차 유대인은 학생 정원의 10퍼센트를 넘을 수 없었다. 또한 지역 의원도 될 수 없었는데, 심지어 유대인이 대다수인 지역에서도 그러했다.

유대인에 대한 대중의 반감은 유럽을 거쳐 여러 세기 동안 동쪽으로 확산된 결과, 러시아에는 상대적으로 늦게 도착한 편이었다. 예를 들어 유대인이 종교 의식에서 기독교도 아이들을 죽여 유월절에 굽는 빵에 그 아이들의 피를 섞었다는 비방은 12세기 영국에서 시작된 것으로 보인다. 15세기에 그 비방은 독일어권의 중부 유럽에 전해졌고, 16세기에는 폴란드, 18세기에는 리투아니아, 루마니아, 동유럽 전역에서 확실한 사실로 받아들여졌다. 1840년 다마스쿠스에서 이러한 '피의 비방(blood libel)'에 대한 국제적인 강렬한 항의가 제기되었지만, 러시아에서 그러한 주장은 19세기 후반에야 뚜렷이 나타났다. 또한 유대인 집단에 대한 철저한 모독도 러시아의 전통은 아니었다. '천둥이 친 뒤에'라는 뜻의 러시아 포그롬(pogrom, 조직적이고 계획적인 유대인 학살―옮긴이)은 중세 이후 서유럽과 중유럽에서 정기적으로 재현되었다. 프랑크푸르트의 유대인 게토가 1819년에 약탈당했고, 1911년에는 포그롬 비슷한 소요 사태가 발생하여 파업을 일으킨 광부들이 트레데가와 사우스웨일스의 유대인 상점을 약탈했다. 일찍이 러시아의 오데사에서 1821년, 1849년, 1859년, 1871년에 발생한 것으로 기록된 포그롬은 사실 오데사의 그리스인 집단의 소행이었다.

포그롬은 온갖 환경에서 발생하며, 갖가지 상이한 '천민' 소수 집단을 상대로 발생할 수 있다. 그럼에도 1900년경 유대인 지정 거주지에서는 네 가지 독특한 특징이 발견되었다. 이는 다른 지역에서는 감소하는 듯했으나 유독 이 지역에서만 유대인들을 적대시하는 폭력이 불붙은 이유를 설명하는 데 도움을 준다. 첫 번째 특징은 유대인 인구의 급격한 증가였다. 엘리자베트그라드(Elizavetgrad)의 경우, 19세기에 유대인은 574명에서 2만 3967명으로 증가하여, 총인구의 39퍼센트를 차지했다. 예카테리노슬라프 같은 산업 도시의 경우, 1825년에는 인구의 10퍼센트를 차지했으나 1897년에는 35퍼센트로 증가했다. 키예프의 인구는 1864년부터 1874년까지 10년 동안 거의 두 배가 늘었는데, 같은 기간에 유대인 인구는 다섯 배가 늘었다. 이는 특이한 사례가 아니었다. 유대인은 포그롬이 발생한 다수의 도시에서(전부는 아닐지라도) 인구 비율이 높은 편이었다.(표 2-1 참조)

지정 거주지의 유대인을 러시아 인구가 두드러지게 많은 집단 내의 소수 인종 집단으로 생각하는 것은 잘못이다. 유대인 지정 거주지는 여러 인종 집단들로 이루어진 일종의 패치워크로, 유대인과 러시아인뿐 아니라 폴란드인, 리투아니아인, 우크라이나인, 벨로루시인, 독일인, 루마니아인도 거주했다. 실제로 엘리자베트그라드의 유대인은 총인구의 40퍼센트에도 못 미쳤지만, 인종적으로 혼합된 주민들 가운데 가장 큰 단일 집단이었다. 예카테리노슬라프의 경우, 러시아인은 총인구의 42퍼센트에 불과해 유대인들보다 약간 더 많을 뿐이었다. 주민 가운데 16퍼센트 정도가 우크라이나인이었고, 나머지 주민 가운데 상당한 비중을 차지한 집단은 폴란드인과 독일인이었다. 1897년 인구 조사에 따르면, 예카테리노슬라프의 경우 26개국 출신 주민들뿐 아니라, 카프카스 산맥 지역의 열 개 관구와 중앙아시아의 열 개 관구, 시베리아의 일곱 개 관구, 유럽 러시아 출신 원주민들도 포함되어 있었다. 이는 유대인 지정 거주지의 유대인들이 게토에만 거주하지 않은 이유를 설명하는 데 도움이 된다. 때때로 독특한 유대인들의 거주지가 있긴 했지만, 강제된 차별의 결과물은 아니었다. 반대로 소득이 높은 집단들 사이에서는 고도의 사회적인 통합이 추진되었다. 키예프의 브로드스키(Brodsky) 가문처럼 부유한 유대인 가문은 자신들의 종교 공동체 너머까지 인정과 관대함을 베풀어 지역에서 존경받은 명망가였다. 예카테리노슬라프의 유대인 역시 지역 엘리트 계층에 없어서는 안 될 집단이었다.

첫 번째 특징과 전혀 무관하지 않은 두 번째 특징은 러시아의 지배를 받던(전부는 아니지만) 일부 유대인이 엄청난 경제적 성공을 거뒀다는 점이다. 농노제를 폐지한 차르 정권이 야심찬 토지 개혁과 산업화를 시작함에 따라, 19세기 말은 경제적으로 엄청난 기회의 시대로 부상했다. 대내외 교역은 그 어느 때보다 번성했다. 지정 거주지의 유대인은 법률에 의해 토지 소유가 금지되었지만, 다른 이교도 주민보다 글을 읽고 셈을 하는 능력이 뛰어났기 때문에 마침 싹튼 상업적 기회를 이용할 수 있었다. 1897년, 유대인은 러시아가 지배하는 폴란드의 모든 상인과 제조업자의 73퍼센트를 차지했고, 더 동쪽에 위치한 도시에서 역시 지배적인 위치를 점했다. 비슷한 시기에 키예프 인구의 13퍼센트가 유대인이었으나, 상인의 44퍼센트, 상거래의 3분의 2가 유대인 자치였다. 1902년, 예카테리노슬라프 주민 가운데 유대인은 3분의 1에 불과했지만, 제1길드

표 2-1. 1881~1882년 포그롬의 주요 발생지

지역/도시	포그롬 발생 건수	총인구 중 유대인 비율
헤르손	52	
엘리자베트그라드		39
아나녜프		50
오데사		35
키예프	63	
키예프		11
포돌리아	5	
발타(Balta)		78
예카테리노슬라프	38	
알렉산드로프스크		18
폴타바	22	
루브나		25
체르니고프	23	
니예친		33
볼리니아	5	
타브리다	16	
베르디안스크		10

자료: Goldberg, 'Die Jahre 1881-1882,' pp.40f.

상인의 84퍼센트, 제2길드 상인의 69퍼센트가 유대인이었다. 그렇다고 지정 거주지의 모든 유대인이 부유한 상인이었다는 얘기는 아니다. 많은 유대인이 소작농과 시장 경제 사이의 중간 상인이나 여인숙 주인, 장인으로 가업을 이었다. 물론 비참할 정도로 가난한 유대인도 상당히 많았다. 1903년, 유대인 거주지를 다녀 온 한 영국 의원은 동유럽 유대인 사회의 문화적 중심지로 알려졌던 빌나(현대의 빌뉴스)의 극빈층과 폴란드의 맨체스터로 알려진 우지(Łódź)의 슬럼가를 보고 크게 놀랐다. 지정 거주지 유대인 사회에서 나타난 부의 양극화 현상은 포그롬의 폭력성에서 결정적인 요인으로 작용했다. 상인 엘리트 집단의 부에 자극을 받아 발생한 포그롬은 늘상 가난한 이들의 재산과 목숨을 위협했다.

세 번째이자 결정적인 특징은 당시에 상당히 과장되었지만 결코 부인할 수 없는 요인으로, 유대인들이 혁명적인 정치 활동에 다수 연루되었다는 점이다. 유대인 여성 헤시아 헬프만(Hesia Helfman)이 1881년 포그롬의 촉매제 역할을 한 알렉산드르 2세 암살 사건에서 사소한 역할밖에 하지 못한 건 사실이다. 하지만 유대인이 1905년 혁명의 선봉이던 다양한 좌익 정당과 혁명 조직에 지나치게 많았던 것은 사실이다. 1907년 러시아 사회민주당의 5차 당대회에서 볼셰비키의 11퍼센트, 멘셰비키의 23퍼센트가 유대인이었다. 총 338명 중에서 대의원 59명이 사회주의 유대인 노동자 연맹인 분트(Bund) 출신이었다. 이를 모두 합치면 대의원의 29퍼센트가 유대인인데, 이에 반해 러시아인은 고작 4퍼센트에 불과했다. 키시네프에서 포그롬이 발생한 뒤 발표된 분트의 문건을 보면, 혁명 운동과 유대인의 관계를 짐작할 수 있다. 이디시어로 쓰인 한 전단지는 자본주의와 차르의 절대 권력에 대항한 투쟁을 반유대주의에 대항한 투쟁과 명확히 결부시켰다. "우리는 증오를 품고 세 배의 저주를 퍼부으며 러시아 독재 정권과 반유대주의 범죄 집단, 자본주의 세계 전체를 위한 수의(壽衣)를 짜야 한다."

　마지막으로, 19세기 말에 전통적인 반유대 정서가 더 현대적인 반유대주의로 변했음을 인정하는 것이 중요하다. 이 새로운 반유대주의는 19세기 서양 세계를 휩쓴 인종 이데올로기와 결코 똑같지는 않을지라도 모종의 관련이 있다. 『카할의 책(The Book of the Kahal)』에서 사악한 힘이 있는 비밀 유대 조직이 존재한다고 맨 처음 주장한 사람은 바로 브라프만(Brafman)이라는 변절자였다. 이 음모론은 전제 정치에 대한 반동적인 열정과 폭력적인 반유대주의를 결합한 러시아인민연맹 같은 조직들의 관심을 끌었다. 몰다비아의 반유대주의자 파볼라치 흐루셰반(Pavolachi Krushevan)이 가짜 「시온의정서」(1903년)를 발표한 것도 러시아인민연맹의 상트페테르부르크 기관지 《러시아 국기(Russkoye Znamya)》를 통해서였다. 이 기사들은 러시아군의 허가를 받아 『우리 불행의 뿌리(*The Root of Our Misfortunes*)』로 다시 출간되었다. 「시온의정서」는 양차 세계 대전 사이에 엄청난 악영향을 발휘하지만, 전전(戰前) 차르 러시아 시대에 인종적 편견이 형성되는 데에도 특이하게 기여했다. 한때 러시아의 지배자들은 유대인 문제가 강제 개종으로 해결될 수 있다고 믿었다. 하지만 새로운 음모론자들에 의해 이 방법으로는 충분치 않을 거라는 점이 분명해졌다. 《러시아 국기》에 실린 글을 옮기면 다음과 같다.

> 정부는 하나의 민족으로서 유대인이 인간을 해치려는 습성 때문에 파멸할 운명을 맞을 것이고, 파멸이 권장되는 늑대나 전갈, 뱀, 독거미 등의 동물처럼 인간의 생명을 위협한다고 간주해야 한다. 유대인은 점차 소멸되고야 말 것이다.

앞에서도 보았듯이 이러한 표현은 독일의 반유대주의자들 사이에서도 알려져 있었다. 하지만 최초로 말이 행동으로 이어진 곳은 러시아 제국이었다.

포그롬

일반적으로 1881년의 포그롬은 알렉산드르 2세의 암살에 대한 반응으로 간주된다. 유대인에게 보복을 가하라는 공식 명령이 내려졌다는 소문이 자자했지만, 폭력 사태가 전통적으로 기독교인과 유대인 간에 긴장이 감도는 부활절 직후에 시작되었다는 점은 결코 우연이 아니다. 부활절 일요일 사흘 뒤인 4월 15일, 어느 술 취한 러시아인이 엘리자베트그라드에 있는 유대인 소유의 선술집에서 쫓겨났는데, 이 사건이 포그롬의 발단이 되었다. 유대인들이 우리 민족을 때리고 있다는 외침 속에서 한 무리의 러시아인이 시장의 유대인 상점들을 공격한 뒤 거주지로 쳐들어갔다. 나중에 한 선술집에서 유대인 노인 한 명이 죽은 채로 발견되었지만, 엘리자베트그라드에서 죽거나 다친 사람은 거의 없었다. 그보다는 단순한 파괴와 약탈 행위가 일어났을 뿐이다. 많은 집의 문과 창문이 부서지고, 거리는 부서진 침대에서 나온 깃털들과 망가진 가구들에 막혀 걸어다닐 수가 없었다. 이후 며칠 동안 즈나멘카와 골타, 알렉산드리아, 아나네프, 베레조프카에서도 비슷한 사태가 벌어졌다. 최악의 폭력 사태는 4월 26일부터 28일까지 키예프에서 발생했는데, 많은 유대인이 살해당하고 강간 사건 스무 건이 보도되었다. 분쟁은 인근 지역으로 확산되었다. 이후 몇 달 동안 유대인 지정 거주지 남쪽 절반 지역에서 유대인이 공격받았다. 오데사에서는 유대인에 대한 공격이 5월 3일에 시작되어 거의 닷새간 지속되었다. 6월 30일, 폴타바의 책임자가 현장에 도착했지만 새로운 포그롬이 페레야슬라프(Pereyaslav)에서 시작되어 사흘간 계속되었다. 당국은 4월부터 8월 사이에 포그롬이 총 224건 발생했다고 집계했다. 사망자는 열여섯 명에 불과했지만, 유대인들의 재산 피해는 상당했다. 게다가 그게 끝이 아니었다. 성탄절에 바르샤바에서 포그롬이 발생했고, 1882년의 부활절에도 베사라비아와 헤르손, 체르니고프의 유대인이 공격받았다. 3월 말, 발타에서 특히 폭력적인 포그롬이 발생해 유대인 마흔 명이 사망하거나 심한 부상을 입었다.

역사가들이 연쇄 파급 현상 또는 전염병이라고 설명한, 유대인에 대한 전례 없이 폭발적인 공격은 무엇 때문에 발생했을까? 과거에는 러시아 정부가 그런 폭력 사태를 부추겼다고들 주장했다. 니콜라이 이그나티예프(Nikolai Ignatiev) 내무장관을 비난하는 이들도 있었고, 정권의 앞잡이였던 콘스탄틴 포베도노스체프(Constantine Pobedonostsev) 정교회의 의장을 비난하는 사람들도 있었다. 그리고 새 차르를 비난하기도 했다. 하지만 차르 알렉산드르 3세는 당시 벌어지던 사태를 한탄했던 게 분명했고, 포베도노스체프는 포그롬을 일으키지 말 것을 당부하는 설교를 성직자들에게 명령했다. 정부는 포그롬을 일으키는 사람들이 유대인에게 정당한 불만을 품었다고 주장했다. 그 지역 유대인은 비생산적인 노동으로 이익을 얻고 상업을 독점하여 원주민들을 착취하고 있다는 지적을 받았다. 차르는 러시아에서 반유대주의 감정이 사라지지 않을 거라고 생각했다. 유대인이 러시아인을 너무 쌀쌀맞게 대할뿐더러 기독교인을 계속 착취하는 한 증오감이 줄어들지 않을 것이라고 생각한 것이다. 하지만 그러한 발언으로 책임을 공식 인정했다고 할 수는 없었다. 유대인 착취에 대한 거짓 주장은 당국이 대중의 동기를 용서하기보다는 이해하려는 노력을 반영한 것이다. 일부 관리들은 무정부주의자들이 신경질적으로 포그롬을 부추겼다고 주장했다. 각료위원회 의장이던 로이테른 백작은 다음과 같이 설명했다.

그들은 오늘 유대인을 사냥하고 강탈하고, 내일은 쿨라크를 목표로 삼을 것이다. 쿨라크는 동방정교회를 믿는 유대인과 도덕적으로 똑같다. 쿨라크 다음으로는 상인과 지주들이 목표가 될 것이다. 관계 당국이 아무런 조처도 취하지 않는 상황에서 머지않아 가장 무서운 사회주의가 나타날 것이다.

실제로 포그롬은 자발적인 행위처럼 보이는데, 경제적으로 폭발하기 쉬운 다민족 집단에서 폭력 사태가 빚어졌기 때문이다. 포그롬을 선동한 사람들이 있었다면, 아마 경제적으로 유대인과 경쟁 관계에 있던 러시아 숙련공과 상인이었을 것이다. 종종 가해자들은 무직인 경우가 많았고, 다수가 술주정뱅이에다 대부분 남자였다. 폭력 행위로 체포된 폭도 4052명 가운데 여자는 222명에 불과했다. 가해자들의 신분은 놀라울 정도로 다양했다. 공식 조사에 따르면 서기, 술집과 호텔 사환, 숙련공, 운전수, 정부에 취직한 일용직 노동자, 휴가 중인 군인들이 포그롬에 가담했다. 키예프에서 포그롬을 목격한 사람은 어린 소년과 숙련공, 노동자 들이 엄청난 무리를 지어 맨발의 대대를 편성했다고 전했다. 엘리자베트그라드의 폭도들 중에는 도시민 181명과 농민 177명, 전직 군인 130명과 외국인 6명, 귀족 1명이 포함되어 있었다. 체포된 폭도 363명에 대한 자세한 자료가 남아 있는데, 이들 중에는 비숙련 노동자 102명과 일용직 노동자 87명, 농민 77명, 하인 34명이 있었다. 농민들이 확실히 제 몫을 해냈는데, 그들은 새로운 차르가 유대인을 공격하라는 명령을 내렸다고 굳게 믿었다. 체르니고프 사람들 중에는 차르가 명령을 내린 것으로 확신하고 지역 책임자에게 자신들이 유대인을 공격하는 데 **실패하더라도** 처벌하지 않는다는 보증서를 써 달라고 부탁한 이들도 있었다. 그러나 농민들의 주요 관심사는 포그롬이 발생한 뒤 유대인들의 재산을 약탈하는 것이었다. 그들은 무기가 아니라 빈 수레를 갖고 현장에 도착했다. 실제로는 우크라이나에서 일자리를 구하던 다수의 러시아 실업자나 터키와의 전쟁에서 돌아온 제대 군인들처럼 이주해 온 노동자들이 폭력에 가담했을 개연성이 더 컸다.

폭력이 확산된 방식을 이해하는 데 중요한 열쇠는 철도 노동자들의 역할이다. 유대인 지정 거주지를 지나는 주요 철도를 따라 유대인을 공격하자는 아이디어를 내놓은 사람들이 바로 그들이기 때문이다. 엘리자베트그라드로부터 알렉산드리아, 아나네프에서 티라스폴, 키예프에서 브로바리, 코노톱에서 즈메린카, 알렉산드로프스크에서 오레코프, 베르디안스크, 마리우폴까지 그 아이디어는 철도 노동자들을 통해 전해졌다. 철도는 근대 제국주의 세력의 원동력으로 간주되어 왔으며, 시베리아 횡단 철도 역시 이렇게 해석할 수 있다. 이제 철도는 공공 무질서의 전달 매체가 될 수 있는 것으로 판명되었다. 이 점에서는 지역 당국이 제 역할을 포기한 점 또한 철도만큼 중요했다. 공식 보고서에 따르면, 지역의 비유대인들은 눈앞에서 펼쳐지는 파괴 행위에 아무런 관심이 없었다. 여기에 경찰 인력의 만성적인 부족이 더해져 폭도들은 한층 자유로이 활동할 수 있었다. 엘리자베트그라드의 경우, 전체 인구가 4만 3229명인데 비해 경찰 인력은 87명에 불과했다. 설상가상으로 경찰서장들은 이틀 동안 아무런 조치도 취하지 않았다. 1881년 포그롬은 한 지역의 인종 폭동이 근대적인 통신수단의 등장과 근대적인 경찰력의 부재 속에서 전염병처럼 퍼져 나갈 수 있음을 증명했다.

포그롬의 여파로 정부는 책임자들을 처벌하는 조치를 취했다. 총 3675명이 체포되어 2359명이 재판에 회부되었다. 이는 포그롬을 당국이 조장했다는 견해가 거짓임을 입증해 주었다. 그러나 차르와 장관들은 정부가 임명한 지역 조사위원회의 의견을 대체로 무시했는데, 여러 위원회가 유대인에 대한 주거 제한 등을 완화할 것을 권고했다. 대신 유대인 문제를 다루는 정부 위원회가 1882년, 임시 조치로 보이는 '5월 3일 법안'을 제출했는데, 여기에는 유대인이 시골이나 마을에 새로이 정착하지 못하게 하고 일요일과 기독교의 축일에는 장사를 하지 못하게 하자는 내용이 담겨 있었다. 지방에서 유대인을 대대적으로 몰아내려는 계획이 채택되지는 않았지만 진지하게 검토되었다. 요점은 포그롬의 결과 유대인의 상황이 나아진 게 아니라 나빠졌다는 것이다. 가담자들에 대한 처벌은 이후 산발적으로 발생하는 유대인에 대한 폭력 행위를 막지 못했다. 러시아 유대인들은 서쪽으로 이주해 가는 방법으로 이러한 폭력 행위에 대응했다. 이들은 오스트리아·헝가리 제국, 영국, 독일, 팔레스타인, 특히 미국으로 옮겨 갔다.

1903~1905년에 발생한 사건은 상당히 다른 특징을 보였다. 두 번째로 발생한 러시아 포그롬에는 네 가지 두드러진 국면이 나타났는데 이 사건은 1903년 4월 19일 베사라비아의 키시네프에서 또 다시 부활절 무렵에 발생했다. 포그롬의 발단이 된 사건은 어린 소년의 시체가 발견되면

서 촉발된 전형적인 '피의 비방'이었다. 반유대주의 신문인 《베사라베츠(*Bessarabets*)》에 따르면, 그 소년은 희생 제의의 일환으로 유대인들에게 살해당했다. 이후 폭력 사태가 이어져 수백 개의 상점과 집들이 약탈되거나 불탔다. 하지만 이번에는 사망자가 더 많았다. 키시네프에서만 마흔일곱 명의 유대인이 목숨을 잃었는데, 이는 네 국면 가운데 첫 번째에 불과했다. 두 번째 국면은 러일 전쟁의 개시와 맞물려 나타났는데, 군대가 동양으로 떠날 준비를 하던 지역에서만 포그롬이 발생했다는 점에서 군사 동원 포그롬이라고 할 수 있었다. 구체적으로 1904년에 마흔 건의 포그롬이 발생했고, 1905년 1월부터 10월 초까지 쉰 건이 추가로 발생했다. 이 폭력 사태의 세 번째 국면이자 최악의 국면은 혁명이 최고조로 달한 10월 중반에 발생했다. 10월 17일, 차르가 자유주의적인 '10월 선언'을 발표한 날, 또다시 오데사의 유대인들이 공격받아 최소한 302명이 사망했다. 다음 날 키예프에서 폭력 사태가 발생했고, 1881년 당시와 마찬가지로 유대인들은 엄청난 재산 피해를 입었다. 집기나 가구 등 물질적인 피해도 컸지만 이번에는 사상자도 많았다. 10월 21일은 예카테리노슬라프 차례였다. 10월 31일부터 11월 11일까지, 660개 지역에서 포그롬이 발생해 800명이 넘는 유대인들이 살해당했다. 1906년 6월과 9월, 비아위스토크와 지드리스(Siedlice)에서 차례로 포그롬 사태가 발생했는데, 비아위스토크에서는 여든두 명의 유대인이 목숨을 잃었다. 이들 포그롬은 1881년 당시보다 훨씬 더 폭력적이었을 뿐 아니라(유대인 3000명이 죽은 것으로 보인다.) 더 넓은 지역에서 발생했다. 1881년과 마찬가지로 유대인 지정 거주지의 최북단 지역에서는 폭력 사건이 전혀 일어나지 않았지만, 저 멀리 시베리아의 이르쿠츠크나 톰스크에서도 유대인이 공격받았다.

그렇다면 무엇이 달랐는가? 분명 이 폭력 사태는 단계적으로 확산되었다. 1881년 사태를 기억하는 사람들은 재산에 피해를 입히던 행동에 그치지 않고 쉽게 사람까지 공격하는 잔인함을 보여 주었다. 하지만 더 중요한 점은 1903년부터 약 2년 동안 발생한 포그롬의 경우에는 일부 유대인 집단이 연맹주의자들과 시온주의자들로 자위대를 조직하여 저항했다는 사실이다. 고멜과 키시네프의 경우가 바로 이러했는데, 오데사에서는 대격전이 벌어지기도 했다. 그러나 정말로 중요한 점은 이 폭력 사태가 혁명의 위기라는 상황에서 발생했다는 사실이다. 이로 인해 당시의 포그롬은 1881년과는 달리 정치적인 사건이 되었다. 니콜라이 2세는 자신의 어머니 앞에서 사회주의자와 혁명가 들의 뻔뻔함에 성을 내면서, 포그롬에 가담한 사람들은 '충성스러운 국민 전체'를 대표하며, 문제를 일으키는 사람들 중 90퍼센트가 유대인이기 때문에 국민들의 분노가 폭발했다고 말했다. 이러한 분석은 외국인 관찰자들, 특히 상트페테르부르크 주재 영국 대사 찰스 하딘지 경이나 그의 참사관 세실 스프링 라이스, 모스크바 총영사 알렉산더 머리 등의 영국 외교관들도 받아들였다. 한편 유대인 기구들은 포그롬을 정부가 선동한 사건으로 규정했는데, 이러한 의견은 한 세대가 넘도록 학자들에 의해 되풀이되며 전해졌다. 사실 어떤 쪽도 전적으로 옳지는 않다. 당국은 혁명에서 유대인들이 맡은 역할을 과장했는데, 유대인이 러시아 사회주의자들의 90퍼센트를 차지한 것은 아니었다. 반대로 내무장관이 직접 포그롬을 획책했다는 주장은 사실이 아닌 것으로 밝혀졌다. 실제로 플레브는 키시네프 포그롬 사태 이후 동유럽 유대인 원조를 위한 해외연합위원회 회장 루시앙 울프(Lucien Wolf)뿐 아니라 시온주의 지도자 테오도어 헤르츨과도 만나 의논하는 등, 지정 거주지 내 유대인의 처우를 개선하기 위한 조치를 취한 듯하다.

그렇다면 누가 비난받아야 했나? 포그롬 선동자들 중에는 선동적인 《베사라베츠》의 편집자로서 「시온의정서」를 발표한 파볼라치 흐루셰반 같은 극단적인 반유대주의자나 혁명에 맞서 싸우기 위해 폭력을 행사한 검은백인단 등의 반혁명 시민군이 뒤섞여 있었다. 그들은 유대인이 혁명에 찬성한다고 생각한 것으로 보이는데, 이를 뒷받침하는 증거도 있다.

일례로 키예프의 포그롬 가담 폭도는 이렇게 외쳤다. "이는 너희의 자유다! 너희의 헌법과 혁명을 위해 그것을 감수하라!" 하지만 이교도 사회주의자들이 유대인 편에서 세력을 규합했다는 증거는 거의 없다. 이는 포그롬 가담자의 사회적 출신에서 실마리를 찾을 수 있다. 1881년에 발생한 포그롬처럼 키예프의 포그롬에서도 유대인 가정과 상점에 대한 약탈은 주로 건달이나 깡패, 다양한 하층민이 저질렀고, 이들 대부분은 10대였다. 하지만 다른 곳에서는 룸펜 프롤레타리아 외에 노동자 계급이 포그롬에 가세했는데, 당시 볼셰비키와 멘셰비키 당원들은 바로 이들을 대표한다는 명분을 내세웠다. 유대인 자위 조직에서 활동한 사람의 증언에 따르면, 오데사의 폭도 중에는 러시아 사회의 거의 모든 계급이 포함되어 있었다. 맨발의 거지뿐 아니라 공장과 철도 노동자, 농민, 역장에 이르기까지 거의 모든 계급이 가담했다. 예카테리노슬라프의 포그롬 가담자들 중에는 소시민, 농민, 공장 노동자, 일용 노동자, 휴가 나온 군인, 학생이 포함되어 있었다. 더욱이 이 집단들 외에 지역 경찰까지 가세한 경우도 많았다. 경찰들은 폭도를 선동하고, 유대인 자위대에 총격을 가했으며, 유대인들의 거주지 약탈에도 참여했다. 포그롬 사건 이후 육군 대령을 포함하여 키예프 경찰 세 명이 직무유기로 고소당했지만 한 번도 재판을 받지 않았고, 대령은 1907년에 복직했다. 그토록 다양한 사회 집단이 유대인을 공격하고 살해할 준비가 되어 있었다면, 러시아 혁명이 사회적 양극화를 극명히 드러낸 사건이라는 오래된 인식이 다소 의심스럽게 보이기 시작한다. 그렇다면 사회적 양극화가 아니라 인종적 양극화가 더 정확한 설명일지도 모른다.

결국 유대인에 대한 폭력은 차르 체제에 내재한 인종 갈등을 보여 주는 유일한 징후가 아니었다. 폴란드인, 핀란드인, 라트비아인도 가장 공격적으로 '러시아화' 대상으로 삼은 소수 민족이었는데, 예상대로 그들은 혁명의 국면에서 정치적 자치권을 강하게 요구했다. 이들의 경우에도 사회민주당에 가입한 사람들이 상당히 많았다. 이와 대조적으로, 구질서와 가장 밀접하게 제휴한 발트 해 연안 독일 귀족들은 1905년에 사나운 공격의 표적이 되었다. 쿠를란트(Courland, 라트비아)의 영주 저택 140여 채가 농민들의 약탈에 의해 완전히 무너져 내렸다. 러시아 사회주의자들은 계급이란 용어로 말했을지 모르지만 다른 러시아인들, 정확히 말해 러시아 제국의 서쪽 변경에 살던 차르의 다민족 백성들은 인종이란 말로 대답했다. 1905년 포그롬은 20세기 전반기에 유대인 지정 거주지를 황폐화했을 뿐 아니라 궁극적으로는 파괴해 버린, 연이은 지진들 중의 첫 지진이었다. 이 지진은 이후 더 큰 지진을 암시하는 사건이었다.

러시아가 서쪽으로 진로를 틀다

1905년 혁명을 일으킨 사회주의자와 민족주의자의 분열은 차르 정권이 지배권을 되찾는 데 도움이 되었다. 1905년 12월 말, 소비에트는 폐쇄되었다. 트로츠키는 당 지도부와 함께 옥중에서 괴로운 나날을 보내게 되었다.

차르와 그의 내각은 1905년에 일어난 사건에서 교훈을 얻어 분별력을 갖출 수도 있었다. 또다시 패하고 혁명을 겪지 않기 위해, 다시 전쟁을 치르지 않는 방법을 택할 수도 있었다. 하지만 그들은 경쟁국들과의 전쟁을 피할 수 없다고 본 듯했다. A. A. 키레이예프 장군은 1900년 일기에 다음과 같이 썼다. "여느 강국과 마찬가지로 우리는 영토와 '적법한' 도덕적, 경제적, 정치적 영향력을 확대하려고 노력한다. 이는 세상의 순리다." 9년 뒤에 그는 자신이 가장 두려워한 것을 이렇게 설명했다. "우리는 이류 강대국이 되었다." 중요한 점은 다음번에는 러시아가 더 훌륭하게 무장하고 더 통렬하게 싸워야 한다는 점이었다. 또다시 혁명이 발생할 수도 있다는 위협을 느낀 정부는 막대한 비용이 드는 재무장 프로그램에 착수했다. 하지만 이번에 그들이 부설한 철도는 아시아 쪽이 아니라 독일과 오스트리아·헝가리 제국으로 이어지는 서쪽 방향으로 달렸다. 어느 누구도 이 철도가 상품이 아니라 군대를 실어 나를 것이라고 의심하지 않았다.

유럽의 제국들과 차르의 러시아 제국은 수만 킬로미터의 철로를 부설함으로써 자신의 지배력을 확대하고 공고히 해 왔다. 그러나 1881년과 1905년의 인종 갈등은 철도가 질서뿐 아니라 무질서 역시 전파할 수 있음을 알려 주었다. 1914년 여름, 수백만 명의 병사들이 철도를 통해 유럽 전역의 전쟁터로 수송되자 새로운 사실이 드러났다. 돌연 제국이 기차로 자신의 파멸을 실어 나르는 게 분명해진 것이다. 그러나 A.J.P. 테일러가 주장했듯이 "예상할 수 있는 전쟁의 시간표"는 없었다. 전쟁은 사람들의 허를 찔렀다. 그 점에서 유럽이 세계를 지배하던 시대의 종말은 가장 무시무시한 열차 충돌과 흡사했다.

3 단층선

이제 전쟁이 터진다. 그리고 우리 인간이 역사의 야만적인 단계에서 네 발로 기어 나오지 못했다는 점이 드러난다. 우리는 멜빵을 멜 줄도 알고, 훌륭한 사설을 쓸 줄도 알고, 초콜릿 우유를 만드는 법도 안다. 하지만 유럽이라는 풍요로운 반도에서 몇 개의 부족이 공존할지 진지하게 결정해야 할 때 대량 학살이라는 방법 외에 다른 것을 찾지 못하는 무기력한 사람들이다.
— 레온 트로츠키

루리타니아에서의 죽음

1914년 6월 28일, 결핵을 앓던 열아홉 살 된 보스니아 청년 가브릴로 프린치프(Gavrilo Princip)는 인류 역사상 가장 성공적인 테러로 손꼽히는 임무를 완수했다. 그가 쏜 총알은 오스트리아·헝가리 제국의 왕위를 물려받을 합스부르크 황태자 프란츠 페르디난트 대공의 경정맥에 정확히 명중했다. 또한 그 총격은 오스트리아·헝가리 제국을 무너뜨리고 보스니아헤르체고비나를 제국 식민지에서 새로운 남슬라브 국가의 일부로 변화시킨 전쟁의 도화선이 되었다. 그토록 엄청난 성공을 예상했을 리 없지만, 사실 이는 어느 정도 프린치프가 달성하려 했던 바였다. 하지만 그의 행동은 계획했던 것 이상의 두려운 결과를 낳았다. 그로 인해 발발한 전쟁은 발칸에 국한하지 않고, 북유럽과 극동에 이르기까지 광범위하고 무시무시한 상처를 안겨 주었다. 전쟁터는 거대한 도살장처럼 변해 세계 구석구석의 젊은이들을 잔인하게 죽이면서 거의 1000만 명의 목숨을 앗아갔다. 또한 새롭고 잔인한 파괴 방법이 등장했는데, 장갑차에 의한 공격이나 치명적인 독가스, 보이지 않는 잠수함 선단 등은 지금까지도 웰스류의 공상 과학 소설의 소재가 되고 있다. 공중에서는 폭탄이 비처럼 쏟아졌고, 대서양 바다 밑은 가라앉은 배들로 어수선했다. 이 전쟁은 당시 살아남은 사람들의 기억 속에서 유럽의 어떤 주요한 전쟁보다 오래 지속되었으며, 4년 3개월을 끌었다. 그 결과 합스부르크 왕가 외에 로마노프, 호엔촐레른, 오스만 등 세 제국 왕가가 무너졌다. 휴전이 선언되었는데도 전쟁은 중재인의 힘을 교묘히 피하기라도 한듯, 1918년 이후까지 유럽 동쪽 지역을 휩쓸었다.

1차 세계 대전은 모든 것을 바꾸어 놓았다. 1914년 여름, 세계 경제는 낯익은 모습으로 번성하고 있었다. 상품과 자본, 노동의 이동성은 오늘날의 수준에 필적할 정도였다. 자본과 이주민들이 서쪽으로 이동하고 원료와 제조업자들이 동쪽으로 옮겨 감에 따라 대서양을 가로지르는 바닷길과 전보는 그 어느 때보다 분주했다. 그런데 전쟁이 문자 그대로 세계화 과정을 침몰시켰다. U-보트 작전을 감행한 독일 해군 때문에 1300만 톤에 달하는 화물이 바다 밑바닥으로 가라앉았다. 국제 무역과 투자, 이민 모두 크게 감소했다. 전쟁이 끝난 뒤, 기본적으로 국제적인 경제 통합에 적대적인 혁명 정권이 부상했다. 계획 경제가 시장 경제를 대체하고, 자급자족 경제와 보호주의가 자유무역 경제를 대신했다. 상품의 흐름은 감소했고, 인력과 자본의 흐름이 모두 말라 버렸다. 세계화를 정치적으로 떠받쳐 왔던 유럽 제국들은 치명적일 정도는 아니라도 심각한 타격을 입었다. 프린치프의 총격은 실로 세계를 뒤흔들었다.

그런데 불운했던 매킨리 대통령의 경우처럼, 20세기 초에는 정치적 암살이 빈번하게 일어났다. 매킨리의 후임인 시어도어 루스벨트는 가까스로 암살을 모면했다. 1900년부터 1913년 사이에 살해된 국가원수나 정치인, 외교관은 마흔 명이나 되는데, 이들 중에는 왕이 네 명, 총리가 여섯 명, 대통령이 세 명이었다. 발칸 지역에서만 성공한 암살이 여덟 건으로, 왕 두 명, 왕비 한 명, 총리 두 명, 그리고 터키군 총사령관이 희생자가 되었다. 그렇다면 이러한 정치적 살인이 그토록 엄청난 영향을 미친 이유는 무엇인가?

총에 맞은 황태자가 당시 세계에서 가장 거대한 단층선, 즉 동서양을 가로지르는 결정적인 역사적 경계를 따라 움직이고 있었던 것이 부분적인 이유였다. 15세기부터 19세기 말까지, 보스니아와 헤르체고비나는 오스만 제국에 속해 있었다. 이 지역 거주민 다수가 터키 통치자에 더 잘 복종하고 오스만 지배의 혜택을 받기 위해 이슬람교로 개종했다. 그러나 보스니아는 결코 완전한 이슬람 국가가 될 수 없었다. 주민들 중에는 왈라키아인이나 독일인, 유대인, 집시는 말할 것도 없고 동방정교회의 세르비아인과 가톨릭을 믿는 크로아티아인도 상당히 많았다. 빅토리아 시대에 이 지역을 방문한 사람은 보스니아와 크로아티아 사이에 있는 사바 강이 유럽과 아시아를 가르는 선이라고 느꼈다. 또 어떤 사람들은 사라예보를 관통하는 밀야츠카(Miljacka) 강이나 비셰그라드(Višegrad)를 관통하여 동쪽으로 흘러가는 드리나 강을 동서양의 구분선으로 보았다. 실제로 오스만 제국의 영향력이 장기간에 걸쳐 쇠퇴했기 때문에, 보스니아 전체가 분쟁 지역으로 변하는 양상이 나타났다. 1878년 베를린 회의 이후 오스트리아·헝가리 제국은 보스니아에 대해 느슨하게나마 종주권을 행사해 오다가 결국 1908년에 정식으로 합병했다. 그리고 6년 뒤에 페르디난트 황태자가 사라예보를 방문했다. 그는 새로이 얻은 제국의 영토를 두루 여행하던 중이었다. 이 지역에는 새로운 철도와 도로, 학교에 상당한 자금이 투자되었지만, 질서유지를 위해 수천 명의 오스트리아·헝가리 제국 병사들이 주둔해야 했다.

지질학적 단층선의 문제는 지구의 지각판이 서로 불안하게 부딪칠 때 지진이 발생한다는 점이다. 1914년 이전부터 제국으로 알려진 지정학적 지각판이 사라예보 아래에서 움직이고 있었다. 투르크 제국은 무너지고 있었고, 오스트리아 제국이나 러시아 제국은 앞으로 나아가고 있었다.

러시아의 범슬라브주의자들은 오스트리아가 보스니아를 합병하자 섬뜩함을 느꼈다. A. A. 키레이예프 장군은 러시아 정부가 그 사실을 묵인했다는 소식에 억울함을 표했다. 그는 자신의 일기에 이렇게 썼다. "부끄럽지도 않은가! 차라리 죽는 게 낫다." 그러나 오스트리아에 반기를 든 것은, 제국주의적 야심을 품긴 했지만 엄밀히 말해 제국은 아닌 세르비아라는 민족 국가였다.

민족 국가는 유럽사에서 상대적으로 새로운 개념이었다. 1900년 당시에도 대륙의 넓은 지역은 역사가 오래되고 인종적으로 뒤섞인 합스부르크나 로마노프, 오스만 제국이 지배하고 있었다. 대영 제국 역시 그러한 존재였다. 더 작은 국가들도 인종적으로 뒤섞여 있었는데, 벨기에와 스위스가 바로 그런 예였다. 그리고 룩셈부르크나 리히텐슈타인 같은 조그만 공국이나 대공국이 수두룩했는데, 이들은 뚜렷한 민족 정체성은 없었지만 더 큰 정치 단위에 합병되는 것은 거부했다. 이렇게 조각보처럼 지저분한 정치 구조는 이주로 인해 인종 융합이 활발해질 때 상당한 의미를 띠게 되었다. 그러나 민족주의자들이 보기에 이는 과거의 유물일 뿐 미래는 동질적인 민족 국가의 것이었다. 국민주권의 대변자인 스위스의 정치 철학자 장자크 루소를 길러 낸 프랑스 또한 국가 건설의 모델을 제공했다. 반복된 혁명과 전쟁을 통해 다듬어진 프랑스 공화국은 1900년 무렵 모든 지역별 소수 민족을 포섭하여 프랑스라는 단일한 개념을 탄생시켰다. 동일하게 표준화된 학교 교육과 군사 교육을 받게 되면서, 오베르뉴인, 브르타뉴인, 가스코뉴인은 자신을 프랑스인이라고 생각하게 되었다.

처음에 민족주의는 유럽의 여러 왕정을 위협하는 듯했다. 그러나 1860년대에 피에몬테와 프로이센 왕국이 자기 보존과 발전에 대한 본능을 국가 원칙과 결합하여 새로운 민족 국가를 탄생시켰다. 그 결과물인 이탈리아 왕국과 독일 제국은 완벽한 민족 국가와는 거리가 멀었다. 시실리아인들에게 피에몬테 사람은 프랑스 사람이나 마찬가지로 외국인처럼 느껴졌다. 이탈리아의 진정한 통일은 카부르(Cavour)와 가리발디(Garibaldi)가 남부 이탈리아 민족들과 사실상 소규모 식민지 전쟁을 치르며 승리를 거둔 이후에나 가능했다. 한편 많은 독일인이 비스마르크가 세운 제국의 국경선 밖에서 살았다. 그 이유는 역사가들이 비스마르크의 통일 전쟁이라고 부른 전쟁으로, 독일어를 쓰는 오스트리아인들이 프로이센이 지배하는 소독일(Kleindeutschland)에서 추방되었기 때문이었다. 그럼에도 대부분의 민족주의자는 민족 국가가 불완전하더라도 없는 것보다는 낫다고 보았다. 19세기 말, 다른 민족들도 이탈리아와 독일의 사례를 따르려고 애썼다. 방글라데시와 인도는 말할 것도 없고, 특히 아일랜드와 폴란드가 매정한 제국에 종속된 처지에서 벗어나 독립국 지위를 갈망했다. 체코 등은 무언가 더 좋지 않은 일을 겪을 수도 있다는 두려움 때문에 합스부르크라는 보모의 손을 놓지 않고 기존 제국 내에서 더 많은 자치권을 얻어 내는 데 만족했다. 그런데 세르비아의 상황은 달랐다. 베를린 회의(1878년)에서 세르비아는 몬테네그로와 함께 오스만 제국으로부터 독립을 얻었다. 1900년경, 그들은 남슬라브(South Slav, 유고슬라비아)라는 이름하에 민족 통일을 확대하여 피에몬테와 프로이센의 전례를 따르려 했다. 하지만 어떤 방법으로 통일을 달성할 수 있을까? 한 가지 해답은 이탈리아와 독일의 방식대로 전쟁을 치르는 것이었다. 그러나 세르비아가 승리할 가능성은 거의 없었다. 무너지고 있는 오스만 제국(1912년, 세르비아가 몬테네그로, 불가리아, 그리스와 연합군을 결성했을 때처럼)이나 경쟁국인 발칸 국가들(다음 해에 연합국이 전리품을 두고 싸웠을 때)을 상대로 전쟁을 벌여 승리를 거두는 것은 별개의 일이었다. 그보다 더 큰 문제는 오스트리아 · 헝가리 제국에 덤비는 것이었는데, 이 제국은 가공할 적일 뿐 아니라 세르비아 수출품의 주요 시장이기도 했다.

발칸 전쟁은 발칸 지역 민족주의의 힘과 한계를 모두 드러냈다. 이 지역 민족주의는 사납다는 강점을 갖고 있었다. 약점은 불화였다. 격렬한 전투는 《키예프스카이아 미즐(*Kievskaia mysl*)》 특파원으로 전쟁을 직접 목격한 젊은 트로츠키에게도 깊은 인상을 심어 주었다. 발칸 전쟁 이후 평화가 회복되는 방식마저 잔인했으며, 이는 20세기에 반복해서 나타나는 특징이 되었다. 민족주의자들은 더 이상 해외 영토를 손에 넣는 것으로 충분치 않다고 생각했다. 이제는 국경뿐 아니라 사람들도 이동해야 했다. 이러한 이동은 자발성을 띠기도 했는데, 1912년 이슬람교도는 그리스, 세르비아, 불가리아가 진격해 오자 살로니카 방향으로 달아났다. 1913년, 불가리아인들은 그리스 침입군을 피해 마케도니아를 떠났다. 그리스는 부쿠레슈티 조약에 따라 마케도니아 지역을 불가리아와 세르비아에 할양하기로 했다. 가끔 주민들은 고의로 추방되기도 했다. 1913년 그리스인이 서부 트라키아에서 추방되었고, 1914년에는 동부 트라키아 일부 지역과 아나톨리아에서 추방되었다. 터키의 패배 이후 주민 교환이 합의되면서, 터키인 4만 8750명과 불가리아인 4만 6764명이 터키와 불가리아의 새 국경을 경계로 교환되었다. 이러한 교환은 인종적으로 뒤섞인 거주지를 민족주의적 감성에 호소하는 동질적인 사회로 변모시키기 위한 시도였다. 그리고 몇몇 지역에 끼친 영향은 극적이었다. 1912~1915년에 (그리스) 마케도니아의 그리스 인구는 3분의 1이 증가했고, 이슬람교도와 불가리아 주민은 각각 26퍼센트와 13퍼센트가 감소했다. 서부 트라키아의 그리스 주민은 80퍼센트나 감소했고, 동부 트라키아의 이슬람계 주민은 3분의 1이 증가했다. 이러한 주민 교환은 유럽 내 다민족 집단들에게는 불길한 징조였다.

　전쟁에 대한 대안은 테러 행위를 통해 남슬라브 국가를 새로이 만드는 것이었다. 보스니아가 합병되자 발칸 반도의 오스트리아 제국주의에 저항하고 어떤 방법으로든 보스니아를 해방시키겠다고 맹세한 조직들이 여기저기서 생겨났다. 베오그라드에는 나로드나 오드브라나(Narodna

Odbrana, 국방)가 있었고, 사라예보에서는 믈라다 보스나(Mlada Bosna, 청년 보스니아)가 생겨났다. 1911년, 더욱 극단적인 비밀 단체가 결성되었는데, 흑수단(黑手團)으로도 알려진 '통일 아니면 죽음(Ujedinjenje ili Smrt)'이라는 단체였다. 이 단체가 천명한 목표는 세르비아를 '통일된 세르비아인의 피에몬테 왕국'으로 만드는 것이었다. 이 단체의 비밀 봉인은 이러했다.

열십자 모양의 뼈와 두개골이 그려진 깃발을 펼쳐 든 힘찬 손, 깃발 가장자리에는 칼과 폭탄, 작은 독약병이 있다. 주변의 작은 원 안에 왼쪽에서 오른쪽으로 다음과 같이 쓰여 있다. '통일 아니면 죽음'.

흑수단 대표는 '아피스(Apis, 벌)'라는 별명을 가진 드라군틴 디미트리예비치(Draguntin Dimitrijevic) 대령으로, 세르비아 군대를 창설한 일곱 명의 장교 중 한 사람이었다. 오스트리아·헝가리 제국 황태자의 사라예보 방문을 틈탄 암살은 처음에는 자살 임무로 계획되었는데, 이를 담당할 젊은 테러리스트를 훈련시킨 사람이 바로 디미트리예비치였다. 암살단원이었던 네드일코 카브리노비치, 트리프코 그라베즈, 가브릴로 프린치프는 브라우닝 M 1910 리볼버 네 정과 폭탄 여섯 개, 청산가리 조각을 갖고 국경을 넘었다. 마침 그들을 유혹하기로 한 양, 황태자는 14세기 코소보 전투 기념일에 사라예보를 방문하기로 했다. 이날은 세르비아 민족주의 달력에서 가장 성스러운 날인 성 비투스의 날(St Vitus' Day)이었다.
보스니아 북서쪽, 크라지나(Krajina)의 보산스코 그라호보(Bosansko Grahovo)의 빈궁한 마을에서 태어나 성장한 프린치프는 여러 면에서 전형적인 자살 테러범이다. 세르비아 민족주의자의 주장을 곧이곧대로 믿을 정도로 학생 티를 벗지 못했고, 술에 취해 사라예보의 매음굴에서 한껏 즐기는 오스트리아 점령군에게 충격을 받을 정도로 순진한 시골뜨기였다. 그들의 기괴한 행동을 보면 볼수록 오스트리아를 몰아내고 이웃한 세르비아와 함께 보스니아를 남슬라브 국가의 일부로 만든다는 생각에 더욱 매력을 느꼈다. 나중에 그는 재판정에서 이렇게 설명했다. "나는 모든 유고슬라비아 사람의 통일을 목표로 하는 유고슬라비아 민족주의자다. 나는 새로운 국가가 어떤 형태를 띠든 관심이 없지만, 반드시 오스트리아로부터 독립해야 한다고 생각한다. 우리는 테러 등 어떤 수단을 써서라도 통일해야 한다." 자신의 목표는 통일을 막고 해를 끼치는 사람들을 제거하는 것이라고 밝혔다. 어쩌면 그는 전쟁이라는 전통적인 방법으로 그 목표를 달성하길 원했는지도 몰랐다. 하지만 안타깝게도 1912년 너무 작고 약하다는 이유로 세르비아군에 입대하지 못했다.

그 운명의 날 아침, 그와 동료 암살단원들은 도시 중심 도로인 아펠 부두를 따라 늘어선 행진 대열 속에 자리를 잡았다. 처음에는 임무를 완수하지 못한 것으로 보였다. 카브리노비치가 황태자가 타고 있던 지붕 열린 자동차에 폭탄을 던졌는데, 폭탄이 접힌 지붕으로 떨어지면서 자동차 뒤에 있던 두 사람과 구경꾼 스무 명 정도가 부상을 입었다. 운전기사는 안전을 위해 재빨리 빠져나갈 준비를 갖추었지만, 페르디난트 황태자가 다친 사람들의 상태가 어떤지 보기 위해 돌아가야 한다고 주장했다. 결국 황태자 부부는 예정대로 시청 쪽으로 행진한 뒤 부상자들을 보러 가기로 했다. 그런데 긴장한 운전기사가 병원에 가면서 반대 방향으로 차를 돌리는 바람에 프란츠요제프 거리로 우회전해야 하는 상황이 발생했다. 바로 그때 점심을 먹기 위해 줄을 서 있던 프린치프는 자신의 표적과 일대일로 마주 보는 기막힌 순간을 맞았다. 눈앞이 희미해졌고 기이한 흥분에 휩싸인 그는 총을 겨누고 발사했다. 그의 탄환은 황태자의 목에 정확히 맞았고, 임신 중인 황태자비 소피에게도 치명적인 부상을 입혔다. 사실 프린치프는 총독인 오스카르 포티오레크(Oskar Potiorek) 장군에게 총을 겨누었는데, 우연히 황태자비의 배를 맞히고 말았다. 그날은 황태자 부부의 열네 번째 결혼기념일이었다.

프린치프와 카브리노비치는 임무를 완수한 뒤 자살을 기도했지만, 갖고 있던 캡슐에 든 청산가리가 산화된 바람에 자살에 실패했다. 프린치프는 다시 자신에게 총을 쏘려고 했지만 저지당하고 말았다. 그는 재판정에서 그런 행동으로 어떤 결과를 노렸느냐는 질문을 받았다. 그는 다음과 같이 대답했다. "나는 암살 이후에 전쟁이 터질 거라고는 한 번도 생각한 적이 없다." 이 사람은 솔직한 걸까, 아닐까? 역사가들은 그럴 수도 아닐 수도 있다고 생각했다. 프린치프가 이후 발생할 지진을 전혀 감지하지 못하고 행동했을 가능성은 거의 없다. 그러나 지진이란 쉽게 예측할 수 있는 사건이 아니라는 점도 명심해야 한다. 따라서 1차 세계 대전도 쉽게 예측할 수는 없었다. 황태자 암살이 티핑 포인트(tipping point), 다시 말해 유럽 전역에서 제국의 지각판을 발작적으로 흔든 치명적인 일격이었지만, 당시에는 그렇게 두드러진 사건이 아니었다. 전쟁이 결국에는 일어날 수밖에 없는 것처럼 보이지만, 동시대인이 보기에 전쟁이 발생할 확률이 낮아 보였다는 점을 납득해야만 진정으로 그 전쟁을 이해할 수 있을 것이다.

전쟁의 충격

대체로 역사가들은 1차 세계 대전 발발 이전의 기간을 고조되는 긴장과 위기의 시기로 묘사하려 한다. 그들은 전쟁이 1914년 여름에 갑자기 뻥 터진 게 아니라고 주장해 왔다. 그보다는 여러 해 동안, 심지어 몇 십년에 걸쳐 무르익었다고 말해 왔다. 역사가들이 연대별로 사건들을 어떻게 정리했는지 보여 주는 전형적인 예로는 1926~1938년에 출간된 열한 권짜리 공식 역사물 『1898~1914년, 전쟁의 기원에 관한 영국 사료(The

British Documents on the Origins of the War, 1898~1914)』를 들 수 있다. 각 권의 제목을 보면 17년에 걸쳐 짜 놓은, 전쟁의 기원에 관한 서술 체계를 명확히 알 수 있다.

　1권 영국의 고립 청산
　2권 영일 동맹과 영국·프랑스 협정
　3권 협정의 시험기, 1904~1906년
　4권 영국과 러시아의 화해, 1903~1907년
　5권 근동-마케도니아 문제와 보스니아 합병, 1903~1909년
　6권 영국, 독일 관계의 긴장-군비 증강과 협상, 1907~1912년
　7권 아가디르(Agadir) 위기
　8권 중재, 중립, 안전보장
　9권 제1부 발칸 전쟁-서문. 트리폴리 전쟁 / 제2부 발칸 전쟁-연맹과 터키
　10권 제1부 전쟁 직전의 근동과 중동 지역 / 제2부 마지막 평화의 시기
　11권 전쟁의 발발

　전쟁의 기원에 관한 거의 모든 책은 사실 위에서 제시한 설명을 변형한 것이다. 일부 역사가는 더 이전으로 거슬러 가기도 한다. 최근에 독일의 한 역사학자는 전쟁의 발발을 아홉 번에 걸쳐 연속 발생한 외교 위기의 마지막 단계로 설명하기도 했다. 그 아홉 번의 위기는 1875년 전쟁 직전까지 치달은 독일과 프랑스 간의 위기, 1875~1878년 동양의 위기, 1885~1888년 불가리아 위기, 1886~1889년 불랑제(Boulanger) 위기, 1905~1906년 모로코 위기, 1908년 보스니아 위기, 1911년 아가디르 위기, 1912~1913년 발칸 위기이다. 기념비적인 영국의 새로운 전쟁사 첫 권도 전쟁의 기원을 1871년 독일 제국의 설립까지 거슬러 올라가면서

1897년 이후 영국과 독일의 해군 경쟁을 특히 강조한다. 육상에서의 전전 군비경쟁에 대한 연구는 전쟁이 발발하기 직전의 10년을 더 강조해왔다. 역사 기술에서 오스트리아·헝가리 제국의 정책을 중시하는 일부 역사학자는 전쟁에 이르기까지의 카운트다운을 더 늦게 시작하는 경향이 있다. 어쨌든 오늘날 전쟁이 1914년 여름 마른하늘에 날벼락 치듯 발생했다고 진지하게 주장하는 사람은 거의 없다.

점진적으로 갈등이 커졌다는 의견은 사람들이 1914년 여름이 되기 전의 여러 해 동안 전쟁을 예측해 왔다는 주장과 잘 어울린다. 이 시각에서는 실제로 전쟁이 발발한 사실이 놀람보다는 위안으로 다가왔다. 좌파는 수십 년 동안 군국주의와 제국주의가 결국 엄청난 위기를 낳을 것으로 예측해 왔고, 우파는 전쟁을 다윈식 투쟁의 유익한 결과라고 일관되게 묘사해 왔다. 당시 유럽 사회가 전쟁이 일어나기 훨씬 전에 이에 대비하고 있었다는 점은 널리 인정된 사실이다. 제국주의, 민족주의, 사회적 다윈주의, 군국주의 등 1차 세계 대전의 원인은 차고 넘친다. 국내 정치 위기를 강조하는 역사가들이 있는 반면, 불안정한 국제 체제를 강조하는 역사가들이 있는데, 모두들 뿌리 깊은 원인이 있다는 점에는 동의한다. 그러나 1914년에 일어난 사건을 정확히 포착하는 것보다, 이후 4년간 발생한 중요한 사건에 부합하는 원인을 설명하기 위해 확대되는 위기를 얼마나 적절히 서술했느냐가 중요하다. 이 문제를 처리하는 한 가지 방법은 역사가들에게는 너무나 친숙한 외교 위기에 다른 동시대인들은 어떤 태도를 보였는지 더 자세히 살펴보는 것이다. 그렇게 하면, 사건의 전모를 이미 알고 과거를 해석할 수 있는 유리한 입장의 역사가들에 의해 역사가 얼마나 왜곡되는지 알 수 있다. 왜냐하면 1차 세계 대전은 오래전부터 예상해 온 위기가 아니라 충격이었기 때문이다. 인간은 시간이 한참 지난 후에야 자신들에게 위기가 닥쳐오고 있었음을 깨닫는다. 바로 그런 이유로 전쟁은 세계를 뒤흔드는 결과를 가져왔다. 가장 큰 혼란을 야기하는 것은 예상된 일이 아니라 예측하지 못한 일이다.

임박한 세계 전쟁에 깊은 관심을 갖고 있던 자들은 당시 세계 최대의 국제 금융 시장이던 런던의 투자가와 금융업자였다. 이유는 분명하다. 전쟁이 일어날 경우 너무나 많은 것을 잃기 때문이다. 1899년, 바르샤바 금융업자인 이반 블로흐는 전쟁이 발발하면 그 즉시 주가는 25퍼센트에서 50퍼센트까지 떨어질 것이라고 예측했다. 저널리스트인 노먼 에인절 역시, 1910년에 발표한 베스트셀러 팸플릿 「거대한 환상(The Great Illusion)」에서 강대국 간의 전쟁으로 인한 부정적인 결과에 대해 비슷한 주장을 했다. 두 사람 모두 대규모 전쟁의 발발 가능성이 줄어들길 바라는 마음을 표현했다. 그러나 강대국이 발행한 채권을 소유한 투자자들은 더더군다나 이를 기정사실로 받아들일 수가 없었다. 따라서 그런 전쟁 개연성을 더 키우는 사건이 투자자들의 정서에 영향을 미쳤을 것으로 추측할 수는 있다. 그러나 최고의 정보를 입수한 일부 금융업자를 포함하여 런던은 실제로 뒤늦게 세계 전쟁을 예감한 것으로 보인다.

1914년, N.M. 로스차일드 선즈(N.M. Rothschild & Sons)는 여전히 런던 최고의 금융 기관이었다. 네이션 메이어 로스차일스가 워털루 전투 전후에 가문의 부를 일으킨 이래, 런던 로스차일드 사는 파리와 빈에 있는 사촌들과 밀접한 관계를 유지하면서 거의 100년 동안 채권 시장을 지배해 왔다. 로스차일드 상사는 1차 세계 대전 직전에 3500만 파운드가 넘는 자본을 보유하고 있었는데 죄다 로스차일드 가의 돈이었다. 따라서 이러한 거대한 포트폴리오를 관리하는 것이 사원들의 임무였다. 그들은 포트폴리오의 많은 부분을 유럽의 정부 채권 형태로 소유하고 있었다. 이 채권은 가장 안전한 투자 대상이자 로스차일드 가가 가장 잘 알고 있는 유가증권이었다. 왜냐하면 그들은 오래전부터 런던 시장에서 새로 발행되는 채권의 주요 인수자였기 때문이다. 유럽에서 전쟁이 날 경우 어느 누구보다 큰 손해를 볼 게 뻔했다. 특히 전쟁으로 상사 세 곳이 대립

관계에 놓일 게 거의 확실했기 때문이다. 아마도 파리와 런던 상사가 빈 상사와 경쟁할 터였다. 전쟁이 일어나자 그들은 크게 놀랐다. 1914년 7월 22일, 로스차일드 경은 파리에 있는 친척들에게 러시아가 세르비아를 지지하지 않는다면 세르비아는 굴욕을 감수해야 할 것이며, 주변 상황이 유리하지 않으면 러시아는 조용히 있을 것 같다는 영향력 있는 소식통의 주장을 믿는다고 말했다. 다음 날에는 논쟁이 된 여러 문제들이 무력에 호소하지 않고도 조정될 것으로 생각한다는 편지를 썼다. 오스트리아가 세르비아에 보낸 최후통첩의 상세한 내용이 알려지기 전에, 그는 세르비아인들이 모두에게 만족을 안길 거라고 기대했다. 7월 27일 로스차일드는 오스트리아가 세르비아에 제시한 요구는 정당하며, 강대국들이 성급하고 잘못된 행동으로 잔인한 살해 행위를 용서해 주는 듯한 모습을 보이면 강대국답지 못한 것이라고 주장했다. 그리고 영국 정부가 유럽의 평화를 지키기 위해 수단과 방법을 가리지 않을 거라고 확신했다. 7월 29일에는 프랑스에 사는 친척에게 이렇게 말했다. "긍정적으로 보기가 매우 어렵다. 하지만 독일 황제가 사악한 동기에서 비열하게 거래하고 있다는 프랑스의 의견이 잘못됐다고 다들 생각할 것이다. 독일 황제는 오스트리아가 러시아의 공격을 받을 경우 오스트리아를 지원해야 하는 조약에 묶여 꼼짝 못한다. 하지만 그것은 독일 황제가 가장 바라지 않는 상황이다." 독일 황제와 차르는 평화를 위해 전보로 직접 교신하고 있었다. 독일 정부는 어떤 전쟁이든 그저 국지전에 불과하기를 진심으로 바랐다. 7월 31일에도 로스차일드는 독일 황제가 상트페테르부르크와 빈, 양측에서 모든 영향력을 행사하여 오스트리아나 러시아가 동의할 해결책을 찾고 있다는 소문을 믿었다. 그리고 거의 마지막 순간이 돼서야 당시 벌어지고 있던 사건의 규모를 파악한 듯했다.

로스차일드가 예외적으로 상황 파악이 더뎠던 게 결코 아니었다. 7월 22일, 사라예보에서 황태자 암살 사건이 발생한 지 3주가 지난 뒤《타임스》는 처음으로 발칸 지역의 위기가 금융 부문에 부정적인 영향을 미칠 수도 있다고 언급했다. 기사는 19페이지에 실렸는데, 다음과 같았다.

증권 거래

해외의 정치 뉴스에 의해 움츠러들다.

미국의 늦은 반등

아침에 문을 연 주식 시장이 오스트리아·헝가리 제국과 세르비아 사이에 날마다 긴장감이 고조되고 있다는 소식에 완전히 어두워졌다. 근동 지역 사태가 점점 위기로 치달음에 따라 증권거래소 회원들의 관심은 울스터(Ulster) 위기에서 멀어지는 듯 보였다. 국내외 전망이 모두 어두워질 것을 예상하여 매매 약정을 늘리지 않으려는 경향이 나타났다.

그러나 7월 24일자 《이코노미스트》는 발칸 지역 사태보다 울스터 사건에 대한 지속적인 불안감에 더욱 관심을 가졌다. 같은 잡지의 8월 1일자를 보면, 런던이 그사이에 발생한 사건들에 얼마나 놀랐는지 명확히 알 수 있다.

금융의 미묘한 국제 신용 체계가 본 적도 상상한 적도 없는 타격을 연달아 받고 비틀거리고 있다. 그렇게 광범위하고 전 세계적인 사건은 결코 일어난 적이 없다. 작은 전쟁이 실제로 일어나서가 아니라 유럽 강대국들이 전쟁을 벌일 수도 있다는 두려움에 의한 가격 폭락은 현대 문명과 전쟁이 병존할 수 없음을 극명하게 증명하고 있다.

여기서 전쟁에 대한 두려움을 생생히 느낄 수 있다. 7월 28일, 오스트리아가 세르비아에 전쟁을 선포했지만 파국에 가까워진 이 단계에서도 다른 열강의 참전은 결코 확실치 않았다. 러시아가 이미 총동원령을 내린 8월 1일에도 《뉴욕 타임스》의 1면 제목은 실로 낙관적이었다. "러시아 황제와 독일 황제, 영국 왕이 평화 협정을 맺을지도 모른다."

금융 시장의 데이터, 특히 정부 채권 가격의 움직임을 보면, 전쟁을 가장 기대할 만한 사람들도 크게 놀랐다는 인상을 받을 수 있다. 일반적으로 인정받던 강국, 즉 영국, 프랑스, 독일, 러시아, 오스트리아·헝가리 제국 모두 과거에 전쟁 비용을 조달하기 위해 이자부 공채를 엄청나게 발행했기 때문에, 유럽에서 대규모 전쟁이 터지면 또다시 그렇게 행동하리라고 짐작할 수 있었다. 1905년, 5대 강국이 발행한 채권은 런던에서 시세가 매겨진, 모든 국가의 고정 수익 증권 가운데 60퍼센트 정도를 차지했다. 프랑스, 러시아, 독일, 오스트리아가 발행한 채권은 전체의 39퍼센트를 차지했고, 모든 해외 국가 채무의 49퍼센트를 차지했다. 1914년을 포함하여 이후 몇 해 동안 전쟁에 대한 투자자들의 예상이 어떻게 변해 갔는지 추론할 수 있는 것은 이 채권에 정기적으로 매겨지는 시장 이자율(수익률) 때문이다.

1914년 이전에는 정치적 사건이 투자자들에게 특히 중요했다. 왜냐하면 그런 사건에 대한 소식이 자세한 경제 데이터보다 더 쉽고 정기적으로 이용할 수 있었기 때문이다. 현대 투자자들은 예산 적자나 단기 이자율, 인플레이션 비율, 국내총생산, 성장률 같은 다양한 경제지표들을 살펴보는 경향이 있다. 그들은 매일 이러한 지표에 대한 정보와 재정과 통화 운용, 거시 경제 실적에 대한 측정 기준들에 파묻혀 살고 있다. 하지만 과거에는 채무불이행 위험도나 미래의 인플레이션, 성장에 대한 판단 기준으로 삼을 수 있는 데이터가 거의 없었다. 1차 세계 대전 이전에 유럽의 주요 경제국 투자자들은 특정한 상품 가격이나 금 보유고, 이자율, 환율에 대해 상당히 훌륭한 정보를 정기적으로 얻을 수 있었다. 하지만 연간 예산 이외에 국가 재정에 관한 데이터는 불충분했고, 생산량이나 소득에 대한 수치는 정기적으로 제공되지도 않았을뿐더러 믿을 수도 없었다. 국회가 없는 왕정에서는 연간 예산 통계조차 항상 입수할 수 있는 것은 아니었고, 설혹 발표된다고 해도 신뢰할 수 없었다. 대신 투자자들은 개인적인 서신 교환, 신문과 통신사를 통해 정기적으로 접하는 정치적 사건에서 앞으로 나타날 재정과 통화 정책상의 변화를 추론했다. 투자자들의 추론에 가장 큰 영향을 미치는 세 가지 가정을 보자.

1. 전쟁은 무역에 혼란을 주기 때문에 모든 정부의 세입이 줄어든다.
2. 전쟁에 직접 개입할 경우 세입이 줄어들 뿐 아니라 국가의 지출도 늘어나고, 상당히 많은 돈을 새로 빌릴 것이다.
3. 전쟁이 민간 부문에 미치는 영향으로 교전국의 통화 당국은 지폐를 금으로 교환할 수 있는 능력을 유지하기 힘들어지며, 그 결과 인플레이션 위험이 커진다.

이에 따르면 전쟁 발발 개연성을 높이는 것처럼 보이는 사건은 채권 시장에 눈에 띄는 영향을 미쳤어야 했다. 전쟁은 새로운 채권 발행을 의미하는데, 달리 말하면 채권 공급이 늘면서 기존 채권 가격이 떨어진다는 얘기였다. 전쟁은 또한 지폐 공급의 증가를 의미하기 때문에 채권이 표시된 통화의 구매력이 떨어짐을 의미했다. 대규모 전쟁 발발을 예상하는 이성적인 투자자라면 이러한 결과를 예상하고 채권을 팔아 치울 것이다. 금융 시장이 1914~1918년의 전쟁을 예상했다면, 채권 가격이 하락하고 채권 수익률이 상승할 것으로 기대할 수 있었다.(수익률은 기본적으로 채권 이자를 시장가로 나눈 것이기 때문이다.)

그러나 1914년 7월까지 몇 년 동안 나타난 금융 시장의 지표들은 전쟁이 임박했음을 나타내기는커녕 투자 위험이 줄고 있음을 보여 주었다. 1840년대부터 1870년대까지 채권 가격의 상당한 변동을 유발한 정치적 사건의 중요성은 이후 20년 동안 감소되는 듯했다. 국제 채권 시장의 변동률 또한 크게 감소했다. 투자자들이 대규모 전쟁이 실제로 발발할 수도 있다는 사실을 깨닫자 채권 가격이 급락했지만, 놀랍게도 이 사태는 1914년 7월 마지막 주나 돼서야 발생했다. 정확히 말하면, 오스트리아가 사라예보 암살 사건에 대한 오스트리아 측의 조건에 협력할 것을 요구하며 세르비아에 최후통첩을 발표한 7월 23일 이후였다. 7월 22일부터 7월 30일(가격이 발표된 마지막 날)까지, 영구채권(consol, 만기가 없어 원금은 상환하지 않고 매 기간 이자만 지급하는 채권 — 옮긴이) 가격은 7퍼센트, 프랑스 장기공채는 6퍼센트, 독일 채권은 4퍼센트가 떨어졌다. 오스트리아와 러시아 채권의 하락폭은 대략 두 배 정도였다. 그렇다고 해도 이는 전례 없을 정도의 움직임은 아니었다. 이에 대한 설명은 간단하다. 7월 31일, 런던 시장이 문을 닫았을 때에도 중대한 위기라고 확신하지 못했다. 물론 시장이 문을 열었다면 모든 유가증권 가격은 훨씬 더 떨어졌을 것이다. 러시아가 사흘간 결정을 내리지 못하고 주저하다 국가 총동원에 들어가고 독일 정부가 상트페테르부르크와 파리로 최후통첩을 보낸 것은 7월 31일이 돼서였다. 독일은 8월 1일과 8월 3일에야 러시아와 프랑스에 각각 선전포고를 했다. 영국은 8월 4일에야 그 소동에 참여했는데, 로스차일드 가와 《이코노미스트》 편집자들은 그 결정에 반대했다. 밀접한 이해관계를 갖고 있던 이들 집단은 7월 22일부터 7월 30일 사이에 벌어진 일들을 보고 대륙에서의 대규모 전쟁 발발 개연성이 급격히 커졌음을 깨달았는데, 시장이 강제로 폐장되었을 때도 최후의 대결전이 실제 일어날 것으로는 보지 않았다.

전쟁 발발 가능성이 갑자기 커지자 블로흐나 에인절 등이 오래전부터 예견한 금융 위기는 대단히 빠른 속도로 전개되었다. 이는 국제 금융 시장의 전염력을 보여 주는 전형적인 사례였다. 일주일이 넘게 하락세를 보였던 빈 시장과 부다페스트 시장은 7월 27일 월요일에 문을 닫았고,

상트페테르부르크가 이틀 뒤에 같은 조치를 취했다. 그리고 목요일 《이코노미스트》는 베를린과 파리 증권거래소도 사실상 문을 닫은 것으로 간주했다. 대륙 내 증권 시장의 폐쇄는 런던에 두 배의 위기를 몰고 왔다. 런던에서 상업어음을 발행하던 외국인은 송금에 심한 어려움을 겪었다. 해외 어음을 받아 주던 영국 은행들이 만기가 돌아오자 디폴트 상황에 직면했다. 이와 동시에 은행 예금이 대대적으로 회수되었고, 외국인이 보유한 유가증권의 판매금도 늘었다. 7월 27일, 로스차일드 경은 파리의 사촌들에게 신경질적으로 이야기했다. "모든 외국 은행, 특히 독일 은행들이 오늘 증권거래소에서 상당히 많은 돈을 꺼내 갔다. 시장은 한때 크게 혼란에 빠졌고, 심약한 투기꾼들은 주식을 헐값에 팔아 버렸다."《이코노미스트》의 표현에 따르면 "런던은 유럽 대륙 전체의 빚 청산을 위한 쓰레기 처리장이 되고 말았다". 7월 29일, 은행들이 돈에 쪼들리는 증권거래소 고객들의 어음 교환 요구를 거절하자 거래가 사실상 중단되었고, 주요 상사들은 파산하기 시작했다. 다음 날, 유명한 주식 중개사인 데렌버그 사의 파산 선고 소식이 전해졌다. 영국은행(Bank of England)이 할인율을 3퍼센트에서 5퍼센트로 인상하기로 결정했다는 소식과 함께, 이 뉴스는 상황을 더욱 암울하게 몰고 갔다. 7월 31일 아침, 《이코노미스트》가 "최후의 청천벽력"이라고 표현한 증권거래소 폐쇄 조치가 이루어졌고, 뒤이어 영국은행이 할인율을 다시 8퍼센트로 인상한다는 결정을 내렸다. 정부 당국이 완벽한 금융 붕괴를 피하기 위해 차후에 어떤 조치를 취했는지 상술할 필요는 없다. 여기서 중요한 사실은 7월 31일에 런던 증권시장이 전쟁 위기로 문을 닫았고 1915년 1월 4일까지 문을 열지 못했다는 점이다. 이 사실만큼 전쟁 발발로 인한 금융 부문 충격의 규모를 입증할 것은 달리 없다.

증권거래소 폐쇄는 이미 폭발해 버린 위기를 감출 뿐 막지는 못했다. 시장이 문을 닫은 기간의 채권 가격(장외에서의 상당한 거래를 기초로)을 살펴보면 이 점을 명확히 알 수 있다. 12월 19일 오스트리아 채권 가격은 오스트리아의 최후통첩 이전인 7월 22일 수준보다 23퍼센트나 떨어졌다. 프랑스 장기 공채의 하락폭은 13퍼센트였고, 영국의 영구 채권과 러시아 채권의 하락폭은 (놀랍게도) 9퍼센트였다. 하지만 이는 단순히 재앙의 첫 번째 조짐일 뿐이었다. 전문가들의 예측대로, 전쟁이 계속되는 동안 재무부 채권 할인을 통한 통화 창출과 새로운 채권의 대량 발행으로 모든 교전국의 채권 이율은 상승세를 유지했다. 채권 가격을 유지하기 위해 중앙은행이 조직적으로 개입하지 않고 교전국들의 자본 시장을 다양하게 통제하지 않았다면, 이러한 변동폭은 더욱 컸을 것이다. 그렇다 해도 그 변동폭은 상당히 큰 수준이었다. 1914~1920년에 영국 영구채권의 최저가는 최고가보다 44퍼센트가 낮았다. 프랑스 장기공채의 경우도 최고가와 최저가의 차이는 비슷했다.(가격이 40퍼센트 떨어졌다.) 더욱이 영국과 프랑스는 승전국에 속했지만, 나머지 세 국가는 모두 패배와 혁명을 겪었다. 볼셰비키 정부는 러시아의 채무를 이행하지 않았고, 혁명 이후 들어선 독일과 오스트리아 정부는 초인플레이션 상황 덕에 실제 채무부담을 급격히 줄였다. 이는 영국의 영구채권 보유자를 제외한 모든 사람에게 전쟁 발발 전의 가장 비관적인 예측보다 더 심각한 결과를 안겼다. 예외적으로 영구채권 보유자들은 전쟁이 끝나면 영국 정부가 자신들의 손실을 회복시켜 줄 것으로 기대할 수 있었다.(조지 1세 치세 이후 전쟁이 끝난 뒤에 영국에서는 늘 그랬기 때문이다.) 전쟁이 로스차일드 가에 미친 영향은 치명적이었다. 1914년 한 해에 입은 손실만 해도 150만 파운드에 달했는데, 로스차일드 상사 역사상 최대의 손실이었다. 1913~1918년에 런던 사원들의 자본은 절반 넘게 감소했다. 1914년 7월이 끝나 갈 때까지도 금융시장에서는 그러한 시나리오를 고려하지 않은 듯한데, 이는 1차 세계 대전의 기원에 대한 중요한 사실을 시사한다. 《이코노미스트》의 표현을 빌리자면 "런던은 7월 31일, 전쟁의 의미를 장기적으로 보지 못했다."

비록 위기가 다른 형태를 띠긴 했지만 《뉴욕 타임스》가 전한 월가 이야기도 마찬가지였다. 미국 철도 회사의 유가증권(외국인이 20퍼센트를 보유하고 있었다.)을 보유한 유럽인들이 돈에 쪼들리면서 보유 주식을 처분하려고 하자, 1907년 공황보다 더 심각한 금융 위기가 발생할 조짐이 보였다. 실제로 1914년 여름, 뉴욕에서 상당량의 금이 빠져나갔는데, 이는 러시아가 상트페테르부르크에 금을 비축하려 했기 때문인 듯했다. 그러나 예금 인출 사태가 최고조에 달한 것은 오스트리아가 세르비아에 최후통첩을 내렸다는 소식이 전해진 뒤였다. 투자자들이 너도나도 자금을 유럽에 보내려 하자 파운드화는 달러에 비해 크게 강세를 보였다. 평소대로라면 달러 약세를 이용하여 거래 차익을 노렸을 사람들이 전쟁으로 인해 금 선적에 드는 보험료가 급등하자 단념하고 말았다. 당연히 미국 증시는 약세를 보였는데, 닷새 뒤 오스트리아의 선전포고 소식에 3.5퍼센트가 하락했다. 재무장관 윌리엄 매카두(William McAdoo)의 강력한 주장으로 런던과 같은 날에 증권거래소 폐쇄 결정이 내려졌다. 비공식적인 장외 시세를 보면, 시장이 완전히 무너지지 않은 건 사실이다.(10월 말경에 9퍼센트가 더 하락했다.) 하지만 그것은 비공식 시장 규모가 너무 작아서 유럽인들이 팔고자 했던 모든 주식을 현금화하지 못했고, 뉴욕시의 외채 부담을 줄이기 위해 매카두 장관이 미국 은행계에 긴급 자금을 투입하고 있었기 때문이다. 그러한 조치 외에도 매카두는 전쟁위험보험국을 설립해 유럽행 수출품 선적을 독려하여 금이 대서양을 건너 다시 흘러 들어오게 만들기 위해 애쓰고 있었다. 이러한 응급조치가 없었다면 월가는 7년 전보다 더 심각한 은행들의 줄파산을 목격했을 것이다.

금융 시장이 불시에 습격을 받은 이유는 무엇일까? 강대국의 전쟁에 대한 기억이 가물가물해진 투자자들이 단순히 자신들의 채권 포트폴리오에 미칠 전쟁의 영향을 과소평가한 것일까? 금융업자들이 소위 단기전에 대한 착각의 첫째 희생자였을 개연성이 물론 있다. 그들은 이반 블로흐와 노먼 에인절의 글을 읽었다. 두 사람 모두 대규모 전쟁에는 엄청난 비용이 들기 때문에 그런 전쟁은 일어난다 해도 짧게 끝날 것이라고 주장했다. 그리고 1914년 11월 1일, 프랑스 재무장관 리보(Ribot)는 전쟁이 1915년 7월에 끝날 것이라고 주장했고, 영국 통계학자 에드거 크래몬드(Edgar Crammond) 역시 그렇게 생각했다. 여기에 뛰어난 학자인 케인스도 대체로 낙관적이었다는 사실도 덧붙일 가치가 있다. 그는 1914년 8월 10일 베아트리스 웨브(Beatrice Webb)에게 흥분하여 상황을 설명했다고 한다.

케인스는 전쟁이 1년 이상 끌지 않을 거라고 확신했다. (중략) 그의 설명에 따르면, 세상은 엄청나게 부유하지만 그 부는 다행히도 전쟁을 벌이기 위해 빠르게 현금화될 수는 없는, 전쟁에는 소용없는 물건을 만드는 데 필요한 자본 설비 형태로 존재했다. 그는 이용 가능한 재산이 모두 소진되면 강대국들은 화해할 수밖에 없을 것이며, 그렇게 되는 데 1년 정도 걸릴 것으로 생각했다.

그러나 젊은 명사의 미숙한 낙관주의는 런던에서 널리 받아들여지지 않았다. 아마도 이 점은 그가 케임브리지 대학을 나온 뒤 전시에 재무성에서 일할 때, 은행가들과 그토록 격렬히 충돌한 이유를 설명하는 데 도움이 될 듯싶다. 로스차일드 가는 자신들에게 닥친 위기의 규모를 완벽하게 파악했다. 7월 31일, 로스차일드 경은 다음과 같이 말했다. "전쟁의 결과는 의심스럽다. 하지만 그 결과가 어떻든 간에 전쟁에 수반되는 희생과 불행은 엄청나며 말로 표현하지 못할 정도일 것이다. 이 전화(戰禍)는 이전에 보고 알았던 그 어떤 전쟁의 재앙보다 심각할 것이다." 8월 1일, 《이코노미스트》 편집자들은 불안에 떨며 다음과 같은 예측을 전했다. "전례 없을 정도로 엄청난 규모의 전쟁이 될 것이다. 현대 문명의 파괴와 인명 손실이 막대하여 계산이 불가능할 것이며, 미리 느껴지는 공포가 너무나 섬뜩하기 때문에 상상만으로도 온몸이 움츠러든다." 런던이 전쟁의 종료 시한을 크리스마스경으로 예측했다는 증거는 거의 없다.

전쟁이 발발하기 전에 변동성과 위험 프리미엄(위험 부담을 보전하기 위해 더 주는 이자—옮긴이)이 줄어든 데에는 기술적인 요소들이 작용했을지 모른다. 이를 뒷받침하는 증거가 강력하지는 않지만, 여러 나라에서 금본위제를 채택함에 따라 투자자들이 더 이상 국제적인 통화 위기를 걱정하지 않았을 수도 있다. 어쩌면 금융 통합으로 국제 자본 시장이 확대되면서 위험도가 낮아졌을 수도 있다. 물론 그로 인해 금융 위기 전염의 위험성이 높아졌을 수도 있지만 말이다. 투자자들은 전쟁이 터질 경우에 엄청난 적자가 발생할 것으로 예상했겠지만, 어쩌면 전쟁 전에 대부분 국가의 재정 상태가 정말로 좋아지고 있었을지도 모른다. 아니면 국가의 자본 시장이 안정되면서 유동성이 증가하여 투자자들이 안심했을 수도 있다. 19세기 말, 선진국에서 다수의 예금 기관이 새로 설립되었고, 처음으로 소액 예금자들이 채권시장에 간접적으로 접근할 수 있게 되었다. 확실히 그러한 기관들의 '국내 편중'으로(법적으로 시행된 영국의 경우 특히) 국내 채권 이율이 떨어지고 시장의 변동성이 줄어드는 결과가 나타났다. 그러나 투자자들이 1880년 이후 내내, 실제로는 1914년 7월 마지막 주까지도, 유럽에서 대규모 전쟁이 일어나지는 않을 것으로 생각했을지도 모른다.

따라서 금융 부문을 빠삭하게 알고 있는 사람들에게도 1차 세계 대전은 정말로 뜻밖의 사건이었던 것으로 보인다. 단층선 위에 살고 있는 사람들처럼 투자자들도 지진 발생의 가능성과 비참한 결과를 이해하고 있었다. 하지만 그 타이밍을 예측하기란 불가능했기에 전쟁은 정상적인 위험 예측 범위를 벗어나 있었다. 지난번 대지진이 발생한 이후 시간이 흐를수록 다음번 지진을 생각하는 사람은 줄어들었다. 만약 이 생각이 옳다면, 1차 세계 대전의 기원에 관한 전통적인 역사 기술은 그 사건을 지

표 3-1. **1914년 7월부터 12월까지 유럽 열강들의 채권 가격**

	7월 8일	7월 22일	7월 27일	7월 30일	8월 20일	9월 18일	12월 19일	변화율 7월 22일~ 30일	변화율 7월 22일~ 12월 19일
영구채권 2½%	75.8	75.5	72.5	70.0	70.0	68.8	68.5	-7.3%	-9.3%
오스트리아 4%	84.5	84.5	82.0	76.5			65.0	-9.5%	-23.1%
프랑스 3%	82.5	81.0	77.5	76.5				-5.6%	
프랑스* 3%	83.0	81.3		82.5		73.7	70.6	1.5%	-13.2%
독일 3%	76.0	75.0	73.5	72.0				-4.0%	
러시아 5%	102.5	102.5	98.0	93.0		90.5	93.5	-9.3%	-8.8%

*보르도 가격

나치게 심각하게 규정했다고 할 수 있다. 그것은 파국으로 치닫는 머나먼 행로가 아니라 잠시 미끄러진 것에 불과했다. 이러한 결론은 전쟁이 강대국 간의 뿌리 깊은 경쟁의식으로 인한 불가피한 결과, 다시 말해 운명적인 대변동이라는 생각을 뒷받침하지 않는다. 그러나 전쟁의 발발이 피할 수 있었던 정치적 실수였다는 견해와는 확실히 일치한다.

팍스 브리타니카의 종말

1914년부터 1918년까지 지속된 전쟁이 놀라운 사건인 까닭은 무엇일까? 동시대인들이 빅토리아 시대 이후의 팍스 브리타니카(Pax Britannica, 영국의 지배에 의한 평화―옮긴이)를 전적으로 당연하게 받아들인 정도가 아니라 그 이상의 자신감을 갖고 있었다는 점도 하나의 대답이 될 수 있다. 사람들은 세계 최대의 제국이 대륙 위기의 전면 확산을 억제할 수 있다고 믿었던 것이다. 되돌아보면 대영 제국은 여러 면에서 무리하게 확장돼 있었음을 알 수 있는데, 당시 몇몇 사람들도 그렇게 생각하고 있었다. 그러나 영국 해군이 지속적으로 우월한 지위를 점한 덕에 투자자들은 제국의 취약성을 과소평가하고 말았다. 투자자들이 보기에 팍스 브리타니카는 현실이었다. 바로 그런 이유로 영국 영구채권 이자율보다 몇 퍼센트포인트만 높은 이율에도 영국의 지배를 받는 신흥 시장에 기꺼이 돈을 빌려 주었다. 어쨌든 평화는 영국의 군사력이나 재력에서 나오는 단순한 기능이 아니라 강대국의 외교의 성공 여부에 달린 문제이기도 했다. 세력균형이나 유럽의 공조 같은 개념은 대부분 전쟁 때문에 의심을 받게 되었다. 실제로 미국 국제주의자들은 결함 있는 비밀 외교 체계 때문에 전쟁이 일어났다고 굳게 믿었다. 그러나 국제기관들이 1914년 7월에는 실패했지만, 앞선 100년 동안에는 강대국 간의 대규모 전쟁을 피하는 데 크게 기여했다는 점은 사실이다.

1833년, 독일의 역사학자 레오폴트 폰 랑케(Leopold von Ranke)는 앞으로 펼쳐질 세기를 낙관적으로 보면서 이렇게 말했다. "비관주의자들은 우리 시대가 분리하려는 성향과 분리를 바라는 압력으로 가득하다고 생각할지 모른다. 우리 시대의 의미는 중세 이후 존속되어 온 통합을 지향하는 기관들에 종지부를 찍는 데 있는 듯하다. 또한 보수주의자들은 우리가 목격하는 거대한 변화를 일으키는 위대한 민주주의 사상과 제도의 발전에 저항할 수 없다는 사실에 당황할지도 모른다." 그러나 랑케는 낙관적이었다.

우리의 세기는 단순히 부정에 만족하기는커녕, 가장 긍정적인 결과를 만드는 데 주력해 왔다. 그리고 분리가 아닌 건설적이고 통합적인 의미에서 위대한 해방을 완성했다. 무엇보다 먼저 강대국들이 탄생했고 모든 국가와 종교, 법의 원칙이 새롭게 만들어졌다. 그리고 개별 국가라는 원칙이 활기를 띠게 되었다. 바로 이점이 우리 시대의 특징이다. (중략) (국가와 민족과 함께) 우리 모두의 통일은 각자의 독립에 달려 있다. (중략) 한 국가가 다른 국가들을 확고부동하게 지배한다면, 다른 국가들은 무너지고 말 것이다. 하지만 모든 국가를 하나로 합쳐도 각자의 본질이 파괴될 것이다. 독립적이고 개별적인 발전에서 진정한 조화가 탄생할 것이다.

랑케는 강대국들이 서로 균형을 이루어 일개 대륙 국가의 압도적인 지배를 피해 갈 수 있다고 믿었다. 나폴레옹의 프랑스만이 다른 국가를 모두 지배할 뻔했다. 랑케의 믿음은 잘못되지 않았다. 1814년부터 1907년 사이에 일곱 차례에 걸쳐 국왕이나 수상 회의가 개최되었고, 외무장관 회의는 열아홉 번 열렸다. 이러한 회의에서 주요한 외교 문제들이 논의되고 대체로 해결되었다. 현대의 국제기구가 갖춘 장식은 부족했지만, 이러한 정기 정상회담은 오늘날 유엔안보리 영구 회원국들이 수행하는 역할과 크게 다르지 않다. 그들이 체결한 조약과 중재한 협약이 전쟁을 막지는 못해도 억제했기 때문에, 빈 회의 이후 사라예보 암살 사건까지 100년 동안 유럽에서 발생한 어떤 위기도 모든 강대국이 참여한 전면 갈등으로 확산되지 않았다. 이는 결코 미미한 성과가 아니다.

물론 1815년부터 1914년 사이의 기간이 진정으로 평화롭지는 않았다. 유럽의 제국들은 아시아, 미주 대륙, 아프리카에서 자신들의 권력을 강요하기 위해 여러 차례 전쟁을 벌였으나 유럽 내에서는 전쟁이 거의 일어나지 않았다. 한 자료에 따르면, 나폴레옹 전쟁과 1차 세계 대전 사이에 대규모 전쟁은 스물한 차례밖에 벌어지지 않았다. 그 전쟁들은 모두 제한된 지역에서 펼쳐졌고, 기간이 짧았으며, 사상자 수도 적었다. 19세기는 이전 3세기, 이후 1세기와 비교하여 상황이 상당히 양호했다. 전쟁을 더 폭넓게 규정하여 식민지에서 벌어진 소규모 충돌을 포함하면, 대부분의 전쟁은 유럽 밖에서 일어났다. 1789년부터 1917년 사이에 발발한 전쟁 270건 중에서 3분의 1 이하가 유럽에서 발생했다. 이 가운데 28건만이 국가 간에 벌어진 전쟁으로, 민족 독립을 위한 전쟁(28건)이나 내전(19건)과 대조를 이루었다. 총 184건을 취합한 또 다른 데이터의 경우, 사망자 수가 연간 1000명 넘게 발생한 충돌만을 다루었는데, 그중 51건만이 유럽에서 발생했다. 되돌아보면 1914년의 세대에게 19세기는 황금의 평화시대는 아니었지만, 1792년부터 1815년 사이에 유럽을 뒤집어 놓은 전쟁은 일어나지 않았다.

또한 군국주의에 관한 글이 발표되기는 했지만, 강대국의 군비 규모나 동원 병력으로 볼 때 군국주의가 특별히 두드러지지는 않았다. 1870년부터 1913년 사이에 러시아만 국민순생산의 평균 4퍼센트 이상을 국방비에 지출했을 뿐, 영국과 독일, 오스트리아는 겨우 3퍼센트를 넘는 수준이었다. 같은 기간 동안 프랑스와 독일만 전체 인구의 1퍼센트 이상을 군대에 배치했다. 프랑스는 1.5퍼센트, 독일은 1.1퍼센트였다. 지금의 시각에서 보니 유럽이 군사 동원을 간절히 바라는 무장 집단처럼 보였을 뿐이다.

작센코부르크 가

1914년 여름, 사람들이 그렇게 안심했던 또 다른 이유는 명목상의 유럽 지배층이 특이하게 통합되어 있었기 때문이다. 물론 프란츠 페르디난트 대공은 합스부르크 가 사람이었다. 하지만 그 역시 혈통이 뒤엉킨 독일 왕실의 엘리트 출신으로, 17세기 이후 유럽 국왕의 대다수는 이 독일 왕실에서 공급되었다.

스위스와 프랑스(제3공화정 설립 이후) 그리고 몇몇 도시 국가를 제외하고 1815년부터 1917년 사이에 존속한 유럽 국가는 대개 제국이나 왕국, 공국, 대공국 형태를 띠고 있었다. 이들 국가의 수장은 선거에 의해 뽑히지 않고 세습되었다. 다소 계몽된 러시아 전제군주와 노르웨이의 자유주의 왕정 사이에는 놀랄 정도로 다양한 정치 체제가 존재했다. 그러나 어떤 정치 체제도 세습 국왕에게서 권력을 완전히 빼앗거나 중요한 정부 기구인 왕정을 아예 없애지는 않았다. 황제나 왕, 여왕, 왕자, 대공 등은 국내 정치 권력을 손에 쥐었을 뿐 아니라 국가 간 관계에서 독특한 역할을 맡고 있었다. 사실 그들은 다른 점에서는 제한을 받았을지라도 왕실 후원이라는 관점에서 국내 정치력은 대단했다. 산업화나 근대화가 진전되었음에도 왕실 정치는 여전히 중요했다. 슐레스비히홀스타인 공국을 놓고 벌인 전쟁이나 스페인 왕위 계승 전쟁은 단순히 전쟁이 영리한 정치인들에게 국가 건설이라는 편리한 핑계를 제공했기 때문에 발생한 것은 아니었다. 19세기 왕실들 가운데 가장 중요한 작센코부르크 가에 관심을 가지면, 이 시기에도 여전히 초기 근대의 요소가 많이 남아 있었음을 알 수 있다.

작센코부르크 가문의 등장 시기는 나폴레옹 전쟁 때부터로 잡을 수 있는데, 코부르크 대공인 프란츠 프리드리히(Franz Friedrich)의 두 번째 부인 아우구스테(Auguste)의 일기에서 그 사실을 찾을 수 있다. 아우구스테는 1806년 남편을 잃고 미망인이 되었다. 코부르크는 나폴레옹이 신성 로마 제국을 휩쓸어 버리고 라인동맹을 맺었을 때 존폐를 위협받던 독일의 소국이었다. 그러나 아우구스테의 아들들은 프랑스와 러시아 사이를 조심스럽게 헤쳐 나갔고, 결국 1807년 러시아의 도움을 받아 맏아들 에른스트가 공국을 되찾았다. 아우구스테의 자녀들은 결혼을 잘했다. 딸하나만 빼고는 모두 왕족과 결혼해서 본인이 왕실의 지위를 얻거나 아이들에게 그런 지위를 안겨 주었다. 딸들 중 한 명은 러시아 황제 알렉산드르 1세의 형제와 결혼했고, 또 다른 딸은 뷔르템베르크(Württemberg) 왕과 결혼했으며, 셋째 딸은 영국 국왕 조지 4세의 형제인 켄트 공작과 결혼했다. 하지만 작센코부르크 가문의 운명을 사실상 결정한 사람은 아우구스테의 막내아들 레오폴트(Leopold)였다. 그는 첫째 부인인 영국 국왕 조지 4세의 딸 샬럿이 결혼한 지 18개월만인 1817년 11월 출산 중에 세상을 떠나면서 좌절을 겪었다. 그러나 전에 그리스 왕위에 오를 수도 있다는 생각에 즐거워했던 그가 1831년 벨기에 왕이 되면서 상황은 역전되었다.

1863년에 《타임스》가 지적했듯이, 작센코부르크 가의 역사는 군주가 거둔 한 번의 성공이 얼마나 많은 성공으로 이어지는지 보여 준다.

작센코부르크 가문은 독일의 대망을 넘어 유럽 내에서 유리한 지위를 확보할 수 있었다. 그들은 널리 퍼져 나갔고, 자신들의 자손으로 여러 나라를 채웠다. 그들은 영국에서 새로운 왕실을 형성했다. 영국 여왕(빅토리아 여왕―옮긴이)은 레오폴트 누나의 딸이다. 그녀의 자녀들은 레오폴트 조카의 자녀이다. 코부르크 가문은 포르투갈에서도 군림한다. 그들은 몰락한 오를레앙 왕실 가문과 연결되어 있었고, 그들 조국의 주요한 가문들과도 밀접한 관계를 맺었다. 레오폴트 왕자는 30년 동안 유럽 내 작은 국가들 중에서도 가장 중요한 국가를 통치해 왔다. 그리고 그의 맏아들은 오스트리아 황실의 공주와 결혼했다.

또한 빅토리아와 앨버트 부부의 자식 아홉 명 중 한 명만 빼고 모두 왕실과 결혼했다. 빅토리아 여왕의 사위들 중에는 잠시 프로이센 왕이었다가 독일 황제가 된 프리드리히와 슐레스비히홀슈타인의 크리스티안 왕자, 바텐베르크의 하인리히가 있었다. 하인리히의 형제 중 한 명은 불가리아 왕자가 되었다. 그리고 여왕의 며느리들 중에는 덴마크의 알렉산드라 공주와 러시아 황제 알렉산드르 2세의 딸이자 알렉산드르 3세의 누이 마리 공주가 있었다. 빅토리아 여왕의 손자 손녀들 중에는 조지 5세 외에 콘스탄틴 그리스 왕자와 결혼한 소피, 독일 황제인 빌헬름 2세, 프로이센의 하인리히 왕자, 러시아 황제 알렉산드르 3세의 형제인 세르게이와 결혼한 엘리자베스, 러시아 황제 니콜라이 2세와 결혼한 알렉산드라, 루마니아의 페르디난트 1세와 결혼한 마리, 스웨덴의 구스타브 아돌프

6세와 결혼한 마가렛, 스페인의 알폰소 13세와 결혼한 빅토리아 유제니, 나중에 노르웨이의 하콘 7세가 되는 덴마크의 칼과 결혼한 모드가 있다. 1893년 미래의 니콜라이 2세가 처음으로 영국을 방문했을 때, 한 가족의 재회는 국제 정상회담을 방불케 했다.

우리는 채링크로스에 도착했다. 거기서 베르티 삼촌(미래의 에드워드 7세) 과 앨릭스 고모(덴마크의 알렉산드라), 조지(미래의 조지 5세), 루이즈, 빅토리아, 모드를 만났다.
2시간 뒤에 아파파(덴마크의 크리스티안 9세)와 아마마, 발드마르 삼촌(덴마크 왕자)이 도착했다. 우리 가족들이 그렇게 많이 함께 모이다니 정말로 굉장한 일이다.
4시 30분에 나는 마리 숙모(알프레드 작센코부르크 공작의 아내)를 만나러 클래런스 하우스에 갔다. 그곳 정원에서 숙모와 알프레드 삼촌, 두 분의 딸(빅토리아 멜리타)과 차를 마셨다.

마지막에 언급된 빅토리아 멜리타가 헤센다름슈타트 대공국의 후계자인 에른스트 루드비히와 결혼했을 때, 결혼식에 참석한 하객들 중에는 황제 한 명, 황후 한 명, 미래의 황제와 황후, 여왕, 미래의 왕과 왕비, 왕자 일곱 명, 공주 열 명, 대공 두 명, 후작 한 명이 포함되어 있었다. 그들은 모두 친척이었다. 빅토리아 여왕이 죽은 1901년에 여왕의 친족들은 영국과 아일랜드뿐 아니라 오스트리아·헝가리 제국, 러시아, 덴마크, 스페인, 포르투갈, 독일, 벨기에, 그리스, 루마니아, 불가리아, 스웨덴, 노르웨이의 왕위에 올라 있었다.
평민들이 이민족과의 잡혼으로 인한 악영향에 불안해하고 있을 때, 반대로 유럽의 왕실 지배층은 근친교배의 위험을 걱정해야 했다. 1869년, 빅토리아 여왕은 해외에 있는 모든 왕자가 서로 친척인 점을 보면 왕가에 새롭고 건강한 피가 주입되는 것이 낫다고 주장했다. 그리고 이렇게 덧붙였다. "내가 우리 가족의 일원들과 맺은 이 해외 동맹을 유지할 수 있는 한, 새로운 피가 신체적으로나 도덕적으로 왕위를 강화할 거라고 확신한다." 또한 여왕은 1885년 자신의 손녀딸인 빅토리아 모레타와 바텐베르크의 알렉산더 간의 결혼식을 앞두고 다음과 같이 썼다. "가끔 신선한 피가 주입되지 않으면, 인류는 신체적으로나 도덕적으로 타락할 것이다." 사실 옳은 말이다. 규칙적인 근친교배로 피가 응고되지 않는 혈우병이 왕가의 가계도를 통해 남자 쪽으로만 확산되는 비극적인 결과가 나타나고 있었다.(혈우병이 X염색체로 유전되기 때문이다.) 빅토리아 여왕의 자손들 가운데 적어도 아홉 명이 혈우병에 걸렸다. 여왕의 여덟 번째 아들 올버니 공작 레오폴드, 손자인 헤센의 프리드리히 빌헬름, 딸 베아트리스의 아들 레오폴드, 손녀 아이린의 아들인 발데마르와 헨리, 손녀딸 알렉산드라의 아들 알렉세이, 손녀딸 앨리스의 아들 루퍼트, 손녀딸 빅토리아 유제니의 아들인 알폰소와 곤살로가 바로 그들이다. 포르피린증(porphyria, 혈액 색소 성분인 포르피린이 혈액과 조직에 침적하는 선천성 대사이상증 — 옮긴이) 또한 조지 3세로부터 빅토리아 여왕의 맏딸 비키, 빌헬름 독일 황제의 누이 샬럿에게 전해졌다.

 그러나 왕실의 친족관계로 얻을 이익은 명백해 보였다. 대륙 국왕들의 체계적인 결혼이야말로 말썽의 소지를 잔뜩 안고 있는 19세기 민족주의를 저지할 수 있었기 때문이다. 1892년에 빅토리아 여왕은 윌리엄 제너(William Jenner) 경의 유용한 조언을 기꺼이 받아들였다. 그는 빅토리아 멜리타와 에른스트 루드비히 부부가 아주 건강하고 튼튼하기 때문에 아무런 위험이 없다고 여왕을 납득시킨 사람으로, 친척들이 모두 튼튼하다면 근친결혼은 더 훌륭한 건강을 선사할 뿐이라고 말했다. 2년 뒤 그녀는 미래의 러시아 황제 니콜라이 2세가 자신의 또 다른 손녀딸과 약혼식을 올린 뒤 자신을 '할머니'라고 부르자 무척 기뻐했다. 두 달 뒤 여왕의 증손자인 미래의 에드워드 8세가 태어나자, 여왕은 가족의 업적을 인정하듯 그에게 앨버트라는 세례명을 내렸다.

제임스 1세의 증손자인 조지 1세에게 이는 이전의 플랜태저넷이나 튜더(오언 튜더), 스튜어트, 브런즈윅 가문 같은 **코부르크** 가계가 될 것이다. 코부르크 가문 이전의 브런즈윅 가문과 다른 모든 가문이 **코부르크 왕가**에 합류할 것이다.

따라서 유럽 왕실을 이해하는 열쇠는 이 왕실이 진정으로 유럽적이라는 사실이다. 전통적인 국가의 정체성은 본질적으로 다국적 군주국과 어울리지 않았다. 예를 들어 빅토리아 여왕은 늘 자신의 가족을 '소중한 코부르크 가문'이라고 생각했고 작센코부르크를 왕실의 성(姓)으로 간주했다. 자신의 아이들이 영어뿐 아니라 독일어로도 대화하길 바랐고—그녀 표현을 빌리자면—그녀의 마음과 감정이 모두 독일적이었다. 자신의 딸 헬레나의 이름을 독일식 이름인 렌첸(Lenchen)으로 바꾼 것을 봐도 알 수 있다. 그녀는 이렇게 선언한 적도 있다. "독일적인 요소가 나의 소중한 가정에서 간직되길 바란다." 1863년에는 벨기에의 레오폴드에게 이렇게 말했다. "나의 마음은 너무나 독일적이다." 그래도 그녀는 자신이 영국과 스코틀랜드, 심지어 인도를 대표한다고 쉽게 이야기할 수 있었다. 러시아 황제 니콜라이 2세 역시 독일 황제에게 보내는 다정한 편지를 영어로 썼듯이, 독일에서 태어난 자신의 아내에게도 늘 영어로 편지를 썼다. 벨기에 왕비는 오스트리아 공주였기 때문에 헝가리 말을 유창하게 했는데, 그녀의 시아버지는 독일인이고 시어머니는 프랑스인이었다. 부분적으로 이러한 세계주의 때문에 유럽의 왕실들은 문자 그대로 자기들만의 집단을 이루고 있었다. 가문의 다양한 가지들이 대륙 전체에 퍼져 있었지만, 서신 교환과 빈번한 만남을 통해 결속되어 있었다. 한 나라의 왕이 다른 나라 왕을 공식 방문하는 것은 19세기 외교의 필수적인 부분이었다. 하지만 그러한 공식 절차 뒤에서는 진정한 가족 모임이 성사되었다. 확대된 왕실 가문의 일원들은 서로를 다정한 별명으로 알고 있었다. 니콜라이 2세가 아내에게 보낸 편지에서 바텐베르크의 조지 왕자는 '조지 바트(Georgie Bat)'였고, 그녀는 그리스 왕을 늘 '그리스의 조지'라고 불렀다. 빅토리아 여왕은 불가리아의 알렉산더 왕자를 항상 '귀여운 산드로'라고 불렀다.

　이러한 체계는 왕실 식구들끼리 계속 결혼을 해야만 유지될 수 있었다. 유명하더라도 왕가에 속하지 않은 귀족과 결혼하는 것은 마법의 왕실 집단을 깨는 행위였다. 귀족 가문은 명백히 국가 엘리트층의 일원이기 때문이다. 빅토리아 여왕의 딸 루이즈가 아가일 공작의 아들과 결혼할 때, 이 혼인은 너무나 특이해 보였기에 여왕이 직접 나서서 헌법적으로 타당하다며 옹호해야 했다. 그러나 여왕은 자신의 딸 앨리스가 죽은 뒤 사위인 헤센다름슈타트의 루드비히가 러시아 이혼녀와 결혼하려 했을 때에는 선을 그었다. 러시아의 알렉산드르 3세가 바텐베르크의 알렉산더에게 악감정을 가지고 그를 불가리아 왕위에서 몰아낸 이유는 바텐베르크 가문이 귀천상혼(貴賤相婚, 왕가가 아닌 사람과의 결혼) 문제를 일으켰기 때문이었다. 프란츠 페르디난트 대공은 자신의 삼촌인 프란츠 요제프 황제의 뜻을 어기고 코텍 백작부인인 소피와 결혼함으로써 결코 왕실의 용서를 받지 못했다. 실제로 요제프 황제는 이 부부가 사라예보에서 암살당한 것을 이러한 실수에 대한 신의 응보로 간주했다. 빈 궁전의 애도는 형식에 가까웠다. 1907년, 비슷한 이유로 독일 황제 빌헬름 2세는 귀천상혼이 되었을 프로이센의 프리드리히 빌헬름 왕자와 렌도르프 백작부인 파울라의 결혼을 금지했다. 왕족과의 결혼이 원칙이었고, 결혼을 안 할 경우 독신으로 살 수밖에 없는 극한 상황에서만 예외가 인정되었다.

이로 인해 혈통이 엄청나게 뒤엉킨 가계도가 형성되었다. 한 가지 예를 들자면, 빅토리아 여왕이 재미있게 언급한 사례로, 스페인의 마리아 크리스티나 왕비가 있다. 그녀는 프레더릭 대공과 벨기에 마리의 언니인 엘리자베스 공주 부부의 딸이었다. 그녀의 조부는 그 유명한 찰스 대공으로, 그의 아내는 나소 공주였다. 마리아 크리스티나 왕비는 헬렌과 재종자매지간이었고 외가 쪽으로는 릴리와도 같은 촌수였다. 그리스 왕자 크리스토퍼의 가계도 아주 복잡하다. 그의 아버지는 덴마크 윌리엄 왕자로 태어났는데, 영국 알렉산드라 왕비의 오빠인 동시에 나중엔 그리스 왕 게오르기오스 1세가 되었다. 그의 어머니는 콘스탄틴 대공의 딸이자 러시아 황제 니콜라이 1세의 손녀인 올가 공주였다. 근친결혼으로 형성된 이 다국적 엘리트층이 일부 지역에서 불화를 일으킨 것은 전혀 놀랄 일이 아니다. 불가리아 통치자였던 바텐베르크 공국의 알렉산더가 불운을 겪고 나자, 작센코부르크 가의 가장 무서운 상대였던 오토 폰 비스마르크의 아들 헤르베르트는 반농담조로 이렇게 불평했다. "영국 왕실과 가장 가까운 방계가족들은 희석되지 않은 가족의 원칙을 숭배하고, 빅토리아 여왕을 코부르크 일가의 절대적인 우두머리로 간주한다. 이는 유언보충서(補充書)와 관련이 있는데, 순종적인 친족은 이 보충서를 볼 수 있다." 작센코부르크 가의 성공 요인이자 비스마르크 부자를 그토록 괴롭힌 점은 그들의 사회, 정치적 성향이 대체로 자유주의적이라는 사실이었다.(바로 이 점에서 그들은 영국과 관련된 다른 독일 왕조, 즉 비스마르크의 손에 불행을 겪게 되는 하노버 왕가와 달랐다.) 작센코부르크 가를 1840년대의 로스차일드 가와 비교한 프랑스의 논객은 자신의 생각보다 훨씬 더 진실에 가까운 말을 한 셈이었다. 남부 독일의 이 두 왕가는 공생 관계나 마찬가지였기 때문이다. 불운한 프리드리히 3세가 장모인 빅토리아 여왕과 그의 아내에게 받은 영향에 실망한 비스마르크는 두 사람의 아들과 소위 '코부르크 도당' 사이를 이간시키기 위해 최선을 다했다.

그러나 이러한 불화가 1차 세계 대전의 전조였다고 생각한다면 오산이다. 확실히 독일 황제 빌헬름 2세는 자신의 영국 친척들에게 양가감정을 깊이 느꼈다. 일례로 1889년 웨일스 왕자가 알자스와 로렌을 프랑스에 돌려주라고 요구했다는 얘길 듣고, 우연히 빈에 동시에 머물게 되었는데도 그를 만나길 거절했다. 자신이 잘못 전해 들은 것으로 드러났는데도 사과하지 않았다. 덴마크 왕자 크리스티안은 이렇게 설명했다. "빌헬름 황제가 자리에 오른 지 얼마 되지 않아 자기 자신 그리고 옳은 일을 할 수 있는 자신의 능력을 확신하지 못하고 있다. 혹시나 자신의 위엄이 손상될까 두려워하고, 자신보다 나이가 많은 친척들이 그를 황제가 아니라 조카로 대하지 않을까 하여 특히 예민하다." 하지만 시간이 지난 뒤에야 그러한 승강이가 전쟁의 전조로 보였을 뿐이다.(황제 자신의 흥분하는 성향 때문에 특히 그랬을 것이다.) 1914년 이전에 그는 독일의 군사 전략가나 외교관들이 가장 두려워한 러시아와의 관계를 개선하기 위해 진심으로 애를 썼다. 그는 러시아 황제에게 만주 사태에 강경 노선을 취하라고 독려했고, 혹여 전쟁이 일어나면 독일이 지원해 주겠다고 약속했다. 1904년, 그는 자기 아들의 대부가 되어 달라는 차르의 부탁을 기꺼이 받아들였다. 1909년에도 빌헬름 2세는 러시아 황제에게 부활절 선물을 보내면서 그 선물이 자신의 줄기찬 사랑과 우정의 징표임을 조심스럽게 표명했다.

그해 여름 전쟁 위기에 맞닥뜨리자, 독일 황제 역시 코부르크 친척들과 마찬가지로 군대와 정계의 관료들이 단호히 전쟁을 치르겠다고 결심할 경우 그들을 억누를 힘이 부족하다는 사실이 분명해 보였다. 이는 입헌군주제의 현실이었다. 왕실들이 서로 결속한다 해도 무장 중인 민족들 간의 불가피한 전쟁을 막을 수는 없었다. 그러나 군주들이 압도될 때까지는 어느 누구도 그 사실을 전적으로 확신할 수 없었다. 그렇게 되기 전까지 왕실 간의 타협 가능성은 남아 있었다. 상트페테르부르크 주재 영국 대사는 마지막 방책으로 니콜라이 황제가 오스트리아 황제에게 개인적인 호소문을 보내 러시아가 받아들일 수 있는 선에서 오스트리아의 행동을 제한할 수 있는지 알고 싶어 했다. 독일은 황제의 동생인 하인리히 왕자를 런던으로 보내, 조지 5세가 중립을 지킬 수 있는지 알아보게 했다. 왕실 가족들 스스로 마치 자신들이 전쟁을 막을 수 있는 능력이 있는 것처럼 행동했다. 차르의 여동생 올가 공주는 이렇게 회상했다. "내가 니키에게 말하자, 니키는 윌리가 따분한 데다 으스대는 사람이긴 하지만, 결코 전쟁을 시작하지는 않을 거라고 말했다." '윌리'와 '니키'는 각자 전쟁을 국지화하려고 애썼다. 독일 황제는 오스트리아를 상대로 베오그라드에서 멈출 것을 촉구했고, 러시아 황제는 총동원령을 연기했다. 실제로 두 황제는 전쟁이 시작된 후에도 계속해서 타협을 모색하려고 했다. 베를린 주재 영국 대사 윌리엄 고셴(William Goschen) 경은 마지못해 두 황제의 노력을 다음과 같이 인정했다.

물론 독일의 경우는 상당 부분 사실이다. 즉, 마지막에 (황제를 포함하여) 독일은 오스트리아에 논의를 계속하고 에드워드 그레이 경의 제안을 받아들이라고 설득했다. 분명 황제는 빈에서 사태 수습을 위해 노력했다. 그리고 독일 측 주장은, 차르의 요청을 받은 독일 황제가 빈에서 애쓰고 있는 동안 러시아는 군 동원을 명령했다는 것이다. 내가 마지막으로 들은 이야기는 러시아가 제국 정부에 알리기를, 독일 황제가 빈에서 애쓰고 있다는 사실을 차르가 알지 못했으며, 독일의 요구를 고려하기 위해 3시간을 더 달라고 요구했다는 것이다. 분명 이 글을 쓰고 있는 지금까지 독일 황제는 어떤 동원령도 내리지 않았다. (독일 외무장관) 야고브는 독일 황제가 몹시 풀이 죽었고 '평화의 황제'로서의 자기 위신은 이제 끝장이라고 한탄했다고 전했다.

7월 31일, 조지 5세는 니콜라이 2세에게 보낸 편지에 이렇게 썼다.

"너와 내가 전쟁을 막기 위해 할 수 있는 모든 걸 했지만, 안타깝게도 실패하고 말았다. 우리 모두가 그렇게 오랫동안 두려워했던 끔찍한 전쟁이 다가오고 있다." 그가 염두에 두었던 '우리'는 물론 거의 모든 군주가 속해 있는 유럽 전체의 친족 집단이었다. 이들은 그 자체로 전쟁을 막는 보루처럼 보였다. 바텐베르크 공국의 마리가 한탄하듯, 이제 세계주의의 시대는 끝났다.

이제부터 러시아 황후(독일인으로 태어났지만)는 러시아 사람이고, 벨기에 왕비 또한 바이에른에서 태어났지만 벨기에 사람이다. 그리고 작센코부르크고타의 마리 여공작은 독일 사람이다. 그녀가 러시아에서 태어나 결혼한 뒤 영국 왕자비가 됐어도 그러하다. 올버니 공작부인 또한 발데크의 공주로 태어났지만 영국 사람이고, 그녀의 아들인 영국 왕자는 작센코부르크 공국을 물려받음으로써 독일 사람이 되어 전쟁 동안에도 독일인으로 싸워야 했다. 그 고통스러운 시기에 나는 가끔 이렇게 생각했다. "외국인들과 피가 섞이지 않은 독일 국민들은 운이 좋구나."

그녀가 언급한 작센코부르크 대공은 찰스 에드워드로, 빅토리아 여왕의 많은 증손자들 중의 한 사람이었다. 그는 영국에서 교육 받았지만 1900년에 공국을 물려받았다. 그는 (자신의 요청대로) 동부전선에 있긴 했지만, 전쟁 기간 내내 독일 제복을 입고 보냈다. 1917년, 코부르크 가는 전시의 감정을 존중하여 윈저(Windsor) 가문으로 이름을 바꾸었고, 바텐베르크 가문은 마운트배튼(Mountbatten) 가문이 되었다. 유럽의 지진은 모든 사회 계층을 흔들었지만, 그중에서도 대륙 전체의 왕실 엘리트층을 가장 크게 흔들어 놓았다. 지금도 가끔 그런 주장이 제기되고 있으나, 이들 왕실 지배층은 전쟁을 유발한 게 아니었다. 그저 무능해서 전쟁을 막을 수 없었을 뿐이다.

장군들의 전쟁

1914년 7월 30일 이른 아침, 상트페테르부르크 주재 독일 대사는 베를린에 전보를 보내 방금 전에 끝낸 러시아 외무장관 S.D.사조노프와의 긴 대화 내용을 전달했다. 요점은 유럽에 대전란이 발생할 위험이 있으나 세르비아를 보호하기 위해 러시아는 군사 동원을 더 이상 미룰 수 없다는 것이다. 사조노프에 따르면, 오스트리아 정부는 암살 사건 이후 세르비아 정부가 받아들일 수 없는 요구를 해 왔다.(오스트리아 측은 대공의 암살 음모를 밝히는 세르비아 조사단에 오스트리아 관리들이 대표로 참석해야 한다고 주장했다가 세르비아 측이 거절하자 전쟁을 선포했다.) 독일 대사는 독일과 오스트리아 동맹 때문에 러시아의 동원령이 독일에 자동적으로 영향을 미친다고 지적했다. 그러나 사조노프는 완강하게 말했다. "러시아는 궁지에 몰린 세르비아를 내버려 둘 수 없다. 그러한 방침을 따를 경우, 어떤 정부라도 세르비아를 심각한 위험에 빠뜨릴 수밖에 없다." 이 전보에 대해 독일 황제가 한 말을 살펴보면 1차 세계 대전의 기원에 대한 이단적인 해석이 도출되는데, 길지만 이 책에 소개할 만한 가치가 있다. 점점 더 화를 내는 감탄사들이 이어진 뒤("말도 안 돼.", "아!", "내가 의심한 대로군.") 그는 다음과 같이 속내를 밝힌다.

경솔함과 나약함이 세상을 가장 무서운 전쟁에 던져 넣으려 한다. 이 전쟁은 결국 독일을 파멸시킬 것이다. 나는 다음과 같은 사실을 일말의 의심도 없이 확신한다. 영국, 러시아, 프랑스는 오스트리아의 선전포고를 계기로 동맹국 원조 의무의 기초를 놓은 뒤 오스트리아와 세르비아의 갈등을 구실로 우리를 절멸시키려는 전쟁을 감행하자고 합의했다. 영국 외무장관 에드워드 그레이 경은 런던 주재 독일 대사인 리히노프스키 왕자에게 전쟁이 러시아와 오스트리아에 국한되는 한 영국은 조용히 있겠지만, 우리와 프랑스가 전쟁에 돌입하는 경우엔 우리를 상대로 적극적인 조치를 취할 수밖에 없다고 냉소적으로 말했다. 즉, 부끄럽게도 우리가 동맹국들을 배신하여 그들을 러시아에 제물로 바침으로써 삼국동맹을 무너뜨리거나 동맹국들에 대한 신의를 지키려다 삼국협상 국가들의 공격을 받게 될 것이다. 후자의 경우, 그들은 우리를 총체적으로 무너뜨리는 데 가담함으로써 자신들의 시기를 만족시킬 것이다. 이것이 적나라한 실상이며, 분명 에드워드 7세가 천천히 그리고 교묘하게 꾸민 이 상황은 영국과 프랑스, 러시아가 부인하면서 개최한 회의에 의해 추진되고 체계적으로 계획되었으며, 마지막으로 조지 5세가 매듭지었다. 그 결과 한 동맹국의 어리석은 행동이 우리에겐 덫으로 변했다. 그리하여 우리의 정치가와 외교관들이 그 사태를 막기 위해 무진 애를 썼지만, 그 유명한 독일 '포위' 정책은 엄연한 현실이 되었다. 갑작스레 그물망이 우리 머리 위로 던져졌고, 영국은 지속적으로 수행해 온 반독일 세계 정책에서 찬란한 성공을 거두었다. 독일이 그 그물망에서 고립된 상태로 꿈틀거리자, 영국은 우리가 오스트리아에 대한 신의를 지키려는 상황을 이용하여 우리에게 정치, 경제적 파멸의 올가미를 휘감고 있다. 결국 우리는 무력함을 드러내고 말았다. 이는 그에 대한 존경심을 불러일으키는 위대한 성과지만, 그 결과 그는 파멸할 것이다! 에드워드 7세는 죽은 뒤에도 지금 살아 있는 나보다 강하다! 그리고 이런저런 미약한 조치로 영국을 우리 편으로 끌어들이거나 진정시킬 수 있다고 믿는 사람들이 있었다!!! 영국은 꾸준히 그리고 가차 없이 자신의 목적을 추구했고, 결국 이 상황까지 몰고 왔다. 그리고 우리는 그 그물망으로 걸어 들어갔다!!! 나의 모든 경고와 간청은 물거품이 되고 말았다. 이제 영국은 이 상황에 감사하고 있다. 덕망 있는 오스트리아 황제에게 충성을 다할 것인지 고민하던 우리는 영국에게 정의를 위한다는, 다시 말해 유럽의 힘의 균형을 위해 프랑스를 돕는다는 위선적인 명분하에 우리를 절멸시키려는 핑계거리를 제공하고 말았다. 즉 모든 유럽 국가들이 우리를 상대로 영국에 유리한 카드를 내놓는 상황이 되었다.

이성을 잃은 듯한 이러한 장광설에 쓸 만한 내용이 있어 보이는가? 그렇다고 인정하는 역사가는 거의 없을 것이다. 그 누구도 아닌 독일 정부가 1914년의 발칸 위기를 계획적으로 세계 전쟁으로 몰고 갔다는 데 여러 해 동안 의견이 일치했다. 그러나 이는 유럽의 모든 제국이 공유한 책임을 줄잡아 얘기한 게 분명하다. 첫째, 대공의 죽음 이후 세르비아에 배상을 요구했다고 오스트리아 정부를 비난할 수는 없다. 7월 23일, 많은 얼버무림 끝에 세르비아의 베오그라드에 전달된 최후통첩은 본질적으로 오스트리아 관료들이 암살 사건 조사에 참여할 수 있게 해 달라는 내용이었다. 모든 것을 고려해 볼 때, 세르비아의 주권을 침해하는 의미가 있다 하더라도 부당한 요구는 아니었다. 결국 세르비아는 요즘 말로 '불량 정권(rogue regime)'이었다. 세르비아의 군주는 1903년 유혈 쿠데타를 통해 권좌에 올랐는데, 쿠데타 과정에서 이전 왕이었던 알렉산다르 오브레노비치(Aleksandar Obrenović)는 다름 아닌 아피스에게 살해당했다. 아피스가 세르비아 정부의 승인도 받지 않고 암살자들을 사라예보로 보냈다 해도 베오그라드 정부 당국은 무슨 일이 계획되고 있는지 확실히 알고 있었다. 《이코노미스트》는 8월 1일자에 다음과 같이 설명했다.

예를 들어 아프간 정부가 북서 인도 지역에서 폭동을 일으킬 계획을 세워 아프간 자객들이 웨일스 황태자 부부를 살해했을 경우, 영국은 어떻게 행동했을지 물어보는 것이 마땅하다. 만약 그랬다면 틀림없이 복수하라는 요구가 제기되었을 것이다. 그렇다면 우리는 빈에서 베오그라드에 보낸 최후통첩보다 더 관대한 조치를 런던에서 칸다하르에 전했을 거라고 확신할 수 있을까?

오늘날의 시각에서 보면, 테러 희생자들 편에서 테러 후원자들에 맞선 유럽 열강은 독일밖에 없었다.

독일 황제가 먼저 오스트리아 대사에게 독일이 오스트리아를 지원할 거라고 전한 것은 사실이다. 그는 오스트리아와 러시아 간에 전쟁이 벌어진다고 해도 지원할 것이라고 명확히 밝혔다. 그러나 러시아가 개입하지 않는 경우에 지원은 쓸모없는 행위였다. 그런데 러시아가 세르비아 편을 들어 사태에 개입해야 할 필요성을 강하게 느낀 이유는 무엇일까? 그들은 베오그라드 정권에 실질적인 영향력을 행사하지 못했으며 순전히 위신 때문에 나선 것이다. 만약 세르비아가 굴복하게 놔두면, 오스트리아의 보스니아 합병은 말할 것도 없고 쓰시마의 불운을 겪은 뒤 10년도 안 된 상태에서 또 다른 패배를 당한 것으로 해석될 수 있었다. 사조노프와 러시아 참모총장 니콜라이 야누쉬케비치(Nikolai Yanushkevich) 장군이 망설이는 차르를 설득하여 러시아 군대에 총동원령을 내리게 한 것은 바로 이 때문이었다. 분명 러시아군의 총동원은 세르비아 방어 이상을 의미했으니 이는 동부 독일에 대한 침략에 해당했다.

독일 장성들이 전쟁을 벌일 기회를 잡은 뒤, 다만 러시아가 공격자로 보이도록 군사 동원을 지연한 것은 틀림없는 사실이다. 그러나 1905년 이후 러시아의 재무장 속도에 대한 독일 측의 불안감은 근거가 없지는 않았다. 동쪽의 이웃 국가가 무적의 군사 강국으로 변신하는 중이라고 두려워할 정당한 이유가 있었던 것이다. 바로 그 때문에 독일 참모총장 헬무트 폰 몰트케(Hulmuth von Moltke)는 끝까지 주장했다. "우리는 지금처럼 유리한 상황을 결코 다시는 맞지 못할 것이다. 프랑스와 러시아 모두 군 조직 확대를 완수하지 못했다." 그는 사라예보 암살 사건이 발생하기 6주 전 야고브에게 이렇게 설명했다고 한다.

> 러시아는 2, 3년 후면 군사력을 완벽하게 갖출 것이다. 적의 전력이 압도적으로 우위에 있기 때문에 어떻게 맞서야 할지 모르겠다. 우리가 어느 정도 시련을 견딜 수 있다면, 예방 전쟁을 감행하는 것 외에는 적을 패배시킬 방법이 없다.

'어느 정도'라는 표현이 말해 주듯이 독일은 낙관하지 못했다. 일찍이 1906년에 몰트케는 독일 황제에게 "다음번 전쟁은 길고 긴 지루한 싸움이 될 것"이고 "그 전쟁에서 설혹 승리를 거두더라도 독일 국민은 완전히 지칠 수 있다."라고 말했다. 1912년에는 다음과 같이 썼다. "우리는 거칠고 오래 끄는 전투가 수차례 벌어지는 장기전에 대비해야 한다." 그는 1914년 5월, 오스트리아 참모총장 프란츠 콘라트 폰 회첸도르프(Franz Conrad von Hötzendorff)와 그 문제를 논의할 때도 비관적인 태도를 보였다. "나는 내가 할 수 있는 것을 할 겁니다. 우리는 프랑스보다 우세하지 않습니다." 여하튼 "빠를수록 좋다."라는 몰트케만의 표어는 아니었다. 러시아의 차르가 마침내 총동원령을 내리자 야누쉬케비치 참모총장 역시 황제의 마음이 변했다는 말을 듣지 않기 위해 전화기를 박살 낼 것이라고 위협했다. 잘 알려져 있다시피 독일은 여러 해 동안 프랑스의 동쪽 국경을 따라 세워진 견고한 요새를 피해 북부 프랑스를 침략할 계획을 세웠다. 그러나 누구보다 사기 진작의 이점을 믿었던 프랑스 장성들은 전쟁을 간절히 바라는 편이었다. 그들은 독일이 자신의 동맹국인 러시아를 패배시키는 동안 방관할 의향은 전혀 없었지만, 대신 전투가 개시되면 곧바로 알자스로렌 지방을 통해 남부 독일을 침략할 심산이었다.

독일 포위가 삼국협상의 강대국들, 무엇보다 영국에 의해 주도면밀하게 계획되었다는 독일 황제의 믿음은 터무니없었다. 실제로 에드워드 7세나 그의 뒤를 이은 조지 5세는 이런 가능성을 전혀 고려하지 않았다. 자유당이나 보수당의 정치가들 또한 마찬가지였다. 그러기는커녕 자유당 출신 외무장관 에드워드 그레이 경은 당 동료들의 만류 때문에 러시아는 말할 것도 없고 프랑스에도 아무런 언질을 하지 못했다. 영국은 대륙 전쟁이 일어날 수도 있는 사태에 전혀 대비하지 않았다. 영국인 입장에서 말하자면, 1914년 7월 마지막 주 내내 자신들이 개입할 필요가 없는 대륙 전쟁이 전개되고 있었다. 《이코노미스트》 편집자들의 표현을 빌리자면 "발칸 지역에서 발생한 불화는 우리의 주요 관심사라기보다 아르헨티나와 브라질의 다툼이나 중국과 일본의 다툼이다."

그러나 독일이 프랑스로 가는 길에 벨기에를 가로질러 행진하려 한다는 사실이 영국 정부를 딜레마에 빠뜨렸다. 벨기에의 중립은 독일을 포함한 유럽 열강이 1839년에 서명한 국제법에 의해 보장되었다. 세르비아는 불량 정권이라 해도 무방했지만, 국왕이 작센코부르크 가문 출신이고 전략적으로 중요한 위치에 있는 벨기에는 문제가 달랐다. 벨기에의 중립적인 지위는 강대국들이 1세기 동안 유럽의 평화를 지키며 맺은 얽히고설킨 조약들의 필요불가결한 부분이었다. 국제법이 모욕 당하는 사태에 자유당 내각이 아닌 영국 정부가 수수방관하고 있겠는가? 그리고 영국은 독일이 프랑스에 승리를 거둘 경우, 독일 해군기지가 영국해협 연안에 들어설 가능성이 커질 수도 있는 상황에 대비했는가? 한편 6개 사단과 1개 기병대로 이루어진 영국의 동원 가능한 지상군이 정말로 유럽 전쟁에 중대한 영향을 미칠 수 있었을까? 1910년부터 작전사령관을 맡았던 헨리 윌슨(Henry Wilson)은 솔직히 6개 사단이 너무 적다고 인정했다. 실제로 1911년까지도 유럽 전쟁이 발발할 경우 중앙아시아에 해외 원정군을 배치한다는 계획이 세워져 있었다. 달리 말하면 전쟁 상대는 러시아라는 사실을 당연시했던 것이다. 영국이 서유럽에 개입하여 독일군에 대항하려면 전 해군력을 동원해야 하고 대영 제국의 확고한 금융, 인력 자원이 필요하다는 점이 명백했다. 이는 물론 전쟁이 오래 지속되어야 고려할 수 있는 일이었다.

20세기에 종종 그랬듯이 위험한 상황은 영국 정치인들을 교묘히 피해 갔다. 8월 2일, 내각의 각료들이 점심을 먹으러 만나(대부분의 의원들이 지방에 내려갔을 시기이다.) 나눈 논의는 이상하게도 알려지지 않았다. 중립을 선호한 일부 각료들은 독일이 벨기에의 일부 지역만을 통과할 것이라고 그럴듯하게 주장했다. 소수였지만 허버트 애스퀴스(Herbert Asquith)

수상과 같은 의견을 갖고 있던 개입론자들은 방관은 비열한 짓이라고 주장했다. 그들은 개입하지 않을 경우 정부는 무너질 것이고 야당이 집권할 거라고 설득력 있게 주장했다. 그리고 야당은 어차피 전쟁에 참여할 것이라는 게 그들의 생각이었다. 그러나 애스퀴스를 비롯한 각료들의 진짜 고민은 명확히 밝혀지지 않았다. 그들은 이 전쟁이 독일 측의 승리로 끝날 대륙 전쟁이 될지, 아무도 결과를 예측할 수 없는 세계 전쟁이 될지 결론을 내릴 수가 없었다. 그들은 한참을 망설이다 후자를 택했다.

은행가들에게 전쟁은 청천벽력 같은 불행이었고, 외교관들에게는 일상적인 서신 교환이나 담소, 회의가 실패했을 때 마지막으로 의지할 수 있는 수단이었다. 그리고 장성들에게 전쟁은 꾸물거리다간 상대에게 이익만 안겨 줄 수 있는 초미의 문제로 보였다. 국제 관계를 여전히 가족 문제라고 꿈꾸고 있던 왕들은 이미 혁명이 터져 버린 것처럼 갑자기 무능해졌다. 그러나 그 지배자들을 쥐고 흔들던 사람들은 자신들이 무슨 일을 시작하고 있는지 어렴풋이 알고 있을 뿐이었다.

이제 발칸 지역의 움직이는 지각판은 유럽의 대형 제국들을 뒤흔들 세계적인 지진의 원인을 제공했다. 갑자기 유럽 산업 경제국들의 막대한 자원이 생산에서 파괴 쪽으로 전용되었다. 닷새 동안 기차 1800대가 사우샘프턴을 향해 남쪽으로 달렸다. 하루에 열여섯 시간씩 3분마다 기차가 도착했다. 프랑스의 열네 개 철도 노선에는 하루에 쉰여섯 대의 기차가 운행되었다. 독일 기차는 쾰른에서 10분마다 라인 강을 건너갔다. 그 사이 프랑스와 독일은 각각 400여 만 명을 동원했다. 동원된 병력을 목적지까지 데려다 주는 데는 며칠밖에 걸리지 않았다. 그러나 전쟁이 좌파 세력을 약화시키길 희망했던 사람들의 기대와는 반대로, 전쟁 전부터 활동하고 있던 혁명 세력은 당시 진행 중이던 집단 동원에서 오히려 힘을 얻었다. 더욱이 1905년의 러시아 포그롬 사태와 1912~1913년의 발칸 전쟁에서 뚜렷해진 인종 갈등은 새로운 모습을 띠고 강대국들에 의해 전투행위의 정당한 수단으로 채택되었다. 이러한 지정학적 지진은 1914년 7월 마지막 주까지도 그토록 확고해 보였던 서양의 지배 구조에 치명적이지는 않더라도 엄청난 타격을 안겼다.

4 전쟁의 전염

"우리에게 인간적인 삶은 고려 대상이 아니다."
―1914년 10월, 독일 전쟁 포로가 바이올렛 애스퀴스에게 보낸 글

"우리는 인간에게 수류탄을 던지는 것이 아니다."
―에리히 마리아 레마르크, 『서부전선 이상 없다』

세계 대전

1914년 여름에 터진 전쟁은 세계 대전의 개연성을 늘 품고 있었다. 전쟁이 시작되기도 전에 영국 해군 참모장 프레더릭 스터디(Frederick Sturdee) 경 등은 다음번 해전은 세계 대전으로 확대될 것이며 이전 전쟁보다 훨씬 큰 규모가 될 거라고 지적했다. 7월 30일, 몰트케가 자신의 부관에게 "이 전쟁은 세계 전쟁으로 커질 거야."라고 말한 이유는 영국의 개입을 염두에 두었기 때문이다. 《타임스》의 군사 특파원인 찰스 레핑턴(Charles Repington)은 '1차 세계 대전'이라는 표현을 처음으로 쓴 사람으로 알려져 있는데, 그는 전쟁이 한 번 더 일어날 개연성이 매우 크다는 점을 간파했다. 전쟁의 세계화는 영국의 개입으로 인한 불가피한 결과였다. 제국은 육지의 4분의 1 정도와 그보다 많은 바닷길을 지배했기에, 무시해도 좋을 정도로 소규모 군대를 보유하고 있었음에도 세계 전쟁을 감행할 수밖에 없었다.

물론 1870년처럼 독일이 프랑스를 몇주 만에 정복했다면 세계 대전으로 확대되지 않을 수도 있었으나 그럴 개연성은 전혀 없었다. 독일 전

략가들이 직면한 근본 문제는 적어도 두 전선에서 싸워야 한다는 점이었다. 오래전부터 독일은 이 문제에 한 가지 해답만을 갖고 있는 것으로 보였다. 몰트케의 선임자인 알프레트 폰 슐리펜(Alfred von Schlieffen) 참모총장은 프랑스군을 재빨리 포위하는 작전을 세워 두었다. 독일 역사가 게르하르트 리터(Gerhard Ritter)의 고전적인 설명에 따르면, 그 작전은 독일군의 우익이 파리의 서쪽과 남쪽으로 진군하여 프랑스군을 배후에서 공격하여 전멸시키는 것이다. 리터의 자료는 슐리펜이 은퇴한 뒤에 쓴 개인 비망록이었다. 슐리펜은 적 후방의 취약성을 극대화하기 위해 독일이 로렌 지역에서 철수하여 일종의 회전문을 만드는 상황을 구상했다. 프랑스가 로렌을 되찾기 위해 진군할 때, 독일은 적의 뒤에서 북프랑스로 전진해 나가는 것이다. 그러나 최근에 다시 발견된 참모부연습(Generalstabsreisen)과 독일군의 군사 훈련에 관한 기록에 따르면, 이는 슐리펜이 참모총장 재직 중에 세운 계획이 아니었다. 독일의 군사동원에 한계가 있었기 때문에 그는 전선을 따라 벌어지는 전투에서 프랑스군을 패배시킨 다음, 프랑스의 요새 라인을 무너뜨리겠다는 목표를 세웠다. 실제로 그는 프랑스가 선수를 치게 놔둔 다음, 반격할 계획을 짜 두었을 수도 있다. 이 시나리오에서 프랑스의 패배는 오래도록 전투를 치른 이후에나 실현될 수 있었다. 따라서 파리 포위를 위한 슐리펜의 차후 계획은 은퇴 이후에 작성된 것에 불과하며, 독일군의 규모가 더 커졌을 경우에 실행에 옮길 수 있었다. 그럼에도 당시 독일군의 규모로는 프랑스와 러시아를 상대로 두 개의 전선에서 장기전을 감행할 수 없었기 때문에 칸나이 전투(한니발이 수적으로 우세한 로마군을 포위하여 전멸시킨 전투)에 대한 꿈은 슐리펜의 후임자에게 매력적으로 보였다. 규모는 작지만 유능한 영국의 해외 원정군이 프랑스군에 합류할 가능성이 있기 때문에, 독일군의 우익을 벨기에를 통해 진군시키자는 주장이 더 힘을 얻는 듯 보였다. 하지만 이 주장의 치명적인 약점은 작전에 투입된 부대가 지나치게 멀리 나아가야 한다는 점이었다. 클루크(Kluck)가 이끌던 제1군은 하루에 200만 파운드의 사료를 먹어 치우는 8만 4000필의 말을 거느리고 있었는데, 3주 동안 날마다 평균 23킬로미터를 가야 했다.

어떤 면에서 보면 독일은 적을 전멸한다는 목표에 놀라울 정도로 가까이 갔다. 1914년 12월 말까지 프랑스의 사망자 수는 26만 5000명이었고, 부상자 수는 이미 9월 10일에 38만 5000명에 도달했다. 그뿐만 아니라 프랑스군은 야포 10퍼센트와 50만 정의 라이플총을 잃었다. 프랑스의 중공업 시설이 적의 지배하에 들어갔다는 점은 특히 치명적이었다. 이러한 엄청난 손실이 1870년이나 1940년의 경우처럼 완전한 붕괴로 이어지지 않은 것은 수수께끼처럼 느껴진다. 위기에서도 침착했던 프랑스군 총사령관 조제프 조프르(Joseph Joffre)에게 어느 정도 공을 돌려야 할 것이다. 특히 위기가 깊어짐에 따라 늙거나 무능한 사령관들을 가차 없이 숙청한 그의 과단성이 큰 역할을 했다. 그러나 기본적으로 병력 수송 열차에서 내린 독일군의 진군 속도보다 프랑스군이 더 신속하게 이동할 수 있었으므로 시간은 몰트케의 편이 아니었다. 8월 23일, 몰트케의 우익을 담당한 3개 군은 24개 사단으로 구성돼 있었는데, 이들과 대치하고 있던 삼국협상 측은 17.5개 사단에 불과했다. 하지만 9월 6일에 독일군은 41개 사단을 상대하게 되었다. 이제는 승리의 가능성이 사라져 버렸다. 마른에서 몰트케가 시도한 모험은 실패했으며 그는 신경쇠약으로 힘든 나날을 보냈다.

서부에서 독일군이 겪은 어려움은 동부 지역에서 독일의 동맹국이 그들에게 제시한 생각지도 못한 요구에 의해 가중되었다. 안타깝게도 베를린과 빈은 제대로 협조하지 못했다. 빈 주재 독일 대사관 육군 무관은 1914년 8월 1일에 다음과 같이 선언했다. "양국 참모총장이 군사 동원과 공격 개시 시기, 집결 지역, 정확한 군사력에 관해 허심탄회하게 논의할 시기이다." 하지만 이미 늦었다. 오스트리아는 세르비아와 싸우길 원했지만 방향을 바꿔 러시아와 싸워야 했다. 당연히 오스트리아군은 갈리치아에서 박살 났고 단숨에 35만 명을 잃었다. 1859년과 1866년에 그랬듯이 오스트리아군도 무너질 것처럼 보였으나 러시아는 그 좋은 기회를 마음껏 이용할 수 없었다. 러시아에는 동부전선의 주요 교전 지역 두 곳을 잇는 철도 노선이 없었다. 또한 러시아군에는 무능한 장군들이 몇 명 있었다.(대표적으로 P. I. 포스토프스키로, 별명이 '미치광이 회교도'였다.) 탄넨베르크에서 러시아군과 맞선 독일군은 칸나이 전투에 맞먹는 승리를 거두었다. 서부전선에서 실패한 독일군이 동부전선에서는 성공을 거둔 것이다.

전황은 교착 상태에 빠졌다. 영국의 지원병이 도착하기 전에 서부전선에서 프랑스군의 사기를 떨어뜨릴 수 없었던 독일군은 동부에서 오스트리아군을 지원해 주어야 했다. 독일군은 단칼에 승리를 거둘 수는 없었지만, 작전이나 전술 면에서 훨씬 더 유능했기 때문에 쉽게 패하지도 않았다.

왜 독일군은 패배했는가

1914년 7월 이후 전쟁은 세계 전역에서 벌어졌다. 독일군을 필두로 양측은 유럽 밖에서 승리를 거둠으로써 유럽에서 직면한 전략적 난국을 타개하려고 애썼다. 독일 황제는 일찍이 7월 30일에 터키, 인도의 영사와 사무관 등에게 이슬람 세계를 자극하여 파렴치하고 거짓말을 일삼는 영국을 상대로 격렬한 폭동을 일으키도록 만들라고 요구했다. 황제는 "우리가 피를 흘리며 죽는다 해도, 영국은 적어도 인도를 잃게 될 것"이라고 말했다. 그는 단순히 절절한 시를 낭송한 게 아니었다. 약 3개월 뒤에 독일의 새로운 동맹국이 된 오스만 제국의 술탄 앞에서 이슬람교의 최고

성직자 셰이크 울 이슬람(Sheikh-ul-Islam)은 영국과 그 동맹국들을 상대로 이슬람의 성전을 선언하는 파트와(fatwa, 어떤 사안이 이슬람법에 저촉되는지를 해석하는 권위 있는 이슬람 판결—옮긴이)를 발표했다. 아라비아어와 페르시아어, 우르두어, 타타르어로 신속하게 번역된 이 파트와는 시아파와 수니파 모두에게 전파되었다. 2억 7000만 이슬람교도 중에 대략 1억 2000만 명이 영국, 러시아, 프랑스 지배하에 있다는 점을 고려할 때, 이는 어쩌면 지하드(성전)에 대한 혁명적인 요구였다.

그러나 전쟁이 세계적인 규모로 확대되자 독일군은 도저히 극복할 수 없는 세 가지 약점으로 고전을 면치 못했다. 독일군은 바다에서 단순히 수적으로 밀렸다. 그들이 여러 면에서 영국 해군보다 기술적인 우위를 점한 것은 사실이었다. 독일군은 무선통신 기술에서 우위에 있었던 반면, 영국은 여전히 넬슨 시대의 수기(手旗)신호에 머물러 있었다. 적이 수기신호를 먼 거리에서 알아차리기는 불가능했지만, 한참 전투가 벌어질 때 흩어진 아군 전함에게 명료하게 보이지 않았다. 전체적으로 독일 전함은 영국군보다 더 정확하게 발포하고 더 나은 장비를 갖추었을 뿐 아니라 장교들은 더 나은 훈련을 받았을 것이다. 영국군에는 너무나 무능한 장교들이 많았는데, 대표적으로 유틀란트 반도에서 몇 번이고 중요한 신호를 잘못 전했던 참모 랠프 시모어(Ralph Seymour)나 중요한 정보를 잘못 해석하거나 무시하는 데 일가견이 있었던 토머스 잭슨(Thomas Jackson) 해군작전부장이 있었다. 개전 초기에 독일군은 기습 작전에도 능했다. 1914년 10월 28일, 러시아 사령관이 이끄는 함선은 페낭에서 SMS 엠덴호의 어뢰 공격을 받았는데, 세계 대전이라는 새로운 시대에 대비하지 않은 게 분명했다. 갑판에는 고작 12회 발사할 수 있는 탄약이 준비되어 있었지만, 갑판 아래에는 중국인 매춘부가 예순 명이나 우글거리고 있었다.

그러나 독일군이 바다에서 승리를 거둘 가능성은 별로 없었다. 독일군은 포클랜드에서 패한 이후 북해에서의 결정적인 전투를 위해 수송 함대를 준비하고 동부 대서양(종종 아일랜드 해변 주변)에 잠수함을 배치하는 등 유럽에 해군력을 집중시킬 수밖에 없었다. 제1군사위원이던 존 젤리코(John Jellicoe) 제독이 양측에서 유일하게 한나절 만에 패할 수 있는 인물이라고 말한 처칠의 유명한 평가는 여전히 맞는 말이었다. 사실 젤리코는 그보다는 분명 나았지만, 한나절 만에 승리를 거둘 정도로 뛰어나지 않았다는 점도 분명했다. 갈리폴리 반도를 폭격하여 점령하려던 영국 해군의 시도는 비참하게도 실패로 돌아갔다. (영국의 소함대 사령관은 흑해 해협에 다가가면서 "어떤 인간의 힘도 그러한 강력한 폭격을 견딜 수 없을 것"이라고 생각했다. 하지만 그의 생각은 틀렸다. 터키의 총과 지뢰는 잘도 견뎠다.) 패전하지 않은 것만으로도 다행이었는데, 시간이 대영 제국과 동맹국들 편이였기 때문이다. 그들은 자원이 더 풍부했기 때문에 결정적인 무력 충돌의 1차 목표를 달성하기 어렵다는 점이 입증되자, 해전의 2차 목표가 된 무역 봉쇄를 훌륭히 견딜 수 있었다. 8월 5일, 영국의 참전 하루 뒤에 해군이 첫 번째로 취한 조처는 대양저를 따라 프랑스와 스페인, 북아프리카, 미국까지 이어지는 독일의 모든 국제 전신 케이블을 절단하는 것이었다. 이 점은 의미심장하다. 영국군은 독일의 작전 수립자들보다 세계 대전에서 어떻게 이길 수 있는지 더 잘 알고 있었으며, 정보의 중요성을 더욱 빠르게 간파했다. 그들은 적을 세계 경제로부터 고립시키는 작업을 시작한 것이다. 독일 해군은 세 가지 주요 암호로 전쟁을 시작했다. 1914년이 끝나갈 무렵, 영국군은 이를 해독해 냈고, 전쟁 내내 들키지 않고 독일의 무선암호를 해독할 수 있었다. 영국의 정보기관인 MI5가 독일 첩보원들의 연결망을 분쇄하는 데 성공하지는 못했지만, 독일 해군정보부도 필적할 만한 성과는 올리지 못했다.

영국군이 소위 세계 여론을 내 편으로 돌려놓아야 할 필요성을 독일군보다 더 명확히 알고 있었다는 점 또한 중요하다. 독일에 대한 해상봉쇄를 효과적으로 수행하기 위해서는 1908년의 런던 선언(Declaration of London) 같은 국제 협약을 무시해야 했다. 이 협약은 전시에 중립국 선박을 처리하는 규정을 명확히 밝히고 있는데, 영국 상원은 이 협약의 비준을 거부했다. 영국 해군은 독일과 무역을 하는 것으로 믿어지는 중립국 선박을 단호히 단속했는데, 사실 해외 우군 확보에 적합한 행동은 아니었다. 그럼에도 영국은 세상의 관심을 독일군이 해상에서 저지르는 범죄로 능수능란하게 돌렸다. 영국 항구를 폭격하거나 잠수함에 명령을 내려 경고도 없이 상선을 가라앉힌 독일군은 자신들이 적만큼이나 자신에게도 엄청난 해를 입히고 있다는 사실을 알지 못했다. 잔인한 독일군에 의해 참혹하게 찢기거나 물에 빠져 죽은 부녀자들에 대한 이야기만큼 영국과 미국 언론이 좋아했던 이야기는 없다. 독일 잠수함이 루시타니아 호를 침몰시키자, 독일의 전 식민성 장관 베른하르트 데른부르크(Bernhard Dernburg)는 다음과 같이 말했다. "미국인들은 독일 아이들 10만 명이 영국의 해상 봉쇄로 서서히 굶어 죽어 가는 광경은 상상하지도 못하면서 독일의 어뢰를 맞고 배가 난파되는 바람에 익사한 어린아이의 가여운 얼굴은 상상한다." 어떻게 세계 대전 중에 128명이나 되는 미국인들이 영국 선박을 타고 무사히 대서양을 건널 수 있을 거라고 생각했는지는 알 수 없다. 그러나 독일군은 이 점을 강조하는 대신 루시타니아호의 운명을 축하하는 메달을 만들어 냈고, 이 메달은 독일의 사악함을 입증하는 본보기로 곧바로 런던에서 복제되었다.

영국 해군이 엄청난 실수를 저지르지 않은 상황에서 해전의 승패는 이미 정해진 거나 다름없었다. 삼국협상 측에 맞선 세계적인 반란을 조장하려는 독일의 시도는 가망이 없었다. 메소포타미아 지역에서 무익하지만 영웅적인 죽음을 맞은 위대한 전략가 콜마르 폰 데어 골츠(Colmar von der Goltz)는 이렇게 주장했다.

현재의 전쟁은 확실히 기나긴 역사적 발전의 시작일 뿐이다. 그 발전의 끝에 영국의 세계적 지위는 무너지고 유색인종이 유럽의 식민 제국주의를 상대로 혁명을 일으킬 것이다.

그러나 이러한 사건은 그 이후 오랜 시간이 지나 독일이 두 번째 세계 대전에서 패한 뒤에야 발생했다. 요컨대 탈식민화를 가속화하려던 동맹국들의 시도는 무익한 만큼이나 우스꽝스러웠다. 방탕한 인류학자 레오 프로베니우스(Leo Frobenius)는 아비시니아(Abyssinia) 황제인 리즈 야수(Lij Yasu)를 독일 편으로 끌어들이려 했지만 실패하고 말았다. 아프가니스탄 왕족들을 찾아 떠난 독일 원정대는 더욱 어처구니없었다. 열다섯 명으로 이루어진 이 원정대는 W. 존스턴(Johnston)과 A. K. 존스턴의 세계지도 복사본을 갖고 서커스 단원을 가장하여 콘스탄티노플을 지나갔다. 영국은 제국주의적 그레이트 게임(Great Game, 영국과 러시아가 중앙아시아의 패권을 둘러싸고 벌인 경쟁—옮긴이)에서 더 많은 경험을 쌓았기 때문에 독일의 모험은 성공할 가능성이 거의 없었다. 독일군이 아프리카에서 놀라울 정도로 장기간에 걸쳐 전투를 계속하고 상당수의 적을 살상한 것은 사실이다. 동아프리카에서 사망한 영국인은 10만 명이 넘었는데, 대부분이 흑인 병사들과 짐꾼이었다. 그렇다면 목적이 무엇이었는가? 독일의 목표는 유럽에 배치될 수도 있었던 식민지 군사들의 발목을 잡는 것이었다. 하지만 아프리카 전투에 참가했던 이들 중에서 유럽 전선에 투입되었을 병사는 거의 없었다. 어쨌든 대부분의 전투는 독일 식민지, 특히 동아프리카(탕가니카)에서 벌어졌다. 남서아프리카는 1915년 7월에 일찌감치 남아프리카에 항복했다. 토고랜드와 카메룬도 전쟁이 끝나기 오래전에 삼국협상 측 수중에 들어갔다.

독일의 세 번째 약점은 재정 문제였다. 영국은 금융 기관의 양적, 질적 우위와 금융 시장으로서 런던의 국제적인 명성 덕분에 독일보다 전쟁 자금을 더 많이, 더 낮은 이자율로 빌릴 수 있었다. 영국은 본국에서 국민의 돈을 빌릴 수 있었고, 필요하다면 중앙은행에도 손을 내밀 수 있었다. 또한 해외에서도 자금을 빌릴 수 있었는데, 대영 제국이 지배하거나 소유한 지역뿐 아니라 미국에서도 빌릴 수 있었다. 더욱이 영국은 신용이 다소 떨어지는 동맹국들에게도 관대하게 돈을 빌려 줄 수 있었다. 이반 블로흐나 노먼 에인절 같은 전문가들은 20세기에는 엄청난 전쟁 비용으로 인해 참전국들이 순식간에 파산할 수 있다고 생각했다. 그러나 1918년, 영국의 국내총생산 대비 국가 채무 비율은 1818년 당시보다 크게 높지 않았다. 1916년, 로이드 조지(Lloyd George)는 이렇게 선언했다. "성공은 신용을 의미한다. 금융업자들은 순조로운 사업에 돈을 빌려 주길 결코 주저하지 않는다." 이 말은 어느 정도 사실이지만, 전쟁이 영국에 불리해졌을 때에도 뉴욕의 J. P. 모건 등의 금융업자들이 손을 뗄 가능성은 전혀 없었다는 점이 언급되지 않았다. 당시 삼국협상 국가들은 너무 중요했기 때문에 무너질 수가 없었다. 여기서 중요하다는 것은 미국 수출품의 고객으로서 그렇다는 뜻이다. 1916년 상품 수출은 미국 GDP의 12퍼센트까지 증가했는데, 이는 전쟁 발발 전 수치의 두 배에 해당하며, 1869년부터 2004년까지의 어느 해보다 높은 수치였다. 그 수출품 중 70퍼센트 정도가 유럽, 특히 영국과 그 동맹국들로 향했다. 1917년 4월에 미국이 참전을 선언하지 않았더라도, 독일의 무제한 전쟁 작전으로 인해 영국은 분명 미국의 재정 지원을 받았을 것이다. 1917년 3월 5일 런던 주재 미국 대사가 지적한 대로, 미국이 취할 수 있는 다른 방안은 대서양 횡단 무역을 철저히 봉쇄하는 것일 텐데, 이 조치는 유럽은 물론이고 미국에도 바람직하지 않았을 것이다. 1917년 4월 미국의 참전은 평화 협상에 참가하기 위한 것이었지만, 우드로 윌슨(Woodrow Wilson) 대통령이 미국 국기에 달러 표시를 했다고 비난한 네브래스카 주의 조지 노리스(George Norris) 같은 상원의원들이 엉뚱한 얘기를 한 것은 아니었다. 워싱턴의 많은 사람들처럼 윌슨 역시 협상국 측이 승리에 가까이 갔다고 잘못 생각했고, 수많은 미군들이 전투에 참여하는 상황을 예측하지 못했다.

따라서 1914~1918년 세계 대전은 독일이 이길 수 있었던 전쟁이 아니었다. 그러나 유럽 전쟁의 결과는 결코 분명하지 않았다. 사실 먼 바다나 식민지에서 여러 사건이 일어났지만 전쟁의 승패가 결판난 곳은 바로 유럽이었다. 한 가지 예만 들어보면, 영국군 사상자의 92퍼센트가 프랑스에서 발생했다. 그런 관점에서 이 전쟁은 전 세계에서 모여든 사람들이 유럽에서 싸웠다는 점에서만 세계 대전이었다. 1914년, 인도 주둔 영국군은 유럽의 자국 군대보다 규모가 컸기 때문에 금세 펀자브에서 온 병사들은 플랑드르의 진창 속에 깊이 빠지게 되었다. 그들 외에도 캐나다, 오스트레일리아, 뉴질랜드, 남아프리카 등 제국 전역에서 온 지원병들이 가세했다. 프랑스 역시 북아프리카와 서아프리카 등 식민지 병사를 동원했다. 전쟁이 끝날 때까지 이 군사력에 400만 명이 넘는 미군들이 추가되었다. 러시아군도 제국 전역에서 군인을 끌어모았다. 이 유럽 전쟁이 그토록 오랫동안 대규모로 치러진 이유는 양측이 다방면에서 자국 중심지 너머로 손을 뻗칠 수 있는 능력을 갖추었기 때문이다.

사실 유럽 전쟁은 여러 개가 존재했다. 벨기에와 북부 프랑스에서 벌어진 전쟁, 발트 해로부터 갈리치아를 걸쳐 부코비나에서 벌어진 두 번째 전쟁, 오스트리아와 이탈리아가 알프스 산맥에서 치른 세 번째 전쟁, 발칸 반도와 흑해 해협에서 치른 전쟁, 이렇게 네 전쟁이 있었다. 동맹국들이 두 번째, 세 번째, 네 번째 전쟁에서 승리를 거두었는데, 러시아와 루마니아, 세르비아를 물리치고, 카포레토에서 이탈리아군을 박살 냈으며, 갈리폴리에서는 영국군을 물리쳤다. 그러나 그들은 첫 번째 전쟁에서 이기지 못했다. 더 정확히 말해 서부에서 패하기 시작하면서 다른 전역(戰域)에서도 동맹국들의 전황이 불리해진 것이다. 결국 서부전선이 전체 승리의 열쇠였다. 1914년 말부터 서부전선의 전투는 교착 상태에 빠진 듯 보였다. 본질적으로 이 전쟁은 거대한 포위 공격이었다. 프랑스와 영국군은 일단 공격이 중지되자 참호를 파고 들어앉은 독일군을 끌어내려고 노력했지만 미미한 성과만을 거뒀다. 사실 포위 공격은 새로울 것이 없었지만 이번 공격은 진정 산업화된 최초의 포위 공격이었다. 군인들은 교대 근무자인 양, 기차에 실려 전선으로 떠났다. 그리고 전투보다는 도랑과 적진으로 접근하는 참호, 방공호를 구축하고 유지하는 데 더 많은 시간을 보냈다. 이는 사실상 건축 공사였지만, 본질적으로 파괴를 위한 공사였다. 적진을 향해 대호를 파나가는 공병이 보기에 이 참호전은 일종의 광업이었다. 그러나 산업화된 전쟁의 핵심은 포병이었다. 포병의 규모가 커지고 이동성, 정확성이 높아졌으며 포탄의 파괴력이 커졌다는 것은 간단히 말해 대포를 발사하는 일만 하는 사람들이 멀리 있는 여러 사람을 죽일 수 있다는 의미였다. 서부전선에서 발생한 사상자 대부분은 적의 포탄 때문에 다치거나 죽었지만, 어느 쪽에도 결정적으로 이익이 되지는 않았다. 따라서 많은 동시대인들이 지적했듯이, 전쟁은 인간과 탄약을 원료처럼 집어삼키는 거대한 기계가 되고 말았다. 상대를 서서히 파괴한다는 소모전은 이 기계화된 대량 학살을 끝내는 유일한 방법으로 보였다. 1918년까지 거의 모든 돌파 작전은 근거리가 아닌 한 성공할 수 없음이 입증되었기 때문이다.

전우

서부전선을 따라 서로 얼굴을 마주 보고 있던 군인들은 놀랄 정도로 비슷한 사회 집단에서 차출된 사람들이었다. 산업 노동자와 농장 노동자, 귀족 출신 선임 장교와 중산층 출신 하급 장교가 있었고 가톨릭교도, 신교도, 유대교도가 있었다. 국가별 차이를 찾는 사람들은 참호의 기록에서 아무것도 발견하지 못할 것이다. 가장 좋은 예로, 참전 경험자들이 쓴 소설을 꼽을 수 있다. 그중에서도 앙리 바르뷔스(Henri Barbusse)의 『포화(*Under Fire*)』, 에리히 마리아 레마르크의 『서부전선 이상 없다』, 프레더릭 매닝(Frederic Manning)의 『운명의 가운데 부분(*Middle Parts of Fortune*)』, 에밀리오 루수(Emilio Lussu)의 『사르데냐 여단(*Sardinian Brigade*)』이 뛰어나다. 이 네 소설은 판박이처럼 비슷한 군대 경험을 묘사하고 있다. 예를 들어 대치 중인 군대의 차이보다 아군 내에 나타난 차이를 더 부각시킨다. 바르뷔스는 동료 프랑스 병사들에게 "우리는 어떤 민족이지?"라고 묻는다. 그러자 그들은 이렇게 대답한다. "우린 모든 곳에서 왔어. 모든 민족이 다 모인 거지." 그의 동료들 중의 한 사람은 칼론(Calonne) 출신이고 또 다른 이는 세트(Cette) 출신이다. 그리고 브르타뉴, 노르망디, 푸아투에서 온 사람들도 있었다. 매닝(본인은 오스트레일리아 사람인데)은 자신의 전우가 될 '스코틀랜드 새끼'가 출신이 분명하지 않다고 여러 차례 언급한다. 레마르크 소설 속 주요 인물은 폴란드 태생으로 늘 독창적인 모습을 보여 주는 캣(Kat, 풀 네임은 카친스키(Katczinsky)이다.)과 북독일 출신의 타덴(Tjaden)이다.

양측 병사들은 본국의 책임 회피자들을 혐오한다. 바르뷔스의 소설에 등장하는 볼파트는 파리 방문 뒤에 언짢아져서 이렇게 선언한다. "단순히 한 나라만 있는 게 아니야. 두 나라가 있어. 우리는 두 개의 이질적인 나라로 나뉘어 있다고. 저기 앞에 하나, 여기 뒤에 하나." 그리고 매닝의 소설 속 마르트로도 씁쓸하게 말한다. "그 사람들은 우리가 어떻게 사는지 전혀 상관하지 않아. 우리는 그냥 빌어먹을 프랑스 전체에 여기저기 버려져서 바보짓을 하고 있지. 그런데 그들은 전쟁을 일으켜 놓고 본국에 가만히 앉아 20년 젊어진다면 무엇을 할지 지껄이고 있어." 『서부전선 이상 없다』의 파울 보이머도 휴가차 집에 갔다가 옛 은사를 만나 똑같은 감정을 느낀다. 모든 등장인물은 루수의 소설에 등장하는 화자(話者)

처럼, 전선 생활을 낭만적으로 그린 언론 기사에 안타까워한다. "우리는 음악 소리를 공격한 것 같았다. 우리에게 이 전쟁은 노래와 승리로 이루어진 길고 긴 망상이었다. 바로 우리 눈앞에서 벌어지고 있기 때문에 우리만이 전쟁에 대한 진실을 알고 있다."

영국인, 프랑스인, 독일인, 이탈리아인 모두 자신들이 싸워야 할 이유에 대고 불손한 태도를 보였다. 바르뷔스의 프랑스 병사들은 그 문제를 이렇게 말한다.

"따분해." 볼파트가 말한다.
"하지만 우린 버텨야 해." 바르크가 중얼거린다.
"우린 그래야 해." 파라디가 말한다.
"근데, 왜 그래야 하지?" 마르트로는 아무런 감정도 없이 묻는다.
"아무 이유 없어. 그냥 우린 그래야 해."
"맞아. 아무런 이유도 없어." 라무스가 맞장구를 친다.
"아냐, 이유는 있어. 어찌 보면 이유는 많아." 코콘이 말한다.
"듣기 싫어. 차라리 이유가 없는 게 나아. 우린 버텨야 하니까."
"그런데도 저쪽 사람들은 우릴 죽이려고 하잖아." 블레르가 공허한 목소리로 말한다.
"처음에 나도 많은 생각을 했어. 하지만 이제는 더 이상 생각 같은 건 안 해."
"나도 그래."
"나도."
"나도 전혀 그래 본 적이 없어."
"우린 한 가지만 알아야 해. 그건 독일군이 저 건너편에 있고, 그들은 땅을 파 대고 있지만 언젠가 여길 떠나는 날이 올 거라는 점이지. 물론 빠를수록 좋겠지." 베르트랑 상병이 말한다.

매닝의 소설에서도 사정은 비슷하다. 장교들은 자유나 조국을 위한 싸움, 번영을 들먹이지만 병사들은 자신들이 무엇을 위해 싸우고 있는지 알고 싶어 한다.

"우리는 우리가 가진 모든 것을 위해 싸우고 있어." 매들리가 퉁명스럽게 말했다.

"그건 좋은 일이야." 위퍼 스마트가 말했다.

"난 민간인들을 위해 싸우고 있는 게 아니야. 나 자신을 위해, 그리고 내 가족을 위해 싸우고 있는 거야. 이 전쟁을 일으킨 건 독일이야." 매들리는 꽤 이치에 맞게 말했다.

"저기 독일 진영에도 불쌍한 자식들이 수천 명 있어. 도대체 무슨 일이 벌어지고 있는지 우리보다 더 모르는 인간들이지." 위퍼가 단호하게 말했다.

"그렇다면 저 바보 같은 놈들은 무엇 때문에 싸우러 온 거야?" 매들리가 화가 나서 물었다. "왜 그냥 집에 있지 않았지?"

"그건 우리가 상관할 바가 아니잖아. 우리가 다른 놈들의 싸움에 신경 쓸 필요는 없어." 위퍼가 대답했다.

어떤 이는 "영국 땅에 군대가 조금이라도 상륙하면 정말 좋을 거야. 그들에게 전쟁이 어떤 건지 보여줘."라고 말한다. 또 어떤 이는 "난 빌어먹을 벨기에를 위해 싸우지 않을 거야. 그 나쁜 놈들이 빵 한 조각에 5프랑을 내라고 하잖아."라고 덧붙인다. 『서부전선 이상 없다』에서 전쟁의 기원을 놓고 벌어진 토론 역시 크게 다르지 않다. 보이머의 친구인 크롭은 이렇게 말한다. "그런 생각을 하면 우스워. 우린 조국을 지키고 있어. 그리고 프랑스군도 자기 조국을 지키고 있지. 우리 중에 누가 옳은 걸까?" 타덴은 전쟁이 어떻게 시작됐는지 물었다가 "대개 한 나라가 다른 나라를 심하게 모욕할 때"라는 답을 듣는다. 그는 대답한다. "어떤 나라라고? 난 이해가 안 되는데. 독일의 산이 프랑스의 산이나 강, 수풀, 옥수수 밭을 욕보일 수는 없잖아."

군인들을 가장 단결하게 만든 것은 그들이 싸움을 벌이고 있는 환경 그 자체였다. 추운 겨울, 더운 여름, 축축한 참호, 시체 썩는 냄새, 그리고 무엇보다 죽음에 대한 두려움이다. 매닝은 평범한 군인의 생활을 자세히 설명한다. "결국 우린 사라질 때까지 지독한 고통을 겪는 것이다." 병사의 사기는 여러 수단에 의해 유지되었는데, 공식 인가된 경우도 있고 그렇지 않은 경우도 있었다. 생각보다 총살형을 이용하는 경우는 그리 많지 않았지만, 군사훈련과 규율은 당연히 중요했다. 실제로 영국군 269명이 탈영을 이유로 총살당한 데 반해, 독일군은 열여덟 명만이 처형되었다. 전선에서 아주 조금만 시간을 보내고 단지 가끔씩만 공격에 가담해야 한다는 점이 기강 유지만큼이나 중요했다. 사실 공격에 가담하는 스릴은 포격을 받으며 웅크리고 있는 것만큼이나 카타르시스를 일으키는 것으로 묘사되었다. 그리고 중간 중간에 이동과 훈련, 휴식, 피로, 휴가가 있었다. 그런 것들이 바로 '군대 생활'의 현실이었다. 에밀리오 루수의 표현에 따르면 "무감각해져서 아무 생각도 들지 않고 따분한 동시에, 평상시에 수백만 명의 광부들이 사는 일상생활보다 그리 나쁘지 않은 생활"이었다. 군인들은 현실로 나타나지는 않더라도, 잠이나 온기, 음식, 담배, 알코올, 섹스에 대한 기대감에 의지해 살아갔다. 『운명의 가운데 부분』에서 매닝의 영웅 보른이 솜(Somme) 전투에서 물러난 뒤 미친 듯이 처음 한 일은 갈증으로 목이 타들어 가는데도 불구하고 담배를 입에 무는 일이었다. 나중에 친구 셈이 꾼 악몽에 괴로워진 그는 어김없이 담배에 불을 붙인다. 심한 부상을 당한 군인들에게도 담배를 권한다. 그들은 담배를 빨다가 결국 숨을 거둔다. 담배보다 더 중요한 것이 술이다. 전투원들은 돌아오면 담배를 피워 문 다음 위스키를 단숨에 들이켠다. 실제로 보른의 생활은 술 마시기 내기와 과음의 연속이다. 그와 전우들은 위스키를 몹시 마시고 싶어 하고 백포도주 병을 주고받는다. 그리고 싸구려 샴페인을 즐기면서도 프랑스 맥주를 경멸한다. 모든 술은 얼마나 세냐에 따라 평가된다. 영국 군인들 역시 무엇보다 취하고 싶어 한다. 그와 대조적으로 프랑스 군인들은 강도보다는 맛 때문에 와인을 더 즐기지만, 어쨌든 술을 간절히 원한다. 그들은 궐련보다 파이프를 선호하는데 사실 흡연에 중독돼 있다. 레마르크의 군인들은 럼과 맥주, 씹는 담배를 갈망한다. 루수의 이탈리아 연대장은 "술이야말로 이 전쟁을 움직이는 정신"이라고 설명한다. 바로 그 때문에 사람들은 지극히 슬기롭게 술을 석유라고 부른다. 이 전쟁은 PX 대 PX, 술통 대 술통, 술병 대 술병의 전쟁이다. 그리고 술만큼 중요한 것이 식량이다. 점심시간을 기다리느라 안달이 난 프랑스 병사들(『포화』의 시작 부분)로부터 휴대 변기를 어린아이들처럼 좋아하는 독일 병사들(『서부전선 이상 없다』 시작 부분)까지, 참호 생활은 소화 위주로 돌아갔다. 참호 속 독일군은 훔친 바닷가재 캔이나 거위에서 낙을 찾는다. 실제로 보이머와 그의 동료들은 적과 싸우는 것보다 보충 식량을 훔치러 다니는 데 더 많은 시간을 보낸다. 재미있게도 레마르크는 등장인물들이 받은 배급의 질이 떨어진 데서 독일군의 패배를 알린다.

섹스는 당연히 가장 얻기 힘든 육체적 쾌락이다. 바르뷔스의 등장인물은 예쁜 농촌 소녀를 따라다니지만, 결국 그 소녀의 시체를 발견하고서야 손을 잡을 수 있었다. 반대편 사람들도 손에 한 가득 잡히는 풍만한 촌색시를 품는 상상을 하지만 헛된 꿈에 불과했다. 그러나 네 편의 소설 모두에서 드러나는 진정한 감정이란 남자들끼리의 유대감이다. 종종 이것이 단결의 열쇠라는 주장이 제기되어 왔는데, 애국주의나 소속 연대에 대한 충성심("그들은 자신들이 무엇을 정말로 좋아하는지 말할 수 있지만 (중략) 우리는 원기 왕성한 폭도다.")이 아니라 가장 작은 전투 단위 내에서의 동료 의식이 중요하다는 것이다. 보른은 이렇게 선언한다. "훌륭한 동지애는 우정을 대신한다. 거기에는 충성심과 애정이 깃들어 있어서 우정과 다르다. 나는 이따금 동지애가 우정으로는 절대로 도달할 수 없는 강렬한 감정으로 발전한다고 확신한다." 매닝이 입증하듯이, 현실은 이런 주장과 어긋나곤 했다. 전선에 배치된 부대에서 맺는 관계는 갑작스런 죽음뿐 아니라 승진과 이동에도 취약할 수밖에 없다. 마르트로는 이렇게 말했다. "그것은 군대에서 겪는 최악의 일이다. 친구가 생기자마자 그런 일이 생긴다." 보른이 중대 행정반에서 사무를 보느라 잠시 자리를 비운 경우에도 마르트로와 셈의 우정에 금이 간다. 그러나 확실히 동료 의식은 위계질서에 따른 명령보다 사기 유지에 크게 이바지한다. 매닝의 등장인물 가운데 탈영병인 밀러에게 동정심을 느끼는 사람은 아무도 없다. 왜냐하면 자신의 동료들을 저버린 치명적인 죄를 저질렀기 때문이다.

"그가 다시 한번 도망치려고 하면 어떻게 할 거야?" 보른은 물었다.
"그놈을 쏴 버려야지." 마셜은 입술이 하얘지며 말했다.

그들의 침울한 동료 위퍼는 이렇게 말한다. "우리가 여기 있는 한 빠져나가기는 불가능해. 여기 있는 우리는 자신을 위해 그리고 서로를 위해 싸우고 있는 거야." 바르뷔스의 소설 속 프랑스 병사와 레마르크가 창조한 독일 병사도 정확히 똑같은 감정을 표현한다. 보이머는 전우들의 목소리를 들으며 놀라운 온기를 느낀다.

동료들의 목소리는 나를 거의 무너뜨린, 죽음에 대한 두려움과 어울리는 고독이라는 지독한 감정을 불러일으켜 예기치 않은 충격을 안긴다. 그것은 내 삶보다 더 많은 것을, 두려움을 억누르는 것 이상을 의미하며, 존재하는 것 중에 가장 강하고 믿을 만한 것이다. 그것은 바로 내 동료들의 목소리다. 나는 그들에 속해 있고, 그들은 내게 속해 있다. 우리는 모두 똑같은 두려움과 삶을 공유하며, 강력하고 단순하게 서로에게 구속되어 있다. 나는, 나를 구해 주었고 앞으로도 지원해 줄 그들에게, 그들의 목소리에, 몇 마디 말에 나를 맡기고 싶다.

그러한 깊은 형제애, 즉 현실에서는 덧없지만 정신적으로 영원한 동지애는 모든 곳에서 나타났다.

서부전선의 양측 군인들은 서로를 거울로 보는 듯한 양상을 보여 주었다. 『포화』의 끝 부분에서 부상당한 프랑스 조종사는 하늘에서 본 참호의 인상적인 모습을 설명하는데, 정확히 이 점을 지적한다.

> 나는 서로 가까워 보이는 평행선 속에서 독일군과 우리 병사들로 이루어진 비슷한 무리를 찾아낼 수 있었다. 그 가운데 중심 무리는 회색 모래 위에 흩어진 검은 모래알처럼 보였다. 그들은 움직이지 않고 있었다. 경보가 울린 것 같지는 않았다. (중략) 난 알 수 있었다. 그날은 일요일이었고, 내 눈 앞에서 두 무리는 예배를 드리고 있었다. 제단, 사제, 그리고 신도들. 점점 더 가까이 갈수록 이 두 모임이 비슷하다는 점을 알 수 있었다. 너무나 비슷해서 우스꽝스럽게 보일 정도였다. 어느 쪽 의식을 좋아하든, 그것 중 하나는 상대를 그대로 보여 주고 있었다. 나는 마치 쌍둥이의 행위를 보고 있는 것 같았다.

참호 속의 증오

군인들이 서로 닮았다는 사실 때문에 많은 작가들은 왜 서로 대립하던 군대가 더 친하게 지내지 않았는지 궁금해했다. 1914년 성탄절에 일부 영국군과 독일군이 비공식적인 휴전의 일환으로 무인 지대에서 축구 경기를 했다는 얘기는 유명하다. 상대적으로 조용했던 일부 전선에서는 오랜 기간 서로 간섭하지 않는 체계가 성립되었다는 사실은 잘 알려져 있지 않다. 그러나 군인들이 결국 사해동포주의를 위해 국가에 충성을 다하지 않을 것이라는 사회주의자들의 희망은 서부전선에서 실현되지 않았다. 왜 그랬을까?

그 이유는 바로 전쟁이 지속됨에 따라 서로에 대한 증오가 커졌고, 전장에 끌려 나온 병사로서 똑같은 고통을 겪는다는 사실은 무시되었기 때문이다. 바르뷔스의 티루아는 이렇게 말한다. "독일 장교들은 사람이 아니라 괴물이야. 그들은 정말 특별하고 역겨운 해충이야. 이 전쟁의 세균이라고 불러도 돼. 가까이에서 보면, 그 끔찍한 놈들의 머리는 못처럼 빈약하지만 송아지 가죽을 뒤집어 쓴 것 같아." 『포화』의 클라이맥스에서 적은 단순히 지긋지긋한 개자식이 된다.

"물론 나는 그 사람 얘길 듣는 대신 더 이상 힘을 쓸 수 없을 때까지 내 총검으로 그의 배를 찔러 댔지."

"내려다보니 네 명이 참호 바닥에 있더라고. 모두 나오라고 했지. 한 사람씩 나올 때마다 저세상으로 보내 줬어. 내 팔꿈치는 피로 물들었고, 소매가 들러붙어 떨어지지 않더군."

"난 세 놈을 처리해야 했어. 난 미친놈처럼 공격해 댔지. 우린 모두 짐승이나 마찬가지였어."

비슷하게 『운명의 가운데 부분』에 나오는 병사들도 증오심을 품고 돌격한다. 매닝은 이렇게 써 나갔다. "두려움이 남아 있었다. 달래지지 않고 끊임없이 고개를 쳐드는 그 두려움은 날카로운 감각으로 단련되어 증오와 구분하기 어려워진 듯했다." 마르트로의 죽음에 거의 실성한 보른은 독일군 진영에서 미친 듯이 날뛴다.

세 명이 손을 높이 쳐들고 소리를 지르며 그들을 향해 달렸다. 그는 총을 어깨 위로 올려 발사했다. 그의 몸속 깊숙한 곳에서 느껴지는 아픔은 미친 듯한 증오로 변하여 잔인함을 부채질했다. 그는 계속해서 총을 쐈다. (중략) 그리고 보른은 숨을 헐떡이며 숨찬 목소리로 중얼거리며 앞으로 나가려고 버둥거렸다.

"저놈들을 죽여! 저 돼지 같은 놈들을 죽이라고! 다 죽여 버려!"

매닝이 인정한 대로, 피에 대한 굶주림은 기분을 유쾌하게 한다. 매닝은 심지어 사랑의 육체적인 황홀감보다 더 절절히 느껴지는 '전투의 황홀감'을 이야기한다. 그는 "어떤 군인은 상대를 붙잡고 죽이면서 살인의 즐거움에 빠져 툴툴거린다."고 지적한다. 보른은 승리에 격앙되어 있다.

(중략) 그는 가장 야비하고 의기양양해진 신의 피조물이었다. 내면의 증오와 분투로 그는 헐떡거리고 마침내는 흐느꼈다. 하지만 기이한 도취감에 사로잡혔고, 그의 모든 정신은 그 격렬한 행동에 집중되는 듯했다. 극단적인 고통과 쾌락이 만나 하나가 되었다.

이는 레마르크가 『서부전선 이상 없다』에서 묘사한 전투 장면과 상당히 유사하다. 소설에서 보이머와 전우들은 위험한 동물로 변해 간다.

우리는 싸우고 있는 것이 아니라 죽음에서 우리 자신을 보호하고 있는 것이다. (중략) 우리는 심한 분노에 미쳐 버렸다. (중략) 우리는 자신을 지키고 복수하기 위해 파괴하고 죽일 수 있다. (중략) 타인에 대한 모든 감정을 상실했고, 누군가 우리 눈앞에 뛰어들어도 서로를 거의 알아보지 못한다. (중략) 우리는 아무런 감정도 없는 죽은 사람들이다. 약간의 속임수나 위험한 마법에 의해 계속 전진하고 살인을 저지를 수 있는 사람들이다.

그들은 프랑스군의 진지를 돌파하고 적을 잔인하게 살해한다. 프랑스 병사의 얼굴은 참호를 파는 연장에 무참히 망가지고 개머리판에 뭉개진다. 공격하는 사람이나 공격받는 사람 모두 동물이 되어 버린다.

1차 세계 대전 당시 포로에 대한 태도 변화만큼 전선에서 형성된 강렬한 적의를 극명하게 보여 주는 것은 없다. 전쟁 법규는 항복한 군인들에게 온당한 대우를 해 줘야 한다는 점을 명확히 밝혔는데, 헤이그 협약에 따르면 포로를 죽이는 행위는 범죄에 해당했다. 사람들은 심문을 통해 정보를 수집할 뿐 아니라 선전을 위해서도 포로를 살려 두어야 한다는 점을 명확히 파악하고 있었다. 영국 영화 「솜 전투(*The Battle of the Somme*)」의 상당 부분은 생포된 독일군을 찍은 영상으로 이루어져 있다. 1918년, 미국이 전쟁을 선전하면서 집중 부각한 내용은 요크 병장이 독일군 132명을 생포한 사실이었다. 포로에 대한 인간적인 대우 또한 적군을 겨냥한 선전에서 중요한 역할을 했다. 전쟁이 끝나 갈 무렵 항복한 독일군이 좋은 대접을 받을 거라는, 다시 말해 자기 진영에 있을 때보다 형편이 더 나을 거라는 점을 전하기 위해 꾸준히 노력했다. 독일 진영에 뿌려진 수천 장의 전단 중에는 연합군 포로 수용소에 대한 광고지나 다름없는 것들이 여럿 있었다. 영국의 공식 사진가들은 부상당한 독일 포로들이 술과 담배를 받는 모습을 많이 찍었다. 미국은 심지어 항복한 독일군이 가족들에게 이름을 써서 카드를 보내게 하는 방안도 구상했다. 카드 내용은 대충 이랬다. "날 걱정하지 마세요. 제게 전쟁은 끝났어요. 전 좋은 음식도 먹고 있어요. 미군은 소고기, 흰 빵, 감자, 콩, 자두, 커피, 버터, 담배 등 자기 나라 군인들에게 배급하는 음식을 똑같이 포로들에게 주고 있어요."

그럼에도 서부전선 양쪽의 많은 이들이 항복하지 않았는데, "포로를 생포하지 마라."라는 문화가 형성됐기 때문이다. 이는 소모전에서 자연히 생겨난 폭력 사이클의 일부였다. 포로를 죽인 사람들의 핑계나 이유는 전쟁으로 인한 원시적인 충동을 분명히 보여 주었다.

민간인을 공격한 데 대한 보복으로 포로들을 살해하기도 했다. 독일군은 프랑스 비정규군(민간인 옷을 입은 저격수들)이 공격했다는 소문에 따라 전쟁을 시작한 지 몇 주 만에 잔인한 보복을 위해 민간인 공격에 나섰다. 벨기에, 로렌, 보주의 모든 마을이 완전히 파괴되었고, 마을 남자들은 즉석에서 총살당했다. 사실 다수의 공격이 호전적인 독일군에 의한 오발 사태였거나 프랑스 정규군의 군사 행동이었다. 모두 5500명 정도의 벨기에 민간인이 죽었고, 이들은 지역 주민을 위협하는 체계적인 수단이라기보다 편집증에 가까운 신경과민에 의해 희생되었다. 분명 이러한 잔혹 행위는 여기저기서 발생했다. 슈투트가르트 출신으로 의사를 하다 군인이 된 페촐트(Pezold)는 일기에 벨기에의 아를롱 마을 주민들의 최후를 기록했다. 이 마을 주민들 중 120명이 넘는 사람들이 부상당한 독일군에게 총을 겨누고 그들을 학대했다는 이유로 총살당했다.

사람들은 죽은 자들의 다리를 끌고 와 시체 더미 위에 던졌다. 그리고 하사관들은 보병들이 처치하지 않은 사람들을 연발 권총으로 쏴 죽였다. 목사와 한 여성, 어린 소녀 두 명이 처형 과정을 전부 지켜보았다. 물론 이들도 마지막엔 총살당했다.

삼국협상 측은 이러한 사건들을 무시무시하게 꾸며 선전했다. 독일군은 민간인에 대한 총격은 물론이고 강간과 영아 살해로도 비난받았다. 일찍이 1915년 2월, 영국 해외 원정군의 올드 컨템프터블스(Old Contemptibles) 부대원 B.C. 마이어트는 자신의 일기에 이렇게 적었다.

우리는 프랑스와 벨기에에서 아이들의 손을 잘라 내고 여자들의 가슴을 도려내는 등 끔찍한 짓을 저지른 독일군들의 고문과 강간으로부터 고국의 사랑하는 이들을 보호하기 위해 이 지독한 어려움을 견뎌 내고 있다.

한 오스트레일리아 병사는 1917년 8월 어느 장교가 포탄 구멍에 숨어 있던 독일군 둘을 어떻게 쐈는지 설명했다.

한 독일군이 자신의 동료에게 마실 것을 좀 달라고 부탁했다. 우리 장교는 "그러지, 내가 마실 것을 주겠어. 이걸 받아."라고 말하며 자신의 연발 권총을 두 사람에게 쐈다. 이것만이 독일군을 처리하는 방법이다. 우리가 입대한 목적은 아기를 죽이는 독일군을 살해하는 것이다.

또한 독일군은 최초로 도시에 폭격을 가했다. 스카버러(Scarborough)와 런던 상공에 뜬 체펠린(Zeppelin) 비행선은 무방비 상태인 도시 주민들에게 죽음이 비처럼 내려오는 시대를 이끈 선구자였다. 이러한 공격 또한 보복을 부추겼다. 한 영국 군인은 왜 아군이 생포한 독일군 조종사를 함부로 죽이지 못했는지 다음과 같이 설명했다.

그는 독일군 조종사가 런던 상공에서 폭탄을 떨어뜨렸는지 알아내려고 애썼다. 그는 말했다. "만약 그놈이 거기 있다면 쏴 버릴 거야. 절대 빠져나갈 수 없어." 그는 그렇게 했을 것이다. 우리에게 인생은 아무런 의미도 없었고, 우리는 위험에 빠져 있었다. 우리 앞에 고약한 냄새가 나는 독일군 무리가 있다면, 우리는 그들의 전우와 비굴한 임무를 전혀 동정하지 않을 것이다.

무엇보다 삼국협상 측 사람들이 분개한 이유는 독일이 상선과 여객선을 상대로 무제한 잠수함 공격을 가했기 때문이다. 한 영국 군인은 이렇게 회상했다. "일부 항복하는 독일 병사들은 여자나 아이 사진을 머리 위로 들고 무릎으로 기었지만 모두 죽임을 당했다. 흥분은 사라져 버렸다. 우리는 냉혹하게 독일군을 죽였다. 가능한 한 많이 죽이는 게 우리의 임무였기 때문이다. 나는 루시타니아 호를 자주 생각했다. 복수의 그날을 위해 기도해 왔고, 그날이 왔을 때 운명이 내게 허락해 준 만큼 많은 독일군을 죽였다." 1915년 5월, 아방가르드 조각가인 앙리 고디에브르제스카(Henri Gaudier-Brzeska)는 시민 에즈라 파운드(Ezra Pound)에게 서부전선에서 편지를 보냈는데, 자신이 겪은 독일군과의 작은 충돌에 대해 이렇게 전했다. "우리에게도 포로가 열 명 정도 있었다. 루시타니아호 소식이 알려지자 부사관과 하사관이 10분 정도 얘기를 나누더니 개머리판을 휘둘러 모두 죽여 버렸다."

포로들은 최근 나타난 적의 행동 때문에 보복성 죽임을 당하곤 했다. 이는 전쟁이 시작되면서부터 곧바로 나타났는데, 프랑스군이 예전에 항복한 독일군을 죽였다는 이유로 독일군 역시 프랑스 포로들을 모두 죽여 버리곤 했다. 1915년 6월 16일, A. 애셔트 모리스는 항복한 군인을 직접 죽인 경험을 일기에 기록했다.

> 바로 그때, 나는 어린 독일군을 보았다. 그는 손을 들고 겁먹은 표정으로 살려 달라고 애원하며 참호를 뛰어 내려가고 있었다. 나는 재빨리 그를 쐈다. 그가 앞으로 고꾸라지는 모습을 보니 정말로 황홀했다. 장교는 사납게 화를 냈지만, 어쨌든 우리가 진 빚은 갚은 셈이었다.

영국 로열 웰치 퓨질리어 보병 연대(Royal Welch Fusiliers)의 프랭크 리처드는 자신의 연대 병사가 포로 여섯 명을 데리고 메닌 도로를 걸어 내려갔다가 몇 분 만에 수류탄 두 개로 해치운 뒤 돌아오는 모습을 봤다고 기억한다. 리처드는 그가 그런 행동을 한 이유가 동료들을 잃고 큰 충격을 받았기 때문이라고 생각했다. 이는 자발적인 행위이기도 했지만 "포로를 생포하지 마라."라는 명령이 공격력을 향상시키고 병사들의 전투력을 높인다고 믿는 일부 장교들이 부추긴 것으로 보인다. 1914년 9월에 이미 일부 독일 부대에는 프랑스 포로를 죽여 버리라는 구두 명령이 내려졌다. 그러나 독일군만 그랬던 것은 아니다. 서퍽(Suffolks)에 있던 한 영국 병사는 여단장이 솜 전투가 벌어지기 전날 다음과 같이 말하는 소리를 들었다. "포로를 데려와도 된다. 하지만 나는 포로를 보고 싶지 않다." 제17 하이랜드 경보병 연대의 또 다른 병사도 "어떤 막사도 적에게 보여 줘서는 안 되며, 포로도 데려와서는 안 된다."라는 명령을 기억했다. 런던 스코틀랜드 연대의 아서 허바드 역시 "아무리 부상을 당했어도 절대로 포로를 데려오지 말라."라는 엄중한 명령을 받았다. 그는 이렇게 기억했다. "내가 처음 한 일은 철조망 일부를 잘라 낸 뒤, 깊은 참호에서 나오는 독일군 세 명을 향해 총을 쏘는 것이었다. 그들은 심하게 피를 흘리며 살려 달라고 애원했지만, 내겐 명령이 내려진 상태였다. 그들도 우리 병사들을 전혀 동정하지 않았다." 클로드 제이컵(Claud Jacob) 장군은 1916년 8월 17일, 2군단의 '최근 공격' 기록에서 적을 소탕하는 데 방해가 되기 때문에 포로를 데려오지 말라고 명령했다. 아서 렌치(Arthur Wrench)에 따르면, 3차 이프르 전투가 임박했을 때 다음과 같은 명령이 내려졌다고 한다. "포로는 안 된다." 줄을 그어 강조한 이 표현은 "마음대로 하라."를 의미했다.

단순히 사로잡은 포로를 호위하기 불편해서 죽이라는 명령이 내려지기도 했다. F. P. 크로지에르 여단장은 이렇게 말했다. "영국군은 이해심이 많다. 그들은 종종 자신의 진영까지 포로들을 호송하기가 힘들어서 죽이는 경우를 제외하고는 프랑스에서 예절에 어긋난 행동을 하는 경우가 거의 없었다." 고든 하이랜더 보병연대의 존 유진 크롬비는 1917년 4월, 군사적인 관점에서 적절하므로 참호에서 항복하는 독일군을 총검으로 처리하라는 명령을 받았다. 그럴듯하게 실용적인 다른 주장들도 이용되었다. 케임브리지셔 연대 1대대의 프랭크 배스는 에타플(Étaples)에서 한 교관이 "제군들, 잘 기억하라. 포로 한 명은 하루치 식량이 사라진다는 걸 의미한다."고 말하는 얘길 들었다. 제10 더블린 퓨질리어 보병연대의 지미 오브라이언은 군목(軍牧) 손턴의 말을 기억한다.

자, 이제 우리는 내일 아침이면 작전을 개시할 것이다. 만약 여러분이 포로를 데려온다면, 여러분의 배급은 절반으로 줄어들 것이다. 따라서 포로를 데려오지 마라. 그 자리에서 그들을 죽여 버려라.

1915년 6월 16일, '명예로운 포병 중대(Honorable Artillery Company)'의 찰스 테임스는 이프르 근처의 벨르바르드(Bellewaarde)에서 한 차례 전투를 치른 뒤 발생한 사건을 설명했다.

우리는 8시간 동안 포격을 받았다. 내겐 꿈처럼 느껴졌는데, 우리는 정말로 미쳤던 게 틀림없다. 몇몇 병사들은 공격이 끝난 뒤 마치 실성한 듯했다. 독일 참호로 들어가 보니, 독일군 수백 명이 우리의 포격에 부상당한 걸 알 수 있었다. 독일군들은 참호에서 나오며 목숨을 살려 달려고 애원했다. 우리는 당연히 그들을 총으로 쏴 버렸다. 그들에게 최선의 자비를 베푼 것이다. 로열 스코틀랜드 연대는 300명 정도의 포로를 데려왔는데, 장교들은 그들에게 포로와 배급품을 나눠 먹어야 하며, 자신들은 포로에 대한 생각이 다른 것으로 간주하라고 말했다. 그러자 스코틀랜드 연대는 포로를 전부 총으로 쏘면서 "모두의 죽음과 지옥을 위해!"라고 소리쳤다. 5분 만에 독일군의 피로 발목까지 젖어들었다.

그러나 가장 극단적인 포로 살해는 유일하게 착한 독일군은 죽은 독일군이라는 논리로 정당화되었다. 1916년 9월 26일, 미들섹스 연대 12대대가 티에프발(Thiepval)을 공격했을 때, 프랭크 맥스웰 VC 연대장은 모든 독일인은 몰살해야 한다며 포로를 데려오지 말라고 명령했다. 10월 21일, 예하 대대에 송별사를 남긴 맥스웰은 병사들이 독일군을 다루는 유일한 방법은 죽이는 것이라는 사실을 알기 시작했다며 칭찬했다. 스티븐 그레이엄의 표현을 빌리자면 "군대에서는 독일군을 전염병 옮기는 쥐 같은 해로운 동물로 보아 절멸해야 한다고 생각했다." 캠벨 소령은 신병들에게 이렇게 말했다고 한다. "만약 비대하고 원기 왕성한 독일군이 자비를 외치며 자신의 아내와 아홉 명의 아이들에 대해 이야기하면, 그에게 약간 물러나라고 말하라. 5센티미터 정도면 충분하다. 그런 다음 죽여 버려라. 그를 놔주면, 그는 또다시 혐오스러운 아이 아홉을 낳을 것이다. 그러니 위험을 무릅쓰지 마라."

이러한 태도가 인종적으로 양측이 거의 다를 게 없던 서부전선에서 뿌리내릴 수 있었다는 사실은 총력전이라는 야만적인 상황에서 증오가 얼마나 쉽게 커질 수 있는지 입증해 준다. 인종적 차이가 더 확연했던 지역의 경우, 거리낌 없이 폭력을 자행할 가능성은 훨씬 컸다.

그러한 포로 살해가 얼마나 자주 발생했는지 입증하기란 불가능하다. 항복한 병사들 중 극히 일부만이 이런 식으로 살해되었으며, 그런 명령을 받은 사람들 모두 그것을 인정했거나 실행에 옮기지는 않았다. 이 역시 분명한 사실이다. 독일군 수십만 명이 포로가 되었는데, 특히 전쟁 막바지에 포로가 된 이들은 비참한 대우를 받지 않았다. 그러나 포로의 수보다 항복이 위험하다는 인식 자체가 더 중요했다. 사람들이 이러한 에피소드를 과장하면서, 참호 속에서는 사실과 다른 이야기가 만들어졌다. 독일군의 참호 신문 《전쟁선전물》은 1915년 1월 29일자 1면을 그런 사건을 그린 만화로 도배했다. 미카엘이 토미에게 다가간다. 토미는 다가오는 미카엘에게 총을 쏜다. 미카엘은 토미의 목을 잡는다. 그는 "난 널 영국식 비프스테이크로 만들 거야."라고 소리치며 개머리판으로 토미를 녹초가 될 때까지 때린다. 그리고 미카엘은 당당하게 철십자 훈장을 수여

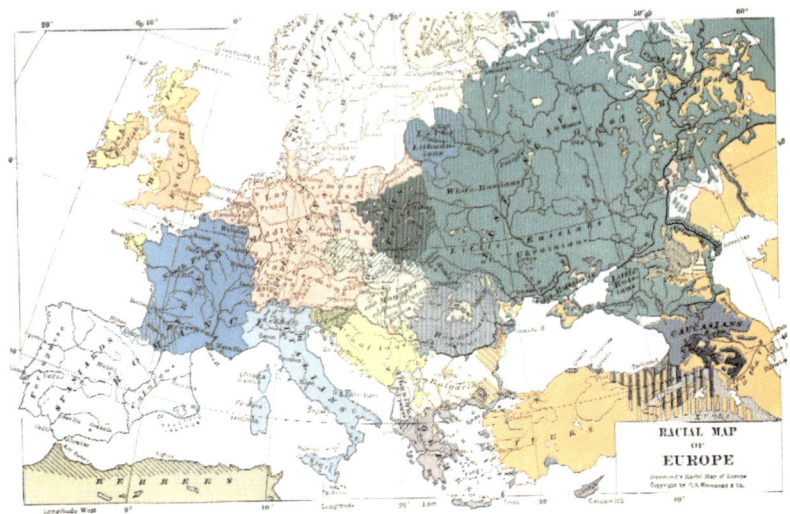

1. 자결권의 한계: 이 '유럽 인종지도'(1923)(엄격히 말하면 인종-언어 지도)는 발트 해로부터 발칸 반도, 흑해에 이르기까지 서로 다른 인종이 너무나도 널리 분포되어 있기 때문에 동질적인 민족 국가를 건설하기가 얼마나 어려운지 보여 준다.

2. 「황화(*The Yellow Peril*)」: 독일 황제 빌헬름 2세의 밑그림을 기초로 헤르만 크낙푸스(Hermann Knackfuss)가 1895년에 그린 그림. 이 그림은 동양의 위협을 알리기 위해 러시아의 니콜라이 2세와 유럽의 다른 군주들에게 보내졌다.

3. 아시아에 붙잡힌 유럽인: 양춘 전투에서 붙잡힌 유럽 병사들이 의화단의 장군들 앞에 끌려가 있다.

4. 「맛있게 드세요!(Bon appetit!)」: 일본인 다윗이 러시아인 골리앗에게 한 방 제대로 먹이고 만주라는 케이크를 얻으려고 한다. 1904년 3월, 독일 만화.

5. 1905년 오데사, 포그롬의 희생자들과 생존자들.

6. 서양과 동양이 합스부르크 국경에서 만나다: 1914년 6월 28일, 프란츠 페르디난트 대공이 암살당하기 불과 몇 시간 전에 사라예보에서 보스니아의 고관들을 만나고 있다.

7. 프란츠 페르디난트 대공 암살 모의 혐의로 고발된 가브릴로 프린치프 (앞줄, 왼쪽에서 세 번째 죄수)와 '젊은 보스니아단' 단원들이 사라예보 법정에 서 있다.

8. 세계가 유럽에서 전쟁을 치르게 되다. 1차 세계 대전에 참전한 프랑스 서아프리카 식민지 출신의 두 병사.

9. 스코틀랜드 전쟁 포로들이 자신들을 붙잡은 독일군으로부터 먹을 것을 받고 놀라고 있다.

10. 빨간 모자를 쓴 사람이 독일 제국의 늑대를 만나고 있다.
1917년~1918년, 브레스트리토프스크 평화 협상을 풍자한 러시아 만화.

11. 백인들의 눈에 비친 볼셰비키 혁명: 유대인이 지휘하고 아시아적인 방법을 동원함. 내전 시기에 발표된, 트로츠키에 대한 반유대주의적 풍자만화. 중국인 사형 집행인을 주목하라. 만화 제목은 '소브데피야(Sovdepiya)의 평화와 자유'. 소브데피야는 소비에트 대표회의(Soviet-Deputatov), 즉 소비에트 국가의 줄임말이다.

12. 모틀라우에서 바라본 단치히(그단스크) 부두. 사진 왼쪽에는 시청 타워가 있고, 중앙에는 세인트 메리 교회, 오른쪽에는 크레인 게이트가 있다.

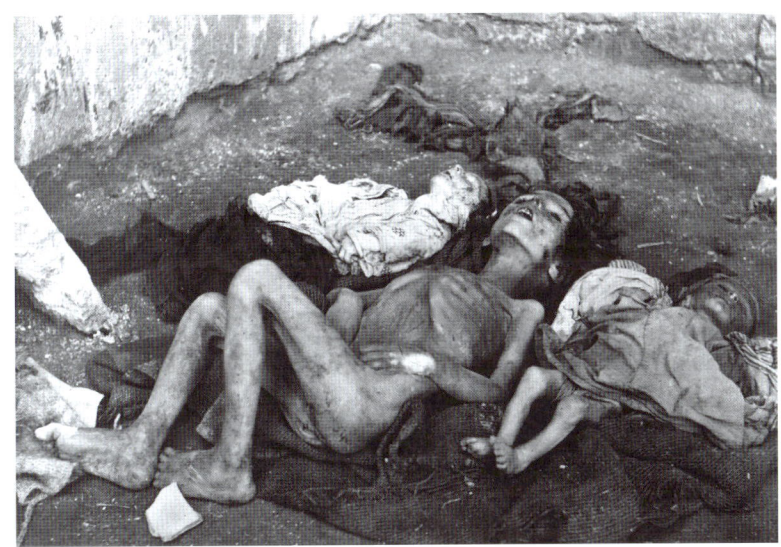

13. 1915년 터키, 아르메니아 어린이들 시체.

14. 루돌프 슐리히터(Rudolf Schlichter)의 「아르메니아의 공포(Armenian Horrors)」(1920년). 슐리히터가 그린 「성적 살인(lust murder)」의 경우처럼 아르메니아 대량 학살은 그가 목격한 게 아니라 신문에서 읽은 내용이긴 했지만, 20세기 내내 발생한 대량 학살의 특징은 성적 폭력이었다.

15. 실행되는 인종 청소: 1922년 9월, 그리스 피난민들이 터키군으로부터 몸을 피하기 위해 스미르나의 선착장에 몰려들고 있다.

받는다. 그러한 사건은 대개 말과 행동이 일치하지 않아서라기보다는 무질서한 항복의 결과 발생했다. 전우들이 무기를 내려놨다는 사실을 모른 채, 계속해서 총질을 해 대는 사람이 하나만 있어도 그런 반응이 나타났다. 그러나 참호 속에서는 터무니없는 전설이 환영 받았다. 그리고 이런 식으로 동료를 잃었다고 느낀 부대원이라면 포로를 살려 줄 리가 없었다. 잭 애쉴리가 솜에서 생포되었을 때, 독일군 병사는 "영국군이 모든 포로를 총살했기 때문에 독일군도 똑같이 행동해야 한다."라고 그에게 말했다.

항복

1차 세계 대전은, 승전 비결이 적을 죽이는 게 아니라 생포하는 것이라는 19세기 군사 이론가 카를 폰 클라우제비츠(Carl von Clausewitz)의 견해가 사실임을 뒷받침해 주었다. 독일을 비롯한 동맹국들은 연합국 병사들을 엄청나게 살상했음에도 불구하고 승리를 거두지 못했다. 인구통계에 따르면, 매년 프랑스와 영국은 신병들을 충분히 징집하여 소모전에서 희생된 병력의 빈 자리를 채울 수 있었다. 게다가 동부전선과 서부전선에서 다수의 적군에게 항복을 받아 내 전투력을 치명적으로 약화시킬 수 있음이 입증되었다. 1917년, 대규모 투항자들(과 탈영자)은 러시아군에게 패배의 쓴 잔을 안긴 요인이 되었다. 러시아의 경우 인적 손실의 절반 이상이 포로로, 이들은 동원된 러시아 군대의 16퍼센트 정도를 차지했다. 오스트리아와 이탈리아 역시 이런 식으로 각각 4분의 1과 3분의 1의 손실을 입었다. 동원된 오스트리아인 네 명 중 한 명이 결국 포로가 되었다는 얘기다. 카포레토에서 이탈리아군이 대거 항복하자, 결국 이탈리아는 전쟁에서 손을 떼야 하는 상황을 맞이했다. 1917년 11월부터 1918년 3

월까지 영국군 포로가 크게 증가하면서 영국군은 최악의 상태를 맞았다. 1918년 3월에만 10만 명 정도가 포로로 잡혔는데, 이는 앞선 모든 전투에서 발생한 포로를 합친 것보다 많았다. 그러나 1918년 8월, 무리를 지어 항복하기 시작한 쪽은 독일군이었다. 7월 30일부터 10월 21일까지 영국군의 수중에 넘어간 독일군 수는 거의 네 배나 증가했다. 이는 전쟁이 끝나 가고 있다는 진짜 신호였다. 의미심장하게도, 규제 받지 않는 스위스 시장의 외환 딜러들도 똑같은 생각을 했으니, 그들은 1918년 봄에 독일군이 다수의 포로들을 잡아들이자 마르크화를 사들였다가 8월에 상황이 바뀌자 모두 팔아 버렸다.

그토록 포기하길 꺼리던 독일 군인들이 1918년 8월이 되자 왜 갑자기 수만 명씩 항복하기 시작했을까? 클라우제비츠에 따르면, 군대의 사기가 무너졌다는 게 가장 적절한 설명이 될 수 있다. 기본적으로 장교와 사병 모두 전쟁에서 이길 수 없다는 현실을 깨달았기 때문이다. 루덴도르프(Ludendorff)가 봄에 감행한 공격은 전술적으로는 성공했지만 전략적으로 실패했고, 그 과정에서 독일군은 값비싼 희생을 치러야 했다. 반면 8월 7일과 8일, 아미앵 외곽에서 감행된 연합국 측 공격은 개전 이래 독일군에게 최대의 패배를 안겼다. 이는 루덴도르프도 인정할 수밖에 없는 사실이었다. 무제한 잠수함 공격도 영국을 무릎 꿇리지는 못했다. 브레스트리토프스크 조약 이후 러시아를 공격하면서, 그렇지 않아도 부족한 독일의 군사력은 헛되이 낭비되었다. 독일의 동맹국들은 무너지기 시작했다. 프랑스에 집결한 미군은 경험은 부족했지만 수적으로 우세했다. 가장 중요한 점이라면, 영국 해외 원정군이 보병과 포병, 기갑, 항공 작전을 결합할 수 있게 되었다는 사실일 것이다. 탱크와 트럭 수에서 밀린 독일군은 봄에 시작한 기동전에서 가망 없을 정도로 불리한 처지에 놓였다. 이제 독일의 승리는 생각할 가치도 없는 논외의 문제가 되었고, 루덴도르프의 생각과 달리 군대 전체에 이러한 분위기가 급속히 퍼져 가면서 승리는커녕 오히려 패색이 짙어졌다. 이런 관점에서 보면, 무더기 항복 사태는 군 사기 저하로 나타난 현상일 뿐이며, 여기에는 질병이나 무질서, 책임 회피, 탈영 등도 포함된다.

독일군의 상황이 아무리 절망적이었다고 해도, 병사들은 전쟁이 끝나기 전에 위험을 무릅쓰고 항복할 수 있다고 느꼈던 게 틀림없다. 그것은 연합국 군인들이 항복한 적을 죽이기보다는 포로를 취할 준비가 되어 있어야 했다는 얘기였다. 소총여단 제13대대 중위 블레이커의 증언을 들어보자. 1918년 11월 4일, 루비니스(Louvignies)에 있는 독일군 진지에 집중 포화를 퍼붓던 중에 블레이커는 적의 기관총 설치 여부를 정찰하기 위해 병사들을 앞질러 갔다. 독일군 초병 두 명을 불시에 덮친 뒤 그는 겁에 질린 독일군 다섯 명을 참호에서 나오도록 설득할 수 있었다. 그는 이렇게 회상했다. "나는 그들에게 포화를 뚫고 우리 진영 쪽으로 가라고 몸짓으로 지시했다. 그들은 잠시 망설이더니 그렇게 했다." 이후 블레이커는 두 번째 기관총 분대원들에게도 이 과정을 반복했다. 그는 날이 밝으면서 과수원 주변과 훤히 트인 풀밭 곳곳에서 적군의 머리가 불쑥 드러나는 모습을 보고 놀랐다. 그들을 참호에서 나오게 만드는 게 낫겠다고 결정한 그는 계속 나아갔다. "그들은 쏟아지는 포화 속에서 참호 밖으로 나오지 않으려 했는데, 왜 그들이 내게 총을 쏘지 않았는지는 신만이 아신다." 여하튼 그는 눈에 띄는 것은 모두 제거하고 독일군을 무장 해제시켜 영국군 진영으로 보냈다. 대담무쌍한 블레이커는 자신의 병사들이 멀지 않은 곳에서 뒤따라오고 있다는 사실을 알고는 계속 나아갔다. 그가 외딴 집에 다가갔을 때, 결정적인 순간이 찾아왔다.

나는 집 뒤에서 빙 돌아 앞으로 갔다. 집 앞에는 문이 없었는데, 길로 통하는 방 안을 들여다보니 독일군이 몇 명은 앉아 있고 몇 명은 서 있었다. 독일군과 나 자신 중에 누가 더 놀랐는지 모르겠다. 어쨌든 그들보다 더 잽

싸게 정신을 차린 나는 왼손에는 수류탄, 오른손에는 연발 권총을 들고 출입구 쪽으로 전진했다. 내가 유일하게 생각해 낼 수 있는 단어는 '카메라드(Kamerad, 전우―옮긴이)'였기 때문에 그렇게 말하는 동시에 권총으로 그들을 위협했다. 그들은 항복할 의향이 없는 듯했다. 그래서 다시 "카메라드."라고 말했다. 그러자 놀랍고 기쁘게도 장교들과 병사 스물여덟 명이 "카메라드."라고 대답했다. 당시 그들이 아직 집중 포화를 얻어맞지 않은 상태에서 미리 회의를 하고 있었던 것 같다. 장교들과 병사 세 명은 철십자 훈장을 달고 있었다.

블레이커는 독일군에게 모든 무기를 내려놓도록 요구한 뒤 영국군의 포화를 뚫고 영국 진영으로 걸어가도록 유도했다. 이후에도 그는 25~30명가량의 독일군을 더 생포할 수 있었다. 그중에는 2개 기관총 분대원과 박격포 분대원도 포함되어 있었다.

이 이야기에서는 다섯 가지 점이 두드러진다. 첫째, 상당히 주저했던 행동, 즉 투항이 점차 힘을 얻었다는 점이다. 블레이커가 우연히 만난 독일군 부대들은 이미 무너지기 일보 직전이었다. 그의 출현은 붕괴의 촉매제로 작용하여 처음에는 몇 명뿐이던 이탈자가 급속히 늘어났다. 두 번째, 그가 생포한 독일군 일부는 풋내기 신병이 아니라 고참병으로, 철십자 훈장을 받은 병사도 다섯 명이나 되었다. 세 번째, 독일군 입장에서는 수가 많은 편이 안전했다. 영국군 장교 한 명이 여러 명에게 총을 쏠 수는 없기 때문이다. 네 번째, 독일군 장교의 역할이 항복을 정당화하고 모두 이에 동의하는지 확인하는 데 지극히 중요했다. 블레이커가 장교들을 제압하자 나머지는 조용히 따라왔다. 마지막으로 가장 중요한 점은 블레이커가 총을 잡으려 했던 독일군만 쐈다는 점이다. 처음부터 손을 드는 병사들의 목숨은 살려 주었다.(어쩌면 그가 포로들에게 집중 포화를 뚫고 영국군 진영으로 걸어가도록 명령함으로써 포병에게 포로 살해를 위임했다고 하는 게 더 정확할 수도 있다. 그들 모두가 살아남은 것은 아니기 때문이다.) 어느 시점 이후에 블레이커에겐 항복한 독일군을 죽일 수단이 부족했던 게 분명했다. 독일 장교들은 부하들에게 블레이커를 죽이거나 사로잡으라고 명령할 수도 있었다. 그랬다면 블레이커는 결국 제압당했을지도 몰랐다. 그러나 독일군은 자신들이 좋은 대우를 받을 것이라고 확신했기 때문에 항복을 선택했다.

블레이커의 경험은 서부전선에서 1차 세계 대전이 어떻게 끝났는지 고스란히 보여 준다. 독일군은 마지막 몇 주 동안 자연과학자들이 말하는 '자급자족적인 임계 상태(self-sustaining criticality)'에 도달했다. 항복에 반대하는 자들은 찬성하는 자들에게 간단히 압도되었다. 좌절한 장교들은 부하들이 저항하지 않고 생포 당하도록 이끌었다. 이는 독일이 뒤가 아니라 앞에서 치명상을 입었다는 증거이다.

동부전선의 전쟁

서부전선에서는 치열한 전투가 벌어졌지만 라인 강 서쪽 지역은 놀랄 정도로 변한 게 없었다. 가장 눈에 띄는 변화는 알자스, 로렌 지역이 다시 프랑스로 돌아간 것인데, 사실 그 지역들은 1871년 이전에 프랑스 영토였다. 어찌 됐든 프랑스가 입은 인적, 경제적 손실은 상당히 컸기 때문에 이 정도 영토 회복으로는 참을 수 없을 것처럼 보였다. 영국과 미국은 단호하게 개입했다가 벨기에와 북부 프랑스에 대한 독일의 점령이 끝나자마자 흥미를 잃고 본국으로 돌아갔다. 영국 해협에서 알프스 지역에 이르는 상대적으로 좁은 지역이 파괴됐지만, 전쟁이 서부 지역에 미친 인구통계상의 변화나 경제적 심리적 영향은 즉시 드러나지 않았고, 힘의 균형이 유지되는 것처럼 보였다. 그에 반해 동부전선에서의 기동전은 엘베강 동쪽을 완전히 변화시킨 듯했다.

요제프 로트(Joseph Roth)의 소설 『라데츠키 행진곡(*The Radetzky March*)』에 당시 상황을 설명하는 잊을 수 없는 구절이 나온다. 소설 속 배경은 1914년 6월 28일 밤, 러시아 국경 근처 수비대가 주둔한 도시의 호텔 무도장이다. 로트의 표현을 빌리자면, 그곳은 교양 높은 오스트리아인이 곰과 늑대뿐 아니라 이나 빈대처럼 더 무서운 괴물들에 의해 위협받는 곳이었다. 호텔에 모인 보병 장교들은 사실상 오스트리아·헝가리 제국의 모든 민족을 대표했는데, 오스트리아 황태자 암살 소식을 전하는 혼란스러운 전보에 각기 다른 반응을 보인다. 조글라우어 대령은 즉시 파티를 해산하자고 주장하지만, 조흐 대위는 그 주장에 반대한다. 폰 바벤하우젠 예비역 대위는 이렇게 선언한다. "보스니아는 멀리 떨어져 있습니다. 소문 같은 건 신경 쓰지 맙시다. 내가 보기에 그런 소문은 지옥으로 가는 게 마땅합니다." 나지 예뇌 남작도 "브라보."를 외친다. 마자르의 귀족인 그는 보구민에 유대인 할아버지가 있다는 이유로 헝가리 지주계급에 대한 모든 비난을 감수하는 인물이다. 그는 이렇게 외친다. "폰 바벤하우젠 씨의 말이 옳아요, 절대적으로 옳습니다. 황태자가 암살당했다면, 다른 왕자들이 남아 있겠지요."

나지 남작보다 마자르인의 피가 더 많이 흐르는 세니 씨는 유대인 출신의 다른 누군가가 헝가리 민족주의 운동에서 자신을 능가할 수도 있다는 갑작스러운 두려움에 휩싸였다. 그는 자리에서 일어나 말했다. "만약 황태자가 암살당했다고 해도, 지금 우리가 확실히 아는 것은 전혀 없으며, 사실 그 사건은 우리와 아무런 관계도 없습니다."

몰다우 강가에서 성장한 킨스키 중위는 어쨌든 황태자가 왕국의 위험스러운 선택이었다고 주장했다. 바티야니 백작은 술에 취해 동료들에게 헝가리 말로 말하기 시작했다. 슬로베니아 사람인 옐라치히 대위는 길길이 뛰었다.

그는 세르비아 사람을 경멸하는 만큼 헝가리 사람도 싫어했다. 오스트리아·헝가리 제국을 사랑하는 애국자인 그는 약간의 죄책감을 느꼈다. 자신의 십대 아들들이 남부 슬라브 지역의 독립에 대해 떠들어 대고 있었기 때문이다.

엘라치히는 자신도 마자르 말을 알지만 헝가리 사람들은 독일어로 말해야 한다고 주장한다. 그러자 그들 중 한 명이 자기 나라 사람들은 그 나쁜 놈이 사라져서 무척 기쁘다고 말한다. 할아버지가 솔페리노 전투에서 기사 작위를 받은 슬로베니아인 트로타 중위는 이 괘씸한 발언에 벌떡 일어난다. 그는 거기 있던 헝가리 사람들이 모두 자기 상관인데도, 고인이 된 황태자에 대해 뭐라고 하는 자는 누구든 쏘아 죽이겠다고 위협하며 다들 조용히 하라고 소리친다. 벵쿄 백작은 악단에게 쇼팽의 장송 행진곡을 연주해 달라고 청하지만, 만취한 손님들은 계속해서 춤을 추고 악단은 무심결에 속도를 높인다. 밖에선 폭풍우가 몰아친다. 결국 죽음의 무도는 하인들이 악기를 치워 버리자 겨우 끝난다. 트로타는 퇴역하기로 결심을 굳힌다. 그의 우크라이나 당번병은 탈영하여 고향인 부르들라키로 돌아가기로 마음먹는다. "더 이상 조국은 없었다. 내 조국은 무너져 산산조각이 되고 있었다."

서유럽의 경우 인종이 아니라 전략상의 이해관계가 존재했다. 1세기 전 나폴레옹의 등장 같은 상황이 두려워진 영국군은 독일이 프랑스와 러시아에 패배를 안기게 놔둘 수 없다는 결론을 내렸다. 전쟁이 벌어지자 브르타뉴 사람들은 가스코뉴 사람들을 공격하지 않았고, 왈론 사람들과 플랑드르 사람들도 서로 싸우지 않았다. 스코틀랜드인, 웨일스인, 잉글랜드인, 아일랜드인 모두 심한 악감정 없이 어깨를 나란히 하고 싸웠다. 아일랜드에서만 1차 세계 대전으로 내전 조짐이 보였는데, 그것도 생각만큼 잔인한 충돌은 아니었다. 이와 대조적으로 동유럽에서는 전쟁으로 다인종 제국과 다인종 사회 집단으로 구성된 구체제가 해체되고 말았다.

서부전선에서 벨기에와 프랑스 민간인은 전쟁 초에 잠시 동안만 최전선에 배치되었다. 그러나 일단 전선이 고착되자 전투 지역은 효과적으로 군사화되었다. 따라서 민간인은 적의 부정확한 포격이나 자신의 부주의로 다치거나 죽었다. 하지만 동부전선은 아주 달랐다. 발트 해에서 발칸 반도까지, 거듭된 진격과 후퇴로 많은 민간인이 우발적이거나 계획된 폭력에 여러 차례 희생되었다.

러시아의 지정 거주지 내 유대인 집단들이 가장 두려움에 떨었다는 점은 쉽게 예상할 수 있다. 전쟁이 시작되는 단계에서 적어도 유대인 100명이 간첩 행위를 이유로 러시아군에 의해 즉결 처형을 당했다. 유대인이 차르 정권에 충성하지 않을지도 모른다는 의구심이 작용한 것이다. 또한 체계적인 약탈 정책도 실행되었다. 1914년 10월 14일, 그로진(Grozin, 바르샤바 지방)에 거주하던 유대인 4000여 명이 고향에서 쫓겨났다. 그들은 자기 재산을 옮기는 데 필요한 어떤 수단도 제공받지 못했다. 남서전선의 제4군 참모는 "유대인들로부터 모든 것을 뺏어라."라는 명령을 내렸다. 코브노 지방에서는 열다섯 개 지역이 1915년 7월에 포그롬 사태를 겪었고, 빌나 지역에서는 작은 유대인 마을 열아홉 곳이 1915년 8월과 9월에 파괴되었다. 또한 민스크와 볼리니아, 그로드노 유대인이 공격받았다. 많은 마을에서 유대인 여성들이 군인들에게 강간을 당했다.

러시아군이 전쟁 초기에 오스트리아 영토에 진입하면서 갈리치아 유대인들 또한 체계적으로 학대받았다. 브로디와 렘베르크 지역은 러시아군 점령 직후 포그롬이 발생했다. 브로디에서 발생한 포그롬 사태로 유대인 아홉 명이 사망했고, 렘베르크에서는 열일곱 명이 사망했다. 러시아군에 속해 있던 유대인 의사는 당시 상황을 이렇게 설명했다. "방법은 동일했다. 일단 누군가 총격을 시작하면 약탈과 방화, 대량 학살이 이어졌다." 1914년 12월에 한 장성은 자신의 사단 병사들에게 다음과 같이 말했다.

잘 기억하라. 여러분의 첫 번째 적은 독일군이다. 그들은 오래전부터 우리의 피를 빨아먹었고, 이제 우리나라를 정복하려 한다. 그들을 포로로 살려 두지 말고 총검으로 찔러 죽여라. 내가 책임지겠다. 그리고 두 번째 적은 유대인이다. 그들은 스파이이고 독일군을 돕고 있다. 전지에서 유대인을 만나면 그들도 죽여 버려라. 그것도 내가 책임지겠다.

코사크 기병의 행동은 잔인하기로 악명 높았다. 한 유대계 러시아 군인이 그중 한 사건을 설명했다.

우리 여단이 어느 마을을 지나갈 때, 한 병사가 언덕 위의 집을 가리켜 지휘관에게 유대인 집일 것 같다고 말했다. 장교는 병사에게 가서 둘러보라고 했다. 그는 정말로 유대인들이 살고 있다는 즐거운 소식을 갖고 돌아왔다. 장교는 여단 전체에 그 집에 접근하라고 명령했다. 병사들이 문을 열었는데 거기에는 두려움에 넋이 나간 유대인이 스무 명 정도 있었다. 병사들은 그들을 집 밖으로 나오게 했고, 장교는 명령을 내렸다. "저놈들을 모두 난도질해 버려!"

또 다른 러시아 부대도 볼코비스크 근처 작은 마을의 유대인들에게 모두 옷을 벗고 춤을 춘 다음 돼지 위에 올라가라고 명령했다. 그런 다음 차례로 열 명을 총으로 쐈다. 1915년 4월부터 10월까지 러시아군이 갈리치아에서 돌아왔을 때 대략 100건의 포그롬이나 경미한 유대인 학대 사건이 발생했는데, 거의 대부분 군인들의 선동으로 시작되었다. 러시아군은 오스트리아인의 징집을 막기 위해 18세부터 50세 사이의 남자들을 모두 데려가려고 했다. 또한 점령지 유대인들은 '믿을 수 없는 분자'로 분류되어, 러시아군이 점령하기 시작한 타르노폴 근처의 작은 지역으로 옮겨졌다.

이미 살펴본 바와 같이, 전쟁이 시작되기 전부터 동유럽에서는 유대인에 대한 폭력이 일상적으로 자행되었다. 그러나 포그롬을 이와 분리된 사건으로 볼 수는 없다. 동유럽 전투 지역에서는 점령군이든 아니든 소수 민족 집단을 공격했다. 1914년, 렘베르크와 프르제미슬에서 오스트리아군이 패하자, 갈리치아의 독일인들은 자기 집을 버리고 떠나야 했다. 오스트리아군이 퇴각함에 따라 수많은 독일 마을들, 예를 들면 마리아힐프 같은 곳은 러시아군과 코사크 기병에 의해 완전히 불타 버렸다. 아우구스트 폰 마켄젠(August von Mackensen) 장군이 이끄는 독일 지원군이 전세를 뒤집자, 러시아군은 이 마을 사람들을 인질로 삼아 러시아로 데려갔다. 그사이 오스트리아군은 러시아군에게 협조했다는 이유로 수많은 폴란드인과 우크라이나인을 처형했다. 비슷한 일들이 부코비나에서도 반복되었는데, 이곳은 전쟁이 시작되고 몇 주 만에 러시아군에 의해 점령되었다가 1916년 여름 브루실로프(Brusilov) 장군의 공세로 다시 전투가 벌어졌다. 독일군이 동부전선에서 승리한 것처럼 보였던 1917년과 1918년의 혼란기에 폴란드와 우크라이나의 독립 가능성이 제기되면서 갈리치아의 다양한 인종 집단들 사이에선 격렬한 싸움이 벌어졌다. 더 동쪽에 있던 독일인들은 전선에서 멀리 떨어진 곳에 거주하고 있었는데도 전쟁의 희생양이 되었다. 러시아군 총사령관 니콜라이 니코라예비치 대공과 니콜라이 야누쉬케비치 참모총장은 처음부터 러시아 서부전선 일대에 거주하는 비러시아계 주민을 극도로 의심스러운 눈으로 바라보았다. 전시에 러시아 제국 서부 지역에서 추방 당한 사람들은 유대인만이 아니었으며 독일인, 집시, 헝가리인, 터키인들을 포함해 25만 명 정도였다.

전쟁의 빌미를 제공한 발칸 지역도 무참히 파괴되었다. 세르비아는 상대적으로 전 기간에 걸쳐 가장 큰 손실을 입은 국가에 속했다. 폭력에 의한 사망자 모두가 공식 군사작전으로 희생된 것은 아니었다. 이보 안드리치(Ivo Andrić)는 『드리나 강의 다리(The Bridge on the Drina)』에서 전쟁의 발발이 인종적으로 뒤섞인 보스니아 도시 비셰그라드에 어떤 영향을 미쳤는지 인상적으로 설명했다.

> 사람들은 학대당하는 자와 학대하는 자로 나뉘었다. 인간에게 내재되어 있지만 법과 관습의 장벽이 제거될 때까지 감히 모습을 드러내지 않는 야수성이 이제 해방되었다. 신호가 오자 장벽이 무너졌다. 인간의 역사에서 너무나 자주 일어났던 것처럼, 기존 규칙에 따라 특정 종교를 가진 소수를 상대로 더 귀중한 이익을 지킨다는 명분으로 폭력과 약탈 행위, 심지어는 살해 행위가 암암리에 허락되었다. 당시 눈을 크게 뜨고 본 사람은 이 기적이 어떻게 발생했고, 사회 전체가 하루 만에 어떻게 변했는지 알 수 있었다. 반목과 질시, 종교적 편협함, 조잡함, 잔인함이 늘 감춰져 있었지만, 용기와 동료 의식, 분수와 질서에 대한 존중감 또한 늘 있었기 때문에 이 모든 본능을 참을 수 있는 한계 내에 억제하고 진정시킴으로써 삶의 보편적인 이해관계를 유지할 수 있었다. (중략) 인간은 갑작스럽게 죽은 것처럼, 관습과 습성, 인간을 대표한 기관들과 함께 하룻밤 만에 자취를 감춰 버렸다.

이 소설에서 오스트리아 당국이 박해를 조장함으로써 고통 받은 이들은 세르비아인이지만, 때때로 이슬람교도와 유대인도 문자 그대로 십자포화에 시달렸다. 안드리치의 소설은 16세기 오스만 제국이 이 책의 제목인 다리를 건설하기 시작할 때부터 재발하던 인종 갈등에 관한 피상적인 연대기이다. 그러나 드리나 강의 다리는 비셰그라드 같은 다민족 사회의 화합을 상징하기도 한다. 이 다리는 동양과 서양을 연결하며, 서로 다른 믿음과 문화를 가진 남자들과 여자들이 만나 담배를 피우고 커피를 마시고 잡담을 나누는 곳이다. 가끔 다리 위에서 폭력이 발생하지만 오스만 제국의 몰락이 유발한 스트레스와 긴장을 견뎌 낸다. 그런데 세르비아인과 이슬람교도 '터키인', 독일계 슈바벤 사람들 간의 갈등이 더 이상 억누를 수 없게 되면서 다리가 끊기고 만다.

비셰그라드는 1차 세계 대전에 의해 산산조각 난 다민족 도시들 중의 하나에 불과했다. 안드리치의 말을 빌리자면, 비셰그라드는 처음엔 유럽의 병이었다가 전 세계로 퍼져 갈 전염병의 첫 번째 징후를 보인, 사소하지만 설득력 있는 사례를 제공했을 뿐이다. 서부전선에서는 새로운 차원의 산업화된 전투가 벌어졌다. 즉, 웰스가 『우주전쟁』에서 상상했던 무기에 필적할 만한 치명적인 무기가 등장한 것이다. 동부전선에서도 중요한 변화가 나타났다. 그곳에서는 중유럽과 동유럽 제국들이 겪은 죽음의 고통이 전투원과 민간인 간의 오래된 경계를 녹여 버렸다. 이런 전쟁은 멈추기보다 시작하기가 훨씬 쉬운 것으로 드러났다.

5 민족의 무덤

전체적으로 거대한 다민족 제국은, 민주주의가 인정받지 못했기 때문에 민족성의 원칙이 받아들여지지 않았고 물질력이 최고로 유지되던 시대의 제도이다.

— 토마스 마사리크

1918년은 끔찍한 해였다. 그런데 1919년은 더 끔찍했다.

— 미하일 불가코프, 『백위군』

붉은 역병

1차 세계 대전 이후의 평화기는 사실상 다른 방법을 통해 전쟁이 지속되던 시기였다. 볼셰비키는 종전을 선언했지만, 러시아 제국을 야만적인 내전에 내던졌을 뿐이다. 서구 세계의 정치가들은 각자 전쟁의 원인을 제공한 패전국들(독일, 오스트리아, 헝가리, 불가리아, 터키)과 강화 조약을 맺었다. 케인스가 『평화의 경제적 결과(The Economic Consequences of the Peace)』에서 예측했듯이, 복수가 지지부진한 것도 아니었다. 결과적으로 케인스의 예측은 반만 옳았다. 그는 베르사유 조약으로 가중된 재정적인 부담이 전후 분쟁의 주요 원인이 될 것으로 예상했다. 그는 중유럽을 빈곤하게 만들기 위해 한 세대 동안 독일이 조금이라도 번영하지 못하게 또는 빈곤에서 벗어나지 못하게 하여 그들이 굶주려 아무 힘도 쓰지 못하도록 해야 한다고 생각한다면 유럽에 내전이 발생할 거라고 지적했다. 그러나 유럽에서 2차 세계 대전이 발생한 것은 경제적인 요인 때문이 아니었다. 적어도 케인스가 염두에 두었던 바와는 달랐다. 2차 세계 대전은 영토 때문에 발생했다. 더 정확히 말하면, '민족자결'의 원칙과 인종적으로 뒤섞인 이민 현실에 기초한 영토 협정이 맞부딪쳐 일어났다. 케인스는 독일이 맨 먼저 강화조약에 반응할 거라는 예측을 내놓았는데(터키에서 발생한 일이 결국 독일인들의 이후 반응을 예시하긴 했지만) 실제로는 터키가 가장 먼저 반응을 보였다.

내전은 페트로그라드에서 시작되었다. 러시아 수도는 전쟁 중에 민족 정서에 부합하도록 새 이름을 얻었다.(상트페테르부르크는 너무 독일적인 인상을 주었다.) 지적 능력엔 한계가 있지만 신앙심 깊고 금욕적이었던 니콜라이 2세는 러시아 통치를 내적인 힘에 대한 긴 시험으로 간주했다. 자신이 '왕위에 오른 노동자'라고 주장했으며 그 말이 진실임을 단호히 입증하려는 듯 열심히 일했다. 그는 이렇게 선언했다. "나는 세 사람 몫의 일을 하고 있다. 모든 사람들이 적어도 두 가지 일을 하는 법을 배우게 하라." 불행히도 그가 즐겨 하던 두 가지 다른 일들은 차르가 마땅히 해야 할 일보다는 비서와 정원사의 일처럼 보였다. 전황이 악화되는데도 그는 끈덕지게 정기 서신을 읽다가 정원에 쌓인 눈을 치울 때만 손을 놓았다. 독일에서 태어난 아내 알렉산드라 황후도 도움이 되지 않았다. 그녀는 자신을 정통 신앙인과 독재자로 풍자한 만화를 그대로 받아들인 듯했는데, 남편에게 다음과 같은 글을 보냈다.(두 사람 간의 편지는 항상 영어로 쓰였다.) "아, 나의 사랑, 도대체 당신은 언제쯤이나 잘못 행동하는 장관들에게 소리를 지를 건가요? 아무도 당신을 두려워하지 않아요. 다들 그래야 하는데. 오, 나의 사랑. 사람들이 당신 앞에서 덜덜 떨게 만들어 봐요. 당신을 사랑하는 것만으로 충분치 않아요. 폭군 이반이 되어요. 그 사람들을 모두 짓밟아 버려요. 당신을 비웃지 않게 말이에요." 하지만 소용없는 얘기였다. 니콜라이 2세는 마지막까지 좌파, 우파, 중도파 사람들에게 큰소리치길 거부했다. 1916년 12월 16일, 황제 부부의 총애를 받던 카리스마 넘치고 방탕한 수사 라스푸틴(Rasputin)이 황제의 사촌인 드미트리 대공에게 살해됐다. 이 수사가 황제와 러시아 대외 정책에 악영향을 미치고 있다고 믿은 나약한 펠릭스 유수포프 공과 우익 정치가 V. M. 푸리슈케비치가 암살을 돕고 부추겼다. 그러나 상황은 나아지지 않았다. 1917년 3월 초, 휘하 장군들에게 하극상에 해당하는 행동으로 버림받은 니콜라이 2세는 배반과 비겁함, 속임수에 대해 한탄하며 왕위를 포기하는 데 동의했다. 황제와 황후는 당시 전개되던 혁명을 전혀 이해하지 못했다. 실제로 혁명에 대해 알렉산드라 황후가 한 말은 역사적인 오판으로 널리 알려질 만했다. 그녀는 이렇게 말했다. "그것은 깡패들의 소행이다. 어린아이들이 여기저기 뛰어다니면서 먹을 빵이 없다고 소리를 질러 대고 있다. 날씨가 춥다면 다들 집에서 나오지 않을 것이다."

황제의 자리를 차지한 임시 정부는 자유주의 헌법과 의회 기구를 갖춘 공화국을 설립하려 했고 그 미래는 결코 어둡지 않았다. 하지만 정부 지도자들이 전쟁을 계속하고 토지 개혁이라는 중대한 문제에 대한 결정을 제헌의회가 선출될 때까지 미루려고 하자, 더 극단적인 세력이 기회를 잡았다. 사실 볼셰비키 당원들은 갑작스레 일어난 혁명에 허를 찔렸다. 취리히에서 소식을 들은 레닌은 "정말 놀라워. 너무나 뜻밖이군. 우린 러시아로 돌아가야 해. 그런데 어떻게 돌아가지?"라고 외쳤다. 독일 총사령부가 레닌에게 페트로그라드행 기차표뿐 아니라 파르부스와 가네츠키라는 수상한 중간책을 통해 새 정부를 전복시킬 자금을 제공하는 바람에 그 문제는 쉽게 해결되었다. 임시 정부는 충분히 체포할 수 있을 법한데도 레닌과 그의 동료들을 체포하지 못하는 등 우유부단한 모습을 보였다. 8월 27일, 새 정권에 대한 보수적인 비판자들의 부추김을 받아 러시아군 최고사령관 라브르 코르닐로프 장군이 쿠데타를 감행했지만 실패로 끝났다. 의도한 바는 아니었지만, 그 결과 페트로그라드뿐 아니라 다른 도시에서도 유사 정부로 등장한 소비에트 내에서 볼셰비키 당원들에 대한 지지가 높아졌다. 두 달 뒤인 1917년 10월 24일, 볼셰비키가 직접 쿠데타를 감행했다. 당시 이 쿠데타는 세계를 뒤흔들 만한 사건처럼 보이지는 않았다. 실제로 세르게이 에이젠슈타인(Sergei Einsenstein)의 영화 「10월(October)」에서 나타났듯이, 더 많은 사람들이 고통받았으며 누구도 새 정권이 오래갈 거라고 기대하지 않았다.

볼셰비키는 지지자들 앞에서 "평화와 빵, 권력을 소비에트로!"라고 외쳤다. 평화는 비굴한 항복으로 드러났다. 독일군 총사령부는 브레스트리토프스크의 부그 강을 방어하던 요새에서 잡다한 볼셰비키 대표단(혁명의 면모를 유지하기 위해 명목상 로만 스타슈코프(Roman Stashkov)라는 농민이 도중에 대표단에 선출되었다.)에게 굴욕적인 영토 양보를 요구했다. 협상 중에 볼셰비키의 대외 정책을 담당하고 있던 트로츠키는 대담하고도 다소 불분명하게 "평화도 아니고 전쟁도 아니다."라고 선언하며 시간을 벌었다. 그는 협상을 오래 끌면 세계 혁명이 잇따라 발생할 것으로 기대했다. 독일군은 쉽게 발트 해 지역과 폴란드, 우크라이나로 진군해 들어갔다. 사기가 떨어진 러시아군은 거의 저항하지 않았다. 실제로 독일군이 페트로그라드까지 점령하여 볼셰비키 지도부가 수도를 모스크바로 옮겨야 할 듯했다. 좌파 사회혁명당원들을 혁명정부에서 축출한 격렬한 논쟁이 끝나면서 결국 트로츠키가 항복을 주장하던 레닌에 승복하자, 볼셰비키는 전쟁 전 러시아 제국의 농지와 인구의 3분의 1을 양도해야 했다. 이는 러시아 산업의 절반 이상과 탄광의 90퍼센트를 잃었다는 의미였다. 폴란드, 핀란드, 리투아니아, 우크라이나는 독일의 감독을 받긴 하지만 독립국이 되었다. 동부전선에서의 전투는 독일군의 승리로 돌아갔다. 그들이 레닌을 러시아로 돌려보내기 위해 쓴 돈이 크게 효과를 본 듯했다.

그러나 러시아 혁명은 전쟁의 끝이 아니라 단지 변형된 전쟁이었다. 독일이 서부전선에서 패배하자 동부전선의 전쟁은 참혹한 내전으로 변질되었다. 전쟁 전 제국들 간의 전통적인 전쟁과 마찬가지로 숱한 인명이 희생되었다. 그리고 1918년, 전염병이 두 차례나 세계를 휩쓸었다. 하나는 스페인 독감으로, 1918년 3월 캔자스의 군 기지에서 처음 환자가 발생했다고 한다. 서로를 죽이려는 인간의 노력을 조롱이라도 하는 듯, 그 바이러스는 급속도로 미국 전역에 퍼졌고, 미군 수송선에 실려 유럽에 상륙했다. 6월경 독감 바이러스는 인도, 오스트레일리아, 뉴질랜드에 도달했다. 두 달 뒤 매사추세츠 주의 보스턴과 프랑스의 브레스트, 시에라리온의 프리타운에서 거의 동시에 전염병이 창궐했다. 그 결과 적어도 4000만 명이 목숨을 잃었는데, 대부분 혈액 등의 체액이 폐에 차면서 생긴 호흡 곤란으로 사망했다. 아이러니하게도 1918년의 독감은 대부분의 독감 바이러스와는 달리, 그리고 그 독감보다 먼저 발생하여 병을 퍼뜨린 전쟁과 비슷하게, 젊은이들의 목숨을 많이 빼앗았다. 25세에서 34세 사이의 미국 남자 100명 가운데 한 명이 스페인 독감에 희생당했다. 놀랍게도 1918년 10월과 11월에 전 세계 사망률은 최고조에 달했다. 독일은 특히 동부전선의 심각한 위협이었던 발진티푸스에는 만반의 준비를 해두었다. 비아위스토크 같은 도시들을 점령했을 때, 발진티푸스 예방에 상당한 돈을 썼기 때문에 서쪽에서 온 뜻밖의 위협에 누구보다 놀랄 수밖에 없었다. 이러한 독감의 유행이 당시 독일군 붕괴의 한 가지 요인이라고 믿을 만한 이유가 있다.(그림 5-1 참조)

또 다른 전염병은 볼셰비키 사상으로, 한동안 유행성 독감만큼이나 전염력이 강하고 치명적인 것으로 보였다. 전쟁이 끝나자 부다페스트, 뮌헨, 함부르크에서 소비에트 식 정권이 들어섰다. 심지어 글래스고 시의회 건물 위에도 적기가 게양되었다. 레닌은 유럽 아시아 소비에트 공화국 연방을 꿈꿨다. 트로츠키는 아프가니스탄, 펀자브, 벵골에서의 성공적인 혁명 완수를 통해 파리와 런던까지 접수할 수 있다고 선언했다. 멀리 떨어진 부에노스아이레스까지도 파업과 거리 투쟁으로 혼란스러워졌다.

그러나 러시아에서 볼셰비키의 권력은 거대 도시 밖에서는 전혀 존재하지 않았다. 이들 세력에 대항하여 차르 정권의 노련한 장군들이 이끄는 반혁명 세력, 즉 백군 세 무리가 등장했다. 돈 강 기슭에서는 다수의 장교와 소수의 병사들을 거느린 안톤 데니킨을 비롯하여 알렉산드르 콜차크와 니콜라이 유데니치 등이 반기를 들었다. 더욱이 백군은 해외의 지원도 얻었다. 체코 군단은 체코와 슬로바키아 민족주의자들이 오스트리아·헝가리 제국에 대항하여 러시아 편에서 싸우기 위해 결성되었는데, 혁명이 발발하던 당시에 군단 규모는 3만 5000명 정도였다. 독립을 위해 계속 투쟁하기로 결정한 체코 군단 지휘관들은 태평양과 북미 대륙, 대서양을 가로질러 서부전선 전투에 참가하기 위해 시베리아 횡단철도를 따라 동쪽으로 떠나기로 결정했다. 그들은 1만 5000명 정도의 병력을 거느리고 있었다. 그들은 첼랴빈스크의 볼셰비키들이 무장 해제시키려 하자 반격을 가했다. 이후 사마라에 있는 사회혁명당 세력에 가담하여 레닌 정부와 경쟁하는 제헌의회(코므흐(Komuch)로 알려진)를 구성했다. 5월부터 6월 사이에 체코 군단은 동쪽으로 진군하여 노보니콜라예프스크, 펜자, 시즈란, 톰스크, 옴스크, 사마라, 블라디보스토크를 점령했다. 그사이에 러시아의 이전 동맹국들은 해외 원정군을 파견했는데, 이들의 주요 목적은 러시아가 전열에서 이탈하지 않도록 하는 것이었다. 영국군은 블라디보스토크뿐 아니라 아르한겔스크, 무르만스크에도 병력을 보냈다. 프랑스는 오데사에, 미국은 블라디보스토크에 병력을 파견했다. 또한 연합국은 백군에 무기와 물자들을 제공했다. 일본은 만주에서 아무르 강을 건널 기회를 확보했다. 그 와중에 혁명군 지휘부가 들어설 예정이었던 도시는 공장이 폐쇄되고 식량과 연료 공급이 중단되면서 텅비게 되었다. 데니킨이 모든 백군에게 1918년 7월에 모스크바로 집결할 것을 요구하자 바야흐로 볼셰비키 정권이 전복될 것만 같았다.

1918년 8월 6일, 체코 군단과 연합한 백군은 카잔을 점령했다. 볼셰비키 제5군에서는 탈영병이 속출했다. 우파가 함락되었고, 레닌이 태어난 심비르스크도 무너졌다. 볼가강을 따라 한걸음 더 물러나면 반혁명 세력

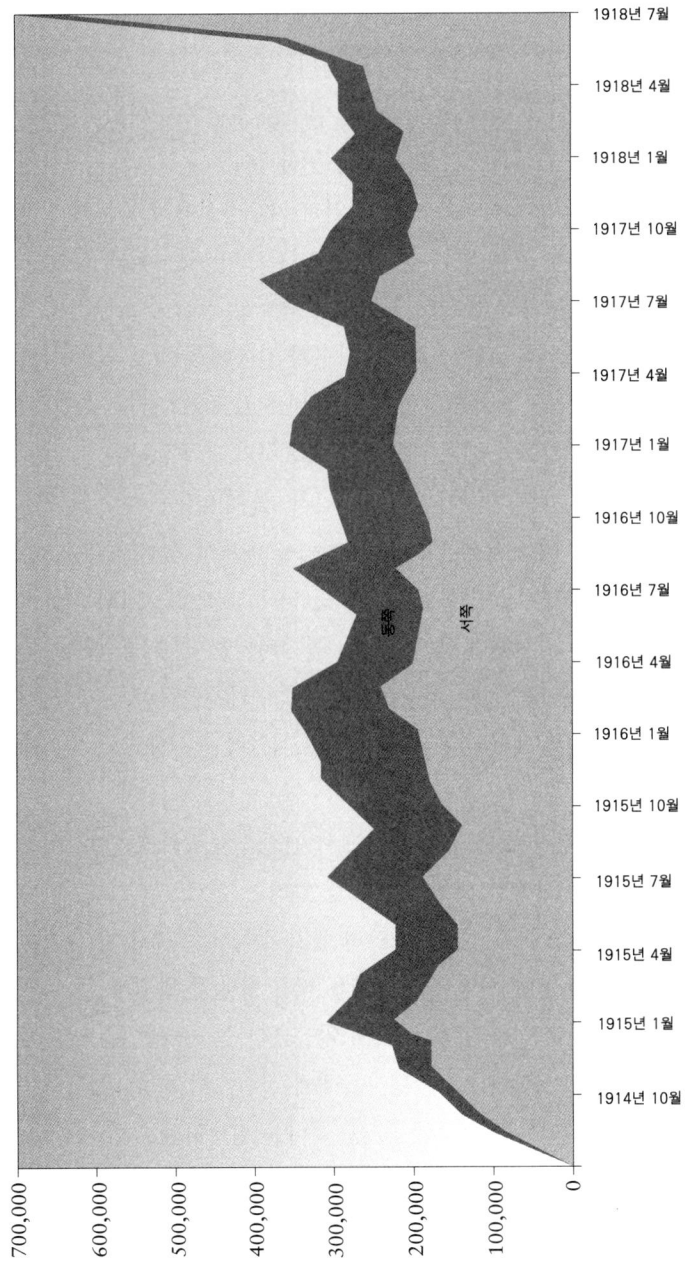

그림 5-1. 1914년 8월부터 1918년 7월까지, 아프다고 보고한 독일군 병사들

5 민족의 무덤 243

이 모스크바의 관문인 니주니노브고로드 문턱까지 밀고 들어올 것이었다. 군사인민위원직을 맡기 위해 외무인민위원직을 사임한 트로츠키는 이제 붉은군대의 결의를 강화하는 막중한 임무를 수행하게 되었다. 사실 그는 군인이 아니라 저널리스트로 훈련받은 사람이었다. 그러나 코안경에 염소수염을 기른 이 지식인은 발칸 지역과 서부전선에서 충분히 전쟁을 지켜보았기 때문에 규율 없는 군대는 무너지고 만다는 점을 잘 알고 있었다. 지원병으로는 충분치 않다는 사실을 깨닫고 징집 필요성을 강조한 이 역시 트로츠키였다. 또한 당시 대다수가 감옥에서 썩고 있던 차르 시대의 하사관과 장교들을 재기용한 사람도 바로 트로츠키였다. 그는 그들의 경험이 백군과 싸우는 데 절대적으로 중요하다고 생각했다.

트로츠키에겐 두 가지 이점이 있었다. 먼저, 볼셰비키는 주요 철도망을 장악하고 있었기 때문에 빠른 속도로 병력을 배치할 수 있었다. 그는 전쟁 중에 자신이 특별히 고안한 장갑열차를 타고 16만 킬로미터를 돌아다니며 직접 작전을 지시했다. 두 번째로, 볼셰비키는 전쟁 경험은 부족했지만, 테러 경험은 풍부했다. 세르비아 민족주의자들처럼 전쟁 전에 암살단원을 고용한 적도 있었다. 트로츠키는 계엄령을 선포하고 테러에 의지했다.

카잔에 도착하자마자 그는 우선 기차에서 엔진을 분리하게 했다. 이는 그의 군대에 자신이 퇴각할 의향이 없음을 알리는 신호였다. 그런 다음 탈영병 스물일곱 명을 근처 시바쉬스크의 볼가 강둑으로 끌고 가 총살했다. 트로츠키는 붉은군대 신병들의 탈영을 막는 유일한 방법은 등 뒤에서 기관단총을 겨누고 적을 향해 나가지 않는 병사는 누구든 총으로 쏘는 것이라는 결론을 내렸다. 그는 병사들에게 전선에서 죽을 수도 있는 상황과 후방에서 확실히 죽는 상황, 둘 중 하나를 선택하라고 한 것이다. 트로츠키다운 신랄한 표현으로 그는 이렇게 비꼬았다. "우리는 인간 생명의 존엄성에 대해 떠드는 가톨릭 평화주의자들을 단호하게 끝장내야 한다." 싸우기를 거부하는 병사는 처형되어야 했다. 이는 러시아 내전의 전환점이 되었고, 볼셰비키가 승리를 거둔다면 어떻게 행동할지 보여 주는 불길한 징후였다. 카잔에서 볼가 강을 건너는 다리를 두고 벌어진 치열한 전투에서 트로츠키의 전술을 보면 그럴 개연성이 상당히 커 보였다. 붉은군대는 결국 다리를 지켰고, 9월 10일에는 도시를 탈환했다. 이틀 뒤 심비르스크 역시 붉은군대의 수중에 떨어졌다. 백군의 진격은 빠르게 증가하는 붉은군대뿐 아니라 그들 뒤에서 저항하는 우크라이나와 체첸군의 도전에 주춤거렸다. 체코 군단은 전투에 지쳐 사마라로 후퇴한 뒤 우랄 산맥 너머로 떠밀리면서 허물어졌다. 코므호는 흐트러졌고, 콜차크 장군은 자신을 '최고 지배자'로 선언했는데, 이는 명확하지 않았다. 11월 말 무렵 데니킨은 보로네시와 카스토르노를 잃었다.

　서부전선의 전투는 볼셰비키에겐 적절한 시기에 끝났다. 특히 외국 열강이 국내의 좌파 반란을 진압해야 할 상황에 처하면서 타국에 간섭할 명분이 사라졌다. 유일하게 일본만 러시아 영토에 군대를 계속 주둔시키겠다는 의사를 보였는데, 그들은 극동에서 새 영토를 요구하고 나머지 러시아 지역은 운명에 맡기는 데 만족했다. 확실히 볼셰비키 세력은 이전 차르 제국의 일부만을 장악하고 있었다. 독일군이 우크라이나에서 후퇴하자 서쪽 지역에서 권력 공백이 생겼는데, 당시 상황은 미하일 불가코프의 『백위군』에 잘 묘사되어 있다. 민족주의자, 농민 녹색군, 백군, 볼셰비키 등의 경쟁 세력이 시골 지역과 줄어들고 있는 곡물을 확보하기 위해 힘을 겨루었다. 남동 우크라이나 지역에서는 술고래이면서 무정부주의를 표방하는 농민 네스토르 바트코 마흐노(Nestor Batko Makhno)가 농민군 1만 5000명을 이끌며 독일군, 민족주의자, 백군, 붉은군대 등 모든 세력에 대항했다. 돈 코사크 기병들은 백군을 지지했지만, 고향을 멀리 떠나길 주저했다. 그들의 고민은 미하일 숄로호프의 『고요한 돈 강』에서 중요하게 다루어졌는데, 이 소설의 비극적인 주인공 그리고리 벨레코프는 처음엔 백군을 위해 싸우다 나중에는 붉은군대, 민족주의 유격대를 위해 싸운다. 또한 녹색과 백색 깃발 아래 행진하는 시베리아 분리주의 군대도 있었는데, 일시적으로 전(全) 러시아 임시 정부에 합류했다. 이 임시 정부의 사무실은 옴스크에 있는 철도 객차에 있었다. 바이칼 호수 동쪽 지역은 그리고리 세메노프라는 변절한 군사령관이 지배했다. 무엇보다 볼셰비키 세력에 맞서 농민들이 계속 저항했다.[1] 따라서 내전은 단순히 백군과 붉은군대 간에 벌어진 것이 아니라, 붉은군대와 녹색군 간에도 벌어졌다. 이들 녹색군은 도시 프롤레타리아 독재를 주장하는 볼셰비키를 거부하고 독단적인 곡물 몰수를 막기 위해 무기를 든 시골 주민들이었다.

1918년 11월 이후 내전 양상은 볼셰비키에 유리하게 전개되었다. 1919년 4월, 콜차크의 군대는 크게 패했고, 7월경에는 페름이, 11월에는 옴스크가 볼셰비키의 수중에 다시 들어갔다. 데니킨은 1919년 여름 우크라이나에서 약간의 성공을 거두었지만, 연말에 키예프를 잃었다. 페트로그라드를 점령하려던 유데니치의 시도 또한 실패했는데, 도시 수비병들을 규합한 트로츠키의 공이 컸다. 이들은 패배한 백군을 에스토니아로 밀어내는데 성공했다. 표트르 브랑겔 장군이 이끌던 코카서스 군대가 1919년 6월에 차리친을 점령했지만, 1920년 1월이 되면서 사실상 전쟁이 끝났음이 분명해졌다. 연합국은 백군에 대한 원조를 중단했고, 장군들은 한 명씩 달아나거나 콜차크처럼 생포되거나 처형되었다. 1920년 여름이 되자 혁명을 서쪽으로 수출할 수 있을 정도로 자신감을 얻은 레닌은 붉은군대에 바르샤바로 진군할 것을 명령했고, 헝가리와 체코, 루마니아까지 소련화

---

1) 정치적으로 의식 있는 농민들은 자신을 사회혁명당원으로 생각하는 경향이 있었다. 실제로 제헌의회 선거에서 사회혁명당은 농민들의 지지로 승리했다. 그러나 당은 좌파와 우파로 나뉘었는데, 좌파의 경우 처음에 볼셰비키와 손잡으려 했다. 이 당에는 레닌과 트로츠키의 잔인성에 대적할 만한 지도자가 없었다.

할 필요성을 밝혔다. 비스툴라 강가에서 폴란드군이 결정적인 승리를 거두어 볼셰비키 전염병의 확산을 막았다.

이 시기의 테러는 볼셰비키 통치의 기본축이었다. 트로츠키는 범죄 현장에서 발각되어 총살당하는 사람들 외에 의심스러운 선동가, 반혁명 장교, 파괴 활동가, 기식자, 투기꾼들은 모두 감금될 것이라고 단언했다. 1918년 여름에 발생한 위기 덕분에 레닌은 위태로워진 혁명 정신 속에서 독재 권력을 떠맡아 러시아의 로베스피에르가 되려는 욕구를 정당화할 수 있었다. 그는 농민들에게서 붉은군대의 식량이 될 곡물을 징발하려면 소위 쿨라크라는 부농 집단을 본보기로 처형하는 수밖에 없다고 주장했다. 쿨라크는 볼셰비키가 악마로 내모는 데 적합한, 욕심 많은 자본주의 농민으로 알려진 사람들이었다. 레닌은 이렇게 물었다. "총살 집행 부대 없이 혁명을 어떻게 성공시킬 수 있는가? 우리가 파괴자 백군을 쏴 죽이지 못하면, 이 혁명은 어떤 종류의 위대한 혁명이 될 수 있는가? 결국 혁명은 옥수수죽 한 그릇과 공론에 불과할 것이다." 가장 가혹한 테러 행위를 벌이지 않으면 승리할 수 없다고 확신한 레닌은 쿨라크와 사제, 백군을 집단 테러할 것을 노골적으로 요구했다. 본보기가 되는 폭력 행위라는 온전한 개념이 레닌의 상상력에 불을 지핀 듯 보였다. 1918년 8월 11일, 그는 펜자에 있는 볼셰비키 지도자들에게 의미심장한 편지를 보냈다.

동지들이여! 쿨라크의 반란은 가차 없이 진압되어야 한다. (중략) 본보기를 만들어야 한다. 1) 탐욕에 빠진 사람들을 100명 넘게 효수하라.(사람들이 볼 수 있도록 교수형에 처하라는 얘기다.) 2) 그들의 이름을 발표하라. 3) 그들로부터 식량을 모두 빼앗아라. 수백 킬로미터 떨어진 곳에 사는 주변 사람들이 보고 떨고 울부짖도록 해야 한다. 남의 고혈을 빨아먹는 쿨라크를 계속 죽여야 한다. 추신: 거친 사람들을 찾아보라.

쿨라크는 소비에트 정권의 원수로, 거미나 거머리 같은 흡혈 동물이었다. 이러한 성마른 표현에 격앙된 볼셰비키 식량 보급조는 자신들에게 저항하는 사람들을 모두 죽이면서도 아무런 양심의 가책을 느끼지 않았다.

혁명 자체의 불안정성은 테러 전술을 북돋우는 역할을 했다. 7월 17일 이른 아침, 레닌이 덴마크의 한 신문사에 차르가 안전하다는 전보를 보낸 지 몇 시간도 지나지 않았을 때였다. 볼셰비키의 인민위원 야코프 유로프스키(Yakov Yurovsky)와 열두 명으로 이루어진 임시 총살 집행대는 예카테린부르크의 징발된 주택 지하실에서 왕실 가족들과 하인들을 최소한의 예비 행위 후에 정면에서 모두 총으로 쐈다. 트로츠키는 화려한 공개재판을 원했지만, 레닌은 백군에게 새로운 기치를 안겨 주지 않는 편이 낫다고 생각했다.[2] 공교롭게도 여성들은 다량의 보석을 옷 안에 숨기고 있었기 때문에 거의 총알을 피할 수 있었다. 처형자들 중 한 사람은 도탄(跳彈, 작은 돌 같은 것에 맞고 튀어 오른 탄환 — 옮긴이)에 맞아 죽을 뻔했다. 전해진 이야기와는 달리, 아나스타샤 공주는 살아남은 게 아니라 총검에 찔려 죽었다. 왕실의 아첨꾼이었던 조이만이 목숨을 건질 수 있었다. 니콜라이 대공과 그레고리, 드미트리, 파벨, 가브릴 등 인질로 잡혀 있던 차르의 친척들도 차례로 총살당했다. 폭력은 폭력을 불렀다. 차르가 처형된 지 한 달 뒤에 레닌이 저격당해 목숨을 거의 빼앗길 뻔했고, 이는 혁명기의 테러 행위가 격렬해졌다는 증거였다.

새로운 폭정의 중심에는 '반혁명과 사보타주 퇴치를 위한 전 러시아 특별위원회', 즉 체카(Cheka)가 있었다. 볼셰비키는 펠릭스 제르진스키(Felix Dzerzhinsky)의 주도로 새로운 정치 경찰을 만들었는데, 이들은 거리낌 없이 요주의 인물들을 처리해 나갔다. 이 기구의 설립자 중의 한

---

[2] 전쟁 전에 군주들이 서로 결속을 다짐했음에도, 영국의 조지 5세는 자신의 사촌인 러시아 황제에게 피난처를 제공하지 않기로 결정했다. 왕실 가족들을 처리하기로 한 볼셰비키의 결정에 따라, 애처롭게도 그들은 토볼스크에서 예카테린부르크로 옮겨졌다.

사람은 체카에 대해 이렇게 설명했다. "체카는 조사위원회나 법정, 재판소가 아니라, 내부 전선에서 싸우는 기관이다. 체카는 판결을 내리는 게 아니라 공격한다. 또한 용서해 주는 게 아니라 전장의 반대편에서 잡힌 사람들을 모두 죽인다." 붉은군대의 기관지였던 《크라스나야 가제타(Krasnaya Gazeta)》는 이렇게 선언했다. "우리는 한 치의 자비나 관대함 없이 수백 명의 적을 죽일 것이다. 우리 손에 죽는 적이 수천 명에 이르고 그들이 자신들 피에 빠져 죽게 만들자. 레닌의 피를 위해……. 부르주아의 피로 홍수가 지게 하자. 가능한 한 더 많은 피를 흘리게 만들자." 제르진스키는 그 요구를 기꺼이 따랐다. 한 예만 들자면, 1919년 9월 23일 반혁명 분자로 추정된 예순일곱 명이 즉석에서 총살당했다. 명단을 보면, 1905년에 세워진 두마(의회)의 자유주의 의원 니콜라이 시체프킨(Nikolai Shchepkin)이 맨 위에 올라 있었다. 그들은 처형 사실을 격렬한 표현으로 알렸는데, 시체프킨과 공모자들은 피에 굶주린 거미처럼 숨어서 그들의 조직망을 붉은군대에서 각종 학교, 대학에까지 촘촘히 쳐 놓았다는 비난을 받았다. 1918년부터 1920년까지 이러한 정치적 처형으로 30만 명이 희생당했다. 이들 중에는 라이벌 정당원들뿐 아니라 당 지도부의 독재에 저항한 동료 볼셰비키 당원들도 포함되어 있었다.

　내전의 폭력은 대담한 양상을 띠었다. 양측 모두 포로들을 죽이고, 심지어는 수족을 절단하기까지 했다. 마을 주민 전체가 학살 당하기도 했다. 코르닐로프 자신도 러시아를 구하기 위해 러시아 절반을 태우고 러시아인 75퍼센트의 피를 흘리게 했다고 말했다. 그의 의용군은 돈 강에서 쿠반강까지의 '빙판 행군' 중에 수백 명의 농민을 살해했다. 그러나 새 정권의 진정한 특징을 보여 주는 오싹한 모습은 최초로 강제수용소를 세운 데서 나타났다. 1920년에 이미 100개가 넘는 수용소가 "신뢰할 수 없는 사회 분자들"의 "사회 복귀"를 위해 설립되었다. 수용소 위치는 포로들이 가장 가혹한 환경에 노출되도록 신중하게 선택되었다. 백해 근처의 차다찬 황무지나 홀모고리(Kholmogory)의 옛 수도원 같은 곳이었다. 체카는 포로들을 갱생시키는 특이한 방법을 고안해 냈다. 키예프에서는 굶주린 쥐들로 가득 찬 우리를 포로의 몸에 묶어 놓고 열을 가했는데, 탈출하려고 안달이 난 쥐들이 사람들의 내장을 먹어 치웠다. 하르코프에서는 포로들의 손을 뜨거운 물에 넣어 피부를 벗겨 내는 '장갑 놀이'가 자행되었다. 이런 수단들까지 동원했다는 점을 보면, 붉은군대가 백군보다 더 많은 병사를 모집할 수 있었다는 점이 그리 놀랍지 않다. 그러나 많은 백군 장교들이 지주로서의 특권이 보장되는 구체제를 회복하는 데 여념이 없어 보였다는 점도 도움이 되었다. 선택의 기로에 놓인 농민들은 자신들이 알지 못하는 악마를 선택했다. 극악무도한 레닌이라는 인물이 성인에 가까운, 혁명을 위한 순교자로 변화되면서 그런 경향이 더 강해졌다. 레닌에 대한 개인숭배는 교회와 수도원이 파괴되고 사제와 수사들이 살해당하던 시기에 대리 종교를 제공하기 위해 계획적으로 준비된 것이었다.

혁명은 평화와 빵, 소비에트 권력을 위해 이루어졌지만, 결국 내전과 굶주림, 볼셰비키 중앙위원회의 독재와 점차 강력해지는 정치국을 의미하는 것으로 드러났다. 분권화된 소비에트 정권을 기대하고 볼셰비키당을 지지한 노동자들은 만용을 부려 새로이 국영화된 공장에서 파업을 벌일 경우 총살 위협을 받는다는 사실을 알게 되었다. 인플레이션이 심해지자 실질임금은 전쟁 전에 비해 급격히 줄었다. 전시공산주의로 인해 굶주린 도시민들은 지방까지 찾아가서 물물교환을 시도했고, 난방을 위해 자신의 책이며 이웃집 대문까지 태워야 했다. 징병 체계가 더 효율적으로 운영되면서, 더욱더 많은 젊은이들이 붉은군대에 입대했다. 여전히 탈영자가 많았지만(특히 추수기에) 1919년 1월에 100만 명이 채 안 되던 적군은 1920년 10월에는 500만 명으로 증가했다. 이전에 볼셰비키를 지지했던 크론슈타트 수병들이 1921년 2월에 반란을 일으켰다. 그들은 정부가 언론, 출판, 결사의 자유를 억압하고 반대자를 강제수용소에 처넣고 있다며 비난했다. 그들의 요구 사항을 명확히 밝힌 공식 결의안은 볼셰비키 정권에 대한 날 선 기소장이었다.

현 소비에트가 노동자와 농민의 의지를 대표하지 않는다는 사실을 고려할 때, (우리는 다음의 것들을 요구한다.)

선거 전에 모든 노동자, 농민의 자유로운 토론을 거쳐 비밀투표로 소비에트를 즉시 재선출할 것.

노동자, 농민, 무정부주의자, 좌파 사회주의 정당의 언론과 출판의 자유를 보장할 것.

집회, 노조 및 농민 단체 결사의 자유를 보장할 것.

1921년 3월 이전까지 페트로그라드 시, 크론슈타트, 페트로그라드 주의 노동자, 군인, 수병들로 이루어진 비정당 회의를 소집할 것.

사회당의 모든 정치 포로들을 석방하고 노동 및 농민 운동과 관련하여 수감된 모든 노동자, 농민, 군인, 수병을 석방할 것.

위원회를 선출하여 감옥과 강제수용소에 감금되어 있는 사람들의 사례를 재검토할 것.

모든 정치 부서를 폐지할 것. 어떤 단일 정당도 자기 당의 사상을 전달하는 특권을 누리고 이 목적을 위해 국가로부터 돈을 받아서는 안 된다. 이러한 부서들 대신 지역별로 선출된 문화교육위원회를 설립하여 이를 지원해야 한다.

모든 군부대의 공산주의 전투 지대(支隊)와 공장의 다양한 공산주의 전위대를 폐지할 것. 만약 필요하다면 군부대의 병사들을 선출하고, 노동자들의 판단에 따라 공장에서 선출할 수 있다.

농민들에게 자기 땅에 적합한 일을 하고 가축을 소유할 수 있는 완전한 권리를 부여할 것. 농민은 고용인을 부리지 않고 자기 힘으로만 그 땅을 경작하고 관리해야 한다.

개인 노동을 이용한 자유로운 장인 생산을 허용할 것.

우리는 모든 결의안이 언론에 널리 발표될 것을 요구한다.

볼셰비키는 5만 병력으로 이 반란을 진압했다. 핀란드로 몸을 피하지 못한 수병들은 그 자리에서 총살당하거나 강제수용소로 보내졌다. 혁명 작가 막심 고리키가 한동안 혁명에 절망한 것도 그리 놀랄 일은 아니다.

볼셰비키의 혁명에 대한 배반은 거기서도 끝나지 않았다. 1918년, 민족주의가 유행하면서 세 번째 전염병이 발생했기 때문이다. 차르 제국 내에 거주하던 비러시아계 민족들은 처음엔 민족의 봄이 왔다며 혁명을 반겼다. 1848년 혁명에 버금가는 혁명은 동쪽으로 더 멀리 확대되었다. 혼란한 내전 기간 동안 핀란드, 에스토니아, 라트비아, 리투아니아, 폴란드, 벨로루시, 우크라이나가 모두 독립을 선언했다. 사실 브레스트리토프스크조약에서 허락된 허구의 독립을 실현하고자 애썼다고 하는 편이 더 정확했다. 코사크인들 또한 크루그(Krug, 의회)와 아타만(Ataman, 지휘관)을 선출하며 국가 건설의 꿈을 키웠다. 이제 과거의 러시아 제국이 민족별로 100개의 조각으로 쪼개질 가능성이 더 커 보였다. 처음에 볼셰비키는 러시아로부터의 완전 분리를 통한 모든 민족의 자결권을 선언하며 시류를 따랐다. 전쟁 전 오스트리아·헝가리 제국이 안고 있던 문제에서 교훈을 얻어 모든 소수 민족 집단에게 어느 정도 정치적 자치권을 부여했다. 우크라이나인들 스스로 소비에트 사회주의 공화국을 세웠고, 아르메니아, 벨로루시, 그루지야도 마찬가지였다. 타타르족과 바시키르족은 새로운 러시아 연방 내에서 자치권을 가진 공화국을 세웠다. 또한 혼란스럽게 명명된 키르키스(카자흐) 공화국도 설립되었다. 모두 합치면, 대략 100개의 서로 다른 민족 집단이 볼셰비키 정권의 인정을 받았고, 주민 수와 집결 정도에 따라 공화국을 설립하거나 행정 구역을 나눌 수 있었다. 나중에 유대인들은 크리미아와 남우크라이나의 17개 유대인 지구와 함께, 비로비잔에서도 자치구를 부여받았다. 고려인들도 포시예트(Posyet) 근처에 고려인 자치주 설립을 허가받았다. 트로츠키의 역사의 쓰레기통 속에 처박힌 구체제의 잔재는 러시아화 정책과 맞물렸다. 다시 말하면, 비러시아계 민족들은 자기 언어로 공부하면서도 자신의 민족적 정체성을 볼셰비키 정권과 동일시하도록 장려되었다.

그런데 볼셰비키가 이 정책의 실무를 맡긴 사람은 그루지야에서 태어났음에도 소수 민족 집단의 권리를 옹호할 것 같지 않은 인물이었다. 그의 이름은 이오시프 비사리오노비치 주가시빌리(Iosif Vissarionovich Dzhugashvili)로, 동료 혁명가들에겐 스탈린(Stalin, 강철 같은 인간)으로 알려져 있었다. 민족인민위원으로 임명된 그는 처음부터 자신이 형식과 내용의 차이를 정확히 알고 있다고 밝혔다. 스탈린은 민족 문제가 통제 불능 상태에 빠져 있다고 보았다. 민족 충돌에 대한 보고가 전국에서 올라오고 있었기 때문이다. 발트 국가들에서는 소총으로 무장한 잔인한 라트비아 여성들이 포함된 친볼셰비키 세력과 독일 지주들의 다툼이 치열해지고 있었다. 독일 지주들은 호전적인 독일 학생들과 전쟁열에 불타는 고참병들로 이루어진 자유군단의 지원을 받고 있었다. 두 집단은 서로를 전멸시키는 데 열중한 것처럼 보일 정도로 증오에 불타는 싸움을 벌였다. 전투 중에 포로는 살려 주지 않았다. 승리할 경우 적을 생포했지만, 나중에 승리를 명확히 하기 위한 의식으로 포로를 살해했다. 비슷한 충돌이 제국 전역에서 대대적으로 벌어졌다. 카프카스 지역에서 그루지야인들은 아르메니아인들과 싸웠고, 아르메니아인들은 아제르바이잔인들과 싸웠으며, 아브하즈인들은 그루지야인들과 싸웠다. 1920년 5월, 극동의 니콜라예프스크(Nikolaievsk)에 살던 일본인 700명이 러시아 볼셰비키에 의해 학살당했다. 카자흐스탄에서는 슬라브족 이민자들과 코사크인을 대거 추방했다. 문자 그대로 모든 마을의 러시아인이 키르기스족에 의해 냉지로 내몰렸던 것이다.

러시아 제국의 민족들 가운데 유대인들이 혁명으로부터 가장 많은 것을 얻어 냈을 거라고 생각할 수도 있다. 그들은 구정권이 이주와 인권에 가한 제한이 철회될 것으로 기대할 만했다. 실제로 새 정권은 러시아 유대인이 유대교를 버리고 당의 노선에 확고히 순응한다면 해방만이 아니라 사회 진출에서도 전례 없는 기회를 제공해 줄 터였다. 유대인 수십만 명이 작은 마을을 떠나 대도시로 향했다. 그 결과 모스크바의 유대인 인구는 1939년까지 거의 열일곱 배 증가했고, 페트로그라드(이제는 레닌그라드로 이름이 바뀐)의 경우는 여섯 배 증가했다. 트로츠키와 제르진스키 외에도 유대인 출신 볼셰비키 지도자들은 많았다. 하지만 1880년대 이후 유대인 지정 거주지에서 일어나곤 했던 폭력적인 박해는 내전 기간에 더 심해졌을 뿐이다. 충분히 예측할 수 있는 일이지만 일부 폭력 행위는 백군이 저질렀다. 이들 중에는 1905년의 포그롬 사태를 일으킨 극우 민족주의자들도 포함되어 있었다. 데니킨의 군대는 예카테리노슬라프에서 유대인에 대한 잔인한 공격에 가담했다. 볼셰비키를 반대하는 유대인들은 백군의 구원을 기대했지만 반대로 약탈에 시달렸다. 비러시아계 민족주의자들 또한 브라츨라브(Bratslav, 포돌리아), 드미트리예프(Dmitriev, 쿠르스크(Kursk)), 키예프에서 유대인을 공격했다. 종종 범죄자들은 1905년 반혁명 세력의 주장을 되풀이하고 양차 대전 내내 중동부 유럽의 반유대주의자들이 제시했던 논리를 늘어놓으며 유대인과 볼셰비키를 하나로 취급했다.

볼셰비키 병력도 유대인 공격에 가담했다. 전쟁 막바지에 유럽 전역의 도시와 지방에서 발생한 노동 계급의 식량 폭동은 상점 약탈로 이어지는 경향을 보였다. 상점 주인이 대개 지정 거주지에 사는 유대인이었기 때문에 가격이나 식량 부족에 대한 항의는 쉽게 포그롬 성격을 띨 수 있었다. 그런 사건들이 1917년 칼루쉬(Kalush), 로슬라블(Roslavl, 스몰렌스크), 스타로시니아비(Starosiniavy, 포돌리아)에서 발생했다. 볼셰비키가 집권한 뒤에도 포그롬과 유사한 사건들이 보그라드(Bograd, 베사라비아)와 모지르(Mozyr, 민스크)에서 발생했다. 1917년 11월, 제헌의회 선거가 치러지던 즈음 유대계 저널리스트 일랴 에렌부르크(Ilya Ehrenburg)는 볼셰비키 선거 운동원이 모스크바 사람들에게 "유대인에게 반대하는 사람들은 후보 5번을 찍어라. 세계 혁명에 찬성하는 사람들은 5번을 찍어라."라고 말하는 소리를 들었다. 5번은 바로 볼셰비키당 후보였다. 체레포베츠(Cherepovets)에서는 권총을 쳐들며 "유대인을 죽이고 러시아를 구하자!"라고 외친 볼셰비키 지도자도 있었다. 1918년 3월, 글루코프(Glukhov, 체르니고프)에서의 잔인한 포그롬은 퇴각하는 소련군이 저지른 것으로 드러났다. 이와 비슷하게 스몰렌스크의 붉은군대 교관들이 1918년 5월의 포그롬이 발생하기 전에 유대인을 상대로 성 바르톨로메오 대학살을 준비한 것으로 드러나 비난받았다. 붉은군대가 브레스트리토프스크 조약에 따라 양도한 영토에서 물러날 때도 유대인에 대한 공격이 홍수처럼 쏟아졌다. 1920년 11월, 붉은군대의 제1기병대는 로가초프, 바라노비치, 로마노프, 추드노프 같은 우크라이나의 유대인 마을을 지나면서 살인과 약탈을 일삼았다. 레닌은 그다음 해에 민스크와 고멜에서 발생한 포그롬 사건에 대해 개인적으로 보고받았다. 자신이 받은 보고서에 휘갈겨 쓴 그의 유일한 코멘트는 '기록보관소용'이라는 말뿐이었다. 내전이 끝날 무렵, 남부 러시아와 우크라이나에서 발생한 포그롬으로 12만 명이 희생되었다.

스탈린은 그러한 행동을 단속하는 과정에서 트로츠키와 레닌보다 훨씬 무자비한 짓을 거리낌 없이 저질렀다. 그는 에스토니아의 반볼셰비키 분자들을 위한 강제수용소 설립을 훌륭한 생각이라며 찬성했다. 그는 지역 볼셰비키 당원들에게 단호하게 무자비한 모습을 보이라고 요구하면서 본보기로 북부 카프카스 지역에 불을 지르라고 명령했다. 바쉬키리 혁명위원회(Bashkirian Revolutionary Committee)가 배반할 조짐을 보이자 스탈린은 위원회 지도자들을 체포하라는 명령을 내리고 심문을 위해 모스크바로 보냈다. 또 아제르바이잔과 아르메니아, 그루지야를 강제로 트랜스코카서스 연맹(Transcaucasian Federation)에 가입시켜 이들을 더욱 용이하게 지배했다. 그리고 체첸족과 오세트인, 카바르디인들을 한데 묶어 북부 카프카스 지역의 산악 공화국(Mountain Republic)에 통합시켰다. 하지만 자신이 거느리던 젊은 타타르인이 독립된 범투르크 공화국을 제안하자 그 자리에서 묵살했다. 볼셰비키의 유대인 정책의 목표는 그들을 정치적으로 볼셰비키화하고 사회적으로 소비에트화하도록 재교육하는 것이었다. 민족 자치권은 중앙집권화된 일당 독재 내에서만 의미가 있었다. 스탈린이 자신의 고향에서 지나치게 강경한 통합 정책을 펴자, 레닌은 곧바로 그를 '대러시아 국수주의자'라고 비난했다. 그러나 1922년 5월 뇌졸중으로 레닌의 건강이 악화되자, 스탈린은 진정한 연방제를 채택했던 소비에트 공화국 연방안을 없애 버릴 수 있었다. 만약 이 일을 전적으로 그가 맡았다면, 다른 공화국들을 러시아로 재흡수했을 것이다. 1920년대 중반에 몰다비아와 카렐리아(Karelia)에 탄생한 소비에트 자치공화국들은 대체로 소비에트 통치의 이점을 주변 국가들에게 선전하기 위한 것이었다. 그런 공화국들은 과거 피에몬테와 이탈리아의 관계처럼, 소비에트 국경 너머에 사는 민족들에게 국가적 열망을 불러일으키는 자석이었다.

    1918~1922년에 대략 700만 명이 러시아 내전에 참전해 이중 150만 명 정도가 전투나 처형, 질병으로 목숨을 잃었다. 그러나 그 수치는 실제 희생자의 20퍼센트에도 미치지 않을 것이다. 혁명 직후의 혼란으로 1920~1921년에 심각한 기근이 발생했다. 영양실조에 걸려 먹을 것을 찾아 돌아다니던 피난민들은 여러 가지 전염병에 목숨을 잃는 동시에 병을 확산시켰다. 그중에서도 콜레라와 티푸스로 인한 희생자가 가장 많았다. 성병은 말할 것도 없고, 천연두와 흑사병도 발생했다. 레닌그라드 인구의 12퍼센트가 성병에 감염되었다. 전염병에 의한 사망자만 해도 800만

이 넘을지도 모른다. 만약 이 추정치에 전사자, 정치적 피살자, 기근으로 인한 사망자를 모두 합치면, 내전으로 인한 사망자는 1차 세계 대전의 사망자 수에 근접한다. 부상자를 포함한 민간인 사상자는 군 사상자보다 아홉 배나 많았다. 1917~1920년에 소련 인구는 대략 600만 명이 줄어든 것으로 추정되었다. 서유럽에서는 1918년 11월에 전쟁이 끝났을지도 모르지만, 빌뉴스와 블라디보스토크 사이에 살고 있던 사람들에게 평화는 아직 찾아오지 않았다. 그리고 그 결과는 어땠는가? 1922년 말, 새로 탄생한 러시아 사회주의 연방공화국의 영토는 발트 해에서 베링 해협에 이르렀다. 이 나라는 벨로루시와 우크라이나, 트랜스코카서스, 극동 공화국들과 함께 소비에트 사회주의 공화국연방을 구성했다. 헬싱키에서 키시네프에 이르는 서쪽의 좁고 긴 지역은 별도로 하고, 옛 차르 체제는 놀라울 정도로 잘 유지되었다. 이는 혁명 초기에 볼셰비키의 취약한 입지를 고려해 보면 놀라운 결과이며, 내전에서 그들의 무자비한 전술이 얼마나 효과적이었는지를 입증해 준다. 요컨대, 어떤 러시아 제국이 또 다른 제국으로 대체된 것에 불과했다. 1926년 인구조사에 따르면, 소련 시민의 58퍼센트 정도가 러시아어를 자신이 가장 잘 알거나 자주 사용하는 언어로 꼽긴 했지만, 스스로를 러시아 민족이라고 간주하는 시민은 53퍼센트에도 못 미쳤다.

일부 냉소적인 사람들은 정치 체제 역시 그리 많이 변하지 않았다고 거들었다. 레닌이 '붉은 차르'는 아니었다 해도, 여하튼 무슨 이유로 러시아공산당(다른 공화국의 정당을 직접 지배하던) 정치국을 통해 절대 권력을 행사했을까?[3] 구제국과 신제국을 구분 짓는 사회 사조의 엄청난 변화를 간과해서는 안 된다. 과거 러시아에 '끔찍한' 차르가 있었다 해도, 레

---

3) 그의 후임자인 스탈린은 더욱 자의식이 강한 차르주의자였다. 그는 이렇게 말한 적이 있다. "인민에겐 섬길 수 있는 차르가 필요하다." 그는 1930년대에 어머니에게 보낸 편지에서 본인의 처지를 이렇게 설명했다. "엄마, 우리 차르 기억하시죠? 내가 그 차르 같은 사람입니다."

닌과 그의 동료들이 세운 제국은 혁명기 프랑스에서 단명했던 자코뱅 독재 이후 공포를 기반으로 한 최초의 제국이었다. 또한 볼셰비키가 서양의 혁명 모델에 집착했음에도 그들의 혁명은 동양식으로 보였다. 대부분의 서양 해설자들은 레닌 치하에서 다시 탄생한 러시아 제국의 특징을 주저 없이 '아시아적'이라고 설명했을 것이다. 트로츠키 역시 "우리 붉은 군대는 유럽적이라기보다 아시아적 세계 정치의 지형에서 비교할 수 없을 정도로 강력한 힘을 발휘한다."라고 지적했다. 의미심장하게도 아시아적이라는 단어는 정확히 레닌이 스탈린을 설명할 때 사용한 말이다.

지도 다시 그리기

비스툴라 강 어귀의 항구는 독일식 이름인 단치히로 불렸는가? 아니면 폴란드 식으로 그단스크라고 불렸는가? 한때 튜턴 기사단의 보호를 받으며 자유로운 한자동맹의 자치 도시로 번성했던 단치히는 15세기 중반부터 18세기 말까지 폴란드 왕의 통치를 받았다. 그러나 1793년 프로이센에 합병되었고, 나폴레옹 시대에 독립했다가 1871년에 독일 제국에 편입되었다. 단치히 인구의 90퍼센트 이상이 독일계였다. 그러나 주변 시골의 농민들은 대부분 폴란드계나 슬라브 카슈브계 사람들이었다.

단치히는 서양 지도자들이 1919년 베르사유에 모였을 때 논의한 수많은 문제들 중의 하나였다. 그들 중에서 낙관론자이자 도덕가였던 버지니아 태생의 우드로 윌슨 미 대통령은 자신이 여러 해결책을 갖고 있다고 믿었다.[4] 이 해결책 들 중 일부는 자유무역이나 공해 자유 항행권 등, 낮

---

4) 웨일스 감리교 조상에게서 다소 멀어져 있던 영국 수상 데이비드 로이드 조지는 윌슨이 마치 짧은 설교 몇 마디로 이교도 유럽인들을 구하러 온 선교사처럼 프랑스에 왔다고 비웃었다. 프랑스 수상 클레망소도 윌슨이 성자인 체하는 모습에 비슷한 반응을 보였다. 그는 윌슨의 열네 개 조항을 놓고, 하

익은 자유주의 묘안들이었다. 그리고 집단안전보장이나 군비 규제, 비밀 외교 제한같이, 전쟁 전이나 전쟁 중에 제기된 제안들에 근거한 해결책도 있었다. 윌슨 대통령은 이러한 제안들로부터 성서와 유사한 '규약'을 갖춘 국제연맹을 고안해 냈다. 하지만 윌슨의 구상 중에 가장 급진적인 것은 민족'자결' 원칙을 기초로 유럽 지도를 다시 그리는 것이었다. 윌슨은 1914년 12월부터 줄곧 어떤 평화 협상이든 자국 정부의 의지를 타국에 강요하는 국가를 위해서가 아니라 민족으로 간주되는 국가의 이익을 위해 체결되어야 한다고 주장했다. 1915년 5월에는 한발 더 나아가 모든 민족이 통치권을 선택할 권리가 있으며, 그 아래서 살아가야 한다고 명확히 밝혔다. 그는 1917년 1월에도 그 점을 거듭 주장했고, 자신이 제시한 열네 개 조항 가운데 다섯 번째 조항부터 열세 번째 조항까지 그 의미를 상세히 설명했다. 윌슨이 처음 작성한 규약에 따르면, 연맹은 회원국들의 영토 보전을 보장할 뿐 아니라 민족자결 원칙에 준한 미래의 영토 조정도 담당할 힘을 부여받는다. 물론 이는 전혀 새로운 발상이 아니었다. 존 스튜어트 밀 이래로 영국의 자유주의 사상가들은 동질적인 민족 국가가 자유주의 정체에 가장 어울린다고 주장해 왔다. 영국의 시인과 정치가들도 자신들이 낭만적으로 묘사하던 그리스와 이탈리아인들의 독립을 간헐적으로 지지해 왔다. 1857년, 이상적인 유럽 지도를 그려 본 주세페 마치니(Giuseppe Mazzini)는 민족성을 기초로 11개국만을 상상했다. 그러나 민족자결을 새로운 유럽 질서의 기초로 삼은 정치가는 없었다. 연맹과 더불어 민족자결은 250년 전 베스트팔렌 조약이 체결된 이래 국제 관계의 기초였던 주권 국가의 보전을 우선할 터였다.

 그러나 민족자결의 원칙을 적용하는 일은 두 가지 이유로 결코 쉽지 않았다. 앞에서도 보았듯이, 전쟁 전 독일 제국의 국경선 동쪽에는 이미

 나님은 이미 십계에 만족했다고 심술궂게 말했다.

1300만 명 이상의 독일인들이 살고 있었다. 유럽에서 독일어를 사용하는 인구의 20퍼센트에 해당할 정도였다. 만약 민족자결 원칙을 엄격하게 적용한다면 독일은 훨씬 더 커질 수도 있었고, 이는 결코 윌슨의 동료 조정자들이 의도한 바가 아니었다. 따라서 처음부터 독일을 다루는 방식에는 위선은 아닐지라도 모순이 존재할 수밖에 없었다. 혁명 후 (베를린과 빈 정부 모두 찬성했음에도 불구하고) 오스트리아를 독일 제국에 합병하거나 독일계가 90퍼센트인 남티롤 주민 25만 명에게 이탈리아 귀속 여부를 결정하는 투표권을 부여하지 않았지만, 북슐레스비히(덴마크로 귀속된)와 상부 슐레지엔 동쪽(폴란드로 귀속), 유펜말메디(Eupen-Malmédy, 벨기에로 귀속)의 운명을 결정하기 위한 국민투표는 허용되었다. 프랑스는 주민 중 10퍼센트 정도만 불어를 사용함에도 1871년에 잃었던 알자스 로렌 지역을 되찾았다. 모두 350만 명 정도의 독일어 사용자들이 베르사유 조약에 따라 독일 국민이 되지 못했다. 1919년 체결된 생제르맹 조약에 따라, 보헤미아와 남부 모라비아, 급조된 오스트리아의 주데텐란트 지역에 거주하던 320만 명이 넘는 독일인들은 마지못해 신생국 체코슬로바키아의 국민이 되었다. 새로운 폴란드에는 75만 명에 약간 못 미치는 독일인들이 있었고, 영토가 크게 확장된 루마니아에도 같은 수의 독일인이 있었다. 또한 나중에 유고슬라비아로 알려지는 남슬라브 왕국에도 50만 명, 트리아농 조약에 의해 남겨진 헝가리에도 50만 명의 독일인이 거주하고 있었다.

민족자결의 두 번째 문제는 승전국들이 자신의 제국에는 이 원칙을 적용하지 않고 패전국들에만 적용하려 했다는 점이다. 윌슨이 만든 국제연맹 규약 제3조의 원안은 다음과 같다.

> 민족자결 원칙에 준하여, 앞으로 현재의 인종 상황이나 포부, 사회적이고 정치적인 관계의 변화로 영토 조정이 필요해질 수도 있다. 또한 대표자들 중

4분의 3의 판단으로 관련 민족들의 명백한 이해관계와 복지에 의해 영토 조정이 요구될 수도 있다.

이는 파리에 있는 다른 미국인들이 보기에도 지나치게 공평한 조항이었다. 태스커 블리스 장군은 이렇게 물었다. "윌슨은 국제연맹에 아일랜드나 인도 등의 독립 문제가 상정될 수도 있다는 점을 진지하게 생각했을까?" 그의 동료이자 법률 전문가인 데이비드 헌터 밀러(David Hunter Miller)는 그러한 조항이 끝없는 '불만'과 '민족 통일주의자들의 선동'을 유발할 것이라고 경고했다. 그 결과 윌슨의 초안은 심각하게 훼손되었다. 제10조의 경우, 단순히 과거의 베스트팔렌 조약의 진실성을 다시 강조했을 뿐이다. "연맹 회원국들은 외부의 공격에 대항하여 모든 회원국의 영토 보전과 정치적 독립을 존중하고 유지할 것을 약속한다." 나중에 외교관이 된 영국의 사학자 제임스 헤들램몰리(James Headlam-Morley)는 이렇게 지적했다. "민족자결은 상당히 유행에 뒤져 있다." 그와 동료 학자들은 실제로 분쟁 지역의 국민투표 결과를 전적으로 무시할 수는 없지만, 민족자결은 희망사항이라고 생각했다. 폴란드부터 시작하여 소수 민족 집단의 권리를 다양한 평화 조약에 집어넣으려는 진지한 시도가 있었던 것은 사실이다. 그러나 또다시 영국의 냉소주의와 이기주의가 비생산적으로 작용했다. 몰리가 민족자결만큼이나 소수 집단의 권리에도 회의적이었다는 점은 의미심장하다. 그는 『파리평화회의 비망록(*Memoir of the Paris Peace Conference*)』에서 이렇게 지적했다.

회원국 내의 소수 민족 집단을 보호할 권리를 국제연맹에 부여하는 일부 조항은 아일랜드 문제 같은 더 심각한 건은 빼놓고 리버풀에 사는 중국인, 프랑스에 사는 가톨릭교도, 캐나다에 사는 프랑스인들을 보호할 권리는 제공할 것이다.

표 5-1. 베르사유 조약 하에 독일이 입은 영토 및 인구 손실

영토	양도 국가	면적(km²)	1910년 인구(000)	독일어 사용 인구	%	1925년까지 독일 제국으로 이주한 인구	%
포센	폴란드	26,042	1,946	670	34		
서 프러시아	폴란드	15,865	965	412	43		
남부 동 프러시아	폴란드	501	25	9	36	468	43
포메라니아	폴란드	10	0.2	0.2	100		
실레지아	폴란드	512	26	9	35		
단치히	자유도시	1,914	331	315	95	44	14
메멜	리투아니아	2,657	141	72	51	15	21
동쪽 상부 실레지아	폴란드	3,213	893	264	30	90	34
헐친	체코슬로바키아	316	48	7	15	3	43
북 슐레비히	덴마크	3,992	166	40	24	12	30
유펜 말메디	벨기에	1,036	60	49	82	5	10
알자스로렌	프랑스	14,522	1,874	1,634	87	132	8
총합		70,580	6,475	3,481	54	769	22

다른 곳에서 그런 권리를 거부한 결과 부당한 일과 탄압이 생기더라도, 세계 모든 국가의 주권에 대한 부정을 의미하는 행위를 허용하는 것보다는 낫다.

단치히의 운명은 당시 어떤 협상이 진행되었는지 여실히 보여 준다. 데이비드 로이드 조지 영국 수상의 제안으로, 단치히와 주변 지역(모두 합쳐서 750제곱마일이 조금 넘는)은 국제연맹의 보호를 받긴 했지만 자유도시라는 역사적인 지위를 회복했다. 폴란드인들은 자유 무역항과 우체국, 철도 지배권을 얻었다. 단치히는 자체 화폐와 우표를 발행했지만, 대외 정책은 바르샤바에서 결정되었다. 이는 지리적으로 더 큰 변칙적인 사례의 일부에 불과했다. 단치히는 오데르 강 너머의 베를린과 비스툴라 강 아래의 바르샤바에서 거의 비슷한 거리에 위치해 있었다. 그러나 단치히 서쪽 땅은 이전에 독일에 속했던 서프로이센과 포젠이 폴란드에 양

도된 이후 폴란드 영토가 된 반면, 동쪽 땅인 동프로이센 지역은 독일 영토로 남아 있었다. 상부 슐레지엔에서 단치히로 이어지는 폴란드 회랑이 형성되면서 비스툴라 강과 니멘 강 사이의 동프로이센은 독일에겐 쓰라린 실패의 상징으로 남았다. 단치히는 정말로 자유 도시였는가? 실제로는 폴란드의 포로가 아니었던가? 그리고 동프로이센의 실제 상황도 그렇지 않았는가? 폴란드는 자신들의 권리를 주장하기 위해 단치히의 우편 업무를 독점하려 했다. 그와 동시에 단치히에 대항할 항구인 그디니아를 건설하여 단치히의 무역을 자기 쪽으로 돌리려 했다. 독일(프로이센을 포함하여)에 여행을 가려는 단치히 시민들에겐 폴란드 통과 비자가 필요했다. 이런 사소한 불화로 인한 좋지 않은 분위기는 귄터 그라스의 단치히 3부작인 『양철북』, 『고양이와 쥐(Cat and Mouse)』, 『개의 해(Dog Years)』에 잘 표현되어 있다. 독일의 파멸을 의인화한 소설의 주인공, 소년에 머물러 더 자라지 않는 오스카 마체라스가 1924년 단치히에서 태어났다는 것은 결코 우연이 아니다.

유럽 전역에서는 민족 국가라는 이상과 다민족 사회라는 현실이 충돌하고 있었다. 예전에는 오래된 왕조 제국의 느슨한 구조에 의해 다양성이 조정되었다. 하지만 이제 그런 시절은 가 버렸다. 평화적으로 정치 조직이 성장하려면, 신생 민족 국가에 소수 민족 집단이 상당히 많다는 사실을 받아들여야 했다.(그림 5-2 참조)

예를 들어 체코슬로바키아의 경우, 인구의 51퍼센트가 체코인이었고, 16퍼센트가 슬로바키아인, 22퍼센트가 독일인, 5퍼센트가 헝가리인, 4퍼센트가 우크라이나인이었다. 폴란드의 경우는 인구의 14퍼센트 정도가 우크라이나인이었고, 9퍼센트가 유대인, 5퍼센트가 벨로루시인, 독일인이 2퍼센트 정도였다. 주요 도시 인구의 3분의 1 정도가 유대인이었다. 루마니아는 힘들게 참전한 결과 상당한 영토를 얻었는데, 베사라비아(러시아로부터), 부코비나(오스트리아로부터), 남부 도브루자(Dobruja, 불가리아로부터), 트란실바니아(헝가리로부터)를 받았다. 그 결과 루마니아 주민 세 명 중 한 명이 루마니아 사람이 아니었다. 루마니아 인구 중 8퍼센트가 헝가리인, 4퍼센트가 독일인, 3퍼센트가 우크라이나인이었으며, 1930년 인구 조사에서 소수 민족 집단이 총 열여덟 개 있는 것으로 확인되었다. 루마니아계가 아닌 집단의 우월함은 특히 도시 지역에서 두드러졌다. 루마니아 사람들조차 종파에 따라 갈렸는데, 트란실바니아의 합동동방가톨릭, 루마니아 중심부인 레가트(Regat)의 동방정교회로 나뉘어 있었다. 유고슬라비아는 처음에 '세르비아, 크로아티아, 슬로베니아 왕국'으로 알려졌는데, 이는 열일곱 개 이상의 소수 민족 집단 중 세 집단만을 지칭한 것이다. 사실 이 나라는 뒤죽박죽이었다. 세르비아인들은 자신들이 지배하는 남슬라브 왕국을 꿈꾸었다. 마치 그 점을 지적하기 위한 양, 새 국가의 헌법이 1921년 6월 28일에 반포되었다. 이 날은 코소보 전투와 프란츠 페르디난트 대공의 암살 기념일이었다. 실제로 유고슬라비아는 체코인, 독일인, 집시, 헝가리인, 이탈리아인, 유대인, 루마니아인, 러시아인, 슬로바키아인, 우크라이나인은 말할 것도 없고, 크로아티아인, 세르비아인, 슬로베니아인뿐 아니라 알바니아인, 보스니아 회교도, 몬테네그로인, 마케도니아인, 투르크인이 거북하게 뒤섞인 국가였다. 불가리아와 헝가리에도 상당히 많은 소수 민족 집단이 있었는데, 평화 조약에 따라 영토를 잃었는데도 이들 집단은 전체 인구의 19퍼센트와 13퍼센트를 차지했다. 이 5개국에서만 대략 2400만 명이 자신들을 소수 민족 집단으로 간주하는 국가에서 살고 있었다.

때때로 파리평화 조약은 미국 상원이 비준을 거부했기 때문이라거나 그 조약이 독일에게 너무나 가혹한 배상금을 물렸기 때문에, 혹은 국제연맹에 기초한 집단 안보 체제에 대한 비전이 현실적이지 않았기 때문에 문제였다고 지적된다. 그러나 유럽의 평화가 무너질 수밖에 없었던 가장 중요한 이유는 민족자결 원칙과 소수 민족 집단의 존재 자체가 모순되었

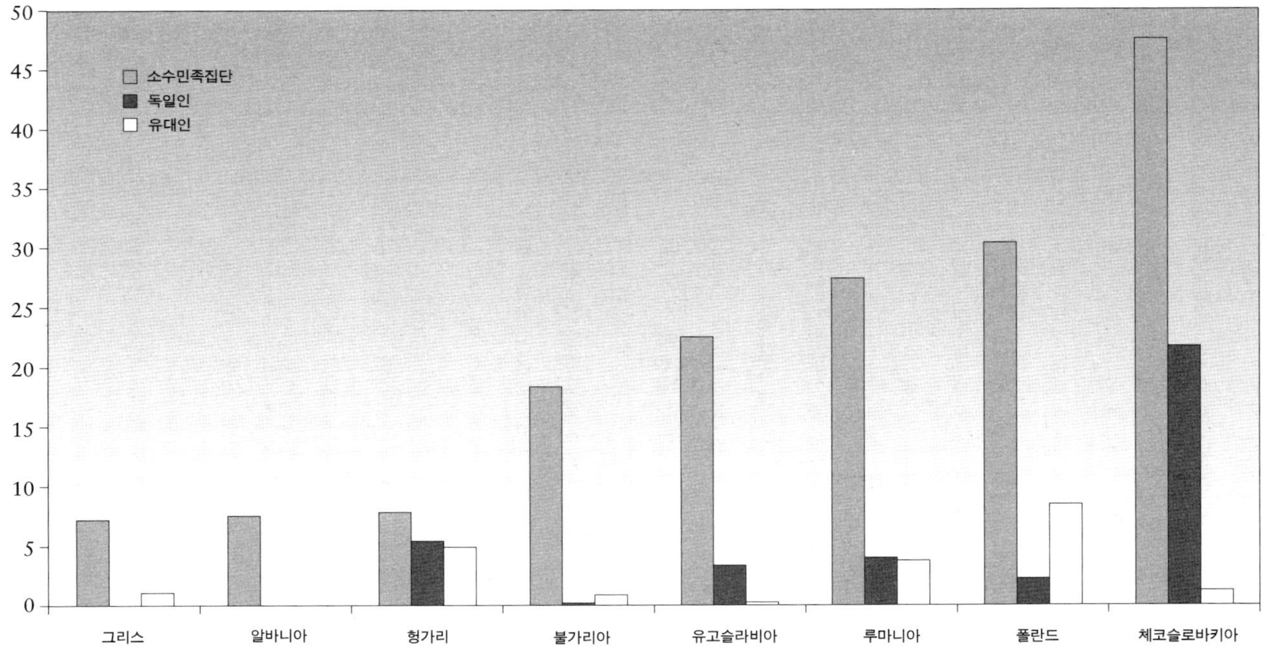

그림 5-2. 1930년~1931년, 중동부 유럽 국가들 내의 소수 민족집단

5 민족의 무덤 265

기 때문이다. 물론 신생국 내의 서로 다른 민족 집단이 공동의 정체성을 형성하여 서로의 차이를 승화시키는 데 동의하는 것이 이론적으로는 가능하다. 그러나 다수 집단이 해당 민족 국가와 국가 자산의 유일한 소유자라고 주장했다. 이론적으로는 소수 민족 집단의 권리가 보호되어야 했다. 그러나 실제로 신생 정부는 그들을 차별하지 않고는 배기지 못했다.

파리 조약에 의해 시작됐다고 알려진 새로운 평화 시대는 눈 깜짝할 사이에 끝나 버렸다. 새로운 폴란드 국경은 투표나 국제 중재만큼이나 폭력에 의해서도 결정되었다. 1918년부터 1921년까지 폴란드는 우크라이나, 독일, 리투아니아, 체코슬로바키아, 러시아를 상대로 소규모 전쟁을 치렀다. 그 결과 폴란드는 중재자들이 계획했던 것보다 훨씬 더 동쪽까지 영토를 넓혔다. 동부 폴란드에 거주하던 우크라이나인은 정부 고용직에서 배제되었고, 새로운 폴란드에 너무나 적대적인 태도를 취했다. 우크라이나 테러 조직들이 곧바로 활동을 개시하자, 폴란드 당국은 주기적으로 동요하는 국경 지대를 잔인하게 평정하려 했다. 그런데 이 모든 결과가 윌슨 대통령 때문이라고 비난한다면 너무 가혹한 것이다. 민족주의가 중동부 유럽에 파고든 것이 윌슨 대통령 때문은 아니다. 민족주의는 그가 파리에 도착하기도 전에 이미 합스부르크 제국을 분열시켰다. 게다가 윌슨은 국경 문제에 개입하여 중재할 수 있는 힘을 갖춘 강력한 국제연맹을 구상했다. 하지만 미국 상원은 분쟁으로 갈라진 유럽 문제에 미국을 연루시킬 이 조약을 비준하지 않았다. 윌슨 대통령은 국제연맹을 미국민들에게 제대로 알리려고 백방으로 노력하다가 결국 뇌졸중으로 쓰러져 대통령 임기의 마지막 16개월 동안을 거의 마비 상태로 지내야 했다.

새로운 전후 질서에서 두 집단이 특히 취약함을 느꼈다. 한때 중동부 유럽의 넓은 지역을 지배했던 독일인들은 새로운 주인들에게 보복을 당할까 두려워했다. 사실 그럴 만도 했다. 독일 주민들은 비드고슈치(Bydgoszcz, 이전의 브롬베르크)와 오스트로보(Ostrowo, 이전의 오스트로브(Ostrow))에서 폴란드 폭도의 공격을 받았다. 체코슬로바키아의 독일인들은 1919년 선거에서 사실상 배제되었다. 1919년 3월 14일, 카덴(Kaaden) 대학살이라고도 불린, 체코 경찰과 군대와의 충돌에서 독일인 쉰두 명이 죽었고, 여든네 명이 부상당했다. 독일인들이 늘 무고한 피해자였던 것은 아니었다. 독일과 오스트리아가 양도한 여러 지역에서 독일인들은 호전적이고 종종 무기까지 갖춘 자위단을 조직했다. 부코비나 독일인들의 경우가 대표적이다. 그레고르 폰 레초리(Gregor von Rezzori, 오스트리아 작가—옮긴이)는 오스트리아 관리의 아들로 태어나 자신 있게 독일어를 쓰면서 체르노비츠(현재의 체르노티) 부근에서 성장했다. 그는 부코비나의 나머지 지역과 함께 체르노비츠가 루마니아의 일부가 되자 당혹해했다. 나중에 그는 이렇게 회상했다.

문명의 얇은 막이 어수선하게 섞인 인종 혼합체에 덧붙여진 듯했다. 하지만 그 막은 지체 없이 쉽게 벗겨낼 수 있었다. 정부 요직을 차지하고 있던 루마니아인은 뻔뻔스럽게 승리를 과시하는 루마니아 군대의 보호 아래 새 주인으로 자신들을 내세웠다. 그리고 카프탄을 입은 유대인, 랍비 지역 전통에 따라 빳빳한 셔츠 칼라에 넓은 니커보커(무릎 아래에서 졸라매는 낙낙한 짧은 바지—옮긴이)와 티롤 모자를 쓴 독일인은 다른 언어를 말하는 사람들 속에서 고립되어 소수 집단이 되었다.

레초리의 가족은 일종의 내적 망명을 했다. 그는 이렇게 표현했다. "우리는 결국 식민지 주인들이 버린 식민지에 거주하게 되었다. 더 이상 어떤 것도 소유할 수 없었다. 우리들 스스로는 더 우수하다고 여기지만, 실제로는 소수 집단에 붙는 혹평 때문에 우리를 이류 시민으로 취급하는 다른 집단에 밀려난 것이다." 루마니아는 동양에 속해 있었는데 반해, 레초리는 의식적으로 자신을 '서양인'으로 인식했다. 물론 독일인들은 부코비나에서 소수 집단에 불과했다. 주민 38퍼센트 정도가 우크라이나인이었고, 34퍼센트가 루마니아인이었다. 체르노비츠에서는 독일인 비중이 38퍼센트까지 증가했지만, 부코비나의 독일인은 9퍼센트에 불과했다. 그러나 합스부르크 왕국의 관료주의와 독일 대학들 덕분에 체르노비츠는 한때 불완전한 아시아가 독일로 변하는 관문처럼 보였다. 반대로 체르노티는 관문이라기보다는 독일의 게토에 가까웠다. 그곳에서는 루마니아 학생들이 독일 극장으로 돌진하여 쉴러의 『군도』 공연을 방해해도 처벌받지 않았다. 이는 독일인이 정복자 지위에서 소수 집단으로 급격히 추락했음을 의미했다.

독일인 사례가 입증하듯이, 소수 민족 집단이 폭력적인 박해만을 당한 것은 아니었다. 그보다는 1920년대에 토지 개혁(선택적인 수용과 재분배를 의미하는)이나 산업의 국유화 과정에서 가장 두드러진 국가의 경제적 역할 확대와 함께, 현실에서건 상상 속에서건 차별의 개연성 또한 높아진 편이었다. 체코 당국은 독일인 학교를 폐쇄한 반면, 주민이 적은 마을에도 체코인 학교를 설립했다. 비록 우크라이나인 학교와 벨로루시인 학교에 대한 차별이 더 심했지만, 비슷한 일은 폴란드에서도 발생했다. 양차 대전 사이의 헝가리에서 독일인 초등학교는 467개나 있었지만, 소수 민족 집단을 위한 중등학교는 문자 그대로 단 하나도 존재하지 않았다. 루마니아 당국은 독일어를 쓰는 교사가 루마니아어를 충분히 알지 못할 경우 부코비나에서 추방했다. 그로 인해 한때 유명했던 체르노비츠 대학의 독일문학과가 명성을 잃어버렸다. 체코슬로바키아의 독일계 공무원은 체코어로 된 시험에 통과해야 했다. 그 때문에 독일인 공무원 비율은 절반으로 줄었다. 폴란드 우체국은 서프로이센과 포젠의 옛날 독일 지명이 적힌 편지는 배달하지 않았다. 같은 맥락에서 이탈리아 정부는 티롤의 독일인이 강제로 이탈리아어를 배우도록 함과 동시에, 이탈리아인이 그 지역에 정착하도록 유도했다. 독일계 소수 집단이 설립한 정치조직들 또한 곤란을 겪었다. 1923년, 폴란드 정부는 비드고슈치에 본부를 둔 독일연맹(Deutschtumsbund)의 활동을 금지했다. 상당히 많은 독일인이 소위 '잃어버린 영토'를 떠나 줄어든 독일 제국에 재정착하기로 한 것은 그리 놀랄 일이 아니다. 1926년까지 서프로이센과 포젠 지역에 거주하던 독일인 85퍼센트가 살던 곳을 떠난 상태였다. 남아 있던 사람들은 대개 고립된 농부들이나 오다 게르델러 가족같이 반항적인 지주들이었는데, 동프로이센에 있던 이 가족의 토지는 드지알도보 주에 편입되고 말았다. 게르델러에 따르면, 독일인들은 예전에 당연시했던 우월감 때문에 괴로운 시간을 보냈다고 한다. 1919년 이후 그들은 폴란드의 성분이 주입되지 못하도록 폐쇄된 상태로 살아갔다.

그러나 러시아 내전에서와 마찬가지로 중동부 유럽에서 가장 공격받기 쉬운 소수 집단은 유대인이었다. 여러 나라의 민족이 독립하던 순간은 반유대 폭력으로 얼룩져 버렸다. 슬로바키아의 홀레소프(Holesov)에서는 유대인 두 명이 살해당했고, 유대인 거주지 전체가 약탈당했다. 르보브에서는 폴란드 군인들이 폴란드인과 우크라이나인 간에 벌어진 다툼에서 유대인들이 중립을 주장했다며 유대인 거주지에서 난동을 부렸다. 1918년 11월에 발생한 흐르자노브(Chrzanow) 포그롬에서는 유대인 주택과 가게에 대한 대대적인 약탈이 자행되었고, 바르샤바에서는 유대인 회당이 불탔다. 빌뉴스와 핀스크에서도 포그롬 사태가 발생했는데, 미국에서 온 자선 물품을 나눠 줬다는 이유로 폴란드 군인들이 유대인 서른다섯 명을 사살했다. 한편 부다페스트에서는 유대계 사회주의자 벨라 쿤(Béla Kun)이 이끈 소비에트 정권의 억압 이후 반유대 백색테러가 발생했다. 혁명 운동은 양날의 칼처럼 이들 유대인 집단을 헤집어 놓았다. 전쟁기에 유대인들은 독일 편을 들었다는 이유로 가끔 비난받았지만, 혁명기에는 볼셰비키 편을 들었다고 비난받기도 했다.

1920년대에는 소수 민족에 관한 조약(Minorities Treaties)이라는 훌륭한 약속에도 불구하고 폭력이 차별로 대체되었다. 폴란드에서는 일요일이 모든 사람들에게 의무적으로 쉬는 날이 되었다. 전쟁 전의 거주지를 입증하지 못한 유대인은 폴란드 국적을 얻지 못했다. 유대인이 교사가 되기란 무척 어려웠고, 대학교수가 되는 건 사실상 불가능했다. 폴란드 학교만 국가 지원을 받을 수 있었고, 유대인 학교는 그렇지 못했다. 폴란드 대학에 다니는 유대인 학생 수는 1923년에서 1937년 사이에 절반으로 줄었다. 한 폴란드 정치인은 이렇게 지적했다. "유대인 공동체는 우리 사회에 흩어진 이질적인 집단으로, 병리적인 기형을 만들어 내고 있다. 지금같이 수적으로나 특징으로나 해롭기만 한 상황에서는 그 집단을 제거하는 것 외에 다른 방법은 없다." 국민당수 로만 드모프스키(Roman Dmowski)도 비슷하게 말했다. 1922년 12월 《프르제글라드 포브세치니(Przeglad powszechny)》에 실린 아래의 시는 전후의 분위기를 그대로 전해 준다.

> 유대 민족은 폴란드를 철저히 오염시키고 있다.
> 그들은 젊은이들을 모욕하고, 평범한 사람들의 화합을 깨뜨린다.
> 유대 민족은 무신론 언론을 이용하여 영혼을 더럽히고 악을 부추긴다.
> 지독한 괴저가 우리 몸에 스며들었다.
> 그리고 우리는 눈이 멀었다!
> 유대인들은 우리가 마치 천치인 양, 폴란드 사업체를 장악했다.
> 그들은 기만하고 강탈하고 도둑질을 한다.
> 우리가 환상을 먹고 있는 동안, 우리의 게으름은 강해지고 커진다.
> 그리고 우리는 눈이 멀었다!

루마니아에서도 상황은 크게 다르지 않았다. 루마니아 군대에 복무하지 않거나 부모가 루마니아에서 태어나지 않았으면 온전한 국적을 얻지 못했다. 대학 등록 또한 제한받았다. 부코비나에서는 1926년에 졸업 시험이 도입되면서, 졸업 후보생 아흔네 명 중 두 명만이 졸업할 수 있었다. 비루마니아계 학생들은 뇌물을 써야 합격을 기대할 수 있었다.

이런 차별에 대한 대응책으로는 세 가지가 있었다. 첫 번째는 떠나는 것이다. 폴란드계 유대 정치인들에게는 시온주의가 중요했지만, 그들 중에 영국의 위임통치를 받고 있는 새 '고향' 팔레스타인을 찾아가는 게 낫다는 결론을 내린 이들은 소수에 불과했다. 1930년에도 팔레스타인으로 이주한 폴란드계 유대인은 8만 2000명에 불과했다. 사실 이는 유대인들의 계속된 이주로 팔레스타인의 안정이 흔들릴 수도 있다는 영국 측의 불안감을 반영한 것이기도 했다. 실제로 소수의 폴란드 시온주의자들만이 성지를 체계적으로 식민지로 건설하는 데 전념했다. 대다수는 폴란드에서 성취할 수 있는 일에 관심을 가졌을 뿐이다. 유대인이 폴란드를 떠나 멀리 떨어진 성지를 향해 떠나기보다 서프로이센인이 폴란드를 떠나 이웃 독일로 가는 것이 여러 면에서 훨씬 쉬웠기 때문이다.

두 번째 방법은 다소 격리된 유대인 사회로 물러나는 것이었다. 이는 갈리치아의 조그만 마을에 거주하는 상대적으로 가난한 아시케나지 유대인들이 자연스럽게 채택한 방법이었다. 이들 중 대다수는 정통과 계율과 복장을 고수했으며 아마 어떤 상황에서든 격리를 선택했을 사람들이었다. 그러나 그들만 격리를 선택한 것은 아니었다. 유명한 유대계 시인 이치크 만저(Itzik Manger)는 여러 해 동안 바르샤바에서 살았지만 폴란드 말을 하지 못했다. 안토니 슬로님스키(Antoni Słonimski)의 말대로, 비에란스카 거리 부근에서 마을을 관통하는 인종 경계선이 유대인 지역과 도시 중심부를 갈라놓았다. 영국 작가 휴 시턴왓슨(Hugh Seton-Watson)은 이렇게 지적했다. "아랍계 마을이 런던의 웨스트엔드(런던의 번화한 상업 지구—옮긴이)와 상당히 다른 것처럼, 폴란드 크라쿠프의 게토 구역도 기독교인들이 사는 지역과 달랐다." 격리는 주거지와 관련된 현상 이상의 무엇이었다. 일반적으로 폴란드에는 하나의 사회주의당, 그리고 분트(연맹이라는 뜻), 시온주의자들의 포알레 시온(Poale Zion, 시온주의 노동당—옮긴이) 등 유대인 사회주의당이 둘 있었다. 유대계 언론이 번성했고 학교 또한 증가했다. 부유한 유대인은 부유한 폴란드인과는 다른 휴양지를 찾았다. 유대인은 사업상 폴란드 사람을 상대했을 뿐 친밀한 관계는 맺지 않았다. 폴란드에서 유대교는 단순히 종교가 아니라 민족 정체성 그 자체였다. 1921년 인구 조사에서 자신이 종교적으로 유대인이라고 설명한 사람들은 74퍼센트에 달했는데, 이들 중 대다수가 스스로를 민족적으로도 유대인이라고 고백했다.

세 번째 방법은 동화였다. 브랸스크(Brańsk)에서는 유대인 아이들과 폴란드 아이들이 함께 악단을 만들어 파티나 결혼식에서 연주를 했다. 코워미야(Kołomyja)에서는 폴란드인과 유대인이 친구인 경우가 너무나 흔했기 때문에 "모든 유대인에겐 폴란드 친구가 있다."라는 말까지 있었다. 심지어 크라쿠프의 유대인 지구인 카지미에즈(Kazimierz) 외곽에서는 폴란드 문화와 시, 음악, 예술을 심도 있게 흡수하는 동시에, 폴란드 사회와 격리된 채로 살아갈 수도 있었다. 1920년대에 성장한 폴란드계 유대인 세대는 다들 이러한 경험을 갖고 있었다. 그들 중 다수가 폴란드어 학교를 다녔기 때문이다. 그러나 헝가리 사람이 다 된 부다페스트의 유대인이나 루마니아 사람처럼 바뀐 부쿠레슈티의 유대인, 독일인이 다 된 프라하의 유대인처럼 오랫동안 동화를 시도한 유대인조차 자신들이 작은 유대인 마을의 정통 유대인보다 단지 약간 덜 의심받고 있다는 사실을 알고 있었다. 부모가 무신론자였던 트루디 레비(Trudi Levi)는 헝가리와 오스트리아 국경 지대에서 성장했는데, 독일어와 마자르 말을 모두 유창하게 했다. 그러나 헝가리 당국은 레비처럼 종교를 포기했더라도 모든 유대인은 히브리어를 배워야 한다고 주장했다. 엘리자베스 위스키만(Elizabeth Wiskemann, 영국의 저널리스트이자 역사가—옮긴이)은 1930년대 초반에 주데텐란트 지역 독일인들이 유대인 상점에 대해 불매운동을 벌이는 것을 보고 충격을 받았다. 전쟁 전의 보헤미아에서는 일어날 법한 일이 아니었기 때문이다. 프라하의 많은 유대인은 그런 반유대주의 행위에 부닥쳤을 때에만 자신이 유대계라는 사실을 깨달았다. 바르샤바에서 태어나 성장한 유대인 아브라함 로트파르브(Abraham Rotfarb)는 양차 대전 사이에 동화된 유대인들이 느낀 뼈아픈 약점을 다음과 같이 표현했다.

나는 동화된 불쌍한 사람이다. 나는 유대인이면서 폴란드인이다. 아니 유대인이었다고 말하는 게 낫다. 하지만 내가 처한 환경과 살고 있는 곳의 언어와 문화, 문학의 영향을 받아 폴란드인이 되었다. 나는 폴란드를 사랑했다. 폴란드 말, 문화, 무엇보다 폴란드 해방과 독립 투쟁의 영웅적 행위, 이 모든 것이 나의 심금을 울리고, 내 감정과 열정에 불을 지핀다. 그러나 나는 폴란드를 사랑하지 않는다. 폴란드는 이유 없이 나를 미워하고, 내 마음과 영혼을 찢어 놓고, 나를 무감각과 우울, 깊은 상심의 나락에 떨어뜨린다. 폴란드는 내게서 행복을 뺏어 갔고, 나를 한 마리 개로 바꾸어 놓았다. 나는 이제 아무런 야망도 품지 못하고 나를 문화의 황무지에 버리지 말아 달라고 애원할 뿐 아니라 폴란드 문화에 나를 들여보내 달라고 매달리고 있다. 폴란드는 나를 폴란드인으로 키워 놓고, 이제는 추방되어야 할 유대인으로 낙인찍는다. 나는 허락받지 못했지만 폴란드인이 되고 싶다. 나는 유대인이 되고 싶지만, 어떻게 유대인이 되는지 알지 못한다. 나는 유대인의 특징에서 멀어져 버렸다.(나는 유대인인 나 자신을 좋아하지 않는다.) 나는 이미 길을 잃었다.

전후 문제의 처리 과정에서 가장 많은 것을 잃은 두 소수 집단이 힘을 합칠 수도 있었다. 프라하 같은 도시에서는 오래전부터 독일인과 유대인의 관계가 갈등보다는 공생의 특징을 띠었다. 1920년대 내내 체코슬로바키아 유대인들은 체코어를 쓰는 학교보다 독일어를 쓰는 학교에 자녀들을 보내는 경향을 보였다. 1920년 11월, 헤프(Cheb)의 한 체코 학교가 강제 폐쇄되었다는 소문이 돌면서 프라하에서 폭동이 발생했을 때, 독일인과 유대인 모두 공격받았다. 라트비아 선더 크로스(Latvian Thunder Cross)는 라트비아의 독립과 행복을 위협하는 독일인과 유대인, 폴란드인, 심지어는 라트비아인까지 모두 총칼로 없애 버리겠다고 맹세했다. 실제로 폴란드의 시온주의 지도자 이츠하크 그루엔바움(Yitzhak Gruenbaum)처럼 독일인 집단과 유대인 집단이 합동 전선을 펴기를 진심으로 바란 유대인도 있었다. 그러나 위험에 처한 독일인은 공통의 역경 속에서 힘을 합치기보다 더 위험에 빠진 유대인에 등을 돌렸다. 1920년 그리고 1923년에 또다시 상부 슐레지엔을 지키기 위한 시위가 확산되면서 포그롬 같은 사태가 일어났다. 일찍이 1925년에 브레슬라우 의사들은 의사협회를 설립한 뒤 유대인 의사 배척 운동을 시작했다. 그레고르 폰 레초리는 루마니아인과 독일인이 유대인 경멸에 어떻게 의견을 같이 했는지 설명했다. 화려한 자수가 놓인 짧고 소매 없는 양가죽 재킷에 청색, 노란색, 붉은색으로 된 벨트를 팽팽하게 맨 리넨 바지와 거친 리넨 셔츠를 입은 루마니아 청년과 독일 결투 클럽의 제복을 입은 독일 학생(빳빳한 칼라에 케피 모자, 가슴에 결투 클럽의 대표 색으로 만들어진 넓은 리본을 단)이 우연히 만나면 서로 주먹질을 해 댔을 것이다.

하지만 이 경우에 책벌레 같은 창백한 피부에 여우 가죽 모자를 쓰고 검은 카프탄을 입은 신비주의 유대교 랍비가 나타나면, 두 사람 모두 정신을 다른 데 돌린다. 예전 적대자들은 새로 온 사람이 공동의 공격 목표라는 사실을 깨닫고 기꺼이 하나가 된다.

레초리의 설명대로, 유대인이 경제적으로 결정적인 역할을 담당하고 있을 뿐 아니라, 문화적으로도 새로이 발전하는 가치와 전통적인 가치의 자양분을 제공해 왔음에도 체르노티의 모든 민족은 유대인을 멸시했다. 이는 과거에 볼 수 없던 새로운 태도였다. 앞서 보았듯이, 부코비나가 루마니아에 합병되기 전에 독일인과 유대인은 같은 학교에 다녔고 같은 문화단체의 회원이었다. 양차 대전 사이에 이러한 화합이 깨지면서, 동유럽에서 독일인과 유대인 간에 발전된 공생 관계가 조성된 마을은 거의 없었다. 그런데 중동부 유럽의 다른 지역과 마찬가지로 여기서도 소수 민족 간에 단결이 이루어지지 않고 반대 상황이 연출되었다.

제국의 역경

그러나 중재자들에게 어려움을 안긴 것은 중동부 유럽만이 아니었다. 옛 오스만 제국의 영토에 속해 있던 다민족 사회의 운명도 결정을 기다리는 참이었다. 이들은 유럽에 자리 잡은 민족들이 아니었기 때문에, 서유럽 열강들은 이 기회에 자신들의 해외 제국이 확장될 수도 있다고 생각했다. 1916년, 영국과 프랑스는 오스만 제국 영토의 넓은 지역을 분할하기로 합의했다. 영국 측은 팔레스타인, 요르단, 이라크의 일부(당시엔 메소포타미아로 알려진 지역)가 될 지역을 갖겠다고 주장했고, 프랑스 측은 시리아와 나머지 이라크 지역을 요구했다. 세브르 조약(Treaty of Sèvres)으로 이 합의안은 승인되었고, 다른 승전국들의 욕심을 충족시킬 수 있도록 확대되었다. 이탈리아는 로도스 섬과 카스텔로리조의 아나톨리아 항구를 포함하여 도데카니소스 섬(Dodecanese Islands)을 받았고, 그리스는 스미르나(현재의 이즈미르) 항구를 포함하여 트라키아와 서아나톨리아를 얻었다. 아르메니아, 아시리아, 히자즈(Hejaz, 현재의 사우디아라비아 지역)는 독립을 얻었다. 쿠르디스탄과 스미르나 주변 지역의 운명은 국민투표로 결정하기로 했다. 비록 미국과 아랍 측의 감정을 존중하여 영국과 프랑스가 취득한 영토에 식민지 대신 '위임통치령'이라는 이름이 붙여졌지만, 생제르맹 조약이 합스부르크 제국을 처리했던 것처럼, 세브르 조약도 오스만 제국을 철저히 바꾸어 놓았다. 하지만 그것은 민족주의가 아니라 제국주의를 기초로 한 변화였다.

그런데 이 모든 행동에는 중동 지역을 전통적인 제국주의적 질서의 수동적인 대상으로 간주할 수 있다는 전제가 깔려 있었다. 실제로 중동부 유럽에서 격변을 일으키던 민족주의적 열망과 인종 갈등이 흑해 해협 반대편에서도 작용하고 있었다. 유럽에서는 이러한 세력이 천천히 작동하고 있다는 점이 차이라면 차이였다. 생제르맹 조약의 규정들을 무효화하는 데에는 거의 20년이 걸렸다. 반대로 세브르 조약은 몇 달 만에 사문화되고 말았다.

동질적인 민족 문화를 가진 터키 탄생을 예언했던 지야 괴칼프(Ziya Gökalp)의 가르침에 영감을 얻은 터키는 1차 세계 대전이 발발하기도 전에 제국에서 민족 국가로 탈바꿈하고 있었다. 1908년, 괴칼프 같은 지식인과 이스마일 엔베르(Ismail Enver) 등의 군 장교들로 이루어진 청년투르크당이 오스만 제국 정치권에 지배 세력으로 등장했다. 청년투르크당의 통일진보위원회(CUP)는 투르크가 단순히 서양 제국을 보조하는 아시아 국가나, 거듭된 영토 분할로 서서히 죽어 가는 제국이 되지 않도록 현대화를 목표로 삼았다. 1913년, 그들은 콘스탄티노플까지 장악했다. 그들보다 앞서 개혁을 시도한 일본처럼, 청년투르크당도 독일을 모델로 삼았다. 골츠(Colmar Freiherr von der Goltz)는 1883년부터 1895년까지 술탄의 군사고문으로 활동했는데, 대체로 그의 영향력은 장교 훈련에 국한되었다. 1914년 1월, 또 다른 독일 장군 오토 리만 폰 잔더스(Otto Liman von Sanders)가 터키군의 감찰관으로 임명되었다. 한편 독일 은행가들은 정부의 감언이설에 넘어가 베를린에서 콘스탄티노플까지의 철도 노선을 바그다드까지 확장하는 데 필요한 자금을 제공했다. 차후에 청년투르크당이 독일 편을 들어 참전하기로 결정한 것은 논리상 이러한 사업들과 연관된 조치였다. 영국 정부가 협상국 측이 신속한 승리를 거둘 경우 러시아에 흑해 해협을 넘겨주기로 비밀리에 약속했고, 터키가 메소포타미아 지역의 유전을 마음속에 두고 있었다는 점을 고려하면, 이러한 결정은 전략적으로 비합리적이지만은 않았다.

그러나 현대화를 부르짖던 청년투르크당이 집권했지만 현실은 녹록치 않았다. 불가리아가 독립을 선언했고, 오스트리아는 보스니아헤르체고비나를 합병했다. 그리고 이탈리아는 리비아를 점령했다. 1차 발칸 전쟁에서 세르비아와 동맹국들에게 패한 결과, 발칸 제국에서 그들에게 남겨진 영토는 아드리아노플(Adrianople, 에디르네(Edirne)) 근처에 있는 트라키아 일부뿐이었다. 실패를 맛본 청년투르크당은 자국 내의 비터키계 주민들에게 더욱 깊은 불신을 품게 되었다. 영국, 프랑스, 러시아 제국이 서로 힘을 합침으로써 더욱 참혹한 전화를 겪자,[5] 그 불신은 적의를 동반한 학살로 변해 버렸다. 제국의 지배하에서 가장 살기 힘든 때는 그 지배가 무너지고 있을 때라는 점이 여실히 드러났다. 20세기에 마지막으로 나타난 현상은 아니지만, 한 제국의 쇠퇴와 몰락은 그 제국이 등장할 때보다 더 많은 유혈 사태를 유발했다.

중동부 유럽 유대인처럼, 아르메니아인도 공격받기 쉬운 민족이었다. 그들은 종교적으로 소수 집단이었을 뿐 아니라 상업 종사자가 상당히 많아서 상대적으로 부유했다. 전적으로 그랬던 것은 아니지만, 유대인과 마찬가지로 그들 역시 국경 지역에 편중되어 있었는데, 오스만 제국 동쪽 국경에 위치한 비트리스(Bitlis), 반(Van), 에르주룸(Erzurum), 마무레튈라지즈(Mamuretülaziz), 디야르바키르(Diyarbakir), 시바스(Sivas) 등 6개

---

5) 오스만 제국의 사상자 중 다수가 전쟁 첫 해에 발생했는데, 이들이 작전 중 사망한 병사의 64퍼센트, 작전 중 실종된 병사의 41퍼센트, 부상의 결과 사망한 병사의 33퍼센트, 부상에 의해 영원히 불구가 된 병사의 58퍼센트를 차지했다는 점은 중요하다.

주였다. 더 신빙성이 있긴 했지만, 아르메니아인들도 유대인과 마찬가지로 외부 위협, 즉 역사상 오스만 제국의 가장 위험한 적이었던 러시아의 동조 세력으로 간주될 수 있었다. 아르메니아에도 세르비아인들처럼 폭력을 써서라도 독립을 이루려는 극단주의자들이 있었다. 실제로 이전에 국가의 지원을 받은 터키인들에게 아르메니아인이 공격받은 적이 있었다.[6] 1890년대 중반에 오스만 당국은 아르메니아인의 종속적인 지위를 이교도의 딤미스(dhimmis, 신민), 즉 비회교도 국민으로 재천명하면서, 쿠르드 비정규군을 동원하여 아르메니아인 마을을 공격하게 했다. 당시 미국 대사는 살해당한 사람들의 수가 3만 7000명이 넘는다고 추정했다. 청년투르크당이 부추긴 것은 아니었지만, 1909년에 아다나(Adana)에서도 폭력 사태가 발생했다. 하지만 1915년부터 1918년까지 아르메니아인들에게 가해진 잔혹한 군사 행동은 질적으로 달랐다. 희생자 규모가 너무나 컸기 때문에 최초의 계획적인 대량 학살로 알려져 있을 정도다. 스미르나의 미국 영사는 "오래도록 지속되는 계획적인 공포와 그 범위 면에서 세계 역사상 지금까지 발생한 어떤 사건도 초월한다."라고 단언했다.

오늘날까지 터키 정부는 아르메니아 대학살을 인정하지 않고 있다. 역사적 증거가 넘쳐 나는 상황인데도 여전히 오리발을 내미는 것은 기이한 일이다. 콘스탄티노플의 미국 대사 헨리 모겐소(Henry Morgenthau) 같은 서양 관측자들은 당시 사태에 대해 상세한 보고서를 작성했는데, 보고서 내용 중에는 "현재 남아 있는 아르메니아인들이 내일 죄를 지을 수도 있기 때문에 모두 없애야 한다."라고 지적한 메메드 탈라트 파샤(Mehmed Talaat Pasha) 내무장관의 말도 포함되어 있다. 서양 선교사들도 자신들이 목격한 가슴 아픈 상황을 글로 남겼고, 그들의 글은 브라이스 자작이 편

---

6) 오스만 제국의 관리가 콘스탄티노플 주재 프랑스 대사에게 "아르메니아 문제는 존재하지 않지만, 우리가 그 문제를 만들어 낼 것이다."라고 말한 것은 1892년이었다.

집한 「아르마니아인들에 대한 대우(The Treatment of the Armenians)」라는 전시 보고서에 실려 있다. 브라이스 자작은 1914년 독일군이 벨기에에서 행한 잔학 행위도 조사한 적이 있는 인물이었다. 생각해 보면, 오스만 제국에 적대적인 기독교 열강이 그 사건을 악의적으로 전하는 데 열을 올렸다는 주장을 제기할 수도 있다. 청년투르크당은 자신들이 친러시아계 간첩들에게 보복했을 뿐이라고 주장했다. 아르메니아인을 위해 중재에 나선 교황 베네딕토 15세에게 술탄이 보낸 답장에도 그런 주장이 담겨 있다.

그러나 오스만 제국 동맹국들의 관리들 얘기는 이와 다르다. 아르메니아에 주둔한 투르크군의 감찰관으로 일했던 남미 용병 라파엘 데 노갈레스는 주 총독이 아딜자부스 지역 당국에 열두 살 이상의 모든 아르메니아 남자를 몰살하라는 명령을 내렸다고 전했다. 알레포의 한 독일 교사는 아르메니아 민족을 절멸시키려는 시도에 충격을 받고 독일 정부에 그 잔학 행위에 제동을 걸 것을 촉구했다. 콘스탄티노플의 오스트리아군 전권대사 요제프 포미안코프스키에 따르면, 오스만 제국은 소아시아의 아르메니아 민족 말살에 착수한 것이었다.(그는 '근절'과 '절멸'이란 단어를 사용했다.) 포미안코프스키는 자신들이 아르메니아인들의 반란에 대응했을 뿐이라는 투르크 정부의 주장을 무시했다. 그가 보기에 반(Van) 등지에서 발생했다는 폭동은 곧 자신들도 대량 학살에 희생될 것임을 깨달은 아르메니아인들이 자포자기 심정으로 저지른 행동이었다. 그의 오스트리아 대사관 동료들 중 한 사람은 이 사건을 "투르크인의 아르메니아 인종 몰살"이라고 칭했다. 또한 오스트리아 대사는 이 대량 학살이 "투르크 정권의 오점이며, 언젠가 이 행위에 책임을 져야 할 것"이라고 말했다. 반면, 독일 대사는 비난하는 데 주저했지만, 독일 정보원은 대량 학살이 자행되고 있다는 사실을 확인해 주었다. 이러한 소문을 입증하는 당시 투르크인의 증언도 있다. 아르메니아인들을 트라브존에서 추방하라는 명령을 받은 한 투르크 장교는 추방이 학살을 의미한다는 사실을 알고 있었다고 인정했다.

투르크가 취한 조치는 상당히 체계적이었다. 우선 징병 연령이 된 아르메니아 남자는 모두 소집되었고, 그들의 정치적, 종교적 지도자들은 체포되어 추방되었다. 1914년 말에 간간이 사건이 벌어졌지만, 폭력 사태는 대부분 1915년에 일어났다. 반에 인접한 아르메니아 마을들은 전소되었고, 열 살 이상의 남자는 모두 학살당했다. 매력적인 젊은 여성들은 강간당하고 유괴되었다. 여성, 아이, 노인은 종종 옷이 모두 벗겨진 상태로 페르시아 국경 쪽으로 추방되었다. 대개 가해자들은 피해자들의 집을 약탈했다. 돈과 기타 귀중품을 모두 훔쳐 갔고 강간이 만연했다. 1915년 7월, 트라브존에서는 아르메니아 남성 수백 명을 15~20명씩 무리 지어 마을 밖으로 끌어낸 뒤, 미리 파 놓은 구덩이 앞에 세워 놓고 총살하여 던져 버리는 만행을 저질렀다. 비트리스와 자르트(Zaart)에 살던 아르메니아인 시체 수천 구가 강이나 인근 계곡에 버려졌다. 비슷한 잔혹 행위가 1915년 내내 너무나 많은 곳에서 발생했기 때문에 이것이 계획된 폭력이라는 사실엔 의심의 여지가 없다. 아르메니아 여성, 아동, 노인들에 대한 추방도 조직적으로 이루어졌다. 바그다드 철도를 따라 달리던 기차는 한 객차에 아르메니아인을 80~90명씩 짐짝처럼 싣고 족히 수만 명을 실어 날랐다. 종점에 내린 뒤에는 문자 그대로 쓰러질 때까지 계속 걷게 했다. 헐벗은 채로 물도 없이 시리아 사막을 걸어야 했기 때문에 추방은 곧 죽음을 의미했다. 바이에른의 신학자 요제프 엥게르트(Josef Engert)는 미래에 피우스(Pius) 12세가 될 당시의 교황 사절 에우제니오 파셀리(Eugenio Pacelli)에 대한 비망록에서 그 공포를 다음과 같이 설명했다.

아르메니아인 100만 명 정도가 사라졌다. (중략) 그들이 반란(아르메니아인들이 끊임없는 고통과 엄청난 빈곤으로 무기를 들었다고 몇몇 독일 장교들이 내게 확인해 주었으나 증거가 있는 것은 아니다.)을 일으켰다고 해도, 여자들과 아이들은 도대체 무슨 죄를 저질렀는가? 이 불쌍한 여자들과 아이들의 운명은 남자들보다 끔찍했다. 그들은 1000명씩 사막과 초원에 버려졌고 굶주림과 목마름, 온갖 고통에 시달렸다. (중략) 여성과 소녀 수천 명이 팔려 갔다. 그리고 돈 20리라에 여러 주인들에게 첩으로 넘겨졌다. (중략) 남자아이들은 투르크 고아원에 버려졌고, 강제로 이슬람교를 믿어야 했다. (중략) 아르메니아 문제가 해결되었다는 투르크의 주장은 사실은 아르메니아인을 몰살했다는 뜻이다.

엥게르트가 명확히 밝혔듯이, 특히 젊은 여성들과 아이들을 상대로 강제 개종이 이루어졌다. 배교 강요와 성적 정복을 아르메니아 문제의 해결책으로 삼기도 했다. 그러나 청년투르크당이 최우선한 방법은 살인이었다.[7] 살해당하거나 고통에 못 이겨 죽은 아르메니아 남녀와 아동의 수는 아마도 100만 명이 넘을 것이다. 전쟁 전 인구가 가장 많았을 때 240만 명이었고, 대략 180만 명 정도였던 점을 감안하면 희생자 수는 엄청났다. 간단히 말해 러시아 식 포그롬보다 더 심각했다.

아르메니아 대량 학살은 제국에서 민족 국가로 탈바꿈하려는 다민족 정치 체제에서 발생할 수 있는 격변을 보여 주는 무서운 실례(實例)였다. 알레포 대주교의 항변도 허사였다. "우리는 투르크 국가와 우리 자신을 분리하고 싶지 않다. 민족과 종교가 너무나 뒤섞여 있는 상태라 순수하게 민족으로 구분할 수 없으며, 따라서 분리는 불가능할 것이다. 또한 구분될 경우 모두 파멸할 정도로 이 다양한 집단들은 경제적으로 서로 의존하고 있다." 독일군이 '절멸'이라는 단어를 좋아한다는 사실은 말할 것

---

7) 탈라트가 지방 관리들에게 전보로 대량 학살을 명령했다는 주장은 논란의 여지가 있다. 그 전보가 위조되었다는 주장이 있었지만, 전후에 열린 탈라트 암살자에 대한 재판에서 원본이 인용되었고, 법정은 원본의 신빙성에 의문을 제기하지 않았다. 탈라트와 다른 터키 관리들은 서로 죄를 덮어씌우기 위해 언쟁을 벌였는데, 영국 측이 이를 알게 되었다.

도 없고[8], 첫 번째 대량 학살에[9] 일부 독일 군인들이 연루된 사실 때문에 아르메니아와 아우슈비츠가 직접 연결되어 있다는 추론은 무리지만, 아르메니아인들을 몰살하기 위해 계획적으로 이용된 방법, 예를 들면 지옥 같은 사막으로의 기차 여행이나 죽음의 행진 등은 앞으로 모방되어 더욱 다듬어질 터였다.

그러나 이 사건은 에게 해에서 북해 사이에 위치한 국가들의 사회 구조를 근본적으로 변화시킬 연이은 인종 갈등의 시작일 뿐이었다.

서(西)아나톨리아와 북해 연안(폰토스(Pontus))의 그리스 주민은 1차 세계 대전 직전에 200만 정도였다. 그들 집단의 역사는 상당히 오래되었다. 그들은 2000년 이상을 그 지역에서 살아 왔는데, 에페소스 극장같이 웅장한 건물들이 그 사실을 증명한다. 그들은 근대에도 번성했고, 스미르나 부두를 가 본 사람이라면 누구나 그 사실을 알 수 있었다. 그러나 일찍이 1915년 10월, 독일군 수행원은 청년투르크당의 엔베르 장군이 아르메니아 문제를 해결했던 방식대로 그리스 문제를 해결하고 싶어 한다고 베를린에 보고했다. 그리고 그 과정은 트라키아에서 시작되

---

8) 예를 들면 "우리가 이야기하는 적의 패배란 적의 전투력의 일부를 없앰으로써 이후 어떠한 보복 행위도 단념하게 만드는 것을 의미한다." (Goltz, *Conduct of War*, p.8)
9) 『알레포의 공포(*Horrors of Aleppo*)』를 쓴 익명의 독일 작가는 자신의 조국이 아르메니아인이 겪은 비참한 운명 때문에 비난받을 거라고 심히 걱정했다. 그는 이렇게 말했다. "독일인들은 아르메니아인들을 상대로 한 조처를 누가 취했는지 묻는 모든 사람들에게 투르크인들이 간단히 설명하면 된다고 가르쳤다." 또한 그는 아르메니아 문제가 제기되었을 때, 독일 장교들이 불길하게도 침묵을 지켰다고 지적했다. 그의 이러한 지적은 부하 병사가 아르메니아인 강제 추방에 관련된 서류에 서명했다고 꾸짖은 독일군 장교의 이야기에 부합된다. 알레포 주재 미국 영사는 독일인들이 아르메니아 민족의 절멸을 너그럽게 봐주었다고 생각했다. 실제로 트라브존의 오스트리아 영사는 맨 처음 독일이 아르메니아의 '중립화'를 권했다고 믿으면서도, 그들이 덜 철저한 방법을 계획했다는(아마도 강제 개종) 사실을 덧붙였다. 아드리아노플의 오스트리아 영사는 아르메니아인들이 강제로 추방되는 동안 독일 장교들이 함께 있었는데, 그 상황을 막기 위해 손가락 하나도 까딱하지 않았다고 지적했다. 모겐소는 자신이 그 문제를 제기했을 때, 독일 대사와 독일 해군 무관이 보인 적대적인 태도에 충격을 받았다. 독일 해군 무관은 모겐소에게 이렇게 말했다. "아르메니아인과 투르크인이 이 나라에서 함께 살 수는 없다. 이들 중 한 민족이 사라져야 한다."

었다. 사실 엘레프테리오스 베니젤로스(Eleftherios Venizelos) 그리스 수상이 삼국협상 편에서 그리스의 참전을 강력히 지지한 데다, 콘스탄틴(King Constantine) 왕이 1917년 6월까지 하야를 거부했는데도 1915년 10월부터 살로니카에 영국-프랑스군이 주둔한 관계로 그리스의 중립성을 믿을 수가 없었기 때문에, 투르크가 그리스를 제5열로 판단할 수도 있는 상황이었다. 살로니카에서 보면, 세르비아를 참패시키려는 독일과 오스트리아 측에 불가리아가 가담했기 때문에, 1차 세계 대전은 3차 발칸 전쟁이나 마찬가지였다. 실제로 삼국협상 측의 살로니카 파병은 허물어지고 있는 세르비아 세력을 강화하기 위한 것이었다. 하지만 너무 늦었다. 그리스가 뒤늦게 참전하긴 했지만 영국-프랑스 병력이 꼼짝할 수 없는 상황이었기 때문에, 1917년 독일과 불가리아에 루마니아가 패퇴하는 상황을 막을 수가 없었다. 그러나 전쟁 막바지에 서부전선의 독일군처럼 완전히 무너지는 상황이 발생했다. 1918년 9월 25일, 살로니카 전선의 공세로 불가리아는 화평을 청할 수밖에 없었다. 시리아에서 투르크군을 무너뜨린 영국은 엿새 뒤 다마스쿠스로 진군해 들어갔다.

베니젤로스는 이 순간 승리에 도취되었다. 그는 크레타 섬에서 투르크를 몰아낸 반란을 주도하면서 정치인으로서 첫발을 내디뎠다. 그는 1차, 2차 발칸 전쟁에서 그리스를 승리로 이끌었고 마침내 3차 발칸 전쟁에 참여하여 여기에서도 승리를 거두었다. 이제 그는 그리스의 세력을 펠로폰네소스 반도에서 에게 해를 거쳐 아나톨리아까지 확대할 기회를 발견했다. 애초에 그리스군을 부추겨 스미르나를 점령하게 한 것은 영국 정부였다. 로이드 조지의 속셈은 스미르나에 눈독을 들인 이탈리아를 막는 것이었다. 시인 가브리엘레 단눈치오(Gabriele D'Annunzio)가 이끄는 불온한 이탈리아군은 4대 강대국을 무시하고 일찌감치 아드리아 해의 피우메(Fiume)를 점령했다. 처음에는 그리스 측에 유리하게 상황이 전개되어 그들은 아나톨리아 깊숙이 전진해 들어갔다. 그러나 고대 그리스 희곡의 가장 뛰어난 전통이 재현되듯이 지나친 오만에 징벌이 내려졌다. 그리스의 패전 위기로 터키 혁명이 움텄다. 1920년 4월, 앙카라에서 대국민의회가 소집되었으며, 의회는 세브르 조약을 거부하고 금발에 푸른 눈의 무스타파 케말 장군에게 대통령직을 제안했다. 거의 동시에 아테네의 베니젤로스는 실권했고, 영국, 프랑스, 이탈리아는 그리스 해외 원정에 대한 지원을 중단했다.[10]

살로니카에서 태어난 케말은 1915년 영국군의 침입으로부터 갈리폴리를 지켜 내는 데 주요한 역할을 했다. 이제 그는 아나톨리아에서 그리스군을 몰아내는 일을 지휘했다. 그리스군은 앙카라 서쪽 약 160킬로미터 지점인 에스키셰히르에서 격렬한 전투를 벌인 끝에 무너졌다. 당시 항복하지 않은 자들은 줄행랑을 쳤는데, 에게해 쪽으로 도망치던 그리스 군대에 수만 명의 민간인이 따라나섰다. 이 민간인들은 스미르나에 가면 흑해 연안을 따라 형성된 그리스인 집단에 가해지던 보복을 피할 수 있을 것으로 생각했다. 실제로 스미르나에도 아르메니아인 집단이 큰 규모로 형성되어 있었는데, 그들은 아마도 잔더스 장군 덕에 전쟁에서 목숨을 부지한 사람들로 보였다. 그러나 1922년 9월, 케말의 군대가 스미르나를 점령했다. 그들은 아르메니아인 지역을 포위하고 거주민 2만 5000명을 체계적으로 학살하기 시작했다. 그런 다음 설혹 남아 있을 수도 있는 생존자를 태워 없애기 위해 마을에 불을 놓았다. 미국 영사 조지 호턴(George Horton)은 직접 목격한 학살 행위를 증언했다.

처음에는 그 마을 원주민인 투르크인들이 공격을 주도했다. 엽총으로 무장한 민간인들이 누군가 머리라도 보이기만 하면 발사할 태세로 기독교인 집

---

10) 처칠은 이러한 입장 전환이 1920년 10월 원숭이에 물려 그리스 왕 알렉산드로스가 죽었기 때문이라고 지적했다. 독일을 사랑하는 그의 아버지 콘스탄틴의 복위는 전쟁 동안 그가 서양 열강의 편에 서길 거부했다는 점에서 열강을 기쁘게 해 주려는 계산된 행동이 아니었다.

의 창문을 지켜보고 있는 모습을 내 눈으로 직접 보았다. 몸을 웅크리고 사냥감에 몰래 다가가는 사냥꾼 분위기가 풍겼다. (중략) 칼로 난도질하거나 곤봉으로 내려치고 혹은 무리를 지어 시골로 몰아낸 뒤 총살하는 등, 아르메니아인들을 사냥하고 죽여 대자 상상할 수 없을 정도의 공포심이 형성되었다. (중략) 나는 한 젊은 부부가 바닷물 속으로 걸어 들어가는 모습을 보았다. 그들은 훌륭하고 매력적인 부부였다. 남편은 어린아이를 안고 있었다. 바닷물이 어깨까지 닿자, 불현듯 나는 그들이 물에 빠져 죽으려 한다는 걸 깨달았다.

런던의 《데일리 메일(Daily Mail)》 기자는 소설 『우주 전쟁』을 옮겨 놓은 듯한 기사를 보냈다.

내가 본 것은 3.2킬로미터에 걸쳐 계속되는 불기둥이었다. 하늘을 가린 불기둥을 배경으로 교회의 탑과 회교사원의 둥근 천장, 평평한 주택 지붕의 윤곽이 드러났다. (중략) 바다는 짙은 구릿빛으로 빛나고 있었고, 피난민 수천 명이 다가오는 참혹한 죽음과 깊은 바닷물 사이에서 갈피를 잡지 못하고 좁은 선창가에 몰려 있었다. 그들이 내지르는 공포에 찬 비명 소리가 멀리 떨어진 곳에서도 계속 들려왔다.

필사적으로 탈출하여 부둣가에 도착한 사람들은 항구에 정박해 있는 외국 선박들을 보았다. 영국, 프랑스, 미국 전함이 스무 척 넘게 있었다. 마치 구원이 임박한 듯한 느낌이 들었을 게 분명했다. 하지만 서양 열강의 군대는 아무런 조치도 취하지 않았다. 20세기에 또 그런 일이 발생하지만, 국제 파견단은 (영국 외교관의 표현을 빌리자면) "소수 민족 집단을 제거하는 신중한 계획"이 행동으로 옮겨지는 현장에서 수수방관하고 있었다. 고대 그리스 민주주의를 물려받은 이들이 그런 계획을 전혀 막지 못했을 뿐 아니라 소아시아에서 헬레니즘 문화의 후예들을 잔인하게 추방한 것은 서양의 몰락을 의미하는 분명한 상징이다.

자신의 돈을 털어 소수 그리스인과 아르메니아인에게 안전한 피난길을 마련해 주려 했던 호턴에게 스미르나의 파멸은 과거 비잔틴 제국 전역에서 기독교를 절멸하려는, 다시 말해 고대 기독교 문명을 파괴하려는 지속적인 프로그램의 마지막 장에 불과했다. 따라서 종교적인 이유로 그런 일을 벌였다는 의견이 우세하다. 하지만 신생 터키 공화국은 이슬람 국가가 아니었다. 반대로 케말은 나중에 정교분리 원칙을 도입하는데, 당시 세력을 규합하기 시작한 이슬람 야당이 이 원칙을 뒤엎지 못하도록 의회민주주의 도입을 중단한다. 실제로 1915~1922년에 발생한 일은 성전이 아니라 인종 청소였다. 호턴은 비참한 심정으로 이렇게 지적했다. "이곳의 소수 민족 문제는 완전히 해결되었다."《뉴욕 타임스》는 "투르크인은 왜 그리스인과 아르메니아인을 자기 나라에서 제거하면 안 되는지, 왜 그 나라 여성들을 첩으로 취하면 안 되는지 이해하지 못하고 있다."라고 지적하면서, 투르크 정책의 성적인 일면을 간파해 냈다. 상당수의 건장한 남자들을 내륙으로 행군시키며 투르크인들의 공격에 희생시켰지만, 케말은 스미르나에 있는 그리스인을 모두 죽일 필요는 없다고 보았다. 그는 그리스 정부에 10월 1일까지 그리스인을 전부 대피시키라고 전했다. 1923년 말까지 120만 명이 넘는 그리스인과 10만 명의 아르메니아인이 조상 대대로 살던 고향을 떠나야 했다. 그리스 측도 같은 방법으로 대응했다. 1915년, 서(西)트라키아 주민의 60퍼센트는 이슬람교도였고, 29퍼센트는 마케도니아 주민이었다. 1924년까지 그리스인들이 그 지역을 차지하는 과정에서, 그 수치는 각각 28퍼센트와 0퍼센트로 떨어졌다.

아르메니아인 학살과 폰토스의 그리스인 대량 학살, 스미르나 약탈이 자행된 뒤 합의하에 실행된 그리스와 투르크 주민 '교환'은 알레포 대주교의 경고가 사실이었음을 소름 끼칠 정도로 명료히 입증해 주었다. 그는 다민족 제국이 민족 국가로 변할 때, 대량 학살만이 나타날 것이라고 경고했다. 보통 사람들의 가장 저열한 본능이 근대적인 통일에 앞서 일종의 부족 간 유혈 사태로 표출되는 듯했다. 확실히 당시 일어난 사건들에서는 경제적인 이유를 찾을 수 없다. 아나톨리아 해안을 따라가면 아직도 폐허로 남아 있는 마을을 만날 수 있다. 1922년, 고향을 떠나 도망칠 수밖에 없었던 주민들은 그후 결코 고향을 찾지 않았다. 현재 휴양지가 된 카라부룬(Karaburun)에서 멀지 않은 사자크(Sazak) 마을엔 한때 500여 명의 주민들이 살았다. 잘 지어진 석조 주택과 자갈을 깐 가파른 거리에는 한때 부유했던 농촌 분위기가 남아 있다. 이제 사자크는 유령 마을이 되어 버렸고, 가끔 길 잃은 염소나 바다 안개만이 찾을 뿐이다. 그곳은 제국의 고통을 고스란히 담고 있는 황량한 기념물이다.

민족의 무덤

유럽 대륙의 다민족 제국은 파멸을 내재한 건축물이었다. 서로 부딪칠 줄 알면서도 맹렬한 기세로 달리는 기관사들처럼, 유럽 제국들은 1914년 대열차 충돌을 일으켰다. 그 결과 네 왕조가 막을 내리고 열 개의 민족 국가가 탄생했지만, 그 제국이 종말을 맞은 것은 아니었다. 영국과 프랑스 제국은 적국의 남은 영토를 차지하면서 더욱 커졌다. 반면 운을 다한 제국들 가운데 두 개의 제국이 놀랍도록 빠르고 맹렬하게 제국을 복원할 수 있었다. 더욱 잔인해진 러시아 제국은 소비에트 사회주의 공화국 연방이라는 외관을 앞세워 다시 출현했다. 관대함이 줄어든 터키는 볼셰비키가 수도를 모스크바로 옮겼던 것처럼, 오스만 제국의 옛터를 포기하고 앙카라에서 출발했다.

그러면 1918년 패전으로 하나가 아니라 두 개의 제국을 잃고, 이제는 일곱 개가 넘는 나라들에 이주민들이 흩어진 데다 두 공화국으로 나뉘기까지 한 독일은 어떻게 되었을까? 비록 1922~1923년의 지독한 인플레이션이 독일 정부의 잘못된 재정과 통화 관리 때문이 아니라 베르사유 조약의 직접적인 영향을 받은 결과인지는 논쟁의 여지가 있지만, 파리평화 조약 비판가들 가운데 가장 영향력 있는 인물로 드러난 케인스는 독일의 심각한 경제 위기 시기를 정확히 예측해 냈다. 케인스가 제시한 구제책은 명쾌했다. 배상금을 적당한 수준인 40억 파운드로 정하고, 1923년부터 30년간 분할해서 갚도록 해 주자는 것이었다.[11] 그는 독일이 자유롭게 무역을 하고 경제를 재건할 수 있도록 돈도 빌려 주어야 한다고 주장했다. 이는 이타심의 문제가 아니라, 세상 이치에 밝은 사리(私利) 추구의 문제였다. 독일이 경제를 회복하지 못하면 중유럽에 안정이 찾아올 수 없기 때문이다.

케인스는 『평화의 경제적인 결과』의 마지막 장에서 이렇게 지적했다. "폴란드의 거대한 이웃 국가들이 번영을 구가하고 질서를 잡지 못하면, 폴란드는 유대인 박해 외에는 어떤 산업도 존재하지 않는 경제 불능 상태에 빠질 것이다. 러시아가 혼란한 상황에서 독일 기업과 조직의 대리인을 통해서만 폴란드를 구원할 수 있다. 따라서 서양 열강은 독일이 동남부 이웃 국가들을 위해 부를 창출하고 유럽에서 다시 제자리를 찾도록 도와주어야 한다. 그렇지 않으면 반동 세력과 자포자기에 빠진 혁명 세력 사이에서 내전이 발생할 것이다. 그러면 지난 전쟁의 공포와 비교할 수조차 없는 사태가 일어날 것이며, 승자가 누구든 우리 세대가 만든 문명과 진보는 모두 파괴될 것이다."

그러나 독일 재건은 중부 유럽의 정치 세력, 즉 평화 조약 조인자들이 만들어 낸 신생 국가들과 그 안의 소수 민족 집단에 어떤 의미였을까?

---

11) 1921년 5월, 숱한 논란 끝에 연합군은 즉시 배상금을 지불하는 조건과 함께, 총 65억 파운드를 요구하는 데 동의했다.

만약 오스만 제국에서 터키 공화국으로의 탈바꿈이 민족 학살과 대량 추방의 결과라면, 어떻게 해야 중동부 유럽에 형성된 조각보 같은 여러 민족 국가에서 유사한 사태를 방지할 수 있었을까? 이에 대해 유대계 독일 작가 알프레드 되블린(Alfred Döblin)은 명료하게 설명했다. "오늘날의 국가는 민족의 무덤이다."

2부 제국 국가

6 계획

나는 위대한 계획과 사상, 관심이 모든 것에 우선한다는 점을 너무나 잘 알고 있다. 또한 무엇보다 내 어깨에 짊어진 보편적인 역사적 임무를 나 자신의 문제와 동일시하는 것이 께께하다는 점 또한 알고 있다.
── 니콜라이 부하린, 스탈린에게 보낸 마지막 편지

우리는 소중한 아버지, 당신의 손을 흔듭니다.
당신이 우리에게 준 행복을 위해.
당신은 생명의 원천을 이루는 햇살입니다.
그리고 이제 농민은 잘 먹고삽니다.
전사는 전투에서 굳셉니다.
── 남오세티아 자치주 노동자들이 스탈린에게 보낸 시

우리는 늙은 볼셰비키든 아니든, 적을 죽일 것이다. 우리는 적의 가족까지도 멸망시킬 것이다.
── 스탈린이 축배를 들며 한 말

재즈에서 블루스까지

1차 세계 대전 직후, 세계 대부분 지역은 미국의 리듬에 맞춰 춤을 췄다. 뒤늦게 참전했다 승리를 거둔 미국은 평화를 선사한 승자임에 틀림없었다. 1920년에 도입된 금주법 같은 법적 제한에도 불구하고, 미국은 경제, 사회, 정치 생활에서 새로운 자유를 구가했다. 그런데 미시시피 삼각주의 흑인 집단에서 탄생하여 중서부와 북동부 지역의 산업 도시로 이주한 흑인들이 전파하여 브로드웨이에서 변화를 겪고, 이후 10년 동안 세계적인 파티 음악 역할을 톡톡히 한 재즈만큼 새로운 자유의 양면성을 제대로 보여 주는 것도 없었다. 스콧 피츠제럴드는 『위대한 개츠비』에서 이러한 쾌락으로의 도피가 모든 이에게 어울린다고 주장했다. 전쟁 중에 겪은 악몽을 잊고 싶어 하는 사람들뿐 아니라 전후에 관광객으로 참호를 구경하고 죄책감이나 허영심으로 자신의 전쟁 이야기를 지어낸 사람들에게도 쾌락은 꽤나 어울렸다. 영화와 미니스커트, 칵테일과 컨버터블 자동차, 무허가 술집과 줄담배 등 뉴욕, 시카고, 로스앤젤레스는 이 모든 쾌락, 아니 그 이상을 제공했다. 그러나 전후 미국에서 나타난 향락적 분위기는 이전의 유행성 독감처럼 전염력이 강했다. 한때 금욕적이었던 프로이센의 수도 베를린은 흥청대는 시카고로 변해 버렸다. 도쿄의 1920년대 또한 에로구로(eroguro)의 시대였다. 이는 에로틱(erotic)의 에로와 그로테스크(grotesque)의 그로의 합성어이다. 한밤의 긴자는 미국적인 사운드와 스타일로 북적댔다.

세속적인 쾌락 지대로는 상하이가 제일이었다. 상하이가 내민 거의 모든 유혹에 무릎을 꿇은 영국 작가 올더스 헉슬리는 "이보다 더 격렬한 삶은 상상할 수 없다."라며 감격했다. 1920년대에 「암흑가」, 「포위망」, 「죄의 거리」 등을 발표했고, 「탄식의 천사」와 「상하이 특급」으로 마를레네 디트리히를 스타로 만든, 빈 출신의 영화감독 요제프 폰 슈테른베르크(Josef von Sternberg)는 진정으로 풍요로운 소비를 보여 준 상하이의 그레이트 월드 센터(Great World Center)에 매료된 동시에 크게 놀랐다.

    1층에는 도박 테이블과 단조로운 말투의 아가씨들, 마술사, 소매치기, 슬롯머신, 불꽃, 새장, 부채, 향초, 곡예사가 있었다. 한 층 더 올라가면, 식당과 10여 개의 이발소, 귀지 파 주는 사람들이 있었다. 3층에는 곡예사와 한의원, 아이스크림 장수, 사진사, 깃을 높게 세운 가운이 깊이 파여 엉덩이까지 드러나는 아가씨들이 있고, 그 새로운 것들 아래에는 노출된 화장실이 여러 줄 늘어서 있었다.

트럼펫 연주자 벅 클레이턴이 이끄는 '할렘 젠틀먼 밴드'는 상하이 엘리트의 회합 장소인 캐니드롬 볼룸에서 연주하던 미국 밴드 중의 하나였다. 그 엘리트 집단에서 방탕하다고 알려진 인사들 중에 장제스(蔣介石)란 젊은이가 있었다. 그는 윙온(Wing on) 백화점 건물의 그레이트이스턴 호텔에서 두 번째 아내(이중 결혼)와 결혼식을 올린 인물이다.(그는 신혼여행에서 아내에게 첫 부인을 소개해 주고 임질까지 안겨 주었다.) 그리고 겨우 몇 년 뒤에 다시 결혼했는데, 이번에는 웰슬리 대학에서 교육받은 부유한 상속녀 쑹메이링(宋美齡)이 신부였다. 장미로 장식된 머제스틱 호텔의 피로연에는 하객 1000명이 참석했다. 결혼식은 1927년 12월 1일에 치러졌는데, 러시아 혁명 10주년 기념일 며칠 뒤였다. 결혼식 파티는 유감스럽게도 가난한 러시아 이민자들이 소비에트 영사관을 돌과 나무토막으로 공격하는 바람에 망치고 말았다.

1927년 12월은 루이 암스트롱과 그의 밴드 핫 파이브가 「갓 노 블루스(Got No Blues)」와 「핫터 댄 댓(Hotter than That)」을 녹음한 달인데, 정말로 좋은 시절이 돌아오고 있었다. 1921년부터 1929년까지 미국 경제는 연평균 6퍼센트씩 성장했다. 그러나 경제는 주로 돈 있는 엘리트층을 위해 굴러갔다. 1928년, 상위 1퍼센트의 납세자들이 미국 총소득 가운데 거의 20퍼센트를 벌어들였고, 상위 0.01퍼센트가 총소득의 3퍼센트 이상을 벌어들였다. 놀랍게도 미국 부의 40퍼센트가 상위 1퍼센트에 집중되었고, 부의 10퍼센트 이상이 불과 상위 0.01퍼센트의 소유였다. 이는 1919년부터 1929년까지 치솟은 주식 가격을 반영한 결과이기도 했다. 1921년 8월부터 1929년 8월까지, 다우지수는 4.4배 상승했다. 그러나 다른 물건 값은 그렇게까지 오르지 않았으며 일부는 이미 떨어지고 있었다. 운이 좋아 전투에 참가하지 않은 사람들에겐 1차 세계 대전이 이중으로 이익이 되었다. 일시적으로 유럽의 생산력이 파괴적인 일에 쓰이면서, 아시아와 미국의 생산업체들은 맹렬한 기세로 사업을 확장할 수 있었다. 그래도 전쟁으로 인한 혼란을 완전히 벌충하지는 못했다. 세계 시장은 물건을 파는 사람들의 시장이었다. 각국 정부가 적자를 메우기 위해 돈을 찍어 냄에 따라, 전비 조달로 인해 전 세계적으로 인플레이션 압력이 증가했다. 당시의 주요 상품 가격을 대표했던 시카고 시장의 밀 현물가격은 1917년과 1920년에 전전 평균의 세 배까지 치솟았다. 그후 기근과 통화가치 하락은 멈췄고, 1920~1921년 세계적인 경기 침체로 주요 생산품과 제품 가격은 크게 하락했다. 그 이후 가격은 거의 회복하지 못했다. 밀 가격은 1925년 2월, 1부셸당 182센트(1920년 5월엔 294센트였다.)로 최고가를 기록했으나, 1929년 5월까지 계속 하락하여 102센트가 되었다. 유사한 영향에 의해 철이나 강철 같은 주요 상품의 가격도 계속 떨어지고 있었다. 이러한 디플레이션은 대공황의 전주곡이었다. 1920년대의 디플레이션은 농민들에겐 가난을 의미했지만, 공업과 금융업에서 수익을 얻는 사람들에겐 편안한 생활을 의미했다.

대공황은 전무후무한 경제적인 파국이었다. 대공황의 신호탄은 미국 자산 가격의 폭락이었다. 1929년 10월 28일, 일명 '블랙 먼데이'에 다우지수는 거의 13퍼센트나 떨어졌는데, 이는 역사상 1일 최대 하락폭에 속했다. 실제로 시장은 9월 3일부터 미끄러져 내려가 11월 13일까지 거의 50퍼센트나 폭락했다. 이는 미국 기업의 장래 수익성에 대한 투자자들의 신뢰가 떨어졌음을 의미했다. 신용 거래를 해 온(실제로 빌린 돈으로) 일부 투기꾼들의 미친 듯한 매도로 추락한 신뢰도는 더욱 떨어졌다. 이후 1930년 4월까지 지속된 반발매수는 착각으로 판명되었다. 그때부터 1932년 7월까지, 주가는 끝없이 추락했다. 1932년 7월 8일에 최저점을 찍고 1929년에는 최고가의 11퍼센트 수준으로까지 떨어졌다. 1914년은 예외로 하고, 주식 시장의 가격 변동률이 그렇게까지 심했던 적은 없었다. 그 사태와 조금이라도 비슷한 경우조차 결코 볼 수 없었다.

대공황의 증상은 그 원인보다 훨씬 분간해 내기 쉬웠다. 1929년부터 1933년까지 미국의 명목 GNP는 거의 절반이 감소했고, 가격 하락을 참작한다 쳐도 30퍼센트나 감소했다. 심각하게 영향을 받은 부문은 우선 건축 분야였다. 그러나 1930년이 되면, 사업 감소는 농업, 제조업, 금융업으로 확대되었다. 투자는 철저히 무너졌고, 수출 또한 그랬다. 자본주의의 위기는 미국에 국한된 현상이 아니었다. 그림 6-1에서 명확히 알 수 있듯이, 이는 전 세계적인 현상이었다. 1929년부터 1932년까지, 세계 7대 경제 대국 생산량의 총합은 거의 20퍼센트가 감소했다. 그러나 대공황의 시기와 가혹한 정도는 국가별, 지역별로 차이가 있었다. 미국이 처음으로 타격을 입은 것도 아니었다. 부분적으로 미국이 통화 긴축 정책으로 단기자본을 다시 뉴욕으로 끌어들였기 때문에 다른 국가들이 영향을 받았고, 각국 중앙은행이 나름의 이유를 들어 신용 대출을 제한하고 있었기 때문에, 아르헨티나, 오스트레일리아, 브라질, 캐나다, 독일, 폴란드가 더 빨리 경기 하강 국면을 보였다. 그러나 두 국가만이 미국만큼 심각한 불황을 겪었는데, 일찍이 1927년에 건축 부문이 최고 호황을 누렸던 독일과 오스트리아였다.

사람들을 가장 충격에 빠뜨린 것은 공장 노동자의 실업이었다. 《타임스》는 경기 침체가 바닥을 친 지 10년 뒤 사설에서 이렇게 지적했다. "실업은 전쟁 다음으로 우리 세대에서 가장 파급 효과가 크고, 가장 서서히 진행되고, 가장 피해를 안기는 폐해다. 이는 현대 서양 문명의 독특한 사회적 질병이다." 민간 노동력 대비 미국 실업률은 대공황 직전에 3.2퍼센트였다가 1933년 25퍼센트까지 치솟았다. 그리고 30년대 후반까지도 15퍼센트 이상을 유지했다. 독일의 경우 실업률에 대한 정의가 다소 달랐는데, 1932년 노조원들의 50퍼센트 이상이 실업 상태였다. 그러나 세계의 수많은 농민들을 파산으로 몰고 간 가격 폭락이나 수천 개 은행의 파산으로 인한 지급 불능 사태 역시 많은 사람들에게 고통을 안겼다. 실제로 위기가 심화되고 연장된 것은 무엇보다 미국 은행권의 붕괴가 그 원인이었다. 1929년부터 1933년까지, 미국 내 2만 5000개 은행들 가운데 대략 1만 곳이 문을 닫았다. 또한 프랑스와 스위스뿐 아니라 오스트리아와 독일에서도 심각한 은행 위기가 발생했다. 그림 6-1을 보면, 생산량 감소보다 디플레이션의 영향이 더 컸음을 알 수 있다. 이는 대공황이 부분적으로 금융 경색의 결과였다는 시각을 확인시켜 준다. 은행업계의 위기가 발생한 국가가 있고, 통화 위기가 발생한 국가도 있었는데, 불운한 몇 몇 국가들은 두 가지 위기를 모두 겪었다.

사람들은 자본주의의 무엇이 잘못되었는지 설명하려고 애썼다. 허버트 후버(Herbert Hoover) 미국 대통령은 자유방임 경제를 결코 맹종하지 않았다. 1920년대에 그는 경제 문제를 해결하는 방법으로 수출 촉진, 단체교섭, 농업협동조합, 재계 '협의회'에 대한 지원을 주장했다. 그러나 후버가 볼 때 정부가 할 수 있는 일에는 한계가 있었다. 대공황은 원료의 과잉생산과 과잉 투기 때문에 발생한 전 세계적인 현상이었고, 그 결과 나타난 '징벌'은 1920년과 1921년에 발생한 일들과 그 특징이 유사했다. 그의 주장에 따르면 미국의 "근본 자산은 줄지 않았다." 따라서 연방준비은행은 금으로 환산한 달러의 가치를 유지하면서 낮은 금리로 신용을 계속 공급하기만 하면 된다. 또한 정부는 예산 균형을 유지하면서 공공사업을 확대하고, 노동자, 자본가, 소비자는 필요한 생산비 절감에 동참하면 되는 일이었다. 또한 후버는 오래전부터 미국의 식품과 직물, 기타 생필품 생산업체들을 보호해 온 관세를 더욱 높이자고 주장했다. 불행히도 이 모든 조치는 추락한 경제에 대한 신뢰를 회복하는 데 충분치 않았고, 되레 사태를 악화시켰다. 연방준비은행은 통화 정책을 완화하지 않음으로써 1930년과 1931년의 은행 연쇄 도산을 막지 못했고, 1931년 10월에는 대출금리를 인상했다. 한편 균형 잡힌 예산 운용을 위해 경기 조정

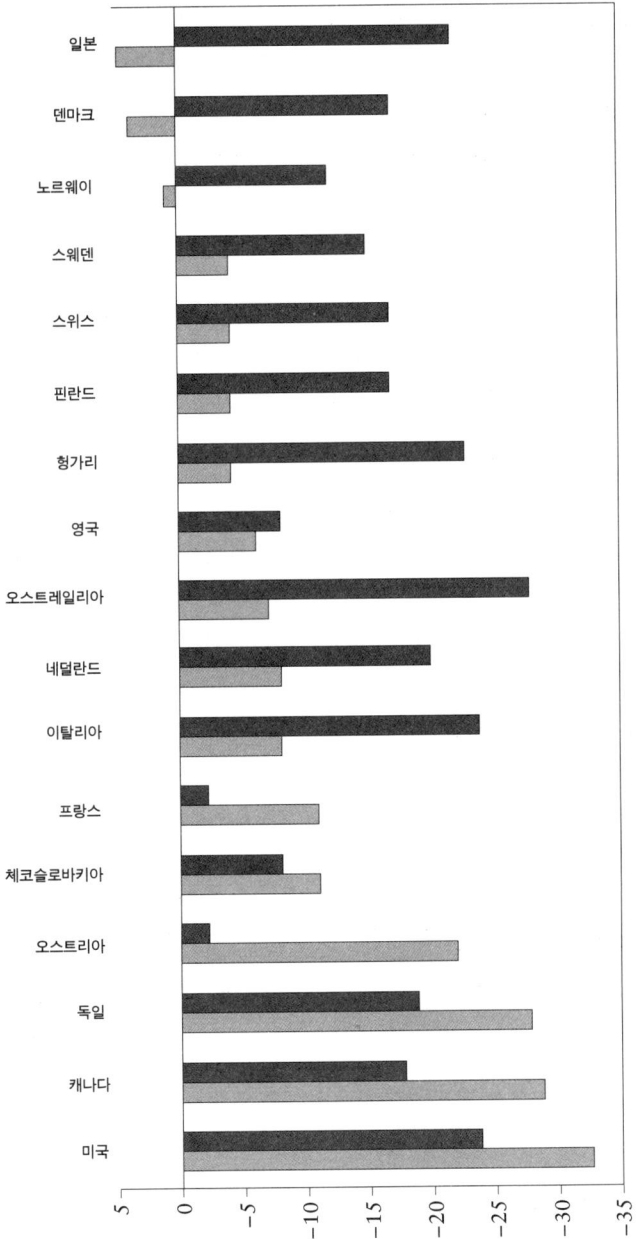

그림 6-1. 생산량과 가격: 누적 변화, 1922년~1932년

6 계획 299

용 재정 부양책은 고려되지 않았다. 또한 1930년 6월에 법제화된 보호주의적 법안인 스무트홀리(Smoot-Hawley)법은 급진적으로 관세율을 높이지는 않았지만 재정 신뢰도에 타격을 주었다. 독일 경제도 금리 인상과 세금 인상, 비용 절감과 보호주의라는 똑같이 치명적인 정책을 받아들여야 했다.

전통적인 정책 대응이 실패로 돌아갈 수밖에 없게 한 구조적인 불균형이 세계 경제에 존재했다는 점은 의문의 여지가 없었다. 상품과 제품 가격 인하 압력은 정책보다는 국제적인 수요 공급의 문제였다. 전쟁은 미국의 주요 무역 파트너들에게 경화(硬貨, 주조 화폐 또는 금과 쉽게 교환할 수 있는 통화—옮긴이) 부채를 떠안겼다. 독일의 경우 전쟁 배상금이 여기에 해당되는데, 패전국들은 대미 수출이나 상대국에 대한 수출로 부채의 이자를 치를 수밖에 없었다. 노조의 힘이 커지면서 노동 시장이 전쟁 전보다 더 경직되는 바람에 가격과 수익 하락은 임금 감소가 아니라 공장폐쇄와 실업으로 이어졌다.[1] 1933년 3월 4일, 후버의 뒤를 이은 프랭클린 루스벨트는 취임 연설에서 대공황의 근본 원인으로 아무런 근거 없는 공포를 지목함으로써 더 나은 진단을 제시했다. 이미 투자자들은 기대를 접었고 경제가 활력을 찾기까지는 몇 년이 더 걸려야 했기 때문이다. 그런데 루스벨트가 대통령이 되면서 제안한 조치들은 후버의 정책들보다 그리 효과적이지 않은 것으로 드러났다. 루스벨트는 농산물 가격을 올리고 정부 지출을 줄이려고 했는데, 이는 호시절에도 잡기 힘든 두 마리 토끼였다. 그의 계획은 은행에 대한 엄격한 감독과 공익사업 기획, 구제 사업에 대한 중앙집권화된 통제를 요구함으로써 단순히 연방정부의 힘을 증가시킬 뿐이었다. 그 결과 관료들의 일자리가 만들어졌을 뿐 실업 타

---

1) 특히 독일에서 문제가 심각해지고 있었다. 1924년부터 1931년까지, 실질임금은 대략 75퍼센트가 증가했다.

개에 별로 도움이 되지 못했다. 가장 중요한 정책 변화가 각국 정부에 강요되었다. 1931년 당시 40개국 이상이 금본위제를 채택하고 있었는데 반해, 1937년에 이르면 사실상 모든 국가가 금본위제를 포기했다. 국제 통화 체계를 떠받치던 영국과 미국은 변동환율제를 채택하지 않을 수 없었다. 이제 두 국가의 중앙은행은 금보유고의 변화나 자본 흐름이 환율에 어떤 영향을 미칠지 걱정하지 않으면서 국내 금리를 낮추는 데 주력할 수 있었다. 그와 동시에 공공 지출이 증가하고 세입이 줄어듦에 따라 정부 적자가 증가했다. 경기를 부양할 수 있을 정도로 적자 재정을 운용한 나라는 2개국뿐이었지만, 이 현상은 케인스의 『고용, 이자 및 화폐의 일반이론』이 대표하는 획기적인 경제 이론에 앞서 발생했다.

자국 통화의 평가절하는 두 가지 면에서 경기 회복을 이끌었는데, 명목 금리를 떨어뜨렸고, 사람들이 디플레이션이 잦아들거나 심지어 인플레이션이 발생할 것으로 예상하는 한 실질금리와 실질임금도 떨어뜨릴 수 있었다. 경기 회복 속도가 실질임금 추세와 밀접히 연관돼 있지 않았고, 이는 특히 미국의 경우 다른 억제 요인이 작용하고 있음을 의미했지만, 어쨌든 사람을 고용하는 일은 이문이 남는 것처럼 보이기 시작했다. 당시까지 세계를 휩쓸던 보호주의의 열풍은 영국마저 자유무역을 포기하게 만들었는데, 이로써 더 느슨한 통화, 재정 정책이 무역을 자극하는 데 거의 도움이 되지 않게 되었다. 세계화는 끝났다. 상품의 흐름은 수입 관세에 의해 제동이 걸렸고, 자본의 흐름은 외환 관리 등에 의해 제한받았다. 또한 노동력의 흐름은 이민 규제에 의해 억제되었다. 케인스는 자급자족을 목표로 하는 다소 폐쇄된 경제에서만 경기가 회복될 수 있다고 믿었다. 그는 자기 책의 독일어판 서문에서 별 생각 없이 이렇게 지적했다. "하나의 통일체로서 생산 이론은 자유 경쟁과 자유방임하에서 생산되는 특정 생산물의 분배와 생산 이론보다 전체주의적 국가와 훨씬 더 쉽게 조화된다."

케인스의 단어 선택은 의미심장했다. 그 단어의 기원은 이탈리아의 파시즘에서[2] 찾을 수 있지만, 진정한 의미에서 전체주의적 정권은 이미 대공황이 발생하기 10여 년 전에도 존재했다. 전례 없던 경제 위기로 미국이라는 거인이 10년 동안 무능해졌다. 그뿐 아니라 미국의 무역 파트너와 채무국들이 황폐해진 결과 소비에트 모델의 정당함이 입증되는 듯했다. 마르크스주의와 레닌주의는 자본주의가 자체 모순으로 무너질 거라는 중요한 예측을 내놓았다. 자본주의는 정확히 그 예측대로 되어가고 있는 것처럼 보였다. 아메리칸드림이 악몽으로 변할수록, 더 많은 사람들이 계획경제라는 러시아의 대안에 마음을 빼앗겼다. 소비에트 체제는 예상치 못한 시장의 변덕에서 멀찍이 떨어져 있으면서도 뉴욕의 마천루나 대량 생산되는 헨리 포드의 자동차같이 대단한 작업을 해낼 수 있는 체제로 보였기 때문이다. 전체주의 국가는 생활의 모든 면을 완벽히 통제했다. 사람들은 꿈속에서나 국가의 강요에서 자유로울 수 있었으나, 사실 어디에나 존재하는 반신반인의 지도자는 꿈에서도 국민의 생활에 개입할 수 있었다. 개인의 자유는 전혀 없을지라도 그 체제를 정당화하는 덕목은 바로 평등이었다. 그러니까 전체주의사회의 슬로건처럼, 개인의 능력에 따른 사회에서 개인의 필요에 따른 사회로 변화하는 것이었다. 그리고 그 사회의 목표는 단순히 빠른 산업화가 아니라 유산계급의 '타파'였다.

하지만 조지 오웰이 나중에 지적하듯이, 소비에트의 '동물농장'에서

---

2) 에이드리언 리틀턴(Adrian Lyttleton)에 따르면, 파시즘은 1923년 5월 《일 문도(Il Mundo)》의 기사에 경멸적인 용어로 맨 처음 등장했다. 그러나 이탈리아에서 파시즘은 현실이라기보다는 열망으로 남았다. 학계는 오래전부터 그 용어의 의미와 유용성에 대해 논쟁을 벌여 왔다. 1993년 이우리 이그리츠키(Iuri Igritski)가 지적했듯이, 냉전기에 그것은 양쪽 선수가 상대편 코트로 더 세게 쳐서 넘기려는 테니스 공 같았다. 오늘날 파시즘이 스탈린의 소련과 히틀러의 제3제국에 더 명확히 적용될 수 있음을 알 수 있는데, 이 두 정권은 『1984년』의 작가 오웰이 상상했던, 개인에 대한 완벽한 지배를 달성하지 못했지만 이전의 어떤 정체보다 거기에 더 가까이 갈 수 있었다.

일부 동물은 다른 동물보다 더 평등한 것으로 드러났다. 전체주의국가의 엘리트 관료들로 이루어진(나중에 유고슬라비아의 밀로반 질라스(Milovan Djilas)가 이름 붙인 대로) '새로운 계급'이 출현하기까지는 그리 오랜 시간이 걸리지 않았다. 그들은 경제생활의 모든 면을 통제하고 독립적인 조사를 받지도, 민중에 대해 책임을 지지도 않았기 때문에 쉽게 당의 특권을 정당화하고 그 특권을 누리는 데 드는 비용을 치를 수 있었다. 또한 노멘클라투라(nomenklatura, 구소련의 특권 계급—옮긴이)는 사유재산 형성과 부패 행위를 통해 비공식적으로 재산을 모을 수 있었다. 그리고 또 다른 문제점이 있었다. 계획경제는 노동자뿐 아니라 원료에 대해서도 만족을 모르는 욕구를 갖고 있었다. 소련은 차르 제국으로부터 이 원료를 다량 물려받았다. 그러나 전체주의 모델을 채택한 다른 국가들은 물려받은 게 그리 많지 않았다. 독일과 일본의 계획경제는 재즈 시대의 경쾌한 당김음과는 아주 다른 정치적인 템포에 맞춰져 있었다. 1930년대 중반이 되자 독일인과 일본인 들은 춤을 멈추고 행진하고 있었다.

동조자

1931년 여름, 극작가인 조지 버나드 쇼는 일흔다섯의 나이로 아흐레 동안 소련을 방문했다. 그가 본 것, 아니 그가 봤다고 생각한 것은 한창 건설 중인 노동자의 천국이었다. 그가 시찰한 곳 가운데에는 모스크바-볼가 운하의 건설 부지(敷地)도 있었다. 그 운하는 소비에트의 수도와 볼가 강을 연결해 강을 이용한 물자수송을 촉진하고, 급속도로 증가하는 도시의 물 수요를 충족하려는 목적으로 건설되었다. 그곳은 배급소에 사람들이 길게 늘어선 서양과 극명한 대조를 이루며 머지않아 노동자들로 들끓을 터였다. 이는 실현 가능한 국가사회주의의 꿈을 상징했고,

쇼와 같은 서양 방문객들은 이에 뜨거운 반응을 보였다. 그들은 겉으로 보기에 죽은 것으로 보이는 자본주의 체제와는 다른 새로운 미래를 보았으며, 그 미래는 곧 실현될 듯했다.

이 여행단은 낸시 애스터와 월도프 애스터 부부가 각계 인사들을 모아 구성했는데(로디언 후작, 필립 커도 참가했다.)쇼는 습관대로 빈정대다가 곧 소비에트 초청자들의 아첨에 넘어가고 말았다. 스탈린을 만난 쇼는 악의가 없고 고지식함도 전혀 느껴지지 않는 그의 미소에 마음을 빼앗겼다. 스탈린은 낭만적인 검은 눈의 그루지야 두목으로 통했다. 레닌그라드의 즉석 연설에서 쇼는 열성적으로 이렇게 선언했다. "만약 이 위대한 공산주의 실험이 전 세계로 퍼져 나간다면, 우리는 역사상 새로운 시대를 맞이할 것이다. (중략) 만약 미래가 레닌이 예측한 대로 펼쳐진다면, 우리 모두는 미소를 지을 것이며 아무런 두려움 없이 미래가 오기를 고대할 것이다." 쇼는 영국으로 돌아가는 길에 기자들에게 "내가 열여덟만 됐다면, 내일 당장 모스크바에 정착할 텐데."라고 말했다. 쇼는 여기서 그치지 않았다. 소련 여행을 마친 뒤 서둘러 쓴 『러시아의 합리화(The Rationalization of Russia)』(1931)에서 다음과 같이 열정적으로 말했다. "스탈린은 10년 전에는 불가능해 보였을 정도까지 약속을 실행했다. 예수 그리스도가 이 세상에 내려왔다. 예수는 더 이상 우상이 아니다. 사람들은 지금 예수가 살아 있다면 어떤 일이 벌어질지 조금씩 알아 가고 있다." 이것은 쇼의 전매특허인 풍자가 결코 아니었다.

'일국사회주의론'은 1924년 레닌이 사망한 이래 볼셰비키당 지도부를 분열로 몰고 간 문제에 스탈린이 제시한 해결책이었다. 어떻게 하면 서양 세계의 재원 없이 러시아의 후진적인 농업 경제를 산업화할 수 있을까? 트로츠키는 세계 혁명이 유일한 해결책이라고 생각했다. 하지만 세계 혁명이 실현되지 않자, 니콜라이 부하린을 중심으로 한 볼셰비키 지도자들은 급속한 산업화가 올바른 방법이 아니라는 결론을 내렸다. 산업화는 천천히 실행되어야 하는 것이었다. 스탈린을 비판한 레닌의 유언장을 감추고 그의 후계자를 참칭한 스탈린은 이러한 심원한 논쟁을 무참히 짓밟아 버렸다. 그는 소련 내에서 빠른 산업화를 실현할 수 있다고 주장했다. 계획과 내전을 승리로 이끈 강철 같은 의지력만 있으면 될 일이었다. 스탈린은 '일국사회주의'를 통해 새로운 혁명, 즉 자칭 '강철의 사나이'가 이끄는 경제 혁명을 주창했다. 제1차 5개년 계획으로 소련의 생산고는 20퍼센트가 증가할 것이었다. 관리자들은 자신에게 할당된 작업량을 초과 달성하고, 노동자들은 영웅적인 광부이자 노동 돌격대원인 알렉세이 스타하노프(Aleksei Stakhanov)를 모방하여 초인적으로 일해야 했다.

표면적인 목표는 여전히 대치하고 있는 제국주의 열강에 경제적, 군사적으로 필적할 만한 강국을 만드는 것이었다. 그러나 스탈린은 산업화로 인한 이점이 그로 인한 사회 변화에 비해 부차적인 것이라고 생각했다. 그는 인력과 자원이 지방에서 도시로 엄청나게 이동하도록 만듦으로써 혁명의 기반인 소비에트 프롤레타리아 계급을 단숨에 확대시키려고 했다. 1928년부터 1939년까지, 도시 노동력은 세 배로 늘어났다. 이러한 성과가 어떻게 달성되었는지는 스탈린을 찬양하는 쟁쟁한 서양인들이 무시하고 싶어 하는 부분이다. 노동계급의 규모가 부자연스러울 정도로 커진 그때, 혁명 전에 '계급의 적'이었다는 이유로 대략 400만 명이 시민의 권리를 빼앗겼다. '임금 노동자가 아닌 사람들'은 직장과 학교, 병원, 식량 배급 체계에서 불이익을 받고, 심지어는 자기 집에서도 쫓겨나야 했다. 스탈린이 보기에 혁명 전 사회에서 살아남은 사회 분자들, 즉 자본가, 귀족, 상인, 관료, 사제, 부농은 출신 계급에 대한 동정, 전통, 관습, 의견, 세계관 등으로 인해 여전히 위협적인 존재였다. 그들의 정체를 폭로하고 소비에트 국가에서 추방해야 했다. 여러 해에 걸친 위협, 권리와 가치의 박탈 끝에 스탈린은 1935년이 돼서야 '이방인 계급'의 자손들에 대한 반대 운동이 끝났음을 알리는 듯했다. 하지만 이 제스처도 대중의 관심을 '인민의 적'이라는 새로운 부류로 돌리기 위한 것에 불과했다.

때때로 스탈린이 저지른 범죄는 시대에 뒤처진 국가를 현대화하는 데 필요한 조치였다고 지적하기도 한다. 그런 논리로 스탈린은 처칠에게 집단농장화로 인한 희생을 정당화했다. 그러나 경제적 효율성만을 맹종하여 숱한 인명의 희생되었으며 이는 결코 우연의 결과가 아니었다. 드니프로페트로프스크당 비서인 멘달 M. 하타에비치는 부하들에게 "집단농장화 정책은 표면적으로만 소비에트 농업을 개선하려는 시도"였다고 분명히 밝혔다. 그 정책의 진짜 목적은 계급의 적, 더 정확히 말하면 부농 계급을 근절하는 것이었다.

당과 스탈린 동지에 대한 충성심은 노동에 의해 시험받고 평가받을 것이다. 허약함을 내보일 여지가 없다. 이것은 까다로운 사람들에게 어울리는 일이 아니다. 두둑한 배짱과 강철 같은 의지가 필요하다. 당은 실패에 대한 어떤 변명도 용납하지 않을 것이다.

부농으로 의심되는 농민들을 체계적으로 숙청한 결과 경제 성장이 아니라 인간이 초래한 가장 심각한 기근이 찾아왔다. 사유재산을 없애고 평균 이상의 자본을 축적한 사람은 누구든 없애라는 명령을 받고 당 관리들이 지방에 내려오자 혼란스러운 상황이 연출되었다. 정확히 누가 부농인가?[3] 혁명 전에 잘살았던 사람들인가? 아니면 그때 이후 계속 잘사는 사람들인가? 다른 농민들을 '착취'했다는 것은 정확히 무슨 뜻인가?

---

3) 1927년, 재무부의 교묘한 지시로 쿨락에 해당하는 여섯 가지 기준이 세워졌다. 1) 두 명 이상의 노동자를 고용하는 사람 2) 소나 말을 세 마리 이상 소유한 사람 3) 씨를 뿌린 토지 10~16데스야틴(desyatin, 지역마다 제한선이 달랐다. 0.4에이커에 해당한다.—옮긴이) 이상을 갖고 있는 사람 4) 가공 처리 기업을 소유한 사람 5) 상거래 기업을 갖고 있는 사람 6) 농기계를 한 대 이상 소유하고 있거나 품질이 우수한 장비를 여럿 갖고 있는 사람. 그러나 이러한 기준은 1929년에 수정되었고, 집단화가 시작되었을 때 실제로 적용하기는 여전히 어려웠다.

없는 사람들에게 돈을 빌려 준 게 착취인가? 사람들은 자신의 가축과 돼지를 몰수당하느니 차라리 죽여서 먹어 버리는 쪽을 택했다. 그 결과 1935년에 소비에트의 총 가축 수는 1929년의 절반으로 감소했다. 그러나 배부른 향연은 덧없이 지나갔고, 길고 괴로운 굶주림이 찾아왔다. 동물의 배설물로 만든 비료가 없어지자 농작물 수확량은 급격히 줄어들었다. 1932년 곡물 생산은 1930년에 비해 20퍼센트가 감소했다. 도시에 식량을 공급하기 위해 곡물을 몰수함으로써 시골 마을엔 문자 그대로 먹을 것이 하나도 남지 않았다. 굶주린 사람들은 고양이, 개, 들쥐, 새, 나무껍질, 심지어는 말 두엄까지 닥치는 대로 먹어 치웠다. 들판에 나가 덜 익은 옥수수를 먹었으며 심지어 인육을 먹는 사람들도 있었다. 1920~1921년 상황과 마찬가지로, 기근에 이어 발진티푸스가 번졌다. 아마도 1100만 명 정도가 무정하고 불필요한 재앙으로 목숨을 잃은 것으로 보인다. 또한 대략 40만 가구, 약 200만 명이 시베리아와 중앙아시아로 특별 추방되었다. 집단화에 저항한 사람들 중 다수는 그 자리에서 총살당했고, 탈부농화 정책에 희생된 350만 명 정도가 강제노동수용소에서 사망했다. 소비에트 정권은 외국 기자들을 모스크바에만 머무르게 하고 차르 시대의 여권 제도를 부활시켜 기근의 희생자들이 도시로 도망치는 것을 막는 등, 이러한 반도덕적 행위가 세상에 알려지지 않도록 무진 애를 썼다.[4] 1937년 인구조사 결과까지도 발표되지 않았는데, 인구가 자연 증가했다면 1억 8600만 명은 되었을 텐데, 실제 총인구는 1억 5600만 명에 불과했기 때문이다. 《데일리 익스프레스》의 가레스 존스와 《맨체스터 가디언》의 맬컴 머거리지, 《르 탕(Le Temps)》의 피에르 베를랑, 《크리스천 사이언스 모니터》의 윌리엄 체임벌린 등 소수의 서양 기자들만이 기근을 정확히 보

---

[4] 당시 상황은 지방엔 식량이 있었지만 도시에 식량이 없었던 1920~1921년의 기근과 정반대였다. 이런 사태로 인해 사람들은 다음과 같은 농담을 주고받았다. "볼셰비즘과 공산주의의 차이는 무엇인가?" "볼셰비즘은 도시에 식량이 없고, 공산주의는 지방에 식량이 없는 것이다."

도할 배짱을 갖고 있었다. 대부분의 모스크바 주재 특파원들, 대표적으로 《뉴욕 타임스》의 월터 듀란티(Walter Duranty)는[5] 특권층에 접근할 수 없게 될까 두려워 소련 당국의 사실 은폐를 묵인했다.

한편 스탈린의 과장된 선전 뒤에서 5개년 계획은 러시아의 도시를 인구가 빽빽히 들어찬 지옥으로 바꿔 놓고 있었다. 거대한 공장들은 서양의 그 어떤 공장보다 음산하고 악마 같은 곳이 되었다. 우랄 산맥 남쪽 지역의 마그니토고르스크 같은 신흥 공업 도시들은 엄청난 강압이 없었다면 결코 건설되지 못했을 것이다. 겨울에는 기온이 영하 40도까지 내려가고 여름에는 영상 40도까지 올라가는 환경은 당시 세계 최대의 제철소를 목표로 엄청난 규모의 공장을 건설하던 사람들에겐 견딜 수 없는 고통이었다. 1929년 3월, 건설 작업이 시작된 이후 여러 해 동안 노동자들 중 다수가 텐트나 진흙으로 만든 오두막에서 살았다. 마침내 거주용 건물이 지어졌을 때에도 가장 기초적인 물자만 이용할 수 있었다. 심지어 완공 후에도 새 아파트 건물에는 부엌이나 화장실이 없었다. 노동자들은 공동 시설을 이용하기로 되어 있었기 때문이다. 하지만 이런 공동 시설조차 존재하지 않았다. 독일 건축가 에른스트 마이(Ernst May)가 제안한 '선형 도시' 모형은 스텝 지대의 바람에 전혀 적합하지 않았다. 길게 늘어선 아파트 동 사이로 바람이 씽씽 불어 댔기 때문이다. 소련 전역에서 사람들을 성급하게 공장으로 끌어모은 결과, 가장 기본적인 시설만 갖추었을 뿐 상상할 수 없이 비좁은 환경에서 거주해야 하는 상황이 발생했다. 작업장은 산업 재해로 인한 부상률과 사망률이 끔찍할 정도로 높았을 뿐 아니라 생명을 단축하는 위험한 공기로 더 나빠졌다.(마그니토고르스크에서는 매연으로 검은 눈이 내렸다.) 마그니토고르스크에서 5년

---

5) 1933년 5월, 기사에서 "계란을 깨뜨리지 않고 오믈렛을 만들 수 없다."라고 말한 사람은 듀란티였다. 3개월 뒤, 그는 러시아의 기근 사태에 대한 기사는 악의적인 선전이나 과장이라고 일축했다.(1933년 8월 23일)

을 보낸 미국인 존 스콧(John Scott)은 전투에 참가하듯 철을 야금하는 데 희생된 러시아인이 마른 전투의 사상자보다 많을 거라고 추측했다. 그의 추측은 거의 확실했다. 그곳에서 살아남은 사람들 중에 쿠르스크 인근 지역 출신인 알렉산드르 루즈네포이(Aleksandr Luznevoy)라는 청년이 있었는데, 그의 어머니는 자식이 굶어 죽을까 봐 마그니토고르스크로 보낸 것이었다. 옷도 제대로 못 입고 제대로 먹지도 못한 그는 자신에게 할당된 작업량인 8제곱미터의 도랑을 다 팠을 경우에만 하루에 고작 600그램의 빵을 받을 수 있었다. 루즈네포이는 스탈린 체제에 내재된 계층 이동 기회를 잡는 것이 자신의 유일한 희망임을 깨달았다.[6] 그는 글을 배워 선반공이 되었다. 밤에는 공부하고, 콤소몰 청년 조직에도 가입했는데, 이로 인해 주말에 자발적으로 작업해야 했다. 시(詩)를 택한 그는 결국 작가연맹 회원이 되었고, 자수성가한 노멘클라투라가 되었다.

이 모든 것이 경제적인 광기의 소산으로, 마그니토고르스크의 노동자들은 나뭇잎 대신 전신주와 철판으로 만든 야자수 나무로 그 광기를 완벽히 상징했다. 집단화는 소비에트 농업을 완전히 무너뜨렸다. 강압적인 공업화는 자원을 유통시킨 만큼이나 잘못 배분했다. 마그니토고르스크 같은 도시는 당초 계획을 수립한 사람들의 계산보다 훨씬 더 많은 비용이 들었다. 1610킬로미터 이상 떨어진 시베리아의 탄광에서 석탄을 운반해 와야 했기 때문이다. 북극 지방 광부들 주택에 난방을 공급하는 데에만도 엄청난 양의 석탄을 태워야 했다. 이러한 이유로 스탈린 체제가 달성한 경제 성과는 당시 정권의 옹호자들이 주장하던 수준에 훨씬 못 미쳤다. 소비에트가 발표한 공식 수치에 따르면, 1929년부터 1937년까지 소련

---

[6] 1930년대의 소련은 '유사(流砂)사회'로 불렸지만, 다른 사람들이 몰락할 때 밑에서 치고 올라오는 사람들도 있었다. 실제로 소련 정권이 역동성을 갖게 된 것은 루즈네포이같이 과다한 노동과 체제 순응을 통해 출세하려는 사람들에게 동기 부여를 해 주었기 때문이다. 더 좋은 아파트를 얻을 수 있는 기회라며, 상급자나 이웃이라도 매도하려 한 사람들도 있었다.

의 GNP는 연평균 9.4퍼센트에서 16.7퍼센트로 증가했고, 1인당 소비액은 3.2퍼센트에서 12.5퍼센트까지 증가했다. 이러한 수치는 1990년대 초반 이후 중국이 보여 준 성장에 필적할 수준이었다. 그러나 가격을 특이하게 책정한 관례를 참작하면, 실제 GNP 성장률은 연 3퍼센트에서 4.9퍼센트에 가까웠고, 1인당 소비액은 1.9퍼센트밖에 증가하지 않았다. 연평균 0.6퍼센트에 불과했다. 이러한 수치는 공식 수치의 5분의 1 내지 6분의 1에 해당했다. 어쨌거나 인구가 정치 폭력에 의해 급격히 줄어드는 상황에서 1인당 수치는 큰 의미가 없었다. 실제 통계 수치상으로 그렇게 나타나지만, 만약 5개년 계획하에서 생산성이 증대했다면, 그것은 부분적으로 경제적인 이유보다는 정치적인 이유로 너무나 많은 노동력이 집중되었기 때문이다. 어떤 정책을 실행하는 데 2000만 명의 사망자가 발생했다면, 그 정책을 경제적으로 '필요하다고' 간주할 수는 없다. 스탈린 시대에 철강 19톤이 생산될 때마다 소비에트 시민 한 명 정도가 사망했다. 그러나 스탈린 정책의 합리성에 이의를 제기하는 사람은 누구든 철퇴를 맞을 위험을 무릅써야 했다. 하타예비치는 마음이 흔들리던 사람에게 이렇게 설명했다.

내가 보기에 당신은 현 상황을 제대로 이해하지 못했다. 농민과 우리 정권 사이에 무자비한 투쟁이 벌어지고 있다. 이 투쟁은 죽을 때까지 진행된다. 올해는 우리의 힘과 그들의 인내력을 시험한 해였다. 그들에게 누가 지배자인지 보여 주기 위해 기근이 필요했다. 수백만 명의 목숨이 희생되었지만, 집단농장 체제는 유지해야 한다. 우리는 이 전쟁에서 이겼다.

간단히 말해 위험하기 짝이 없는 산업화는 늘 체제 자체를 망치기 마련이다.

이는 쇼와 같은 서양의 얼뜨기들이 보지 못한 점이었다. 실제로 계획

경제는 블룸스버리의 가장 음산한 악몽보다 심한 강압을 기초로 한 노예 경제였다. 1930년대에 소련에서 추진된 다수의 웅장한 건설 사업들처럼, 모스크바볼가 운하도 실제로 죄수 수천 명에 의해 건설되었다. 마그니토고르스크를 건설한 인력에도 추방된 죄수 3만 5000여 명이 포함되어 있었다. 계획 경제의 허울뿐인 기적 뒤에는 감옥과 강제노동수용소로 이루어진 굴락(Gulag)라는 거대한 네트워크가 숨어 있었다.[7]

거대한 감옥

굴락이 처음으로 생긴 곳은 북극권에서 불과 145킬로미터 떨어진 백해(白海)에서도 사람이 거의 살 수 없는 솔로베츠키 제도(Solovetsky Islands)였다. 수도원이었던 그곳에는 혁명 초기부터 수용소가 있었다. 일찍이 1919년 12월에도 이미 스무 개 이상의 수용소가 있었는데, 1년 만에 그 수가 다섯 배로 늘었다. 그러나 처음에는 '계급의 적'들을 투옥하는 목적이 명확하지 않았다. 그들을 교정하기 위해서? 벌하기 위해서? 아니면 죽이기 위해서? 1923년 솔로베츠키에 세워진 수용소가 그 답을 제시했다. 초기 목적은 단순히 볼셰비키당의 반대자들을 정치적 의사 결정의 중심지에서 가능한 한 멀리 보내는 것이었다. 그러나 정치범 수가 체카의 후속기관인 OGPU가[8] 감당할 수 없을 정도로 급증하자, 교묘한 방안이 제시되었다. 사실 솔로베츠키의 책임자인 나프탈리 아로노비

---

7) 굴락은 Glavnoe upravlenie lagerei, 즉 '노동수용소 관리본부'를 줄인 말이다.
8) 합동국가정치보안부(Ob'edinennoe Gosudarstvennoe Politicheskoe Upravlenie)는 1923년에 설립되었다. 1934년에 GUGB(Glavnoe Upravlenie Gosudarstvennoi Bezopastnosti, 국가안보총국)로 이름을 바꾼 이 조직은 NKVD(Narodnyi Kommissariat Vnutrennikh Del, 내무인민위원회)의 하부 조직이었다. 1930년, OGPU는 소련 내 거의 모든 수용소와 강제 정착지를 관리했다.

치 프렌켈(Naftaly Aronovich Frenkel)은 수용소 포로였다.[9] 그는 재소자들을 단순히 굶겨 죽이거나 얼어 죽이는 대신 일하게 만드는 게 낫다는 점을 깨닫게 되었다. 그들의 노동은 공짜였기 때문이다. 그리고 소위 제키(zeki, 수용소 죄수를 말함—옮긴이)들이 거부할 수 있는 작업은 없었다. 1924년, 솔로베츠키 수용소 간행물은 죄수를 조직적인 생산 노동에 참여시킴으로써 재교육할 것을 요구했다. 그러나 프렌켈에게 재교육은 노예노동으로 이익을 얻는 것만큼 중요하지 않았다. 모스크바 당국은 단순히 수용소가 국가에 넘치는 죄수들을 줄여 주고 스스로 운영되기를 바랐다. 프렌켈은 자신이 정부가 원하는 것보다 더 잘할 수 있다고 생각했다. 1920년대 말이 되자 솔로베츠키를 비롯하여 특별한 취지로 세워진 북부의 수용소들이 임업과 건설업 관련 상업 활동에 참여하는 사례가 급속히 증가했다.

그리고 몇 년 만에 소련 곳곳에 수용소가 설립되었다. 채탄을 위한 수용소, 도로 건설을 위한 수용소, 항공기 제작을 위한 수용소, 심지어는 핵물리학 수용소까지 설립되었다. 죄수들은 운하 굴착뿐 아니라 고기잡이, 장난감 만들기, 탱크 제조 등 상상할 수 있는 모든 작업을 해냈다. 어떤 면에서 굴락은 사람이 거주할 수 없는 곳으로 간주되던 지역의 자원을 개척할 수 있게 한 식민화 제도였다. 정확히 소모품이라는 이유로 수용소 죄수들은 1년의 절반은 밤인 곳, 피를 빨아먹는 벌레들로 우글거리는 북서부 북극 지역의 코미 공화국(Komi Republic) 보르쿠타(Vorkuta)에서 석탄을 캤다. 그들은 보르쿠타만큼 황량한 시베리아 동쪽의 달스트로이(Dalstroi)에서도 금과 백금을 캤다.[10] 경제 계획 입안자들은 이러한 노예노동의 편리성을 깨닫고 러시아 중심 지대에도 수용소를 세우기 시작

---

9) 프렌켈은 팔레스타인의 하이파에서 출생한 유대인 소상인이었다. 1923년, 그는 불법 월경으로 수용소 10년형을 선고받았다. 그는 단기간에 죄수에서 간수로 올라갔고, 1927년에 정식으로 석방되었다.
10) 특이하게도 이러한 수용소들의 규모를 알려주는 공식 앨범이 보존되어 있다.

했다. 작가인 알렉산드르 솔제니친(Alexksandr Solzhenitsyn)은 "굴락이 지리적으로 군도의 여러 곳에 흩어져 있지만, 도시를 가르고 거리 위를 맴돌며 다른 지역에도 동일한 양식을 만들어 내는 놀라운 곳"이라고 설명했다. 굴락에 수용된 죄수들에게 소련의 나머지 지역은 단순히 '거대한 감옥'에 지나지 않았다.

이러한 거대한 노예제의 열쇠는 새 노예가 꾸준히 유입되는 것이었다. 샤흐티 재판(Shakhty Trial, 1928), 산업당 재판(Industrial Party Trial, 1930), 메트로비커스 재판(Metro-Vickers Trial)같이 여론을 조작하기 위한 공개재판에서 스파이 혐의와 파괴 활동 혐의로 기소된 사람들은 셀 수 없이 많은 법적, 초법적 소송 중에서도 가장 볼 만한 사건의 희생자일 뿐이었다. 스탈린 체제는 사소한 불만 표출도 반역이나 반혁명 행위로 규정함으로써, 소비에트 시민 전체를 굴락에 보낼 수 있었다. 공개된 러시아 문서 보관소 자료들을 보면, 그 체제가 어떻게 작동했는지 적나라하게 드러난다. 베르나 클라우다는 레닌그라드 출신의 노부인이었는데, 사실 위험인물로 보일 만한 구석이 전혀 없었다. 하지만 1937년에 반정부 의견을 표현했다는 이유로 페름 굴락에서 10년을 보내야 했다. '반소비에트 선동'이 기소당할 수 있는 정치 범죄 중 가장 경미한 것이었다. 그보다 심각한 경우가 '반혁명 활동'과 '반혁명 테러 활동'인데 최악은 '트로츠키식 테러 활동'이었다. 그런 죄로 기소된 사람들이 정말로 죄가 있다면, 사소한 경범죄를 저지른 경우가 압도적이었다. 경솔하게 윗사람에 대해 불평을 했다든지, 우연히 스탈린에 대해 농담을 했다든지, 사회에 만연한 체제 불만을 늘어놓은 게 고작이었다. 가장 나쁜 경우는 '투기(물건을 샀다가 다시 파는 행위)'같이 사소한 경제 범죄 등이었다. 소수 정치범들만이 진정으로 정권에 반대한 사람들이었다. 놀랍게도 1938년 당시 수용소 재소자들 가운데 학력이 높은 사람들은 1퍼센트가 겨우 넘었다. 재소자 중 3분의 1이 글을 읽지 못했다. 1937년에는 철강 생산 할당량이 있듯이, 체포에도 할당량이 있었다. 처벌에 걸맞게 범죄가 조작되었다. 점점 죄수들은 NKVD(옛 소련의 비밀경찰─옮긴이)에 의해 생산되었고, 남자 죄수들은 '단골', 임신한 여자 죄수들은 '책'으로 불렸다.

굴락 시스템이 최고조에 달했을 때에는 소련 전역에 집단수용소가 총 467개 있었는데, 각 굴락은 솔로베츠키와 마찬가지로 수용소 수백 개로 구성되었다. 스탈린 치하에서 성인 남녀와 아동 1800만 명이 굴락을 거쳐 갔다. 유형에 처해진 사람이 600~700만 명임을 고려해 보면, 스탈린 치하에서 징역을 경험한 인구는 15퍼센트에 달했다.

많은 수용소가 솔로베츠키처럼 소련에서도 가장 외지고 추운 지역에 있었다. 따라서 굴락은 식민 정책의 일환이자 형사 처벌을 위해 세워진 곳이라 할 수 있다. 몸이 약한 죄수들은 이송 도중에 사망했는데, 밀폐된 객차가 난방이 되지 않는 데다 비위생적이었기 때문이다. 수용소 시설도 극도로 야만적이었다. 새로운 수용소에 들어온 죄수들은 판잣집에 불과한 막사를 스스로 지어야 했고, 그곳에 빽빽이 들어찼다. 그리고 프렌켈이 고안한, 약한 죄수보다 힘 센 죄수에게 더 나은 음식을 제공하는 관례로 강한 자만이 살아남는 상황이 발생했다. 수용소는 사람들을 죽이려는 목적으로 세워진 것이 아니었지만(스탈린은 총살단을 따로 데리고 있었다.) 실제로 사망률이 높아질 수밖에 없는 방식으로 운영되었다. 충분하지 않은 음식에 위생이 엉망이었고, 숙소 또한 부족했다. 게다가 종종 벌거벗은 죄수를 혹한 속에 방치하는 등, 간수들의 가학적인 징계로 인해 사망률이 높아졌다. 처벌은 잔인한 동시에 독단적이었다. 어쨌든 운이 좋은 편은 아니었던 간수들은 죄수들을 '해충'이나 '쓰레기' 또는 '해로운 잡초'로 간주하도록 부추김을 받았다. 수감자들 위에 군림하던 전문 범죄자들의 태도도 많이 다르지 않았다. 1926년 12월 14일, 솔로베츠키의 예전 수감자 세 명은 당중앙위원회 최고 간부회의에 다음과 같은 절박한 서한을 보내며 항의했다.

솔로베츠키 강제수용소에 횡행하는 폭력과 무분별한 무력행사에 항의한다. 인간으로서 그런 공포와 학대, 폭력, 무법천지는 상상하기조차 어렵다. 그곳에 갔을 때 우리는 그런 공포를 생각하지도 못했다. 이제 불구가 되어 버린 우리들은 아직도 그 수용소에 있는 수감자 수천 명과 함께, 소비에트 지배자들에게 수용소를 지배하는 테러를 억제해 줄 것을 호소하는 바이다. (중략) 예전 차르 제국의 징역 제도는 솔로베츠키에 비교했을 때, 99퍼센트나 더 인간적이고 공정하고 합법적이었다. (중략) 수감자들의 목숨은 파리 목숨과 같다. 사람들은 천천히 고통스럽게 죽어 가고 있다.(중략) 솔로베츠키를 지배하고 있는 이런 추잡한 권력 남용과 잔인한 폭력은 노동자, 농민을 짓누르고 있다. 반혁명주의자나 모리배 들은 두둑하게 지갑을 채우며 소비에트 국가에서 당당히 지내는 반면, 문자 그대로 무일푼의 프롤레타리아는 국가정치보안부(GPU)의 협력자이자 대리인인 간수들의 무법 행위와 폭정에 시달리며 배고픔과 추위, 하루에 14~16시간씩 해야 하는 허리가 부러질 정도의 중노동으로 죽어 가고 있다.

만약 불평하거나 글을 쓰면('하늘이 금지한'), 그들은 탈출 기도 등의 죄목을 씌워 개처럼 총으로 쏴 죽일 것이다. 그들은 영하 22도에도 옷과 양말을 모두 벗겨 1시간 동안이나 바깥에 서 있게 만든다. 그곳의 혼란과 공포는 설명하기가 어려울 정도다. (중략) 1000가지 중의 한 가지 예를 든다면, 일일이 **그들은 수감자들에게 자신의 배설물까지 강제로 먹였다.**

우리가 이 모든 얘기를 지어냈다고 생각할 수도 있다. 하지만 우리에게 신성한 모든 것을 걸고 맹세컨대, 이는 악몽 같은 진실의 극히 일부에 불과하다.

1939년에 폐쇄될 때까지 솔로베츠키의 죄수 10만 명 가운데 대략 절반이 사망했다. 그러나 스스로 유배를 떠난 막심 고리키가 소련으로 돌아오기 전인 1929년 6월에 수용소를 방문했는데, 그는 건강한 수감자들과 쾌적한 감방을 들먹이며 수용소가 마치 목가적인 곳인 양 미화했다.

스탈린의 선동으로 세워진, 발트 해와 백해를 잇는 225킬로미터 길이의 벨로모르 운하만큼 스탈린 정권의 극악무도한 성격을 극명하게 보여주는 사례는 없을 것이다. 1931년 9월부터 1933년 8월까지, 12만 8000~18만 명의 죄수들이 원시적인 곡괭이와 외바퀴수레, 자귀만으로 수로를 파냈는데, 이들 대부분은 프렌켈의 지시를 받은 솔로베츠키 수감자였다. 당시 환경이 너무 혹독하고 도구가 부족했기 때문에, 그들 중 수만 명이 목숨을 잃었다. 이는 불 보듯 뻔한 결과였다. 1년 중 6개월 동안 땅이 얼어붙어 있는 데다 단단한 화강암을 뚫고 내려가야 하는 경우도 허다했다. 그 결과는 경제적으로 아무런 쓸모도 없는 운하의 탄생이었다. 너무 좁고 얕아서 대형 선박은 다닐 수가 없었던 것이다. 그러나 완공된 운하를 둘러본 쇼의 동료 페이비언주의자 베아트리체와 시드니 웨브 부부에겐 이런 점들이 안중에도 없었다. 그들은『소비에트 공산주의: 새로운 문명?(*Soviet Communism: A New Civilization?*)』(1935)에서 이렇게 지적했다. "엄청난 공사를 완수해 냈을 뿐 아니라 인간 갱생에 승리했다는 점에서, 공식적으로 합동국가정치보안부(OGUP)의 성공을 가장 따뜻하게 평가했다고 생각하면 유쾌하다." 그러면서 웨브 부부는 강제노동으로 국가에 보탬이 될 수익을 짜내기 위해 이런 유형지에 수천 명의 육체 노동자와 기술자들이 끊임없이 공급되고 있다는 사실을 부인했다. 죄수의 노동력을 이용한 경제적 성과에 익숙한 사람이라면 그런 생각을 단순히 믿지 못할 것이다. 사실 노예제를 옹호하는 사람들이 있게 마련인데, 그들은 진실을 말하지 않는다. 고리키의 지시에 따라『스탈린의 이름을 딴 벨로모르발트 운하(*The Belomor-Baltic Canal Named for Stalin*)』라는 과장된 책을 펴낸 소비에트 작가 서른여섯 명에겐 적어도 거짓말을 하지 않으면 죽을 수도 있었다는 핑계가 있었다. 하지만 웨브 부부는 안전한 블룸즈버리 앉아서 그런 졸작을 써낸 것이다.[11]

이전의 노예 국가에서는 주인과 노예 간에 분명한 경계가 있었다. 하지만 소련의 경우는 그렇지 않았다. 아침에 명령을 내리던 사람이 운이 나쁘면 오후에 수갑을 차고 있을 수도 있었다. 모스크바볼가 운하 개통식에서 주요 도급업자가 연설을 했는데, 연설 직후 끌려가서 총살을 당했다. 200명이 넘는 건설 관리자들도 운하 건설이 지연되었다는 이유로 처형당했다. 실제로 러시아만큼 혁명의 숭배자들을 그토록 물릴 줄 모르고 없애 버린 경우는 없었다. 게으른 사람, 무뢰한, 협잡꾼, 술꾼, 도둑을 제거하기 위해 정기 숙청을 도입한 사람은 레닌이었다. 강박감에 사로잡힌 듯 자신의 동료 공산주의자들을 불신한 스탈린은 레닌보다 더했다. 1930년대에 혁명의 결정적인 시절과 내전기에 스탈린의 동지였던 볼셰비키 당원들만큼 잔인한 박해에 희생 당한 집단은 거의 없다. 언제 자신이 스탈린의 과대망상에 희생될지 알 수 없었던 당의 지도급 인사들은 늘상 불안에 사로잡혀 살고 있었다. 당에 충성을 다해 온 사람들이 급작스럽게 체포되어 악명 높은 범죄자로 감금될 수도 있었다. 충성스러운 레닌주의자들, 혁명을 열성적으로 신봉해 온 사람들이 이제 제국주의 열강에 충성한 약탈자나 스탈린의 총애를 잃고 추방된 최대 라이벌(스탈린은 1940년에 트로츠키를 살해하는 데 성공했다.) 트로츠키파로 지명되어 체포되었다. 스탈린은 그 외의 천민 집단에는 일종의 자비를 베풀었다. 그나마 그들은 목숨을 건져 툰드라 지대의 운하 건설 현장에 보내졌다. 그는 당내의 적에게는 실로 무자비했다. 1933년, 부패하거나 무능한 관리에 대한 징계로 시작된 조치는 1934년 12월 레닌그라드 당조직 책임자 세르게이 키로프(Sergei Kirov) 살해 이후(스탈린의 명령에 의해 살해된 것이

---

11) 마거릿 콜(Margaret Cole)은 1934년, 시드니 웨브와 모스크바를 두 번째 방문했던 때를 이렇게 기억했다. "우리는 공장과 농장, 협력 상점, 학교, 병원, 조산원, 소년원, 지역 문화회관, 공원을 시찰하고, 만원인 극장과 오페라하우스를 찾아가 손이 거친 농민과 노동자들 옆에 앉아 보고, 노조회의나 노동재판소에 참석하고, 일하거나 놀고 있는 행복해 보이고 건강한 농민과 노동자, 젊은 엄마들과 아이들을 지켜보았다. 시드니는 내게 자신의 이론적인 명제가 실제 실험을 통해 입증된 과학자처럼, 속삭이곤 했다. '자, 봐요. 제대로 효과가 나잖아요.'"

거의 확실하다.) 영원히 계속될 수도 있는 살벌한 숙청으로 확대되었다. 혁명의 선봉에 섰던 이들이 차례차례 체포되어 고문과 심문을 당하다가 결국 '범죄'를 실토하고 다른 동료들을 매도한 뒤 총살당했다. 1935년 1월부터 1941년 6월까지, 소련에서는 2000만 명 정도가 체포되었고, 적어도 700만 명이 처형되었다. 1937~1938년에만 인민의 적으로 처형해야 할 목표가 35만 6105명으로 잡혀 있었는데, 실제로 목숨을 잃은 사람들은 두 배가 넘었다. 이러한 할당량 또한 목표를 훨씬 초과해 달성되었다. 상트페테르부르크 외곽의 음산한 레바쇼보(Levashovo) 숲은 공동묘지나 다름없었다. 당시 처형당한 시신 중 2만 구가 비밀리에 그곳에 묻혔다.

미하일 불가코프의 소설 『거장과 마르가리타』는 악마가 모스크바에 나타나면서 이야기가 시작된다. 이후 탄핵과 실종, 죽음이 잇따라 발생하는데, 이 작품은 제멋대로인데도 악의가 담겨 있고 계산된 것 같지만 혼란스럽다. 어떤 작품도 『거장과 마르가리타』만큼 두려움이 주는 불쾌한 속성을 훌륭하게 그려 내지는 못했다. 특히 등장인물인 니카노르 보소이가 모스크바의 한 극장에 앉아 버라이어티 쇼를 관람하던 중 환전상(換錢商)이란 사실이 밝혀지는 악몽 같은 사건만큼 여론 조작을 위한 공개재판의 초현실적인 분위기를 실감나게 보여 준 장면은 없다. 극의 모든 연기에 스탈린의 선동이 필요한 것은 아니었다. 그의 역할은 평범한 남녀, 심지어는 가족[12]끼리도 서로를 비난하는 환경을 만드는 것이었다. 그런 환경에서는 지금 고문하는 사람이 내일이면 고문의 희생자가 될 수도 있었다. 그리고 아침에 수용소를 지휘했던 사람이 밤이 되면 감방에 갇힐 수도 있었다. 스탈린은 개인적으로 잘 아는 당 지도자들을 모두 없

---

12) 예카테린부르크 동쪽에 있는 마을 출신인 열네 살 학생 파블리크 모로조프(Pavlik Morozov)는 아버지를 고발하여 영웅이 되었다. 이후 모로조프가 살해되자, 그의 친척들 중 조부모와 사촌, 삼촌이 체포되어 총살당했다. 모로조프는 스탈린 시대의 순교자로 찬양받았다. 사실 모로조프는 아버지에게 버림받은 어머니가 부추겨 아버지를 고발했다.

애기 위해 신중하게 계획을 세워 실행에 옮겼다. 자신들이 괴롭히거나 유린했던 사람들에게 다시 매도당한 지역 관리 수만 명이 스탈린이 사주한 사회적 폭력에 희생당하고 말았다. 물론 쇼나 웨브 부부 같은 서양의 얼간이들은 이 상황을 얼마든지 용서할 수 있었다. 모스크바에서 벌어지던 여론 조작을 위한 공개재판에 대해 쇼는 무정함과 유창함이 기묘하게 뒤섞인 평가를 내렸다.

사다리의 맨 꼭대기는 정치인이 아니라 카를 마르크스와 함께 무일푼으로 도망 다니는 지식인으로 훈련받은, 행정 경험이나 재무 경험이 전무한 과거의 혁명가들에겐 매우 견디기 어려운 곳이다. (중략) 그들은 종종 목에 밧줄을 건 채, 사다리에서 떠밀려 내려갔다. (중략) 우리의 가장 진취적인 이웃이 정직한 사람들을 위해 세상을 안전한 곳으로 만들 목적으로 인도적이고 현명하게 소수의 착취자와 투기자들을 숙청할 때, 우린 그냥 도덕적으로 젠 체하고 앉아 있을 수 없다.

웨브 부부의 주장은 이러했다. "여론 조작을 위한 공개재판의 피고들은 무작정 적대적이기만 한 앵글로색슨계 사법제도에 노출된 적이 전혀 없었기 때문에 자신의 혐의에 대해 논박하려 들지 않았다. 피고인들은 유죄였고 그 사실을 알고 있었기에 자백을 했다. 언론의 자유가 정말 그렇게 중요한가? 소위 말과 글에 의한 자유로운 표현과 생각이란 국민에게 생각하는 법을 가르치고 이 지식을 이용하도록 영감을 주지 않는 이상 인간의 발전을 조롱할 뿐이다. (중략) 이렇게 널리 보급된 지식과 공공복지에 대한 헌신이야말로 소비에트 민주주의의 기조이다." 실제로 스탈린의 공포 정치가 최고조에 달했을 때 '공공복지'란 개인의 절대적인 불안감을 의미했다. 안전하다고 느낀 사람은 아무도 없었는데, NKVD의 관리자들이 특히 불안을 느꼈다.[13] 뒤에 남겨진 사람들의 고뇌를 가장 잘 포착한 「애가(Requiem)」의 시인 안나 아흐마토바(Anna Akhmatova)나 《프라우다》지가 "음악이 아니라 난잡 그 자체"라고 매도한 오페라 「므첸스크의 맥베스 부인(Lady Macbeth of Mtsensk)」의 작곡가 드미트리 쇼스타코비치(Dmitry Shostakovich)처럼 총부리 아래서 살아난 사람들은 체제에 순응한 게 아니라 단지 운이 좋았을 뿐이다.

체포된 사람들 중에는 레닌그라드 농아협회(Leningrad Society for the Deaf and Dumb) 회원 쉰세 명이 포함되어 있었다. '파시스트 단체' 회원으로 의심받은 이들은 붉은광장에서 혁명기념일 행진이 벌어질 때, 스탈린을 비롯한 정치국 간부들을 사제 폭탄으로 없애 버리기 위해 독일 첩보 기관과 공모했다는 혐의를 받았다. 이들 중 서른네 명은 총살당했고, 나머지는 10년 이상의 형을 언도 받고 수용소로 보내졌다. 희생자들 중에는 야콥 멘델레비치 아브터(Jacob Mendelevich Abter)라는 서른 살의 유대인 노동자가 있었다. 농아들이 만든 단체가 악마의 화신을 암살하려 했다는 생각은 이 온순하게 생긴 사람의 운명이 그토록 비참하지 않았더라면 거의 코미디가 될 뻔했다.[14]

민족 죽이기

오늘날 서구 사회에서는 인종보다 더 쉽게 변할 수 있는 계급은 인종과 확연히 다른 범주라고 생각하는 경향이 있다. 그러나 그 경계선이 항

---

13) 겐리흐 야고다(Genrikh Yagoda)는 1938년에 트로츠키주의자로 몰려 총살당했다. 그의 후임자 니콜라이 예조프(Nikolai Yezhov)는 1940년에 영국 스파이라는 이유로 총살당했다. 라브렌티 베리아(Lavrenti Beria)는 스탈린이 사망한 뒤 곧바로 총살당했다.
14) 사실은 그 협회 회장이 생계를 꾸려 나가기 위해 기차에서 물건을 팔던 일부 회원들을 밀고한 것이다. 이 고발로 NKVD가 말려들게 되었는데, 회장 자신도 이후 그 음모에 휘말려 총살당했다. 이듬해 NKVD는 최초의 조사 자체가 의심스럽다는 결정을 내렸다. 이후 그 지역 경찰들이 체포되었다.

상 명확한 것은 아니다. 중세와 초기 근대 유럽에서 계급은 세습되었다. 그리고 오늘날 인도에서도 카스트 신분을 탈피하기가 여전히 어렵다. 1930년대 러시아에서도 계급은 세습적인 것으로 간주되었다. 아버지가 노동자라면 자식도 노동자가 되고, 아버지가 '계급의 적'으로 몰리면 재난이 밀어닥쳤다. 혹여 위조된 내국 여권을 얻을 수 있거나 훌륭한 프롤레타리아 가족 출신의 누군가와 결혼할 수 있다면 상황이 달라졌겠지만 말이다. 지방의 한 소비에트는 다음 같은 이유로 중학생 서른여덟 명을 추방했다고 보고했다.

> 그들은 모두 세습 부농의 아들이었다. (중략) 이들 부농의 아들 대다수는 민족주의를 선동하고 다양한 종류의 외설적인 책을 퍼뜨렸으며 공부를 방해했다. (중략) 서른여덟 명 모두 가난한 농부나 중농, 심지어 일용직 노동자라며 거짓으로 학교에 등록하여 자신의 사회적 신분을 감췄다.

1935년, 한 레닌그라드 신문은 지역 병원 계급의 적을 연달아 폭로하는 기사를 실었다. 기사에는 당시 분위기가 생생히 살아 있다.

> 사제의 아들로 백군 장교였다가 트로츠키파가 된 자가 그 병원에 몸을 숨기고 있었다. 경제 관리자는 이렇게 숨어 있는 적이 대체할 수 없는 회계원이라고 생각할 것이다. 기록원 자보로츠카이아, 간호사 아피쉬니코바, 소독인 쉐스티포로프도 사제의 자손들이다. 바실레바는 수녀에서 간호사로 직업을 바꾼 뒤, 그 병원에서 일자리를 얻었다. 또 다른 수녀 라르키나도 바실레바의 사례를 따랐다. (중략) 전직 수사인 로딘은 의사 보조 자리를 얻어 왕진 간 의사들을 대신하기도 했다.

어느 누구도 자신이나 부모의 혁명 전 출신 계급을 지워 버릴 수는 없었다. 그러나 스탈린의 거대 조직이 짓밟을 수 있었던 것은 계급만이 아니었다. 민족 전체에 '말살' 표시가 되어 있었는데, 스탈린이 다민족 러시아 제국이라 할 수 있는 소련의 특정 민족을 믿을 수 없는 집단으로, 다시 말해 계급의 적으로 간주했기 때문이다.

외국인이나 외국인과 접촉하는 사람들은 이데올로기적인 증명서에도 불구하고, 당연히 의심을 받았다. 1938년 4월에는 1933년 이후 소련으로 도망쳐 온 독일 공산당 지도자 예순여덟 명 가운데 마흔한 명과 국제 공산당 집행위원회 회원 394명 가운데 223명이 테러 행위에 희생되었다. 1917년 이전에 유배지에서 상당한 시간을 보냈거나 1920년대에 해외에서 혁명을 선동하는 데 개입했던 고참 볼셰비키 당원들도 초기에 숙청되었다.[15]

---

15) 그 과정은 전 공산당원 아서 케스틀러(Arthur Koestler)가 1940년 출간한 『일식(Darkness at Noon)』에 잘 기록되어 있다. 구볼셰비키들이 어느 정도까지 파멸할 수 있었는지는 니콜라이 부하린이 1937년 12월 10일에 스탈린에게 보낸 편지에 고스란히 드러나 있다.

저는 제가 인정한 그 범죄들을 저질르지 않았습니다. 지난 세월 동안 저는 당의 노선을 충실히, 그리고 진심으로 수행해 왔고, 당신을 현명하게 사랑하는 방법을 배웠습니다. 저는 현재 우리나라에 벌어지고 있는 사태에 대해 다음과 같은 생각을 갖게 되었습니다. '숙청이라는 정치적 개념에 거대하고 대담한 뭔가가 존재한다.'
지금의 사태는 a) 전쟁의 상황과 관계가 있고 b) 민주주의에 도달하는 과도기와 관계가 있습니다. 이 숙청에는 1) 범죄자 2) 의심스러운 사람들 3) 의심을 받을 만한 사람들이 포함됩니다.
이 작업은 저 없이는 해낼 수가 없었습니다. 바로 이 대목에서 제가 깊은 고통을 느끼고 제 자신이 괴로운 역설에 직면하고 있음을 알게 되었습니다.
당신이, 제가 이 범죄들을 저질렀다고 믿을지도 모른다고 생각하면, 저는 흥분을 가라앉히기 힘듭니다. 제 머리는 혼란으로 빙빙 도는 느낌이며, 목청껏 소리치고 머리를 벽에 받아 버리고 싶은 심정입니다. 제가 어떻게 해야 할까요? 제가 어떻게 할까요?
당신이 아마도 잊어버린 듯한 사실이 제 마음을 짓누릅니다. 일전에 당신과 함께 있을 때 내게 이렇게 물었지요. '당신은 내가 왜 당신을 내 친구로 생각하는지 알고 있소? 결국 당신은 음모를 꾸밀 만한 능력이 없소, 그렇죠?' 저는 '물론 그런 능력이 없다.'라고 말했습니다.
당시 저는 (이미 1936년 8월에 처형된) 레프 카메네프(Lev Kamenev)와 친하게 지내고 있었습니다. 세상에! 저는 어린애 같았습니다. 완전히 바보 같았지요. 그리고 이제는 제 명예와 목숨으로 죗값을 치르고 있습니다. 코바(스탈린의 별명)! 제발 저를 용서해 주세요.

소련 국경 지대에 거주했던 민족들도 의심받았는데, 러시아 중심부 사람들보다 외국인과 접촉할 가능성이 더 컸기 때문이다. 1937년, 모스크바 주재 영국 대사관에 피츠로이 매클린(Fitzroy Maclean)이라는 대담한 스코틀랜드 청년이 제3서기관으로 부임했다. 중앙아시아 대도시를 방문해 보고 싶었던 그는 정보 수집보다는 관광에 더 관심이 있는 것 같았는데, 소련 정부의 여행 제한 규정을 무시하고 무작정 바쿠(Baku)행 열차에 올랐다. 그리고 바쿠에서 다시 카스피 해 항구 렌코란(Lenkoran)으로 가는 증기선을 탔다. 다음 날 아침, 그는 호위를 받으며 항구 쪽으로 황급히 달려가는 트럭들을 보고 깜짝 놀랐다. 트럭마다 총에 칼을 꽂은 NKVD 국경수비대의 호위하에 침울한 표정을 지은 투르크타타르 농민들이 꽉 들어차 있었기 때문이다. 지역 주민은 모스크바에서 체포 명령이 내려왔고, 일부 인구를 여기저기로 이동시켜야 한다고 믿는 소비에트 정부 정책의 일환이라고 설명했다. 당시 추방되던 사람들이 머물던 곳은 중앙아시아에서 온 다른 농민들이 차지할 터였다. NKVD 국경 경찰에게 체포되는 바람에 다시 모스크바로 돌아가게 된 매클린은 몇 달 뒤에 노비시비르스크행 시베리아 횡단 열차를 타고 다시 여행길에 올랐다. 그는 노비시비르스크에서 바르나울 남쪽으로 가는 기차로 (다시 한 번 불법으로) 갈아탔는데, 알타이스크(Altaisk)역에서 매우 혼잡하고 더러운 차량이 자신이 탄 기차에 연결되는 모습을 보았다.

저는 편지를 쓰며 울고 있습니다. 하지만 누구에게도 원한을 품고 있지는 않습니다. 당신께 용서를 구합니다. 오, 신이시여. 당신이 찢긴 제 영혼을 볼 수 있기만 하다면! 당신이 제 몸과 마음이 당신에게 얼마나 기울어져 있는지 볼 수만 있다면!

부하린은 미국으로 망명을 보내 주거나 시베리아의 노동수용소에 보내 달라고 요청했다. 아니면 적어도 총살당하기 전에 독약을 마실 수 있게 해 달라고 요청했지만 허사였다. 그는 1938년 3월 4일, 총살부대와 대면했다.

이 차량에는 언뜻 중국인으로 보이는 사람들로 꽉 차 있었다. 나중에 그들은 고려인으로 밝혀졌는데, 그들의 가족과 소지품들이 극동에서 중앙아시아로 옮겨지는 중이었다. 목화 농장에서 일하게 될 그들은 왜 추방되고 있는지 알지 못했다. (중략) 나중에 들은 얘기로는 일본과 전쟁이 벌어질 경우, 고려인들을 믿을 수 없기 때문에 소비에트 당국이 독단적으로 20만 명의 고려인들을 중앙아시아로 내쫓았다.

매클린이 목격한 장면은 현대 역사가들이 최근에야 재발견한 민족 추방 프로그램 중의 한 가지 사례에 불과했다. 1937년 10월 29일, NKVD의 수장 니콜라이 예조프(Nikolai Yezhov)는 인민위원회 의장 뱌체슬라프 몰로토프(Vyacheslav Molotov)에게 서한을 보내, 극동 지역의 모든 고려인 17만 1781명이 중앙아시아로 추방되었다고 알렸다. 이는 소련의 동부전선을 안정시키는 방법으로, 1920년대 중반에 처음 세운 계획을 완료했음을 의미했다.

고려인들은 단순히 의심을 받은 첫 번째 민족에 불과했다. 발카르인, 체첸인, 크림 반도의 타타르인, 독일인, 그리스인, 잉구슈인, 메스케티인, 칼미크인, 카라차이인, 폴란드인, 우크라이나인 등 모든 민족이 여러 시기에 걸쳐 스탈린의 박해를 받았다. 이 정책의 이론적 근거는 계급과 인종 문제를 교묘하게 섞어 놓은 것이었다. 발트 해의 독일인들은 '뼛속까지 부농인 식민지 개척자'라는 게 박해 이유였고, 폴란드인들은 다음과 같은 통고를 받았다. "당신은 부농이기 때문이 아니라 폴란드 사람이라서 부농의 지위를 박탈해야 한다." 통합국가정치보안부의 내부 보고서에는 "폴란드인이라면, 부농이 틀림없다."라는 표현이 있었다. 일찍이 1930년 3월에 수천 가구에 이르는 폴란드인이 벨로루시로부터 추방되어 동쪽으로 이주했고, 우크라이나인은 부분적으론 집단화에 저항했다는 이유로, 또 한편 서쪽으로 이주하려 할지도 모른다는 이유로 추방되었다. 1935년에 새로이 추방 조치가 내려지면서, 폴란드인 8000가구 이상이 키예프와 비니차(Nivvnitsya) 국경 지대에서 동부 우크라이나로 쫓겨났다. 2년 뒤, 소련에서 가장 강력한 폴란드 첩보 조직이 조사받으면서 14만 명 이상이 체포되었는데, 이들 대부분이 폴란드인이었다.

아마도 가장 주목할 사례는 우크라이나인 추방일 것이다. 집단화로 인한 기근이야말로 스탈린이 '우크라이나 문제'로 간주한 상황의 가장 잔인한 해결책이었다고 해도 과언이 아니다. 상대적으로 자치를 누리던 우크라이나에 대한 반격은 일찍이 1930년 봄부터 시작되었다. 1932년, 스탈린은 비밀리에 경고했다. "우크라이나 공산당에 부패한 분자들이 적지 않다는 점을 기억하라. 그들은 의식적으로든 무의식적으로든 시몬 페틀류라(Simon Petlyura, 우크라이나 민족주의자)를 지지하는 자들이다." 1932~1933년 기근은 우크라이나에서만 발생한 것은 아니었다. 카자흐스탄과 북부 카프카스, 볼가강 지역도 영향을 받았다. 하지만 꼼꼼히 분석해 보면, 기근에 희생된 사람들 중에 압도적으로 우크라이나인들이 많았다. 1917년 제헌의회 선거에서 우크라이나인 열 명 중 볼셰비키당을 찍은 사람이 채 한 명도 안 되는 반면, 우크라이나 당을 찍은 사람은 절반이 넘었다는 사실은 시사하는 바가 크다. 우크라이나 민족주의의 사회 기반인 토지 소유의 철폐가 집단화 목표로 규정된 것이다. 따라서 우크라이나에서는 러시아에서보다 집단화가 더 강도 높고 빠르게 추진되었고, 생산이 줄어드는 상황에서도 곡물 할당량이 고의적으로 높게 배정되기도 했다. 이는 왜 기근 사태의 희생자 중 거의 절반이 우크라이나인이었는지를 설명해 준다. 하지만 스탈린은 아사(餓死)를 우크라이나의 불충에 대한 충분한 해결책으로 간주한 것도 아니었다. 작곡가 쇼스타코비치는 순회 민요 가수들이 체포되어 총살당한 과정을 생생이 기억했다. 이 모든 것이 우크라이나가 사실상 러시아의 식민지로 관리되고 있었기 때문에 가능했다. 러시아인은 공화국 인구의 9퍼센트에 불과했지만, 우

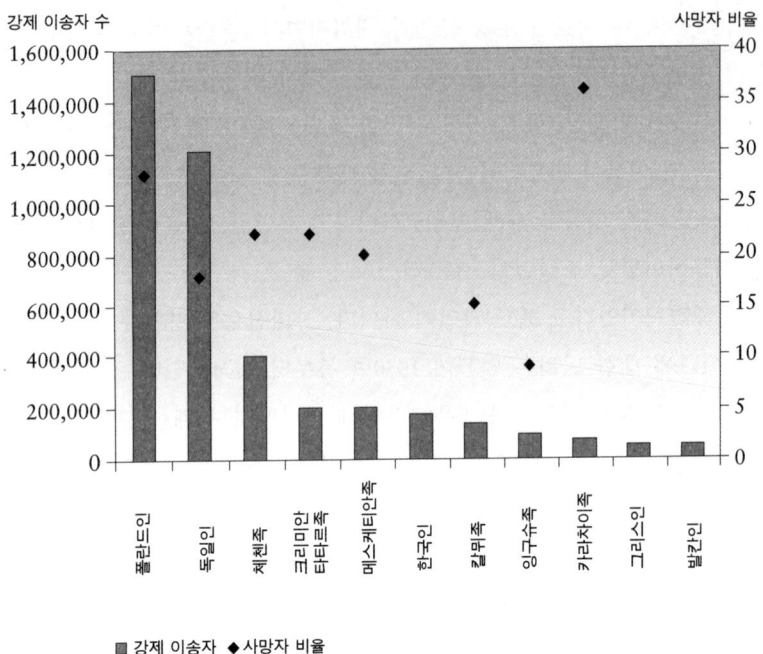

그림 6-2. 1926년~1954년, 스탈린의 '인종 청소'에 의한 희생자 수

크라이나 당의 79퍼센트, 정부 관리의 95퍼센트가 러시아인이거나 러시아화된 사람들이었다.

집단화 과정에서 심하게 고통을 겪은 또 다른 민족으로는 쿠반 지역의 코사크인들이었다. 그들은 집단화 정책에 저항했다는 이유로 시베리아로 추방되었다. 이들만이 스탈린의 '인종 청소'에 희생당한 것은 아니었다. 1935년 봄부터 1936년 봄까지, 핀란드인 3만여 명이 시베리아로 보내졌다. 1936년 1월에도 독일인 수천 명이 서부 국경 지대에서 카자흐스탄으로 보내졌다. 1937년, 1000가구가 넘는 쿠르드인들이 남부 국경 지대로부터 추방당했다. 1년 뒤엔 이란인 2000명이 똑같은 처지가 되었다. 이제 소련 정부는 모든 구속을 벗어 버렸다. 1938년 1월, 처음에는 폴란드인이 목표였던 소탕 작전은 정치국에 의해 불가리아, 마케도니아 간부는 물론, 폴란드인, 라트비아인, 독일인, 에스토니아인, 핀란드인, 그리스인, 이란인, 하르빈인, 중국인, 루마니아인들과 소비에트 국민의 간첩 적발 그리고 파괴 활동 분쇄를 위한 작전으로 확대되었다.

가끔 소비에트 정권이 다른 전체주의 정권들보다는 덜 관료적이라고 말하지만, 러시아 문서보관소의 증거물을 보면 그렇지 않다. 소련 관리들은 스탈린과 그의 충실한 하수인들이 다양한 박해 작전을 펼 수 있도록 굴락의 수감자들을 민족에 따라 세세히 분류하는 등, 상당히 세심하게 원장을 기록했다. 또 스탈린이 인종 청소에서 히틀러보다 잔인하지 않았을 거라고 추측하는 이들도 있다. 그러나 양의 차이는 있었으나 질적으로는 마찬가지였다. 소비에트 수용소에서는 죄수들을 죽이기보다는 그들의 노동력을 짜내는 데 관심을 가졌다. 세르판틴카 같은 노동수용소의 경우 죄수들을 집단 총살하긴 했지만, 나치가 폴란드에 세운 트레블링카 수용소처럼 집단 학살 수용소는 아니었다. 그럼에도 총력전이 아닌 가상의 내전에서(홀로코스트와는 달리) 스탈린이 비러시아계 주민에 가한 박해로 목숨을 잃은 희생자 수가 적다고 생각해서는 안 된다. 1935년부터 1938년까지, 비러시아계 민족에 대한 박해로 대략 80만 명이 체포되어 추방되거나 처형되었다. 공포정치가 최고조에 달했을 때인 1936년 10월부터 1938년 11월까지, 박해받는 민족 출신은 체포된 모든 정치범의 5분의 1 정도였지만, 총 처형자 수의 3분의 1 이상을 차지했다. 실제로 민족 집단에 대한 조치로 체포된 사람의 75퍼센트가량이 결국 처형되고 말았다. 스탈린 시대를 통틀어, 160만 명이 넘는 비러시아계 민족이 강제 이주로 사망했다.(그림 6-2 참조)

특이하게도 두드러지지 않기 위해 애쓴 소수 민족이 있다. 차르 치하에서 유대인들은 최하층민이었다. 그러나 그들은 혁명기 볼셰비키당에서 엄청난 역할을 해냈다. 많은 유대인이 프롤레타리아 독재라는 새로운 정치 문화를 받아들이면서, 1920년대는 소비에트 유대인들에게 좋은 시절이었다. 1926년, 전체 국민들 중 볼셰비키 당원이 8퍼센트 정도인 데 비해, 유대인 노조원의 11퍼센트 정도가 당원이었다. 1년 뒤에도 전체 소비에트 인구의 1.8퍼센트가 당원이었으나 유대인은 4.3퍼센트를 차지했다. 이 시기에 사회 통합이 진전되었음을 알 수 있는 한 가지 지표는 다른 민족 간의 결혼이 급격히 늘었다는 점이다. 과거 유대인 지정 거주지의 중심지였던 우크라이나와 벨로루시에서는 종교가 다른 사람과 결혼한 유대인의 비율이 여전히 낮았다. 우크라이나의 경우 5퍼센트가 안 됐고, 벨로루시의 경우엔 2퍼센트가 약간 넘었다. 그와는 대조적으로 러시아에서는 1925년에 18.8퍼센트였던 이민족 간의 결혼이 2년 뒤엔 27.2퍼센트로 증가했다. 그렇다고 소비에트 전역에서 인종 혼합이 나타난 것은 아니었다. 실제로 중앙아시아에서는 러시아인과 회교도가 결혼하는 일은 절대로 없었다. 그러나 러시아와 우크라이나 간의 인종 장벽도 천천히 무너진 것으로 보인다. 점차 도시화되어 가는 유대인 집단은 전통적인 이디시어를 버리고 러시아어를 선택하는 조짐도 보였다. 그러나 최초의 볼셰비키 당원 중에 차르의 박해를 벗어나기 위해 공산주의에 매료된 유대인들이 상당히 많았던 탓에 스탈린의 공포정치에 희생된 사람들 중에서도 유대인이 많았다. 스탈린의 편견이 전쟁 전에는 명확히 드러나지 않았지만, 그는 오래지 않아 충성심을 기대할 수 없는 민족이라며 유대인을 집중 핍박하게 된다. 그의 병적인 의심에서 유대인이 완전히 벗어날 수는 없었을 것이다.

　스탈린은 진정한 민족주의자이자 사회주의자이며 심지어는 대러시아의 야비한 악동이라며 경고한 레닌의 말대로, 1939년 전쟁이 발발하기 전(실제로는 1933년 이전)에 이 악마 같은 그루지야인은 본색을 드러냈다. 물론 서양의 좌익 세력이 보기에 공산주의와 파시즘 간에는 현격한 차이가 있다. 1980년대까지도 위르겐 하버마스(Jürgen Habermas) 같은 사람들은 제3제국을 스탈린의 소련과 비교하는 것이 정당하지 않다고 주장했다. 그러나 스탈린과 그의 독일인 상대는 실제로 전체주의를 대표하는 잔인한 두 얼굴이 아니던가? 스탈린의 일국사회주의와 히틀러의 민족사회주의 간에, 전자가 후자보다 몇 년 앞서 실행에 옮겨졌다는 점 외에 실질적인 차이가 있는가? 이제 우리는 2차 세계 대전 동안 독일의 강제수용소에서 저질러진 만행이 굴락에서 미리 일어났다는 점을 알 수 있다. 혼잡하고 역겨운 기차에 실어 나르고, 죄수를 여러 범주로 분류하고, 머리를 밀고, 비인간적인 생활환경에 몰아넣고, 치욕적인 의복, 끝없이 이어지는 점호와 잔인하고 독단적인 처벌, 이미 결정되고 운명 지어진 차별을 자행했다. 앞으로 살펴보겠지만 물론 두 정권은 결코 똑같지 않았다. 하지만 솔포베츠키에 도착한 10대 소년 유리 치르코프(Yuri Chirkov)를 반긴 '노동을 통한 자유'라는 슬로건이 이후 아우슈비츠에 온 죄수들을 환영한 '노동이 자유를 만든다.(Arbeit Macht Frei)'라는 전설적인 구호와 똑같은 거짓말이었다는 점은 시사하는 바가 크다.

7 이상한 민족

우리는 우리 삶의 영원한 기반을 보호하고자 한다. 우리의 민족 정체성과 그 정체성에 내재된 힘과 가치를 보호하고자 한다. (중략) 농민, 시민, 노동자는 다시 한번 하나의 독일 민족이 되어야 한다.
— 히틀러의 제국의회 개원식 연설, 1933년 3월 21일

나는 태어날 자손이 십중팔구 아무 쓸모가 없거나 민족에 해를 끼칠 사람들의 번식을 방지하는 문제를 다룬 미국 여러 주의 법률을 대단히 관심 있게 연구해 왔다.
— 히틀러가 나치 돌격대 사령관 오토 바게너에게 한 말

지도자가 말하다

1933년 3월이었다. 국민들은 들떠 있으면서도 관망하는 분위기였다. 선거에서 압도적인 승리를 거둔 카리스마 넘치는 새 지도자가 변화를 갈망하는 국민에게 연설을 했다. 수백만 명이 그의 연설을 듣기 위해 라디오 앞에 모였다. 그들은 과거에 대한 저주에 찬 고발과 민족 부활에 대한 감동적인 요청을 들었다.

그는 음울한 어조로 국가의 비참한 경제 상태를 이야기하기 시작했다.

물가는 터무니없이 떨어졌고 세금은 증가했다. 국민들의 지불 능력 또한 줄었다. 정부는 심각한 수입 감소에 직면했다. 상업 거래에서는 돈이 돌고 있지 않다. 생산 기업은 말라죽은 잎사귀처럼 여기저기 흩어져 있다. 농민에겐 농산물을 팔 시장이 없고, 수천 가구가 여러 해 동안 모아 둔 저축은 모두 사라졌다. 더욱 중요한 점은 직장을 잃은 국민들이 생존이라는 냉혹한 문제에 직면하

고 있으며, 많은 사람들이 열심히 일하지만 얻는 것이 거의 없다는 점이다.

이 모든 상황은 누구의 책임인가? 그는 청중에게 확실히 알려 주었다. 인류의 상품 교환을 담당하는 지배자들이 무능력했고 고집을 부렸기 때문이라고. 그러나 이제 부도덕한 환전상들의 관습은 여론의 법정에 기소되었고, 그들은 인간의 감성과 이성에 의해 거부당했다.

신용거래 실패에 직면한 그들은 돈을 더 많이 빌려 주겠다고만 제안했다. 그들은 사람들을 오도하던 이익이라는 유혹물을 빼앗기자 눈물로 신뢰 회복을 호소하며 간곡하게 권유했다. 그들은 이기주의자들의 규칙만을 알고 있다. 이제 그들에겐 비전이 없는데, 비전이 없으면 국민은 멸망하게 된다. 환전상들은 인간 문명의 사원에서 높은 자리에 앉아 있다가 도망쳐 버렸다. 우리는 이제 그 사원을 고대의 진리로 되돌려야 한다.(박수) 복원 수단은 단순한 금전적 이익보다 더 고상한 사회적 가치를 적용하는 정도에 달려 있다.

연설의 이 대목도 강력했지만, 이어서 지도자는 더 중요한 발언을 했다. 물질적인 부의 허위성을 노동의 기쁨이나 도덕적인 자극과 대조하면서 금융인과 정치인의 특징이 된 냉담하고 이기적인 범죄는 말할 것도 없고 신분과 개인 소득에 기인한 자만심을 통렬히 비난했다. 그는 더 많은 박수갈채를 받고 이렇게 선언했. "이 국가에겐 행동이 요구되며, 지금이 바로 그때이다."

그 새 지도자가 염두에 둔 행동은 대담했을 뿐 아니라 혁명적이기까지 했다. 정부가 마치 전쟁에 임하듯 일자리 창출에 매달려 직접 국민을 고용하여 일자리를 만들어 낼 터였다. 국가의 천연자원을 활발하게 이용하고 재편성하는 중차대한 사업에 인력이 투입될 것이다. 공업 중심지의 인구 과밀을 바로잡기 위해 토지에 가장 잘 어울리는 사람들이 토지를 더 잘 이용할 수 있도록 노동력이 재분배될 것이다. 그는 모든 운송 수단에 대한 국가 계획과 감독 체계, 통신과 공익사업 체제를 도입하고 은행과 신용거래, 투자 기관에 대한 엄격한 감독을 실시하여 다른 사람의 돈으로 투기를 하는 행위를 근절시킬 것이다. 이런 조치들은 청중의 열정적인 호응을 받았다. 국제 무역은 건전한 국가 경제 건설에 밀려날 터였다. 이제 그는 정점을 향해 나아가며 이렇게 선언했다.

우리는 공동의 규율을 위해 기꺼이 희생할, 충성스럽고 잘 훈련된 군대가 되어야 한다. 그런 규율 없이는 어떤 발전도 이룰 수 없고, 어떤 지도자도 유능해질 수 없기 때문이다. 나는 우리가 우리의 삶과 재산을 그런 규율에 바칠 준비가 되어 있고 그럴 의향이 있음을 알고 있다. 그래야만 더 큰 선을 목표로 하는 리더십을 확립할 수 있기 때문이다. 더 중요한 목적이야말로 전쟁 때만 성스러운 책임으로 환기되던 통일된 의무감을 갖게 하고 우리 모두를 결합시킬 것임을 확신하면서, 나는 그런 리더십을 제공할 것이다. 이 서약을 하고 나면 나는 공동의 문제에 일사불란하게 착수하는 데 헌신한 이 위대한 국민의 리더 자리를 주저 없이 맡을 것이다.

군대화된 국가라는 비전에 만족하지 못한 그는 새로이 선출된 입법부에 강력히 경고하며 연설을 마쳤다. "전례 없을 정도로 즉각적인 조치가 필요한 상황으로, 입법부와 행정부의 정상적인 균형 상태에서 잠시 벗어날 것을 요청할 수도 있다." 만약 그가 국가의 위급 사항을 처리하기 위해 제안한 조치를 입법부가 신속히 통과시키지 않으면, 비상사태 시에 부여되는 행정부의 권력을 요구하겠다고 선언했다. 그 권력은 적의 침입을 받았을 경우 대통령에게 주어지는 권력에 비견될 만큼 엄청난 것이었다. 이 대목에서 가장 우렁찬 박수갈채가 쏟아져 나왔다.

부패한 금융가들 때문에 대공황이 발생했다고 그토록 원색적으로 비난하고, 실업 문제의 해결책으로 국가 개입을 그렇게 대담하게 제안하고, 자신을 지원하지 않을 경우 법령에 의해 입법부를 장악하겠다고 그토록 뻔뻔하게 위협하고, 청중의 애국심에 불을 지피기 위해 '민족'과 '국민'이란 말을 그토록 냉소적으로 거듭 써먹은 선동 정치가는 누구인가? 그는 바로 프랭클린 루스벨트였고, 위의 글은 모두 1933년 3월 4일 미국 대통령 취임 연설에서 인용했다.

그리고 3주도 지나지 않아 똑같이 대공황으로 타격을 입은 다른 나라의 다른 선거 승리자가 놀라울 정도로 비슷한 연설을 했다. 그 역시 국가의 비참한 경제 상황을 검토하며 연설을 시작하여 급진적인 개혁을 약속하고, 입법부에 사소한 정당 정치적 관행을 초월할 것을 촉구했을 뿐 아니라 국민의 단결을 요구하며 연설을 마쳤다. 1933년 3월 21일, 새로 선출된 제국의회에서 행한 아돌프 히틀러의 연설과 루스벨트 취임 연설의 유사성은 놀랍기만 하다. 그러나 1933년부터 히틀러와 루스벨트가 재임 중에 세상을 떠난 1945년까지, 미국과 독일이 완전히 다른 정치적 행보를 취했다는 점은 말할 필요조차 없다. 의회가 자신을 방해하면 의회를 짓밟을 수도 있다고 위협했고 3선을 했음에도 루스벨트의 재임 중에 미국 헌법은 고작 두 번, 그것도 사소한 내용만 바뀌었다. 선거와 정권교체 간의 기간이 축소되고(수정헌법 20조), 금주법이 폐지된 정도였다.(수정헌법 21조) 뉴딜정책이 미친 가장 중요한 정치적 영향은 주정부에 비해 연방정부가 강해졌다는 점이다. 따라서 민주주의 자체는 약화되지 않았다. 하원이 루스벨트의 사법부 개편 법안을 거부한 적도 있었다. 그와 대조적으로 바이마르 헌법은 히틀러의 전임자들이 대통령 비상조치에 의존하면서 1933년 총선이 치러지기 2, 3년 전부터 분해되기 시작했다. 1934년 말, 바이마르 헌법은 거의 빈껍데기나 마찬가지가 되었다. 루스벨트가 항상 어느 정도 입법부와 사법부, 주정부, 유권자들의 구속을 받은 데 반해, 히틀러는 점점 더 절대적인 존재가 되어 언행일치의 요구로부터 자유로웠다. 그가 결정을 내리면, 설사 구두 결정이라도 바로 실행에 옮겨졌다. 아무런 결정을 내리지 않으면, 관리들은 그의 뜻으로 여겨지는 것을 행동으로 옮겨야 했다. 루스벨트는 세 번 더 대통령으로 선출되기 위해 열심히 싸워야 했다. 반대로 독일의 경우 각본에 따른 국민투표가 치러지고 제국의회가 나치의 종복들로 가득 채워지면서 민주주의는 가짜로 전락했다. 언론, 집회, 출판의 기본적인 정치적 자유, 심지어는 종교와 사상의 자유까지 폐지되었다. 법치주의 역시 사라졌다. 독일 사회의 모든 성원, 특히 유대인은 정치적 권리뿐 아니라 민권까지도 상실했다. 재산권 또한 선택적으로 침해 당했다. 확실히 1930년대 미국은 특히 흑인들에게는 유토피아가 아니었다. 인종 간 성행위와 결혼을 법으로 금지한 남부의 여러 주는 '아리아인'과 유대인의 결혼을 금지하려 한 나치의 본보기가 되어 주었다. 그러나 가장 터무니없는 증거를 대 보자면, 1930년대에 흑인에 대한 린치 사건은(총 119건) 1920년대에 발생한 사건의 42퍼센트에 불과했고, 1910년대의 발생 건수의 21퍼센트였다. 대공황은 어찌됐든 미국 민주주의를 파괴하지는 않았으며, 미국의 인종주의를 더 악화시키지도 않았다.[1]

대공황에 대한 미국과 독일의 대응이 현저히 달랐다는 사실은 1930년대를 서술하는 역사가들에게 고민거리를 던져 준다. 이 두 나라는 경제위기에 가장 심각한 영향을 받은 산업 경제국이었다. 두 나라 모두 민주주의 국가로서 대공황을 맞았다. 실제로 두 나라의 정체(政體)는 공통점이 많았다. 양국 모두 공화국이고, 연방제를 채택했으며, 직접선거로 대통령을 선출했고, 보통선거 체제에 상하 양원제이며, 대법원을 두고 있었다. 그러나 한 나라는 정치 조직과 시민의 자유권을 유지하면서 양차

---

1) 그럼에도 불구하고 루스벨트는 코스티건와그너 반린치법(Costigan-Wagner Anti-Lynching Bill)을 반대했는데, 그 법안을 지지할 경우 1936년 선거에서 남부의 표를 잃을까 봐 두려웠기 때문이다.

대전 간의 위태위태한 시기를 헤쳐 나갔고, 다른 한 나라는 현대 민주주의에서 나타날 수 있는 가장 혐오스러운 정권을 탄생시켰다. 그 이유를 설명하기란 20세기 역사상 가장 어려운 문제를 푸는 것과 마찬가지일 듯싶다.

어느 나라 할 것 없이 대공황에서 탈출하기 위한 새로운 경제 정책이 요구되었다. 1933년 루스벨트가 말했듯이, 전임 대통령 허버트 후버가 선호한 전통적인 구제책은 신용을 잃었다. 견실한 화폐(화폐의 가치나 통용력이 안정된 화폐—옮긴이)와 균형예산을 고수하는 나라는 10년 정도 불황을 겪어야 했다. 관세 또한 해답이 아니었다. 경제를 회복하는 데에는 여러 가지 방법이 있다. 그러한 방법들의 한쪽 끝에 생산 수단의 국가 소유와 계획 경제, 가차 없는 노동력 강제를 기반으로 한 소련의 정책이 있었다. 그리고 반대쪽에는 통화 평가절하와 적절한 적자 예산, 보호주의적 제국주의 관세동맹을 합쳐 놓은 영국식 정책이 있었다. 미국에서 도입된 은행 예금보험 제도는 자유주의적 경제 질서를 철저히 무너뜨리는 것은 아니었다. 대부분의 국가는 이 두 극단 사이의 중도를 채택했다. 고용과 투자, 빈곤 구제에 대한 국가 개입을 늘리는 동시에 느슨한 재정, 통화 정책을 채택하고, 상품, 자본, 노동력의 자유로운 이동과 가격 책정을 제한하는 조치를 취한 것이다. 여기서 중요한 점은 이러한 새로운 경제 정책의 정치적 결과가 정책 그 자체보다는 국가별로 크게 달랐다는 사실이다. 몇몇 국가만이 독재 정치로 전환한 이후 새로운 경제 정책을 채택했다. 영어권 세계는 민주주의의 붕괴 없이 정통적인 경제 정책에서 다양하게 이탈하는 모습을 보여 주었다. 스칸디나비아 국가들 역시 그러했다. 실제로 스웨덴 사회민주당이 1945년 이후 나타난 유럽 복지 국가의 틀을 잡은 때는 바로 1930년대였다. 아이러니하게도 일부 국가들의 경우, 특정한 이해관계를 대표하는 의회제도로 인해 균형 예산을 운용하기 불가능하기 때문에 더욱 정통적인 재정 정책이 필요하다는 평계로 비민주적 행위를 정당화하기도 했다. 실제로 불균형 예산은 일반적으로 수요를 자극했다. 또 기억해야 할 점은 통화 정책을 바꾸기 위해 민주주의를 약화시킬 필요는 없었다는 점이다. 대공황 발생 전에 대부분의 중앙은행이 민주주의에 책임을 지지는 않았기 때문이다. 법률로 정해진 의회 통제로부터 독립된 중앙은행도 있었고, 영국은행이나 프랑스은행처럼 은행의 역할과 운영 방식이 법령으로 결정되었지만 유권자보다는 은행 주주들에게 책임을 져야 하는 민간 기업으로 간주되는 중앙은행들도 있었다.

더욱이 극히 일부 국가에서만 민주주의의 종말이 자유와 법치의 종말을 의미했다. 의회 권력의 약화가 종종 소수 민족에 대한 박해의 증가와 관련이 있지만, 논리적으로 그렇지 않은 경우도 있다. 매디슨, 토크빌, 밀 같은, 민주주의를 비판하는 자유주의자들은 '다수의 독재'를 경고해왔다. 대공황 이전의 중동부 유럽에서는 이미 민주주의로 다수를 점한 민족이 소수 민족을 차별하는 결과를 빚었다.(5장 참조) 의회의 면밀한 감시에 의해 제어 받지 않는 행정부는 기존 법률이나 헌법을 쉽게 위반할 수 있었다. 하지만 양차 대전 사이에 등장한 독재 정권이 개인이나 특정 사회 집단을 박해한 정도는 크게 차이가 났다. 실제로 다수의 편견을 반영하는 선출된 정부보다 독재자가 소수 민족에 더 관대한 경우도 있었다. 독재자들이 편협한 파시스트 운동을 저지한 경우는 일반적으로 알려진 것보다 많다. 가장 두드러진 예는 루마니아와 폴란드였다.(이후 내용 참조)

마지막으로 극소수 독재 국가에서 의회 권력과 법치가 종말을 맞았는데, 이는 공격적인 대외 정책을 의미하는 것이기도 했다. 대다수 독재 정권은 비교적 평화를 선호했다.

무솔리니의 기회

1918년, 루스벨트의 전임자 우드로 윌슨은 다음과 같이 선언했다. "민주주의가 도처에 보급된 듯하다. (중략) 민주제도의 확산으로 모든 정부가 민주주의로 단순화되어 단일한 정치 구조가 형성될 것으로 기대된다." 한동안 그의 주장은 옳은 것처럼 보였다. 정치학자들은 19세기 초 이후 민주주의가 전 세계적으로 얼마나 확산되었는지 수량화하려 했다. 그들의 계산에 따르면, 1914년에서 1922년 사이에 민주주의 국가의 수와 민주화 수준이 두드러질 정도로 높아졌음을 알 수 있다. 민주주의 '점수'가 6점보다 높은 국가의 비율은 22퍼센트에서 37퍼센트로 상승했다. 전 세계 민주주의의 평균 점수는 7.8에서 8.7로 높아졌다. 당시는 '윌슨주의의 시기'로, 이는 한때 합스부르크 왕국이었던 지역의 풍경을 바꾸어 놓았을 뿐 아니라 유럽 승전국이 세상을 마음대로 주무르지 못하게 하는 등, 그 영향력은 확실히 세계적이었다. 그러나 그것은 순간에 불과했다. 1922년 이후 20년 동안 수많은 민주주의국가가 실패했다. 1941년에 민주주의 국가의 비율은 14퍼센트에도 미치지 않았다. 민주주의 평균 점수도 6.4로 크게 떨어졌다. 1922년에 도달했던 민주주의 지수는 70년간 다시는 회복하지 못했다.

민주주의의 파도가 밀물처럼 밀려왔다 썰물처럼 빠져나갔다는 사실은 본질적으로 유럽의 얘기이다. 영어권 세계(비민주적이고 일부분만 영어를 사용하는 남아프리카를 제외하고)에서는 민주주의에 대한 심각한 위협이 전혀 없었다. 한편, 서유럽 제국들이 이전 모습을 그대로 유지한 채 전쟁에서 살아남은 데다 실제로는 약간 더 커졌기 때문에, 아시아와 아프리카에서 전쟁 전후에 민주 정부는 거의 존재하지 않았다. 유일하게 일본만 민주주의를 경험했다. 남미에서는 몇몇 국가들이 다소 민주적인 정권에서 독재 정권으로 바뀌었다. 1930년에 군부가 급진적인 대통령인 이폴리토 이리고옌(Hipólito Irigoyen)을 타도한 아르헨티나와 과테말라, 온두라스, 볼리비아 등이 그러했다. 그러나 리오그란데 강 이남의 국가들은 처음부터 민주주의 국가가 아니었으나 코스타리카의 경우는 달랐다. 콜롬비아, 페루, 파라과이 같은 국가들은 양차 대전 사이에 어느 정도 민주주의로 나아갔다. 칠레에서는 1924년 군부 쿠데타가 발생했지만, 1932년 카를로스 이바녜스(Carlos Ibáñez) 장군이 입헌정체를 복원했다.

가장 광범위하게 정의한 유럽에 자리 잡은 28개국 대부분이 1차 세계대전 이전이나 전쟁 중 혹은 이후에 대의정체를 유지했다. 그러나 1925년까지 8개국에 독재 정권이 들어섰고, 1933년에는 5개국이 추가되었다. 결국 5년 뒤에는 10개국만 민주주의 국가로 남아 있었다. 앞에서 살펴봤듯이, 러시아는 볼셰비키당이 1918년 제헌의회를 폐지한 뒤 유럽에서 맨 처음 독재 정권의 길을 밟았다. 헝가리에서는 일찍이 1920년에 선거권이 제한되었다. 그리스를 참패시킨 뒤 의기양양해진 터키의 케말은 1923년 사실상 일당국가를 세웠다. 그러나 더 일반적인 패턴은 1922년에 이탈리아에서 타나났다.

베니토 무솔리니(Benito Mussolini)는 다당(多黨)제 민주주의를 불필요하게 만들었을 뿐 아니라, 새로운 파시스트 정권을 공포한 최초의 유럽 지도자였다. 대장장이의 아들로 태어나 젊었을 때는 사회주의자였으며 교회를 비판한 『추기경의 정부(The Cardinal's Mistress)』와 『정직한 사람 요한 후스(John Huss the Veracious)』를 저술했던 무솔리니는 이탈리아 사회당이 1차 세계 대전 참전을 반대하기 전에 이미 민족주의자로 변신해 있었다. 로마의 속간(fasces, 응징을 위한 막대기 묶음으로 국가의 권력을 상징한다. 이탈리아 파시스트당의 상징이다. —옮긴이)이 참전을 지지하는 여러 단체에 의해 채택되었는데, 무솔리니가 가입한 단체도 여기에 속해 있었다. 파시즘의 공식은 이러했다. 사회주의+민족주의+전쟁. 그리 눈에 띄지 않게 짧은 군복무를 마친 무솔리니는 자신의 전문 분야였던 언론계로 돌아갔다. 하지만 그의 정치적인 기회는 평화와 함께 찾아왔다. 유럽의 다른 나라와 마찬가지로, 이탈리아의 정치 조직은 볼셰비키 전염병이 토리노의 공장과 포 계곡의 마을로 밀고 들어오자 쉽게 흔들렸다. 번뜩이는 카리스마의 소유자 무솔리니는 이탈리아 민족주의의 영웅 프란체스코 크리스피(Francesco Crispi)의 재림인 듯했다. 전투자동맹을 결성한 그는 스콰드리스티(squadristi)라는 제대군인들로 구성된 폭력단을 조직해 완력을 과시했다. 1922년 10월 29일, 그가 연극처럼 과장된 로마진군을 감행하려 하자, 왕인 비토리오 엠마누엘레 3세는 무솔리니에게 조각(組閣)을 요청했다. 사실 파시스트당은 무력으로 집권할 능력이 부족했기 때문에[2] 이는 쿠데타라기보다는 사진 촬영 기회에 불과했다. 기존 자유당은 무솔리니의 등장에도 평상시처럼 지낼 수 있을 거라고 자신했다. 하지만 그들은 무솔리니의 권력욕을 과소평가했다. 한때 그는 수상 외에도 일곱 개 장관직을 겸했을 정도였다. 그가 유일하게 통제할 능력을 갖춘 언론이 그를 전지전능한 총통으로 선전하기 시작했지만, 외관상의 화려함 뒤에는 언제나 폭력의 위협이 어른거렸다. 1924년 사회당 서기장 자코모 마테오티(Giacomo Matteotti)가 살해(무솔리니가 지시한 게 거의 확실하다.)당한 뒤 반대 세력은 억압당했다. 레닌주의자 안토니오 그람시(Antonio Gramsci) 같은 사람들은 감옥행을 피할 수 없었다. 이후 국가파시스트당은 어떤 경쟁자도 허용하지 않았다. 신문사 편집자는 파시스트당원이 되어야 했고, 교사 역시 충성 서약을 해야 했다. 의회와 노조는 허수아비가 되어 무솔리니의 독재 정권에 복종해야 했다.

이탈리아는 왕의 지명으로 독재 정권이 들어섰다는 점에서 특이할 것

---

[2] 로마진군은 실제로는 일어나지 않은 역사적 사건이라는 주장이 설득력 있게 제기되어 왔다. 언론은 파시스트들이 크레모나와 피사, 피렌체, 토리노 등지에서 효과적으로 권력을 탈취했다고 지적했다. 그러나 그들은 반대파가 없는 경우에만 성공을 거두었다. 사실은 왕이 무솔리니에게 조각을 요청한 뒤, 29일 밤에 무솔리니가 밀라노에서 로마로 기차를 타고 왔을 뿐이다.

은 없었다. 다른 독재자들은 그들 자신이 왕이었다. 알바니아 대통령 아메드 베이 조구(Ahmed Bey Zogu)는 1928년 스스로 조그 1세임을 선언했다. 불가리아에서는 알렉산두르 왕이 집권했다. 알렉산두르 왕은 1929년 유고슬라비아에서 쿠데타를 감행하고, 1931년 의회 제도를 부활시켰다가 3년 후 암살당했다. 이후 섭정 파벨이 다시 독재 정권을 세웠다. 그리스에서는 왕이 의회를 해산한 뒤 1936년에 이오아니스 메탁사스(Ioannis Metaxas) 장군을 절대 권력자로 임명했다. 2년 뒤 루마니아 왕 카롤(Carol)은 스스로 독재 정권을 세웠다. 헝가리의 경우 왕은 없었지만 지배층이 미클로스 호르티 제독을 섭정으로 내세워 왕정의 면모를 유지했다. 권력은 처음엔 이슈트반 베틀렌 백작, 그다음엔 줄라 굄뵈슈의 수중에 들어갔다. 선거로 뽑힌 대통령이 의회를 없애 버리고 독재 정권을 세운 나라도 있는데, 안타나스 스메토나(Antanas Smetona)가 1926년 리투아니아에서 그렇게 했다. 콘스탄틴 패츠(Konstantin Päts)는 4년간 섭정으로서 에스토니아를 지배했고, 1934년 이후엔 대통령 자리에 올랐다. 같은 해에 라트비아에서는 수상인 카를리스 울마니스(Karlis Ulmanis, 나중에 대통령이 됨)가 의회를 해산했다.

군부가 집권한 경우도 있는데, 폴란드의 크롬웰 조제프 피우수트스키 장군은 1926년 바르샤바로 진군해 들어가 1935년 세상을 떠날 때까지 사실상 독재자로 군림했다. 그의 권력 일부가 또 다른 군인 에드워드 스미글리리츠에게 넘어갔다. 스페인의 경우 1917~1923년에는 입헌군주제였다가 이후 1930년까지 프리모 데 리베라(Primo de Rivera)가 군부 독재 정권을 세웠다. 이후 공화정부 내에서 좌파 세력이 강해지면서 결국 인민 전선 연립정부가 탄생했다. 여기에는 공산당과 사회당이 모두 포함되어 있었다. 1936년, 군 장성들이 쿠데타를 일으켜 시작된 내전이 3년 동안 지속된 뒤 공화정부가 무너져 프란시스코 프랑코 장군이 독재자로 등장했다. 그는 독일과 이탈리아의 개입으로 이득을 얻었을 뿐 아니라 좌익 정파 간에 벌어진 내전 속의 내전의 수혜자였다. 포르투갈의 변화는 평온하게 이루어졌지만, 별반 다를 게 없었다. 1926년 군부가 권력을 잡았고, 6년 뒤 재무장관인 안토니오드 올리베이라 살라자르(António de Oliveria Salazar)가 독재 정권을 수립하여 수상이 되었다. 이듬해 그는 절대 권력자를 자처했다. 오스트리아의 엥겔베르트 돌푸스(Engelbert Dollfuss) 역시 1933년 법령을 선포하여 같은 수법을 쓰려고 했다. 그는 1934년 7월에 암살당했지만, 독재 정권으로 기능하는 체제를 그의 후임자인 쿠르트 슈슈니크(Kurt Schuschnigg)에게 물려줄 수 있었다.

새로 들어선 독재 정권은 독특한 민족주의적 전통을 강조했으며 놀랍도록 유사했다. 하나같이 색깔 있는 셔츠와 반짝이는 부츠 차림에 군악대를 앞세웠으며 점잔 빼는 지도자와 깡패 같은 폭력 집단을 동원했다. 따라서 독일의 독재자가 다른 독재자들과 다른 점은 거의 없었다. 약간 더 우스꽝스러웠다는 점만 빼면 말이다. 1939년에도 아돌프 히틀러는 찰리 채플린의 영화 「위대한 독재자(The Great Dictator)」에서 코믹한 인물로 그려졌다. 고함치듯 알아들을 수 없는 연설을 해 대고, 어처구니없는 자세를 취하고, 바람을 넣어 부풀리는 커다란 지구본을 갖고 장난을 치는 모습으로 표현되었다. 그러나 실제로 나치즘과 파시즘 사이에는 심오한 차이가 있었다. 양차 대전 사이에 등장한 독재자들은 철저히 반동적이지는 않았지만 근본적으로 보수적이었다. 그 권력의 사회적 기반은 산업혁명 이전의 구체제의 잔존 세력이었다. 즉, 사회주의를 두려워하는 산업주의자들과 민주주의의 번잡한 협상에 싫증난 경솔한 지식인들의 지원을 얻은 군주, 귀족, 장교단, 교회였다.[3] 독재자들이 한 일은 주로 좌

---

3) 파시즘과 시시덕거린 반역적인 문학자 명단은 책 한 권을 채우고도 남을 것이다. 그러한 현상이 얼마나 만연했는지 설명한다면, 많은 학자, 문필가들에 대한 불명예스러운 언급이 될 수 있다. 가브리엘레 단눈치오는 전후 피우메(Fiume)에서 독재 정권을 세웠고, 시인인 T. S. 엘리엇은 전체주의가 자유와 민주주의라는 용어를 담을 수 있으며 전체주의 덕분에 그러한 용어들이 의미를 가질 수 있다고

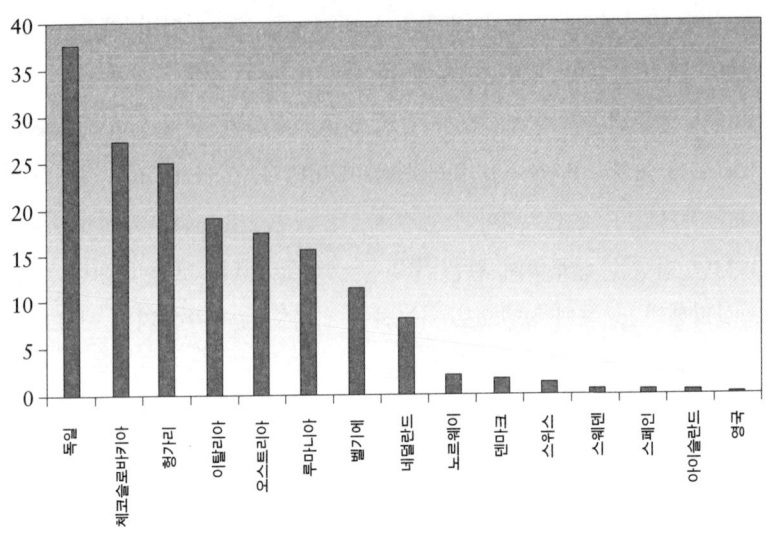

그림 7-1. 1930년대의 자유 국가 선거에서 파시스트당이나 반(半)파시스트당이 얻은 최대 득표율

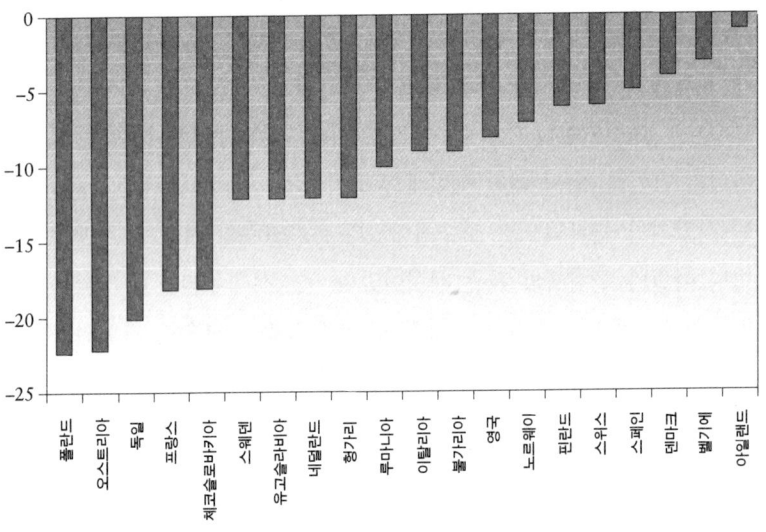

그림 7-2. 대공황기의 최고점과 최저점 간의 실질 생산량

파 세력을 진압하는 것이었다. 파업을 분쇄하고, 정당을 금지하며, 그들을 지지하는 시민들의 투표권을 취소하고, 지도자를 체포하고, 필요하다면 죽이는 것이었다. 그들이 취한 조치들 중에 단순한 사회 복원을 넘어선 것 중 하나는 경제 생활을 통제하고 시장의 갑작스러운 변동으로부터 충성스러운 지지자들을 보호하기 위해 새로운 '법인(corporate)' 조직을 도입한 것이다. 1924년, 프랑스 역사가 엘리 알레비(Élie Halévy)는 파시즘에 빠진 이탈리아를 "여행자들에게는 지극히 기분 좋은 독재 정권"이라고 묘사했다. 기차가 정각에 도착하고 출발하고, 항구나 대중교통 분야에서 파업이 전혀 발생하지 않기 때문이다. 그는 "부르주아가 밝게 미소 짓고 있다."라고 덧붙였다. 렌초 데 펠리체(Renzo De Felice)가 총통을 옹호하는 내용으로 일관한 전기문에서 지적했듯이, 무솔리니 정권은 "검은 셔츠를 입은 과거의 정권"이었다. 무솔리니가 젊은 시절 그토록 경멸했던 가톨릭교회까지도 1929년에 이 정권과 정교 협약을 맺어 양측 관계를 조정했다. 사실 이들 국가들 중에 단순히 구질서를 복원하는 차원을 넘어 국민적 쇄신이라는 비전을 만들어 화려한 미사여구를 늘어놓은 파시스트 지도자와 운동이 있긴 했다. 그러나 '스페인 팔랑헤 민족 신디칼리스트 돌격단'이라는 거창한 명칭을 가진 스페인 파시스트당은 기본적으로 보수적인 프랑코의 지지 세력에 불과했다. 프랑코가 합병한 조직인 '스페인 팔랑헤 전통주의자'에서 핵심 단어는 마지막 낱말이다. 오스트리아와 헝가리, 루마니아의 독재 정권은 파시스트 정당들을 억압하거나 적어도 저지하는 역할을 했다.

주장했다. 철학자인 마르틴 하이데거는 프라이부르크 대학 총장 재임 시에 나치 정권을 열렬히 지지했다. 정치이론가인 카를 슈미트(Carl Schmitt)는 제3제국의 불법 행위를 사법적으로 뒷받침했다. 소설가 이그나치오 실로네(Ignazio Silone)는 예전 공산당 동료들을 파시스트들에게 밀고했다. 시인 W. B. 예이츠는 아일랜드 청색 셔츠단(Irish Blueshirts)을 위해 시를 썼다. 1차 세계 대전 때 실수를 저지른 토마스 만(Thomas Mann)은 어렵사리 공개적으로 나치 정권과 관계를 끊었는데, 지식인 계층이 간악하다는 그의 말은 틀리지 않았다.

그런데 독일에서만 파시즘이 말뿐 아니라 행동으로도 혁명적이었으며 전체주의적이었다. 또한 독일에서만 독재정치가 산업화된 대량 학살로 이어졌는데, 여기에는 그럴 만한 이유가 있었다. 파시스트 운동은 대부분의 독재자에겐 선택할 수 있는 부품이었지만 독일에서는 그렇지 않았다. 그림 7-1에서 나타나듯이, 어떤 파시스트 정당도 선거에서 나치 같은 대단한 성공을 거두지 못했다. 선거의 관점에서 보면 파시즘은 지나칠 정도로 독일적인 현상이었다. 1930년부터 1935년 사이에 파시스트당이나 극단적인 민족주의당에 투표한 사람들을 모두 합치면, 독일어 사용자의 96퍼센트에 달했다.

전 세계적으로 보면, 민주주의가 몰락한 이유가 대공황 때문이라고 쉽게 말할 수는 없다. 너무나 많은 민주국가가 심각한 경제 위기를 극복했고, 너무나 많은 독재국가가 경기 침체 이전이나 약간의 생산량 감소 이후에 등장했다. 그러나 엄격하게 유럽만 놓고 보면, 일국의 경제적 어려움과 국가 내 파시스트당에 대한 투표수의 상관관계를 무시하기 어렵다.(그림 7-2 참조) 대체로 대공황을 가장 심하게 겪은 국가에서 파시스트당이 선택되곤 했다. 경제 위기는 중동부 유럽에서 가장 심했는데, 이 지역이 바로 파시스트당이 정치적으로 크게 어필했던 곳이다. 그러나 결정적으로 중요한 점은 제국 안팎의 독일인들이 파시즘에 가장 매력을 느꼈다는 점이다. 달리 말하면 진정한 대중 운동이 된 파시즘의 유일한 변형체가 독일의 나치였다는 얘기다.

독일의 경험은 두 가지 점이 특이했다. 첫째로, 채플린이 아는 것보다 훨씬 별스러웠던 히틀러 때문이었다. 그는 미술대학에 떨어져 한때 저속한 그림엽서를 팔며 근근이 살아갔고, 병역을 기피하다 결국 바이에른 상등병 훈장을 받았다. 게으르고 평범한 인물에 불과했지만 나중에 출세하여 바그너의 오페라와 카를 마이(Karl May)의 카우보이 소설을 즐긴 히틀러는 프리드리히 대제와 오토 폰 비스마르크의 유산을 이어받을 사람이 아니었다. 1920년대 초반 뮌헨에서 열린 루마니아 공주의 파티에 가면, 깡패들이 애용하는 모자에 약식 야회복, 트렌치코트 차림으로 권총을 개 채찍인 양 들고 다니는 그를 볼 수 있었다. 힌덴부르크 대통령이 그가 보헤미아 사람일 거라고 생각했다는 사실은 그리 놀랍지 않다. 그를 요리사를 유혹하려는 사람으로 본다든지, 반역자를 수송하는 전차 차장처럼 본 사람들도 있었다. 만약 출판업자 막스 아만의 조언이 없었다면, 그는 자신의 첫 책 제목을 눈에 확 띄는 『나의 투쟁』 대신 '거짓말과 어리석음, 비겁함에 대한 4년 반의 투쟁'이라고 지었을 것이다. 그 긴 제목은 히틀러의 격렬하고 독설적인 일면을 그대로 보여 준다. 그의 성욕에 관해서는 오랫동안 억측이 만연했지만, 아마 사실이 아닐 것이다. 히틀러는 증오했을 뿐 사랑을 하지 않았다.

제3제국과 1930년대 파시스트 정권들 간의 결정적인 두 번째 차이는 단순히 제3제국이 독일 국가였다는 점이다. 양차 대전 사이에 민주주의가 무너진 국가는 1930년 당시 노동 인구의 절반이 농업에 종사하는 등 비교적 후진적인 국가였다. 두 국가를 제외하고는 이러한 비율과 민주주의 지속 기간이 반비례했을 것이다. 이 두 국가는 독일과 오스트리아로, 이들 국가의 농민 비율은 3분의 1에 못 미쳤다. 이제 적어도 1933년 이전엔 많은 사람이 보기에 유럽에서 가장 세련된 국가였던 독일을 히틀러 같은 병적인 사람이 어떻게 완전히 지배할 수 있었는지 설명할 차례다.

형제 히틀러

많은 관광객이나 방문자들이 보기에 1920년대 독일은 유럽의 미국이었다. 거대하고 산업화되고 지극히 현대적인 국가였기 때문이다. 독일은 몇몇 부문에서 유럽 최고 기업들의 발상지로, 전자공학 분야의 지멘스,

금융계의 도이체 방크, 자동차 업계의 메르세데스 벤츠, 화학 분야의 IG 파르벤(IG-Farben) 등이 대표주자였다. 베를린은 유럽 영화 산업의 요람이었는데, 프리츠 랑(Fritz Lang)의 20세기 최고의 공상 과학 영화「메트로폴리스(Metropolis)」와 필름 누아르 대표작「엠(M)」을 탄생시켰다. 베를린에는 윌리엄 랜돌프 허스트(William Randolph Hearst)의 신문사와 같이 선정적인 신문이 있었고(8시 석간(8Uhr-Abendblatt)), 메이시스(Macy's)만큼 큰 백화점(베스텐 백화점)도 있었다. 또한 베이브 루스같이 우상화된 스포츠 스타도 있었다.(권투선수 막스 슈멜링) 대서양을 건너온 미국의 영향이 너무나 널리 퍼져 있었기 때문에 프란츠 카프카는 미국에 가 보지도 않고 소설『아메리카(Amerika)』를 쓸 수 있다고 생각했다. 한 가지 중요한 점에서 독일은 미국보다 나았다. 독일에는 세계 최고의 대학이 있었기 때문이다. 하이델베르크와 튀빙겐 대학에 비하면, 하버드와 예일 대학은 학생들이 물리학보다 축구에 더 관심이 많은 동호회 수준이었다. 1901년부터 1940년까지 과학 부문 노벨상 수상자들 중에서 25퍼센트 이상이 독일인이었고, 미국인 수상자는 11퍼센트에 불과했다. 아인슈타인은 프린스턴 대학으로 옮겨 간 1932년에 전성기를 맞은 게 아니다. 그는 이미 1914년에 베를린 대학 교수로 임용되어 빌헬름 황제 물리학 연구소 소장이 되었고, 프로이센 과학협회 회원이 되었다. 케임브리지가 배출한 최고의 과학자들도 독일은 반드시 다녀와야 할 곳으로 생각했다.

그러나 또 다른 독일이 있었으니, 열광적인 근대의 거대 도시(Grosstadt)에 전혀 애정을 느끼지 못하는 시골의 고향 마을 같은 독일이 다. 이 독일은 1918년 11월, 패전이라는 소름 끼치는 계시와 함께 시작된 격변에 큰 충격을 입었다.[4] 전쟁 직후에 발생한 거의 모든 혁명적인 사건들은 베

---

4) 세바스티안 하프너(Sebastian Haffner)는 패전에 대한 독일의 반응을 훌륭하게 설명했다. "내 감정을 어떻게 설명할 수 있을까? 내면의 세계 전체가 무너져 버린 열한 살짜리 소년의 감정을 어떻게 설명할 수 있겠는가? 아무리 노력해도 일상생활에서 비슷한 일을 찾기가 힘들다. 터무니없는 파국

를린, 함부르크, 뮌헨 같은 대도시에서 일어났다. 튀링겐 주의 생기 없는 수도에서 새로운 공화국 헌법의 초안을 작성하기로 결정했음에도, 바이마르 공화국은 언제나 도회적인 곳이었다. 영국의 '방랑하는 학자' 패트릭 레이 퍼머(Patrick Leigh Fermor)가 1933년 말, 라인 강에서 다뉴브 강까지 걸어가면서 느꼈듯이 어느 지역이건 큰 변화는 일어나지 않았다. 그가 제3제국에서 맨 처음 만난 사람들은 베스트팔렌의 나치 당원 무리였다. 그들은 메인 광장에서 형식적인 관병식을 거행하고 음주가무를 즐기기 위해 가까운 여관으로 몰려가고 있었다. 프란체스코 수도회가 운영하는 크레펠트(Krefeld) 소년원에서 세상을 떠난 한 교수의 연구실까지, 라인 강의 유람선 선창에서 포르츠하임의 농가에 이르기까지, 퍼머는 아버지나 할아버지가 똑같은 여행을 했다면 목격했을 독일과 거의 다르지 않은 독일을 보았다. 산업가이자 철학가인 발터 라테나우(Walther Rathenau)는 자신의 일지 기록원인 케슬러 백작 해리에게 이렇게 불평했다고 한다. "혁명도 없고, 문은 열려 있을 뿐이다. 감시인은 달아나 버렸고, 포로들은 감독 안마당에 놀라 서 있다. 그들은 사지를 움직이지 못했다."

공화국은 불가능한 일에 도전했다. 복지 국가를 만드는 동시에 베르사유조약에 의해 부과된 배상금을 갚으려 했다. 이로 인해 독일 경제에는 한 가지가 아니라 두 가지 위기가 발생했다. 먼저 1923년에 엄청난 인플레이션이 발생했고, 이후 1929년부터 심각한 디플레이션이 발생했다. 이러한 두 위기가 이미 약해질 대로 약해진 바이마르 공화국의 정당성을 크게 약화시켰다. 인플레이션은 단순히 통화가치만이 아니라 전쟁 전 부르주아 사회의 모든 가치를 무너뜨리는 듯했다. 장기(長期) 계약서가 종이짝에 불과한 마르크로만 이행된다면, 그 법치국가의 가치는 얼마나 되

은 꿈의 세계에서나 일어날 법한 일이다. 해마다 많은 돈을 은행에 저축했는데, 어느 날 명세서를 보자고 했더니 예금이 크게 불어난 게 아니라 돈이 어마어마하게 빠져나간 걸 알게 된 사람을 상상하면 된다. 하지만 그런 일은 꿈에서나 일어난다."

겠는가? 19세기 독일인들에게 너무나 소중했던 평화와 질서에서 남은 것은 거의 없는 듯했다. 1919년부터 1923년까지 해마다 극좌 또는 극우 세력이 쿠데타를 시도했을 뿐 아니라 비밀결사 단체들도 계속해서 암살을 시도했다. 그 와중에 베르사유 조약의 의무 사항을 이행하려 애썼던 라테나우(Rathenau) 외무장관이 암살당했다. 통화가치의 폭락으로 다수 유권자들은 바이마르 공화국 정치를 주도하는 기업과 노동자의 교활한 거래에 환멸을 느끼고 중도우파와 중도좌파의 중산층 정당에서 이탈했다. 여러 분파로 나뉜 정당들과 특수한 이해 집단들이 급격히 증가했는데, 이 더딘 핵분열 과정은 나치의 득표율이 1928년보다 일곱 배로 급등한 1930년의 정치적 폭발을 알리는 전주곡이었다. 대공황은 실업자들이 나치를 찍어서가 아니라 그들 중 다수가 공산당 쪽으로 발길을 돌렸기 때문에 중요했다. 다른 나라에서와 마찬가지로, 파시즘은 여러 사람들에게 붉은 혁명의 위협에 대한 이성적인 대응으로 보였다. 또한 대공황은 바이마르 체제 특유의 무기력을 노출시켰다. 그 체제는 지나치게 민주적이어서, 다시 말하면 조정된 이해관계를 너무나 잘 대표했기 때문에 누구나 알 수 있는 엄청난 위기에 대처하지 못했던 것이다. 그러나 독일 공화국의 정치적 붕괴는 1930년 선거로 격변이 나타나기 7년 전에 통화 가치가 국가 파산을 떠올릴 정도로 추락하면서 이미 시작되었다.

물론 히틀러를 대체할 인물들은 있었다. 단지 누구도 살아남지 못했을 뿐이다. 인민당의 구스타브 슈트레제만(Gustav Stresemann)은 서양 열강에 1925년 로카르노 조약으로 상징되는 타협안을 제시했고, 동양에서 상실한 영토를 회복할 수 있으리라는 희망을 안겼다. 그러나 1929년 10월 3일, 불과 쉰하나의 나이에 심장마비로 세상을 떠났다. 가톨릭중앙당의 하인리히 브뤼닝(Heinrich Brüning)은 대통령령에 의한 무단 통치를 시작했고 막연하게나마 왕정 복고를 꿈꿨다. 그러나 그의 통화 긴축 정책은 경기 악화에 일조했을 뿐이다. 또 다른 가톨릭중앙당 당원이던 프란츠 폰 파펜은 자신이 브뤼닝보다 잘할 수 있을 거라는 헛된 믿음을 갖고 수상이 되기 위해 당을 배신했다. 그러나 파펜이나 파펜에 의해 국무장관으로 발탁되었다가 수상이 된 쿠르트 폰 슐라이허 모두 국민의 지지 비슷한 것도 얻지 못했다. 그리고 브뤼닝에 의해 제국의회가 일시적으로 정지된 동안, 의회 다수당 없이 무기한 국가를 지배하기란 불가능한 것으로 드러났다. 1932년 7월 선거에서 나치 득표율은 37퍼센트 이상으로 치솟았다. 11월 선거에서는 득표율이 33퍼센트로 떨어졌는데, 경기 회복 기미가 드러났기 때문이다. 하지만 제국의회에서 가장 큰 세력이었던 나치당이 내각을 조각할 권리를 놓고 그들과 논쟁을 벌이기란 어려웠다. 늘 책사 역할을 맡았던 파펜은 힌덴부르크에게 슐라이허를 버릴 것을 권하면서—대통령의 판단과는 반대로—히틀러를 지명하여 보수적인 독일 민족주의당과 연정을 이끌게 하자고 설득했다. 독일 민족주의당은 공산당을 제외하고 11월 선거에서 상당한 표를 얻었다. 히틀러는 1933년 1월 30일, 당당히 수상이 되었다. 독일 민주주의는 제 무덤을 판 것이다. 사회민주당과 공산당의 지독한 반목을 생각해 보면, 제3제국의 탄생을 피하는 유일한 길은 힌덴부르크가 제국의회를 해산하고 나치 활동을 금하는 것이었는지도 모른다. 사실 그는 이 방법을 깊이 생각해 보지 않은 것 같다.

표면적으로 히틀러가 독일 유권자들의 관심을 끌었던 이유는 쉽게 이해할 수 있다. 그는 자신의 경쟁자들보다 대공황에 대해 더 급진적인 구제책을 제시했다. 다른 정치인들은 단편적인 실업 해결책을 제시했지만, 히틀러는 공공사업 같은 대담한 프로그램을 기꺼이 고려했다. 다른 이들은 적자 예산으로 공공사업에 투자할 경우 발생할 인플레이션을 걱정했지만, 히틀러는 나치 돌격대원들이 과도하게 가격을 매기는 부당 이득 취득자들을 처리할 것이라고 큰소리쳤다. 라테나우나 슈트레제만 등은 배상금 지불이 불가능하다는 점을 증명하려면 그 돈을 갚도록 노력하거나, 채권국들 사이에 불화를 일으키기 위해 끝까지 뉴욕에서 돈을 빌려야 한다고 주장했지만, 히틀러는 채무불이행을 주장했다. 물론 배상 제도 자체가 1932년에 실패했다는 점이 도움이 되었다. 미국의 동의를 얻긴 했지만, 독일은 히틀러가 집권할 무렵 이미 채무를 이행하고 있지 않았다. 또한 나치가 널리 존경받던 전 제국은행 총재 할마르 샤흐트(Hjalmar Schacht)를 영입한 점도 도움이 되었다. 그는 영안(Young Plan)[5]으로 알려진 수정된 배상 스케줄에 반대하는 히틀러의 선거 운동을 지지한 뒤 총재직에서 물러난 사람이었다. 그러나 그의 승인을 얻었다고 해도, 비교적 세련되고 상당히 다채로운 유권자들에게 그러한 이단적인 해결책을 선전하려면 상당한 정치적 기술이 필요했다. 나치의 성공이 있기까지는 20세기 마케팅의 악마적인 귀재 요제프 괴벨스의 공이 컸다. 그는 히틀러가 마치 메시아와 마를레네 디트리히의 자손인 것처럼 선전했다. 나치의 1930년과 1932년, 1933년 선거 운동은 전례 없을 정도로 여론을 공격했다. 또한 선동적인 노래(「호르스트베셀의 노래(Horst-Wessel Lied)」같은)와 상대 후보에 대한 신체적 위협은 물론, 표준화된 대중 집회와 눈길을 사로잡는 포스터도 한몫했다. 이것들은 많은 부분, 특히 모양새 좋은 지지자들의 제복과 로마식 경례 등은 무솔리니에게 영감을 얻었지만, 괴벨스는 과장된 말만큼 교묘한 술책이 필요하다는 점을 간파했다. 그는 우선 히틀러의 메시지를 각계각층의 유권자들의 요구에 맞추어야 한다는 점을 히틀러 본인보다 더 명확히 파악했다.

이러한 전술이 성공을 거두었음을 보여 주는 가장 인상적인 증거는 물론 1930년과 1932년의 결정적인 선거에서 나치의 득표수가 극적으로 증

---

[5] 미국의 은행가 오언 D. 영(Owen D. Young)의 이름을 딴 영안(案)이 1924년의 도스안(案)을 대체했다. 도스안 역시 미국인인 찰스 G. 도스(Charles G. Dawes)의 이름을 땄다. 독일의 배상금 지불을 58년 6개월로 재조정함으로써 영안은 독일의 연간 지불액을 25억 금마르크에서 20억이 약간 넘는 수준으로 줄였다. 영안은 또한 독일의 경제 정책을 감독하던 배상 대행인 직위를 없앴다. 배상금이 줄어들긴 했으나 독일 측이 기대한 수준에는 크게 못 미쳤다.

가했다는 사실이다. 지방이나 독일 북부 지역 그리고 중산층의 지지를 받았다고 알려진 것과는 반대로, 국가사회주의독일노동당(NSDAP)은 지역과 계층을 불문하고 고르게 득표했다. 주요 선거구 차원에서 분석하면 이 점을 놓칠 뿐 아니라 지역 간 차이를 과장하게 된다. 가장 작은 선거 단위(크라이스(Kreis))를 기초로 한 최근 조사 결과에 따르면, 나치의 득표는 놀랄 정도로 광범위했다. 선거구마다 전국 지도와 유사한 그림이 나타났으며, 나치를 크게 지지한 지역(남부 작센의 올덴부르크, 바이에른 상부와 프랑코니아 중부, 바덴 북부, 동프로이센 동부 지역)이 독일 전체에 골고루 퍼져 있었다. 상대적으로 지지도가 높았던 지역이 중북부와 동부 지역인 듯싶고, 지지도가 낮은 지역은 남부와 서부 지역으로 보인 것은 사실이다. 그러나 더 중요한 점은 나치당이 그 이전이나 이후에는 볼 수 없었던 방식으로 독일 유권자 집단을 포괄하여, 거의 모든 지역의 다양한 정치 환경에서 성공을 거두었다는 것이다. 나치의 득표는 실업률이나 주민 중 노동자 비율에 구애받지 않았다. 일부 선거구에서는 나치를 찍은 투표자들 중 5분의 2가 노동 계급이었는데, 공산당 지도부는 그 사실에 크게 당황했다. 그러자 일부 지역 공산주의자들은 대 놓고 나치와 협력했다. 작센의 한 공산당 지도자는 이렇게 말했다. "맞아요. 우리는 나치와 손잡았다는 사실을 인정합니다. 볼셰비즘과 파시즘은 자본주의와 사회민주당의 파괴라는 공동의 목표를 갖고 있습니다. 이 목표를 달성하기 위해서라면 어떤 수단을 쓰든 정당화될 수 있습니다." 나치당을 어디에나 존재할 수 있게 만든 것이 괴벨스의 마법이었다. 따라서 철저한 프로이센 보수주의자들도 나치를 반마르크스 연대의 정치 파트너로 간주할 수 있었다. 결국 정치적으로 경쟁 관계에 있던 정당들이 치명적인 협력 관계에 휘말리고 말았다. 나치 지지를 유일하게 억제한 요인은 당시까지 독일 개신교도의 정당에 비해 비교적 강한 회복력을 보여 준 가톨릭중앙당이었다.

앞에서도 살펴보았듯이 다른 파시스트 단체들은 집권을 위해 엘리트층의 후원에 크게 의존했다. 하지만 나치는 그럴 필요가 없었다. 1922년, 이탈리아 엘리트들의 음모와 마찬가지로 힌덴부르크 일당의 계획은 많은 관심을 모았으나 결정적인 요인이 되지 못했다. 그들은 기껏해야 히틀러의 수상 지명을 연기하는 데 그쳤으며, 1932년 7월 선거 이후 히틀러는 당연히 수상직을 맡아야 했다. 히틀러에게 끌린 엘리트들은 토지를 소유한 전통적인 지배층이 아니었다. 실제 융커(프로이센 귀족의 통칭—옮긴이)는 히틀러가 지극한 야비한 인물이라고 생각했다.(히틀러가 힌덴부르크와 악수하는 모습을 보고, 한 보수주의자는 팁을 손에 쥐고 있는 급사장(給仕長)을 떠올렸다.) 기업계 엘리트도 나치가 진정한 의미의 사회주의를 위한 트로이 목마일지 모른다고 두려워했다. 군부 엘리트 역시 자기주장이 강한 오스트리아 상등병 출신에게 복종하게 될까 봐 두려워했다. 제3제국이 갖춘 힘과 역동성의 열쇠는 히틀러가 수많은 지적 엘리트, 즉 현대 국가와 시민 사회의 원만한 운영에 너무나 중요한 대학 졸업자들의 마음을 움직였다는 점이다.

비스마르크 제국의 기반이나 심지어 프로이센 역사로까지 거슬러 올라가는 여러 이유들로 고등교육을 받은 독일인은 카리스마 있는 지도자 앞에 엎드릴 준비가 되어 있었다. 마리안네 베버(Marianne Weber)는 1918년 혁명 이후, 그녀의 남편인 위대한 사회학자 막스 베버가 독일의 패장 에리히 루덴도르프 장군에게 민주주의에 대한 자신의 이론을 어떻게 설명했는지 기억하고 있었다.

베버: 당신은 내가 지금의 이 무질서를 민주주의라고 여긴다고 생각합니까?

루덴도르프: 그럼 당신이 생각하는 민주주의는 무엇입니까?

베버: 민주주의에서 국민은 자신들이 신뢰하는 지도자를 선택합니다. 그

런 다음, 그 선택된 사람은 이렇게 말하지요. "자, 이제 입을 다물고 내 말에 복종해." 국민과 정당은 이제 지도자의 일에 간섭할 자유가 없습니다.

 루덴도르프: 난 그런 '민주주의'가 좋습니다.

 베버: 나중에 국민은 그 지도자의 잘잘못을 가릴 수 있습니다. 만약 지도자가 실수를 했다면, 교수형에 처해야지요!

 루덴도르프가 독일 학계에서 자유주의자로 인정받던 사람에게 이런 정치 수업을 들은 뒤 결국 제국의회의 나치당원이 됐다는 사실은 그리 놀랍지 않다. 전문직업인들 또한 히틀러의 매력에 힘없이 무너졌다. 나치당에는 변호사와 의사가 상당히 많았고, 대학생도 많았다.(당시에는 오늘날보다 대학생이 적었다.) 수입이 좋은 중년 변호사에게 히틀러는 비스마르크의 후계자였다. 그 자손들에게 히틀러는 바그너 작품의 주인공으로, 로마인들을 통일한 선동 정치가 리엔치(Rienzi)였다. 나치당원인 변호사 한스 프랑크는 1937년 2월 10일, 히틀러와 같은 연주회를 본 뒤 일기에 이렇게 썼다. "내 안의 가장 깊은 조직까지, 나는 뼛속 깊이 히틀러 수상과 그의 훌륭한 조직에 속해 있다. 진실로 우리는 이 세상의 나쁜 세력을 없애기 위한 하느님의 도구이다. 우리는 하느님의 이름으로 유대인과 그들의 볼셰비즘에 맞서 싸운다. 하느님이 우리를 보호하시길!" 그를 비롯한 많은 변호사들은 그런 생각 때문에 처음부터 나치 정권의 조직적인 불법 행위에 길들여질 수 있었다. 재판 없는 체포(1933년 7월에도 이미 2만 6000명이 보호감호 상태에 있었다.)와 (1934년 6월, SA의 강력한 지도자들을 포함하여 85~200명이 살해당한 '긴 칼의 밤'에서 시작된) 즉결 처형, 그리고 인종적·사회적 소수 집단에 대한 차별 등이 자행되었다.

 비슷한 방식으로 예술가와 미술사가들도 나치 미학의 촌스러움을 보고도 못 본 체했다. 히틀러가 젊은 시절에 그린 서투른 그림들은 빈 미술 아카데미에 퇴짜를 맞을 수밖에 없었겠지만, 독일 예술에 대한 엉뚱한 야심은 바이에른 주립회화 컬렉션 소장 에르네스트 부흐너 박사나 1920년대에 독일의 로댕으로 인정받던 조각가 아르노 브레커 같은 이들에겐 저항할 수 없을 정도로 매력적일 뿐이었다. 1933년 5월, 수천 명의 기회주의자들과 마찬가지로 부흐너는 나치당에 가입했다. 그리고 '타락한(현대적인)' 예술작품을 지도자가 선호하는 저속한 작품으로 대체하느라 바쁜 나날을 보냈다. 브레커도 파우스트적인 계약을 맺었으니, 1940년대에 그의 아틀리에에서는 히틀러 흉상이 대량 생산되고 있었다. 경제학자들 또한 나치즘에 끌렸다. 베를린에 위치한 독일 경기순환연구소의 통계학자들은 국가 투자를 통한 완전 고용 전망에 흥분했다. 칠레 태생의 소장 에르네스트 바게만은 케인스와 마찬가지로 대공황의 대응책으로 경기부양 필요성을 간파했다. 브뤼닝과 입씨름을 한 바게만은 나치가 경제 회복에서 더 유능하리라는 (정확한) 믿음을 갖고 나치당에 가입했다. 나치당의 '인종위생학' 정책의 경제적인 근거를 찾는 이들도 있었다. 카를 빈딩(Karl Binding)과 알프레트 호헤(Alfred Hoche)는 1920년에 「살 가치가 없는 목숨 파괴에 대한 허가(Permission for the Destruction of Life Unworthy of Life)」라는 소책자를 펴내 '바보' 한 명을 부양하는 데 드는 연간 비용을 조사해 이런 비생산적인 행위 때문에 국민생산에서 감해지는 막대한 자본을 추정해 내려 했다. 이러한 분석과 1945년에 슐로스 하르트하임 수용소에서 발견된 서류는 분명 밀접한 관련이 있는 것으로 보인다. 그 서류는 하루 평균 지출이 3.50마르크이고 평균수명이 10년이라면, 1951년까지 7만 273명의 정신병 환자들을 죽일 경우에 발생하는 경제적 이익이 885,439,800마르크가 될 것으로 계산했다. 역사가들도 독일이 동유럽 영토를 요구하는 것이 정당함을 입증하기 위해 편향적인 증거들을 대량 생산했다.

나중에 역사가 프리드리히 마이네케(Friedrich Meinecke)는 기술적 전문화로 일부 교육받은 독일인이(물론 그는 아니다.) 괴테와 실러의 인본주의적 가치를 망각했다는 주장으로 '독일의 파국'을 설명하려 했다. 따라서 그런 가치를 잊은 독일인은 히틀러의 '집단 마키아벨리주의'에 저항할 수 없었다는 것이다. 「형제 히틀러」라는 평론을 쓴 토마스 만은 독일의 지식 부르주아 계층에게 그들의 깊은 열망을 구현한 괴물 같은 동생이 있음을 짚어 냈다. 고등교육은 사람들이 나치즘에 물들지 않도록 예방접종을 해 주긴커녕 나치즘을 더욱 신봉하도록 만들었다. 독일 대학의 위대함이란 그런 것이었다. 독일 대학의 타락은 당대의 가장 위대한 철학자 마르틴 하이데거가 옷깃에 나치 만장을 꽂고 나치를 지지하고 나선 데서 극명하게 드러났다.

독일 지식인은 다른 나라 지식인보다 더 수준이 떨어졌는가? 아마도 그랬을 것이다. 그러나 다른 나라 지식인은 히틀러의 초자연적인 매력에 노출된 적이 결코 없었고, 바로 그 점이 결정적인 차이일 것이다. 사실 좀 더 가까이서 살펴보면, 루스벨트가 미국인들에게 제시한 것보다 히틀러가 독일 국민에게 내놓은 것이 더 대단했다. 루스벨트는 국가의 위급 상황에서 솔직함과 행동, 리더십에 대해 이야기했다. 그러나 취임 연설에서는 그런 비상사태의 특징은 순전히 물질적인 것이라고 강조했다. 미국 사회에 정신적, 도덕적으로 잘못된 점은 없다는 얘기였다. 반대로 히틀러는 독일의 경제 문제를 뿌리 깊은 국가적 불안감의 증상으로 간주했다. 루스벨트는 연설에서 '민족'이란 단어를 여덟 번 언급했는데, 히틀러는 열여덟 번이나 썼다. 그의 역할은 단순히 경제를 재건하는 것이 아니라 민족의 구세주가 되는 것이었다. 다시 말해 민족 공동체를 형성하여 민족 분열에 종지부를 찍는 구세주가 되려 했다. 히틀러의 수상 취임 연설은 재미있게도 다음과 같이 끝났다.

나는 오늘날 우리를 멸시한 수백만의 사람들이 우리 옆에 서서, 우리가 힘들여 얻은 독일 제국, 즉 위대하고 강력하며 영광스럽고 정의로운 새로운 독일 왕국을 환영할 시간이 마침내 오리라는 확신을 간직하고 있다. 아멘."

이러한 구세주의 예언 같은 발언이 이끌어 낸 반응은 종교적인 열광에 에 가까웠다. 한 SA 병장은 이렇게 설명했다. "우리의 적들은 우리가 경제당이나 민주당, 마르크스주의 정당과 별반 다를 게 없다고 생각하는 중대한 실수를 저질렀다. 이들 정당은 모두 이익집단으로 영혼, 즉 정신적 유대감이 부족했다. 아돌프 히틀러는 새로운 정치적 종교의 사자(使者)로 등장했다." 나치는 11월 9일(1918년 혁명이 발생한 날이자 1923년 그가 주도했으나 실패한 맥주 홀 폭동이 발생한 날)을 애도의 날로 정하는 동시에 불과 화관, 제단, 피 묻은 유품, 나치의 순교자 책을 두루 갖춘 의식을 개발했다. 나치 친위대 신입 대원들은 "우리는 하느님을 믿는다. 그리고 하느님이 만든 독일을 믿는다. 또한 하느님이 우리에게 보내 준 지도자를 믿는다." 같은 표현을 외워야 했다. 단순히 초상화와 의식에서만 그리스도가 히틀러로 공공연히 대체된 것이 아니었다. 나치 친위대의 공식 간행물《검은 군단(*Das Schwarze Korps*)》의 주장대로, 기독교의 윤리적 기초 또한 사라져야 했다. "심원한 원죄라는 교리는 교회가 꾸민 죄의 개념으로, 우리 핏줄의 영웅적인 이데올로기와 모순되기 때문에 독일 민족이 용납하기 힘들다."

나치 반대자들 또한 이 조직의 사이비종교적인 특징을 알아차렸다. 독일을 떠난 가톨릭교도 에릭 푀겔린은 이렇게 표현했다. "현 시점의 나치즘은 구원을 주장하는 기독교 이단과 유사한 이데올로기로서, 계몽주의 이후의 사회 변형 이론과 융합되어 있다." 저널리스트인 콘라트 하이덴은 히틀러의 연설이 언제나 기쁨에 넘친 구원으로 끝난다며, 그를 "현대 집단 영혼의 순수한 일부"라고 주장했다. 한 사회민주주의자는 나치 정권을 "반(反)교회" 정권으로 불렀다. 유대계 언어학자 빅터 클렘페러의 아내 에바와 동프로이센의 보수주의자 프리드리히 렉말제벤처럼 극단적으로 다른 두 사람도 똑같이 히틀러를 16세기 재세례파인 라이덴의 얀에 비교했다.

소위 시궁창에서 태어난 상스러운 실패자가 위대한 예언자가 되었다. 세상 사람들이 크게 놀라 쳐다만 보고 있을 때, 반대 세력은 무기력하게 허물어져 버렸다. 히스테리에 걸린 여자들, 학교 교장, 변절한 사제, 인간 쓰레기, 이방인들이 그 정권의 주요 지지층을 형성했다. 이데올로기라는 얄팍한 겉포장이 외설과 탐욕, 병적인 잔혹성, 권력을 탐하는 끝 모르는 욕망을 가렸다. 새로운 가르침을 전적으로 받아들이지 않는 사람은 누구든 사형 집행인에게 보내졌다.

그러나 이 모든 설명에도 불구하고 한 가지 의문이 남는다. 독일의 종교에는 어떤 문제가 있었을까? 만약 나치가 정치적 종교라면, 기존 정당의 분열로 나치의 성공을 설명할 수 없기 때문이다. 실제로 독일 기독교인의 신앙심이 줄었다는 증거는 쉽게 찾을 수 있다. 1920년대에 상당수 독일인들이 무종파로 등록되는 선택권을 행사했다. 예배 참석률이 눈에 띄게 떨어졌는데, 특히 북부 독일 도시에서 두드러졌다. 가톨릭교회와는 달리 루터교회가 초인플레이션 상황에서 심한 재정 손실을 보았다는 점은 의미심장했다. 개신교 목사들의 사기는 크게 떨어졌다. 많은 이들이 '긍정적 기독교'라는 나치의 개념에 마음이 끌렸다. 이 모든 상황은 1930~1933년의 중요한 선거에서 왜 개신교도가 가톨릭교도보다 나치를 찍을 가능성이 높았는지 설명하는 단서가 될 수 있다. 물론 상당한 지역별 차이가 있고 이러한 상황에서 가톨릭교도의 투표 패턴이 무기력 이상의 증상을 보였다고 추론하는 것은 오류일 수 있지만, 이런 결과는 나치당 지지층의 가장 놀라운 사회적 특징이었다. 오스트리아인도 나치당을 독일인만큼 열렬히 지지했는데, 그들은 모두 가톨릭교도였다. 그리고 거의 모든 파시스트 독재자가 가톨릭교도로 성장했다. 크로아티아의 안테 파벨리치(Ante Pavelié)나 실제로 사제였던 슬로바키아의 요제프 티소(Josef Tiso) 같은 전시의 꼭두각시들은 말할 것도 없고 프랑코, 히틀러, 호르티, 무솔리니도 모두 가톨릭교도였다.

'민족 공동체' 안에서

제3제국의 대공황 대책을 살펴보면, 혁신적인 민주 국가들과 몇 가지 표면적인 점에서 닮았다는 점이 눈에 띈다. 나치 정부는 미국처럼 최고 10만 명 이상 고용하는 고속도로 건설 같은 야심찬 프로그램에 착수했다. 또한 나치식 뉴딜 정책에는 공공부문 고용을 크게 늘리는 방안도 포함되어 있었다. 실제로 히틀러에 의해 제국은행 총재로 임명되었다가 나중에 경제장관이 된 샤프트가 도입한 새로운 통화관리 제도를 운영하는 데만 1만 8000명 정도가 고용되었다. 미국처럼 완전고용으로 돌아가는 데 결정적인 추진력을 제공한 것은 재무장이었다. 그러나 독일은 즉시 재무장에 들어간 반면 루스벨트 정부는 훨씬 나중에 재무장을 추진했다. 나치가 거둔 경제 분야의 성과를 과소평가해서는 안 된다. 그림 7-3에서 볼 수 있듯이, 독일의 성과는 훌륭했고 인상적이었다. 사실 1929~1932년에 독일 경제만큼 심하게 추락한 사례는 없었지만, 그토록 빨리 경기회복을 달성한 나라도 없었다. 히틀러가 수상에 취임했을 때 독일의 실업자 수는 600만 명을 넘은 상태였다. 1935년 6월, 실업자 수는 200만 명 이하로 떨어졌고, 1937년 4월에는 100만 명, 9월에는 50만 명 이하로 떨어졌다. 1939년 8월, 실업자로 등록된 독일 국민은 3만 4000명에 불과했다.

어떻게 이런 결과가 발생했을까? 분명 히틀러 전임자들이 세웠던, 신용 거래를 통해 자금을 조달하여 일자리를 창출하려던 계획이 성과를 거

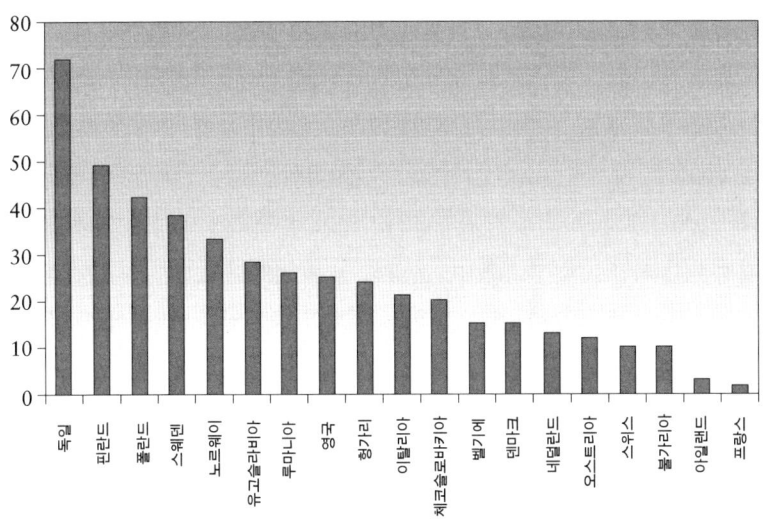

그림 7-3. 생산량이 최저였을 때부터 1938년(또는 가장 최근의 이용 가능한 날짜)까지의 실제 생산량

둔 것은 아니었다. 투자는 대공황 시기에 크게 줄었다. 이에 정부는 군비 증강과 (종종 국방에 관련된) 사회간접자본 지출을 크게 늘림으로써 투자 회복을 주도했다. 이 부문 지출은 1933~1938년 총 고정투자액의 절반 정도를 차지했다. 그리고 민간 부문이 고정투자의 3분의 2를 차지하며 그 뒤를 따랐다. 인플레이션을 감안한 총 고정투자의 연간 성장률은 29퍼센트였다. 공공부문 투자는 바이마르 공화국 시대에 국민소득의 3퍼센트를 겨우 넘는 수준에서 1938년에 10퍼센트가 넘게 증가했는데, 적자 예산 운용을 통해 자금이 대량 공급되었다. 1925년부터 1932년 사이에 정부의 총지출액은 국민소득의 30퍼센트에서 45퍼센트로 급격히 증가했고, 1935년과 1936년에 잠시 떨어졌지만 나치 치하에서 증가세를 유지하여 1938년에는 53퍼센트를 기록했다. 그러나 1933년 이후 세수가 그 증가세를 따라가지 못했다. 바이마르 공화국의 1924년 이후의 적자 총액은 국민소득의 2.1퍼센트에 불과했다. 1933년부터 1938년 사이에 공공부문의 적자 총액은 평균 5.2퍼센트였다.(1933년 2퍼센트에도 못 미치던 액수가 1938년에는 10퍼센트를 넘어섰다.) 국내총생산은 연평균 11퍼센트라는 놀라운 비율로 증가했다. 민간 소비는 그보다 천천히 증가했다. 실제로 GDP 대비 민간 소비는 1932년의 90퍼센트에서 59퍼센트로 감소했다. 1930년대의 독일의 경우, 적자 지출이 총수요에 미치는 연쇄효과를 결정짓는 케인스 승수(乘數)는 분명히 높지 않았다. 그러나 대부분의 사람들에게 가장 중요한 것은 고용의 극적인 증가였다. 바이마르 시대에 나타난 경고를 고려하면, 인플레이션이 크게 증가하지 않고도 이런 결과를 달성했다는 점이 불가사의였다. 1933년부터 1939년 사이에 소비자 물가 상승률은 연평균 1.2퍼센트에 그쳤다. 이는 독일 노동자가 명목임금뿐 아니라 실질임금 면에서도 형편이 나아졌음을 의미했다. 1933년부터 1938년까지, (세후)순 주급은 22퍼센트 증가한 반면, 생활비는 7퍼센트밖에 오르지 않았다. 이런 결과는 나치 정부가 무역과 자본 흐름, 물가를 이전 정부들보다 더 적극 통제하고, 부정하게 자금을 빌리며, 노조 자주성을 무너뜨림으로써, 1920년대 독일 경제를 괴롭혀 온 고질적인 '임금 압박' 요인을 없앤 데서 그 원인을 찾을 수 있다. 전체주의 정권의 경우 필요한 통제를 가할 수 있기 때문에 재정 팽창으로 완전 고용을 달성할 수 있을 거라는 케인스의 생각이 옳았던 것이다.

국제수지에서 이러한 방법으로 달성할 수 있는 성과에는 한계가 있다. 당시 독일의 상황은 바이마르 시절보다는 훨씬 느긋했다. 바이마르 시절엔 외국 자본이 철수한 데다 해외 차관에 대한 이자와 배상금을 계속 갚아야 하는 부담을 안고 있었기에, 결국 1931년에 심각한 은행 위기까지 촉발되었다. 하지만 독일의 장기 해외 부채 중 일부에(처음에는 전부가 아니었다.) 대한 이자 지급을 샤흐트가 연기했다고 해서 문제가 완전히 해결될 수는 없었다. 아무리 경제 자립을 부르짖는다 해도 수입의 필요성이 계속 증가했고, 외국의 높은 관세와 악화되는 무역 조건, 지나치게 고

평가된 환율, 채권국들과의 청산 협약 등의 장애물이 수출 증대를 가로막았다. 독일의 무역 적자는 1930년대 내내 전례 없는 수준이었다. 이는 샤흐트도 잘 알다시피 도저히 지탱할 수 없는 상황이었다. 그는 재정적자가 GDP의 5퍼센트를 초과하면, 인플레이션을 유발할 개연성이 높은 통화 창조 외의 다른 방법으로는 자금을 충당할 수 없다는 점을 잘 알고 있었다. 1934년 중반에 본격적인 통화 위기가 닥쳤는데, 샤흐트는 제국은행의 보유고가 바닥나자 모든 해외 부채에 디폴트 선언을 확대 적용할 수밖에 없었다.

그러나 샤흐트의 뉴 플랜, 즉 수입을 엄격하게 통제하고 수출 보조금을 지급해 부족한 외환을 경제적으로 사용하려고 도입한 계획이 복잡하다 한들 독일 국민이 신경 쓸 일이 뭐 있었겠는가? 1930년대를 살았던 대부분의 독일인들은 경제 기적이 발생했다고 느꼈다. 민족 공동체라는 개념은 화려한 웅변 그 이상이었다. 그것은 완전 고용과 높은 임금, 안정된 물가, 빈곤의 감소, 값싼 국민 라디오, 돈이 적게 드는 휴가를 의미했다. 사람들은 1935~1939년 독일에 강제수용소보다 휴양지가 더 많았다는 사실은 쉽게 잊어 버린다. 노동자는 더 좋은 훈련을 받았고, 농민은 소득 상승을 맛보았다. 외국인들도 당시 벌어지는 상황에 깊은 인상을 받았다. 스탠더드 오일이나 제너럴 모터스, IBM 같은 미국 기업들은 앞다퉈 독일에 투자하기 시작했다. 1938년 당시 독일 국민은 미국 국민만큼 부유하지는 않았다. 미국의 1인당 국민소득이 독일보다 두 배 정도 높았다. 하지만 1933년보다 1938년에 독일 국민의 살림살이가 더 나았다는 점은 의문의 여지가 없다.

그러나 히틀러의 민족 공동체는 민족의 단결을 넘어 '타민족' 집단에 대한 배척으로까지 나아갔다. 그 집단이 누굴 의미하는지는 확실했다. 히틀러는 정치 선동가로 등장할 때부터 유대인에 대한 혐오감을 계속 피력해 왔다. 그는 유대인 때문에 1차 세계 대전에서 패했다고 주장했다. 그는

『나의 투쟁』에서 이렇게 말했다. "독일 최고의 노동자 수십만 명이 전장에서 당했던 것처럼 전쟁 중에 1만 2000명 내지 1만 5000명의 부정한 유대인들을 독가스로 처리했다면, 전선에서 목숨을 잃은 수백만 명의 희생은 헛되지 않았을 것이다. 하지만 그 반대였다. 그리고 악당 1만 2000명을 제때 제거했다면, 미래의 소중한 자산이 되었을 독일인 100만 명이 목숨을 구할 수도 있었을 것이다." 히틀러와 그의 앞잡이들이 2차 세계 대전 동안 이런 식으로 유대인을 대량 학살했기 때문에 많은 역사가들은 제3제국의 결정적인 특징을 반유대주의로 간주하게 되었다. 히틀러와 나치당을 이끌던 상당수 사람들에게 반유대주의가 중요했다는 점은 의문의 여지가 없다. 그러나 그들이 전체 독일 국민들 마음속에 뿌리내린 '제거를 목적으로 한 반유대주의'에 호소했는지는 결코 명확하지 않다.

1차 세계 대전이 끝난 후에 독일만큼 소수 민족 문제가 불거지지 않은 유럽 국가는 거의 없었다. 1933년, 독일의 유대인 수는 50만 3000명이 채 안 됐는데, 이는 전체 인구의 0.76퍼센트에 불과했다. 전쟁 이후 유대인들의 출생률이 현저히 떨어지면서 유대인은 남은 인구의 절반 수준으로 꾸준히 줄어들었다. 그중 대다수가 변호사, 의사, 학자, 사업가 등의 중산층으로, 이들은 거의 완벽하게 동화되었다. 실제로 유대인은 독일의 금융, 문화, 지적 엘리트층에 지나칠 정도로 많이 진출해 있었다. 유대인 자녀들은 독일인과 같은 학교를 다녔고, 같은 동네에 살았다. 1921년, 야콥 바서만(Jacob Wassermann)은 자기 또래의 독일계 유대인 대부분이 겪었을 법한 프란코니아 퓌르스(Fürth)에서의 유년 시절을 돌아보며 다음과 같은 글을 썼다.

옷과 언어, 생활방식에 관한 한 완벽하게 적응했다. 나는 국가가 지원하는 공립학교에 다녔다. 우리는 기독교인들과 같은 동네에서 어울려 살았다. 아버지를 포함한 진보적인 유대인들은 유대인 사회가 종교와 전통 영역에서만 존재한다고 생각했다. 종교는 현대 생활의 강한 유혹을 피해 비밀스럽고 세속적이지 않은 광신자 집단에서 도피처를 찾았다. 전통은 공허한 전설이 되어 갔다.

과거에 그의 가족은 안식일을 지키고 율법에 맞는 음식만 먹는 등, 유대교의 축제일과 단식일을 지켰다. 하지만 먹고살기 위한 경쟁이 심해지면서, 즉 새로운 시대정신이 더욱 절박해지면서 이러한 계율 또한 소홀해졌으며 가정생활은 비유대계 이웃들의 생활과 비슷해졌다.

공동체나 종교의 흔적이 거의 남아 있지 않았지만, 우리는 여전히 종교적인 공동체의 구성원임을 인정했다. 정확히 말해 우리는 명목상, 그리고 기독교인들이 우리에게 느끼는 적대감이나 혐오감, 냉담 때문에 유대인이었다. 그들의 태도는 단순히 말이나 표현, 실제 사례에 근거했다. 그렇다면 왜 우리는 여전히 유대인이고 우리가 유대인이라는 점은 어떤 의미를 가지는가? 이 문제는 내게 점점 더 절박해져 갔지만, 아무도 대답해 주지 못했다.

바서만은 마침내 심오한 통찰에 이르렀고, 1920년대 독일인과 유대인의 애증이 얽힌 관계의 양면성을 뛰어나게 포착했다.

독일인이 아닌 사람은 아마도 독일계 유대인의 애끓는 입장을 상상하지 못할 것이다. 독일계 유대인이라고 할 때, 양쪽 단어를 모두 강조해야 한다. 일단 독일계 유대인은 기나긴 진화 과정의 최종 산물이라고 생각해야 한다. 이중의 사랑과 투쟁으로 유대인은 거의 절망 직전에까지 도달한다. 독일인과 유대인. 과거에 나는 우화 같은 꿈을 꾼 적이 있었다. 하지만 내가 그 꿈을 명확히 밝힐 수 있을지 확신하지 못했다. 나는 두 개의 거울을 놓아두었는데, 마치 두 거울에 비친 인간들이 서로 결연히 싸워야 할 것 같은 느낌이 들었다.

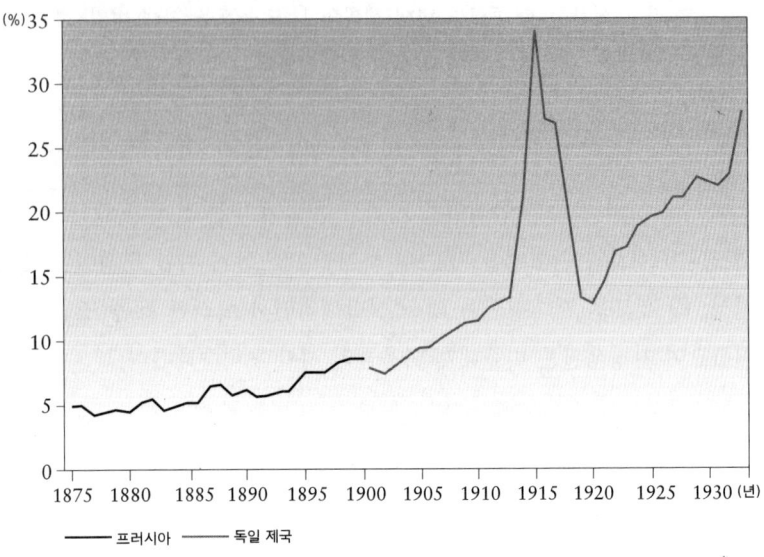

그림 7-4. 1875년~1933년까지, 다른 종교를 가진 사람과 결혼한 프러시아계 및 독일계 유대인의 비율

나는 독일인이며, 유대인이다. 나는 완전한 독일인인만큼 완전한 유대인이기도 하다. 나는 독일인인 동시에 유대인이며, 그 사실을 되돌릴 수도 없다. (중략) 그 사실은 정신을 산란하게 만들었다. 왜냐하면 나를 받아들이거나 밀어내는 사람들과 내게 환영의 말을 건네거나 경고의 말을 내뱉는 양측 사람들을 끊임없이 만났기 때문이다.

독일인과 유대인의 관계를 애증 관계로 규정하는 것은 결코 부적절하지 않다. 독일인과 유대인의 동화 과정을 보여 주는 결정적인 조짐은 유대인과 비유대인의 결혼률 증가였다. 독일에서 다른 종교를 가진 배우자와 결혼한 유대인의 비율은 1902년 7퍼센트에서 1933년엔 28퍼센트에 이르렀다. 이 비율은 1915년에 33퍼센트까지 도달했다.(그림 7-4 참조) 함부르크와 뮌헨에서 유대인과 다른 민족의 결혼율이 가장 높았지만, 베를린, 쾰른, 드레스덴 같은 작센 도시들, 슐레지엔의 브레슬라우나 라이프치히의 결혼률 역시 평균 이상이었다. 아서 루핀이 수집한 유럽 도시들에 대한 자료에 따르면, 트리에스트에서만 이민족 간의 결혼률이 높았다. 레닌그라드와 부다페스트, 암스테르담, 빈의 이민족 간 결혼률은 상대적으로 높은 편이나, 독일 주요 도시의 수치에 못 미쳤다. 1939년 당시, 독일에 남아 있던 16만 4000명의 유대인 가운데 1만 5000명의 배우자가 유대인이 아니었다. 나치는 이민족 간의 결혼에서 태어난 자녀들을 유대인 혼혈로 규정하면서, 유대인 혼혈이 30만 명가량 존재하는 것으로 추정했다. 하지만 실제 그 수는 6만 명에서 12만 5000명 정도였다. 핏줄이 다른 개인들이 서로 사랑한 증거가 그토록 많은데 뿌리 깊은 집단적 증오감을 논하기는 쉽지 않다. 이러한 수치가 혼외정사에 대해서는 전혀 언급하지 않았다는 점은 말할 필요조차 없다.

독일인과 유대인의 동화 과정을 보여 주는 완벽한 예는 빅터 클렘페러다. 1881년에 브란덴부르크 랍비의 아들로 태어난 클렘페러는 히틀러와 마찬가지로 1차 세계 대전 중에 바이에른 군대에서 복무했다. 1906년, 그는 프로이센의 도시들 가운데 개신교 분위기가 강했던 쾨니히스베르크 출신 개신교도 에바 슐레머와 결혼했다. 자기 세대의 많은 독일계 유대인처럼, 그리고 자기 가족처럼, 클렘페러는 공부를 잘했다. 1920년, 그는 드레스덴 기술대학의 로망스어와 문학과 교수로 임명되었다. 유대교를 대하는 그의 태도는 완전히 부정적이었다. 이사코비츠라는 친구가 그에게 유대교의 설날을 기념해야 한다고 주장하자, 그는 실망감을 감추지 못했다. 그는 자신의 일기장에 이렇게 썼다. "사원(나는 사원이라는 말을 30년 동안 들어 보지 못했다.)에서 사람이 왔다. 머리에 모자를 쓰고 있던 그는 토라를 읽었다. 내 머리에도 모자를 씌웠고, 초에 불을 붙였다. 나는 가슴이 아팠다. 난 어디에 속해 있는 걸까? 히틀러는 나를 유대 민족이라고 판결을 내렸다. 그리고, 이사코비츠가 말한 유대 민족은 한 편의 코미디였다. 나는 그저 독일인이나 독일계 유럽인일 뿐이다. 극도로 침울한 분위기였다." 클렘페러는 결혼 후에 개신교로 개종했다. 1930년대 내내 그는 나치가 '비독일적'이라고 주장했다. 그는 히틀러가 집권한 뒤 이렇게 썼다. "나는 독일 때문에 창피함을 느낀다. 언제나 나는 자신이 독일인이라고 느낀다."

20세기에 풀기 어려운 문제 중의 하나는 역사상 가장 극단적인 인종 폭력이 예외적으로 빠르게 동화되던 사회에서 시작되었다는 점이다. 민족 공동체에서 유대인을 배제하려는 히틀러의 결정은 독일 사회에 긴밀하게 얽혀 있던 소수 민족을 확인하고 박해하는 것을 의미했다. 그리고 이 점이 결정적으로 중요할 터인데, 아마도 나치의 반유대주의는 독일인과 유대인의 성공적인 동화 과정에 대한 반작용으로 이해하면 가장 좋을 듯싶다. 『독일의 유대인 문제(The Jewish Question in Germany)』(1936)의 저자 피터 드러커의 말을 빌리자면 "유대인의 동화(문자 그대로 자아의 분리) 과정이 독일에서 가장 진전되었기 때문에 유대인 문제는 독일에서 특히나 민감했다." 히틀러의 새 질서를 적극 수용했던 마르틴 하이데거가 1925~1928년에 유대인 학생 한나 아렌트와 열정적인 연애에 휘말린 것은 단순한 우연이었을까?

혈통에 대한 죄악

히틀러는 일찍이 1922년 2월에 이민족 간의 결혼이라는 문제에 대해 자신의 의견을 명확히 밝힌 바 있다. "금발 소녀와 함께 있는 모습이 발견되는 유대인은 모두(갑작스러운 외침: "잡아들여야 한다!") 나는 "잡아들이라."라고 말하고 싶지 않지만, 이런 유대인에게 유죄 판결을 내리는 법정이 있어야 한다. (박수)"

히틀러는 『나의 투쟁』에서 그 주장을 상당히 길게 설명했다. 그는 선언했다. "인종은 언어가 아니라 오로지 혈통에만 존재한다."

이 사실은 유대인이 가장 잘 안다. 유대인은 자기네 언어의 보존에는 소홀하지만, 순수한 혈통 유지는 중요시한다. 유대인에게선 '계몽'과 '발전', '자유', '인간애' 등이 넘쳐흐르는 것처럼 보이지만, 그들은 자기 민족을 가장 심하게 격리시킨다. 유대인은 속임수를 써서 영향력 있는 기독교인에게 유대인 여성을 안기지만, 원칙적으로 언제나 부계 혈통을 순수하게 지킨다. 그들은 다른 혈통에 해를 안기면서도 자기 혈통은 지킨다. 유대인이 기독교 여성과 결혼하는 일은 거의 없다. 기독교인 남자가 유대인 여자와 결혼한다. 그런데 그들 사이에서 태어난 자식은 유대인 쪽을 닮는다. 특히 일부 신분이 높은 귀족들은 완전히 변질된다. 유대인은 이 사실을 너무나 잘 알기 때문에 지적인 지도자 계층에서 자신의 인종적인 적대자를 없애 버리는 방법을 체계적으로 실행한다. 그들이 다가오는 승리를 얼마나 주도면밀하게 찾아내는지는 다른 민족과의 관계에서 나타나는 비열한 모습으로 알 수 있다.

그러다 히틀러는 반유대주의 선전에서 되풀이되는 변태적인 성적 이야기에 빠져들었다.

머리칼이 검은 유대인 청년은 악마같이 행복한 표정을 지으며 자신의 피로 순결을 빼앗을 순진한 아가씨를 숨어 기다리고 있다. 그녀의 민족으로부터 그녀를 훔쳐 올 심산인 것이다. 그는 모든 수단을 동원하여 자신이 정복하기 시작한 민족의 기반을 파괴하려 애쓴다. 여성과 아가씨를 체계적으로 망쳐 놓듯이 주저 없이 다른 민족이 유지하는 혈통의 경계선을 허물어뜨린다.

히틀러의 주장은 분명했다. "자신의 혈통에 대해 자의식을 가진, 인종적으로 순수한 민족은 결코 유대인의 노예가 되지 않는다. 그런 민족은 영원히 혼혈인의 지배자로 군림할 것이다." 그러나 이는 계속해서 피를 더럽히며 인종의 수준을 체계적으로 떨어뜨리는 유대인의 행동을 저지해야 한다는 의미이기도 했다.

과거의 제국은 우리 민족의 인종적 기초를 보존하는 문제를 경솔하게 처리하면서 이 세상에 생명을 주는 유일한 권리를 무시하고 말았다. 스스로 혼혈이 되거나 혼혈이 되도록 놔두는 민족은 영원한 신의 섭리를 거스르는 죄를 범한다. 그들이 강한 적에게 몰락하면 불공평한 일을 당한 게 아니라 정의가 회복된 것이라 말할 수 있다. 혈통의 순수함을 잃어버리면, 내적인 행복은 영원히 파괴되고 인간은 평생 나락으로 떨어질 것이다. 그리고 몸과 정신에서 그 영향을 결코 제거하지 못할 것이다. 혈통의 순수성을 지키느냐 마느냐의 문제는 인간이 살아 있는 한 지속될 것이다. 요컨대 전전 시대의 타락을 의미하는 가장 중요한 조짐은 인종 문제에서 찾아볼 수 있다.

전전 시대의 타락을 언급하긴 했지만, 히틀러의 반유대주의는 전쟁 중에 그리고 그후에 뚜렷하게 강해진 것으로 보인다. 그는 체코인, 폴란드인, 헝가리인, 루테니아인, 세르비아인, 크로아티아인, 그리고 유대인까지 섞인 빈을 "피를 모독한 바로 그 모습"이라며 비난했는데, 이는 과거를 되돌아보며 한 말에 불과했다. 히틀러는 이러한 표현과 이후의 연설에서 피의 모욕을 당한 아리아인 피해자를 민족 공동체의 부재라는 상황에서 저항하지 못한 사람이라고 주장해, 유대인의 성욕을 도덕주의적인 어조로 혐오하는 듯한 인상을 주었다. 히틀러는 바이마르 시대에 낙태나 동성애, 매춘, 성병 같은 문제들이 공개적으로 논의되었다는 사실을, 국가와 민족의 지도자들이 정신적으로 유대인화하고 짝짓기 본능의 황금 만능주의에 굴복했다는 증거로 간주했다. 동시에 그는 개선책을 찾지 않으면 독일 민족이 조만간 멸망할 것이라고 주장했다.

여기서 중요한 점은 히틀러가 아리아인의 혈통을 더럽히려는 유대인을 비난할 때, 정확히 1920년대의 특징이던 이민족 간의 결혼 급증 현상을 염두에 두었다는 점이다. 사실 히틀러만 이런 식으로 생각한 것은 아니었다. 당대의 베스트셀러였던 아르투르 딘터(Arthur Dinter)의 『혈통에 대한 죄악(*Sin against the Blood*)』(1918)은 불운하게도 아버지 때문에 '혈통'이 더럽혀진 젊은 유대인 여성의 이야기를 다루고 있다. 그녀의 아버지는 여성 잡지에 사악한 관심을 갖고 있던 신문사 사주였다. 그녀의 독일인 약혼자 헤르만 켐퍼는 둘 사이에서 아들 둘이 태어나자 비로소 씻을 수 없는 '저주'를 깨닫는다.(첫 아들은 검은 피부에 검은 속눈썹, 그리고 유인원처럼 눌린 듯 평평한 코를 가졌다.) 나중에 헤르만이 북유럽계 여성과 결혼했을 때에도 똑같은 일이 발생한다. 단지 그의 새 부인이 유대인과 하룻밤을 보낸 적이 있다는 이유 때문이었다. 이러한 결과는 헤르만이 성스러운 자기 민족의 혈통을 거스르는 죄악을 저지른 데 대한 형벌이었다. 이로써 그는 충격적인 진실을 깨닫는다.

> 독일 민족은 체계적으로 더럽혀지고 망가지고 있었다. (중략) 만약 독일 민족이 부지불식간에 자기 심장의 피를 배불리 빨아먹도록 놔둔 유대인 흡혈귀를 떨어내지 못한다면 머지않아 불행이 닥칠 것이다.

딘터의 책은 출간된 지 1년 만에 28쇄를 찍었고 12만 부가 팔렸다. 1929년까지 25만 부가 간행되었다.

딘터는 이런 글을 쓴 전후의 여러 작가들 중의 한 사람에 불과했다. 오토 케른홀트(Otto Kernholt)의 『게토에서 권력까지(*From the Ghetto to Power*)』(1921)는 이민족 간의 결혼이 독일 민족을 약화시키려는 전략이라고 장황하게 경고했다. 똑같은 편견이 민족주의적 신문에서 명확히 드러났다. 프랑크푸르크 대학의 반유대주의 공작원들은 유대계 학생들에게 죄를 뒤집어씌우기 위해 학교 벽에 낙서를 휘갈겼다. "어제 발정한 이 유대인이 가녀린 금발 소녀를 강간했다." 유대인들에게 쏟아지는 또 다른 비난은 그들이 매춘부 거래에 가담한다는 것인데, 이런 비난의 기원은 1890년대까지 거슬러 올라간다. 모든 것, 심지어 호엔촐레른 왕조의 몰락까지도 유대인과 독일인의 성적인 관계로 설명할 수 있었다. 이민족 간의 결혼이 미치는 영향에 대한 논쟁이 뜨거워졌다. 그런 결혼은 동족 간 결혼보다 결실이 풍부한가, 아닌가? 타민족과의 결혼을 금지하지 않으면 독일 민족의 '번영'에 어떤 영향이 있을 것인가?

이민족 간의 결혼에 대한 공격은 바이마르 시대의 성문화라는 더 광범위한 환경 속에서 봐야 할 필요가 있다. 마그누스 히르슈펠트(Magnus Hirschfeld)의 성과학연구소는 동성애 금지 법안을 완화하려는 운동과 동일시되어 나치가 유대인의 도덕성을 공격할 때 뚜렷한 표적이 되었다. 《민족의 파수꾼(*Völkische Beobachter*)》이라는 신문은 이렇게 지적했다. "유대인들은 형제자매, 인간과 동물, 인간과 인간 간의 성관계를 영원히 선전하려 들 것이다." 프리츠 하르만(Fritz Haarmann), 빌헬름 그로스만(Wilhelm Grossmann), 카를 뎅케(Karl Denke), "뒤셀도르프의 흡혈귀"로 불린 페터 퀴르텐(Peter Kürten) 같은 강간 살해범으로부터 편향적인 정치적 추론을 끌어낼 수도 있었다.(프리츠 랑의 『엠』에서 연쇄살인범 역을 유대계 배우인 피터 로어가 맡은 것도 해로운 영향을 끼쳤다.) 1920년대에는 다른 민족 간의 성관계가 뉴스거리가 되었다. 동유럽 유대인이 이제는 성(性) 산업으로 불리는 분야에서 포주나 매춘부로 일한다는 점을 둘러싸고도 신랄한 논쟁이 벌어졌다. 프랑스 점령지인 라인 지방에 세네갈, 모로코 등의 식민지 군대가 배치된 후, 소위 검은 치욕을 비난하는 격렬한 반대 운동이 일어났다. 기이한 흑인들이 옷이 다 벗겨진 백인 여성들을 위협하는 모습이 담긴 포르노 같은 엽서와 만화가 등장했다. 로젠베르거 박사는 반대 운동을 위한 전형적인 기고문에서 이렇게 물었다. "앞으로 우리가 예쁘고 똑똑하고 생기 있고 건강한 백인 독일 여성의 아름다운 노래 대신, 머리가 크고 납작한 코 때문에 볼품없을뿐더러 매독까지 걸린 혼혈 여성의 거슬리는 소음을 듣게 되더라도 그냥 감수하고 살 것인가?" 라인 지방에 혼혈아가 500명 정도 살고 있다는 사실은 다른 민족 간의 결혼이 실제 현실임을 입증한다. 바이에른 내무부가 1927년에 이런 아이들을 불임화할 것을 고려했다는 사실 또한 타민족의 권리를 제한하려는 움직임이 히틀러 집권 이전에도 있었음을 입증한다. 히틀러는 라인 지방 흑인들과 그로 인한 혼혈을 불평하면서도 이 문제를 단순히 독일 민족의 피를 더럽히려는 유대인들의 더 큰 음모의 일부로 설명하려 했다. 과연 히틀러다운 발상이다.

히틀러는 자신의 노련한 충복들과 더불어, 유대인이 정말로 독일 민족에 해로운 생물학적 위협을 가한다고 믿은 것으로 보인다. 그러나 이 문제에 대한 나치의 많은 선전에 나타난 자기 억제 요소를 그냥 보아 넘길 수는 없다. 다른 민족 간의 성관계에 공개 반대한 사람들 대부분은 이것이 개인적인 환상에 따른 행동이라는 인상을 심어 주었다. 괴벨스는 젊었을 때, 반은 유대인인 엘제 양케(Else Janke)라는 초등학교 교사와 약혼을 했다. 그녀는 1923년 심각한 인플레이션이 발생했을 때, 그가 드레스더 은행에서 일자리를 구하는 데 도움을 주었지만 결혼하기는 꺼렸다. 아마도 그의 내반족(內反足, 발이 안쪽으로 휘는 병—옮긴이) 때문이었던 것 같다. 그녀가 엄마가 유대인이라고 밝히자마자 그는 "처음의 매력은 사라졌다."라고 말했다. 서로 말다툼을 한 뒤에 그녀는 그에게 편지를 썼다. "최근 당신이 인종 문제에 대해 한 얘기가 내 귓가에서 떠나질 않아요. 난 그 얘기를 마음속에서 지워 버릴 수가 없어요. 우리 두 사람의 미래에 장애가 될 문제라고 생각해요. 난 이 점에 관한 당신 생각이 지나치다고 확신해요." 바로 이 무렵, 미래의 선전장관은 처음으로 오스발트 슈펭글러(Oswald Spengler)의 『서구의 몰락(Untergang des Abendlandes)』을 읽었고, 그 책에서 유대인 문제의 원인을 찾아냈다. 괴벨스가 일기장에 유대인을 '불결한 돼지'나 '반역자' 또는 '흡혈귀'로 언급한 것은 양케와의 관계가 깨졌을 때부터이다. 젊은 하인리히 히믈러까지도 유대인 여성의 매력을 인정했다. 히믈러만큼 인종의 성적인 측면에 집착한 사람도 없는데, 일례로 1924년에 일기장에 북유럽의 전형적인 여성을 다음과 같이 설명해 놓았다. "붉은 혈색이 도는 빛나는 피부와 금발, 뚜렷한 눈매, 그리고 완벽한 몸매까지 갖춘 북유럽 여성이야말로 우리 독일인들이 젊었을 때 꿈꾸는, 인종적으로 순수한 여성의 '이상적인 그림'이며 나는 남자로서 그런 여성을 위해서는 목숨까지 바칠 준비가 되어 있다." 하지만 1922년 7월, 뮌헨의 한 카페에서 잉게 바르코(Inge Barco)라는 유대인 댄서를 만난 히믈러는 적어도 자신의 판단에 따르면, 그녀에게 유대인 같은 부분은 전혀 없다고 주장하며 마음을 주었다. 히믈러 외에도 제3국에서 인기가 높았던 인종 심리 전문가 루드비히 클라우스(Ludwig Clauss)도 자신의 유대계 조수 마가레테 란데(Magarethe Landé)와 불륜에 빠졌다.

나치는 일단 집권하고 나자 이민족 간의 결혼 문제를 선전의 단골 주제로 삼았다. 유대계 의사에 대한 언론의 공격은 그들이 독일 여성에게 음란한 태도를 보인다는 소문에 근거한 것이었다. 유대인이 성적 접촉을 통해 아리아인의 피를 더럽히려 한다는 주장은 나치의 선전에서 되풀이해서 나타난다. 예컨대 비밀리에 또는 내놓고 유대인들과 어울리는 독일 여성의 이름을 공개하고 그들을 망신시킬 것을 요구한 쿠르트 플리슈케(Kurt Plischke)의 『인종을 더럽히는 유대인(The Jew as Racial Polluter)』이나, 유대인이 독일을 인종적으로 뒤범벅 상태로 만들려 한다며 비난한 게르하르트 키텔(Gerhard Kittel)의 『유대인 인종 혼합의 역사적인 전제조건(Historical Preconditions of Jewish Racial Mixing)』 등에서도 그 주제는 뚜렷이 드러난다. 그러한 메시지는 에른스트 히머(Ernst Hiemer)의 「독버섯

(The Toadstool)」이라는 이야기에서 유치한 포르노 분위기를 깔아 상세히 설명되었는데, 율리우스 스트라이처(Julius Streicher)의 잡지 《돌격대(Der Stürmer)》에 소개되었다.

잉게는 유대인 의사의 대기실에 앉아 있다. 그녀는 한참을 기다리다 탁자 위에 놓인 잡지들을 훑어본다. 하지만 너무 떨려서 몇 문장도 읽지 못한다. 그녀는 엄마와 나눈 이야기를 계속해서 떠올리고, 독일소녀연맹(BDM) 대장의 경고도 곰곰이 생각해 본다. "독일인은 유대인 의사의 진찰을 받아서는 안 돼! 특히 독일 여성은 안 돼. 유대인 의사에게 치료받으러 갔던 많은 소녀들이 퇴폐와 치욕을 경험했어."

문이 열린다. 잉게는 얼굴을 든다. 유대인 의사가 서 있다. 그녀는 비명을 지르고 너무 놀라 잡지를 떨어뜨린다. 두려움에 벌떡 일어선다. 그녀의 눈은 유대인 의사의 얼굴을 뚫어져라 쳐다본다. 그의 얼굴은 악마의 형상이다. 이 악마의 얼굴 한가운데에 커다란 매부리코가 있다. 안경 너머로 범죄자의 눈이 도사리고 있다. 그리고 두꺼운 입술이 싱글거리고 있다. 그러면서 싱긋 웃으며 말한다. "자, 이제 내가 작은 독일 소녀를 잡았구나!"

1940년에 제작된 역사 영화 두 편에서도 비슷한 주제를 다루었으며, 동유럽 유대인을 불건전한 성도착자로 악의적으로 풍자한 반유대주의 다큐멘터리 「영원한 유대인(Der ewige Jude)」도 이 무렵에 발표되었다. 「유대인 쥐스(Jud-Süss)」에서는 궁정 유대인 쥐스 오펜하이머가 도로시아 슈트룸(크리스틴 죄더바움(Kristine Söderbaum)이 연기함)을 강간하는데, 결국 그녀는 자살을 택한다. 비슷하게 「로스차일드 가(Die Rothschilds)」에서는 유대인 은행가 네이션 로스차일드가 아리아인 경쟁자 터너의 아내인 여주인공에게 색정을 품는 것으로 묘사된다. 전시회에서도 성적인 테마가 채택되었다. 1940년 11월, '프랑크푸르트의 반유대주의 전시회'는 브레멘 근처 베게작(Vegesack) 출신 유대인 클라인(Klein)이 자신의 아리아인 하녀와 성관계를 맺는 모습을 묘사한 신문 기사를 이용해, 강탈과 통제되지 않는 성욕, 유대인의 기생적인 천성을 구체적으로 묘사했다. 또 다른 사례는 프리드리히 에케하르트(Friedrich Ekkehard)의 소설『폭풍 세대: 11월 9일, 두 번째(*Sturmgeschlecht: Zweimal 9. November*)』(1941)로, 기절할 만큼 아름다운 유대계 볼셰비키 팜므 파탈이 파놓은 함정에 빠지는 자유군단 병사의 이야기다. 다수의 반유대주의 나치 선전에서처럼 이 책에서도 포르노 같지는 않더라도 에로틱한 분위기가 뚜렷하다.

혈통 지키기

나치가 유대인을 상대로 한 첫 번째 구체적인 조치는 결혼보다는 경제에 관련된 것들이었다. 유대인 상점과 기업을 상대로 한 불매 운동은 국내의 혼란과 국제적인 분노 때문에 금방 끝났다. 1933년 4월, 전문공무원 복구법에 따라, 판사를 포함한 모든 유대인 공무원은 공직에서 물러나야 했고, 한 달 뒤엔 대학 강사들에게도 같은 조치가 내려졌다. 빅터 클램페러도 숙청될 운명이었는데, 일기장에 그 과정을 담담히 적어 내려갔다.

1933년 3월 10일 (중략) 모든 게 그렇게 쉽게 무너지다니 정말 놀랍다. 난폭한 금지와 폭력적인 법안이라니. 그리고 거리와 라디오에서는 끊임없이 선전이 흘러나온다. 토요일에 나는 히틀러가 쾨니히스베르크에서 한 연설을 일부 들었다. 몇 마디밖에 알아듣지 못했다. 하지만 그 말투! 살살 녹이는 듯한 외침, 사제 같은 진실한 외침, 내가 교수 자리에서 얼마나 버텨 낼 수 있을까?

클렘페러는 2년을 더 버틸 수 있었다. 하지만 1935년 5월 2일, 결국 올 것이 오고야 말았다.

　화요일 아침, 아무런 사전 통지도 없이 서류 두 장이 우편으로 배달되었다. "전문공무원복구법 제6항에 근거하여 나는 당신의 해고를 권고합니다." 처음에 나는 벙어리가 된 듯했고 조금 소설 같다는 느낌이 들었다. 이제는 비참함과 괴로움만이 남았을 뿐이다.

　다섯 달 뒤, 엎친 데 덮친 격으로 클렘페러는 대학 도서관 열람실 출입을 금지 당했다. 아리안 민족이 아니라는 이유였다. 이후 시민의 권리를 조금씩 박탈당했다. 정부 당국은 그가 군복무 기념으로 받은 기병도와 타자기, 운전면허증, 마지막엔 그의 자동차까지 차례로 몰수했다. 그는 공원에도 들어가지 못하게 되었고, 담배도 피울 수 없었다. 차별 조치는 다양하게 나타났다. 유대인들은 수영장에도 들어갈 수 없었고 지정된 공원 벤치에도 앉을 수 없었다. 하지만 더욱 문제가 된 것은 아리아인 여성과의 결혼이었다.

　알프레드 로젠베르크와 변호사 로란트 프리슬러(Roland Friesler)가 유대인과 아리아인의 성관계를 법적으로 금지하는 데 찬성했지만, 1934년 7월 대법원은 1930년에 유대인과 결혼했다가 이제는 인종 문제로 이혼을 원하는 아리안 진정인의 결혼 무효 소송을 기각했다. 그러나 이듬해에 정당 활동가들이 유대인과의 동침으로 고발당한 여성들에게 공개적으로 창피를 주는 등 언뜻 보기에 자발적으로 보이는 행동을 개시하고, 경찰이 아리아인 여직원에게 치근거렸다는 유대인 고용주에 대해 보고서를 올리면서 정부의 대대적인 행동이 시작되었다. 1935년 7월, 내무장관 빌헬름 프릭(Wilhelm Frick)은 아리아인과 비아리아인의 결혼을 일반법으로 단속할 것이고, 그때까지 완전한 아리아인과 유대인의 모든 결혼을 연기하라는 회장(回章)을 호적계원들에게 발포했다. 같은 달, 나치 친위대 보안방첩부장 라인하르트 하이드리히(Reinhard Heydrich)는 독일 여성들이 다른 민족과 결혼함으로써 국민들 사이에 혼란이 발생한다는 점에서, 법적으로 이민족 간의 결혼을 금해야 할 뿐 아니라 아리아인과 유대인의 혼외 성관계도 처벌해야 한다고 주장했다. 이들은 1935년 8월, 베를린에서 열린 집회에 커다란 깃발을 내걸어 다음과 같이 선언했다. "유대인은 우리의 불행이다. 여성들이여, 유대인은 당신들을 타락시킬 것이다." 이 모든 것이 상부의 선동에 의해 조직화된 대대적인 반대 운동이 펼쳐졌음을 의미한다. 결정적으로 중요한 법안은 나치의사연맹 회장인 게르하르트 바그너(Gerhard Wagner)가 독일 민족의 '혼혈화'를 막기 위한 조치를 요구한 뒤, 1935년 9월 뉘른베르크에서 열린 당대회 전후에 마련되었다. 유대인의 독일 국적을 박탈하고 나치 깃발을 걸지 못하도록 하는 법률 외에 독일혈통 및 명예보호법이 입안되었다. 이 법은 독일 시민 및 유사 혈통과 유대인의 결혼뿐 아니라 혼외 성관계까지 금지했다. 유대인이 마흔다섯 살 이하의 독일 여성을 가정부로 고용하는 것이 금지되었다. 이는 유대인 주인이 하녀들을 성적으로 학대한다는 사실을 암시했다. 이러한 새로운 인종 오염 범죄에 대한 처벌에는 구금과 강제 노동이 포함되었다.

새로운 법률은 열성적으로 실행되었다. 1935년부터 1939년까지, 인종 오염 혐의로 기소된 사건은 1670건에 달했다. 이들 사건들 중 거의 절반이 베를린, 프랑크푸르트, 함부르크에서 발생했다. 함부르크의 경우, 1936년부터 1943년까지 총 429명의 남성들이 기소되었는데, 이중 270명이 유대인이었다. 기소된 이들 중 391명이 유죄를 선고받아 수감되었다. 전체적으로 고소당한 사람들 중 90퍼센트 정도가 유죄 판결을 받았다. (게슈타포의 불평이 쏟아졌는데) 처음에 그들에게 내려진 판결은 6주부터 1년 반 정도까지, 비교적 관대했지만 곧 상황이 바뀌었다. 함부르크에서 형을 선고받은 사람들 중 절반이 2~4년의 실형을 받았고, 6년을 선고받은 사람들도 있었다. 유대인 남성이 아리아인 여성과 관계를 오래 지속한 경우가 대표적인 사례인데, 그는 2년 6개월의 징역을 선고받았다. 다른 지역의 경우, 법원이 법정 형량보다 과중한 판결을 내리는 경우가 있었다. 프랑크푸르트의 쉰여섯 살 된 유대인 교사는 백화점에서 아리아인 여성 두 명에게 치근거렸다는 이유로 10개월 형을 선고받았다. 실제 기록을 보면 그가 여성들을 그렇게 괴롭혔는지는 분명하지 않다. 제국 대법원은 그러한 광범위한 해석을 부추기는 한편, 법원이 극복할 수 없는 증거상의 어려움과 거북한 질문에 직면해야 하는 상황을 피하기 위해, 뉘른베르크 법의 성관계 개념에는 자연스러운 관계와 부자연스러운 관계가 모두 포함된다는 판결을 내렸다. 즉, 성관계 자체뿐 아니라, 적어도 한쪽의 성적 욕구를 충족시키기 위해 의도된 상대방의 모든 성적 행동도 포함된다는 것이다.

'인종 오염' 재판의 의미는 두 가지였다. 나치 지도자들의 노골적인 편견을 독일 변호사와 판사 들이 차별과 굴욕이라는 세련된 체계로 바꾸어 준 것이다. 그러나 이는 일반인이 반유대주의 법률을 자신의 목적을 위한 도구로 이용했다는 사실 또한 드러낸다. '인종 오염' 혐의에 대한 재판에서 가장 주목해야 할 점은 대부분 게슈타포가 아니라 일반인의 고발로 조사가 시작되었다는 점이다.

기본적으로 경찰 국가인 나치 독일은, 히믈러와 그의 충복 하이드리히 의[6] 통제가 점점 심해지긴 했지만 실제 경찰 인력은 부족한 상태였다. 일

---

6) 히믈러의 승진은 제3제국의 조직 발전에서 중요한 의미가 있다. 애초에 나치 친위대는 에른스트 룀(Ernst Röhm)의 SA에 종속되어 있었다. 히믈러가 맨 처음 맡은 공직은 뮌헨 경찰 수석대표였다. 그러나 1934년에 프로이센 비밀경찰(Prussian Secret State Police, 줄여서 게슈타포)장관이 되었고, 긴 칼의 밤에 룀이 살해된 뒤 게슈타포와 다른 정치 경찰을 통합하는 데 성공했다. 1936년부터 모든 정치 활동을 통제한 그는 나치 친위대 제국 지도자(Reichführer-SS)라는 직함을 받았다. 하이드리히의 SD는 국가 기관이 아니라 당 기관이었다. 그럼에도 그의 권력은 히믈러의 권력과 함께 커졌으며, 1939년 국가보안부 RSHA(Reich Main Security Office, RSHA)가 창설되면서 더욱 공고해졌다.

례로 뷔르츠부르크의 게슈타포 스물두 명이 1939년 당시 84만 명이 넘었던 남부 프랑코니아 주민 전체를 책임지고 있었다. 크레펠트는 좀 더 면밀하게 관리되었다. 대략 17만 명이 게슈타포 12~14명의 감시를 받으며 살았다. 두 지역의 게슈타포는 지역 주민들이 제공하는 비밀 정보에 크게 의존했다. 경찰 기록을 보면, 이 두 곳의 게슈타포는 부족하지 않았던 것으로 드러난다. 1933년부터 1945년 사이에 뷔르츠부르크에서 조사된 '인종 오염' 사례 여든네 건 중에 절반이 넘는 마흔다섯 건이 일반 주민의 고발로 시작되었다. 이러한 고발에서 '유대인 문제'에 대한 대중의 태도를 엿볼 수 있다. 유대인 남성과 아리아인 여성이 체포되었는데, 여자의 남편이 두 사람이 불륜 관계라고 주장했기 때문이다. 고발자는 아내를 없애려 한 듯했는데, 그녀의 애인으로 추정된 남자는 수감 상태에서 스스로 목숨을 끊었다. 또한 외관상 서로 다른 민족으로 보인 남녀 한 쌍이 함께 술을 마시다가 게슈타포에게 신고당했는데, 남자가 금발이었기 때문이다.(실제로는 두 사람 모두 유대인이었기 때문에 혐의가 풀렸다.) 크레펠트의 게슈타포는 더 적극적으로 행동할 수 있었다. 유대인이 관련된 사건은 1936년 이전에 10퍼센트 이하였다가 이후 30퍼센트까지 치솟았다. 이들 사례 가운데 16퍼센트 정도가 법원 판결로 결말이 난 반면, 게슈타포는 40퍼센트가 넘는 사건 관련자들을 강제수용소에 보내거나 보호구금했다. 하지만 크레펠트에서도 전쟁 전에 유대인을 기소한 사건들 중 40퍼센트 이상이 고발로 조사에 들어간 것을 보면, 유대인을 겨냥한 고발이 지나치게 많았음을 알 수 있다.

    이는 평범한 독일인이 반유대주의자였음을 입증하는가? 그렇지는 않다. 고발자는 기껏해야 전체 인구의 2퍼센트에 불과했다. 이는 반유대주의 법률이 소수 독일인, 즉 그러한 법안을 마련한, 도덕적 결함이 있는 법률가들과 그 법률을 집행한 게슈타포 광신자들, 게슈타포에 정보를 제공한 가증스러운 밀고자들에게 강력한 무기였음을 의미한다. 그러나 이 사악한 삼위일체를 가로막는 중요한 방해물이 존재했다. 수십 년에 걸친 유대인과 독일인의 결혼으로 명쾌하게 인종을 분류할 수 없는 집단이 탄생했다. 이들의 부모와 조부모가 모두 유대인인 경우에 해당하지 않을 수도 있었기 때문이다. 그럴 경우 그들은 유대인인가? 독일혈통 및 명예 보호법의 네 가지 초안을 받은 히틀러는 가장 온건한 초안을 선택했지만 "이 법은 완벽한 유대인에게만 유효하다."라는 결정적인 문장을 삭제했다. 이로 인해 새로운 법률을 광범위하게 해석할 가능성이 생겼고, 뉘른베르크의 대다수 당원들의 환영을 받았다. 그 결과 내무부와 당 표들 간에 유대인 신분의 등급에 대한 지루한 논쟁이 벌어졌다. 프릭은 유대인 조부모가 세 명이 안 되는 경우는 법적 차별을 면제해 주려 한 반면, 바그너는 유대인 조부모가 두 명인 경우도 포함시켜, 4분의 1만 유대인인 경우(조부모 1명만 유대인)에만 '제국 시민'의 지위를 부여하길 바랐다. 1935년 11월에 발포된 제국시민권법의 1차 보완 법령은 인종적으로 완벽한 유대인인 조부모가 적어도 세 명인 경우를 유대인으로 규정하고, 인종적으로 완벽한 유대인인 조부모가 한 명 내지 두 명인 경우는 혼혈로 규정했다는 점에서, 프릭의 승리를 의미했다. 또한 이 법령이 유대인 종교 단체 소속 여부를 조부모의 인종을 결정하는 기준으로 확인함에 따라 나치당의 급진적인 인종 이론가들은 일보 후퇴한 셈이었다. 그러나 조부모가 두 명만 유대인이라고 해도 본인이 유대인 종교 단체에 속해 있거나 다른 유대인과 결혼했을 경우, 또는 뉘른베르크법 이후 성관계나 이민족 간의 결혼에 해당된 경우는 여전히 유대인으로 분류될 수 있었다. 그리고 소위 1등급(조부모 두 명이 유대인인 경우) 혼혈과 2등급(조부모 중 한 명만 유대인) 혼혈을 구분하는 권한은 인종 전문가에게 주어졌는데, 이들은 종교적인 요인뿐 아니라 신체적인 요인도 고려할 수 있었다. 1938년 12월 이후 혼혈의 법적 지위가 변경되었다. 남자 쪽이 독일인, 여자 쪽이 유대인인 자녀 있는 부부와 그 반대의 경우, 그리고 자녀 없는 부부의 구별이 도입되었다. 남자 쪽이 유대인인 자녀 없는 부부는 순수한 혈통의 유대인 부부 취급을 받을 수 있었다. 따라서 유대인이 아닌 아내가 유대인 남편과 이혼하려는 동기가 제공되었다. 하지만 관료적 무력증으로 다수의 독일계 혼혈은 유대인으로 분류되지 않았다. 이는 자신의 작은 민족 공동체를 유대인이 전혀 없는 곳으로 만들고 싶어 안달이 난, 크레펠트 게슈타포의 수사부 서기관 리하르트 슐렌부르크 같은 사람들에게는 상당한 좌절감을 안겼다.

뉘른베르크법이 아리아인의 생물학적 순수성을 지키고 향상시키려는 나치의 엄청난 노력의 극히 일부였다는 사실은 말할 필요조차 없다. 유대 민족이 강화된 차별에 희생된 유일한 '타민족' 집단은 아니었다. 뉘른베르크법 규정은 3만 명에 달하던 독일 내 신티와 로마족, 즉 소위 집시들에게도 확대 적용되었다. 그들의 운명은 1936년에 로베르트 리터(Robert Ritter)가 설립한 '집시문제해결을위한제국중앙사무소'가 처리해야 할 중대 임무가 되었다. 정신병자들은 1933년 7월에 제정된 유전병자손방지법에 따라 강제로 단종되어야 할 첫 번째 집단이었다. 1933~1945년에 적어도 32만 명이 이 법에 근거해 불임 수술을 받았는데, 정신분열증 환자와 조울병 환자, 간질 환자, 헌팅턴 무도병자(정신장애와 전신마비가 나타나는 유전병 ─ 옮긴이), 귀머거리, 기형아, 심지어 알코올중독자까지도 포함되었다. 1935년, 이 법률은 여성 정신병자가 임신했을 경우, 임신 6개월까지 중절을 허용하도록 개정되었다. 하지만 히틀러는 만족을 몰랐다. 이미 1935년에 전쟁이 발발할 경우, 안락사 문제를 실행에 옮길 것이라고 나치당 고위직 의사에게 말했다. 사실 전쟁이 터지기까지 기다리지도 않았다. 1939년 7월, 그는 작전 T-4로 알려진 조치를 내렸다. 그는 심각한 정신병 환자들의 쓸모없는 목숨은 제거되어 마땅하다고 말했다. 유대인과 집시를 박해했을 때와 마찬가지로, 이번에도 나치 정권은 국민의 저항을 거의 받지 않았을뿐더러 상당히 적극적인 지지를 받았다. 작센의 정신지체아 부모 200명을 상대로 한 여론조사에서 "만약 전문가가 자녀의 상태가 고칠 수 없는 백치 상태라고 확인했을 경우, 자녀를 고통 없이 없애는 데 동의하겠는가?"라는 질문에 73퍼센트가 그렇다고 대답했다. 실제로 일부 부모들은 히틀러에게 자신의 비정상적인 아이를 죽여 달라고 청원했다. 1941년 7월과 8월에 안락사 프로그램을 반대하는 설교로 잠시 살인 행위를 중단하게 만든 가톨릭 주교 클레멘스 폰 갈렌을 제외하고, '비생산적인' 인간을 죽일 수 있다는 원칙에 대 놓고 이의를 제기한 사람은 소수에 불과했다. 반대자들을 자세히 조사한 결과에 따르면, 이들은 단순히 그런 행위에 관련된 절차를 싫어했던 것으로 드러난다. 합당한 법령이나 공개 선고 같은 공식적이고 합법적인 절차를 바라는 사람들이 있었는가 하면, 단순히 눈에 띄지 않게 살인이 실행되기를 바라는 이들(특히 수용소 근처에 사는 사람들)도 있었다.

민족 청소는 여러 측면을 갖고 있는 사업이었다. 1937년, 소위 라인지방의 혼혈들은 괴링이 그 문제를 '인류학·유전학·우생학 빌헬름황제연구소'의 빌헬름 아벨 박사에게 알린 후 게슈타포 제3특별위원회에 의해 강제로 불임 수술을 받았다. 동성애자들도 인종적인 가치가 전혀 없는 사람들임에 분명했다. 1934년부터 1938년 사이에 제국형법 제175항에 의거하여 매년 기소된 사건 수는 열 배가 증가하여 8000건에 달했다. 범죄도 유전된다고 보았기 때문에, 법을 어긴 사람들도 반사회적인 사람들로 규정되었다. '위험한 상습범에 대한 1933년 11월 법'에 의해 성범죄자의 거세가 허가되었다.

이 모든 조치는 정상적인 독일인이 정상적인 방법으로 번식하도록 장려하려는 노력에 기인한다. 인종 청소에는 타민족으로 간주되는 사람들을 몰아내는 것뿐 아니라 인종적으로 건강한 동포를 늘리는 일도 관련돼 있었기 때문이다. 제국 농업장관 발터 다레는 이를 종축 사육과 비교하며 설명했다. "우리가 순수한 수말과 암말을 이용하여 하노버 말을 번식시키는 것처럼, 다시 한번 순수한 독일 민족을 번식시킬 것이다."나치 우생학자들은 아리아인의 출산을 끌어올리기 위해 독창적인 아이디어들을 동원했다. 실업감소법(1933년 6월)에 의해 두 사람 다 일하지 않는 부부들에겐 결혼 대출금이 제공되었다. 내구 소비재를 사는 데 드는 돈 때문에 생긴 빚은 아내가 아이를 네 명 낳으면 탕감되었다. 혼기가 찬 젊은 커플들은 특별 안내서를 이용할 수 있었는데, 간편한 가사 정보와 요리법과 함께 '배우자를 고르는 10계명'이 포함되어 있었다.

1. 자신이 독일인이라는 사실을 기억하라.
2. 혈통이 좋으면 결혼하라.
3. 신체를 순수하게 유지하라.
4. 정신과 영혼을 순수하게 유지하라.
5. 독일인으로서 독일이나 북유럽 혈통의 배우자를 선택하라.
6. 배우자를 선택할 때 상대의 혈통을 알아보라.
7. 건강이 외적인 아름다움의 전제 조건이다.
8. 사랑으로만 결혼하라.
9. 결혼할 때 놀이 상대가 아니라 협력자를 구하라.
10. 가능한 한 아이는 많이 낳으라.

아리아인 혈통을 번식시키기 위한 수단으로, 할당량을 초과 달성한 여성에게는 독일 어머니 메달이 수여되었다. 일종의 임신 올림픽에서 얼마나 아기를 많이 낳느냐에 따라 금, 은, 동 메달이 수여되었다. 유대인과 '타민족'은 메달을 받을 자격이 없었다는 점은 말할 필요도 없다. 상태가 좋은 부류만 이러한 출산의 위업을 수행하도록, 결혼하려는 커플에겐 출산에 적합하다는 증명서를 발급했다. 제3제국에서는 전문가들이 자신의 능력을 키울 수 있는 또 다른 방법이 있었다. 의사들은 누가 아기를 낳기에 적합한지 결정할 수 있었다. 유전위생법원은 출산에 부적합한 사람들의 불임 수술을 명령할 수 있었는데, 본래 의도했던 성과는 그렇다 치고 그 자체로 위험하고 고통스러운 절차였다. 그리고 튀링겐 인종문제사무소의 카를 아스텔 같은 관리는 결국 전 주민의 인종 분류를 위한 기초 정보를 수집할 수 있었다.

그러나 이 모든 장려책에도 불구하고 종축 사육은 말보다 인간의 경우가 더 어려운 것으로 판명되었다. 히믈러는 자신의 나치 친위대 대원들이 정상적인 인종 유형에 매력을 느끼지 않는다는 점을 크게 걱정했다.

나는 우리나라 사람들이 자주 그 의미를 완전히 오해하고 결혼하는 것을 본다. 나는 종종 나 자신에게 말한다. "나치 친위대 대원은 우리 민족 중 한 사람과 결혼해야 한다. 하찮은 동유럽 유대인이나 몽골 여자가 괜찮을 거라고 생각해 그런 여자와 결혼하는 사람은 불행의 싹을 만들고 때로는 난감하기까지 한 비틀린 모양새를 보이고 있다. 지금까지 여러 명의 눈부시게 잘생긴 남자들이 이와 관련되어 있었다.

그는 이런 사태를 바로잡기 위해 나치 친위대 장교들의 결혼에도 간섭하기 시작했다. 새로 들어온 대원들은 조상이 5대까지 순수한 독일인인지 추적했으며, 히믈러가 인종적으로 적합하다고 직접 인정한 상대하고만 결혼할 수 있었다. 그런 다음 적어도 자녀를 네 명은 낳도록 권고받았는데, 이는 건강하고 훌륭한 결혼에 필요한 최소한의 조건이었다. 나치 친위대 대원의 자녀들은 성직자가 집행하는 세례식 대신 나치 친위대의 표준이 되는 자녀를 둔 대원들과 함께 자신들만의 세례식을 치렀고, 예식에서는 세례반 대신 히틀러의 초상화가 이용되었다. 그리고 일곱째 아이를 낳으면, 제국 총통이 직접 대부가 되어 주는 상을 받았다. 히믈러는 전통적인 사회 관습에서 더욱 벗어나, 정식 부부가 아닌 관계를 맺어서라도 아리아인을 낳아야 한다고 생각했다. '생명의 원천'이라는 프로그램을 생각해 낸 사람도 바로 히믈러였는데, 이는 나치 친위대 장교들과 열다섯 개의 출산원 겸 유치원에서 선택된 여성들을 동침시켜 출산하게 하려는 것이었다. 히믈러는 이 모든 행동의 목적이 "독일과 독일 주변에서 독일 민족의 지위를 다시 확고히 다지고 이 온상에서 2억 명에 이르는 민족을 생산해 내는 것"이라고 밝혔다. 그는 1943년 이렇게 선언했다. "우리가 아이를 낳는 것은 당연한 일이다. 엘리트 민족인 독일 민족이 가장 풍부하게 번식해야 하는 것은 당연하다. 20~30년 뒤에는 우리가 유럽 전체에 지배 계층을 제공할 수 있어야 한다."

물론 나치 정권의 모든 사람들이 그러한 의견에 동의한 것은 아니었지만 그것은 크게 중요하지 않았다. 인종 박해를 지지하는 데에는 돈과 관련된 다른 이유들이 있었기 때문이다. 독일계 유대인이 소수인 것은 확실하지만 그들은 대체로 잘사는 편이었다. 재무장에 쓸 현금을 모으는 방법으로 아리안화를 내세워 돈을 뺏는 것보다 더 간단한 방법이 어디 있겠는가? 1938년 4월 이후, 독일 내에 유대인이 소유한 사업체는 4만 개에서 1만 5000개로 감소했다. 독일 기업의 중역실에서는 유대계 이사들, 즉 한 회사의 설립자이거나 설립자의 상속인들이 자신의 자리와 주식을 아리아인 동료들에게 물려주는 초현실적인 회의가 진행되고 있었다. 이들 아리아인 동료들은 개인적으로 이사 이상의 역할은 하지 않겠다고 맹세했음에도 그런 맹세를 잊어버리는 쪽이 편리하다고 생각했다. 1938년 11월의 사건들은 증오와 탐욕의 관계를 명확히 보여 주었다. 1938년 11월 9일, 히틀러의 사주를 받은 나치 폭력배들은 독일 전역에 위치한 유대교 회당 200여 개와 유대인 상점 수천 개를 파괴하고 약탈하거나 불태웠다. 그들은 유대인 공동묘지를 훼손하고 유대인들을 공격했으며, 그 과정에서 아흔 명 정도가 목숨을 잃었다. 나중에 대부분 풀려나긴 했지만, 유대인 3만여 명이 체포되어 강제노동수용소에 보내졌다. 이렇게 대규모 포그롬을 벌인 이유는 파리 주재 독일 대사관 직원이었던 에른스트 폰 라트가 당시 열일곱 살이던 유대인 소년 헤르쉘 그린즈판에게 살해되었기 때문이다. 이 소년의 폴란드인 부모는 나치에 의해 하노버에서 추방당했다. 이 포그롬은 명백히 국가의 지시로 이루어지긴 했지만, 1905년 러시아에서 발생한 포그롬에 맞먹는 수준이었다. 그러나 괴링에게 폭력 사태는 재정적인 기회이기도 했다. 이후 유대인들이 마치 가해자인 양, 독일계 유대인들에게 손해배상금으로 10억 마르크에 달하는 '집단 벌금'을 부과했다. 거리에 흩어진 깨진 유리를 가리키는 '제국 수정의 밤'이 공포된 11월 9일은 나치 유대인 정책의 기저에 폭력적인 충동이 꿈틀거린다는 사실과 함께, 유대인에게 증오를 느끼는 게 아니라 그저 무심한 독일인들 역시 공범이라는 사실을 알리는 의미심장한 날이었다.

1940년, 명민한 자유주의 저널리스트 세바스티안 하프너는 다음과 같이 지적했다. "나치의 반유대주의는 세계 역사상 처음 나타난 것이다. 이는 모든 종을 살아남을 수 있게 해 주는 연대감이 인간에게는 없다고 부인하는 것이다. 평상시에는 동물들을 상대할 때 나타나는 약탈 본능을 자기 종에 속한 사람들을 상대로 발동하게 하는 시도이며, 민족 전체를 사냥개 무리로 만들어 버리는 짓이다."

이는 나치의 반유대주의가 사소한 문제라고 생각하고, 아무리 반유대주의가 나쁘다고 해도 그것이 나치의 작은 흠이기 때문에 유대인에게 느끼는 개인적인 감정에 따라 그것을 유감으로 생각하거나 받아들이기도 하고, 때로는 민족의 중대한 문제에 비해 중요하지 않다고 보는 태도가 얼마나 어리석은지를 보여 준다. 실제로 이 '민족의 중대한 문제'는 중요하지 않은 일상적인 문제이며, 유럽 역사의 과도기에 나타났다 금세 사라지는 것이다. 반면, 나치의 반유대주의는 중대한 위험물이며 인류의 몰락을 가져오는 망령을 불러낸다.

때늦은 지혜를 얻은 우리는 왜 빅터 클렘페러 같은 사람이 다가오는 재앙을 알아채지 못했는지 물어보지 않을 수 없다. 왜 독일과 유럽의 유대인들은 히틀러가 마련해 두고 있던 소름 끼치는 운명을 더 빨리 피해 가지 못했을까? 실제로 상당수 유대인이 정확히 그렇게 행동했다. 1933년, 3만 8000명이 독일을 떠났고, 1934년에는 2만 2000명, 1935년에는 2만 1000명이 독일을 등졌다. 독일에서 활동하던 유대인 교수 800명 가운데 200명 이상이 독일을 떠났는데, 이들 중 스무 명이 노벨상 수상자였다. 알베르트 아인슈타인은 이미 1932년, 나치가 자신의 '유대물리학'을 공격하는 데 정나미가 떨어져 독일을 떠났다. 이러한 탈출 사태는 수정의 밤 이후 가속도가 붙었다. 1938년, 유대인 4만 명이 독일을 떠났고, 1939년에는 8만 명 정도가 독일을 탈출했다. 자발적인 탈출이 불가능해진 무렵 16만 명에 불과한 유대인들이 독일에 남아 있었는데, 이는 1933년 이전에 비해 30퍼센트도 안 되는 수준이었다. 샤흐트가 독일을 떠나는 사람들에게 높은 세금을 부과하지 않았다면 더 많은 성과를 얻었겠지만, 이민을 부추긴 나치의 정책이 얼마나 성공적이었는지 잊어버리는 경우가 흔한 듯하다.

앞에서 보았듯이 나치즘은 정치적 종교였으며, 히틀러는 예언자 역할에 푹 빠져 있었다. 그는 1939년 1월 30일, 제국의회 연설에서 다음과 같이 선언했다. "만약 유럽 안팎의 유대인 국제 금융업자들이 여러 국가들을 다시 한번 세계 전쟁으로 몰아넣는 데 성공한다면, 볼셰비키가 유럽을 지배하는, 즉 유대인이 승리를 거두는 것이 아니라 유럽 유대 인종이 절멸하는 결과가 발생할 것이다." 여기에서 명확히 드러나듯이, 이는 대량 학살이 다가온다는 예언으로서 더 많은 이민을 부추기는 위협이었다.

어디로 갈까?

그럼에도 본인이 확실한 독일인이라고 생각한 클렘페러 같은 사람이 독일에 남기로 한 이유를 이해하기는 어렵지 않다. 1939년 당시에도 나치가 유럽 최악의 반유대주의 국가라는 사실은 결코 뚜렷이 나타나지 않았다. 당시 나치의 인종 상황은 세계에서 유일한 경우도 아니었다.

일례로 이웃 나라인 폴란드의 경우, 나치의 《민족의 파수꾼》에 충분히 실렸을 법한 신문 기사가 넘쳐났다. 일찍이 1934년 8월 '스와스티카'라는 필명을 사용한 작가는 가톨릭계 신문 《프로 크리스토(Pro Christo)》에서 다음과 같이 주장했다. "우리는 탈무드 신봉자뿐 아니라 몸속에 유대인의 피가 흐르는 사람까지 모두 유대인으로 간주해야 한다. (중략) 자신의 가족에서 적어도 5대 조상까지 유대인이 없었다는 사실을 입증할 수 있는 사람만 진정한 아리아인으로 간주될 수 있다." 1936년 9월, 《문화(Kultura)》라는 잡지의 기고자는 이렇게 지적했다. "유대인은 우리와 너무 다르고 불쾌하기 때문에 그들은 별개 인종이다. 그들은 우리를 화나게 만들고, 그들의 특징은 우리의 감정에 거슬린다. 동양적인 성급함과 논쟁을 좋아하는 성질, 독특한 사고방식, 눈초리, 귀의 생김새, 눈꺼풀, 입매 등 모든 것이 거슬린다. 혼혈 가정의 경우 이런 특징들을 3대 혹은 4대 이상까지 찾아낼 수 있다." 《가제타 바르샤바스카(Gazeta Warszawaska)》 편집장 스테판 코시키 같은 민족주의자들은 유대인 추방을 요구하기 시작했다. 그보다 더 앞서 나간 사람들도 있었다. 일찍이 1938년 12월에 일간지 《작은 신문(Maly dziennik)》은 '유대인의 올가미'가 폴란드의 목을 조르기 전에 유대인을 상대로 전쟁을 벌이라고 요구했다. 국가민주당 지도자 로만 드모프스키는 역사 속의 유대인 시대에 마침표를 찍을 국제적인 포그롬을 예언했다. 반유대주의 폭력은 언어에 그치지 않았다. 이미 1934년에 빌노(빌뉴스)에서, 1935년에는 그로드노에서, 1936년에는 프리지틱과 민스크에서, 1937년에는 브레스트에서 포그롬이 발생했다. 1936년, 바르샤바 대학 세균학과 교수 지그문트 스지마노프스키는 바르샤바와 르보브의 국가민주주의당 소속 학생들이 강의 중간에 유대계 학생들을 공격하는 모습을 보고 큰 충격을 받았다. 1930년대 중반에 유대인 1000~2000명이 공격받아 부상을 입었고, 아마도 서른 명 정도가 사망했던 것 같다.

가톨릭교회나 폴란드 정부가 그러한 폭력을 전적으로 너그럽게 본 것은 아니었다. 하지만 1936년 2월, 홀론드 추기경이 보낸 교서는 폴란드의 반유대주의에 기름을 끼얹었다. 그는 이렇게 선언했다.

> 유대인이 가톨릭교회에 반대하고, 자유사상에 푹 빠져 있고, 무신론 운동과 볼셰비키 운동, 파괴 행위의 선봉에 서 있다는 것은 사실이다. 유대인은 도덕성에 큰 피해를 입히고 있으며, 그들이 세운 출판사는 외설적인 책을 출간한다. 유대인은 사기 행위와 고리대금업을 일삼으며, 사람을 사고파는 일에 연루되어 있다.

1921년 헌법이 인종과 종교를 이유로 한 차별을 금지했지만, 속세의 정부 당국들도 매한가지였다. 1920년대에 옛 러시아령에 거주하던 폴란드 유대인은 새 정권이 차르 시대부터 내려온 제한 사항들을 철폐하는 데 주저하는 상황이나 일요일 근무를 금지하는 법률로 인한 불편함도 참아야 했다. 실제로 이 조항들 중 다수가 1931년까지도 실행되었다. 1937년, 피우스트스키의 후임자들에 대한 대중의 지지를 동원하기 위해 설립된 민족통합진영(OZN)은 폴란드와 "어울리지 않는다."라고 선언된 유대인들을 몰아내고 공업, 상업, 전문 직종을 '폴란드화'하기로 했다. 유대인이 특히 고등교육 분야와 전문직종에서 '과도한' 성공을 거두었다는 사실은 의문의 여지가 없다. 1931년 당시 폴란드 인구 가운데 유대인의 비율이 9퍼센트가 되지 않았는데도 폴란드 대학에서 유대인의 비율은 20퍼센트가 넘었다. 유대인은 폴란드 내 의사의 56퍼센트, 교사의 43퍼센트, 변호사의 34퍼센트, 저널리스트의 22퍼센트를 차지했다. 유대인 회사에 대한 공식 불매운동으로 유대인 소유 상점 수는 급격히 줄었다. 비아위스토크 지역의 경우, 1932년 유대인 소유 상점이 92퍼센트였으나 6년 뒤에는 50퍼센트로 줄었다. 예식적인 도살을 금지함에 따라 유대인의 육류 거래도 금지되었다. 유대계 학생은 대학 강의실에서 차별 대우를 받았고, 법조계에서도 추방되었다. 1937~1938년, 유대인의 대학 등록률은 7.5퍼센트로 줄었다. 1938년 말, 폴란드계 유대인에 압박을 가해 이민을 떠나게 만듦으로써 유대인 문제를 해결한다는 정부의 공식 정책이 세워졌다. 그러나 이는 로드즈 같은 도시의 많은 가난한 유대인들에겐 적용하기 어려운 방법이었다. 로드즈의 경우, 70퍼센트 이상의 유대인이 단칸방에서 살았고, 다락방이나 지하실에서 거주하기도 했다. 또한 25퍼센트 정도가 자선단체의 도움을 받고 있었다.

알렉산드루 쿠자(Alexadru Cuza)와 옥타비안 고가(Octavian Goga)의 민족기독교당이나 철위대로 알려진 초록색 셔츠의 청년 집단인 코르넬리유 코드리뉴(Corneliu Codreanu)의 대천사미카엘군단이 설친 덕분에 루마니아에서도 반유대주의는 극성이었다. 유대인이 공산주의, 자본주의와 똑같다고 생각하는 히틀러에 맞먹을 정도였던 코드리뉴는 유대인이 루마니아인을 파멸시키기 전에 없애겠다고 맹세했다. 하지만 코드리뉴만이 아니었다. 1936년, 토툴 펜트루 타라(Totul pentru Tara, 국가를 위한 모든 것)당 총재 지지 칸타쿠지노그라니세룰 장군 또한 유대인 몰살을 요구했다. 평소에 시인으로 활동하던 고가에게 유대인은 '나병'이나 '습진' 같은 존재였다. 1937년 이전에 이미 유대인은 루마니아 법조계에서 추방되었고, 유대인 학생들은 위협받고 괴롭힘을 당했다. 1934년, 이오시프 헤흐터로 태어났지만, 유대교를 등지고 완전히 루마니아인이 된 미하일 세바스티안은 부쿠레슈티 대학의 철학과 교수인 나에 이오네스쿠에게 자기 책의 서문을 써 달라며 편지를 보냈다. 이오네스쿠의 서문에는 음울한 경고가 담겨 있었다.

이오시프 헤흐터 씨, 당신은 병자입니다. 당신은 속속들이 아픈 사람입니다. 왜냐하면 당신에겐 괴로워할 일밖에 없으니까요. (중략) 메시아가 오셨습니다, 이오시프 헤흐터 씨. 하지만 당신은 그에 대해 아무것도 모릅니다. (중략) 이오시프 헤흐터 씨, 당신은 냉기와 암흑이 당신을 둘러싸고 있는 것을 느끼지 못합니까? (중략) 그것은 동화주의자들의 착각이며, 자신이 진정 루마니아인이라고 믿는 너무나 많은 유대인들의 망상입니다. (중략) 당신이 유대인이라는 사실을 기억하십시오. 당신은 다뉴브 강의 브라일라(Braila) 출신의 이오시프 헤흐터가 아닌가요? 그래요, 당신은 유대인입니다.

극우파가 1937년 선거에서 압승을 거둔 뒤 고가가 잠시 수상직을 맡았다. 유대계 신문과 서고들은 폐쇄되었고, 사업과 직업 할당제가 도입되면서 유대인의 경제적 기회는 줄어들었다. 1938년 2월, 의회를 해산하고 독재 정권을 세운 카롤 왕이 파시스트를 탄압하고 코드리뉴와 철위대 지도자 열두 명을 체포하여 처형했어도, 루마니아계 유대인들의 상황은 크게 나아지지 않았다. 1939년 9월까지 25만 명이 넘는 유대인들이 불법 이민자라는 이유로 루마니아 국적을 박탈당했다.

다른 유럽 국가들의 상황은 어땠는가? 처음에 이탈리아의 파시즘은 뚜렷하게 반유대주의적인 모습을 보이지 않았다. 그러나 1938년, 무솔리니는 뉘른베르크법을 모델로 한 법률을 제출했다. 프랑스는 여전히 민주국가였지만, 반유대주의적 편견이 가득 찬 나라였다. "블룸보다 히틀러가 낫다."라는 말은 1936~1937년 프랑스 수상이던 유대인 사회주의자 레옹 블룸을 조롱하는 언사였을 뿐 아니라 일종의 예언이었다. 헝가리에서도 분위기는 비슷했다. 솜버트헤이 거리에 유대인 아이가 혼자 서 있으면 돌을 맞을 위험이 있었다.

만약 유대인이 유럽에서 불안을 느꼈다면 어디로 갈 수 있었을까? 영어권 세계는 전혀 환영 분위기가 아니었다. 미국은 1920년대에 유럽인이 정착하던 국가들 중 처음으로 이민 쿼터제를 도입했으며, 이는 1890년대부터 시작된 이민 제한 조치가 최고조에 달한 경우였다. 새로이 읽고 쓰는 능력을 요구하고 이민자 수를 제한하는 조치 등으로 연간 이민율은 1900년대의 1000명당 11.6명에서 1940년대에는 1000명당 0.4명으로 떨어졌다. 다른 국가들도 대공황의 영향으로 미국의 선례를 따랐다. 1930년에 남아프리카가 이민 쿼터제를 도입했고, 오스트레일리아와 뉴질랜드, 캐나다도 1932년까지 다른 형태의 제한 조치를 강구했다. 물론 유럽 유대인에게 필요한 것은 경제적 기회보다는 정치적 피난처였다. 그러나 이들 국가에서 영향력 있는 유대인 집단이 존재했음에도 그에 대항하는 풍조가 작동하고 있었다. 이민 제한은 토박이 비숙련 노동자들이 저임금 경쟁자들에 맞서 아예 문을 닫아 버리려는, 순수하게 경제적인 차원의 정책이 결코 아니었다. 앞서 영국이나 독일, 스칸디나비아에서 이민 온 사람들보다 (남부 이탈리아인과 함께) 유대인이 더 열등하다는 생각에는 인종적인 편견이 상당한 영향을 끼쳤다. 영어권 세계에서는 반유대주의가 정치적인 현상은 아니더라도 사회적인 현상이었다. 그런 징후를 보여 주는 사례로, 상원은 유대인 어린이 2만 명에게 미국 입국을 허용하는 법안을 1939년과 1940년에 거부했다.

어쨌든 미국은 1930년대에 다른 인종에 대한 관용을 보여 주는 모델이라고 하긴 어려웠다. 1945년까지도 30개 주가 인종 간 결혼을 법으로 금지했고, 이들 주 가운데 여러 주가 최근까지도 규정을 확대하거나 강화했다. 1924년, 버지니아 주는 백인의 의미를 백인종 외에 다른 피가 전혀 섞이지 않거나, 아메리칸 인디언 피나 유색인종 피가 16분의 1 이하인 사람으로 규정했다. 따라서 증조부모 중의 한 사람만 흑인인 경우에도 흑인으로 규정되었다. 이에 영향을 받은 이들은 흑인과 아메리카 인디언만이 아니었다. 일부 주에서는 중국인, 일본인, 한국인, 말레이인(필리핀인), 힌두인(인도인)도 차별하였다. 그렇다면 1930년대에 발생한 함부르크의 인종 오염 사례와 1930년대 몽고메리의 인종 간 결혼 사이에는 얼마나 큰 차이가 있을까? 실제로 큰 차이는 없다. 드레스덴의 인종 간 결혼과 미국 남부 딕시의 인종 간 결혼이 얼마나 다를까? 실제로 그리 다르지 않다. 더욱이 미국 우생학의 영향으로 새로운 차원의 차별적인 법률이 추가되었는데, 이는 1930년대에 독일에서 도입된 법률과 유사할 뿐 아니라 일부 나치의 법률에 영감을 주었다. 41개나 되는 주에서 우생학적 분류를 이용하여 정신병자의 결혼을 제한하는 한편, 27개주에서는 특정한 사람들의 단종을 의무화하는 법률이 통과되었다. 1933년 한 해에 캘리포니아 주에서만 1278명이 강제로 불임 수술을 당했다. 요약하자면, 제3제국은 1930년대에 세계에서 유일한 인종차별 국가가 결코 아니었다. 히틀러는 대 놓고 미국의 우생학자들에게 큰 도움을 받았다고 인정했다.

물론 수십 년에 걸쳐 시오니즘이라는 이데올로기에 고무된 전 세계 유대인들이 이주해 간 곳이 있긴 했다. 1917년, 영국이 "유대 민족의 고향"으로 선언한 팔레스타인이다. 1930년부터 1936년 사이에 8만 명이 넘는 유대인이 폴란드를 떠나 팔레스타인으로 향했는데, 이 중 젊은 이상주의자들은 공동생활을 하는 키부츠를 원칙으로 삼아 새로운 사회를 건설할 작정이었다. 한 젊은 이민자의 설명은 이러했다. "고향에서는 미래를 기대할 수가 없었다. 사업은 잘되지 않았고, 학교를 졸업한 뒤에도 전혀 앞날을 기대할 수 없었다. 이 비극적인 상황에서도 나는 학교를 마치고 싶었다. (중략) 누군가 내게 학교를 마친 뒤 뭘 할 거냐고 물었다면, 나는 어떻게 대답해야 할지 몰랐을 것이다. 이 지독한 상황에서 나는 물에 빠진 사람이 지푸라기라도 잡는 심정으로 시오니즘을 받아들였다." 그러나 1936년, 아랍계의 반발이 두려워진(터무니없는 걱정은 아니었다.) 영국 정부가 유대인의 팔레스타인 이주를 제한했다. 실제로 1938년에 위임통치 지역이 내전으로 치닫자, 질서유지를 위해 열 개 보병대대와 한 개 기갑연대를 투입했다.

물론 클렘페러처럼 철저히 독일인이 되고 싶어한 사람의 경우 이민이야말로 나치가 진심으로 원하는 바였다. 나치는 자기네 정의에 따라 그가 유대인이지 독일인이 아니라고 할 것이기 때문이다. 클렘페러는 팔레스타인에서 새로운 삶을 시작하고 싶은 마음이 전혀 없었다. 그는 이렇게 말했다. "만약 유대 국가가 지금 세워지면, 그로 인해 나치는 우리를 수천 년 전으로 되돌아가게 만들 수 있을 것이다. (중략) 유대인 문제는 그 문제를 만들어 낸 사람들로부터 우리가 해방될 때만 해결될 수 있다. 이제는 세계가 이 문제에 진정 관심을 갖고 있기 때문에 그에 따라 행동할 수밖에 없을 것이다." 세계의 반응은 도움이 되지 않았다. 1930년대 말까지 유대인 재정착 원칙이 무시된 경우는 거의 없었고, 유일한 문제는 유대인이 갈 만한 곳을 찾는 것이었다. 영국령 기아나처럼, 다른 식민지에도 물망에 오른 곳들이 있었다. 1937년, 폴란드 정부는 유대인 100만 명을 남아프리카(영국이 반대했다.)나 프랑스령 마다가스카르로 보내자고 제안했는데, 마다가스카르에 간 폴란드계 유대인들은 현실적으로 500가구 이상이 그곳에 정착하기는 어렵다고 결론지었다. 이런 겉만 번지르르한 과정은 1938년 에비앙 회의에서 최악에 이르렀다. 회의에 참가한 32개국 대표들은 더 많은 유대인 난민을 받아들이지 못하겠다는 핑계를 대기 위해 그 자리에 모인 사람들이었다. 결국 루마니아에 반유대주의가 팽배했음에도 많은 유대인들은 터키나 팔레스타인에 가겠다는 희망을 품고 부쿠레슈티로 옮겨 갔다.

1만 8000명에 달하는 이들에게 상하이는 마지막 보루였다. 그 국제화된 도시에 입국하는 데는 비자가 필요 없었기 때문이다. 브레슬라우 출신의 10대 난민 에른스트 헤프너에게는 유대인이 또 다른 외국인 집단에 불과했다. 하지만 상하이는 결코 안전한 안식처가 아니었다. 유럽에 앞서 아시아에서 일이 터졌기 때문이다. 아시아의 한 독재 정권은 이미 민족 갱생을 추구하는 정도를 벗어나 영토 확장에 주력하고 있었다. 그런데도 서양 열강은 파리 평화 조약에 들어 있던 소수 민족 보호 조항을 집행할 능력이 없었다. 내정불간섭 전통이 베스트팔렌 조약에서부터 시작되었고 우드로 윌슨이 이를 뒤집으려 했지만 결국 실패하고 말았다는 점을 고려하면, 그런 결과는 그리 놀랄 일도 아니었다. 그러나 독재자들이 1918년 이후 그어진 국경에 이의를 제기한다면, 다시 말해 주권 국가를 침입하고 점령한다면 이전 중재자들은 어떻게 대응했을까?

 그 답은 이렇다. 자신들이 대가를 치르는 경우만 아니라면, 그들은 어떤 희생에도 아랑곳하지 않고 평화를 유지하려고 애쓰는 것이다.

8 우연히 생긴 제국

윤리의 역사에서 무사도(武士道)는 정치사에서 영국 헌법과 똑같은 지위를 차지할 것이다.
— 니토베 이나조(新渡戶稻造), 『무사도』

순수 혈통의 6500만 일본인 전부가 한 사람처럼 일어섰다. 그들이 모두 미쳤다고 생각하는가?
— 마쓰오카 요스케(松岡洋右), 1932년 국제연맹 연설

생활 공간

1930년대에는 도처에서 캠프(camp, 수용소, 휴가철 야영지 등을 의미한다.—옮긴이)가 생기고 있었다. 독일에는 정권이 추방하고 싶어 하는 사람들을 수용할 강제수용소와 정권에 충성해 주길 바라는 사람들을 위한 휴가용 야영지가 있었다. 소련에는 스탈린과 충복들에게 충성심을 의심받던 사람들을 수용할 강제노동수용소가 있었다. 미국 대공황 시절에 후버빌이라고 불리던 수용소는 강제노동수용소가 아니라 수백만 명의 실업자들을 위한 곳으로, 자신의 임기에 대공황이 발생한 불운한 대통령 허버트 후버의 이름을 땄다. 일본의 캠프는 또 달랐다. 당시 전형적인 캠프 입소자는 매일 아침 5시 30분이면 눈을 떴다. 그들은 하루 종일 혹독하게 움직였는데, 밤 10시에 불이 꺼질 때까지 극심한 고초를 견디며 거의 쉬지도 않았다. 난방이 들어오지 않는 기숙사에서 잠을 잤고, 편지는 검열을 거친 뒤 전해졌다. 또한 술을 마시거나 담배를 피울 수도 없었다. 그들은 죄수가 아니라 장교 훈련을 받는 사관생도였다. 정권은 그들을 처벌하려는 게 아니라 초인적인 군사 훈련으로 단련시키려 했다. 1940년

대가 끝날 무렵, 1900~1930년에 태어난 건장한 사람들 중 적지 않은 사람들은 적어도 캠프 한 곳을 거쳐 갔을 것이다.

대공황으로 대부분의 국가에서 경제 정책을 급진적으로 바꾸었지만, 정치적, 법적 차원의 급격한 변화는 일부 국가에서만 나타났고 해외 정책까지 급진적으로 바꾼 국가는 더 적었다. 대부분 영국과 미국처럼 가능한 한 충돌을 피하면서 위기에 대응했다. 1933년, 루스벨트는 취임 연설에서 미국의 외교 정책을 선린(善隣)에 기반해 수립할 것이라고 약속했으며, 더 이상 중앙아메리카와 카리브 해 지역에 간섭하지 않고 필리핀 독립의 기초를 마련했다. 이는 이타주의뿐 아니라 극도의 절약 필요성에서 나온 정책으로, 실업 해소에 필요한 비용으로 인해 해외에서 소규모 전쟁을 치를 여유가 없다는 점을 감안한 것이다. 독재 정권들도 국내의 적들을 박해하고 이웃 국가들과 사소한 국경 분쟁을 일으키는 데 만족했다. 스탈린은 더 이상 영토를 취득하는 데 큰 관심을 보이지 않았다. 이미 거대한 제국의 소유자였기 때문이다. 프랑코 같은 군사 독재자들은 국가 간 전쟁보다는 내전을 치를 가능성이 높았다. 보수주의자였던 그는 해외 전쟁이 결국 국내의 혁명주의자들을 돕는다는 사실을 간파했다. 오직 세 나라만이 영토 확장과 함께, 이러한 목표를 달성하기 위한 수단으로 전쟁을 열망했으니, 이탈리아와 독일, 일본이었다. 제국이 되려는 이 세 국가의 꿈이야말로 2차 세계 대전으로 알려진 다자간 전쟁의 근인(近因)이었다. 하지만 그들의 야망은 대공황에 대한 비이성적인 대응책은 결코 아니었다.

왜 이 세 독재 정권들만 공격적인 외교 정책을 채택하고, 그에 따라 행동했을까? 이에 대한 전통적인 대답은 그들이 제국의 영광이라는 시대착오적인 개념에 사로잡혀 있었다는 것이다. 확실히 세 정권 모두 국가의 정형화된 역사를 상기시켰다. 무솔리니는 아프리카 원정을 정당화하기 위해 로마 제국의 기억을 상기시켰고, 히틀러는 튜턴 기사단의 '잃어버린 영토'의 소유권을 주장했으며, 일본은 '야마토 민족'이 마치 중국 문명의 한 갈래인 양 행동했다. 그러나 1930년대의 제국 개념에는 시대에 뒤떨어진 요소가 전혀 없었다. 자유 무역을 실행하지 않는 세상에서 제국은 지배자에게 모든 이점을 제공했다. 공동의 화폐와 관세 제도를 갖춘 거대한 파운드 권의 중심이라는 사실은 확실히 영국에게 유리했다. 만약 스탈린의 소련이 카프카스 지역과 시베리아, 중앙아시아의 방대한 영토와 자원 없이, 모스크바 대공국이라는 역사적인 국경에 국한되어 있었다면 어떠했을까?

제국의 중요성은 자칭 '가진 것 없는' 열강이 경제 회복 수단으로 재무장을 채택했을 때 명백히 드러났다. 1930년대 재무장에서 최신 무기를 보유하려 들 경우, 주요 원료를 풍부하게 확보해야 했다.(아래 내용 참조) 그런데 이탈리아나 독일, 일본은 이러한 물자를 조금밖에 보유하고 있지 않았다. 반대로 이런 물자의 노른자위는 대영 제국, 프랑스, 소련, 미국, 이렇게 네 국가들 중의 한 나라에 있었다. 따라서 어떤 국가도 이들 열강이 공급을 독점하다시피 한 원료를 상당량 수입하지 않고는 이들과 군사적으로 대등해지길 바랄 수 없었다. 소위 가진 것 없는 국가들은 세 가지 이유로 자유 무역에 의존하여 원료를 확보할 수 없었다. 첫째, 보호주의적 관세 때문에 1930년대 중반까지 자유 무역이 상당히 위축되었다. 둘째, 이탈리아와 독일, 일본은 자신들에게 필요한 수입품 값을 치르기에 외환 보유고가 충분치 않았다. 셋째, 세 국가의 중앙은행이 금을 넉넉히 확보하고 있었음에도 재무장을 완료하기 전에 경쟁 열강이 수입을 가로막을 위험이 있었다. 따라서 히틀러가 독일 경제를 위한 새로운 4개년 계획의 초안이 담긴 1936년 8~9월 각서에서 명확히 밝혔듯이, 영토 확장 배경에는 주목할 만한 논리가 존재했다.

히틀러 본인이 작성한 이 중요한 문서는 볼셰비즘에 대항하는 것이 자신의 오랜 목표임을 지적하며 시작된다. 소위 볼셰비즘의 목표는 전 세계에 흩어져 있는 유대인들로 하여금 지금까지 인류를 이끌어 온 사회 계층들을 모두 없애고 추방하게 하는 것이다. 히틀러는, 그렇게까지 볼셰비즘이 두려운 이유로, 마르크스주의자들이 러시아에서의 성공을 발판으로 가장 거대한 제국을 세워 이를 미래의 작전 기지로 삼았다는 사실을 꼽는다. 소련의 존재로 볼셰비즘이 이용할 수 있는 군사 자원이 극적으로 증가했으며, 서양 민주 국가들이 쇠퇴했을 뿐 아니라, 권력 유지에 군사력이 필요한 유럽 독재 국가들이 상대적으로 약해졌기 때문에, 독일과 이탈리아 그리고 일본만이 볼셰비즘을 상대로 흔들리지 않으리라고 간주할 수 있다는 것이다. 따라서 독일 정부의 가장 중요한 목표는 최단 시간 내에 훈련과 동원, 장비 면에서 세계 최고의 군대를 육성하는 것이었다. 그런데 히틀러는 독일의 기존 국경 내에서는 이 목표를 달성하기 어렵다는 점을 조목조목 지적했다. 첫째, 인구 과잉 상태인 데다 농업 생산량이 더는 충분히 증가할 수 없기 때문에 자급자족할 수가 없다. 둘째, 독일에 없는 특정 원료를 인공적으로 생산하거나 대체물을 찾기가 불가능한데, 이 점이 중요하다. 여기서 히틀러는 구체적으로 석유, 고무, 구리, 납, 철광석을 언급한다. 그는 이렇게 지적한다. "최종 해결책은 우리의 생활 공간과 (또는) 원료 공급원, 식량 공급을 확대하는 데 있다. 이 문제를 언젠가 해결하는 것이 정치 지도자들의 임무이다." 그러나 독일은 군사적으로 정복을 통해 생활 공간을 확보할 수 있는 처지가 아직 아니다. 따라서 재무장은 국내에서 이용할 수 있는 물자(예를 들면 질 낮은 독일 철광석) 생산을 확대하고, 커피나 차처럼 중요하지 않은 수입품은 제한하고, 대용 연료, 고무, 기름 등으로 수입을 대체하는 방법들을 동원할 때만 가능할 것이다.

　기본적으로 히틀러의 각서는 앞서 수출 보조금과 수입 제한, 쌍무 무역 협정 등 복잡한 제도를 통해 고갈된 경화 보유고를 보충하려 했던 샤흐트의 뉴 플랜을 명백히 부정하는 것이다. 히틀러는 샤흐트의 계획으로는 재무장이 더디고 원료와 경화를 쌓아 놓기만 할 뿐이라며 단호히 내쳤다. 그의 각서는 정부의 목표액을 달성하는 데 민간 부문이 실패할 경우 국가 통제가 강화된다는 점에서 독일 산업계는 위협을 느낄 수밖에 없었다.

생산 방법을 고안해 내느라 머리를 짜내는 것은 정부의 경제 기관이 할 일이 아니다. 이 문제는 경제부가 관여할 일이 전혀 아니다. 오늘날 우리는 사경제(私經濟) 체제를 갖고 있기 때문에 그것은 사경제가 할 일이다. 아니면 정부가 생산을 결정할 경우 더 이상 사경제가 필요하지 않다. (중략) 경제부는 오직 임무를 정하고, 기업은 그 임무를 달성하기만 하면 된다. 만약 기업 스스로 임무를 달성하지 못한다면, 국가가 그 문제를 해결하는 법을 알아낼 것이다. (중략) 독일 기업은 새로운 임무를 이해해야 한다. 그렇지 않으면 소비에트 국가가 거대한 계획을 세우는 이 시점에 살아남기에 적합하지 않은 존재임을 드러내는 것이다. 그러나 결국 파멸하는 것은 독일이 아니라 일부 실업가들일 것이다.

그러나 각서 전체에서 가장 중요한 사항은 히틀러가 제시한 시간표였다. 히틀러의 다음 두 가지 결론은 너무나 명백했다.

I. 독일 군대는 4년 내에 전투 준비를 마쳐야 한다.
II. 독일 경제는 4년 내에 전쟁을 치르기에 적합한 상태가 되어야 한다.

역사가들은 오랫동안 이 각서를 나치가 구체적으로 전쟁 계획을 수립한 증거로 간주해야 하는지를 놓고 논쟁을 벌였는데, 물론 이는 명백한 증거이다. 히틀러의 4개년 계획 각서는 재무장 속도를 촉진하고 샤흐트의 국제수지 위기 경고를 무시함으로써, 독일이 1940년에 전쟁에 돌입할 가능성을 높였다. 육군중앙행정처 소장 프리드리히 프롬은 이렇게 말했다. "재무장을 완료하면 독일군을 곧바로 전쟁에 투입해야 한다. 그렇지 않으면 전쟁 즉응력이 떨어질 게 분명하다." 흥미로운 점은 1940년 말에 전쟁을 일으킨다는 목표를 세움으로써 히틀러는 자신이 제안한 경제적 자급자족이 얼마나 오래 유지될지 비교적 현실적으로 생각하게 되었다는 점이다. 늦어도 1940년까지 독일은 새로운 생활 공간을 확보해야 했다.

생활 공간이라는 개념은 1890년대 말 라이프치히 대학 지리학 교수였던 프리드리히 라첼이 고안하고, 동양학자이자 지정학자인 카를 하우스호퍼가 발전시켰다. 그리고 하우스호퍼의 제자 루돌프 헤스가 그 용어를 1920년대 초반에 히틀러에게 소개한 것으로 보인다. 이제 와서 생각해 보면, 그 주장은 경제 발전에 대한 지나친 비관론에 근거했음을 알 수 있다. 1945년 이후 농업과 공업 생산성이 증가하면서 '가진' 국가와 '가진 것 없는' 국가 모두, 1939년 당시보다 더 많은 인구를 부양할 수 있게 되었다. 20세기 말에 이탈리아의 인구밀도는 60년 전보다 17퍼센트가 높아졌고, 영국은 28퍼센트, 프랑스는 42퍼센트, 독일은 64퍼센트, 일본은 84퍼센트가 높아졌다. 이 국가들은 탈식민화로, 전간기에 '가진 것 없는' 국가가 되었다. 그러나 경제는 그들 모두, 혹은 일부가 '가진' 국가였을 때보다 대체로 빠르게 성장했다. 확실히 생활 공간은 하우스호퍼와 그의 제자들의 믿음과 달리 번영에 꼭 필요한 것은 아니었다. 하지만 1930년대 상황에서 그 주장은 강한 호소력을 지니고 있었다. 독일, 이탈리아, 일본에서는 특히 그러했다. 그림 8-1에서 알 수 있듯이, 1930년대 말에 독일은 세계 주요 경제국 가운데(제곱마일당 363명 기준) 영국(487명), 일본(469명), 이탈리아(418명) 다음으로 인구 밀도가 높았다. 그러나 베르사유 조약에 따라 독일은 식민지를 빼앗긴 데 반해, 이미 거대한 제국이었던 영국과 프랑스는 영토가 더욱 커졌다. 히틀러가 하우스호퍼에게 배운 것처럼, 국내에서 얻을 수 있는 식량이나 원료가 한정된 상태에 인구 밀

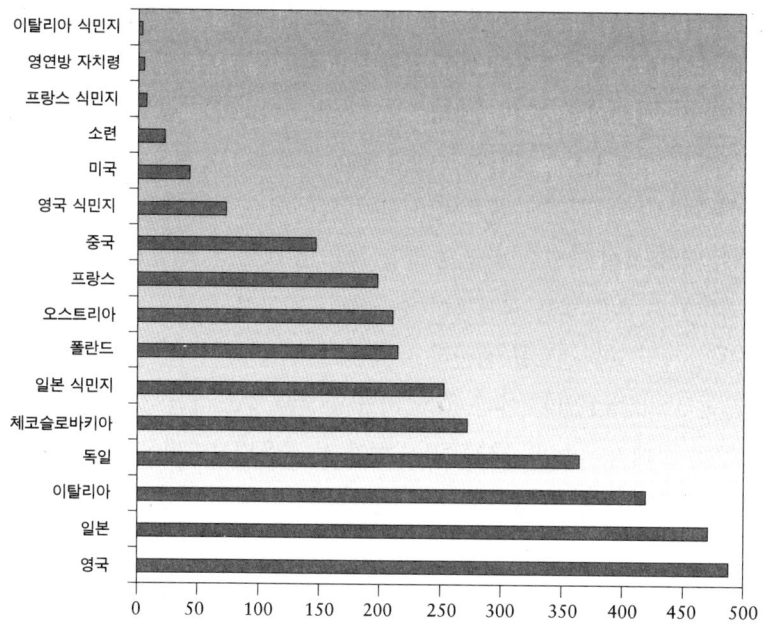

그림 8-1. 1939년 제곱마일당 인구

도까지 높은 국가에 생활 공간이 반드시 필요하다면, 독일과 일본, 이탈리아가 이에 해당했다. 그 문제를 이해하는 또 다른 방법은 이용 가능한 경지를 농업에 종사하는 인구와 관련짓는 것이다. 이 방법에 따르면, 독일보다 캐나다는 열 배, 미국은 여섯 배 좋은 조건이었다. 독일에 이웃한 유럽 국가들도 '농지'가 더 많았다. 덴마크 농민은 독일 농민보다 229퍼센트, 영국 농민은 182퍼센트, 프랑스 농민은 34퍼센트의 농지를 더 소유했다. 폴란드, 이탈리아, 루마니아, 불가리아 농민은 형편이 더 나빴다. 하지만 독일 동쪽에 있는 소련의 경우, 농민 1인당 경작 가능한 농지가 50퍼센트 더 많았다.

그러나 생활 공간은 또 다른 의미를 갖고 있었는데, 명확히 규정되지는 않지만 다른 측면에서 더욱더 중요했다. 군사 국가라면 전략상 중요한 원료에 접근할 수 있는 권리를 가질 필요가 있었다. 그리고 당시 군사 기술상의 변화가 세계적인 힘의 균형을 근본적으로 뒤흔들어 놓았고, 이는 1918년 전후의 국경 변경보다 더 근본적인 변화라고 할 수 있다. 이제 군사력은 비스마르크 시대처럼 철혈(鐵血, 전쟁에서 쓰는 무기와 흘리는 피를 가리키는 말―옮긴이)의 문제가 아니었다. 석유와 고무가 그만큼 중요했다. 이 물자의 생산은 미국과 대영 제국, 소련 또는 이들 세 국가의 직간접적인 영향을 받는 국가들이 주도했다. 미국의 유전은 세계 원유 생산량의 거의 70퍼센트를 생산하고 있었고, 두 번째 원유 생산국은 베네수엘라(12퍼센트)였다. 아직 중동 지역 유전은 주도적인 지위를 차지하지 못한 상태라, 1940년 당시 이란, 이라크, 사우디아라비아와 일부 걸프만 국가들은 세계 총 생산량의 7퍼센트에 못 미치는 양을 생산했다. 여기서 중요한 점은 이 국가들의 석유 생산을 영국이나 미국 기업, 주로 앵글로페르시안(Anglo-Persian), 로열 더치/셸(Royal Dutch/Shell), 스탠더드 오일(Standard Oil)을 이은 기업들이 장악하고 있었다는 점이다. 또한 현대전은 내연 기관과 고무 타이어만의 문제도 아니었다. 총, 포탄, 탄알, 이 모든 것을 만드는 데 필요한 기계는 말할 것도 없고, 현대적인 항공기, 탱크, 선박에는 섬세한 강철 제품이 다수 필요했다. 이런 제품은 안티몬, 크롬, 코발트, 망간, 수은, 몰리브덴, 니켈, 티타늄, 텅스텐, 바나듐 같은 희유금속(산출량이 적은 데서 생긴 말로 유용한 금속원소의 총칭―옮긴이)의 혼합물로만 제조할 수 있었다. 여기서도 서양 열강과 소련의 생산량이 독점까지는 아니더라도 지배적이었다. 대영 제국, 프랑스, 미국, 소련의 코발트, 망간, 몰리브덴, 니켈, 바나듐의 생산량을 모두 합치면, 세계 생산량의 거의 전량을 차지했고, 크롬, 티타늄은 4분의 3, 텅스텐은 절반을 차지했다. 전에는 독일의 식민지였지만 이제는 영국의 소유가 된 남서아프리카는 바나듐의 유일한 생산국이었다. 소련의 망간 생산량은 세계 생산량의 거의 전량을 차지했으며, 2위 생산국인 인도와는 상당한 차이가 났다. 니켈은 사실상 캐나다가 독점 생산했고, 몰리브덴은 미국이 전량을 생산하고 있었다.

따라서 독일, 이탈리아, 일본에 생활 공간이 부족하다는 주장은 결코 설득력이 없지는 않았다. 독일은 석탄의 국내 보유량이 풍부했고, 유럽 최대의 철과 철강 공업국이었다. 하지만 1930년대 이전에는 모든 고무와 석유를 수입해야만 했다. 일본은 고무를 100퍼센트 수입에 의존했고, 철강은 55퍼센트, 철은 45퍼센트를 수입해야 했다. 1930년대에 석유의 80퍼센트는 미국에서 수입했고, 10퍼센트는 네덜란드령 동인도에서 수입했다. 가장 가까운 공급처는 소련이 지배하던 사할린 섬이었다. 이탈리아도 형편은 좋지 않았다. 독일의 경우 히틀러의 4개년 계획에 따라 석탄 같은 국내 원료를 이용하여 합성유나 고무, 섬유를 생산할 수 있는 새로운 기술에 막대한 투자를 하고, 잘츠기터(Salzgitter)에 저급한 철광석을 원료로 강철을 생산하기 위한 거대한 국영 공장을 세운 성과가 나타나긴 했다. 그러나 히틀러가 1937년 11월 5일 — 프리드리히 호스바흐 대령이 요약 정리한 회의에서 — 독일의 군부 지도자들을 상대로 연설했던 시점에는, 이렇게 큰 비용을 들여 국내 자원을 동원해도 육해공군 장관들이 1943~1945년 이전에 필요하다고 생각한 재무장 수준에는 도달하기 어렵다는 사실이 명백해졌다. 바로 이런 이유로 히틀러는 생활 공간과 그에 동반되는 자원을 되도록 빨리, 그리고 서양 열강이나 소련과 전면전을 벌이지 않으면서 확보할 수 있는 방법에 눈을 돌렸던 것이다.

사실 그렇게 생각할 만했다. 이탈리아는 크게 싸울 필요 없이 아비시니아에서 새로이 생활 공간을 획득했다. 더 인상적이었던 것은 일본 또한 '가진 것 없는' 국가라는 굴욕적인 범주에서 서서히 잘 빠져나오고 있는 듯했다. 히틀러와 충복들이 생활 공간 확보를 위해 동쪽으로 눈을 돌리고[1] 이탈리아는 남쪽으로 눈을 돌릴 때, 일본은 중국에 눈독을 들이고 있었다.

다른 섬 이야기

일본은 높은 인구밀도를 제외하고는 영국과 공통점이 많았다. 오랜 역사와 문명을 자랑하는 대륙과 멀리 떨어지지 않은 일본 열도는 내전을 거쳐 입헌군주제를 채택했다. 일본은 영국이 유럽에서 그랬던 것처럼, 아시아 최초의 공업 국가였다. 양국 모두 섬유를 제조 판매하여 경제 부국의 지위에 올랐다. 빅토리아 시대의 영국은 숨통이 트이지 않는 사회 계층 구조로 유명했는데, 메이지 시대의 일본 역시 그러했다. 영국엔 국교회라는 국가 종교가 있었고, 일본에도 신도(神道)로 알려진 종교가 있었다. 두 종교의 문화는 외부인들에게 황제(혹은 여왕) 숭배처럼 보였고, 상상 속의 봉건 시대 기사도 규약을 얼마간 숭배하고 이를 낭만적으로 묘사했다. 2차 세계 대전 동안의 선전 활동의 여파로, 서양의 관측자들은 이러한 유사성을 인정하지 않고 양차 대전 사이의 일본의 특이성을 강조하는 편이다. 그러나 그런 유사성을 인정하지 않으면, 1905년 이후 일본의 목표, 즉 서양 열강에게 동등한 대우를 받으려는 목표의 정당성을 파악할 수 없다. 일본에게 이는 불평등 조약 체제에서 접근할 수 있는 중국 시장의 이익보다 더 큰 의미가 있었다. 영국은 엄청난 이익을 낳는 대제국을 손에 넣었다. 그 핵심은 이제는 사라진 무굴 제국에 대한 완전한 지배였는데, 이 밖에도 영국은 북미 대륙과 오스트레일리아의 광대한 생활 공간까지 얻었다. 일본은 왜 자신들은 죽은 거나 다름없는 청 제국의 옛터에 생활 공간을 완벽하게 갖춘 제국을 세울 수 없는지 영문을 알 수 없었다. 일본과 영국의 가장 큰 차이는 타이밍의 차이였다. 경제적으로, 1인당 국내총생산 관점에서 일본은 대략 150년 정도 뒤떨어져 있

---

1) 1936년 초, 발터 다레는 연설을 통해 독일 국민이 정착할 지역은 남쪽으로는 코카서스, 카스피 해, 흑해 그리고 지중해 유역을 나누는 분수선에 접해 있고, 북쪽으로는 발트 해와 북해, 제국 국경의 동쪽으로는 우랄 산맥에 이르는 지역이라고 규정했다.

었다. 전략적으로도 18세기 전반의 영국 수준에 머물렀다. 하지만 일본의 적국들은 하노버 왕가의 영국보다 더 수가 많고 강했다.

일본은 1차 세계 대전 덕분에 선박 같은 중공업 제품의 생산을 확대할 뿐 아니라 아시아에서 생활 공간을 확장할 수 있는 이상적인 기회를 얻었다. 일본은 최소한의 희생으로 삼국협상 편에 섰고, 그 결과 마셜 제도와 북태평양의 캐롤라인 제도, 마리아나 제도뿐 아니라 산둥 반도에 있던 독일의 전진기지 칭타오까지 손에 넣었다. 일본은 지중해에 해군 소함대를 파견한 것 외에, 자신의 이익과 동떨어진 일은 하지 않았다. 러시아 내전 때도 마찬가지였는데, 단순히 극동의 러시아 영토를 빼앗기 위한 구실을 얻으려 그 사태에 개입했다. 한편, 일본은 전쟁을 빙자하여 중국을 압박함으로써 21개조 요구로 알려진 경제적, 정치적 이권을 얻어냈다. 21개조 요구에는 산둥 반도의 경제권을 일본에 양도하고, 남만주와 동몽골에서 일본의 권리를 확대하며, 이후 근해 이권에서 외국 열강을 모두 제외시키고, 일본 소유의 철도와 채광 회사에 다양한 특권을 넘기라는 조항이 포함되어 있었다. 그러나 가장 급진적인 요구 사항은 중국 경찰을 강화할 일본의 사절을 허용하고 중국 정부에 일본 고문을 임명하라는 내용이었다. 이 마지막 요구 사항은 영국과 미국의 지원을 받은 중국이 받아들이길 거부했다. 하지만 나머지 조항은 약간의 수정을 거쳐 모두 받아들여졌다. 일본이 명백히 밝혔듯이 중국이 받아들이지 않으면 남은 것은 전쟁뿐이었다.

이제 일본은 중국이 해체 직전이라고 생각했다. 1917년, 이시이 기쿠지로 특별 대사는 로버트 랜싱 미 국무장관에게 이렇게 설명했다. "중국의 내전이나 붕괴는 다른 국가들에 직접적인 영향을 미치지 않을 수도 있다. 그러나 일본에는 생사를 가르는 사건이다. 중국에서 내전이 발생하면 그 즉시 일본에 악영향을 미칠 것이므로 중국의 몰락은 일본의 몰락을 의미한다." 그러나 일부 지도자들은 일본에 부족한 중요한 원료 공급처로 중국을 점점 더 탐냈다. 중국 주재 영국 대사는 다음과 같이 지적했다. "오늘날 우리는 진정한 일본의 모습을 알게 되었다. 일본은 이기적이고 기회주의적인 나라이며, 1차 세계 대전의 거인들에 비해 중간 정도의 중요성을 가지고 있으면서도 자신의 역할을 매우 과장하고 있다." 이는 중국에 대한 착취는 아시아를 지배하던 유럽 국가들의 몫이라는 뜻으로, 철저히 영국 입장에서 한 말이다. 일부 영국의 관측자들은 더욱 불안해했다. 의화단 사건 당시 토벌대를 지휘했던 존 젤리코 제독은 일본이 중국 일부와 네덜란드령 동인도 제도, 싱가포르, 말레이의 여러 국가로 이어지는 거대한 일본을 탄생시키려는 목적을 갖고 있다고 생각했다.

1919년, 일본은 승전국을 자처하고 파리 평화 회의에 참석했지만 마치 패전국인 양 실망한 채로 돌아갔다. 영토 문제에서는 불평할 이유가 없었다. 일본은 칭타오를 포함한 산둥 지역의 독일 조차지를 넘겨받았고, 태평양에서 그들이 점령하고 있던 섬들의 위임통치를 승인받았다.(팔라우, 마리아나 제도, 캐롤라인 제도, 마셜 제도) 그러나 일본은 윌슨 대통령의 이상주의적인 말을 액면 그대로 받아들여, 국제연맹 규약에 인종 평등 조항을 넣어 달라고 요구하기까지 했다. 서양의 민주주의적 감각을 고려한 윌슨이나 백호(白濠)주의에 물든 윌리엄 휴스 오스트레일리아 수상도 일본의 요구를 들어줄 마음이 없었다.[2] 자신들이 받은 상처를 드러내고 얘기하기에 알맞긴 했지만, 일본에게 수정안 파기는 모욕이었다. 고노에 후미마로 총리는 윌슨의 전후 체제에 대한 비전을 다음과 같이 평가했다. "민주주의와 인도주의는 훌륭한 감정이지만, 그것은 세계의 부(富) 대부분을 계속해서 지배하려는 미국과 영국의 욕구를 은폐하는 수단에 불과하다." 인종에 대한 이러한 승강이는 일본과 서양 열강의 전

---

2) 실제로 그 수정안은 연맹위원회의 과반수 찬성을 얻어 냈다. 회원 열일곱 명 가운데 열한 명이 그 수정안에 찬성표를 던졌다. 하지만 윌슨은 만장일치가 필요하다고 주장했다.

시 동맹 체제가 급속히 와해될 것임을 알렸다. 1923년, 영일 동맹은 무효가 되었다. 양측은 영일 동맹을 1년 전 워싱턴에서 합의된 5대 열강들 간의 해군군축 조약으로 대체하는 데 합의했다. 이제는 영국보다 미국이 더 일본을 잠재적인 위협으로 간주하게 되었다. 일찍이 1917년에 미 해군은 일본이 앞으로의 전쟁에서 미국과 싸울 가능성이 가장 크다고 보았다. 1924년, 외국인을 혐오하는 허스트 계열 언론 기사에 자극받은 미 하원이 노골적으로 일본인을 겨냥하여 '존슨리드 이민법안'을 통과시키자, 분위기는 더 싸늘해졌다. 서양의 의구심은 일본이 위임통치령에서 군사 시설 건설을 금지하는 조치를 무시하고 캐롤라인 제도의 트루크(Truk)에 남태평양의 주요 해군기지를 건설했을 때 확인되었다.

1919년부터 1941년까지 상황은 전쟁을 향해 치닫고 있었다. 1920년대에 일본은 앵글로색슨족 열강이 지배하는 세계에서 자신의 위치를 순순히 받아들이는 듯했다. 1922년의 워싱턴 해군군축 조약에 따라 일본 정부는 자국 해군의 총 톤수를 영국과 미국 함대의 60퍼센트로 제한하고, 칭타오, 블라디보스토크, 사할린 북부 지역에서 군대를 철수하는 데 동의했다. 또한 사할린 남부나 포르모사(대만), 혹은 일본이 새로 획득한 태평양의 위임통치령에 해군기지를 건설하지 않기로 합의했다. 1924년까지 일본의 육군과 해군력은 크게 떨어졌다. 총 군사비 지출은 1920년대 초반에 국가 예산의 42퍼센트 수준에서 1927년에는 28퍼센트로 감소했다. 상비군 수는 25만 명을 기록했다. 또한 일본은 미국의 요구에 따라 중국의 문호 개방 원칙을 재확인한 소위 '9개국 조약'에도 서명했다. 이 조약은 허구에 가까운 중국의 정치적 주권을 계속 유지시키는 한편, 선진 경제국들이 중국을 공동시장으로 삼아 분할할 수 있도록 해 주었다. 이때 일본은 산둥 지역 지배권을 주장하지 않았다. 군부의 샛별로 손꼽히던 마쓰이 이와네의 표현을 빌리자면 "당분간 군사적인 지배를 포기하고 금융상의 영향력을 행사하는 데" 관심을 갖는 듯 보였다. 그는 공동 번영과 공존, 친선과 협력이라는 슬로건 아래 일본의 목표를 달성하려 한다고 주장했다. 한편 1925년, 성인 남자에게 선거권을 부여하는 보통 선거권이 도입되면서, 일본의 국내 정치는 서양 민주주의 국가들의 정치 제도를 따라가는 듯했다. 민간 정치인들이 정치를 주도하고, 그들 뒤에는 재벌로 알려진 복합 기업이 존재했다. 농촌의 식량 폭동이나 금융 공황, 야심 찬 장군들처럼 민간 정치인들을 위협하는 요인들은 전후 불안정한 세계의 지도자들이 직면한 통상적인 위협이었다. 하라 케이와 다카하시 고레키요 두 명의 총리가 연거푸 육군 참모총장직 폐지를 고려했다는 사실은 당시 민간 정치인들의 자신감을 상징한다. 일본 경제는 농업과 경공업의 생산성 향상에 힘입어 꾸준히 성장했다. 보호관세가 중공업 성장에 유리했지만, 1920년대에 일본 번영의 핵심은 섬유 제품 수출이었다.

영국의 경우 양차 대전 사이는 전통적으로 중요한 두 기관, 군주제와 군부의 권력이 쇠퇴했다는 점이 특징이다. 1936년 12월, 미국인 이혼녀와 결혼하려 했던 에드워드 8세는 스탠리 볼드윈 수상의 반대에 부딪쳐 결국 왕위를 포기했다. 수상은 자신만이 아니라 영국 국민(그리고 영연방 정부들)도 같은 생각이라고 주장했다.[3] 한편 군부는 적어도 10년 동안에는 대규모 전쟁이 발발하지 않을 것이라는 원칙을 고수하는 바람에 현금이 절대적으로 부족했다. 이 '10년 원칙'은 1919년에 도입되어, 1932년까지 매년 재확인되었다. 그런데 일본에서는 반대 현상이 발생했다. 군주제와 군부가 더욱 강력해졌다. 대공황에 직면한 일본의 해결책은 독일과 같은 국가사회주의가 아니라 제국 군국주의였다.

---

[3] 볼드윈은 왕실 가문 출신이 아닌 초테크 폰 쇼트코바 소피 백작부인과 결혼한 프란츠 페르디난트의 경우 같은 전통적인 귀천상혼의 타협안을 배제했다. 그러나 더프 쿠퍼가 지적했듯이, 사건의 발생 시기가 왕에게 유리하지 않았다. 볼드윈은 왕이 왕위를 받아들인 이후까지 기다린 뒤, 월리스 심슨과의 결혼 문제를 제기했다. 당시 정치적인 혼란 상태에서 그는 윈스턴 처칠은 말할 것도 없고 로더미어와 비버브룩의 지지를 받았으나 이는 사태에 도움이 되지 않았다.

1926년 12월, 병든 요시히토 왕이 세상을 떠나자, 1921년부터 섭정이었던 그의 스물다섯 살 난 아들 히로히토가 왕위를 계승했다. 1921년에 영국을 방문한 히로히토는 그곳에서 비교적 격식에 구애받지 않는 영국 왕자들의 생활을 즐겼다. 그의 즉위식은 영국의 대관식만큼이나 공들인 예식이었다. 자신의 조상인 태양의 여신 아마테라스 오미카미와 이야기를 나누며 이세 신궁에서 하룻밤을 보낸 히로히토는 1928년 11월 14일 살아 있는 신으로 다시 태어났다. 2주 뒤, 이 새로운 신은 군 최고사령관으로서 3만 5000명에 달하는 제국 군대의 열병식을 관람했다. 되돌아보면 아이러니하지만, 쇼와(昭和, 빛나는 평화)로 알려진 새 시대가 시작된 것이다. 히로히토는 대부분의 군주처럼 그 자리에 어울리는 인물이 아니었다. 해양생물학자였던 그는 아마도 제국의 궁정보다는 연구실에 있었으면 더 행복했을 사람이었다. 그는 영국 왕실이 누리는 '자유'를 부러워했다. 그들은 신처럼 행동해야 할 의무가 없었기 때문이다. 그러나 겉으로는 자신의 신적인 지위를 결코 의심하지 않았다. 또한 당시 정치력을 강화하고 있던 군부에 대해 최고 명령권을 이용하여 제동을 걸지도 않았다.

일본 군부의 핵심부에도 긴장감이 감돌았다. 어린 징집병들은 맨 처음 군인의 7대 의무, 즉 '충성, 절대복종, 용기, 조심스러운 완력 사용, 검약, 명예, 상사에 대한 존경'으로 이루어진 병사 수칙을 배웠다. 그들은 "의무는 산보다 더 무겁지만, 죽음은 깃털보다 가볍다."라는 원칙과 함께, 복종을 목숨보다 더 중요하게 생각해야 한다고 교육받았다. 충성스러운 젊은이가 벚꽃처럼 깨끗이 떨어지는 것은 영광스러운 일이었다. 이런 식으로 죽은 사람들은 도쿄의 야스쿠니 신사에 신령으로 모셔졌다. 이는 1899년, 니토베 이나조가 영국과 미국 독자들에게 설명한 무사도의 사무라이 규약은 아니었다. 그는 정직과 자비심, 예의 바름, 진실함, 성실 같은 특징들을 열거하면서, 무사도가 영국, 프랑스의 기사도와 유사하다고 주장했다. 하지만 일본군은 어떤 경우 치욕이나 실패보다는 끔찍한 할복을 선호하게 만드는 등, 무사도에서 제국의 권위와 군부의 명령 체계에 광신적으로 추종하게 만드는 요소만을 취했다. 그들이 받는 훈련은 인간을 신체적, 정신적 인내력의 한계까지 몰고 갔다. 신병들은 완전 군장 상태에서 100미터를 16초 내에, 1500미터를 6분 내에 달리고, 약 4미터를 뛰어넘고, 수류탄을 35미터 넘게 던질 수 있을 때까지 훈련받았다. 한 연대는 겨우 나흘만 쉬면서 하루에 40킬로미터씩 15일을 행군할 수 있어야 했다. 사소한 규칙 위반에도 따귀 때리기 같은 가혹한 징계가 따랐다. 그런 규칙에 대항했던 한 군인은 이렇게 설명했다. "일본군이 그토록 가공할 만한 군대가 된 것은 일본군 개개인의 복종과 잔인성 덕이었다."

그러나 일본군의 보수적인 훈련은 여러 면에서 20세기 중반의 전투 현실과 어울리지 않았다. 육군부 군사국장 나가타 데츠잔 같은 장교들은 서부전선에서 인간에게 퍼부어 대는 무자비한 포격을 직접 목격했다. 그들은 아무리 잘 훈련되고 정신적으로 무장되었다 해도 전혀 소용없다는 것을 알게 되었다. 데츠잔은 미래의 총력전에 체계적으로 준비하고 군사 동원에 필요한 자원 목록을 세심하게 작성함으로써, 1차 세계 대전에서 독일이 저지른 실수를 피해야 한다고 주장했다. 데츠잔 같은 사람들이 많아질수록, 일본의 근본적인 취약성을 알아차린 사람들이 늘어 갔다. 하지만 그들은 이를 통해 신중함과 화해가 아니라 빠른 시일 내에 영토를 확장해야 한다는 결론을 도출했다.

'유일한 출구'

일본의 새로운 생활 공간이 될 가능성이 가장 높은 중국은 혼란에 빠져 있었다. 중국은 고대 제국의 유물, 새 공화국의 맹아, 서양 열강의 원료 공급지로 존재하고 있었다. 터키의 케말이 안정된 민족주의 정권을 수립하는 데 성공했지만, 중국의 케말인 장제스는 실패했다는 점을 빼면, 중국과 오스만 제국 붕괴 이후의 터키는 공통점이 상당히 많았다. 1911년 혁명으로 마지막 청 황제는 타도되었지만, 그 뒤를 이은 공화국은 불안정한 체제임이 드러났다. 쑨원(孫文)이 이끄는 국민당은 혁명을 주도하고 의회 다수당으로 부상했지만, 군사적으로 더 강력한 위안스카이(袁世凱)에게 대통령직을 양보할 수밖에 없었다. 위안스카이는 국민당이 주도한 두 번째 혁명을 진압했지만, 1919년 사망함으로써 황제가 되려던 노력은 무산되어 버렸다. 일본의 전시 요구는 특히 교육받은 중국인들의 민족주의 감정에 불을 지폈다. 파리 평화 회의 중재자들이 독일이 차지했던 산둥 반도를 일본에 넘겨주자 베이징에서 학생들의 격렬한 시위가 일어나, 1919년 5월 4일 톈안먼(天安門) 시위로 절정을 이루었다. 그러나 민족주의 세력은 국민당과 공산당으로 양분되었다. 중국 전역은 군벌들이 각각 점령함에 따라 분해 직전에 놓인 듯했다. 안후이와 푸젠을 지배한 안후이 군벌과 허베이와 베이징 주변 지역을 지배한 직예 군벌, 만주를 차지한 펑톈(선양) 군벌이 대표적인 군벌 세력이었다. 한편 중국에서 가장 중요한 경제 중심지들은 조약에 의한 개항과 치외법권 체계가 정착됨으로써 이런저런 형태로 외국이 지배하고 있었다.

  1920년대 중국은 말 그대로 허물어지고 있었다. 오늘날 중국은 인구의 90퍼센트 이상이 한(漢)족으로, 매우 동질적인 사회인 듯하다. 하지만 80년 전의 중국은 결코 단일 국가가 아니었다. 쉰 개가 넘는 민족 집단과 오늘날에도 명확히 분리되는 열한 개 이상의 언어 집단 외에도, 이웃 마을 주민끼리도 서로 이해할 수 없는 사투리를 썼다. 1911년에 타도된 왕조는 만주족 국가였다. 제국의 정치적 중심은 북쪽 베이징에 있었다. 그러나 혁명기와 내전기의 결정적인 정치적 사건 다수는 남쪽 상하이에서 발생했다. 재조직된 국민당과 공산당 모두 상하이에 기반을 두었는데,

상하이는 구시가지와 황푸 강 북쪽 강둑을 따라 확대된 공동조계 서쪽에 있는 프랑스 조계의 지배를 받고 있었다. 아이러니하게도 민족주의자로 소문난 사람들이 외국 열강의 도움을 기대했다. 일찍이 1923년에 쑨원은 바람둥이 부하 장제스를 모스크바에 보내 도움을 청했다. 스탈린은 미하일 그룬제베르크를 중국에 보내 국민당을 마르크스 레닌주의 노선에 따라 재정비하는 임무를 맡겼다. 이러한 소비에트의 지원이 없었다면 국민당이 광둥을 기반으로 그토록 빠르게 성장할 수 있었을지 의심스럽다. 중국 공산당에게 고개를 숙이고 들어가 민족주의자들과 '연합전선'을 형성하라고 명령을 내린 장본인은 바로 모스크바 당국이었다.

그러나 소비에트의 민주집중제 그리고 중국 해방을 위한 최선의 전략은 국민당 내부에서 천천히 뿌리내렸다. 특히 중국을 해방시키는 최선의 방법이 무엇인가를 놓고 소련이 내린 처방을 국민당은 더디게 받아들였다. 1925년에 쑨원이 사망하자 당은 분해될 위험에 처했다. 난징 국민당 정부의 주석이던 왕징웨이(汪精衛)는 외국 열강, 특히 일본과 타협하는 방안을 선호했다. 실제로 왕징웨이의 주장은 오래도록 일본 외무장관을 역임했던 시데하라 기주로의 생각과 아주 흡사해 보였다. 그와 반대로 장제스는 모스크바와 관계를 끊고 중국 통일을 위해 전면적인 군사 행동을 감행하려 했다. 1926년에 그는 제국주의자들을 물리치기 전에 우선 군벌들을 진압하기 위해 소위 북벌에 나섰다. 그러나 장제스를 괴롭힌 첫 번째 문제는 국내의 적들이 항상 해외의 적들보다 중요해 보인다는 점이었다. 북쪽에서 군사 행동을 벌이기로 결심한 그는 상하이 공산주의자들을 무자비하게 공격했다. 그는 지역 폭력단 두목들과 힘을 합쳐 수천 명의 노동조합원들과 공산당원으로 의심되는 사람들을 학살했다. 장제스의 두 번째 문제는 부하들의 부패 행위였다. 그는 중국 국민들에게 네 가지 원칙, 예의염치(禮義廉恥, 본성, 올바른 행동, 정직, 고결과 자존심)를 받아들이라고 요구했지만, 국민당 지배층은 부정부패에 물들어 있었다. 일례로, 장제스가 가장 신뢰한 협력자 중에는 "귀가 큰 두"로 알려진 상하이 폭력단원 두웨성이 있었다. 장제스는 자기 마음대로 그를 상하이의 아편 진압국장으로 임명했다.

이러한 혼란의 와중에서 일본의 정책과 영국의 정책을 놓고 선택할 여지는 거의 없었다. 영국 정치인들은 치외법권 문제를 양보할 의향이 있는 것처럼 보였지만, 현지 영국인들은 자신들이 인도에 이어 중국까지 지배한 것처럼 행동했다. 1925년, 상하이 공동조계의 영국 경찰이 파업을 일으킨 중국 노동자 열다섯 명을 살해하자, 또다시 대중의 분노가 폭발했다. 1년 뒤, 영국 선원들이 양쯔 강 완셴에서 발생한 충돌에 가담했는데, 이 과정에서 200명이 넘는 중국 선원들과 수없이 많은 민간인이 사망한 반면, 영국 측 사망자는 일곱 명에 불과했다. 1926년 말, 영국은 양쯔 강 상류의 영국 조계지를 국민당이 압박해 오자, 2만 병력을 상하이에 보냈다. 영국과 미국 군함들은 중국군이 외국인들을 죽이자 난징에 폭격을 가했다. 다소 늦게 폭력을 사용했다는 점 외에는 일본의 행동도 그리 다르지 않았다. 1927년 5월과 8월, 장제스 군대로부터 일본인의 재산을 보호한다는 명분으로 산둥 반도에 군대가 파견되었다. 그러나 국내 권력 투쟁에서 승리한 장제스가 외국 열강에 대항하는 데 별 관심이 없다는 점이 명백해지자, 일본은 워싱턴 조약에서 자신들이 챙긴 전리품에 만족해하는 듯했다. 1930년경에 상하이를 방문했던 사람들은 중국에 대한 영국과 일본의 이해관계가 유사하다는 사실에 크게 놀랐을 것이다.

장제스 정권에도 장점은 있었다. 좌파에서는 외국의 착취라고만 생각했던 분야에서도 가끔 진정한 발전이 이루어졌다. 1927년부터 1936년까지, 수천 킬로미터의 도로와 철도가 건설되었는데, 유럽 투자자들이 대부분의 건설 비용을 조달했다. 그러나 당시 중국은 재정과 군사적인 측면에서 대단히 취약한 상태였다. 서양 투자자들에게 부여한 특권은 중국의 발전을 가로막았다. 분명 장제스의 중국은 중국의 자원을 독점하려는

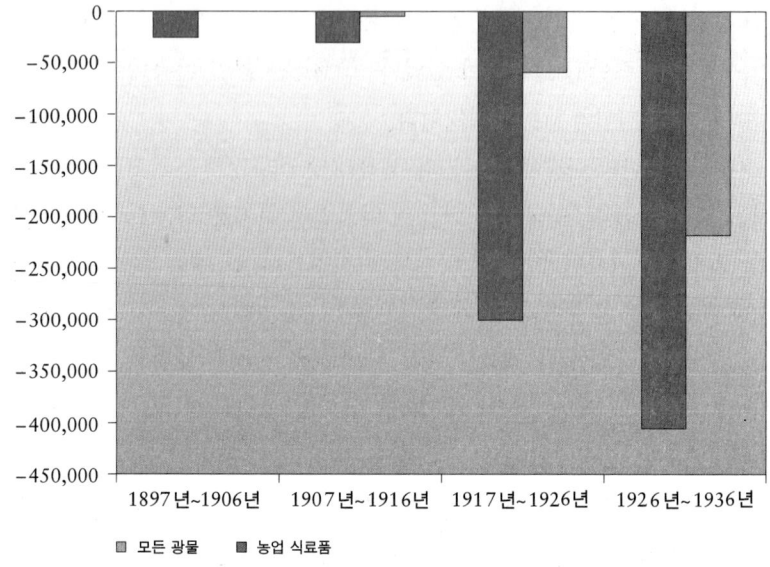

그림 8-2. 1897년~1936년, 일본의 원료 부족액(천엔 단위)

외국 열강의 문호 개방 요구와 횡포에 저항할 능력이 없었다.

대공황이 발생하지 않았다면 민간 정치인과 재벌 들이 우위를 유지했을지도 몰랐다. 그러나 1928년 이후 국제 무역이 붕괴되면서 일본 경제는 심각한 타격을 입었다. 1929년(엔화를 변동환율제로 바꾸는 것이 이치에 맞았을 바로 그 시점에서)에 금본위제로 돌아가는 악수(惡手)를 두고, 이노우에 준노스케 재무장관이 긴축 재정을 실시하면서 상황은 더 고통스러워졌다. 수출 가격이 수입 가격에 비해 크게 떨어지면서 무역 조건이 급격히 불리해졌다. 1929년부터 1931년까지 수출 거래량은 6퍼센트가 줄었다. 동시에 원료 부족은 최고치를 기록했다.(그림 8-2 참조) 실업자 수는 100만 명에 육박했고, 농업 소득은 크게 감소했다.

이런 위기에 대한 대응책으로 영토 확장 말고도 다른 대안들이 존재했다. 1931년 12월부터 재무장관직을 맡은 다카하시 고레기요는 엔화에 변동환율제를 적용하고, 정부 지출을 늘리고, 일본은행 채권을 판매하여 부채를 상환하는 등, 일본 경제가 정통 경제학의 무거운 짐을 벗어 버리도록 만들었다. 이러한 친(親)케인스적 정책은 대공황기에 비슷한 정책을 시도한 다른 어떤 국가보다 좋은 결과를 낳았다. 1929년부터 1940년까지 일본의 국민총생산은 같은 시기의 서양 국가들보다 높은 매년 4.7퍼센트의 실질성장률을 달성했다. 그리고 수출량은 두 배 증가했다. 경기 회복이 빨라짐에 따라 일본은 예산 적자를 줄이고 아시아 무역권의 중심에서 섬유 제품 제조국이라는 상대적인 이점을 누리며 이런 추세를 유지할 수도 있었다. 1913년부터 1938년까지, 세계 무역에 대한 아시아권 무역은 두 배가 되었다. 1936년 당시 중국의 수입 총액에서 일본은 16퍼센트를 차지했는데, 이는 미국에 이어 두 번째였다.

그러나 군사적 확장을 지지하던 사람들은 평화적인 수단으로 무역을 회복하는 것을 강하게 반대했다. 대공황을 가장 잘 견딜 수 있는 국가들은 가장 거대한 제국들인 듯했다. 소련뿐만 아니라 1930년대에 일본의 제국주의 시장 접근을 단호히 제지하던 영국이 바로 그런 국가였다. 일본의 주요 수출 시장은 이웃한 아시아 국가들이었는데, 보호주의 성향이 점점 강해지던 세상에서 그 시장들이 여전히 열려 있을 거라고 기대할 수 있을까? 어쨌든 서양 열강이 국민당의 압력에 밀려 불평등 조약을 파기하리라고 보기는 어려운 게 사실이었다.[4]

일본은 또한 서양의 기계와 원료의 수입에 크게 의존했다. 1935년 일본은 황마와 납·주석·아연·망간은 수입의 절반을, 고무·알루미늄·철광석·면화는 수입의 거의 절반을, 그리고 선철은 수입의 3분의 1을 영국에 의존하고 있었다. 일본은 인도와 이집트에서 면화를 수입하는 만

---

4) 1929년에 영국은 관세 자치권을 중국에게 돌려주고(미국과 일본이 그랬듯이), 무기 선적 금지 조치를 해제했다. 이듬해에는 북중국 웨이하이웨이 해군기지를 중국에 반환했다.

큼 미국에서도 면화를 수입했고, 다량의 미국산 파쇠와 석유를 수입했다. 동시에 수출 상대국으로서 영어권 국가들이 필요했는데, 일본의 총 수출량 가운데 5분의 1 정도가 대영 제국 시장으로 흘러 들어갔다. 영국의 좌파 저널리스트이자 『일본의 진흙발(Japan's Feet of Clay)』의 저자 프레다 어틀리(Freda Utley)의 말을 빌리자면 "자유주의적 일본은 그리스 신화의 스킬라와 카리브디스처럼 미국에 의존할지, 영국 제국주의 시장에 의존할지, 갈피를 잡기 어려울 수밖에 없었다". 만약 일본이 제국주의 국가로 변신한다면, 군사비 지출이 늘면서 미쓰비시, 가와사키, 닛산 같은 기업들의 주문장이 채워지고 국내 경제가 살아날 터였다. 한편, 장기적으로 자원이 풍부한 영토를 전유하면 국제수지 문제가 해결될 거라는 주장이 있었다. 저렴한 원료가 보장되지 않는다면 제국이 무슨 소용이겠는가? 동시에 일본에 절박하게 필요한 생활 공간을 얻게 되면, 잉여 인구가 그곳으로 이주할 수도 있을 것이다. 영토확장 지지자들 가운데 가장 영향력 있는 인사로 꼽힌 이시와라 간지 중장은 이렇게 말했다.

우리 민족은 막다른 골목에 다다른 것 같다. 그리고 인구와 식량이라는 중요한 문제의 해결책은 없는 듯하다. 유일한 출구는 만주와 몽골을 개발하는 것이다. (중략) 천연자원은 임박한 위기에서 일본을 구해 내고 거대한 도약을 위한 기반을 닦는 데 충분할 것이다.

사실 전적으로 잘못된 주장은 아니었다. 일본이 맬서스가 지적한 위기에 직면했다는 사실은 1934년에 농촌 지역에 기근이 닥쳤을 때 너무나 명백해 보였다. 제국주의는 이 문제를 해결해 주었다. 1935년부터 1940년까지, 일본인 31만여 명이 아시아에서 점점 커지고 있던 일본 제국의 영토로 이주해 갔다. 그 덕분에 국내 임금과 소비 하락 압력이 경감되었다. 하지만 다른 측면에서 보면, 영토 확장의 논거는 매우 의심스러웠다. 당시 막 생겨나던 군산복합체를 위해 석유나 구리, 석탄, 기계류, 철광석 수입을 늘려야 했기 때문에 영토 확장으로 해결될 것으로 보였던 구조적인 문제가 되레 악화되었다. 일본의 마르크스주의자 나와 토이치는 이렇게 설명했다. "일본이 영토 확장을 통해 중공업이나 군사 관련 산업의 생산력을 키우려할수록, 세계 시장과 수입 원료 의존도는 더 높아졌다. 군국주의자들은 일본 제국주의가 본래 고쳐 놓으려 했던 상황을 단순히 악화시키지 않았다는 점을 입증해야 했다."

피부병

영국인들이 자기네 제국이 우연히 생겨났다고 즐겨 생각하듯이, 몇몇 제국들 역시 그러했다. 중국을 침략한 일본 제국도 마찬가지였다. 1931년 9월 18일, 가와모토 수에모리 중위가 이끄는 일본군은 선양(瀋陽)에서 북쪽으로 8킬로미터 떨어진 남만주 철도 일부를 폭파했다. 그들은 다롄(大連) 열차를 탈선시키려 했지만 실패하고 말았다. 일본은 그 사건이 동북군 소행이라고 주장하며 선양을 점령하고 철도를 접수했다. 그들은 만주가 무정부 상태에 빠져들고 있다고 주장했다. 1905년부터 만주에 주둔해 온 일본 관동군 총사령관은 전 지역에서 치안을 강화해야 할 때가 왔다고 주장했다. 일본은 만주사변으로 알려진 사건이 발생한 지 몇 시간 만에 잉커우와 안둥, 장춘을 점령했다. 그리고 그 주가 지날 무렵, 랴오닝성과 지린성 대부분을 점령했다. 이후 6년간 그런 사건이 연이어 일어났다.

만주가 만주국이라는 괴뢰 국가로 변신한 사례는 중앙정부의 계획보다는 지역의 주도로 자발적으로 확장하려는 제국의 성향을 잘 보여 준다. 1928년 5월에 후쿠다 히로스케 육군 대장이 도쿄의 명령을 무시하고 산둥 반도의 중국군과 충돌한 지난(濟南) 사변 이후 군대의 불복종 경향이 이어져 왔다. 지난 사변이 발발한 지 한 달 뒤에 관동군 대좌 고모토 다이사쿠는 일본의 만주 탈취가 빨라질 거라고 기대하여 당시 만주의 지배자 장쮀린(張作霖)이 탄 기차에 폭탄을 설치해 폭파시켰다. 장의 아들 장쒜량(張學良)은 아버지의 죽음에 맞서 난징의 국민당 정부와 더 긴밀한 관계를 유지하고 만주에서 일본의 영향력을 줄이기 위해 애썼다. 가뜩이나 난징에서는 치외법권 제도를 없애라는 압력이 거세지고 있던 참이라, 장쒜량의 이러한 움직임은 우려를 자아낼 수밖에 없었다. 실제로 만주사변은 한국인 농민들의 권리를 놓고 벌어진 논쟁이 그 발단이었다. 일본은 그들에게 국경을 넘어 장춘 근처의 완바오산(萬寶山)에 용수로를 건설하도록 독려했다. 중국인들과 한국인들 간에 벌어진 충돌은 연쇄 반응을 일으켰다. 한국과 일본 양국에서 반중국 폭동이 발생하면서, 당연히 중국에서도 반일 감정이 고조되었다. 그로 인해 몽골에서 스파이 혐의로 붙잡힌 일본인 장교가 처형당하는 사건이 발생했다. 이 사건은 오래전부터 일본이 비공식 제국에서 벗어나 공식 제국으로 변해야 한다고 주장해 왔던 이시와라 간지, 이타가키 세이지로 등의 관동군 장교들에겐 좋은 기회로 보였다. 그들은 또다시 본국의 허가 없이 한국에서 증원군을 불러올 수 있었다. 이 사건 역시 하급 장교들이 주도했는데, 이는 그들이 전술과 작전보다 전략을 강조한 훈련을 받았음을 의미한다.

해외에 주둔하고 있던 일본군이 본국의 명령에 복종하지 않았다는 사실은 다음과 같은 의문을 제기했다. 그렇다면 도대체 누가 도쿄를 지배하고 있는가? 이론상으로는 여전히 재벌의 지지를 받는 민간인이 일본 정부를 책임지고 있었다. 그러나 일본 국내의 세력 구도는 빠르게 변하고 있었다. 장쮀린 암살 당시 총리였던 다나카 기이치가 장쮀린의 살인범에게 장의 객차를 적절히 보호해 주지 못했다며 질책한 뒤 처벌 없이 그냥 넘어간 점은 변화하는 세력 균형을 보여 주는 증거였다. 히로히토 왕은 관동군과 도쿄의 지지자들이 벌이는 기괴한 행동을 불안한 마음으로 바라보았다. 사이온지 긴모치 전 총리같이 덕망 있는 조신들의 권고를 받은 왕은 군부를 억제하려는 성향을 갖고 있었다. 그러나 군부 지도자들이 더 강력한 행동에 나선 것은 왕의 권위, 정확히 말하면 '최고명령권'을 기초로 했다. 1930년, 일본 해군의 한 파벌이 런던 해군군축 조약에 서명하려던 하마구치 오사치 정부의 결정에 이의를 제기했다. 조약의 내용은 5:5:3이던 미국, 영국, 일본의 주력함 비율을 순양함과 구축함, 잠수함에까지 확대하자는 것이었다. 그해 11월, 하마구치는 자객의 공격을 받아 중상을 입었다. 이후 군부에 맞서는 일본 정치인은 죽음의 위험을 무릅써야 했다. 그럼에도 당시 상황을 남미식 군사 반란으로 묘사한다면 오해를 불러일으킬 수 있다. 관동군의 급진적인 젊은 장교들과 참모본부의 고관들을 구분해야 할 필요가 있기 때문이다. 사실 이 고관들은 만주에서 벌어지던 사태에 왕과 함께 불편해하고 있었다. 실제로 가나야 참모총장은 사변이 발생한 뒤 몇 주 동안 만주를 완전히 탈취하는 일을 막으려고 애썼다. 그들만이 일본 군부의 유일한 견제 세력은 아니었다. 사쓰마(薩摩)나 사가(佐賀), 조슈(長州) 등의 군벌은 이세키카이(一夕會) 같은 새로운 단체나 사쿠라카이(櫻會, 벚꽃회), 게츠메이단(血盟團, 의형제단)[5] 등의 사악한 단체들에게 무너지고 있었고, 이들 단체들 중의 일부는 문관들을 회원으로 끌어들였다. 민간 정치인들도 분열된 상태였다. 하마구치의 뒤를 이어 총리직에 오른 와카쓰키 레이지로(若槻禮次郞)는 중국과의 외교 협상에 희망을 걸었지만, 야당인 세이유카이(政友會)는 관동군을 지지하면서 레이지로를 약골이라고 공공연히 비난했다. 1931년 12월, 그의 사임은 전환점이 되었다. 1932년부터 1945년까지 그

---

5) 급진적인 군국주의 단체의 특징은 그들이 니치렌 불교 지도자 다나카 치가쿠(田中智學, 1861~1939)의 영향을 받았다는 점이다. 다나카는 13세기의 신비주의적 종파인 니치렌의 가르침을 기초로, 하늘이 정해 준 일본의 임무가 전 세계의 정신적인 통일을 추구하는 것이라고 주장했다. 다나카의 추종자들 중에는 만주사변의 주모자이자 이후 참모본부의 전략부장이 된 이시하라 간지가 있다.

의 뒤를 이어 총리에 오른 열네 명 가운데 민간인은 네 명에 불과했다. 이들 중 레이지로의 후임인 이누카이 쓰요시를 포함한 두 명이 암살당했다. 쓰요시는 1932년 살해된 저명한 민간인 중 한 사람이었는데, 그 외에도 전 재무장관이자 미쓰이 재벌의 총수도 희생되었다. 이후 권력은 내각의 실력자들에게 점점 더 집중되면서 장관들은 의문의 여지 없이 거부권을 행사했다.

언뜻 보면, 중국 내에서 서양 제국주의가 일본 제국주의로 대체되어야 할 이유가 있다는 점에 주목해야 할 듯하다. 어쨌든 유럽인들보다는 일본인들이 만주 같은 지역의 개발 방법을 더 잘 알지 않겠는가? 만주사변 이전에도 중국에는 유럽인보다 일본인이 더 많았다. 일본이 비공식적 제국주의의 대표 주자로서 영국에 앞서고 있었다는 증거는 풍부하다. 일본이 새로운 식민지 개발에 전적으로 해로운 영향을 끼친 것도 아니었다. 1932년부터 1941년까지, 59억 엔가량의 자금이 개발에 투자되었다. 만주사변을 계획한 공모자들은 그 지역을 다섯 인종 간의 조화로운 협력을 기반으로 한 관대한 정부의 천국으로 발전시킨다는 유토피아적인 전망을 갖고 있었다. 토착 주민들은 고리대금과 과도한 이자 등 부당한 경제적 압력으로부터 보호 받을 터였다. 이는 의심스럽긴 해도 거짓된 비전은 아니었다. 점령지가 본국에서 시행하기엔 너무 급진적인 전망의 실험지가 되었고, 이는 20세기 중반에 다시 한번 시도된다.

중국인들은 일본의 만주 점령에 왜 그렇게 저항하지 않았을까?(일본의 거듭된 침략에도 불구하고, 이후 6년간 이러한 무저항 정책은 계속된다.) 군대의 질은 떨어지지만 수적으로는 일본군을 압도했음에도 장제스는 선양 폭파 사건 소식을 듣자마자 장쉐량에게 무력으로 대응하지 말라고 충고했다. 사실은 장제스가 공산당과의 내전에 투입될 자원을 아끼기 위해 일본군과의 충돌을 피하는 정책을 폈다고 할 수 있다. 그의 방침은 공산주의자들이 대일 항전을 요구하고 나서자 더더욱 대중의 지지를 받지 못했다. 실제로 만주사변은 국민당 정권의 위기를 가속화했고, 결국 장제스는 잠시 정치 활동을 접어야 했다. 한편, 장제스의 주요 경쟁자였던 왕징웨이도 일본과의 전쟁에 적극 나서지 않았다. 그는 형식적으로 저항하면서 진지하게 협상에 임하는 정책을 폈다. 문제는 협상 상대였는데, 한 가지 방법은 시데하라 일본 외무장관이 군부를 제압할 수 있기를 바라면서 그와의 협상을 재개하는 것이었다. 중국은 또한 서양 열강의 지원을 얻을 수 있었다. 실제로 만주 문제를 국제연맹에 회부하여 양자간 협상을 요구하는 일본 정부의 요구를 거절한다는 결정이 내려졌다. 불행히도 이는 잘못된 결정으로 보였다. 차라리 도쿄의 온건파들과 신속하게 타협했다면, 만주의 피해를 줄일 수도 있었는데, 국제연맹이 신속히 결정할 가능성은 전혀 없었다.

국제연맹의 평판이 역사적으로 형편없었다고 해도 이 국제 기관을 완전한 실패작으로 내쳐서는 안 된다. 국제연맹이 다룬 예순여섯 건의 국제 분쟁(네 건은 전쟁으로 이어졌다.) 중에서 서른다섯 건이 성공적으로 해결되었고, 스무 건은 상당히 합법적으로 전통 외교 채널에 맡겨졌다. 국제연맹이 해결하지 못한 분쟁은 열한 건에 불과했다. 국제연맹의 뒤를 이은 국제연합과 마찬가지로, 회원국이 아니었던 미국과 소련을 포함한 열강들이 효율적인 기관 운영에 관심을 가졌다면, 상당히 유능한 기관이 될 수 있었다. 20세기 초반에 제국의 단층선 역할을 했던 1931년의 만주는 그렇지 않았다. 당시 스탈린은 극동에 전혀 관심이 없었기 때문에 1935년에 소련 소유인 중국동부철도를 일본에 팔고 소련군을 아무르 강까지 후퇴시키려고 했다. 소련이 만주에 관심이 없다면 영국이나 미국이 관심을 가질 이유는 더욱 없었다. 두 나라 모두 심각한 금융 위기로 흔들리던 시점이었으니 그럴 수밖에 없었다.

1931년 9월 30일, 국제연맹 위원회는 일본군이 원래 합법적으로 주둔하던 철도 지역까지 철수할 것을 요구하는 결의안을 발표했다. 그러나 철수 시한을 정하지 않았고, 일본 국민의 생명과 재산의 안전이 실제로 확보되면 병력을 줄여야 한다는 단서를 추가했다. 여드레 뒤, 일본군 비행기는 중국 내륙과 접한 만주 남서부의 진저우(金州) 만에 폭격을 가했다. 10월 24일, 11월 16일을 일본군 철수 시한으로 정한 새로운 결의안이 통과되었다. 그달 말에 일본 지상군은 진저우 만을 향해 전진했다. 12월 초, 일본 측 대표의 제안으로 국제연맹 위원회는 전 벵골 총독(아버지도 빅토리아 시대에 총독을 지냈다.) 리턴 백작을 의장으로 한 조사위원회를 파견하기로 결정했다. 헨리 L. 스팀슨 미 국무장관은 위원회의 보고서를 기다리지도 않고 "미국은 일본 정부가 중국과 맺은 어떤 단독 조약도 인정하지 않을 것"이라고 일본에 경고했다. 그는 일본이 1928년 파리에서 체결된 켈로그브리앙 조약(Kellogg-Briand Pact, 조약에 서명한 국가들은 전쟁을 국가의 정책 수단으로 삼지 않기로 했다.)뿐 아니라 앞서 중국의 문호 개방을 유지하기 위해 맺은 9개국 조약까지 위반했다고 보았다.

일본은 승인하지 않겠다는 미국의 경고에도 꿈쩍하지 않았다. 1932년 3월, 일본은 만주국을 독립국가로 선언하면서 전 중국 황제 푸이(溥儀)를 꼭두각시 통치자로 내세웠다. 이 조치 역시 현지 관동군이 주도한 것으로, 여섯 달 뒤에나 본국 정부의 재가를 받았다. 일주일 뒤, 리턴은 방대한 보고서를 제출했는데, 이 보고서는 만주국이 만주인의 민족자결권에 의해 탄생했다는 일본의 주장을 기각하고 일본이 명백히 중국의 영토를 강탈하여 점령하고 있다고 비난했다. 하지만 일본은 정복 정책을 강행했다. 그들은 1932년 여름, 러허성(熱河省)의 목표물을 폭격했고, 1933년 1월엔 중국의 군사 요충지인 산하이관(山海關)에서도 '사변'을 일으켰다. 며칠 뒤 산하이관도 일본의 수중에 떨어졌다. 일주일간의 전투 끝에 러허성도 일본의 세력권에 추가되었다. 1933년 2월, 국제연맹은 만주에 새로이 독립된 지위를 부여하자는 리턴의 제안을 거의 만장일치로 승인했다. 다시 한번, 일본은 군대를 철수해 달라는 정중한 요구를 받았다. 3월에 일본은 마침내 연맹 탈퇴를 선언했다. 그리고 두 달 뒤에는 중국의 군사 대표단과 만주 및 내몽골 지역에 대한 지배를 승인하는 휴전 협정을 체결했다. 이 협정으로 허베이(河北) 지역을 관통하는 비무장 지대가 형성되었고, 일본군은 그 지대를 비공식적으로 운영하게 되었다.

때로 이 협정은 1930년대의 중대한 전환점으로 일컬어진다. 즉, 1939년에 절정에 이른 유화 정책의 시작이었다는 것이다. 하지만 이는 만주의 위기를 잘못 해석한 것이다. 그것은 의심할 바 없이 일본 국내 정치의 전환점이었다. 그러나 국제적으로 보면, 일본은 다른 제국주의 열강과 동등한 대우를 받으려는 오랜 열망을 성취했다. 일본은 다른 열강들이 관심을 갖지 않는 지역에 한해서이긴 했지만, 식민지를 넓힐 자격을 부여받았다. 그러나 일본이 중국의 특별한 지역, 즉 대부분의 중국 교역품이 흘러 나가는 상하이 같은 중요한 항구에서 위력을 보이려 했을 때에는 완전히 다른 양상을 띠었다. 일본 해군과 중국의 제19로군 간에 벌어진 전면전 등, 1932년 1월부터 3월까지 발생한 사건들은 영국과 미국(당시까지는 중립적인 조정자였던 프랑스까지)의 호의적인 반응을 끌어내지 못하면서 결국 이전 상태를 기초로 한 휴전 협정이 맺어졌다. 1932년에 영국이 10년간 전쟁에 가담하지 않겠다던 원칙을 파기하고 싱가포르 요새화 공사를 재개하자, 일본은 영국이 당장은 일본과의 군사적 대립을 피하겠지만 서양 열강이 향후 아시아에 관여할 것으로 예상했다. 따라서 일본이 아시아에서 권력을 독점하는 것과 미국이 미주 대륙에서 권력을 독점하는 것이 비슷하다고, 다시 말해 일본의 행동은 아시아의 먼로주의에 입각한 것이라고 주장한 일본 외무부 정보과장 아모 에이지는 지나치게 오만해 보였다. 아시아 먼로주의는 국제연맹의 실질적인 경제원조를 확보하고 미국 면화를 구입하는 데 필요한 차관을 얻어 내려던, 장제스의 처남이자 국민당 재무장관 쑹쯔원(宋子文)의 노력을 일본이 압력을 가해 무산시켰을 때만 효과를 발휘했을 뿐, 다른 부분에서는 전혀 중요하지 않았다. 1933년부터 중국은 나치 독일로부터 군사 및 경제적 원조를 기대할 수 있었다. 히틀러는 베르사유 조약 이후 독일군을 맡고 있던 한스 폰 제크트 장군을 난징 정부의 군사고문으로 파견했다. 1936년, 중국과 독일의 무역 협정이 체결되었다. 1935년, 영국 재무부 관료 프레더릭 레이스로스 경이 이끄는 대표단이 중국에 도착했다. 그들은 중국의 은본위제를 폐지하고 화폐를 영국의 파운드화에 고정시킴으로써 통화 제도를 개혁할 계획이었다. 소위 아시아 먼로주의란 그런 것이었다. 일본은 일본의 정책에 불만을 품고 있던 미국이 언젠가 해군력을 동원해 반격해 올 가능성을 전적으로 무시할 수 없었다. 1934년 12월, 일본은 워싱턴 해군 조약을 파기하기로 결정했는데, 이는 해군력만은 균형을 이루어야 한다고 생각했기 때문이다. 사실 일본은 어떤 조약도 체결되지 않은 상황에서 미국이 일본 해군과의 격차를 벌릴 수도 있다는 점을 간파하지 못했다. 또한 일본은 국제연맹에서 탈퇴하고 동시베리아 지역 방어력을 증강하겠다는 결정을 내린 지 1년이 안 된 시점에서, 국제연맹 가입 결정을 내린 소련에 대해서도 걱정할 수밖에 없었다. 러시아가 극동에 무심했던 막간극이 끝난 것이다.

그런 의미에서 1931~1933년은 결코 전환기가 아니었다. 오히려 일찍이 1890년부터 시작된 일본의 식민화 정책이 지속된 시기였다. 이 시기 특기할 점은 일본이 제한된 군사력으로 군사적 목적을 달성했다는 점이다. 1904~1905년에 비해 1930년대 초반의 '사변'들은 소규모로 벌어졌고, 일본인의 희생도 거의 없었다. 1930년대 중반에 일본은 19세기의 영국식 전술로 돌아갔다. 그들은 일본 영사가 잠시 원인불명의 실종 상태에 빠지자, 양쯔강에 포함을 띄워 난징까지 보냈을 뿐 아니라 중국의 지역 사령관이 반일 사상을 주입하는 데 항의하기 위해 이 배를 한커우(漢口)까지 보냈다. 1935년 초, 관동군은 다시 사변을 일으켜 중국군을 동부 차하르(察合爾)에서 러허 동쪽으로 몰아냈다. 일본군은 그해 내내 차

하르와 허베이 전역에서 여러 차례 침략 행위를 반복하여 중국을 괴롭혔다. 1935년 여름, 북중국 수비대장으로 임명된 다다 하야오 중장은 중국 북부 지역 전체가 자치권을 가져야 한다고 주장하면서 중국이 아니라 일본이 그 지역을 지배해야 한다는 속내를 전혀 감추지 않았다. 1936년 8월, 쓰촨(四川) 분지의 청두(成都)에서 분쟁이 일어났는데, 일본의 요구는 극단으로 치달았다. 다음 달에는 남부 관둥 지역의 베이하이(北海) 차례였다. 1931년부터 1937년까지, 중국은 사실상 온갖 압력에 무릎을 꿇었다. 하지만 장제스는 "국내를 평정한 뒤 대외 저항을 시도한다."라는 자신의 좌우명에 충실했다. 그는 '난쟁이 악당(일본)'보다는 '붉은 악당(공산주의자)'을 집중 비난하면서 "체내의 병을 제거하지 않으면 외부 혼란도 잠재울 수 없다."라고 주장했다. 장제스의 주장에 따르면 일본은 단순한 '피부병'에 불과한 반면 공산주의자는 '심장병'에 해당했다. 일본이 만주 지배력을 강화하고 있을 때, 공산주의자들과 민족주의자들의 싸움은 격렬해졌고, 양측의 전투는 공산주의자들의 거점인 장시성(江西省)을 차지하기 위한 지루한 공방에서 절정을 이루었다. 그러는 사이 장제스의 전략을 비판하는 호전적인 세력은 국민당 자체를 분열시키기에 이르렀다. 이 모든 사태는 중국이 국제연맹의 보호를 받을 가치가 있을 만큼 조직된 국가가 아니라는 일본의 주장이 옳음을 입증하는 듯했다.

그러나 중국은 일본이 깡그리 점령할 수 있을 정도까지 흐트러진 적이 결코 없었다. 장제스의 전략은 유화 정책이지 항복 정책이 아니었다. 1932년 상하이 전투는 중국군이 무기는 조악해도 수적으로 우세하다면 일본군을 상대로 끝까지 버텨 낼 수 있음을 증명했다. 사실 일본은 지원병이 도착한 덕분에 굴욕을 피할 수 있었다. 1936년 11~12월, 일본군의 쑤이위안(綏遠) 공격은 격퇴되었다. 장제스는 중국에는 힘을 기를 시간이 필요하다고 확신했다. 그리고 프로다운 일본군보다는 상대적으로 아마추어 같은 공산주의자들과 먼저 싸우는 편이 여러 측면에서 이치에 맞았다. 유교와 유럽식 독재주의를 교묘히 섞어 놓은 장제스의 전략은 파시스트적인 남의사(藍衣社) 운동을 지원하기에 이르렀지만 일관성을 갖추고 있었다. 그가 보기에 모든 것은 타이밍의 문제였다. 장제스는 1934년 봄, 국민당 간부들과 함께 신생활 운동을 시작하는 자리에서 한 가지 예언을 했다. 그는 중국이 일본과 전쟁을 치를 준비가 되어 있지 않다고 거듭 말하면서도, 두 번째 세계 대전은 1936년이나 1937년에 발발할 것이며, 이때쯤이면 중국도 싸울 준비가 되어 있을 거라고 말했다. 그리고 중국이 그 전쟁을 통해 변신할 거라고 주장했다. 그는 자신의 예언이 얼마나 옳았는지 알지 못했다.

중국의 전쟁

2차 세계 대전은 언제 시작되었는가? 대개 1939년 9월 1일, 독일이 폴란드를 침략하면서 시작됐다고 한다. 그러나 이는 유럽적인 대답이다. 정답은 1937년 7월 7일, 중일전쟁이 발발했을 때였다. 그 전쟁은 당시엔 베이핑(北平)이던 베이징 교외에서 루거우차오(蘆溝橋), 즉 서양에선 마르코 폴로 다리로 알려진 곳에서 일어났다.

언뜻 보면 이 역시 또 다른 '분쟁'에 불과한 것처럼 보였다. 한밤에 의문의 총격 사건이 다리 근처 일본군 지역에서 벌어졌다. 그리고 일본군 한 명이 없어졌는데, 납치된 것으로 오인되었다.(그는 용변을 보고 있었다.) 다른 분쟁에서와 마찬가지로 주변에는 일본군이 비난을 가할 중국군이 있었고, 근처의 완핑(宛平) 마을에서 양측 간에 전투가 벌어졌다. 이후 며칠 동안은 소강상태로 접어들면서 지금까지 그래 왔듯이 중국군의 양보와 철수로 끝날 것처럼 보였다. 실제로 일본군과 (어느 정도 자치권을 갖춘) 허베이(河北) 차하르 정무위원회 의장 쑹저위안(宋哲元) 간에 협정이 체결되었다. 그러나 이번에는 양측 군대가 이 협정을 일축해 버렸다. 군부의 경쟁 세력들이 서로 다툼에 따라 네 번이나 결정이 번복되는 등 소동을 벌인 뒤, 일본 정부는 3개 사단을 중국 북부에, 추가로 2개 사단을 상하이와 칭다오에 배치하라는 명령을 내렸다. 실제로 내각은 북중국 전체에 자치권을 부여하는 방안을 승인하기로 했는데, 이는 만주국을 확장하기 위한 조치라 할 수 있다. 장제스 측은 1935년 12월, 구국연합회 투사들과 항일 연합전선을 펼치는 데 찬성하는 세력, 그중에서도 만주 군벌 장쉐량의 부추김으로 왕징웨이와 결별한 이후 더욱 치열하게 대치해 왔다. 장쉐량은 장제스가 정책을 바꾸는 데 동의할 때까지 그를 시안(西安)에 억류하기까지 했다. 이제 장제스는 허난(河南) 국경 지역에 군대를 투입했다. 그리고 7월 17일, 이제 더 이상 중국 주권이 축소되지 않을 것이라고 선언했으며 한 달 뒤에는 중국 총사령부에서 총동원령을 발포했다.

일본의 예상대로 초기에는 일본에 유리하게 전투가 전개되었다. 퉁저우와 베이핑은 며칠 만에 무너졌다. 기관총과 박격포, 야포의 우세를 등에 업은 일본군은 정면 충돌에서 중국 소총수들을 손쉽게 제압했다. 중국은 장제스와 무능한 참모들 간의 상호 불신에 발목이 잡혔다. 일본 육군대신 스기야마 하지메 대장은 한 달 안에 전쟁을 끝낼 수 있다고 일왕에게 큰소리쳤다. 그러나 만주를 넘어서면서 일본군은 한계를 드러냈다. 만주사변 당시 일본군은 중국 북부 지역에 기껏해야 6000명이 주둔했다. 전쟁이 시작되었을 때, 참모부가 예상한 중국군은 최대 15개 사단이었다. 그러나 1937년 말, 이미 16개 사단이 증파되면서 중국 총 병력은 70만 명에 달했다. 이는 7월 초 병력의 100배가 넘었다. 그러나 일본은 압도적인 우세를 유지했다. 9월, 바오딩이 약탈당했고, 한 달 뒤엔 정딩, 같은 해 말엔 수도 난징(南京)이 말 그대로 파괴되고 강탈당했다.(14장 참조) 전쟁 첫 해에 일본군은 모든 전선에서 진격하여 북쪽 내몽골에서 남쪽 항저우(杭州)에 이르는 대략 15만 제곱마일을 차지했다. 서쪽 멀리 바오터우와 푸커우까지 일본군 수중에 들어갔고, 항저우 북쪽의 모든 항구들도 마찬가지였다. 중국군은 단순히 서쪽으로 후퇴하기만 했는데, 수도를 처음엔 한커우로, 그다음엔 충칭으로 옮겨 갔다. 1940년 중반에 중국에 주둔한 일본군은 육군 23개 사단과 28개 여단(대략 14개 사단에 해당한다.), 공군 1개 사단이었고, 모두 합치면 85만 명 정도였다. 그런데도 일본은 확실한 승리를 거머쥐지는 못했다.

히틀러는 2차 세계 대전이 시작되자마자 파죽지세로 승리했으나 러시아에서 발목이 잡혔다. 반대로 일본은 정복할 수 없는 중국의 진구렁에 빠져 한참을 헤맨 뒤에야 신속한 승리를 거두었다. 루거우차오에 도달하기 전까지 일본군은 그 정책의 지지자들이 약속했던 이익 중 적어도 일부를, 상대적으로 적은 희생을 치른 끝에 제공했다. 그러나 중국에 발목이 잡히면서 본래 처리하려 했던 경제 문제들이 급속도로 악화되었다. 중국 북부에서 막대한 상업 및 채굴 이권을 따냄으로써 평화를 구축하려던 일본의 비전은 단순한 희망 사항에 불과했음이 드러났다. 이로써 아시아에서 유럽 제국들처럼 제국주의 열강의 반열에 올라 합당한 취급을 받으려던 일본의 꿈이 얼마나 멀어졌는지 알 수 있다. 앞에서 봤듯이 영국과 일본이 20년 동맹을 체결한 1902년에 두 국가는 표면적으로만 유사했다. 그러나 1937년 당시에는 아시아의 '섬사람들'이 유럽의 섬사람들과는 근본적으로 다른 길을 택했음이 분명해졌다. 영국의 인도 탈취는 전장에서 원주민들의 반대를 진압하는 것만큼이나 토착민들을 설득하는 등, 강압과 협력을 기초로 이루어졌다. 영국이 제국주의 국가로서 아시아에서 영토를 확장하게 된 것은 현지의 영국 상인들이 힘을 보탠 결과였다. 하지만 일본에는 동인도회사와 비슷한 역할을 하는 집단이 없었다.(남만주 철도회사를 제외하고는) 선두에 선 이들은 관동군 내의 반자본주의적 이상주의자들이었다.

아마도 더 중요한 점은 일본이 화려한 제국주의를 향해 시동을 걸었을 때 국내 정치의 양상이 영국과는 크게 달랐다는 점일 것이다. 영국에서는 해외 영토 확장과 함께 하원과 재무성의 권력이 더 커졌다. 그에 비해 군주제와 군부는 취약했다. 보수당수이자 재무성 장관이었던 스탠리 볼드윈이 에드워드 8세의 양위를 주장한 사건만큼 양측의 권력 관계를 극명하게 드러낸 사례는 없었다. 같은 해 2월 일본에서 발생한 위기와 영국의 이 위기를 비교해 보면 도움이 될 것이다. 당시 스스로를 '부활의병(Righteous Army of Restoration)'이라 불렀던 일본 군부의 불온한 파벌은 사이토 전 총리와 경이적인 업적을 이룬 재무장관 다카하시 고레기요, 군사교육 감찰관 와타나베 육군 대장을 살해했다. 시종 스즈키 제독과 사이온지 공, 마키노 백작은 말할 것도 없고 오카다 게이스케 총리도 겨우 살아남았는데, 이들 모두 암살 명단에 올라 있었다. 미수로 그친 이 쿠데타는 기껏해야 군부 내 파벌에 의한 권력 다툼으로 보이겠지만, 암살자들은 자신들이 겨냥한 희생자들이 왕의 최고명령권을 침해했다고 주장했다. 쿠데타가 좌절되고 암살자들은 처형되었지만, 이 사건은 일본을 군국주의로 나아가게 만들었다. 1937년 11월, 제국 대본영(大本營)이 설치되면서, 당시 코노에 공이 이끌던 민간 정부는 전략 결정에서 배제될 가능성에 직면했다. 새 조직이 육해공군 대신들과 참모총장, 일왕으로만 구성되었기 때문이다.[6] 이런 일은 영국에서는 상상도 하지 못할 일이었다. 당시 영국에서는 만화가 데이비드 로가 그린 붉은 얼굴의 블림프 대령과 P.G. 우드하우스(영국의 소설가이자 정치가 — 옮긴이)가 소설에

---

6) 전쟁을 치르고 있던 일본 정부를 어느 정도까지 군사 독재 정권으로 간주해야 하는지는 논쟁 거리이다. 도조 히데키가 총리, 참모총장, 육군대신을 동시에 맡아 상당한 권력을 수중에 집중시켰던 것은 사실이다. 일본 의회에는 더 이상 다수당은 물론이고, 능력 있는 여당도 존재하지 않았다. 따라서 사실상 군사적인 의사 결정에 아무런 영향력을 미치지 못했다. 한편 메이지 헌법의 본질은 변하지 않았다. 참모총장들과 대신들(군부 인사들도)이 효과적으로 거부권을 행사했지만, 제도적인 골격은 이전과 크게 달라지지 않았다. 실제로 도조 히데키는 전쟁이 끝나기 전에 관직에서 물러났다.

서 그려 낸 로더릭 스포드가 군국주의와 파시즘을 멸시하는 대중의 시각을 잘 보여 주었다. 블림프 대령은 대개 클럽 회관 수건을 두르고 있고, 스포드는 검은색 반바지를 입은 모습이었다. 그것은 영국의 장점이자 약점이기도 했다.

1937년 8월이 되면서 중일 전쟁은 남쪽으로 확산되어 서양 세력의 중심지인 상하이까지 확대되었다. 평소 일본군이 일으켰던 '사변'에 영향을 받은 장제스는 두 번째 전선을 열기로 결정했다. 상하이 부두에 정박 중인 일본 순양함 이즈모 파괴를 목표로 경험이 일천한 공군을 투입했다. 하지만 공군은 목표물을 명중시키지 못하고 근처 호텔과 백화점을 맞혔다. 일본군은 보복에 나서, 공동조계의 수비대 규모를 두 배로 늘리고 중국인을 도시 외곽으로 내몰았다. 이후 3개월 동안의 포위 공격에서 일본군은 우월한 공군력과 포병을 동원하여 수적으로 우세한 중국군에 다수의 사상자를 안겼고, 마침내 진산웨이에 해병대를 상륙시켜 장제스 군대를 중국 후방까지 밀어붙였다. 상하이를 놓고 벌어진 전투가 한창일 때, 장제스의 아내 쑹메이링은 라디오 방송을 통해 가슴속 깊이 파고드는 감동적인 호소문을 발표했다.

일본은 중국 정복을 위해 미리 짠 계획에 따라 행동하고 있습니다. 흥미롭게도 다른 어떤 국가도 관심이 없는 듯 보입니다. 일본은 다른 국가들의 홀린 듯한 침묵을 확보한 것 같습니다. 그들은 단지 "이것은 전쟁이 아니라 단순한 사변이야."라는 마법의 주문만을 외고 있습니다. 전쟁을 불법으로 규정하고 전쟁 행위를 조정하던 모든 조약과 체제는 무너진 듯합니다. 우리는 야만의 시대로 돌아가고 있습니다.

그녀는 서양 국가들이 손 놓고 있는 것이 문명의 승리를 의미하는지, 서양 문명의 도덕적 우위가 무너질 조짐인지 물었다. 이는 가치 있는 홀륭한 질문이었다.

 상하이에 거주하던 서양인들은 최선을 다해 평상시처럼 사무를 보고 쾌락을 즐기고 있었다. 포위 공격에서 살아남은 영국인은 이렇게 회상했다.

> 상하이는 우리가 되었다. 둘레가 35킬로미터 정도 되는 8000에이커의 섬뜩한 무인지대다. 주민 수백만은 목표를 제대로 맞히지 못한 포탄의 파편이 쏟아져 내리는 상황에서도 본업에 충실하려 했다. (중략) 그 무더운 여름날 밤, 탐조등과 예광탄에 찢긴 하늘 아래서 사람들은 공동조계와 프랑스 조계 지역을 누비며 세계를 둘러볼 수 있었다. 모스크바, 파리, 프라하, 빈, 도쿄, 베를린, 뉴욕에서 밤을 보내듯 하룻밤을 보낼 수 있었다. 진짜 그 나라 분위기와 음식, 음악, 필요하다면 아가씨까지 제공해 줄 수 있는 곳들이 있었다.

 그런데 서양 열강들의 정부는 어떠했는가? 일본뿐 아니라 이탈리아와 독일이 1918년 이후 10년 동안 체결된 모든 국제 조약을 짓밟아 버렸는데도 서양 열강들은 1년이 넘도록 맥없이 지켜보고 있었다. 1931년 이후 일본이 중국 북부를 침입하고, 이탈리아가 1935년에 아비시니아를 침입하고, 독일이 1936년에 라인 지방을 다시 점령했는데도 서양의 민주주의 국가들은 왜 그렇게 수수방관했던가? 1936년 11월에 독일, 이탈리아, 일본은 로마베를린 추축을 결성하고 반코민테른 협정을 맺었다. 그러나 영국, 프랑스, 미국은 무력해 보였다. 실제로 주중 영국 대사 휴 내치벌허지슨 경은 자동차로 난징에서 상하이로 이동하던 중에 일본 전투기의 총격을 받아 부상을 입었다. 그런데도 런던은 무기력하게 손만 부들부들 떨고 있었다. 중일 전쟁이 발발하자 미국은 진부하게 "평화롭고 실질적인 수단을 통한 협력"을 언급했다. 루스벨트는 전쟁이 '전염병'이기 때문에 누군가(누구라고 말하지는 않았다.)를 '격리'시켜야 한다며 에둘러 말했다. 그러나 그 밑바닥에는 다음과 같은 워싱턴의 오랜 처세훈이 담겨 있었다. "우리는 동맹이나 서약에 말려들지 않는다."

역사가들은 왜 1930년대 서양 국가들이 침략자 달래기를 외교 정책으로 삼았는지 오랫동안 논쟁을 벌였다. 장제스처럼 민주국가들도 이성적으로 시간을 벌고 있었는가? 유화책은 변호의 여지가 없는 것을 애써 변호하는 행위의 정당화에 불과한가?

9 변호할 수 없는 것을 변호하기

자신의 힘이 미치는 범위에서 모든 수단을 동원하고, 상황을 가장 잘 파악함으로써 민족 간 친선과 협력을 북돋으려 애썼다면, 우리는 이 비참한 재앙을 피할 수 있었을 것이다.

— 런던데리 경, 『우리 자신과 독일(*Ourselves and Germany*)』

겁쟁이가 되려면 얼마나 많은 용기가 필요한가! 우리는 할 수 있는 한 겁쟁이가 되어야 한다. 하지만 그 이상을 넘어서는 안 된다.

— 알렉산더 카도간 경, 1938년 9월 21일

선점했더라면?

우리는 1933~1939년을 2차 세계 대전의 원인이라는 관점에서 생각하는 경향이 있는데 분명 그럴 만한 이유가 있다. 우리는 서양 열강들이 전쟁을 피하기 위해 더 노력할 수 있었는지, 혹은 독일과 일본에 대한 유화 정책이 재앙을 불렀는지를 묻곤 한다. 그러나 이런 질문은 사건의 순서를 뒤집는 것인지도 모른다. 유화 정책 때문에 전쟁이 일어난 것이 아니라 전쟁 때문에 유화 정책이 생겨났다. 왜냐하면 전쟁은 다들 생각하는 것과 달리 1939년 폴란드에서 시작되지 않았기 때문이다. 전쟁은 일본이 만주를 침략한 1931년, 그게 아니라면 1937년에 아시아에서 시작되었고, 무솔리니가 아비시니아를 침략한 1935년에 아프리카에서 시작되었다. 또한 전쟁은 독일과 이탈리아의 도움으로 프랑코가 스페인 내전에서 승리를 거둔 1936년에 서유럽에서 시작되었다. 그리고 1939년 이탈리아가 알바니아를 침입하면서 동유럽에서 전쟁이 시작되었다. 뉘른베르크의 국제 군사재판에서 히틀러와 그의 공모자들이 유일하게 전쟁을 시작했다는 신화를 퍼뜨렸지만, 히틀러는 나중에 전쟁에 참여한 사람이다. 그는 단 한 발의 총도 쏘지 않고 1939년 9월 이전에 자신의 외교 정책 목표를 달성했다. 또한 그 시점에서 세계 대전을 시작할 의사도 없었다. A. J. 테일러가 45년 전 『제2차 세계 대전의 기원(The Origins of the Second World War)』에서 주장했듯이 당시 독일, 프랑스, 영국 간의 전쟁은 히틀러의 잘못만큼이나 폴란드와 서양 열강들의 잘못 때문에 일어났다.

그러나 테일러의 주장은 기껏해야 절반만 옳다. 서양 열강에 대한 그의 의견은 옳다. 총성이 울리기도 전에 이미 마음속에서 패한 프랑스 정치인들의 비겁함, 과장된 언변과 저급한 상업적 동기를 지닌 미국인들의 위선, 무엇보다 영국인들의 지리멸렬이 문제였다. 영국은 국제연맹의 권위와 약소국의 권리를 지지한다고 말했다. 그러나 만주와 아비시니아, 체코슬로바키아에 위기가 닥쳤을 때, 제국주의적 이기심 때문에 집단 안보를 외면했다. 그들은 군사력이 동등해지면 전쟁을 충분히 피할 수 있는 것처럼 무기 제한 조치에 안달했다. 그러나 군사력이 균형을 이루면 영국은 안전할 수 있겠지만, 대륙의 동맹국들이나 아시아의 식민지를 효과적으로 보호할 수는 없었다. 테일러는 뮌헨 협약이 "영국 정책의 승리"라고 빈정거렸다. 영국은 체코슬로바키아의 남은 지역에 대해 이행할 수 없는 약속을 해 주고 독일과의 전쟁을 피하려 했던 것이다. 만약 1938년에 주데텐란트를 히틀러에게 넘기는 것이 옳은 결정이었다면, 당시 히틀러가 더 강하게 요구한 단치히를 넘겨주지 않은 이유는 무엇인가? 그 이유는 영국이 또다시 폴란드에 군사적으로 아무 쓸모도 없는 약속을 했기 때문이다. 처칠이 단번에 간파한 사실, 즉 즉 소련과 '대동맹'을 맺지 않을 경우, 영국과 프랑스가 단독으로 독일에 맞서는 상황을 맞을 수도 있다는 점을 당시 외교 담당자들은 이해하지 못했다. 테일러가 영국 정치인들의 무능을 해명할 실마리도 제공하지 못했다는 점은 반드시 짚고 넘어가야 하지만, 영국의 외교 정책을 고발한 그의 저서는 학자들에게 인정받았다.

테일러가 크게 잘못 생각한 점은 히틀러의 외교 정책이 그의 전임자와 전문 외교관 그리고 다른 독일인들의 정책과 비슷하다고 생각했다는 점, 2차 세계 대전이 1차 세계 대전의 재판이었다고 주장한 부분이다. 이는 사실과 너무 동떨어진 얘기다. 비스마르크는 오스트리아를 포함한 대독일이 탄생하는 상황을 막기 위해 부단히 노력했다. 대독일은 히틀러가 바이마르 공화국으로부터 물려받은 것이긴 하나 그가 명백히 규정한 목표들 중의 하나였다. 비스마르크의 큰 걱정거리는 서로 제휴한 열강이 독일에 등을 돌리는 상황이었다. 히틀러는 영국을 물리치기도 전에 소련을 침공하면서 상당히 신중하게 동맹을 맺었다. 1차 세계 대전 당시의 빌헬름 황제도 그토록 성급하지는 않았다. 사실 그는 영국과의 전쟁을 피할 수 있을 거라고 기대했다. 비스마르크는 식민지 정책을 유럽의 세력 균형을 유지하는 도구로 사용했고, 카이저는 식민지를 간절히 원했다. 하지만 히틀러는 해외 영토 취득에 관심이 없었고 협상 카드로도 고려하지 않았다. 1920년대 내내 독일은 폴란드에 적대적이었고 소련에는 우호적이었다. 히틀러는 집권하면서 1년도 안 되는 사이에 이러한 입장을 뒤집었다. 테일러의 주장대로 히틀러가 직관과 운으로 1930년대 중반의 외교 위기를 바로바로 헤쳐 나간 것은 사실이다. 그는 자신이 위험을 싫어하지 않는 도박가임을 인정했다.("난 평생 은행 놀이 게임을 했어.") 그러나 무엇을 얻으려고 도박을 했을까? 이는 그가 여러 번 대답했기 때문에 어렵지 않게 대답할 수 있는 질문이다. 그는 슈트레제만이나 브뤼닝처럼 단순히 베르사유 조약의 굴레에서 벗어나는 데 만족하지 않았다. 이 임무는 그가 수상직에 오르기도 전에 대공황이 절반을 이루어 놓았다. 그의 야심은 독일을 1914년 당시의 위치로 되돌리는 것도 아니었다. 독일 역사학자 프리츠 피셔(Fritz Fischer)가 주장하듯이, 히틀러의 목표가 1차 세계 대전 당시 독일 지도자들의 목표, 즉 러시아에 타격을 입혀 동유럽에 독일 세력권을 형성하는 것과 비슷하다는 얘기도 옳지 않다.

히틀러의 목표는 달랐다. 단순히 말하면, 독일 민족 전체를 수용할 정도로 가능한 한 멀리까지 제국을 확장시키고, 그 과정에서 독일 민족에 위협이 된다고 판단한 유대인과 소비에트 공산주의(히틀러에게 이 둘은 하나였다.)를 절멸시키는 것이었다. 일본의 영토 확장 지지자들과 마찬가지로 히틀러 역시 독일에 넘쳐 나는 인구와 전략상 중요하나 부족한 원료를 얻기 위해 더 많은 영토가 필요하다고 생각하고 생활 공간을 얻으려 했다. 그러나 독일의 경우는 일본과 같지 않았다. 이미 다수의 독일인이 히틀러가 탐낸 여러 지역에 살고 있었기 때문이다. 히틀러가 독일 통치 지역에 살고 있지 않은 독일 민족들, 우선 자를란트와 라인란트, 오스트리아, 주데텐란트, 단치히 등에 거주하는 이들을 위해 민족자결권을 주장했을 때, 그는 영국 정치인들이 생각하는 것처럼 상당히 합리적인 요구를 내놓고 있었던 게 아니었다. 그는 폴란드의 비스툴라 강 너머도 독일 영토라는 터무니없는 주장을 줄기차게 해 댔다. 히틀러는 단순히 더 큰 독일을 원한 게 아니라 가능한 한 가장 큰 독일을 원했다. 중동부 유럽에 독일인들이 지리적으로 매우 폭넓게 분포되어 있다는 점에서, 이는 라인 강으로부터 볼가 강에 이르는 독일 제국을 의미했다. 히틀러에겐 그것도 야망의 끝이 아니었다. 이렇게 최대한 확장된 독일은 대영 제국의 맞수가 될 세계 제국의 기초가 될 것이기 때문이다.

이 때문에 영국의 정책을 다소 다른 관점에서 볼 수 있다. 20세기 전반기 내내 영국은 자신이 약하다는 가정을 기초로 정책을 결정했다. 영국이 그 시기 내내 세계 최대의 제국이었기 때문에 이는 언뜻 모순으로 보인다. 그러나 영국인들이 공격 받기 쉽다고 느낀 까닭은 그들의 책임 범위 때문이었다. 그들은 전통적인 국가 재정 의무를 떠안은 상태에서 영국 본토를 비롯하여, 아프리카와 오스트레일리아는 말할 것도 없고 중동과 아시아의 식민지까지 동시에 방어해야 하는 상황을 감당할 수가 없었다. 이 모든 영토를 안전하게 지키는 데 필요한 평시 예산은 재무장관으로서 균형 예산과 견실한 화폐에 대한 재무성의 원칙을 존중하겠다고 밝힌 윈스턴 처칠의 상상마저 뛰어넘는 수준이었다. 1914년 이전에 처칠의 지원을 받은 외무장관 에드워드 그레이 경은 대륙에 전쟁이 발생할 경우 영국은 프랑스와 러시아 편에 서겠다고 약속했다. 사실 영국은 그 약속을 지킬 정도의 지상군이 부족했고, 결국 뒤늦게 그리고 (솜 전투에서 증명되었듯이) 상당한 희생을 치른 끝에 약속을 지킬 수 있었다. 그러나 1930년대에 그의 뒤를 이은 사람들은 잘못된 계산으로 영국을 더 위험한 상태에 빠뜨렸다. 그레이는 적어도 독일과 그 동맹국들을 무너뜨릴 가능성이 큰 대동맹에 영국을 가입시켰다. 1914년 이전의 영국 정책에서 최악은 외교 정책상 적수가 될 독일과의 지상전을 전혀 대비하지 않았다는 점이다. 1914년 당시 문제는 프랑스의 미래였으나 1939년 당시 사활이 걸린 문제는 영국의 미래였다.

  1930년대 정치인들이 대륙을 지배하는 독일이 탄생할 경우 대두되는 위험을 파악하지 못한 것은 아니었다. 도리어 전쟁이 터지면 24시간 내에 괴링의 공군에 의해 수도가 완전히 무너질 것이라는 통념이 생겨났다. 1934년, 영국 공군은 전쟁 중에 독일이 북해 연안의 저지대를 점령할 경우 하루에 150톤의 폭탄을 영국에 떨어뜨릴 수 있다고 추정했다. 1936년이 되자 그 추정치는 600톤으로, 1939년에는 700톤으로 올라갔다. 그리고 전쟁 발발 첫날에 3500톤이 투하될 가능성도 제기되었다. 1934년 7월, 볼드윈은 다음과 같이 선언했다. "영국의 국방을 생각할 때 이제는 도버 해협의 백악층 절벽이 아니라 라인 강을 생각해야 한다. 바로 그곳이 우리의 국경이다." 그러나 볼드윈이나 후임자인 네빌 체임벌린(Neville Chamberlain) 모두 독일의 위협에 대한 합리적인 대응책을 고안해 내지 못했다. 일본이 만주를 손에 넣게 내버려 두는 건 별개의 일이었다. 그것은 영국의 안보에 아무 의미도 없었기 때문이다. 같은 논리로 이탈리아가 아비시니아 일부를 강탈하는 것을 지켜보기만 했다. 알바니아가 이탈리아의 영토가 되었어도 영국에는 아무런 손해가 없었다. 스페인의 국내 상황 역시 솔직히 말해 영국의 국익과는 아무런 상관이 없었다. 하지만 독일의 성장은 다른 문제였다.

물론 중동부 유럽에서 독일이 영토를 확장하긴 해도 대영 제국은 결코 위협하지 않는다는 히틀러의 주장은 진심이었는지도 모른다. 히틀러가 영국과 동맹이나 협약을 맺고 싶다는 의사를 표명한 경우는 『나의 투쟁』부터 시작하여 수없이 많았다. 1933년 11월부터 히틀러는 영국과 해군 협약을 맺으려 했는데, 1935년 6월에 외무장관과 독일 해군의 요청을 묵살하고 간신히 협약을 하나 얻어 냈다. 당시 히틀러는 이렇게 기록했다. "영국과 독일이 결합한다면 다른 어떤 열강보다 강할 것이다." 베를린 주재 영국 대사 에릭 핍스 경의 설명에 따르면, 그는 때때로 애처로울 정도로 대영 제국의 안녕을 우려하는 마음을 표했다. 그런 모습은 4년 뒤 폴란드 침략을 앞두고 영국의 개입을 히틀러가 불안해하기 시작했을 때 다시 나타났다. 그는 1939년 8월 25일, 새로 부임한 베를린 주재 영국 대사 네빌 헨더슨 경에게 자신은 항상 독일과 영국의 협약을 원했다고 힘주어 말했다. 영국이 이러한 아첨을 무시하고 폴란드에 대한 서약을 지키자 그는 낙담했다. 히틀러는 로젠베르크에게 도대체 영국이 무엇을 추구하는지 모르겠다고 말했다. 히틀러가 생각하기에는 설혹 영국이 승리를 확신한다 해도 실제 승자는 미국과 일본, 러시아가 될 것이기 때문이다. 10월 6일, 폴란드를 무너뜨린 그는 새로운 평화안을 제시했다. 1939년 이후 히틀러는 다시 한번 영국과 맞서 싸우는 상황에 유감을 표했다. 그가 대영 제국을 무너뜨리는 것이 바람직한지 의심을 품었기 때문이다. 그는 1938년에 참모총장이 된 프란츠 할더 장군에게 영국과 전쟁을 벌이기 싫다고 말했다. 히틀러는 그 이유를 이렇게 설명했다. "만약 우리가 영국군을 격파하면 대영 제국은 무너질 것이다. 그 상황은 독일에 아무런 이익이 되지 않는다. 오직 일본과 미국 등에 이익이 될 뿐이다." 종종 히틀러는 앵글로색슨족과 독일 민족 간에 존재한다고 믿은 인종적 유사성을 언급했다. 1940년에 발표된 나치 선전부의 언론 브리핑은 다음과 같다. "조만간 인종적으로 소중한 영국의 게르만적인 요소가 드러나면서, 앞으로 벌어질 백인종 대 황인종의 싸움 혹은 게르만족 대 볼셰비즘의 대결에서 영국은 독일 쪽에 가담할 것이다." 이러한 의견 때문에 당시나 후대의 역사가들은 대영 제국과 나치의 평화 공존이 가능했을지도 모르며, 1939년에 유화 정책을 포기한 것이 큰 실수였다고 생각하게 되었다. 처칠이 아닌 다른 사람이 영국 정책을 담당했다면 1940년이나 1941년에 평화가 회복되었을 거라는 설이 제기되기까지 했다.

1914년에 영국은 아무것도 하지 않고 방관하는 쪽을 택했다. 빌헬름 황제의 독일은 프랑스와 러시아를 상대로 한 전쟁에서 쉽게 이길 수 없었을 터였다. 만약 독일이 승리를 거둔다 해도 정치 체제가 입헌군주제인 데다 조직화된 노동 운동이 강력했기 때문에 영국에 대한 위협은 상대적으로 제한적이었을 것이다. 어쨌든 영국은 1914년에 독일과 전쟁을 벌일 준비가 되어 있지 않았고, 개입으로 인한 희생은 상당히 클 것으로 전망되었다. 하지만 히틀러의 독일은 달랐다. 빌헬름 황제에겐 공군이 없었고, 히틀러는 사회민주주의 세력과 노조 걱정은 할 필요가 없었다. 아마도 히틀러는 진실한 친영파였을 것이다. 가끔은 빌헬름 황제도 친영파이긴 했다. 그러나 아무도 히틀러의 말이 진실인지, 설혹 진실이라 해도 그가 변심하지 않으리라고 확신할 수 없었다. 우리는 그가 마음을 바꿔 먹은 사실을 알고 있다. 영국이 쇠퇴하고 있다고 생각한 런던 주재 독일 대사 리벤트로프의 말에 고무된 히틀러는 일찍이 1936년 말에 독일과 영국의 진실한 화해도 독일에 구체적이고 긍정적인 이익을 주지 못하며, 따라서 독일은 영국과의 협약 체결에 관심을 기울일 이유가 전혀 없다는 결론에 도달했다. 그는 1937년 11월, 군부 참모들과의 회의(유명한 호스바호 비망록(Hossbach Memorandum)에 기록된)에서 이렇게 말했다. "영국은 증오심에 휩싸인 적이다. 무력 외교로 그들의 제국을 유지할 수는 없을 것이다." 이러한 의견은 리벤트로프에 의해 계속 강화되었는데, 그는 영국을 독일의 가장 위험한 상대로 보았다.(1938년 1월) 1939년 1월 29일에 전함 및 순양전함 열세 척, 항공모함 네 척, 포켓전함 열다섯 척, 순양함 스물세 척, 슈페크로이처로 알려진 구축함 스물두 척으로 구성될 새로운 독일 해군 건설을 위한 작업이 시작되었다. 만약 그러한 함대가 건설되었다면 어디로 향했을지는 의심할 여지가 없었다.

요약하자면, 히틀러의 독일은 영국의 안보에 잠재적으로 치명적인 위협이었다. 히틀러는 생활 공간을 원한다고 말했다. 만약 그의 이론이 옳다면, 독일은 생활 공간 획득으로 더 강해질 뿐이었다. 더 큰 독일은 대서양 함대뿐 아니라 대규모 공군을 갖출 수 있을 터였다. 그러한 토대 위에 평화로이 공존할 수 있는 확률은 극히 적었다. 그러나 많은 사람들이 시도해 보았지만, 유화 정책의 실패에서 교훈을 얻기란 보기보다 쉽지 않다. 체임벌린을 옹호하는 사람들에게는 그와 그의 동료들이 왜 그런 결정을 내렸는지 이해하는 것이 중요하다. 그러나 유화 정책을 편 사람들을 이해한다고 해서 그들을 용서한다는 얘기는 아니다. 그런 정책을 비난하는 사람들은 명백히 정당한 논거를 갖고 있다. 하지만 당시에 확실한 대안이 존재했다는 점을 입증할 수 없으면, 비난의 논거는 완벽하다고 할 수 없다.

개도 자기보다 더 사나운 개를 만나면 싸울지 도망갈지 선택한다. 영국은 1939년 9월 싸움을 택했다. 그리고 1940년 5월 말, 더 이상 선택의 여지가 없어서 도망칠 수밖에 없었다. 영국군 역사상 최악의 패전으로 꼽히는 됭케르크 전투에서 불굴의 정신을 발휘했다며 대대적으로 선전했지만, 이는 영국과 연합군이 1914년 7월 이후 25년 넘게 피해 온 패배였다. 영국은 자신들의 선택이 개의 선택보다 낫다는 점을 인식하지 못했다. 히틀러의 위협을 파악한 영국은 묵인, 보복, 전쟁 억제, 선점, 이 네 가지 정책 중 하나를 선택할 수 있었다.

묵인은 대영 제국에 호의를 표하는 히틀러의 말이 진심이라고 믿고 그가 동유럽을 분탕질하도록 놔두면서 최상의 결과를 기대한다는 뜻이다. 1938년 말까지 묵인은 영국 정책의 핵심이었다. 두 번째 방법은 보복인데, 히틀러가 영국과 그 동맹국들에 대한 공격에 대응하는 것을 말한다. 이는 1939년과 1940년, 영국의 정책이었다. 이 두 방법의 결점은 분명했다. 히틀러는 믿을 수 없는 자이기 때문에 묵인 정책은 독일의 군사력을 키울 수 있는 몇 년의 시간을 제공했을 뿐이다. 폴란드를 공격한 그에게 보복한 행동은 더 좋지 않았다. 그로 인해 독일과 폴란드 정부가 전쟁의 속도를 조절하게 되었기 때문이다. 영국은 또한 세 번째 방법인 억제 정책도 썼지만, 어찌됐건 이 개념은 치명적인 결함을 갖고 있었다. 공중 폭격을 두려워한 영국은 독일 내 최대 도시까지 날아갈 수 있는 폭격기를 만들기로 했다. 하지만 히틀러는 단념하지 않았다. 더 확실한 억제책은 소련과의 동맹이었을 텐데, 그것은 1939년에 사실상 거부되었다가 1941년, 목전에 닥친 히틀러의 위협으로 영국이 떠맡아야 했다. 따라서 결코 진지하게 생각해 본 적이 없는 유일한 방법은 선점, 즉 히틀러의 위협을 미연에 방지하기 위해 일찌감치 조치를 취하는 것이다. 앞으로 살펴보겠지만, 이 방법을 시도했다면 확실히 성공했을 것이다. 이것이 바로 2차 세계 대전의 비극이다.

유화 정책의 전략적 논거

유화 정책의 논거는 오늘날 읽어 보아도 여전히 현명하고 실용적으로 보인다. 영국은 평화가 무너졌을 때 잃을 게 가장 많았다. 대영 제국은 세계 최대 규모로서, 대략 지구의 4분의 1을 차지하고 있었다. 1926년에 기록된 외무부 비망록은 이러했다.

우리에겐 영토에 대한 야심도, 영토 확장에 대한 욕심도 없다. 우리는 우리가 원하는 모든 것을 가졌다. 아마도 그 이상을 갖고 있을지도 모른다. 우리의 유일한 목표는 우리가 원하는 것을 지키고 평화롭게 사는 것이다. (중략) 세계 어느 곳에서든 전쟁이 벌어지거나 다툼 또는 마찰이 있다는 소문만 나도 영국의 무역과 금융 이익에 손실이 발생하는 게 사실이다. 영국의 무역과 금융은 다양하고 어디에든 존재하기 때문에 평화를 어지럽힌 결과가 무엇이든 간에 우리는 손실을 입을 것이다.

8년 뒤, 채터필드 경도 같은 취지의 말을 했다. 그는 "우리는 이미 세계 대부분 혹은 세계에서 가장 좋은 지역을 손에 넣었기 때문에 다른 사람들이 우리가 가진 것을 뺏지 못하도록 우리 것을 지키기만을 원한다."라고 설명했다. 영국의 방대한 책임을 고려할 때, 다른 국가의 안보를 걱정할 입장이 아닌 게 분명해 보였다. 보수당수 보나 로(Bonar Law)는 1922년, 다음과 같이 말했다. "우리만 홀로 세계 경찰 노릇을 할 수는 없다." 영국의 속국만 지키는 일도 여러 어려움 때문에 불가능할 수도 있는 현실이었다. 영국 참모총장이던 육군원수 헨리 윌슨 경의 말을 빌리자면 이러했다.(1921년의 저서에서) "우리의 작은 군대는 너무 흩어져 있다. 우리는 단 한 곳에서도 충분히 강하지 않다. 아일랜드, 영국, 라인 지역, 콘스탄티노플, 바툼, 이집트, 팔레스타인, 메소포타미아, 페르시아, 인도 그 어느 곳에서도 강하지 않다."

영국 해군 또한 이 사실을 곧 깨달았다. 싱가포르 해군기지 건설은 1921년 시작되었다가 1932년까지 연기되었는데, 본래 그 목적은 아시아에 제국 방위의 새로운 중심을 형성하기 위해서였다. 그러나 영국 해군이 유럽 해역에 집중되면서 그 기지는 강점이 아니라 약점이 될 징후를 보였다. 1921~1922년에 워싱턴 해군군축 조약이 체결될 당시 영국의 정책 입안자들은 미국에 동등한 주력함 보유 톤수를 허용하는 데 동의함으로써 해군력의 우위라는 역사적 목표를 포기했다. 이 조약은 미국의 해외 영토가 훨씬 적었다는 점을 감안하면 미국에게 유리했다. 대영 제국은 적어도 태평양에서는 더 이상 바다를 지배할 수 없었다. 1931년 4월, 영국 해군본부는 전쟁에 휘말릴 경우 영국의 해군력이 해상 수송로를 보호하는 데 필요한 수준에 미치지 못할 수도 있음을 인정했다. 1932년 2월, 각 군 참모총장은 인도와 영연방 자치령 해안선뿐 아니라 극동 지역의 영토 전체, 그리고 영국의 방대한 무역로와 수송로가 일본의 공격에 노출되어 있다는 점을 인정했다. 8개월 뒤, 그들은 유럽에서 전쟁이 발발할 경우 영국이 사태에 개입할 수단을 갖고 있기는커녕, 전쟁 개시 후 몇 달 동안 제국의 국경과 전진기지 지키기에도 빠듯한 정도임을 시인했다. 아시아에서 전쟁이 일어날 경우, 인도, 오스트레일리아, 뉴질랜드를 포함하여 영국의 속국과 보호령, 무역과 교통 모두 무한정 약탈당할 터였다.

백인들의 주요 정착지로 알려진 영연방 자치령은 1차 세계 대전에서 군수품과 병력의 공급처로서 중요한 역할을 했다. 영국 본토와 제국에서 동원된 전체 병사 가운데 16퍼센트 정도가 오스트레일리아, 캐나다, 뉴질랜드, 남아프리카 출신이었다. 전쟁이 끝난 뒤 자치령의 중요성은 더욱 커져서, 1938년 당시 영국 무역의 25퍼센트 정도를 차지했다. 1932년, 오타와에서 개최된 제국경제회의에서 제국 특혜관세를 채택한 것은 전 세계적인 보호주의의 물결에 대한 단순한 대응책이었다. 하지만 이 제도로 인해 영국의 각종 사업은 제국 시장에 더욱 의존하게 되었다. 영국의 모든 속령을 포함하여 대영 제국에 대한 수출은 전체 수출의 40퍼센트 이상을 차지했다. 영국의 투자가들 또한 법령이나 양차 대전 사이에 돈을 빌린 국가들의 채무불이행 때문에, 식민지나 영연방 자치령에 더 많은 돈이 묶여 있었다. 1924~1928년에 런던 시장에서 발행한 해외 자본의 가치 중 59퍼센트 정도가 제국의 차용자들을 상대로 한 것이었다. 10년 뒤, 그 비율은 86퍼센트까지 상승했다. 앞에서 보았듯이, 대영 제국은 주요 원료의 보고(寶庫)였는데, 군사기술이 갈수록 정교해짐에 따라 그 중요성은 더욱 커졌다. 1930년대에 전략적인 관점에서뿐 아니라 경제적인 관점에서 제국은 영국 본토에 가장 중요해 보였다. 그러나 제국의 군사적 (그리고 외교적) 중요성은 감소하고 있었다. 각 자치령은 다시 유럽에 커다란 분쟁이 발생했을 경우에 영국의 정책 입안자들이 자치령의 지원을 당연시할 수 없도록 못 박아 두었다. 1936년, 각 군 참모총장은 다음과 같은 의사를 밝혔다. "유럽에 대한 영국의 책임이 커질수록 우리의 제국과 제국 후방을 굳게 지킬 능력은 더 줄어들 것이다." 1936년 7월, 합동기획소위원회는 참모총장들에게 검토서를 제출하면서 유화 정책의 군사적인 논거를 정확히 짚어 주었다.

군사적인 관점에서 프랑스가 극도로 취약하고, 독일과 일본이, 경우에 따라서는 이탈리아까지 협약을 맺을 가능성이 있다. 또한 영국 본토 공격은 제국에 엄청난 위협이기 때문에, 현 상황에서는 독일과의 협약을 지향하는 정책이 요구된다. 우리의 주요 이익에 대한 독일의 위협을 유예하도록 만들어야 한다.

영국이 유럽에서 맡은 군사적인 책임은 정확히 무엇이었나? 1925년, 볼드윈 정권은 독일과 프랑스, 벨기에와 독일 국경을 베르사유에서 다시 그은 대로 보장해 주는 로카르노 조약에 서명했다. 그러나 참가국들은 독일의 동쪽 국경에 관해서는 별다른 확약을 하지 못했다. 게다가 1914년 이전에 그랬던 것처럼, 서유럽 안보에 대한 공식 약속 이후에 의미 있는 군사 비상 계획을 수립하지 못했다. A.J.P. 테일러는 이에 대해 다음과 같이 지적했다. "로카르노 조약은 화려한 고립이 다시 찾아왔음을 의미하는 듯했다." 그 결과 영국이 군비 축소 문제를 놓고 프랑스와 독일 간의 합의안을 중재하려 했을 때, 프랑스는 독일이 또다시 침입했을 경우 런던이 어떤 실질적인 보장을 할 수 있는지 물었다. 사실 이는 당연했다. 사실 군비 축소라기보다는 독일의 재무장 문제라고 해야 했는데, 1934년 1월에 작성된 영국의 계획서에는 독일 육군이 30만 명으로 세 배 증가할 것으로 예상되어 있었기 때문이다. 프랑스의 질문에 대한 대답은 아무런 보장도 해 주지 못한다는 것이었다. 영국의 벨기에 방어에 대한 책임은 논의의 여지가 있지만 1914년 당시보다 구속력이 있지는 않았다.

그러나 영국은 벨기에와 프랑스 안보에 아무런 이해관계가 없는 체할 수는 없었다. 1934년 5월에 작성된 국방운영위원회 보고서는 일본보다 독일이 영국에 더 큰 전략적 위협이므로 1914년처럼 독일이 침략할 경우 벨기에(어쩌면 네덜란드까지)의 파병 요청을 받을 수도 있음을 내각에 일깨워 주었다. 실제로 공군력의 중요성이 점차 커짐에 따라, 영국 해협 해안이 적국의 손에 들어가서는 안 된다는 사실이 전보다 더 절박하게 부각되었다. 따라서 독일은 영국의 '장기' 국방 정책에서 늘 고려해야 하는 잠재 적국이었다. 그렇다면 그 '장기' 정책은 어떤 형태를 띠어야 했는가? 1914년에 얻은 한 가지 교훈은 유럽에서 소규모 상비군으로는 독일군을 저지할 수 없다는 사실이었다. 그러나 서유럽에 배치할 수 있는 대규모 지상군을 확보하는 안은 런던(즉 영국에 기지를 둔)의 공군력을 80개 이상의 비행대대로 증강하는 방안에 밀려났다. 그 결과 육군은 1914년 당시와 마찬가지로 '야전군'으로서 영국해협을 건너 파병할 수 있는 정규 사단이 5개 정도에 불과하게 되었다. 1937년 말 무렵엔 그나마 사실상 축소되었고, 1938년에는 제국 내 분쟁지에서만 동원할 수 있는 해외 파견군으로 전환되었다. 사실상 무력했던 국방조정부 장관 토머스 인스킵(Thomas Inskip) 경은 영국이 위험을 무릅쓰고 있다는 사실을 모르지는 않았다.

만약 프랑스가 또다시 지상군에게 완패할 위험에 빠지면, 지난번 전쟁에서처럼 임시변통으로 군대를 조직하여 프랑스를 도와야 한다. 이런 일이 발생한다면 정부는 너무나 명백한 위급 사태에 대한 준비 소홀로 분명히 비난받을 것이다.

그럼에도 전쟁성장관 레슬리 호어벨리샤의 표현대로 "대륙에 대한 책임을 맨 마지막에 놓는" 결정이 내려졌다. 군사작전과 정보국 수장이던 헨리 파운올 경은 크게 놀랐지만 그의 의견은 받아들여지지 않았다. 믿을 수 없는 일이지만 군 예산은 독일이 오스트리아를 합병한 이후 사실상 축소되었다. 하지만 상황은 뮌헨 위기 무렵에 결코 좋아지지 않았다. 1939년 2월이 돼서야 유럽 해외 파견군 조직을 다시 모색했는데, 그토록 위급한 순간에도 유럽 해외 파견군은 고작 6개 정규 사단과 4개 의용군 사단으로 구성되었다.

공군력에 기댄다는 이론의 근거는 이후 나타날 어려움이 상당히 많았기 때문에 더 깊이 살펴볼 만하다. 앞에서도 살펴보았듯이 영국의 증강된 공군의 역할은 방어가 아니라 공격이었다. 이후 총리직에 오른 체임벌린에 따르면, 영국 공군은 아무도 감히 덤빌 생각을 못 할 정도로 놀라운 힘을 갖출 터였다. 만약 영국이 공중 폭격으로 독일 도시를 초토화하겠다고 협박할 수 있다면, 독일군은 이웃 국가들에 대한 무력 사용을 단념할 것이고 히틀러 역시 포기할 거라는 짐작은 영국의 속마음을 고스란히 반영하고 있었다. 영국인들은 독일의 폭격기를 너무나 두려워했기 때문에, 히틀러 역시 영국의 폭격기를 두려워할 것이라고 생각했다. 비행기 숫자에 관한 한 독일이 영국보다 우세하다는 처칠의 생각이 옳긴 했지만, 영국의 분석가들은 런던 주민에게 피해를 입히는 독일 공군의 능력을 조직적으로 과대평가했다. 이는 그 자체로 중대한 실수였다. 그로 인해 1938년 영국 정부가 히틀러의 위협을 과장했기 때문이다. 결국 그들은 초토화된 런던을 상상하는 대신, 현실적인 최악의 시나리오를 고려하게 되었다. 또한 공군 참모들이 전략상 중요한 영국의 폭격 부대를 실제로 어떻게 운용할지 신속히 생각해 내지 못했다는 것도 통탄할 일이다. 1939년 9월, 전쟁이 터지자 독일의 주요 산업 시설에 대한 폭격이 지나친 희생을 낳을 거라는 결론을 내린 폭격 부대는 선전물을 투하하는 작업만 수행했다. 그중에서도 가장 충격적인 것은 영국이 최후의 순간까지 방공(防空)을 상대적으로 소홀히 했다는 점이다. 그런데 1940년에 방공 능력은 영국을 구해 내는 데 크게 기여한다. 사실 헨리 티자드가 이끄는 항공연구부가 중요한 업무를 수행하는 중이었다. 이 연구부는 일찍이 1935년, 국립물리연구소의 로버트 왓슨와트가 개발한 레이더 기술을 채택한 바 있었다. 그러나 공군성은 공격해 오는 폭격기를 도중에서 차단할 수 있는 전투기에 투자할 필요성을 재빠르게 감지하진 못했다. 또한 장거리 폭격기를 강조함으로써 벨기에와 프랑스의 전략적 중요성이 감소하는 부작용이 나타났는데, 이는 처음부터 영국 내 기지에서 폭격기가 출격할 것으로 가정했기 때문이다.

영국은 일본이 아시아 식민지들을 공격할 경우 방어할 수 없으리라 판단했다. 그들은 독일이 서쪽을 공격하면 벨기에와 프랑스를 방어하지 못할 것이며, 동쪽의 폴란드와 체코슬로바키아는 더더욱 지켜 내지 못할 것이라고 보았다. 또한 히틀러가 영국 해협을 건너 공군을 보내면 런던을 지킬 수 없다고 생각했다. 아니, 자신들이 그 사실을 안다고 생각했다. 1938년, 놀랍게도 영국은 자신들이 가망 없을 정도로 공격에 취약하다는 점을 너무나 확신한 나머지, 이탈리아 해군에 맞서 싸워 볼 생각조차 하지 않았다. 1938년, 참모총장들은 프랑스와의 참모회의마저 없애 버렸다. 참모회의라는 말 자체가 사악한 취지에서 나왔고, 상호 군사 협력을 가정한 인상을 주기 때문이라는 것이다. 집어치워!

유화 정책의 경제적 논거

이토록 취약한 상황을 국방비를 늘려 타개할 수는 없었을까? 그렇지는 않았다. 하지만 신속한 재무장을 추진할 경우, 안 그래도 불안한 경제 회복에 악영향을 미친다며 재무부 고급 관리들이 난색을 표했다.

1차 세계 대전 참전으로 영국의 국가 채무는 열두 배가 늘었다. 1927년 당시 채무는 국내총생산의 172퍼센트에 이를 정도였다. 채무에 대한 이자는 1920년대 말에 공공 지출의 40퍼센트 이상을 차지했다. 처칠이 1925년, 재무장관으로서 다시 금본위제를 채택하는 결정을 내린 뒤에 예산이 흑자로 돌아서고 환율이 높게 평가된 것은 제조업 분야 일자리를 희생하고 달성한 결과였다. 빅토리아 시대 말기의 주요 산업, 즉 석탄, 철, 조선, 섬유 산업은 이제 전 세계에서 가동되었다. 영국 상품의 수출 시장은 가차 없이 줄어들었다. 여전히 막대했던, 영국의 해외 투자와 금융 서비스, 해운업으로 벌어들이는 '보이지 않는' 이익 또한 타격을 받게 되었다. 전쟁이 노동력에 미친 피해는 그리 뚜렷하지 않았지만 어찌 보면 심각했다. 전쟁 초기에 새로운 사단 병력을 충원하는 데 이용된 지원병 제도하에서 다수의 숙련 노동자들이 입대했는데, 이들 중 상당수가 전사하거나 일을 하지 못하게 되었다. 전후 문제를 해결하는 공식적인 방법은 개념상 빅토리아 시대에 어울렸다. 예산은 균형을 이루어야 하고, 파운드화는 금본위제로 돌아가야 하며, 자유 무역을 회복해야 했다. 긴축을 내세워 국방비도 줄였기 때문에 총 공공 지출 대비 국방비는 1913년의 30퍼센트 수준에서 20년 뒤에는 겨우 10퍼센트를 넘는 정도로 떨어졌다. 볼드윈은 국제평화협회에서 이렇게 말했다. "맹세컨대, 엄청난 군사력 증강은 없을 것입니다." 그는 10년 원칙이 군비 지출 동결을 의미한다고 말한 것이다. 1932년, 이 원칙을 포기했을 때도 재무부는 "금융, 경제 위기가 국방 예산을 증액하는 데 악영향을 미친다."라고 주장했다.

체임벌린이 재무장관을 역임했을 때, 그는 군사적으로 중요한 항목에 명확히 순서를 매겨야 재무부 생활이 편해질 것으로 믿어 국방운영위원회 창설을 추진했다. 그는 독일을 가장 무서운 잠재 위협국으로 간주하는 의견을 적극 받아들였다. 그러나 대륙에서 해외 파견군을 창설하여 유지하는 데 필요한 9700만 파운드의 추가 지출을 막은 사람도 체임벌린이었다. 그가 폭격기에 기초한 억제 전략을 선호한 데는 다른 대안보다 돈이 덜 들 거라고 보았기 때문이다. 1935년 11월, 국방운영위원회가 이상적인 재무장 계획 자금을 방위 차관을 통해 조달하자고 제안하자, 재무부는 크게 놀랐다. 또다시 체임벌린은 해군과 육군의 방위비를 삭감하자고 주장했다. 하지만 영국 공군(RAF) 역시 너무 많은 비용을 지출하는 것으로 보이기 시작했다. 재무부의 한 관료는 뮌헨 회담 이후 이렇게 말했다. "우리가 공군성의 최근 제안을 행동으로 옮긴다면, 이 나라 전체 경제에 큰 타격을 입히고 히틀러가 가장 유쾌하게 생각할 평화적인 승리를 그에게 안기고 말 것이다." 실제로 영국 공군은 3군 중에 가장 좋은 대우를 받았다.(체임벌린은 언제든 히틀러와 공군 협정을 체결하면 그 대가로 군사비를 감축할 준비가 되어 있긴 했다.) 재무부는 육군과 해군의 추가 자금 요구를 대수롭지 않게 여겼다. 처칠이 1936년부터 여러 차례 국방비 증액을 요구했지만 체임벌린은 즉석에서 거절했다. 1937년에만 거금 4억 파운드의 재무장 자금을 조달하기 시작했는데, 그때도 체임벌린은 세금을 올려 늘어날 비용을 메우려고 했다. 그의 후임자인 존 사이먼 경은 1937년 4월부터 1942년 4월까지의 총 방위비를 최고 15억 파운드로 제한해야 한다고 주장했다.

어쨌든 독일과 경제 분야의 관계를 맺으면 나치 정권의 관심을 침략에서 다른 쪽으로 돌리는 데 도움이 될 거라고 기대했다. 한편으로, 영국은행과 재무부 관리들은 독일과의 무역을 유지하여 독일이 채무불이행을 선언하는 사태를 피하고자 했다. 다른 한편으로, 인플레이션을 방지하고 경상수지 적자를 줄이면서 대규모 재무장에 착수하려면 반드시 필요한 경제 통제에 반대했다. 공군성 장관 스윈턴 자작이 항공기 제작 속도를 높이려면 숙련 노동자들을 민간 부문에서 국방 부문으로 이동시켜야 한다고 주장하자, 체임벌린은 이는 고용주와 종업원의 '상호 합의'하에 이루어져야 하며 정부는 최소한의 개입밖에 할 수 없다고 대답했다. 1차 세계 대전 당시 평소와 다름없이 국가 체제를 유지하자던 실패한 좌우명이 되살아나는 듯했다. 인스킵의 표현에 따르면 "전통적인 재정 안정이 영국 방위에서 '네 번째로 중요한 부문'이 되었던" 것이다. 재무부는 언제나 국제수지와 환율을 첫째 임무로 삼았다. 전쟁이 길어지면 영국의 해외 신용이 1914~1918년보다 훨씬 더 나빠질 수도 있다는 우려가 깊어졌는데, 1930년대 말에 발생한 경상수지 적자로 영국의 순채권국 지위와 금본위제, 파운드화 강세 기조가 점점 무너지고 있었기 때문이다. 이 모든 이유로 1938년이 돼서야 국방비 지출은 국내총생산의 4퍼센트를 초과하게 되었고, 1939년에 정부 적자에 대해서도 똑같은 얘기를 할 수 있게 되었다.(그림 9-1 참조)

유화 정책을 지지하는 경제적 논거에는 영국의 경제적 약점만큼이나 강점이 반영되었다. 독일과 미국에 비해 영국의 상황은 그리 심각하지 않았다. 일단 영국이 1931년 9월에 금본위제에서 이탈하고 영국은행이 금리를 2퍼센트까지 인하하자, 북부의 오래된 공업 지역이 아니라 중부와 남동부 지역에서 상당히 빠르게 경기가 회복되었다. 이 지역들에서는 새로운 산업과 서비스업이 등장했다. 저리의 자금 또한 트렌트 강 이남 잉글랜드 지역의 건설 경기에 활력을 불어넣었다. 그러나 이에 걸맞은

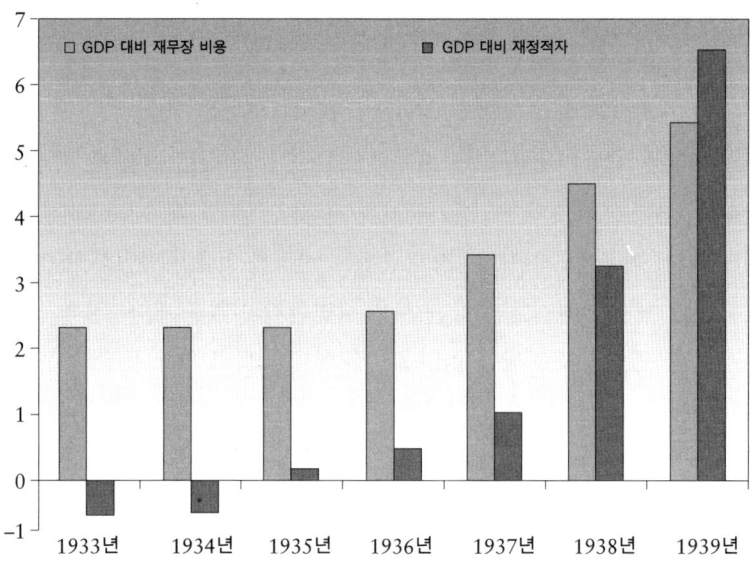

그림 9-1. 1933년~1939년, 영국의 GDP 대비 재무장 비용 및 재정적자 비율

증세나 정부 계획의 축소가 따르지 않을 경우, 엄청난 규모의 재무장 지출은 경기과열을 야기할 수도 있다는 주장이 제기되었다. 케인스는 『어떻게 전비를 조달할 것인가(How to Pay for the War)』에서 대규모 국방비가 지출될 경우, 소비에 높은 세금을 물림으로써 1차 세계 대전 당시보다 훨씬 더 엄격하게 경제를 통제해야만 인플레이션과 국제수지 악화를 피할 수 있다고 주장했다. 그러한 반자유주의적 정권을 평화 시에는 상상할 수조차 없었다. 1939년 4월, 케인스는 전쟁 전 재무장을 제약하는 요인들을 똑똑히 설명했다. "첫째는 노동력 부족이며, 두 번째는 해외 자원 부족이다." 이번만은 그가 일반적인 통념을 명확히 지적하고 있었다. 재무부의 프레더릭 필립스 경이나 엔지니어링 기업인 G. & J 위어의 회장 위어 경 등, 저명한 권위자들도 똑같이 말했다. 기술 부족은 엔지니어링만이 아니라 건설 부문에서도 문제가 될 소지가 있었다. 케인스가 회

원으로 몸담고 있던 경제자문위원회는 1938년 12월, 국제수지가 전체 상황의 열쇠라고 보고했다.

그러나 이러한 우려는 분명 과장된 측면이 있었다. 연평균 소비자물가 상승률은 1937년 9월에 7퍼센트에 약간 못 미친 최고치를 찍고 이후 급락했으며(그림 9-2 참조), 장기금리는 전쟁이 일어날 때까지 4퍼센트가 채 안 됐기 때문에, 재무부는 정책 운용에 상당한 여유가 있었다. 1937년에 사람들이 경기침체를 우려한 것은 당연한 일이었다. 당시 정책 운용이 느슨한 편이었기 때문에 차입을 상당히 늘렸다고 해도 민간 부문 투자를 위축시키지는 않았을 것이며, 반대로 성장을 자극했을 수도 있었다. 숙련 노동자에 관해서는, 체임벌린이 경제적인 이유로 정교한 공군력을 통한 전쟁 억지책에 전념했고, 숙련 노동자 비율을 떨어뜨릴 경우 연합공학기술자노조의 살벌한 지도부가[1] 적으로 돌아설까 봐 정부가 노심초사했기 때문에, 이 문제는 단지 논쟁 거리에 불과했다. 실제로 재무장 계획은 초창기 항공공학뿐 아니라 주요 산업 또한 자극했다. 해군은 제한된 예산 아래 함선을 건조해야 했고, 육군은 총과 탱크, 제복이 필요했다. 따라서 철과 석탄, 의류 부문 모두 재무장을 통해 이득을 얻었다. 재무부의 비관주의자들이 염려한 대로 숙련 노동자의 임금이 크게 증가하지 않았다. 반대로 임금 격차는 줄었다. 경제적으로나 전략적으로 더 합리적

---

1) 연합공학기술자노조(AEU) 의장인 J. C. 리틀과 인스킵이 나눈 의미 있는 대화를 참조하라. "리틀: 솔직히 지금까지 당신의 정책이 만족스럽지 않기 때문에, 우리 노조원들에게 긴장을 늦추라고 권할 이유가 없습니다. 인스킵: 우리 외교정책 말씀이십니까. 리틀: 당신이 그렇게 부른다면, 외교 정책이라고 하지요." 리틀의 발언은 스페인 내전에서 영국 정부가 취한 '불간섭' 정책을 꼬집은 것이다. 다수의 노조 활동가들은 특히 스페인의 합법적인 공화국 정부의 반대 세력들이 이탈리아와 독일의 원조를 받고 있다는 점에서, 영국의 불간섭 정책은 배신 행위라고 생각했다. 사실 연합공학기술자노조가 더 우려한 것은 1차 세계 대전 당시처럼 노동 희석(숙련이 필요없는 일에 임시로 비숙련공을 쓰는 일—옮긴이) 뒤에 실업이 발생할 수도 있다는 점이었다. 운송및일반노동조합(Transport and General Worker's Union) 사무총장 에니스트 베빈(Ernest Bevin)은 AEU가 폭격이 엄습할 때까지 노동 희석에 저항할까 봐 걱정했다. 그의 생각은 거의 옳았다.

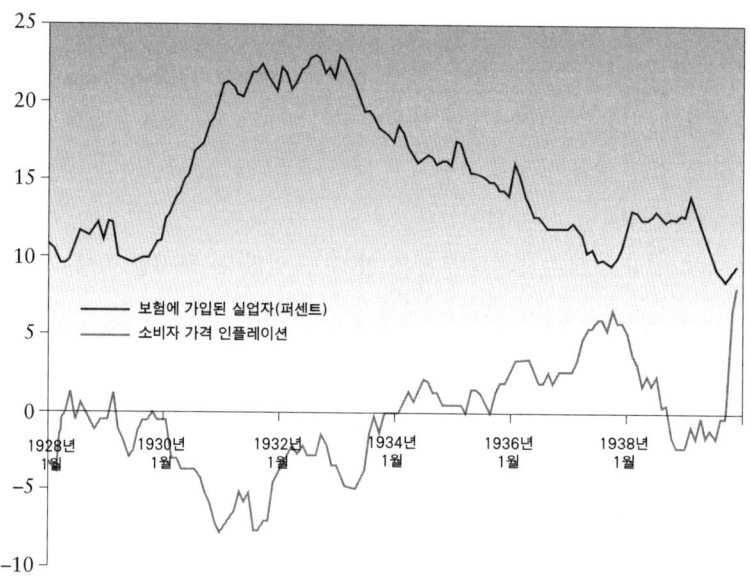

그림 9-2. 1928년~1939년, 영국의 실업률 및 인플레이션

인 정책을 세워 실행했다면, 더 많은 선박과 탱크를 만들고, 1939년 1월에도 보험 가입 노동자의 14퍼센트를 차지했던 실업자들을 징집하여 독일이 무시할 수 없는 해외 파견군을 육성할 수 있었을 것이다.(그림 9-2 참조) 확대된 해군과 새로이 조직된 공군, 100만 규모의 육군에 충원할 인력이 부족하다는 체임벌린의 걱정은 그저 기우였을 뿐이다.

마지막으로, 국방이 재정 우선순위에서 네 번째로 밀릴까 봐 초조해 한 이유는 영국이 재정적으로 매력적일 경우에만 열강들이 전쟁 비용을 빌려 줄 것으로 짐작했기 때문이다. 그러나 미국과 영연방 자치령은 독재자들을 물리치기 위해서라면, 그리고 대서양 수출 선적이 중단되는 사태에 직면할 경우에 전략적으로나 경제적으로 영국에 돈을 빌려 줄 개연성이 높았다. 어쨌든 1930년대 말의 경상수지 적자 규모는 연간 국내총

생산의 1퍼센트 정도로, 그리 심각하지 않았다. 이에 비해 해외 순소득은 37억 파운드(170억 달러)에 달하는 해외 자산 중 적어도 3.5퍼센트를 차지했다. 영국은 1938년 당시 빈털터리가 아니었다. 여기서 결정적으로 중요한 점은 영국의 경화 보유고가 계속 줄었다면 1939년이나 1940년경에 파산할 수도 있다는 점이었다.

당시 영국은 복수심에 재무장을 할 수도 있었다. 하지만 유행에 뒤떨어진 경제학의 허술한 전제 위에서 찰스 디킨스 소설에 나오는 미코버 씨의 원칙을 채택했다. 갚아야 할 빚이 있다는 생각에 답답함을 느낀 영국은 불쑥 나타나는 요행을 바랐다. 대공황으로 일본, 독일, 이탈리아는 해외 정복을 생각하게 되었다. 같은 상황에서 영국은 그들을 막을 수 있는 방책이 거의 없다고 확신했다.

굴욕적인 고립

유화 정책의 전략적, 경제적 논거를 믿는 사람들에겐 영국이 우군이란 우군은 죄다 끌어 모아야 한다는 생각이 매우 합당해 보였다. 1937년 12월, 참모총장들은 이렇게 말했다.

> 우리는 영국의 국방력이 언제쯤이면 무역과 영토, 독일, 이탈리아, 일본에 대한 주요한 이해관계를 동시에 보호할 수 정도로 강력해질지 예측할 수가 없다. (중략) 제국 방어라는 관점에서 잠재적인 적을 줄이고 잠재적인 동맹국의 지원을 확보하는 데 필요한 정치적, 국제적 행동의 중요성은 아무리 강조해도 지나치지 않다.

그러나 이 잠재적인 동맹국들은 어디인가? 프랑스가 1920년대 이후 영국보다 상당히 많은 국방비를 써 왔지만, 대부분 방어를 위한 요새 공사에 투자했다. 이는 결코 건전하지 않은 심리학적 효과를 노린 투자였다. 루이 바르투 프랑스 외무장관은 독일의 동쪽 인접국들의 국경을 보장하기 위해 '동부의 로카르노 조약'을 체결하려고 애썼고, 1936년에는 프랑스소련상호원조 조약의 기초를 놓았다. 그러나 영국의 반응은 뜨뜻미지근했다. 프랑스가 군비 문제에서 기꺼이 독일에 더 많이 양보해야 한다는 게 런던의 생각이었다. 1937년, 레옹 블룸 프랑스 총리는 평화 유지를 위해 동유럽과 해외에서 독일에 양보해야 한다는 의견을 받아들였다. 그러나 체임벌린은 프랑스를 거의 신뢰하지 않았고, 유사시에 효과적인 영국-프랑스 공동 조치를 강구하는 일에서 사실상 손을 놓았다. 대부분의 보수당원들은 이데올로기적인 이유 때문에 소련에 극도의 혐오감을 품었는데 체임벌린도 그중 한 사람이었다. 당시 상황 분석에 따른 논리적 귀결에도 불구하고, 처칠마저도 소련을 자신이 생각하는 대동맹에 포함하기 어렵다고 생각했다. 따라서 1934년, 빈에서 무위로 돌아간 나치의 폭동에 강경한 입장을 보였던 무솔리니에게 많은 희망을 걸었다. 사실 이는 이탈리아의 힘을 과신했을 뿐 아니라 현 상태를 뒤집으려는 무솔리니의 욕망을 과소평가한 것이었다. 결국 무솔리니는 아비시니아를 침략하고 자신을 협상 테이블에 끌어내리려는 모든 유인책을 무시함으로써 숨겨 둔 야욕을 여실히 드러냈다. 1935년, 영국, 프랑스, 이탈리아가 구축한 스트레사 전선은 말 그대로 전선에 불과한 것으로 드러났다. 이탈리아의 배신으로 영국과 프랑스는 일단 무엇을 할지 합의조차 하지 못했다. 양국은 아비시니아에서 무솔리니를 내몰지, 히틀러를 라인란트에서 내몰지 결단하지 못했다. 결국 두 나라는 아무것도 하지 못했다. 영국과 프랑스가 보인 이러한 부조화 패턴은 프랑스에 인민전선 정부가 잠시 집권하자 양국 정부의 정치적 입장 차이 때문에 사라지지 않았는데 전쟁 발발 전까지 상황은 바뀌지 않았다. 심지어 오스트리아 합병 이후에도 체임벌린은 전쟁 발발 시 프랑스를 지원하겠다는 매우 모호한 암시조차도 할 마음이 없었다. 불행히도 1938년 4월, 에두아르 달라디에르가 총리직에 오른 뒤 프랑스의 입장은 여전히 모호했다. 특히 조르주 보네 외무장관의 타고난 소심함 때문에 더더욱 그러했다. 한편, 영국은 중국에서의 이해관계와 일본과의 전쟁을 피해야 할 필요성 사이에서 고민했다. 영국의 걱정거리는 독일, 이탈리아, 일본의 동맹이었다. 그러나 영국과 프랑스가 군사 보복 대신 외교적인 임시 조치로 걱정거리를 무마하려 할수록 그런 사태가 발생할 가능성은 오히려 더 커졌다.[2]

한편, 미국인들도 독일을 달래는 데 매우 적극적이었다. 프랭클린 루스벨트는 취임하자마자 폴란드 회랑을 독일에 돌려주자고 제안했다. 1935년에는 새뮤얼 L. 풀러를 비공식 밀사로 베를린에 보내, 히틀러 측의 평화적 해결 조건을 타진했다. 더욱 야심찬 다자간 무역자유화 조치를 찬성한 코델 헐 미 국무장관은 독일과 양자 간 경제 협정 체결을 기초로 한 영국의 유화 정책을 거부했다. 그러나 최종 결과는 그리 다르지 않았다. 미국의 경우 1934년부터 1938년까지, 대독일 자동차 연료와 윤활유 수출은 거의 세 배 증가했다. 미국 기업은 독일이 수입한 인산염(비료에 들어가는) 물량의 31~55퍼센트를 공급했다. 독일은 또한 구리와 구리 합금의 28퍼센트, 우라늄, 바나듐, 몰리브덴의 67~73퍼센트, 철과 파쇠의 절반을 미국에서 수입했다. 스탠더드 오일, 제너럴 모터스, 듀퐁, IBM 등의 미국 기업은 독일에서 영업을 확대했다. 1940년, 미국의 대독일 직접 투자액은 2억 600만 달러에 달했는데, 이는 영국에 대한 투자액 2억 7500만 달러보다 그리 적지 않고, 프랑스에 대한 4600만 달러를 크게 초

---

[2] 1936년 11월, 독일과 일본은 방공 협정에 조인했는데, 이 협정에는 한쪽이 소련과의 전쟁에 휘말릴 경우 개입하지 않는다는 비밀 조서가 포함되어 있었다. 1937년 11월, 무솔리니는 오스트리아 합병에 대한 반대 입장을 철회했다. 대신 히틀러가 오래전부터 생각해 온 대로 남티롤 독일인에 대한 이탈리아의 통치권을 계속 인정하기로 했다. 1938년 2월, 독일은 만주국을 인정했다.

과하는 수준이었다. 미국은 이미 아시아에서 자국의 이익을 추구하면서, 다른 국가들에겐 침략에 반대하는 입장을 취하도록 요구하곤 했다. 루스벨트가 유럽에서도 똑같이 행동하려 하자, 체임벌린은 미국이 '상스러운 사람들의 나라'라고 결론지었다. 그는 자신의 누이 힐다에게 이렇게 말했다. "미국에는 공허한 약속 외에는 아무것도 기대하지 않는 편이 가장 안전할뿐더러 최선의 방법이다." 그러면서 1938년에 열강 회의를 개최하자는 루스벨트의 요구에 꾸물거리며 대답을 미뤘다. 그런 감정은 양쪽이 마찬가지였다. 루스벨트는 이렇게 의견을 피력했다. "영국인과 협상 테이블에 앉으면, 대개 영국인이 거래의 80퍼센트를 갖고 우린 남은 것을 갖게 된다." 런던 주재 미국 대사였던 조지프 케네디 경이나 베를린 주재 대사 휴 윌슨 등은 히틀러가 중동부 유럽에서 자유롭게 행동하도록 방치하는 데 반대하지 않았다. 더욱이 미국의 정책 결정자들, 특히 루스벨트는 대영 제국이 해체되길 바라는 속내를 숨기고 있었다.

그러나 영국의 책임이 과도하고 자금과 우군이 충분하지 않다는 점에서, 단순히 외교적인 양보를 통해 평화를 얻길 바란다는 것은 보기와는 달리 현명하고 실용적인 전략은 아니었다. 왜냐하면 외교 실패로 인한 결과를 충분히 고려하지 않았기 때문이다. 해군장관이었던 더프 쿠퍼(Duff Cooper)는 이 사실을 알고 있는 몇 안 되는 각료였다.

정부의 첫 번째 임무는 충분한 국방력을 확보하는 것이다. 충분한 국방력은 국가의 재정력보다 더 쉽게 확인할 수 있다. 내가 보기에 전자를 과소평가할 경우 맞닥뜨릴 위험은 후자를 과대평가하는 경우 나타날 위험보다 더 심각하다. 재정력을 과대평가하면 단순히 심각한 재정 곤란과 과중한 세금, 생활 수준의 하락 및 사회 서비스 감소가 발생하는 반면, 충분한 국방력을 과소평가한다면, 전쟁에서 패할 수도 있기 때문이다.

재무부가 보기에 1930년대 중반에 신속한 대규모 재무장 비용을 감당하기 어려울 수도 있었지만, 만약 히틀러가 대륙을 지배하는 데 성공하고, 독일, 이탈리아, 일본이 대영 제국을 상대로 공동전선을 편다면, 1940년대에는 비용이 더 많이 들었을지도 모른다. 정책 결정자들은 최악의 시나리오가 발생하지 않기를 바라지만, 정치가에겐 이를 예측하여 자신이 대표하는 국민들에게 불행한 사태가 일어나지 않도록 방지할 도덕적 의무가 있다. 볼드윈과 체임벌린은 바로 이러한 도덕적 의무를 다하지 못했다. 사실 그들의 개인적인 경험에 비춰 보면 아이러니한 일이었다. 상업 국민[3] 전체가 맞닥뜨릴 가능성이 있는 광범위한 위기에 대비해 보험을 들길 거부했으니 말이다. 더없는 아이러니는 그 보험금 자체가 상당히 적을 수도 있었다는 점이다. 실제로 영국 국민들은 보험을 들기에 충분한 돈을 지불하고 있었는지도 모른다. 그러나 그 지도자들은 희망 섞인 기대에 사로잡혀, 너무 늦게까지 가입자의 권리를 주장하지 않았다.

유화 정책의 사회적 특징

이렇듯 심각하고 경솔한 오판을 어떻게 설명할 수 있을까? 그 원인을 대중적인 평화주의에서 찾는 것만으로는 충분치 않을 것이다. 1935년, 동풀햄(East Fulham)에서 있었던 보궐선거나 같은 해에 발생한, 옥스퍼드 유니언의 악명 높은 '왕과 조국 투표' 등의 사건들로부터 정확한 결론을

---

[3] 종종 (영국 국민을 '상업 국민'으로 부른) 나폴레옹이 처음 이 표현을 썼다고들 하지만, 실제로는 애덤 스미스가 『국부론』에서 처음 쓴 표현이다. "고객을 얻으려는 한 가지 목적을 위해 거대한 제국을 세우는 것은 얼핏 보면 상업 국민에게만 어울리는 사업처럼 보일 수도 있다. 그러나 그것은 상업 국민에게는 전적으로 어울리지 않는 사업으로, 자기네 정부가 상인들의 영향을 받는 국민에게 특히 어울리는 사업이다."

얻을 수도 없다.[4] 조지 랜즈베리와 스태퍼드 크립스 경처럼 군대를 거의 무조건 포기하는 데 찬성한 사람들은 노동당 내에서도 소수에 불과했다. 재무장에 대한 인기 있는 대안은 평화주의가 아니라 집단 안보였다. 민주지배연맹이나 국가평화위원회, 국제연맹협회, 평화서약연합 같은 조직들 덕분에 정치적 영역을 아우르는 국제연맹에 대한 대중의 지지는 상당했다. 국제연맹협회장 길버트 머리는 1928년에 이렇게 말했다. "모든 정당이 연맹에 서약했다. (중략) 전현직 수상들이 연맹을 지지한다. (중략) 국회의원이 되려는 지원자들은 어느 누구도 감히 공개적으로 연맹에 반대하지 않는다." 더욱이 영국 유권자들은 힘 있는 연맹을 원했다. 1935년, 1100만 명이 넘는 유권자들이 소위 '평화 투표'에서 설문지를 제출했는데, 1000만 명이 넘는 이들이 침략국에 대한 비군사적 제제를 선호했고, 700여 만 명이 비군사적 제제가 효과적이지 않을 경우 집단적인 군사 행동 원칙을 받아들였다. 하지만 연맹의 군사적인 능력이 어디에서 나올지 아무도 몰랐으니, 차라리 군비 축소에 대해 이야기하는 편

---

4) 1933년 2월 9일의 발의안은 이러했다. "이 단체는 어떤 경우에도 왕과 조국을 위해 싸우지 않을 것이다." 이 안은 275대 153으로 통과되었다. 처칠은 이것이 비참하고 치사하며 파렴치한 언명이라고 비난했다. 《선데이 타임스》는 불필요하고 상당히 품위 없는 행동이며 결코 옥스퍼드의 생각을 대표하지 못한다고 비난했다. 그 결과는 당시 옥스퍼드 유니언에 대한 좌파의 영향력을 의미했으며, 평화주의를 찬성하는 투표가 아니라 정부에 반대하는 투표로 이해하는 것이 가장 좋다. 1년이 채 안 된 뒤에 패트릭 레이 퍼머(Patrick Leigh Fermor)는 독일 여행 중에 그 투표에 대한 질문을 받고 그 사건이 단순히 구세대에 대한 저항 행위라고 설명했다. "'왕과 조국을 위한 싸움'이란 표현 자체는 과거 신병 모집 포스터에 잘 나오는 진부한 표현이다. 아주 열렬한 애국자라 해도 가슴 깊이 느끼는 감정을 설명하는 데 그렇게 표현하지는 않을 것이다." 나와 대화를 나눈 사람들은 "왜 그렇지 않죠?"라고 물었다. 나는 허둥대며 말했다. "'왕과 조국을 위하여'라는 표현은 독일인들에겐 다르게 들릴 것이다. 그것은 여전히 우렁차게 울리는 집합 나팔 소리였다. 내가 무슨 얘길 하고 있지? 어쩌면 그 발의는 부르주아를 놀라게 할 목적으로(pour épater les bourgeois) 행해진 것이었다." 그때 불어를 조금 할 줄 아는 누군가가 도와주려 했다. "아, 시민들을 놀라게 하려고 했다고요?(Um die Bürger zu erstaunen? Ach so!)" 나는 잠시 멈칫하다가 다시 입을 열었다. "그냥 농담입니다." 그들은 물었다. "농담이라고요?" 나는 노려보는 듯한 눈빛에 둘러싸였다. (중략) 나는 주위 독일인들의 눈에서 경멸의 눈빛과 승리감이 번뜩이는 걸 감지할 수 있었다. 그들은 내 말이 옳다면 영국은 완전히 타락하고 천박해져서 아무런 문제 제기를 할 수 없다고 확신하는 것처럼 보였다.

이 훨씬 나았다. 만주 너머에서 일본이 아무런 처벌도 받지 않고 연맹의 권위에 도전했다는 사실을 직시하는 사람은 거의 없었다. 일본과 뒤이어 독일까지 연맹에서 탈퇴함으로써 국제연맹은 국제기구로는 죽은 거나 마찬가지였다. 여기에 무솔리니의 아비시니아 침략은 최후의 일격이었다. 잠깐 동안은 영국이 해군력과 경제 제재를 통해 연맹의 영장을 집행할 것으로 보였다. 하지만 뒤이어 외무장관 새뮤얼 호어 경과 프랑스 총리 피에르 라발이 아비시니아를 이탈리아에 넘겨주는 거래를 제안했다는 사실이 밝혀졌다. 그리고 만주국 사태가 발생했다. 이 사태의 다른 점이라면 서양 정치인 한 명이 대가를 치렀다는 것이다. 운이 나빴던 호어는 결국 사임했다. 씩씩한 앤서니 이든이 그의 뒤를 이었는데, 그는 집단안보를 통한 평화를 약속했다. 몇 달이 지나지 않아 아비시니아의 저항 세력은 무너졌고, 독일은 라인란트로 진격해 들어갔다. 하지만 사람들은 힘의 균형이 이미 과거지사가 되어 버렸는데도 이 엄연한 현실을 직시하지 않고 연맹에 매달렸다.

1936년 3월, 처칠이 보수당 외교문제위원회를 상대로 "지난 400년 동안 영국의 외교정책은 대륙에서 가장 공격적이고 위압적인 열강에 맞서는 것, 특히 북해 연안의 저지대가 그런 열강의 수중에 떨어지는 사태를 방지하는 것이었다."라는 사실을 일깨우려 했을 때, 그가 고립무원 상태였다는 점은 간과하기 쉽다. 처칠만큼 영국의 호전적인 과거에 매혹된 사람은 거의 없다. 1940년에 여실히 나타나듯이, 영국 국민들에게 그 과거를 다시 일깨우기가 어려운 것은 아니었다. 일찍이 1936년 4월에 알프레드 짐머른 경은 해럴드 니콜슨에게 라디오로 한 달 동안 대중을 설득하면 체코슬로바키아를 위해 싸우게 할 수 있다고 말했다. 체임벌린이 1937년에 수상직에 오른 시기부터 토리당의 평의원들 사이에선 유화 정책에 대한 불만이 제기되었다. 그리고 오스트리아 합병(1938년) 직후 실시된 여론조사에서 유화 정책에 대한 대중의 환멸이 증가하고 있다는 사실 또한 밝혀졌다. "독일이 오스트리아에 그랬듯이 체코슬로바키아를 침략한다면, 영국은 체코슬로바키아에 원조를 약속해야 하는가?"라는 질문에 응답자들 중 43퍼센트만이 안 된다고 대답했다. 3분의1이 "원조를 약속해야 한다."라고 대답했고, 4분의 1은 "모르겠다."라고 대답했다. 처칠이 1938년 3월 14일, 하원에서 국제연맹을 기초로 대동맹을 요구했을 때 《이코노미스트》는 그의 의견이 국민 다수의 견해를 대표한다고 보았다. 1938년 9월, 네빌 헨더슨 베를린 주재 영국 대사는 당시 히틀러의 외무장관이던 리벤트로프에게 경고해야 한다고 느꼈다.

유감스럽고 놀랍게도 독일에 대한 영국 내 감정이 점차 강해지고 일치해지고 있음을 알아차릴 수 있었다. 마지막으로 런던에 다녀온 지 고작 두 달이 지났을 뿐인데 그렇게 큰 차이가 난다는 점에 놀랐다. 그런 감정은 하나의 계층이나 정당에 국한된 것이 아니라 모든 계층과 정당에서 나타났다.

유화 정책이 생겨나는 과정에서 소위 영국의 주류 권력층 내 유력자들이 독재자들을 달래는 일을 당연시했다는 사실은 대중적인 평화주의보다 더 중요했다. 1920년대에 들어 런던 시티(런던의 금융가를 가리킨다.)의 여러 상회는 1914년 이전까지 지속됐던 독일과의 관계를 복원했고, 1931년에 발생한 독일의 은행 위기에 휘말리기까지 했다. 시티의 어음 인수상(시티의 주요 상인은행)이 보유하고 있던 1억 파운드의 상업어음 가운데 6200만 파운드가 1931년에 체결된 소위 '정지 협정(Standstill Agreement)'에 의해 보호받았다. 이 협정은 독일에 대한 모든 대출은 동결하지만 채권자에 대한 이자는 계속 지급하도록 했다. 독일에 대한 신용거래는 총 3억 파운드에 달했는데, 대략 1억 1000만 파운드가 정지 협정의 보호를 받았다. 이 협정은 매년 갱신되었고, 1939년까지 4000만 파운드만 청산되었다. 1930년대 내내 런던의 상회들은 영국과 독일의 무역이 다시 활발해져 미결제 부채가 청산되기를 기대하며 살아갔다. 그와 동시에, 영국은행 총재 몬터규 노먼과 독일은행 총재 할마르 샤흐트가 맺은 소위 영독 '커넥션'은 나치 정권 내부에 온건파가 존재한다는 믿음을 조장했다. 한 영국 외교관은 양자간 경제 협정이 정치적 유화 정책의 디딤돌 역할을 할 것이라며 기대감을 표하기도 했다. 그런 기대감은 1934년 11월 체결된 '지불 협정'에 의해 커졌다. 이 협정은 독일의 제국은행이 비밀리에 75만 파운드 규모의 신용 대부를 받는 대신, 독일이 대영 수출 총액 중 55퍼센트를 영국에서 물품을 수입하는 독일 상사들에게 배정하는 내용이었다. 간단히 말해 런던 시티로서는 무슨 수를 써서든 영독 관계의 파탄을 막아야했던 것이다. 독일에 투자한 돈이나 1933년 이전에 독일에 빌려 준 돈을 모두 잃을까 봐 두려웠던 은행가들은 은밀히 독일의 신용을 유지해 주었다. 독일로부터 받아야 할 돈의 총액은 그리 많지 않았지만(1939년 1월, 프레더릭 레이스로스 경이 독일의 채무불이행 사태가 발생할 경우, 단기어음은 약 4000만 파운드, 단기부채는 8000~9000만 파운드의 손해를 볼 수 있다고 평가했다.) 이를 통해 샤흐트가 얻은 권력은 엄청났다. 바로 그 때문에 샤흐트가 1937년 8월에 경제장관직을 사임하겠다고 말하고, 1939년 1월 제국은행 총재직에서 쫓겨났을 때 런던 채권시장은 큰 충격을 받았다. 런던 채권시장에서는 도스안과 영안에 의해 발생한 독일 채권이 전쟁 전후나 전쟁 동안에도 거래되었다.

    은행가들이 히틀러 정부를 좋아할 이유는 거의 없었다. 독일에 직간접으로 노출된 가장 유력한 상회들 중 다수가 유대계 소유였고, 대공황의 잔해에서 무언가를 지키려 한다는 것은 코를 막고 샤흐트를 상대한다는 얘기였다. 영국산업연합은 독일 측과 가격 및 시장점유율을 놓고 협상을 벌이려 했는데, 이는 히틀러를 사랑해서가 아니라 여전히 큰 독일 수출 시장을 잃거나 샤흐트의 양자 간 거래로 발칸 시장에서 밀려날까 두려워했기 때문이다. 대공황에도 불구하고 독일 무역 규모는 1930년대 중반에 세계에서 세 번째로 컸다. 그러나 주류 권력 집단들은 이기심보다 저급한 무언가에 의해 움직였다. 고관대작들이나 식민지의 신문왕들, 사교계 여주인들 모두 반유대주의를 포함한 히틀러의 정책 방향에 진정으로 공감했다. 처칠의 사촌이자 1931년부터 1935년 6월까지 공군성 장관을 지낸 런던데리 경은 히틀러를 무척 좋아한 나머지 반유대주의 정책을 지지하며 나치 정권을 변호하는 책을 저술하기까지 했다. 그는 나치의 정책이 "되풀이되어 주입되어 왔고 대부분의 독일인들이 오늘날에도 확신하는 인종의 순수성이란 독특한 이념을 내세우기 때문에 정당하다."라고 주장했다. 런던데리는 "유대인들이 여러 국가에서 심각한 피해를 입힌 대부분의 국제적인 소동에 가담했기 때문에 그들에게 별 애정이 없다."라고 말했다. 핼리팩스 자작은 영국 귀족 사회의 거물로 꼽혔는데, 풍채나 속물근성 양면에서 그를 따라갈 사람이 없었다. 어느 정도였냐 하면, 1937년 11월 베르히테스가덴에서 히틀러를 처음 만났을 때 그를 하인으로 오인하여 모자와 코트를 건네주었을 정도다. 다행히도 그 실수는 영독 화합이라는 큰 목적을 망치지는 않았다. 그의 친구 헨리 '칩스' 채넌(Henry 'Chipps' Channon)은 핼리팩스가 모든 나치 지도자들, 심지어는 괴벨스까지 좋아했고, 그들과의 만남에 깊은 인상을 받고 흥미를 느꼈으며 즐거워했다고 전했다. 그는 나치 정권이 정말로 환상적이라고 생각했다. 또 다른 친독일파 귀족으로는 웨스트민스터 대공이 있었다. 더프 쿠퍼에 따르면 그는 유대인을 호되게 매도했고, 결국 히틀러는 영국이 최고의 친구라는 사실을 깨닫게 될 거라고 말했다. 히틀러가 선택한 런던 주재 대사인 요아힘 폰 리벤트로프[5]가 일부 신문에서 '실언의 대가'로 비웃음

---

5) 나치 지도자들 중에서 리벤트로프는 하인리히 만(Heinrich Mann)의 소설 속에 나오는 등장인물을 가장 닮은 사람이었다. 1차 세계 대전이 벌어지기 전에 몬트리올에서 출세하려고 했던 리벤트로프는 헨켈 젝트 가문의 여성과 결혼해서 샴페인과 스카치 수입으로 부자가 되었다. 그는 가톨릭계 정치인, 유대계 사업가들과 허물없이 지냈고, 적당한 이름을 가진 노부인을 양어머니로 삼아 '폰(von)'이란

을 사긴 했지만, 그는 이 영국 귀족들의 호감을 샀다. 해운업계의 상속녀 낸시 쿠나드와 미드퍼드 자매, 유니티, 다이애나는 말할 것도 없고, 영국과 독일의 애슬론 백작(1차 세계 대전 때 독일 작위 테크공(Prince of Teck)을 포기했다.), 로디안 후작도[6] 그를 자기 휘하에 두었다. 볼드윈의 개인 비서였던 톰 존스는 리벤트로프가 히틀러를 "근본적으로 예술가이며, 폭넓은 독서량을 자랑할 뿐 아니라 음악과 그림에 열정적으로 헌신하는, 뛰어난 재능을 가진 사람"으로 설명하자 크게 매력을 느꼈다.

유화 정책의 지지자들 가운데 가장 유력한 인사들이 즐겨 모인 곳은 옥스퍼드의 올 소울스 칼리지(All Souls College)였다. 당시 특별 회원 중에는 핼리팩스, 외무장관을 지냈고 체임벌린의 말 잘 듣는 재무장관이었던 존 사이먼 경, 전에 이 칼리지의 장학생이었던 《타임스》 편집자 제프리 도슨(Geoffrey Dawson) 등이 있었다. 도슨은 고단한 한 주가 끝나면 옥스퍼드를 찾아가 이 대학의 화려한 휴게실에서 포도주 한 잔을 곁들여 식사하는 것을 무척이나 좋아했다. 그곳에선 틀림없이 자신과 비슷한 사람들을 만날 수 있었기 때문이다. 도슨이 보기에 영국과 새로운 독일의 정다운 관계를 증진시키는 것이 모든 영국 신문들의 도덕적 의무였다. 그는 노련한 베를린 주재 특파원인 노먼 에버트의 원고를 아무 거리낌 없

경청을 얻다. 그의 양어머니는 정확히 바이마르 시대 방식대로 인플레이션 때문에 무일푼이 된 여인이었는데, 그가 매달 주던 연금에 고마워했다.(리벤트로프는 역시 바이마르 시대의 방식대로 얼마 뒤에 지불을 중단했다.) 그는 1928년 괴벨스를 만났다. 그리고 예전 군대 친구들을 통해 히틀러를 만날 수 있는 기회를 얻었다. 그는 1932년 5월, 바이에른에서 조용히 나치당에 가입했고 몇 달 만에 전쟁 때 알게 된 파펜과 히틀러 사이에서 조정자 역할을 하게 되었다. 1933년 1월, 히틀러가 수상으로 임명되는 데 결정적인 역할을 한 수많은 회의는 베를린 다렘에 있는 리벤트로프의 별장에서 열렸다. 1936년 10월, 그는 영국 대사로 파견되었는데, 히틀러에게 자신이 영국의 고위 인사들을 잘 안다고 설득했다. 괴링은 "문제는 그들도 리벤트로프를 안다는 점"이라고 대꾸했다.

6) 11대 로디언 후작 필립 커(Philip Kerr)는 자유주의자에다 제국주의자들의 모임인, 밀너 경의 남아프리카 '유치원'에서 세상 물정을 깨쳤다. 가톨릭 가문의 자손이었지만, 보수당 의원이자 애스터 자작의 부인인 낸시 애스터와의 친분 덕분에 그는 조지 버나드 쇼와 러시아를 방문할 수 있었을 뿐 아니라 크리스천 사이언스 교회에 가입할 수 있었다.

이 손보거나 아예 빼 버리기도 했다. 《데일리 익스프레스》의 세프턴 델머 같은 영국의 일부 해외 특파원들은 새로 탄생한 독일에 열광적인 반응을 보였다. 하지만 에버트는 아니었다. 그에게 히틀러는 "말재주만 많고 눈에서 꿈꾸는 듯한 표정이 보이는 특무상사"에 불과했다. 나치로부터 히틀러 비판을 중지하라는 경고를 받았고, 아파트에서 자주 습격받았지만 에버트는 나치 정권의 개신교회 반체제 인사들에 대한 박해를 정기적으로 기사화했다. 1934년 11월에는 자신의 기사 중에서 나치 정권에 대한 비판적인 부분이 어떻게 삭제되었는지를 보여 주는 열두 건의 사례를 제시하면서 편집자들이 자신의 원고에 간섭하는 데 항의했다. 그는 미국인 친구 윌리엄 샤이러에게 편집자들이 나치 독일의 좋지 않은 이야기를 듣기 싫어 한다고 불평했다. 그는 런던의 친나치파가 《타임스》를 장악했다고 지적했다. 반대로 로디언 경의 기사는 돋보였다. 1935년 2월 기사에서 로디언은, 히틀러가 개인적으로 독일이 자신에게 원하는 바는 전쟁이 아니라 평등이며, 독일은 절대적으로 전쟁을 포기할 준비가 되어 있다고 말했다고 전했다. 실제로 히틀러는 자신의 평화에 대한 희망이 진실함을 입증하기 위해 독일의 모든 이웃 국가와 불가침 조약을 맺을 용의가 있다고 말했으며, 그가 요구하는 것은 군사력의 '평등'뿐이라고 설명했다. 로디언은 이렇게 주장했다. "나는 이러한 태도에 전혀 거짓이 없다는 점을 조금도 의심하지 않는다. 영국이 택해야 할 올바른 정책은 독일을 유럽공동체의 일원으로 간주함으로써 독일을 '훌륭한 유럽인'으로 변화시키는 것이다." 어쨌든 히틀러가 걱정하는 상대는 서유럽이 아니라 소련이기 때문이다. 로디언은 설명을 덧붙였다. "히틀러는 공산주의가 본질적으로 호전적인 종교라고 생각한다. 언젠가 공산주의가 이슬람의 호전적인 승리를 되풀이하려고 애쓴다면, 독일을 잠재적인 적국으로 인식할 것인가, 유럽의 보루로 볼 것인가? 다시 말해 동유럽의 새로운 국가들에 대한 위협 세력으로 볼 것인가, 보호 세력으로 볼 것인가?"

《타임스》는 '긴 칼의 밤'(SA의 대장이었던 에른스트 룀과 주요 지휘관들이 나치 친위대에게 사살된 사건—옮긴이)을 보도하면서, 마치 그 사건이 아무런 문제 없는, 합법적인 정치 행위인 것처럼 다루었다. 신문은 "혁명의 열정을 온건하고 건설적인 노력으로 전환시키고, 나치 관료들에 높은 기준을 적용하는 성실한 시도"였다고 설명했다. 1937년 8월, 에버트는 독일에서 추방당했다. 7개월 뒤인 1938년 3월 10일에 그의 편집자는 런던에서 열린 리벤트로프의 환송회에 참석했다. 다음 날, 독일군은 오스트리아로 진격해 들어갔다.

발행 부수가 그리 많지는 않지만 《타임스》가 더욱 영향력 있는 신문이 된 데에는 기사만큼이나 사설도 한몫했다.(《데일리 익스프레스》의 사주 비버브룩 경은 이렇게 말한 바 있다. "선전 측면에서 보면, 인기 있는 신문이나 인기 없는 신문이나 매한가지다.") 도슨은 전직 외교관이자 염세적인 역사가 에드워드 할레트 카에게 의지할 수 있었다. 그는 유화 정책을 지지한 이들 가운데 가장 섬세한 사람이었다. 카가 보기에 국제관계는 도덕성이 아니라 권력에 달려 있었다. 일부 열강의 득세와 몰락에 따라 세계 권력의 추가 움직이면서 나타난 유일한 문제는 국가 간 갈등이 평화적으로 조정될지, 폭력적으로 결판날지 여부였고, 카는 전자가 바람직하다고 생각했다. 따라서 유화 정책은 영국의 정치 체제가 혁명을 회피하고 노동 계급이 가진 현실적인 힘에 적응했던 것처럼, 최소의 희생으로 독일(그리고 이후에는 소련)의 힘이 작용하는 현실을 평화적으로 조정하는 방법이었다.

19세기 후반과 20세기 초반에 여러 나라 무산자들은 일련의 파업과 협상을 통해 자신의 지위를 꾸준히 높였다. 그리고 정의감이든, 혁명에 대한 두려움 때문이든, '가진자들'은 그 문제를 무력에 의지하지 않고 양보했다. 결국 양측은 이 과정을 통해 분쟁을 다양한 형태의 화해와 조정으로 해소하려 마음먹었고, '평화로운 변화'라는 일정한 시스템 같은 것을 탄생시켰다. (중략) 불만을 품은 권력자들이 (폭력에 대한 위협보다 확실히 선행되는) 평화로운 협상을 통해 불만을 없앨 수 있음을 깨닫자, 점차 '평화로운 변화'를 정착시키는 절차가 수립되었고 불만을 품은 자들의 신뢰를 얻게 되었다. 그러한 체제가 인정받자, 조정은 당연한 과정으로 받아들여졌고, 폭력의 위협은 공식적으로는 결코 포기된 적은 없지만 점차 잊혀질 터였다.

이는 독재자들에 대한 굴복을 기초로 한, 전쟁 없는 평화로운 세계를 위한 숙명적인 공식이었다. 카는 이타주의나 인도주의 같은 모호한 이념을 냉소적으로 거부하며, 히틀러의 정책에 찬사를 보냈다. 그는 베르사유 조약은 시대에 뒤졌으며, 독일은 동쪽으로 영토를 확장할 권리를 갖고 있다고 주장했다. 1938년, 카는 체임벌린과 히틀러의 뮌헨 회담을 "평화적인 변화를 협상하는 모델"이라고 추켜세웠다.

《타임스》만 독일에 아부하는 기사를 실은 게 아니었다. 헬리팩스는 1937년 독일을 다녀온 뒤, 주요 신문사 사주들에게 압력을 넣어 독일에 대한 기사의 논조를 약화시키도록 했고, 《이브닝 스탠더드》의 불손한 만화가 데이비드 로를 매수하려고까지 했다. 영국 정부는 BBC에 압력을 가하여 유럽에서 일어난 사건들을 보도할 때 '논쟁 거리'를 외면하도록 하는 데 성공했다. BBC가 이후 전쟁 기간에 진실한 보도로 명성을 얻었음을 생각하면 실로 아이러니한 일이다. BBC 회장 리스 경은 리벤트로프에게 "BBC는 나치를 반대하지 않는다고 히틀러에게 전해 달라."라고 말했다. 평화의 길(The Way of Peace) 시리즈의 한 프로그램은 노동당 의원 조사이어 웨지우드(Josiah Wedgwood)가 자신의 기고문에서 히틀러와 무솔리니의 정책을 "호전적이고 비인간적이며 박해를 위한 것"으로 언급한 대목을 삭제하길 거부하자 방송이 취소되었다. 명령에 따르라는 압력은 하원에서 더욱 강해졌다. 과감하게 체임벌린을 비판한 보수당 의원들은 원내총무나 지구당에서의 질책을 받았다. 이런 분위기에서 각 당의 소수 의원들만이 과감하게 재무장과 전통적인 동맹 결성을 주장했으나, 이 시각을 가장 설득력 있게 지지한 처칠마저도 1933~1939년에는 일관성 없는 입장을 취했다. 비판자들이 지적하듯이, 그는 인도의 자치에는 반대하면서도 체코의 민주주의에는 찬성했고, 독재자들에게 반대하면서도 스페인의 프랑코 정권은 인정했다. 또한 군비 제한에는 반대하면서 국제연맹에는 찬성했다. 체임벌린과 그의 동료들은 처칠을 언론에서 비방하기까지 했고, 이든이 1938년 2월에 외무장관직을 사임하자 그에게도 같은 짓을 했다.

올 소울스 칼리지에는 도슨과는 다른 입장을 취한 젊은 특별 회원들도 많았다. 뮌헨회담 당시 서른넷에 불과했던 역사가 A. L. 로스는 아비시니아 위기가 발생했을 즈음, 이플리로 가는 길에 도슨과 동행한 적이 있다. 그는 자신보다 나이가 많은 도슨에게 이렇게 경고했다. "독일이야말로 너무 강력해서 우리 모두를 위협합니다." 그에 대한 도슨의 대답은 의미심장했다. "자네의 주장도 그 나름대로 가치가 있네. 하지만 난 자네의 주장에 동의하는 것이 아니네. 만약 자네가 얘기하는 것처럼 독일이 그렇게 강하다면, 우린 그들과 같은 길을 가야 하지 않겠나?" 올 소울스 칼리지에서 유화 정책을 반대한 또 다른 젊은 비판가가 있다. 그는 정치사상을 탁월하게 분석한 아이제이어 벌린으로, 도슨이 이끄는 집단의 태도를 강하게 비난했다. 벌린은 여러 해가 지나 자신의 전기 작가에게 이렇게 말했다.

그들은 우리 앞에서는 유화 정책에 대해 그리 많이 얘기하지 않았다. 하지만 남의 눈을 피해 자기들 방에서는 많이 얘기했다. 그들은 동조자나 지지자들을 데려온 다음, 그들과 함께 위층에 있는 자기 방으로 사라졌다. 거기서 회의를 열곤 했다. 내 연령대의 모든 이들과 함께 나는 유화 정책을 엄밀히 반대했다. 우리 그룹에서는 퀸틴 호그를 빼고 유화 정책을 지지하는 사람은 아무도 없었다. 내 세대에서는 한 사람도 없었고, 나보다 어린 사람들 중에서도 없었다. 확실히 그런 사람은 없었다.

부분적으로 유화 정책 문제로 벌린은 좌파 성향의 '목요일점심클럽' 사람들과 가까이 지냈다. 이 클럽 회원들 중에는 미래의 노동당 각료 리처드 크로스먼과 케인스의 전기 작가였던 로이 해로드 등이 있었다. 벌린은 사회주의자는 아니었지만, 대륙에서 발생하는 일을 파악하는 데는 다른 옥스퍼드 명사들에 비해 유리했다. 러시아 혁명의 혼란기에 라트비아에서 이주해 온 유대계인 그는 당연히 대륙의 문제를 알 만한 사람이었다. 그는 다른 특별 회원들이 여전히 1900년대의 제국주의적 관점에서 유럽을 생각한다는 것을 알 수 있었다. 바로 그 때문에 명백히 인종주의적인 히틀러의 주장을 쉽게 받아들인 것이다.

영국제국그룹(British Empire Group)은 근본적으로 인종차별주의자들이었다. 그들은 엄밀히 따지면 반유대주의자들은 아니나 아리아인의 우월성을 믿었다. 그들은 이탈리아나 프랑스가 자신들 편에 들어오길 바라지 않았으며, 독일, 스칸디나비아 반도 계통의 백인 제국을 신뢰했다. 근본적으로 여기에는 세실 로즈(Cecil Rhodes, 남아프리카 식민지 총독으로 보어 전쟁을 일으킨 장본인으로 알려진다. ─옮긴이) 같은 성격이 스며들어 있었다.

이 주장에는 상당한 진실이 담겨 있다. 헨더슨은 핼리팩스에게 보낸 편지에서 이렇게 말했다. "튜턴족과 슬라브족은 브리튼 사람과 슬라브족처럼 서로 잘 어울릴 수 없다. 작년에 캐나다 수상 매켄지 킹이 제국 회의가 끝난 뒤, 캐나다에 사는 슬라브 사람들은 결코 동화될 수 없으며 결코 훌륭한 시민이 되지 못했다고 내게 말했다."

그러나 벌린도 인정해야 했듯이, 유화 정책을 지지하는 사람들에게도 나름의 강력한 논거가 있었는데, 바로 스탈린이 지배하고 있던 소련에 대한 반감이었다.

러시아인들이 공산주의자인 데다 무시무시하다는 점은 그렇다 치고, 그들은 확대된 연방이란 개념의 테두리를 벗어나 있었다. (중략) 그것은 동양의 공포에 맞서 소위 서양 백인의 가치를 지키는 기초였다. 독일인들은 부정한 짓을 저질렀기 때문에 의심을 샀다. 히틀러는 재난을 안겼지만, 여전히 그와 같은 편에 서는 것이 나았다. 공산주의에 대한 두려움이 그들을 자극한 것 같다.

유화 정책을 지지하는 이유들 가운데 압권은, 1939년에도 히틀러는 스탈린이 소련 국민에게 저지른 대량 학살에 비견될 행위를 전혀 하지 않았다는 주장이었다. 토리당 고관들이 나치 정권의 정체를 알면서도 한쪽 눈을 감아 주었을지 모르지만, 영국 좌파에 속한 많은 사람들은 스탈린주의의 잔혹한 행위에 두 눈을 감아 버렸다. 그리고 눈을 뜨기까지 훨씬 더 오래 걸렸다. 벌린은 이 두 사악한 집단 사이에서 선택을 내리기가 쉽지 않다는 점을 알고 있었다. 그는 1938년 11월에 아버지에게 편지를 보냈다.

보수주의자들은 아주 불안해하고 있습니다. 그들은 모두 식민지를 지키기 위해 싸우길 원합니다. 하지만 그들은 그렇게 하지 않을 겁니다. 전 언젠가 유럽에서 러시아와 슬라브 연합이 형성되어 독일을 쓸어버릴 거라고 확신합니다. 분위기는 침울합니다. 모두 패배하리라는 것을 알고 있습니다.

주류 권력 집단 인사들도 마찬가지 생각이었다. 다행히도 영국 국민은 그렇게 생각하지 않았다. 만약 그랬다면 당연히 2차 세계 대전에서 패했을 것이다.

10 유감스러운 평화

물론 그들은 동유럽을 지배하길 원한다. 그들은 오스트리아를 제국에 통합시키지 않으면서 오스트리아와 최대한 밀접한 연합 관계를 맺기 원한다. 그리고 우리가 트란스발에서 오이틀란더에게 했던 대로, 주데텐란트에 거주하는 독일인들에게도 똑같이 하길 원한다.

— 네빌 체임벌린이 누이 힐다에게 쓴 편지, 1937년 11월

만약 여러 국가가 영국과 프랑스를 중심으로 공격에 대비한 상호방위 조약을 맺어 뭉친다면, 소위 대동맹을 맺어 군사력을 집결시킨다면, 각국 참모들이 함께 협의한다면, 이 모든 행위가 국제연맹 규약을 기초로 하고 국제연맹의 모든 목적과 이념에 부합한다면, 만약 그런 행위가 세상에 대한 도덕관념에 의해 유지된다면, 그리고 1938년에 그런 일이 이루진다면, 나는 다가오는 이 전쟁을 지금이라도 저지할 수 있다고 감히 말한다. 아마도 지금이 이 일을 할 수 있는 마지막 기회일 것이다.

— 윈스턴 처칠, 1938년 3월

머나먼 나라

당시 주데텐란트의 독일인들은 누구인가? 체임벌린의 유명한 표현에 따르면, 머나먼 나라에 사는 사람들로, 아무도 그들을 알지 못했다. 그러나 체코슬로바키아는 영국에서 그렇게 멀지 않다. 런던에서 프라하까지의 거리는 고작 1030킬로미터인데, 뉴욕에서 시카고까지의 거리(1140킬로미터)보다 가깝다. 그리고 나치 독일의 주데텐란트 합병은 영국의 안보에 심오한 의미가 있다. 따라서 1938년, 체임벌린이 자신의 결정으로 운명이 좌우될 사람들을 알려고 하지 않았다는 점은 유감스러운 일이다.

주데텐란트라는 말은 1930년대 이전에는 많이 사용되지 않았다. 1차

세계 대전이 끝나면서, 주데텐란트를 오스트리아의 새로운 주(州)로 지명함으로써 보헤미아와 모라비아에서 독일어를 쓰는 사람들이 특히 많은 지역을 신생 오스트리아에 합치려 했지만 무위로 끝났다. 1차 세계 대전 이후 체코슬로바키아의 지배를 받게 된 독일인들은 독일어를 쓰는 유대인들을 제외하고도 전체 인구의 20퍼센트가 넘었다. 그들은 히틀러가 총리로 있는 제국의 시민이 결코 아니었고 무엇보다 보헤미아인이었다. 그럼에도 나치의 발전 과정에서 보헤미아는 생산적 역할을 맡았다. 1차 세계 대전 이전에 독일 노동자들이 지방에서 이주해 오는 체코인들로 인해 점점 경쟁이 심해지자 자신들을 민족주의자 또는 사회주의자로 처음 규정한 곳이 바로 보헤미아였다.(1장 참조) 그리고 양차 대전 간의 체코슬로바키아 역사에서 언어나 교육 같은 문제들을 놓고 가장 지독한 정치투쟁이 벌어진 곳도 보헤미아였다.(5장 참조) 독일인들이 집중 정착한 공업 지역은 대공황으로 큰 타격을 받았다. 정부가 고용한 노동자 가운데 독일인은 특히 적었고, 실업자 중에는 유독 독일인이 많았다. 한편 중동부 유럽에서 체코슬로바키아는 특이한 국가였다. 1938년 당시 체코슬로바키아는 합스부르크 제국의 폐허에서 생겨난 '계승국'들 가운데 유일하게 민주정체를 유지하고 있었다. 또한 오스트리아로부터 작센지방과 슐레지엔을 가르며 독일 쪽으로 돌출해 들어간 쐐기 모양의 전략 요충지였다. 체코슬로바키아의 정치와 지정학적 위치로 인해 양차 대전 동안 유럽 각국의 위상은 이 국가를 축으로 달라졌다.

체임벌린 외교 정책의 최대 약점이자 첫 번째 약점은 주데텐란트 독일인들의 자결권이 정당하다고 인정함으로써 히틀러의 대독일이란 목표의 정당성까지 암암리에 인정했다는 점이다. 체임벌린의 목표는 주데텐란트 거주 독일인과 그들의 땅이 독일에 양도되는 것을 막는 것이 아니라, 히틀러가 무력으로 그런 성과를 얻어 내지 못하게 하는 것이었다.[1] 따라서 체임벌린은 다음과 같이 말했다. "나는 왜 우리가 독일에게 오스트리아와 체코슬로바키아를 무력으로 제압하지 않을 거라는 만족스러운 확답을 달라고 말해서는 안 되는지 알 수 없다. 우리가 그들에게 확실한 답변을 받을 경우, 그들이 평화로운 수단을 통해 원하는 변화를 얻으면, 우리도 그 변화를 막기 위해 무력을 사용하지 않을 것이라는 확답을 줄 것이다." 그가 이 상황을 보어 전쟁 전에 트란스발에 정착한 영국인들과 비교한 데서 모든 걸 알 수 있다. 체임벌린은 전쟁이 발발할 가능성이 없다는 게 아니라, 독일이 주데텐란트 사람들에게 했던 요구가 영국 선조들이 오이틀란더에게 했던 요구처럼 정당하다고 말하려는 것이었다.[2] 다른 사례와 비교하자면, 영국 보수당이 아일랜드의 지방자치 개념을 받아들이기까지 여러 세대가 걸린 데 반해, 주데텐란트 독일인의 자치권은 대단히 빨리 인정받았다. 베르사유 조약 이래 독일은 무척 감정이 상해 있었다. 체임벌린은 주데텐란트를 양도해 주면 완벽한 최종 해결을 통해 독일의 불만이 제거될 것으로 기대했다. 유화 정책 지지자들이 나치의 정신 구조를 전혀 이해하지 못했다는 사실은 1937년 8월 재무부 관료 에드워드 헤일의 분석에서 가장 잘 드러난다.

나치의 투쟁은 기본적으로 자존심을 위한 투쟁으로, 전쟁 이후 나타난 오스트라시즘(Ostracism)에 대한 자연스러운 반응이다. 즉, 독일의 무력시위는 그들의 군사적 기질의 표현에 불과하다.(우리의 기질이 스포츠를 통해 저절로 드러나듯이) 그리고 영국과의 친선 관계를 원하는 히틀러의 바람은 진심

---

1) 힐레어 벨록(Hilaire Belloc)은 체임벌린의 정책을 제대로 요약한 시 한 편으로 더프 쿠퍼를 즐겁게 해 주었다. "체코슬로바키아를 보세요. 내 생각에 그들이 당신네들을 공격할 것 같지 않습니다. 하지만 나는 당신 편을 다시 들지 않을 겁니다."
2) 오이틀란더(아프리카 말로 '외국인')는 금을 찾기 위해 트란스발로 이주한 영국인들이다. 그들은 보어인들에게 외국인 취급을 당했는데, 이는 영국 정부가 그 지역에 개입할 핑계거리를 제공했다. 아일랜드 자치법안(Home Rule for Ireland)의 대적(大敵) 조지프 체임벌린(Joseph Chamberlain)은 랜드 자치법안(Home Rule for the Rand)을 요구했는데, 이는 5년 이상 거주한 오이틀란더에게 투표권을 부여해야 한다는 내용이었다.

이며, 많은 독일인도 그런 관계를 원한다. 독일은 학교에서 가장 친절하지 않은 친구에게 전쟁 후에 따돌림 받은 자신을 다시 받아 달라고 호소하고 있다.

그러나 중동부 유럽의 문제를 그렇게 쉽게 빅토리아 시대의 언어로 바꿔 말할 수는 없을뿐더러 공립학교 운동장에서나 들을 법한 말로는 더욱 그러했다. 히틀러는 독일 민족의 세실 로즈는 아니었다. 독일 또한 『톰 브라운의 학창 시절(Tom Brown's Schooldays)』에 나오는 등장인물과 비슷하지 않았다. 체임벌린과 그의 조언자들은 히틀러가 주데텐란트로 만족할 위인이 결코 아니라는 단순한 사실을 알지 못했다. 다른 이들이 지적하듯이, 중동부 유럽에는 소수 민족 집단이 상당히 많았다. 각 집단 모두 불만을 갖고 있었고, 유럽의 국경선을 다시 긋기를 바랐다. 특히 독일계 소수 민족들이 수없이 많았는데, 이들은 폴란드 회랑 끝에 있는 단치히로부터 리투아니아에 고립된 메멜, 아래로 내려가(지금은 루마니아에 속한) 그림같이 아름다운 지벤뷔르겐의 작센 마을들, 저 멀리 동쪽 소비에트 러시아의 중심부인 볼가 강 기슭까지, 사방에 흩어져 있었다. 나치가 부풀린 추정치에 따르면, 제국 바깥에 살고 있는 독일 민족(Volksdeutsche)은 3000만 명이나 되었고, 이는 주데텐란트 독일인의 열 배에 가까웠다. 따라서 주데텐란트에 대한 히틀러의 권리를 인정하는 것은 매우 위험한 선례를 남길 게 뻔했다. 히틀러가 국경 변경을 위한 근거로 독일 민족의 시련과 고난 사례를 더 많이 인용할수록, 그는 중동부 유럽의 다른 국가들에게 경제적, 인적 자원을 더 많이 요구할 수 있었다. 1933년 이후 주데텐란트 독일인들뿐 아니라 모든 독일계 소수 민족 집단에서 나치의 세력이 급격히 확산되었는데, 체임벌린과 그의 조언자들은 이 의미를 전혀 파악하지 못한 게 분명했다. 이러한 이데올로기적 정복은 1938년까지 잘 진행되었다. 루마니아계 독일 청년 그레고르 폰 레초리는 이렇게 회상했다.

우리가 보기에 독일의 (1933년 이후의) 발전은 기쁜 소식이었다. 건강과 에너지가 넘치는 젊음의 낙관적인 이미지가 철철 넘치며, 밝고 새로운 미래를 건설하기로 약속한 이러한 모습은 우리의 정치 분위기에 부합했다. 우리는 독일어를 쓰는 소수 민족이라는 이유로 경멸받았고, 이제 우리는 그 경멸에 찬 시선을 받는 데 지쳤다. 과거 오스트리아가 루마니아를 지배할 때, 문화가 발달한 고대의 체코인, 세르비아인, 슬로바키아인, 왈라키아인을 야만스럽게 지배했지만 이들은 세련된 도덕성의 이름으로 압제와 속박에서 벗어난 바 있었다.

일찍이 1935년에 루마니아계 독일인들은 확고한 나치당원 프리츠 파브리티우스를 지도자로 추대했다. 1934년, 네빌 라스키는 오스트리아에서 나치당원이 되려면 임시로 직업을 가져야 하며 낙관론자가 되어야 한다는 점을 알게 되었다. 1938년에는 헝가리계 독일인들도 민족동맹(Volksbund)이라는 나치 조직을 결성했다. 히틀러는 생활 공간을 손에 넣기도 전에 이미 독일 민족의 '사고 공간'을 확보하고 있었다. 사실상 그들은 동유럽의 히틀러 전위부대가 되었다.

1938년 9월

독일계 민족이 히틀러에게 매력을 느끼고 있다는 사실의 중요성을 간파하지 못한 것은 유화 정책의 다섯 가지 결함 가운데 첫 번째 결함에 불과했다. 체임벌린 정책의 치명적인 두 번째 약점은 나치 정권 내에 유화 정책으로 입지가 강해질 수 있는 온건한 사람들이 있으리라고 추정했다는 점이다. 나치 정권은 겉으로 보기에 '여러 책무를 지닌' 듯했고, 베를린 주재 프랑스 대사는 이에 대해 다음과 같이 불평했다. "외무부가 하나만 있는 게 아니다. 여섯 개나 있다." 하지만 이는 착각이었다. 나치 정권은 히틀러의 지휘하에 있었고, 그의 주요 목표는 전혀 비밀이 아니었다. 그리고 히틀러의 부하들은 그가 원하는 바를 달성할 수단을 명확히 밝히지 않을 때에도 총통만을 생각하며 움직였다. 따라서 샤흐트에게 식민지 이권을 이야기하거나 괴링에게 원료 거래를 이야기해 봤자 모두 시간낭비였다. 중앙아프리카 원료 컨소시엄 창설이나 전략 폭격 금지 협상 등, 기이한 제안들이 포함되어 있던 체임벌린의 '원대한 계획'은 히틀러가 전혀 관심을 보이지 않았기 때문에 실패했다. 독일 노동계급이 나치가 요구하는 경제적 희생과 반란에 결국 싫증을 낼 거라는 희망은 더더욱 터무니없었는데, 영국은 전쟁이 거의 끝날 때까지도 그 희망을 버리지 못했다.

세 번째 결함은 외무부 종신차관 로버트 반시타트 경이 밝힌 가정으로, 영국이 기다리면 결국 이득을 얻는다는 주장이었다. 그는 1936년 12월에 이렇게 말했다. "여러 부서가 각기 전쟁 물자를 제공하듯이, 시간은 외무부도 제공해 줄 것으로 기대되는 중요한 물자이다. (중략) 따라서 외무부에는 적어도 1939년까지는 현 상태를 유지해야 할 임무가 있다." 실제로 "지연 정책(policy of cunction, 라틴어의 cunctor, 즉 '나는 지체한다.'에서 유래)" 덕분에 히틀러는 군사력을 증강할 수 있는 충분한 시간을 확보할 수 있었고, 이런 태도는 경제적인 관점에서도 영국에 단연 불리했다. 네 번째로, 체임벌린은 이미 1935년에 의심받아 마땅한 생각을 고집했는데, 그는 무솔리니와 우호적인 관계를 유지하면 히틀러를 제어할 수 있거나 적어도 대륙에 대한 영국의 책임을 줄일 수도 있다고 생각했다. 마지막으로 체임벌린은 너무 오만해서, 유화 정책이 잘못되는 최악의 시나리오가 발생할 확률이 높지 않다고 보았다. 따라서 영국의 패는 유화 정책이 실패하자 노출되고 말았는데, 이는 당연한 결과였다. 체임벌린이 늦긴 했으나 상당한 국방비 지출을 관장한 것은 명백한 사실이지만, 영국의 군사적 입장을 약화시키는 결과를 초래한 경우도 많았다. 특히 1938년에 에이레(아일랜드 공화국의 옛 이름—옮긴이)의 독립을 인정할 때, 영국이 지배하던 항구를 양도한 것을 꼽을 수 있다. 또한 그는 스윈턴 자작이 독일 공군으로부터 영국을 방어하기 위해 현대적인 전투기 건설에 박차를 가했다는 이유로 공군장관 자리에서 물러나게 했다. 일찍이 독일을 공격할 목적으로 공군을 창설하는 데 주력했던 체임벌린은 히틀러가 전략 폭격 금지에 동의하기만 한다면 아무 효과 없는 억제책까지도 포기하려 했다.

대체로 체임벌린이 수상 재임 시에 내린 결정들 때문에, 1939년 9월 당시 영국은 1914년 8월보다 불리한 조건에서 전쟁을 맞게 되었다. 1940년 6월, 영국은 영국 현대사에서 전략적으로 가장 위험한 입장에 처하게 되었다. 동유럽을 지배한 독일에 대항하여 홀로 선, 정확히 말하면 영연방 자치령과 식민지만이 영국의 동맹국인 상황이었다. 하지만 만약 영국이 1939년보다 일찍 히틀러에 맞섰다면 어땠을까? 1939년 이전에 히틀러가 공공연히 현 상태를 비웃던 순간은 수없이 많았다.

1935년 3월, 베르사유 조약을 어기고 독일의 징병제를 부활시키겠다고 선언했을 때,

1936년 3월, 베르사유 조약과 로카르노 조약을 모두 어기고 비무장 상태의 라인란트를 일방적으로 다시 점령했을 때,

1936년 말 또는 1937년, 그와 무솔리니가 1936년 여름에 서명한 불간섭 조약을 위반하고 스페인 내전에서 반란군을 지원했을 때,

1938년 3월, 오스트리아 정부 협박 작전이 오스트리아 총리 슈슈니크 교체와 독일군의 오스트리아 진격, 히틀러의 합병 선언 등으로 절정에 이르렀을 때,

1938년 9월, 그가 체코슬로바키아로부터 주데텐란트를 분리시키기 위해 전쟁을 벌이겠다고 위협했을 때,

이 중 히틀러가 맞서기에 가장 유리했던 경우는 의심할 여지없이 1938

년의 주데텐란트 위기였다. 독립 국가인 오스트리아가 없어졌는데도 체임벌린은 돌아가는 상황을 깨닫지 못하고, 이미 엎질러진 물이라고 생각했다. 하지만 그 사건을 계기로 많은 영국 사람들은 히틀러의 야심을 깨달았다. 확실히 히틀러가 주데텐란트 독일인들의 권리를 보호하려고만 했다면, 전쟁을 정당화하기 어려웠을 것이다. 주데텐란트 독일인들의 지도자 콘라트 헨라인을[3] 만난 영국 정치가들(처칠을 포함하여)은 그가 합리적인 사람이라는 인상을 받았는데, 그의 자치 계획은 주데텐란트 독일인들의 지지를 얻었다. 그러나 위기가 전개되는 과정에서 명백해졌듯이, 히틀러는 그저 주데텐란트 독일인들을 이용하여 체코슬로바키아를 지도에서 없애 버리는 전쟁을 일으키려 했을 뿐이다.

처음 위기가 전개되기 시작하던 5월부터 9월 첫째 주까지, 베를린 주재 영국 대사로서 (상당히 불운한 선택이라 할 수 있었던) 네빌 헨더슨 경은 거의 완벽하게 독일에 현혹되어 오히려 체코가 위기의 원흉이라고 생각했다. 체임벌린의 밀사였던 룬시먼 경 역시 이 함정에 걸려들고 말았다. 당시 외무장관이던 핼리팩스 경은 히틀러에게 강경하게 맞설 경우 그를 더 참혹한 폭력이나 위협으로 내모는 결과를 초래할 뿐이라는 헨더슨의 설득에 넘어갔다. 이는 5월, 히틀러가 곧 공격할 거라고 지레짐작한 체코가 군대를 동원하여 전쟁의 불안이 조성되면서 내려진 부정확한 결론이었다. 이 시기 내내 영국 내각은 무력을 사용하겠다고 위협하는 방법을 진지하게 생각하지 않았다. 해군장관 더프 쿠퍼가 준동원에 해당되는 선원 정원을 채우는 조치를 제안하자, 체임벌린은 그의 아이디어가 히틀러를 자극하기만 할 '성가신 정책'이라며 일축했다. 쿠퍼 외에[4] 각료 네

---

3) 헨라인 본인도 다른 민족과의 결혼에서 태어난 자손이었다는 점이 흥미롭다. 그의 어머니는 체코인이었다.
4) 그 네 명은 올리버 스탠리(Oliver Stanley, 무역위원회 회장), 월터 엘리엇(Walter Elliot, 보건부장관), 얼 윈터턴(Earl Winterton, 랭카스터 공작령 수상), 얼 드 라 바르(Earl de la Warr, 옥새관(玉

명만이 이 단계에서 체임벌린의 정책에 심각한 의구심을 품었으나, 모두들 없어도 되는 사람들이었다. 베를린에 분명히 경고하라는 프랑스 측의 요구는 정중히 거절당했다. 외무부의 종신차관 알렉산더 카도간 경은 영국이 어떤 경우에도 개입하지 않을 것으로 생각한다면, 그건 비극적인 착각이라고 개인적으로 히틀러에게 경고할 생각이었다. 핼리팩스는 독일이 체코슬로바키아를 공격하고 프랑스가 체코를 방어하기 위해 개입할 경우 영국은 더 이상 수수방관할 수 없다는 취지의 경고를 보낼 뻔했다. 그러나 처칠의 강력한 지지에도 불구하고(혹은 그 때문에) 체임벌린은 그의 결정을 묵살해 버렸다. 헨더슨은 다음과 같은 정도로만 경고할 생각이었다. "히틀러 수상이 주데텐란트를 위해 개입할 수밖에 없는 상황이 발생할 수도 있다는 점을 내가 깨달았듯이, 나는 프랑스가 체코를 위해 개입해야 한다는 의무감을 느낄 경우, 우리가 관여할 수밖에 없는 상황이 될 것이라는 사실을 각하께서 깨달을 수 있기를 요청하는 바입니다." 불행히도 그는 이런 미약한 경고마저도 잘못된 사람에게 보냈다. 그가 간청하고 있던 상대 콘스탄틴 폰 노이라트는 정확히 7개월 전에 외무장관직에서 물러난 사람이었다. 따라서 체임벌린은 자기 마음대로 모든 정치적 수단을 이용하여 체코 정부에 양보하라고 압력을 넣었다. 체코 대통령 에드바르트 베네슈는 결국 굴복하여 헨라인의 주데텐란트 자치 요구를 받아들였다. 하지만 히틀러의 지시를 받은 헨라인은 곧바로 협상을 중단했다. 단순한 자치권은 독일의 목표가 절대 아니었다. 주데텐란트 '자결'의 내용은 히틀러가 결정해야 했다.

 히틀러가 일방적으로 전쟁을 계획하고 있다는 보고가 런던에 전해졌다. 이제 드라마의 2막이 시작되었다. 프랑스 총리 달라디에는 파리 주재 영국 대사인 에릭 핍스 경에게 독일이 체코슬로바키아를 침략하면 프

璽官)) 경이다.

랑스는 전쟁을 선포할 것이라고 통지했다. 이때도 강경한 입장을 취할 기회였다. 마침내 9월 9일, 체임벌린은 내각 각료들의 설득에 못 이겨, 프랑스가 개입할 경우 일어날 사건들은 영국도 수수방관할 수 없는 충돌을 일으키고 말 것이라는 분명한 경고를 베를린에 보내기로 했다. 그러나 핼리팩스와 헨더슨의 지지를 등에 업은 체임벌린은 막판에 그 전보를 당시 외무장관이던 리벤트로프에게 보내지 않기로 결정했다. 9월 12일, 핼리팩스는 내각을 상대로 이런 결정을 내린 이론적 근거를 다음과 같이 설명했다. "만약 히틀러가 공격하기로 마음먹는다면, 우리에겐 그를 막을 방법이 전혀 없다. (중략) 우리 측이 어떤 조치라도 취할 경우 히틀러 수상을 제정신으로 돌려놓을 가능성은 완전히 사라져 버릴 것이다. 여기에는 그에게 공개적인 굴욕을 가하는 조치도 포함된다." 넉 달 전에 독일이 파병할 것처럼 보였을 때, 핼리팩스는 갈피를 잡지 못했다. 많은 이들이 히틀러가 영국과 프랑스의 개입이 두려워 군대를 철수할 것이라고 잘못 생각했다. 그런데 이제 핼리팩스는 프랑스에 영국이 '당연히' 지원해 줄 것으로 기대하지 말라고 경고했다. 더욱이 만약 독일군이 체코슬로바키아 국경선을 넘을 경우, 프랑스는 한 사람을 향해 진격할 것이라는 달라디에의 확신에 찬 경고에도 꿈쩍하지 않았다. 달라디에는 "일정한 시간 뒤에 엄청나게 강화된 독일이 프랑스를 공격하면, 사람들은 이 모든 행위가 체코인의 아름다운 눈(les beaux yeux)이 아니라 자기 자신의 목숨을 위한 일이라는 점을 분명히 깨닫게 될"거라고 지적했다. 핼리팩스가 보기에 체코슬로바키아는 이미 끝난 거나 마찬가지였다.

나는 독일의 체코 침공으로 영국민의 여론이 영국 정부만큼 독일과 전쟁을 치를 준비가 되어 있지는 않다고 생각했다. 내가 여러 번 얘기한 대로, 우리는 프랑스의 의무를 염두에 두고 있지만, 체코를 위해 아무도 조치를 취하지 않아야 독일이 공격을 개시했을 경우 체코가 독일의 공격으로부터 효과적으

16. 베를린의 밤: 게오르그 그로츠(Georg Grosz)의 「거대 도시(*Grossstadt*)」(1917년) 만큼 바이마르 독일의 양면성을 예측한 작품은 거의 없었다.

17. 아르메니아의 악몽: 불황기의 빈곤.

18. '이 얼간이야, 좀 봐!': 노동자들의 천국을 잠시 다녀온 조지 버나드 쇼가 의심 많은 양키 자본주의자에게 소련 공산주의의 우월성을 알려 주고 있다.

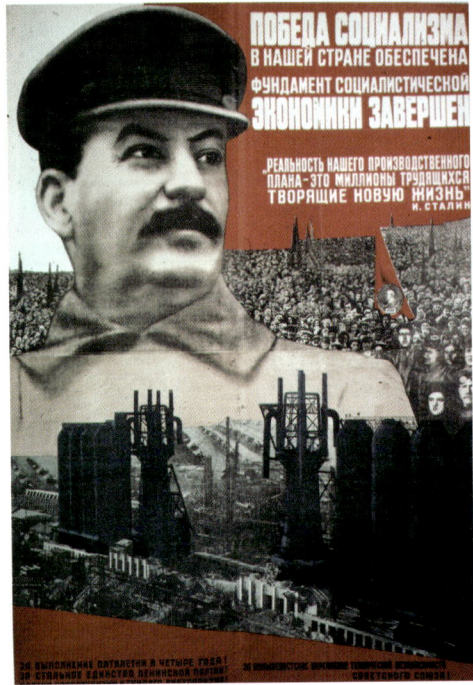

19. 소련 공업화의 신, 스탈린: '소련 사회주의의 승리가 지켜졌다. 사회주의 경제의 기초는 완벽하다. 우리 공업 계획의 현실- 수백만 명의 노동자 동지들이 새로운 삶을 창조하고 있다.

20. 집단화의 신화: '집단화는 수확기 생산량에 획기적인 변화를 가져올 것이다.'라는 슬로건이 쓰여 있다. 특히 우크라이나인들에 닥친 현실은 대량 아사였다.

21. 자결권의 신화: 그루지야인들에게는 다행이었는데, 스탈린은 소련 내 여러 소수 민족 집단에 대해 느꼈던 불신을 자기 민족에게는 느끼지 않았다.

22. 굴락 죄수들이 산업화 이전의 도구로 사회주의를 세우고 자신을 구한다. 경제적 가치가 의심스러운 운하를 건설하느라 장비도 제대로 없는 상태에서 얼어붙은 러시아 땅을 파다가 수천 명이 목숨을 잃었다.

23. 야콥 멘델레비치 아브터. 레닌그라드 농아협회 회원들은 스탈린 공포 시대에 스탈린과 정치국 간부들을 암살하려 했다는, 있지도 않은 음모에 연루되어 처형당했다.

24. 상상 속의 생활 공간: 잡지 독자들의 '제국 내 가정'을 위해 독일계 가족이 추수 노동 뒤에 잠시 쉬고 있다.

25. 스튀르머 출판사가 1935년에 펴낸 아동 서적의 삽화. "독일인은 잘 생겼다／ 누가 일하고 싸우는 법을 아는가／ 그는 배짱이 있고 당당해 보이기 때문에／ 유대인은 전력을 다해 독일인을 싫어한다." "이 사람이 바로 유대인이다. 보면 바로 알 수 있다./ 세상에서 가장 못된 악당이며／ 그는 자신이 왕자라고 생각한다.／ 하지만 그는 추악한 사람이다."

26. 유대계 언어학자 빅터 클렘페러. 제3제국의 생존자인 그는 제3제국의 뒤를 이은 제4(소련)제국에서도 살아남았다.

27. 1945년 9월 15일에 발급된 아이제이어 벌린의 여권. 벌린은 모스크바에서 시인 안나 아흐마토바(Anna Akhmatova)와 우연히 만났다.

28. 헤르셸 엘렌베르크(Hershel Elenberg)와 그의 아내 리브카(Rivka): 1941년 7월, 예드바브네 포그롬 희생자로 폴란드 이웃들에 의해 목숨을 잃었다.

29. 동부 폴란드에서 소련으로 강제 이송되기 전, 엔리카 라포(왼쪽)가 친구와 찍은 사진.

30. '유대계 볼셰비키'들이 잔악 행위를 저질렀다고 비난하는 전시의 나치 포스터: 카틴에서처럼, 빈니차(Vinnitsa)의 독일인들에 의해 발굴된 이 시체들은 실제로 NKVD에 의해 희생된 사람들이었다. 그러나 나치 친위대는 조금도 지체하지 않고 새로운 공동묘지를 빈니차의 유대인들 시체로 채워 버렸다.

31. 이 다섯 명의 유대계 여성들은 강제로 옷이 벗겨진 상태로 총살당하기 직전이다. 1941년 12월, 독일 경찰과 라트비아 지원군들에 의해 라트비아, 리에바우 외곽에서 2700명이 살해되었다.

32. 1937년 12월부터 1938년 2월까지의 어느 시점에 일본군들이 강간을 저지른 뒤 잔인하게 살해한 난징의 희생자들.

33. 무차별적인 전쟁: 1937년, 상하이 철도역에서 한 남성이 일본군의 급습으로 다친 아이들을 돌보고 있다.

로 보호 받을 수 있는 게 사실이다. 또한 유럽의 정치가들이 한 번 더 전쟁을 치른 뒤에 새로운 평화조약의 초안을 잡는 과정에서 체코슬로바키아의 국경선을 그린다고 상상하면, 누구도 오늘날처럼 정확한 경계선이 유지될 거라고 생각할 수 없다. 이런 관점에서 실제로 보호할 수 없고 회복할 거라고 기대하지도 않은 것을 위해 유럽이 전쟁을 치를지는 심각하게 생각해 보아야 한다.

이는 "스스로 알아서 하라."라는 말을 장황하게 늘어놓은 것이다. 프랑스가 풀이 죽은 것은 놀랄 일도 아니었다. 결국 이 무렵엔 핼리팩스와 체임벌린도 히틀러의 정신 상태에 의문을 품기 시작했지만, 그런 생각 때문에 되레 더 타협적인 모습을 보여 주었다.

뮌헨 협정이 체결되기까지 몇 달 동안 유화 정책에 대해 다들 의견이 일치했다고 잘못 알려져 있는데, 나중에 더프 쿠퍼는 이렇게 말했다.

우리가 싸울 것임을 독일에게 명확히 밝히라는 조언이 여기저기서 들어왔다. 이러한 조언은 일요일에 거의 만장일치로 언론과 야당, 윈스턴 처칠, 프랑스 정부, 미국 정부, 심지어는 바티칸으로부터도 전해져 왔다. 그토록 압도적인 여론의 지지를 받은 조언은 히스테리에 걸린 헨더슨이라는 단 한 사람의 반대 때문에 받아들여지지 않았다.

체임벌린이 셔틀 외교로 실험을 시작하기도 전에 보수당 내에서는 급속도로 의심이 커지고 있었다. 하지만 교활하게도 카도간은 유화 정책의 비판자들을 '주전파'라고 몰아세웠다. 쿠퍼의 주장에 따르면, 체임벌린의 측근들은 해군 동원령을 승인하지 않고 체임벌린의 분별없는 'Z' 계획을 지지했다. 이 계획은 독일로 날아가 히틀러의 자만심(체임벌린이 파악했다고 주장할 수 있었던 특징)에 직접 호소하는 것이었다. 체임벌린은 이렇게 주장했다. "히틀러에게 유럽에 평화를 가져오고 영국과 좋은 관계를 맺었다는 명성을 혼자 차지할 수 있는 기회가 왔다고 호소하면 확실한 길이 열릴 수 있다." 실제로는 체임벌린 자신이 이런 명성을 홀로 차지하길 바랐다. 사실상 Z 계획은 주데텐란트 주민들이 합병에 찬성하도록 국민투표 기회를 히틀러에게 주겠다는 의도였다. 그리고 남은 체코슬로바키아 지역에는 어느 정도 보장이 주어질 수도 있었다. 프랑스는 여전히 별다른 감흥이나 관심을 보이지 않았다. 소련은 더더욱 관심을 보이지 않았는데, 소비에트를 배제할 경우 스탈린이 히틀러 편을 들 수도 있다는 반사타트의 경고를 체임벌린이 태평스럽게 내쳤음에도 그러했다.

체임벌린과 히틀러의 첫 번째 회담은 9월 15일에 베르히테스가덴 외곽의 베르고프(Berghof)에 있던 히틀러의 휴양지에서 열렸다. 히틀러의 통역관 폴 슈미트는 두 지도자가 총통의 서재에서 밀담을 나눌 때 유일하게 그 자리에 참석했다. 체임벌린은 히틀러에게 아첨하기 시작했다. 영국 수상이 독일 독재자의 별장에서 그를 만나기 위해 먼 길 마다않고 바이에른의 알프스까지 찾아갔다는 사실 자체가 아첨이었다. 체임벌린은 자신이 정복을 위해 몸을 낮추고 있다고 믿었다. 체임벌린은 히틀러가 전에 페인트 공이었다고 잘못 알고 있었는데, 이번엔 "가장 평범하게 생긴 작은 개" 같다는 인상을 받았다. 하지만 체임벌린의 허식을 더 성공적으로 이용한 사람은 바로 히틀러였고, 이는 체임벌린이 회담을 설명한 내용에 명확히 나타난다. "그는(히틀러는) 말했다. '나는 말이 통하는 사내대장부와 함께 대화를 나누었습니다.' 그는 내가 핵심을 빠르게 파악한다고 좋아했다. 간단히 말해 나는 확실히 신뢰를 쌓았는데, 사실 그것이 내 목표였다. 무정하고 잔인하긴 하지만, 나는 약속할 때 그의 얼굴을 보고는 믿을 만한 사람이라는 인상을 받았다." 히틀러는 국민투표 없이 즉각 주데텐란트를 독일에 양도하는 경우만을 받아들일 거라고 명확히 밝혔다. 히틀러는 다음과 같이 선언했다. "이 상황은 즉시 해결되어야 합니다. 나는 반드시 해결할 것입니다. 나는 세계 전쟁이 벌어지든 말든 상관하지 않습니다. 나는 그 사태를 해결하기로 결심했고, 곧 해결할 것입니다. 그리고 이렇게 질질 끌게 놔두느니 세계 전쟁이라도 불사할 각오가 되어 있습니다." 그는 전쟁이 일어나지 않더라도 자기 마음대로 하지 못한다면, 영독해군 조약을 폐기하겠다고 위협했다. 히틀러의 목적이 오로지 주데텐란트의 자치일 뿐이라고 확신한 체임벌린은 이의를 제기하지 않고 런던으로 돌아왔다.

쿠퍼를 비롯한 '주전파'들의 반대에 부딪친 내각은 깊은 논의 끝에 주데텐란트의 '양도' 이전에 국민투표가 실시된다면 승인하겠다는 결정을 내렸다. 그러고는 프랑스가 원칙을 어겼다고 비난했는데, 핼리팩스의 표현에 따르면 "우리가 아니라 프랑스가 체코슬로바키아 정부와 조약상의 의무를 지고 있기" 때문이었다. 체임벌린은 달라디에에게 베르히테스가덴에서 무슨 얘기가 있었는지 알려 주지 않고 대신 다음과 같이 제안했다. "프랑스가 우리 생각을 묻는다면, 우리는 애초에 이 사태에 관련된 쪽은 프랑스라고 대답할 것이다. 하지만 우리는 프랑스가 주데텐란트 독일인들의 자결권을 막기 위해 싸우지 않겠다면 현명한 길을 선택한 거라고 생각한다." 이는 전과 동일한 취지, 즉 영국은 싸우지 않겠다는 얘기를 더 완곡하게 표현한 것이었다. 런던에 온 달라디에는 크게 화를 냈는데, 이는 충분히 이해할 수 있는 일이었다. 하지만 아무런 소용이 없었다. 그가 달성한 최고의 성과는 체임벌린을 설득하여 영국과 프랑스가 주데텐란트의 양도 이후에 체코슬로바키아의 남은 지역을 보장하기로 한 것이었다. 이제 남은 일은 베네슈를 위협하여 항복하게 만드는 것인 듯했다. 이는 대단히 고통스러운 과정이었다. 프랑스는 자신들이 체코슬로바키아를 버린 것이 영국 때문이라고 했지만, 결국 프랑스에 버림받은 베네슈는 9월 21일, 항복하고 말았다.

체임벌린은 다시 독일로 떠났다. 그는 해결책이라고 생각한 방안을 갖고 라인 강변에 위치한 바트고데스베르크(Bad Godesberg)로 향했다. 그는 독일이 원한 날보다 하루 뒤인 9월 22일에 히틀러를 만났으나 회담은 실패로 끝났다. 히틀러는 폴란드와 헝가리가 체코슬로바키아의 소수 민족 집단에 관련해 제시한 요구를 고려해야 한다며 그 자리에서 국민투표를 거절했다. ("대단히 미안하지만, 더 이상 그렇게는 안 됩니다.") 크게 낙담한 체임벌린은 독일이 독일계가 50퍼센트가 넘는 지역만 곧바로 넘겨받는다면 국민투표안을 포기하겠다고 제안했다. 나머지 지역은 1918년 이후 분쟁 지역에 적용되었던 대로 위원회에 회부할 수 있었다. 히틀러는 주데텐란트 독일인들의 권리가 계속 침해받는다고 주장하면서 즉각 양도와 함께 그곳을 독일군이 점령해야 한다고 고집했다. 여기에 더해 아무런 합의에 도달하지 못하면 불과 엿새 뒤인 9월 28일에 주데텐란트에 군대를 보내겠다고 위협했다. 이 노골적인 최후통첩을 뒷받침하기 위해 더 많은 독일군이 체코 국경으로 이동하여 총 31개 사단이 집결했다. 체임벌린은 독일 여론이 군사적 점령을 용인하지 않을 거라며 으름장을 놓았다. 하지만 히틀러는 독일 여론도 아무 소용이 없다고 대답했다. 체임벌린은 히틀러가 자신에게 일방적으로 명령을 내린다고 불평했는데, 이에 히틀러는 독일 측 요구 사항의 원문을 읽어 본다면 그것이 '각서'라는 사실을 알게 될 거라고 진지하게 대답했다. 크게 당황한 체임벌린은 이 '각서'를 체코에게 전달하기로 동의했다. 이에 대해 히틀러는 자신이 체코를 점령하겠다고 위협한 날짜를 사흘 연기해 주었는데, 이는 아무 의미 없는 '양보'였다. 런던으로 돌아온 체임벌린은 태연한 체했다. 황당하게도 당시 상황에 대한 그의 분석은 변하지 않았다. 그의 분석에 따르면, 히틀러는 주데텐란트 외에 아무런 야심도 없었다. 그는 체임벌린과 함께 손잡고 일할 수 있는 대장부였다.

히틀러 수상은 속이 좁았고 특정한 문제에 대해서는 몹시 편견을 갖고 있었다. 하지만 그는 자신이 존중하고 자신과 협상해 온 사람을 속일 사람은 아니었다. (중략) 결정적으로 중요한 현안은, 주데텐란트 문제는 반드시 해결해야 할 인종 문제이며 자신의 정책 목표는 유럽 지배가 아니라 인종 화합이라는 히틀러 총통의 말이 진심인지 여부였다. 체임벌린 수상은 히틀러 총통이 진실을 이야기하고 있다고 믿었다. (중략) 체임벌린은 당시 자신이 히틀러에게 확실히 영향력을 발휘했으며, 히틀러가 자신을 믿고 기꺼이 자신과 일할 용의가 있다고 생각했다.

이에 더프 쿠퍼는 총동원령을 강력히 요구했고, 윈터턴, 스탠리, 드라 바르, 엘리엇도 똑같이 주장했다. 물론 이는 예측할 수 있었던 일이었다. 전쟁성장관 호어 벨리샤 또한 동원령을 찬성한다고 밝혔다. 당시까지 체임벌린에게 충성을 다했던 핼리팩스도 망설이며 말했다. "히틀러는 마치 전쟁에서 승리를 거둔 것 마냥 조건을 지시하고 있다." 이전 지지자였던 할리샴 경도 마찬가지였다. 체코 정부뿐 아니라 프랑스도 독일의 요구를 거부했다는 소식과 함께 필요하다면 전쟁도 불사하겠다는 달라디에의 발언이 전해지자, 체임벌린에겐 강경한 입장을 취하는 것 외엔 다른 방법이 없었다. 이에 체임벌린은 자신의 막역한 친구 호레이스 윌슨을 독일에 보내 히틀러에게 선택의 기회를 제시해 보자고 했다. 이 분쟁 사태를 독일, 체코, 영국이 공동으로 참여하는 위원회에 회부할지 혹은 프랑스가 체코 편을 들 경우 영국과도 전쟁을 치를지 묻자는 것이었다. 이는 너무나 완벽한 반전이었기 때문에 쿠퍼는 자신의 귀를 믿을 수가 없어서 체임벌린에게 다시 말해 달라고 청해야 했다.

아주 잠시 동안은 히틀러가 자신의 힘을 과대평가하는 것처럼 보였다. 체코는 전쟁을 치를 준비를 하고 있었다. 프랑스는 런던에 전보를 보내 영국이 (1) 자신들과 동시에 군대를 동원하고, (2) 징병제를 도입하고, (3) 경제 및 금융 자원을 공동으로 부담할 것을 요청했다. 프랑스 참모총장 모리스 가믈랭 장군도 26일에 런던을 방문해 같은 요청을 반복했다. 체임벌린은 당시 독일에 있던 윌슨에게 전화를 걸어 다음과 같이 알렸다. "프랑스는 체코가 공격을 당할 경우, 공격적인 수단을 이용하여 체코슬로바키아를 지원할 의사를 명확히 밝혔다. 이로 인해 우리도 끌려 들어갈 것이다. 그리고 히틀러 수상에게 이는 평화로운 해결책에 대한 불가피한 대안이라는 점을 명확히 밝혀야 한다." 여전히 체임벌린은 영국과 프랑스의 힘에 러시아를 연결시키라는 처칠의 조언을 유념하지 않았지만, 핼리팩스는 독일이 체코슬로바키아를 공격하면 프랑스가 체코를 도울 수밖에 없을 것이고, 영국과 러시아는 확실히 프랑스 편을 들 것이라는 언론 성명서를 발표했다. 이는 대중적인 평화주의에 어긋나기는커녕, 대중의 분위기를 정확히 반영하는 것이었다. 여론은 체임벌린과 그의 측근들만큼 무기력한 적이 결코 없었다. 바트고데스베르크에서의 회담 즈음 시행된 여론조사에 따르면, 국민의 22퍼센트만이 유화 정책에 찬성했고, 40퍼센트는 반대했다. 유화 정책을 반대하는 후보들이 옥스퍼드와 킨로스에서 패했음에도 불구하고, 뮌헨 협정이 체결된 이후 치러진 중간선거에서 정부에 대한 지지가 뚜렷이 감소하고 야당에 대한 지지율은 급격히 높아졌다. 이에 따라 체임벌린은 결국 계획 중이던 총선을 단념했다. 이 무렵, 하원의 분위기 또한 달라졌다. 핍스마저도 히틀러의 요구안이 알려진 이후엔 프랑스 여론이 백팔십도 달라졌다는 사실을 인정해야 했다. 9월 27일, 체임벌린은 마지못해 함대를 동원하는 데 승낙했고, 쿠퍼는 그 결정을 언론에 알렸다. 런던에서는 독가스 공격에 대비해 방독면이 지급되었고, 공원에는 참호가 조성되었다. 전쟁이 발발하면 독일군이 즉각 런던을 공습할 것이라는 환상은 계속해서 위력을 과시했다. 베를린 대사관에서도 주사위는 던져졌다는 만족감이 팽배했다.

그러나 체임벌린은 자신의 동료들도 모르게 윌슨에게 보내는 지시의 톤을 약화시켰다. 그는 독일 대사관을 통해 히틀러가 요구를 거부했다고

해서 그것을 결정적인 통첩으로 간주하면 안 된다는 메시지를 보냈다. 윌슨은 전쟁이 발발할 경우 영국이 체코슬로바키아와 프랑스를 지지할 것이라고 히틀러에게 경고하는 대신, 히틀러가 체코의 비타협적인 태도에 격노하는 모습에 압도되고 말았다. 며칠 뒤, 히틀러는 윌슨에게 당혹감을 안기며, 자신이 원하는 체코슬로바키아를 갖겠다고 선언하고는 자리를 박차고 나가 버렸다. 그는 더 이상 얘기를 듣지 않고, 비상식적으로 얘기를 중단해 버린 것이다. 이는 정확히 히틀러의 장기인 연극이었다.[5] 체임벌린의 심약한 밀사에게 압력을 가중시키기 위해 히틀러는 자신의 요구를 이틀 뒤인 9월 28일 오후 2시까지 받아들이라는 시한을 제시했다. 덤으로 괴링은 전쟁이 일어날 경우, 독일은 폴란드의 지원을 기대할 수 있다는 말을 전해 주었다. 히틀러가 베를린 체육관에서 마구 고함치는 소리를 들은 뒤 더욱 기가 죽은 윌슨은 체임벌린의 경고를 전달하지 않는 게 좋겠다고 권했다. 하지만 그 의견은 묵살되었고, 9월 27일에 그는 자신의 임무를 완수했지만, 분노에 찬 모습이 아니라 슬픔에 잠긴 모습이었다. 히틀러는 꿈쩍도 하지 않았다. 그리고 이렇게 말했다. "프랑스와 영국이 공격한다면, 그렇게 하게 내버려 둬. 난 그 문제에 아무런 관심도 없어. 난 일어날 수 있는 모든 사태에 대해 준비해 놨어."

윌슨이 런던으로 돌아오자, 체임벌린은 분쟁 지역에서 철군할 것을 체코에 요구해야 한다고 주장했지만, 대다수 각료들은 이 방침에 반대했다. 베를린 주재 영국 대사관 육군 무관이 소환되어 체코군의 방어력과 사기가 형편없다고 증언했는데, 사실 그는 자기가 무슨 말을 한 것인지

---

5) 영국 대사관 직원으로 윌슨을 대동했던 이본 커크패트릭(Ivone Kirkpatrick)은 할 말을 잃고 말았다. "틈틈이 그는 자리에서 일어나 방을 나가 버릴 결심이 선 듯 문 쪽으로 내달렸다. 나는 홀린 듯 그를 쳐다보았다. 그가 장광설을 늘어놓는 동안 나는 그에게서 눈을 뗄 수가 없었고, 내 연필은 종이 위에 박힌 듯 멈춰 있었다. (중략) 가끔 윌슨이 영국 수상의 평화로운 해결에 대한 희망을 이야기하면, 히틀러는 의자를 뒤로 밀치고 크게 화가 난 몸짓으로 자기 허벅지를 내려쳤다."

도 몰랐다. 베를린 무관에 비해 무기력하지 않았던 프라하의 무관은 의견을 제시하라는 소환령을 받지 않았다. 또한 유화 정책 지지자들은 프랑스의 의도에 회의론을 제기했다. 프랑스 각료들이 런던을 방문했을 때, 그들은 (변호사 훈련을 받은) 재무장관 존 사이먼 경의 추궁을 받았다. 영국인들이 보기에 그들의 대답은 뭔가 미흡했다. 가믈랭은 프랑스가 독일로 진격해 들어갔다가 저항이 심하면 마지노선까지 다시 후퇴한다는 계획을 세워 두었다. 9월 27일, 체임벌린은 대국민 방송에서 작은 국가가 강력하고 거대한 이웃 국가와 맞서 있다는 이유로 대영 제국 전체가 마지못해 전쟁에 휩쓸리게 되었다는 사실을 밝혔다. 그의 발언은 주전파들에게 다시 타격을 입혔다.

쿠퍼의 불평에 따르면, 그것은 가장 침울함을 안기는 발언이었다. 그는 연설에서 프랑스나 체코슬로바키아에 대한 동정은 전혀 언급하지 않았다. 유일하게 히틀러에게 동정을 표했는데, 체임벌린은 히틀러가 주데텐란트에 대해 느끼는 감정을 잘 이해할 수 있다고 말했다. 그는 해군 동원에 대해서는 한마디도 하지 않았다. 나는 화가 치밀었다. 윈스턴이 내게 전화를 했다. 크게 화가 난 그는 연설의 어조로 볼 때, 영국이 포기할 준비를 하고 있다는 사실이 명백히 드러났다고 말했다.

이는 예언적이었다.

체임벌린은 한 번 더 비행기를 탔다. 9월 29일, 뮌헨 회담에서 합의한 내용은 체코슬로바키아를 절단 내는 시기와 히틀러가 자신의 목표를 달성하는 방법에 영향을 미쳤을 뿐이다. 히틀러의 요구대로 주데텐란트를 강제로 점령하지는 않는 대신, 독일은 10월 첫날부터 열흘 동안 이 지역을 접수할 수 있게 되었다. 그리고 국제위원회의 감독하에 국민투표를 실시하여 독일과 체코슬로바키아 간의 새로운 국경선, 자산, 통화 문제

등을 결정하기로 했다. 개인들은 각자 선택에 따라 양도되는 지역에서 살거나 떠날 권리를 부여받을 예정이었다. 독일의 양보안들 가운데 점령 시기를 구체적으로 밝힌 첫 번째 안건만 실행에 옮겨졌다. 체임벌린은 자신이 히틀러의 아파트에서 개인적으로 만나 서명하도록 설득했다는 문서 한 장을 들고 영국으로 돌아왔다. 그 문서의 내용은 다음과 같았다.

우리는 어젯밤에 서명한 조약과 영독해군 조약이 다시는 전쟁을 벌이지 않겠다는 양국 국민들의 희망을 상징한다고 생각한다. 우리는 이런 협의 수단이 양국에 관련된 어떤 문제에도 적용될 수 있어야 한다고 굳게 믿는다. 그리고 분쟁의 원인을 제거하기 위해 계속 노력하고 유럽의 평화를 보장하는 데 기여할 각오가 되어 있다.

병적인 도취에 빠져 다우닝 가로 돌아온 체임벌린이 "우리 시대의 평화"를 의미한다고 설명한 것이 바로 이 문서였다. 다음 날, 쿠퍼는 뮌헨 조약은 평화가 아니라 임박한 전쟁을 의미하며, 수상의 발언으로 너무나 절실한 재무장에 박차를 가해야 할 정당한 이유를 찾기 어려워졌다며 자리에서 물러났다. 그는 사표를 던질 만한 유일한 각료였다.

쿠퍼가 옳았다. 10월 말, 독일은 리투아니아의 메멜과 국제도시였던 단치히가 자기들 땅이라고 또다시 주장했다. 11월 말, 《뉴스 크로니클》지는 히틀러가 프라하 진격을 준비하고 있다고 보도했다. 독일과 체코슬로바키아 간에 그어진 최종 국경선은 체코인 3만 명을 독일 지배하에 두었는데 이는 '민족자결'과는 거리가 멀었다. 하지만 이에 대해 아무 조치도 취해지지 않았다. 체코슬로바키아의 나머지 지역을 어떻게 보장할지 구체적인 형식이 정해지지 않았기 때문이다. 한편, 히틀러가 잠수함 전력에서 영국 해군과 균형을 맞추겠다고 대 놓고 맹세함으로써, 군비축소를 바라던 체임벌린의 희망은 조롱거리가 되고 말았다. 뮌헨 조약이 체결되고 채 6개월이 지나지 않은 1939년 3월 15일, 독일군은 완벽하게 영국의 허를 찌르면서 프라하로 진격해 들어갔다. 독일을 등에 업은 슬로바키아는 독립을 선언했고, 체코슬로바키아는 지도에서 사라지게 되었다. 이러한 결과는 체임벌린이 뮌헨에서 돌아온 지 며칠 만에 처칠이 하원에서 예측한 그대로였다.

싸우지 않은 전쟁

이 모든 것을 볼 때 뮌헨 조약을 야기한 사건들은 영국 현대사에서 가장 큰 외교상의 실수였다는 전통적인 주장을 따르는 게 옳은 듯하다. 그러나 A.J.P. 테일러가 지적했듯이, 뮌헨 조약은 적어도 한 가지 점에서는 체임벌린의 위업이었다. 그는 영국 내 반대파들뿐 아니라 히틀러의 의표도 찔렀다. 결국 뮌헨 조약에서 합의된 사항은 바트고데스베르크에서 히틀러가 제시한 요구 사항보다는 처음에 베르히테스가덴에서 체임벌린이 제안한 조건들에 훨씬 가까웠다. 히틀러는 체임벌린의 외교정책 때문에 5월 말부터 생각해 온 체코슬로바키아 침공 계획을 포기할 수밖에 없었다. 당시 위기를 서술한 대부분의 영국 측 역사 기술에서, 속도를 조절한 것처럼 보이는 사람은 히틀러이다. 그러나 괴벨스의 일기를 보면, 마치 자신의 의무를 다한 양 갑자기 일어서서 관계를 끊어 버린 건 "얼음같이 찬 영국 여우" 체임벌린이다. 괴벨스에 따르면, 9월 초에 히틀러는 런던이 개입하지 않을 거라고 자신했는데, 4주 뒤에 체임벌린의 보좌관 호레이스 윌슨에게 영국이 세계 대전을 원하는지 확실히 밝히라고 물어볼 수밖에 없었다. 엿새 전만 해도 런던이 무력 사용을 한없이 두려워한다고 확신했던 괴벨스도 다음과 같은 결론에 도달하고 말았다. "우리에겐 전쟁을 일으킬 구실이 없다. 수정안 때문에 세계 전쟁을 감수할 사람은 없다." 괴링도 같은 생각을 갖고 있었다.

결정적으로 획기적인 돌파구는 9월 27일 밤에 열렸다. 히틀러가 체임벌린에게 다음 날 오후 2시까지 군사력을 동원하겠다는 앞서의 위협을 사실상 철회하겠다는 문서를 보낸 것이다. 이 문서에서 히틀러는 체코가 이미 양도하기로 동의한 지역 너머까지 독일군을 이동시키지 않을 것이며 국민투표도 치르겠다고 합의했다. 그리고 앞으로 체코슬로바키아의 존속을 국제적으로 보증하는 데 독일이 참여하겠다고 말했다. 아마도 (화를 내지 않고 슬프게 전한) 윌슨의 경고가 겉으로 보이는 것보다 더 효과적이었던 모양이다. 히틀러는 독일 총사령부 국방부장 알프레트 요들 장군에게 다음과 같이 말했다. "나는 불시에 체코슬로바키아를 공격할 수는 없다. 만약 그럴 경우 전 세계를 상대해야 할 것이다. 영국, 프랑스를 상대로 전쟁을 해야 할 텐데, 그럴 수는 없다." 이는 그가 동원령을 24시간 연기하자는 무솔리니의 제안을 그토록 진지하게 받아들인 이유를 설명해 준다. 바로 그 때문에 히틀러는 성급히 런던에 서신을 보내 체임벌린에게 뮌헨에서 열리는 4대 강대국 회담에 참석해 달라고 청했다. 무솔리니가 그 일에 관여하지 않았다고 해도, 히틀러는 프랑스의 타협안을 받아들였을 것이다. 이런 관점에서 보면, 뮌헨 조약이 투표에 부쳐졌을 때 반대표를 던진 토리당원이 마흔 명에 그치는 등, 영국 국회의원들 사이에서 잠시나마 인기를 누렸던 사실을 더 쉽게 이해할 수 있다. 체임벌린은 실제로 전쟁을 막은 것이다.

그러나 체임벌린이 그렇게 하는 게 옳았을까? 이 모든 것은 히틀러의 입장이 얼마나 약해졌는지, 그를 궁지에서 벗어나게 도운 행위가 얼마나 어리석었는지 보여 주기 때문이다. 무솔리니를 재촉하여 최후의 외교적 해법을 제안하게 만든 사람은 체임벌린이었다. 그러나 이탈리아가 독일에 동조하는 게 분명해졌을 때, 이탈리아를 끌어들인 이유는 무엇일까? 이 중요한 순간에 체코는 왜 배제했는가? 왜 소련을 협상 테이블에서 제외했는가? 체임벌린이 뮌헨으로 달려가는 대신 자신의 이점을 이용했더라면, 베를린은 강한 압박을 받았을 것이다. 1938년의 독일은 유럽 전쟁을 치를 준비가 전혀 되어 있지 않았기 때문이다. 이 점은 결정적으로 중요하다. 독일의 서쪽 방어력은 여전히 불완전했다. 요들의 표현을 빌리자면 "서부 요새에는 5개 전투사단과 7개 예비사단이 주둔하고 있었으며, 당시 요새는 프랑스의 100개 사단에 저항하기 위한 건설 부지에 불과했다." 독일 고위 장교 중에 여기에 이견을 다는 사람은 없었다. 또한 독일은 스탈린이 체코슬로바키아에 대한 소련의 약속을 저버릴 거라고 기대할 수도 없었다. 키예프와 벨로루시에 주둔 중이던 붉은군대는 체코 위기 동안 즉시 작전에 투입할 수 있는 상태였다. 루마니아 정부가 붉은군대에 체코 국경으로 가는 길을 열어 주는 시나리오도 전혀 상상할 수 없는 사태는 아니었다. 더욱이 막심 리트비노프 소련 외무장관은 프랑스가 체코에 대한 약속을 지킨다면, 소련도 그렇게 하거나 적어도 그 문제를 국제연맹에 회부할 것이라고 누누이 강조했다. 실제로 9월 24일, 리트비노프는 영국의 국제연맹 대표에게 "만약 독일이 체코슬로바키아를 침략한다면, 체코소련협정의 효력이 발생할 것"이라고 밝히면서, 영국, 프랑스, 소련이 진심이라는 점을 독일에게 보여 주기 위해 3국 회담을 개최하자고 제안했다.

이런 이유들로 독일군 75개 사단 중 일부만이 체코 공격에 나설 수도 있었다. 체코는 75개 사단에 대비하고 있었지만, 파리 주재 영국 대사관 육군 무관은 24개 사단으로 추정했다. 체코도 가볍게 처리할 수 있는 상대는 아니었을 것이다. 영국 대사관부 육군 무관은 잘 무장한 체코의 35개 사단이 결정적인 수적 우세를 누리지도 못하고 기습공격을 감행하지도 못했을 공격자를 상대로 오래 버틸 수 있을 거라고 기대했다. 1939년, 독일의 예비역 장교들은 영국의 한 기자에게 이렇게 털어놓았다. "체코의 방어력이 상당히 인상적이었고 우리들의 힘으로 무너뜨리기 힘들었다. 우리는 그들을 괴롭혔겠지만, 항복을 받아 내지는 못했을 것이다." 나중에 히틀러 본인도 체코 군부의 전시 대비가 만만찮은 수준이었다는 사실을 알고 크게 불안감을 느꼈다고 인정했다. 그리고 이렇게 덧붙였다. "우리는 심각한 위험에 부딪쳤다." 2군과 10군의 협공 작전을 계획했던 그린 작전(Operation Green)이 실제로 개시되었더라면 큰 실패로 끝났을지도 몰랐다. 헨리 파운올 경이 지적했듯이, 독일이 서부전선의 지그프리트 선(Siegfried Line, 제2차 세계 대전 전에 구축한 독일 서부 지역 방어선—옮긴이)을 따라 9개 사단만을 남기고 붉은군대로부터 동프로이센을 지키기 위해 5개 사단을 배치하긴 했지만, 히틀러가 계획하고 있던 작전은 확실히 위험했다.

이는 심하게 줄잡아 이야기한 것이다. 독일 해군의 준비도 애처로울 정도로 뒤처져 있었다. 통틀어 구축함은 고작 일곱 척, 소형 전함 세 척, 원양 항해용 잠수함은 일곱 척에 불과했다. 더욱이 독일은 외국의 지원을 기대할 수도 없었다. 폴란드는 체코의 일부 지역을 얻기 위해 독일에 가담할 수도 있었지만, 반대편이 될 가능성도 충분했다. 헝가리도 마찬가지 상황이었다. 생각건대 무솔리니는 히틀러의 편을 들 수도 있지만, 이 국가들 중에 서양 열강에 위협이 될 만한 국가는 하나도 없었다. 반대로 영국과 프랑스는 상대적으로 쉽게 이탈리아의 지중해 함대에 막대한 손실을 입힐 수 있었을 것이다. 일본의 경우, 중국에서 어려움을 겪고 있었고 북쪽에 있는 소련의 위협이 장군들의 주요 관심사로 떠오르던 상황을 고려하면 이 기회를 틈타 서양 제국들에 싸움을 걸 개연성은 거의 없었다.

마지막으로, 독일이 런던을 폭격할 능력은 대체로 영국인들의 상상의 산물이었는데, 이는 정보 수집과 해석 작업에 크게 실패한 결과였다. 실제로 독일은 폭격기가 지상군을 지원하는 전술적인 역할을 해 주기를 바랐다.(따라서 융커스 Ju-87 '슈투카' 같은 소형 급강하 폭격기는 1930년대에 개발해 스페인 내전에서 테스트했다.) 독일이 영국 해협을 건널 수 있는 작전 능력을 갖춘 폭격기 개발에 투자했으나 그 규모는 영국이 두려워한 수준보다 훨씬 낮았고, 독일 폭격기가 영국 항공전을 개시했을 때도 처음엔 도시 중심지가 아니라 비행장과 군사 시설을 목표로 삼았다. 괴링은 독일 공군이 런던을 초토화할 거라며 뻔뻔하게 헨더슨을 위협했지만, 1938년 전쟁 계획에 영국 폭격은 들어 있지 않았다. 괴링의 위협은 으름장에 불과했다. 제2공군전대 사령관 헬무트 펠미 대장은 1938년 9월 말에 자신의 가용 수단을 고려하면, 영국을 파괴하기는 불가능한 것으로 보였다고 말했다. 따라서 영국이 예상되는 독일의 공격에 대비한다는 것은 아무 의미도 없었다. 사실 파리가 독일 공군의 공격 목표가 되었을 가능성이 더 높았는데, 여기서도 위협은 과장되었다.

  독일 군부의 준비가 미흡했다는 사실은 제3제국에서 중요한 정치적 의미를 갖고 있었다. 1935년 이후 참모총장을 역임한 루드비히 베크만큼 독일 군부의 약점을 잘 알고 있는 사람은 없었다. 베크는 처음부터 히틀러가 체코슬로바키아 공격을 계획하면서 불장난을 하고 있다고 확신했다. 그가 보기에 외교적으로 긴장 상태를 조성한 뒤에 열강에 기정사실을 제시하는 히틀러의 전략에는 위험이 내포되어 있었다. 히틀러의 그런 수는 독일의 승리를 기대할 수 없는 유럽 전쟁을 불러올 수 있었다. 전략가로서 히틀러의 분별력에 감히 의심을 품었던 사람들, 대표적으로 전쟁성 장관이자 육군 원수였던 베르너 폰 블롬베르크와 육군 총사령관이었던 베르너 폰 프리취와는 달리, 베크는 1938년 1월의 숙청에서 살아남았다. 히틀러는 블롬베르크 대신 본인이 총사령관 자리에 오르고 카이텔을 앞잡이로 내세움으로써, 군부 장악력을 강화했다. 또한 프리취의 자리에 무기력한 발터 폰 브라우쉬취를 앉혔다. 따라서 8월 말, 베크가 사임함으로써 히틀러의 가장 큰 정치적 위협이 제거된 셈이었다. 그렇다고 군부가 히틀러에 반대할 가능성이 사라진 것은 아니었다. 베크는 자신의 후임자인 프란츠 할더 대장에게 히틀러에 대항한 쿠데타에 가담하라고 재촉했다. 당시 군정보부 차장 한스 오스터와 내무부 관료 한스 기제비우스가 심각하게 쿠데타를 논의하던 중이었다. 나중에 할더는 자신과 베크, 퇴역 장군인 에르빈 폰 비츨레벤 등이 히틀러 정권 타도를 기도했지만 체임벌린이 독일을 급히 방문하면서 그 기회가 사라졌다고 주장했다.

확실히 독일 군부와 민간인 엘리트층 내의 반히틀러 분자들은 가지각색인 데다 조직적이지 못했다. 히틀러가 체코 사태에서 중대한 외교적 실패를 겪었을 경우 반히틀러 쿠데타가 성공했을지는 알 길이 없다. 그러나 영국 당국이 자신들에게 전해진 신호를 전적으로 무시한 것은 조금 너그럽게 봐 주더라도 이상했다. 실제로 그들은 독일 외무부의 에른스트 폰 바이츠제커처럼 나무랄 데 없는 정보원이 준 신호에도 주의를 기울이지 않았다. 뮌헨 조약 이후 베를린에서 정권이 바뀔 기회는 빠르게 사라졌다. 잘못 이름 붙여진 '반대파'는 포기하지 않고 꾸준히 런던과의 대화선을 구축하려고 했다. 물가통제위원과 라이프치히 시장이었던 카를 괴르델러는 1938년 크리스마스에 영국을 방문했다. 6개월 뒤, 발넓은 로즈 장학생 아담 폰 트로트 주 솔츠는 체임벌린과 핼리팩스를 모두 만났다. 다른 방문자들 중에는 중령을 지낸 게르하르트 폰 슈베린이 있었는데, 그는 처칠이 내각에 참여해야 한다고 주장했다. 하지만 기회는 무산되고 말았다.

우리는 당시 독일의 약점을 무시해서는 안 된다. 독일계 민족은, 히틀러가 자신들을 위해 생활 공간을 확대하기 위해 애쓰고 있었지만 전쟁을 그리 좋아하지 않았고, 이 사실을 알게 된 히틀러는 크게 분개했다. 영국은 이를 잘 알고 있었다. 베를린 대사관의 하급 관료들은 독일 국민이 정부의 군사 조치에 크게 놀랐다고 보고했다. 일부 독일인들은 체코슬로바키아 공격이 유럽 전쟁으로 이어질 것이며, 독일이 패배할 가능성이 크다는 막연한 두려움에 싸여 있었다. 헨더슨 본인도 9월 27일에 기계화

사단이 베를린을 행진할 때 거리에서 박수를 치는 사람은 한 명도 없었다는 점을 지적했다. 헨더슨은 10월 6일, 드물게 총명함을 발휘하여 이렇게 말했다. "전쟁이 일어나면 독일에서 히틀러는 제거될 것이다. 평화를 유지함으로써 우리는 히틀러와 그의 정권을 구해 냈다."

1938년의 비극은 영국과 프랑스 정부가 힘의 균형을 잘못 해석하는 바람에 균형추가 독일 쪽으로 기울어졌다는 점이다. 카도간은 확신했다. "이제 우리는 충돌을 조장해서는 안 된다. 우리가 박살 날 것이기 때문이다." 참모총장들도 같은 생각을 했다. 동부사령부의 에드먼드 아이언사이드 대장은 일기에 이렇게 썼다. "당연히 체임벌린의 생각은 옳다. 우리에겐 방어할 수단이 없다. (중략) 우리가 독일의 공격을 감수한다면 그것은 자살행위에 불과하다." 가믈랭도 독일군을 두려워했다. 영국인들과 마찬가지로 프랑스인들도 독일이 자국 도시들을 폭격해 잿더미로 만들 수 있다고 확신했다. 프랑스군 고위 참모장교 중의 한 사람은 독일군의 동원이 너무 빨라서 프랑스 전선에 50개 사단을 신속히 배치할 수 있을 것으로 예견했다. 그런데도 주데텐란트 위기 동안 영국과 프랑스 군부 간에 회담이 개최된 경우는 한 차례도 없었다. 참모총장들이 적극 검토한 최고의 대비책은 전쟁이 일어나면 프랑스에 고작 야전군 2개 사단을 파병하는 것이었다. 종종 장군들은 다음번 전쟁 대신 마지막 전쟁을 치를 계획을 세운다고 비판받는다. 1938년, 영국 장성들은 마지막 전쟁을 치를 계획조차 세우지 않았다. 만약 그랬다면 상황은 많이 달라졌을지도 모른다. 왜냐하면 1938년에 '박살' 날 위험을 무릅쓴 것은 영국과 프랑스가 아니라 독일이었기 때문이다. 영국이 해야 할 일은 변덕스럽게 태도를 바꾸는 대신 프랑스와 함께 체코슬로바키아를 지키는 것이었고, 1939년 2월까지 기다리는 대신 영국과 프랑스의 참모부 회의를 성사시키는 데 전념하는 것뿐이었다. 체임벌린은 애걸복걸하는 사람처럼 베를린을 왔다 갔다 하는 대신 독일의 호출을 거절하면서 런던에서 한 발짝도 움직이지 않고 머물렀어야 했다. 물론 무슨 일이 벌어졌을지는 알 수 없다. 그러나 독일이 굴욕을 당했을 확률은 상당히 높았을 것이다. 무엇을 했더라도, 심지어 전쟁조차도 실제 벌어진 상황보다는 나았을 것이다. 히틀러 자신은 무력으로 체코 영토를 손에 넣길 바랐지만, 사실 평화로운 방법으로 그 땅을 얻은 게 히틀러에게도 더 나았기 때문이다.

반시타르트가 지적했듯이 시간은 결정적인 역할을 했다. 참모총장들은 영국 공군이 독일의 압도적인 공습을 두려워한다는 사실을 근거로 다음과 같이 주장했다. "군사적인 관점에서 볼 때, 분명 시기를 늦춰야 승산이 있다. (중략) 현재 우리는 방어용 전쟁을 치르기에도 불리한 상황이다." 확실히 전투기사령부는 이 시점까지도 비참할 정도로 방치된 상태였고, 영국 공군력이 독일 공군의 공격을 견뎌 내려면 더 많은 조치를 취해야 했다. 영국 육군 또한 뮌헨 조약 이후 더욱 강해졌다. 사실 더 약해질 수가 없었기 때문이다. 하지만 시간은 중요했다. 확실히 시간이 흘러감에 따라 영국은 국방력을 강화할 수 있었다. 마찬가지로 시간은 히틀러에게도 공격력을 높일 수 있게 해 주었다. 독일군의 재무장이 1938년 말까지 억제되어야 했던 것은 사실이다. 그리고 독일이 만약 1939년 이후까지 전쟁을 연기할 경우, 시간은 자신들 편이 아닐 거라고 확신한 것도 사실이다. 그러나 모든 것을 고려해 보면, 1938년 9월 이후에 시간은 영국보다 독일 편이었다. 표 10-1에서 명확히 나타나듯이, 1938~1939년에 독일 육군은 영국과 프랑스 육군을 합친 것보다 상당히 많이 증강되었다. 해군을 보면, 영국과 프랑스는 함대를 크게 늘린 반면 독일은 그대로였지만, 당시 결정적인 역할을 하리라고 보았던 공군에서는 아무리 잘 봐주어도 양측이 막상막하였다. 독일이 보강한 제1선 공군력 규모는 영국 공군의 예비대 증원 규모를 약간 능가했다. 영국과 프랑스를 합쳤을 경우, 1939년에 제1선 항공기가 독일보다 많았지만 그 차이는 1938년에 더 컸다.(589대에서 94대로 감소했다.) 이런 주장을 증명하는 다른 방법으로는

표 10-1. **1938년과 1939년 군사력의 균형**

	1939년 1월			1939년 9월		
	프랑스	독일	영국	프랑스	독일	영국
군대	581,000	782,000	376,000	629,000	1,366,000	394,000
전함	5	5	12	7	5	15
순양전함	1	2	3	7	1	15
순양함	18	6	62	11	6	49
항공모함	1		7	1		7
구축함	58	17	159	61	21	192
어뢰정	13	16	11	12	12	11
잠수함	76	57	54	79	57	96
제1선 항공기	1,454	2,847	1,982	1,792	3,609	1,911
운항 가능한 제1선	n/a	1,669	1,642	n/a	2,893	1,600
예비대	730	n/a	412	1,600	900	2,200

참고 사항: 전함에는 독일의 소형 전함, 3척이 포함되어 있다. 영국이 추정한 독일 공군의 제1선 항공기 병력은 1938년 8월 당시 2650대였고, 1939년 9월에는 4320대였다.

1939년 군용 항공기 제작 규모를 비교하는 것이다. 독일은 8295대, 영국은 7940대, 프랑스는 3163대를 제작했다. 소련은 이 3개국을 모두 능가하여, 1만 565대의 항공기를 제작했다. 1938년 당시 서양 열강들은 소련을 잠재 동맹국으로 간주할 수 있었다. 하지만 1939년에 스탈린은 히틀러의 동맹자였다.

히틀러는 뮌헨 조약이 체결되자마자 많은 것을 얻었다. 체코슬로바키아가 무력화되자 독일의 동부전선은 크게 안정되었다. 더욱이 독일군은 주데텐란트를 점령하는 과정에서 소총 150만 정과 항공기 750대, 탱크 600대, 야포 2000문을 단숨에 획득했는데, 몇 달 뒤면 모두 큰 도움이 될 무기들이었다. 실제로 독일이 1940년 서부전선 공격에 동원한 탱크들 중에 10분의 1이 체코에서 만든 탱크였다. 오스트리아 합병으로 독일의 노동력, 경화, 제철 공급이 크게 늘어났듯이, 서부 보헤미아의 공업 자원은 독일의 군수물자에 활력을 불어넣었다. 처칠이 지적했듯이, 약소국가를 늑대들에게 던져 줌으로써 안전을 얻을 수 있다는 생각은 치명적인 망상이었다. 독일은 빠른 속도로 전력(戰力)을 증강했고, 프랑스와 영국은 국방에 필요한 조치를 취하는 데 독일을 따라잡을 수 없었다. 뮌헨 조약으로 '시간을 벌자.'라고 했으나 그것은 영국과 프랑스가 필사적으로 좁혀야 했던 격차를 실제로 좁히는 게 아니라 넓히는 것을 의미했다. 달리 표현하자면, 1938년보다 1939년에 독일과 싸우기가 더욱 어려워졌다.

전쟁을 찬성하는 경제적인 논거

1938년 당시, 독일은 군사적인 관점에서만 약했던 것이 아니었다. 경제 역시 심각할 정도로 취약했는데 이 점도 중요했다. 샤흐트의 뉴 플랜은 2년 전에 포기되었다. 그가 주도한 양자 간 무역 협정 체계가 히틀러가 원한 빠른 재무장에 필요한 원료를 조달해 주지 못했기 때문이다. 그러나 4개년 계획도 1938년 당시 상황을 많이 개선시키지 못했던 것으로 보인다. 국내 철광석 생산은 증가했지만, 1936년 이후 증가량은 100만 톤을 조금 넘었고, 1938년 수입량의 10퍼센트를 약간 상회했을 뿐이다. 합성고무도 고작 1만 1000톤이 생산되었고, 이는 수입량의 12퍼센트 정도에 해당되었다. 히틀러가 1937년 11월 5일, 군부 및 외교부 참모들에게 명확히 밝힌 대로, 오스트리아와 체코슬로바키아 합병은 재무장을 계속 방해하던 원료 부족 문제를 처리하기 위한 조치였다. 기자인 이언 콜빈(Ian Colvin)이 확실한 소식통으로부터 얻은 정보에 따르면 1938년에 전쟁이 일어났을 경우 독일이 충분히 쓸 수 있는 휘발유의 양은 고작 3개월분이었다. 게다가 당시 독일은 심각한 노동력 부족에 직면해 있었다. 여기서 아이러니한 점은 독일의 문제가 대체로 4개년 계획에 의해 시작된 군비 상승의 결과였다는 사실이다. 괴링 본인도 독일 경제가 전력을 기울이고 있다는 점을 인정했다. 10월경, 독일의 경제 전문가들은 전쟁이 파국을 가져올 것이라는 점에 의견을 모았다.

콜빈의 증언이 의미하듯이, 독일의 경제 문제는 결코 비밀이 아니었다. 특히 금융 부문의 징후들은 상당히 뚜렷했다. 샤흐트가 제국은행 총재직을 유지했지만, 경제장관 자리에서 물러난 것은 나치 정권의 재정 신뢰도에 큰 타격을 입힌 것으로 보였다. 사실 샤흐트는 1937년 8월에 사표를 제출했는데, 11월까지 처리되지 않았다. 샤흐트가 4개년 계획에 반대했던 사실은 차치하고, 그는 두 가지 점을 우려했다. 화폐를 찍어 내 점점 더 늘어 가는 재무장 비용을 충당함에 따라 인플레이션 압력이 커지고 있다는 점과 독일의 경화 보유보가 점점 줄어들어 고갈되고 있다는 점이었다. 이러한 문제들은 해결되지 않았다. 독일의 수출은 전년도에 비해 20퍼센트가 줄었다. 1938년 7월, 영국이 영독지불 조약(Anglo-German Payments Agreement)의 개정과 도스와 영 안에 따른 채권의 이자 지불을 거듭 주장하자 독일은 굴복해야 했다. 유화 정책을 반대하던 베를린 주재 영국 대사관의 상무관은 조약을 취소해야 한다고 주장했는데, 그의 말엔 일리가 있었다. 독일이 경화를 얻을 기회가 더 줄어들었다면, 독일 경제의 아킬레스건에 타격을 입었을 것이다. 1938년 4월부터 8월까지 독일 주식 시장에서 주가가 13퍼센트나 떨어졌다는 사실은 놀랄 일이 아니다. 독일의 재무장관 슈베린 폰 크로지크는 독일이 인플레이션 위기에 직면했다고 경고했다. 샤흐트도 1938년 10월 3일, 제국은행 비망록에 같은 걱정을 피력했다. 히틀러는 이 주장들을 무시하고 이미 미친 듯한 속도로 치달리던 재무장에 박차를 가하라고 괴링에게 지시했다. 그러나 당시 목표도 이미 터무니없는 공상의 영역에 들어가 있었다. 공군은

1942년까지 2만 대가 넘는 폭격기를, 해군은 1948년까지 거의 800척이 넘는 군함을 갖추는 것을 목표로 삼았다. 그런 위업을 달성하는 데 필요한 강철이 충분했다 하더라도 목표로 삼은 폭격기의 절반이 비행하거나 군함 절반이 항해하는 데 필요한 연료조차 충분하지 않았을 것이다. 당시 제국은행은 국민들에게 국채를 판매함으로써 점차 증가하는 정부 적자를 메우려고 무진 애를 쓰고 있었다. 독일 정부의 경화 보유고는 고갈되었다. 샤흐트와 그의 동료들이 인플레이션을 계속 경고하자, 히틀러는 그들을 내쫓았다. 하지만 더 이상 "수출 아니면 죽음이다."라는 절박한 부르짖음을 무시할 수 없었다.

앞에서 살펴봤듯이, 영국 관료들은 노동력과 경화 부족을 크게 걱정했다. 그러나 두 가지 점에서 독일의 상황은 영국보다 좋지 않았다. 당시 사람들은 이 점을 깨닫지 못했는가? 뮌헨 위기를 새롭게 보는 한 가지 방법은 런던 시티의 투자자라는 유리한 조건에서 바라보는 것이다. 때로 뮌헨 조약이 런던 주식 시장의 주가 상승을 유발했다는 주장이 제기되는데, 이 주장을 뒷받침할 만한 증거는 거의 찾을 수 없다. 어쨌든 당시 시장은 1937년의 불황으로 인한 약세장이었다. 설상가상으로 1938년 4월 초부터 9월 말까지, 1억 5000만 파운드에 해당하는 상당량의 금이 유출되었다. 뮌헨 조약이 이러한 유출을 저지하는 데 아무런 도움도 되지 않았다는 점은 의미심장하다. 그리고 회담 이후 몇 달 만에 1억 5000만 파운드에 상당하는 금이 또다시 영국을 빠져나갔다. 재무장관은 이러한 금 유출 사태가 다음과 같은 이유로 발생했다고 말했다.

전쟁이 다가오고 있고 이 나라의 전쟁 준비가 부실하다는 의견이 외국에서 끈질기게 대두되었다. 그리고 그 배경에는 당연히 불안감이 도사리고 있다. 영국의 금융 상황이 악화되고 무역 적자와 군비 지출이 증가함에 따라 불안감은 더 크게 조성되고 있다.

재무부는 이를 근거로 더 이상 재무장에 박차를 가할 수 없다는 평범한 주장을 할 수 있었다. 반면에 영국의 보유고가 더 고갈되기 전에, 빨리 전쟁을 치르는 게 차라리 낫다고 주장할 수도 있었다. 1939년 7월경, 영국의 금 보유고는 5억 파운드로 내려갔다. 더욱이 영국은행은 대략 2억 파운드의 처분 가능한 해외 증권을 보유하고 있었다. 이 무렵 영국 금 보유고는 한 달에 2000만 파운드씩 줄어들고 있었다. 경상수지 적자폭이 커지자, 더 이상 파운드당 4.68달러의 환율을 유지할 수 없었다. 올리버 스탠리 무역위원회장은 다음과 같이 지적했다. "결국 더 이상 장기전을 끌고 나갈 수 없는 상황이 올 것이다." 이 발언은 상당히 중요하다. 이는 1938년에 전쟁이 발발했다면, 영국이 군사적으로뿐 아니라 재정적으로도 더 나은 상태였을 거라는 얘기이다. 전쟁이 더 빨리 발발할 수도 있었기 때문에, 위에서 설명한 독일의 약한 상황을 고려해 보면, 전쟁은 거의 확실히 더 빨리 끝났을 수도 있었다. 이는 유화 정책 덕분에 영국이 소중한 시간을 벌었다는 종래의 주장에 모순된다. 영국에게 시간은 중요하지 않았다.

이러한 상황에서 주식 시장이 활기를 띨 가능성은 거의 없었다. 그렇지만 런던 시장에서 거래가가 정해진 다양한 채권과 주식에 반영된 투자자들의 선호도를 알아보는 것은 의미가 있다. 유화 정책이 효과가 있다고 믿은 이성적인 투자자라면, 독일의 프라하 점령 때까지도 중유럽 국가들을 포함하여 대륙 국가들의 채권을 계속 보유했을 것이다. 그 사람은 1939년 봄까지 해운 회사 쿠나드(Cunard)의 주식을 팔지 않고 무기 회사 비커스(Vickers)의 주식을 매입하지 않았을 것이다. 그러나 실제로는 전부터 영국 투자자의 관점에서 가장 안전한 금융자산이던 대륙 채권과 영국 채권의 차이가 1930년대 중반부터 꾸준히 커지고 있었다. 뮌헨 조약을 포함하여 주데텐란트 위기의 영향은 상당히 적었다. 더욱이 투자자들은 일찍이 1933년부터 평화 관련 주식으로 간주되는 주식들을 팔고 전쟁 주식으로 옮겨 가고 있었다. 1914년 당시 심한 타격을 입었던 런던 시티는 두 번 속지 않았다. 런던의 투자자들은 1930년대 후반에 어떤 전쟁이든 예상한 게 분명했다. 아마도 그런 전쟁이 얼마나 널리 확대될지, 그래서 개별 국가간 채권수익률 상관관계가 없어질지 반신반의했던 것으로 보인다.

역사가들은 오래도록 유화 정책의 경제적 근거를 찾느라 애썼다. 하지만 그들은 엉뚱한 곳을 쳐다보고 있었다. 기업가들이 전쟁을 원하지 않은 것은 의문의 여지없는 사실이었으나 투자자들은 전쟁을 예상했다. 따라서 유화 정책에는 경제적인 이점이 없었다. 런던 시티가 국제 정세를 비관적으로 보았기 때문에, 경제적으로 합리적인 외교 정책을 주장한 사람은 체임벌린이 아니라 처칠이었다. 당시 상황에서는 억제가 아니라 선점이 요구되었고, 데탕트는 더더욱 필요하지 않았다. 단순히 영국의 재정 방어력이 더 약해지기 전에 히틀러를 막아야 했다. 1938년 당시 시장은 전쟁 때문에 지탱되고 있었다. 뮌헨 조약이 체결된 뒤 발행된 《이코노미스트》에 따르면, 당시 상황은 청천벽력처럼 전쟁이 발발한 1914년과 완전히 반대였다. 첫째로, 런던 시티는 대륙의 상업어음을 많이 취급하지 않았는데, 금융 상품으로서 상업어음의 중요성이 줄어들었기 때문이었다. 두 번째로, 금융계는 "전쟁의 충격에 직면할 준비가 되어" 있었다. 영국 당국은 1914년 당시처럼 영국은행의 재할인율을 징벌 수준으로 높이는 조치를 취하지 않았다. 《이코노미스트》의 편집자들은 이렇게 지적했다. "전쟁 직전 몇 주 동안, 영국이 무력 충돌에 휘말릴 가능성이 크다고 예상하지 않은 시티 사람은 거의 없었다." 전쟁이 터졌어도 금융시장은 놀라지 않았을 것이다. 전쟁이 발발했을 때, 시장이 회복세를 보이지는 않았겠지만 무너지지도 않았을 것이다. 영안(案)의 자금을 조달하기 위해 발행된 채권 등, 런던에서 거래되던 독일 채권도 위기가 발생한 여름 내내 가격이 크게 떨어지지 않았다. 정작 가격이 곤두박질한 시기는

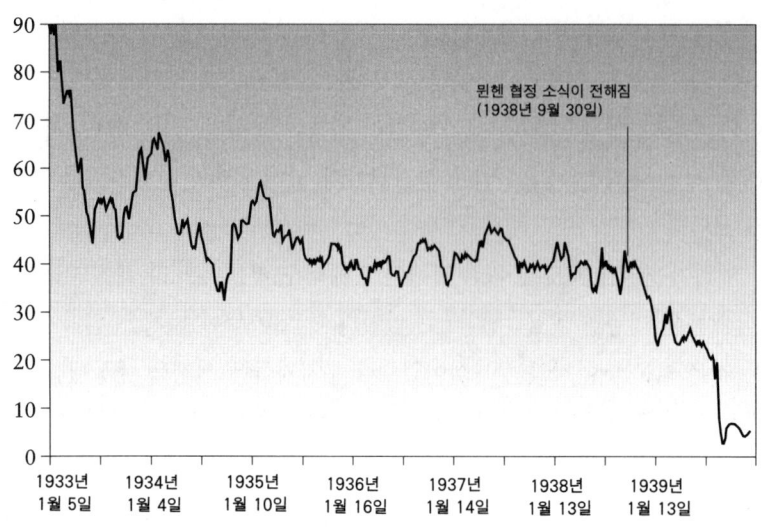

그림 10-1. 1935년부터 1939년 사이에 런던에서 거래된 독일 영안 채권 가격

1939년이었다.(그림 10-1 참조) 이는 영국이 거듭 약속을 어긴 히틀러를 상대로 승리할 가능성이 크다고들 생각했기 때문이다. 하지만 1년 뒤 정세는 뒤집어졌고, 히틀러가 이길 것처럼 보였다.

완패를 향해

뮌헨 조약 이후 특이했던 점은 영국의 재무장이 상대적으로 느긋하게 추진되었다는 점이다. 1939년 8월까지도 대륙에 파병할 준비가 된 사단은 둘뿐이었다. 체임벌린은 전쟁 준비에 박차를 가해 마땅한 잠시 동안의 평화를 이용하기는커녕 어정쩡한 태도를 취했다. 그는 10월 3일에 다음과 같이 인정했다. "다른 나라들이 똑같이 행동할 거라고 확신할 때까지 재무장을 중단한다면 미친 짓이라는 점은 확실하다. 따라서 당분간 부족함이 채워질 때까지 조금도 느슨해져서는 안 된다. 하지만 그렇다고 현재의 데탕트를 감사히 생각하며 곧바로 군비 프로그램 확장에 착수해야 한다는 얘기는 아니다." 전 공군장관 스윈턴 경은 체임벌린이 재무장을 위해 시간을 벌어 온 것이라면, 그를 지지하겠다고 말했다. 이에 체임벌린은 "봐도 모르겠소? 나는 평화를 되찾아온 것이오."라고 대답했다. 그는 선단 호위함을 건조하자는 해군 제독의 요구에 반대했고, 병참부(Ministry of Supply)를 창설하자는 처칠의 제안도 물리쳤다. 그는 유화 정책과 군비 축소라는 꿈에 매달렸다. 1939년 2월, 그는 이렇게 선언했다. "내가 수집하는 모든 정보는 평화를 가리키고 있는 것으로 보인다. 따라서 우리가 마침내 독재자들을 이겼다는 사실을 다시 한번 강조하는 바이다." 재무장 속도는 빨라졌지만, 재무부의 희망과는 반대로 수상의 지원을 거의 받지 못했다. 인스킵 또한 병참부 창설을 요구하기 시작하자, 체임벌린은 그를 해고해 버렸다. 재무부의 저항은 군부, 특히 공군의 요구가 급격히 증가하면서 점차 묻혔을 뿐이다. 국방 차관 한도가 4억 파운드에서 8억 파운드로 상향 조정되기까지도 상당히 어려운 설득 과정을 거쳤다. 재무부는 심각한 불경기 상황에서는 돈을 많이 빌려 줘야 경제가 성장하고 부채 자금으로 이용될 수 있는 저축액이 늘어난다는 케인스의 주장을 거부했다. 전쟁이 장기화할 경우, 영국은 초기에 그리고 1차 세계 대전 때보다 더 큰 규모로 미국의 금융 지원을 받아야 한다는 가혹한 진실은 천천히, 힘든 과정을 거쳐 충분히 이해되었다. 1935년, 1936년, 1937년에 체결된 중립법(Neutrality Act)을 고려해 보면, 이런 결과를 예상하기란 상당히 힘들었다.

"평화를 원한다면, 전쟁을 준비하라.(Si vis pacem, para bellum.)"라는 오래된 라틴 속담이 있다. 유화 정책과 재무장이 꼭 모순이라고 할 수는 없다. 체임벌린은 전속력으로 재무장을 추진하면서 히틀러의 생활 공간 요구를 계속 적절히 조절할 수도 있었다. 하지만 그렇게 하지 않았다. 설상가상으로 독일 경제에 대한 압박을 누그러뜨리기 위해 애썼다. 베를린에 있던 헨더슨은 그에게 서한을 보내 히틀러가 대중의 반전 감정을 민주적으로 존중할 결심이 섰다고 그를 안심시켰다. 그는 1939년 2월에는 "독일인들은 즉각적인 무모한 모험을 계획하고 있지 않다. 그리고 그들의 나침반은 평화를 가리키고 있다."라고 보고했다. 그럼에도 히틀러가 경제적 어려움 때문에 전쟁에 운명을 걸까 봐 두려웠던 체임벌린은 발칸반도 국가들과의 양자 간 무역 협정에 의존하고 있는 독일의 숨통을 터주고 경화를 많이 확보할 수 있게 할 새로운 영독무역 협정을 체결하자고 제안했다. 영국은행 총재 몬터규 노먼은 몸소 베를린까지 건너가 대독일 차관 문제를 논의하고 왔다. 사업가들도 독일과의 무역을 계속할 뿐 아니라 적극 추진해야 한다며 영국은행과 재무부에 합세했다. 그들은 독일의 대영 수출로 발생하는 수익이 독일의 미결제 부채 일부를 영국의 대금업자에게 갚는 데 쓰인다고 주장했다. 이러한 수출품이 주로 독일 군수 산업의 원자재라는 사실을 외무부가 지적했지만, 아무 소용이 없었다. 정부는 독일을 상대하는 회사들에 대해 수출 보증 제도를 계속 확대했다. 이 제도가 실시되면서 1939년 1월, 1300만 파운드 규모였던 단기 대출금은 전쟁 직전에 1600만 파운드가 넘게 증가했다. 히틀러가 영국으로부터 경제적 양보를 얻는 데 관심을 가졌다면, 그는 아마도 더 많은 것을 얻을 수 있었을 것이다. 하지만 괴링의 비공식 밀사 헬무트 볼타트는 1939년 7월, 호레이스 윌슨과 일부 영국 관료들을 만나 이렇게 고백했다. "유감스럽게도 경제가 총통의 머릿속에서는 큰 역할을 하지 않는다고 생각된다." 지금까지 살펴봤듯이 체임벌린의 머릿속에서 경제는 중대하게 느껴졌다. 그가 독일의 경제적 취약성이 얼마나 중요한지 알지 못하고 터무니없이 오해했다는 점은 유감스럽다. 적어도 미국은 프라하가 무너진 뒤 독일 수입품에 대해 징벌 수준의 관세를 부과하는 재치를 부여 주었다.

유화 정책과 재무장이 반드시 모순이라고 할 수는 없을지라도 유화 정책과 억제 정책은 서로 모순되었다. 이제 영국과 프랑스는 딜레마에 빠졌다. 만약 두 국가가 히틀러의 다음 요구에 그렇게 쉽게 굴복한다면, 상황이 어디까지 갈까? 반대로 그들이 싸우겠다고 위협한다면, 누가 그들을 믿겠는가? 그들이 뮌헨 조약에서 잃은 것은 명예만이 아니었다. 그들은 신뢰까지 잃었다. 어쨌든 이는 체임벌린이 체코슬로바키아 사태에서 속아 넘어갔다는 사실이 밝혀지면서, 그가 의외로 꽤 적극적으로 유럽 국가들의 독립을 보장해 주려 한 이유를 설명해 준다. 이러한 행동 방침을 위한 첫 번째 조치는 (잘못된 정보는 아니지만) 독일이 네덜란드를 공격할 계획이라는 소문이 퍼질 무렵, 프라하가 함락되기도 전에 취해졌다. 이것이 개전 사유가 될 거라는 점엔 의견이 일치했다. 더욱이 서부전선에서 그러한 전쟁이 발생할 수도 있다는 전망은 육군의 정책 변화를 일으키기에 충분했다. 마침내 6개 사단 규모의 대륙 원정군을 구성하고 국방 의용군 규모를 늘린다는 결정이 내려졌다. 뒤이어 프랑스에 대한 공개적인 약속이 이어졌다. 당시까지는 1914년 상황으로 돌아가는 것 같았다. 하지만 몇 주 만에 영국이 대륙에 해 준 약속은 대륙의 서쪽 절반에만 국한되지 않고, 범유럽적인 약속이 되었다. 독일이 자국을 경제 속국으로 만들려 한다고 루마니아 대사가 거짓 주장을 늘어놓자 영국 내각은 루마니아에 대해 일종의 약속을 계획하기 시작했다. 3월 31일, 독일의 폴란드 공격이 임박했다는 또 다른 수상쩍은 정보 때문에 체임벌린은 하원에서 폴란드를 지키겠다는 운명적인 약속을 했다. 이 약속은 이탈리아가 알바니아를 침략한 지 2주 뒤에 루마니아와 그리스로 확대되었다.

하지만 이 모든 조치로도 체임벌린의 신뢰를 높이지는 못했다. 참모총장들은 영국과 프랑스 모두, 폴란드와 루마니아에 육해공군 병력을 직접 지원하여 독일에 저항할 수 있도록 도와줄 수 없기 때문에, 체코슬로바키아 독립 보장이 더 의미 있는 약속이 되려면 소련의 지원이 필요불가결하다는 점을 지적했다. 국방 의용군을 두 배로 늘리고(3월), 약간 완화된 형태의 징병제를 도입(4월)하는 조치가 거의 동시에 이루어지고 뒤늦게 병참부가 창설(5월)되었지만 미미한 영향만을 미쳤다. 새로운 병력은 공군을 훈련시키거나 인력을 배치하면서 다음 해에야 더 나은 전력을 갖출 터였기 때문이다. 어쨌든 체임벌린은 점점 더 인기를 얻고 있던 처칠을 새 부서에 임명하지 않고, 대신 밋밋한 인상의 전 교통부장관 레슬리 버긴을 선택했다. 체임벌린에 가장 충성했던 지지자들조차 이 무렵엔 그의 실정(失政)을 부인하지 않았다. 폴란드 독립 보장이 발표된 다음 날 《타임스》 사설은 다음과 같이 내막을 밝혔다. "조정이 필요한 문제가 있기 때문에, 영국은 폴란드의 현재 국경을 조금도 보장해 주지 않는다." 달리 말하면 이는 다른 수단을 통한 유화 정책에 불과했다. 체임벌린은 유럽 전체에 독립 보장을 남발함으로써 어떻게든 히틀러를 협상 테이블로 끌어들일 수 있을 거라고 기대한 것이다.

1939년과 1914년 사태 간에는 결정적으로 중요한 차이가 또 있다. 1차 세계 대전이 임박했을 때, 영국은 프랑스와 러시아 양측과 협약을 맺은 상태였다. 하지만 1939년 4월에 실시된 영국 갤럽 여론조사의 응답자 중 87퍼센트가 영국, 프랑스, 러시아의 군사협약에 찬성했음에도, 당시 소련은 독일과 제휴하도록 방치되어 있었다. 왜 이렇게 되었을까? 이에 대한 분명한 대답은 이러하다. 1914년 이전 자유당 의원들이 차르 러시아와 협력하기도 어려웠지만, 영국 보수당원들이 스탈린의 소련과 손을 잡기는 불가능한 일이었다. 이는 많은 토리당원들의 유전인자였다. 그러나 한때 열렬히 볼셰비즘을 반대했던 처칠은 이제 자신의 대동맹(이제는 '평화 블록'이라는 완곡한 이름으로 불리게 된)이 추구하는 '평화'라는 대의에 소련이 보여 주는 충성스러운 태도를 거리낌 없이 칭찬했다. 체임벌린이 처칠의 모든 제안뿐 아니라 이 문제에도 뜨뜻미지근한 반응을 보인 이유는, 공산주의에 대한 이데올로기적인 반감이 강해서라기보다 유화 정책을 포기하지 못했기 때문이다. 더 중요한 점은 영국이 폴란드와 루마니아 같은 국가들에 새로이 독립을 보장해 준 관계로, 스탈린과 합의를 보기가 쉬워진 게 아니라 더 어려워졌다는 것이다. 소련이 군사적으로 접근하려면 이 국가들을 통과할 가능성이 컸다. 그들이 어떻게 다른 방법으로 독일군과 싸울 수 있었겠는가? 동유럽 국가들이 소련의 동기를 의심한 것은 당연했다. 폴란드는 체임벌린이 1939년 3월에 제기한 상호 '협의' 선언에 서명하길 거부했다. 또한 폴란드에 대한 독립 보장으로 인해, 영국의 운명은 독일 정권만큼이나 비민주적이고 반유대주의적인 소련 정권에 얽매이지 않았고, 히틀러를 저지하거나 더 쉽게 패배시킬 수 있었던 이 나라와 동맹도 맺지 않았다. 소련은 자국뿐 아니라 이웃 국가들을 독일의 공격에서 방어하기 위해 영국, 프랑스, 러시아 간의 삼국동맹을 제안했으나 거절당했다. 체임벌린은 세 번이나 독일로 날아가 히틀러와 협의했다. 그는 결코 모스크바를 방문하려 하지 않았고 심지어 이든(처칠은 더더욱 아니었고)을 특사로 보내는 것도 거절했다. 5월 말에야 소련과의 예비회담이 시작되었는데, 지겨울 정도로 천천히 진행되었다. 8월이 돼서야 영국과 프랑스 군사 대표단이 모스크바에 파견되었는데, 하위직 장교들을 책임자로 구성한 대표단은 항공편이 아닌 배편으로 이동했다. 당시 체임벌린은 휴가차 스코틀랜드행 기차를 탔다. 여기서 또 한 번 기회가 사라졌다. 1939년 여름, 체임벌린이 처칠로 교체되었다면 러시아와의 동맹은 성사됐을지도 몰랐다.

 1939년과 1914년간의 또 다른 차이는 1차 세계 대전이 발발하기 직전엔 영국의 동맹국이었던 일본의 위협이었다. 1939년 4월, 해군 참모총장은 입장을 명확히 밝혔다.

  (일본이 개입할 경우), 주력 함대를 (극동에) 파견해야 한다는 점은 의문의 여지가 없다. 하지만 지중해에 대한 우리의 이익을 배제하고 이런 조치

를 취해야 할지는 그때 결정해야 할 문제이다. (중략) 동부 지중해 지역에서의 철군은 그리스, 터키, 아랍, 이슬람 세계에 정치적 영향을 미칠 것이므로, 바로 이 때문에 경솔한 조치를 취해서는 안 된다는 점이 무척이나 중요하다. (중략) 일본이 개입한 직후 극동에 얼마나 빨리 함대를 파견할 수 있을지 명확히 말하기가 어렵다. 우리가 보낼 수 있는 함대 규모 또한 일일이 나열하기 어렵다.

이는 세계 전쟁이 발발할 경우, 우선 중요한 지역이 영국 본토, 중동, 마지막으로 싱가포르를 비롯한 영국의 아시아 속령 순이라는 사실을 은근히 인정한 것이다. 결과적으로 일본은 영국에 대항하여 독일과 손을 잡을 준비가 되어 있지 않았다. 하지만 런던의 어느 누구도 그 점을 기대할 수는 없었다.

그런 상황에서 체임벌린이 자신에게 계속 환심을 사려 하고 전쟁을 일시적으로 유예하기 위해 주데텐란트를 넘겨주었듯이 단치히와 폴란드 회랑까지도 넘겨줄 거라고 히틀러가 기대한 것은 놀랄 일이 아니다. 사실 히틀러는 영국과의 전쟁이 거의 불가피하다고 생각했다. 1939년 5월, 군 사령관들을 상대로 한 연설에서 히틀러는 다음과 같이 말했다. "나는 영국과의 평화로운 사태 해결이 가능한지 의심스럽다. 이제 손에 든 패를 보여 주기 위한 준비가 필요하다. 영국은 우리의 발전 과정에서 영국을 약화시킬 헤게모니가 형성되는 것을 보게 될 것이다. 따라서 영국은 우리의 적이며, 영국과의 대결은 사활을 건 문제다." 그러나 히틀러도 1939년 9월에 그러한 대결을 재촉할 생각은 없었던 것 같다. 그는 습관적으로 영국 신사의 상징인 우산 하나로만 무장하고 다니는 체임벌린이 자신과 맞서 싸울 배짱이 있다고는 생각하지 않았다. 따라서 1939년 내내 영국이 곧 위험 지역에서 빠져나올 거라는 체임벌린의 기대를 부추기기 위해 거의 아무 일도 하지 않았다. 리벤트로프가 리투아니아 정부를 전쟁으로 위협한 지 사흘 뒤인 3월 23일, 히틀러는 체임벌린이 그러한 공격에 대항하여 4개국 선언문을 꿰어 맞추느라 애쓰고 있을 때, 독일 전함을 타고 메멜 항에 입성했다.

물론 히틀러만 유럽의 말썽꾼은 아니었다. 4월, 이탈리아는 알바니아를 침략했는데, 이는 발칸 반도 탈취를 알리는 서곡이었다. 다음 달, 무솔리니는 충동적으로 히틀러와 강철 협정(Pact of Steel)을 체결했다. 그래도 체임벌린은 굴하지 않고 그 이탈리아 독재자가 히틀러를 억누르는 데 도움을 줄 거라고 생각했다. 프랑스 함락이 임박하기까지도 참전을 거부한 이탈리아는 독일로서는 가장 신뢰하기 힘든 동맹국으로 드러났다. 이렇게 믿을 수 없다는 점 때문에 독일에 대한 무솔리니의 영향력은 감소했다. 체임벌린은 히틀러가 단치히 때문에 전쟁을 시작하지 않을 거라는 믿음을 버리지 않았다. 그는 히틀러가 세계 전쟁을 바라지 않는다는 사실을 간파하지 못했다. 사실 그는 또 다른 뮌헨 조약을 기대하고 있었다.

히틀러가, 체임벌린의 영국이 독소협정 체결 전에도 폴란드 때문에 싸우지는 않을 것으로 예상했다면, 협정 체결 이후에는 거의 확신했다. 이는 폴란드 국경에 배치된 독일군을 보면 알 수 있었다. 8월 24일 오전, 베르히테스가덴에 머물던 히틀러에게 모스크바로부터 소식이 전해지자, 그는 이렇게 말했다. "이제 유럽은 내거야!" 사실은 스탈린에게 폴란드의 절반과 핀란드, 발트 해 연안 3국을 넘겨야 했기 때문에 엄밀히 따지자면 맞는 말이라고는 할 수 없었다. 더욱이 스탈린과의 타협으로 이탈리아나 일본이 곧바로 히틀러의 편을 들 가능성이 줄어들었다. 그러나 히틀러의 발언을 뜯어 보면, 본인이 완벽하게 열강들의 허를 찔렀다고 생각하고 있었음을 알 수 있다. 그는 영국의 폴란드 독립 보장을 설명하기 위해 헨더슨이 다시 나타났을 때에도 꿈쩍하지 않았던 게 틀림없다. 그는 러시아와의 조약이 체결되기 이틀 전에 이렇게 말했다. "우리의 적은 하찮은 벌레다. 나는 그 벌레들을 뮌헨에서 봤다." 실제로 체임벌린은 폴란드에 대한 약속을 지켜야 한다고 주장한 동료들과 죽기 살기로 싸울 태세를 갖춘 폴란드 국민들이 없었다면, 또다시 히틀러에게 뮌헨 조약을 안겨 주었을지도 모른다. 그는 이번엔 이탈리아가 제안한 회담에 매달렸고, 폴란드가 침략 당한 뒤에도 하원에서 그 회담을 거론하기까지 했다. 이제 체임벌린은 전쟁을 치르지 않을 수 없는 상황에 직면했음에도 여전히 (새뮤얼 호어의 표현에 따르면) "전력을 다해" 피하려고만 애썼다.

체임벌린이 최악의 행동을 하긴 했지만, 영국의 정책은 한 가지 점에서 신뢰할 수 있었다. 나치의 지배 엘리트 대부분은 서양 열강을 상대로 한 위험한 전쟁이 일어날 개연성이 있다고 생각해 왔다. 괴링은 그런 전쟁을 결코 무모하게 치를 생각이 없었다. 그는 독일 공군의 실제 능력을 알고 있었다. 괴벨스 역시 리벤트로프가 모스크바에서 이뤄 낸 멋진 성공 소식을 들은 뒤에도 영국의 개입을 두려워했다. 이탈리아가 싸울 준비가 되어 있지 않고 영국이 폴란드를 단호히 지킬 것이라는 소식을 들은 괴벨스는 체코슬로바키아 사태처럼 일시적으로라도 영국과 '최소한의' 외교 조약을 맺어 단치히와 적어도 폴란드 회랑 일부를 돌려받아야 한다고 확신했다. 이를 계획하는 데 히틀러는 갑작스레 '신중'을 기했는데, 그 일을 성사시키기 위해 상당한 각오를 다졌다는 점은 놀랍다. 그는 거의 막판에, 당초 8월 26일 새벽으로 예정되었던 폴란드 침략을 연기했다. 그리고 헨더슨을 다시 만나, 군축과 함께 폴란드에서의 '자유 행동'을 보장받는 대신 최소한의 식민지를 요구했다. 사흘 뒤, 그 제안이 거절 당하자 폴란드 전권대사를 당장 베를린으로 파견할 것을 요구하며 다른 수를 써 보려 했다. 그러나 이는 진지한 의도에서 추진한 행위가 아니었으며, 리벤트로프는 폴란드의 동의가 사실상 불가능하게 만들기 위해 최선을 다했다. 사실 폴란드는 어떤 경우에든 그럴 마음은 없었다. 8월 30일, 모든 준비를 마친 히틀러는 예전의 자신감을 되찾았다.("영국은 독일이 약하다고 믿는다. 그들은 자신들이 잘못 생각하고 있다는 사실을 알게 될 것이다.") 다음 날, 그는 괴링과 괴벨스가 영국의 불간섭에 '회의'를 품고 있었음에도 그들의 의사를 무시했다. 총통은 영국이 개입할 거라고 생각하지 않았다. 히틀러 외에는 리벤트로프만이 전쟁을 벌이고 싶어 했다. 그는 히틀러에게 뮌헨 조약은 "최고의 어리석은 짓"이라고 강조했고, 영국이 행동하지 않을 거라고 안심시켰다. 9월 3일 아침, 영국의 최후통첩이 전달되자, 둘 다 잘못 생각했다는 점이 드러났다.

도박사 히틀러는 실제로 두 가지 점을 잘못 생각했다. 1938년 9월에 체임벌린이 전쟁을 신중히 고려하고 있다고 잘못 생각했고, 1939년 8월엔 그가 허세를 부리고 있다고 또다시 잘못 생각했다. 그러나 히틀러의 오산은 행운을 불렀다. 체임벌린이 1938년에 히틀러의 예상대로 행동했다면, 독일의 처지는 체임벌린이 또다시 포기할 것으로 보였던 1939년보다 더 위험해졌을 것이다. 체임벌린은 뒤늦게 무력에 호소함으로써, 자신도 모르게 제3제국을 살렸다. 히틀러가 전쟁에서 승리를 거둘 확률이 크게 높아졌기 때문이다. 히틀러는 영국에 선택권을 제시했는데, 불행히도 영국 수상은 때를 잘못 택했다. 그런 의미에서 처칠의 생각은 절반만 맞았다. 사실 1939년에 발발한 전쟁은 '불필요한' 전쟁이었다. 1938년에 전쟁이 터졌다면 그 불필요한 전쟁을 막을 수도 있었기 때문이다.

유화 정책의 종말

유화 정책은 전쟁이 시작된 후에도 끈질기게 살아남았다. 독일과 협상을 통해 평화를 얻으려는 생각은 1940년 5월, 처칠이 체임벌린 대신 수상 자리에 오른 뒤에야 사라졌다. 체임벌린은 1년 반이나 뒤늦게, 수상으로서 마지막 몇 달을 보내면서 독일 정권의 전복 방안을 진지하게 고려했다. 1940년 1월 17일, 해럴드 니콜슨은, 유화 정책을 여전히 찬성할 뿐 아니라 히틀러를 제거하는 조건으로 독일 참모부와 더불어 전 수상 브뤼닝을 통해 강화 협상을 벌이려는 그룹이 내각에 있다는 얘길 들었다. 그러나 독일의 '반대파'가 데우스 엑스 마키나(deus ex machina, 초자연적인 힘을 이용하여 극의 긴박한 국면을 타개하고, 이를 결말로 이끌어 가는 수법—옮긴이)를 이용할 가능성은 이미 오래전에 사라졌다. 루스벨트는 더더욱 현실적이지 못했다. 여전히 그는 뮌헨 조약의 경우처럼 독재자에 대한 양보를 기초로 평화 협상을 끌어낼 수 있는 것처럼 행동했다. 결국 1940년에 섬너 웰스 미 국무차관과 제임스 무니 제너럴 모터스 부회장이 유럽을 방문하여 독일에 대한 양보안을 제시해 달라고 성가실 정도로 졸라 댔다. 그들의 제안은 체임벌린과 핼리팩스도 웃고 갈 그런 내용이었다. 결국 프랑스의 함락과 함께 유화 정책은 무덤 속으로 들어갔다. 역설적이지만, 대영 제국은 자신이 가장 약한 순간에 저항의 미덕을 재발견했다. 실제로 유럽 전체를 히틀러와 무솔리니에게 넘겨줌으로써 영국을 지킬 수 있는지 궁금해했던 새가슴들도 몇몇 있었다. 그러나 이는 유화 정책이 아니라 패배주의였다. 처칠은 1940년 5월 28일에 열린 전시내각 회의에서 그들에게 다음과 같이 대답해 주었다. "독일은 우리의 함대를 요구할 것이다. 우리의 해군기지와 다른 많은 것들을 요구할 것이다. 우리는 노예국가가 되고 말 것이다."

이는 확실히 맞는 얘기였다. 1939년 10월 9일, 히틀러가 카이텔을 비롯하여 육해공군 참모총장에게 이야기했듯이, 그의 목표는 서양 열강들 그리고 유럽 내 '독일 민족의 지속적인 확장과 정치적 단결을 방해하는 세력을 파괴하는 것이었다. 이후 러시아를 공격하기로 결정했는데 이마저도 영국을 견제하는 의도가 깔린 행동이었다. 또다시 영국에게 강화를 맺자고 제안한 지 12일 뒤인 1940년 7월 31일, 히틀러는 이렇게 말했다. "러시아는 현재 영국이 가장 많이 의지하고 있는 나라이다. (중략) 러시아가 박살 나면, 영국의 마지막 희망도 산산조각 날 것이다." 처칠은 히틀러를 "그 사람"이라고 불렀는데, 평화가 그 한 사람의 행위에 의지해 만들어질 수 있다는 생각은 착각이었다. 유화 정책이 비참한 실패작이었다는 증거는 1940년 여름, 히틀러의 당당한 입장에서 찾을 수 있다. 히틀러는 영국 해협으로부터 부그 강까지 승승장구했고, 동부전선은 불가침 조약으로 보호받고 있었다. 또한 프랑스 비행장에서 영국을 향해 폭격기를 띄울 수 있었고, 거짓된 평화협상안을 아무 때나 제안할 수 있었다. 아직 영국이 히틀러의 처분에 맡겨졌다고는 할 수 없었지만, 영국의 몇 안 되는 동맹국들은 이미 백기를 들었고, 대영 제국의 식민지는 일본의 침략을 막을 만한 상황이 아니었다. 따라서 '유화 정책'은 오로지 욕설을 퍼부을 때나 사용될 말이 되고 말았다.

3부 살육의 현장

11 번개 같은 진격

인종학적 관계의 새 질서, 즉 민족들의 재정착 과정이 완료되면 오늘날보다 더 나은 구분선이 생길 것이다.

— 히틀러, 1939년 10월 6일

우리는 제국의 안전에 가장 중요한 보험료를 제대로 파악하지 못해 상당히 많은 희생을 치르고 있다. 이는 과거 제국들이 실패한 주요 이유였다.

— 앨런 브룩 장군, 1942년

전격전

1939년 9월 1일 새벽 4시 45분, 서부 폴란드의 고요한 새벽이 귀가 먹을 듯한 청천벽력 같은 소리에 산산이 부서졌다. 총병력 180만 명이 넘는 독일군 5개군이 이상적으로 자리 잡은, 서부 포메라니아, 동프로이센, 상부 슐레지엔, 독일령 슬로바키아의 전진기지에서 출발하여 폴란드 국경을 휩쓸고 지나갔다. 엔진 굉음은 독일 포병의 엄호사격만큼이나 시끄러웠다. 돌격 선봉은 3000대가 넘는 전차와 수백 대의 장갑차, 수송 차량이 맡았다. 하늘에서는 Ju-87 급강하 폭격기가 다급히 동원되는 폴란드인들을 겨냥했고, 다리, 도로, 병참 수송대를 정밀 폭격했다. 폭격기들이 겁을 주기 위해 울린 사이렌 소리는 방어군의 공포를 유발했다. 독일군의 의도는 빠른 영토 침투와 적을 무력화하는 신속한 포위를 통해 지난 1차 세계 대전의 지루한 소모전을 피하자는 것이었다. 포병과 보병, 장갑차, 공군력이 강력한 힘을 발휘하며 결합됨으로써 전격전이 가능해졌다.

블리츠크리크(Blitzkrieg)는 독일어로 '전격전'을 의미한다. 아이러니하게도 그 말은 여러 면에서 영국인이 만들어 냈다고 할 수 있는데, 1차 세계 대전 당시 서부전선에서 교훈을 얻어 창안한 개념이었다. 바실 리델 하트 대위는 양측 사상자가 지나치게 많았다는 사실에서 나름의 결론을 끌어냈다. 보병 대위였던 그는 독가스 공격을 받았는데, 결국 후유증으로 1927년에 전역했다. 이후 기자가 되어 《데일리 텔리그라프》와 《타임스》의 국방 담당 기자로 일했고, 다수의 군사학 저서를 발표했다. 리델 하트의 견해에 따르면, 서부전선에서 감행된 대부분의 공격은 지루하고 예측 가능하다는 치명적인 결함을 갖고 있었다. 그는 '간접 접근'으로 적의 허를 찌르고, 지휘관들을 당황하게 만든 다음, 계속되는 혼란을 이용할 수 있다고 주장했다. 여기서 가장 중요한 부분은 무기와 공군력을 전격 집중하는 것이다. 리델 하트는 이 방식의 비결을 다음과 같이 규정했다.

비결은 부분적으로는 전차와 항공기를 전술적으로 결합하고, 예상치 못한 시간과 방향에서 공격하는 데 있지만, 무엇보다 '최종 마무리'에서 찾을 수 있다. 심오한 전략적 침투로 적진을 돌파하고, 본대를 능가하며 **독립적으로** 작전을 펼치는 기갑부대가 돌파를 해낸다.

리델 하트에게 좋은 소식은 그의 연구 결과가 상당한 영향력을 발휘했다는 점이고, 나쁜 소식은 그것이 영국이 아니라 독일에 크게 영향을 미쳤다는 점이다. J.F.C. 풀러 소장은[1] 예외로 하고, 육군 원수 헤이그 백작처럼 영국의 원로 사령관들은 비행기와 전차, 각종 차량이 미래의 전쟁에

---

1) 풀러는 1917년 캉브레에서 벌어진 영국 전차 공격을 지휘했다. 영국 기성세대에 실망한 그는 결국 오스왈드 모슬리(Oswald Mosley)의 영국파시스트연맹(British Union of Fascists)을 지지하게 된다.

서 말을 대체할 것이라는 주장을 받아들이지 않았다. 헤이그의 동생도 동의했다. "기병대를 해체하여 전차에 자리를 내주는 일은 결코 없을 것이다." 반대로 젊은 독일 장교들은 리델 하트 연구의 의미를 곧바로 이해했다. 그의 가장 열렬한 팬 중에는 폴란드 침략 당시 제19기갑군단장이던 하인츠 구데리안이 있었다. 구데리안은 리델 하트를 비롯한, 새로운 대규모 전쟁에 대한 영국의 선각자들에게서 무기의 집중이 중요하다는 사실을 배웠다고 밝혔다. 그는 다음과 같이 말했다.

> 장거리 공격과 적군의 통신을 방해하는 작전에 기갑부대를 이용할 것을 강조한 사람은 바로 리델 하트였다. 그리고 장갑차와 기계화보병을 결합한 기갑사단 형태를 제안한 사람도 그였다. 이러한 아이디어에 깊은 인상을 받은 나는 우리 군이 사용할 수 있는 방향으로 아이디어를 발전시키려고 노력했다. 우리가 채택한 다수 안건은 리델 하트 덕분에 탄생했다.

자신을 리델 하트의 제자이며 신봉자로 기꺼이 인정하고 그의 저서를 독일어로 번역까지 한 구데리안은 수업을 제대로 받았다고 할 수 있다. 1939년 9월, 그의 기갑부대는 도무지 막을 수가 없을 정도였다. 전해 오는 이야기와는 달리, 폴란드가 독일 보병을 상대로 기병대를 배치해 놓고도 공격을 시도하지 못한 게 아니다. 적절한 차량 지원이 부족했고 전차 역시 독일군에 비해 수적, 기술적으로 열세였다. 또한 체코처럼 폴란드 역시 영국과 프랑스의 독립 보장이 군사적으로 쓸모없다는 사실을 알게 되었다. 브주라 전투에서 폴란드군은 바르샤바에 대한 독일의 공격을 저지하기 위해 필사적으로 반격을 가했지만, 9월 16일 결국 무너지기 시작했다. 그리고 17일에 독일군은 부그 강, 브레스트 요새까지 도달했다. 9월 28일, 바르샤바는 함락되었다. 여드레 뒤, 최후까지 버티던 폴란드군이 무기를 내려놓았다. 군사 행동은 통틀어 5주도 걸리지 않았다.

폴란드는 용감하게 싸웠지만 병력으로나 무기로나 독일에 뒤졌다. 다음 해에 서부전선에서 발발한 전쟁에서 가장 놀라운 점은 정반대 상황이 나타났다는 점이다. 네덜란드와 벨기에가 우세한 독일군에 굴복한 것은 예측한 결과였지만, 프랑스가 단 6주 만에 무너진 점은 역사가 마르크 블로크(Marc Bloch)의 지적대로 "기이한 패배"였다. 프랑스군은 영국 해외 파견군의 지원이 없다 해도 이론적으로 우수했으며, 방어전을 폈을 경우 그 이점은 더욱 확대되었을 터였다. 프랑스군은 보유 차량 대수가 독일의 두 배였고, 전차도 독일(4060대)보다 많은 4638대를 보유하고 있었다. 또한 프랑스 전차는 장갑이 더 두껍고 구경도 컸다. 하지만 1940년 5월 10일에 독일의 공격이 시작되자 많은 부대가 형식적으로만 저항했다. 5월 15일, 에르빈 롬멜(Erwin Rommel) 장군의 제7기갑사단은 두 차례의 소규모 전투에서 포로 450명을 붙잡았다. 이후 그들은 이틀 동안 1만 명을 더 붙잡았다. 롬멜[2] 본인도 프랑스 장교들이 너무 순순히 항복할 뿐 아니라, 당번병을 붙여 주고 필리프빌에 두고 온 짐을 갖고 오게 해 달라고 태평하게 요청하는 모습에 크게 놀랐다. 또 다른 독일 장교는 프랑스 장교 수백 명이 전쟁포로 운송 과정에서 감시원 한 명 없이 35킬로미터를 행진하는 모습을 보았는데, 어느 누구도 탈출한 사람이 없었다고 말했다. 새로이 등장한 '선전 기관'의 기자로 활동한 카를 폰 스타켈베르크는 다음과 같이 당혹감을 표현했다. "2만 명이 포로가 되어 후퇴하고 있었다. (중략) 사실 납득하기 힘든 부분이었다.(중략) 어떻게 이런 일이 가능한가? 그토록 철저히 기가 죽고 사기가 떨어진 프랑스 장교와 군인들은 거의 자발적으로 수용소로 걸어 들어가고 있었다." 1940년, 독일군에

---

2) 구데리안과 마찬가지로 롬멜도 전차전에 대해 깊이 생각했다. 히틀러는 그가 전쟁 발발 전에 쓴 『보병 공격(Infantry Attacks)』과 『전차 공격(Tank Attacks)』 때문에 그에게 관심을 갖게 되었고, 결국 그를 히틀러 유겐트 훈련대장으로 임명했다. 나중에 그는 히틀러 호위대대 지휘관으로 임명되어, 점령지 체코슬로바키아를 방문하는 히틀러를 수행했다.

붙잡힌 영국 군인들은 이렇게 증언했다. "우리가 사실상 빈손이었을 때, 프랑스 군인들은 무기를 짊어지고 생포될 준비를 하고 있었다." 프랑스군 180만 명 정도가 1940년에 포로로 잡혔고, 이들 중 100만여 명은 1945년까지 독일의 강제노동수용소에 억류되어 있었다. 아마도 항복한 사람들 중 거의 절반은 프랑스의 새 총리 페탱 원수가 휴전을 준비 중이라고 발표한 6월 17일부터 실행에 옮긴 닷새 동안에 항복했을 것이다. 그러나 항복한 프랑스군 중 3분의 1 이상은 페탱의 발언 이전에 이미 포로로 붙잡힌 사람이었다는 사실은 놀랍다. 프랑스령 아프리카 출신의 식민지 군대가 그들의 주인들보다 더 단호하게 싸웠다는 사실은 군의 사기가 형편없이 떨어져 있었음을 여실히 보여 준다. 실제로 식민지 출신 부대에서 더 많은 사상자가 발생했다.

프랑스가 완패한 원인은 무엇일까? 전쟁이 터지자 너무 놀라 신경쇠약이 걸렸던 리델 하트가 보기에 프랑스의 패전은 본질적으로 군사정책의 실패 때문이었다.

독일 기갑부대의 공격은 비슷한 부대의 집중 반격으로 그들이 영국해협에 도착하기 오래전에 막을 수도 있었다. 그러나 프랑스는 적보다 전차가 더 많고 훌륭했음에도 소규모 전투에 전차를 질질 끌고 다녔다. (중략) 독일 공격이 시작된 이후에도 영국 기갑사단은 프랑스에 파견되지 않았으며, 이 사단은 결정적으로 중요한 첫 단계에서 너무 늦게 도착했다.(중략) 파죽지세의 전격전이 가능했던 것은 연합군 지도자들이 새로운 전략을 제대로 파악하지 못했고, 거기에 반격을 가하는 법을 몰랐기 때문이다. (중략) 사실 이번 경우처럼 커다란 재난을 쉽게 막을 수 있었던 예는 없었다.

마르크 블로크는 프랑스군의 패주가 적어도 부분적으로는 프랑스 장군들의 지휘력이 추락했기 때문이라는 점에 동의했다. 결정적인 요인은,

주요 공격 방향을 히틀러가 처음 계획했던 룩셈부르크와 벨기에, 네덜란드로부터 발을 들여놓을 수 없을 정도로 울창한 아르덴 숲을 통과하는 리에주와 나무르 간의 전선으로 바꾼 독일의 결정이었다. 독일군이 원래 전략을 고수했다면, 프랑스군은 더 잘 싸웠을지도 모른다. 그들은 독일의 5개 기갑사단이 아르덴 숲을 지나 뫼즈 강의 교량을 손에 넣자 완전히 허를 찔렸다. 이후 프랑스군은 패씸할 정도로 느리고 무능한 대응을 보였다. 그러나 1940년에 발생한 결과는 단순한 군사적인 실패 이상이었다. 블로크의 말마따나, 근본적으로는 사기가 완전히 무너졌기 때문에 발생한 결과였다.

1939년 말부터 1940년 초까지의 '거짓 전쟁(Phoney War)' 중에도 영국 해외 파견군 제2군단을 지휘한 앨런 브룩(Alan Brooke) 장군은 프랑스군의 분위기 때문에 크게 고심하고 있었다. 그는 그런 분위기가 프랑스 전략의 방어적인 성격 때문이라고 생각했다. 브루크는 일기장에 이렇게 적었다. "독일과의 국경선을 따라 강력하게 요새화된 마지노선의 '가장 위험한 요소'는 심리적인 부분이다. 프랑스군에는 잘못된 안보 의식이 형성되었는데, 이는 난공불락의 철책 뒤에서 안주하는 감정이다. 따라서 우연히라도 그 철책이 무너지면, 프랑스군의 전투 의지도 함께 무너지는 게 당연하다." 그러나 프랑스의 패배주의에는 이보다 더 많은 것이 관여했다. 이미 1914~1918년에 자신의 아버지와 형제, 친구들이 너무나 많이 목숨을 잃었기 때문에, 많은 프랑스인들에게 제3공화국은 단순히 목숨을 걸 만큼 가치 있게 보이지 않았다. 루이페르디낭 셀린느가 지난 전쟁 초기에 발생한 대량 학살을 속 뒤집듯 되살린 『밤 끝으로의 여행』 (1932년)에서 슬쩍 내비친 분위기야말로 또다시 상처뿐인 영광을 추구하지 않겠다는 프랑스인들의 마음가짐이었다. 같은 분위기는 노벨상 수상자 로제 마르탱 뒤 가르가 1936년 9월, 친구에게 보낸 편지에서도 그대로 드러난다. "전쟁만 아니라면! 스페인의 파시즘도 프랑스의 파시즘도 괜찮아. 어떤 시련도, 어떤 고된 노역도 전쟁에 비교할 수 없어. 히틀러도 전쟁보단 나아!" 한 독일 장교는 이렇게 지적했다. "프랑스군의 정신과 사기는 전쟁이 시작되기도 전에 무너져 있었다. 프랑스가 패한 이유는 무기가 부족해서가 아니라 스스로 무엇 때문에 싸우는지 몰랐기 때문이다. (중략) 나치 혁명은 우리의 첫 번째 기갑사단이 전투를 벌이기도 전에 이미 프랑스 전투에서 승리를 거두었다."

틀림없이 프랑스 우파 중 일부는 독일의 승리가 자신들에게 유리하다고 생각했을 것이다. 그러나 대부분은 패배로 인한 손실을 과소평가했다. 프랑스 측이 손실이 비교적 적을 거라고 예상하지 않았다면, 그렇게 많은 군인들이 그렇게 순순히 항복하지는 않았을 것이다. 그들은 전쟁이 끝나면 곧 고향으로 돌아가게 될 거라고 짐작한 게 분명했다. 일부 장성들은 독일의 점령 가능성보다 프랑스 좌파들의 반란을 더 걱정한 듯하다. 이러한 예측은 1914년보다 먼 1871년의 기억 때문에 생겨났다. 그들은 극심한 혼란에 빠지고 말았다. 프랑스 좌파는 서서히 사라졌고 독일은 최후까지 떠나지 않았다.

일반적으로 영국 분위기는 그렇게까지 패배주의적이지는 않았던 것 같다. 1940년 당시, 프랑스에 있던 일부 영국 병사들은 항복 명령에 따르길 거부했다. 제51사단의 한 사병은 1940년 6월, 켄싱턴 연대의 장교로부터 무기를 내려놓으라는 명령을 받고 "헛소리 하지 마, 이 새끼야!"라며 격렬한 반응을 보이기도 했다. 그러나 이 호전적인 스코틀랜드 병사는 소수파에 속했다. 그의 해외 파견군 동료 대부분은 프랑스를 위해 죽을 때까지 싸워야 할 이유가 없었다. 프랑스인들도 그럴 마음이 없는 게 너무나 명백했기 때문이다. 영국민들은 됭케르크 해안에서의 철수를 승리로 인식했으나, 독일의 뉴스 영화는 그 사건을 영국의 굴욕적인 패배로 정확히 묘사했다. 제5열이 전선 뒤에서 연합군의 작전을 방해한다는 소문이 도는 가운데 실시된 영국군의 후퇴는 너무나 혼란스러워서 기진

맥진한 상태로 살아남은 자들은 민간인들의 사기 저하를 막기 위해 돌아오자마자 격리되었다. 육군 공병대의 W. R. 리틀우드 상등병은 이렇게 설명했다. "우리는 독일군이 거의 초인이라고 생각하기 시작했다. (중략) 그들은 언제나 해답을 갖고 있는 듯 보였다." 군기는 거의 무너져 가고 있었다. 한 장교는 전투에 지친 부하 병사에게 사살되기도 했다. 칼레에서는 한 노파가 퀸 빅토리아 연대 소총수에게 사살되기도 했다. 독일인이 전쟁뿐 아니라 위장의 대가이기 때문에 그 노파도 어디에나 있는 제5열에 속한 것으로 간주되었다고 한다. 밀정 행위로 의심받은 벨기에 민간인들은 그 자리에서 총살당했는데, 26년 전 같은 지역에서 독일군이 자행한 행위를 생각나게 하는 장면이었다. 희생자들 중에는 슈투카 조종사들에게 영국군 편대 위치를 알려 주기 위해 '화살 모양'으로 풀을 깎은 혐의를 받은 농장 노동자들도 포함되어 있었다. 됭케르크에서 배에 기어오르기 위해 미친 듯이 다투던 프랑스 군인들은 자기편의 총격을 받기도 했다. 됭케르크 후퇴에서 가장 눈에 띄는 점은 영국인들이 아주 운이 좋았다는 것이다. 히틀러는 롬멜의 기갑부대가 그들을 몰살시키지 못하게 했는데, 이는 그가 저지른 최초의 중요한 실수였다. 작전명 '다이나모'에서 철수한 연합군 중 11만 명이 프랑스군이었다. 총 33만 8226명이 모두 사살당하거나 생포되었다면 심각한 타격을 받았을 것이며, 영국군의 사기는 결코 회복되지 못했을 것이다. 실제로 4만 1340명의 영국군이 포로가 되었다.

영국군의 사기가 얼마나 무너지기 쉬웠는지는 다른 전적을 고려해 보면 명백해진다. 처칠이 "절대로 굴복하지 마라." 같은 표현을 좋아했지만, 대개 영국군은 죽기 살기로 싸우지 않았다. 1941년, 크레타 섬에서는 처음에 막대한 피해를 입혔음에도 독일 공수부대를 막지 못했다. 북아프리카에서의 첫 출정도 실망스러웠다. 나중에 처칠은 싱가포르 주둔군이 수적으로도 열세인 데다 상당히 지쳐 있던 일본군을 상대로 끝까지 저항하길 거부하자 크게 곤욕을 치렀다. 그는 마지막 한 사람까지 싸우라고 독려했다.(14장 참조) 처칠을 가장 가혹하게 비난했던 앨런 브룩까지도 불안감을 느꼈다. 1941년 12월, 참모총장 자리에 오른 그는 1차 세계 대전 때처럼 처칠이 "부차적인 교전 지역을 좋아해, 중요한 지역에 군사력을 집중하는 대신 영국군을 너무 드문드문 배치하여 힘을 찔끔찔끔 소모하지 않을까" 계속 걱정했다. 이런 이유로 그는 아시아나 다른 교전 지역보다 지중해와 북아프리카에 집중해야 한다고 확신했다. 그럼에도 극동 지역의 저항선이 무너지자 소스라치게 놀랐다. 그는 일본이 싱가포르를 장악하자, 일기장에 이렇게 적었다. "왜 더 잘 방어하지 못하는지 이해하기 어렵다. 지난 10년 동안 나는 대영 제국이 쇠퇴하고 있고 언덕에서 미끄러지고 있다는 불쾌한 느낌을 받아 왔다. 내 생각이 맞는지 궁금하다. 나는 지금처럼 우리가 빠르게 산산조각 날 거라고는 예상하지 않았다." 일본군이 버마까지 침략하겠다고 위협하자 그는 마음이 심란해졌다. "왜 영국군이 지금보다 더 잘 싸우지 못하는지 알 수가 없다. 만약 영국군이 계속 이런 상태라면, 우리는 당연히 제국을 잃을 것이다."

1940년의 프랑스군과는 다르게 영국군은 패배주의 때문에 무기를 내려놓지는 않았다. 대개 장교들이 더 이상 방어할 수 없어서 싸워 봐야 소용 없다는 판단을 내렸기 때문에 항복하라고 명령했다. 영국인들의 전쟁 회고록에 등장하는 전형적인 생포 상황을 보면 적에게 완전히 포위된 부대의 장교가 병사들에게 무의미하게 죽느니 차라리 항복하라고 명령을 내렸다. 그러나 분별력이 진정한 용기라고 위로하더라도, 포로로 잡힌 영국군은 종종 자신들이 느끼는 죄책감에 놀라곤 했다. 항복은 그들이 바란 상황이 아니었기 때문이다. 최후의 1인까지 싸우려 하기는커녕, 일부 영국 장교들이 기를 쓰고 도망치려는 모습을 지켜본 아시아인들은 그것을 영국인들이 자기네 제국의 역할을 더는 믿지 않는 증거라고 해석했다. 프랑스군이 "단치히를 위해 죽을" 준비가 되어 있지 않았듯이, 영국

군도 폐낭을 위해 죽기 싫었던 것이다.

하지만 영국인이 니우포르트와 그라블린 해변에 무기를 많이 내버렸다 해도, 그들은 결국 살아남아 다시 싸우게 되어 있었다. 왜냐하면 그들의 사기가 어떠했건 간에, 그들은 여전히 두 가지 이점을 누리고 있었기 때문이다. 첫 번째 이점은 바다와 관련 있었다. 영국 해군은 지상전의 실패에도 불구하고, 바다에서는 여전히 우위를 지켰다. 영국 함대의 규모는 히틀러의 함대보다 대략 3.5배가 컸다.[3] 사실 영국 해협은 넓지는 않았다. 영국에 가장 가까운 프랑스 영토인 그리네 곶에서 도버까지의 거리는 불과 33킬로미터였다. 그러나 히틀러처럼 모험을 감수하는 사람에게도 이 멀지 않은 바다를 건너 영국을 침략하기란 엄청난 도박이었을 것이다. 첫 번째 이점보다는 크지 않았지만, 두 번째 이점은 공군의 존재였다. 처칠이 1940년 8월 20일에 하원에서 다시 발표한 전투기사령부에 대한 찬사, 즉 "인류 전쟁사에서 이렇게 많은 사람들이 이렇게 많은 빚을 이렇게 적은 사람들에게 진 적은 없었다."라는 그의 명언들 중에서도 가장 기억할 만한 것으로 꼽힌다. 하지만 당시 조종사들은 그의 발언이 자신들이 지급 받지 못한 명세서 규모를 암시하는 것이라고 농담을 했다. 처칠의 개인 비서관들은 평소보다 화려한 표현이 적기 때문에 다소 질질 끄는 느낌이 든다고 느꼈다. '수가 적다'는 표현은 영국 공군이 독일 공군보다 적다는 의미였고, 당시 영국 정보기관 역시 그렇게 믿었다. 그러나 실제로 영국군은 근소하게나마 수적으로 우세했다. 독일이 영국 공군을 상대로 결정적인 공격을 개시하기 직전인 8월 9일, 영국군이 보유한 전투기는 1032대였다. 반면, 당시 공격에 동원될 수 있었던 독일군 전투기 수는 1011대였다. 또한 영국 공군은 훈련된 조종사 1400명을 거

---

3) 전쟁이 터졌을 당시 영국군은 항공모함 일곱 척을 보유하고 있었으나, 독일군은 한 척도 보유하지 못했다. 전함운 영국이 열다섯 척, 독일이 다섯 척이었고, 순양함도 마흔아홉 척 대 여섯 척, 구축함 역시 192척 대 스물한 척이었다.

느리고 있었는데, 이는 독일 공군보다 수백 명 정도가 많은 것이었고, 기술과 용기 면에서도 독일군보다 우수한 것으로 드러났다. 마침내 영국은 항공기 생산 부문에서 독일을 앞질렀다. 6월부터 9월까지, 결정적으로 중요한 몇 달 동안 영국 공장들은 비행기 1900대를 새로 생산해 낸 데 비해, 독일은 775대를 생산하는 데 그쳤다. 유화 정책 시절에 그랬듯이, 영국은 독일을 과대평가했는데, 상대 조종사의 역량을 약 일곱 배 높게 평가했다. 독일 또한 자신들을 과대평가했다. 괴링은 영국의 모든 전투기 중 절반이 8월 말까지 파괴되었다고 확신했다. 실제로는 당시 전투기 사령부의 작전 능력이 전투가 시작했을 때보다 약간 떨어졌을 뿐이었다. 독일군은 목표를 항구와 공업 중심지까지 확대함으로써, 영국군 사령부와 통제 능력에 결정적인 타격을 가할 기회를 놓치고 말았다. 12월에도 괴벨스는 군사적으로는 전쟁에서 승리를 거둔 거나 마찬가지라고 흡족해할 수 있었다. 그러나 레이더에 의한 기술적인 이점에 더해 공군 준장 휴 다우딩 경의 현명한 지휘로 독일군의 총 손실(폭격기를 포함하여)은 영국의 두 배에 달했다.(1733 대 915) 10월 9일까지 매주 영국 공군은 피격된 아군기보다 더 많은 적기를 격추시켰다.(그림 11-1 참조)

이후 영국은 부분적으로는 그럴 능력이 있었기 때문에, 또 한편 하루하루 지날 때마다 히틀러에 항복했을 때 치러야 할 희생이 프랑스인의 추정치보다 훨씬 더 크다는 점이 명백해졌기 때문에 계속 싸웠다. 실제로 프랑스는 비교적 운이 좋았다. 나치가 점령한 다른 서유럽 국가 국민들처럼 대다수 프랑스 국민은 '살려 둘 가치'가 있는 것으로 간주되었다.(예컨대 네덜란드인은 본질적으로 게르만족으로 판정받았다.) 그런 평가는 유대인만 아니라면 경제적으로 착취는 당할지라도 죽임을 당하지는 않는다는 의미였다. 프랑스는 독일 전시경제의 돈줄이 되었고, 원료, 제조업, 노동 부문에서 가차 없이 약탈당했다. 물론 나치 지도자들이 개인 및 국가 소장품에서 수많은 예술 작품을 약탈해 간 것은 말할 것도 없다. 그

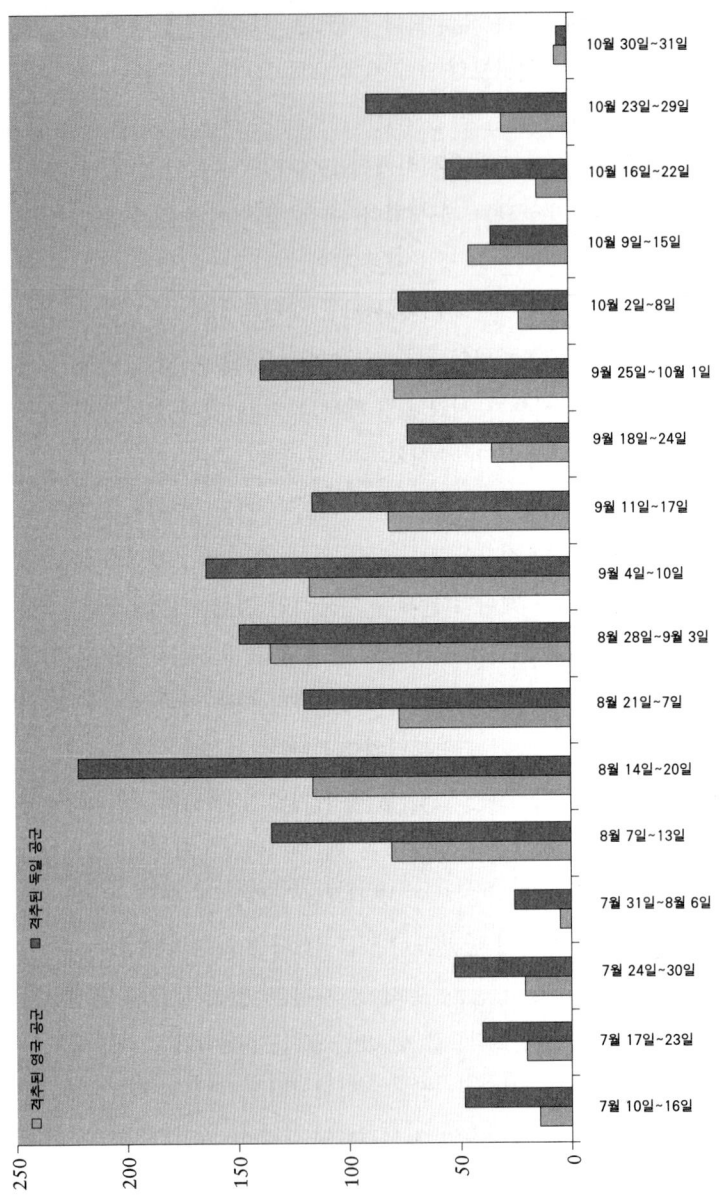

그림 11-1. 1940년 7월 10일~10월 31일 영국 전투

러나 프랑스가 더 이상 프랑스일 수 없다는 생각은 제기되지 않았다. 실제로 점령지 파리는 독일군과 나치 친위대 장교들이 휴가 때나 근무하기 편한 부대에 배치되기 바랄 때 선호하는 곳이었다. 이는 영국인들이 원한 바는 아니었지만, 그래도 못 견딜 정도는 아니었다. 바로 그런 이유로 전쟁의 형세가 바뀔 때까지 독일 지배에 적극적인 저항을 선택한 프랑스인들은 상대적으로 적었다. '협력'이란 말은 욕이었는데, 유명 작가들이 새로운 통치자 아래에서도 하던 일을 계속하려는 행동에서[4] 프랑스계 유대인 학살에 적극 관여한 일부 프랑스 관리들의 행동에 이르기까지, 가볍거나 중대한 죄 모두 '협력' 행위에 해당됐다.

동부의 경우 이야기가 매우 달랐다. 나치 이론가들은 그곳 토착 주민들이 인종적으로 열등하며 독일의 '생활 공간' 확장에 방해가 된다고 생각했다. 독일군은 폴란드를 상대로 전격전을 치르는 동안, 포로와 민간인에게 끔찍한 행동을 저질렀다. 이는 즉흥적인 행동이 아니라 미리 신중하게 계획된 행동이었다. 이제 히틀러 제국의 소름 끼치는 얼굴이 처음 드러났다.

---

4) 두 가지 놀라운 사례: 루이 페르디낭 셀린느는 전쟁 전부터 확고한 반유대주의자였으며, 전쟁이 끝난 뒤 비시 정권에서 맡은 역할 때문에 투옥되었다. 조르주 레미(Georges Rémi, 본명 에르제(Hergé), 만화가)는 프랑스 사람이라기보다는 벨기에 사람에 가까웠는데, 유대인과 미국인에 대해 선입견을 조금 갖고 있었고, 일본인에 대해서는 강한 반감을 갖고 있었다. 친독일적이지는 않았지만 확실한 반공주의자였다. 그의 최고의 히트작 탱탱(Tintin) 시리즈 중 일부는 독일 점령 당시 출판되었다. 「금빛 다리 게(Le Crabe aux pinces d'or)」, 「일각수의 비밀(le secret de la licorne)」, 「라캄의 보물(Le Trésor de Rackham le rouge)」, 「일곱 개의 수정 공(Les Sept Boules de crystal)」 모두, 1940~1944년에 《르 수아르(Le Soir)》지에 발표되었다. 전쟁이 끝난 뒤 에르제는 독일에 협력했다는 이유로 체포되었지만, 자신은 조국을 버리지 말라는 레오폴드 왕의 간청을 들어주었을 뿐이라고 대답했다.

"계속 혼란스럽도록 놔둬라"

베르히테스가덴은 바이에른 알프스 산맥에 위치한 히틀러의 산장이었다. 그곳에서 히틀러와 일부 선택된 지배자 민족의 일원들은 거대한 정복 계획을 세웠다. 1926년, 감옥에서 막 출소한 무명의 정치 선동가 히틀러는 그곳에 칩거하며 『나의 투쟁』의 나머지 절반을 집필했다. 『나의 투쟁』에서 그는 600년 전에 독일 민족이 떠나 온 곳을 다시 차지하고 시선을 동쪽으로 돌려 독일 민족을 현재의 제한된 생활 공간으로부터 새 땅으로 이끌겠다고 맹세한다. 1933년에 그가 제국 수상 자리에 오를 무렵 『나의 투쟁』은 뒤늦게 베스트셀러가 되었고, 이후 그는 책의 인세로 오베르잘츠베르크(Obersalzberg)에 집을 한 채 샀다. 이 집이 말 그대로 히틀러의 산속 궁정 베르그호프가 되었다. 이후 몇 년 동안 인근 주민들은 제3제국 지도자의 최측근 인사들이 여름 별장으로 묵을 저택과 관리 건물을 지을 수 있도록 4제곱마일의 땅을 팔아야 했다. 이야말로 '생활 공간'의 실제 의미를 제대로 보여 주는 사례였다.

네빌 체임벌린이 체코의 주데텐란트 양보를 주선하기 위해 독일을 방문했을 때, 히틀러가 그와의 회담 장소로 선택한 곳도 바로 베르그호프였다. 1년 뒤인 1939년 8월 22일, 그곳에서는 히틀러와 그의 군사 참모들 간에 매우 색다른 회의가 열리고 있었다. 당시 참석자가 작성한 기록을 보면, 폴란드 군을 물리친 뒤 히틀러가 무엇을 달성하려 했는지 명확히 알 수 있다.

폴란드의 파멸이 눈앞에 있다. 목표는 특정한 선에 도달하는 것이 아니라 살아 있는 힘을 제거하는 것이다. 전쟁이 서쪽에서 발발한다고 해도, 폴란드 파괴가 1차 목표이다. (중략) 불쌍히 여길 것은 없다. 잔인한 태도를 보여라. 800만 독일계 민족은 본인들의 권리를 손에 쥘 것이다. 그들의 생존은 보장되어야 한다. 가장 강한 자에게 권리가 있다. 가장 가혹하게 행동해야 한다.

같은 해 10월에 히틀러가 고위 나치당원들에게 얘기한 대로, 폴란드를 바로잡는 것이 아니라 혼란이 가중되도록 놔두는 것이 독일군의 임무였다. 그러나 여기에는 목적이 있었다. 히틀러는 『나의 투쟁』을 집필하면서부터 학살과 재정착이라는 관점에서 나치 제국을 생각해 왔다. 열등한 민족을 죽이거나 추방하여, 번식하려는 독일인들이 살 공간을 만들어야 한다. 목표는 유럽의 민족 지도를 다시 그리는 것으로, 이는 한때 인종이론가들이 품은 환상을 무서운 현실로 바꾸는 작업이었다. 괴벨스는 일기에 히틀러의 목표는 "절멸시키는 것"이라고 규정했다. 할더 참모총장은 폴란드 민족을 멸망시키고 완전히 없애는 것이 총통과 괴링의 목적이라고 믿었다. 히틀러는 법적인 제한 없이 가혹한 인종 투쟁을 벌일 것이라고 말했다. 그러나 폴란드인들만 학살당할 운명은 아니었다. 제국보안본부 책임자였던 라인하르트 하이드리히는 이렇게 말했다. "우리는 힘없는 사람들은 살려 주고 싶다. 하지만 귀족, 사제, 유대인들은 반드시 제거해야 한다." 목표는 폴란드 사회를 없애 버리고 생존자들에게 노예와 다름없는 천민의 지위를 부여하는 것이었다.

나치 친위대는 폴란드 침략 전에 절멸부대(Einsatzgruppen, 특수 임무 부대)로 알려진 특별 보안경찰 부대를 다섯 개 창설했다.[5] 그들의 임무는 전투 중인 병력 후방에 있는 적대국의 모든 반독일 분자를 처리하는 것이었다. 독일이 폴란드에 진격해 들어가기도 전에 그들은 3만 명에 이르는 체포자 명단을 작성했다. 9월 28일, 폴란드가 항복한 뒤 잠시 군사 통

---

5) 의미심장하게도 절멸부대 지휘관 스물다섯 명 중 열다섯 명이 박사학위를 갖고 있었다. 이들은 독일 학계의 엘리트들보다 훨씬 비범한 사람들이었다. 나중에 이 부대의 수는 다섯 개에서 일곱 개로 증가했으며, 단치히의 특수 실행 부대(Einsatzkommando, Einsatzgruppen의 휘하 부대 — 옮긴이)가 추가되었다.

치가 실시된 10월 25일까지, 폴란드인 1만 6000~2만 명이 즉결 처형을 당했는데, 이들 중 대다수가 절멸부대에 의해 희생되었다. 귀족, 전문직 종사자, 지식인, 성직자들이 주요 표적이었다. 10월 6일 제국의회 연설에서 히틀러가 인종학적 관계에서 새로운 질서를 요구한 뒤, 일반 폴란드인들은 단치히, 서프로이센, 포젠, 상부 슐레지엔 동쪽 지역에서 추방되어[6] 폴란드 총독부 관할 지역에 재정착했다. 이 지역들은 히틀러가 제3제국의 영토로 회복한 땅이었다. 각 가정은 겨우 20분 만에 집을 떠나야 했는데, 고작 손가방이나 가져갈 수 있었고, 현금도 일반적으로 20즐로티 정도만 지닐 수 있었을 뿐 살 집은 전혀 주어지지 않았다. 많은 이들이 철도를 따라가다가 버려졌다. 제국에 합병된 지역 주민 열 명 중 한 명 정도는 그런 운명을 맞이했다. 160만 명에 달하는 마주리인, 카슈브인, 슐레지엔의 바세르폴렌(Wasserpolen)이라 불리던 사람들은 예외였는데, 이들은 인종적으로 받아들여질 만하다고 간주되어 살던 곳에 남았다. 하지만 대략 500만 명이나 되는 '받아들일 수 없는' 폴란드인들은 농업 노동자로 임시 고용되었다.

  새로운 총독부에서 히틀러의 비전을 실현하는 일은 한스 프랑크라는 바이에른 사람에게 맡겨졌다. 그는 초기에 법조계에서 모집된 나치당원이었다. 서른아홉의 나이에 크라쿠프의 유서 깊은 바벨 성(城)에서 취임식을 올린 프랑크는 곧바로 과대망상에 사로잡혔다. 그는 쿠라쿠프, 라돔, 바르샤바, 루블린 등 네 지역만을 맡았는데도 아내에게 '당신은 폴란드 왕비가 될 것'이라고 말했다. 총독부 관할 지역은 독일 민족의 첫 번

---

6) 이들 영토 대부분이 베르사유 조약 협정에 의해 독일이 양보한 지역이라는 점을 기억해야 한다. 기술적으로 이들 지역은 단치히-서프로이센(단치히, 브롬베르크, 마리안베르더)과 바르트란트(포젠, 우지를 개명한 리트만슈타트가 포함되었다.), 이렇게 두 개의 새로운 제국 군(Reichsgaue)이 되었다. 이 지역들은 행정적으로 제국의 일부였는데, 예외적으로 단치히는 이동을 위해 외국 영토로 취급되었다. 이 두 지역이 독일의 국가 조직이라기보다는 당의 지역 단위인 군(Gau)으로 규정되었다는 점은 의미심장하다. 당은 1933년 이전에 정해진 행정조직상의 제한을 받지 않고 활동할 수 있었다.

째 식민지가 될 터였다. 히틀러가 저지른 대량 학살의 공범이 된 사람들과 마찬가지로, 프랑크 역시 자신이 섬세한 감수성을 지녔다고 생각했다. 그는 바벨의 폴란드 큐레이터들을 고용하여 자신의 개인 소장품으로 생각한 예술품들을 관리했다. 이탈리아 종군기자 쿠르치오 말라파르테(Curzio Malaparte)는 프랑크의 궁전을 방문했을 때를 이렇게 회고했다.

그는 마치 자신이 야겔론과 소비에스키 가문의 군주인 양 등받이가 높고 딱딱한 의자에 앉아 있었다. 그는 자신에게서 위대한 폴란드의 위엄과 기사도 전통이 되살아나고 있다고 확신한 듯 보였다. 번들번들 빛나는 검은 머리카락은 뒤로 빗어 올려 하얀 이마를 드러내고 있었다. 땀이 얇은 막을 이루며 그의 얼굴을 덮고 있었는데, 테이블을 따라 늘어선 은빛 촛대와 대형 네덜란드 램프 불빛 때문에 그의 얼굴은 셀로판 마스크로 감싼 것처럼 빛났다. 프랑크는 손으로 테이블 끝을 짚고 의자 등받이 깊숙이 몸을 밀어 넣으며 이렇게 말했다. "나의 야심은 폴란드 민족을 유럽 문명의 자랑거리로 발전시키는 것입니다."

실제로 그는 폴란드 민족을 끝 모를 야만의 나락으로 밀어 넣으려 하고 있었다.

쿠라쿠프의 야겔론 대학은 중유럽에서 가장 오래된 교육 중심지로 꼽힌다. 1364년에 설립된 그 대학은 니콜라스 코페르니쿠스의 모교이다. 1939년 11월 6일, 점령 당국은 그 대학 교수들을 나치 친위대 소속 뮐러 중령의 강연에 초대했다. 하지만 이것은 함정이었다. 교수 183명은 총부리로 위협받으며 트럭에 실려 작센하우젠의 강제수용소로 끌려갔다. 이후 그들은 풀려났지만, 이는 폴란드 지식인들이 처할 운명의 전조였다. 다음 해 여름, 소위 '특별 평화 프로그램'에 따라, 지식인 3500명이 추가로 체포되어 바르샤바 외곽의 숲속에서 총살당했다. 1940년 말까지 이 작전에 희생된 지식인들은 총 5만 명에 달했다.

폴란드의 엘리트층은 프랑크가 처리해야 할 여러 문제 가운데 하나에 불과했다. 독일에서 유대인은 전체 인구의 1퍼센트에도 못 미쳤으나, 폴란드의 경우엔 9퍼센트가 유대인으로, 대략 230만 명이 총독부 점령지에 거주하고 있었다. 그토록 많은 유대인이 새로운 독일 제국의 중심지 가까이에 있다는 사실은 당연히 용납할 수 없는 문제로 보였다. 히틀러는 그들이 아리아인을 오염시킬 악성 인종 질병과 비슷하다고 주장하지 않았던가? 그들은 분명 없어져야 할 존재였다. 특히 프랑크의 멋진 수도에서 사라져야 했다. 그렇다면 유대인들은 어디로 가야 하는가? 독일 침략의 초기 단계에는 로즈난, 블로니, 풀투스크 등지에서 다수의 유대인들이 총살당했다. 그러나 아직은 체계적인 절멸 정책이 시행된 것은 아니었다. 독일군 장교들이 절멸부대의 활동에 제동을 걸었다. 민간인 학살은 군의 사기와 지역 질서 유지에 좋지 않았다. 따라서 유대인들이 국경을 넘어 동쪽으로 달아나도록 사주하는 편이 더 나았다. 오랜 숙고 끝에, 여전히 남아 있는 유대인들은 게토로 몰아넣자는 결정이 내려졌다. 이는 사실상 18세기 말까지 중유럽에서 흔히 써먹은 강제 격리에 해당했다. 주요한 행정 조치로, 유대인을 확인해 내기 위해 다윗의 별이 그려진 완장이 도입되었고, 게토를 운영할 지역 유대인위원회가 창설되었다. 그러나 폴란드계 유대인들을 게토에 몰아넣는 작업은 처음부터 추방을 위한 서곡을 의미했다. 칼리쉬와 우지를 맡고 있던 행정청장 프리드리히 우에벨호어가 이 역병의 부스럼을 다 태워 버리는 것이 "마지막 목표"라고 말했지만, 이는 아직 공식 정책이 아니었다. 실제로 히틀러는 한 민족을 물리적으로 소멸시키는 볼셰비키의 방법을 비독일적이고 불가능하다며 엄금했다.

한동안 히믈러와 프랑크는 유대인을 인도양의 마다가스카르 섬에 보낼까 생각했는데, 폴란드 정부도 이 방안을 생각했었다. 결국 이 작업은 전쟁이 끝난 뒤에야 가능하다는 결론이 내려졌다. 이후 히틀러는 그들을 비스툴라와 부그 강에 이르는 폴란드의 새로운 동부 국경에 집결시키는 방법을 언급했다. 나중에는 시베리아까지도 언급되었다. 그 와중에 루블린 지역은 추방당한 유대인이 내버려지는 지역이 되고 말았다. 그들 중 수만 명이 성급하게 지어진 수용소에 처박힌 반면, 우지와 바르샤바, 우비츠, 글로우노 지방의 임시 게토 지역은 장기적으로 자리가 잡히는 경향이 나타났다. 그렇다고 그들이 언제까지나 견딜 수 있었던 것은 아니었다. 첫째로, 게토 지역은 견딜 수 없을 정도로 비좁았다. 바르샤바 인구 3분의 1이 도시 거주 지역의 2.4퍼센트에 해당되는 지역으로 우겨 넣어졌다. 유대인들에게 배급하는 식량도 크게 줄어, 1941년 식량의 1일 칼로리 함유량은 일반 폴란드인에게 배정된 양의 25퍼센트를 겨우 넘었다. 독일인과 비교했을 땐 7퍼센트에 불과해, 생존에 필요한 최저치보다 한참 낮았다. 인구 과잉에 식량까지 부족한 치명적인 상황에서 1941년 바르샤바의 사망률은 10퍼센트까지 치솟았다. 이에 히믈러는 이렇게 선언했다. "이 천민 집단을 모두 게토로 몰아 버려야 할 때다. 그러면 슬며시 역병이 돌 것이며, 그들은 모두 죽고 말 것이다." 1942년 여름, 프랑크는 유대인 120만 명을 굶어 죽게 만들어 놓고 이를 '지엽적인 문제'라고 일축했다.

그러나 프랑크가 자신의 영지에 대해 더 많이 알게 될수록, 주요 도시에서 역병이 돌게 놔두는 위험은 말할 것도 없고, 주민 열 명 중 한 명을 추방하거나 굶겨 죽이는 방법에 더욱 의심을 품게 되었다. 1930년대 초반에 유대인들은 폴란드의 최고 소득자 가운데 거의 절반을 차지했다. 폴란드 주요 도시의 사업가, 관리자, 숙련 노동자 들 중에는 유대인이 상당히 많았다. 독일이 폴란드를 점령하고 처음 취한 조치들 중 하나는 유대인의 모든 재산을 공식 몰수하는 것이었다. 이는 체계적이고 가차 없는 약탈 작전의 시작이었다. 그와 동시에 프랑크는 12세부터 60세에 이르는 모든 유대인 남자의 강제 노동을 의무화하는 명령을 내렸다. 자본 때문이든 노동력 때문이든, 유대인은 분명 경제적인 가치가 있었다. 따라서 단순히 자본을 훔치고 노동력을 없애 버리는 행위는 이익을 극대화하는 전략이 아니었다. 프랑크가 폴란드 경제를 중세로 돌려놓을 속셈이 아니라면, 인종차별적인 이데올로기에 기반한 명령과 제국의 경제 사이에서 타협안을 만들어 낼 필요가 있었다. 그는 1941년 11월, 베를린 방문 중에 타협안의 초안을 마련했다.

특히 우리를 괴롭히는 것은 유대인 문제이다. 우리는 오물과 먼지 투성이의 이 미천한 민족을 게토와 특별 구역에 모아 놓았고, 아마도 아주 오랫동안 총독부 점령지에 남아 있을 것 같지는 않다. (우렁찬 박수) 그러나 이 유대인들은 우리가 보기에 그렇게 기생적인 집단만은 아니다. 우리가 폴란드에서 깨달은 점으로, 상당히 이상하긴 하지만 유대인에는 또 다른 부류가 있다. 수송 기구나 건물, 공장에서 일하는 유대인들이 있고, 재단사나 제화공처럼 숙련된 노동자들도 있다. 우리는 기술 수준이 높은 유대인 노동자들의 도움으로 유대인 작업장을 세웠다. 이 작업장의 유대인들은 식료품이나 생존에 절박하게 필요한 것을 받는 대신, 독일의 생산 조건에 숨통을 틔울 제품들을 만들 것이다.

이 연설을 보면, 나치가 자신들이 무엇을 해야 할지, 즉 유대인을 착취할지('생산') 굶겨 죽일지('절멸') 결정하지 못한 듯하다. 한동안 폴란드의 '유대인 문제'는 해결되지 못한 채로 남아 있었고, 총독부 중심부는 앞뒤가 안 맞는 행동을 했다. 반쯤 굶주린 정상적인 유대인들이 우지 게토에 배치되었고, 1941년 여름까지 대략 4만 명이 의류, 섬유 생산과 군수물자를 포함한 일부 제조업에 종사했다.

그럼에도 불구하고 폴란드 엘리트들을 죽여 버리고 유대인들을 게토에 몰아넣은 행위는 나치가 열망하던 중유럽의 근본적인 변화를 알리는 서곡에 불과했다. 점령 지역의 '인종 청소'는 하나의 목적을 위한 수단에 불과했으니, 그 목적은 새로 획득한 생활 공간에 지배자인 아리아인을 다시 정착시키는 것이었다.

히믈러 마을

1940년 봄, 하인리히 히믈러는 신설된 '독일인종강화제국위원' 자격으로 시인이자 나치 친위대 장교인 한스 요스트(Hanns Johst)[7]와 함께 폴란드의 시골 지역을 둘러보았다. 히믈러가 새로운 독일 제국에서 맡은 역할은 두 가지였다. 그는 독일 제국과 민족 공동체의 위험 요소인 외국인 집단(주로 유대인을 의미함)의 해로운 영향력을 제거하는 동시에, 새로운 독일인 정착지를 형성하는 임무를 맡고 있었다. 두 사람은 가끔 차를 세우고 들판을 걸어 다녔는데, 요스트에 따르면, 히믈러는 기름지고 훌륭한 토양으로 가득한 넓은 들판을 둘러보며 이렇게 말했다고 한다. "이 모든 곳이 이제 다시 독일 땅이 되었다! 얼마 지나지 않아 독일인들의 쟁기질이 이곳의 경치를 바꿔 놓을 것이다."

도중에 히믈러와 요스트는 자모시치라는 마을을 지나가게 되었다. 히믈러는 그곳의 이탈리아 르네상스 식 건축에 크게 감동받아 마을 이름을 다시 짓기로 결심했다. 사실 자모시치는 낙후한 폴란드라는 그의 판에

---

7) "나는 문화라는 단어를 들으면 권총의 안전장치를 제거한다."라는 유명한 말은 대개 괴링의 말로 알려졌는데, 실제로는 요스트가 한 말이었다. 이 표현은 나치의 '순교자' 알베르트 레오 슐라게터(Albert Leo Schlageter)를 기린 요스트의 대표 희곡 「슐라게터」(1933년)의 첫 장면에 나온다. 요스트는 히믈러와 폴란드를 방문했던 당시를 『제국의 외침―민족의 메아리! 동쪽으로의 여행(Ruf des Reiches―Echo des Volkes! Eine Ostfahrt)』(1940년)에서 설명했다.

박힌 편견과는 전혀 어울리지 않았다. 이후 '히믈러 마을'로 알려진 그곳은 새로운 동쪽 국경 지대에서 독일 민족의 첫 번째 기지가 되었다. 독일화를 향한 첫 번째 단계는 간단했다. 마을 유대인들을 게토로 추방해, 그곳에서 운명을 기다리게 하는 것이다. 다음 단계는 폴란드인들을 제거하는 것이었다. 서부의 합병된 지역에서와 마찬가지로, 나치 친위대는 토착 주민들을 신중하게 분류하는 작업을 실시했다. 1등급(북유럽 게르만계)과 2등급(팔렌족(Phalian))에 해당되는 사람들은 독일 민족 선별검사를 위해 우지의 수용소로 보내졌다. 그리고 3등급(혼혈)에 속한 사람들은 노인들을 제외하고는 모두 강제 노동을 위해 독일 제국으로 보냈다. 노인들의 경우, 유대인들의 예전 거주지에 다시 살게 되었다. 4등급에 속한 폴란드인(반사회적이고 인종적으로 열등한)들은 몰살될 운명이었다. 이에 저항하거나 그럴 능력이 있다고 간주되는 사람들은 마을 외곽, 로튠다(Rotunda)로 알려진 옛 요새로 보냈다. 나중에 전쟁이 발발했을 때, 로튠다는 피비린내 나는 대살육장이 되었다. 그곳에 감금되어 있던 사람들은 거의 무차별적으로 총살을 당했다. 우선 독일은 희생자들을 상당히 정확히 분류했다. 사제, 변호사, 판사, 사업가, 교사 등 폴란드 민족의 저항 세력을 조직할 능력이 있다고 판단한 사람들은 모두 포함했다. 심지어 소년 단원과 소녀 단원까지 잠재적인 위협으로 간주했다. 자모시치에서 초기에 희생된 폴란드인들 중에는 열여섯 살의 그라지나 키에르스즈니프스카도 있었다. 그녀는 레지스탕스 지도자가 될 가능성이 있다는 이유로 처형된 소녀단 및 소년단 대원 서른여섯 명 중 한 명이었다.

이제 마을에서 인종적인 불순물을 청소하자 한 가지 해결해야 할 문제가 부상했다. 누가 새로운 독일계 이주자가 될 것인가. 히틀러의 군대가 정복한 생활 공간에 정착할 대담한 아리아인 개척자를 정해야 했다. 진정한 의미에서 독일 제국의 소중한 국민들 중에는 폴란드에서 새로운 삶을 개척하는 데 관심을 가진 사람이 거의 없는 듯했다. 전체적으로 구제국 출신의 독일인 40만 명만이 동쪽으로 이주할 기회를 이용했고, 이들 대부분은 밑지는 제비를 뽑은 사람이거나 뜨내기 사업가들이었다. 새로운 식민지의 주력 자작농이 될 만한 독일 농민들은 이주에 그다지 관심이 없었다. 하지만 유럽의 다른 지역에 거주하고 있는 독일인들 중에 이주를 꺼리지 않는 이들이 있었다. 히믈러가 새로이 맡은 임무 중에는 제국으로 영구 귀국하기에 적합하다고 생각되는 해외 독일계 민족을 본국으로 송환하는 일도 포함되어 있었다. 이는 새로운 국경 동쪽에 사는 독일계 민족을 새로이 합병한, 인종 청소를 마친 폴란드에 초청하여 정착하게 하자는 생각이었다. 그 결과 동부 갈리치아에서 5만 7000명, 볼리니아에서 6만 7000명, 비아위스토크에서 1만 1000명 정도가 찾아왔다. 추가로 1939년 10월, 발트 해 연안 국가들과 맺은 조약에 따라 라트비아에서 5만 명, 에스토니아에서 1만 4000명 정도가 이주해 왔다. 폴란드인들을 내몬 것과는 달리 이는 자발적인 이주였다. 실제로 이들 지역에서 소비에트 통치가 강요되자 "고향인 제국의 품에 들어오라."라는 나치의 초대를 받아들이는 사례가 크게 늘었다. 1940년에 베사라비아와 부코비나가 소련에 합병된 이후 독일계 민족 18만 9000여 명이 살던 곳을 떠났고, 리투아니아도 같은 운명에 처하자 독일인 5만 3000여 명이 고국을 향해 떠났다. 일부는 특별히 준비된 기차와 배를 탔고, 갈리치아 농민들처럼 소지품을 손수레에 싣고 서쪽으로 이동한 이들도 있었다. 몇 백 년 역사의 독일계 사회를 설득하여 조상 대대로 살아 온 고향을 떠나 서쪽으로 이동하라고 설득한 것은 생활 공간을 찾고 있다고 소문난 정권으로선 앞뒤가 뒤바뀐 이상한 절차로 보였다. 이에 대한 이론적 근거는, 사실 그 독일인들은 알 리 없었는데, 그들의 인종적 순수성을 심사하려는 것이었다. 만족할 만한 "신체적 특징과 혈통, 인종적·정치적 태도, 직업"을 갖고 있는 사람만이 제국이 새로 정복하거나 재정복한 영토에 정착하는 데 적합했다. 사실 그러한 조건은 그들이 과거에 독일인이 아닌 이들과 얼마나 어울렸는지를 의미하는 것이었다. 1941년 여름, 히믈러의 부하들은 독일계 민족 20만 명을 독일화된 서부 폴란드 지역에 정착시켰다. 그리고 27만 5000명이 여전히 임시 재정착 센터에 머물고 있었다. 1943년 말 무렵에는 루마니아계 독일인 17만 6000명이 그곳에 정착했다. 그리고 독일인 2만 5000명이 히믈러 마을을 찾아왔다.

이는 시작이었다. 그러나 전적으로 고무적인 시작이라고는 할 수 없었다. 독일계 사람들은 몇 가지 면에서 나치에 실망을 안겨 주었다. 이들 중 다수가 충분히 독일인답지 않아 보였다. 엄격한 인종 이론가들은 그들이 그 지방 고유의 특성을 가지고 있다고 불평했다. 이론가들은 그들이 과거 슬라브계 이웃들과의 잡혼으로 인종적 순수성이 약해지도록 스스로 방치했다고 불만스러워했다. 이와는 대조적으로 히믈러는 아리안계의 많은 폴란드인들이 상당히 명확한 특징을 지녔다는 점에 주목하지 않을 수 없었다. 실제로 그의 고향 바이에른보다 그 지역에서 금발에 푸른 눈의 표본적인 독일인들이 더 많았다. 일찍이 1939년에 그는 한 가지 방법을 생각해 냈다. 통합된 동부 지역에 이어 총독부에서도 다른 민족과의 결혼으로 태어난 후손들을 '걸러 내는' 작업을 통해, 잃어버린 독일 혈통을 다시 이용할 수 있도록 하는 것이었다. 1940년 5월에 작성된 '동부의 외국인 주민 처우에 대한 견해'라는 비망록에서 히믈러는 자신이 계획한 심사 과정을 통해 뒤죽박죽 섞인 상태에서 인종적으로 소중한 사람들을 걸러 내 독일에서 동화시킬 것이라고 설명했다. 매년 모든 6~10세 아이들을 검사한 뒤, 소중한 혈통을 가진 아이들을 가려내 1등급인 아이들을 제국으로 보낼 예정이었다. 1942년, 브레슬라우의 '나치 친위대 인종및이주사무소(RuSHA)' 소장은 다음과 같이 말했다.

일부 폴란드인들은 북유럽 게르만 혈통의 특성을 상당히 많이 갖고 있다. 숙명적인 슬라브 혈통과는 반대로, 이 북유럽 게르만 혈통 덕분에 그들은 주도권을 잡을 수 있었다. (중략) 적어도 이 게르만 혈통을 이은 다음 세대가 인종적으로 소중한 폴란드 가문을 구제국(전쟁 전)의 교육 프로그램을 통해 다시 독일 국민이 되도록 선발해야 한다.

성장 가능한 모든 아리아인을 확보하기 위해 '브라운 시스터스(Brown Sisters)'라는 독일 여성들을 고용하여 사탕을 들고 거리를 행진하면서 좋은 혈통을 갖춘 아이들을 유혹하는 일을 맡겼다. 이 여성들에게 잡힌 아이들은 이후 다시는 자기 부모를 만나지 못했다. 1943년 10월, 히믈러는 포젠의 나치 친위대 지도자들에게 다음과 같이 설명했다. "만약 필요하다면 아이들을 납치해 키워서라도 (정복당한) 국민이 제공하는 좋은 혈통은 모두 얻어 낼 것이다."

합병되거나 정복된 다른 지역에서도 비슷한 정책이 채택되었다. 외무장관을 지낸 뒤 '보헤미아 및 모라비아 제국 보호령(이전의 체코슬로바키아 지역)' 총독이 된 콘스탄틴 폰 노이라트는 다음과 같이 주장했다.

인종 등의 관점에서 가치가 있기 때문에, 체코 국민 절반 정도를 독일인으로 동화시키는 작업은 중요하다. (중략) 나머지 절반의 체코 국민에게는 모든 방법을 동원하여 권력을 빼앗고, 국가에서 추방해야 한다. 이는 특히 몽골인 집단에 해당된다.

히틀러는 일부 체코인들이 독일인으로 탈바꿈할 능력이 있다고 보았다. 인종적으로 적합하다면 그들은 독일 교육 기관에 들어갈 수도 있었다. 그런 기회를 적극 이용하려고 한 체코인들이 있었다는 사실은 의문의 여지가 없다. 체코 소설가 오타 필리프(Ota Filip)는 자신을 슐레지히 오스트라우(슬레즈스카 오스트라바(Slezská Ostrava))의 독일 초등학교에 보내려는 아버지 뜻에 반항했던 사실을 기억한다. 아들이 아버지 뜻대로 하지 않겠다는 소릴 들은 동네의 체코 선생님은 아버지를 "독일 앞잡이"라고 비난했다. 그러나 개인의 독일인 혈통을 어떻게 정확히 확인해 내느냐가 문제였다. 노이라트의 부관이었던 카를 프랑크(Karl Frank)는 주데텐란트 독일인이었는데 "독일 민족에 충성을 다짐한 사람이더라도, 그 충성이 언어나 교육, 문화 같은 특정한 사실들에 의해 확인되는 한에서 독일 국민으로 규정할 수 있다."라고 주장했다. 그리고 "독일 국민의 더욱 정확한 정의는 현재의 친족 관계를 고려한 다음 내릴 수 있다."라고 덧붙였다. 1939년 이후 독일에 속하게 된 서부 프로이센의 제국 총독 포르스터는 독일인들의 대표적인 능력과 재능(즉, 가정과 농장 기구를 적절히 돌보는 방법에 관한 전문 기술), 개인 및 가정 위생 등을 기반으로 한 가족에 독일인 혈통이 존재한다고 생각했다. 한편 숨기려 해도 숨길 수 없는 슬라브 인종의 특징으로는 눈에 띌 정도로 무질서하고 부주의한 가정생활을 들 수 있는데, 이는 질서, 개인과 가정의 청결, 또는 스스로 발전하려는 야심이 절대적으로 부족함을 입증하는 증거였다. 달리 말하면 서부 프로이센에서 인종은 행동으로 구분할 수 있었다. 반대로 서부 프로이센에 이웃한 바르테가우의 총독이었던 아르투르 그라이저는 독일인 명부에 오르려면 독일인 조상이 적어도 50퍼센트는 되어야 한다고 주장했다. 이는 엄격한 혈통 기준에 따라 주민을 네 개의 인종 범주로 구분하려는 의도였다.

내무부가 비폴란드계 소수 민족 집단의 운명을 결정지으려 하자 인종에 대한 문화적, 생물학적 정의 간의 혼동이 뚜렷해졌다.

수백 년에 걸쳐 독일의 영향을 크게 받아 온 오펠른과 카토비츠 지역의 잡다한 주민들은 폴란드인으로 간주할 수 없다. (중략) 같은 논리가 단치히와 서부 프로이센 지역에 거주하는 주민들에게도 적용된다. 이 지역 사람들은 분명 폴란드 혈통이지만, 이종족 간 결혼과 문화적 영향 때문에 독일 민족으로 볼 수도 있다. 슬라브어 방언에도 불구하고 카슈브인들 또한 결코 폴란드인으로 취급해서는 안 된다. 이는 마주리인의 경우도 마찬가지다. 그러나 이 민족에 속하는 사람이 폴란드인이라고 자칭하거나 통합 전에 그렇게 행동했다면, 폴란드인으로 취급해야만 한다.

《오스트란트》지는 더 나아가 폴란드 민족이 존재한다는 사실 자체를 부인하기까지 했다. 대신 다수의 소수 '종족'들이 존재한다고 주장했는데, 포드라시아인(Podlasian), 쿠르피아인(Kurpian), 로비츠인(Lowiczian)이 포함된 마조비아인(Mazovian)과 크라코비아인(Cracovian), 라흐인(Lach), 라조비아크인(Lazowiak), 산도미에르지아인(Sandomierzian), 루블린인(Lubliner)이 포함된 말로폴라니아인(Malopolanian)이 바로 그들이었다. 나치가 더 동쪽으로 눈을 돌리자 새로운 고민거리들이 속속 불거져 나왔다. 동유럽 점령 지역을 맡고 있던 알프레드 로젠베르크는 발트 해 연안 국가들의 모든 국민이 독일인으로 만들기에 적합하다고 주장했다. 그러나 처음에는 피노우그리아(Finno-Ugric)족 에스토니아인들과 '슬라브족'으로 알려진 리투아니아인을 인종적으로 다르다고 간주한 사람들은 그의 주장을 거부했다. 나중에 로젠베르크의 생각이 우세해지고 문화적으로 점진적인 독일인화 과정을 거치면서 실현 가능해졌지만, 실제로도 히틀러는 발트 해 연안 국가들을 제국에 통합하는 방안을 심사숙고했다. 우크라이나인들 또한 잠재적으로 구원할 만하다고 간주되었다. 히틀러는 15~35세 여성들을 우크라이나에서 제국으로 데려와 하녀로 일하게 해야 한다고 주장했다. 그는 우크라이나의 고대 고트 지역이 5세기에 훈족에 의해 정복당했을 때 사라진 것으로 추정되는 게르만 혈통을 그런 방법으로 회복해야 한다고 주장했다.

이 모든 사이비 과학적인 근거를 대표하는 사례로, 1942년 4월 변호사이자 동부 지역 제국청 관리였던 에르하르트 베첼(Erhard Wetzel) 박사가 작성한 '폴란드 문제에 대한 해결책'이라는 보고서가 있다.

 인종적인 관점에서 볼 때, 각각의 혈통 비율이 다르긴 하지만, 폴란드인의 경우 본질적으로 독일인과 거의 동일하다. 확실히 이들에게선 북부 팔렌족 인종 유형이 강하게 나타나는데, (중략) 이 지역의 폴란드계 주민들이 독일인을 폴란드인으로 만드는 과정에서 얻은 강력한 독일인 혈통 때문이다. (중략) 한편 동부 발트인 혈통은 독일계 주민보다 폴란드계 주민에서 더욱 강하게 나타난다. 또한 디나르계, 서방계, 동방계 혈통 외에도 상당히 원시적인 동양계 유형이 있는데, 그들을 알파인인(homo alpinus)으로 간주하는 견해에 심각한 의문을 품어야 한다. (중략) 내 생각에는 이들 집단을 '라포노이드(Lapponoid)'로 부르는 것이 옳다.

'통합 사정인(Einigungsprüfer)'으로 알려진 나치 친위대 인종및이주사무소 전문가들은 이러한 전문용어로 무장한 뒤, 유전학적 위생과 사회적 유효성의 관점에서 1등급에 해당하는 순수한 게르만족과 팔렌족 유형(그룹 1)에 상당히 만족스러운 유럽 인종을 약간 추가하고, 게르만, 팔렌, 디나르 인종 비율이 상당이 높은 균형 잡힌 혼혈(그룹 2)을 분리해야 했다. 그리고 서방계, 동방계 또는 동부 발트 혈통이 우세하지만, 게르만, 팔렌, 디나르 인종 요소가 뚜렷하게 나타나서 균형 잡힌 혼혈로 간주하기에 적당한 집단(그룹 3+), 서방계, 동방계, 또는 동부 발트 혈통이 미약하지만 식별할 수 있는 집단(그룹 3), 인종적으로 순수한 동방계 및 동부 발트 유형으로 유럽 인종이 불균형하게 섞인 혼혈 집단(그룹 4), 마지막으로 비유럽 인종과 이질적 인종이 섞인 혼혈 집단으로 분리했다. 1943년이 다 지날 무렵, 이 이상하지만 치명적인 영향력을 발휘할 수 있는 인종 분류 작업이 끝났다. 통합된 지역 주민 950만 명 가운데 이미 37만 명은 제국의 독일 국민이었고, 추가로 35만 3000명이 완벽한 독일 민족으로 인정받았다. 그리고 170만 명은 그룹 1과 2(자동적으로 제국 국민이 되었다.)에 포함될 수 있는 조건을 만족하는 폴란드인들이었고, 160만 명은 그룹 3에 속하는 폴란드인이었다.(이들은 경우에 따라 제국 국민이 되거나 계속 차별 받았다.) 나머지는 네 번째 그룹이나 '반사회적' 집단에 속했다. 그들은 "독일 제국의 보호를 받는 일원"으로서 강제수용소에 갈 가능성이 컸다.

이 정책들이 현실에서 의미하는 바는 자모시치의 사례로 설명할 수 있다. 3만 명이나 되는 아이들이 자모시치를 떠나게 됐는데, 이들 중 4454명이 독일에 보낼 수 있을 정도로 "인종적으로 가치가 있다."라고 간주되었다. 그리고 대다수는 강제수용소로 보내졌다. 1942년 12월 13일과 12월 16일, 두 차례에 걸쳐 자모시치 출신 폴란드인 718명을 실은 차가 아우슈비츠에 도착했다. 이들 중 아이들은 모두 나치당원 의사 요세프 멩겔레의 가학적인 의료 실험 과정에서 페놀 주사를 맞고 사망했다. 그의 희생자들 중에는 마리아, 체슬라바 크라예프스키 쌍둥이 자매가 있었다. 이 쌍둥이 자매는 아리아인의 피가 부족하다는 '죄'로 열다섯 살에 학살당했다.

모르도르

전쟁은 나치의 인종 정책을 해외에서 추진할 수 있는 기회만 제공한 게 아니라, 독일 내에서도 급진적인 정책을 밀어붙일 수 있게 해 주었다. 예를 들어 1933년부터 1939년까지, 게슈타포는 라인란트의 크레펠트에 거주하던 유대인 832명을 지독히도 괴롭혔다. 사실 그들은 전체 주민의 1퍼센트도 안 되었다. 게슈타포가 담당한 사건 중에 유대인이 연루된 경우는 1936년 이전에 10퍼센트, 이후에 33퍼센트를 차지했다. 이 사건들 중 40퍼센트의 관련자가 '보호 감독' 상태에 들어갔는데, 이는 기존 법률 체계의 보호를 받지 못하고 강제수용소에 보내졌다는 의미였다. 그럼에도 크레펠트의 유대인이 체계적으로 학살당한 것은 전쟁이 터진 뒤였다. 1941년 10월, 맨 처음 우지 게토로의 이동을 시작으로 1942년 여름까지 거의 모든 이들이 죽임을 당했다. 반유대 정책이 점점 정상적인 사법 절차 밖에서 실행됨에 따라, 유대인에 대한 단계적인 박해는 독일 전역에서 나타났다. 일례로, 1939년 11월 독일 소녀에게 성 범죄를 저질렀다고 고소당한 어느 유대인은 법원의 중재 없이 경찰에 의해 바로 총살당했다.

빅터 클렘페러의 경우 이민족 간의 결혼 덕에 얼마간 보호받긴 했지만, 전쟁이 터지자 그 역시 사회적으로 더 철저히 배척당하기 시작했다. 1940년, 그는 될첸에 직접 지은 자기 집을 버리고 드레스덴의 붐비는 '유대인 하우스'로 옮겨 가야 했다. 그는 국립공원에도 들어가지 못하게 되었고 다음 해에는 등화관제 규정을 어겼다는 이유로 일주일간 감금당했다. 그는 세금 때문에 가난해지고 말았다. 심지어 흡연까지 금지당했고, 1941년 9월부터는 노란 별[8]을 달고 다녀야 했다. 한 나라 국민의 권리가 계속 줄어듦에 따라, 클렘페러는 한때 모국이라고 생각한 나라와 그 문화에 대한 생각을 다시 정리할 수밖에 없었다. 일찍이 1937년에 그는 히틀러가 정말로 독일 민족의 영혼을 구체적으로 표현하고 '독일'을 상징하기 때문에 당연히 자활할 수 있을 거라고 굳게 믿었다. 5년 뒤, 소외감은 더욱 강해졌다. 이제 차별은 클렘페러의 건강까지 해치기 시작했다. 아내가 감자를 찾아 여기저기 다니는 동안, 그는 나이도 들고 심장도 좋

---

8) 독일에서 별을 다는 제도가 도입되면서, 다른 민족과 결혼한 부부의 신분에 대한 논쟁이 다시 시작되었다. 다른 민족의 여성과 결혼하여 둘 사이에서 난 아이가 유대인으로 간주되지 않는다면, 그 유대인 남편은 별을 의무적으로 달지 않아도 된다고 결정되었다. 또한 그 결혼이 깨지거나 외아들이 전사하는 경우와 유대인 여성이 다른 민족 출신의 남자와 결혼해서 사는 동안 아이가 없는 경우도 별을 달지 않아도 되었다.

지 않은데도 거리의 눈을 치운 뒤 공장에서 일해야 했다. 그의 옷과 신발은 해질 대로 다 해진 상태였다. 그의 거처는 찬장 하나 들어설 공간도 없었다. 그러나 이 정도 불편은 수색 당하고, 얻어맞고, 체포되고, 결국엔 죽임을 당할 수도 있다는 두려움에 비하면 아무것도 아니었다. 1942년 6월, 그는 이렇게 말했다. "난 더 이상 나치의 비독일적인 특징을 믿을 수가 없다. 그것은 독일인들의 육체에서 자라난 사회적 암의 변종이다."

실제로 모든 독일인이 이 병을 얻은 것은 아니었다. 1943년 6월, 클렘페러는 일기장에 유대인에게 친구같이 잘해 주고 종종 따뜻하게 대하는 남녀 노동자들을 언급했다. 그들은 분명 유대인을 혐오하는 사람들이 아니었다. 클렘페러는 몇몇 사례를 통해 사람들(특히 사회민주당이나 공산당에 몸담았던 중년 노동자들)이 악수나 격려의 말로 위로해 주려 한다는 사실을 기록했다. 그러나 그런 경우보다 길에서 만난 전혀 모르는 사람들이 욕할 때가 더 많았던 게 확실했다. 예를 들면 이랬다. "열네댓 살로 보이는 남자아이들이 자전거를 타고 가면서 나를 앞질러 갔다. 그러면서 이렇게 외쳐 대곤 했다. '저 사람, 머리 뒤에 총을 맞을 거야. 내가 방아쇠를 당겨야지. 저 공갈범은 교수형에 처해질 거야.'" 이런 경우 대부분 어린 독일인들이 관련돼 있다는 점이 중요한데, 클렘페러의 생각에 이는 학교에서 나치의 선전이 효과적으로 이루어졌고, 히틀러 유겐트의 활약도 대단했다는 증거였다. 또한 정권이 유대인들에게 자행하던 폭력을 일반 독일인들도 정확히는 아니더라도 알고 있었다는 증거이기도 하다.

유대인만이 제3제국의 "점증적인 급진화"로 불리는 과정에 희생당한 것은 아니었다. 앞에서 살펴봤듯이, 정신병자 살해는 작전 T-4에 의해(7장 참조) 이미 전쟁 전에 시작되었다. 그 과정은 전시 상황에서 더욱 진척되었다. 1939년 9월 1일에 안락사 정책을 허가하는 히틀러의 개인적인 지시가 내려졌다는 점은 의미심장하다. 프랑크푸르트 북서쪽에 있는 하다마르 수용소의 사례에서 나치 국가가 얼마나 공공연히 살인을 저지를 수 있게 되었는지를 명확히 알 수 있다. 1941년 1월부터 8월 사이에 1만 명이 넘는 사람들이 그곳 지하에 특별히 만들어진 가스실에서 죽임을 당했다. 대부분은 다른 정신병원에서 이송된 정신병 환자였다. 그 정책은 비밀로 추진될 예정이었지만, 그 지역 사람들은 무슨 일이 벌어지고 있는지 모두 알고 있었다. 프랑크푸르트의 고등법원장은 제국 법무장관에게 아이들까지도 그런 수송 차량이 지나가면 "또 사람들이 가스실에 보내질 거야."라고 소리를 지른다고 보고했다. 화장장 굴뚝에서 나오는 연기가 마을을 뒤덮으면 확연히 알 수 있었다. 동네 주민들은 일을 마치고 술집을 찾은 수용소 직원들을 만나면 슬금슬금 피했다. 하다마르를 관할하던 림부르크 주교는 갈렌 주교에 이어 당시 사태에 항의했다. 주교 또한 비밀이 없음을 지적했다. 동네 학교에 다니는 아이들은 하다마르로 환자를 이송해 오는 버스를 보고 "살인 버스"라고 불렀고, 차례차례 "너 미쳤지. 이제 하다마르의 오븐으로 보내질 거야."라고 소리를 지르며 비웃어 댔다. 동네 사람들은 나이 든 사람들이 다음 차례가 될 것이라는 점을 걱정했다. 사람들은 정신병자들을 모두 죽이고 나면, 밥만 축낸다며 노인을 처리할 거라는 얘길 들었다. 이러한 불만이 제기되자 잠시 살인과 가스실 작업이 중단되었다. 하지만 이는 일시적인 조치일 뿐이었다. 전쟁이 터진 뒤에 하다마르는 다시 한번 대살육장이 되었는데, 이번에는 결핵 환자로 알려진 폴란드인과 러시아인 500명가량이 희생되었다. 주민들이 화장장 연기 때문에 항의한다고 생각한 나치 당국은 치명적인 주사를 놓거나 경구용 약을 과다 투여해 사람들을 죽인 뒤 수용소 내에 매장했다.

안락사 정책을 유예할 필요성이 생기자, 이들은 서둘러 다른 곳에서 그 기술을 써먹었다. 부헨발트 같은 강제수용소는 인구 밀집 지역에서 멀리 떨어져 있기 때문에 정신병원으로 활용하기에 좋았다.(지명에서 알 수 있듯이, 나무로 둘러싸인 부헨발트는 바이마르 외곽의 에테르스부르크 숲 속에 있었다. 따라서 가까운 에테르스부르크 성에서도 보이지 않았다.) 1941년에는 프리드리히 메네케 같은 의사들이 부헨발트를 비롯한 일부 수용소에서 순전히 혈통이나 '반사회적' 행동을 이유로 '살 가치가 없는' 죄수들을 정기적으로 골라 냈다. 그러한 희생자 중에 마흔일곱 살의 브레슬라우 출신 간호사 샬로테 카펠이 있다. 그녀는 "끊임없이 민족의 피를 더럽히고 목에 십자가 목걸이를 걸고 다님으로써 가톨릭 신자로 위장하여 자신의 유대인 혈통을 숨겼다."라는 이유로 사형을 선고받았다. 또 다른 희생자로는 뒤스부르크 출신의 크리스틴 레만이 있다. 그녀는 '반(半)집시'로 확인된 뒤, 반사회적이고 사회를 위험에 빠뜨리는 행동, 즉 독일 남자와 결혼을 했다고 유죄 판결을 받아 아우슈비츠로 보내졌다. 하인으로 일했던 미혼 유대인 마를리에스 뮐러는 독일 군인들과의 관계로 계속해서 민족의 피를 더럽혔고, 체포된 뒤 수감되어 있던 수용소에서 오만하고 나태한 태도를 보였다는 이유로 가스실에 보내졌다.

당시 유럽에서 형성되고 있던 새로운 제국의 사회 풍조가 그러했다. 그러한 사회 풍조는 단순히 인종적 위계질서와 차별뿐 아니라, 철저한 인종 변화라는 이데올로기를 기초로 정복지와 본토 민간인에게 체계적이고 무제한적인 폭력을 가함으로써 달성될 수 있었다. 모든 제국, 그리고 규모에 상관없이 대부분의 국가가 어느 정도 폭력을 휘두르고 반항을 진압했다. 한 가지 예만 들더라도, 영국은 1920년 발생한 이라크의 반란을 진압하기 위해, 공중폭격과 함께 응징 차원으로 마을을 불태우는 작전을 썼다. 영국군은 겨자탄도 사용했다. 이런 문제에 관한 한 전혀 나약하지 않은 처칠은 한 해 전에 인도에서 발생한 암리차르 학살 사건에 크게 당황했던 것처럼, 일부 호전적인 조종사들의 행동과 복수심에 불탄 지상군의 행동에 충격을 받았다. 처칠이 거리낌 없이 인정했듯이, 영국의 중동과 인도 지배는 궁극적으로 군인과 총 그리고 '과학전의 모든 장비'에 의존했다. 그러나 그는 영국의 권력이 기본적으로 법과 의회의 통제를 받고 있음을 수없이 밝혔다. 그의 표현대로, 민간인 소탕은 영국의 방식이 아니었다. 매콜리가 1세기 전에 지적했듯이 "모든 비참한 광경 가운데 가장 소름 끼치는 것은 자비를 갖추지 못한 문명의 힘"이었다. 영국이 인도포기운동(Quit India Movement)에 맞서 주저하지 않고 무력을 사용한 것은 확실했다. 하지만 이는 폭동과 파업, 통신 시설에 대한 공격, 기타 파괴 행위에 맞선 것이었다.[9] 민족주의자인 의회 지도자들은 투옥되긴 했지만 살해당하지는 않았다. 사실 독일이나 일본이 인도를 지배했다면, 그들은 분명 그렇게 했을 것이다. 그리고 이런 폭력 사태는 스태퍼드 크립스 경이[10] 전쟁이 끝나면 영국식 내각 역할을 하는 인도집행위원회의 주도하에 자치권을 가진 영연방 인도를 세우자고 명쾌히 제안한 뒤에 일어난 일이었다. 크립스 경은 그 외에도 선거로 선출한 제헌의회에, 일부 지역을 영연방에 넘기지 않는 경우까지 포함하여(이슬람교를 믿는 파키스탄에 독립 가능성을 열어 주는) 영국과 인도의 새로운 관계를 재협상하는 역할을 맡기자고 제한했다. 크립스는 가능한 한 빨리 인도에 완전한 자치를 부여하는 것이 영국의 목표라고 말했다.

때로 인도를 다스린 영국의 통치 스타일과 유럽의 히틀러 제국이나 스탈린의 소련을 비교하곤 한다. 히틀러 본인이 그런 비교를 하기도 했다.(14장 참조) 영국은 전쟁 기간에 인도 내에서의 자국의 위상을 정확히 파악하고 있었던 게 분명하다. 1943년에 인도청 국방장관은 다음과 같이 지적했다. "전쟁 기간에 그리고 그 이후에도 한동안 인도는 점령국 및 적대국으로 간주되어야 한다." 그러나 예를 들어, 1943년 인도를 강타한

---

9) 비폭력을 주장하던 간디("나는 현재의 행정 체계보다 무정부 상태를 선호할 것이다.")가 너그럽게 생각한 것으로 알려진 인도포기운동의 규모는 그리 관심의 대상이 아니다. 총 6만 명이 넘는 사람들이 체포되었는데, 총에 맞아 죽은 사람이 2500명에 달했을지도 모른다. 실제 정부 자료에 따르면, 1028명이 죽고, 3125명이 중상을 입었다. 300곳이 넘는 기차역이 파괴되거나 심하게 파괴되었다.
10) 크립스는 전쟁 발발 전에 마르크스주의자로 활동할 당시 영국 공산당과의 '인민전선' 결성을 제안했다가 노동당에서 쫓겨났다. 이 일을 계기로 처칠은 그가 모스크바 주재 대사로 괜찮을 거라고 생각하게 되었다.

기근과 1939년 이후 나치가 유럽에서 계획적으로 착수한 체계적인 민간인 대학살 간에는 큰 차이가 있다. 한 해 전에 발생한 폭동에 대한 분노가 사라지지 않은 상태에서 무능력과 자기만족, 무관심이 합쳐져 1943년 기근에 대한 정부 대응이 비참할 정도로 부실했다는 점은 부정할 수 없는 사실이다. 그러나 기근은 처칠이 벵골인을 굶어 죽게 만들라는 지시로 시작된 게 아니라 일본이 점령한 버마로부터 수입이 감소하고 사이클론이 발생하면서 시작되었다. 앞에서 살펴봤듯이, 히틀러의 제국주의는 상당히 특이했다. 히틀러가 1937년에 핼리팩스 외무장관에게 설명했듯이, 인도 민족주의에 대한 그의 접근 방식은 간디를 사살하고, 굴복하지 않으면 지도급 의원 스무 명을 사살하며, 그것으로도 충분치 않으면 200명을 사살해서 명령이 완전히 이행되도록 해야 한다는 것이었다. 몇 가지 점에서 히틀러보다 제국주의에 대한 생각이 더 구식이었던 무솔리니조차도 아비시니아 정복 과정에서 겨자탄을 사용하라고 강력히 지시했을 뿐 아니라, 모든 폭도에게 총을 겨눠 포로로 만들고 겨자탄으로 진압하고 폭도와 공모자들을 상대로 공포와 몰살 정책을 수행하라고 아비시니아 총독 로돌포 그라자니 원수에게 거듭 명령을 내렸다.

역사가들은 때로 나치 제국의 극단적인 폭력이 결국엔 자멸적인 특징을 갖고 있는 것처럼 설명했다. 하지만 당시엔 그렇게 보이지 않았다. 영국의 관점에서 보면, 독일 제국주의의 무자비함은 섬뜩한 동시에 상당히 인상적이었다. 영국의 식민지 통치권은 그에 비해 너무나 약해 보였기 때문에, 자신이 제국을 지키기 위해 싸우고 있다고 의식한 영국인은 거의 없었다. 대신 이상화된 영국을 위해 싸우고 있다고 상상했다. 열여덟 살의 조종사 제프리 웰럼은 휴가 때 시골로 떠나 자신이 가끔 꿈꾸던, 강렬한 햇볕을 받는 목초지와 풀을 뜯는 가축, 울타리, 구불구불한 시냇가가 있는 곳에서 길을 잃기를 갈망했다. 상공에서 그는 파릇파릇하고 쾌적한 평야와 작은 마을들을 가로지르는 좁은 도로 위에 조그만 자동차들이 지나다니는 영국의 시골 풍경을 감상하곤 했다. 나치의 원대한 비전에 비하면 소박하기까지 하다. J.R.R.톨킨은 1차 세계 대전 때 구상하고 2차 세계 대전 시절에 주로 집필한『반지의 제왕』3부작이 현대사를 비유한 게 아니라고 늘 주장했다. 그러나 그가 인정하듯이, 그 작품은 당시 발생한 여러 사건과 들어맞았다. 초가지붕 오두막에 얼룩덜룩한 햇빛이 비치고 졸졸 흐르는 시냇가가 있는 '샤이어'는, 정확히 1940년에 영국인 스스로 이 나라가 강력한 세계 제국이 아니라 외부의 오염에 심각할 정도로 취약하지만 무지한 시골 벽지라고 생각한 모습 그대로였다. 모르도르는 전체주의적인 안티테제로, 지긋지긋할 정도로 산업화된 지옥이었다. 그 지옥은 사악한 무리들에 의해 구멍이 나고, 터널이 뚫리고, 괴물 같은 약탈단과 악마 같은 무기를 토해 내며, 노예와 강제수용소의 왕국이 되어 있었다. 톨킨의 소설에 나오는 호빗처럼, 영국인들은 자신들이 전지전능한 적을 상대하고 있는 작지만 대담한 약자라고 생각했다.『반지의 제왕』은 작가의 표현대로 가공의 이야기지만 전쟁에 의해 생기를 띠게 된 작품이었다. 실제로 톨킨 자신도 자신의 작품이 "반지의 위대한 전쟁사"이며 "조국인 영국에 받치는 공물"이라고 말했다. 이는 승리가 불가능한 상황에서도 전혀 굴하지 않은 수많은 사람들의 용기에 찬사를 보내는 글이며, 그런 면에서 히틀러가 숭배한 바그너의 모험담과는 상당히 다른 이야기이다.

 실제로도 승리를 거두기란 거의 불가능해 보였다. 1941년 봄에 브룩이 스스로에게 해 줄 수 있던 최고의 격려는 히틀러가 영국을 쳐부수려 하지 않고 대신 러시아로 공격해 들어갈 수도 있다는 가능성이었다. 그러나 놀랍게도 브룩은 자신의 일기장에서 이런 일이 발생한다 해도 영국이 크게 안도할 수는 없을 것으로 예상했다. "다음에 대륙 어디를 공격하든, 이미 시도된 영국 목조르기는 통상 항로와 서쪽 접근로, 서부 항구, 공업에 대한 총공격으로 지속될 것이다. 이 공격이 충분히 성공을 거두면, 결국 영국 침략이 시도될 것이다." 그는 소련이 독일의 침략에 3, 4개월 이상 버티지 못할 것으로 예상했다. 런던의 다른 이들은 러시아의 저항 기간을 3, 4주 정도로 예상했다. 독일군이 칼로 버터 자르듯이 붉은 군대를 쉽게 물리칠 거라는 게 일반적인 예상이었다. 처칠도 소련이 확실히 패할 것이라고 예상했다. 지금으로선 지나치게 비관적인 판단으로 보인다. 하지만 소련 지도자가 놀라울 정도로 부주의한 모습을 보여 주는 상황에서는 그런 판단이 결코 터무니없지 않았다. 이미 앞에서도 지적했지만, 제국은 강압만큼이나 협력에 의지한다. 2차 세계 대전이 보여 준 최고의 아이러니 중의 하나는 전쟁이 일어난 처음 두 해 동안 히틀러의 제국이 스탈린으로부터 가장 충성스러운 협력을 얻어 냈다는 점이다.

12 거울 유리를 통해서

두 가지 볼셰비즘이 있다. (중략) 모스크바와 베를린의 철학 중에 마땅히 선택할 것이 없다.
— 더프 쿠퍼, 1939년 8월 23일

그는 1면 제목으로 독소동맹 선언 소식을 전하는 조간신문을 펼쳐 들었다. 여러 수도의 정치인들과 젊은 시인들을 충격에 빠뜨린 이 소식은 영국의 중심부에 깊은 평화를 가져다 주었다. (중략) 이제 모든 것이 분명해졌다. 마침내 적은 모든 가면을 벗어던지고 증오에 찬 거대한 모습을 명확히 드러냈다. 지금은 무장한 현대(現代)이다.
— 에벌린 워(Evelyn Waugh), 『명예의 검(Sword of Honor)』

역사적으로 그것은 우리가 대표하는 국가들이 활기를 불어넣어 어떻게든 지켜내려고 하는 그 무력한 문명으로부터 달아나려는 시도이다. 그것은 실로 혁명적인 전쟁이며, 우리는 현재 과거를 편들고 있다.
— 스태퍼드 크립스 경, 1940년 9월 25일

엎친 데 덮친 격

엔리카 라포(Henryka Łappo)가 엄마와 오빠와 함께 울라노우카에서 추방된 건 그녀 나이 겨우 열두 살 때였다. 그 일은 1940년 2월 10일, 지독하게 추운 한밤중에 일어났다.

갑자기 우리 집 문을 두드리는 소리가 났다. (중략) 우리가 무슨 잘못을 저질렀지? 우리는 왜 지금 이 시각에, 이렇게 추운 날씨에 집과 농장을 떠나야 했을까? 우린 어디로 가는 거지? (중략) "빨리 움직이라고" 끈덕지게 재촉하는 바람에 우리는 1시간도 안 되어 짐을 싸고 썰매에 올라탔다. 우리는 역을 향해 나아갔다. 집집마다 우리와 비슷한 처지의 가족들이 집을 버리고 떠났다.

비좁고 더러운 열차에 남녀노소 가릴 것 없이 되는 대로 우겨 넣어졌다. 씻거나 옷을 갈아입을 수도 없었고, 먹을거리도 없이 오직 추위와 배고픔만 남아 우리를 괴롭혔다. 우리는 덫에 걸린 동물 같았다. 다음 날 무슨 일이 일어날지, 이 여정이 언제 어디서 끝날지도 몰랐고, 확실한 건 아무것도 없었다. 아무도 목적지가 어딘지 몰랐다.

그들이 불안해했던 까닭은 이해할 수 있다. 1년 전 폴란드가 독일의 침략을 받았지만, 엔리카를 비롯한 사람들은 히틀러가 아니라 그의 동맹자 스탈린의 명령으로 추방당하고 있었다. 그들은 결국 소련에서도 개화되지 않은 아르헹겔스크 주 이바크샤 근처의 방 한 개짜리 오두막에 자리 잡았다.

중유럽은 1939년 9월 이후 거울을 보는 듯 똑같은 모습을 보이고 있었다. 히틀러만 군에 폴란드 침략 명령을 내린 것이 아니었기 때문이다. 같은 해 8월, 모스크바에서 체결된 독소불가침 조약에 따라 스탈린도 9월 17일에 폴란드 침략을 명령했다. 더프 쿠퍼나 이블린 워 같은 보수주의자들에게 소련의 폴란드 침공은 나치와 '일국사회주의'라는 두 전체주의 체제가 본질적으로 동일함을 드러내는 순간이었다. 조약에 서명한 당사자들은 자신들의 제휴 관계에 스민 아이러니를 인정했다. 그중에 모스크바로 날아간 리벤트로프는 스탈린이 히틀러와 무솔리니의 반공산주의 동맹인 반코민테른 동맹에 가입하지 않았다고 농담을 했다. 그럼에도 폴란드 분할 점령은 정확히 똑같은 전체주의 쌍둥이를 만들어 내지는 못했다. 소련이 점령한 지역은 여러 면에서 독일의 지역을 거울 비추듯 그대로 보여 주었지만, 진짜로 거울에 비친 것처럼 좌우가 뒤바뀌었다.

독일군이 브레스트를 점령하고 며칠이 지난 9월 18일, 붉은군대 제29

경전차여단이 브레스트로 진입했다. 폴란드가 서쪽의 공격에 저항하느라 여념이 없었기 때문에 붉은군대는 국경을 넘은 이후 별 다른 작전을 펼치지도 않았다. 실제로 대부분의 전투는 소련이 현장에 도착했을 무렵 이미 끝나 있었다. 열흘 뒤에 체결된 '국경 및 우호 조약'에 따라, 두 점령 지역 간의 경계선은 요새의 서쪽을 지날 예정이었다. 양측의 우호적인 합동 행진이 끝난 뒤, 독일군은 부그 강을 건너 물러났고, 러시아가 그 지역을 넘겨받았다. 경계선의 소련 지역에는 전쟁 포로 25만 명을 포함하여 폴란드인 1300만 명이 노동자의 천국에서 삶의 특이한 매력을 발견할 참이었다.

독일과 소련은 최근에 맺은 조약에서 옛 폴란드 영토에 살고 있는 민족에게 각자의 민족적 특성을 유지하는 평화로운 삶을 보장하겠다고 맹세했다. 새로운 국경선의 독일 측 지역에서 일어난 사건들은 이미 그 약속이 거짓임을 입증했다. 소련 측의 접근 방식은 약간 달랐다. 먼저 소련은 의심을 품고 있는 지역 주민들을 달래려 했는데, 이들 중 다수가 1920년에 붉은군대가 비스툴라까지 진격해 들어왔던 사실을 너무나 명확히 기억하고 있었기 때문이다. 소련 병사들은 3개월 치 월급을 미리 받고 폴란드 지역에서 자유롭게 쓰라는 명령까지 함께 받았다. 하지만 이러한 행복한 시간은 오래가지 않았다. 소련 관리들은 잠시도 지체하지 않고 브레스트를 비롯한 여러 지역에서 폴란드인들을 고급 아파트에서 내몰고 아무런 보상도 해 주지 않았다. 한편, 돈바스 지역에서 많은 일자리를 제공하겠다던 소련의 약속은 거짓으로 드러났다. 무엇보다 불행한 것은 폴란드인들이 조직적인 테러를 자행하는 스탈린 체제를 체험하게 되었다는 점이었다. 소련에는 "감옥에 갔던 사람, 현재 감옥에 들어가 있는 사람, 그리고 감옥에 들어갈 사람, 이렇게 세 부류의 사람들이 있다."는 얘기가 돌 정도였다. 폴란드 사람들은 NKVD(KGB의 전신인 내무인민위원회 —옮긴이)라는 머리글자가 "Nie wiadomo Kiedy Wroce do Domu,

(내가 언제 집에 돌아갈지 말할 수 없다.)"를 의미한다는 슬픈 농담을 주고받기 시작했다. 전쟁이 터지자 동부 지역을 탈출한 폴란드계 유대인들은 독일 민족만 원한다는 사실도 모른 채 독일군 점령 지역으로 돌아가려고 애썼다. 이는 9개월 동안 러시아의 통치를 받은 그들의 경험이 어땠는지 증명하고도 남는다.

스탈린의 관점에서는, 사회 엘리트층이 모두 제거되고 독일화된 서부 폴란드 지역을 바라보는 나치가 위협적이 아니라 매우 친숙하게 느껴졌다. 어쨌든 스탈린은 히틀러가 그때까지 시도한 어떤 전쟁보다 오래 그리고 더 큰 규모로, 소련의 소수 민족 집단들을 상대로 전쟁을 벌여 온 터였다. 스탈린은 어떤 민족보다 폴란드인을 의심의 눈으로 바라보았다. 전쟁이 발발하기 전에도 소련의 서부 국경 지역에 살고 있던 1만 명의 폴란드계 가족들이 추방되었다. 이제 소련 점령지의 폴란드계 주민들은 스탈린의 처분에 내맡겨졌다. 1940년 2월 10일 밤부터 NKVD는 수상한 '반소비에트' 분자들을 상대로 테러 작전을 펼치기 시작했다. 이후 같은 해 11월에 발표된 훈령에서 외국으로 자주 여행을 다니는 사람, 외국과 편지 왕래를 하는 사람, 외국 대표들과 접촉하는 사람들을 지목했다. 거기에는 에스페란토어 사용자나 우표수집가, 적십자사에서 일하는 사람, 망명자, 밀수꾼, 공산당에서 추방된 사람, 사제, 종교 활동을 적극적으로 하는 사람, 귀족, 지주, 부유한 상인, 은행가, 산업가, 호텔 소유자, 식당 주인 등도 포함되어 있었다. 히틀러와 마찬가지로 스탈린도 폴란드 사회를 무력화시키려 했던 것이다.

1940년 봄에 1만 4700명 정도의 폴란드인들이 포로수용소에 갇혀 있었는데, 이들 중 다수가 패배한 군 장교였다. 그 외에도 경찰관과 교도관, 정보 요원, 정부 관료, 지주, 사제도 있었다. 또한 우크라이나와 벨로루시의 서부 지역에도 폴란드인 1만 685명이 억류되어 있었는데, 전직 장교뿐 아니라 지주, 공장 소유자, 정부 관리도 포함되어 있었다. 1938년

11월에 니콜라이 예조프 대신 NKVD의 책임자가 된 라브렌티 베리아의 제안으로 스탈린은 소비에트 체제를 증오하는, 소비에트 권력의 공적들을 특별 재판에 부치라고 명령했다. 이미 사형 판결이 내려져 있었기 때문에, 그들은 직접 재판에 참석할 필요가 없고 증거를 확인할 필요도 없었다. 스몰렌스크 인근 카틴 숲에서 4000명이 넘는 이들이 나무에 묶여 머리 뒤에 총격을 당해 죽었고 이후 공동묘지에 묻혔다. 나중에 소련은 이 범죄를 나치의 소행으로 돌리려 했다. 하지만 이는 소련이 연이어 저지른 대량 처형 중의 한 사례에 불과했고, 총 2만 명 이상의 폴란드인들이 희생당했다. 이후에도 '청산 작업'은 계속되었는데, 1941년 여름 리보프, 핀스크 등지의 수용소를 완전히 비워 낸 사례가 대표적이다. 1939년 9월부터 1941년 6월까지 독일은 점령지에서 대략 유대계 폴란드인 10만 명과 비유대계 폴란드인 2만 889명을 죽였다. 이에 비해 NKVD는 겨우 두 번의 작전에서 그 인원에 맞먹는 사람들을 살해했다. 그러나 이러한 학살은 스탈린이 폴란드에 대해 세워 둔 계획의 일부에 불과했다. 1940년 2월, 소련 당국은 폴란드인의 대대적인 강제 이송에 착수했는데, 이미 전해 10월부터 준비해 온 일이었다.

폴란드인들의 평화로운 가정생활은 아무런 사전 공고나 경고 없이 대개 동틀 무렵, 문 두드리는 소리에 산산이 부서졌다. 무장한 소련 민병들이 밀고 들어와 이송 명령서를 낭독한 뒤, 30분도 안 되는 시간을 주면서 짐을 싸라고 했다. 그것도 민병들이 빼앗고 난 나머지 가재도구들만 꾸릴 수 있었다. 이러한 습격에는 종종 아무 이유 없는 폭력과 파괴가 동반되었다. 볼로디미르 볼린시키에 살던 한 유대계 10대 소년 야누츠 바르다흐는 술에 취한 한 NKVD 요원이 자신이 체포하던 의사의 마호가니 책상을 박살 내면서 "이 돼지 같은 자본주의자, 이 기분 나쁜 아첨꾼! 우린 이런 부르주아 착취자들을 모조리 찾아내야 해!"라고 소리치는 모습을 공포 속에서 지켜볼 수밖에 없었다. 한 시골 여인은 자신이 받은 충격을 이렇게 설명했다.

그는 자신이 읽는 내용을 잘 들으라고 말한 뒤, 30분 내에 우리가 떠나야 하며 짐마차가 곧 올 거라는 등의 터무니없는 명령서를 읽어 내려갔다. (중략) 나는 그 얘길 듣자마자 완전히 멍해져서 크게 웃기 시작했다. NKVD 요원은 빨리 옷을 입으라고 소리쳤고, 나는 여기저기 방을 돌아다니며 웃었다. (중략) 아이들이 내게 짐을 싸지 않으면 문제가 생길 거라며 울며 애원했다. 나는 완전히 미쳐 버린 듯했다.

이 불행한 이들은 일단 집을 나서면, 가장 가까운 역까지 걸어가거나 마차를 타고 간 뒤 가축을 싣는 무개화차에 실려 이동했다. 때로는 한 량에 60~70명씩 타야 했다. 영하로 내려가는 겨울 날씨에 많은 갓난아기들과 어린아이들이 기차가 떠나기도 전에 죽었다. 1940년 2월부터 1941년 6월까지 추진된 네 번의 대대적인 작전에서 폴란드 민간인 50여 만 명이 이런 식으로 체포되었다. 때로 민병들이 독일이나 폴란드의 다른 지역으로 보내질 거라며 목적지를 거짓 통보하기도 했다. 실제로는 거의 수용소로 보내지거나 소련에서도 가장 외지고 살기 힘든 시베리아와 카자흐스탄의 집단농장으로 보내졌다. 그것은 연옥을 지나 지옥으로 가는 여정과 비슷해 보였다. 조피아 타스니크는 이렇게 회고했다. "우리는 끝이 안 보이는 공간을 이동하고 있었다. 그렇게 평평하고 거대한 땅덩어리에 사람이 사는 집은 몇 채밖에 없었다. 우리 눈앞에는 울타리나 나무도 없이 초가지붕에 진흙으로 만든 더럽고 누추한 오두막들만 펼쳐지고 있었다." 많은 어린아이들과 노인들이 목적지에 도착하지도 못하고 생을 마감했다. 살아남은 사람들에게도 먹을 것이나 살 만한 집은 주어지지 않았다. 수만 명이 추위와 배고픔, 질병으로 사망했다. 일부 통계에 따르면, 1942년에 강제 이송된 사람들 중 겨우 절반만이 살아남았다.

살아남은 사람들은 소련 교관들이 자신들을 '재교육'시킬 거라는 얘기만 들을 수 있었다. 안토리 에카르트는 한 수용소 교관이 죄수들에게 노동에 전력을 다하는 고상함을 어떻게 설명했는지 기억했다. 그는 고결한 사람들은 애국자이며, 모든 애국자는 세계에서 노동자들이 가장 살기 좋은 나라인 소비에트 러시아를 사랑하며, 소련인들은 그런 국가의 국민이라는 사실을 자랑스러워한다는 얘기 등을 꼬박 2시간 동안 떠들어 댔다. 이 모든 얘기가 말도 안 될뿐더러 위선이라는 사실을 여실히 증명해 주는 사람들에게 그런 얘기를 했던 것이다. 다른 곳의 상황은 더 가혹했다. 자기 이웃들이 동쪽으로 모두 실려 가는 모습을 지켜본 어느 팔루자 주민은 다음과 같은 얘기를 들었다.

우리는 이런 방법으로 소련 권력의 적들을 없애 버린다. 우리는 부르주아와 쿨라크를 모두 잡아낼 때까지 체를 이용할 것이다. (중략) 우리가 모두 걸러 낸 사람들은 다시는 보지 못할 것이다. 그들은 들쥐처럼 모두 사라질 것이다.

소비에트 통치를 받던 모든 이들이 형편이 나빠진 것은 아니었다. 그로드노의 유대인들은 소련군이 당도하자 몹시 안도했다. 소련군이 폴란드군의 항복 이후 발생한 포그롬을 금지했기 때문이었다. 다른 지역 유대인도 소련의 통치 덕분에 피우드스키 시대 이후 점차 편협해지고 있던 폴란드 정권이 나아질 거라고 생각했다. 처음에 독일인이 점령했던 브란스크의 일부 유대인도 꽃다발과 국기로 붉은군대를 환영했다. 경계선에 의해 독일 지역에 속하게 된 많은 이들은 같은 종교를 믿는 사람들이 반대 방향으로 달아나고 있다는 사실을 거의 모른 채 서둘러 소련 지역으로 옮겨 갔다. 그들 중 일부는 율리우스 마르골린처럼 상당히 불운했는데, 팔레스타인 관광객인 그는 서부 폴란드에서 핀스크로 갔다가 정확한 서류가 없다는 이유로 체포되어 수용소에서 5년이란 긴 세월을 보내야 했다. 1930년대에 증가하는 박해를 견뎌 온 많은 유대인들에게 소련의 통치는 좋은 기회로 보였다. 그들은 소련 점령지를 관리하기 위해 세워진 기관에 적극 참여했다. 소련 당국이 채택한 공격적인 세속화 정책에 놀라울 정도로 저항하지 않았다. 이 정책은 유대 민족주의뿐 아니라 종교적인 신념과 관습까지도 뿌리뽑는 게 목적이었다. 특히 젊은 폴란드계 유대인들이 보기에 이는 비유대인과 동등한 대접을 받기 위해서라면 참을 만한 희생 정도로 여겨졌다. 일부 지역의 전직 폴란드 관료들은 유대인들에게 다음과 같은 얘길 들었다고 주장했다. "당신들 시대는 지났어. 이제 새로운 시대가 시작될 거야."

폴란드인은 표면적으로 소련과 유대인이 죽이 맞는 것처럼 보였다는 사실을 잊지 못했다. 그들은 유대교와 볼셰비즘이 잘 어울린다는 증거를 재빨리 찾아냈다. 1940년 6월, 스트리의 한 폴란드 관측자는 이렇게 지적했다. "현재 폴란드인과 유대인 간의 관계는 전쟁 전보다 확실히 나빠졌다. 모든 폴란드인은, 볼셰비키와 소란스럽게 협력 관계를 맺고 비유대인들에게 적대감을 보이는 유대인을 부정적으로 바라보고 있다. (중략) 사람들은 그저 유대인을 증오할 뿐이다." 배반을 상징하는 행동들에 대한 기억은 전쟁이 끝난 뒤에도 오래도록 사라지지 않았다. 어떤 이는 학창 시절부터 알던 유대인 소년이 붉고 흰 폴란드 국기를 잡고 붉은 부분에서 흰 부분을 찢어 내던 모습을 잊지 못했다. 그 소년은 이렇게 이야기했다. "너의 핏빛 폴란드는 다 끝났어." 윌노의 한 여성은 붉은 완장을 찬 채 칼집에서 사브르를 빼내어 "명예와 조국애"를 외치던 한 유대인을 기억하고 있었다. 그는 미친 듯이 웃으며 "그들이 명예와 함께 조국을 위해 일어섰다."라고 외쳤다고 한다. 틀림없이 그러한 기억은 시간이 흐르면서 윤색된 게 분명하지만, 소련의 통치로 이미 부서진 폴란드 사회가 더욱 분열되었음을 암시한다. 소련은 폴란드의 다른 지역에서 우크라이나인과 벨로루시인에게 특혜를 베풀었다. 그들은 "폴란드인과 지주들에게 개 같은 죽음을" 같은 선동적인 슬로건을 내걸고 폴란드인을 상대로 한 우크라이나인의 폭력을 조장했다. 1940년 6월, 붉은군대가 리투아니아를 점령했을 때에도 비슷한 방법을 동원하여 민족 간의 골을 깊게 만들었다. 리투아니아가 독립을 유지하던 동안 공적 생활에서 유대인들의 역할은 미미했다. 반면, 소련이 세운 인민 정부의 멤버 두 명이 유대인이었다. 리투아니아가 소련에 의해 합병되었을 때, 최고 소비에트 위원 다섯 명과 최고간부회의 성원 열다섯 명 중 두 명이 유대인이었을 뿐 아니라, 인민위원회 위원 중 두 명, 대법원 판사 아홉 명 중 두 명이 유대인이었다.

예전에도 폴란드는 독일 제국과 러시아 제국에 의해 분할된 적이 있었지만 이번 같은 적은 결코 없었다. 히틀러와 스탈린은, 폴란드 국민을 끔찍한 테러 통치에 복종시켰다. 두 사람이 공유한 목표는 폴란드 국민의 정치적, 문화적 생활을 영원히 말살함으로써 폴란드가 단순히 국가로서만이 아니라 개념으로도 더는 존재하지 못하게 만드는 것이었다. 이는 엎친 데 격친 격이었다. 스탈린이 점령지 폴란드를 비추는 거울을 보면서 자신에게 꼭 어울리는 상대를 만났다고 믿은 건 당연했다. 그 짝은 지옥에서 만들어진 것 같았지만, 충분히 견딜 만한 상대였다.

전체주의의 두 가지 면모

폴란드인을 학대했다는 사실은 나치와 소련 정권이 서로 닮아 간 여러 면들 중의 하나에 불과했다. 독일의 국가사회주의는 소련의 일국사회주의를 점점 더 닮아 갔을 뿐 아니라, 히틀러까지도 스탈린의 도제처럼 점점 더 어린 악마 같은 모습을 보였다.

그루지야 제화공의 아들 이오시프 주가시빌리가 오스트리아 세관 사무원의 아들 아돌프 쉬클그루버를 만났을 때, 자신보다 어린 그 사람과 마음이 맞는다고 느낀 것 같다. 두 사람 모두 학생일 때 거센 반항심을 갖고 세상을 바라보았다. 히틀러는 실패한 예술가였고, 스탈린은 신학교를 중퇴한 경력을 갖고 있었다. 또한 둘 다 나중에 자신이 전복한 정권에 의해 투옥되었던 혁명가였다. 두 사람은 자본주의를 반대하는 노동자 정당에서 당원으로서 집권 과정에 참여했다가 이후 지도자가 되었다. 그리고 일도 불규칙적으로 했는데, 밤늦게까지 일하고 여름엔 별장에서 일하길 좋아했다.(스탈린에게 히틀러의 오베르잘츠베르크 같은 장소는 흑해의 소치에 있던 별장이었다.) 또한 둘 다 여자들과 사귀는 데 어려움을 겪었다. 히틀러가 맹목적으로 사랑했던 조카딸 겔리 라우발은 1931년 9월에 총으로 자살했다. 스탈린의 아내 나데즈다 알릴류예바 역시 겨우 14개월 뒤에 똑같이 자살했는데, 그녀 역시 지나칠 정도로 집착이 심한 나이 든 남자의 등쌀에 못 이겨 자살했다. 양쪽 다 나이 차가 스물두 살이나 났다. 두 여인 모두 더 건장한 타입의 여성들로 대체되었다. 건강해 보이는 여비서 에바와 풍만한 스타일의 가정부 바트체카가 두 사람의 연인이 되었다. 또한 히틀러는 스탈린보다 나이가 적었지만, 독재자가 되기 위해 무엇이 필요한지를 스탈린을 통해 더 빨리 배우고 있는 듯했다. 히틀러는 '긴 칼의 밤' 사건을 통해 자신도 당의 잠재적인 경쟁자들을 숙청할 수 있다는 점을 입증했다. 이에 스탈린은 깊은 인상을 받았다.(그는 아나스타스 미코얀에게 이렇게 말했다. "독일에서 일어난 일에 대해 들었나? 히틀러란 친구, 정말 대단해! 그건 기술이 필요한 행동이지.") 히틀러는 나치 친위대와 게슈타포 내에 스탈린의 NKVD 같은 비밀경찰 제도를 만들었다. 그는 명령 체계를 강제하기 위해 샤흐트 경제장관과의 관계를 끊고, 공개적으로 스탈린의 5개년 계획을 모델로 삼아 4개년 계획을 세웠다. 이제 히틀러는 폴란드에서 대량 학살이라는 자신의 유망한 적성을 입증하고 있었다. 이 단계에서도 여전히 스탈린을 따라잡을 가능성은 없어 보였다. 스탈린은 이미 1938년 말에 적어도 600만 명을 사지로 몰아넣은 장본인이기 때문이다.

　두 정권은 똑같아 보이기까지 했다. 이 사실은 1937년 파리 세계박람회에서 나치와 소련의 전시관이 센 강 우안에 전체주의의 오벨리스크처럼 서로 마주보고 있던 때부터 분명했다. 히틀러의 총애를 받던 건축가 알베르트 슈피어가 설계한 독일 전시관은 맨 꼭대기에 거대한 독수리와 만(卍)자 무늬가 있는 152미터 탑이었는데, 금빛 모자이크와 더 많은 만자 무늬로 장식된 기둥 아홉 개로 둘러싸여 있었다. 탑의 밑 부분에는 조각가 요제프 토락의 「동지애」가 세워져 있었는데, 6미터 높이의 벌거벗은 초인 두 명이 서로 손을 잡고 있는 작품이었다. 보리스 이오판이 설계한 소련 전시관 역시 돌 하나로 된 탑으로, 베라 무히나의 스테인리스 조상인 「노동자와 집단농장 소녀(Worker and Collective Farm Girl)」를 떠받치고 있었다. 두 전시관이 똑같지 않은 것은 확실했다. 독일인들은 소련 전시관의 "세련되지 않은 형식주의"를 비웃은 데 반해, 러시아인들은 나치 전시관의 "단조롭고 가장된 신고전주의"를 비방했다. 그럼에도 불구하고 이탈리아 화가 지노 세베리니가 지적했듯이, 전시관을 거창하게 만들려 한 두 국가의 의도는 상당히 비슷했다. 이는 우연한 결과가 아니었다. 슈피어에 따르면, 그는 박람회 개최 전에 전시관 장소를 물색하는 과정에서 아직 공개되지 않은 소련 전시관의 약도가 있던 방에 우연히 들어가게 되었다고 한다.

　높은 단 위에 올려진 10미터 높이의 조상 한 쌍이 독일 전시관을 향해 걸어오고 있었다. 따라서 나는 입방형의 큰 덩어리가 상대의 공격을 방어하는 것처럼 보이는, 단단한 기둥 위에 올라가는 형태를 설계했다. 그와 동시에 발톱에 만자 무늬를 새긴 독수리 한 마리가 탑의 코니스(cornice, 처마 돌림띠 — 옮긴이)에서 러시아의 조각상을 내려다볼 터였다.

박람회의 두 전시관은 이미 한참 전부터 진행되어 온, 나치와 소련의 도상학적 이미지가 특이하게 하나로 모아지고 있음을 전 세계에 알렸다. 히틀러의 미화된 수도 게르마니아에 지어질 예정이던 거대한 반구형 강당은 여러 면에서 이오판과 블라디미르 쉬슈코의 매력적인 모스크바 소비에트 궁전 설계안에 대한 반격이라 할 수 있었다. 아나톨리 루나차르스키의 지적에 따르면, 이들의 설계 스타일은 고전주의적 주제를 피한 게 아니라 고전주의 건축을 능가하려 했다. 두 정권 모두 자신들의 사이비종교에 어울리는 성지를 세웠다. 실제로 나치와 소련 정권은 자신들의 지도자를 신이자 국부(國父)로 묘사했다. 나치 예술에서처럼 소련 예술에서도 동일한 남성의 전형, 즉 당의 순교자, 특별 작업 부대, 영웅적인 군인을 내세웠다. 프란츠 아이히호르스트(Franz Eichhorst)의 「시가전(Streetfighting)」은 사실상 알렉산드르 데이네카(Aleksandr Deineka)의 초기 작품 「페트로그라드 방어(Defence of Petrograd)」(1927년)를 복제한 것이었고, 헤르만 오토 호이어(Hermann Otto Hoyer)의 「부상당한 동료를 구하는 SA 요원(SA Man Rescuing Wounded Comrade)」(1933년) 역시 코시마 페트로프보드킨(Cosima Petrov-Bodkin)의 「죽어 가는 인민위원(Dying Commissar)」(1928년)에 큰 신세를 졌다. 또한 아르투르 캄프(Arthur Kampf)의 「제강소에서(In the Steelworks)」(1939년)는 니콜라이 도르미돈토프(Nikolai Dormidontov)의 「제강소(Steelworks)」(1932년)와 거의 구분할 수 없을 정도였다. 여성 농민을 다산의 상징으로 묘사한 점도 같았는데, 레오폴드 슈무츨러(Leopold Schmutzler)의 「집으로 돌아온 농장 소녀들(Farm Girls Returning Home)」과 예프게니 카츠만(Yevgeny Katzman)의 「칼리아친의 레이스 짜는 여성(Kaliazin Lacemakers)」(1928년)은 서로 교환이 가능할 정도였다. 유대인과 네프맨(Nepman, 스탈린 시대 이전의 신경제 정책하에서 활동이 허가되었던 무역업자들)의 '원수 이미지'도 놀랄 정도로 유사했는데, 1940년대에 스탈린 정권이 공식적으로 반유대주의를 지향했을 때 특히 그러했다. 두 정권은 보수주의 성향의 예술가나 사실상 모든 매체에서 활동하고 있던 기회주의적 예술가들에게 1920년대를 주름잡았던 모더니스트들을 무너뜨릴 수 있는 무한한 기회를 제공했다. 히틀러가 『나의 투쟁』에서 '볼셰비키 예술'을 매도한 것은 확실하다. 그는 큐비즘과 다다이즘의 집단 개념을 신봉하는, 미친 듯이 타락한 인간들의 병적 생성물이 볼셰비키 국가의 공식 예술이라고 주장했다. 그러나 국가의 지원을 받은, 모더니즘에 대한 반발은 바로 그때 소련에서 시작되고 있었다. 일찍이 1926년에 《소비에트 예술》의 편집장, 로베르트 펠쉐는 '좌파' 과격분자들의 정신병, 즉 미래파, 큐비즘, 표현주의, 베리즘(Verism, 특히 오페라, 가극 등에서 표현되는 현실주의 — 옮긴이), 다다이즘, 절대주의를 저주했고, 어리석음과 나태함, 부주의한 무관심과 의심을 매도했다. 소련에서는 문학 및 예술 조직 개조에 관한 법령이 히틀러 집권 전인 1932년에 통과되었다. 괴벨스가 독일의 모든 문화 분야를 중앙에서 통제하기 위해 만들어 낸 단체들조차 이미 스탈린 치하에서 조직된 단체들과 놀랄 정도로 닮았다. 1930년대 말의 나치 예술이 소련 예술과 너무나 유사했기 때문에, 스탈린은 히틀러를 표절자로 비난할 수도 있었다.

물론 나치즘과 공산주의는 히틀러와 스탈린이 다르듯이, 차이가 있었다. 히틀러는 선동 정치가로서, 구세주 같은 호언장담으로 청중을 흥분시킬 수 있는 인물이었다. 반면 스탈린은 관료주의자로, 나사 생산에서 대량 학살에 이르기까지 모든 것을 비정상적일 정도로 일일이 관리하는 사람이었다. 히틀러는 다소 민주적인 수단으로 집권한 반면, 스탈린은 공산당 조직 내에서 음모를 획책하여 집권했다. 히틀러는 세계에서 가장 발전된 공업국으로 꼽히는 국가를 인수했지만, 1938년 당시 소련의 1인당 GDP는 독일의 절반도 되지 못했다. 스탈린의 편집증은 무시무시했지만 히틀러는 좀 덜했다. 히틀러의 궁전에서는 공무원이 되는 게 훨씬 안전했다. 두 정권의 미학 또한 흥미롭게도 여러 면에서 달랐다. 독일의 대표적인 시골은 전근대적인 모습이 남아 있는데 반해, 소련의 일반적인 농촌에서는 적어도 트랙터 한 대 정도는 볼 수 있었다. 나치 미술에는 나체 여인이 많이 등장했지만, 소련의 여성들은 작업복이나 그림처럼 아름다운 민족의상을 점잖게 입고 있었다. 나치 예술은 신고전주의와 낭만주의의 영향을 많이 받은 데 반해, 소련 사회주의리얼리즘의 기원은 1860년대에 주류 화단에서 탈퇴한 예술가들이 결성한 이동파까지 거슬러 올라간다. 두 독재자는 모더니즘을 혐오했다는 사실을 제외하고는 뚜렷하게 다른 취미를 갖고 있었다. 히틀러는 바그너 숭배자였는데 비해, 스탈린은 글룩(Gluck)의 「이반 수사닌(Ivan Susanin)」(특히 폴란드인들이 어떤 러시아인에게 숲 속으로 유인되어 얼어 죽게 된 장면)을 좋아하긴 했지만, 음악엔 둔감한 편이었다. 지글러(Ziegler)의 「4원소(Four Elements)」와 브레커의 바그너 흉상을 제외하고, 히틀러는 아파트를 대체로 19세기 예술 작품들로 꾸몄다. 이에 비해 스탈린의 별장에는 침실 벽에 이동파의 판화 몇 점만 걸려 있을 뿐이었다.

　결정적으로 중요한 차이를 지적하자면, 두 독재자 중 한 사람이 그때까지 획득한 영토에 만족하지 않았다는 점일 것이다. 만약 히틀러가 『나의 투쟁』에 쓴 글대로 행동하려 했다면, 스탈린과 맺은 조약은 임시방편에 불과했다. 교활한 독일 외교가 울리히 폰 하셀이 지적한 대로, "독소 불가침 조약이 단순히 두 독재 정권의 부정직한 편법으로 판명될지, 아니면 두 나라가 상대의 이념을 받아들여 더 가까워질지는 여전히 알 수 없는 문제였다." 사실 스탈린은 이 문제가 해결된 것으로 간주했다. 그는 히틀러의 배신을 걱정하기는커녕, 부하들에게 새로 생긴 최고의 우방국과 화목한 관계를 유지하는 일을 가장 중요하게 생각하라고 훈계했다. 소련의 대독 수출이 1930년 이후 최고치에 달하면서, 두 전체주의 정권 간의 무역은 활발해졌다. 때로 양국 간 무역은 단순히 스탈린이 아무것도 받지 못하고 히틀러에게 원료를 제공한 것으로 알려지는데, 실제로는

표 12-1. **1940년 소련과 독일 간의 주요 무역품**

	독일로 수출된 품목			독일에서 수입한 품목	
	(톤)	000루블		(톤)	000루블
농업 원료	1,120,710	229,982	기계	29,188	147,652
식료품	896,118	168,115	발전 및		
(그중 보리)	732,536	137,622)	전기 장비	4,233	8,917
에너지 원료			기계 및 설비	536	14,600
광물, 금속	801,430	122,366	에너지 원료		
(그중 석유	657,398	102,893)	광물, 금속	3,519,692	139,366
화학 제품	168,347	11,369	(그중 석탄	3,414,318	64,014)
총합	3,032,830	555,862	화학 제품	1,802	9.926
			총합	3,555,457	316,301

(표 12-1에서 알 수 있듯이) 1940년 당시 독일도 많은 제품을 소련에 수출했다. 주요 수출품은 석탄(340만 톤)뿐 아니라 일반 기계류, 정밀기계, 전자 제품도 포함되어 있었다. 독일의 대(對)소련 수출량은 소련으로부터의 수입량보다 많았으나 이는 대체로 석탄 때문이었다. 사실 무역흑자를 기록하고 있던 쪽은 소련이었다. 이는 특이한 경우였다. 전간기 내내 소련은 독일과의 무역에서 적자를 기록하고 있었다. 특히 기계 수입이 크게 늘었던 1차 5개년 계획 기간에 적자 폭이 커졌는데, 1940년에는 반대 상황이 벌어졌다. 전체 액수 면에서 소련의 대독일 수출은 수입보다 76퍼센트가 많았다. 수출품 대부분은 농업 원료(목재와 면화를 포함한)와 식료품(주로 보리) 그리고 60만 톤이 넘는, 군사적으로 중요한 석유였다. 그 외에도 스탈린은 독일 해군이 백해의 무르만스크 항구를 연료 보급지로 사용할 수 있게 조처하는 등 독일의 영국 선박 공격을 적극 도왔다.

히틀러는 모든 게 잘되어 가고 있다며 스탈린을 안심시켰다. 최근에 발견된 기록에 따르면, 히틀러는 1940년 12월과 1941년 5월에 스탈린에게 사신(私信)을 보냈다. 그는 편지에서 국가원수로서 명예를 걸고, 폴란드의 독일 점령지에 집결한 독일군의 목표는 영국 침략이라고 맹세했다. 독일군이 폴란드에 머물러 있는 이유는 단순히 영국군의 폭격권 밖에 있기 위해서라는 얘기였다. 히틀러의 유일한 걱정은 다음과 같았다.

> 내 장군들 중 한 명이 영국을 구하기 위해 소련의 국경 주둔 부대와 전투를 벌일 수도 있습니다. (중략) 나는 그대에게 자신의 의무를 잊었을지도 모르는 내 장군들의 어떤 도발에도 굴복하지 말 것을 요청합니다.(중략) 그리고 그들에게 어떤 동기도 제공하지 않도록 하는 것은 말할 필요조차 없습니다.

스탈린은 현대사에서 가장 심한 과대망상에 빠진, 남을 믿지 못하는 사람 중의 하나로 널리 알려질 만한 인물이었다. 따라서 알렉산드르 솔제니친이 지적한 대로, 최고의 아이러니는 소련의 독재자가 유일하게 믿은 사람이 불행히도 역사상 가장 파렴치한 거짓말쟁이라는 사실이다.

서곡

1939년 4월 20일, 히틀러는 마르틴 보르만(Martin Bormann)에게 특별한 쉰 번째 생일 선물을 받았다. 그는 나중에 히틀러의 개인 비서가 되어 전시 독일에서 가장 유력한 인사로 손꼽히게 된다. 나치 수뇌부의 놀이터 오베르잘즈베르크보다 183미터 높은 켈슈타인 산 정상에 자리 잡은 독수리 요새는 가장 민족주의적인 양식으로 지은 거대한 화강암 건물이었다. 무솔리니가 선물한 난로와 일본 왕 히로히토가 보내 온 메인 홀의 카펫을 빼고는 모든 것이 독일산이었다. 자동차용 고속도로 아우토반과 지그프리트 선을 건설한 프리츠 토트는 히틀러가 그 높은 곳까지 올라갈 수 있도록 산 중턱에 6.4킬로미터에 걸쳐 굽이치는 도로를 놓았다. 사실 그 자체로도 놀랄 만한 공사였는데, 일부 도로가 알프스의 혹독한 겨울에 건설되어 더욱 주목할 만했다. 횃불이 밝혀진 도보용 터널을 275미터 넘게 걸어가면 화려한 황동 벽널을 댄 엘리베이터에 도착하는데, 산 한가운데를 폭파해 엘리베이터 통로를 만들었다고 한다. 총통은 이 엘리베이터를 타고 문자 그대로 권력의 정상에 올라갔다. 정상에서 보면, 유럽 전체가 그의 날카로운 시선 아래에 엎드려 있는 듯했다. 나치제국이「반지의 제왕」에 나오는 모르도르라면, 이 요새는 사우론의 탑이었다.

보르만에게는 안된 일이지만, 히틀러는 독수리 요새를 싫어했다. 엘리베이터에 이르는 터널 때문에 밀실공포증에 빠졌고, 정상에서 내려다보는 경치에 현기증을 느꼈다. 그러나 독수리 요새는 한 가지 영감을 제공했다. 운터스베르크 산의 장엄한 경관 덕분이었다. 전해 오는 이야기에 따르면, 12세기 호엔슈타우펜 황제 프리드리히 1세, 즉 프리드리히 바르바로사가 여기에 잠들어 있는데, 20세기의 가장 야심찬 군사 행동이자 가장 잔인한 배신 행위에 적절한 이름을 붙여 준 듯했다.

히틀러는 늘 소련을 공격할 계획을 세우고 있었다. 그는『나의 투쟁』에서 독일 민족에게 필요한 생활 공간은 소련에서만 찾을 수 있다고 명확히 밝혔다. 오스트리아, 체코슬로바키아, 폴란드는 나치 제국의 애피타이저에 불과했다. 그 국가들은 앞으로 크게 증가할 것으로 예상되는 독일 이민자에게 충분한 농지를 제공해 주지 못할 뿐 아니라, 더 중요하게는 독일의 군수 물자에 반드시 필요한 석유를 비롯한 광물들을 공급해 주지도 못했다. 그러나 1936년 11월에 히틀러가 언급했듯이, 그는 정확한 시기에만 엘리베이터에 올라탈 생각이었다. 다시 말해 첫 번째 군사 작전의 표적은 러시아가 아니었다. 3년 뒤, 그는 단치히에 있던 국제연맹 스위스 위원 카를 부르크하르트에게 자신이 생각하는 우선순위를 다음과 같이 설명했다. "내가 착수하는 모든 일은 러시아를 겨냥한 것이다. 만약 서양 사람들이 너무 어리석고 보는 눈이 없어서 이 사실을 파악하지 못한다면, 나는 러시아인들과 손잡고 먼저 서양을 친 뒤 온 힘을 기울여 소련에 맞설 것이다."

또한 히틀러에겐 1941년 여름에 소련을 칠 군사적인 이유가 적어도 두 가지나 있었다. 먼저, 폴란드와 핀란드(1939년 11월에 침입한)에서 드러난 붉은군대의 형편없는 전과(戰果)는 소련의 장교단이 스탈린의 숙청으로 얼마나 취약해졌는지를 여실히 보여 주었다. 히틀러와 그의 군사 참모들은 효과가 확실히 입증된 독일군의 전격전에는 붉은군대가 만만한 상대라는 데 의견을 모았다. 두 번째로(그리고 결정적으로), 히틀러는 영국 본토 항공전에서 승리를 거두지 못했다. 하지만 독일이 소련을 무참히 무찔러 버릴 수 있다면 영국군의 사기는 치명상을 입을 거라고 확신했다. 1940년 7월, 그는 러시아가 패하면 영국의 마지막 희망이 꺼질 거라고 생각했다.

스탈린과 맞서 싸워야 할 이유는 또 있었다. 폴란드 분할은 소련 입장에서 보면 관대한 거래였다. 거의 모든 전투를 독일이 떠맡았음에도 소련이 결국 폴란드에서 약간 더 많은 부분을 차지했다. 소련은 더 나아가 발트 해 연안 국가들까지 손에 넣으려 했는데, 여기에는 에스토니아 출신의 알프레트 로젠베르크같이 독일의 동방 진출 지지자들이 탐내던 영토도 포함되어 있었다. 1940년 6월, 진위가 의심스러웠던 '도발 행위'에 이어 에스토니아와 라트비아, 리투아니아가 소련군에 점령 당했다. 동부 폴란드의 경우와 마찬가지로, 점령 직후 수만 명의 '반혁명가'들이 체포되거나 추방당했다. 스탈린의 핀란드 공격은 제국을 확장하기 위해 취한 여러 조치들 중 하나에 불과했다. 1940년 6월, 스탈린은 리벤트로프와 몰로토프의 비밀조약을 어기고, 루마니아에 베사라비아 및 북부 코비나 지역을 요구했다. 사실 이 지역에는 루마니아 최대의 곡창지대가 포함되어 있었는데, 독일은 그곳에서 대두 등 소중한 수입품을 공급 받길 희망해 왔고 체르노티(체르노비츠) 등지에는 많은 독일계 주민들이 살고 있었다. 소련은 이 지역을 획득함으로써 독일군의 중요한 연료 공급지인 플로에스티(Ploești) 유전 반경 225킬로미터 이내로 진입하게 되었다. 소련이 불가리아에 대한 '안전보장'을 확대하겠다는 의사를 명확히 하자, 히틀러는 발칸 지역에서 선수를 치려는 스탈린의 의도를 확실히 간파할 수 있었다.(1941년 3월, 히틀러는 불가리아를 설득하여 루마니아, 헝가리와 함께 추축국 편에 가담시켰다.)

   1940년 7월, 히틀러는 처음으로 소련 침공을 준비하라는 명령을 내렸다. 7월 31일, 베르그호프에서 연 군 수뇌부와의 회의에서 자신의 의도를 명확히 밝혔다. 1940년 12월 18일, 그는 바르바로사 작전 계획인 총통 명령 21호를 정식 발령했다. 원래 1941년 봄으로 예정되었던 공격은 독일군이 발칸 반도를 확보할 수 있도록 6월 22일까지 연기되었다. 이렇게 공격이 지체된 데는 무솔리니의 실수 탓이 컸다. 1940년 10월에 시작된 이탈리아의 그리스 침공은 비참한 실패작이었다. 1941년 3월에 그리스는 침략군을 내모는 데 성공한 뒤 국경을 넘어, 1939년 무솔리니에게 점령당한 알바니아로 진격해 들어갔다. 히틀러는 그리스 후방을 신속하게 공격하여 상황을 바꿔 보려 했지만, 이는 불가리아뿐 아니라 유고슬라비아까지 통과할 수 있는 권리를 확보하느냐에 달려 있었다. 3월 25일, 유고슬라비아의 섭정 파벨 왕자가 추축국 측에 가담하기로 했지만, 이틀 뒤 군사 쿠데타가 일어나 축출되었다. 이에 자극 받은 히틀러는 계획된 공격 범위를 확대하여, 4월 6일 유고슬라비아를 침략했다. 여드레 뒤, 베오그라드 정부는 휴전을 요청해야 했다. 이제 독일은 그리스군의 허를 찌르고 다시 한번 영국의 해외 파견군을 줄행랑치게 만들면서 그리스를 휩쓸고 지나갔다. 4월 30일, 영국은 펠로폰네소스에서 군대를 철수하여 전해 10월에 영국군이 파병되어 있던 크레타 섬으로 물러났다. 독일군은 계속 진격했다. 독일이 크레타 섬에 공수부대를 투입(5월 20~31일)하자 영국군은 또다시 필사적으로 철수해야 했다. 발칸 반도 전격전으로 히틀러는 소중한 시간을 잃었지만, 이는 독일군의 강력한 힘을 보여 준 기회였다. 따라서 붉은군대가 고작 몇 주 만에 손을 들고 말 거라고 영국이 예상한 것은 전혀 놀랍지 않다. 독일이 한 번도 아니고, 프랑스, 그리스 본토, 크레타 섬, 이렇게 세 번씩이나 전광석화처럼 적을 굴복시켰기 때문이다.

소련 공격이 시작되기 몇 시간 전에 히틀러는 베를린의 총통 집무실이 있는 제국 궁전의 개인 아파트로 알베르트 슈피어를 불러들였다. 그는 축음기를 틀어 리스트의 교향시 「전주곡」에 나오는 시끄러운 팡파르를 들려 주었다. 그러면서 이렇게 말했다. "앞으로 이 음악을 자주 들을 거야. 왜냐하면 이 곡이 러시아 원정의 승리 팡파르가 될 거니까. (중략) 이 음악이 마음에 드는가?" 그 건축가 역시 이 새로운 작전에서 얻을 게 있을 거라고 확인해 주는 듯, 히틀러는 다음과 같은 말을 덧붙였다. "우리는 거기서 원하는 만큼 얼마든지 화강암과 대리석을 들여올 수 있을 거야."

원숭이의 내기

역사상 가장 살벌한 이혼 사건이 일어날 것으로 예측하기란 어렵지 않았다. 독일이 소련을 공격할 거라는 예상이 너무나 널리 퍼져 있었기 때문에 영국 학계의 가장 조용한 피신처까지도 그 소문에 영향을 받았다. 독일이 소련을 공격하기 엿새 전인 1941년 6월 16일, 옥스퍼드 지저스 칼리지의 물리학과 교수 클로드 허스트는 당시 영국 공군 대위였던 동료 지리학과 교수 J.N.L. '몽키' 베이커와 내기를 했다. 두 사람은 1941년 7월 1일 그리니치 시간 기준 낮 12시 전에 독일군이 러시아 국경을 넘을 것인가를 두고 포트와인 한 병을 걸었다. 결국 예상보다 엿새 먼저 공격이 시작되면서, 물리학과 교수가 내기에서 승리를 거두었다. 따라서 원숭이를 빼고는 누구든 바르바로사 작전을 예측할 수 있었다 해도 과언이 아니었다.

　허스트의 내기는 놀라운 천리안을 보여 주는 사례가 아니었고, 그저 운이 좋아 이긴 것은 더더욱 아니었다. 독일군 암호를 해독한 영국 정보부는 공격 개시일인 6월 22일이 되기 몇 달 전부터 독일군의 움직임을 훤히 꿰뚫고 있었다. 이후 처칠은, 유고슬라비아 섭정 파벨 왕자가 추축국 측에 가담하겠다고 동의한 뒤 독일의 3개 기갑사단에 폴란드 출격 명령이 내려졌다는 정보에서 스탈린이 정확한 결론을 끌어내도록 내버려 두었다. 그리고 스탈린에게는 히틀러가 못된 짓을 꾸미고 있다고 여러 번 넌지시 알려 주었다. 그러나 스탈린에겐 영국의 비밀 정보가 필요 없었다. 그의 정보부도 독일 공격이 임박했다는 보고를 수없이 받았다. 스탈린은 이미 1939년 5월에 '파시스트 독일의 미래 공격 계획'이라는 6페이지짜리 자료를 받았다. 이 자료는 바르샤바에 있는 소련 간첩들이 입수한 독일군의 상황 설명서를 기초로 작성한 것이다. 1940년 12월, 소련 간첩 루돌프 폰 쉘리하(Rudolf von Scheliha, 암호명 아리에츠(Ariets))는 히틀러가 '1941년 3월'에 소련에 선전포고할 계획이라고 보고했다. 1941년 2월 28일, 이 간첩은 또 5월 20일이 임시 공격 일자라고 알릴 수 있었다. 이 정보는 도쿄에 있던 유명한 간첩 리하르트 조르게(Richard Sorge, 암호명 램지(Ramsay))는 말할 것도 없고, 부쿠레슈티, 부다페스트, 소피아, 로마에 있는 정보원들이 모두 확인해 주었다. 조르게의 경우 오이겐 오트(Eugen Ott) 독일 대사 부인의 애인이었기 때문에 특히 믿을 만했다. 3월 5일, 조르게는 6월 중순에 공격이 계획되어 있음을 알리는 독일군 서류의 마이크로필름 복사본을 보냈다. 5월 15일, 그는 공격 날짜가 6월 20일이라고 알려 왔다. 나흘 뒤에는 150개 사단이 전면 침공을 준비하고 있다고 보고했다. 그는 자신의 소식통들이 6월 하순에 공격이 시작될 것으로 95퍼센트 확신한다고 모스크바에 전했다. 그의 이야기는 독일과 보헤미아 보호령의 소식통에 의해서도 확인되었다. 일례로, 4월 17일에 프라하의 한 정보 제공자는 독일이 6월 중순 이후에 공격할 것으로 예상했다. 정확한 침공 날짜와 시간은 공격 사흘 전에 베를린의 한 소식통에 의해 밝혀졌다. 6월 21일, 베를린 주재 소련 대사는 다음 날 아침 공격이 시작될 거라고 확인해 주었다. 모스크바에 전달된 그런 경고는 총 여든네 건에 달하는 것으로 추정된다. 간단히 말해, 1941년 당시 소련의 정보 수집 능력은 흠잡을 데 없었다. 소련은 독일의 경제성과 공군성, 외무성에 심어둔 정보통들을 통해 히틀러 계획의 본질적인 요소를 모두 알고 있었다.

하지만 스탈린은 이 모든 것을 무시했다. 그는 프라하에서 전해 온 보고서 맨 밑에 이렇게 휘갈겨 적었다. "영국의 도발이야! 다시 조사하도록!" 독일 공군성 내부 정보원이 독일의 계획을 알리는 더 명확한 증거를 보내자 스탈린은 폭발했다. "독일 공군 참모부에 있는 그 '정보원'을 작살내 버려. 이놈은 정보원이 아니라 허위 정보를 흘리는 놈이야!" 그는 조르게를 '쓸모없는 놈'이라며 무시해 버렸다. 스탈린은 심지어 공격이 임박했다는 티모셴코 원수의 경고도 무시해 버렸다. "티모셴코는 훌륭한 사람이야. 하지만 머리는 나쁜 게 분명해. (중략) 만약 우리의 허락 없이 국경에서 군대를 움직여 독일을 자극하면, 몇 사람 목이 날아갈 거야. 내 말 명심해." 6월 21일, 용감하게 국경을 넘어 소련군에게 다음 날 벌어질 일을 경고한 독일 병사는 스탈린의 명령에 의해 총살당했다. 붉은군대 고위층과 마찬가지로 소련 정보부 전체가 숙청에 희생되어 살아남기 급급한, 경험 없는 꼭두각시들로 대체됨으로써 문제는 더욱 심각해졌다. 현장 요원들이 보낸 보고서가 스탈린의 입맛에 맞지 않을 경우에는 분석가들이 보고서를 제출하기 전에 내용을 손보기까지 했다. 따라서 독일 공격을 알리는 경고는 소련과 독일의 관계를 악화시키려는 영국과 미국의 시도를 증명하는 근거로 변질되었다.

그 결과, 독일 공격에 대비해 아무 조치도 취해지지 않았다. 서부전선 방어력을 현대화하기 위한 작업을 일부 실시하긴 했지만, 새로운 방어 공사는 완료하지 못했을뿐더러 과거의 스탈린 라인은 등한시되었다. 점령지 리투아니아와 동부 폴란드의 소련군은 브레스트 주둔군을 제외하고 상당히 노출돼 있었다. 소련 비행기들은 위장도 하지 않았고, 병사들은 방어진지를 구축하지도 않았다. 오히려 독일군을 자극하지 않아야 한다는 이유로 그런 진지를 사용하지 말라는 명령을 받았다. 설상가상으로 스탈린은 자신의 권위에 위협이 될 만한 인사들을 숙청하며 점차 증대하는 비난에 대응했다. 1941년 6월, 300명 정도의 고위 공무원이 체포되었는데, 이들 중에는 소련군 최고 훈장을 받은 사람이 스물두 명이나 포함되어 있었다. 파멸이 다가오는 순간에도 스탈린은 국경 수비군에 독일군의 전면 공격이 임박했다는 경고를 발포하길 거부했다. 그는 장군들에게 "그런 명령을 내리기엔 너무 이르다. 아마도 평화적으로 문제가 해결될 수 있을 것이다."라고 말했다. 크렘린의 열쇠를 올려놓은 은쟁반을 히틀러에게 건네는 것 외에 그가 히틀러를 돕기 위해 무엇을 더 해 줄 수 있는지 생각하기 어려울 정도였다.

바르바로사

프셰미실(Przemyśl)이란 작은 마을을 깨끗하게 둘로 나누는 산 강(江)은 나치 점령지 폴란드와 소비에트 점령지 간의 경계선이었다. 소련 점령지의 여름밤이 조용히 지나가고 있는 듯 보였다. 어쨌든 의심스러운 폴란드인들을 시베리아로 이송하는 작업은 거의 끝났다. 국경선을 따라 모두 같은 상황이었다. 국경 마을인 노브고로드볼린스크의 러시아 고위 장교들은 음악회에 참석 중이었다. 서부군관구 사령관은 키예프의 극장에 있었다. 시에미야트에서는 무도회가 한창이었는데, 지역의 독일 장교들까지도 초대되었다. 그들은 선약을 핑계로 정중히 거절했다.

브레스트의 러시아 주둔군은 군악대 소리에 맞춰 하루 종일 훈련을 받았고 밤에는 술에 취했다. 자정엔 모스크바와 베를린 간 정기 열차가 역에 들어왔다. 열차엔 독일에 수출할 곡물이 잔뜩 실려 있었다. 독소 무역이 계속 증가하던 때였기 때문이다. 동이 틀 무렵, 반대편에서 석탄을 실은 열차가 도착했다. 그런데 열차가 정차하자 갑자기 독일의 기관총 사수들이 튀어나왔다. 그 즉시 브레스트 요새는 1분당 포탄 5000발을 얻어맞았다. 이미 2년 전에 브레스트로 전차를 몰고 왔던 하인츠 구데리안이 요새 방벽으로 돌아온 것이다. 그러나 이번에는 거기서 멈출 의향이 없었다.

바르바로사 작전은 여러 면에서 전격전의 최고 성과라 할 수 있었다. 거대한 독일 침략군은 153개 사단과 60만 대의 수송 수단, 3580대의 전차, 7184문의 대포, 2740대의 비행기로 구성되었다. 여기서 60만 마리의 말을 빼놓을 수 없는데, 당시 독일군의 자동화 수준은 이 작전을 감당할 수 없었기 때문이다.[1] 독일 공군은 첫 단계에서 작전지역 내의 모든 소련 비행장을 휩쓸었으며, 늦은 오전까지 항공기 890대를 파괴했다. 이는 영국이 본토 항공전 내내 적과의 전투로 잃은 항공기 수와 맞먹는 규모였다. 대부분의 항공기가 이륙도 하기 전에 당하고 말았다. 기갑사단의 지휘를 받는 3개 집단군으로 나뉜 독일군은 1500킬로미터에 달하는 국경선을 따라 동쪽으로 밀고 들어갔다. 첫 번째, 두 번째 집단군은 발트 해 연안 국가들과 우크라이나를 치고 지나간 뒤 레닌그라드와 모스크바에서 집결할 예정이었고, 세 번째 집단군은 키예프를 향해 진격할 예정이었다. 거대한 포위 작전을 통해 독일군은 소련군 수십만 명을 생포했다. 침

---

1) 153개 사단 중에서 기갑사단은 열아홉 개였고, 자동화 보병 부대는 열다섯 개 사단에 불과했다.

략군의 눈에 비친 소련군은 준비나 훈련이 부족했고, 장비 또한 부실했으며, 무엇보다 제대로 된 지휘를 받지 못하고 있었다. 7월 9일, 이미 민스크를 통과한 중앙집단군은 28만 7704명을 생포했다. 스몰렌스크에서 소련군의 저항이 특히 완강했지만, 비아위스토크와 스몰렌스크의 상황은 비슷했다. 8월 말, 러시아군 포로는 모두 87만 2000명에 달했다. 9월 키예프가 함락되면서 66만 5000명의 포로가 추가되었다. 뱌지마와 브랸스크 포위 작전으로 67만 3000명이 다시 포로가 되었다. 가을이 되자, 소련군 포로 수는 300만 명이 넘었다. 러시아 역사상 최악의 패전이었다. 독일의 라디오에선 지루할 정도로 리스트의 전주곡이 흘러나왔다.

독일군 침략에 대한 첫 번째 보고가 스탈린에게 도착했을 때, 그는 모스크바 중심가에서 19킬로미터 떨어진 쿤체보(Kuntsevo)의 별장에 있었다. 그의 별장은 일반적인 모스크바 사람의 시골 별장보다는 크고 호사스러웠지만, 히틀러의 독수리 요새 정도로 수수했다. 독일군이 침략했다는 보고를 받은 스탈린은 어리벙벙한 표정이었다. 당시 막 사령관에 임명된 게오르기 주코프 원수의 설명에 따르면 "스탈린에게 그 소식을 전화로 알렸을 때, 스탈린은 한동안 아무 말도 하지 않았으며, 거친 숨소리만 들려왔다." 주코프가 자신이 한 말을 알아들었냐고 물었을 때에도 침묵이 흘렀다. 결국 입을 연 스탈린은 외무인민위원이자 독소불가침 조약을 맺은 몰로토프의 소재를 물었다. 주코프가 몇 시간 뒤에 크렘린으로 돌아왔을 때, 스탈린은 양손에 불을 붙이지 않은 파이프를 들고 창백한 얼굴로 앉아 있었다. 그는 이 공격이 독일군 장교들의 도발이며, 히틀러는 이 사실을 모르고 있는 게 분명하다고 주장했다. 그러나 침공 소식이 확인되자, 스탈린은 의자에 앉아 깊은 생각에 빠졌다. 그리고 길고 무거운 침묵이 이어졌다.

어떻게 이럴 수가 있는가? 자신과 함께 폴란드를 나눠 가진, 그토록 믿었던 히틀러가 어떻게 스탈린을 배신할 수 있었을까? 과대망상에 빠지곤 했던 스탈린이 선제공격을 생각해 보긴 했지만, 스탈린이 히틀러를 공격하기 직전이었다는 세간의 소문과는 반대로 이는 계획 단계조차 벗어나지 못했다.[2] 왜 스탈린은 그토록 상황을 잘못 파악했을까? 처칠이 나중에 지적한 것처럼, 스탈린은 그저 2차 세계 대전 중에 가장 철저히 속아 넘어간 사람이었는가?

물론 스탈린은 히틀러가 동원 가능한 병력에서 수적 우위를 점하지도 않고 양쪽 전선에서 전쟁을(1차 세계 대전에서 독일이 패한 원인) 벌이지는 못할 거라고 예측했을 수도 있다. 또한 6월 22일처럼 때늦은 시기에 침략하지는 않을 거라고 생각했을 수도 있다. 불과 몇 달 뒤면 가을비로 러시아의 도로가 통행하기 어려운 진창으로 변할 것이기 때문이다. 만약 이런 이유들 때문에 스탈린이 느긋했던 거라면, 결국엔 그가 옳았다고 할 수 있다. 그러나 그리 명확하지 않은 이유도 그에게 영향을 미친 것으로 보인다. 한 가지 가능한 해석으로는, 마르크스주의적 신념 때문에 영국 제국주의자들을 자신의 진정한 적으로 간주했다는 것이다. 따라서 처칠이 스탈린에게 히틀러의 의도를 경고했을 때에도, 스탈린은 영국이 자신을 속여 히틀러와의 싸움을 부추긴다고 확신했다. 한편, 나치당 부의장 루돌프 헤스가 1941년 5월 10일에[3] 충동적으로 비행기를 타고 스코틀

---

2) 깜짝 놀랄 만한 이러한 가정에 관심이 있다면, 빅토르 수보로프(Viktor Suvorov)의 『쇄빙선(Icebreaker)』(1990년)이나 콘스탄틴 플레샤코프(Constantine Pleshakov)의 『우둔한 스탈린(Stalin's Folly)』(2005년)을 참조하라. 수보로프는 (전적으로 추정에 의거하여) 1940년과 1941년 초에 소련 서부전선의 방어용 시설이 파괴되었던 점을 지적한다. '1940년과 1941년 당시 소련의 군사력 배치에 관한 원칙'을 다룬 몇 가지 초안 등, 플레샤코프가 지적한 문서들은 스탈린이 선제공격을 생각하고 있었다는 점만을 보여 준다. 하지만 문서들은 단순히 초안에 불과했고, 독일이 1940년 이후 계속 준비해 온 상세한 작전 계획 같은 것은 존재하지 않았다.

3) 헤스는 바르바로사 작전이 개시되기 직전에 영국과의 단독 평화 조약을 중재하겠다는 희망을 품고 독단적으로 행동했던 것으로 보인다. 그는 1936년 올림픽에서 만났던 해밀턴 공작이 그 계획을 대범하게 받아들일 거라는 잘못된 생각을 갖고 스코틀랜드로 날아갔다. 헤스는 Me110기에서 낙하산을 타고 글래스고 남서쪽의 황량한 황무지인 이글스햄 근처 플로어스 농장에 내렸다. 헤스가 붙잡혔다는 소식을 들은 처칠은 이렇게 선언했다. "헤스든 아니든, 나는 마르크스 형제들을 만나러 갈 것이다."

랜드에 갔다. 스탈린이 이를 소련에 반대하는 영독 평화 조약의 전주곡이라고 확신한 것도 같은 맥락에서 해석할 수 있다. 최근 증거에 따르면, 스탈린이 눈앞의 위험을 보지 못한 이유는 이데올로기가 아니라 역사 때문이었다는 점을 알 수 있다. 스탈린은 마키아벨리 방식으로 다른 열강들의 정책을 해석하는 동시에, 러시아 외교 및 전략의 전통에 사로잡혀 있었다. 독일의 러시아 침공이 있기 몇 달 전부터 스탈린은 계속해서 크리미아 전쟁을 상기시켰다. 그는 러시아가 독일의 공격뿐 아니라 영국의 흑해 공격 또한 대비해야 한다고 확신했기 때문이다. 그는 불가리아 출신 코민테른 총서기 게오르기 디미트로프에게 영국이 내전 당시 백군을 지원했을 뿐 아니라 크리미아전쟁을 일으키고 세바스토폴을 점령한 예를 들면서, 역사적으로 위험은 항상 영국으로 인해 발생했다고 설명했다. 믿기 힘들지만, 바르바로사 작전이 시작되었을 때 스탈린이 맨 먼저 떠올린 생각 중 하나는 영국 해군의 레닌그라드 동시 공격 가능성이었다. 이 모든 선입관은 스탈린이 독일로부터 그릇된 정보를 고스란히 받아들였음을 의미했다. 결국 정신병 환자처럼 거짓말을 일삼는 히틀러의 버릇이 스탈린의 병적인 불신을 능가했다고 할 수 있다.

스탈린은 히틀러를 무작정 믿음으로써, 20세기 역사상 필적할 예가 없을 정도로 비참한 실수를 저지르고 말았다. 독일의 침공 여드레 뒤인 1941년 6월 30일에 몰로토프는 정치국 대표단을 이끌고 자신들의 '상관'이 이틀 동안이나 칩거하고 있던 별장을 찾아갔다. 스탈린은 당시 상황이 자신 때문에 생긴 당연한 결과라고 두려워했던 것 같다. 그는 자신이 체포되리라 예상한 것처럼 이렇게 물었다. "왜들 왔나?" 스탈린에 아첨

---

4) 여전히 러시아인들은 스탈린이 1941년 그토록 부주의했다는 사실을 인정하길 꺼린다. 러시아 여론센터는 스탈린 서거 50주년을 맞아 여론조사를 실시했는데, 러시아인 53퍼센트가 여전히 그를 '위대한' 지도자라고 생각했다. 연금을 받아 생활하는 한 러시아인은 모스크바 주재 BBC 특파원에게 이렇게 말했다. "그는 우리를 돌봐 준 가장이었다."

하여 대숙청에서 살아남은 이 앞잡이들은 소심하게도 그에게 다시 크렘린으로 돌아와 전시 상태의 소련을 이끌어 달라고 청했다.

만약 그들이 과감하게 그 최후의 나치 협력자에게 응분의 벌을 내렸다면, 이 전쟁은 어떤 결과를 낳았을까?[4]

13 살인자와 협력자

인간을 몰살하는 동시에 품위를 지키는 것, 그것이 바로 나치즘의 본질이다. 그러한 행동은 분쟁지에서 오래전부터 되풀이되었다.
― 하인리히 히믈러

나는 계속 생각했다. "당신들은 우리가 누군지 알고 있다. 우리는 외국인이 아니다. 얼마전에도 우리는 당신들의 이웃이었다. 당신들은 우리를 잊은 건가? 나는 평생을 당신들 옆에 살았고, 여기 학교를 다녔고, 같은 교육을 받았다. 그런데 당신들은 이 상황이 내가 당연히 받아야 할 벌이라고 생각한다. 당신들이 나를 위해 울어 주기를 기대하지는 않는다. 하지만 적어도 눈짓으로 신호를 보내거나 나의 불행에 약간의 동정심을 보여 주길 바란다."
― 보리스 카셀, 홀로코스트 생존자

우리가 계속 싸워 온 상대인 그 '야수들'이 이제는 우리와 가장 사이좋게 살고 있다니 정말 이상한 상황이다.
― 11군단 참모장 헬무트 고스쿠르트 대령

동부 일반 계획

소련 공격은 히틀러의 치명적인 실수였다는 것은 주지의 사실이다. 확실히 그것은 엄청난 군사적 모험이었다. 히틀러는 다음과 같이 이야기했다. "문 뒤에 무엇이 있는지 전혀 알지 못한 채, 전에 한 번도 본 적이 없는 어두운 방의 문을 열고 들어가는 느낌이다." 그러나 여러 면에서 스탈린에 대한 공격은 제3제국을 강하게 만들었다. 괴벨스와 그의 선전 기관이 나치의 반공 성향을 독소 불가침 조약의 현실 정책과 조화시키기란 쉽지 않았는데, 이제 그러한 거북함은 없어졌다.

히틀러가 공격을 개시하여 감격을 안기려 했던 인물은 알베르트 슈피어만이 아니었다. 무솔리니는 한밤중에 잠에서 깨어 독일 독재자의 메시지를 받아야 했다. "이 결정을 내린 이후로 나의 정신은 다시 자유로워졌다." 무솔리니는 툴툴거렸다. "나는 밤이 되면 내 하인들도 건드리지 않는다. 하지만 독일은 조금의 배려도 없이 나를 침대에서 튀어나오게 만들었다." 히틀러 본인도 새벽 2시 30분까지 잠자리에 들지 못하고 다음과 같이 선언했다. "석 달이 가기 전에 우리는 러시아의 몰락을 보게 될 것이다. 이는 역사상 유례 없는 패배이다." 빅터 클렘페러가 일기에 기록했듯이, 독일에서는 1939년 당시보다 이 새로운 전쟁에 대한 국민들의 열의가 뜨거웠다. 사람들로 가득 찬 드레스덴의 한 식당에서는 술에 취해 비틀거리던 남자가 클렘페러에게 이렇게 말했다. "이제 우리는 우리의 위치를 잘 알고 있소. 우리는 더 빨리 전쟁을 끝낼 것이오. 우리는 준비되어 있고 제대로 무장하고 있소." 1차 세계 대전에 참전했던 식당 웨이터도 거들었다. "전쟁은 더 빨리 끝날 겁니다." 클렘페러는 기뻐하는 사람들로 가득 찬 무도장을 지나 집에 돌아오면서 "독소 전쟁이 사람들에겐 자부심의 원천"이라는 결론을 내릴 수밖에 없었다.

이제 유럽 점령지는 모습이 바뀔 참이었다. 소련 침공은 유럽을 위한 십자군 원정이었다. 유럽 대륙 전체가 볼셰비즘에 대항한 연합전선으로 하나가 될 수 있었다. 유럽 제국들이 아시아를 침략한 덕분에 일본이 대동아공영권을 기치로 제국주의적 야심을 내세울 수 있었듯이, 이제 독일은 유럽의 광역 경제권을 볼셰비즘에 맞서 독일이 주도하여 구축한 보루라고 주장할 수 있었다. 점령지 유럽의 협력자들은 이 새로운 선전 주제를 주저 없이 받아들였다. 1941년 10월 30일, 비시 정권의 허수아비 페텡 원수는 "프랑스가 새로운 유럽의 건설적인 활동 체제 내에서 융성할 것"이라고 단언했다. 비슷한 의견이 벨기에와 핀란드 등에서도 등장했다.

나치가 유럽에서 펼친 장황한 웅변은 독일 지배가 소련 공산주의보다 낫다고 여기는 모든 보수주의자들과 코드가 맞았다. 동부전선에서의 전투가 전격전에서 소모전으로 바뀌고 서부 점령지에서 마지막 한 푼까지 모두 짜내려는 상황이 벌어지고 나서야 이러한 웅변의 공허함이 점차 뚜렷이 드러났다.

나치의 지배를 받게 된 동유럽과 소련의 여러 민족은 6000만 명에 달했는데, 상이하지만 똑같은 반향을 일으키는 얘기를 들을 수 있었다. 알프레트 로젠베르크는 에스토니아 사람으로서, 동유럽의 여러 민족이 스탈린의 소련에 대해 느낀 본능적인 적대감을 잘 이해했다. 소련이 민족자결이라는 허울을 내세워 그들에게 무자비한 짓을 자행했기 때문이다. 따라서 진격해 들어오는 독일군을 환영한 건 (상대적으로 적은 수의) 독일인들만이 아니었다. 리보프와 리가로 행진해 들어온 독일군은 환대를 받았다. 우크라이나 농부들은 침략군의 전차에 붙은 검은 십자가를 모스크바의 반기독교에 대항한 성스러운 십자군의 표지로 생각했다. 흐루비에슈프 주민들은 빵과 소금을 들고 독일인들을 맞이했다. 이제 로젠베르크는 리투아니아, 라트비아, 에스토니아, 벨로루시('발티카')를 독일의 보호령으로 취하는 방안뿐 아니라 확대된 우크라이나, 즉 카프카스 연합까지 구상했다. 어쩌면 크리미아 반도의 이슬람 종교 기관과 중앙아시아의 '범(汎)우랄알타이어권'까지도 구상했을지 모른다. 러시아 제국주의의 모든 속국을 없애 버리고 러시아만 남기길 바라는 기대 속에 체첸인, 카라차이인, 발카르인 같은 소수 민족 집단을 겨냥한 항의가 이어졌다. 실제로 히틀러나 괴벨스 모두, 동유럽 민족주의의 힘을 이용할 생각은 전혀 없었다.[1] 독일 식민지를 북쪽의 아르한겔스크에서 남쪽의 아스트라한

---

1) 괴벨스는 1942년 3월 16일자 일기에 다음과 같이 적었다. "민족주의적 추세가 예전 발트 해 연안 국가들에서 점점 더 두드러지고 있다. 그 지역 주민들은 독일군이 그 작은 국가들에 새 정부를 세우기 위해 희생을 감수할 것으로 생각하는 것 같았다. 이는 유치하고 순진한 생각으로, 우리는 전혀 감

(소위 A-A 라인)까지 확대하기 위해 고안된 '동부 일반 계획'의 다양한 변형안은 나치의 의도를 더 정확히 드러냈다. 나치 친위대의 콘라트 마이어 준장은 독일인 이주민 약 500만 명으로 거대한 정착지 세 곳('잉거만란트(Ingermanland)', '메멜나레프(Memel-Narew)', '고텐가우(Gothengau)')을 건설하자는 안을 제시했다. 제국보안본부가 작성한 또 다른 계획안에 따르면 4500만 명으로 추정되는 기존 거주자들을 몰아내고 앞서의 안보다 두 배 많은 독일인을 이주시킬 심산이었다. 실제로 로젠베르크가 속한 부서의 인종 전문가 에르하르트 베첼(Erhard Wetzel)이 세심하게 지적한 대로, 이 추정치에는 유대인 500~600만 명이 포함되어 있었고, 슬라브 민족의 높은 출산율을 계산에 넣지 않았기 때문에, 독일이 원치 않는 총 인구수는 5000~5700만 명일 터였다. 또한 이 계획안은 폴란드인의 15퍼센트, 루테니아인의 25퍼센트, 우크라이나인의 35퍼센트를 농업 노동자로 고용하고, 나머지는 시베리아로 추방해야 한다고 보았다. 러시아 인구는 피임과 낙태, 단종을 통해 줄어들고, 유대인은 모두 몰살될 참이었다.

절멸 전쟁

민족 구성을 이런 규모로 변형하려면, 새로운 전쟁을 감행해야 했다. 히틀러는 처음부터 소련 출정을 새로운 규칙, 혹은 아무런 규칙 없이 실행해야 한다고 정했다. 그가 3월 30일, 나치 장군들에게 이야기한 대로,

---

동받지 않는다. 나치당은 이 모든 문제에서 훨씬 더 냉정하고 현실적이다. 나치당은 우리 민족에 도움이 되는 일만 하며, 우리 국민의 이익은 그 지역 소수 민족 집단의 요구에 전혀 관심을 기울이지 않고 독일적인 엄격한 질서 체계를 세울 때 발생한다." 앞에서 살펴봤듯이 히틀러는 우크라이나인들이 그의 상상 속 대영 제국의 인도들처럼 되길 바랐다. 즉 말 잘 듣고 무식하지만 독일에서 만들어진 밝은색 직물을 소비해 주길 바랐다.

이 전쟁은 군인들의 전우애가 설 자리가 없는 '절멸 전쟁'이 될 예정이었다. 이는 볼셰비키 인민위원들과 공산주의 인텔리겐차의 파괴를 의미했다. 특정한 적군 포로를 체계적으로 총살한다는 결정은 이미 폴란드 침공에서 그 전조가 나타났는데, 바르바로사 작전 직전에 내려진 결정은 전쟁이 치러지는 동안 세밀히 다듬어졌다. 1941년 5월 19일에 발포된 '러시아에서의 군사행동 지침'은 볼셰비키 선동자와 유격대, 파괴 활동가, 그리고 유대인을 상대로 한 무자비하고 강경한 조치를 요구했다. 6월 6일의 '인민위원 학살령'은 생포한 정치위원을 그 자리에서 총살할 것을 요구했다. 이렇게 행동해야 하는 이유는 다음과 같았다.

> 모든 정치위원들이 증오심을 갖고 잔인하고 비인간적으로 포로들을 대할 것으로 예측된다. (중략) 국제 전쟁법규에 따라 행동하는 것은 잘못이며, 우리의 안전과 정복 지역의 빠른 평화 회복을 위태롭게 한다. (중략) 정치위원들은 야만적이고 아시아적인 방식으로 전쟁을 시작했다. 따라서 그 자리에서, 최대한 가혹하게 그들을 다루어야 한다. 원칙적으로 그들은 즉시 총살될 것이다.

독일군 고위 사령부도 전쟁 포로 가운데 볼셰비키의 추종 세력으로 간주되는 자들은 모두 제거하라는 명령을 내림으로써 히틀러의 학살령을 반복했다. 이는 그들을 나치 친위대의 절멸부대에 넘겨 처형한다는 의미였다. 육군 병참부장 에두아르트 바그너(Eduard Wagner) 또한 정치적으로 용납할 수 없고 의심스러운 분자들, 인민위원, 선동가들은 같은 방법으로 처리해야 한다는 명령을 내렸다. 1941년 9월, 최고사령부는 괴멸되었다가 재정비한 소련군은 누구든 파르티잔으로 간주하여 그 자리에서 쏴버리라는 명령을 추가로 내렸다. 최전선 사령관들은 그러한 명령을 직설적으로 전달했다. 병사들은 적극적이든 수동적이든 포로들이 어떤 반응을 보이면, 즉시 처치해 버릴 수 있었다. 제4기갑집단군 사령관 에리히 헤프너 대장은 적을 무자비하게 모조리 없애 버리겠다는 강철 같은 의지로 모든 군사 행동을 계획하고 실행하라는 명령을 내렸다. 따라서 러시아의 볼셰비키 체제를 신봉하는 사람은 한 사람도 살려 두어서는 안 되었다. 제12보병사단장은 부하 장교들에게 다음과 같이 말했다. "최전선 뒤에 있는 포로들을 일반 원칙에 따라 모두 사살하라! 포로로 잡히지 않은 러시아군이 후방에서 발견될 경우 누구든 사살하라." 독일의 대군이 소련 영토에 진격해 들어온 뒤 만연한 혼란 속에서 이러한 명령은 거의 모든 사람을 죽일 수 있는 허가증으로 해석될 수 있었다.

나치의 선전은 불법적인 폭력을 교묘하게 조장했다. 히틀러는 1941년 7월에 선전부에 지시를 내리면서, 적이 정확히 어떤 모습인지 독일 국민이 알 수 있도록 독일 포로에 대한 러시아군의 잔혹 행위를 촬영하여 뉴스 영화에 포함해야 한다고 강조했다. 구체적으로 성기가 잘리거나 포로들의 바지에 수류탄을 넣는 장면들이 포함되어야 한다는 것이었다. 그리고 히틀러가 바란 결과가 나타났다. '성대한 인종 전쟁'은 생사를 건 싸움이 되었다. 바르바로사 작전이 개시된 처음 몇 주 동안 독일군은 60만 명이나 되는 포로를 즉결 처형한 것으로 보인다. 작전이 펼쳐진 첫 겨울까지, 소련군 200만 명이 목숨을 잃었다. 일부는 독일군이 항복을 받아 주지 않았기 때문에 현장에서 살해당했다. 한 독일군 병사의 회고록을 보면, 당시 급속도로 자리 잡은 독일군의 태도를 조금이나마 알 수 있다.

때로 포로 한두 명이 손을 들고 은신처에서 나오곤 했다. 그럴 때마다 똑같은 비극이 반복되었다. 크라우스는 상관의 명령으로 그런 포로들을 네 명이나 죽였다. 주데텐란트 출신은 두 명을 죽였고, 17단은 아홉 명을 죽였다. 공격이 시작된 이후 크게 겁을 먹었던 어린 린트베르크는 두려움에 눈물을 흘리거나 때로는 기대감 속에 웃기도 했는데, 그러던 그가 크라우스의 기관총을 잡고 볼셰비키 두 명을 포탄 구덩이로 밀어 넣었다. 그 불쌍한 포로들은 계속 살려 달라고 애원했다. (중략) 하지만 주체할 수 없는 분노가 치밀어 오른 린트베르크는 그들이 조용해질 때까지 계속 총을 쏴 댔다.

우리는 괴로움과 피로로 미쳐 버렸다. (중략) 우리는 적군을 생포하지 않았고 러시아군도 우리를 살려 주지 않을 거라는 사실을 알고 있었다. 결국 그들이나 우리 둘 중 하나만 살아남을 것이다. 그 때문에 친구 할스와 나는 백기를 흔들고 있던 러시아군에게 수류탄을 던졌다.

다른 곳에서도 일단 소련군 포로를 사로잡은 뒤 줄을 세워 사살했다. 목숨을 부지한 사람들은 임시로 세워진 수용소로 끌려갔는데, 숙소도 없고 먹을 것도 주지 않았다. 많은 이들이 굶주림이나 병으로 죽었고, 집단 총살을 당하기도 했다. 일부는 부헨발트 같은 강제수용소로 수송되어 가짜 의료 실험 과정에서 사살되거나 아우슈비츠에서 죽음을 맞기도 했다. 전투 중에 300만 명이 넘는 소련군이 생포된 뒤 죽었는데, 이는 전체 소련군 포로의 절반 이상, 아니 거의 3분의 2에 해당했다. 러시아 포로들의 사망률은 1차 세계 대전 때보다 열 배나 더 높았다. 다시 한번 생활 공간은 곧 살육의 공간임이 드러났다.

폴란드에서처럼 생포된 군인들만이 아니라 특정 민간인도 살육의 대상이었다. 정확히 '파르티잔'으로 확인되는 사람은 누구든 죽임을 당하기 십상이었다. '파르티잔'이라는 말이 유대인과 집시, 그리고 독일이 죽이고 싶어 하는 사람을 모두 포함하는 포괄적인 용어가 되기까지의 과정은 문서에서 추적하기 어렵다. 지금까지 살펴본 바로는 히틀러의 마음속에서 공산주의를 상대로 한 전쟁은 언제나 유대인을 상대로 한 전쟁이었다. 놀라운 점은, 평범한 독일인들도 이것이 바르바로사 작전의 불가결한 일부임을 알았다는 것이다. 예를 들어, 소련 침략 직전에 제309치안 경찰대대장은 부하들에게 성별, 연령을 불문하고 유대인은 모두 죽여야 한다고 말했다. 며칠 후 그들은 비아위스토크에서 그 말을 실행에 옮기고 있었다. 남녀노소 500명을 한 교회당에 몰아 넣고 그냥 불을 질러 버렸다. 소련 침공 뒤 겨우 몇 주 만에 독일군이 유대인을 완전히 몰살할 것이라는 사실이 분명해지고 있었다.

나치는 1941년 말경에 자신들이 점령한 옛 소련 땅에 대략 550만 명의 유대인들이[2] 살고 있다고 추정했다. 이는 나치가 점령한 다른 유럽 땅의 유대인 수에 맞먹었다. 독일은 바르바로사 작전의 성공으로 발트 해에서 흑해에 이르는, 과거 차르 시대의 유대인 거주지 전체를 지배하게 되었다. 히틀러는 유대인 처리 기준과 방법을 결코 정확히 밝힌 적이 없었다. 그저 모든 필요한 조치를 취하고, 자신들과 어긋나는 것은 무엇이든 뿌리 뽑고, 자신들을 곁눈질하는 사람은 누구든 사살하라고만 얘기했을 뿐이다. 히틀러는 1941년 6월 22일, 크로아티아의 최고 사령관 슬라브코 크바테르니크에게 이렇게 설명했다. "유럽에 유대인만 없다면, 더 이상 유럽의 통일은 방해받지 않을 것이다. 그러나 어떤 이유에서든 단 하나의 국가에서 단 하나의 유대인 가족이라도 살게 놔둔다면, 이들이 유럽을 새로이 해체할 세균의 온상이 될 것이다." 당시에도 마다가스카르는 전쟁 이후에 유대인들을 보낼 곳으로 언급되고 있었다. 하지만 제국보안본부의 마다가스카르 계획안을 구상한 아돌프 아이히만은 자신의 부하 프리드리히 주르에게 '유대인 문제의 최종 해결책'이라는 새 임무를 맡겼다. 7월 31일, 하이드리히는 괴링의 위임을 받아 유럽의 독일 세력권에서 유대인 문제를 최종 해결하기 위해 필요한 조치를 준비하고 '포괄적인' 계획안을 작성했다. 이것이 더 많은 유대인을 추방하고 더 많은 게

---

[2] 제국보안본부가 소련 점령지에서의 유대인 문제를 처리하기 위해 발표한 지침은 당시까지 제국에서 통용되던 것보다 폭넓은 정의를 제시했다. "유대인은 유대교를 믿었거나 현재 믿고 있는 사람, 그렇지 않으면 자신이 유대인이라고 공표하거나 공표했던 사람, 혹은 정황상 유대인이라는 사실이 명백한 사람이다. 앞 문장을 더 분명히 하자면 한쪽 부모가 유대인인 경우는 누구든 유대인으로 간주된다."

토를 건설하는 것이었다면 굳이 괴뢰의 승인을 얻으려고 애썼을 것 같지는 않다. 또한 이러한 조치가 내려진 지 얼마 안 돼 절멸부대 A 사령관 프란츠 발터 슈탈레커가 고위 당국이 보안경찰에 문서가 아니라 구두로 내린 명령을 참조한 사실 또한 의미심장하다. 슈탈레커는 옛 소련 영토에 새로이 게토를 세우는 데 반대하는 대신, 오스틀란트(Ostland, 독일이 점령하게 된 발트 해 3국과 폴란드의 동쪽 지역. 벨로루시의 서쪽 지역을 지칭 ― 옮긴이)의 전체 유대인을 거의 100퍼센트 즉각 청소하는 데 찬성했다. 이는 나치 제국의 다른 지역, 즉 프랑스와 세르비아 그리고 제국 본토에서 제기되던, 지역 유대인들을 동쪽으로 추방하라는 압력과 절묘하게 들어맞았다. 따라서 이런 움직임은 폴란드 당국이 자국 게토에 유대인들이 새로이 유입되는 것을 꺼리던 상황과 맞물려, 당시 추진되던 '최종 해결책'에 포함될 수도 있었다. 결국 계획적인 대량 학살이라는 개념은 히틀러의 전성기였던 1941년의 9월 마지막 주와 10월 첫째 주에 구체적으로 정해진 듯하다. 당시 히틀러는 키예프를 손에 넣고, 레닌그라드를 에워싼 뒤 모스크바 공격을 시작하려던 참이었다. 그는 12월 12일, 베를린에서 열린 고위 당간부 회의에서 자신의 목적을 털어놓았다. 한스 프랑크의 표현대로 "그들을 없애 버려라."라는 지시는 명령 체계를 따라 빠르게 전달되었다.

가해자

홀로코스트로 알려진 사건의 가해자는 누구였는가? 소련 침공 이후 체계적인 학살의 첫 단계는 폴란드에서처럼 4개 절멸부대가 실행했다.[3]

---

3) 절멸부대 A가 대량 학살한 유대인은 많다. 그들이 활동한 지역 중 세 곳만 예로 든다면 코브노, 리

1941년 7월 말까지 그들은 아이들을 포함하여 남녀 6만 3000여 명을 죽였는데, 이들 중 90퍼센트가 유대인이었다. 1942년 4월 중순까지 절멸부대는 정확히 51만 8388명을 죽였다. 물론 대다수가 유대인이었다. 이는 붉은군대와의 전쟁에 대비하여 후방에서 수행되던 유대인과의 전쟁이었다. 그러나 유대인 외의 다른 집단도 위험에 처했는데, 대표적으로 집시와 정신병자 들이었다. 그리고 이 잔인무도한 사업이 너무나 대규모로 진행되었기 때문에 절멸부대만으로는 역부족이었다. 따라서 초기 단계부터 독일 정규군뿐만 아니라 경찰대대를 포함한 비전문 조직들이 이 일에 참여했다.

1942년 7월 13일, 날이 새기 무섭게 제101예비대대는 폴란드의 유제푸프(Józefów)에 도착했다. 이곳은 2년 전 소련군이 잠시 점령한 곳으로, 독일군은 여기에 폭탄을 투하했다. 지휘관 빌헬름 트랍 소령은 부하들에게 1800명에 달하는 지역 유대인들을 모두 체포하라는 명령이 내려졌다고 설명했다. 그들은 강제노역자로 쓸 수 있는 건장한 젊은 남자들을 골라냈는데, 300명가량 되었다. 나머지 사람들, 즉 환자와 노인, 여자와 아이들을 트럭에 태워 근처 숲 속 채석장으로 데려가 모두 사살했다.

제101예비대대는 나치 광신자들로 단련된 집단은 아니었다. 대원 486명 대부분이 이웃 지역 함부르크의 노동 계급이나 중하류층 출신이었고 대개 최전선의 병사들보다 나이가 많았다. 절반이 넘는 이들이 서른일곱에서 마흔두 살 사이였다. 그리고 트랍은 1932년에 나치당에 가입했지만, 대원들 중에 당원은 극히 적었다. 그들은 평범한 독일인에 불과했으

가, 빌나가 있다. 절멸부대 B는 벨로루시와 스몰렌스크 서쪽 지역에서 활동했는데, 그로드노, 민스크, 브레스트, 슬로님, 고멜, 모길레프의 유대인들을 살해했다. 절멸부대 C는 동부 폴란드에서 우크라이나에 이르는 지역을 담당했는데, 루보브와 타르노폴, 하르코프, 키예프에서 대량 학살을 저질렀다. 절멸부대 D는 남부 우크라이나와 크리미아, 특히 니콜라예프와 심페로폴, 세바스토폴에서 활동했다. 절멸부대가 유대인 지정 거주지를 완전히 없애 버리는 데 중심 역할을 했다는 사실은 이 책에서 차차 밝힐 것이다.

나 또 한편 적극적인 사형 집행인이기도 했다. 종전 후에 전범 용의자들은 종종 자신들은 그저 명령을 따랐을 뿐이라고 주장했다. 하지만 유제푸프의 경우는 아니었다. 트랍은 살육을 시작하기 전에 대대원들에게 자기 임무를 감당할 수 없는 사람의 경우 다른 임무를 맡기겠다고 말했다. 이들 중 열두 명만 그렇게 했다.

사람을 죽이는 일은 영화에서 나오는 것만큼 쉽지 않은데, 이 중년의 경찰 대부분이 예전에 사람을 죽였던 경험과 가장 비슷하다. 대개 희생자들을 일렬로 무릎 꿇린 다음, 한 사람씩 목덜미를 쏘는 식으로 진행되었다. 정확히 어디를 쏴야 하는지 군의관에게 배우긴 했지만, 피와 뼛조각 등이 온몸에 튀었다. 그들 중 한 사람은 당시 경험을 이렇게 이야기했다. "표적을 똑바로 겨냥해 사격했을 경우, 탄알은 종종 두개골 전체나 두개골 상부가 떨어져 나가는 궤도로 희생자 머리에 명중했다." 일단 사살이 시작되자, 군인 몇 명이 임무에서 제외해 달라고 요청했다. 그러나 대부분은 그 비열한 짓을 계속해 나갔다. 그들은 정오에 보드카를 배급받고 다시 기운을 차렸다. 술은 확실히 도움이 되었다. 살인은 오후와 저녁 내내 계속되었다. 총 열일곱 시간이 걸렸다. 희생된 사람들의 시체는 매장되지 않은 채로 내버려졌는데, 이는 이들의 작전이 아마추어 수준이었음을 보여 주는 증거였다. (절멸부대는 희생자들을 사살하기 전에 그들에게 직접 구덩이를 파게 한 다음, 구덩이 끝 부분에 서게 하고 총을 쐈다. 그들이 연속으로 구덩이에 떨어지면서 이미 목숨이 끊어진 사람이나 아직 죽지 않은 사람들 위로 떨어지게 만들었다. 이렇게 하여 살아 있던 사람들도 질식하여 결국 죽었다.) 지친 대원들은 밤 9시경에 마을로 돌아왔다. 중심가엔 희생자들이 남긴 짐 외에는 아무것도 없었다. 그 짐들은 소각되었다. 괴기스러운 제3제국의 완곡한 표현을 빌리자면, 유제푸프는 이제 "유대인들이 청소된" 상태가 되었다.

제101예비대대원들은 초보자였다. 하지만 훈련을 거쳐 그들은 점차 완벽하게 임무를 수행하게 됐다. 1942년 여름부터 1943년 가을까지, 그들을 비롯한 여러 기동경찰대는 유대인 3만 8000여 명을 사살했고, 4만 5000명을 추방했다. 추방된 사람들 대부분은 트레블링카 절멸 수용소로 보내졌다. 1943년 말까지 독일은 소련계 유대인 약 270만 명을 죽였는데, 이는 바르바로사 작전 이전 인구의 거의 절반에 해당한다.

그들은 무엇 때문에 이런 짓을 했을까? 그들이 다른 독일인들처럼, 살인으로만 본색을 드러내는 악의에 찬 반유대주의에 빠져 있었다는 주장이 제기됐다. 군인들이 고향에 보낸 편지들을 보면 "유대인만이 볼셰비키가 될 수 있다. 왜냐하면 이 흡혈 동물에겐 볼셰비키가 되는 것보다 더 좋은 일은 없기 때문"이라는 히틀러의 메시지를 철저히 자기 것으로 받아들였음을 알 수 있다. 한 병사는 부모에게 보낸 편지에서 자신과 동료들이 훼손된 독일군 시체 예순 구를 발견한 뒤, 타르노폴에서 곤봉과 삽으로 유대인 1000명을 죽였다고 전했다. 그 병사는 유대인들이 소비에트 정권 밑에서 온갖 지도자 지위를 차지하고 있는 데다, 소비에트와 함께 독일인과 우크라이나인을 처형하면서 정기적으로 축제를 벌이기 때문에 분명 그들 소행일 거라고 덧붙였다. 그러한 생각이 독일 문화에 얼마나 깊이 뿌리박혀 있었는지, 어디까지가 1933년 이후에 주입된 사상의 결과인지는 논쟁의 여지가 있다. 빅터 클렘페러도 이 점에 대해서는 확신할 수 없었다. 가끔 그는 나치가 독일에서 생겨난 암적인 존재라고 생각하다가도, 노동자를 포함한 모든 독일인이 예외 없이 반유대주의자들이라는 생각이 떠오르기도 했으나 이를 '부조리한 명제'라고 내치곤 했다. 대체로 전후에 나온 증언을 기초로 달리 해석할 수도 있다. 이 '보통 사람들'이 본인의 행위가 잘못되었다는 점은 잘 알고 있지만 억압적인 권력(책임 회피로 인해 승진이 안 되거나 휴가를 가지 못할 수도 있어서)과 동료 집단의 압력이 양심의 가책을 눌러 이겼다는 것이다.

그러나 우리는 자기 보존 본능이라는 명백한 충동을 잊어서는 안 된다. 자신들이 해친 사람들 수보다는 훨씬 적었지만, 바르바로사 작전의 첫 단계에서 독일군의 사상자는 히틀러가 그전에 벌인 어떤 군사행동에서의 사상자보다 훨씬 많았다. 유제푸프 대학살이 벌어진 1942년 7월에만 작전 중에 죽거나 실종된 독일 병사는 4만 명에 육박했고, 다음 달에는 6만 명 이상으로 급증했다. 전면전이 벌어지던 와중에 유대인을 죽이는 일은 최전선 임무에 비하면 수월한 편이었다. 어쨌든 노인이나 여성, 아이들은 맞서서 총격을 가하지는 못할 것이기 때문이다. 1941년 8월에 나치 친위대 기병여단이 대부분 유대인 민간인이던 1만 4000명을 학살하며 프리페트 습지대를 휩쓸고 지나갈 때, 독일 측의 총 사상자 수는 겨우 두 명이었다. 그 두 명도 멋모르고 지뢰를 밟는 바람에 목숨을 잃은 것이다. 같은 달, 나치 친위대 제1여단은 '일할 수 있는 유대인'만 살려 두라는 히믈러의 명령을 받고, 카메네츠 근방에서 4만 4125명을 사살했다. 물론 희생자 대부분이 유대인이었다. 이번에도 아무도 저항하지 못했다. 독일은 1943년 4~5월에 바르샤바의 게토에서 폭동이 발생하고 나서야 유대인들의 심각한 저항에 부닥치게 되었다.

대량 학살이 얼마나 손쉬운 일인지는 1942년 우크라이나, 듀브노(Dubno)에서 유대인 500명이 희생된 사건을 목격한 독일인의 증언에서 명확히 알 수 있다.

> 트럭에서 내린 사람들은 승마용 채찍인지 개 채찍인지를 손에 든 나치 친위대 부대원의 명령에 따라 옷을 벗어야 했다. 사람들은 신발, 겉옷, 속옷을 모두 따로 벗어 놓았다. 신발 800~1000켤레가 쌓였고, 각종 옷이 산더미처럼 쌓여 갔다.
> 나는 '스물셋'이라고 말하며 내 옆을 지나간 마르고 가무잡잡한 처녀를 지금도 기억하고 있다.
> 나는 작은 언덕을 돌다가 그 거대한 무덤 앞에 서 있었다. 시체들이 너무

다닥다닥 붙어 있어서 얼굴만 보였는데, 대부분 머리에서 어깨까지 피가 흘러내리고 있었다. 그들 중에는 여전히 움직이고 있는 사람들이 있었다. 어떤 이들은 손을 들고 얼굴을 돌려 자신이 아직 살아 있음을 알렸다. 구덩이는 이미 4분의 3이 차 있었다. 내 생각으로는 이미 1000명 정도의 시체가 쌓인 것 같았다. 나는 눈을 돌려 총을 쏘고 있던 남자를 바라보았다. 그는 나치 친위대 부대원이었는데, 구덩이 가장자리에 다리를 흔들며 앉아 있었다. 그는 무릎에 자동소총을 올려놓고 담배를 피우고 있었다. 완전히 벌거벗은 사람들은 구덩이의 흙벽까지 이어진 계단을 기어 내려와, 구덩이에 누워 있는 사람들 머리를 밟으며 나치 친위대 부대원이 가리킨 장소에 멈춰 섰다. 그들은 죽은 사람들이나 부상 당한 사람들 위에 누웠다. 어떤 이들은 아직도 살아 있는 사람들을 쓰다듬거나 조용히 그들에게 말을 걸었다. 조금 있다가 나는 연달아 울리는 사격 소리를 들었다. (중략) 나는 물러서라는 말을 듣지 않아 놀랐다. 내 옆에도 제복을 입은 우체부 세 명이 서 있었다. 이후 다음 번 사람들이 내려왔다.

이 무렵, 희생자들의 옷을 벗기는 일은 관행이 되었다. 그 이유는 독일 군인들이 극도로 인색했을 뿐 아니라 음란한 구석도 있었기 때문이다. 젊은 여성들에게 추파를 던지려는 욕망이자 이제 곧 죽을 사람의 품위를 떨어뜨리고 모욕을 주려는 속내를 내보이는 행위였다. 실제로 위의 회상에서 드러나듯이, 이 소름 끼치는 범죄에는 의식적으로 구경할 만한 무언가가 있었다. 살육 현장에는 가해자뿐 아니라 훔쳐보는 취미를 가진 사람들도 있었다. 심지어 사진을 찍는 사람들도 있었다.

빈 출신 경찰청장 발터 마트너 같은 사람은 여자들과 아이들을 100명 단위로 사살하는 행위를 합리적으로 설명할 수 있었다. 그는 1941년 10월 아내에게 보낸 편지에서 다음과 같이 설명했다. "처음에 사람들을 태운 트럭이 도착해서 사살이 시작됐을 때, 손이 약간 떨렸소. 하지만 이런 일엔 익숙해지게 마련이지. 열 번째 트럭이 도착하자, 나는 더욱 침착하게 조준하고 있었고, 많은 여성과 아이들, 갓난아기들을 확실히 사살할 수 있었소. 내 집에도 아이가 두 명이나 있다는 사실을 생각하면, 이 무리들도 내 아이들에게 똑같은 짓을 할 것이오. 소련 비밀경찰들이 지하 감옥에서 수천 명에게 가하던 지옥 같은 고문에 비하면, 우리는 빠르고 점잖게 사람들을 죽였다오. 아기들이 공중에 던져지면, 우리는 공중에 떠 있는 아기들을 총으로 쏜다오. 그러면 아이들은 구덩이와 물속으로 떨어지게 되지. 유럽 전체를 전쟁으로 몰아넣은 것도 모자라, 아직도 미국에서 판을 치고 있는 이 인간 쓰레기를 없애야 하오. (중략) 우리가 집으로 돌아가면, 그때는 그곳 유대인들을 처리할 차례가 될 거요." 모든 사람들이 인간적인 감정을 잃어버린 것은 아니었다. 나치 친위대도 당시 자행되던 행위를 숨기기 위해 어떤 조치를 취해야 한다는 사실을 점차 깨닫고 있었다. 그들은 더 효율적이면서 혼란을 일으키지 않는 살해 방법을 찾기 시작했다. 히믈러 본인도 1941년 8월 민스크에서 목격한 대량 학살 장면을 그리 즐기지는 않았다. 서유럽 유대인들이 이송되기 시작하면서 견디기 힘들 정도로 혼잡해지고 있던 게토의 거주자들을 굶기거나 전염병을 퍼뜨려 죽이는 방법과 대량 총살보다 더 좋은 방법은 없었을까?

이미 1941년 7월 16일에 롤프 하인츠 호프너 소령은 아이히만에게 편지를 보내 "효과 빠른 약품을 쓰는 것이 일할 능력이 없는 유대인들을 처리하는 가장 인간적인 해결책이 아닌지" 물었다. 앞에서 살펴봤듯이, 그 해답은 이미 독일의 정신병자 수용소에서 제시되었다. T-4 안락사 프로그램에 이어, 1941년 9월에 정신병자 500명이 모길레프의 가스실에서 목숨을 잃었다. 석 달 뒤, 헤움노(Chelmno)에서 밀폐된 차량 뒤 칸에 배기관이 연결되도록 특별히 설계된 트럭이 유대인 죄수들을 질식사시키기 위해 최초로 사용되었다. 최초로 산업화된 대량 학살이 시작되었다.

이웃들

유제푸프의 처형자들은 개인적으로 희생자들을 거의 알지 못했다. 그들은 낯선 교전 지역에서 모르는 사람들을 죽이고 있었다. 그러나 북쪽으로 241킬로미터 떨어진 예드바브네(Jedwabne)에서 1931년 당시 2000명이 넘는 마을 주민의 60퍼센트 이상을 차지한 유대인들은 평생을 함께 살아온 이웃들에게 죽임을 당했다.

1941년 7월 10일 아침에 독일인 여덟 명이 예드바브네를 찾아와 시장인 마리안 카롤라크를 포함한 마을 책임자들과 회의를 열었다. 독일인들은 각 직업마다 유대인을 적어도 한 가족씩은 살려 줘야 한다고 주장했지만, 폴란드 목수는 이렇게 대답했다. "우리에게도 솜씨 있는 사람이 충분히 있습니다. 우리는 유대인을 모두 죽여야 합니다. 한 사람도 살려 둬서는 안 됩니다." 시장과 회의에 참석했던 다른 폴란드인들도 동의했다. 그리 많지 않은 유대인 생존자들 중 한 명인 스즈물 바세르차인의 증언에 따르면, 이후 본격적인 포그롬이 발생했다. "나이 든 유대인의 턱수염은 불탔고, 갓 태어난 아기들은 엄마의 품속에서 죽었다. 사람들은 잔인하게 두들겨 맞았고, 시키면 춤을 추고 노래까지 불러야 했다. 그리고 결국에는 불태워 없애 버리는 작업에 들어갔다." 그들은 마을의 제빵사 브로니슬로프 슬레진스키의 헛간에 유대인을 모두 밀어 넣고 불을 질렀다. 이는 마을의 몇몇 불량배들이 저지른 것이 아니라 카롤라크와 슬레진스키같이 존경받는 유지들의 지휘하에 폴란드 남성 절반 정도가 가담한 일이었다. 이번에도 이웃들이 솔선하여 도망치려는 유대인들을 주변 들판까지 추적하여 잡아냈다. 당시 현장에 있던 소수의 독일인들은 사진 찍는 일에만 전념했다. 역사가 얀 그로스는 이렇게 표현했다. "그날 마을에 있던 모든 이들, 즉 보고 듣고 냄새 맡을 수 있는 사람은 누구든 예드바브네 유대인들의 고통스러운 죽음에 가담하거나 그것을 목격했다." 몇 안 되는 사람들만 유대인 이웃을 구하려 했다. 스타니슬로프 라모토프스키는 미래의 아내가 될 라헬라 핀켈체인을 도와 피신시켰다. 안토니아 비리코프스카는 자기 집에 유대인 일곱 명을 숨겨 주었는데, 그들 중 바세르차인은 그녀와 정을 나눈 사이였다. 레제크 드지드직의 아버지 역시 바세르차인을 도와주었다. 이 세 명 중에 두 명이 적어도 자신을 도와준 사람과 성관계를 가졌다는 사실은 주목할 만하다. 이는 이전에 예드바브네의 유대인과 기독교인들이 얼마나 친밀했는지를 여실히 보여 주는 사실이다.

예드바브네에서 벌어진 일은 결코 특이한 사례가 아니었다. 유제푸프에서도 그 지역 폴란드인 일부가 유대인 체포에 도움을 주었다. 같은 상황은 라질로프에서도 일어났는데, 올레크신에서와 마찬가지로 폴란드인들은 유대인 이웃들이 도망치지 못하게 했다. 크라쿠프의 폴란드인들은 독일인들이 주도한 유대인 상점 약탈과 유대인 구타에 적극 가담하고 유대인들의 재산을 아주 싼값에 살 수 있는 기회를 얻었다. 이 모든 폭력이 독일이 적극 부추겨 일어났다고 하기는 어렵다. 또한 이 현상이 특별히 폴란드에서만 발생한 것도 아니었다. 1941년 7월, 리보프에서는 유대인이 NKVD에 협력했다는 이유로 우크라이나인에게 대량 학살되는 사건이 발생했다. 규모는 작지만 비슷한 보복 사건이 크레메츠에서도 발생했다. 스타니슬라비브, 타르노폴, 스칼라트, 코시브 등 다른 우크라이나 마을 주민들은 독일의 지시 없이도 포그롬을 일으켜 희생자들을 공동묘지에 묻어 버렸다. 라트비아의 수도 리가에서는 7월 1일 밤에 독일인이 아니라 그 지역 나치 단체 선더 크로스(Thunder Cross)의 지시로 격렬한 포그롬이 발생했다. 다양한 인종 집단이 서로 사이좋게 지내던 리가의 중산층 지역에서 성장한 보리스 카셀(Boris Kacel)은 자신이 직접 목격한 사태에 놀라움을 감추지 못했다.

라트비아 사람들은 몸짓과 성난 말로 유대인에 대한 증오심을 표현했다. 그들은 유대인이 공산주의자라고 비난하고 소련이 지배하던 시기에 그들이 당한 불행은 모두 유대인 때문이라고 했다. 나는 행여 꿈에라도 라트비아 사람들이 이웃 유대인들에 대한 반감을 감추고 있었다는 사실을 상상하지 못했다. 열 명에서 열다섯 명 정도의 무장한 라트비아 사람으로 이루어진 자경단원이 트럭을 타고 도착했다. 그들은 팔에 라트비아 국기 색인 붉은색, 흰색으로 된 완장을 차고 있었다. 이들은 거리에서 유대인들을 납치하여 그들의 소지품을 뺏으려고 했다. 이후 붙잡힌 사람들은 강제로 트럭에 실려 숲 속으로 끌려가 살해당했다. 거리를 돌아다니는 자경단원을 조심해야 했기 때문에 외출하기가 무서웠다. 그들은 도시 전체를 장악했고, 아무도 그들의 존재나 불합리한 살인 행위에 이의를 제기하지 않았다. 나는 그렇게 가혹한 공격을 예상하지 못했다. 결국 유대인들은 라트비아 사람들과 여러 해를 함께 살아 왔으니까. 두 집단은 언제나 서로를 너그럽게 봐주었고 화목한 분위기에서 살아 왔다. (중략) 가장 큰 비극은 이러한 범죄를 얼굴도 모르는 침략군이 아니라 서로 살갑게 이름을 부르며 알고 지낸 라트비아 사람들이 저질렀다는 점이다. (중략) 유대인들은 곧 악덕한 라트비아 사람들에게서 벗어나기 위해 독일의 보호를 얻으려고 노력해야 했다.

라트갈레와 다우가브필스에서도 비슷한 장면이 연출되었다. 이 지역에서는 독일인들이 오기도 전에 1000명이 넘는 유대인들이 살해되었다. 한 독일인 관측자는 자신이 라트비아에서 목격한 장면을 "소름 끼친다"고 설명했다. 리투아니아 남쪽도 다르지 않았다. 민족주의 지하조직 포스터는 유대인에 대한 원한을 갚을 운명적인 시간이 왔다고 선언했다. 카우나스의 경우, 독일 군인들은 가만히 서서 지역 주민들이 거리에서 유대인들을 때려 죽이는 모습을 지켜보았다. 그곳에서는 50~70퍼센트의 유대인들이 독일인이 아닌 리투아니아 사람들 손에 죽었다. 벨로루시 국경 너머 보리소프에서는 술 취한 경찰들이 유대인들을 체포하여 발가벗기고 사살했다. 루마니아 일부 지역에서도 독일군이 도착하기 전에 유대인들이 살해 당했다. 1941년 1월 21일, 유대인 아흔세 명이 발가벗겨진 채로 부쿠레슈티 근처 질라바 숲 속에서 사살되었다. 스트랄우에티 도살장에서 살해된 유대인들의 사체는 "유대인 율법에 맞는 고기"라는 라벨이 붙여져, 고기를 거는 갈고리에 걸렸다. 5개월 뒤, 이아시에서 유대인 4000명이 일주일간 지속된 폭력 사태 끝에 살해당했다. 당시 상황을 목격한 이탈리아 신문 《코리에레 델라 세라(Corriere della Sera)》의 특파원 쿠르치오 말라파르테는 이렇게 기록했다.

칼과 쇠지레로 무장한 군인들과 격해진 시민들의 추격을 받은 유대인들이 거리를 따라 도망쳤다. 경찰들은 개머리판으로 문을 내려쳤다. 문 두드리는 소리에 유리창이 열렸는데, 산발한 머리에 잠옷 차림을 한 여자들이 팔을 휘저으며 소리를 질러 댔다. 창문에서 뛰어내리는 사람들의 머리가 아스팔트 바닥에 부딪혀 둔탁한 쿵 소리가 났다. 군인들은 작은 창문을 통해 많은 사람들이 피신해 있던 지하실로 수류탄을 던져 넣었다. 일부 군인들은 무릎을 꿇고 폭파된 지하실 안의 상황을 살펴보느라 정신이 없었고, 웃는 얼굴로 동료들을 쳐다보았다. 살육이 심하게 벌어진 곳에서는 쏟아진 피 때문에 발이 미끄러질 정도였다. 사방에서 벌어지는 병적일 정도로 잔인한 폭력으로 거리와 집들은 총격과 울음소리, 지독한 비명과 잔인한 웃음으로 가득 찼다.

철위대는 코르넬리유 코드리뉴가 처형 당한 뒤(7장 참조) 사라지기는 커녕 더욱 강해졌다. 실제로 왕정이 전복된 뒤 이온 안토네스쿠 장군은 코드리뉴의 후임자 호리아 시마를 부총리로 임명하고 '천국 군단 국가(National Legionary State)'를 선언했다. 충성스러운 동맹자였던 루마니아군은 소련 침공 이후 오데사 등지에서 최악의 반유대주의 폭력 사태를 일으키기도 했다. 독일에 점령된 뒤 이웃 유대인을 배신한 헝가리인도 있었다.

요약하자면 독일이 '최종 해결책'을 구상한 것은 확실하지만, 많은 유럽 민족들이 살육에 열렬히 동참했다는 사실을 간과할 수는 없다. 또한 1940년대 초기의 반유대주의 폭력은 청천벽력처럼 갑자기 발생한 것이 아니었다. 일부 폴란드인들이 편견에서 차별과 폭력적인 추방 (결국엔 예드바브네에서처럼) 몰살이라는 방법을 채택하기까지, 그리 많은 것이 필요하지 않았다. 예드바브네 사태는 단순히 극단적인 예이며, 당시 유럽 전역에서 발생한 사건에 대한 자료가 온전히 남아 있는 사례라는 점이 핵심이다. 협력자는 독일과 동맹을 맺은 이탈리아, 루마니아, 헝가리, 불가리아뿐 아니라 독일이 침략하고 점령한 국가들, 즉 노르웨이, 덴마크, 네덜란드, 벨기에, 프랑스, 유고슬라비아 그리스, 소련에서도 나타났다. 나치 지도부와 마찬가지로 격렬한 증오심에 의해 그렇게 행동한 사람들도 분명 있었다. 그리고 질시나 비열한 탐욕에 눈이 어두워 독일의 지배를 틈타 이웃의 재산을 빼앗은 사람들도 있었다. 또한 자기 보존 본능도 어느 정도 역할을 했다. 바르샤바 게토의 치안을 담당했던, '고리대금 및 부당이득방지소' 직원이나 게토를 근절하는 데 기여한 여러 유대인 위원회 지도자, 자기는 살 수 있지 않을까 하는 (대개는 헛된) 희망을 품고 위임된 권한을 받아들인 강제수용소 죄수처럼 유대인인데도 나치에 협력한 사람들도 있었다.

예드바브네 사례는 독일이 내전을 조장한 과정을 전형적으로 보여 준다. 독일군의 접근으로, 잠재해 있던 다민족 사회의 갈등이 폭발한 듯하다. 폴란드인들은 유일한 살인자가 아니었고, 유대인들도 유일한 희생자가 아니었다. 독일인들도 이런 폭력에 희생될 수 있었다. 1939년 9월 독일이 침략해 오자, 폴란드인들은 복수를 위해 폴란드 내 독일계 주민 4000~5000명을 살해했다. 이후 독일인들이 자위단을 결성해 4000명이 넘는 폴란드인을 죽였다. 결국 그들은 나치 친위대 지도부 밑으로 들어갔다. 언어학자였던 빅터 클렘페러는 나치가 '민족 투쟁'이나 '근본적인 청소' 같은 완곡한 신조어를 만들어 가는 과정에 충격을 받았다. 그는 일상에서 독일어를 이렇게 파괴하는 행위가 노골적인 선전보다 훨씬 더 효과적이라고 생각했다. 이러한 완곡한 표현은 인종 폭력을 더 쉽게 받아들이게 만들었다.

아마도 우크라이나는 어느 곳보다 유혈이 낭자한 곳이었을 것이다. 볼리니아와 동부 갈리치아에서는 독일의 사주를 받은 우크라이나 민족주의자 조직원들이 폴란드인 6~8만 명을 학살했다. 마을 주민 전체가 몰살당했는데, 남자들은 맞아 죽고, 여자들은 강간당한 뒤 사지가 절단되었으며, 아기들은 총검에 희생되었다. 폴란드 마을 레오노프카의 도미니크 타르나프스키는 우크라이나인들이 쏜 총에 맞았지만 겨우 도망쳐 나올 수 있었는데, 그의 가족은 그만큼 운이 좋지 않았다. 그의 친구인 타데우즈 피오트로프스키는 그들의 최후를 다음과 같이 전했다.

먼저 그들은 타르나프스키의 아내를 강간했다. 그런 다음 그녀를 근처 나무에 매단 뒤 가슴을 도려냈다. 그녀가 나무에 매달린 채 피를 흘리다 죽는 동안 그들은 그녀의 두 살짜리 아들을 벽을 향해 계속 던지기 시작했다. 그렇게 아들을 죽인 후에는 그녀의 두 딸을 총으로 쐈다. 그들은 피비린내 나는 행동을 마치고, 집 앞 깊은 연못에 죽은 시체를 모두 던져 버렸다. 그리고 집에 불을 질렀다.

이는 특별히 잔악한 행위가 아니었다. 독일의 강제노동수용소를 탈출하여 폴란드 농민 대대에 가담한 10대 소년 발데마르 로트닉은 어떤 소녀를 강간하려다 자신이 그 소녀의 가족과 아는 사이임을 깨달았을 뿐 아니라 어릴 적 그녀의 모습도 기억해 냈다. 또 다른 폴란드인은 당시를 이렇게 회상했다. "우크라이나 민족주의자들에게 잡힌 여성들이 자기 가족들의 손발이 하나씩 잘려 나가는 모습을 지켜봐야 했다는 얘기가 여기저기서 들려왔다. 그리고 임신한 여성들의 장기를 꺼냈다는 얘기와 산 채로 해부 당한 임신부들의 배 속에 고양이를 넣어 놓았다는 얘기, 우크라이나인 남편이 폴란드인 아내를 죽였다는 얘기, 우크라이나계 아내가 폴란드인 남편들을 죽였다는 얘기, 아들이 폴란드인 엄마를 죽이지 못하게 하느라 우크라이나인 아버지가 자기 아들을 죽였다는 얘기, 폴란드인과 우크라이나인 부모를 둔 아들이 절반은 폴란드인이라는 민족주의자들의 주장 때문에 톱에 의해 절반으로 잘렸다는 얘기, 아이들을 집 안 담장에 매달아 죽였다는 얘기, 힘없는 어린아이들을 건물에 내던지거나 불타는 집에 던져 넣었다는 얘기가 너무 많이 나돌았다." 여기서는 단순히 이웃들 간의 인종 갈등만이 아니라 집안 내에서의 인종 갈등도 등장했다. 어떤 우크라이나인들은 추축국 편에서, 어떤 이들은 연합국 편에서, 또 어떤 이들은 우크라이나 편에서 독립을 위해 싸우며 전쟁이 계속되자, 서로를 죽일 수밖에 없는 비극은 더욱 잔인해지기만 했다.

발칸 지역에서도 인종, 종교, 이데올로기에 따라 다수의 내전이 벌어졌다. 유고슬라비아는 1941년 4월, 독일의 침공 이후 분리되었다. 기회를 잡은 크로아티아 지도자 안테 파벨릭은 히틀러 편을 들겠다고 맹세했다. 계속된 혼란 속에서 그의 우스타쉬(Ustašas, '봉기'라는 뜻 — 옮긴이) 정권은 크로아티아와 보스니아헤르체고비나의 세르비아인들에 대한 잔인한 인종 청소를 감행했다. 그들은 세르비아인 수십만 명을 괴롭히고 목숨을 빼앗았다. 전체 마을 주민들을 교회로 밀어 넣고 불을 질러 죽이거나 야세노바크 같은 강제수용소로 이송하여 살해했다. 세르비아의 군사 조직 체트니크와 파르티잔은 같은 방법으로 이러한 범죄에 보복했다. 전쟁 중에 유고슬라비아에서 죽은 100만여 명 중 대부분이 다른 유고슬라비아인들에 의해 죽임을 당했다. 여기에는 보스니아 내의 거의 모든 유대인 1만 4000명이 포함되어 있었다. 그리스에서도 독일 점령은 더욱 치열한 갈등의 계기가 되었다. 유고슬라비아에서처럼 그리스에서도 3개의 전쟁이 치러지고 있었는데, 외국 침략자들과 민족주의자, 민족주의자와 토착 공산주의자 간에 전쟁이 벌어졌다. 불가리아가 루마니아로부터 남부 도브루자 지역을 얻어 내자, 새로운 국경선에 따라 주민 수만 명이 자신의 터전에서 쫓겨나고 말았다.

대부분의 제국은 평화와 질서를 가져다 준다고 주장한다. 제국은 지배하기 위해 영토를 분할하기도 하지만, 대개 안정을 추구하며 통치한다. 나치 제국은 유럽의 민족들을 통치하면서 분할 정책을 추구했다. 하지만 아이러니하게도 중유럽과 동유럽에서 시작된 분할은 인종만큼이나 종교와도 깊은 관계가 있었다.(폴란드와 우크라이나 간의 갈등이나 크로아티아와 세르비아 간의 갈등에서 가장 두드러진다.) 그러나 (한 독일 장교의 표현을 빌리자면) "민족 간의 경쟁관계를 능숙하게 이용하려던" 독일의 시도는 "점령지의 절대적인 정치적, 경제적 평정"을 가져오지 못했다. 그와 반대로 많은 지역에서 지역 불화를 조장하는 수준으로 타락해 버렸다. 즉, 통치 방식으로서 내전을 제도화한 것에 불과했다.

히틀러의 인종 용광로

이 모든 사태에는 아이러니한 점이 있다. 독일이 외국 동맹자와 협력자들에게 의존할수록, 그들의 제국은 필연적으로 더욱 다민족적인 모습이 되었다.

의도하지 않았던 이러한 변화의 첫 번째 증상은 히틀러 군대의 구성 변화였다. 소련을 침공한 군대에는 크로아티아인, 핀란드인, 루마니아인, 헝가리인, 이탈리아인, 슬로바키아인, 스페인인이 60만 명이나 포함되어 있었다. 독일 병사들은 동맹국 출신 군인들과 함께 싸우는 것은 물론, 독일군 제복을 입은 외국인들을 보는 일이 잦아졌다. 프랑코는 서부 전선에서 히틀러 편에서 싸우길 거부했지만, 소련에 맞서 싸우도록 '푸른 사단(스페인의 파시스트 정당 팔랑헤당의 자원자들이 입는 푸른색 셔츠에서 따온 이름)'의 결성을 허락했다. 이 사단은 1941년 10월부터 참전하여 1943년 12월, 스페인의 중립을 유지하기 위해 군단으로 축소될 때까지 전공을 세우며 복무했다. 프랑스의 지원병들 또한 '볼셰비즘을 반대하는 프랑스 의용대'를 결성하여 독일군 보병사단의 일부로 참전했다. 다른 외국인들은 대개 나치 친위대의 전투 부대인 무장친위대 제복을 입었는데, 이는 독일군이 징병 연령에 해당하는 독일인들을 나치 친위대에 넘기길 꺼렸을 뿐 아니라 히믈러가 '북유럽 인종' 자원을 열렬히 확대하려 했음을 입증하는 사례이다.

공식적으로 이들 중 일부는 전혀 외국인으로 간주할 수가 없었다. 그들은 프린츠 오이겐 사단에 징집된 크로아티아계 독일인 1만 7000명이나 비킹 사단에서 지원병으로 복무한 덴마크계 독일인 1300명, 호르스트 베셀, 마리아 테레지아 사단에서 복무한 헝가리계 독일인들처럼 독일 민족이었기 때문이다. 알자스, 로렌, 룩셈부르크에 사는 사람들 중에, 두 명 이상의 조부모가 독일인인 사람들도 무장친위대에 들어가면 독일 국민 자격이 주어졌다. 그러나 초기 단계인 1940년 여름, 네덜란드인, 플랑드르 지방의 벨기에인, 덴마크인, 노르웨이인을 시작으로 비독일계 장정들도 신병으로 모집되었다. 라틴계 국가들, 대표적으로 벨기에 왈론인들이 무장친위대에 들어가기도 했지만, 이 민족들은 특징으로 보아 '게르만' 또는 '북유럽'계로 추정할 수 있다. 이 서유럽 국가들은 전쟁 포로 50여 명으로 구성된 자유영국의용군(British Free Corps)을 계산에 넣지 않아도 11만 7000명의 병사를 공급했다. 1941년 5월에는 라트비아 사단과 에스토니아 사단에 이어 핀란드 사단이 결성되었는데, 이들은 상당히 유능한 전투군으로 드러난다. 무장친위대는 우크라이나인과 슬로바키아인, 크로아티아인도 받아들였다. 스탈린그라드 공격 후에 무장친위대 가입 기준은 꾸준히 유연해졌다. 결국 히믈러는 과거 합스부르크 군대의 다국적 체제가 무장친위대의 선례라고 주장할 수밖에 없었다. 우크라이나인, 헝가리인, 불가리아인, 세르비아인도 신병으로 보충되었다. 1943년 2월에 결성된 세 사단 중, 첫 번째 사단은 보스니아와 알바니아의 이슬람교도로 이루어져 있었다. 이들은 나치 친위대 룬문자로 장식된 터키모(帽)를 쓰고 명목상으로는 '예루살렘 이슬람 법률 고문'의 감독하에 연대 내 이슬람 지도자들의 지휘를 받았다. 47개 무장친위대 사단 중에 20개가 전적으로 혹은 부분적으로 비독일인 신병이나 징집병으로 구성되었고, 이후에도 5개 사단이 독일 민족이 아닌 이들로 채워졌다. 실제로 전쟁이 끝날 무렵에는 히믈러가 지휘한 병사들 가운데서 독일인들보다 비독일인들이 더 많았다. 히믈러는 라트비아 군단 사령관과의 회의에서 역설처럼 보이는 이 상황에 다음과 같은 근거를 댔다.

모든 나치 친위대 장교는 국적과 관계없이 게르만 민족(히믈러는 독일, 네덜란드, 플랑드르, 앵글로색슨, 스칸디나비아, 발트 해 연안 민족들을 구체적으로 지적했다.)의 생활 공간에 관심을 가져야 한다. 이 모든 민족을 거대한 한 가족으로 결합시키는 것이 당면한 가장 중요한 임무이다. 이 과정에서 가장 강력하고 수가 많은 독일 민족이 주역을 맡는 것은 자연스러운 일이다. (그러나) 이러한 통합은 평등의 원칙을 기초로 이루어져야 한다. (중략) 나중에 이 가족은 모든 로마 민족과 슬라브 민족을 끌어안는 임무를 맡아야 한다. 왜냐하면 그들도 백인종이기 때문이다. 백인종의 단합을 통해서만 서양 문명은 황인종의 위협에서 안전을 도모할 수 있다. 현재 무장친위대가 평등을 기초로 운영되고 있다는 점에서 우리는 선구적인 역할을 하고 있다. 무장친위대에는 게르만인, 로마인, 슬라브인뿐 아니라 이슬람 부대도 있으며 서로 친밀한 관계 속에서 전쟁을 치르고 있다.

　점령지 소련 출신의 다양한 집단들도 독일 편에서 싸우고 있었다. 이들은 대개 '히비스(Hiwis, 문자 그대로 도와줄 의향이 있는 사람들이란 뜻의 Hilfswillige의 줄임말)'나 동방부대로 알려졌는데, 드네스트르 강과 부그 강 하류 사이에 위치한 루마니아 점령 지역 '트란스니스트리아' 출신 독일인들뿐 아니라 우크라이나인들도 추축국 편에서 싸웠다. 바르바로사 작전이 개시된 지 6개월 뒤, 인종적으로나 정치적으로 믿음을 얻은 옛 소련 민족들로 6개 군단이 형성되었다. 아르메니아인, 아제리인, 그루지야인, 북카프카스인, 투르케스탄인, 볼가타타르인이 바로 그들이다. 1942년 말에는 그러한 병사들의 대대가 15개에 달했고, 1943년 초까지 6개 대대가 추가되었다. 돈 카자흐와 쿠반 카자흐 기병 이탈자와 탈영병들도 채용되면서 이들은 동부전선만이 아니라 발칸 반도와 프랑스에서도 전투를 치렀다. 파울루스 장군의 제6군 병력은 스탈린그라드에서 그러한 지원군 5만여 명을 보충받았는데, 이는 총 병력의 4분의 1을 넘는 수준이었고, 제71, 제76 보병사단의 경우 이들 지원군 비율은 50퍼센트까지 상승했다. 제6군 병력이 포위되었을 때, 계속 전투를 벌인 병사들 중 11퍼센트에서 22퍼센트가 비독일계 병사였다. 스탈린그라드 공방전 이후 160개 연대에 이르는 소련 포로들이 독일 측에서 싸웠는데 그 수가 100만에 육박했다. 이 불운한 병사들 중 한 사람은 다음과 같은 질문을 받았다. "이렇게 되면 당신은 동족을 죽여야 하는 겁니까?" 그들은 이렇게 대답했다. "어쩌겠습니까? 우리가 러시아 쪽으로 도망치면, 우린 배반자로 간주될 것입니다. 우리가 싸우길 거부하면, 우린 독일군 총에 맞아 죽을 겁니다." 이러한 대화에서 나타나듯이, 독일 편에서 싸운 소련 국민 대부분은 비러시아계였다.[4] 그러나 많은 토론 끝에 독일 편에서 싸운 러시아계 사람들도 있었다. 실제로 바르바로사 작전 직후에 러시아민족해방군이나 러시아민족군 같은 다양한 반소련 세력이 등장했다. 물론 독일은 그러한 자발적인 조직을 합법으로 인정하길 무척 꺼렸다. 전쟁이 막바지에 이르렀을 때에야 독일은 러시아인민해방위원회와 반공러시아해방군의 창설을 승인했다. 두 조직을 이끈 안드레이 안드레예비치 블라소프 장군은 레닌그라드 포위망을 돌파하려다 실패한 뒤, 1942년 7월 독일군에게 포로로 잡혔다. 블라소프의 군대는 1945년 3월에 전선에 투입되었지만 잠시 전투에 참가했다가 독일군의 명령을 따르길 거부한 뒤 체코 민족주의자들에게 가담하여 프라하에서 나치 친위대에 대항한 반란을 일으켰다.

한편, 제3제국의 군산복합체에 필요한 노동력이 전혀 채워지지 못하고 건장한 독일 남성들이 징집되는 비율이 계속 높아졌다. 이에 따라 해외 생활 공간을 독일 식민지로 만들려는 거대한 계획과는 반대로, 독일 본국이 해외 노동자들의 이주지로 변하기 시작했다. 제국 내 해외 노동자 수는 1939년 30만 1000명에서(총 고용인의 1퍼센트 미만) 1940년 가을에는 약 200만 명으로, 1944년에는 총 노동 인구의 20퍼센트에 해당되는 700만 명 이상으로 증가했다. 그들은 벨기에, 덴마크, 프랑스, 네덜란드, 이탈리아, 헝가리, 유고슬라비아 등 유럽 전역에서 왔는데, 자발적으로 온 사람도 있었고 협박에 못 이겨 온 사람도 있었다. 처음에는 급성장하는 독일 경제에 이끌려 서유럽의 숙련 노동자들이 독일을 찾아왔다. 실제로 독수리 요새에 이르는 도로를 건설한 사람들은 이탈리아 석공들로, 히틀러 시대의 경제 호황을 적극적으로 누린 이들이었다. 그러나 전쟁이 오래 지속되자 폴란드인들이 압도적으로 많아졌으나, 자진해서 독일에 온 이들은 거의 없었다. 이미 1941년 9월에 100만 명이 넘는 폴란드인이

---

4) 비러시아계는 전쟁이 끝날 무렵, 64만 7000여 명으로 추정되었는데, 이들 중 3분의 1 정도가 우크라이나 출신이었고, 카프카스와 투르키스탄 출신이 각각 17퍼센트씩 차지했으며, 발트 해 연안 국가 출신이 12퍼센트를 차지했다. 그리고 11퍼센트 정도가 코사크인, 5퍼센트가 타타르인, 2퍼센트가 칼미크인, 2퍼센트가 벨로루시인이었다.

제국에서 일하고 있었는데, 이는 전체 해외 노동자 수의 절반에 가까운 수준이었다. 1943년 7월, 전쟁 포로가 포함되지 않은 130만여 명의 노동자들이 점령지 총독부로부터 제국으로 이송되었다. 곧이어 폴란드에 거주하는 독일인보다 독일에 거주하는 폴란드인이 더 많아졌다. 1941년 이후에는 우크라이나인과 다른 소련 국민들이 폴란드인에 필적할 정도로 많이 이주해 왔다. 이들 중에는 여자들이 많았는데, 1943년 가을 무렵 제국에서 고용된 여성 외국인 노동자 수는 170만 명에 이르렀다. 이들 대부분이 점령지 폴란드나 소련 출신이었다. 이제 유럽을 독일화하기를 갈망하는 정권에게 두통거리가 생겼다. 독일이 민족지(誌) 같은 유럽으로 변해 가는 과정은 인종 이론은 물론이고 일반 독일인들의 감정과도 갈등을 일으키고 있었다.

더럽혀진 제국

이런 상황으로 발생한 결과 중에 뜻밖의 사건이 있다. 나치의 인종 전문가들이 폴란드인과 체코인을 인종적으로 구분하기 위해 공을 들였음에도, 그들이 근절하고자 했던 바로 그 성향, 즉 이종족 간의 결혼이 지속되었던 것이다. 실제로 전쟁과 강제 이주로 야기된 혼란 속에서 독일인과 비독일계의 성적 접촉이 증가했다. 1940년 3월 8일에 발포된, 독일 내 폴란드 노동자들에 대한 새로운 경찰 규정 중 일곱 번째 조항은 독일 남성이나 여성과 동침하거나 그들에게 부적절한 태도로 접근하는 사람은 누구든 사형(나중에는 교수형에 처한다고 구체화되었다.)에 처해질 수 있다고 규정했다. 만약 폴란드 여성이 독일 남성의 아이를 가지면, 태아는 강제 유산되었다. 유일하게 허용된 조건은 합병된 지역에서와 마찬가지로, 유죄가 인정된 폴란드인이 필요한 인종 기준에 적합하다면 RuSHA

사정관들의 추천으로 그 사람을 독일인으로 받아들이는 것이었다. 1940년 말부터 외국인 및 전쟁 포로와의 접촉은 형사 범죄가 되었다. 이는 성관계만이 아니라 외국인에게 음식이나 마실 것, 담배를 주는 행위를 포함하여 거의 모든 친절한 행위에도 적용되었다. 1943년 5월에 발포된 '독일 제국의 보호를 받기 위한 자격'에 관한 특별 제국법은 폴란드 노동자들의 성적인 자유에 더욱 심한 제한을 가했다. 독일 여성과 동침할 경우 처형되는 것을 물론이고 남자는 스물여덟 살까지, 여자는 스물다섯 살까지 결혼할 수 없었고, 배우자 선택도 독일인이 되기에 부적합한 폴란드인에 국한되었다. '민족보호법'과 마찬가지로 이러한 조치들은 실제로 이행되었다. 이미 1940년 8월에 열일곱 살 된 폴란드 농장 노동자가 사실은 매춘부였던 독일 여성과 성관계를 맺었다는 이유로 공개 교수형에 처해졌다. 1942년 전반기에 법원이 판결한 사형 선고 1146건 중에서 530건이 폴란드인에게 내려졌는데, 열 건이 독일 여성과의 성관계 때문이었고 마흔일곱 건이 '도덕적 범죄' 때문이었다. 1940년 8월에 발포된 RuSHA 명령에 따르면, 독일 여성과의 성관계로 현행범으로 체포된 영국과 프랑스 전쟁 포로에게도 사형 선고가 내려질 예정이었다. 실제로는 대개 3년 형에 처해졌다. 폴란드 여성과의 잠자리 때문에 기소된 독일 남자들은 강제노동수용소에서 3개월간 지내야 했다. '외국인 노동자'와 관계를 맺은 독일 여성에게도 합당한 조치가 취해졌다. 크루프 사 공장에 다니던 한 소녀는 프랑스 전쟁 포로와 부정한 관계를 맺었다는 이유로 15개월 형을 선고받았다. 때에 따라 위반자가 공개 모욕을 당하거나(머리를 밀어 버린다든지) 라벤스브뤼크(이 수용소에서 그들은 '동침 정치범'으로 불렸다.) 같은 강제노동수용소에 보내지기도 했다.

분명 이러한 조치는 약간의 대중적 지지를 누리긴 했다. 그럼에도 1942년 1월 나치 친위대 보안방첩국 SD에 올라온 보고서를 보면, 더 급진적인 나치당원들은 그러한 조치가 억제책으로는 미흡하다고 보는 듯했다.

제국의 모든 지역에서 올라온 보고서들(포츠담, 빌레펠트, 바이로이트, 켐니츠, 할레, 라이프치히에서 구체적인 불만 사항들이 답도했다.)에 따르면, 외국인 노동자 수백만 명이 배치됨으로써, 독일 여성과의 성관계가 꾸준히 늘었다고 한다. 이 사실은 사람들에게 무시할 수 없는 영향을 미쳐 왔다. 오늘날 유력 인사들은 독일 여성들이 외국인과 관계를 맺어 불법적으로 낳은 아이가 적어도 2만 명에 이른다고 추정한다. 독일 혈통에 대한 침투 위협은 독일 남성 수백만 명이 군에 징집되고, 외국인과의 성관계를 전면 금지하지 않고, 외국인 노동자가 꾸준히 증가하는 상황으로 더욱 커지고 있다. (중략) 독일 혈통을 가진 여성들의 경우, 독일 주민 가운데 중요하지 않은 사람들과 접촉하는 경우가 종종 있다. 이들은 왕왕 성적 관심이 현저히 많은 여성이며, 외국인을 흥미로운 눈으로 본다. 그래서 외국인들이 쉽게 그런 여성에게 접근하는 것이다.

외국인 노동자를 비독일계 매춘부들만 있는 매음촌에만 출입하도록 엄격히 제한하려 했지만 문제는 계속되었다. 1943년 9월, 선전부는 독일 국민에게 다음과 같은 사실을 상기시켜야 할 필요성을 느꼈다. "(외국인과의) 모든 성관계는 독일 민족을 더럽히고 배신하는 행위이다. 따라서 법에 의해 가혹한 처벌을 받을 것이다." RuSHA는 부득이하게 폴란드 및 소련 노동자들의 아이들 수백 명을 상대로 아이 아버지가 '좋은 혈통'인지 알아보는 검사를 실시해야 했다. 높은 점수를 받지 못한 아이들은 특별 '요양소'로 보내졌는데, 이런 시설의 경우 사망률은 당연히 높았다. 이에 독일 내 '외국 아동'이 증가함으로써 결국 독일인과 외국 인종 간에 유지되어야 할, 절대적으로 필요한 구분선이 매우 희미해질 수도 있다는 우려가 제기되었다.

예상대로, 과거 폴란드에 속했던 점령지에서는 문제가 더 심각했다. 1939년 10월 27일, 이미 서프로이센 토른의 경찰총수는 일부 폴란드 주민들의 무례한 행동을 억제하기 위해 특별 명령을 발포해야 했다. 일부 조항을 소개하면 다음과 같다.

    7. 독일 여성이나 소녀에게 치근거리거나 다가가서 말을 거는 사람은 누구든 징계를 받을 것이다.
    8. 독일인에게 말을 걸거나 치근거리는 폴란드 여성은 매음촌에 가둘 것이다.

그러한 '무례한 행동'을 폴란드인이 먼저 한다는 생각은 물론 꾸며 낸 이야기다. 독일계 잡지 《독일 민족의 귀가》에서 크리크(Krieg) 박사는 이렇게 탄식했다.

    우리는 독일 민족을 지배 인종으로 격상시켜야 한다. (중략) 보호령의 독일인들이 자꾸 체코 여성들에게 겁을 주거나 환심을 사려 하는데, 이는 시정되어야 한다. 폴란드 민족과 일정한 거리를 두어야 한다는 점을 독일 민족에게 가르쳐야 한다. 독일에서 농민으로 일하는 폴란드 전쟁 포로를 가족으로 대해서는 안 되며, 독일 여성은 폴란드 사람과 친하게 지내서는 안 된다. 독일 민족이 폴란드 사람과 섞일 때마다 우리의 규범은 약해진다.

바르테가우의 그라이저도 다음과 같은 명령을 내릴 수밖에 없었다.

    독일 사회에 속한 사람으로서 폴란드인과 경제적인 동기나 서비스 제공 때문에 그저 아는 정도보다 친밀한 관계를 유지하는 이는 누구든 예비구금될 것이다. 특히 독일 사회에 속한 개인이 폴란드인과의 관계를 통해 제국의 인종적 이해관계에 심각한 해를 입힌다면, 그 사람은 강제노동수용소에 보내질 것이다. 폴란드인과 육체적 관계를 맺는 독일인은 예비구금될 것이다.

히믈러는 이러한 조치를 지지했다. 그는 이렇게 말했다. "우리와 흑인처럼, 우리와 폴란드인은 아무런 관계가 없다." 독일 여성과 동침한 폴란드 남성은 교수형에 처해질 터였다. 그러나 나치는 이길 가망이 없는 싸움을 하고 있었다. 실제로 독일 남성과의 육체 관계를 용납하는 폴란드 여성을 매음굴로 보낼 거라는 그라이저의 엄포는 인종적으로 부정한 성관계를 막을 수 없음을 인정한 거나 마찬가지였다. 1942년 2월, RuSHA의 인종사무소장은 나치 친위대 인종사정관과 RuSHA 지부 관료들에게 '민족보호법'을 위반한 폴란드인이 독일인화하기에 적합한지 판단하는 견본 양식을 지급하기로 했는데, 이는 현실에 적응해 나가는 이론가들의 전형적인 과정을 보여 준다. 점령지 소련의 경우, 독일 군인들이 인종적으로 부적당한 파트너와 성적 관계를 맺지 못하게 하는 조치는 전혀 취해지지 않았다. 자신을 포함하여 유죄판결을 받은 범죄자들로 구성된 한 나치 친위대 여단 사령관 오스카르 디를레방어는 루블린에 많았던 여러 위반자 중의 한 명으로, 낮에는 유대인을 죽이고 밤에는 유대인과 동침했다. 루블린과 리보프에는 그런 방탕한 사람들에 대한 소문이 자자했다.

물론 강제노동수용소는 인종 오염 문제에 명확한 해결책을 제시할 터였다. '최종 해결책'이 결정되기 전에, 히믈러는 나치 의사들에게 러시아인, 폴란드인, 유대인 같은 독일 제국의 적에게 사용할 '빠르고 값싼 불임 방법'을 찾아보라고 재촉했다. 히믈러의 개인 비서 루돌프 브란트(Rudolf Brandt)는 나중에 이렇게 설명했다. "이런 방법으로 정복할 뿐 아니라 적을 해칠 수 있기를 바랐다. 독일은 생식 능력이 파괴되어 불임이 된 사람들의 노동력을 이용할 수 있었다." 카를 클라우베르크 교수는 자극성 있는 액체를 주사하여 아우슈비츠 죄수들의 자궁을 마비시키는 실험을 했다. 호르스트 슈만 박사는 남녀 죄수에게 엑스레이를 심하게 쐬게 함으로써 똑같은 결과를 얻으려 했다. 그러나 수용소에서도 지배 민족이라는 독일인들은 인종 간 성관계라는 유혹에 무릎을 꿇었다. 부헨발트에는 나치 친위대 장교들이 여죄수들을 성적으로 착취하는 수용소 매음굴이 있었다. 플라스조프 수용소의 아몬 괴트와 마찬가지로 루돌프 회스도 아우슈비츠 책임자로 있을 때 유대인 정부를 두었다.

따라서 본질적으로 히틀러의 제국은 동부 일반 계획에서 구상한 대로 인종별로 계층화된 유토피아가 될 수 없었다. 나치가 자신들이 정복한 민족의 범유럽주의나 반소비에트 정서에 호소할수록 대량 학살이라는 피비린내 나는 작업을 할 때 협력자들의 도움을 더 많이 받아야 했고, 소름 끼치는 아리아인의 천국을 찾으며 총력전을 감행할수록 인종 혼합은 더 많이 진행되었다. 이러한 현상은 나치 제국주의에만 국한되지 않았다. 독일과 그들의 극동 지역 동맹국이 표면적으로 다르다는 점을 고려하면, 아시아의 일본 제국이 똑같이 모순된 성향을 보였다는 점은 놀라운 일이다. 일본 제국에도 생활 공간을 정복하여 그곳에 순혈 이주자들을 정착시키고 인종적 순수함을 지키려 한 제국의 건설자들이 있었다. 또한 일본 제국 역시 정복지 국민들이 기존 제국주의 정권의 무능을 깨달은 상황을 이용할 수 있었다. 그러나 그곳에서도 협력자들이 필요한 건 마찬가지였고, 인종적으로 질서 잡힌 제국을 건설하려던 본래 비전에 해로운 영향을 끼친 노예 노동자들이 존재했다. 나치의 광역 경제와 마찬가지로, 일본의 '대동아 공영권'도 인종주의적 유토피아를 목표로 했으나 도살장과 식민지, 매음굴이 교묘하게 뒤섞인 지역이 되고 말았다.

14 지옥문

본질적으로 같지 않은 사람들을 마치 같은 것처럼 생각하는 것은 그 자체로 불공평하다. 같지 않은 사람들을 같지 않게 다루는 것이 평등을 실현하는 것이다.

— 야마토 민족을 중핵으로 하는 세계 정책 검토서, 1943년

폭격기들이 대형을 무너뜨리고 마을 중심지에 급강하 폭격을 가했다. 기관총 소리가 특히 소름 끼쳤다. 오전 10시경, 부상자들이 도착하기 시작했고 환자 대기실 밖 바닥에 눕혀졌다. 곧이어 부상자들이 쏟아져 들어왔는데, 문자 그대로 수백 명이 몰려들었다. 현실이 아닌 웰스의 소설 속에 나오는 무시무시한 장면 같았다.

— 1941년 12월 11일, 오스카 엘리엇 피셔(Oscar Elliot Fisher), 말라야

세계 인종 질서

히틀러는 자신이 구상한 새로운 세계 질서 가운데서도 몇 가지 면면을 더 명확히 그려 냈다. 그는 유대인이 유럽에서 사라지길 간절히 원했으나 이에 대해서는 의도적으로 말을 흐렸다. 이와 대조적으로, 그의 마음속에서 제국의 수도 베를린의 미래상은 비할 데 없이 정확히 그려졌다.

사람들은 숨조차 쉬지 못할 정도로 웅장한 개선문과 판테온 신전, 민족 광장이 들어선 넓은 대로를 따라 그곳에 도착할 것이다. 그렇게 해야만 우리는 세계 유일의 경쟁 도시 로마를 능가할 것이다. 성 베드로 성당과 광장이 장난감처럼 느껴질 정도의 규모로 베를린을 건설하자. (중략)
제국 총리실에 들어서는 사람들은 자신이 세계의 지배자 앞에 서 있다고 느낄 것이다.

화강암으로 된 우리의 기념물이 영원히 지속될 것이다. 1만 년 뒤에도 그 기념물은 지금처럼 서 있을 것이다.

알베르트 슈피어는 총통의 거대한 계획을 실현하기 위해 상세한 계획안을 작성했다. 베를린은 고전적인 웅장함을 영원토록 보여 주는 '게르마니아(Germania)'가 되어야 했다. 베를린 중심에는 웅장한 규모의 제국 총리실이 새로 들어설 참이었다. 북쪽에는 거대한 사각형 호수를 계획했고, 제국의회 옆에는 직경이 251미터나 되는 돔 형태의 대형 집회장을 구상했다. 방문자들은 거기에서부터 폭 120미터에 길이 4.8킬로미터에 달하는 대로를 따라 걸어 내려와 역사상 가장 거대한 개선문에 도달할 것이다. 이 개선문의 높이는 122미터로, 거기에는 1차 세계 대전에서 목숨을 잃은 모든 독일인의 이름이 새겨질 예정이었다. 히틀러가 『나의 투쟁』에서 예언한 대로, 이 거대 도시로부터 아리아인을 위한 생활 공간인 새 제국이 우크라이나와 그 너머 동쪽으로 퍼져 나갈 것이고 베를린에서 바르샤바, 키예프까지 고속도로가 뻗어 나갈 터였다. 이 고속도로를 따라 강건한 독일 이민자들과 그들의 풍만한 부인들은 국민 자동차인 폴크스바겐을 타고 발트 해와 크리미아 반도 사이에 흩어져 있는 요새화된 정착지를 향해 갈 것이다. 일단 그곳에 정착하면, 그들과 늠름한 금발 자손들은 체계적인 강제 이송 및 몰살 정책으로 위험한 인종을 모두 제거한 상태에서 어느 정도 교육받은 나머지 주민들을 지배할 것이다.

히틀러는 소련을 한 번도 가 본 적이 없었기 때문에, 생활 공간에 대한 그의 미래도에는 북서 변경 지방과 서부 지방 이야기를 부분적으로 다룬, 독일 작가 카를 마이의 카우보이 이야기와 소설 『벵골 기병의 인생(Lives of a Bengal Lancer)』이 기묘하게 뒤섞여 있다. 그가 동유럽에 식민지를 개척하여 제국을 건설하는 데 전념했음을 고려하면, 제국의 모델로 후자 쪽이 더 매력 있다고 생각한 듯한데, 이는 흥미로운 대목이다. 그는 『나의 투쟁』에서 영국의 무자비한 인도 통치를 강조하면서 식민지 문제에서 독일의 순진함을 대비시켰다. 영국이 소수 엘리트 관리자와 군인들만으로 인도를 통치하는 것처럼 보였기 때문에, 독일도 동유럽에서 영국과 똑같이 할 수 있어야 한다고 생각했다. 영국의 사례에서 도출할 수 있는 중요한 교훈은 종속된 민족을 빈곤과 문맹 상태로 유지하는 것이었다. 그는 광대한 지역을 통치하겠다는 생각에 사로잡혀 있던 1941년 8월, 다음과 같이 주장했다. "광활한 공간을 지배하게 된 영국은 수백만 명을 통치할 수밖에 없었다. 그리고 무제한 권력을 부여받아 그 많은 사람들을 질서 있게 유지할 수 있었다. (중략) 영국에게 인도는 우리에게 러시아 영토가 될 것이다." 그에게 중요한 점은 영국 제국주의의 위선이었는데, 종종 히틀러는 저녁 식사 중에 그 점을 산만하게 중얼거리기도 했다. 다시 말해 영국이 문명화라는 경건한 임무를 입에 올리면서도, 실제로 자국의 지배를 받는 민족의 문화나 생활 수준을 높이기 위해 한 일은 거의 없다는 것이다.

그들(영국인들)은 존경스러울 정도로 훈련된 사람들이다. 300년 동안 2세기에 걸쳐 세계를 지배하기 위해 무진 애를 썼다. 그들이 그토록 오랫동안 세계를 지배할 수 있었던 이유는 백성들의 고통을 없애는 데 관심을 갖지 않았기 때문이다.

1942년 1월, 그가 다시 다룬 주제는 다음과 같다.

영국의 부는 상업 조직을 완벽하게 운용한 성과라기보다는 인도의 3억 5000만 노예를 자본주의적으로 착취한 결과이다. 영국은 자국에 복속된 국가의 관습을 존중해 줌으로써 세속적인 지혜를 발휘한 것으로 격찬받고 있다. 실제로 이러한 태도는 토착민들의 생활 수준을 높이지 않으려는 결의로밖에 설명할 수 없다. (중략) 영국의 이러한 냉소적인 행동은 그들이 자유주의와 관용의 명성을 누린다는 점에서 절정에 달한다. (그러나) 영국이, 남편을 잃은 아내가 남편을 따라 죽는 관습인 '서티(suttee)'와 죄수를 굶겨 죽이는 감옥을 금지한 것은 노동력 감소를 방지하고 목재를 아끼기 위해서였을 것이다. 영리하게도 그들은 이러한 조치를 세계에 알림으로써 여기저기서 찬탄을 받았다. 토착민들을 최대한 이용하면서 그저 목숨을 부지할 수 있게 해 주는 것이 바로 영국의 강점이다.

여기서 나치의 동유럽 통치를 위한 모델이 탄생했는데, 이는 악의적인 방치에 해당한다. 히틀러는 잠시 동유럽 제국이 존속하는 동안 이 모델을 고수했다. 일례로, 점령지의 공중위생을 개선하기 위한 조처를 취하자는 제안에 반대했다. 그는 이렇게 주장했다.

영국도 지역 주민에게 이득을 주고 자신은 손해를 보면서 점령지에서 관료주의적 정치를 펼칠 정도로 어리석지는 않다. 그들은 다른 사람들을 멀리하면서 존경을 얻고 유지하는 데 천재적인 사람들이다. 이는 우리 체제가 보여 줄 수 있는 최악의 사례가 될지도 모른다. 지역 주민을 문명인으로 만들려는 우리의 열정적인 욕구만큼이나 이를 잡아 내는 행위는 그들을 성나게 만들 것이다. 결국 그들은 이렇게 혼잣말을 할 것이다. "정말 이 사람들은 우리보다 나을 게 없어."

반대로 인도는 영국인들에게 교훈과 더불어 우월감을 심어 주었다. 그러한 교훈은 길거리에서도 얻을 수 있다. 한순간 거지를 불쌍히 여겨 동정심을 낭비하는 사람은 그 무리들에게 갈기갈기 찢기고 만다. 누구든 인간적인 감정을 조금이라도 보여 주는 사람은 영원히 저주받는다는 교훈을 얻는다.

불행히도 히틀러의 기괴한 환상은 1939년 이전보다는 오늘날 더 잘 알려져 있다. 영국 여왕은 1939년 핼리팩스 경에게 『나의 투쟁』한 부를 보내면서, 그에게 "이 책을 읽지 말라."라고 충고했다. 여왕은 다음과 같이 덧붙였다. "혹여 이 책을 읽을 경우, 당신은 미칠 수도 있으며, 그렇게 되면 상당히 유감스러운 일이 될 것이다. 책을 드문드문 읽더라도 그의 정신 상태와 무식함, 명백한 진심을 알 수 있다." 이와는 대조적으로, 수많은 소설 작품이 히틀러의 꿈이 실현되었더라면 나타났을지도 모를 세계를 상상하려 하지만, 오늘날 대학생들은 『나의 투쟁』을 열심히 읽는다. 나치가 소련에 승리를 거두었을 경우, 서양 열강들에게 전적으로 불리하지는 않았을 것이며, 따라서 1941년 이후 유화 정책을 재차 추진하는 것이 전쟁을 계속하는 것보다 나았을지도 모른다는 주장이 제기되어 왔다. 고인이 된 앨런 클라크(Alan Clark)를 중심으로 한 영국의 일부 토리당원들은 루돌프 헤스가 구상해 왔고 히틀러가 저녁 식사 중에 혼자 중얼거리며 생각하던 노선에 따라 단독 강화 조약을 체결했다면 대영 제국이 굴욕스러운 파산과 쇠퇴, 몰락을 면할 수도 있었다고 주장했다. 비슷한 맥락에서 미국의 일부 보수주의자들은 루스벨트가 유럽의 전쟁에 발을 들여놓지 않았다면, 냉전을 피할 수도 있었을 거라고 주장한다. 그러나 대부분의 저자들은 나치가 승리했다면 더 나쁜 결과를 초래했을 거라는 견해를 고수해 왔다. 그리 가능성이 크다고 볼 수 없지만, 승리를 거둔 제3제국이 영미 양국과 화평을 선택했다 해도, 나치 지배하에 남겨진 수백만 명이 치를 희생은 끔찍한 규모였을 것이다. 동유럽인 5000여만 명을 시베리아로 추방하려 했던 동부 일반 계획이 실행되었을 경우, 다른 소수 민족 집단의 엄청난 인명 피해는 말할 것도 없고, 실제로 살아남은 600만 명이 아니라[1] 900만 명에 달하는 유럽 유대인들이 모두 살해

---

1) 2차 세계 대전 동안 목숨을 잃은 유럽계 유대인은 정확히 얼마나 될까? 1939년 당시 총인구는

됐을지도 모른다.

1940년대 초반에 일본의 몇몇 저자들이 작성한 새로운 질서를 위한 청사진은 다소 낯설지만 상당히 오싹하다. 그리고 여러 면에서 히틀러의 계획과 놀라울 정도로 유사하다. 일본에는 히틀러처럼 모든 사람이 향해 갈 유토피아를 예시해 주는 이론가가 없었던 것은 사실이다. 하지만 작은 히틀러는 많았다. 일본 후생성 조사국의 인구 및 인종 분과 관료들은 1943년 7월에 완성된 보고서 '야마토 민족을 중핵으로 하는 세계 정책 검토서'에서 일본인이 아시아의 '주된 민족'이며, 이들의 임무는 일본의 핏줄을 가능한 한 많이 아시아 땅에 퍼뜨림으로써 10억 아시아인을 해방시키는 것이라고 주장했다. 그러나 이는 본국에 적합한 인구 자원이 존재할 때만 가능한 일이었다. 보고서의 주장은 이러했다. "우리는 신중한 결혼뿐 아니라 정신적, 신체적 훈련을 장려함으로써 우생학적으로 신체 능력을 적극 키워야 한다." 일본 정부는 모든 부부에게 네 명 정도의 자녀를 갖도록 권장함으로써, 1938년 약 7000만 명에서 1960년 1억 명으로 가능한 한 빨리 인구를 늘려야 했다. 그래야 식민지를 만들고 1940년 이후 대동아 공영권으로 알려지게 된 지역을 운영하는 데 필요한 잉여 인력을 제공할 수 있었다. 그 공영권의 크기에는 경계가 필요 없었다. 1942년, 도쿄 제국대학 지리학과 교수 고마키 츠네키치는 "미국은 동아시아로, 오스트레일리아는 남아시아로 생각하는 한편, 유럽과 아프리카 모두 아시아 대륙의 일부로 간주해야 한다."라고 주장했다. 그리고 "세계의 모든 대양은 서로 연결되어 있기 때문에 일본 대해(大海)로 다시 불러야 한다."라고 지적했다. '세계 정책 검토서'를 작성한 사람들의 야심은 결코 작지 않았다. '대동아 공영권 확장'의 1단계와 2단계에서는 아시아에 있는 프랑스, 영국, 네덜란드의 거의 모든 속령은 말할 것도 없고 중국 전

9,415,840명이고, 가장 낮은 추정치가 5,596,029명이며, 가장 높은 추정치가 5,860,129명이다.

체를 합병할 작정이었다. 3단계에는 필리핀, 인도 그리고 바이칼 호수 동쪽의 모든 소련 영토가 추가되었을 것이다. 마지막으로 4단계에서 공영권은 아시리아와 터키, 이란, 이라크, 아프가니스탄, 기타 중앙아시아 국가들, 서아시아, 서남아시아로 확대될 판이었다.

일본인들은 그 새로운 체제의 해방적인 특징을 주장함으로써 협력의 중요성을 독일인보다 더 잘 이해하고 있음을 보여 주었다. 따라서 전쟁의 목표는 영미의 제국주의적 민주주의를 극복하는 것이었다. 제국주의적 민주주의 대신 자리 잡을 새 체제는 관계된 모든 민족들 간의 '인종 화합'과 '상호 번영'을 기반으로 할 것이었다. 공영권에 속한 아시아의 절친한 국가들은 '부모와 자식, 형과 아우' 같은 호혜 관계로 결합될 것이었다. 1942년 8월, 참모본부는 '대동아 민족 지휘 계획'을 통해 다음과 같이 선언했다. "우리는 이전의 유럽과 영국이 갖고 있던 우월감과 미국 및 영국의 세계관을 지워 버릴 것이다." 오가와 슈메이는 『대동아 질서 확립』(1943년)에서 다음과 같이 주장했다. "유럽과 미국은 아시아가 잠에서 깨길 바라지 않는다. 따라서 그들은 아시아가 공동의 문화와 이데올로기를 기억하지 못하도록 막는다. (중략) 그러나 이제 아시아를 덮고 있던 어두운 장막이 걷히기 시작했고 희망의 빛이 동쪽으로부터 비치고 있다. (중략) 바야흐로 아시아는 모든 곳에서 유럽의 지배를 뒤집으려 하고 있고, 부패한 토착 사회 전통을 파괴하고 독립 국가를 세우는 데 피를 흘리려 하고 있다." 승리를 거둔 일본 사령관들도 아시아 민족을 정복하겠다는 의도나 동아시아에서 조직화된 제국주의를 수립하겠다는 생각이 전혀 없다고 부인하면서, 같은 맥락의 선언문을 발포했다. 그러니까 대동아 공영권은 인종적, 문화적 기원이 어느 정도 비슷하고 지리적으로 가까운 이웃 국가들의 연합체가 될 것이다. 이 연합체는 공동의 안전을 확보하고 공동의 행복과 번영을 증진할 목적으로 자발적인 합의에 의해 형성될 것이다. 서구 물질문명의 해악을 아시아에서 제거하는 것이 유일한 목표라고 주장한 것이다.

그러나 잘 살펴보면, 이러한 새로운 체제는 구체제와 상당히 비슷했다. '세계 정책 검토서'를 쓴 사람들은 1950년까지 일본인(대부분 농민) 1200만 명이 해외로 이주해 영구 정착할 것이며, 그중 200만 명이 오스트레일리아와 뉴질랜드에 거주할 거라고 예측했다. '남부 지역에 대한 경제 정책 개요'라는 또 다른 공식 보고서는 일본의 금융기관들이 당시까지 적국의 기관들이 움켜쥔 금융 헤게모니를 빼앗을 것이라고 예측했다. 일본 점령지의 제조업 발달은 억제될 것이며, 다른 아시아들은 일본어를 배우고 일본 역법도 채택해야 했다. 그들은 일본에 빌붙어야만 했다. 요컨대 공동 번영이란 일본이 유럽 대신 주인 자리를 맡는 새로운 제국주의를 의미할 뿐이었다. 앞으로 지켜볼 일은 그들이 유럽인보다 잔인할지 여부였다. 사실 1920년대에 민족주의 운동이 폭력에 의해 진압되고, 1930년대에 언어 및 문화의 일본화를 강요한 한국 통치의 사례는 그리 고무적이지 않았다. 학교에서 한국어 사용이 금지되었고 한국인들은 신사 참배를 해야 했으며, 1939년 이후에는 이름도 일본식으로 바꾸어야 했다. 이러한 문화적 정복의 고통이 경제적인 발전에 의해 완화된 것도 아니었다. 한국의 생활수준은 비참할 정도로 낮았는데, 1인당 소득은 일본의 4분의 1 수준이었고, 전염병에 의한 사망률은 두 배 이상이었다.

나치와 마찬가지로, 일본 제국주의의 더 급진적인 이론가들은 자신들의 타고난 우월성을 위협하는 가장 심각한 요인 중의 하나로 인종 '오염'을 꼽았다. 따라서 새로운 세대의 일본인 이주자들은 한족(漢族, 중국인) 같은 대륙의 열등한 민족과 뒤섞여 야마토 혈통을 더럽히지 않도록 조심해야 했다. 생활 공간은 그들의 추방이나 격리를 기초로만 조성될 수 있었다. 일본 제국주의를 선전하기 위해 아시아 민족들은 행복한 한 가족으로 표현될 수도 있었다. 그러나 일본은 엄격한 가장이 되어야 했고, '자녀 국가들'과 혈연관계를 맺는 것은 용납될 수 없었다. 나치와 마찬가지로 일본 또한 정복지 이주 사업을 낭만적으로 묘사했다. 「마을을 지켜 낸 신부(新婦)」 같은 기사나 '번식의 즐거움'과 같은 사진 설명에 등장한 만주의 이주자들은 흉작에도 견딜 정도로 강인하고, 건강한 자손을 많이 낳을 정도로 번식 능력이 뛰어나다고 묘사되었다. 그러한 전원시의 이면에는 일본이 지배할 '더러운 민족'에 대한 깊은 경멸감이 숨어 있었다. 독일과 일본 모두 자신들이 정복한 사람들을 인간보다 못하다고 말했는데 이는 결코 우연이 아니다. 만주에서 사용되던 '빈대'나 '난징 기생충'이라는 말에서 명백히 알 수 있다. 1937년 북지나방면군 참모장 사카이 류는 "중국인들은 세계 문명에 창궐한 박테리아"라고 말했다. '대동아 지휘 계획'에서는 아시아인을 좀 더 상세하게 '지배 민족(일본인)'과 '우호적인 민족(한국인)', '기생 민족(중국 한족)'으로 분류했다. 이 세 그룹에서 마지막 집단의 '반일 성향'은 뿌리 뽑아야 했다. 일본에 충성을 맹세하지 않는 사람들은 남쪽 지역에서 추방되어야 했다.

따라서 1940년 9월 27일, 독일, 이탈리아, 일본, 이들 추축국의 관계와 새로운 세계 질서에 대한 공동의 이해관계를 공식화한 삼국동맹의 기저에는 단순한 외교적 편익 이상의 것이 있었다. 세 국가의 차이에도 불구하고, 나치 독일과 파시스트 이탈리아, 제국주의 일본은 전쟁의 포화 속에서 만들어 내려는 세계의 특징에 대해 기본 가정을 공유하고 있었다. 여기서 이탈리아나 일본은 히틀러가 유대인에게[2] 품은 집착 수준의 반감

---

[2] 1938년, 무솔리니 정부는 유대인과 비유대인 간의 결혼을 금지하고 유대인 교사를 학교에서 추방하는 법률을 통과시켰다. 그러나 일반적으로 이탈리아인들은 독일인들이 전시에 실시했던 추방과 대량 학살 정책을 지지하길 꺼렸다. 1939년부터 1943년 사이에 유대인 수천 명이 이탈리아나 이탈리아가 점령한 지역으로 피신했다. 이런 상황은 1943년 가을, 독일이 이탈리아를 점령하면서 급변했다. 독일이 이탈리아계 유대인을 체포하여 추방하려 했지만, 5만 명에 달했던 전쟁 전 인구 중 4만 명이 전쟁에서 살아남았다. 일본 치하에서 피난처를 찾은 2만 1000명 정도의 유대인 이야기는 잘 알려져 있지 않다. 1939년, 리투아니아로 도망간 피난민 수천 명은 일본 외교관 스기하라 치우네를 통해 출국용 비자를 얻었다. 그런 방법으로 나치 점령 국가들에서 동쪽으로 몸을 피한 유대인이 4500명 정도였는데, 이들 중 1000명만이 안전한 곳으로 피신하는 데 성공했다. 뒤에 남은 사람들은 이미 '국가 없

을 공유하지 않았다는 점은 강조할 가치가 있다. 그들이 만들어 내려 한 세계는 세 제국에 지배될 터인데, 그들은 권력 범위로 따지면 제국이지만, 권력 집중이라는 특징에서는 국가와 비슷했다. 그리고 세계는 세 지배 민족, 즉 아리안, 로마, 야마토 민족에 의해 나뉠 터였다. 삼국동맹 체결에 가담한 일본 측 인사는 이렇게 표현했다. "세계 전체주의가 앵글로색슨주의를 대체할 것이다. 파산 지경에 이른 그들은 제거될 것이다."

오늘날엔 그러한 가정이 우스워 보인다. 추축국이 하려 했던 많은 일들은 그저 미친 짓으로 보인다. 실제로 달성된 것은 거의 없고, 설혹 달성되었다고 해도 1, 2년 이상 지속되지도 못했다. 그러나 이러한 계획들은 일반적으로 알고 있는 것보다 실현된 쪽에 훨씬 더 가까웠다. 1937년부터 1942년까지 독일과 일본군에 오래 저항할 수 있는 군대는 없는 듯했다. 1941~1942년 일본의 전격전은 1939~1941년에 펼쳐진 독일의 군사 작전보다 더 큰 놀라움을 안겼다. 그 결과 잠재 생산력과 인력 면에서 추축국을 상대로 한 승산은 급격히 떨어졌다. 따라서 3국 중 다소 만만한 이탈리아는 말할 것도 없고, 독일과 일본이 정복을 통해 마음대로 처분할 수 있게 된 자원을 어느 정도까지 이용할 수 있을지에 모든 것이 좌우되었다. 그들은 자신들이 정복한 민족의 비위를 맞추려 하지 않았다. 추축국 군대는 단순히 싸움터에서 적을 이기는 데 만족하지 않았다. 그들은 기존 전쟁법이나 당시 공식화된 전쟁법을 위반하면서 포로들을 잔악하게 대했다. 주저 없이 전쟁 범위를 확대하여 무방비 상태의 민간인들을 위협하고 괴롭히고 살해했다. 그들이 침략해 들어간 도시들은 모두 폐허가 되었고, 주민들은 죄다 목숨을 잃었다. 그들의 악명 높은 폭력성 때문에 대부분의 작가들은 나치의 유럽과 일본의 아시아에 극도의 혐오

는' 유대인 피난민 1만 8000명이 대규모 공동체를 형성하고 있던 상하이로 갔다. 유대인들은 1943년 2월, 상하이의 홍커우 지역에 감금되었지만, 독일의 말살 압력에도 불구하고 살아남을 수 있었다.

감을 느낄 뿐이다. 그러나 반드시 이런 점 때문에 추축국들이 오래 버티지 못한 것은 아니었다. 그와 반대로, 그들이 무자비하게 물리력을 동원했음에도 어느 제국에나 불가결한 요소라 할 수 있는 다수의 협력자들을 확보하는 데 어려움이 없었다는 점은 주목할 만하다.

사실 독일인 6600만 명이 영국으로부터 카프카스에 이르는 광역권 내의 유럽인 3억 명 이상을 통치하려는 열망이 아주 터무니없지는 않았다. 또한 일본인 7000만 명이 만주에서 만달레이에 이르는 대동아 공영권의 아시아인 4억 명 위에 군림하는 장면을 상상하는 일도 불가능하지는 않았다. 어쨌든 1939년 당시에도 4500만 명에 달하는 영국인들은 규모 면에서 인구는 열 배, 영토는 너무 넓어 태양이 제국의 일부를 항상 비칠 정도의 전성기 제국을 다스렸다. 히틀러 같은 싸구려 여인숙의 독학자는 영국의 힘의 기초가 강압이나 경멸이 아니라 토착 엘리트들과의 협력이라는 점을 이해하지 못한 것이 확실했다. 그럼에도 새 영토에 진군해 들어간 추축국 열강들 또한 새 제국 질서에 적극 동참하려는 지역 인사들이 충분히 많다는 사실을 알 수 있었다.

1942년은 20세기가 칼날 위에서 비틀거린 한 해였다. 또한 유라시아 전체 지도가 새로 그려진 것처럼 보인 해였다. 라인 강에서 볼가 강까지, 만주에서 마셜 군도까지의 거대한 땅이 정치적 영향력을 바꾸어 놓았다. 그리고 이제 제국주의는 '생활 공간'을 빌미로 거기 살고 있는 사람들까지 바꾸려 했다. 추축국 열강들이 자신들의 제국을 세우기 위해 사용한 잔인한 방법은 빠른 속도로 생활 공간을 살육의 공간으로 바꿔 놓았다. 어떤 제국도 협력자 없이는 오래 지탱하기 어려운 마당에, 그런 방법이 얼마나 악영향을 끼칠지는 두고 볼 일이었다.

강간

일본은 중국 루거우차오에서 전면전이 발발한 뒤 몇 달 동안 모범답안에 해당하는 전격전을 감행했다. 그러나 전투는 일본군 책임자들이 예상했던 것보다 훨씬 더 힘들었고, 인명과 재산 피해 또한 훨씬 컸다. 1937년 12월, 일본군은 장제스의 수도 난징에 접근하면서, 중국인들의 저항에 치명타를 입히고 전쟁을 빠르게 종결시키기를 기대하며 본보기를 보여 주려던 것 같다. 누가 이 결정을 내렸는지는 명확하지 않다. 전쟁이 끝나고 중지나방면군 총사령관을 지낸 마쓰이 이와네 대장에게 책임이 돌아갔다. 하지만 진짜 범인은 12월 2일, 통제권을 넘겨받은 일왕의 삼촌 아사카노미야 야스히코 왕자일 가능성이 더 크다. 사흘 뒤 '극비, 없애 버릴 것'이란 표시와 함께 모든 포로를 죽이라는 지시가 적힌 명령서에 그의 날인이 찍혀 있었기 때문이다. 상하이로부터 도로를 따라 전투를 벌이던 두 장교는 부하들에게 무슨 일이 벌어질지 알려 주었다. 그들은 살인 경쟁을 벌이고 있었는데, 일본 언론들은 이 사건을 마치 스포츠 중계하듯 보도했다. 12월 7일 《도쿄니치니치신문(東京日日新聞)》은 다음과 같은 기사를 내보냈다.

> 중국인 100명 죽이기 시합에 나선 중위들이 호각지세의 실력을 보여 주다.
> 구양의 가타기리 부대 소속인 무카이 도시아키 중사와 노다 다케시 중사는 개인 총검 전투에서 누가 먼저 중국인 100명을 베어 넘어뜨릴지 가리는 친선 경쟁을 벌이고 있는데, 이제 마지막 단계에 들어선 두 사람이 거의 호각지세를 보여 주고 있다.

> 경기 스코어는 무카이가 여든아홉 명, 노다가 일흔여덟 명이었다. 1주일 뒤, 이 신문은 누가 먼저 100명의 목표에 도달했는지 합의할 수 없어

서 목표를 150명으로 높였다는 기사를 보도했다. 이 무렵 모든 연대에는 포로들을 열두 무리로 나눠 사살하라는 명령이 내려졌다.

일본군이 난징에 접근했다는 소식에 중국 당국은 도시를 에워싼 성문을 하나만 빼고 모두 닫기로 결정했다. 그들이 침략군의 진입을 막으려고 헛수고를 하는 바람에 주민들은 감금 상태에 처했다. 일본군 제10군이 12월 8일에 도착, 전투에 지쳤지만 피에 굶주린 3만 병사들이 곧바로 도시를 에워쌌다. 장제스는 무장이 형편없는 군대에, 도시에 남은 50만 명을 지키는 임무를 맡기고 몇 주 전에 몸을 피한 상태였다. 중국군은 겨우 닷새 버텼다. 12월 13일, 일본군은 세 군데서 도시의 방벽을 무너뜨리고 진군했다. 이미 만들어져 있던 살육장을 찾은 셈이었다. 이후 몇 주 동안 군인과 민간인을 불문하고, 젊은 남성 수만 명이 살해당했다. 어떤 이들은 일렬로 선 상태에서 기관총에 맞아 죽었고, 또 어떤 이들은 목이 베이거나 총검에 찔리고 생매장되었다. 총격을 가하고 석유를 뿌린 뒤 불을 붙인 경우도 있었다. 금속 고리에 혀가 매달린 채 죽은 사람들도 있었다. 《도쿄니치니치신문》의 한 기자는 일본군이 포로들을 성벽 위에 일렬로 세운 뒤 총검으로 찌르는 모습에 경악을 금치 못했다.

포로들은 한 명씩 성벽 밖으로 떨어졌다. 사방에 피가 튀었다. 그 오싹한 분위기 때문에 머리가 곤두서고 사지가 떨렸다. 나는 할 말을 잃은 채 서서 무엇을 해야 할지 생각조차 할 수 없었다.

다른 기자가 당시 벌어지던 상황에 대한 설명을 부탁하자, 다나카 류키치 중좌는 간단히 대답했다.

솔직히 말하면, 당신과 나는 중국인에 대해 정반대 시각을 갖고 있다. 당신은 그들을 인간으로 다룰지 모르겠지만, 나는 그들을 돼지새끼로 생각한다.

우리는 그런 동물에게는 어떤 짓도 해도 된다.

마쓰이 대장은 그의 군대가 발작에 가까운 행패를 시작한 지 나흘 뒤인 12월 17일에 난징에 입성했다. 자신의 눈으로 목격한 참상에 실망했다고 주장했지만, 그 상황을 막기 위해 아무 조치도 취하지 않았다.(아니, 하지 못했다.) 그 무시무시한 잔혹 행위는 이후 5주 반 동안이나 계속되었다. 이러한 행위는 도망쳤다 붙잡힌 민간인들이 피난민 수용소에서 집으로 돌아가라는 명령을 받은 뒤, 1938년 1월 28일부터 2월 3일까지 절정에 달했다. 이후 극동국제군사재판부는 난징에서 26만 명이 넘는 비전투원들이 일본 군인들의 손에 목숨을 잃었다고 추정했는데, 이는 전체 전쟁 기간에 죽은 영국 민간인의 네 배가 넘는 수치였다.

하지만 일본군은 대량 학살에도 만족하지 못하고 체계적으로 방화와 파괴 행위를 저질렀다. '난징안전지대국제위원회' 독일인 위원장 요한 라베(Johann Rabe)는 1938년 1월 17일, 도시 상황을 다음과 같이 설명했다.

> 타이핑 루(太平路)는 난징의 주요 상가로, 상하이의 난징 루(南京路)처럼 밤이면 불야성을 이뤘다. 난징의 자랑이던 그 거리가 완전히 폐허가 되었고, 모든 것이 불타 없어졌다. 본래 모습대로 남겨진 건물은 한 채도 없다. 사방에 깨진 기와조각밖에 보이지 않는다. 한때 유흥가였던 푸쯔먀오(夫子廟)는 다관(茶館), 대형 시장과 함께 완전히 파괴되었다. 보이는 거라곤 벽돌 조각뿐이다.

그러나 가장 놀라운 사건은 강간이었다. 국제위원회의 엄밀한 조사에서도 강간당했다고 기록된 '피해 여성'이 얼마나 많은지 구체적으로 밝혀지지 않았지만, 근래 조사에 따르면 8000~2만 명으로 짐작된다. 미국 선교사 제임스 매컬럼은 적어도 하룻밤에 1000건의 강간이 발생했다고 추정했다. 난징에서 태어나 자랐지만, 프린스턴 대학과 하버드 의대에서 교육받은 로버트 윌슨(Robert Wilson) 박사는 당시 직접 목격한 상황을 증언했다. 그는 12월 18일에 다음과 같이 썼다.

> 작금의 사태는 피와 강간이라는 커다란 철자로 쓴 현대판 단테의 지옥이다. 대대적인 살인과 수천 건의 강간 사건이 발생했다. 이러한 만행과 야수성의 욕정 및 격세유전에는 끝이 없는 듯하다. (중략) 어젯밤, 대학의 중국인 직원 집에 일본군이 침입하여 그의 친척 중 여자 두 명이 강간당했다. 열여섯 살 정도의 소녀 두 명이 피난민 수용소에서 강간을 당하다 결국 목숨을 잃었다. 어젯밤, 8000명이 머물던 대학 부설 중학교에 일본군이 열 번이나 담을 넘어 들어와 음식과 옷을 훔친 뒤, 만족할 때까지 여자들을 강간했다.

12월 17일, 선교사들의 도움으로 여성과 아이들 1만 명이 몸을 피하고 있던 진링(金陵) 대학 운동장에 일본 군인들이 침입했다. 그들은 젊은 여성 열한 명을 납치했다. 살아 돌아온 아홉 명 모두 혹심하게 강간과 학대를 당했다. 리 슈잉이라는 젊은 여성은 초등학교 지하실에 숨어 있던 그녀를 발견한 일본 군인 세 명에게 저항하다 무려 서른일곱 곳을 칼에 찔리고 말았다. 당시 임신 7개월이었던 그녀는 태아를 잃었지만, 난징 병원 의사들에 의해 목숨을 구할 수 있었다. 다른 많은 피해자들은 운이 좋지 않았다. 전후의 증언에 따르면, 강간당한 여성들 중에는 목숨까지 잃은 경우가 많았다. 장치야세이는 형수가 남편과 두 아이들 앞에서 강간에 이어 살해당하는 모습을 지켜봐야 했는데, 그의 형과 조카들 또한 죽임을 당했다. 일본 군인들은 여성들의 질 속에 막대기나 총검을 찔러 넣어 죽이기도 했다. 나중에 살아남은 일부 여성들의 경우, 성병에 감염된 것으로 드러나기도 했다.

이후 장치야세이 등의 증언은 생존한 일본 군인들에 의해서도 입증되었다. 그들 중 한 명인 타다고로 코조는 다음과 같이 고백했다.

여자들이 가장 큰 고통을 겪었다. 나이가 많든 적든, 그들은 강간당할 운명을 피할 수 없었다. 우리는 많은 여성들을 붙잡기 위해 석탄 트럭을 도시와 마을로 내보냈다. 그런 다음 성관계를 맺고 학대하기 위해 군인 10~15명당 여자 한 명씩을 배당했다.

일본 군인이었던 아즈마 시로도 자신의 역할을 이렇게 설명했다.

처음에 우리는 '피캉캉'처럼 변태적인 말을 썼다. (중략) '피캉캉'은 '여자가 다리를 벌리는 걸 보자.'라는 뜻이다. 중국 여자들은 속옷을 입지 않고 있었다. 대신 줄이 달린 바지를 입었는데, 혁대가 없었다. 줄을 당기면, 엉덩이가 드러났다. 그리고 우리는 들여다보았다. 잠시 뒤에 우리는 "오늘은 내가 먼저야."라고 말한 뒤, 차례로 여자들을 겁탈했다. 우리가 여자들을 강간하기만 하면 괜찮았을 것이다. 사실 괜찮다고 말하면 안 되지만 말이다. 하지만 우리는 언제나 그들을 찌르고 죽였다. 죽은 사람은 말을 하지 않기 때문이다.

난징의 강간이라고 알려진 이 사건을 어떻게 이해해야 하는가? 군 기강이 해이해진 상태에서 알코올과 전투신경증이 겹쳐 일어난 것인가? 아니면 고의적인 제국주의 정책의 산물인가? 또는 에도 말기(메이지 이전)의 토착 문화와 빌려 온 독일의 인종 이론이 뒤섞여 메이지 시대 말기에 나타난 소위 '군국주의 괴물'이라는 섬뜩한 후손 때문인가?

지휘관들은 세 가지 충동을 의식적으로 풀어놓았다. 첫 번째는 항복한 자들에 대한 경멸이었다. 일본군은 항복을 치욕으로 간주하도록 훈련받았다. 항복하느니 차라리 자살하는 게 바람직했다. 또한 신병들은 항복하는 적도 본질적으로 하잘것없다고 믿도록 교육받았다. 이러한 경멸이 극도로 야만적인 신체 학대 문화와 손을 잡았다. 만약 일본의 한 대령이 부하 소령에게 화가 나서 그의 따귀를 때려도 특이한 일이 아니었다. 이런 식으로 질책당한 소령은 지체 없이 하급 장교를 때려 속을 뒤집고, 그런 식으로 명령 계통을 따라 계속되는 것이다. 사다리 맨 밑에 적의 포로가 있기 때문에 기분이 상한 하사관이나 사병은 욕구 불만을 분출할 무방비 상태의 표적을 찾아낼 수 있었다.

두 번째는 일본군만의 특성은 아니었다. 터키인들이 아르메니아인을, 스탈린의 충복들이 쿨라크나 폴란드인 등 인민의 적을, 나치가 유대인과 집시, 정신병자를 다룬 것처럼, 일본군도 중국인을 인간 이하로 생각하며 그렇게 다루었다. 다른 인간을 열등하고 유해한 종, 즉 단순한 해충으로 간주하는 심리는 20세기의 전쟁이 그토록 폭력적이었던 결정적인 이유였다. 이로 인해 정신적인 비약이 일어났고, 전쟁은 더 이상 제복을 입은 군대 간의 정식 충돌이 아니라 절멸 전쟁이 되어, 적이라면 남녀노소 가릴 것 없이 합법적으로 죽일 수 있게 되었다.

세 번째, 즉 강간 충동은 가장 해석하기 어렵다. 사람이 다른 사람을 해충으로 여기는 동시에 그 사람에게 욕정을 느낄 수 있는가? 일본군은 적국의 여자들을 임신시키고 싶은 원시적인 욕구에 굴복했는가? 아니면 강간은 그저 목숨을 빼앗는 다른 방법이었는가? 당시 집단 강간 사례가 다수 보고되었다는 점을 보면 동료 집단의 압력이 상당히 강했음을 알 수 있는데, 그런 상황에서 이 모든 충동이 함께 작용했다고 보는 것이 정답일 것이다. 히노 아시헤이는 『전쟁과 군인(*War and Soldiers*)』에서 이렇게 표현했다. "우리는 중국인 개개인과는 사이좋게 지냈고, 실제로 그들을 사랑하게 되었다. 그런데 어떻게 그들을 하나의 민족으로는 경멸할 수밖에 없었을까? (중략) 우리 군인들에게 그들은 불쌍하고 줏대 없는 사람들이었다." 전쟁이 끝난 뒤, 난징에서의 행위로 교수형을 선고 받은 마쓰이 대장은 국제군사재판부에 다음과 같이 말했다.

일본과 중국의 투쟁은 언제나 '아시아계 가문' 내 형제들의 다툼이었다.

(중략) 긴 세월 동안 나는 이 전쟁을 중국인들이 자기반성을 하게 만드는 방법으로 간주해야 한다고 믿게 되었다. 그들을 증오해서가 아니라, 반대로 너무나 사랑하기 때문이다.

이는 그때나 지금이나 터무니없는 얘기처럼 들리지만 그의 발언은 대량 강간의 배경인 야비한 양면성을 고스란히 보여 준다.

난징 강간 사건은 일본이 중국에서 저지른 잔혹 행위 가운데서도 가장 악명 높은 사건이었다. 그러나 유일한 사건은 아니었다. 중국만이 아니라 아시아의 다른 도시에서도 비슷한 사건이 벌어졌다. 그러나 그러한 잔혹 행위 때문에 대동아공영권이 궁극적으로 실패작이라고 생각하는 것은 오해일지도 모른다. 반대로 일본은 야만성이 결코 인종 정복과 두려움을 기반으로 한 새로운 세계 질서 창조와 공존할 수 없는 게 아니라는 점을 증명하고 있었다.

괴뢰 정부

일본의 잔혹 행위는 장제스 정부가 1937년 이후 독일의 정전 중재 노력에도 불구하고 평화 협상을 고려하지 않은 점이 일부 영향을 미쳤는지도 모른다. 하지만 형편없는 지도부와 낮은 사기, 지독한 장비 부족에도[3] 일본군이 국민당 군대를 결정적으로 패배시킬 능력이 없었다는 점이 더 중요한지도 모른다. 일본군이 1938년 내내 꾸준히 서쪽으로 진군해 나가면서 광저우와 우한, 쉬저우를 점령하긴 했지만, 통신선이 지나치게 확

---

[3] 중국군의 전투 병력은 대략 290만 명이었는데, 246개 사단과 44개의 독립 여단으로 나뉘어 있었다. 그러나 각 사단에는 9500명당 기관총이 고작 324정만이 배정되어 있었다. 중국군은 통틀어 소총 100만 정과 대포 800문을 보유하고 있었다.

장됨에 따라 점점 더 막대한 피해를 입게 되었다. 1938년 3월, 타이얼장(台兒莊)에서 제10사단은 중국군에 완전히 포위되는 바람에 결국 며칠간 벌어진 시가전에서 1만 6000명의 병사를 잃었다. 18개월 뒤 제11군은 창사(長沙)에서 대패했다. 1939년 말, 광시(廣西)를 공격했으나 금세 물러났다. 다음 해 말, 일본군은 진현과 난닝, 핑양을 버리고 떠나야 했다. 1940년, 일본군은 더 이상 후퇴도 전진도 못하는 한계점에 다다랐는데, 1944년까지 최전선의 위치는 크게 바뀌지 않았다. 이런 상황에서 일본 군부 내에서는 더 극단적인 인사들, 소위 '통제파(統制派)'의 입지가 강해졌다. 이들은 만주에서 그랬듯이, 기존 중국 당국을 무시하고 괴뢰정권을 상대할 것을 주장했다.

이 부분에서 일본이 잘못 짚었다고 생각할 수도 있다. 그토록 지독한 잔혹 행위를 저지르는 침략자를 지원해 주고 싶은 중국인이 어디 있겠는가? 그러나 다른 전투 지역에서와 마찬가지로, 협력을 확보하는 열쇠가 설혹 있다 해도 이는 침략군의 잔인함이나 친절함과 거의 무관한 것으로 드러났다. 여기서 결정적인 요인은 침략 당한 사람들이 얼마나 분열되어 있느냐는 것이다. 일본군의 침략은 일부 중국 민족주의자들의 기대와 달리 민족의 단합을 끌어내지 못했고, 대신 마오쩌둥의 지휘하에 장기 게릴라전을 펼치던 공산당에 대한 지지를 높였으며, 국민당 내의 분열을 심화시켰다. 공산주의자들이, 환멸을 느낀 빈농들 중에서 새로이 당원을 영입할수록, 일부 민족주의자들은 일본과의 협상에 더 많은 유혹을 느꼈다. 실제로 장제스는 처음 출발점인 난징으로부터 1290킬로미터 떨어진 쓰촨성의 충칭(重慶)까지 후퇴했는데, 그가 서쪽으로 물러날수록, 남겨진 사람들은 더욱 일본과 강화를 맺고 싶어 했다.

1937년에 이미 일본은 만주국과 테 왕자의 몽골신장자치국, 허베이성 동부의 반공자치정부 등, 중국 영토에 세 개의 괴뢰 정권을 수립해 놓았다. 그리고 다음 해 6월까지 두 개의 정부를 추가로 세웠는데, 북지나방면군이 베이핑에 세운 중화민국임시정부와 중지나방면군이 난징에 세운 중화민국재건정부이다. 1940년 3월, 일본군은 민족주의 지도자였던 왕징웨이를 설득하여 난징 괴뢰 정권의 우두머리 자리를 맡김으로써 외교적으로 큰 성공을 거두었다. 왕 정권은 새로이 장제스와 일종의 평화안을 협상하려다 실패한 뒤, 중국의 합법 정부로 공식 인정받았다. 실제로는 왕 본인도 속아 넘어간 것이었다. 그는 명확한 일본군 후퇴 일자나 자신이 주도하는, 괴뢰 정권들의 통일 같은 양보를 기대했다. 하지만 결국 만주국의 독립을 인정하고, 일본군의 무제한 주둔을 허락했으며, 해상 무역 관세나 기타 세금 관련 기관에 대한 공동 관리를 받아들여야 했다. 이는 1940년 당시, 일본과 일본의 괴뢰 정권이 사실상 중국의 해안 지역 전체와 동부 지역 대부분을 지배했음을 의미했다. 이곳은 당시까지 중국에서 가장 번창하던 지역이었다. 명목상으로는 왕 혼자 50만 제곱마일 크기의 영토와 약 2억 명의 인구를 지배했다. 중국인들은 왕 정권의 주요 협력자였던 경제학자 타오히셩의 생각에 동의했다. "중국은 약한 나라다. 먼 나라에 우호적이고 이웃 국가에 적대적인 관계를 맺는 정책을 채택함으로써 '멀리 있는 물이 가까운 불을 끄지 못한다.'라는 속담과 같은 상황을 맞을 것이다.", "살든 죽든 함께 살고 죽자." 같은 협력자들의 슬로건이 전적으로 무의미한 것은 아니었다.

  일본은 중국에서 생활 공간을 찾으려고 노력한 끝에 그것을 얻었다. 아이러니하게도 일본이 민족주의자들에 승리를 거둠으로써 가장 득을 본 세력은 공산주의자들이었다. 이제 일본에게 남은 일은 그들의 전선 뒤에 남아 있던 공산주의 게릴라를 진압하고 고립된 것으로 보이는 장제스를 해치우는 것뿐이었다. 그러나 이 일은 말만큼 쉽지 않았다. 일본은 "모조리 빼앗고, 모조리 죽이고, 모조리 태워 버리는 잔인한 삼광(三光) 정책"으로 공산주의자들의 공격에 대응했다. 그들은 장제스가 쓰촨으로 후퇴하자, 충칭에 공습을 가했다. 이 전략은 한 가지 중요한 결실을 맺었다. 국민당과 공산당의 제2차 국공합작은 1941년 1월, 민족주의 측 군대가 안후이(安徽)의 마오린(茂林)에 주둔하던 공산당 주력부대 신사군(新四軍)을 공격하면서 흔들렸다. 그래도 승리는 여전히 일본군 사령관들을 피해 가는 듯 보였다. 그리고 장제스가 황허 강 제방을 폭파해 진흙탕을 만들어 놓은 상황이 암시하듯, 중국에서의 일본군의 작전이 궁지에 몰릴수록, 다른 곳에서 전략적인 돌파구를 찾으려는 시도가 더 매력적으로 보이기 시작했다.

일본이 남쪽으로 눈을 돌리다

영국 식민지 버마[4]와 프랑스 식민지 하노이로부터 장제스 군대가 머물던 후난에 보급된 물자량은 많지 않았지만, 이미 1940년에 도쿄에서는 서양의 지원 덕에 중국이 계속 저항할 수 있는 것이라고 주장하는 이들이 있었다. 니시오 도시조 장군은 다음과 같이 말했다.

> 지금도 충돌이 계속되고 있는 진짜 원인은 일본인과 중국인이 스스로 동아시아인이라는 사실을 잊고 있기 때문이다. 이들은 유럽과 미국의 개인주의적 물질주의의 맹렬한 영향에 굴복하고 말았다. (중략) 영국, 미국, 프랑스 등 여러 열강들은 중국의 종속적인 지위를 영속시키기 위해 충칭에 원조를 제공하고 있다.

1938년 말, 육군성 차관에 부임한 도조 히데키는 중국을 원조한다는

---

[4] 도로 상태가 좋지 않았고 도둑질이 만연했기 때문에 버마의 라시오(Lashio)에서 각종 물자 1만 4000톤이 떠나면 충칭엔 겨우 5000톤이 도착한 것으로 추정되었다. 많아 봤자 매달 3만 톤이 중국에 도착하는 데 성공했다.

이유로 영국뿐 아니라 소련과 미국을 비난했다. 이러한 상황 분석은 이들 위협 세력 중 어느 나라와 맨 먼저 대결해야 할지 막연한 터라 곤란을 안겨 주었다. 관동군은 역사적으로 러시아와의 대결을 선호해 왔다. 그러나 1938년 중반까지 북부 지역의 일본군은 중국과의 전투로 너무 지친 상태였기 때문에 승산은 거의 없었다. 1938년과 1939년의 두 '사건', 즉 만주와 소련의 동쪽 국경에 위치한 장고봉(張鼓峰)과 외몽골 국경 근처 노몬한에서의 전투는 일본군의 한계를 드러냈다. 장고봉 사건은 일본군의 승리로 간주될 수 있었지만(영토 획득은 없었지만), 노몬한 사건은 완패였다. 일본 제6군은 게오르기 주코프 중장이 이끄는 제1소련몽골집단군의 전차와 대포, 전투기에 의해 전멸했다. 일본이 소련과의 전쟁을 선택하지 않은 한 가지 이유는 자신들이 패배할 수도 있다는 사실을 깨달았고, 일본의 전차와 전투기 모두 열등하다는 점이 명백했기 때문이다. 일본의 이러한 전략은 1941년 추축국의 합동 전략 차원에서 보면 훨씬 뛰어난 선택일 것이다. 소련이 삼국동맹에 가입할 수도 있다는 마쓰오카 요스케 외무장관의 헛된 희망과 함께, 이 상황은 일본이 1941년 4월 스탈린과 신속히 불가침조약을 맺은 이유를 설명하는 데 도움이 된다. 사실 일본은 결코 이 조약을 믿지 않았다. 실제로 전쟁 내내 소련군의 기습 공격을 염려하여 북쪽 국경선을 따라 13~14개 사단을 주둔시켰다. 그로 인해 일본은 북쪽에서 중국을 공격할 수 없었다. 두 달 뒤, 마쓰오카가 히틀러의 침략을 지원하기 위해 공격을 감행하자고 주장했으나 받아들여지지 않았고, 그는 결국 외무장관 자리에서 쫓겨났다.

   해군 참모들은 네덜란드령 수마트라 섬과 보르네오, 자바를 압도하는 동시에 홍콩, 싱가포르, 말레이 반도에 공격을 개시하는 전략을 선호했다. 독일이 네덜란드와 프랑스를 점령하고 영국까지 위협함에 따라, 그들은 아시아의 유럽 제국들이 본국에서 치명적인 타격을 입었다고 생각했다. 그 생각은 전적으로 옳았다. 특히 네덜란드의 식민지는 손쉬운 사냥감처럼 보인 데다 석유 매장량이 풍부하다는 매력까지 갖추고 있었다. 한편, 말레이 반도는 세계 최대의 고무 생산지였다. 일본인 이주자들의 생활 공간은 모두 만족스러웠지만, 일본제국엔 전략상 중요한 원료가 더욱 절박했다. 1940년, 군부의 전략가들은 쓰촨의 중국 민족주의자들을 공격하는 데 필요한 새로운 기지를 얻기 위해 인도차이나 반도 침략을 주장했다. 1940년 7월, 고노에 왕자가 구성한 새 내각에서 육군대신이 된 도조는 일본이 빨리 공격하지 않으면 너무 늦을지도 모른다고 주장했다. 1941년까지 일부 고위 장성들이 이 생각을 그리 지지하지 않은 것은 사실이다. 그러나 이제 남부 전략의 지지자들이 우세해졌다.

동남아시아와 태평양 전쟁이 많이 알려져 있기 때문에, 일본군이 쏟아부은 자원이라는 관점에서 볼 때 이 지역들이 중국보다는 중요하지 않았음을 간과하기 쉽다. 일본에게 중국은, 독일에게 소련이란 나라의 위치와 같으며, 동원 가능한 일본군 병력의 최대 100만 명이 대중국 전쟁에 투입되었다. 전체적으로 일본군 병력 중 52퍼센트가 중국에서 복무한 데 비해, 태평양 지역에서는 33퍼센트, 동남아시아에서는 14퍼센트만이 복무했다. 이러한 수치를 보면, 일본이 상대적으로 수월하게 유럽 제국들을 내쫓았다는 점 또한 알 수 있다. 어떤 기준으로 봐도 이 지역들은 쉽게 따 먹을 수 있는 열매였다. 네덜란드의 식민지들은 순양함 다섯 척과 구축함 여덟 척, 잠수함 스물네 척으로 이루어진 함대와 못쓰게 된 비행기 쉰 대를 보유한 공군, 3만 5000명에 불과한 정규군과 2만 5000명의 예비병으로 이루어진 육군이 방어하고 있었다. 난공불락으로 알려진 영국의 요새 싱가포르는 애처롭게도 고사포가 부족했고, 사실상 기갑부대도 없었다. 아시아에서 전쟁이 발발할 경우, 영국이 함대를 동쪽으로 보낼 의사가 전혀 없었기 때문에 해군 공격만으로도 싱가포르 공격에 성공할 가능성이 있었다. 적어도 말레이 반도에는 오스트레일리아군, 영국군, 인도군, 말레이시아 군을 모두 합쳐 8만여 명이 주둔했다. 그러나 방공(防空) 능력이 취약했다. 아시아의 유럽 제국 군대가 '잊힌 군대'로 불린 데는 그만한 이유가 있었다. 어떻게 보면 그들은 전쟁이 시작되기도 전에 잊혀져 버렸다.

일본의 첫 번째 공격 대상은 프랑스령 인도차이나 반도였다. 1939년 초에 중국 남부의 하이난 섬과 난사 군도가 점령 당했다. 프랑스가 독일의 전격전에 무릎을 꿇을 무렵인 다음 해 6월, 일본은 프랑스 당국에 충칭으로 향하는 군사 물자의 선적을 막을 군사사절단 마흔다섯 명을 파견해 달라고 요구했다. 프랑스 총독부는 마지못해 따랐지만, 식민지 영토를 보전할 요량으로 상호방어 조약을 제안했다. 마쓰오카는 일본군의 주둔은 물론, 인도차이나 반도의 통과, 그리고 비행장 건설 및 사용을 요구하며 이 제안을 거부했다. 만약 전투가 벌어지면 전혀 승산이 없다는 사실을 깨달은 비시 정부는 실무 처리는 총독부에 맡기면서 일본 측 요구를 들어주기로 했다. 그러나 일본 정부는 점점 조바심을 냈다. 결국 9월 20일, 일본군은 프랑스 당국의 동의가 있든 없든 이틀 뒤에 국경을 넘을 것이라는 최후통첩을 하노이에 전달했다. 또다시 프랑스는 굴복했다. 9월 23일, 인도차이나 반도 북부 지역이 일본군 수중에 떨어졌다. 6개월 뒤, 일본은 프랑스군과 태국 간의 충돌을 종식시키기 위해 개입했다. 그 결과 맺은 협상으로 태국 또한 일본의 세력권에 들어가고 말았다. 1941년 7월 말, 일본군은 남쪽 지역까지 점령함으로써 인도차이나 반도 지배권을 완벽히 손에 넣었다.

네덜란드가 독일의 침략에 무릎을 꿇자, 네덜란드의 동인도 정부는 런던에 망명해 있던 네덜란드 정부와 손잡기로 했다. 하지만 군사적인 관점에서 볼 때, 그들의 입장은 인도차이나에서의 프랑스보다 나을 게 없었다. 일본은 행동을 개시했다. 이번에는 일본에 대한 석유 수출을 크게 늘려 달라고 요구했는데, 식민지 당국은 일본의 요구를 그대로 들어 주려고 했다. 전 외무장관 요시자와 겐기치의 사절단은 네덜란드를 상대로 구입품 목록이라고 해도 무방할 요구 사항들을 제시했다. 그들은 석유 380만 톤, 주석 100만 톤, 보크사이트 40만 톤, 니켈 18만 톤, 코코넛 기름 3만 톤, 고무 3만 톤, 설탕 1만 톤을 요구했다. 네덜란드는 독일에 재수출되어선 안 된다고 주장하며 요구량을 놓고 입씨름을 벌였다. 그러나 1941년 5월이 되자, 점차 독단적이 되어 가던 도조는 다시 한번 인내심을 잃었다. 6월 17일, 요시자와 사절단은 도쿄로 돌아갔다. 그리고 9월 25일, 도조의 지지를 등에 업은 참모총장들이 고노에에게 10월 15일까지 당면 문제에 대한 외교적인 해결책을 내놓으라고 말했다. 이는 전쟁 개시 최종 시한이었다. 16일, 고노에가 자리에서 물러나면서 도조가 전시 정부를 조직할 수 있게 되었는데, 당시 최종 시한이 한 달 반 늦춰진 것은 오직 한 가지 사실로 설명할 수 있다. 이는 동남아시아의 유럽 제국들을 상대로 추가 조치를 취할 경우 미국과의 대결이 불가피하다는 점을 깨달았다는 뜻이다.

진주만 공격의 논리

일본이 동남아시아에서 헤게모니를 장악하는 것을 막을 나라는 미국뿐이었다. 한편 미국은 아시아를 비롯한 어느 지역에서든 전쟁을 벌이고 싶은 생각이 없는 게 분명했다. 다른 한편으로, 일본을 동아시아 전체는 물론 중국의 유일한 지배자로 간주하고 싶은 마음도 거의 없었다. 그러나 미국의 태평양 정책을 지휘하는 사람들은 일본이 미국과의 무역에 크게 의존하고 있고, 따라서 경제적 압력에 취약하기 때문에 일본을 막기 위해 굳이 무기를 들 필요는 없다고 생각했다. 다량의 면화와 고철, 석유를 포함한 일본 수입품 중 3분의 1이 미국에서 공급되었고, 중장비와 공작기계에 대한 대미 의존도는 점점 높아지고 있었다. 미국이 군사적으로 개입하지 않는다 해도 군수 물자 공급의 숨통을 쥠으로써 일본을 사망에 이르게 할 수 있었는데, 석유 수출을 중단할 경우 특히 그럴 가능성이 높았다. 정확히 이러한 이유로 미국 외교관들과 정치인들은 진주만 공격을 예측하기 어려웠다. 미국인들은 대체로 위험을 피하는 사람들이어서 경제적인 상황이 자신들에게 불리한 상황에서 일본이 그토록 경솔하게 속전속결에 도박을 걸 거라고 상상하지 못했다. 그들은 일본의 인도차이나 반도 침략 이후 부분적인 경제 제재로도 충분한 정지 신호가 될 거라고 생각했다. 하지만 그 결과는 정확히 반대였다.

태평양 전쟁으로의 길은 경제 제재로 뒤덮여 있었다. 1911년에 체결된 미일통상조약은 1939년 7월에 파기되었다. 1939년 말에 일본(다른 교전국들과 함께)은 "비행기 제조에 필요불가결한 재료, 즉 알루미늄과 몰리브덴, 니켈, 텅스텐, 바나듐에 대해 루스벨트가 가한 도덕적 금수 조치"로 타격을 받았다. 이와 동시에, 국무부는 미국 기업을 상대로 항공 연료 생산을 촉진할 수 있는 대일 기술 수출을 중단하도록 압력을 가했다. 1940년 7월, 미국 대통령은 국가방위법에 따라, 전략적으로 중요한 상품과 제품 수출을 실질적으로 금지할 수 있는 권한을 부여 받았다. 그달 말, 국무부와 재무부는 지루한 실랑이가 끝에, 양질의 고철과 강철, 항공 연료, 윤활유, 연료 혼합 약품인 사에틸납 수출을 금지하기로 합의했다. 그리고 9월 26일, 수출 금지는 모든 고철에 확대되었다. 두 달 뒤, 철과 강철은 사전 허가를 조건으로 수출할 수 있게 되었다. 이러한 제한이 어떤 결과를 가져올지 아무도 확실히 알지 못했다. 국무부의 극동 문제 담당 고문이었던 스탠리 혼벡(Stanley Hornbeck) 같은 사람은 이러한 조치가 일본 군부를 난처하게 만들 것이라고 말했다. 이와는 달리, 도쿄 주재 미국 대사였던 조지프 그루(Joseph Grew) 등의 인사는 일본 군부를 자극할 거라고 주장했다. 양쪽 생각은 모두 정확하지 않았다. 경제 제재가 일본의 전쟁 계획을 억지하기엔 너무 늦었다. 이미 일본은 중일 전쟁 이래로 미국의 원료를 수입하여 비축해 오고 있었기 때문이다. 도쿄에서는 단 한 가지 경제 제재가 개전의 이유로 간주되었는데, 바로 석유 금수 조치였다. 1941년 7월, 일본의 인도차이나 반도 남부 점령에 대한 대응책으로 취해진 이 조치와 더불어 미국 내 모든 일본 자산이 동결되었다. 이런 점에서 볼 때, 태평양 전쟁은 대체로 불가피했다고 할 수 있다.

오래도록 일본 외무부는 미국이 승전 일로에 있는 독일, 이탈리아, 일본 동맹을 상대로 무기를 들지 않을 것으로 생각했다. 특히 소련이 그 동맹국들과 우호적인 관계를 맺고 있는 상황에서는 더더욱 그러했다. 미국은 철두철미 고립주의를 지향했고, 일본과 그 동맹국들의 승리로 그 입장이 약화되기보다는 강화될 거라는 가정이 이어졌다. 또한 일본 군부는 미국을 자극하지 않으면서 아시아의 유럽 식민지를 정복할 수 있기를 희망했고, 미국과 대결하길 꺼렸다. 1941년 9월까지 미국과의 전쟁을 준비한 사람들은 해군 전략가들뿐이었다. 하지만 그들은 개전 초에 미 해군에 압도적인 타격을 가하지 않고는 승리를 거둘 수 없다고 생각했다. 마침 미국 함대의 태평양 기지가 1940년에 하와이로 옮겨졌다. 만약 캘리포니아 해안에 남아 있었다면, 전격적인 공격은 불가능했을 것이다. 1941년 4월 당시, 야마모토 이소로쿠 제독은 진주만에 배치된 함선들을 일거에 침몰시킬 수 있다고 확신했다. 일본 항공모함 여섯 척이 모두 필요하고, 잠수함 대여섯 척과 비행기 400여 대를 어뢰나 철갑탄으로 무장시켜야 했다. 11월 1일에 열린 대본영 정부 연락회의에서[5] 스즈키 테이치 준장은 예상 점령 지역의 물자가 일본의 원료 수요를 충족시킬 거라고

---

[5] 대본영 정부 연락회의는 1937년에 처음 시작된 혁신적인 방법이었다. 이 회의에는 정부와 최고사령부 대표들이 모였다. 회의에 참석한 인사들에는 대개 수상과 외무대신, 전쟁대신, 해군대신, 참모총장 두 명이 포함되었다. 회의는 비교적 스스럼없이 진행되었는데, 특정 개인이 공식 의장직을 맡지 않았다. 결정 사항들은 연락회의 참석자들과 왕, 추밀원 원장이 참석하는 제국회의에서 비준되어야 했다. 왕은 대개 금빛 칸막이 앞의 상단에 조용히 앉아 있었다. 왕의 비준으로 이 회의에서 도출된 결정은 구속력을 갖고 취소할 수 없는 사안이 되었다.

참석자들을 안심시키면서 다음과 같이 선언했다. "지금 우리가 개전하면 1943년에는 원료 사정이 훨씬 나아질 것이다."

이는 일본이 대영 제국, 네덜란드의 동인도 정부, 미국을 상대로 전쟁을 치를 정도로 원료를 비축해 두었다는 의미는 아니었다. 스즈키는 전쟁이 더 연기될 경우, 일본의 원료 상황이 악화될 수밖에 없다는 얘기를 한 것뿐이었다. 당시 해군만 보더라도, 무익하게 기다리느라 시간당 400톤의 석유를 소비하고 있었고, 18개월 뒤에는 연료가 모두 바닥날 터였다. 따라서 기다리는 것보다 당장 공격하는 게 낫다는 결론이 나온 것이다. 이러한 조건으로 인해 1941년 11월 30일 밤 12시까지 외교적 타협이 성사되지 않으면 일본은 전쟁에 뛰어들 수밖에 없었다.

가끔 도쿄의 정책 결정자들이 불합리한 동양의 운명론 같은 것에 압도되어 있었다는 주장이 제기되는데, 그러한 생각은 10월 14일 "인간은 때로 기요미즈사의 높이 솟은 언덕에서 과감히 뛰어내려야 한다."라는 도조의 주장에 의해 뒷받침된다. 미국과의 전쟁 개시 결정과 사무라이 규약, 더 구체적으로 말하면, 집단 히스테리는 아니더라도 일본인의 강박관념 사이에는 연관관계가 있었다. 그러나 여러 면에서 이러한 사고방식은 동양보다는 서양에서 기원한 것이다. 자신도 모르는 사이에 도조는 1914년에 러시아와의 전쟁을 주장한 독일 총리 베트만 홀베크와 1939년에 서양 열강과의 전쟁을 주장한 히틀러를 따르고 있었고, 그 시간 틀까지도 비슷했다.

지금부터 2년 뒤(즉, 1943년에)가 되면, 우리 군대가 쓸 기름은 없을 것이고, 함선들은 발이 묶일 것이다. 남서 태평양 지역에서 미국의 방어력이 강화되고 함대가 보강될 뿐 아니라 중일 전쟁이 끝나지 않는다면, 어려움이 끝없이 이어질 것이다. 우리는 고통과 내핍을 오래도록 요구할 수 있지만, 국민들은 그런 생활을 오래 견딜 수 있을까? (중략) 단순히 때를 기다리기만 하다가

2, 3년 뒤에 삼류 국가가 될까 봐 걱정스럽다.

따라서 눈을 질끈 감고 높은 데서 뛰어내린다는 말은, 실로 독일적인 주장인 것이다. 즉, 가까운 미래에 닥칠 국력의 쇠퇴를 감수하느니 바로 전쟁에 도박을 걸자는 것인데, 시간만 보내고 앉아 있을 경우 국가를 파산시킬 게 분명하니 군부 자산을 바로 사용하자는 얘기였다. 1941년 9월 6일 제국회의에 제출된 최고사령부 정책 문서에 따르면, 미국의 목표는 세계 지배이고 이를 위해 일본 제국이 동아시아에서 발전하는 것을 막으려 하고 있었다. 따라서 일본은 스스로를 보호하고 영토를 계속 보존하기 위해 최후의 조치, 즉 전쟁에 의존해야 하는 절박한 상황에 처해 있었다. 그게 아니면 결국 미국의 발밑에 굴복하고 말 터였다.

일본인들은 몽상가가 아니었다. 마쓰오카 입장에서 진주만 공격은 전략적 오산의 극치였다. 그는 독일, 이탈리아와 맺은 삼국동맹과 소련과의 중립 조약으로 미국이 아시아에서 일본의 팽창에 저항하지 못할 거라고 생각했다. 일본이 진주만을 공격한 1941년 12월 7일, 그는 자신의 고문 사이토 요시에에게 이렇게 말했다. "삼국동맹은 내가 저지른 최악의 실수였다. 나는 미국의 참전을 막고 동맹을 통해 소련과의 관계를 조정하길 원했다. 평화가 유지되고 일본이 안전하길 바랐다. 그런데 현재의 불행은 간접적으로 동맹 관계로 인해 발생했다." 전쟁 직전 워싱턴 주재 대사였던 노무라 기치사부로는 미국과의 전쟁을 감행하기보다는 중국에서 문호 개방 정권이 복원되도록 노력하는 등 온건한 정책을 지지했다. 그리고 일본의 고위 해군 장교들 모두 야마모토의 계획에 설득된 것 또한 아니었다. 해군참모총장 나가노 오사미는 그 계획이 전쟁에서 국가를 지키려는 정신에 충실한 행위라면서도, 일본이 자멸의 길을 걷고 있고 민족 절멸의 운명을 맞았다고 주장했다. 1941년 여름, 경제동원부가 작성한 보고서에 따르면, 일본의 경제 자원은 2년간 전쟁을 치른 후, 공군 및 해군 작전을 수행하기에 충분치 않을 수도 있었다. 나가노는 1942년 후반기에도 상황은 계속 나빠질 것이라고 예상했다. 도조 자신도 전쟁이 1943년 이후에도 계속될 경우, 어떻게 해야 할지 모르겠다고 인정했다. 진주만 공격을 야기한 것은 지나친 자신감이 아니라 아무것도 하지 않고 당하느니 차라리 전쟁에서 패하는 게 낫다는 확신이었다.

아마도 진짜 몽상가는 미국인들이었을 것이다. 그들은 전쟁이 발발하기 직전 몇 달간 태평양, 특히 필리핀의 방어시설이 취약한 상태였는데도 대단히 대립적인 자세를 취했다. 영국은 눈에 띌 정도로 타협적이었는데, 심지어 일본의 압력에 굴복해 일시적으로 버마 로드를 폐쇄하기까지 했다. 이는 거의 산길로 이루어진 1126킬로미터 길이의 도로로, 당시 이 길을 따라 군수 물자 등이 중국으로 수송되고 있었다. 루스벨트가 왜 그랬는지는 정확히 알 길이 없지만, 그는 현재 중국의 경제적 중요성과 미래의 전략적 중요성을 시종일관 과장했고, 일본과의 전쟁 위험을 과소평가했다. 그는 1941년 여름, 정상회담에 참석해 달라는 고노에의 청을 거절했다. 코델 헐 국무장관은 일본군이 중국과 인도차이나 반도에서 완전 철수하기를 원했다. 그는 장제스에 대한 미국의 지원을 중지해 달라는 일본의 요구를 들어주지 않았다. 11월 26일, 헐은 운명적인 서한에서 양측 모두 중국에서의 치외법권을 포기하고 국민당 정부를 인정하자고 제안하기까지 했다. 치외법권의 포기는 사실상 과거의 문호 개방 체제에 종지부를 찍는 조치였다. 이 시기에 미국의 대일본 정책을 냉전기의 대소련 정책에 비유한 것은 어느 정도 타당하다.

미국 정부는 일본군이 인도차이나 반도에서 말레이 반도와 태국을 향해 진군하고 있다는 사실을 알았으면서도 나가노 제독의 타격 부대가 11월 26일 진주만으로 출발한 사실은 알아차리지 못했던 것으로 보인다. 이것이 어느 정도까지 무능력의 결과였는지, 음모, 더 정확히 말해 일본 해군의 움직임에 대한 정보를 영국 정부가 고의적으로 알리지 않은 결과였는지는 여전히 논쟁 거리로 남아 있다. 사실 처칠이 미국 태평양함대의 파멸이 영국에게 도움이 된다고 간주했는지, 실제로 그랬다면 그 이유는 무엇이었는지 알아내기는 상당히 어렵긴 하다. 이 무렵, 미국이 아시아에 개입할 가능성이 컸기 때문에 영미 간 신뢰를 배신하는 상황이 일어날 리는 없었다. 왜냐하면 루스벨트는 이미 (당시 워싱턴 주재 영국 대사였던) 핼리팩스에게 진주만 공격이 있기 엿새 전인 12월 1일에, 전쟁이 발발할 경우 미국을 지원해 달라고 명확히 요청했기 때문이다.

원심 분리기

일본은 승산이 기껏해야 반반이고, 1942년 이후엔 자신들에게 불리하다는 점을 알고 있었다. 잠시나마 전쟁은 정말로 1943년 이전에 끝날 것처럼 보였다. 12월 7일, 나가노 제독의 타격 부대는[6] 최소한의 희생으로 진주만을 엉망으로 만들어 놓았다. 미국 항공모함은 기지를 벗어나 있었던 것으로 드러났지만, 비행기 177대를 수리 불능 상태로 만들고, 전함 여덟 척, 구축함 세 척, 경순양함 세 척, 보조함 세 척을 파괴하거나 심각한 피해를 입힌 전과는 결코 초라한 것이 아니었다. 일본군은 전투 중에 고작 스물아홉 대의 항공기와 쉰다섯 명의 병사를 잃은 데 비해, 미군의 총 전사자는 3297명이었다. 이후 복수심에 찬 미국의 대응은 잘 알려져 있지만, 행복감에 취한 일본군의 반응은 잘 알려지 않다. 문학비평가 오쿠나 다카오는 다음과 같이 회상했다.

---

6) 일본군은 함선 쉰여덟 척으로 구성되어 있었는데, 대형 순양함 네 척과 경순양함 두 척(각 순양함은 대략 항공기 일흔 대의 지원을 받았다.), 전함 두 척, 순양함 두 척, 구축함 아홉 척, 유조선 여덟 척, 잠수함 서른 척이 있었다. 잠수함 중 다섯 척에는 초소형 잠수정이 딸려 있었고, 세 척은 선발대로 미리 파견되었다.

중일 전쟁에 대해 양면적으로 생각하던 일반인들과 그 전쟁을 침략 행위로 비난했던 지식인들까지도 영국, 미국과의 전쟁이 시작되자 태도를 바꾸었다. (중략) 우리가 마침내 해냈다는 행복감이 피어올랐다. 그것은 영국과 미국 같은 오만한 열강과 백인들에게 일격을 가했다는 행복감이었다. 승전보가 하나씩 전해질 때마다 걱정은 사라졌고, 두려움은 자부심과 기쁨으로 변했다. (중략) 후진국 출신 유색인종이 선진국 백인에게 느꼈던 열등감은 그 한 번의 급습으로 사라졌다. (중략) 역사상 우리 일본인이 그때만큼 자부심을 느꼈던 적은 결코 없었다.

이는 개막 축포에 불과했다. 이후 일본군은 병력을 넓게 전개하여 놀랄 만큼 빠르게 태평양과 동남아시아 전역을 접수해 나갔다. 12월 8일, 일본군은 처음으로 말레이 반도 동쪽에 상륙했고, 이틀 뒤에 야마시타 도모유키 대장의 25군이 뒤따랐다. 사이공에 주둔한 해군의 항공대는 영국 전함 프린스 오브 웨일스와 레펄스를 격침시키면서 영국 해군을 말레이 반도에서 물리쳤다. 이이다 쇼지로 준장의 15군은 무기는 낮았지만 기동력이 떨어지는 영국군을 패주시키며, 크라 지협을 지나 미얀마 중심으로 진격해 들어갔다. 영국의 보르네오 섬은 12월 16일에 일본군의 침략을 받았는데, 33일 만에 백기를 들었다. 홍콩 주둔군 1만 2000명은 일본군이 12월 18일에 상륙한 뒤, 겨우 일주일을 버티다 성탄절에 항복했다. 한편, 제25군은 자전거를 이용해 잘 관리된 플랜테이션 농장 도로에서 속도를 내며 싱가포르를 향해 말레이 반도를 진격해 내려갔다. 2월 15일, 아서 E. 퍼시벌 준장과 영국군 1만 6000명, 오스트레일리아군 1만 4000명, 인도군 3만 2000명으로 이루어진 수비대는 3만 명에 이르는 적이 지칠 대로 지친 데다 식량과 탄약까지 떨어진 상태라는 점도 모르고 항복하고 말았다. 이는 1940년 5월보다도 더 심한 굴욕이었는데, 이후에도 그러한 상황이 계속 발생한다. 그리고 3월, 중국이 포위 공격을 당하고 있던 버마의 영국·인도 수비군을 도우려 했지만, 랑군은 결국 일본군의 손에 넘어갔다. 5월 1일, 벵골 만의 안다만 제도와 함께, 만달레이가 함락되었다. 헨리 파우놀 대장이 인정한 대로, 영국군은 더 훌륭한 병력을 갖고도 작전에 지고, 선수를 허용했으며, 결국 전투에서 패했다.

미군도 마찬가지였다. 공습으로 마닐라의 방어력을 약화시킨 일본군은 12월 8일, 처음으로 혼마 마사하루 대장의 14군을 루손 섬에 상륙시켰다. 일본군은 22일과 24일에도 계속 상륙했고, 1월 2일에는 필리핀의 수도가 무너졌다. 1942년 1월 말에는 중부 태평양의 괌과 웨이크 섬, 비스마르크 제도가 일본군의 수중에 넘어갔고, 4월 9일에는 바탄 반도의 미군이 항복했다. 한 달 뒤에는 코레히도르 섬의 미군도 백기를 들었다. 이로 인해 필리핀의 저항은 사실상 끝났다. 1942년 봄에도 일본군은 솔로몬 제도를 포함하여 애드미럴티 제도와 비스마르크 군도까지 접수했다. 네덜란드군 또한 일본군의 맹습에 무릎을 꿇었다. 이마무라 히토시 대장의 군대는 셀레베스 북부의 네덜란드령에 처음 상륙했다. 2월 말, 수마트라 전역이 일본군에 점령 당했고, 연합군 임시 함대는 자바에서 소탕되었다. 3월 8일, 네덜란드가 항복했다. 같은 달, 남부 보르네오 섬의 저항 세력도 무너졌다. 이 모든 전과가 만주나 중국에 주둔한 군대보다 적은 병력으로 달성된 것이다.

이미 독일군은 '전격전' 개념을 자기 것으로 만들어 놓았다. 그러나 전쟁 역사상, 1941년 12월부터 1942년 4월 말까지 아시아와 태평양에서 벌어진 전격전만큼 여러 곳에서 압도적인 전과를 거둔 경우는 없었다. 또한 일본군의 이동 거리는 유럽에서 독일군이 일제히 지나간 거리보다 훨씬 더 길었다. 일본제국은 서쪽에서 동쪽으로 최대 1만 300킬로미터, 북쪽에서 남쪽까지 최대 2만 2900킬로미터를 주파했다. 1942년 5월 초에 일본군은 미드웨이 제도와 뉴칼레도니아, 피지, 사모아, 뉴기니, 심지어는 오스트레일리아와 실론, 인도 공격까지도 계획할 수 있었다.

유럽의 제국들은 마치 일본 공격으로 자신에 대한 믿음을 상실한 것처럼 굴복하고 말았다. 싱가포르와 본토 간의 둑길이 무너지는 소리를 들은 한 영국 교사는 지나가던 젊은 청년에게 이렇게 시끄러운 이유가 무엇 때문인지 물었다. 리콴유(李光耀, 싱가포르 독립 이후 초대 총리가 된다.)는 다음과 같이 대답했다. "그건 대영 제국이 끝장나는 소리입니다." 정말로 대영 제국은 끝난 것처럼 보였다. 일본군이 진격해 오자 장교들의 지휘하에 줄행랑을 친 영국군이 수두룩했다. 실제로 일본군은 뉴기니의 코코다트레일에서 처음으로 오스트레일리아군의 강력한 저항을 받았다. 또한 초기의 미국 측 대응도 특별히 인상적이지 않았다. 더글러스 맥아더 대장의 필리핀 탈출은 좋게 봐 줘도 경솔했을 뿐이다. 미군의 투지는 영국군의 투지보다 그리 낫지도 않았다. 1941년에 붙잡힌 미국 해병대원 체스터 비그스의 표현을 빌리자면 이러했다. "훌륭한 대의를 위해 죽는 것은 괜찮다. 그러나 단지 '우리는 마지막 한 사람까지 싸웠고 항복하지 않았다.'라고 말하기 위해 죽는 것은 그리 좋은 이유는 아니다." 바탄에서도 상황은 똑같았다. 미국인 포로 앤드루 카슨은 다음과 같이 회상했다.

우리는 '차렷'이나 '쉬어', '뒤로 돌아.', '전투 부서에 배치하라.', '준비되면 발사하라.' 같은 명령에 즉각, 본능적으로 반응하도록 훈련받았다. 그러나 '항복'이라는 말은 낯설었다. 그 말은 우리 머릿속에 입력되어 있지 않았기 때문에 아무런 반응도 일으키지 않았다.

그와 전우들은 그저 욕설을 퍼부으며 눈물을 흘릴 수밖에 없었다. 그리고 '우리는 최선을 다했다.'라고 믿으려 애썼다.

미국은 대중국 지원을 강화하고, 조지프 스틸웰 중장을 보내 이를 감독하게 함으로써 신속히 보복하려 했다. 불행히도 장제스와 스틸웰은 처음부터 삐걱거렸다. 스틸웰은 한 기자에게 이렇게 말했다. "중국의 문제는 간단하다. 우리가 무식하고 교양 없고 미신에 사로잡힌 놈과 손을 잡았다는 것이다." 스틸웰은 중국의 명령 체계를 재조직하고 중앙에 집중시키길 원했다. 그는 사석에서 장제스가 "하찮은 인간"이며 "믿지 못할 사람"이라고 말하면서 그의 과시 소비에 분개했다. 그 역시 표현이 거칠 정도로 솔직한 면 때문에 '식초 조(Vinegar Joe)'라는 별명을 얻었다. 버마에서의 구조 작전을 지휘하려던 그의 시도는 중국 제5군 사령관 두위밍(杜聿明)이 명령에 복종하길 거부하는 바람에 좌절되었다. 반면 일본은 일련의 공격을 개시하여 저장성(浙江省)의 중국군을 참패시켰고, 그 지역의 주요 철도를 수중에 넣었다.

당시 동남아시아의 새로운 권력자들은 기고만장할 만도 했다. 일본 군부 지도자들의 오만은 다음과 같은 '교육적 선언'에 의해 더욱 커졌다.

> 일본은 이 세상 모든 사람들에게 빛을 제공하고 땅을 보호해 주는 태양이다. 하늘 높이 떠오르는 태양처럼, 일본제국은 힘과 중요성 면에서 강해질 것이다. 이는 영원하며 일본이라는 이름의 의미이기도 하다.
> 세상이 창조될 때, 땅이 가장 먼저 창조되었다. 그런데 그 첫 번째 땅이 일본, 즉 떠오르는 태양의 나라였다. 아무도 태양에 반기를 들지 못한다. 그렇게 하면 마치 눈처럼 녹아 버릴 것이다. 이것은 세상의 엄격한 법칙이다. (중략) 일본에 반대하는 자들은 눈(雪)과 같은 경험을 하게 될 것이다.

포로와 협력자

중국에서 드러난 일본군의 야만적인 행동들은 동남아시아에서도 나타났다. 차이가 있다면, 이번에는 학대 대상에 백인도 끼어 있었다는 점이다. 부분적으로 연합국 포로들에 대한 악명 높은 학대는 앞에서 언급했듯이, 항복 그 자체를 경멸한 결과였다. 따귀를 때리고 매질을 하는 폭행은 일부 수용소에서 매일 일어났다. 정당한 절차 없이 처형하는 경우도 자주 일어났다. 공식 정책은 제네바 협약의 "필요한 변경을 가해서만"이라는 조항을 적용하여 그런 잔인한 행위를 조장하는 것이었다. 일본군은 그 조항을 "필요하다면 어떤 변경도 가능한"으로 해석했다. 1942년에 미군 포로 수천 명이 바탄에서 벌어진 악명 높은 '죽음의 행진' 도중에 죽었다.[7] 다른 지역에서는 전쟁 포로들이 강제 노동에 동원되었는데, 대부분 버마와 시암(Siam, 태국)을 잇는 철도 노선에서 일했다. 일부 포로들은 "전투 중에 잡힌 사람은 왕의 의지에 따라 참수당하거나 거세되어야 한다."라는 글이 적힌 완장을 차야 했다. 탈출을 시도하는 포로는 사형을 당했는데, 서양 열강은 탈출 시도를 포로의 의무로 간주했다. 그러나 실제로 목숨을 잃은 연합국 포로 대부분은(표 14-1 참조) 과로와 학대로 악화된 영양실조, 질병의 희생자들이었다.

그러나 일본군의 학대가 유럽 포로들에 국한되지 않았다는 점을 강조하는 게 중요하다. 그들은 점령지 주민을 다수 살해하고, 노예로 삼거나 학대했다. 이는 자신들이 아시아의 해방자라는 그럴듯한 주장이 거짓임을 입증하는 증거였다. 그리고 연이은 숙청 작전을 통해 싱가포르에 거주하는 중국인 5000~5만 명을 학살했다. 바탄에서 죽음의 행진 도중에 사망한 사람들 대부분은 필리핀 사람이었는데, 죽음의 철도 건설 중에 사망한 유럽인들의 열 배, 아니 스무 배나 되는 아시아인들이 사망했다. 일례로, 말레이 반도에서 끌고 간 노예 노동자 7만 8204명 중에 2만 9638명이 죽었다.

'위안부 여성'으로 끌려간 한국 소녀 1만 명의 경우 살아남을 가능성

---

7) 일본은 바탄 작전에서 살아남은 7만 8000명이 마리벨레스에서 산페르난도에 이르는 105킬로미터 거리를 강제로 걸어가게 했다. 포로들은 대부분 폭력, 영양실조, 질병으로 도중에 사망했다.

표 14-1. **1941년~1945년, 일본의 남아시아 공격으로 발생한 포로 현황**

	포로	사망	사망자 비율(%)
영국인, 오스트레일리아인, 인도인	130,000	8,100	6.2
미국인	25,600	10,650	41.6
네덜란드인	37,000	8,500	23.0
인도네시아 강제 노동자	300,000	230,000	77.0
자료가 없는 아시아 포로들	300,000	60,000	20.0
억류된 민간인들	130,895	14,657	11.2
총합	923,000	332,000	36.0

은 조금 높았지만, 노예처럼 생활했다. 대동아 전역과 최전선의 일본군에게 위안부는 중국어의 파이(p'i, 여성을 가리킴)에서 딴 P로 알려져 있었다. 제도화된 집단 강간이라 할 수 있는 이러한 만행에 희생된 사람들의 기억은 글로 옮기기에도 마음이 아플 정도다. 김부선은 겨우 열다섯 살에 고향인 경북의 어느 마을에서 고무 공장에 취직시켜 주겠다는 약속을 믿었다가 위안부로 끌려갔다. 그녀는 대만으로 끌려가 군대 매음굴에 감금되었다.

평일, 주말 할 것 없이 아침 10시부터 밤 11시까지 군인들이 그짓을 하러 왔다. 가끔은 한밤중에도 오곤 했다. 평일에는 덜했지만, 대체로 항상 군인들로 북적댔다. 수없이 많은 군인들이 열 명, 스무 명씩 무리를 지어 찾아왔다. 나는 그 시절 겪은 고통스러운 경험을 결코 잊을 수 없다. (중략) 장교들은 항상 밤늦게 찾아왔다. 그들은 밤 11시나 12시에도 왔다. 가끔 그들은 잠이 들어 다음 날 아침에 떠나기도 했다. 밤늦은 시각까지 입구에 앉아 있었다. 장교가 우리를 부르면, 그와 함께 방으로 들어갔다. (중략) 아무도 우리에게 잘해 주지 않았다. 그들은 난폭하게 행동했다. 지금도 나는 군인을 보면 그들이 짐승처럼 느껴진다. (중략) 종종 우리는 임질에 걸렸다. 하지만 병원에서 치료받지 못했고, 대신 약을 받거나 주사를 맞았다. 병에 걸린 아가씨들은 문에 '휴가'라고 써 놓았다.

전쟁 중에 그녀는 필리핀으로 옮겨졌고, 거기서도 매일 일본군 30~40명을 받았다. 다음의 글을 보면, 제국주의의 성적 지배가 너무나 적나라하게 드러난다. 겨우 열두 살의 나이에 일본군에게 끌려간 김용숙은 선양에서 일본군 장교에게 학대를 당했다.

그는 들어와 내게 이름이 뭐냐고 물었다. 그리고 나를 오카다라고 불렀다. 내게 일본 옷을 주면서 갈아입으라고 했다. 손가락으로 톡 치기만 해도 쉽게 벗겨질 수 있는 야한 옷이었다. 며칠 뒤에 그 남자가 다시 와서 말했다. "난 나카무라야. 이 한국 계집애, 꽤 귀엽단 말이야. 나랑 한번 놀아 보자!" 나는 당시 열두 살밖에 되지 않았다. 그는 내게 자신의 성기를 보여 주었다. 나는 달아났지만, 아무도 나를 도와주지 않았다. 그는 거칠게 나를 잡더니 내 질을 칼로 베었다. 며칠 뒤, 그가 다시 찾아와 말했다. "네 간을 먹어 버리겠어. 넌 하늘 같은 일본 제국의 황제로부터 어떤 온정을 받고 있는지도 모르고 있어." 그런 다음 부츠를 신은 발로 내 다리를 비틀어 돌리면서 칼로 배를 찌르고 가슴을 긁었다.

김부선은 포주와 몇몇 군인들의 강요로 "나는 제국의 시민이 되고 싶다."로 시작되는 제국시민헌장까지 암송해야 했다. 성노예가 시민이 되게 해 달라는 소릴 듣는 것이 그들에겐 분명 재미있었을 것이다.

전시 선전가 입장에서 조지 오웰은 상당히 적절한 질문을 던졌다. "왜 일본은 자신들과 다름없는 아시아 민족들을 상대로 계속 전쟁을 벌이는가?" 또한 왜 싱가포르를 '해방'하면서 일본어와 일본식 역법, 심지어는 동경 시간까지 주민들에게 강요하는지 물었다. 싱가포르를 '쇼난

(Syonan)'으로 이름을 바꾼 사례는 일본 정신을 기초로 한, 문화적으로 동질적인 제국을 만들려는 결의를 보여 준다. 점령지 자바에서도 비슷한 일들이 시도되었다.

이러한 행위에도 불구하고 일본이 유럽 군대를 굴복시켰다는 사실의 상징적 의미는 적지 않았다. 영국의 한 전시 보고서에 따르면, 백인에 대한 원주민의 신망을 떨어뜨리기 위해 백인 전쟁 포로에게 굴욕을 강요하는 공식 정책이 있었던 것 같다. 죽음의 철도 건설 현장에서 살아남은 에드워드 던롭 중장은 일본이 사람들의 기를 꺾어 놓으려 한다는 인상을 일찌감치 받았다. 그가 비밀리에 기록한 일기장에는 이렇게 적혀 있었다. "일본인 입장에서는 자신들은 트럭을 타고 다니는데 '백인 지배자'들은 바구니와 막대를 들고 걸어 다니는 모습을 보는 게 분명 즐거울 것이다." 그러한 추측은 옳았다. 한국에 주둔한 일본군 총사령관 이다가키 세이시로는 도조에게 이렇게 말했다. "미국인과 영국인 포로를 강제 수용함으로써 한국인들이 우리 제국의 진정한 힘을 확실히 깨닫게 할 뿐 아니라, 유럽과 미국에 대한 숭배를 근절하는 선전 작업에 기여할 수 있다."

우리는 이 정책이 적어도 초기에는 일본이 아시아를 해방시킨다는 주장을 정당화하는 데 어느 정도 효과를 발휘했다는 사실을 간과해서는 안 된다. 일본의 연설가들이 아시아 민족의 공통 이상을 언급하면서 '대동아 사업'은 정의를 기초로 하고 영국과 미국의 착취적, 공격적, 배타적 이기주의에 반대한다고 선언하자 열렬한 반응이 터져 나왔다. 유럽인들의 지배에 대한 분노는 아시아 주요 도시 교양인들의 마음에 뿌리깊이 박혀 있었다. 전쟁 전에 버마에서 경관 생활을 한 오웰만 그 사실을 감지한 게 아니었다. 또한 식민지인들에게 미움받는다는 불안 때문에 영국 지배에 대한 믿음이 흔들린 사람도 오웰만이 아니었다.[8] 네덜란드 식

---

8) 오웰의 평론집 『코끼리를 쏘다』는 1930년대에 아시아에 거주하던 영국인들의 혼란을 제대로 짚어

14 지옥문 655

민지의 민족주의자들은 일본을 아시아의 리더이자 보호자, 선각자로 환영했다. 미래의 인도네시아 대통령 수카르노에게 일본의 전쟁은 민족 독립을 위한 전쟁이었다. 1940년, 영국에 의해 투옥 당했던 버마의 민족주의 지도자 바 마우(Ba Maw)는 1943년 11월 도쿄에서 열린 대동아회의 참석자들에게 다음과 같이 말했다. "지금은 우리의 정신이 아니라 피로 생각해야 하는 시간이다." 전쟁 전에 장관직을 역임한 필리핀의 호세 라우렐(Jose Laurel)과 호르헤 바르가스(Jorge Vargas)는 일본의 승리가 아시아 모든 국가의 위신을 세워 주었다고 선언했다. 실제로 일본의 해방 약속은 전적으로 말뿐이지는 않았다. 1943년 8월 1일, 버마는 독립을 선언했다. 필리핀은 10월 14일에 독립했고, 인도네시아 역시 독립을 약속받았다.

유럽의 통치를 경험하지 않은 아시아인들조차 일본의 대의에 인상적인 열의를 보여 주었다. 1939년부터 1943년 사이에 70만 명이 넘는 한국인들이 일본군에 자원했다. 많은 이들이 혈서를 씀으로써 일본인보다 더 충성스러운 일본인이 되려는 서약이 진심임을 증명했다. 하지만 일본은 1만 8000명도 안 되는 한국인들만 일본군에 받아 주었다. 대만의 경우, 1942년에 자원자 1000명을 뽑는 데 남성 인구의 약 14퍼센트에 해당하는 42만 5000명이 신청하기도 했다. 전체적으로 20만 명이 넘는 대만인들이 군인으로 복무하거나 일본군에서 민간인으로 일했다.

일본은 일부 토착 주민들의 저항을 받았는데, 서양의 식민지 지배하에서 상대적으로 성공한 엘리트층과 소수 민족 집단만 저항한 것은 아니

냈다. 코끼리 한 마리가 미친 듯이 날뛰자 오웰은 그 코끼리를 쏘아 달라는 청을 받았다. 그 일이 상당히 마음에 안 들었지만, 바보처럼 보일까 봐 두려워 코끼리를 총으로 쐈다. "사람들이 나를 보고 있었기 때문에 나 혼자 있었다면 두려웠겠지만, 그리 두렵지 않았다. 백인이라면 원주민 앞에서 두려워해서는 안 되는 법이다." 그래서 오웰은 두려움을 느끼지 않았다. "일이 잘못되면 버마인 2000명이 내가 도망치다 짓밟혀 저 언덕 위의 인도 사람처럼 시체가 되는 모습을 지켜볼 거라는 생각밖에 하지 못했다. 만약 그런 일이 일어나면 그들 중 누군가 비웃을 가능성이 컸다. 그런 일은 절대로 일어나서는 안 되었다."

었다. 대다수 인도인은 일본이 염두에 두고 있던 인도 해방에는 아무런 관심도 보이지 않았다. 필리핀에서는 후크발라하프(hukbalahap)라는 농민 조직이 일본군을 상대로 게릴라전을 벌였고, 버마에서는 카렌족과 카친족이 일본 통치에 저항하기도 했다. 그럼에도 일본은 반유럽 민족주의자들과 기회주의자들 중에서 협력자를 찾는 데 전혀 어려움을 겪지 않았다. 인도의 민족주의자들은 1919년의 암리차르 대학살을 잊지 않았다. 그리고 1940년 3월, 우담 싱(Udahm Sing)은 당시 펀자브 지역의 부총독 마이클 오드와이어(Michael O'Dwyer) 경을 암살했다. 사실 의회 지도자들 대부분은 일본과의 협력을 피했고, 실제로 '인도 포기'는 상당히 완곡한 표현이긴 하지만 중립을 의미했다. 그러나 수바스 찬드라 보세(Subhas Chandra Bose)는 대영 제국의 멸망을 열렬히 환영했고 인도인들에게 추축국 편을 들라고 요구했다. 스스로 네타지(Netaji, 지도자)라고 선언했던 그가 인도 해방군 조직을 외치자 3500명 정도가 그 요구에 응했는데, 이들 대부분은 북아프리카에서 독일군에게 포로가 되었던 인도인이었다. 유보트를 타고 킬(Kiel)에서 수마트라에 도착한 보세는 인도 국민군과 추축국의 대의를 위해 4만 5000명(이들 역시 대부분 싱가포르 등지의 포로들이었다.)을 추가 모집했다. 인도 독립을 위한 절박한 투쟁을 지원하겠다고 선언한 도조는 다소 양면적이었던 히틀러보다 진심이었던 것 같다. 그는 1942년 초에 일본 의회에서 이렇게 말했다. "인도의 독립 없이는 대동아에서 진정한 상호 번영은 있을 수 없다." 일본이 버마의 독립을 허용하기로 결정할 때까지 군대 규모를 줄이고 버마 방위군으로 이름을 바꿔야 했지만, 바 마우와 아웅 산의 버마 독립군 또한 일본의 지지를 얻었다. 자바와 발리에서도 페타(Peta, 고국의 방위군)로 알려진 지원군이 조직되었고, 말레이 반도와 수마트라, 인도차이나 반도, 보르네오에서도 기유군(Giyūgun)으로 알려진 의용 방위군이 조직되었다.

사실 이들 군대의 병사는 많아 봤자 15만 3000명의 훈련된 병력에 불과했다. 그러나 훨씬 더 많았을 수도 있다. 최초의 버마 독립군은 20만 명을 모집했는데, 일본에 의해 4000명으로 줄었다가 전쟁이 끝날 무렵 5만 5000명으로 증가했다. 전쟁 중에 일본이 동원한 총 병력에 비해 일본군에게 훈련받은 동남아시아의 군대는 규모가 작았지만, 남부 교전 지역에서 복무한 일본군 30여 만 명에 비하면 상당히 많았다. 달리 말하면, 그 지역에서 일본군이 이용할 수 있었던 군인들 중 3분의 1가량이 해방되었다고 알려진 아시아 민족의 일원이었다. 바 마우가 나중에 일본 군국주의자들이 잔인하고 오만하며 인종적 우월감으로 똘똘 뭉쳤다며 고발한 일본에 대한 환멸은 서서히 시작되었을 뿐이다. 그리고 그것은 1942년 이후 일본군의 운이 기울고 공영권의 위기가 깊어진 현실과 관련이 있다. 실제로 이 공영권은 1944년이 되면서 공동 빈곤 지역이 되어 가고 있었다.

아시아에서 벌어진 2차 세계 대전을 다루는 군사(軍史)가 대부분 일본의 패전이 예정돼 있었다고 평가하기 때문에 1942년 중반 일본군의 강점이 과소평가될 수도 있다. 일본이 진주만을 추가로 공격했다면, 미 해군의 회복은 느려졌을 것이다. 미국이 큰 희생을 치르고 필리핀을 수복하는 데 더 전념하는 실수를 저질렀을지도 모른다는 주장이 제기되기도 한다. 실제로 1939년 이전에 미국은 전쟁이 발발할 경우 필리핀을 지킬 생각이었다. 일본 해군의 실론 점령안이 실제로 이행되었다면, 페르시아 만과 이집트로 이어지는 영국의 통신망은 심각한 타격을 입었을 수도 있었다. 그리고 1942년 10월의 엘알라메인 전투 전에 영국군의 병력을 강화해야 하는 긴박한 결과가 나타났을 것이다. 또한 일본은 버마에서 인도 공격을 개시할 수도 있었는데, 그들은 이를 심사숙고했다.(물론 뒤늦게 1944년에야 실행되었다.) 일본은 만주에 70만, 중국에 100만의 병력을 보유하고 있었다. 이들은 영국과 미국의 불가피한 반격에 대항하기 위해 더 일찍 재배치될 수 있었다. 이들을 감안하지 않더라도 산호해와 미드웨이 제도, 과달카날 전투에서 일본군의 패배가 예정된 운명이라고 할 수는 없다.

역사가들이 그렇게 가정하고 싶어 하지만, 추축국 열강들은 자멸에 빠져들고 있지는 않았다. 반대로 자신들이 점령한 영토와 자신들이 모집한 협력자들, 심지어 자신들이 조장한 치명적인 폭력으로부터 강한 힘을 얻었다. 이 악마 같은 제국들은 너무나 강력했고, 너무나 가차 없이 자신들의 이데올로기적 비전을 거대한 유라시아에 강요했기 때문에, 우리는 난해하기 짝이 없는 20세기의 의문들 중의 하나를 진지하게 생각해 볼 수밖에 없다. 도대체 추축국들은 1942년 중반에 거의 이긴 것처럼 보였던 전쟁에서 왜 패하고 말았을까?

4부 **더럽혀진 승리**

15 전쟁의 삼투 현상

무언가 아주 무가치한 것, 즉 문명의 형편없는 패러디가 추방되었다. 그리고 그와 동료들이 새로운 세계를 이끌고 들어왔다. 그가 이끌고 온 그 세계는 도처에서 그에 관한 견고한 모습을 형성하고 있었고, 가시 철조망에 묶여 석탄산을 내뿜고 있었다. (중략) 그는 용기나 정당한 대의와는 아무런 관련이 없는 전쟁에 뛰어든 상태였다.
— 에벌린 워, 『명예의 검』

"서로 얼굴을 보고 있을 때, 우리 중 아무도 미워하는 얼굴을 보고 있지 않다. 아니, 우리는 거울을 뚫어지게 들여다보고 있다. 당신은 자신이 우리를 미워한다고 생각하겠지만, 당신이 정말로 혐오하는 것은 당신 자신, 우리 안에 있는 당신 자신이다. (중략) 우리가 당신의 군대에 일격을 가할 때, 우리가 공격하는 것은 바로 우리 자신이다. 우리의 전차는 당신의 방어선만 무너뜨리고 통과한 게 아니라 동시에 우리의 방어선도 무너뜨리고 지나갔다. 우리 전차가 지나간 자리는 독일 나치를 짓밟은 곳이다. (중략) 그러나 우리의 승리는 당신의 승리가 될 것이다. (중략) 그리고 당신이 정복한다면, 우리는 죽어서 결국 당신의 승리 속에서 살아갈 것이다. 전쟁에 패함으로써 우리는 전쟁에서 이길 것이다. 그리고 우리는 다른 형태로 발전을 이어갈 것이다.
— 바실리 그로스만(Vasily Grossman)의 『삶과 운명(Life and Fate)』에서, 게슈타포 심문자가 볼셰비키 포로에게

"전쟁 중엔 삼투 현상이 발생한다. 그 현상을 무엇이라 부르든 상관없지만, 승자는 언제나 패자의 보따리를 독차지하는 경향이 있다."
— 노먼 메일러, 『나자(裸者)와 사자(死者)』

아우슈비츠와 히로시마

악(惡)과 동의어가 된 이름이 있다. 바로 폴란드 아우슈비츠다. 아우슈비츠는 호감이 느껴지지 않는 오슈비엥침의 독일식 지명이다. 치클론 B라는 살충제가 대량 학살을 목적으로 처음 사용된 곳은 독일인들에 의해 강제수용소로 개조된 벽돌담 막사였다. 그날은 1941년 9월로, 최초의 희생자는 소련의 전쟁 포로들이었다. 이는 대량 학살을 위한 시운전이었다. 처음에 나치 친위대는 특별한 목적을 위해 세운 아우슈비츠비르케나우라는 수용소에서 농가 두 채를 임시 가스실로 개조했다. 하지만 이 가스실로도 부족해 1943년 3월부터 6월 사이에 대형 화장터 네 개를 추가로 세웠다. 각 화장터는 탈의실과 대형 가스실, 질식사한 피해자들을 태워 없애기 위한 소각로로 구성되어 있었다. 목적은 유럽 전역의 유대인을 죽이고 그들의 유해를 가능한 한 가장 효율적인 방법으로 처리하는 것이었다. 아우슈비츠가 가장 왕성하게 운영될 때, 매일 1만 2000명이 넘는 사람들이 살해당했다. 전체적으로 110만 명이 아우슈비츠에서 살해당했는데, 12만 2000명을 제외하고는 모두 유대인이었다. 이는 모든 홀로코스트 희생자 중 5분의 1이 아우슈비츠에서 사라졌음을 의미한다.

아우슈비츠가 그토록 혐오스러운 이유는 그 수용소의 효율성 때문이다. 오늘날 수용소를 방문하는 관광객들은 전시품 중에서 엄청난 양의 사람 머리카락을 볼 수 있다. 소련군이 그 수용소를 무너뜨렸을 때, 죄수들의 머리를 밀고 얻은 머리카락은 마대에 깨끗이 담겨 독일의 의류 공장으로 보내지길 기다리고 있었다. 분리된 한 전시실에는 맡겨진 물건으로 만든 조악한 천과 선박용 밧줄, 기묘하게 혐오스러운 그물 등이 있다. 남루한 먼지투성이 신발들이 거대한 무덤을 이룬 모습을 보면 상당히 심란해진다. 그리고 안경과 의수족, 돌아갈 거라는 헛된 희망을 품은 주인들의 주소가 적힌 옷가방들도 무더기로 쌓여 있다. 또한 대량 학살에 희생된 시체들에서 나온 유기 배설물 흔적도 조금 남아 있다. 희생자들의 주머니나 손가락, 치아에서 나온 금은 오래전에 사라졌다. 나치는 자신들이 인간 이하로 규정한 사람들의 목숨을 빼앗는 데만 만족한 게 아니었다. 그들은 희생자들을 경제적으로 착취해야 한다고 생각했다. 소수만이 노예 노동자로 일하도록 선택되었는데, 일부는 바로 그 수용소에서 일했고, 토리노 출신 화학자 프리모 레비(Primo Levi)처럼 제3호 아우슈비츠(부나 혹은 모노비츠 수용소로도 알려져 있다.)의 이게 파르벤(IG Farben) 사가 운영하는 공장에서 일한 사람들도 있었고 근처 농장이나 광산, 무기 공장에 채용된 사람들도 있었다. 그러나 대부분은 가스실로 보내져 숱한 폐기물처럼 처리되고 말았다. 아우슈비츠를 방문하고 나면, 독일인들이 사람을 잡아먹는 것만 빼고 상상할 수 있는 모든 짓을 저질렀다는 느낌을 받는다. 다른 어떤 정권도 탐욕스러운 외계인이 사람들을 기계적으로 빨아들이는 H. G. 웰스의 소설 속 악몽을 현실화하지는 않았다.

아우슈비츠가 상당히 효율적이긴 했지만, 나치의 수용소들 중에서 가장 잔인한 곳은 아니었다. 가스실에 처음 보내진 사람들은 독일의 정신병자들로, 그들은 일산화탄소 가스에 질식사했다. 이 방법은 동유럽으로 수출되었는데, 처음에는 특별히 개조된 차량에서 배기가스를 이용하다가 나중에는 대형 디젤 엔진이 장착된 가스실을 이용했다. 1941년 가을에 라인하르트 작전을 이행하기 위해 세워진 소비보르, 트레블링카, 벨제크 수용소에서 사람들을 이런 방법으로 죽였다. 대부분의 희생자들을 5~10분 만에 죽인 치클론 B에 비해, 이 방법은 사람을 천천히 죽였다. 아우슈비츠 수용소장 루돌프 헤스는 가학성으로 악명 높았던 벨제크 수용소장 크리스티안 비르트(Christian Wirth)의 살해 방법보다 자신의 방법이 인간적이라고 생각했다. 나치 친위대 장교 쿠르트 게르슈타인(Kurt Gerstein)은 1945년에 스스로 목숨을 끊기 직전 벨제크에서 목격한 비참한 장면을 글로 남겼다.

기차가 도착한다. 우크라이나인 200명이 문을 활짝 열어젖힌 뒤, 가죽 채찍을 휘두르며 사람들을 객차에서 내몬다. 커다란 확성기에서 지시 사항이 흘러나온다. 의족이나 의수, 안경을 포함하여 옷을 완전히 벗어라 등등. 그런 다음 여자와 소녀들은 미용사에게 가게 되는데, 그들은 가위질 두세 번으로 사람들의 머리카락을 자르고 그걸 감자 부대에 넣는다. 당시 근무 중이던 나치 친위대 하사는 내게 이렇게 말했다. "저 머리카락들은 유보트의 절연체와 관련된 특별한 목적을 위해 자르는 겁니다."

그리고 사람들의 행렬은 움직이기 시작한다. 아주 예쁘게 생긴 여자아이를 앞장세운 그들은 모두 보도를 따라 걷는다. 남녀노소 모두 발가벗은 채, 의족과 의수도 없이 걸어간다. 그리고 그들은 작은 계단을 올라가는데, 거기서 보면 모두가 눈에 들어온다. 가슴에 아이들을 안은 엄마, 발가벗은 어린아이들, 어른들. 그들은 주저하다가 죽음의 가스실에 들어간다. 뒷사람에게 또는 나치 친위대 대원들의 가죽 채찍에 떠밀려 들어가는 사람들 대부분이 한마디도 하지 않는다. 40대 정도로 보이는 한 유대인 여자가 눈을 부라리며 살인자들에게 악담을 퍼붓는다. 그녀는 비르트 대장에게 대여섯 번 채찍을 맞은 뒤 가스실로 사라졌다.

30분 뒤에 모두들 디젤 가스를 마시고 죽었다.

땀과 오줌으로 흠뻑 젖고, 배설물과 월경 피로 더러워진 시체들이 밖으로 내던져진다. (중략) 우크라이나인들은 채찍을 휘두르며 작업 사항을 상세히 지시한다. 치과의사 스무 명 정도가 올가미를 들고 입을 벌려 금을 찾는다. (중략) 일꾼 몇 명은 금이나 다이아몬드 같은 귀금속이 있는지 생식기와 항문을 검사한다.

1942년 3월부터 12월까지 대부분 유대인(이들 중에는 자모시치의 유대인 위원회 회원들도 포함되어 있었다.)인 60만 명 정도가 이런 식으로 짐승처럼 학대받고 살해당했다. 벨제크로 향하는 수송선마다 500명 정도가 선발되어 시체 처리를 돕도록 했는데, 이들도 일정 기간이 지나 죽임을 당하고 다른 사람으로 대체되었다. 오직 다섯 명만이 그 수용소에서 탈출했다고 알려졌는데, 이들 중에도 두 명만 전쟁에서 살아남았다. 그중 한 명인 루돌프 레더(Rudolf Reder)는[1] 가스실에서 죽어 가던 어린아이들의 울음소리에 평생 시달렸다. "엄마! 난 이제껏 말을 잘 들었어요! 너무 어두워요." 폴란드 마이다네크의 또 다른 수용소에서는 대략 17만 명이 가스실뿐 아니라 총이나 구타로 살해되고 교수형에 처해졌는데, 1만 8000명이 사살당한 수확제 작전(Operation Harvest Festival, 1943년 11월 3일) 때 절정을 이루었다. 그러한 참상은 1942년 1월 20일, 베를린 반제에서 열린 장관 회의에서 라인하르트 하이드리히가 아주 애매하게 언급한 '최종 해결책'의 지독한 현실이었다.

이미 살펴보았듯이, 다른 정권들도 대량 학살을 자행했다. 스탈린의 소련에서는 정치적인 이유로 더 많은 사람들이 살해 당했다. 그리고 나치 강제수용소에서 나타난 생사의 여러 일면들, 특히 하급자들의 비열한 가학성은 분명 굴락에서도 비슷하게 나타났다. 또한 중국에서는 마오쩌둥의 독재로 더 많은 사람들이 비명에 죽었다. 그러나 나치가 유대인과 다른 불행한 소수 민족 집단을 상대로 치른 전쟁에는 질적으로 다른 무언가 있었다. 적어도 1933년까지 세계에서 가장 선진적인 교육 시스템을 갖춘 국가로 알려진 독일의 교양 있는 사람들이 그런 짓을 저지른 것이다. 게다가 형식상 민주적으로 집권한 사람의 지휘하에 벌어진 일이었다. 나치가 만든 죽음의 기계는 경제적, 과학적으로 교묘하게 작동되었다. 한마디로 아주 현대적이었다. 몇 가지 예가 이 점을 입증하는 데 도움이 될 듯싶다.

---

[1] 레더는 1942년 8월 리보프에서 강제 이송된 화학자였다. 그는 무덤을 파고 가스실에서 시체를 끌어내리는 '사체 처리반'의 일원으로 일했다. 4개월 뒤에는 수용소에서 사용할 금속 박판을 가져오는 일을 돕기 위해 리보프로 보내졌다. 그는 감시인이 자고 있는 사이에 탈출했다.

독일의 국영 철도 회사인 제국철도(Reichsbahn)가 유럽 유대인들을 죽음의 수용소로 실어다 준 대신 받은 요금은 성인 1킬로미터당 0.04제국마르크였다. 네 살이 넘는 아동과 400명이 넘는 단체인 경우엔 요금이 절반이었다.

빅터 숄츠라는 사람이 1940년에 제출한 브레슬라우 대학교 박사학위 논문 제목은 「죽은 사람의 입에서 금을 재활용할 가능성에 관하여」였다.

토프 & 선즈 에르푸르트 상사의 엔지니어 쿠르트 프뤼퍼는 아우슈비츠의 화장터에 비치된 화덕을 설계하면서 기술적, 재정적으로 꼼꼼히 계산했다.

피셔와 오베르호이저 박사가 라벤스브뤽 수용소의 여죄수('토끼'로 알려진)들을 상대로 한 실험에서 살아남은 사람의 이야기에 따르면, 연쇄상구균을 뼈에 주사하고, 마취 없이 자궁에 독극물을 넣고, 부상당한 독일 군인들의 손상된 신체 일부를 대체하기 위해 사지 전체를 절단하는 실험 등이 자행되었다.

부헨발트 화장장에 이르는 길에 걸린 표지는 다음과 같이 쓰여 있었다. "자유로 가는 길이 하나 있다. 그 길의 이정표들은 복종, 근면, 정직, 질서, 규율, 청결, 절제, 희생정신, 조국애라 불린다."

벨제크의 나치 친위대 대원들은 희생자들이 목욕을 한 뒤 일터로 보내질 것이라고 거짓말을 했는데, 이는 소규모 오케스트라를 채용하여 「하이랜더, 후회는 없는가?」 등의 곡을 연주시켜 죽어 가는 사람들의 비명이 들리지 않게 하는 등 더욱 악랄해졌다.

이러한 사례에서 우리는 머리를 쓰는 직업인들이 편협한 전문 분야에 매몰되어 도덕적으로 무감각한 정신병자로 바뀌었다는 느낌을 받는다.(이것은 역사가 프리드리히 마이네케의 이론이다.) 철도 요금을 받든, 실험을 하든, 슬로건을 고안하든, 논문을 쓰든, 화덕을 설계하든, 히틀러의 미친 듯한 대량 학살의 꿈을 현실로 바꾼 것은 숄츠, 프리퍼, 피셔, 오베르호이저 같은 수천 명의 사람들이었다. 루돌프 레더가 설명한 가학적인 나치 친위대 대원들만큼이나 그들도 범죄자들이었다.

헤움노, 소비보르, 트레블링카의 죽음의 수용소들은 말할 것도 없고, 아우슈비츠, 마이다네크, 벨제크에서 자행된 범죄들은 너무나 끔찍했기 때문에 미국인, 영국인, 캐나다인, 러시아인들은 나치와 싸울 때 자신들이 정당한 전쟁을 벌이고 있다는 생각에 만족감을 얻었다. 우리는 그 방법이나 동기는 상당히 달랐지만 연합국 측도 승리를 위해 무고한 남녀, 아이들을 수없이 죽였다는 사실을 너무나 쉽게 잊는다. 이 전쟁은 단순히 선과 악의 대결이 아니었다. 그것은 악과 그보다 못한 악끼리의 전쟁이었다. 추축국 열강은 자신들의 악행의 무게를 이기지 못하고 자연스럽게 무너진 게 아니었다. 그들은 반대편에서 밀려드는 엄청난 힘에 무너졌다. 그렇게 되려면 서양 열강 측의 지독한 도덕적 타협이 필요했다. 서양 열강 역시 비인간적인 수단을 동원할 때만 추축국을 이길 수 있는 듯 보였다.

오늘날 일본인들에게 히로시마는 아시아의 아우슈비츠다. 그것은 인간이 인간에게 가한 비인간적인 행위를 상징하는 최고의 상징물이다. 그러나 히로시마는 연합국 폭격기들이 2차 세계 대전 후반기에 폐허로 만든 여러 도시들 중의 하나에 불과했다. 역사가들은 다음과 같은 질문을 피해 갈 수가 없다. '아우슈비츠와 히로시마의 차이는 무엇인가?' 한 가지 가능한 대답은 히틀러에게는 유대인을 가스실에 보내는 것 자체가 목적이었기 때문에, 전쟁이 1942년에 나치의 승리로 끝났다고 해도 유대인이 한 명도 남지 않을 때까지 그들을 가스실로 보내는 짓을 계속했을 것이다. 반대로 처칠과 루스벨트에게 전략 폭격은 독일과 일본 민족을 절멸시키기 위한 게 아니라 단순히 전쟁을 끝내기 위한 수단이었다. 처칠은 점심을 먹으며 패배한 독일인들을 불임으로 만들면 어떠냐는 농담을 던진 적이 있다. 그러나 그것은 냉소적인 유머에 불과했다.(지그프리트 라인과 라인 강에서 상징적으로 오줌을 눴던 행위와 비슷했다.) 독일 문제의 '최종 해결책'은 시대에 뒤떨어진, 자비로운 분할 형태를 띨 터였다. 처칠의 최종 목적은 독일인을 모두 처단하고 유대인을 구하며 프랑스와 폴란드를 해방하는 것이 아니었다. 그저 영국 국민이 참을 수 있는 정도의 희생으로 전쟁을 승리로 이끄는 것이었다. 그다지 많은 사람들이 공유하지는 않았지만, 그의 두 번째 목적은 대영 제국의 청산을 관장하지 않는 것이었다. 그리고 유독 처칠만 종전 뒤에도 진지하게 생각한 세 번째 목적은 영국에 대한 독일의 위협이 소련의 위협으로 대체되지 않도록 만드는 것이었다. 처칠은 첫 번째 목적을 달성하기 위해 이용 가능한 모든 방법을 사용할 준비가 되어 있었다.

영국은 2차 세계 대전에서 1차 세계 대전 때보다 더 적은 인명의 희생으로(재산상으로는 아니지만) 승전국 편에 설 수 있었다. 이는 처칠의 업적이었다. 그러나 대영 제국은 일부만 지켜졌을 뿐, 심각하게 약해졌다. 그리고 인도가 제국에서 빠져나간 1947년에 2차 세계 대전보다 파괴력이 클 수 있는 또 다른 세계 전쟁 가능성이 드러났다. 바로 여기에 연합국 승리의 최대 결함이 있었다. 승리의 주요 수혜자는 서양 민주주의국가들이 1941년 여름에 손잡은 전체주의 정권, 즉 스탈린의 소련이었다. 처칠은 히틀러가 지옥을 침략했다면, 적어도 의회에서는 악마를 좋게 얘기할 거라고 농담을 한 적이 있다.[2] 그의 농담은 당시 벌어진 상황을 정확히 표현한 것이었다. 처칠은 스탈린에게 다정한 말보다 훨씬 많은 것을 제공하고 말았다. 스탈린과의 동맹은 피할 길이 없고 전략적으로 합리적인 결정이었음에도 물질적인 이익을 위해 정신을 판 파우스트적인 조약

---

[2] 아이러니하게도 히틀러 역시 1942년 5월에 일본에 대해 같은 얘길 했다. "현재의 싸움은 생사를 가르는 싸움이고, 가장 중요한 일은 이기는 것이다. 그 목적을 달성하기 위해 우리는 악마와 동맹을 맺을 준비가 단단히 되어 있다."

이었다. 게다가 영국과 미국은 사탄과도 같은 소련에 진 빚을 다른 사람들의 영혼으로 정리했다. 바로 그 때문에 유럽과 아시아의 많은 사람들에게 1945년의 승리는 한 가지 유형의 전체주의를 다른 유형으로 대체한 것에 불과했다.

가끔 소련이 승리에 상당히 많이 기여했다는 관점에서 이러한 결과가 정당하며 적절하다는 주장이 제기된다. 하지만 그것은 추축국이라는 용을 죽이는 데 영국과 미국이 맡은 역할을 과소평가하는 것일 수도 있다.

상상된 승리

독일군은 바르바로사 작전으로 소련에 막대한 손실을 입힌 후, 1941년 말에 두 번째 공격을 감행하여 모스크바볼가 운하를 넘어 소련 수도 외곽까지 밀고 들어갔다. 비록 스탈린이 스타프카(Stavka)라는 참모본부를 새로이 만들어 지휘하긴 했지만, 결국 소련 정부는 남동쪽으로 805킬로미터 이상 떨어진 쿠이비셰프(예전의 사마라)로 옮겨 갔다. 그리고 방부 처리된 레닌의 시체는 특별 제작한 냉동 객차에 실려 안전한 곳으로 옮겨졌다. 11월 1일, 최전선이 붉은 광장에서 64킬로미터밖에 떨어져 있지 않았지만, 평소대로 혁명 기념일 퍼레이드를 실시한다는 결정이 내려졌다. 관례대로라면 스탈린이 볼쇼이 극장에서 연설했겠지만, 극장이 폭파되었기 때문에 볼쇼이 극장처럼 장식되고 방공(防空) 시설을 한 마야코프스카야 광장 역 구내에서 행사가 치러졌다. 스탈린은 연설을 통해 옛 동맹자 히틀러에게 도전적인 메시지를 전했다. "그들이 절멸 전쟁을 원한다면, 그렇게 될 것이다. (중략) 이제 우리가 할 일은 모든 독일인을 마지막 한 사람까지 없애는 것이다. 독일의 침략자들에게 죽음을 안기자!" 이는 도전인 동시에 절망감을 담은 표현이었다.

스탈린에겐 다행스럽게도, 도쿄에 있던 조르게가 1941년 12월 일본이 북쪽이 아니라 남태평양으로만 진격할 계획이라는 정보를 입수해 보고했다. 이번만은 스탈린도 그 정보를 믿었다. 스탈린이 시베리아에서 서부전선으로 58개 사단을 돌릴 수 있었던 것은 소련의 극동 지역이 적어도 겨울이 끝날 때까지는 일본의 공격을 받지 않을 거라는 조르게의 장담 덕분이었다. 연료와 손가락까지 얼어붙는 혹한 또한 독일에게 불리하게 작용했고, 소련군의 저항이 강해지자 독일군의 사상자가 급증했다. 이제 전격전의 시대는 끝났다. 쿠르치오 말라파르테(Curzio Malaparte)가 빈정거리며 이름 붙인 '30년 전격전'의 시대가 시작된 것이다. 그럼에도 모스크바에서 주코프의 반격이 성공한 후에도 몇 달 동안, 곤경에 처한 소련군은 꾸준히 나아지고 있다는 조짐을 거의 보여 주지 못했다. 독일군은 크리미아반 도를 접수했고, 1942년 여름에는 카프카스 지역의 관문인 돈 강 기슭까지 도달했다. 그리고 볼가 강을 향해 압박해 들어가고 있었다. 마이코프(Maykop)의 소련 유전까지 점령되면서, 하이겐크로츠 깃발이 엘부르즈 산 정상에서 휘날렸다. 폴란드, 발트 해 연안 국가들, 우크라이나와 벨로루시 모두 독일군의 수중에 떨어졌다. 이 무렵, 독일과 동맹국들은 몇몇 중립국(에이레, 포르투갈, 스웨덴, 스위스, 스페인)을 제외하고 사실상 서유럽과 중유럽 전체를 지배하고 있었다. 러시아의 시사평론가가 표현한 대로 "파리, 빈, 프라하, 브뤼셀은 독일의 주요 도시가 되었다." 크레타 섬과 마찬가지로, 발칸 반도 역시 독일군에 무릎을 꿇었다. 북아프리카에서도 상황은 같았다. 1942년 6월 21일, 롬멜의 아프리카 군단은 영국의 본거지 토브룩을 점령한 뒤, 이집트로 쳐들어가 알렉산드리아 반경 80킬로미터 내로 밀고 들어갔다. 승리감에 도취한 히틀러는 브라질, 중앙아프리카, 뉴기니 정복까지 계획했다. 미국 역시 결국엔 독일의 세계 제국에 합병될 것으로 보였다. 리벤트로프가 전후에 추가로 정복하려 한 식민지에는 영국령 서아프리카와 프랑스령 서아프리카, 프랑스령 적도아프리카, 벨기에의 콩고, 우간다, 케냐, 잔지바르, 북부 로디지아가 포함되어 있었다. 한편, 일본 역시 아시아와 태평양에서 놀라운 승리를 거두었다. 이미 살펴봤듯이, 1941년에 중국 동부의 여러 지역이 일본의 수중에 들어가 있었다. 진주만에서 시작된 6개월간의 맹공격은 오늘날의 인도네시아, 말레이시아, 버마, 태국, 베트남과 태평양 제도를 포함한 거대한 대동아 공영권을 탄생시켰다.

1942년 여름 무렵엔 구제불능의 낙관주의자만이 연합국 측의 승리를 바라볼 만한 상황이었다. 일본이 아시아에서 승리를 거두자, 그해 3월 처칠은 심각하게 사임을 고려했다. 그의 뒤를 이을 수도 있었던 이든은 소련이 단독으로 히틀러와 강화 조약을 맺을까 두려워했다. 브룩은 일기장에 다음과 같이 한탄했다. "이미 우리는 대영 제국의 많은 부분을 잃었고, 앞으로 더 많이 잃을 것으로 보인다. 영국은 확실히 암초를 향해 가는 배처럼 보인다. 우리는 인도와 오스트레일리아를 구할 수 있을까? (중략) 이집트도 위협받았다. (중략) 러시아는 결코 견딜 수 없을 것이고, 카프카스 지방은 침략받을 것이다. 독일은 걸프 만의 유전 지대(우리의 아킬레스건인)까지 도달할 수도 있다."

추축국 열강은 어쩌면 1939~1942년 전격전의 성과를 굳게 다져 최종 승리를 거둘 수도 있지 않았을까? 오래전부터 군사사가들은 히틀러와 히로히토가 어떤 결정을 내렸다면 전쟁을 유리하게 이끌었을지 연구하면서, 독일과 일본이 쓸 수 있었던 전략적 선택권을 두고 논쟁을 벌여 왔다. 1940년, 독일의 성공적인 영국 본토 침공이나 바르바로사 작전 취소, 미국 대신 소련을 공격하기로 하는 일본의 결정처럼 가망 없는 시나리오는 제외하고, 어느 정도 그럴듯한 네 가지 가능성이 제안되었다.

1. 히틀러는 군부 고위 지휘관들(특히 레더 제독)의 조언을 받아들여 소련을 침공하기 전 1941년에 지중해에서 승리를 거두는 데 집중했을 수도

있었다. 예를 들어 동부 지중해를 건너 사이프러스와 레바논, 시리아를 칠 수도 있었다. 혹은 터키를 지나(터키의 중립 상태를 무시하고) 카프카스 지역까지 가거나 이집트를 거쳐 수에즈와 그 너머까지 갈 수도 있었다. 실제로 몰타와 이집트에서 영국은 상당히 취약한 상태였다. 서유럽에서 별로 하는 일 없이 지내던 독일군 29개 사단을 투입했다면, 롬멜은 영국군을 이집트에서 몰아낼 수도 있었을 것이다.

2. 대신 히틀러가 1942년 대서양전투에서 승리하는 데 더 많은 자원을 투입할 수도 있었을 것이다. 1942년 내내 그리고 1943년 봄까지 독일 해군은 연합국 측의 해상운송에 심각한 손실을 입히고 있었다.

3. 히틀러는 독소전을 더 지능적으로 치를 수도 있었을 것이다. 전문가들의 의견에 진지하게 귀를 기울일 수도 있었다. 그들은 히틀러에게 게르트 폰 룬트슈테트 원수의 집단군을 남쪽 키예프로 돌리는 대신, 모스크바 점령에 집중하도록 조언했다. 비슷한 맥락에서 히틀러는 스탈린그라드에서 제6군을 지나치게 낭비하지 않았을 수도 있었다. 브룩은 파울루스 장군이 카프카스 지역을 정복하고 카스피 해와 페르시아 걸프 만 유전에 이르는 길을 열어 줄까 봐 두려워했다.

4. 일본군은 1942년에 영국의 인도양 지배에 도전장을 내기 위해 포트모르즈비(Port Moresby)나 미드웨이 제도보다는 실론을 공격함으로써 서양 열강을 상대로 다른 전쟁을 벌일 수도 있었다. 또한 그들은 전쟁이 끝날 무렵, 해외 파병 부대의 56퍼센트가 주둔하고 있던 중국과 만주에서 군대를 돌려 태평양 방어선을 강화할 수도 있었다.

사실 히틀러는 군사고문의 의견을 귀담아 듣는 사람이 아니었다. 앞서 언급한 가정들의 불만스러운 점은 추축국 열강이 일단 대영 제국과 미국, 소련을 동시에 상대한 뒤 압도적인 경제적 차이를 극복하는 방법을 제시하지 않는다는 점이다. 1939~1942년 전격전은 추축국과 연합국의 경제적인 차이를 좁혀 놓았다. 독일군은 서유럽 점령지로부터 매우 성공적으로 자원을 확보했다. 1943년, 자원 확보가 최고조에 달했을 때 프랑스에서 일방적으로 이전된 자원은 독일 국민총생산의 8퍼센트에 이르렀는데, 이는 전쟁 전 프랑스 국민소득의 3분의 1에 해당했다. 독일은 자신이 점령한 서유럽 국가들의 수출을 거의 독점했다. 이전의 체코슬로바키아 지역 역시 독일의 전쟁 수행 노력에 상당히 크게 기여했다. 바르바로사 작전과 연이은 공격으로 소련 내 깊숙한 곳까지 쳐들어간 덕분에 독일은 소련의 산업 생산 능력의 절반 이상을 확보했다. 더욱이 넓게 확장된 제국을 값싼 노동력의 무한한 저장소로 간주할 수 있었다. 1943년 당시, 외국인 노동자들은 경제 활동이 가능한 노동력의 20퍼센트를 차지했다. 알베르트 슈피어는 독일의 무기 생산 책임자가 된 뒤 제국 경제에 활기를 불어넣었다. 제조업체들에 표준화를 강요하고 놀라운 생산성 향상을 달성하여 1941~1944년에 무기 생산량을 거의 세 배로 늘린 것이다. 일본 역시 1941~1944년에 항공기 생산을 5.5배 늘리는 등 경제적 위업을 달성했다.

그러나 그것만으로는 절대 충분하지 않았다. 연합국 측의 3대 강국은 물질적인 자원 면에서 엄청난 우세를 보이고 있었다. 독일과 이탈리아가 영국과 프랑스에 맞섰던 1940년에, 영국과 프랑스의 총경제 생산량은 독일과 이탈리아의 3분의 2 정도였다. 프랑스와 폴란드의 패배로 영국과의 격차는 커졌지만, 독일의 소련 침공으로 경제적 균형이 회복되었다. 이후 미국의 참전으로 그 비율은 반대쪽으로 기울어졌다. 1942년 당시, 연합국 측의 총 GDP는 주요 추축국과 속령들의 두 배 수준이었다. 1943년에는 세 배가 되었고, 그 비율은 전쟁이 지속됨에 따라 계속 증가했는데, 대체로 미국 경제의 빠른 성장으로 인한 결과였다.(그림 15-1 참조) 1942~1944년에 미국의 군비 지출은 독일과 일본의 국방비를 합친 액수의 거의 두 배였다. 따라서 어떤 전략으로 연합국과의 경제력 차이가 속

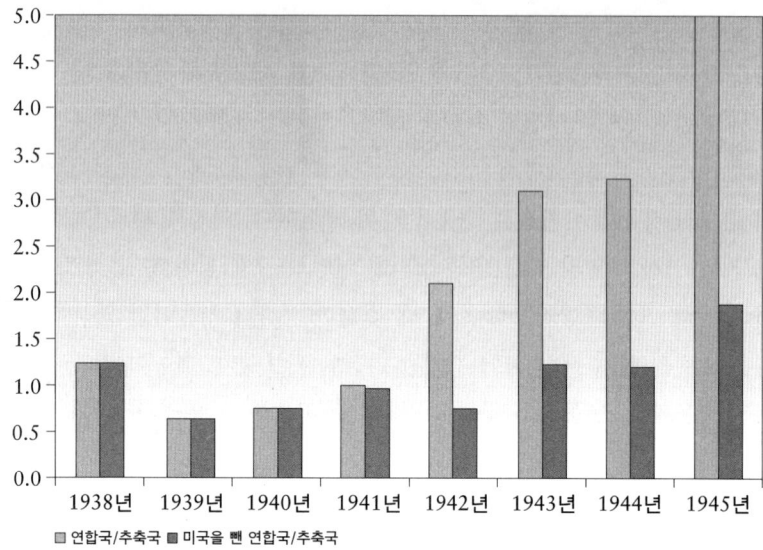

참조: 이 도표는 연합국과 추축국의 GDP를 모두 합친 비율을 계산한 것이다. 오른쪽 막대는 미국의 GDP뿐 아니라 영국과 소련에 대한 미국 원조물의 가치 또한 계산에서 뺀 결과이다.

**그림 15-1. 1938년~1945년 연합국과 추축국 GDP 비율,
연합국에 미국이 포함되었을 때와 그렇지 않은 경우 비교.**

수무책으로 커지는 상황을 막을 수 있었을지 알기 어렵다. 우랄 산맥 너머와 미국에서 엄청나게 생산량이 증가하고 있었고, 이는 추축국 군대가 따라잡을 수 있는 범위를 넘어섰다. 더욱이 히틀러가 다른 방법으로 전쟁을 치렀다면 그의 수중에 들어갔을지도 모르는 유전 지역도 생산량이 크게 떨어졌기 때문에 양측의 원유 수급 격차를 크게 줄이지 못했을 것이다.[3]

---

3) 히틀러는 1942년 8월 5일에 다음과 같이 선언했다. "우리는 어떠한 희생을 치르더라도 메소포타미아 평원으로 진격해 들어가서 모술 유전을 차지해야 한다. 그렇게 된다면, 전쟁은 완전히 끝날 것이다." 그러나 1944년 당시 세계의 총 석유 생산량의 75퍼센트는 미국에서 생산된 반면, 북아프리카 전체와 중동, 걸프 만의 생산량은 7퍼센트에 불과했다.

또한 추축국 열강들이 영국, 러시아, 미국하고만 싸우는 게 아니었다는 점을 기억해야 한다. 그들은 미국, 영국, 러시아 제국의 연합군을 상대로도 싸우고 있었기 때문이다. 대영 제국 내 다양한 지역의 병사들 수는 어마어마했다. 영국만 해도 거의 600만 명에 이르는 남녀를 동원했고, 인도와 캐나다, 오스트레일리아, 뉴질랜드, 남아프리카에서 510만 명이 추가되었다. 알라메인이나 임팔(Imphal) 전투 등의 승리는 영국군과 제국 군대의 승리였다. 대영 제국에 대한 식민지의 기여도는 1차 세계 대전 때만큼 컸던 것으로 드러났다. 특히 250만 명이 넘는 인도인들이 전쟁 중에 영국령 인도군에 자원해서 복무했다. 이는 일본군을 위해 싸운 인도인 수의 60배가 넘었다. 인도 군대의 충성심은 장교단의 급속한 확장이 결정적인 요인이었는데, 사실은 전후의 독립이 전제 조건이긴 했다. 붉은군대 또한 단순히 러시아 군대 그 이상이었다. 1944년 1월, 입수 가능한 기록에 나타난 200개 보병사단 중에 러시아인은 58퍼센트를 차지한 반면, 우크라이나인은 22퍼센트를 차지했다. 우크라이나인의 참여 비율은 독일 편에서 싸운 이들보다 더 많았고, 전전 소련 인구에서 우크라이나인이 차지한 비율보다 더 높았다. 스탈린그라드의 제62군 병사 중 절반은 러시아인이 아니었다. 미군 또한 인종적으로 다양했다. 대개 부대별로 분리되긴 했지만, 횃불 작전(Operation Torch) 이후 주요 군사작전에 동원되고 참가한 미군 중 11퍼센트가 흑인이었다. 노먼 메일러의 『나자와 사자』에 나오는 정찰 소대에는 유대인 두 명, 폴란드인 한 명, 아일랜드인 한 명, 멕시코인 한 명, 이탈리아인 한 명이 포함되어 있었다. 이오지마에서 성조기를 게양한 군인 여섯 명 중 세 명의 출생지가 미국이 아니었다. 전쟁 중에 2만 명이 넘는 일본계 미국인이 미군에서 복무했다. 미국 작가 존 허시(John Hersey)는 『아다노의 종(*A Bell for Adano*)』에서 이탈리아계 미국인 주인공이 이탈리아로 출정하는 모습을 그렸다.

미국은 국제적인 국가이다. (중략) 우리 군에는 유고슬라비아인, 프랑스인, 오스트리아인, 체코인, 노르웨이인이 있다. 그리고 우리 군이 유럽의 어느 곳을 가든, 옆에 있는 병사에게 의지하여 이렇게 말할 수 있다. "야, 맥, 이 외국 사람이 뭐라고 말하는 거야?" 그러면 맥은 통역을 해 줄 수 있다. 우리는 이렇게 운이 좋다. 어떤 나라에도 우리가 침략해야 하는 나라의 언어를 할 줄 아는 사람들이 그렇게 많지는 않다. (중략) 전에 끝없이 이어지는 이민자 물결로 유럽이 우리를 침략했듯이, 이제 우리는 끝없이 이어지는 이민자들의 자식들로 유럽을 침략하고 있다.

허시는 전형적인 미군의 유일한 목표는 '고향에 돌아가는 것'이었다고 빈정대며 지적했다.

독일군은 극동 지역의 일본군이 그랬던 것처럼, 점령지 유럽의 다른 민족들을 동원하려 애썼다. 그러나 이는 연합국 측의 성과에 비하면 아무것도 아니었다. 추축국 제국들이 비참하게도 새로운 국민들의 충성심을 얻지 못했기 때문에, 연합국 군대는 넘쳐 나는 망명 군인들과 유격대원, 저항 조직에 의해 더욱더 강력해졌다. 1942년 당시, 이들 지원군을 제외하고도 주요 연합국 군대를 합치면 이미 추축국 군대보다 30퍼센트 정도 더 많았고, 1년 뒤에는 그 차이가 50퍼센트 이상으로 커졌다. 전쟁이 끝날 무렵, 자유프랑스군[4])과 폴란드군, 러시아 편에서 싸운 유고슬라비아의 유격대원과 루마니아인을 포함하면 연합군은 두 배가 넘었다. 1944년, 영국이 조직한 유대인 여단에는 서로 다른 쉰두 개 국적을 가진 사람들이 참여했다. 그들에 앞서 스페인, 독일, 오스트리아, 체코 망명자 9000명가량이 '왕의 충성스러운 적성(敵性) 외국인(King's Own Loyal

---

4) 1940년부터 디데이까지 다수의 아프리카 흑인들이 자유프랑스군 병사로 활약했다는 사실은 좀처럼 인정받지 못했다. 1944년 9월에도 그들은 북서 유럽의 드골 부대원 중 20퍼센트를 차지했다.

Enemy Aliens)'이라는 별명을 가진 중대에 가담했다.

그러나 독일과 일본이 결국 패배한 까닭은 노동보다는 자본, 즉 동원 가능 인력보다 기계의 열세 때문이었기에 연합국 측의 우월성은 무기 부문에서 가장 두드러졌다. 주요한 무기에서 추축국 열강은 시간이 지날수록 계속 뒤처져 갔다. 1942~1944년에 연합국 측은 추축국 측보다 자동권총은 열여섯 배, 군함, 전차, 박격포는 대략 다섯 배, 소총, 기관총, 대포, 전투기는 세 배 정도 더 많이 생산했다. 전격전은 그 격차가 반대일 때 가능한 법이다. 일단 양측이 총력전을 규정하는 특징 중의 하나인 자동화가 이루어지자, 승리의 열쇠는 영웅적 행위가 아니라 병참술이 되었다. 영국 기갑부대가 수적으로 네 배나 우위였다는 점은 알라메인 승리의 결정적인 요인 중의 하나였다. 1944년과 1945년의 공격 초기에 소련 기갑부대는 독일에 비해 평균 여덟 배가량 많았다. 동부전선에서 전투기 비율은 1943년 7월의 세 배에서 1945년 1월에는 열 배로 상승했다. 마찬가지로, 연합국 측이 창공을 지배함으로써 노르망디 상륙 작전인 디데이의 성공은 물론이고, 서유럽에서 독일의 패배가 기정사실화되었다. 한 독일 군인은 이렇게 기억했다.

1944년 7월 26일, 독일이 승리할 수 없다는 사실이 너무나 분명해졌다. 그날 1500대에 이르는 미군의 하늘의 요새(보잉 사가 제작한 B-17 폭격기)가 공습을 했다. 그들에 맞서 싸우는 독일 공군 전투기는 한 대도 보이지 않았다. 물론 우세한 군대가 항상 이기는 것은 아니지만, 그 정도로 어마어마한 차이가 날 때는 아무것도 할 수 없다. 가까이에 있던 나치 친위대의 전차사단 제국(Das·Reich)과 히틀러유겐트 분견대가 공습에 의해 전멸당했다. 그들은 자신들이 얼마나 용감한지 보여 주지도 못하고 당하고 말았다. 이런 일이 생기면 상황은 종료된 게 분명하다는 점을 알 수 있다. 희망이 전혀 보이지 않았고, 우리는 전쟁에서 이길 수 없었다.

한편, 미국은 태평양에 대량 생산된 무기를 쏟아부으며 일본을 압도했다. 미국의 잠수함은 일본 상선 규모를 4분의 3이나 줄임으로써, 절대적으로 필요한 수입품의 공급을 차단했다. 미국의 고사포는 일본의 생산 능력이 따라가지 못할 정도로 일본군 비행기를 빠르게 격추해 갔다. 일본이 원료 부족으로 손놓고 앉아 있을 때, 미국 조선소들은 전함을 생산하고 수리했다. 1944년에 미국은 일본보다 스물여섯 배나 많은 폭약을 생산했다. 전차와 트럭 생산의 경우, 일본은 이탈리아와 함께 이류 그룹에 속해 있었다. 전쟁 중에 연합국 측이 엄청난 진전을 이룬 의약품 부문에서도 일본은 아직 19세기 수준이었다. 진주만 공격 이후, 일본이 이러한 엄청난 열세를 상쇄할 수 있는 전략을 다시 세울 수 있으리라고 상상하기는 불가능하다. 점점 더 자살 전술에 의지하게 된 일본의 지휘관들은 (앨빈 쿡스(Alvin Coox)의 적절한 표현대로) 스스로 "현대 군사학의 실행자로 행세하는 중세의 사무라이 전사"임을 보여 주고 있었다. 반대로, 과잉 살육의 대가(大家)가 된 미국인들의 첫 번째 원칙은 "항상 상상할 수 있는 물자보다 더 많은 것을 수중에 갖고 있어야 한다."였다.

결국 총력전은 정신적인 요인보다 물질적인 요인에 의해 결정된다는 사실은 독일에도 영향을 미쳤다. 롬멜은 다음과 같은 글을 남겼다. "한 군대가 전쟁의 중압감을 견딜 수 있기 위한 첫 번째 중요한 조건은 무기, 석유, 탄약을 충분히 비축하는 것이다. 실제로 전투는 사격이 시작되기도 전에 병참장교에 의해 결정된다. 아무리 용감한 병사도 총이 없으면 아무것도 할 수 없고, 총도 탄약이 충분하지 않으면 무용지물이다. 또한 총이나 탄약도 그것들을 여기저기 운반해 줄 석유를 충분히 채운 차량이 없으면 기동전에서 아무 소용이 없다." 전쟁 마지막 해에 미 육군 사단은 하루 650톤의 물품을 소비했다. 트럭 한 대가 겨우 5톤을 운반할 수 있었기 때문에 이는 굉장히 어려운 병참 문제를 제기했다. 실제로 디데이 이후 몇 달 동안 보급선이 322킬로미터에서 644킬로미터로 길어지자,

앞서 진격하는 부대에 전달되는 보급품 수량이 하루에 1만 9000톤에서 7000톤으로 줄어들었다. 따라서 1944년 후반기에 연합군의 진격 속도가 느려졌고, 이는 몽고메리 장군의 아른헴 점령을 방해한 요인이 되었다. 전쟁이 막바지에 이르러(독일군과 일본군 모두 계속 과소평가했는데) 전투보다는 군수품 보급에 상당히 많은 병사들을 할당하는 것이 중요하다는 사실이 드러났다. 독일군의 경우, 전투원 대 비전투원의 비율은 2대 1이었는데 비해, 유럽 전선에서 활동하던 미군의 경우 1대 2였다. 태평양에서 미군은 전선에 있는 병사 한 명당 열여덟 명의 비전투원을 배정한 반면, 일본군의 경우 1대 1이었다. 전쟁이 끝나 갈 무렵, 미국은 소련과 거의 같은 수의 병사들이 전투 태세를 갖추고 있었지만(대략 1200만 명), 실제 전투에 참여한 병력은 소수에 불과했다. 노르망디에 상륙한 소총수나 하늘의 요새의 조종사들같이 실제로 참전한 병사들 중에서 상당히 많은 사상자가 발생했다.[5] 서양 열강이 동원 가능 인력보다 화력을 신용했던 것도 사실이었을 것이다. 상대편 병사들에 비해 훈련이 제대로 되어 있지 않았기 때문에 미군 네 명 중 세 명은 전투에서 제대로 총을 쏘지 못했고, 전혀 총을 쏘지 못하는 병사도 허다했다. 야전병원에 입원한 미국, 영국 부상병 대부분은 적군의 작전이 아니라 질병이나 부상의 희생자들이었다. "가장 위대한 세대(톰 브로커의 베스트셀러에서 따 온 용어로, 1911년과 1924년 사이에 태어난 미국인들을 가리킨다. ―옮긴이)"는 미국의 다른 어떤 세대보다 더 위대했을지 모른다. 하지만 2차 세계 대전의 가장 위대한 전사들은 아니었다.

서양 연합국들보다는 적의 포화에 맞서 정면 돌격하는 방법에 훨씬 더

---

5) 노르망디 상륙 작전에 참가한 미군 4개 사단 병사들 중 75퍼센트가 상륙 6주 만에 부상을 입었다. 미국 소총수의 사망률은 16~19퍼센트에 달했다. 영국의 일부 소총대대 장교들 중 25퍼센트 이상이 전사했다. 폭격 부대원 중 거의 절반이 전투 중에 전사하거나 실종되었다. 독일은 잠수함에 승선한 병사들만이 82퍼센트에 이르는 높은 사망률을 보였다.

의존했지만, 소련도 무기 생산 면에서 독일을 앞질렀다. 1943년 3월 이후, 러시아군은 독일군보다 2~3배 많은 전차와 자주포를 전투에 투입할 수 있었다. 러시아 경제가 상대적으로 뒤져 있었고 독일군의 침략 이후 동쪽으로 생산지를 이전하기가 상당히 어려웠다는 사실을 감안하면 놀랄 만한 일이다. 마그니토고르스크, 스베르들롭스크, 첼랴빈스크는 새로운 군산복합체의 중심지가 되었다. 이 지역들은 표준화와 규모의 경제를 통한 생산성 증가라는 결정적인 특징을 보였다. T-34 전차는 전시 설계의 위대한 승리로 꼽힌다. 만들기 간단하고 조종하기 쉬운 데다 혁신적으로 경사진 장갑으로 보호되었고 묵직한 타격 능력을 갖춘 이 전차는 악명 높을 정도로 어설픈 미국의 셔먼 M4 전차와는 정반대였다. 나중에 개발된 IS-1과 IS-2 '요시프 스탈린' 전차는 독일의 판터 V와 VI, 티거 I과 II와 겨룰 정도였다. 또한 이 독일 전차들은 소련의 거대한 SU-152 대전차포의 공격에 취약했다. 이러한 전차를 비롯한 각종 무기의 생산량은 상당했다. 소련의 생산량은 연합군 전투기의 4분의 1, 기관총의 3분의 1, 장갑차량의 5분의 2, 박격포의 3분의 2를 차지했다.

   히틀러가 이러한 불리한 조건을 극복하기 위해 원자폭탄을 개발해 사용할 수도 있었다는 상상은 분명 흥미롭다. 그러나 베르너 하이젠베르크를 비롯한 독일 과학자들은 원자폭탄 발명과는 거리가 먼 사람들이었다. 독일군이 일찍이 제트추진식 전투기를 개발해 배치하는 등 방공 능력을 급속히 발전시켰다 해도, 물질적인 구속으로 인해 생산해 낼 수 있는 전투기 수량은 제한되었을 것이다. 독일군이 무인 V1 비행 폭탄과 V2 로켓 등, 주목할 만한 신무기를 생산해 심대한 사상자를 발생시키고 런던 시민의 사기를 떨어뜨린 것은 사실이다. 그러나 그것은 히틀러가 꿈꾸던 승전을 가져오는 혁신이 아니었다. 일본군의 경우 결정적인 기술적 발견과는 더더욱 동떨어져 있었다.

   요약하자면, 대영 제국이 아무런 도움을 받지 못했다면 당연히 패배했을 것이다. 또 미국이 중립을 지켰다면 영국과 소련 역시 패배했겠지만, 그것은 히틀러나 그의 공모자들이 계획한 전쟁이 아니었다. 그들은 영국, 러시아, 미국, 이 세 제국에 맞서 세계 권력의 소유권을 주장했다. 만약 20세기 역사에서 불가피한 일이 있다면, 그것은 이 압도적인 한 패의 승리였다. 스위스에서 거래된 독일 채권의 전시 실적으로 판단해 보면, 중립적인 투자자들은 그렇게 생각했던 게 분명했다. 독일 채권은 전쟁이 발발하자 39퍼센트나 떨어졌다가 1940년에 시세를 회복했고, 이후 바르바로사 작전의 여파에 따라 다시 떨어졌고, 1945년 2월에 개최된 얄타 회담 무렵에 뚝 떨어지면서, 1939년 9월 처음 도달한 저점과 거의 비슷한 수준이 되었다. 특정한 교전, 예를 들면 산호해 전투나 미드웨이 제도 전투, 과달카날 전투, 심지어 레이테 만 해전에서 다른 결과가 나왔더라도 피할 수 없는 대단원을 연기하는 정도에 그쳤을 것이다. 사실 절대군주 작전(Operation Overlord, 노르망디 상륙 작전의 작전명 — 옮긴이)이 본질적으로 위험했다는 점을 고려하면 독일군이 연합군의 상륙을 저지하는 상황도 생각할 수 있다. 만약 독일군이 이탈리아와 프랑스에 연합군이 상륙하는 것을 막거나 연합군의 아르덴 통과를 더 오래 저지하는 데 성공했더라도 전쟁에서 승리할 수는 없었을 것이다. 실제로 1944년, 독일군을 서쪽으로 돌린 조치는 동부전선의 붕괴를 재촉했을 뿐이었다.

동맹의 해부

탈식민화와 경제적 쇠퇴로 영국이 강대국 지위에서 급속도로 추락한 1945년 이후 발생한 일들을 보면, 추축국의 패배가 주로 미국과 러시아가 이루어 낸 업적이라고 생각하기 쉽다. 그러나 영국은 전쟁이 끝나 가던 때까지도 연합군의 동등한 파트너였다. 영국은 자국 상공에서 벌어진 전투에서 이김으로써 히틀러에게 최초로 결정적인 패배를 안겼다. 당시는 소련이 여전히 독일 편이었고, 미국은 중립 상태였다. 재앙 같던 토브룩 전투에도 불구하고 영국군은 북아프리카를 사수하며 승리를 거둘 수 있었고, 대서양 전투에도 중대한 기여를 했다. 그리고 임팔과 버마의 코히마에서 일본군에게 심각한 패배를 안긴 것도 윌리엄 슬림 대장이 이끄는 영국의 제국군이었다. 영국의 경우, 미국의 엄청난 경제적 자원과 소련의 막대한 동원 가능 예비군이 부족했던 것은 사실이다. 그러나 양만큼 질도 중요하다. 영국 첩보부는 최고였다. 어떤 비중 있는 소식통도 그토록 풀기 어렵다는 독일의 에니그마 암호를 해독한 울트라 계획만큼 중요하지 않았다. 연합군은 블레츨리 파크(Bletchley Park)에 소집된 옥스퍼드 대학의 이집트학 학자들과 선별된 군사학자들 덕분에 독일군을 꾸준히 앞설 수 있었다. 이들은 북아프리카에서 결정적인 역할을 해냈다. 그리고 독일 잠수함의 트리톤 암호 역시 해독했다.

그렇다고 영국군이 늘상 두드러질 정도로 영리하게 움직인 것은 아니다. 영국인들의 전쟁 기록을 읽어 보면, 영국 사립 중학교 학생 같은 정신 상태가 뚜렷이 나타나는 사실에 놀라게 된다. 다른 병사들이 잔혹하게 총력전을 치르고 있는 와중에도 냉정하고 경솔한 태도를 보이며, 위험에 아랑곳하지 않고, 모든 작전을 여우 사냥이나 크리켓 시합, 또는 기숙사에서 하던 못된 장난 정도로 생각했던 것이다. 이런 특징들은 1944년 크레타 섬에서 독일군 사령관을 납치한 윌리엄 스탠리 모스(William Stanley Moss)의 이야기에서 잘 드러난다. 그는 포로들에게 더할 나위 없이 점잖게 대해 주었는데, 비번인 전투기 조종사들은 옥스퍼드 대학생들처럼 행동했다. 프랭크 캐리 비행대장은 인도 주둔 중에 스크리처 클럽을 결성했는데, 이 클럽의 신입회원은 재미있는 사람이어야 술을 마실 수 있었다. 성공하면 딸꾹질에서 고함, 비명, 날카로운 비명에 이르기까지 등급이 상승했다. 반주로는 '폭격 협주곡'이 제공되었고, 이 곡의 마지막 악장에는 피아노를 완전히 파괴하는 행동이 첨가되었다. 또한 마지막 싸움에 참여한 로바트 경은 디데이에 노르망디 해변에서 자신의 제1특수임무여단 병사에게 파이프를 불라고 지시했다.(기적적으로 그 백파이프 연주자는 살아남았다.) 4년간의 독일 점령 이후, 네덜란드인들은 영국 장교들의 훌륭한 예의범절에 어리둥절해했다. 그들은 침실 창문에서 사격을 해도 될지 정중히 허락을 구했다. 전쟁이 끝날 때가 돼서야 독일 내부에서 스포츠맨십의 가면이 서서히 벗겨졌다. 콜드스트림 수비대의 R.F.S. 구치 중장은 제6낙하산연대가 항복하면서 독일군 장교가 손을 내밀자, 그의 손을 내치며 이렇게 한마디 했다. "이건 전쟁이지, 축구 시합이 아니었소." 일반 병사들의 냉소주의나 반영웅주의 역시 인상적인데, 소총수 알렉스 볼비의 회상록에 잘 드러나 있다.

"내가 말하잖아. 이건 (사막에서 발생한) 종류가 다른 전쟁이었어. 그 전쟁에는 민간인들이 전혀 섞여 있지 않았어. 우리는 포로를 잡으면 잘 대해 주었고, 그들도 마찬가지였어. 전투 역시 달랐어. 우리는 그들에게 달려들었고, 그들도 우리에게 달려들었어. 그런데 우리들 중의 한 사람이 도망쳐 버렸어."
"내가 제대로 기억하고 있다면, 넌 쉬지도 않고 800킬로미터 정도를 도망쳤잖아."

그런데 유치한 상류층과 살벌한 노동 계급의 이 기묘한 조화는 영국군의 승리에 상당히 기여했다. 비버리지의 복지 국가가 처칠의 재건된 제국보다 전쟁 목표로는 인기가 있는 상황에서, 그들이 자신들의 싸움에 별 고상한 명분을 갖다 붙이지 않았기 때문에 영국군의 사기를 떨어뜨리기가 어려운 것으로 드러났다.

영국군의 전략 결정 과정의 수준 또한 중요했다. 처칠은 대서양 양쪽에서 영국의 구세주이자 연합군 승리의 설계사로 기억되고 있으며, 이는 그의 당연한 권리이다. 그러나 처칠이 히틀러와 마찬가지로 구속 받지 않는 권력을 누렸다면, 당연히 전쟁에서 패했을 것이다. 그만큼 처칠의 전략적 판단이 변덕스러웠기 때문이다.[6] 영국의 커다란 강점은 처칠의 권력이 제한 받았다는 사실이다. 즉 영국 참모총장회의의 다른 구성원들, 특히 브룩이 '그 늙은이'와 의견을 달리할 수 있었을 뿐 아니라 자주 그를 설득하여 단념시킬 수 있었던 것이다. 어떤 개인의 뜻도 최고 권위를 누릴 수는 없었다. 군부는 의견차를 조정하고 일관된 전략에 동의해야 했다. 그로 인해 가끔 답답한 경우가 생겼지만, 비극적인 실수를 저지를 가능성은 크게 줄었다. 다루기 힘들었으나 반드시 필요했던 영미합동참모총장회의에 대해서도 같은 얘기를 할 수 있다. 실제로 일부 영국인들뿐 아니라 스탈린의 거센 압력에도 불구하고 미국이 서둘러 서유럽에서 제2전선을 전개하지 못한 것은 브룩의 경고와 끈질긴 반대 때문일 수도 있다. 반대로 히틀러는 충성심이 의심스러운 사령관은 모두 해고할 수 있었고, 실제로 그렇게 했다. 독일군만 희생시키는 비생산적인 명령을 내리지 못하도록 그를 제어할 방법이 전혀 없었다. 결국 공상의 영역으로 떨어지게 막지도 못했고, 존재하지도 않는 사단을 결코 지킬 수 없는 진지로 이동시키는 일도 막지 못했다. 또한 추축국 3국의 지도자들 간에 유효한 전략 조정도 이루어지지 않았다. 일본이 인도를 공격할 때, 독일과 이탈리아가 수에즈를 공격하자는 플랜 21은 몽상에 불과했다. 일

---

6) 앨런 브룩은 처칠이 다양한 교전 지역 간의 관계를 파악하지 못한다며 비웃었다. 1943년 그는 처칠이 거론하기 좋아하던 북부 수마트라 점령 문제 때문에 화가 났다. 처칠은 "영화배우처럼 개성이 강하고 응석받이처럼 까다로웠다." 1944년 초에 브룩은 처칠이 나이도 많고 술을 많이 마시기 때문에 판단력이 약해지고 있다고 확신했는데, 국가와 평판을 위해서라도 그가 공직에서 물러나길 바랐다. 그는 1944년 9월 10일에 다음과 같이 썼다. "놀랍게도 세계 인구의 75퍼센트가 윈스턴 처칠이 역사상 위대한 전략가들 중의 한 사람으로 생각하며, 나머지 25퍼센트는 그가 얼마나 골칫거리인지 전혀 알지 못하고 있다." 확실히 브룩은 신랄한 사람이었다. 그는 아이젠하워가 아니라 자신이 프랑스 침략을 지휘해야 한다고 생각했지만, 이는 전쟁에 대한 미국과 영국의 기여도에서 점점 더 차이가 나고 있다는 사실을 과소평가한 것이다.

본의 육군과 해군조차 어떻게 전쟁을 치를지 의견 일치를 보지 못하는 상황이라면, 추축국 측이 어떻게 합리적인 승리 계획을 세울 수 있었겠는가?

종종 히틀러가 저지른 최대의 전략적 실수는 진주만 공격을 감행한 일본과의 단결을 과시하기 위해 1941년 12월 미국에 선전포고를 한 것이라고들 한다. 이는 전적으로 공평하지는 않은데, 루스벨트가 중립의 의미를 상당히 오랫동안 한계 상황까지 확대해 왔기 때문이다. 미국과 영국의 경제 관계는 1938년의 영미통상 조약에 의해 돈독해졌다. 독일이 체코슬로바키아를 합병하자, 미국은 독일에 경제 제재를 가했다. 루스벨트는 유럽에서 전쟁이 발발하자마자 중립 조약을 철회하기 위해 의회에 압력을 가하기 시작했다. 이미 1940년 12월 29일에 루스벨트는 추축국 열강이 사악한 권력과 금전의 동맹체로서, 우선 유럽을, 그다음엔 전 세계를 노예로 만들 속셈이라고 비난했다. 그는 미국이 무법자 집단에 대항한 민주주의의 거대한 무기고라고 선언했다. 독일과 미국의 사실상의 전쟁은 루스벨트가 미국 해군 사령관들에게 독일 선박을 보는 즉시 발포하라고 명령한 1941년 9월 11일부터 시작되었다. 이는 하이럼 W. 존슨 상원의원 같은 고립주의자들이나 변호사이자 법률사가인 찰스 워런, 비행사 찰스 린드버그 같은 비밀 파시스트 당원들이 심혈을 기울였음에도 미국의 여론이 추축국들에 반대하는 쪽으로 기울었기에 가능했다. 평범한 미국민은 전쟁을 원하지 않았다. 많은 이들이 영국 제국주의자들의 간계와 북동부 지역의 사업적 이해관계에 넘어가 지난 전쟁에 말려들었다고 믿었다. 그들은 의회가 교전국에게 군수물자 제공이나 대출을 막음으로써 또다시 전쟁에 말려드는 일을 막을 수 있다는 중립주의자들의 의견에 크게 관심을 가졌다. 그러나 미국인들은 이미 1936년에 재무장을 지지했으며 분명 1938년 이후부터 독일보다 영국을 더 좋아했다. 무엇보다 미국은 추축국이 승리하는 꼴을 보고 싶어 하지 않았는데, 1939년 9월 다수의 유권자는 영국에 무기와 물자를 공급함으로써 주축국을 결국 물리칠 수 있다고 생각했다. 1940년에 독일이 거둔 승리로 그러한 견해는 더욱 확산되었다. 또한 진주만으로 진로를 정한 일본에 제재를 가하는 데에도 미국민은 지지를 보냈다.

그러나 히틀러가 불운하게도 미국을 과소평가했다는 사실에는 의문의 여지가 없다. 1942년, 이 현인은 식사 중에 다음과 같은 독백으로 "미국인의 미래가 보이지 않는다."라고 선언했다.

내 생각에 미국은 부패한 국가이다. 그들에겐 인종 문제와 사회적 불평등 문제가 있다. 그런 문제들이 과거에 로마를 멸망하게 만들었는데, 그래도 로마는 뭔가 중요한 의미를 가진 견고한 조직이었다. (중략) 독일 제국에는 오페라 하우스가 270개 있는데, 이는 문화적 존재의 기준으로, 미국인들에겐 그런 개념이 없다. 그들은 옷과 먹을 것, 자동차, 형편없이 지어졌지만 냉장고가 있는 집을 갖고 있다. 이런 것들은 그리 인상적이지는 않다.

이는 미국 정치에서 인종의 역할을 오해한 것이다. 흑인들이 특히나 온갖 법적 차별이 엄존했던 남부의 여러 주에서 이류 국민이었다는 것은 사실이다. 그러나 백인 우월주의자인 남부 사람들은 남부의 높은 수출 의존도 때문에 미국의 개입을 강력하게 지지했다. 고립주의나 중립주의, 영국 혐오 감정은 19세기 이민자들의 후손인 독일계 주민들이 많은 지역에서 강했다. 그러나 그들의 영향력은 미국에서 두드러진 유대계 집단(전체 인구의 3.4퍼센트를 차지했던)에 의해 상쇄되었을뿐더러 심지어는 압도된 듯했다. 이 유대계 집단은 나치가 지배하던 유럽에서 30만 명 이상의 망명자들이 피난해 오면서 강해졌는데, 이들 중 다수가 유대인이었다. 아이러니하게도 많은 미국인이 약간의 반유대주의적 편견을 품고 있었는데, 1942년 조사에 응한 미국인들 중 절반에 약간 못 미치는 사람들이 미국에서 유대인의 영향력이 너무 크다고 생각했다. 1940년에 조사한 사람들 중에는 5분의 2 이상이 다른 민족 간의 결혼에 반대했고, 미국인 중 거의 5분의 1이 유대인이 미국을 위협한다고 생각했다. 그리고 거의 3분의 1이 미국에서 유대인에 반대하는 대대적인 사회운동이 벌어질 것으로 예상했는데, 10퍼센트가 넘는 사람들은 그 운동을 지지하겠다고 말했다. 그럼에도 불구하고 갤럽 여론조사에 따르면, 미국민은 압도적으로 히틀러의 유대인 박해를 비난한 것으로 나타났다.

또한 히틀러는 미국의 경제력에 대해 완전히 헛다리를 짚고 있었다. 그가 비웃은 자동차와 냉장고는 대량 생산과 현대적 경영 기술로 세계를 이끌던 기업들이 생산하고 있었기 때문이다. 추축국 지도자들은 착각에 빠져 미국의 경제모델이 대공황으로 허물어졌다고 믿었다. 그러나 1930년대 중후반에 총수요가 지지부진하게 증가했음에도 제너럴 모터스 같은 기업은 엄청나게 효율성이 높아졌고, 거대한 미국 시장에서나 가능한 규모의 경제를 실현하고 있었다. GM을 비롯한 일부 기업은 영국과 소련에 대한 수출 덕에 앞으로 벌어질 일들을 미리 경험할 수 있었다. 미국의 참전으로 이들 기업들에 정부의 무기 주문이 밀어닥쳤다. 1차 세계 대전 당시에는 생산 병목 현상과 만성적 낭비, 인플레이션 압력으로 엉망이었지만 1942년에는 정반대 현상이 벌어졌다. 제너럴 모터스의 찰스 E. 윌슨은 이렇게 표현했다. "진짜로 흥미로운 점은 우리 미국의 생산 방식과 사업에 대한 노하우를 온갖 전쟁 물자를 대량 생산하는 데 적용할 수 있다는 것이다. (중략) 그리고 내 생각에 추축국 적군들은 바로 그 점을 간과했다." 여기에도 타협이 관련되어 있었다. 대기업들이 놀라운 속도로 소비 사회의 챔피언으로부터 중앙 통제 경제의 종복으로 변신했기 때문이다. 존 핸콕과 버나드 바루크는 다음과 같이 말했다. "전쟁이 시작되면, 일종의 전체주의를 옹호하는 분위기가 형성된다. 정부는 각 기업을 상대로 어떤 행동이 전쟁 프로그램에 도움이 되는지 말해 준다."

거시경제 관점에서 보면, 그 결과는 충분히 놀라웠다. 1942년, 미국의 국민총생산은 1938년보다 60퍼센트 이상 증가했다. 1944년에는 전전 수준의 두 배가 넘었다. 1940년부터 1943년 사이에 일자리 500만 개가 창출되었다. 이는 막대한 재정 자극책의 결과로서, 재정 적자는 국민총생산의 20퍼센트 이상으로 증가했고, 민간투자와 개인 소비가 동반 상승했다. 일부 원료는 배급이 불가피했지만, GM의 윌슨의 지적대로, 미국은 전시에 총과 버터를 모두 갖는 방법을 알아낸 최초의 국가였다. 이러한 공은 기업 임원들에게 돌아가야 마땅하다. 전시에 정부를 위해 사실상 거의 무보수로 일하면서 당시까지 루스벨트를 완고히 반대해 왔던 대기업과 전쟁성 간에 원만한 협력 관계를 끌어낸 제너럴 일렉트릭의 필립 리드 같은 사람들 말이다. 연방정부는 수많은 산업 시설을 새로 세우거나 때로 소유하면서, 전무후무할 정도로 미국의 경제생활에 개입했다. 국방자문위원회나 생산관리부, 전시생산국, 전시동원부 같은 기관은 규제 환경을 바꾸어 놓았다. 그러나 생산량 전쟁에서 사실상 승리를 거둔 것은 미시경제학 차원에서였다. 전시에 대량 생산과 관리 부문의 가장 커다란 발전은 포드, 윌로 런(Willow Run) 공장의 길고 긴 폭격기 조립라인, 시애틀의 보잉 B-29 공장, 앨리슨의 제너럴 모터스 항공기 엔진 공장 같은 거대한 공장에서 이루어졌기 때문이다. 보잉의 시애틀 공장은 생산이 최고조에 달했을 때, 하루에 B17기를 열여섯 대나 만들어 냈고, 24시간 연속 근무로 4만 명을 고용하고 있었다. 역사상 리버티 수송선만큼 빠르게 건조된 배는 없었는데, 전쟁 기간에 2700대가 조선대를 빠져나갔다. 피터 드러커는 전시에 제너럴 모터스에서 분권화된 관리 체계와 함께 현대적인 '기업 개념'이 탄생했다고 볼 정도였다. 미국의 군산복합체도 전쟁 중에 탄생했다. 중요한 정부 계약의 절반 이상이 불과 서른세 개 기업체와 맺어졌다. 1941~1945년에 보잉이 올린 순익은 2760만 달러에 달했다. 앞선 5년 동안 보잉은 300만 달러가량 손해를 봤다. 제너럴 모터스는 50만 명을 고용했고, 전시 물품의 10퍼센트를 공급했다.[7] 이 시기 포드 사가 생산한 군 장비는 이탈리아보다 많았다. 제임스 존스가 소설 『신 레드 라인(The Thin Red Line)』에서 지적했듯이, 일부 지적인 병사들(기업인들을 가리키는 말 — 옮긴이)이 "실제 전쟁이 아니라 규제 받는 기업의 모험적 사업"에 목숨을 걸었다는 것은 그리 놀랄 일이 아니었다. 미국 경제가 대공황에서 회복하는 데 다른 민족의 도시들을 파괴하는 사업이 크게 도움이 됐다는 사실은 정말로 기이한 일이다.

그러나 미국인들은 총력전에 필요한 물자를 자급한 데 그치지 않고 연합군에게도 장비를 제공했다. 무기 대여 체계가 수십 억 파운드의 가치가 있는 경제적 생명줄을 영국에 제공했다는 것은 주지의 사실이다. 1941~1945년에 미국으로부터 받은 물자의 가치는 총 54억 파운드에 달했는데, 영국 국민총생산의 평균 9퍼센트에 해당했다. 미국이 소련이 쓸 수 있도록 막대한 양의 물자를 제공했다는 사실은 잘 알려져 있지 않다. 스탈린은 모두 합쳐서 930억 루블 상당의 군수품을 받았는데, 이는 소련의 순 물자 생산량의 4~8퍼센트를 차지했다. 소련이 받은 무기의 양을 보면, 공식 통계수치로도 미국 원조의 중요성이 입증된다. 야전용 전화기 38만 대, 트럭 36만 대, 지프차 4만 3000대, 전차 6000대, 8000킬로미터가 넘는 전화선이 차디찬 북극 보급선을 따라 무르만스크로, 캘리포니아에서 블라디보스토크로, 혹은 페르시아에서 육상으로 운송되었다. 전투기 수천 대가 '공중 가교'를 따라 알래스카에서 시베리아로 보내졌다. 미국은 스탈린에게 무기만 공급한 게 아니다. 소련의 항공 연료 중 58퍼센트 정도를 지원했고, 수톤에 달하는 통조림 햄은 말할 것도 없고, 폭탄의 53퍼센트, 구리 · 알루미늄 · 타이어의 50퍼센트를 공급했다. 소련 군

---

7) 찰스 윌슨은 국방부장관 임명 비준 전에 상원 군사위원회에서 이렇게 말했다. "여러 해 동안 나는 국가에 이익이 되는 일은 GM에도 이익이 되며, 그 반대의 경우도 성립한다고 생각해 왔다."

15 전쟁의 삼투 현상   691

수품의 41~63퍼센트 정도를 미국이 대 준 것이다. 마그니토고르스크 초기 시절에 그랬듯이, 미국 기술자들 역시 귀중한 기술 지원을 계속 제공했다. 스튜드베이커 트럭에 찍힌 USA라는 글자는 "Ubit Sukina sina Adolf", 즉 "아돌프라는 새끼를 죽이자."를 의미한다고들 했다. 이렇게 엄청난 지원이 없었다면 소련은 그 많은 독일인들 중 절반을 죽이기도 힘겨웠을 것이다.

이러한 사실은 스탈린이 널리 알리고 싶어 했던 대조국전쟁의 일면이 아니었다. 그러나 주코프 원수와 스탈린의 뒤를 이은 니키타 흐루시초프가 은밀히 인정했듯이, 미국 자본의 엄청난 기여가 없었다면, 소련은 전쟁에서 패했거나 적어도 승리를 거두는 데 오랜 시간이 걸렸을 것이다. 1943년 여름에 독일군이 맞닥뜨린 붉은군대가 1941년 여름에 무너뜨린 붉은군대보다 더 무서운 상대였다면, 이는 대부분 미국 원조 때문이었다. 그러한 발전은 또한 스탈린이 국민의 생활을 거의 전적으로 통제한 결과이기도 했다. 1930년대를 통해 소련은 노동자들의 목숨을 소모품으로 간주하면 어떠한 물질적 장애도 극복할 수 있다는 사실을 알았다. 따라서 스탈린이 소련의 공업 지대를 우랄 산맥 동쪽으로 옮겨 다시 건설하라는 명령을 내렸을 때, 그것은 5개년 계획만큼이나 믿어지지 않는 목표이자, 인간의 목숨을 낭비하는 비인간적인 경제가 달성한 또 하나의 위업일 뿐이다.[8]

전쟁이라는 위기에는 스탈린이 공포정치를 잠시 중단했을 거라고 생

---

8) 2차 세계 대전 동안 소련의 인명 피해는 2500만 명에 달한 것으로 추정된다. 세세히 따져 보면 다음과 같다. 적어도 870만 명의 병사들이 죽었는데, 생포되어 사망한 포로들의 경우 (소련보다 독일의 수치를 인정한다면) 이 숫자는 1020만 명까지 올라갈 수도 있다. 그리고 독일의 점령 과정에서 희생 당한 사람들이 1370만 명인데, 이들 중 740만 명이 처형되었고, 220만 명이 독일에서 일하다 죽었으며, 나머지 410만 명이 기아나 질병으로 목숨을 잃었다. 그러나 적어도 소련 시민 200만 명 이상이 독일군의 영향력이 미치지 않은 곳에서 사망했다. 전쟁 기간 중 소련의 희생자가 모두 히틀러 때문에 발생했다고 할 수는 없다.

각하겠지만 상황은 정반대였다. 노예 상태라 할 수 있는 소련의 수용소 체계는 계속해서 수백만 명을 희생시키고 있었다. 죄수들은 성급히 동쪽으로 이송되었는데, 독일군의 진격 때문에 종종 강제로 옮겨지기도 했다. 소련군은 낙오자들을 독일군이 약탈하게 놔두지 않고 그 자리에서 총살하거나 총검으로 찔러 죽였다. 전쟁 중에 소련 산업을 이끈 노동자 수십만 명은 겨우 생계를 이을 만큼의 배급으로 근근이 살아가며 열여섯 시간씩 일하던 수용소 포로들이었다. 소련의 인종 청소 속도 또한 빨라졌다. 1941년, 소련은 폴란드와 발트 해 연안 국가의 포로들을 동쪽으로 이주시키지 않고 모두 죽여 버렸다. 독일계 주민이 120여 만 명이 유라시아에서 시베리아와 중앙아시아로 강제 추방되었는데, 이들 중에는 해외 독일계 민족 중에서 가장 동쪽에 살고 있던 볼가 강 연안의 독일인들도 포함되어 있었다. 6만 6000명이 넘는 독일인들 또한 트란스니스트리아라는, 잠시 루마니아가 지배하던 남서 지역에서 추방되었다. 1943년 말, 독일이 카프카스 지역에서 후퇴하자, 크리미아의 타타르족과 체첸족이 적에게 협조했다는 이유로 집단 추방되었다. 발카르인, 불가리아인, 그리스인, 잉구슈인, 이란인, 칼미크인, 카라차이인, 쿠르드인, 켐실인(이슬람 아르메니아인), 메스케티 투르크인 등 적에게 협력했다고 의심받은 다른 소수 민족 집단들도 추방되었다. 그리고 유대인들 또한 스탈린의 의심을 사기 시작했다. 러시아 국민은 자신이 '단일한 전쟁 수용소'에서 살아가고 있음을 깨달았다. 그들은 영국 국민에 비하면 20퍼센트에 불과한 배급을 받으며 하루도 빠지지 않고 일주일 내내 일해야 했다.

한편, 소련의 군율은 엄중했다. 붉은군대 병사는 전진하다가 총에 맞을 수 있지만, 달아날 경우엔 틀림없이 총살한다는 규칙을 만든 사람은 스탈린의 경쟁자 트로츠키였다. 스탈린은 기꺼이 트로츠키주의의 흔적을 되살려 내었다. 1942년 7월 28일, 인민국방위원 스탈린은 명령 227호('한 걸음도 뒤로 물러서지 마라.')를 발포했다.

더 이상 우리는 자신의 부대를 마음대로 떠나는 사령관이나 인민위원, 정치장교들을 용인할 수 없다. 더 이상 우리는 일부 겁쟁이들이 전장에서 돌아다니도록 놔두는 사령관과 인민위원, 정치장교들을 용납할 수 없고, 두려움에 빠진 지휘관들이 다른 병사들을 후퇴하게 하고 적에게 길을 열어 주는 꼴을 용납할 수 없다. 두려움에 빠진 이들과 겁쟁이들은 그 자리에서 몰살 당해야 한다.

지금부터 모든 장교와 병사, 정치장교는 상부의 명령 없이는 한 걸음도 뒤로 물러나지 못한다는 철칙을 지켜야 한다. 상부의 명령 없이 후퇴하는, 중대, 대대, 연대, 사단의 지휘관들과 그에 해당하는 계급의 인민위원 및 정치장교들은 조국의 배반자이다. 그들은 조국의 배반자 취급을 당할 것이다. 이는 우리 조국의 부름이다.

병사들이 후퇴하도록 방임하는 장교들은 군법회의에 회부될 터였다. 독일군의 본보기를 그대로 따른 스탈린은 후방에서 겁쟁이들을 처형하는 특별반을 만들고, 병역 기피자들로 형벌대대를 구성하여 그들에게 조국에 저지른 죄를 피로 갚을 기회를 주라고 지시했다. 탈영병 처벌은 지휘 장교까지 포함하도록 확대되었고, 명령 270호에 따라 탈영병과 포로로 잡힌 병사들의 가족까지 처벌되었다. 스탈린의 아들 야코프가 비테프스크 근처에서 사로잡혔을 때, 그의 아내도 체포되어 루비안카 교도소에서 2년을 보내야 했다. 그녀의 시아버지는 독일군에 감금되어 있던 야코프가 죽었다는 소식이 전해지고 나서야 며느리를 풀어 주라고 지시했다. 운이 좋아 전쟁이 끝날 때까지 살아남은 독일의 소련군 포로들은 소련으로 돌아오자마자 조국을 배반했다는 이유로 다시 감옥에 갇히고 말았다.

이 모든 것을 볼 때, 서양 열강은 스스로 누차 야만적이라고 비난한 적을 쳐부수기 위해 도덕적으로는 그리 낫지 않지만 총력전 수행에는 유능한 동맹국과 협력했다는 생각이 든다. 조지 오웰은 1941년 이렇게 지적했다. "우리가 내려야 할 선택은 선과 악 사이의 선택이 아니라 두 악 사이의 선택이다. 나치가 세상을 지배하도록 놔두는 것은 악이다. 그런데 그들을 전쟁으로 무너뜨리는 것 역시 악이다. (중략) 당신이 무엇을 선택하든 순결을 유지할 수는 없다." 오늘날 오웰의 『동물농장』은 스탈린주의로 몰락한 러시아 혁명을 비판한 소설로 유명하다. 하지만 사람들은 그 소설이 2차 세계 대전 중에 쓰였고 반소련 성향을 띤다는 이유로 네 명이나 되는 출판업자(파버앤드파버 출판사의 T. S. 엘리엇을 포함하여)에게 거절당했다는 사실을 잊고 있다. 서양 열강이 스탈린의 범죄를 못 본 체했다는 사실은 1944년 5월 미국 부통령 헨리 월리스의 콜리마(Kolyma) 굴락 방문에서 가장 상징적으로 드러났다. 그는 자신을 초대한 소련 사람들에게 이렇게 말했다. "소련과 미국처럼 서로 비슷한 나라는 없다. 광활한 토지, 개척되지 않은 삼림, 넓은 강과 커다란 호수, 열대에서 극지방까지 다채로운 기후, 무진장한 자원, 이 모든 것이 나의 고국을 생각나게 한다. 러시아인과 미국인은 각자 다른 방법을 통해 인류가 현대 기술에서 최대한 많은 것을 얻어 낼 수 있을 생활방식을 모색하고 있다. 우리의 목표와 목적에는 모순되는 것이 전혀 없다." 이제 모든 사람들이 전체주의자가 되었다. 노먼 메일러의 『나자와 사자』에 나오는 글을 소개한다.

한 국가는 활동적인 에너지를 가진 조직이자, 조율된 노력이며 (중략) 파시즘이다. (중략) 이 전쟁의 목적은 미국의 잠재력을 활동적인 에너지로 바꾸는 것이다. (중략) 미국은 그 (파시스트적인) 꿈을 빨아들일 것이며, 현재 그렇게 하고 있는 중이다. 권력과 군대, 물자를 만들고 나면, 그것들은 저절로 시들지 않는다. (중략) 미국의 권력자들은 역사상 처음으로 그들의 진짜 목표를 의식하고 있다.

깊이 빠진 전쟁

알베르트 슈피어는 일찍이 1942년 4월에 상황이 변하고 있음을 감지했다. 그해 겨울, 독일군은 전격전의 호시절이 절대로 돌아오지 않을 것임을 알게 되었다. 통신선은 위험할 정도로 확장되어 있었고 장비는 러시아의 겨울에 적합하지 않았다. 그러나 더 중요한 점은 이제 붉은군대가 처음으로 그들과 맞설 능력을 갖추었다는 것이다. 독일군은 스탈린그라드에서 자신들이 1차 세계 대전의 서부전선과 유사한 소모전의 구렁에 빠졌다는 사실을 깨달았다. 다만 이번엔 더 춥고 잔인할 뿐이었다. 파울루스의 제6군이 1943년 1월 31일과 2월 1일에 걸쳐 항복한 사건은 종종 결정적인 전환점으로 묘사된다. 그러나 추축국이 진정 종말로 치달은 것은 6개월 뒤인 쿠르스크 전투부터였다. 바실리 그로스만(Vasily Grossman)이 "전체주의 폭력의 처형장"이라 부른 바로 그곳에서 연합국의 무서운 힘이 그대로 드러났기 때문이다.

스탈린그라드에 포위되어 있던 독일군은 결국 군수품 부족으로 무릎을 꿇고 말았다. 쿠르스크에서 독일군은 붉은군대와 대접전을 벌였다. 1943년 7월, 폭풍이 몰아치던 며칠 동안 쿠르스크의 돌출부에서 벌어진 사태의 전체 규모는 파악하기 힘들다. 전장은 웨일스 정도의 크기라, 차를 타고 한쪽 끝에서 다른 끝으로 가는 데 3시간이 걸린다. 독일군은 소련군을 돌출부에 가두기 위해 북쪽과 남쪽에서 압박해 들어가는 고전적인 협공 작전을 계획했다. 러시아의 대응은 철저한 방어였다. 그들은 돌출부를 요새화한 뒤 상대를 현혹시키는 위장술을 이용하여 독일군을 무너뜨리려 했다. 그들은 4800킬로미터에 걸쳐 참호를 파고, 40만 개의 지뢰를 설치한 뒤, 병력 133만 6000명(전체의 40퍼센트), 전차 3444대, 비행기 2900대, 총기 1만 9000정을 끌어모았다. 반대편에는 50개 사단, 90만 명의 독일군이 버티고 있었다. 과거에 독일군은 그런 수적 열세를 극복할 수 있었을 것이다. 하지만 이제는 영국군의 정보와 미국의 최신 무기로 무장한 적과 대치하고 있었다. 소련 사령관들은 미국 무전기를 이용하여 의사소통을 했다. 소련 비행장에는 P-39 에어 코브라 대전차포 탑재기 대대가 정렬해 있었다.

암호명이 시타델(Citadel, 요새)인 독일군 공격은 7월 4일 새벽 2시 30분에 예정되어 있었다. 정확히 2시 20분, 블레칠리 파크의[9] 암호 해독자들 덕분에 적의 공격 시간을 알아낸 주코프는 엄청난 선제 포격을 가했다. 귀가 먹을 정도의 포격 소리는 그에겐 '지옥의 교향곡'처럼 들렸다. 독일군의 예봉을 꺾기 위해 십여 개 형벌대대가 위협을 당하며 최전선으로 이동해 그곳에 남겨졌다. 독일군은 기습을 당했지만, 신형 판터 전차의 우수한 화력을 앞세워 맹렬히 공격했다. 헤르만 호트 대장은 해골 기장과 제4기갑군의 제국사단을 이끌고 소련군의 남쪽 측면으로 쳐들어갔다. 파벨 로트미스트로프 대장의 제5근위전차군이 그를 저지하는 임무를 맡았다. 자신의 부대를 이끌고 서쪽으로 급히 달려간 로트미스트로프는 결정적으로 중요한 지점인 프로호로프카 언덕 전투에 뛰어들었다. 전투 시작 여드레 뒤에, 사상 최대 규모 전차군이 충돌했다. T34 850대와 독일군 전차 600대가 맞붙었는데, 한동안 연기와 먼지 속에서 아무것도 보이지 않았다. 로트미스트로프의 전차 지휘관들은 운전병들의 어깨를 발로 누르며 전차를 조종해 나가야 했다. 그때 갑작스러운 호우로 전장은 물바다가 되었다. 마침내 전투가 끝나자 다 타 버린 전차와 그을린 시체들로 끔찍한 늪이 만들어졌다. 전투가 끝난 뒤 몇 주 동안, 폭과 길이가 48킬로미터에 이르는 지역이 소련 저널리스트 일랴 에렌부르크의 표현대로 "섬

---

9) 소련군은 공식적인 루트와 불법적인 루트를 통해 블레칠리로부터 정보를 얻었다. 블레칠리에서 일하던 사람들 중에 존 케언크로스(John Cairncross)라는 인물이 있었는데, 그는 케임브리지 간첩망의 '제5열'이었다. 그는 독일 작전에 대한 정보를 런던에 있는 NKVD 관리자인 아나톨리 고르스키에게 전달했다. 독일군 탈영병들은 계획된 독일의 공격 시간에 대한 영국의 예측을 확인해 주었다.

뜩한 황무지"로 변해 있었다. 그는 이렇게 덧붙였다. "사격에 파괴된 마을과 산산이 부서진 도시, 나무의 그루터기, 초록색 진흙에 빠져 버린 차량들, 야전병원, 서둘러 판 무덤, 이 모든 것이 하나로 합쳐져 버렸다."

에렌부르크는 바로 이런 상황을 "깊이 빠진 전쟁(Deep War)"이라고 불렀다. 이런 전쟁은 본 적도 들은 적도 없었다. 너무나 무자비하고, 가차 없는 전쟁이었다. 그렇지만 그 전쟁도 끝이 없을 수는 없었다. 비록 양측이 처음 시작했던 지점으로 돌아가긴 했지만, 독일의 피해가 상대적으로 훨씬 더 심각했기 때문이다. 그들은 병력의 절반 이상과 차량의 절반을 잃었다. 이후 몇 주 동안 독일군은 오렐을 필두로 브리안스크와 벨고로트, 하르코프를 차례로 내주며 속절없이 내밀렸다. 카라체프 근처의 쿠르스크가 무너진 2주 동안 에렌부르크는 '베를린까지 1950킬로미터'란 이정표를 보았다. 그것은 이제 독일의 패배가 불가피하다는 사실을 갑작스레 깨달았음을 상징하는 듯했다. 동부전선에서만 상황이 돌이킬 수 없게 바뀐 것은 아니었기 때문이다. 브룩의 표현대로, 연합군은 모든 교전 지역에서 패배를 멈추고 승리를 향해 나아가기 시작했다. 횃불 작전(연합군이 카사블랑카와 오란, 알제리에 상륙한 작전)의 성공과 1942년 11월 초 몽고메리 장군의 엘알라메인 승리 이후 독일군은 북아프리카에서 후퇴하고 있었다. 1943년 5월 12일, 아프리카 군단이 항복했다. 탐지 능력이 향상되고 독일 잠수함이 대파됨에 따라 대서양 전투는 1943년 여름경에 사실상 끝났다. 그 이듬해에 연합군이 유보트의 공격에 잃은 상선은 서른한 척에 불과했는데, 1942년에는 1000척이 넘게 파괴됐다.

태평양의 전세 역시 바뀌었다. 여기에서는 동유럽보다 더 신속하게 형세가 변했다. 산호해와 미드웨이 제도 전투(1942년 5월과 6월)에서 체스터 W. 니미츠 제독의 항공모함은 처음으로 반격을 가한 뒤, 수적으로 우세한 일본 함대에 심각한 타격을 입혔다. 쿠르스크에서와 마찬가지로 양측은 상당한 손실을 입었지만, 이미 전선을 지나치게 확대한 추축국 열강이 받은 피해는 더욱 심각했다. 일본은 파괴된 항공모함 네 척을 절대로 대체할 수 없었으나 미국의 선박 건조 능력은 나날이 발전하고 있었다. 미국이 해군과 공군의 우위를 확보하자, 1942년 8월부터 1943년 2월 사이에 솔로몬의 과달카날 제도와 그 주변에서 치러진 전투에서 일본 지상군의 취약성이 그대로 드러났다. 1943년 5월, 미군은 알류산 열도의 애투 섬에서 일본군을 대파하면서 키스카를 포기하게 만들었다. 9월이 되자 일본군의 전략은 1만 2900킬로미터에 이르는 최후의 방어선을 지키는 쪽으로 움츠러들었는데, 이미 그들은 보급 수단을 상실하고 있었다. 중국에서도 진전이 있었다. 육군 항공대 클레어 리 셔놀트 대령의 '플라잉 타이거스 비행대(Flying Tigers)'는 대만 비행장 등 일본의 주요 시설에 심각한 피해를 입혔다. 1943년 말, 셔놀트의 최대 라이벌 조제프 스틸웰 대장은 마침내 중국군을 동원하여 버마 침략에 성공했다. 이 모든 것은 추축국 열강의 운이 다했고, 그들이 대영 제국, 소련, 미국을 상대로 전쟁에서 승리를 기대할 수 없음을 알리는 전조였다. 이탈리아인들은 다가오는 재앙을 알아채고, 1943년 7월에 무솔리니를 타도하지만, 결국 독일에 점령 당하는 신세가 된다.

쿠르스크 전투 두 달 뒤에 영국 전시 내각의 합동정보소위원회는 흥미롭게도 1943년과 1918년 독일이 처한 상황이 놀라울 정도로 유사하다고 지적한 보고서를 작성했다. 연합군의 공습은 1차 세계 대전의 해군 봉쇄만큼이나 엄청난 절망감과 사기 저하를 일으키고 있었다.

> 유럽의 독일 동맹국들은 이 전쟁에서 빠져나갈 기회만을 노리고 있다. 이탈리아는 이미 빠져나갔다. (중략) 이러한 상황에서 1918년, 독일 최고사령부는 패배를 피할 수 없으며 계속 싸우는 것이 무의미함을 깨달았다. 우리는 현재 독일에서 승리할 수 있다는 희망이 없고 전투를 계속할 경우 쓸모없는 유혈사태와 파멸만이 기다리고 있다는 생각이 우세하다고 믿는다. 또한 일부

군부 지도자도 그렇게 생각하리라고 본다. 전체적인 그림을 살펴보면, 오늘날 독일이 1918년 당시보다도 더 나쁜 상황에 처해 있다는 결론을 내리지 않을 수 없다.

그리고 보고서는 이렇게 결론지었다. "독일이 더 심한 정치적 압박을 받고 현재 기대할 수 있는 강화 조건이 더욱 가혹하다고 해도, 1943년이 가기 전에 독일에서 '위기', 즉 갑작스러운 정권 교체가 발생하여 휴전으로 이어질 가능성을 배제할 수 없다." 1943년 12월, 그러한 사태가 전혀 발생하지 않자, 처칠은 영국과 미국의 참모총장들이 모인 자리에서 독일이 언제 패하게 될지 물어 보았다. 그들의 대답은 1944년 3월에서 11월 사이였다.

그토록 정보에 밝은 권위자들이 연합군 승리의 불가피성에 대해서는 그렇게 정확했으면서 그 시기 예측에는 어찌 그리 어두웠을까? 독일군과 일본군은 쿠르스크 전투 이후에도 거의 2년 동안 전쟁을 지속했는데, 이 기간의 사망률이 2차 세계 대전 중에서도 가장 높았다. 분명 연합군은 더 신속히 전쟁을 마무리 짓는 방법을 생각해 낼 수도 있었다. (당시 소련이 주장했듯이) 디데이보다 1년 앞서 서유럽에 '제2전선'을 전개할 수 있었다고 믿는 사람들이 여전히 있다. 북아프리카와 이탈리아 상륙 작전은 가장 중요한 프랑스 상륙 작전으로부터 주의를 돌리기 위한 것이었다. 리델 하트와 룬트슈테트의 참모장 지그프리트 베스트팔 이래 많은 군사 분석가들은 그토록 광범위한 전선에서 공격을 감행하지 않았다면, 디데이 이후 영미 연합군의 진격이 더 빨라졌을 거라고 주장해 왔다. 그러나 전쟁이 질질 끌린 결정적인 요인은 연합군이 지나치게 신중했기 때문이 아니라 추축국이 놀라울 정도로 끈질겼기 때문이다. 전쟁이 일찍 끝날 수도 있었다는 가정은 1943년 6월부터 1944년 5월 사이에 독일군이 최소한 90만 명을 잃었다는 사실과 어울리지 않는다. 연합군의 상륙 이후에도 여전히 싸우고 있던 독일군은 충분히 잘 싸웠다. 1년 전이었다면 독일군은 얼마나 더 잘 싸웠을까? 아마도 처음엔 북아프리카에서, 다음엔 이탈리아에서 육해공 합동 상륙작전 총연습을 실시했을지도 모른다.

죽을 때까지

1944년 12월, 미국 육군 대장 오마 브래들리의 한 참모는 이렇게 말했다. "만약 우리가 이성적인 사람들을 상대로 싸우고 있다면, 그들은 오래전에 항복했을 것이다." 1945년 이전에 독일군의 주요 부대가 항복한 것은 사실이다. 파울루스의 제6군이 스탈린그라드에서 항복했고, 1944년 7월에는 25개 사단이 항복하면서 중앙집단군이 붕괴했다. 그리고 1944년 8월에는 이아시에서 18개가 넘는 사단이 항복했다. 그러나 대다수 독일군 포로는 1945년 5월 7일 오전 2시 41분에 요들 장군이 공식 항복문서에 서명한 이후에나 잡힌 사람들이었다. 어떤 통계자료에 따르면, 연합군이 항복 이전에 잡은 독일군은 63만 명에 불과했다. 전후 마쉬케위원회(Maschke Commission)는 1945년 1월부터 3월까지 포로로 잡힌 독일군은 200만 명이 약간 넘었고, 유럽의 동부전선과 서부전선에서 비슷한 수의 포로가 발생했다고 추정했다. 전체적으로 보아 독일 항복 직전의 포로 수는 300만 명이 넘지 않았다. 달리 말하면 독일 병사 총 1100만 명 중에 적어도 800만 명은 공식 항복 이후에야 무기를 내려놓았다는 얘기다. 이미 1945년 1월에 붉은군대에 포위되었음에도 끝까지 완강하게 저항했던 쿠를란트 군(Courland Army)은 특이한 예가 아니었다. 더욱이 잘 알려지지 않았지만, 항복 이전에 잡힌 300만 명 중에서도 많은 포로들이 종전 몇 주 전에 백기를 든 게 분명했다.

일본군은 독일군보다 더 끈질기게 싸웠다. 태평양 전쟁에서 연합군의 포로 대 전사자 비율은 대략 4대 1이었는데, 일본의 경우는 1대 40이었다. 버마에서 일본군 전사자는 15만 명이었던 데 비해, 포로는 1700명에 불과했다. 포로로 잡힌 병사들 중에서도 400명만이 신체적으로 건강했고, 모두들 포로가 된 첫 주에 자살을 시도했다. 미군이 1945년 3월에서 4월 사이에 오키나와에 상륙했으나, 그런 가망 없는 상황에서도 일본군은 죽을 때까지 그곳을 지켰다. 일본군이 특히 동굴로 몸을 피한 뒤 필사적인 육박전을 벌인 결과, 10만 명이 넘는 병사들이 목숨을 잃었다. 섬을 지킨 일본군 가운데 7000명 정도만 포로로 붙잡혔다. 또한 4만 2000명 정도의 민간인도 목숨을 잃은 것으로 보인다. 미군 측 사상자는 4만 9000명(이들 중 1만 2000명 정도가 사망했다.)이 넘어 태평양 전쟁 중 최악의 사상자가 발생했다. 한편 가미카제(神風) 조종사 8000명은 비행기를 몰고 직접 미국 전함에 부딪쳐 서른여섯 척을 침몰시키고 함재기 763대를 파괴했다. 상당 수의 일본군은 전쟁이 끝나갈 무렵, 거의 굶어 죽을 지경에 이르러서야 항복하기 시작했다. 1945년 7월 말에도 버마 남부의 일본군 1만 7000명은 산에서 탈출하여 만만찮은 시탕(Sittang) 강을 건너려다 헛되이 목숨을 잃었다. 다른 민족들과는 달리, 일본 사람들은 한 사람씩 붙잡히는 경향이 있었고, 완전히 힘을 잃었을 때에만 항복했다. 한 일본 병사는 1974년까지 항복을 거부하기도 했다. 본토 일본을 마지막까지 지키기 위해 동원된 대다수 군사들은 왕의 항복 명령이 없었다면 틀림없이 끝까지 싸웠을 것이다.[10]

    2차 세계 대전에 참전한 독일군과 일본군의 이러한 완강함을 어떻게 설명할 수 있을까? 그들은 이성적으로 따졌을 때 승리의 희망이 완전히 사라진 후에도 왜 계속 싸웠을까? 해답의 일부는 군사 규율과 관계가 있

---

10) 일본군은 당시에도 169개 보병사단과 4개 전차사단, 15개 공군사단에 속한 550만 병력을 보유하고 있었고, 공군은 작전용 항공기 9000대를 보유하고 있었다.

다. 영국의 경우, 탈영자 사형 제도가 1930년에 폐지되어 이후 부활되지 않았다. 미군 또한 관대했는데, 2차 세계 대전 동안 탈영으로 처형된 미군은 한 명에 불과했다. 그러나 독일에서는 러시아와 마찬가지로 전쟁이 계속됨에 따라 탈영에 대한 처벌이 상당히 강화되었다. 독일군은 1만 5000명에서 2만 명의 병사를 처형했는데, 이들은 주로 전쟁 후반기에 나타난 탈영이나 전투력 잠식 같은 죄로 처벌된 소위 정치범이었다. 또한 독일군은 수천 명의 병력을 형벌대대에 배정함으로써 사실상 사형 선고를 내렸다. 사상자 발생률이 상당히 높아지면서(일부 사단은 최초 병력의 300퍼센트까지 치솟았다.) '1차 집단' 같은 충성심이 형성되지 않고 탈영병도 늘자 그런 가혹한 조치들은 동부전선에서 점차 중요해졌다. "가장 심한 처벌"이나 "가차 없는 모든 수단의 동원" 같은 표현이 즉결 처형에 대한 완곡한 표현으로 자리 잡았다. 전쟁이 끝날 무렵, 독일군 병사는 "적군의 총탄에 맞아 죽을지 나치 친위대 암살단 손에 죽을지" 준엄한 선택의 기로에 서게 되었다. 러시아 진영까지 도망가는 데 성공한 독일군 탈영자는, 1942년 10월에 동료들이 항복하지 않는 이유는 탈영할 경우 가족이 처벌될 수도 있고, 도망치는 모습을 들키면 총에 맞아 죽고, 잡힐 경우 처형될 수도 있다는 두려움 때문이라고 설명했다.

추축국 병사들이 항복하지 않은 두 번째 이유는 처벌이 아니라 불명예가 두려워서였다. 일본군의 경우, 이 점이 확실히 결정적인 역할을 했다. 일본군은 오래전부터 항복하는 자들을 비난했다. 전쟁 전의 경우, 육군이나 해군의 범죄와 규율 조항에는 항복에 대한 공식 언급이 없었지만, 태평양 전쟁이 시작될 무렵 항복은 금기시되었다. "포로로 살아남아 치욕을 경험하지 마라."라는 1941년 야전 근무 수칙의 엄격한 지시 사항이었고, 일본군은 아예 자국 전쟁 포로의 존재를 인정하지 않으려 했다. 가미카제 조종사로 훈련받은 사이토 마쓰오는 이렇게 말했다.

일본군에게 항복 개념이 없다는 점은 다들 아는 사실이다. 적을 이길 수 있는 희망이 없더라도 끝까지 싸워야 했다. 그것이 일본의 정신이라고 우린 들었다. 우리는 미국과 영국 병사들이 싱가포르 등지에서 그토록 쉽게 전투를 포기하는 모습이 상당히 부끄러운 짓이라고 생각했다.

미국 종군기자 어니 파일은 해군 수병들을 통해 한 일본군 장교가 미군에 포위되자 어떻게 행동했는지 전해 들었다. 그는 부하 여섯 명의 목을 벤 뒤, 총에 맞아 죽을 때까지 그 피 묻은 칼을 휘둘렀다고 한다. 애투 섬의 일본군은 항복하는 대신 자멸적인 돌격을 시도했다. 연합군이 생포하는 데 성공한 일본군은 종종 자살하거나 자살을 시도했다. 일본군은 전쟁이 끝났을 때에도 일본어 또는 영어로 '항복'이라는 말이 적힌 '항복 허가증'을 절대로 쓰지 않으려 했는데 "나는 저항을 그만둔다."라는 완곡한 표현을 선호했다. 일부 일본군 병사들은 대본영에서 1945년 8월 15일 "적군의 지휘하에 들어간 군사들은 포로로 간주되지 않을 것이다."라는 훈령을 발표할 때까지 무기를 내려놓으려 하지 않았다. 민간인들도 패배를 인정하려 들지 않았다. 사이판 섬과 케라마 제도의 일본인들은 항복을 거부하고 가족을 죽인 뒤 목숨을 끊었다. 루스벨트가 1943년 1월 카사블랑카에서 선언한 무조건 항복을 연합군이 고집했기 때문에 저항이 강해졌을 수도 있다. 그것이 일본 왕의 폐위를 의미하는 것으로 보였기 때문이다.

독일군 내부에도 항복에 대한 동일한 반감이 존재했다. 미국의 심리학자 솔 파도버(Saul Padover)는 1944년 12월에 생포된 독일군 대위 루돌프 콜호프를 심문하면서 독일군의 패배 가능성에 대해 질문했는데 의미심장한 답변을 받아 냈다.

하지만 독일은 패배하지 않을 것이다. 승리를 달성하는 데 얼마나 오래 걸릴지 모르겠지만, 분명 승리할 것이다. 나는 독일군의 승리를 확신한다. 그렇지 않았으면 싸우지도 않았을 것이다. 나는 결코 패한다는 생각을 한 적이 없다. 어떻게 승리를 얻을지는 말할 수 없지만, 반드시 승리할 것이다. 우리 장군들이 계속 싸우는 것은 당연하다. 그들은 최종 승리를 믿기 때문이다. 그렇지 않으면 독일의 피를 희생하는 것이다. (중략) 독일군은 결코 항복하지 않을 것이다. 우리는 지난 전쟁에서도 포기하지 않았다. 민간인만이 항복하고 군을 배신했다. 결코 미군은 라인 강에 도달하지 못할 것이다. 우리는 끝까지 싸울 것이다. 우리는 모든 도시, 모든 마을을 위해 싸울 것이다. 필요하다면 제국 전체가 파괴되고, 모든 국민이 죽게 되는 상황을 보게 될 것이다. 사수인 나는 독일 국민의 보금자리를 파괴하고 민간인을 죽여야 하는 상황이 유쾌하지만은 않다. 하지만 조국 독일을 지키기 위해서라면 그것은 필요하다고 생각한다.

또 다른 포로였던 젊은 낙하산병은 같은 심문자에게 적군에 붙잡힌 자신이 너무나 부끄러우며 자신은 전장에서 명예롭게 죽었어야 했다고 말했다. 그러한 태도는 정권의 사상을 가장 철저히 받아들인 병사들 사이에서 더 두드러졌다. 1945년 4월, 미군이 주데텐란트의 마리엔바드에 접근했을 때, 환멸감을 느낀 동부전선의 고참병 귄터 코쇼레크는 불만을 토로했다. "이렇게 전쟁이 막판에 몰렸는데도 정신 나간 일부 군 지도자들은 히틀러의 명령을 글자 그대로 따르며 탄약이 떨어질 때까지 싸울 것이다." 그러나 자의식이 있는 비정치적인 직업군인들까지도 죽을 때까지 싸우라는 히틀러의 명령에 영향을 받았다. 노련한 낙하산병 마르틴 푀펠은 1945년 4월 자신의 부대가 영국 보병연대 고든 하이랜더스에 의해 포위된 뒤, 스스로 항복 결정을 내리기가 결코 쉽지 않았다고 말했다.

　나는 하사관과 상황을 논의했다. "상급 장교가 더 이상 부하들을 이끌 처지가 아니라면, 그는 직속 부하에게 명령권을 넘겨주어야 한다."는 총통의 명령이 내 마음속을 떠나지 않았다. 전쟁이 시작된 첫날부터 낙하산병이었던 나는 개인적으로 항복할 준비가 되어 있었다. 그러나 아무리 싸움이 가망이 없어도 병사들은 내게 울며 말했다. "낙하산병인 우리가 자진해서 항복한다면, 어떻게 마누라 얼굴을 볼 수 있겠습니까?" 믿을 수 없는 현상이 일어나고 있었다. (중략) 한참 동안 침묵이 흐른 뒤, 그들은 '두목'이 항복해야 한다고 생각한다면, 자신들도 따르겠다고 말했다.(푀펠은 당시 스물네 살이었다.)

미군 상등병 한 명은 가망 없는 상황에서는 항복하고 마는 미군들과는 달리, 독일군들이 언제나 탄약을 모두 쏘아 댄 뒤에 항복했다고 지적했다. 실탄이 아직 남아 있는 독일군과 협상하려는 것은 설사 그들이 항복하더라도 상당히 위험했다.

그러나 따지고 보면 독일군과 일본군을 항복하지 못하게 만든 것은 규율이나 불명예에 대한 두려움만이 아니었다. 대부분의 병사는 어쨌든 포로는 적의 손에 죽임을 당하기 때문에 계속 싸우는 게 낫다고 생각했다. 물론 동부전선에서 포로들을 죽이기 시작한 쪽은 독일군이었다. 당시 수많은 장교들과 일반 사병들은 이러한 방침이 현명하지는 않다고 느꼈다. 비도 사예르는 동료들과 자신이 항복하는 러시아군에게 수류탄을 던진 뒤 어떤 반응을 보였는지 얘기했다.

(나중에) 우리는 무슨 일이 벌어졌는지 이해하기 시작했다. (중략) 갑자기 끔찍한 생각에 사로잡힌 우리는 몸에 뭔가 스멀거리는 느낌이 들었다. (중략) 이런 기억으로 인해 내 신체 감각은 상실되었다. 마치 나라는 사람이 찢어진 듯한 느낌이 들었다. (중략) 나는 그런 일들이 정상적으로 살아 온 젊은이에겐 일어나지 않는다는 걸 알고 있었기 때문이다.(중략)

"저 러시아인들을 죽이다니, 우린 완전히 미쳤어······." (할스가 말했다.)

그 역시, 나를 괴롭힌 생각 때문에 괴로운 게 분명했다.

"그럴 수밖에 없었잖아." 나는 대답했다. 소름 끼치는 무언가 우리 정신에 들어와 영원히 우리를 괴롭힐 셈이었다.

위법성은 차치하고, 일부 독일군은 포로 살해가 어리석은 행동이라고 생각했는데, 단순히 포로들이 정보원으로서 가치가 있기 때문은 아니었다. 너무 느리게 손을 든 '비겁한' 러시아군을 직접 총으로 쐈다고 인정한 볼프강 호른도 부대원에게 포로들을 총으로 쏘라고 명령한 대위의 결정을 개탄했다. 그런 행위는 비신사적일뿐더러 숲속에 숨어 있던 러시아군이 포로들의 최후를 보고 다음번에 더 용감하게, 더 잘 싸울 수 있기 때문에 '어리석은' 짓이었다. 알프레트 로젠베르크는 정치적, 군사적으로 현명하지 못한 포로 처리가 탈영하려는 의지를 약화시킬 뿐 아니라 독일군의 포로가 될까 봐 두렵게 만들 것이라고 예측했다. 제18기갑사단의 장교들도 같은 결론에 도달했다. "붉은군대 병사는 싸우다 죽는 것보다 포로가 될까 봐 더 두려워한다." 대독일사단장도 비슷한 생각을 했다. 그는 항복한 포로들을 학대하거나 총살할 경우, 모든 러시아 병사가 독일군의 포로가 되는 걸 두려워하기 때문에 결국엔 그들의 저항을 더욱 강하게할 뿐임을 깨달으라고 부하들에게 호소했다. 그러나 현장의 병사들은 '어리석은 사살'을 금지하는 명령을 대체로 지키지 않았다. 실제로 포로 살해 관행은 일상적으로 굳어졌다. "우리는 하루 종일 포로를 잡은 뒤, 총으로 쏴 죽였다."

보복에 대한 두려움은 많은 독일군이 가망 없는 처지가 돼도 항복을 마땅찮게 생각한 이유를 설명하는 데 도움이 된다. 일반 병사들은 틀림없이 복수에 목말라 하는 러시아군의 포로가 된다는 두려움에 괴로워했다. 스탈린그라드에서 6군이 항복한 후에도 "항복은 없을 것이다! 전쟁은 계속된다!"라고 선언한 그 고집 센 장교는 결코 별난 게 아니었다.

1944년 7월 에두아르트 스텔베의 부대를 지휘하던 대위는 소련군에 항복하는 대신 총으로 자신의 목숨을 끊고 말았다. 제132보병사단이 항복한 과정을 설명한 고틀롭 비더만의 이야기를 읽어 보면, 최전선의 일부 장교들이 1945년 5월 8일처럼 전쟁이 끝날 무렵에도 항복하라는 공식 명령을 극도로 따르기 꺼렸음을 알 수 있다. 한 장교는 자기 머리에 총을 쏘고 죽었고, 또 다른 장교는 "항복은 안 돼."라고 소리 지르며 다른 독일군 진영으로 달려갔다. 그는 그 부대의 자주포 지휘관에게 적과 싸우라고 명령하려 했다. 결국 그는 개머리판에 맞아 저지 당했다. 비더만의 항복을 받아 준 붉은군대의 대령은 물었다. "왜 계속 싸웠지?" 그는 "우리는 군인이니까."라고 대답했다. 그러나 이것으로 충분히 설명되지는 않았다. 그보다는 독일군 스스로 전쟁 범죄를 저질렀기 때문에 적의 자비를 기대하지 않았다고 보아야 할 것이다. 귄터 코쇼레크는 소련군이 제네바협약에 따라 포로들을 처리하지 않는다는 점을 잘 알고 있었다. 그들은 소련군을 상대로 싸워 왔기 때문에 시베리아에서 자신들을 기다리고 있는 생활을 상상할 수 있었다. 패배에 대한 두려움은 독일군이 민간인 대량 학살에 개입했기 때문에 가중되었다. 사예르는 다음과 같이 말했다. "만약 우리가 내일 패한다면, 살아남은 우리들은 무자비한 비판을 받을 것이며, 많은 사람들을 죽였다는 죄 때문에 결국 아무도 목숨을 부지하지 못할 것이다." 리투아니아에서 유대인 수천 명이 학살당하는 모습을 목격한 한 병사는 이렇게밖에 말할 수 없었다. "하느님만이 우리에게 승리를 허용하실 것이다. 만약 그들이 복수한다면, 우리는 가혹한 시간을 보낼 것이기 때문이다." 만주군의 731부대가 실시한 생체 실험같이 일본군이 포로를 잔인하게 대했다는 사실을 잘 알고 있던 일본 병사들도 비슷한 불안감을 느꼈을 것이다.

응보는 금세 찾아왔다. 한 소련군 죄수는 독일군 심문자들에게 이렇게 말했다. "우리는 우리 국민들을 심하게 학대했다. 사실 그보다 더 심하게 대할 수 없을 정도로 학대했다. (그러나) 당신들 독일인들도 그런 짓을 했다. (중략) 따라서 우리가 전쟁에 이길 것이다." 일랴 에렌부르크는 《레드 스타(Red Star)》라는 군보에 "날짜를 세지 말고, 거리도 따지지 마라. 오직 자신이 죽인 독일군 수만 세라. 이것은 당신 어머니의 기도다. 독일군을 죽여라. 이것은 러시아 대지의 울부짖음이다. 망설이지 마라. 늦추지 마라. 죽여라!"라고 호통쳤다. 소련군은 정확히 상대에게 당한 대로 독일군을 다뤘다. 포로들은 심문 직후에 사살됐는데, 이는 독일군이 소련군 포로를 잔인하게 다룬 데 따른 보복으로 정당화된 관행이었다. 군부 내 방첩기구인 SMERSH의 심문자 지나이다 피트키나(Zinaida Pytkina)는 자신이 독일군 장교를 얼마나 신속하게 처리했는지 설명했다. 그녀는 심문 직후, 그의 목뒤를 총으로 쏴 죽였다.

이 일은 내게 정말로 기쁨을 주었다. 독일인들은 우리에게 목숨을 살려 달라고 청하지 않았고, 나는 화가 났다. (중략) 우리는 퇴각하던 중에 17, 18세 밖에 안 된 병사들을 많이 잃었다. 그런 일을 겪고도 내가 독일인들을 불쌍하게 생각해야 하는가? 내 기분은 그랬다. (중략) 공산당원인 나는 내 앞에서 내 가족을 죽일 수도 있었던 사람을 보았다. (중략) 나는 그렇게 해 달라는 청을 받았다면 그의 머리를 잘라 버렸을 것이다. 나는 한 사람이 줄어드는 것이라고 생각했다. 그에게 사람들을 몇 명이나 죽였는지 물어라. 그도 이렇게 생각하지 않았을까?

스탈린그라드에서 부상병들은 독일군이 항복한 이후에 모두 살해되었다. 길 건너 독일군 또한 러시아군이 모든 포로를 죽이고 있다는 얘길 들었다. 독일군에 징집된 루테니아인은 러시아군이 포로를 괴롭히고 사살한다는 장교의 이야기를 믿지 않았다면 많이들 탈영했을 것이다. 스텔베는 자신이 항복한 뒤 러시아 장교가 처음 한 말이 "누구 담배 가진 사람

없나?"여서 크게 놀랐다. 일부 여군이 그와 동료들에게 권총을 들이댔을 때, 이제 끝장이라고 생각했지만 총은 비어 있었다. 그들은 가학적인 모습을 조금 보여 준 것뿐이었다.

동부전선에서만 폭력이 꼬리를 문 게 아니었다. 태평양 지역에서도 포로에 대한 고약한 대우와 살인이 일상적으로 일어났다. 여러 진술에 비추어, 미군과 오스트레일리아군이 항복한 일본 병사를 종종 사살했다는 것은 분명 사실이다. 특히 매복하고 있다가 항복하는 척한 일본군에게 미국 해병대원 스무 명이 희생된 뒤, 과달카날에서 그런 일이 발생했다. 타라와 섬에서 해병대원들이 외친 슬로건은 "일본군 개새끼들을 죽여라! 포로로 삼지 마라!"였다. 팔라우 섬의 미군도 항복한 일본군 병사들을 찔러 죽인 데 대해 아무런 양심의 가책도 느끼지 않았다. 1944년, 뉴기니 섬에 있었던 찰스 린드버그는 다음과 같이 순순히 인정했다. "미군 병사들은 일본군 포로들을 괴롭히고 일본군만큼이나 잔인하고 야만적으로 행동했다. 우리 병사들은 일본군 포로나 항복하려는 병사를 사살하는 행동을 아무것도 아니라고 생각했다. 그들은 일본인을 짐승보다도 못하게 대했고, 거의 모든 사람이 이러한 행동을 너그럽게 봐주었다." 태평양의 연합군 장교들은 단순히 그런 행동을 허용했을 뿐 아니라 적극 장려했다. 한 보병 대령은 린드버그에게 자랑스럽게 이야기했다. "우리 아이들은 포로를 잡지 않아." 이는 또한 미군만의 특별한 행동도 아니었다. 헨리 이웬 병장의 증언은 오스트레일리아군 또한 부갠빌에서 포로들을 잔인하게 죽였다는 사실을 확인해 준다. 버마에서 영국군으로 복무하던 인도 병사들이 부상 당한 일본군 포로들을 죽였을 때, 당시 제14군 장교이던 조지 맥도널드 프레이저는 모르는 척 눈감아 주었다.

때때로 포로 살해 행위는 보복 행위로 정당화되었다. 오키나와에서 전사한 한 유명한 해군 공병중대장의 연락병은 무기를 버리고 막 항복한 일본군 병사들을 기관단총으로 가차 없이 모두 죽여 버렸다. 영국군 또한 일본군이 연합군 부상병들에게 행한 잔학 행위에 보복하기 위해 일본군 포로들을 죽였다. 그렇지만 "포로는 살려주지 않는다."라는 원칙이 일반적인 관행이었다는 증거는 곳곳에서 나타난다. 한 미군 포로는 일본군에게 이렇게 말했다. "미국의 제1원칙은 '움직이는 것은 모두 쏜다.'이다." 미군의 또 다른 좌우명은 "죽이거나 죽거나."였다. 종군 기자 에드거 L. 존스는 이렇게 회상했다. "우리는 냉정하게 포로들을 사살하고, 병원을 파괴하고, 구명보트에도 맹폭을 가했다. 그리고 부상 당한 적을 깨끗이 죽여 버렸다." 전쟁심리학자들은 포로 살해가 너무 흔하게 벌어졌기 때문에 차후에 병사들의 죄책감을 달래기 위한 처방전을 고안해야 했다. 종전 이후 조사한 미군 군목(軍牧)들 중 대략 40퍼센트가 포로를 죽이라는 명령을 정당한 것으로 간주했다고 말했다. 이러한 행동은 항복을 고려하고 있던 일본군 병사들을 제지하는 효과를 일으키면서, 항복에 반감을 품은 병사와 미군이 포로를 모두 죽일 거라며 두려워한 병사를 구분하기 어려워졌음에도 계속되었다. 1945년 6월, 미국 전쟁정보청은 심문한 일본군 포로의 84퍼센트가 미군의 손에 죽을 것으로 예상하고 있었다고 보고했다. 일본군이 이러한 두려움을 품은 것은 당연했다. 2년 전에 작성된 비밀 첩보 보고서를 보면, 아이스크림을 마음껏 먹고 사흘간 휴가를 준다는 약속만으로도 미군은 항복하는 일본군을 죽이지 않을 거라는 조사 결과가 있었다.

이를 살펴보면, 독일군이 러시아군을 인간 이하로 간주한 것처럼 연합군 병사들도 일본군을 똑같이 대했다는 사실을 알 수 있다. 이는 2차 세계 대전에 나타난 가장 염려스러운 양상들 중의 하나였다. 뉴기니에서 오스트레일리아군을 지휘했던 토머스 블레이미 장군은 병사들에게 이렇게 말했다. "너희들의 적은 인간과 유인원의 잡종이며, 기생충이며, 원시적인 사람으로, 문명을 지키기 위해서 이들을 모두 없애야 한다." 코히마에서 영국 로열 웨스트켄트 연대와 함께 싸웠던 존 윈스턴리 소령도 당시를 이렇게 회상했다. "일본군은 인간으로서 존중받을 권리를 포기한 이들이었다. 우리는 그들을 없애 버려야 할 기생충으로 생각했다." 영국 도싯셔의 린톤 하이렛 대위도 일본군을 만만찮은 벌레로 생각했는데, 이는 슬림 장군이 일본군 병사들을 엄청나게 힘세고 혐오스러운 벌레 떼로 설명한 것과 비슷했다. 만화가들도 종종 일본인을 원숭이나 유인원으로 묘사했다. 에드워드 던롭은 죽음의 철도 건설 중에 적은 일기에 다음과 같이 썼다. "일본군을 볼 때마다 내 마음속에선 끓어오를 듯한 증오심이 생겨났다. 구역질나고 쾌씸하고 혐오스러운 군인들이었다." 그러한 감정은 미국인들 사이에 상당히 널리 퍼져 있었다. 진주만 공격에 대한 일반인들의 반응("도대체 이 황인종 자식들이 왜 이러는 거지.")은 기존의 인종 편견 속에서 형성된 것이다. 1944년 5월 22일 《라이프(Life)》지에는 매력적인 금발 여성이 사람 두개골을 바라보고 있는 사진이 실렸다. 이것은 형이상학적인 시인들이 애용하는 죽음의 경고(memento mori)였을까? 아니 그 반대였다.

2년 전, 애리조나 주 피닉스 출신의 건장하고 잘생긴 해군 대위는 스무 살의 나탈리 니커슨에게 작별 인사를 하며, 그녀에게 일본인을 잡아다 주겠다고 약속했다. 지난 주, 나탈리는 사람 두개골을 받았는데, 거기에는 남자친구인 대위와 친구 열세 명의 사인과 함께 다음과 같은 글이 적혀 있었다. "잘생긴 일본 사람이야. 뉴기니 해변에 죽어 있던 일본군 해골이지." 선물을 받고 놀란 나탈리는 해골에 도조(Tojo)라는 이름을 붙였다.

기념품을 만들기 위해 적의 두개골을 데쳐 살을 떼 내는 행위는 흔한 관행이었다. 귀와 뼈, 치아 또한 수집되었다. 1943년 4월 《볼티모어 선(Baltimore Sun)》지는 자신의 아들에게서 일본군의 귀를 받고 싶다고 관계 당국에 청원한 엄마에 대한 기사를 실었다. 그녀는 그 귀를 자기 집 앞문에 걸어 두고 싶어 했는데, 오래된 떡갈나무에 노란 리본을 걸어 두는 방법 대신 쓰기엔 상당히 특이했다. 미국인은 통제경제를 거의 받아들인 상태였는데, 이제는 전체주의국가들과의 전쟁으로 인해 전체주의를 규정하는 또 다른 특징을 받아들여야 했다. 다시 말해, 적을 더 쉽게 제압하기 위해 그들을 비인간적으로 취급한 것이다. 전시인력관리위원회 의장 폴 V. 맥너트는 1945년 4월 자신은 일본군을 완전히 몰살하는 데 찬성한다고 발표했다. 당시 여론조사에 따르면, 미국민들 중 적어도 13퍼센트가 그와 같은 생각을 갖고 있었다.

따라서 이탈리아가 침략 당한 뒤 서유럽 전장에서 맞닥뜨린 미군과 독일군, 양측은 잔인한 인종 전쟁을 벌였다. 물론 독일 측의 인종 전쟁 경험이 더 방대하긴 했다. 포로 살해 관행이 유럽의 새로운 전장에까지 이어진 것은 놀랄 일이 아니었다. 아마도 가장 악명 높은 사례는 1944년 12월 17일, 나치 친위대의 파이퍼 전투단이 말메디(Malmédy)에서 미군 포로 일흔일곱 명을 살해한 사건일 것이다. 그 사건 덕에 연합군은 독일의 정규군보다 무장친위대가 더 무섭다는 점을 깨달았다. 사실 그러한 잔혹 행위는 양쪽 모두 저질렀다. 일례로, 1943년 7월 14일에 미군 제45보병사단은 시실리, 비스카리에서 이탈리아군과 독일군 전쟁 포로 일흔 명을 살해했다. 윌리엄 C. 브래들리 하사는 자신의 동료가 프랑스에서 잡은 독일 포로들을 어떻게 죽였는지 기억해 냈다. 1944년 6월 7일, 한 미군 장교는 미국 공수부대가 손을 들고 나오는 적을 포로로 삼지 않고 모두 죽였다는 사실을 인정했다. 그리고 당시 상황을 이렇게 전했다. "공수부대는 포로들과 도로를 따라 걸어가다가 부대원 한 명이 적군에 의해 목숨을 잃으면 보복 차원에서 포로 한 명을 사살했다. 그들은 상당히 거칠었다." 스티븐 앰브로스(Stephen Ambrose)의 제101공수사단 506연대 E중대에 대한 조사 결과에 따르면, 이는 전적으로 근거 없는 얘기가 아니었다. 한 영국 외교관은 다음과 같이 지적했다.

미군은 적군이 스무 명 이상 무리를 지어 나오지 않으면 포로로 삼을 의향이 별로 없는 것 같다. 이보다 적은 수의 적군이 손을 들고 나타나면, 미군 병사는 이를 위협적인 동작으로 간주하여 그 즉시 적을 처리하는 조치를 취하는 경향이 있다. (중략) 미군 중에는 '터프 가이'들이 상당히 많은 편이다. 이들은 시카고나 다른 미국의 대도시에서 평시의 정상적인 생활을 경험한 사람들인데, 거기서 배운 교훈을 적용하고 있다.

미군은 태평양 전역(戰域)에서처럼, 종종 자신들의 행동이 보복이라며 합리화했다. 독일군이 집요하고 항복을 꺼린다는 점, 탄약이 떨어질 때까지 사상자를 발생시키는 능력은 승리를 확신하던 미군을 크게 당황하게 만들었다. 사실 미군은 그런 저항이 무익하다고 생각하고 있었기 때문이다. 그러나 포로 살해 행위는 일부 장교에 의해 계속해서 공공연히 조장되었다. 조지 패튼 대장이 시실리를 치기 전에 제45보병사단에 전한 연설만큼 노골적인 조장 사례는 없다.

적진에 상륙하면 우리는 적에게 절대로 자비심을 보이지 않을 것이다. (중략) 만약 병사들을 이끄는 장교가 자신에게 총을 쏘는 적을 발견할 경우, 또는 180미터 안으로 적이 들어와서 항복하려고 할 경우, 그건 정말 안 된다! 그 개자식은 죽어야 한다. 제군은 반드시 적을 죽여야 한다. 적의 세 번째, 네 번째 갈비뼈 사이를 찔러야 한다. 제군은 병사들에게 그 점을 말해야 한다. 병사들은 킬러 본능을 가져야만 한다. 그들에게 찔러 버리라고 말하라. 적의 간을 찔러 버려라.

레이먼드 후프트 소장은 병사들을 이끌고 라인 강을 건너면서 포로를 만들지 말라고 명령했다. 미군 지휘관은 태평양 전쟁에서처럼 적을 인간 이하로 생각하도록 부추겼다. 한 미국인 심문자는 아르덴 반격 이후 붙잡힌 열여덟 살의 낙하산병을 광신적인 히틀러 추종자이자 비인간화된 나치당원, 신중하게 만들어진 살인 기계로 설명했다.

나는 헌병대가 왜 그의 소원(전사하는 것)을 들어주지 않았는지 궁금했다. 특히 그가 자신들의 동료 한 명을 죽였는데도 말이었다. 그들은 그를 때려 눕혀 의식을 잃게 만들었다. 앙칼진 눈매에 굳은 얼굴을 한 그는 굽히지 않는 오만함으로 똘똘 뭉친 거만한 모습을 보여 주었다. 그는 다시는 경험하고 싶지 않은 내 안의 살인 욕구를 일깨웠다. 나는 일말의 의심도 없이, 뒤도 안 돌아보고 바퀴벌레가 된 것처럼 냉정하게 그를 죽일 수 있었다. 소름 끼치는 느낌이 들었는데, 열정이 없었기 때문이다. 나는 그를 인간으로 생각할 수가 없었다.

수많은 회고록이 전쟁 막바지에 나타난 필사적이지만 치명적인 독일군의 방어 능력을 증언해 준다. 추축국 열강이 더 끈질기게 싸우는 것처럼 보일수록 그들의 전략적 상황은 더 악화되었기 때문에 이런 의문이 생겼다. 어떻게 하면 견딜 수 있을 정도의 희생을 치르고 그들을 패배시킬 수 있을까? 분명한 답은 무기를 내려놔도 안전하다고 추축국 병사들을 설득하는 것이었다. 따라서 라디오 방송이나 확성기 연설뿐 아니라 독일 진영으로 투하한 선전용 유인물로 독일군의 상황이 가망 없다는 점뿐 아니라 항복해도 위험하지 않다는 점을 강조했다. '심리전'의 주요 주제는 포로에 대한 좋은 대우였다. 특히 독일군 포로에게 미군과 똑같이 식량이 배급되고 담배까지 지급된다는 사실과 연합군이 제네바 협약을 준수한다는 사실을 강조했다. 유인물은 일반적으로 다음과 같이 시작했다.

1분은, 당신의 목숨을 살릴 수 있습니다.
2마디의 말은, 85만 명의 목숨을 살렸습니다.

3가지 방법으로, 고향에 돌아갑니다.

6가지 방법으로, 자신을 죽게 만들 수 있습니다.

85만 명의 목숨을 살린 말은 물론 "나는 항복한다." 혹은 소리 나는 대로 적은 "아이 쇠렌더.(Ei Ssörender)"였다.

심리전의 효과를 평가하기는 쉽지 않다. 실제로 포로를 대상으로 한 설문 조사 결과를 보면, 1945년 1월까지도 히틀러와 승리 가능성에 대한 믿음이 여전했기 때문이다. 그러나 '심리전'이 이미 불평을 품은 병사들을 항복하게 만드는 데 일조했을 수도 있다. 전쟁이 끝나기까지 몇 달 동안 집단의 결속력이 무너져 내리자 연합군의 선전은 효과를 내기 시작했는데, 인과관계의 순서가 반대였을 가능성도 배제할 수는 없다. 아마도 그러한 심리전의 유효성을 입증하는 최고의 증거는 독일군이 미군 부대에 항복하길 선호했다는 사실일 것이다. 한 독일군 병사는 1944년 4월 29일 일기장에 다음과 같이 썼다. "하느님이 우리를 지켜 주시길! 우리가 포로가 된다면, 미군의 포로가 되길 바라자." 이러한 정서는 광범위하게 형성되어 있었다. 1944년 9월까지 모든 독일군 포로 중 절반 이상이 동부전선에 억류되어 있었다. 그러나 그림 15-2에서 볼 수 있듯이, 그 후 서양 열강이 생포한 포로 비율은 빠른 속도로 증가했다. 이는 단순히 디데이 이후 영국군, 미국과 접촉이 늘었기 때문이 아니다. 많은 독일군 부대가 다른 연합군 군대, 특히 소련의 붉은군대보다는 미군에게 항복하길 선호했음이 분명하다. 뒤늦게 알게 된 사실이지만, 그들은 영국군에게 항복하는 게 나았을 수도 있었다. 영국군은 미군보다 독일군 포로에게 더 잘해 주었고, 소련군에게 넘기는 경우도 적었기 때문이다. 그러나 심리전 때문에 독일군은 미군으로부터 가장 친절한 대우를 기대하게 되었다.

일본 병사들에게도 항복을 유도하기 위해 비슷한 노력을 기울였다.

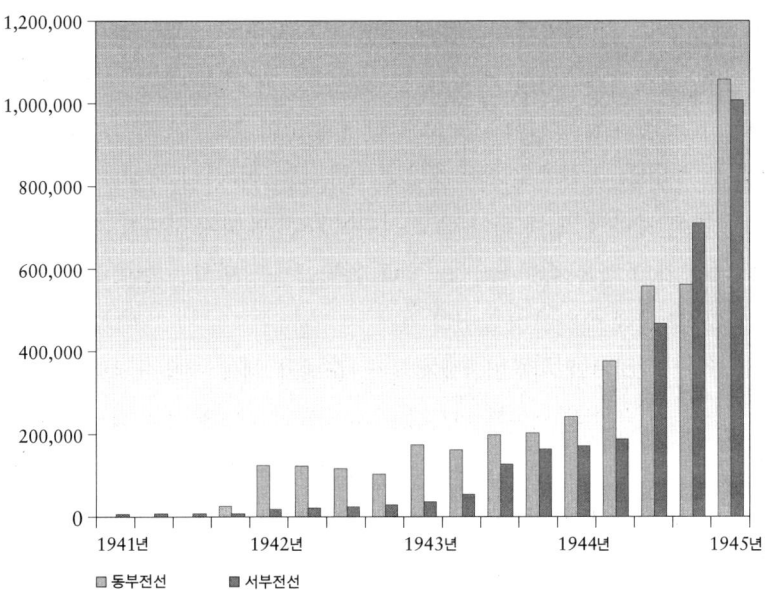

그림 15-2. 1941년 일사분기부터 1945년 일사분기까지 독일의 전쟁 포로

'항복 허가증'과 제네바협약의 번역문이 일본군 진영에 투하되는 동시에 포로를 잡지 않는 관행을 근절하기 위해 애썼다. 1944년 5월 14일, 맥아더는 알라모에 주둔한 미군 사령관에게 전보를 보내, 홀란디아 지역에서 항복 허가증을 소지하고 투항하려 한 일본군이 미군 병사들에 의해 살해됐다는 보고가 수차례 본부에 들어왔다며 그에 대한 조사를 요구했다. 제10군단 심리전분과 대표였던 윌리엄 R. 비어드 대위는 항복하려는 일본군을 사살하는 최전선 병사들 때문에 자신의 노력이 허사가 되고 있다고 불평했다. 그러나 점차 그러한 메시지는 특히 경험 많은 병사들에게 제대로 전달되기 시작했다. 한 고참병은 일본군 병사가 항복 전단지를 흔들며 1인용 참호에서 나오자 "저 자식을 쏘지 마라."라고 소리쳤다. 미국이 필리핀의 루손 섬을 차지했을 무렵, 포로의 70퍼센트가 항

복 허가증을 이용하거나 유인물에 담긴 지시 사항을 그대로 따른 사람들이었다. 필리핀은 5500만 장이 넘는 선전물로 뒤덮일 정도였는데, 이 선전의 효과로 1944년 말에 1대 100이던 일본군의 포로 대 전사자 비율이 1945년 7월에는 1대 7로 떨어졌다고 해도 과언이 아닌 듯싶다. 양손과 양쪽 귀에 하나씩, 입에 하나 물고 허리에 두른 풀띠에 하나를 끼어 넣어 총 여섯 장의 항복 유인물을 갖고 나타난 일본군 병사는 현명하게도 가망 없는 승리에 매달리지 않았다.

  1차 세계 대전의 서부전선에서처럼, 군대가 계속 싸울지 항복할지를 결정하는 데 중요한 요인은 병사들이 무기를 내려놓을 경우 예상되는 처우였다. 전투가 고조된 상황에선 적이 포로에게 어떤 행동을 보이는지에 대한 정보는 상대적으로 쉽게 얻을 수 있었다. 포로 살해에 관한 목격자들의 이야기는 빠른 속도로 최전선 병사들에게 퍼지는 경향이 있었는데 종종 과장되곤 했다. 반대로, 전장 후방에서 포로들이 어떤 대우를 받는지는 탈출한 포로의 증언이나 국제적십자위원회가 포로의 가족에게 전달한 편지에 담겨 있기 때문에 느린 속도로 퍼지게 마련이었다.(적진과 안전한 지역 간 거리가 멀고, 독일이 스탈린의 뒤늦은 제네바 협약 가입을 인정하지 않았기 때문에 독일과 소련 간에는 국제적십자위원회를 통한 연락망이 사실상 끊겨 있었다는 점을 염두에 두어야 한다.) 그러나 앞에서 살펴봤듯이 포로에 대한 처우가 전쟁 지역과 군대에 따라 엄청나게 달랐기 때문에 정보 자체는 중요했다. 독일군 관리하의 영국군 포로는 전쟁에서 살아남을 가능성이 컸는데, 스물아홉 명당 한 명만 포로 생활 중에 사망했기 때문이다. 그러나 독일군에 잡힌 소련군 포로는 살아남기보다는 죽을 가능성이 더 높았다. 정확한 숫자는 여전히 논란거리지만, 전쟁이 끝날 무렵 포로로 잡힌 독일군 중에서도 포로 생활 중에 사망한 병사들이 상당히 많았다. 스탈린그라드에서 항복한 독일군 열 명 중 한 명 정도만이 가까스로 살아남았는데, 항복한 지 몇 달 만에 절반이 죽었다. 소련군이 관리하던 독일군 포로의 사망률은 1943년 50퍼센트를 넘어 최고조에 달했다. 서양 연합군에 항복한 독일군은 훨씬 운이 좋았다. 미군이 관리한 72만 6000명이나 되는 포로가 굶어 죽거나 병들어 죽었다는 주장이 제기되어 왔지만, 이러한 추정은 미군이 잡은 포로의 수와 사망률을 과장한 경우였다. 사실 영국군보다 미군에 항복하는 쪽을 택한 독일군은 운이 나빴다. 미군이 관리하던 독일군 포로의 사망률이 영국군에 항복한 독일군의 사망률보다 네 배 높았기 때문이다.(0.15퍼센트 대 0.03퍼센트)

그러나 최전선에서 추축국 군사들을 항복하도록 유도하는 것이 언제나 연합군 전략의 최고 목표였던 것은 아니었다. 바로 이 대목이 뜻밖의 반전이다. 전쟁 초기 단계부터 독일과 일본에 폭탄을 투하하여 항복을 받아낼 수 있다는 생각이, 평화적으로 항복하도록 유도하는 방안보다 더 중요하다고는 할 수 없지만 상당히 중요하게 여겨졌던 것이다. 실제로 그것이 1943년 합동정보소위원회 평가서의 요점이었다. 그러나 폭탄에 희생될 사람들은 추축국 병사들이 아니라 민간인들이었다. 추축국 열강은 점령국 민간인들을 놀라울 정도로 잔인하게 다루었다. 연합군 지도자들이 보기에 이는 보복을 가해 마땅한 행위였다.

16 결딴난 도시

곧바로 불길이 소리를 내며 높이 타오른다. 불은 너무 높게 타올라 홀 앞의 공간 전체를 태우고 홀까지 덮칠 듯 보인다. 겁에 잔뜩 질린 사람들은 앞쪽으로 몰려든다. (중략) 무대 전체는 완전히 화염으로 가득 찬 것 같다. 자욱한 연무는 무대 뒤로 밀려가면서 어두운 장막처럼 수평선 위에 내려앉아 있다. (중략) 연무 속에서도 수평선 위에 있는 강둑은 점점 더 붉은 빛으로 변한다. (중략) 극도의 불안감을 안고 불에 타 무너진 궁전의 폐허 속에서 점점 커지는 하늘의 불빛을 쳐다본다. (중략) 밝은 불꽃은 신전에 불을 지른 듯하다. 신들이 화염에 휩싸여 전혀 보이지 않으면, 커튼이 내려진다.
— 바그너, 「신들의 황혼」의 무대 지시서

차를 마신 뒤, 우리는 베를린으로 돌아가 히틀러의 지하 참호를 보러 갔다. (중략) 로맨틱하지 않은, 비열한 곳이었다. 철근, 콘크리트 믹서, 목재, 부서진 가구, 포탄 구멍, 옷 등 밖은 완전히 혼란스러웠다. 아래쪽은 더욱더 혼란했다. (중략) 우리는 공군성을 둘러본 뒤 차를 타고 베를린을 한 바퀴 돌았다. 시내를 둘러보면 볼수록, 얼마나 철저히 파괴되었는지 알 수 있었다.
— 앨런 브룩, 1945년 7월 19일 일기

악마들의 황혼

바그너의 「신들의 황혼」의 클라이맥스 장면에서 여주인공 브륀힐데는 도둑맞았던 권력의 반지를 라인 강에 돌려주고, 죽은 애인 지그프리트의 장례식에서 화장용 장작더미에 몸을 던진다. 그녀의 장엄한 자기희생은 격렬한 불길로 번져 신들의 본거지인 발할라를 무대에 올릴 수 없을 정도로 완전히 무너뜨린다. 히틀러가 평생 바그너의 음악에 심취해 있었기 때문에 그의 음악은 제3제국의 공식 사운드트랙처럼 되어 버렸다. 실제로 루스벨트의 사망 소식이 베를린에 전해졌을 때, 알베르트 슈피어는 「신들의 황혼」 연주회에 참석 중이었다.(제3제국 치하에서 베를린 필하모니의 마지막 연주회였다.) 히틀러는 "전쟁에서 패하지 않을 거야. 루스벨트가 죽었어."라고 외쳤다. 하지만 실제로 1945년은 그 악마들에게 황혼이 찾아든 해였다. 베를린 주재 일본 외교관이 전해 준 추축국에 관한 정보에 따르면, 히틀러는 혼자 폭탄을 실은 비행기에 올라 발트 해 상공 어딘가에서 자폭할 계획을 세워 두었다. 독일 국민 중 총통을 열렬히 숭배하는 100만 명이 그가 신이 되었고 하늘에서 살고 있다고 믿게 할 의도였다. 브륀힐데가 메서슈미트 기를 타고 자기 몸을 희생하는 격이었다.

히틀러는 『나의 투쟁』에서 신병들 간의 정치 토론으로 군의 사기가 떨어졌던 1918년의 상처를 씁쓸히 되돌아보았다. 20년 뒤, 괴벨스가 스포르트팔라스트에서 "1918년의 11월은 절대로 반복되지 않을 것"이라며 연설을 마무리 짓자, 히틀러는 흥분한 눈빛으로 괴벨스를 올려다보다 눈에 불을 켠 듯 광기 어린 모습으로 벌떡 일어나 오른팔을 크게 휘두른 뒤 테이블을 내려치며 "옳소."라고 소리 질렀다. 그는 1939년 8월에 할더에게 이렇게 말했다. "내가 살아 있는 한, 항복을 입에 올리는 일은 결코 없을 것이다." 히틀러에겐 승리보다 항복하지 않는 것이 더 중요했던 모양이다. 그의 군대가 모스크바 외곽에서 부득이 멈춰야 했던 1941년 11월부터, 그리고 동부전선에서 1942년 봄 카프카스 유전 지대를 얻기 위한 두 번째 공격이 실패한 뒤, 그는 이미 소련을 이길 수 없다는 사실을 어렴풋이 느끼기 시작했던 것 같다. 그러나 히틀러에겐 바그너의 마지막 악장만큼이나 중요한 명예로운 패배는 그 자체로 바람직했으며, 어쩌면 승리보다 더 나을 수도 있었다. 히틀러는 영웅적인 죽음이 독일 재탄생의 씨앗이 되는 속죄의 성질을 갖고 있다는 교훈을 「니벨룽겐의 반지」에 나오는 지그프리트의 죽음뿐 아니라 클라우제비츠의 『고백(*Confessions*)』에서 배웠다. 그는 이렇게 선언했다. "희망이 없더라도 죽을 때까지 싸울 용기를 유지하는 민족만이 끝까지 살아남아 새로운 전성기를 맞을 가능성이 있다. 우리 병사들의 희생을 통해, 또 그들과 친밀한 관계를 유지함으로써 언젠가 그 씨앗이 싹이 틀 것이다. 그리하여 나치 운동은 영광스럽게 다시 태어날 것이고 이는 진정한 민족 공동체를 실현시킬 것이다." 1945년 2월 24일, 히틀러는 마지막 공식 성명서를 통해 독일 땅에서 최후까지 거센 저항을 펼치라고 요구하는 한편, 1945년 3월에는 소위 '네로 명령'을 내려, 제국의 모든 기반 시설을 완벽히 파괴하는 초토화 작전을 구상했다. 《민족의 파수꾼》이라는 주간지는 1944년 9월 이렇게 선언했다. "어떤 독일인의 검도 적을 만족시켜서는 안 되며, 어떤 독일인의 입도 정보를 주어서는 안 되며, 어떤 독일인의 손도 도움을 주어서는 안 된다. 적은 모든 교량이 파괴되고 모든 도로가 막힌 걸 알게 될 것이다. 죽음과 파괴, 증오만이 적을 기다릴 것이다." 히틀러는 화장용 장작더미를 준비해 두었다. 그가 자신의 머리에 총부리를 댔을 때, 독일 제국 전체가 하나가 되었다.

그는 1938년, 주데텐란트 지역의 독일인 책임자 헨라인에게 이렇게 말했다. "전쟁이 2년에서 8년간 지속될지라도 오래 계속되어야 한다." 히틀러의 전쟁은 6년을 채우지 못하고 끝났다. 전쟁이 끝날 무렵, 전쟁에 동원된 사람 열 명 중 세 명꼴로, 독일군 520만 명과 민간인 240만 명 이상이 희생되었다. 전쟁 막바지 12개월 동안 전사한 독일군이 나머지 기간에 전사한 병사 수보다 많았다.(그림 16-1 참조) 여기서 중요한 점은 히틀러에게 이러한 엄청난 희생자 수는 조금도 중요하지 않았다는 것이다. 그의 병사들이 얼마나 더 많은 사람을 죽였는가, 이것이 더 중요했다.[1] 전에 그는 저녁 식사를 하며 감개무량하게 말했다. "인생은 끔찍하다.

---

[1] 독일군이 정확히 얼마나 많은 사람들을 죽였는지 말하기는 쉽지 않다. 연합국 대 추축국의 병사 사망 비율이 3.0대 1이었고 연합국 대 추축국 민간인 사망자 비율은 5.8대 1이었다는 사실을 거론하는 것만으로 충분하다.

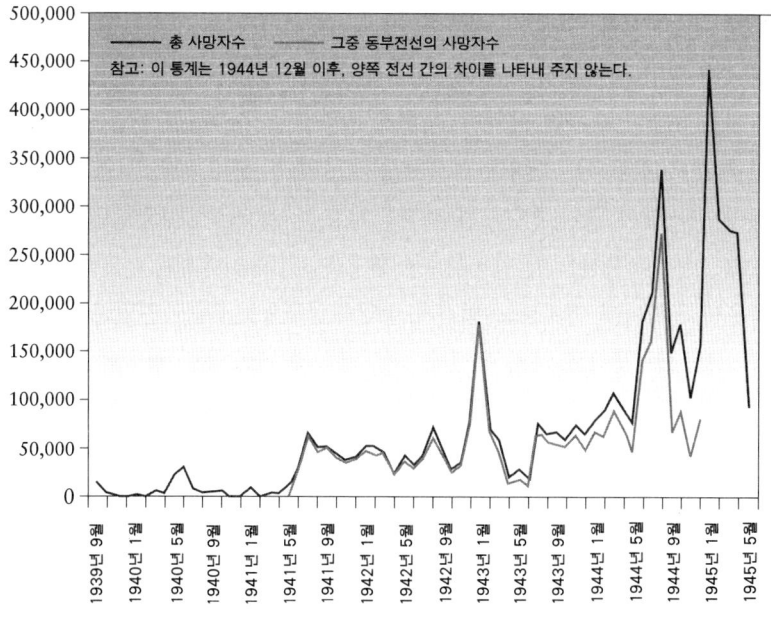

그림 16-1. 연합군 폭격의 영향력

왔다가 살다가 그냥 사라지는 것이다. 항상 죽음이 존재한다. 태어나는 모든 것은 나중에 죽어야 한다." 또 다른 자리에서는 이렇게도 말했다. "인간은 우주의 어리석은 박테리아다."

만약 추축국 지도자들이 합리적이었다면, 승전국의 보복 욕구를 낮추고 자신들의 희생을 최소화하기 위해 적절히 미래의 평화를 대비했을 것이다. 실제로 일부 장군과 외교관, 심지어 나치 지도자들까지도 영국이나 소련의 화해에 대한 반응을 살피려고 애썼다. 벨제크의 나치당원들은 자신들이 저지른 범죄 행위의 일부를 숨기려고 애썼다. 일찍이 1943년 여름, 그들은 죽음의 수용소가 있던 곳에 나무를 심고 가짜 농장을 세우기도 했다. 그러나 다른 곳에서는 살인이 단순히 계속되는 정도가 아니라 적극 권장되었다. 전세가 악화될수록 독일은 불행히도 여전히 그들의 지배하에 있던 사람들에게 광신적으로 폭력을 휘둘렀다. 마치 최후의 대격변을 원하는 사람들 같았다. 괴링은 괴벨스에게 이렇게 말했다. "유대인 문제에 관한 한, 우리는 빠져나갈 구멍이 없을 정도로 그 문제에 깊숙이 연루되어 있다." 그러나 괴벨스에겐 바람직한 상황이었다. "경험에 따르면, 배수진을 친 민족이 후퇴할 길이 있는 민족보다 더 목숨 걸고 싸운다." 그들이 저지르는 범죄가 극악해질수록, 나치는 연합군에 무릎을 꿇는다는 생각을 하지 못했다. 괴벨스는 1945년 초에 이렇게 말했다. "만약 우리가 떠나야 한다면, 우리는 온 세상이 들을 수 있도록 문을 쾅 닫을 것이다." 그리고 4월 17일, 제3제국의 마지막 대작 영화 「콜베르크(Kolberg)」에 고무된 괴벨스는 선전부 요원들에게 다음과 같이 말했다. 참고로 「콜베르크」는 나폴레옹 전쟁 당시 콜베르크 주민이 최후까지 완강히 도시를 지켜 내는 과정을 담은 작품이다. "이제 모든 사람에게 지금부터 100년 후의 영화에서 자신이 어떤 역할을 맡을지 선택할 기회가 왔다. 나는 여러분에게 그 작품이 훌륭하고 고상한 작품이 될 것이라고 보증할 수 있다. (중략) 여러분이 화면에 나타났을 때 관객들이 야유하고 휘파람을 불지 않도록 마지막까지 견뎌 내야 한다." 이렇게 제3제국은 불명예스러운 불길 속에서 영락하게 되었다.

제국의 국경선까지 쫓겨 가던 독일군이 무슨 짓을 저지르는지 소문이 퍼지면서 드레스덴의 빅터 클렘페러는 이런 정신 상태가 무얼 의미하는지 명확히 파악했다.

1944년 10월 24일이었다. 일요일 밤에 콘라트가 찾아와 몇 분 동안 이야기를 나누었다. 그는 독일군이 퇴각하기 전에 모든 사람이 죽을 것이며, 우리가 다시는 서로 만나지 못할 것이라고 믿었다. 또한 그는 유대인 600~700만 명(당시 생존해 있던 1500만 명 중에서)이 학살되었다고(더 정확히 말하면 사살당하고 가스실에서 목숨을 잃었다.) 믿었다. 그는 절박한 짐승처럼 여기 살아남은 얼마 안 되는 유대인들의 생존 가능성 역시 아주 낮다고 생각했다.

여전히 나치가 지배하고 있던 지역에서는 '최종 해결책'이 실로 광적인 분위기에서 추구되었다. 실제로 43만 8000명에 달하는 헝가리의 모든 유대인이 1944년 4월부터 7월 사이에 아우슈비츠로 강제 이송되어 거의 전원이 학살당했다. 소련의 붉은군대가 아우슈비츠에 접근하자, 독일군은 걸을 수 있는 포로들에게 145킬로미터 정도 떨어진 오스트리아 국경까지 행진하도록 명령을 내렸다. 가스실에서 사라질 운명을 겨우 피한 사람들에게 해방이란 있을 수 없었다. 그들은 쓰러질 때까지 행진해야 했다. 1945년 1월까지 남아 있던 강제수용소 수감자 71만 4000명 중에서 약 25만 명이 이 죽음의 행진 중에 목숨을 잃었다. 아우슈비츠에서 피난을 떠난 6만 명 중의 1만 5000명도 여기에 포함되어 있었다. 나치즘이 가한 단말마적인 고통의 희생자는 유대인만이 아니었다. 나치 정권의 사악함에 눈을 뜨고 과감히 그 사실을 지적한 평범한 독일 국민들이 패배주의자로 찍혀 즉석에서 교수형에 처해졌으며, 나치가 패망할 무렵 사형이 크게 늘었다. 1942년부터 1944년까지, 독일 법원이 내린 사형선고는 1만 4000건이 넘는데, 이는 전쟁이 시작된 처음 3년간보다 열 배 가까이 늘어난 것이다. 그런데 이 수치에는 나치 친위대가 처리한 법정 밖의 수많은 처형 건수는 포함되지도 않았다.

그러나 히틀러만이 독일을 거대한 납골당으로 만들려 했던 것은 아니다. 연합군 지도자들은 제3제국과 일본제국이 쇠퇴함에 따라 그 악마들이 가능한 한 많은 사람들과 더불어 사라지게 만들 확실한 계획을 마련해 두고 있었다.

보복

한 나라에 폭탄을 투하하여 항복을 받아낼 수 있다는 생각은 2차 세계 대전이 일어나기 오래전부터 존재했다. H.G. 웰스의 외계인들은 런던에 비행선을 보내려던 참에 지구의 치명적인 세균에 무너지고 말았다. 1차 세계 대전 직전에 키플링은(「ABC처럼 쉬운(As Easy as ABC)」이라는 단편소설에서) 세상이 국제 공군에 굴복하는 상황을 상상했다. 1914~1918년에 민간 표적에 대한 독일군의 공습은 군사적인 가치가 거의 없었고, 민간인들의 사기에 끼친 영향 면에서 공포보다는 복수심을 불러일으켰다. 사실 공군의 주요 역할은 폭격보다는 정찰로 드러났다. 그럼에도 하늘에서 도시를 파괴할 수 있다는 생각은 대중의 상상력을 사로잡았고, 전간기 내내 인기를 누렸다. 육군장관 겸 공군장관이었던 처칠은 1920년에 발생한 이라크 폭동 진압에 거리낌 없이 공군력을 동원했다. 독일군이 게르니카에 폭격기를 사용하자 세상은 더욱 큰 충격을 받았다. 유럽 도시는 그렇지 않았지만, 메소포타미아 마을은 알맞은 목표로 간주되었다. 1937년 이후 일본군의 중국 공습은 폭격기가 항상 압도적인 결과를 낳으며 일을 완수한다는 금언을 확인해 주는 것 같았다.

앞에서 살펴봤듯이, 1930년대 영국의 공군 전략은 독일의 공중 공격을 격퇴하기보다는 억제하기 위해 방어가 아닌 공격에 투자하는 것이었다. 이는 독일 공군의 위협에 대한 불합리한 대응이었으나 영국이 1940년부터 전략 폭격 능력을 갖추기 시작했음을 의미한다. 이러한 초기 투자는 조종사와 항법사를 훈련하는 데 2년 남짓 걸렸다는 점을 고려해 보면 의미가 있다. 한편, 영국이 1939년 9월에 준비해 두었던 폭격기 488대는 독일 공습 임무를 감당할 정도는 결코 아니었다. 그럼에도 처칠은 총리가 된 지 1주일도 안 되어 영국 공군에 그렇게 할 것을 명령했다. 이런 점에서 처칠은 히틀러에 선수를 쳤다고 말할 수도 있는데, 독일에서 히틀러의 런던 대공습은 영국의 베를린 공격에 대한 보복 행위로 간주되었다. 비록 독일의 전략이 도덕관념에 의해 좌우된 것은 아니었지만, 히틀러는 나중에 다음과 같이 선언했다. "공습을 먼저 시작한 쪽은 영국이다." 그러나 처칠은 독일군이 폴란드 민간인을 상대로 급강하 폭격기를 사용한 것은 물론 로테르담을 폭격한 사례를 지적하며 반격할 수 있었다.

그렇다면 영국의 공습 목표는 정확히 무엇이어야 하는가? 독일의 전투부대가 전쟁 중 장기간에 걸쳐 상당히 넓게 분산되어 있었기 때문에, 명확한 표적은 경제와 관련이 있었다. 즉 히틀러 군대에 무기를 공급하는 공장과 이러한 무기를 여러 전선에 수송하는 기간 시설이었다. 그러나 이러한 표적 대부분은 본래 루르같이 인구 밀집 지역에 있었다. 더욱이 영국 폭격기들의 폭탄 투하는 너무나 부정확했다. 1940년 10월, 영국은 자국 조종사들이 시계가 좋지 않은 상황에서는 표적 부근에, 즉 소위 '무차별 포격 지대'에 폭탄을 투하할 수 있다고 규정했다. 이로 인해 독일 민간인이 폭격당할 가능성이 더욱 커지자 처칠은 이런 부득이한 상황을 무마하려고 애썼다. 그가 10월 30일에 이야기한 대로 "표적 지역 주변의 민간인은 전쟁의 압박을 느껴야" 했던 것이다. 1941년 내내 처칠은 폭격사령부가 일반 독일인의 사기를 표적으로 삼아야 할 필요성을 누누이 강조했다. '지역 폭격' 전략, 즉 도시 중심가를 태워 없애려는 이 전략은 아서 '바머' 해리스 준장이 폭격사령부를 인계받기 전에 이미 세워졌다. 해리스가 임명되기 9일 전인 1942년 발렌타인데이에 공군 부참모총장 N.H. 바텀리 소장은 폭격사령부에 서한을 보내, 이제 공습 작전의 주요 목표는 적의 민간인, 특히 공장 노동자들의 사기에 집중되어야 하며 '집중 방화 공격' 형태로 작전을 짜야 한다는 지침을 전달했다. 그 서한에는 '선별된 지역 표적'들이 첨부되어 있었는데, 명단 맨 위에는 에센이 있었다. 에센을 먼저 공격함으로써 최고의 기습 효과를 얻으려는 것이었다. 뒤스베르크, 뒤셀도르프, 쾰른 등의 다른 주요 표적과 마찬가지로, 에센은 의문의 여지가 없는 공업 도시였다. 그러나 공습의 피해를 계산하는 결정적인 기준은 건물들이 들어선 지역의 규모와 인구였다. 공장과 잠수함 건조장에 대한 공격은 '견제 공격'으로 간주되었고, 오히려 주요 표적을 폭격하는 좋은 기회를 놓치지 않으면서 착수해야 했다.

이는 처음엔 영국, 나중엔 미국의 자원이 독일과 일본의 도시들을 파괴하는 데, 즉 민간인 학살에 점점 더 많이 투입되었다는 얘기였다. 이는 일본이 처음으로 중국의 도시들을 폭격했을 때, 미 국무부가 법과 인간애의 원칙에 위반되며 부당하다고 비난한 바로 그 정책이었다. 전에 체임벌린도 이 정책을 '테러 행위'에 불과하다며 기각한 적이 있다. 그는 "영국 정부는 결코 그런 정책에 의지하지 않는다."라고 지적했다.

그렇다면 전략 폭격의 개념이 어떻게 그리도 매력적인 개념이 됐을까? 공중전이 반드시 비용이 덜 들어가는 것은 아니었는데, 비행기 제조와 승무원 훈련에 많은 돈이 들기 때문이다. 승무원 본인에게도 그것은 피로운 일이었다. 8.5킬로미터 상공의 기온은 너무 낮기 때문에 맨살이 총신과 떨어지지 않고 고드름이 산소마스크에 형성될 정도이다. 그리고 사실상 아무런 무장도 하지 못하기 때문에(무게를 최소화하기 위해) 랭카스터 폭격기 승무원들은 정말 용감무쌍한 사람들이었다. 이들의 사망률은 가장 높은 편에 속했다. 폭격기 승무원들의 평균 생존 가능성은 50퍼센트가 안 되는데, 랭카스터 폭격기 조종사의 평균 수명은 고작 열두 번의 임무로 추정되었다. 여러 차례 임무를 성공적으로 완수한 승무원들은 종종 신체적으로는 아닐지라도 심리적인 상처를 안고 평생을 살아갔다. 그들은 전투기를 조종한 동료들에게 쏟아지던 영예로운 찬사로도 위로 받지 못했다. 그러나 정치인들은 상대적으로 적은 수의 병사들이 관여하는 전략 폭격을 지상군에 의지하는 작전보다 선호했다. 대체로 공중전은 노동 대신 자본으로, 다시 말해 병사를 무기로 대체하는 것이다. 제대로 훈련받은 승무원 한 명은 고작 스무 번 정도 성공적으로 임무를 완수하기 전에 전사하거나 생포되지만, 아주 많은 독일인이나 일본인을 죽일 수 있으리라 기대할 수 있었다.

1942년, 모스크바를 방문한 처칠은 의미심장하게도 "독일에 폭격을 가해 우리 방식으로 되갚겠다."라고 말했다. 그가 염두에 두고 있던 것은 영국인이 아니라 독일인의 목숨이었다. 스탈린이 서양 열강을 상대로 서유럽에 제2전선을 전개하라고 거세게 압력을 넣을수록, 처칠은 독일 국민의 사기를 떨어뜨릴 공격을 약속하며 전략 폭격의 이점을 더욱더 격찬했다. 그는 집중 공습으로 인한 사기 저하와 공포가 반영(反英) 감정을 압도할 거라고 주장하면서 이탈리아 폭격에 대해서도 낙관적인 견해를 밝혔다. 그의 과학고문이자 전시통계부 수장인 물리학자 프레더릭 린드먼이 처칠을 크게 고무했다. 전쟁 중에 흔히 있는 일인데, 군부 내 경쟁 관계 또한 일정한 역할을 했다. 1940년 10월, 처칠은 폭격사령부 사령관이었던 찰스 포털 경을 공군참모총장직에 임명하면서, 지역 폭격을 적극 지지하는 인사가 영국의 전략을 결정하는 요직에 오를 수 있도록 했다. 브룩은 영국이 가능한 한 최대의 공군력을 확보해야만 성공을 거둘 수 있으며 유럽을 폭격함으로써 성공이 보장된다는 포털의 주장을 믿지 못했다. 하지만 포털의 비행대대에 상당량의 자원이 투입되는 상황을 막지는 못했다.

루스벨트 역시 비슷한 계산법에 설득 당해 전략 폭격에 투자하게 되었다. 먼저, 독일 폭격기가 미국에 입힐 수 있는 피해가 심하게 과장되었고, 미국 폭격기가 독일에 입힐 수 있는 피해도 약간 과장되었다. 확실히 미국의 방식은 여러 면에서 영국과 달랐다. 영국군이 야간 지역 폭격을 선호한 반면, 미군은 자국 비행기의 더 높은 정확도를 자랑스럽게 생각했다. 노든 폭격조준기로 무장한 하늘의 요새는 영국군의 폭격기보다 확실히 나았다. 낮에 공격하는 이점이 있긴 했지만(공격에 취약하다는 관점에서 비용이 들긴 하지만), 기대했던 것보다 훨씬 정확하지는 않았다. 1943년 1월, 카사블랑카 회담이 열릴 무렵, 미국은 무장 저항력이 치명적으로 약해질 때까지 독일 국민의 사기를 떨어뜨리고 점진적으로 파괴해야 한다는 처칠의 생각에 동의하고 있었다. 루스벨트의 막역한 친구 해리 홉킨스도 이런 생각을 확고히 지지했다.

이미 잘 알려져 있듯이, 독일과 일본에 대한 연합군의 폭격 작전은 무시무시한 결과를 낳았다. 영국 공군과 미국 공군이 달성한 결과는 독일 공군이 전격전 당시 영국에 입힌 피해와는 비교도 안 될 정도로 엄청났다. 암호명 '고모라 작전'으로 1943년 7월 24일 밤부터 시작한 폭격은 함부르크의 거의 전체를 파괴했다. 윈도(Window, 알루미늄 조각을 덮어 씌워 독일군의 레이더 감지를 막음)로 알려진 새로운 장치 덕에 발각되지 않게 된 791 RAF 폭격기는 고성능 폭탄과 소이탄을 빗발치듯 퍼부어 독일의 긴급 구호 활동으로 관리할 수 없는 지역에까지 화재 폭풍을[2] 일으켰다. 최초 폭격 이후, 미군과 영국군의 공습이 이어지면서, 도시의 4분의 3 정도가 폐허로 변했다. 적어도 4만 5000명이 목숨을 잃었고, 100만 명 정도가 집을 잃었다. 화염은 160킬로미터나 떨어진 곳에서도 볼 수 있었다. 작가 한스 노삭(Hans Nossack)은 며칠 동안 함부르크의 집을 떠나 시골에 머물렀다가 다시 돌아왔는데, 그의 눈앞엔 불에 탄 사람들 시체들 위에 우글거리던 파리와 쥐만 보일 뿐이었다. 엘베강을 따라 형성된 교외 지역 주민들은 자신이 가꾸던 정원이 잿더미로 변해 있는 모습을 보았다. 이 엄청난 결과에 비해 폭격사령부가 입은 피해는 놀라울 정도로 미미했다. 작전에 동원된 폭격기 피해는 전체의 3퍼센트도 안 되었다. 전쟁이 막바지로 치달으면서 연합군은 약해지지도 않았다. 영국의 폭격사령부와 미국의 제8공군이 투하한 폭탄 160만 톤 중에 110만 톤 정도(약 71퍼

---

[2] 소이탄은 마그네슘, 인, 광유와 같이 상당히 타기 쉬운 물질들로 가득 차 있었다. 표적이 불에 타고 나면, 위의 뜨거운 공기가 급속도로 올라가기 시작하면서 주변 지역의 차가운 공기를 빨아들인다. 바람이 제대로 불어 주면 그 효과는 엄청나게 커지는데, 함부르크와 드레스덴의 경우가 그랬다.

센트)가 전쟁 마지막 해에 투하되었다. 일단 연합군이 장거리 호위 전투기(P-51 머스탱(Mustang) 형태로)를 개발하자, 그들은 낮에도 안심하고 독일을 폭격할 수 있게 되었다.

1945년 2월 13일 밤, 영국 796 랭카스터 폭격기 부대가 드레스덴 폭격을 위해 출격했다. 이들의 뒤를 이어 이틀 동안 미국의 하늘의 요새가 폭탄을 투하했다. 폭탄이 투하된 선을 따라 거주하던 사람들 수천 명 중에 빅터 클렘페러가 있었다. 전쟁에서 살아남은 몇 안 되는 드레스덴 유대인인 그는 몇 달 동안 나치 친위대에 의해 체포될 것으로 예상하고 있었다. 그러나 다른 편이 그를 먼저 해쳤다면? 1944년 9월 15일, 그는 다음과 같이 일기를 썼다.

> 폭격으로 여러 도시가 파괴되었다는 소식에 너무 익숙해진 나머지 이제는 아무런 느낌도 들지 않는다. (중략) 공식 보도에 따르면, 에바(그의 아내)의 고향(쾨니히스베르크)은 75퍼센트가 파괴되었고, 5000명이 죽고 2만 명이 부상했다. 그 사실에 나는 충격을 받았다. 그리고 진자줏빛 여명이 찾아온 아침에 세수를 하고 카롤라 다리와 반대편 집들을 내다보니, 이 집들이 갑자기 내 눈앞에서 무너지는 모습을 상상할 수밖에 없었다. (중략) 드레스덴은 아직 폭격을 당하지 않았다.

클렘페러가 처한 곤경은 전쟁의 마지막 몇 달 동안 나타난 도덕성의 왜곡 현상을 상징했다. 1945년 2월 13일 아침, 그는 드레스덴에 남아 있던 유대인들에게 강제 이송 통지를 전달하라는 명령을 받았다. 이제 더 이상 강제 이송의 의미를 의심할 수 없었다. 그리고 자신이 다음번 이송 대상이라는 점은 피할 수 없는 현실인 듯했다.

> 화요일 오후, 완벽한 봄 날씨였다. (중략) 우리는 화요일 밤 9시 30분경에

커피를 마시며 앉아 있었다. 낮에 나쁜 소식을 전해 주느라 여기저기 뛰어다닌 데다, 저녁엔 발드만이 목요일에 떠날 사람들은 모두 죽음의 수용소에 보내질 것이며 남은 사람들도 1주일 내에 처리될 거라고 얘기했기 때문에 정말 피곤하고 우울했다.

그러나 2월 13일은 아주 다른 방식으로, 유대인뿐 아니라 도시 주민 전체가 죽음에 이를 날이었다. 이제 드레스덴이 연합군의 보복을 받을 차례였기 때문이다.

경고 사이렌이 전 지역에 들렸다. (중략) 그리고 곧바로 비행중대가 도시로 다가오고 있음을 알리는 크고 시끄러운 소리가 들렸고, 전기가 나가면서 가까운 곳에서 폭발음이 들렸다. 여기저기 훌쩍이고 우는 소리가 들렸다. 다시 비행기와 치명적인 위험이 다가오고 있었고, 폭발음이 또 한 번 들렸다. (중략) 갑자기 현관문 반대쪽 지하실 창문이 깨졌고 밖은 대낮처럼 밝아졌다. (중략) 불길이 번지고 있었다. 땅은 깨진 유리로 뒤덮여 있었다. 바람이 강하게 불고 있었다.

드레스덴에 불어닥친 화재 폭풍은 주택 9만 5000채를 집어삼켰다. 적어도 3만 5000명이 사망했는데, 사망자 중에는 도시의 분수에 몸을 피하고 있다가 변을 당한 사람들과 철도역 아래 대피소에서 질식사한 사람들이 있었다. 카린 부쉬라는 여학생은 불발탄 때문에 집 안의 피신처에서 쌍둥이 남동생과 도망 나왔다가 화재 폭풍에 휩싸인 도시의 거리를 방황했다.

화염이 주변 곳곳을 널름거리고 있었다. 그러다 우리는 결국 엘베 강까지 가게 되었다. 사람들이 불길을 피하기 위해 강물로 몸을 던졌기 때문에 물결에 따라 움직이는 인(燐)을 볼 수 있었다. 여기저기 시체가 널브러져 있었고, 사람들이 쓰고 있던 가스마스크와 함께 얼굴까지 녹아들어 가고 있었다. (중략) 우리는 몸을 숨길 지하실을 찾기 시작했는데, 살펴본 지하실마다 사람들이 앉은 채로 죽어 있었다. 화재로 인해 산소가 없어지면서 질식사한 사람들이었다.

마침내 쌍둥이는 집으로 돌아올 수 있었다.

집 안으로 들어가 보니 사람 형상의 잿더미가 보였다. 아궁이에 나무를 넣고 태우면, 나무가 붉게 타올라 뜨거워지는데도 자기 모양을 갖고 있다가 손을 대면 와르르 무너져 내리는 현상을 다들 알 것이다. 바로 그 잿더미가 그랬다. 사람의 형상을 갖고 있었지만 아무것도 남아 있지 않았다. 나는 그 사람이 누군지 알 수 없었는데, 문득 잿더미 속에서 귀걸이를 발견했다. 나는 그 귀걸이를 알아보았다. 엄마의 귀걸이였다.

열기가 너무 거세 시체들이 양동이에 담을 수 있을 정도로, 인형 크기만큼 줄어들었다. 그런 생지옥 속에서도 기적은 일어날 수 있다. 클렘페러는 유대인들에게 지정된 벙커에서 기어 나온 뒤 옷에서 노란별을 떼어내고, 주변의 혼란을 틈 타 아내와 함께 탈출했다. 그들은 미군이 점령한 안전한 지역에 도착할 때까지 신분을 숨길 수 있었다. 아이러니하게도 '바머' 해리스가 없었다면, 지금 우리는 나치 치하에서 생사를 넘나들던 유대인들 이야기를 가장 예리하고 통찰력 있게 써 내려간 클렘페러의 일기를 볼 수 없었을 것이다.

어떤 의미에서든 지역 폭격 전략이 정당하다고 할 수 있었을까? 폭격 사령부가 승리에 크게 기여하지 않았다는 주장이 여러 해 동안 인기를 얻었고, 전략 폭격의 잔인함뿐 아니라 부정확성에 대한 비판이 계속 이어지고 있다. 이따금 일부 영국 공군 인사까지도 고아원이나 병원에 대한 폭격 명령에 우려를 표했다. 또한 아우슈비츠 같은 곳을 폭격했다면 좋았을 거라는 주장도 제기되어 왔다. 심지어는 폭격 중단 제안을 협상 카드로 이용하여 죽음의 수용소로 보내질 유대인들을 구하자는 주장도 있었다. 드레스덴의 경우, 공습의 공식적인 정당성에 대한 의구심이 제기되어 왔는데, 드레스덴에서 브레슬라우로 병력을 이동시키려는 독일군의 계획을 암호 해독가들이 밝혀내고 나자 브레슬라우에서 거센 저항을 받고 있던 소련군의 지원 공격 요청이 있었기 때문이다. 실제로 도시 외곽의 주요 철도선은 그리 큰 피해를 입지 않았고, 기차도 며칠 내에 다시 운행되었다. 따라서 그때까지 공격받지 않은 몇 안 되는 독일의 주요 도시를 파괴하려는 게 공습 목표였다는 결론을 피하기가 어렵다. 한 독일 작가는 폭격전을 비난하면서, 의식적으로 나치가 자행한 범죄들과 연관된 표현을 사용했다. 그는, 이러한 공습이 하늘의 절멸부대가 저지른 절멸 행위이며, 그들은 공습 피난처를 가스실로 바꾸어 놓았다고 표현했다.

확실히 독일인의 사기 저하를 겨냥한 공격 효과는 전전(前戰) 전략가들의 예측에 훨씬 못 미쳤다. 폭격의 정신적 효과가 물질적 효과보다 스무 배는 크다고 한 휴 트렌차드 경의 전쟁 전 주장은 헛소리로 입증되었다. 되레 무차별적인 공습은 패배주의가 아니라 저항을 불러일으켰다. 몇몇 독일인은 공습으로 나치 정권을 더 믿지 않게 되었지만, 더욱 신뢰하게 된 독일인들도 있었다. 이르마라는 여성은 괴벨스에게 편지를 보내, 제국 내에 살고 있는 모든 독일 여성과 엄마, 가족을 대표해 연합군 폭격기의 야만적이고 비겁한 공격에 무방비 상태의 독일인들이 목숨을 잃었기 때문에 사망한 독일인 한 명당 유대인 스무 명을 교수형에 처해달라고 요구했다. 게오르크라는 베를린 시민도 비슷한 편지를 보냈다. "폭격 때문에 집이 불타 버렸고 두 번이나 폭격에서 살아남았다."라며 분노에 떨면서 다음과 같이 요구했다.

독일 국민과 독일의 절멸은 절대로 안 된다. 하지만 유대인의 완전한 절멸은 필요하다.

군사 시설과 산업 시설에 타격을 입히기 위한 작전이 바람직했다는 점에는 의문의 여지가 없다. 일찍이 1942년에 알렉산더 세버스키(Alexander Seversky)는 『공군력을 이용한 승리(*Victory through Air Power*)』에서 정밀 조준 폭격을 할 경우에만 적의 사기를 꺾을 수 있다는 원칙을 발표했다. 인구가 조밀한 대도시가 아니라 경제 자산이 적의 심장이자 중심이라는 게 그의 주장이었다. 실제로 연합군은 1943년 8월 17일, 페네뮌데의 독일 V2 기지를 집중 공격함으로써, 그 전달에 함부르크를 황폐화시켰을 때보다 더 큰 성과를 올렸다. 정유 시설에 대한 연합군의 공격 또한 아주 성공적이었다.(아래 내용 참조)

한편, 정밀 조준 공격은 독일군이 공격 지점을 알아낼 수 있다는 점 때문에 잘못될 수도 있다. 실제로 1943년 8월 17일과 10월 14일에 북부 바이에른의 볼베어링 생산 중심지인 슈바인푸르트를 공격한 미군은 쓰라린 경험을 통해 그 점을 깨달았다. 1차 공습에서 B17 폭격기 230대 중에 서른여섯 대가 격추당했고, 같은 날 레겐스부르크에 대한 유사한 공격에서 스물네 대가 피해를 입었다. 제8공군의 '검은 목요일'이 된 10월 공격에서는 B17 폭격기 291대 중 예순 대가 격추되고, 138대가 심하게 손상되었다. 훨씬 더 동쪽에 있는 아우슈비츠를 폭격했을 경우 비슷한 피해를 입었을지도 모른다. 1944년에 발생한 바르샤바 봉기 중에 폴란드인들에게 보급품을 투하하기 위해 이탈리아에서 날아간 항공기 186대 중 16.8퍼센트 정도가 피해를 입었는데, 독일 측보다 사상자 발생률이 세 배나 높았다.

지역 폭격은 무차별로 가해짐에도 불구하고 독일의 전쟁 노력에 상당히 큰 피해를 입혔다는 점은 부인할 수 없다. 이는 공중 엄호를 전략적으로 중요한 동부전선에서 다른 곳으로 돌리게 만들었다. 1943년 봄, 독일 전투기 중 70퍼센트가 서유럽 전투 지역에 집중되자, 동부전선의 독일 지상군은 소련의 공습에 점점 더 취약해졌다. 독일군 전차가 쿠르스크에서 패한 이유로 공군 지원의 부족을 꼽을 수 있다. 1944년 4월에 동부전선에 남아 있던 단발 전투기는 500대에 불과했는데, 이들은 1만 3000대에 이르는 소련 전투기를 상대하고 있었다. 나중에 슈피어가 지적한 대로, 독일에 있던 대공포 2만 문은 동부전선의 대전차 방어력을 두 배로 늘릴 수 있었을 것이다.(독일의 88밀리 대공포는 참호를 파고 낮게 발사할 경우 무시무시한 대전차 무기가 되었다.) 실제로 동부전선의 상황은 드레스덴 폭격의 정당함을 주장하는 주요한 근거였다. 드레스덴 폭격에 참여한 영국 공군 승무원들은 "피난민들을 서쪽으로 밀어내고 군대를 주둔시키기 위해서는 하늘이 가장 인기 있다.(공군이 나서야 한다는 뜻—옮긴이)"라는 지령서를 받았다.

　　드레스덴은 가장 중요한 공업도시로 발전했다. (중략) 다수의 전화선과 철도 시설은 소련의 공격에 위협 받는 그 지역 전선의 방어력 유지에 상당히 중요했다. 공격 목적은 이미 부분적으로 전선이 무너졌음을 뼈저리게 느끼도록 하는 것이며, 부수적으로 그곳에 도착할 러시아군에게 폭격사령부의 능력을 보여 주는 것이다.

지령서를 보면, 당시 군사 표적과 민간 표적을 구분하기가 상당히 어려워졌음을 알 수 있다. 드레스덴 공습이 부분적으로는 소련군에게 깊은 인상을 줄 뿐 아니라 민간인들을 집 없는 사람들로(명확히 밝히지는 않았지만, 죽게 만들기) 만들기 위한 것이었지만, 독일군의 지휘 및 통제 능력을 약화시키려는 의도도 있었다. 또한 공습의 가차 없는 압력 덕에 서부전선에 있는 독일 공군력이 약화되는 효과가 있어 영국군과 미군에 도

34, 35. 자모시치 출신의 마리아 크라예프스키와 체슬라바 크라예프스키. 이 쌍둥이 자매는 1943년 아우슈비츠에서 실시한 의학 실험 중에 사망했다.

36. 외계인으로 표현된 추축국 열강: 전시 미국 포스터.

37. 적군 속의 타타르인: 적군은 실제로 러시아인 군대가 아니라 다민족 군대였다.

38. 1943년 7월, 한 독일군 병사가 쿠르스크 전투가 끝나고 다 부서진 대포 위에 낙담한 채 앉아 있다. 독일의 요새 작전이 실패함에 따라 동부전선에서 소련군을 저지하려던 독일은 큰 타격을 입었다.

39. 기이한 모습의 연합군: 미국을 미인대회와 재즈, 흑인 권투선수, 깡패, KKK단, 유대인 재벌이 괴물처럼 합쳐진 것으로 묘사한 나치 포스터.

40. 1945년 2월, 드레스덴 공습 뒤 사망자를 세는 모습. 많은 희생자들이 한 줌의 재로 변해 버렸다.

41. 인간 이하로 묘사된 적의 모습: 《시애틀 포스트 인텔리전서(*Seattle Post-Intelligencer*)》의 풍자만화 '미스터 모토(Mr. Moto)'에 등장하는 과대망상증 일본인.

42. 인간 이하로 묘사된 적의 모습: 피닉스의 전시 노동자 나탈리 니커슨은 해군인 남자친구에게 뉴기니에서 일본군 병사의 해골을 기념품으로 보내준 데 대해 고맙다는 편지를 쓰고 있다. 《라이프》지에 따르면, 그녀는 해골에 '도조'라는 이름을 붙였다.

43. "저 멀리서 괴물 같은 금속 물체가 움직이고 있었다." (웰스): 1945년 6월, 오키나와 전투에서 두 대의 미국 탱크가 일본군의 사격을 받으며 전진하고 있다.

44. 항복자의 얼굴: 일본 해군 대위가 오키나와에서 무기를 내려놓으라는 설득을 받고 있다. 불명예에 대한 혐오감과 연합군의 의도에 대한 불신은 오키나와 수비군 대부분이 죽을 때까지 싸우는 쪽을 택하게 했다.

45. 소련군 병사가 베를린 여성의 자전거를 훔치려 하고 있다. 이는 붉은군대가 독일로 진군해 들어가면서 저지른 범죄들 중에 가장 미미한 경우였다.

46. 제3세계의 전쟁: 빈민게릴라군에 맞서 싸우도록 훈련 중인 과테말라 병사들. 과테말라 내전은 명목상으로는 자본주의자와 공산주의자 간의 전쟁이지만, 자세히 살펴보면 라디노스족과 마야족 간의 인종 갈등이기도 했다.

47. 전체주의의 새로운 면모: 중국 어린이들이 마오 위원장의 「작은 붉은 책(Little Red Book)」을 읽고 있다. 세대 간 내전을 알리는 선언서였다.

48. 나의 적의 적: 1978년, 프놈펜에서 캄보디아의 학살자 폴 포트(왼쪽)가 중국의 현대화를 주도한 덩샤오핑(오른쪽)을 반갑게 맞이하고 있다. 문제가 된 공동의 적은 베트남이었다. 11년 뒤, 톈안먼 광장에서 벌어진 민주화 시위 운동이 중국의 공산당 권력 독점에 위협을 가하자, 덩샤오핑은 폴 포트 못지않은 학살자의 모습을 보여 주었다.

49. 대량 학살을 통해 자부심을 느끼다: 1992년, 자신의 고향 마을 비셰그라드에서 보스니아계 이슬람교도를 살해한 혐의를 받은 밀란 루키치.

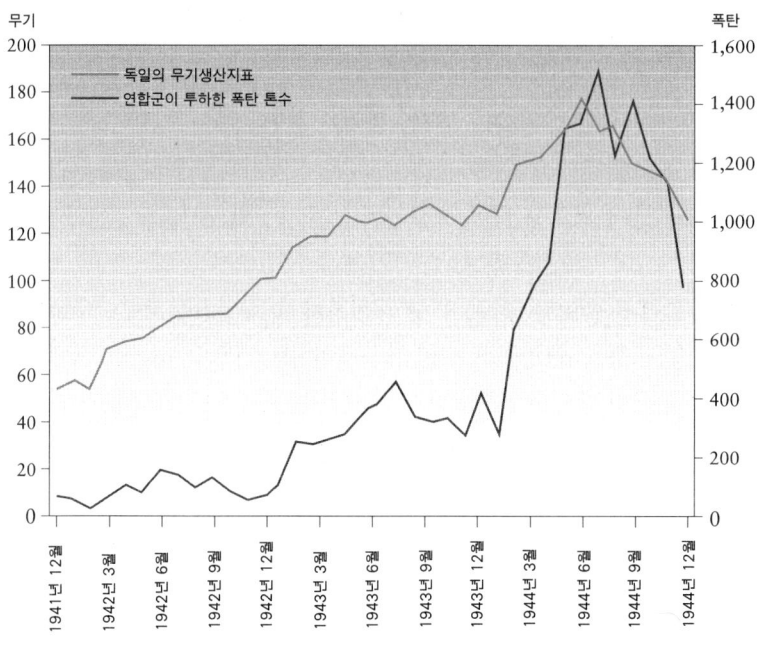

그림 16-2. 1942년 1월부터 1945년 1월까지 폭탄 투하의 영향력(1943년 1월=100)

움이 되었다. 디데이 작전 당시 독일이 전투에 이용할 수 있는 비행기는 300대 정도에 불과했던 데 반해, 영국과 미국 측은 1만 2000대를 동원할 수 있었다.

또한 전략 폭격은 총력전을 위해 독일 경제를 전시 체제로 바꾸려던 슈피어의 노력을 크게 방해했다. 일례로 1944년 5월, 독일은 항공 연료 15만 6000톤을 생산하고 있었는데, 그달 시작된 정유 시설 폭격으로 8월에 1만 7000톤, 1945년 1월에는 고작 1만 1000톤으로 생산량이 감소했다. 사실 이용 가능한 모든 수치가 인상적인 것은 아니다. 앞에서 살펴봤듯이, 연합군은 독일과 북서 유럽에 160만 톤에 이르는 폭탄과 소이탄을 투하했다. 이는 V1 비행 폭탄과 V2 로켓을 포함하여 독일군이 전쟁 내내

표 16-1. 연합군 폭격의 영향력(1943년 6월부터 1945년 1월까지의 비율 변화)

독일의 무기 생산 지표	무기	탱크	차량	항공기	선박건조	탄약	화약	폭탄	연합군이 투하한 폭탄 톤수
0	+19	+64	-63	-1	-21	-2	-19	-36	+116

영국에 투하한 양의 스무 배가 넘는 것이다. 언뜻 보아 독일의 무기 생산에 미친 영향은 미미했다. 그림 16-2에서 나타나듯이 1943년 7월의 주요 공습은 무기 생산의 증가세를 늦추었을 뿐으로, 1944년 3월까지는 다시 증가세가 회복되었다. 슈피어가 세운 공장들의 생산고가 감소하기 시작한 것은 연합군 공습이 최고의 파괴력을 발휘한 1944년 7월 이후였다. 그래도 1945년 1월의 생산량은 1943년 12월 수준으로밖에 떨어지지 않았다. 이는 1941년 생산량의 두 배가 넘는 수준이다. 독일의 주요한 무기 생산이 얼마나 감소했는지를 살펴보면, 폭격이 독일 경제의 일부 영역에만 지장을 주었음을 알 수 있다.(표 16-1 참조) 1943년 6월부터 1945년 1월 사이에 차량, 선박, 화약, 폭탄 생산은 상당히 줄었다. 그러나 소총과 권총 생산은 20퍼센트, 전차 생산은 거의 65퍼센트가 증가했다. 항공기와 탄약 생산은 사실상 거의 변화가 없었다.

그럼에도 전략 폭격의 영향력을 평가하는 가장 훌륭한 기준은 실제 생산량과 잠재 생산량 간의 차이이다. 1945년 1월, 슈피어와 동료들은 1944년에 연합군 폭격에 의한 피해를 계산했는데, 그 수치가 인상적이다. 전차의 경우 계획보다 35퍼센트, 항공기는 31퍼센트, 트럭은 42퍼센트가 적게 생산되었다. 게다가 더 생산적인 부문에 배치될 수 있었던 200만 명이나 되는 귀중한 인력이 방공(防空)에 매여 있었다. 지속적인 폭격이 없었다면 슈피어가 독일 경제에 어떤 기적을 이뤄 냈을지 정확히 알 수 없다. 하지만 슈피어가, 독일이 가장 참패한 부문이 공중전이라고 했다는 사실은 분명하다.

더욱이 1943년 당시, 특히 함부르크 공습 이후에 독일 민간인의 사기가 떨어지고 있었다는 증거가 있다. 물론 쿠르스크 전투 이후, 연합군의 폭격에 자극 받은 독일인들이 히틀러 정권을 전복하려 들지는 않았다. 그러나 연합군의 압도적인 공격 규모는 일반 독일인이 정부 선전을 더는 믿지 않게 된 데 크게 일조했다. 1943년 12월 당시 유행한 농담은 상당히 아슬아슬해서 보안 방첩국 대원들이 적어 놓기까지 했다.

> 베를린에 있던 괴벨스 박사가 폭격을 피해 나왔다. 그는 가방 두 개를 갖고 거리로 나온 뒤, 다른 것들을 가지러 다시 집으로 들어갔다. 다시 밖으로 나와 보니, 가방 두 개를 모두 도둑맞았다. 괴벨스 박사는 상당히 화가 나서 욕을 퍼부었다. 사방에서 얼마나 소중한 물건이 들었는지 묻자, 그는 이렇게 대답했다. "가방 하나에는 보복이 들었고, 다른 가방에는 최종 승리가 들어 있었다."

사기 저하는 정치적 현상이 아니었다. 대신 무관심과 냉소주의를 가져왔는데, 작업장의 장기 결근자가 증가한 것도 그러한 증상 중 하나였다. 게르트 레디히(Gerd Ledig)가 전쟁 말기에 대공포 부대 장교로 복무했던 경험을 기초로 쓴 소설『보복(Vergeltun)』을 읽은 사람이라면 처칠이 독일 국민의 사기 저하라는 목표를 달성했다는 사실을 의심할 수가 없다. 레디히가 묘사한 지옥에서, 평범한 독일인들은 생존을 위한 합리적인 행동이라고 할 수 없는 싸움을 벌이며 서로를 죽이고 강간하는 짐승으로 변해 있었다.

전략 폭격의 정신적 피해는 컸다. 1943년, 치체스터 주교 조지 벨(George Bell)은 다음과 같이 지적했다. "그들이 적극적으로 전쟁에 기여하고 있는지 여부와 상관없이, 도시를 폭격하고 고의적으로 민간인을 공격하는 행위는 나치가 저질렀든 우리가 저질렀든 잘못된 행위다." 1944년 3월, 영국군의 프랑크푸르트 공습 당시 자신이 탄 랭카스터 폭격기가 피격되는 순간 탈출한 스물세 살의 오스트레일리아군 사수 존 차노크 하사만큼 기이한 반전을 경험한, 아니 살아남아 그 경험을 이야기해 준 공군 병사는 거의 없을 것이다. 차노크는 낙하산을 타고 땅에 내렸다가, 때마침 폭격의 결과를 완벽하게 지켜볼 수 있었다. 기이하게도 막 파 놓은 무덤에 착륙했기 때문에 그는 공습에서 살아남을 수 있었지만, 브루흐펠트스트라세에서 분개한 독일 군중과 맞닥뜨리는 바람에 거의 맞아 죽을 뻔했다. 그들은 "악당! 살인자! 돼지!"라고 소리치며 그에게 침을 뱉고, 벽돌과 철봉, 심지어 불발 소이탄으로 그를 때렸다. 비행기가 격추당해 독일 진영으로 떨어진 다른 공군 병사들은 가로등 기둥에 내걸렸다. 레디히의 『보복』에 나오는 미국 공군 병사는 자신이 초래한 아수라장 속에서 반나(半裸) 상태로 체포되었는데, 그도 자신의 행위로 희생된 독일인들만큼이나 혼란스러워했던 게 분명했다.

자신의 임무를 완수한 사람에게는 이런 것이 뚜렷이 보이지 않았다. 한 영국 공군 장교는 전쟁이 끝난 뒤 이렇게 설명했다. "비행은 상당히 냉정한 임무이다. 이륙한 뒤에 격추당하지 않거나 아무 일이 생기지 않으면, 비교적 문명화된 세계로 다시 돌아올 수 있었다. 비행하는 동안에는 분명히 위험하지만, 전차 안에 있는 경우만큼 주변 상황에 감정이 개입되지는 않는다." 동료의 죽음조차 그리 애처롭지 않은 비행기의 '사망'으로 받아들일 수 있었다. 독일 상공에서 수많은 임무를 수행한 한 조종사의 눈에 비친 표적은 다음과 같이 전형적인 모습을 띠고 있었다.

정말 멋진 광경이었다. 아래에는 소이탄 수천 발이 떨어지며 붉은 카펫이 펼쳐지고, 폭탄 특히 1800킬로그램짜리 폭탄이 지붕에 떨어지면 노란색 거품이 생기는 듯하다. 마치 붉고 뜨거운 잿더미를 보는 것 같은데, 중간중간 폭발로 인해 갑작스레 불빛이 격렬하게 터진다. 패스파인더(Pathfinder, 조명탄 투하 비행기 — 옮긴이)의 적색, 초록색 조명이 하늘에서 떠다니며 불덩어리를 떨어뜨리면 주위는 온통 붉은 섬광과 대공포화에서 발생한 검은색 연기로 둘러싸인다. 때론 탐조등 수백 개가 표적을 밝히는데, 손가락 같은 불빛이 앞뒤로 움직이며 가끔 비행기 한 대를 빛 속에 가두기도 한다. 그것은 마치 흉악한 지옥같이 보였다. 뉘른베르크로 가던 도중 나는 땅 아래 불길이 하늘을 너무나 환하게 비춰 낮이 된 듯한 착각에 빠진 적이 있었다. 심지어 5킬로미터 상공에서 내 항공일지를 읽을 수 있었다.

5킬로미터 아래의 지옥불 같은 불빛으로 항공일지를 읽었다는 것은 폭격기 조종사가 자신이 일으키는 무차별 죽음과 파괴에서 단절되어 있음을 생생히 보여 주는 사례이다. 정확히 이런 태도 덕분에 그 '교양 있는' 사람들은 민간인 대량 학살에 가담할 수 있었다. 연합군 비행기가 높이 날수록, 그들의 갈 길은 패스파인더 같은 기술에 의해 더 많이 정해지고 폭격기 승무원들의 현실 이탈감은 더욱 커져 갔다. 바로 이 대목에서 수킬로미터 상공에서 여성들과 아이들을 태워 죽인 행위와 그들을 가스실로 몰아넣은 행위 간에 실질적인 차이가 있다. 그래서 자신도 모르게 지옥에 맡겨진 민간인들의 눈을 보지 않고도 도시 하나를 가루로 만들 수 있었던 것이다. 연합군은 지나치게 차별적이었던 나치의 인종 정책과는 너무나 대조적으로 무차별 폭격을 가했다. 양측의 도덕적 차이는 폭격사령부의 승무원들이 나치 독일을 무너뜨리고 전쟁을 끝내기 위해 비행하고 있었다는 점인데, 최근 몇몇 독일 작가는 그 점을 무시했다. 폭격이 목표를 달성하는 최고의 방법인지는 그들이 결정할 문제가 아니었으며, 그들의 의도는 부도덕하지 않았다. 다시 한번 반복하지만, 나치의 경우 유대인과 다른 '이질적인' 민간인을 살해한 행위는 언제나 그 자체로 목적이었다. 벨제크의 나치 친위대 대원들 마음속엔 증오가 가득 차 있었다. 하지만 연합군 공군 병사들의 머릿속에 증오는 없었다.

'리틀 보이'

폭격이 독일과의 전쟁을 끝내는 데 얼마나 도움이 됐는지는 여전히 논쟁 거리지만 일본과의 종전을 재촉했다는 사실엔 의심의 여지가 거의 없다. 히로시마 공격이 있기 전에 일본 지도자들은 왕뿐 아니라 군부의 무제한 지배력을 유지하기 위한 조건을 고심했을 뿐 교전 행위를 끝내겠다는 의사를 밝힌 적이 없었다. 일왕 본인을 포함하여 스즈키 간타로 총리나 고위 대신 등은 스위스나 소련을 통해 강화 협상을 모색할 의사가 있었다. 하지만 육군상 아나미 고레치카나 우메즈 요시지로 대장, 도요다 소에무 제독 등은 일본의 국체(國體)를 유지하고 제국 영토를 보호하고 정복 목표를 달성하기 위해 끝까지 전쟁을 이끌어 나가야 한다고 주장했다. 스즈키는 국민 전체가 한몸으로 결합하여 끝까지 싸우자고 공개적으로 주장했다. 이미 오키나와를 비롯한 섬들에서 광신적인 저항 분위기를 감지한 미군은 육해공 합동 일본 침략이 잔인하게 진행되리라고 예상할 수 있었다. 유럽에서처럼 마지막 해에 전쟁이 가장 치열했다. 1944년 7월부터 그해 말까지, 미군의 부상자 수는 18만 5000명을 넘어섰다. 전사자 수 또한 5만 3000명을 넘어 태평양 전쟁 기간에 발생한 사망자의 절반 이상을 차지했다. 일본군은 같은 기간에 더 많은 병사를 잃었는데, 아마도 50만 명 정도였을 것이다. 그러나 일본군의 예비 병력과 전쟁을 수행하겠다는 의지가 소멸되려면 여전히 요원한 상태였다. 실제로 최고사령부가 세워둔 '결정적 작전'으로 일본 해안을 따라 235만 병력을 배치하여 연합군의 상륙을 모두 격퇴할 셈이었다. 이들 외에도 군대에 고용된 민간인 400만 명과 2800만 명에 이르는 민간 의용군이 증원될 터였다.

일본군의 전사자 수가 독일군보다 상당히 적었다는 사실을 잊기 쉬운데, 1937년부터 1945년 사이에 발생한 총 사망자수는 174만 명이었다. 일본 침략 작전에는 디데이가 없었을 것이고, 아마도 스탈린그라드 침공 작전과 비슷했을 가능성이 더 컸다.

일본 폭격 작전은 미국 항공모함 호넷호에서 출격한 B-25 폭격기 열세 대가 성공리에 일본의 수도를 공격했던 1942년 4월의 둘리틀 공습으로 시작되었다고 할 수 있다. 그러나 미군이 거리 때문에 상대적으로 불안한 중국의 공군기지에[3] 의지할 수밖에 없었던 상황을 극복할 수 있게 된 것은 전쟁 막바지에 이르러서였다. 새로운 B-29 슈퍼 포트리스(Super Fortress)를 거느리고 마리아나 제도에 안전한 기지를 갖게 된 커티스 르메이 장군의 제20폭격사령부는 나무와 대나무, 종이로 만들어진 일본 주택이 아주 잘 탄다는 점을 이용하며 일본 도시를 무자비하게 파괴했다. 1943년 8월, 레겐스부르크의 지독한 공습에서 살아남은 르메이는 서둘러 고공 주간 정밀 폭격 전략을 포기하고 저공 야간 융단 폭격을 택했다. B-29 폭격기는 300대 이상의 거대한 비행대를 형성하여 시민을 죽이고 도시를 파괴했다. 1945년 3월 9일, 도쿄는 첫 공습을 받았고, 연이어 감행된 공습에서 8~10만 명의 시민을 잃었다. 르메이의 표현을 빌리자면, 그들은 "그을리고 삶아지고 구워져서 죽었다". 5개월 만에 거의 모든 주요 도시의 중심지 40퍼센트가 황폐화되었다. 25만 명이 죽고 30만 명 이상이 부상했으며, 800만 명이 피난민이 되었다. 도쿄 외에 예순세 개 도

---

[3] 두리틀 공습에 참여한 수많은 공군 병사들이 생포되어 처형되었는데, 영화 「퍼플 하트(Purple Heart)」는 여기에서 영감을 얻어 만들어졌다. 붙잡힌 조종사들 중의 한 사람은 처형되기 직전에 일본군을 상대로 이렇게 말했다. "너희가 우리 모두를 죽일 수는 있다. 그러나 너희가 그렇게 해서 미국에 두려움을 안기고 미국이 너희들에게 폭탄을 투하할 다른 비행기를 보내지 못하도록 막을 수 있다고 생각한다면 그건 완전히 틀렸다. 미국은 일본 하늘을 어둡게 만들고 일본 도시들을 완전히 태워버려 너희들이 무릎을 꿇고 자비를 구하게 만들 것이다. 이 전쟁은 너희 일본의 전쟁이다. 너희가 원했고, 너희가 요청한 전쟁이었다. 그리고 이제 더럽고 작은 너희 제국이 이 지구상에서 완전히 없어질 때까지 전쟁은 끝나지 않을 것이다."

시가 불탔다. 일본 경제는 거의 완전히 무력화되었다. 강철 생산이 한 달에 10만 톤으로 감소하는 한편, 항공 연료는 소나무로 만들어야 했다. 이런 결과를 독일과 싸울 때보다 훨씬 적은 노력으로 달성했다. 미군은 일본에 20만 톤이 약간 안 되는 고성능 폭탄과 소이탄을 투하했는데, 이는 독일과 점령지 북서 유럽에 투하한 폭탄의 12퍼센트도 안 되는 양이었다. 일본의 취약한 대공 방어력 때문에 유럽에서보다 사상자 또한 적었다.

　그렇다면 왜 더 극한 조치, 즉 히로시마와 나가사키에 원자폭탄을 투하해야 했을까? 르메이는 재래식 폭탄으로 이 두 표적을 쉽게 공격할 수 있었다. 그 목적을 달성이라도 하듯이 1000대가 넘는 폭격기가 8월 14일, 마지막으로 도쿄를 소이탄으로 응징했다. 일왕이 방송으로 항복을 선언한 것은 히로시마에 원자폭탄이 떨어진 다음 날이 아니라, 도쿄가 공습을 받은 다음 날이었다. 아마도 도리 없을 정도의 완강한 저항자 말고는 다들 전쟁이 끝났다는 사실을 납득한 까닭은 소련이 일본의 화해 기대를 외면하고 대일 선전포고를 했기 때문일 것이다. 태평양 전쟁에서의 패배보다 만주와 한국에서 오래 유지했던 일본의 유리한 위치가 무너진 사실이 일본 장성들에게 더 중요했다. 실제로 군부가 결국 항복 문서에 서명한 것은 일본의 홋카이도에서 멀지 않은 시코탄에 소련군이 상륙했기 때문이다. 가끔 역사가들은 일본에 원자폭탄을 투하하기로 한 해리 트루먼의 결정을 소련에 위협을 가하기 위한 일종의 경고사격, 다시 말하면 냉전의 격정적인 전주곡으로 해석하기도 했다. 한편, 맨해튼계획에 20억 달러가 들어간 것을 알고 있는 트루먼으로서는 그렇게 큰 투자에 걸맞은 뭔가를 보여 주어야 한다고 느꼈을 수도 있다. 그러나 8월 6일과 9일에 투하된 폭탄을 두드러지게 만든 기술과 방사선 문제를 일단 제쳐 두면, 히로시마와 나가사키 공습은 5년에 걸친 연합군의 전략 폭격이 최고조에 달한 것으로 설명할 수 있다. 1945년 말, 일본의 총 사망자 수는 히로시마 14만 명, 나가사키 7만 명이 추가되어 상당히 증가했다. 그리고 '리틀 보이'라는 별명이 붙은 폭탄이 8월 6일 아침 히로시마 상공 360미터 위에서 터져, 6개월 전 드레스덴 공습 때와 비슷한 수의 사람들이 희생되었다.

원자폭탄의 매력은 비행기 한 대가(정확히 말하면 일곱 대이다. 에놀라 게이(1945년 8월 6일 히로시마에 원폭을 투하한 B-29 폭격기의 애칭 — 옮긴이)는 혼자 날지 않았다.) 예전엔 수백 대를 동원해야 했던 일을 해낼 수 있다는 데서 찾기도 한다. 1944년 6월부터 1945년 8월까지, 3만 회가 넘는 출격에서 파괴된 B-29 폭격기는 고작 일흔네 대로, 사상자 비율은 0.24퍼센트였다. 이 정도면 상당히 낮은 비율이며, 유럽에서 미군이 입은 손실보다 확실히 나았다. 그러나 B-29 일흔네 대는 900명가량의 고도로 훈련된 병사로 해석될 수 있다. 미군은 냉혹한 논리에 따라 고성능 폭탄을 빗발처럼 퍼붓는 지역 폭격 대신 단 하나의 초고성능 폭탄으로 도시 전체를 없애 버리는 쪽을 채택한 것이다. 1940년 이후, 연합군은 최소한의 아군 피해로 적에 최대한의 피해를 입힌다는 원칙을 적용했다. 원자폭탄이 제조되기까지는 물리학 혁명이 필요했지만, 총력전의 정치경제학에서 혁명이 필요한 것은 아니었다. 그보다는 연합군의 전쟁 방식이 논리적으로 최고점에 달했다고 하는 쪽이 옳다. 트루먼은 문명사의 새 시대에 대해 말하면서 미래에 핵무기가 평화적으로 이용될 것으로 기대했다. 하지만 그의 생각과는 반대로 히로시마는 단지 파괴된 또 하나의 도시에 불과했다. 그것은 문명에서 한 걸음 멀어진 조치에 불과했다.

영국과 미국이 지성의 영역에서와 마찬가지로 원자폭탄을 설계, 제조하는 과학 경쟁에서 승리를 거두면서 전체주의 정권의 한계가 드러났다. 나치의 반유대주의는 독일의 과학을 제거하는 데 그치지 않고, 1933년 이전의 독일 학계에서 최고의 인재들을 연구실에서 내쫓고 추방했다.(스탈린 또한 과학 연구에 간섭하긴 했다. 하지만 뒤늦게나마 중요성을 깨닫고 히틀러보다 실용주의적인 노선을 택했다.) 원자폭탄 제조에 나치 치하 유럽에서 탈출한 유대계 과학자들이 다수 기여했다는 점은 일종의 인과응보였다. 독일이 아니라 독일의 동맹국에 폭탄이 사용될지는 그들로서는 알 수 없는 일이었다.

따라서 원자폭탄은 과학 연구에 관대하고 반유대주의를 채택하지 않은 서양 세계의 승리였다. 그러나 이는 서양 연합군이 전쟁을 끝내기 위해 도덕적 구속을 벗었다는 사실을 의미하기도 했다. 루스벨트와 처칠이 도덕적 우월감에서 원자폭탄을 스탈린에게 알리지 않았던 것은 아니었다. 두 사람 모두, 일단 소련과의 동맹이 그들의 목적 달성에 큰 도움이 되었던 상황에서 그 신무기로 서양 세계가 갖게 될 힘을 너무나 잘 알고 있었다. 실제로 영어를 사용하는 두 나라의 서로에 대한 의심이 동맹 관계를 저해하지 않았다는 점은 놀랍다. 이는 루스벨트가 처칠을 신뢰했음을 입증한다. 스탈린 또한 나치 독일이 원자를 분열시켰을 때와 마찬가지로 서양 열강이 원자폭탄을 독점할 경우, 소련에겐 심각한 문제가 될 수 있다는 점을 즉각 이해했다. 일찍이 1942년 6월, NKVD는 뉴욕과 런던에 있는 첩보원들에게 무슨 수를 써서라도 원자폭탄 프로젝트의 이론적이고 실질적인 측면, 원자폭탄의 설계도와 핵연료 성분 그리고 유도기제에 대한 정보를 얻어 내라고 지시했다. 소련 첩보원들은 재빨리 맨해튼계획에 침투하는 데 성공했다. 1945년 봄에 최초의 폭탄이 제조된 뉴멕시코의 로스알라모스 연구소에는 소련 첩보원 세 명이 있었으나 서로의 존재를 모르고 있었다.(맨해튼 계획을 맡고 있던 과학자 로버트 오펜하이머가 실제 당원은 아니었지만, 공산주의의 지지자였다는 사실이 보안상 불안감을 고조시켰다.) 1943년 2월, 스탈린은 소련제 원자폭탄 제조 착수를 인가했다. 그러나 최초의 소련제 폭탄은 1945년 7월 16일에 알라모고르도에서 테스트한 미국 폭탄의 복사본이었다. 이는 과학뿐 아니라 첩보 행위의 성과물이었다. 트루먼이 포츠담 회담(1945년 7월 17~8월 2일)에서 만난 스탈린에게 일본 공격을 간접적으로 미리 알려 주자, 스탈린은 전혀 놀라지 않았다. 그는 이미 미국인들이 무엇을 달성했는지 알고 있었다.

또한 반드시 소련이 미국의 성과와 경쟁해야 한다는 사실도 알고 있었다. 스탈린은 모스크바 주재 미국 대사에게 원자폭탄은 전쟁과 공격자의 종말을 의미할 것이라고 음흉하게 말했다. 해리먼은 그 폭탄이 평화로운 목적 달성에 엄청난 중요성을 띨 거라고 맞장구쳤다. 해리먼의 대답에 스탈린은 무표정한 표정으로 이렇게 대답했다. "당연하지요."

1945년의 도살장

제2화장터와 제6화장터의 유대인 특수부대가 일으킨 반란이 무위로 돌아간 지 석 달 반 뒤인 1945년 1월 27일, 소련군이 최초로 아우슈비츠에 도착했다. 당시 우지스로프나 블레히하머에 보내지지 않고 독일의 수용소로 이송되기 위해 대기 중이던 포로 7000여 명 가운데 프리모 레비라는 이탈리아 화학자가 있었다. 자신의 과학기술 덕에 가스실행(行)을 면한 그는 기억에 남는 글로 당시를 서술했다.

그들은 우리에게 인사도 건네지 않았고, 웃지도 않았다. 단순한 동정심만이 아니라 혼란스런 신중함 때문인지 무거운 표정을 보였다. 또 입술을 다물고 음울한 광경에서 눈을 떼지 못했다. 그것은 우리가 너무나 잘 아는 수치심이었다. 독일인들은 모르는 그 수치심이었다. 그런 엄청난 범죄가 발생했다는 데서 생겨난 죄책감이었다. (중략) 따라서 우리에겐 자유의 시간조차 침통하고 둔탁하게 울려 퍼졌다. (중략) 그래서 우리는 그 불결함으로부터 양심과 기억을 모두 씻어 내고 싶어 했다. 이제 우리는 과거를 씻어 줄 정도로 깨끗하고 좋은 일이 절대로 일어날 수 없다고 느꼈다. 그리고 그 난폭한 행동으로 생긴 상처가 영원히 남을 거라고 생각했다. 그 치유될 수 없는 모욕을 우리보다 잘 이해할 수 있는 사람들은 없다.

비슷한 광경이 해체되던 나치 제국 전역의 강제수용소에서 재연되고 있었다. 뼈만 앙상하게 남은 생존자들은 시체 더미에서 비틀거렸고, 이 상황을 믿을 수 없다는 표정으로 지켜보는 군인들은 다른 행성에서 온 사람들 같았다.

그러나 스탈린의 소련에 의한 '해방'에는 상당히 역설적인 무언가가 있었다.[4] 굴락을 만들어 낸 정권이 진지한 의미의 해방에 관심을 갖고 있지 않았기 때문이다. 드레스덴으로 돌아온 빅터 클렘페러는 전체주의의 언어를 너무나 잘 알고 있었기 때문에 소련 해방군과 바로 전까지 자신들을 지배한 독일군의 무시무시한 유사성을 감지할 수 있었다. 그는 소련 점령 당국이 제작한 '단조로운' 라디오 방송과 '정치화된' 신문이 이전 정권의 방송 및 신문과 상당히 많은 공통점을 갖고 있음을 눈치챘다. 그는 일기장에 이렇게 써 내려갔다. "나는 천천히 제4제국의 언어에 체계적인 관심을 가져야 한다. 가끔 그들의 언어는 제3제국과 크게 다르지 않은 것처럼 느껴진다. 차라리 드레스덴의 작센 사투리와 라이프치히 말의 차이가 더 큰 것 같다. 예를 들어, 스탈린 원수가 살아 있는 사람들 중에 가장 위대하고 번뜩이는 전략가라는 주장을 듣고, 나는 LQI(lingua quartii imperii, 제4제국의 언어)와 관련하여 아주 조심스럽게 신문을 연구하고 싶어졌다." 그는 곧 나치의 언어와 볼셰비키의 언어 간의 수많은 유사성을 발견하기 시작했다.

LTI(lingua tertii imperii, 제3제국의 언어)는 계속 살아 있다. (중략) 정기적으로 인용문이 발표되는 스탈린의 연설에서 히틀러와 리벤트로프는 식인

---

4) 그 사실은 1993년 필자와 영화 「쉰들러 리스트」를 함께 본 모스크바의 영화팬들에게도 영향을 미쳤다. 말을 탄 붉은군대 병사가 살아남은 포로들에게 "너희들은 소련군에 의해 해방되고 있는 거야."라고 소리치는 영화의 클라이맥스 순간에 관객들은 조롱하는 웃음을 터뜨렸다. 그들은 이것이 모순적인 표현이라는 사실을 너무나 잘 이해했다.

자이고 괴물이다. 스탈린에 관한 기사에서, 소련의 최고사령관은 모든 시대를 통틀어 가장 뛰어난 장군이며, 동시대인들 가운데 가장 재기 있는 사람이다. (중략) '적응'이나 '작전', '전투적'이란 말을 얼마나 자주 듣는지 이루 말할 수조차 없는데, 현재 빠진 부분은 '광신적인'이란 말뿐이다. (중략) 아주, 아주 똑같은 말이다. LTI = LQI다. '정렬', '전투적', '진정한 민주주의' 등등.

거리에서도 비슷한 일들이 벌어졌다. "알베르트 광장에 붙어 있던 스탈린 원수의 사진이나 헤르만 괴링의 사진이나 마찬가지였다." 클렘페러는 공산주의 통치가 소련식 '진정한 민주주의'의 귀결일 거라는 점을 단박에 알아챘는데, 그가 보기에 공산주의 통치는 자유가 없던 과거 체제를 대체한 것일 뿐이었다. 그는 이렇게 표현했다. "이들은 무자비한 승자였다. 나는 이 모든 것을 제3제국에서 관찰했고, 좋든 싫든 제4제국이 유대인에게 끼치는 영향을 일일이 모두 주시해야 하기에 아주 행복한 느낌은 들지 않는다." 그는 일찍이 1945년 9월에 "새로운 히틀러주의가 다가오고 있는 게 보인다."라고 지적했다. 전후 스탈린주의를 규정한 반유대주의를 생각하면, 이는 선견지명이 빛나는 생각이었다.

소련군이 부헨발트 강제수용소를 접수한 지 몇 주 만에 그곳에 자국 정치범들을 투옥시킨 사실만큼 1945년 여름에 벌어진 일을 충격적으로 알려 주는 사건은 없다. 확실히 홀로코스트는 끝났다. 소련은 정부 언론을 통해 소련과 동유럽의 유대인을 '세계주의자'나 '여권 없는 방랑자'로 비난했지만, 스탈린이 이들에게 품고 있던 의심은 가스실의 부활과는 거리가 멀었다. 좌우간 스탈린은 이른바 '의사들의 음모(Doctors Plot, 주로 유대계 의사들로 이루어진 조직이 스탈린을 독살하려 했다는 거짓 음모. 스탈린의 유대인 학살의 빌미가 되었다 — 옮긴이)'가 전면 박해를 부추기기 전에 죽었다. 그러나 여러 면에서 볼 때, 어떤 특정 집단과 개인의 자유를 박탈할지 정하는 기준만이 바뀌었을 뿐 동유럽의 강제수용소는 그저 새로운 관리자들에게 맡겨진 것에 불과했다.

포츠담 회담과 뉘른베르크 재판에서 승전국들은 근사하게 신성한 척 하는 태도로 일관했다. 그들은 "승전국 포로들에게 잔인한 행위를 저지른 사람들을 포함하여 모든 전범에게 단호한 정의가 선포될 것"이라고 약속했다. 미국은 적절한 국제법 체계가 존재하지 않는데도 전쟁 전과 전쟁 중에 권좌에 올랐던 다수의 독일인과 일본인을 형사 기소 해야 한 다고 주장했다. 미국의 로버트 H. 잭슨 검찰총장은 다음과 같이 선언했 다. "우리가 유죄판결을 내리고 처벌하려는 부당한 행위들은 너무나 계산적이고 악의적이고 파괴적이기 때문에 문명국이라면 그런 행위가 기각되는 것을 용인할 수 없다." 1945년 여름, 런던에서 승전국들이 합의한 대로, 뉘른베르크 재판의 요지는 독일과 일본의 지도자들이 '침략 전쟁'을 사전에 계획하고 개시했으며, 악을 선동하여 온 세상 사람들을 괴롭혔다는 점이었다. 우선 그들은 침략 전쟁을 계획하고 준비하고 개시하고 감행했다는 혐의와 국제조약이나 협정을 위반하고 전쟁을 일으켰다는 혐의, 앞서의 것들을 성취하기 위해 공동으로 계획하거나 공모했다는 혐의로 고발당했다. 그러나 1939년 당시 소련은 누구 편이었는가? 마찬가지로 도쿄에서 재판을 받은 일본 지도자들에 대한 혐의에는 싸움터뿐 아니라 가정과 병원, 고아원, 공장, 논밭에 있는 사람들을 무차별 살해했다는 사실이 포함되었다. 그러나 전쟁의 마지막 몇달 동안 연합군이 독일과 일본에서 저지른 짓은 어땠는가?

하늘에서만 죽음이 찾아온 것은 아니었다. 소련군이 무자비하게 진군해 오자, 독일인 약 500만 명이 집을 버리고 수레 가득 짐을 싣고 서쪽으로 무거운 발길을 옮겼다. 발트 해 연안의 독일 항구들은 피난민들로 미어터졌다. 1945년 1월, 나치가 고텐하펜(Gotenhafen)으로 개명한 그디니아에서는 묵시록에 나올 법한 광경이 연출되었다. 피난민 수만 명이 부둣가에 모여들어 서부 독일로 가는 안전한 배편을 얻으려고 필사적인 사투를 벌였다. 이것만이 진격해 들어오는 소련군으로부터 도망칠 수 있는 유일한 방법이었다. 그들의 포성은 점점 더 가까이서 들려왔다. 유람선이었던 빌헬름 구스트로프호에 가까스로 올라탄 피난민 4400명은 틀림없이 운이 좋다고 생각했을 것이다. 1월 30일 배가 출발할 때 육해군 병사, 부상병, 승무원을 포함하여 총 6000명이 넘는 사람들이 승선한 상태였는데, 이는 탑승 정원보다 네 배가 많았다. 최소한의 호위(한 대의 구식 어뢰정)를 받으며 떠난 그 배의 선장은 눈보라 치는 날씨가 배를 보호해 줄 것으로 기대했다. 거친 바다를 헤치며 서쪽으로 나아가고 있을 때, 히틀러의 마지막 방송이 대중 연설 형식으로 지친 승객들에게 전달되었다. 배의 순조로운 항해와 과부하된 엔진에서 나오는 온기에 마음을 놓은 승객들은 비좁은 선실에 자리를 잡고 잠을 청했다. 오후 8시 직전에 그 배는 알렉산드르 마리네스코 대령이 지휘하는 소련 잠수함 S-13의 눈에 띄었다. 핀란드에서 술독에 빠져 무단이탈했다가 조사를 받은 마리네스코는 자신의 잘못을 만회할 수 있는 기회를 엿보고 있었다. 그런 그에게 빌헬름 구스트로프호는 하늘이 내린 선물처럼 보였다. 그는 나중에 이렇게 말했다. "그 배는 조국 러시아를 짓밟고 이제는 살기 위해 도망가고 있는 자들로 가득 차 있다고 확신했다." 그는 어뢰를 네 발 모두 발사하도록 명령했다. 배에 명중한 어뢰 세 발에는 '레닌그라드를 위해', '조국을 위해', '소련 인민을 위해'라는 글이 페인트로 적혀 있었다. 첫 번째 어뢰는 정확히 목표물에 맞았다. 배에 탄 사람들 중에 독일 구조선에 구조된 사람은 964명에 불과했다. 그리고 구조된 사람들 중에서도 후유증으로 사망한 이들이 있었다. 사망자 수가 타이타닉호의 다섯 배나 되는 이 사건은 역사상 최악의 선박 사고로 꼽힌다.

    마리네스코의 어뢰는 소련군이 독일에 접근하면서 갖고 있던 복수심을 극명히 보여 준다. 소련군이 베를린에 도착한 뒤, 주로 최전선이 아니라 후방에 배치된 병력이 난징 강간 사건을 연상시킬 정도로 미친 듯이 행동했다. 독일 여성들은 단순히 성적 전리품이 아니라 보복의 표적으로 간주되었다. 달렘 교외에 위치한 하우스 달렘 고아원 및 조산원의 쿠네군데스 수녀원장과 수녀들은 최전선 붉은군대와 마지막 남은 필사적인 독일 국민돌격대원들 간의 전투가 격렬해지자, 지하실에 숨어 기도나 하는 수밖에 없었다. 포탄이 고아원 가까이에 떨어졌고, 며칠 동안 수녀들과 보호자들은 카타콤에 몸을 피한 초기 기독교인들처럼 생활했다. 4월 26일, 러시아군 열 명이 고아원에 난입하여 수녀들의 십자가와 반지, 시계를 요구했다. 29일 밤에는 소련군 장교와 병사들이 고아원 가까이에 있는 주택의 포도주 저장소를 뒤진 뒤, 강간할 여자들을 물색하러 돌아다녔다. 수녀들은 어린 평수녀들뿐 아니라 임신한 여성들과 아기를 낳은 지 얼마 안 되는 산모들을 숨기기 위해 최선을 다했다. 그러나 술 취한 소련군 병사들이 수녀라고 존중해 줄지조차 확실치 않은 상황이었다. 실제로 수녀원장은 우크라이나인 요리사를 보호하려다 총에 맞았다. 30일 밤늦게, 술에 취한 장교들이 조산원에 침입해 들어왔다. 그들은 진통 중인 여성이나 막 아기를 낳은 여성까지도 강간했다. 수녀들이 보기에는 너무나 분명했다. "우리 국민이 너무 큰 죄를 지었습니다. 속죄할 시간이 왔습니다." 일제 안츠는 한 러시아군이 자신을 강간한 뒤 "독일군이 러시아에서 바로 이렇게 했어."라고 말하는 소리를 들었다. 한네로르 폰 츠뮤다는 자신을 윤간한 술 취한 러시아 군인들에게 세 번이나 총을 맞았고, 머리를 심하게 다친 여성들도 있었다. 베를린 소재 주요 병원에서는 베를린의 피해자를 9만 5000명에서 13만 명으로 추산했다. 베를린 동쪽에 위치한 포젠과 단치히, 브레슬라우 지역 독일인들은 이미 그러한 행동을 경험했다. 포메라니아에 있던 영국군 포로는 이렇게 설명했다. "러시아 병사들은 12~60살 여자라면 모두 강간했다." 소련군은 통틀어 200만 명이 넘는 독일 여성을 강간한 것으로 보인다. 이는 1942~1946년에 모든 교전 지역에서 열린 미군 군법회의 결과 내려진 강간 선고가 925건이라는 사실과 비교된다.

괴벨스의 소름 끼치는 선전에서 예측한 사실들이 거의 글자 그대로 현실화되는 분위기였기에, 베를린과 독일의 기타 지역에서 자살 사건이 잇달은 것은 그리 놀랄 일이 아니다. 히틀러만 브륀힐데의 본보기를 따른 나치당원이 아니었다. 괴벨스, 보르만, 히믈러 모두 자살했고, 오토게오르크 티에라크 법무장관과 베른하르트 루스트 문화장관도 스스로 목숨을 끊었다. 또한 지역 당 책임자 마흔한 명 중 여덟 명, 고위 나치 친위대 대원과 경찰서장 마흔일곱 명 중 일곱 명, 육군 장성 553명 중 쉰세 명, 공군 장성 아흔여덟 명 중 열네 명, 해군 제독 쉰세 명 중 열한 명도 그 뒤를 따랐다.(괴링은 뉘른베르크 재판관이 총살 집행 요구를 거부하자, 교수형을 피하기 위해 목숨을 끊었다.) 그러나 이러한 자살 충동은 나치 지도층에 국한되지 않았다. 그 수가 알려지지 않은 일반 독일인들도 같은 방식으로 패배 전망에 반응했다. 시안화칼륨을 지니고 다니거나, 베를린 필하모니의 마지막 연주회에 참석한 관객처럼 독약을 받아 둔 독일인들은 자신들에게 밀어닥칠 보복에 맞서기보다는 독약을 삼켜 버리는 쪽을 택했다. 1945년 4월 베를린의 자살 기록은 3881건에 달했는데, 3월보다 거의 스무 배가 늘어난 수치였다. 가장 흔한 자살 동기는 러시아군에 대한 두려움이었다. 포메라니아의 쇤랑케와 쉬벨바인 같은 마을에서는 교회에 다니는 가족들 모두 목숨을 끊었다. 그들은 물에 뛰어들거나 목을 매거나 손목을 긋거나 집과 함께 불타 죽었다. 3월 12일 진격해 들어온 러시아군은 단치히 외곽의 어떤 집 헛간에서 목을 매고 손목을 벤 사람들이 열여섯 명이나 죽어 있는 것을 발견했다. 그들 세 가족은 러시아인과 함께 사느니 죽는 게 낫다고 믿은 에르빈 슈바르츠의 손에 목숨을 맡겼다. 또한 무수한 강간 피해자들도 자살했다. 베를린의 여학생 루스 안드리아스 프리드리히는 학교 선생님이 반에서 한 이야기를 일기에 기록했다. "러시아 병사가 너희를 범하면, 죽을 수밖에 없다." 이후 그녀의 학교 친구들 수백 명이 목숨을 끊었다. 열두 번이나 강간을 당한 딸의 손에 밧줄을 쥐어 주던 아버지는 "절개를 잃으면 모든 걸 잃은 거야."라고 말했다. 그 딸은 순순히 자기 목을 매달았다. 나치 비판자들은 가끔 그것을 "불쾌한 예식"이라고 불렀다. 히틀러의 예식은 다른 예식과 마찬가지로 대량 자살로 끝맺었다.

붉은군대만 독일 국민들에게 집단 처벌을 가한 것은 아니었다. 동유럽 전역에서 독일 제국과 독일계 주민들에 대한 잔인한 보복이 진행되었다. 1945년 2월에 한 폴란드 라디오 방송은 이제는 화해가 있을 수 없다는 점을 분명히 밝혔다. "독일인들은 엄청난 범죄와 야만적인 행위를 저지름으로써, 그들과 우리 폴란드인들 간에 메울 수 없는 심연을 만들었다. (중략) 우리는 폴란드에 어떤 독일 소수 민족도 살지 않기를 바란다." 카토비체의 시위자들은 폴란드도 독일군 침략자들과 똑같은 방식으로 상대를 다루어야 한다고 선언했다. 폴란드 공산당 지도자 브와디스와프 고무우카는, 국가는 다국적 노선이 아니라 민족적 노선에 기반을 둔다는 입장을 취했다. 이는 테헤란 회담(1943년 11월 27일~12월 1일)에서 대체로 동의를 얻은 스탈린의 결정, 즉 폴란드 국경을 오데르 강과 나이세 강까지 서쪽으로 옮겨 동프로이센, 서프로이센, 포메라니아, 포젠, 슐레지엔 지방 전체가 더 이상 독일 영토에 속하지 않도록 하자는 결정을 고려할 때 심오한 의미를 갖는다. 바트 살츠브룬 같은 슐레지엔 마을의 독일인들에게 서쪽으로의 강제 이주 명령이 내려지자 상황은 역전되었다. 이제는 폴란드인이 아니라 독일인이 몇 시간 만에 집을 떠나야 했다. 그들의 짐은 20킬로그램으로 제한되었고, 남은 재산은 보상 없이 몰수되었다. 또한 그들은 총부리의 위협을 받으며 일렬로 행진해야 했다. 프라하에 주재하던 서양 기자들도 다른 지역과 마찬가지로 타협을 모르는 반감을 느낄 수 있었다. 워싱턴 《이브닝 스타》의 도로시 톰슨은 1945년 6월 22일, 다음과 같은 기사를 보냈다. "프라하에서 태어난 독일인을 포함하여 모든 독일인에 대한 국민의 증오심은 하늘을 찌를 듯하다. 그들은 독일어를 쓰는 사람은 누구든 가리지 않고 폴란드에서 몰아내려 한다." 독일 점령군과 주데텐란트 독일인에 대한 잔학한 폭력이 연이어 발생했다.

중유럽과 동유럽 전역에서도 상황은 비슷했다. 보복 차원의 인종 청소가 진행됐는데, 연합군 지도자들은 포츠담 회담에서 그 행위를 공식 허락했다. 밀려들어 오는 피난민들을 더 이상 처리할 수가 없게 된 독일의 미소 점령 당국의 요청으로 헝가리에서는 추방이 1946년 2월로 연기되었지만, 헝가리의 다뉴브 강 계곡의 독일인 마을은 이미 유령 마을이 되고 말았다. 남은 사람들은 당연히 독일인의 정체성을 포기할 수밖에 없었다. 1949년 1월에 이루어진 헝가리 인구조사에서 2만 2453명만이 독일어를 모국어로 제출했다. 하지만 실제로 그곳에 살고 있던 독일계 사람들은 훨씬 많았을 것이다. 유고슬라비아의 경우 '제1법률'에 의해 모든 독일인의 재산은 몰수되었고, 그들의 공민권 또한 박탈되었다. 전쟁이 종결된 직후 독일인 수만 명이 살해되거나 강제수용소에 억류되었다. 루마니아계 독일인 10만 명은 독일군과 함께 후퇴했는데, 뒤에 남은 사람들은 그렇게 하지 않은 걸 후회하게 된다. 1945년 1월부터 독일계 주민 7만 3000명은 남녀노소, 나치당원, 공산당원 가릴 것 없이, 루마니아에서 도네츠 분지와 우랄 산맥 탄광으로 이송되어 '배상 노동'을 해야 했다. 소련이 점령한 유럽 전역의 독일인 40만 명 정도가 같은 운명을 겪었다. 잠시 '트란스니스트리아'로 불린 지역에서 독일로 돌아가려던 소련계 독일인 20만 명은 결국 그 여행을 끝마치지 못했다. 그들은 결국 붉은군대에 붙잡혀 화물차로 우랄 지방 너머로 보내졌다. 그들 외에도 옛 소련계 독일인 수만 명이 그곳으로 보내졌는데, 이들은 서양 연합군이 보복 차원에서 독일 점령지로부터 넘긴 사람들이었다. 국외 거주 독일인들은 히틀러의 민족 공동체에 모든 것을 걸었다. 민족 공동체는 그들 중 75만 명

표 16-2. 독일인들의 강제적인 탈출

	1939년~1944년	1944년~1946년		1939년~1946년	
	재정착	탈출	강제 이송	추방	총합
소련	588,000				588,000
폴란드	30,000	500,000			530,000
루마니아	69,000	100,000	73,000		242,000
체코슬로바키아				3,000,000	3,000,000
헝가리		n/a	n/a	250,000	250,000
리투아니아	66,000				66,000
유고슬라비아	21,000				21,000
불가리아	2,000				2,000
동독		5,000,000	215,000	3,325,000	8,540,000
총합	776,000	5,600,000	288,000	6,575,000	13,239,000

정도가 어떤 식으로든 재정착했던 독일의 번영기에도 인색한 보상밖에 해 주지 않았다. 이제 1918년 이후 형성된 민족 국가 내에서 그들이 소수 민족 집단이라는 이유로 발생한 문제는 최종 해결되었다. 루마니아는 동유럽 국가로서 유일하게 자국 내의 독일인 집단을 완전히 없애 버리려 하지 않았는데, 그런 루마니아에서도 독일인 수는 거의 절반이 줄었다. 전체적으로 붉은군대를 피해 이미 서쪽으로 피난 간 560만 명의 뒤를 이어, 독일인 700만 명 정도가 체코슬로바키아, 폴란드(제3제국의 옛 동쪽 지역을 포함하여), 헝가리, 루마니아, 유고슬라비아에서 쫓겨나거나 강제 이송되었다. 나치가 1944년 이전에 재정착시킨 국외 거주 독일인과 중유럽, 동유럽에서 동쪽과 서쪽으로 옮겨진 독일인 수에 이런 식으로 이동한 독일인을 모두 합치면, 총 1300만 명에 이른다.(표 16-2) 이 엄청난 격변 중에 죽은 사람의 수는 200만 명 정도일 것이다.

독일인의 집단 대이동이 가장 중요하긴 했지만, 이들의 이동은 전쟁 이후 이어진 거대한 민족 이동의 일부에 불과했다. 1944~1948년에 중유럽과 동유럽 전역의 3100만 명 정도가 역사상 가장 대규모이자 잔혹한 대이동 중에 자신의 안식처에서 쫓겨났다. 발칸 반도에서는 불가리아인들이 마케도니아 동부 지역과 트라키아 서부 지역을 떠나고 세르비아인들이 크로아티아인들과의 오랜 원한 관계를 해결하려 들면서, 여전히 인종 청소가 진행되고 있었다. 테헤란 회담에서의 합의를 통해 폴란드 국경이 서쪽으로 옮겨지면서, 폴란드인들과 폴란드 내에 얼마 남지 않은 유대인들은 서쪽으로 이동했고, 우크라이나인, 벨로루시인, 리투아니아인들은 동쪽으로 떠났다. 체코인들과 슬로바키아인들은 소련의 통치를 견디기보다 카르파티아 루테니아와 볼히니아를 포기함으로써 소련의 통치를 받지 않았다. 마자르인들은 슬로바키아 남부 지역에서 쫓겨나, 헝가리에 사는 세르비아인 및 크로아티아인과 교환되었다.

영국과 미국은 동맹국인 소련이 나치 정권의 범죄를 새로운 범죄로 되갚는 상황에 아무런 불안감도 느끼지 않았을까? 그랬다 하더라도, 큰 목소리로 그렇다고 말하지 않았다. 런던의 분위기는 정복당한 적에 대해 결코 관대하지 않았다. 상원에서는 전 외무장관 사이먼 경이 다수 의원을 대표해서 "히틀러가 등장한 까닭은 독일 민족의 뿌리 깊은 기형적 특징 때문"이라고 지적했다. 1945년에 출간된, A.J.P. 테일러의 『독일 역사의 과정(*The Course of German History*)』은 전후의 심적 상태를 밝힌 불후의 걸작이다. 서독 역사가들이 19세기까지 거슬러 올라가 파멸로 마감된 독일의 특이한 과정, 즉 존더벡(Sonderweg, 프로이센 개혁 이후 독일이 걸어온 특유의 길을 말함. 프로이센학파는 독일만의 독자적인 발전을 극찬했다. ─ 옮긴이)을 파헤치기 훨씬 전에, 영국에서는 그러한 견해가 이미 널리 인정받고 있었다. 처칠은 오스트리아인, 작센인, 다른 독일계 사람들을 루마니아에서 러시아로 강제 이송하는 조치를 태연히 받아들였다.

러시아가 받은 고통과 러시아에 대한 루마니아의 터무니없는 공격, 러시아가 현재 전선에서 동원하고 있는 대군, 유럽 여러 지역에서 러시아 사람들이 처한 끔찍한 상황 등을 고려하면, 그들이 10만 명 내지 15만 명을 이동시키는 게 잘못되었다고 생각할 수 없다.

사실상 독일 분할은 루스벨트와 처칠이 프로이센의 항구 쾨니히스베르크를 소련에 넘기고 폴란드 국경을 서쪽으로 옮기기로 합의한 1943년 11월에 이미 시작되었다. 1945년 2월에 개최된 얄타 회담에서 3대국은 독일의 나머지 지역을 점령 지역으로 나누는 데 어렴풋이 합의했고, 이는 곧바로 실행되었다. 오데르나이세 선(線) 위의 새로운 폴란드 국경으로부터 한때 중부 독일 지역이던 엘베 강까지가 소련의 점령 지역이 되었다. 서독은 영국, 미국, 프랑스 지역으로 나뉘었다. 베를린은 소련 점령 지대에 있는 4개국의 섬이 되었다. 오스트리아 역시 점령 지역으로 분리되었다. 오데르나이세 선 동쪽 지역에서 독일인들을 추방하는 조치는 포츠담에서 소급 비준되었다. 1차 세계 대전 이후 여러 조각들이 독일 제국 주변에서 제거되었는데, 2차 세계 대전 이후에는 제국 자체가 조각조각 임대되었다. 특히 미국이 처음부터 독일을 신속히 자치정부로 전환시키겠다고 분명히 밝혔기 때문에, 독일은 사라지지 않았다. 그러나 독일 제국은 아버지뻘 되는 프로이센과 마찬가지로 생을 마감했다.

그러나 독일인들만이 서쪽으로 진군해 온 붉은군대를 정면으로 맞닥뜨린 것은 아니었다. 1944년이 끝날 무렵, 오스트리아, 체코슬로바키아, 헝가리, 폴란드, 루마니아, 유고슬라비아를 포함한 대부분의 동유럽 국가와 중유럽의 많은 지역이 붉은군대의 지배하에 들어갔다. 이 모든 것을 테헤란에서 모인 3대국이 구상했다. 또한 그것은 군사적 현실을 반영한 결과이기도 했다. 조지 C. 마셜 미 육군참모총장과 연합군 최고사령관 드와이트 D. 아이젠하워는 프라하는 말할 것도 없고 베를린을 얻기 위해 소련과 경쟁하는 데 전혀 관심이 없었을 뿐 아니라 발칸 지역을 두고도 소련과 다툴 마음이 없었다. 마셜은 다음과 같이 선언했다. "개인적으로, 그리고 병참학이나 전술 혹은 전략의 의미는 차치하고, 나는 순전히 정치적 목적으로 미국민을 위험에 빠뜨리고 싶지 않다." 스탈린과 주코프가 경솔한 공격으로 더 많은 소련군의 생명을 헛되이 하지 못하도록 막는 조치는 전혀 내려지지 않았다. 그러나 러시아의 점령이 나치 제국의 지배를 받았던 민족들이 바라던 결과인 척할 수는 없는 노릇이었다. 티토의 좌익 빨치산만이 베오그라드에 진군한 소련군을 기꺼이 반겼지만, 헌신적인 공산당원이 소수였던 다른 지역 분위기는 적대적이었고 사람들은 분노에 휩싸였다. 지그문트 베를링 중령의 지휘하에 소련 편에서 싸운 사람들을 제외하고, 러시아인에 의한 '해방'을 환영한 폴란드인들은 거의 없었다. 스탈린은 고국군(Home Army)으로 알려진 폴란드 저항군이 1944년 8월 1일부터 10월 2일 사이에 바르샤바에서 독일을 상대로 애초에 실패할 수밖에 없었던 봉기를 일으킨 뒤 진압당했을 때, 전혀 안타까워하지 않았다.(붉은군대가 어느 정도까지 폴란드 저항군 편을 들며 개입할 수 있는 처지였는지는 여전히 논쟁의 여지가 있다. 그렇더라도 스탈린은 행동을 취하지 않았을 것이다. 독일군이 폴란드 수도에서 가장 철두철미한 민족주의자들을 제거하게 놔두는 게 너무나 편리했기 때문이다.) 서양 열강은 마지못해 비공산 계열 폴란드 망명정부의 요구를 강조했다. 1945년 2월, 처칠은 해럴드 니콜슨에게 이렇게 말했다. "러시아인들은 아주 강력할 뿐 아니라 빈틈이 없다. 하나로 뭉친 대영 제국도 그렇게 하지는 못할 것이다." 니콜슨은 일기장에 다음과 같이 덧붙였다. "처칠은 러시아인들이 나쁜 행동을 할 것으로 보지 않는 듯싶다. 스탈린은 처칠과 가까운 관계를 유지한 뒤부터 매우 충실히 약속을 지켜 왔다." 그러나 처칠이 염두에 두었을 약속, 즉 1944년에 발칸 반도를 분할하기로 스탈린과 비공식으로 맺은 그 악명 높은 '비율 조약(percentage agreement)'은 유럽 분할을 위한 계획서 정도에 불과했다. 처칠은 티토를 도우러 보스니아에 파견한 피츠로이 매클린에게 물었다. "전쟁이 끝나면 유고슬라비아를 우리나라로 만들 생각이 있소?" 매클린이 아니라고 대답하자, 처칠은 이렇게 대답했다. "나도 그럴 생각은 없소. 그렇다면 당신이나 내가 그들이 어떤 정부를 세우든 신경 쓰지 않을수록 좋은 것이오. 그건 그들이 결정해야 할 문제니까." 그러나 유고슬라비아 사람들이 결정할 수 있었는가? 처칠과 루스벨트는 얄타 회담에서 "해방된 민족은 자유로이 자국의 정부 형태를 선택할 수 있다."라는 점에 대해 스탈린의 확약을 받아 냈지만, 루스벨트도 스탈린이 약속을 지킬 것으로 기대하지는 않았다. 그는 경제학자인 리언 헨더슨에게 이렇게 말했다. "러시아인들은 제멋대로 행동할 것이오." 스탈린은 외무장관 몰로토프를 안심시켰다. "걱정하지 마라. 나중에 우리는 우리 식으로 행동할 수 있다." 스탈린은 지체 없이 동유럽 전역에 수용소를 세워 죽을 때까지 수용소 500여 개로 이루어진 새로운 네트워크를 조성했다. 독일의 포로수용소가 소련의 수용소 굴락에 양보하고 말았다.

이제는 스탈린에게 양보하는 것이 처칠의 방침이라는 아이러니가 작용했다. 과거에 히틀러를 상대로 철두철미하게 유화 정책을 폈던 반공산주의 토리당원 다수가 소련의 행동을 격렬히 비난했다. 《타임스》만이 일관된 입장을 유지했는데, 이 신문은 폴란드에 대한 1939년의 보장은 독일이 침략할 경우에 폴란드의 방어를 약속했을 뿐이라는 점을 지적했다. 즉 스탈린의 바람과는 반대로 폴란드 국경을 전쟁 전 상태로 돌려놓아야 하는 의무를 영국이 져야 할 이유가 없다는 얘기였다. 《타임스》는 E. H. 카의 강국을 숭배하는 현실주의와 보조를 맞추면서, 히틀러와 마찬가지로 스탈린에게도 '안전보장'을 요구할 정당한 권리가 있다고 충고했다. 한편 니콜슨은 가능한 한 자신의 주장을 변호하려고 애썼다.

사람들은 내게 말한다. "우리가 히틀러를 달래려고 한다고 욕하더니, 왜 당신은 스탈린에 대한 유화 정책을 주장하는 거요?" 나는 이렇게 대답한다. "여러 이유가 있다. 첫째로, 나치 체제는 소비에트 체제보다 더 사악했다. 두 번째로, 히틀러는 우리 측의 모든 양보를 추가 공격을 위한 발판으로 이용한 반면, 스탈린은 어떤 선을 넘으려고 하지 않는다."

1945년 5월, 스탈린의 자제심에 대한 그런 믿음은 현실성 없는 희망에 불과하다는 점이 드러났다.

소련의 전쟁 포로 처리 방법은 연합군이 스탈린과 맺은 조약의 특징을 극명히 드러냈다. 얄타 회담에서 추축국 지배하에 있는 모든 소련 국민은 전쟁 포로와 강제 노동에 동원된 사람들뿐 아니라 배반자인 안드레이 블라소프 장군의 지휘하에 훈련받은 병사 15만 명이나 독일군에 합류하여 소련 압제자들과 맞서 싸운 코사크인 2만 명처럼 추축국 편에서 싸운 러시아인들까지도 소련 당국으로 돌려보내야 한다는 점을 합의했다. 1945년에만 170만 명에 이르는 소련 포로와 강제 노동자 들이 송환되었는데, 이는 기나긴 본국 송환 행렬의 시작에 불과했다. 1953년경에는 거의 550만 명이 소련으로 보내졌다. 이들 가운데 대략 20퍼센트가 처형되거나 최고 25년의 강제노동수용소 수감이 선고되었다. 스탈린에게 돌아간 사람들을 기다리고 있던 운명이 너무나 명백했는데도 영국군은 부끄럽게도 속임수와 폭력을 동원하여 이 협정을 실행에 옮겼다. NKVD의 심문을 받은 뒤에 총살이나 추방을 면한 사람들도 평생 의심을 받으며 좋은 직장을 구할 수 없었다.

물론 1944년과 1945년에 중유럽과 동유럽을 유린했던 살인과 강간, 약탈 사건 전부를 스탈린의 소행이라고 할 수는 없다. 모스크바는 제3제국의 폐허 속에서도 끝까지 펼쳐졌던 죽음의 춤을 부분적으로만 계획했을 뿐이다. 독일 민족을 상대로 한 다수의 폭력 행위는 좁은 지역에 한정되었고 자발적으로 이루어졌다. 폴란드인과 우크라이나인 들은 국경 자체가 두 국가 아래쪽으로 내려갔는데도, 1945년 이후 여러 해 동안 잔인한 국경분쟁을 지속했다. 1945년 종려주일에 NKVD 제복을 입은 우크라이나인들이 흐루비에슈프의 폴란드 교회 밖에 정렬한 뒤 신도들에게 수류탄을 던졌다. 한편, 추축국 열강이 발칸 반도에서 지원한 내전은 유고슬라비아 공산주의자들에게는 유리하고 그리스의 공산주의자들에게는 불리하게 전개되었다. 홀로코스트가 독일인들만의 범죄 행위가 아니라는 점을 일깨워 주는 폭력이 폴란드의 살아남은 유대인들을 상대로 계속해서 저질러졌다. 1946년 6월, 키엘체에서 옛 고향으로 돌아가려던 유대인들을 상대로 대대적인 포그롬이 발생했다.

그럼에도 1947년 말이 되자 전쟁이 유럽에 끼친 효과가 명백히 나타났다. 1939년, 표면적으로 영국은 1년 전의 체코슬로바키아처럼 폴란드가 독일에 침략 당하지 않도록 독일과의 전쟁을 개시했다. 1945년 말, 어떤 국가도 자유로운 상태에 이르지 못했고, 시간이 지날수록 그럴 가망은 점점 더 멀어졌다. 엘베 강 기슭까지의 중동부 유럽은 스탈린의 철권 통치를 받았다. 만약 전쟁이 그 지역 운명을 갈라놓았다면, 그는 전쟁에서 이긴 것이다.

끝없는 전쟁?

아시아 전쟁의 진정한 승자는 누구였는가? 서유럽 제국들이 완전히 해체되지 않았다는 점은 사실이다. 인도가 충성을 바친 대가로 독립을 얻었지만, (분할된) 영국은 홍콩과 싱가포르, 말레이 반도 지배권을 다시 얻었다. 프랑스는 인도차이나 반도에서 힘을 회복했다. 식민지 지배의 기초가 된, 우월한 유럽이라는 개념은 일본의 점령으로 약해진 게 확실했다. 한편, 말레이 반도 등지의 지역 엘리트층은 각국의 더욱 인기 있던 정치 세력에 권력을 넘겨주느니 차라리 유럽의 복귀를 반겼다.

그러나 유럽에서 그랬듯이, 아시아에서의 승리로 이익을 본 주요 국가는 소련이었다. 스탈린은 테헤란 회담에서 독일의 패배 이후 일본과의 전쟁에 참전하겠다고 약속했고, 얄타 회담에서 엄청난 보상을 약속 받았다. 쿠릴 제도, 남부 사할린, 외몽고, 다롄, 뤼순 항, 만주 철도를 받기로 한 그는 약속을 지켰다. 1945년 8월 9일, 그는 일본이 지배하던 만주와 한국, 사할린, 쿠릴 제도에 170만 대군을 보냈다. 기억되지 않는 군사 행동에서 벌어진 전투는 격렬했다. 일본군은 한국의 해안을 따라 소련군의 육해군 상륙 작전을 막느라 상당히 큰 피해를 입었다. 1941년에 이 전쟁이 터졌다면, 일본군은 소련 후방에서 치명적인 타격을 입힐 수 있었을 것이다. 그러나 1945년 당시 일본군에겐 소련을 압도할 물질적인 자원이 부족했다. 논리적으로 스탈린이 취할 다음 조치는 만주와 한국에서 소련의 존재를 영구화하는 것이었는데, 이는 40년 전 일본에 의해 좌절된 혁명 전 러시아의 전략이었다. 이에 미국은 한국을 두 개의 임시 점령 지역으로 분할하는 방안을 성급히 내놓았고, 다소 자의적으로 선택된 38선 북쪽 지역을 스탈린에게 맡겼다. 따라서 유럽에서처럼 아시아에서도 종전은 논란이 일어난 지역의 즉석 분할을 의미했다. 또한 종전은 차르의 분별없는 환상을 뛰어넘는 러시아 외교 정책의 승리를 의미했다.

스탈린이 아시아 제국 건설을 계획한 것은 아니었다. 그보다는 미국이 동아시아 민족주의 운동이 통제할 수 없을 정도까지 진행될 것이라고 생각하지 않은 점이 중요하다. 일본의 패전 뒤에 토착 정치인들이 갑자기 등장함으로써, 한국을 신탁통치 형태로 지배할 수 있다는 생각은 비현실적인 것으로 입증되었다. 김일성과 이승만 모두 무엇보다 민족주의자였고, 한국의 분단을 초래한 것은 강대국들의 야심보다는 두 정치인들의 야심이었다. 이와 동시에 미국은 중국 장제스 정권의 안정성을 과대평가했는데, 전쟁 수행 노력과 미래의 동아시아 안정성에서 그의 유용성은 루스벨트의 바람에 크게 못 미쳤다. 루스벨트는 장제스에 대해 이렇게 얘기했다. "그는 위대한 비전과 용기를 가진, 정복 당할 수 없는 사람이다." 장제스는 1943년 11월에 열린 카이로 회담에서 극진한 예우를 받았다. 루스벨트는 전후 중국이 미국, 소련, 영국과 함께 4대 강국에 들 것이라고 주장했다. 하지만 장제스를 "하찮은 인간"이라고 평했던 스틸웰의 생각이 옳은 것으로 드러났다. 일본군이 물러나자, 1930년대 이후 중국 농민들이 받은 고통은 더 이상 외국 침략자만 탓할 수 없게 되었다. 장제스 정권이 부패하고 무능하다는 공산당의 비판은 지방에서 점차 많은 지지를 얻어 냈다. 소련의 지원도 받지 않은 공산당 군대가 남쪽으로 진격해 가고 내전이 재개되자, 장제스의 입지는 미국을 등에 업고서도 흔들리기 시작했다. 트루먼 정부는 스탈린이 1946년 3월 만주에서 소련군을 철수시키고 장제스 정부를 인정하자 안도했다. 트루먼은 장제스 정권에 너무 후한 평가를 내렸기 때문에, 토착 공산당(소련의 지원을 받은) 혁명에 의해 장제스가 쫓겨날 수도 있다는 가능성에 무관심한 듯했다. 사실 이러한 느긋한 태도는 정당하지 않았다.

1945년 4월 2일, 그 누구도 아닌 히틀러가 마르틴 보르만에게 받아 적게 한 마지막 정치적 묵상에서 냉전의 도래를 예고하는 통찰력이 발휘되었다.

> 제3제국이 패하고 아시아, 아프리카, 남미에서 민족주의 운동이 등장하는 사이 세계에는 동등한 힘을 기초로 서로 대항할 수 있는 두 강국, 즉 미국과 소련만이 존재할 것이다. 역사 법칙에 따라 이 두 거대 국가는 군사적으로 혹은 단순히 경제적, 이데올로기적으로 자신들의 힘을 시험할 것이다.

이 생각은 확실히 옳았다. 의심할 바 없이 2차 세계 대전은 1945년 여름에 끝났다. 서유럽은 5월 7일, 동유럽은 5월 8일, 아시아는 8월 15일

(혹은 뒤늦게 일본이 항복 확인 문서에 서명한 9월 2일)에 전쟁이 끝났다. 그러나 세계 전쟁은 결코 끝나지 않았다. 유럽에서는 폴란드, 아시아에서는 만주라는 국경 지역에서 시작된 분쟁은 1945년 이후에도 계속되었기 때문이다.

스탈린에 대한 처칠의 유화 정책은 오래가지 못했다. 처칠이 유고슬라비아의 미래에 대한 위험한 견해로 브룩을 불안하게 만든 것은 유럽 전승일에서 1주일도 지나지 않은 1945년 5월 13일이었다. 처칠은 호전적인 생각에 사로잡혀 티토를 거칠게 다룰 만반의 준비가 되어 있던 트루먼의 전보를 받고 크게 기뻐했다. 브룩은 그런 처칠을 보며, 그가 설혹 소련과 싸우게 되더라도 또 한 번 전쟁을 치르기를 바란다는 느낌을 받았다. 실제로 참모총장들은 이미 1944년 10월에 소련과의 대립 가능성을 진지하게 고려하고 있었다. 하지만 브룩은 그건 미친 생각인 데다 성공 가능성이 거의 없다고 간주했다. 처칠은 원자폭탄으로 소련과 균형을 이룰 수 있을 거라고 반격했다. 이에 크게 놀란 브룩은 일기에 다음과 같이 기록했다.

> 이 폭탄의 비밀과 폭탄을 사용하는 힘은 독일의 패배 이후 흔들리고 있던 외교의 균형을 완전히 바꾸어 놓을 것이다. 이제 우리는 우리 위상을 바로잡아 줄 값진 새 물건을 손에 넣었다. (턱을 쭉 내밀면서 험악한 표정을 지으며) 그리고 이제 우리는 당신이 이것저것 주장한다면 모스크바와 스탈린그라드, 세바스토폴 등을 없애 버리겠다고 말할 수 있다. 자, 러시아인들은 어디 있는가!

실제로 원자폭탄이 히로시마에 투하되기 전이었다는 점을 고려하면, 이는 정말로 예언적이었다. 1945년 7월, 처칠은 국방부 참모들에게 필요하다면 독일군을 이용하여 소련을 기습공격할 수 있는지 연구해 보라고 지시했다. 당연하게도 이 아이디어에는 '터무니없는 작전'이라는 이름이 붙여졌다.

그러나 냉전의 기원에 대한 가장 당혹스러운 사실은 처칠의 생각이 틀린 것으로 드러났다는 점이다. 원자폭탄은 균형을 다시 잡아 주지 못했다. 다시 말해 서양 열강에 확실히 유리한 상황이 조성되지는 않았다. 의심할 바 없이 스탈린은 원자폭탄에 깊은 인상을 받았다. 그는 히로시마에 대한 자세한 소식을 듣고 이렇게 선언했다. "전쟁은 야만적이다. 하지만 원자폭탄 사용은 더욱 야만적이다." 그는 모스크바에 파견된 중국 대표단에게 원자폭탄은 엄청나게 강력하다고 말하며, 다음과 같이 덧붙였다. "내가 3차 세계 대전이 발발하도록 행동한다면, 러시아 국민들은 정부를 이해하지 못할 것이다. 그들은 전쟁 기간 내내 그리고 전후의 노력과 고통을 과소평가한다며 우리를 몰아내 버릴 것이다." 그러나 스탈린은 한 인터뷰에서 원자폭탄은 담력 약한 사람들에게 겁을 줄 목적으로 만들어졌다고 주장하면서, 조심스럽게 자신의 불안감을 감췄다. 소련의 실험은 1949년 8월이 돼서야 성공했고, 1950년대 내내 핵의 균형이 압도적으로 미국 쪽으로 기울어져 있었음에도 스탈린은 겁먹은 듯 보이지 않으려고 애썼다. 스탈린은 이 점을 예언한 것으로 보이는데, 트루먼은 히로시마와 나가사키에 핵폭탄을 투하한 이후 원자폭탄 사용을 상당히 주저했다. 원자폭탄은 '강력할' 수 있지만, 그 소유자들이 사용은 안 하고 엄포만 놓는다면 그렇지도 않다.

확실히 중동에서는 소련의 기세가 한풀 꺾였다. 서양 열강은 러시아 제국의 오랜 목표물이었던 터키와 흑해 해협 지배권에 대한 스탈린의 요구를 거절했고, 이란에서 소련이 철수해야 한다고 주장했다. 이들은 이란 문제를 신생 국제연합의 안전보장이사회에 회부하고 동부 지중해 지역에 미국의 제6함대를 배치했다. 바로 이 점에서 외교관인 조지 케넌이 권유한 봉쇄 전략이 효과적임이 증명되었지만, 원자폭탄 독점권이 효과적이라는 증거는 아니었다. 종전 후 1956년까지, 사우디아라비아와 이스라엘에서 영국과 프랑스의 영향력이 되살아났고, 미국의 영향력이 새로이 부각되었다. 비슷하게 터키와 그리스에서도 핵무기보다는 전통적인 원조와 금융 지원이 더 중요했다.

한편, 중유럽과 아시아에서는 소련의 영향력이 계속 거세졌다. 사실 바람과 달리 스탈린은 독일 전체를 지배하는 데 성공하지는 못했다. 트루먼 정부의 국무장관 조지 C. 마셜의 이름을 따 마셜 플랜으로 불린 1947년의 유럽 부흥 계획은, 전후 점령지를 영구적인 정치 블록으로 변화시키는 데 충분할 정도로 후하게 집행되었다. 1948~1949년 베를린 봉쇄가 실패한 것도 원자폭탄이 아니라 미국 비행기가 동쪽으로 수송한 원조물자 때문이었다.(하지만 트루먼 본인은 원자폭탄만이 소련의 유럽 지배를 막을 수 있다고 믿었다.) 그러나 체코슬로바키아에서 민주주의에 대한 희망은 1948년 2월, 소련을 등에 업은 쿠데타에 의해 좌절되었다. 이는 중유럽과 동유럽에서 연이어 발생한 쿠데타의 신호탄으로, 무자비하게 스탈린화된 이 지역 공산당에게 독재 권력을 안기는 결과를 낳았다. 또한 일부 서유럽 국가들에서도 공산당의 권력 탈취를 염려할 만한 충분한 이유가 있는 듯했다. 1945년 12월, 이탈리아 공산당은 180만 당원을 보유했고 자유선거에서 19퍼센트의 지지를 얻었다. 프랑스 공산당도 당원이 100만 명에 가까웠다. 1947년 11월, 코민포름의 선동으로 200만 노동자들이 프랑스 전역에서 파업을 선언했다. 비슷한 파업으로 이탈리아 역시 마비되었다. 한편 아시아에서는 소련이 거의 전면적인 승리를 거두었다. 일찍이 1946년 7월에 트루먼은 한국이 아시아에서 미국의 승리를 좌우할 수도 있는 이데올로기적 전쟁터라고 선언했지만, 1947년 잠시 동안 미국은 한반도에서 완전히 철수할 것처럼 보였다. 1950년 1월, 딘 애치슨 국무장관은 남한을 미국 안보에 중요한 국가로 간주하지 않겠다는 뜻을 내비쳤다.

그러나 소련이 그 점령지에서 UN 감독하의 자유선거를 허용하지 않겠다고 하자, 미국의 분위기는 급변하기 시작했다. 1950년 6월 25일에 스탈린의 축복하에 북한이 남한을 침략하자, 미국은 UN안보리의 결의안에 따라 참전을 선언했다. 또다시 무력 충돌이 일어나면서 다시 한번 세계 전쟁으로 확대될 수도 있다는 가능성이 제기되었다. 왜 그랬을까?

그에 대한 대답은 중국에서 찾을 수 있다. 20년간 간헐적으로 이어진 내전은 결국 공산당의 승리로 끝났다. 1949년 5월, 상하이가 마오쩌둥의 홍군에 무너졌다. 10월 1일, 마오는 중화인민공화국의 수립을 선언했다. 그리고 12월 10일, 장제스는 중국 본토를 떠나 포르모사(지금의 대만)로 건너갔다. 이미 마오는 소련과 손잡을 계획임을 분명히 밝혔는데, 1949년 12월 1일에는 스탈린에게 충성을 맹세하기 위해 모스크바로 떠났다. 답례로 만주 지역 항구 도시들이 중국 영토에 추가되었는데, 스탈린은 그의 동료 혁명가에게 그것을 내줄 수밖에 없다고 느꼈다. 2개월도 안 되어 마오는 다시 모스크바를 찾아가 상호방위 조약을 맺었다. 실제로 중화인민공화국의 수립 후 10년을 살펴보면 이 국가가 소련의 최대 위성국가라 해도 무리는 아니다. 파멸을 맞은 순간에도 태평했던 장제스는 일월담이라는 대만의 휴양지를 찾아가 낚시를 즐겼다. 퇴각은 장제스에게 패배가 아니었다. 그것은 아주 기나긴 게임의 전략, 즉 생활방식이었다. 그는 몇 년 내에 미국과 공산 진영 간에 3차 세계 대전이 벌어질 것이라고 자신만만하게 넘겨짚었는데, 그 전쟁이 끝나면 자신에게 어울리는 곳으로 돌아갈 수 있을 터였다. 그의 생각은 거의 맞을 뻔했다. 만주의 항구를 잃은 스탈린은 북한의 침략을 허가해 주었다. 동양의 뮌헨 위기(오스트리아를 합병한 독일이 체코 침공의 야심을 드러내며 연합군과 대치하기 시작한 사태—옮긴이)를 피하려던 트루먼은 북한의 침략에 맞서 미 제7함대를 대만 해협에 파견하고 명예에 굶주린 맥아더 장군을 남한 방어의 책임자로 임명하는 대응책을 내놓았다. 맥아더는 남한을 방어하는 정도를 넘어, 인천에서 북한군의 허를 찌른 다음 국제 정치적 결과에는 아랑곳하지 않고 38선 위로 밀고 올라갔다. 1950년 11월 26일, 중국은 예측하기 어려운 데다 세심히 계획한 공격을 개시하여 압록강을 건넜고, 맥아더 장군의 군대를 다시 남쪽으로 밀어냄으로써 전쟁을 한 치 앞도 내다볼 수 없는 혼란에 빠뜨렸다. 이 시점에서 서양인들은 다음과 같이 물을 수밖에 없었으리라. "도대체 2차 세계 대전의 진정한 승자는 누구인가?" 중공군의 참전 나흘 뒤에 트루먼은 군사적인 상황에 대처하기 위해 원자폭탄의 사용을 배제하지 않겠다고 밝혔다. 이것은 3차 세계 대전의 시작일까?

서양 열강은 2차 세계 대전에서 승리를 거두기 위해 히틀러만큼 잔인한 폭군과 손을 잡았다. 그들은 스스로 타락했다고 말하면서도 포로를 죽이고 민간인에게 폭탄을 투하하는 전술을 채택했다. 다시 한번 반복하자면, 이는 아우슈비츠와 히로시마가 단순히 도덕적 차원에서 다를 게 없다고 얘기하는 것은 아니다. 추축국 열강이 공격을 개시하지 않았다면, 그들의 도시는 결코 폭탄 세례를 받지 않았을 것이다. 그리고 연합국 열강이 정당하든 부당하든 어떻게든 이기겠다고 결심하지 않았다면, 추축국 열강은 무고한 사람들을 더 많이 죽였을지도 모른다. 어쨌든 당시 승리를 승리라 한다면, 이는 1945년의 승리가 더럽혀진 승리라고 인정하는 것이다. 또한 그것은 서양과 동양의 근원적인 전쟁이 1945년에 끝난 게 아니라 1939년에 시작되었다는 가정을 내놓는 것이기도 하다. 왜냐하면 한국 전쟁은 단순히 아시아에서 발생한 세계 대전의 여진이 아니기 때문이다. 한국 전쟁은 처음부터 앞선 전쟁의 최종 단계에서 나타난 격렬한 파괴력을 똑같이 보여 주었다. 3년간의 전쟁에서 300만 명이 목숨을 잃었고, 18개국이 참전했다. 그러나 2차 세계 대전 때와 마찬가지로 사상자 대다수는 민간인이었다. 그리고 2차 세계 대전 때와 마찬가지로, 평양과 서울을 철저히 파괴해 버린 공습이 민간인 사망의 주요 원인이었다. 이제는 과거의 지역 분쟁과 달리 이 전쟁이 또 한 번의 세계 대전으로 확대되지 않은 이유를 알아내야 한다.

에필로그: 서양의 몰락

서양 열강이 해안을 따라 단순히 대포 몇 방을 쏘고 동양의 한 국가를 정복할 수 있는 시대는 영원히 지나갔다.

— 펑더화이, 중국인민지원군 총사령관, 1953년 9월

우리는 보복 테러를 너그럽게 봐주었다. 실제로 그런 행위를 조장하거나 기원했을 수도 있다. 우리는 모반에 대한 두려움에 사로잡혀, 양심의 가책과 거북함을 지워 버렸다. 우리가 보복 테러를 저지한 적이 없어서 아무런 조치도 취할 수 없다고 결론지었기 때문만은 아니었다. 그보다 우리는 그것이 좋은 전술일 수도 있고 공산주의자들이 죽임을 당하는 한, 괜찮다고 생각했던 것 같다. 우리 편이 살인과 고문을 하고 있고 공산주의자들이 희생당하고 있다면 괜찮다. 결국 인간은 애초에 야만적인 존재가 아닌가? 따라서 테러에 대해 불안해할 것 없다. 나는 우리 국민들에게 이런 적나라한 주장을 들었다.

— 바이런 베이키(Viron Vaky), 과테말라 주재 미국 외교관, 1968년 3월

겁쟁이 게임

세계 전쟁은 언제 끝났을까? 아마도 정답은 한국 전쟁에 종지부를 찍으며 휴전 협정이 맺어진 1953년 7월 27일일 것이다. 왜 그 전쟁은 초강대국 간의 세계 전쟁으로 확대되지 않고 끝났을까? 그럴듯한 설명 하나는 최초의 원자폭탄 실험 이후 파괴력이 기하급수적으로 증가하여 너무나 위험해지는 바람에 전면전을 용납할 수 없었다는 것이다. 이미 트루먼은 히로시마와 나가사키에 원폭이 투하된 뒤, 자신은 원자폭탄 사용을 지극히 꺼린다고 밝혔다. 그는 1946년에 다음과 같이 썼다. "인간이라는 동물은 이제 변해야 한다. 그러지 않으면 완전히 파괴되어 곤충의 시대

가 오거나 지구가 대기 없는 상태로 변할 것이다." 이 점에 관한 한, 스탈린은 그와 의견을 같이했다. 스탈린은 1949년에 이렇게 말했다. "원자폭탄을 사용하면 세상의 종말이 올 것이다."

한국 전쟁 당시, 미국이 소련보다 엄청나게 우월했음에도 트루먼은 중국에 원자폭탄을 투하하길 거부했다. 당시 미국은 작전용 원자폭탄 369기를 보유했으나, 소련이 보유한 원자폭탄은 다섯 기에 불과했다. 미국이 수소폭탄 개발을 결정하면서, 핵전쟁 가능성은 크게 줄었다. 핵분열 대신 핵융합 기술을 사용하면서 위험도를 몇 배나 증가시켰기 때문이다. 1954년 3월 1일에 시험된 수소폭탄의 파괴력은 15메가톤이었는데, 이는 히로시마에 투하됐던 원자폭탄인 리틀보이의 750배에 해당한다. 이제 단 하나의 무기가 300~400제곱마일을 파괴할 수 있고, 치명적인 양의 방사성 낙진을 발생시킬 수 있게 되었다. 양측은 수소폭탄 공방으로 지구 전체가 생명이 살 수 없는 상태가 될 거라는 점을 알고 있었다. 1953년, 미 국방부는 소련이 먼저 공격할 경우 미국인 300여 만 명이 사망할 것으로 추정했다. 1956년에는 예상 사상자 수를 전체 인구의 65퍼센트로 높였다. 역설적으로, 양측이 이러한 현실을 받아들이는 경우에만 그러한 선제공격을 개시할 수 없었다. 미사일은 도시를 겨냥해야 했기 때문에 제한된 핵전쟁을 선택할 수는 없었다. 이것이 '확실한 상호 파괴'의 논리였다.

그러나 세계는 적어도 한 번 급박한 핵전쟁 위기를 겪으면서 이러한 기술적, 전략적 설명이 아무리 우아하다고 해도 결국엔 설득력을 잃고 마는 상황에 직면한다. 더욱이 미국 정계 및 군부의 고위 인사들은 원자폭탄과 수소폭탄의 사용을 결코 상상조차 할 수 없는 방법은 아니라고 간주했던 게 분명하다. 1940년대 말에 소련을 상대로 '예방 전쟁'을 펼쳐야 한다고 주장한 사람들 중에는 브라이언 맥마흔 민주당 상원의원과 봉쇄 정책의 주창자 조지 케넌이 있었다. 러시아가 소유한 원자폭탄 다섯 기를 분쇄하는 데 적극적이었던 인사로는 미국 공중전대학의 지휘관 오빌 앤더슨 장군과 전략공군사령부의 제1사령관 조지 케니 장군, 도쿄를 불태웠다고 알려진 그의 후임자 커티스 르메이가 꼽혔다. 미국의 독점이 끝난 뒤에도 많은 이들이 원자폭탄을 다시 사용하고 싶어 했다. 맥아더는 1951년 초 한국 전쟁에 참전한 중공군에 원자폭탄을 투하하길 간절히 바랐는데, 해군장관과 국방장관도 그 의견에 찬성했다. 그들의 의견은, 유럽 주둔 미군이 소련의 공격에 너무 취약해 보였고, 당시에도 워싱턴의 가장 중요한 동맹이던 영국의 노동당 정부가 격렬히 반대했기 때문에 거부되었다. 유럽이 군사적으로나 정치적으로 그리 불안하지 않았던 1952년이나 1953년에도 원자폭탄을 이용한 공격 가능성이 배제되지는 않았다. 트루먼은 교착 상태에 빠진 한국에서의 상황을 타개하기 위해 핵무기로 최후통첩을 보낼 생각을 했다. 아이젠하워 역시 대규모 핵무기를 이용하여 전쟁을 끝내는 방안을 고려했다. 사실 그렇게 했어도 지지를 얻었을 것이다. 여론조사에 응한 미국인 중 56퍼센트가 휴전 협상이 결렬될 경우 원자폭탄을 사용하는 데 찬성하는지 묻는 질문에 "그렇다."라고 대답했다. 중국이 대만 해협의 진먼다오(金門島)를 공격했을 때에도 핵 공격이 고려되었다. 아이젠하워는 선제공격을 적극 주장했는데, 이는 솔라리움 계획(Project Solarium)으로 알려진 군사 행동의 기초가 되었다. 아이젠하워가 보기에 소련의 선제공격을 저지하기 위해 막대한[1] 핵 전력을 유지해야 한다는 부담감은 견디기 힘들었다. 그는 이렇게 지적했다. "그런 상황에서 우리는 미래 세대에 대한 의무 때문에, 가장 적절한 순간에 전쟁을 개시해야 할지 생각하지 않을 수 없게 된다." 미 합참의 장 아서 래드퍼드는 그러한 예방 전쟁을 위한 공군의 전략을 승인했다. 헨리 키신저는 『핵무기와 외교 정책(Nuclear Weapons and Foreign Policy)』(1957년)

---

1) 단일통합작전계획(Single Integrated Operations Plan)은 동유럽 공산권 전체에 미국의 핵무기 3267기를 모두 투하하여 소련의 공격에 보복하려는 것이었다.

에서 제한된 핵전쟁이 발생할 수도 있다고 주장해 대중 지식인으로서 명성을 얻었다. 아이젠하워는 1959년에도 사태가 잠잠해지길 기다리느니 지금 싸움을 시작해야 하는 것은 아닌지 자문했다.

영국 철학자 버트런드 러셀은 두 초강대국이 풋내기처럼 무모한 방법으로 핵 교착 상태를 타개하는 데 흥미를 갖고 있다고 보았다.

'극한 정책'은 몇몇 타락한 젊은이들이 즐기는 놀이에서 채택한 것이라고 한다. 이 놀이는 길고 곧은 길을 선택한 뒤, 길 양쪽 끝에서 아주 빠른 자동차 두 대를 서로를 향해 출발시킨다. 가까이 갈수록 양측의 파괴는 더욱더 임박해진다.

10대들의 놀이에 비유한 러셀의 표현은 상당히 적절했다. 존 폰 노이먼과 헤르만 칸 같은 전략가들은 학계에서 '게임이론'이라는 새 분야를 발전시키는 데 기여했다. 그들은 이 이론이 핵무기 시대의 초강대국 관계에서 열쇠를 쥐고 있다고 믿었다. 학자들은 '죄수의 딜레마' 같은 수학적 모델을 개발하여 극한 정책이 왜 의미가 있는지 설명했다. 그러나 러셀이 떠올린 그 놀이는 제임스 딘이 영화 「이유 없는 반항」에서 보여 준 단순하면서도 죽음을 불러오는 '겁쟁이 게임'과 동일했다.

두 운전자 중에 한 사람이 흰 줄에서 벗어나면, 상대편은 그를 향해 "겁쟁이."라고 외친다. 몸을 피한 사람은 경멸의 대상이 된다. (중략) 이 게임은 저명한 정치가들이 여러 차례 불행을 겪지 않고도 할 수 있지만, 조만간 어느 쪽도 상대편에게 "겁쟁이."라는 조롱 섞인 외침을 듣지 않을 수 없는 순간이 온다. 그 순간이 오면, 양쪽 정치가들은 세상을 파멸로 몰아갈 것이다.

1962년 10월 27일 토요일, 온 세계는 파멸 직전까지 갔다. 로버트 맥나마라 미 국방부장관은 흙빛 석양을 바라보며 백악관을 걸어 나오던 그 순간을 이렇게 기억했다. "내가 보게 될 마지막 토요일이라는 생각이 들었기 때문에 주위를 둘러보며 냄새를 맡았다." 바로 그 순간, 모스크바 크렘린의 고위 보좌관 표도르 부르라츠키는 아내에게 전화를 걸어 모든 걸 포기하고 모스크바를 빠져나가라고 말했다.

위기의 원인은 쿠바였다. 1959년 초에 피델 카스트로의 게릴라 부대는 집권에 성공했다. 사실 쿠바는 시어도어 루스벨트 정부 이래 비공식적인 미국의 속국이었다. 카리스마 있는 민족주의자 카스트로는 그해 봄에 미국, 특히 하버드 대학을 방문했을 때 미 언론의 환대를 받았다. 그러나 새로 집권한 쿠바 정권에 대한 소련의 침투는 워싱턴에서 상당히 특이한 반응을 불러일으켰다. 1961년 3월, 취임한 지 두 달도 안 된 케네디 대통령은 CIA가 조직하고 무장한 반카스트로 망명자들의 쿠바 침략을 승인했다. 반카스트로 세력의 피그스 만 공격은 공군의 지원을 제대로 받지 못해 비참하게 실패했고, 자존심 상한 케네디는 카스트로를 암살하여 쿠바 정권을 뒤흔들겠다는 비열한 정책을 채택했다. 카스트로는 다량의 무기를 제공받는 대신 소련 블록에 가담했다.

1953년 스탈린이 세상을 뜬 뒤, 소련 공산당 서기장이 된 석탄 광부의 아들 니키타 흐루시초프는 쿠바 혁명이 세계 공산주의 세력에는 크리스마스 같은 기회라고 생각했다. 그는 이후 이어진 위기 내내, 단지 쿠바와 쿠바의 마르크스주의 실험을 지켜 주고 싶은 마음뿐이라고 주장했다. 실제로 그는 쿠바를 일종의 미사일 발사대로 이용하여 미국과 소련 간의 핵 전력 격차를 좁힐 수 있다고 생각했다. 그 격차는 여전히 컸는데, 미국 대 소련의 발사 가능 핵탄두 비율은 8대 1에서 17대 1까지 미국이 앞서 있었다. 미국은 소련보다 장거리 미사일을 여섯 배 많이 보유했고, 지하 격납고에 들어 있는 소련 미사일은 거의 없었다. 미국은 장거리 폭격기도 소련보다 세 배를 더 보유하고 있었다. 소련은 자국의 대륙간 탄도 미사일이 결코 믿음직하지 않지만, 플로리다 해안에서 145킬로미터밖에 떨어져 있지 않은 쿠바에서는 중거리 미사일로도 미국을 공격할 수 있음을 알고 있었다. 흐루시초프의 군사고문들은 미사일 마흔 기를 보내라고 권했는데, 구체적으로 R-12 미사일(사정거리 1690킬로미터) 스물네 기와 이보다 사정거리가 두 배 이상이 되는 R-14 미사일 열여섯 기였다. 두 미사일 모두 1메가톤의 탄두를 장착하고 있었다. 흐루시초프는 단번에 미국에 도달할 수 있는 미사일 수를 두 배로 늘리게 될 터였다. 이제는 소련군의 어떤 선제공격에도 주요 목표물이 되었을 미국 중서부의 장거리 미사일 격납고와 남부의 공군기지는 말할 것도 없고 워싱턴까지 표적이 될 판이었다. 흐루시초프는 이 작전을 정당화하기 위해 흑해의 피춘다에 있는 별장에서 터키로 눈을 돌리기만 하면 되었다. 그 무렵 미국은 터키에 주피터 미사일 열다섯 기를 배치했는데, 흐루시초프는 자신을 찾아온 방문객들에게 쌍안경을 건네며 이렇게 묻곤 했다. "뭐가 보입니까? 내 눈엔 내 별장을 조준하고 있는 터키의 미국 미사일이 보입니다." 이제 쿠바의 미사일은 미국인들과 같은 방법으로 복수해 줄 것이었다. 그는 마침 그해 9월에 소련을 방문하고 있던 스튜어트 우달 미 내무장관에게 즐겁게 말했다. "당신네 미국이 우리 엉덩이를 어린아이처럼 패 줄 수 있었던 때는 한참 전이었다. 이제 우리가 당신들 엉덩이를 때릴 차례다."

허리케인이 한창인 시기에 그렇게 많은 미사일과 5만 명이 넘는 병사를 1만 1265킬로미터 정도 이동시키는 작전에는 용기가 필요했다. 더욱 놀라운 점은 미국이 아나디르 작전(Operation Anadyr, 중거리 핵미사일 마흔 기를 쿠바에 배치하는 작전 — 옮긴이)을 간파하기까지 너무나 오랜 시간이 걸렸다는 점이다. 소련의 해군 활동과 쿠바에 대한 미국의 항공 감시가 약화됐기 때문에, 10월 16일 화요일 아침까지 케네디는 U2 정찰기가 아바나 근처에서 미사일을 발견했다는 소식을 듣지 못했다. 이틀 뒤에도 소련은 그 사실을 부인했다. 흐루시초프의 재미있는 표현에 따르면, 안

드레이 그로미코 외무장관은 딘 러스크 국무장관의 질문을 받자마자 말을 훔치다 잡힌 집시처럼 행동했다. "나도 아니고, 내 말(馬)도 아니다." 케네디의 수행자들이 지어낸 전설에 따르면, 이후의 이야기는 강경 외교 정책의 승전보이다. 무수한 교과서를 장식한 딘 러스크의 표현을 빌리자면, 케네디와 흐루시초프가 쿠바를 놓고 서로 노려봤는데, 이 순간 흐루시초프가 눈을 깜빡였다. 그러나 이 얘기는 사실과 전혀 달랐다. 그와 반대로 케네디와 그의 핵심 조언자들(나중에 국가안보비상대책위원회 (Executive Committee of the National Security Council), 즉 엑스콤(ExComm)으로 알려진 회의에 소집되었다.)은 소련의 대담한 움직임으로 인해 혼란에 빠졌다. 이미 CIA는 중거리 미사일이 최고 여덟 기까지 쿠바에서 발사될 수 있다고 보고했다. 6~8주 이내에 장거리 미사일 두 기도 설치가 완료될 예정이었다. 모든 미사일이 설치되면, 미국의 전략군 중 15퍼센트만이 소련의 공격을 견뎌 낼 수 있을 것으로 추정되었다. 케네디는 씩씩대며 말했다. "갑자기 우리가 터키에 중거리 탄도 미사일을 아주 많이 배치하기 시작한 것처럼 그러는군." 그때 누군가 대통령에게 일깨워 주었다. "대통령 각하, 실제로 그랬습니다." 케네디가 그다음으로 생각해 낸 방안은 미사일이 배치된 곳에 공습을 명령하는 것이었다. 그러나 합참은 그런 공습으로 미사일을 모두 없앨 수 있다고 장담할 수 없었다. 그리고 소련이 보복할 가능성도 있었다. 결국 케네디는 두 가지 해결 방안을 채택했다. 그는 더 이상 소련의 무기가 쿠바에 운반되지 않도록 해상봉쇄를 결정했다. 이와 동시에 TV 방송을 통해 소련에 미사일 철수를 요구하는 최후통첩을 보냈다. 그는 이 최후통첩이 거부될 경우를 대비해 지상군 9만 명에게 공격 준비 명령을 내렸다.

10월 24일 밤 10시에 워싱턴 내셔널프레스클럽의 러시아인 바텐더는 신문기자 두 명이 임박한 쿠바 침공 작전에 대해 나누는 얘길 엿들었다. 다음 날, 그 소식은 사무실 소파에서 밤을 지내 꼴이 말이 아닌 흐루시초프에게 전달되었다. 공습에 이은 상륙작전을 계획한 작전 계획(OPLAN) 316은 실행될 준비가 되어 있었다. 그리고 이후 며칠 동안 맥나마라 같은 핵심 인사들은 설사 소련이 유럽에서 보복을 가하기 위해 뭔가 일을 저지른다 해도 쿠바를 침략해야 한다고 계속 주장했다. 케네디 대통령 자신이 인정했듯이, 침략은 지옥 같은 도박이 될 것이었다. 그는 그 모험이 얼마나 엄청날지 알지 못했다. 흐루시초프가 미사일과 함께 보낸 2개 연대는 핵탄두를 갖춘 단거리 미사일 여든 기로 무장한 상태였기 때문이다. 처음으로 긴장감이 팽배해지기 시작한 9월 7일, 흐루시초프는 핵 로켓 열두 기와 함께, 일류신 Il-28 폭격기를 위한 원자폭탄 여섯 기를 추가로 급파했다. 각 원자폭탄은 직경 및 깊이가 40미터나 되는 구덩이를 만들어 낼 수 있었고 반경 915미터 이내에 있는 모든 것을 파괴할 수 있었다. 또한 흐루시초프는 핵탄두 어뢰가 장착된 잠수함 네 척도 함께 보냈다. 쿠바의 지휘관에게 자신의 허락 없이 이 무기들을 사용하지 못하도록 특별히 지시했지만, 미국의 전면 침략 행위는 비참한 항복 외에 별다른 대안을 내놓지 못했을 것이다.

그러나 본래 호전적인 르메이뿐 아니라 일부 군부 고위층 인사들은 이런 상황조차 걱정하지 않았을 것이다. 미 전략공군사령부의 새 수장 토미 파우어스(Tommy Powers) 대장은 핵전쟁도 불사할 사람으로 알려져 있었다.(그는 이렇게 말한 장본인이었다. "전쟁이 끝났을 때 미국인 두 명, 러시아인 한 명이 있다면, 우리가 이긴 것이다.") 전 국무장관 딘 애치슨(엑스콤 회원이기도 했다.)은 미국의 쿠바 공격이 결국 소련의 터키 공격을 유발할 거라고 주장했다. 그리고 미국은 소련 내의 미사일 기지를 파괴하는 방법으로 소련의 공격에 대응해야 한다고 지적했다. 그의 이러한 주장에 사람들은 물었다. "그런 다음, 우리는 어떻게 합니까?" 정치인들은 전쟁이 무엇을 의미하는지 제대로 알고 있었다. 케네디는 2억 명이 죽을 수도 있다고 말했고, 흐루시초프는 5억 명을 언급했다. 그는 소련을 방문한 미국인 사업가(위기에 이용된 다수의 비공식 채널 중의 하나)에게 이렇게 말했다. "만약 미국이 전쟁을 고집한다면, 우리는 모두 지옥에서 만날 것이다." 이는 전쟁이 불가능하다는 게 아니라, 양측이 이제 본격적으로 겁쟁이 게임을 하고 있다는 얘기였다.

물론 겁쟁이 게임에서도 '협력'하는 결과가 나오기도 한다. 양쪽 선수가 모두 몸을 피하면 아무도 이기지 못하지만, 두 사람 모두 살아남아 상대를 겁쟁이라고 부르지 않으면 된다. 실제로 이러한 결과가 쿠바 게임에서 일어났다. 흐루시초프는 케네디에게 두 가지 거래를 제안했는데, 하나는 다소 더딘, 일상의 외교 전보 채널을 통해 전달되었고, 다른 하나는 라디오 모스크바 방송으로 전달되었다. 첫 번째 거래는 미국이 쿠바를 침략하지 않는다는 보장과 미사일 철수를 맞바꾸는 것이었다. 이 방안은 9월 26일 금요일 오후 9시에 미 국무부에 전해졌다. 두 번째 방안은 13시간 뒤에 엑스콤이 소집되었을 때 백악관에 전달되었는데, 터키의 주피터 미사일을 철수하면 쿠바 미사일도 철수한다는 것이었다. 케네디의 전기 작가들이 퍼뜨린 소문에 따르면, 이 제안들 중 두 번째 것은 일축되었다고 한다. 실제로 법무장관이자 대통령의 최측근이었던 동생 로버트 케네디의 주도로 미국은 소련 첩보원 게오르기 볼샤코프에게 거래를 제안했다. 타협안을 모색하는 중이었지만 여전히 주말에는 전쟁이 터질 수도 있었다. 카스트로도 그렇게 생각했던 게 확실했다. 토요일인 27일 오전, 소시지와 맥주에 힘을 얻은 그는 "미국이 침략할 경우 결과가 아무리 가혹하고 잔인하더라도 핵전쟁을 벌여야 한다."라는 내용의 편지를 흐루시초프에게 보냈다. 그 '최고 지도자'는 위기가 대중의 분위기에 미치는 효과를 즐기고 있었다. 후에 그는 놀라울 정도로 솔직하게 다음과 같이 말했다. "우리는 한 사람도 체포하지 않았다. 사람들의 단결이 흔들리고 있었기 때문이다." 그날 아침 10시 22분, 미국의 U2 정찰기가 쿠바 상공에서 소련군의 SA-2 로켓에 의해 격추당했다. 그 과정에서 정찰기 조종사 루돌프 앤더슨도 목숨을 잃었다. 이후 쿠바의 대공포대는 저공비행 중이던 미국의 다른 정찰기에도 발포했다. 그러는 사이 또 다른 U2 정찰기 한 대가 우연히 베링 해 근처의 소련 영공을 침범하게 되었다. 소련의 미그 전투기가 그 정찰기를 저지하기 위해 이륙하자, 알래스카에 주둔 중이던 F-102A기들이 급히 이륙했다. 다른 곳에서는 단순한 사고들이 세상의 종말을 가져올 뻔했다. 덜루스 공군기지에서는 곰 한 마리 때문에 미네소타의 핵무장 F-106기들이 이륙했고, 케이프 커내버럴에서의 로켓 정기 실험은 뉴저지의 한 레이더 부대에 의해 소련 미사일 발사로 오인되었다.

27일 오후, 국가안보비상대책위원회 위원들은 심한 불안감에 휩싸였다. 그날 아침, FBI 국장 에드거 후버는 뉴욕 주재 소련 관리들이 분명 전쟁을 예상하고 서류들을 없애는 중이라고 전해 주었다. 그런 다음, 겉으로 보기엔 첫 번째 제안과 완전히 모순되는 아주 대담한 두 번째 제안이 흐루시초프로부터 전해져 왔다. 당시 참석자들 가운데 대통령만 터키 미사일과 쿠바 미사일을 맞교환하는 제안을 진지하게 고려하는 것처럼 보였다. 그의 조언자들 대다수가 흐루시초프의 제안이 나토를 약화시키려는 시도라고 생각했는데, 터키는 대서양 양안 국가들의 군사 협동체인 나토 회원국이었다. 오후 4시에 U2 정찰기 격추 소식이 전해졌다. 우리는 케네디가 비밀리에 만든 회의 테이프를 통해 그가 이 돌발 사건에 어떻게 반응했는지 알 수 있다. 그는 시종 종잡을 수 없게 물었다. "이 결과를 어떻게 설명할 수 있지요? 어젯밤 흐루시초프가 보낸 이 메시지와 그들의 결정……. 우리는 어떻게. 내 얘긴 그게……." 그의 입안에 맴돌던 얘기는 아마도 '우리가 무시할 수 없는 도발' 정도였을 것이다. 케네디가 그런 말을 하려 했는지는 모르겠으나, 그는 자제했다. 대신 동생 로버트를 소련 대사에게 보내 쿠바와 터키의 미사일 맞교환을 논의하게 하는 동시에, 로버트가 실패할 경우 UN 사무총장을 통해 다음 날 그 문제를 제기할 수 있도록 조치를 취했다. 로버트 케네디가 소련 대사를 상대로 설명했듯이, 터키 문제를 공개적으로 다루지 않는 것이 핵심이었다. 그는 그 문제로 인해 자신의 형과 민주당이 공격받을 수도 있다는 점을 상세히 설명할 필요는 없었다. 공화당 측은 케네디 정부가 쿠바 문제로 인해 나쁜 길로 빠져들고 있다고 누누이 비난해 왔다. 그리고 의회 선거가 다음 달로 예정되어 있었다. 옛 독일의 수도에 대한 4개국 지배권에 소련이 이의를 제기한 사건들 중에 가장 늦게 발생한 베를린 장벽 사건 이후 겨우 1년 만에 쿠바 위기가 발생했다는 점도 기억해야 한다.

흐루시초프는 이 모든 일이 일어나는 동안 크렘린 소파에서 잠을 자고 있었다. 소련 대사의 보고는 다음 날 아침이 돼서야 소련 외무부에 전달되었다. 흐루시초프는 로버트 케네디가 무슨 말을 했는지 보고를 받자마자, 또 다른 공개서한을 작성했고, 모스크바 시간으로 오후 5시, 미국 동부 표준시간으로 오전 9시 정각에 방송했다.(사실 더 일찍 방송해야 했는데, 급사가 러시아워에 발이 묶였다.) 이번에 흐루시초프는 쿠바의 미사일이 분해되어 포장된 뒤, 소련으로 돌아올 것이라는 말만 했다. 이제 위기는 끝났다. 비상대책위원회 위원 한 사람은 당시를 이렇게 기억했다. "그저 웃다가 소리치거나 춤을 추고 싶었다." 영국 기자 앨리스테어 쿡은 바다 갈매기가 날아오르는 모습을 보고 왜 그 새가 비둘기가 아닌지 의아해했다. 그러나 바다 갈매기가 당시 상황엔 어울리는 새였을 것이다. 왜냐하면 흐루시초프가 개인적인 메시지 두 개를 케네디에게 동시에 보냈기 때문이다. 두 번째 메시지에는 "당신이 터키 문제에 동의해 주었기 때문에" 미사일이 철수되고 있을 뿐이라는 내용이 담겨 있었다. 이후 UN 주재 미국 대사 애들레이 스티븐슨은 터키 문제를 제기했다는 이유로 비난받았는데 이는 중상모략이었다. 실제로 터키 문제를 일으킨 사람들은 케네디 형제였기 때문이다. 또한 위기는 완전히 끝난 것도 아니었다. 미 국방부는 미국의 추정보다 열 배가 넘는 소련군이 쿠바에 주둔하고 있으며 그들이 핵미사일로 무장하고 있다는 사실을 모른 채(아니 무시한 채), 계속해서 쿠바 침략을 준비했다. 겁쟁이 게임이 정말로 끝난 때는 흐루시초프가 Il-28 폭격기까지 철수하는 데 합의한 11월 20일이 되어서였다.

앞에서 살펴봤듯이, 두 운전자가 모두 몸을 피하면 승자는 없다. 실제로 케네디는 카스트로 정권 전복 계획이나 터키 미사일을 포기할 준비를 하고 있었다는 사실을 미국 국민들에게 숨겼고, 그래서 소련이 미사일을 해체할 때 터프가이 자세를 취할 수 있었다. 그러나 군부 지도자들은 분개했다. 르메이는 대통령의 얼굴에 대고 쿠바 위기를 "역사상 가장 커다란 패배"라고 말했다. 한편, 쿠바 문제를 놓고 흐루시초프를 떨게 만들었다는 케네디의 주장이 꽤 설득력이 있었던지, 1년 뒤 케네디는 리 하비 오스왈드라는 카스트로 지지자의 총에 맞아 세상을 떴다.[2] 흐루시초프 역시 쿠바 위기 이후 약해졌다. 11월 23일에 열린 중앙위원회 회의에서 그는 특유의 촌사람 같은 유머로 어떻게든 당시 상황을 받아들이려 애썼다. "총탄을 갖고 빈둥거리다 결국 자기 자신을 쏜 차르 시대의 장교처럼 행동할 필요는 없었다. 더욱이 소련 미사일은 미국 비행기를 한 대 격추시켰다. 얼마나 훌륭한가! 그리고 쿠바를 침략하지 않겠다는 맹세도 받아 냈다. 그리 나쁘지만은 않다." 하지만 훈장으로 가슴을 도배한 사람들은 그가 아무런 이익도 얻어 내지 못하고 무모하게 행동했다고 생각했다. 1964년 10월, 쿠바 미사일을 터키 미사일과 맞교환한 지 2년 뒤에 소련의 수장 역시 흐루시초프에서 레오니드 브레즈네프로 바뀌었다. 실제로 쿠바 위기의 유일한 수혜자는 카스트로였는데, 그는 세 지도자들 중에 유일하게 평화로운 결과에 실망한 사람이었다. 에르네스토 체

---

2) 크렘린 측은 음모가 있다고 확신했지만, 마피아는 말할 것도 없고 국방부의 매파가 관련된 음모를 폭로하려는 시도는 성공하지 못했다. 다른 설을 주장하는 이들은 KGB를 가리키며 비난하고 있다.

게바라에 따르면, 카스트로는 타협이 성사됐다는 소식을 듣고 욕을 퍼붓고 벽을 차며 거울을 박살 냈다. 그러나 카스트로의 입지는 위기 덕분에 엄청나게 공고해졌다. 얼마 지나지 않아 케네디는 죽고, 흐루시초프는 쫓겨났다. 그러나 쿠바 지도자는 40년이 넘는 세월 동안 권좌에서 내려오지 않게 된다.

제3세계의 전쟁

쿠바 미사일 위기는 미국과 소련의 파괴 역량이 엄청나게 증가했음에도, 두 국가가 3차 세계 대전에 얼마나 가까이 갈 수 있는지를 보여 주었다. 그런데 이 위기는 양측이 겁쟁이 게임에서 몸을 피하는 쪽을 택했다 해도 다른 방식으로 전쟁이 계속될 수 있다는 점을 (또한) 보여 주었다. 가끔 '확실한 상호 파괴' 논리의 출현으로 세계 평화의 시대가 시작되었다는 주장이 제기된다. 그러나 이는 냉전의 특징을 잘못 이해한 것이다. 살벌하고 실질적인 3차 세계 대전은 제3세계의 카스트로 같은 인물들이 벌였다. 세계 대전은 세계의 여러 제국이 유라시아 대륙 한쪽 끝에 위치한 중대한 전투 지역에서 연이어 전면 충돌한 사건이었다. 이와 반대로 제3세계의 전쟁은 전략적 이해관계가 적은(인적 희생은 아니지만) 새롭고 더 동떨어진 지역에서 간접적으로 벌어졌다.

이렇게 갈등이 다른 지역으로 옮겨 간 이유는 세 가지다. 먼저, 20세기 전반의 주요 전장이던 유라시아 동서 분쟁지에서 민족 갈등이 발생할 가능성이 급격히 줄어들었다. 2차 세계 대전 당시와 그 이후 인종 청소로 소수 민족 수가 크게 줄면서 과거 어느 때보다 사회가 동질화되었다. 이와 동시에, 가장 분쟁이 격렬했던 국경선이 완전히 밀봉되었다. 남한과 북한의 국경선은 1953년 이후 엄중히 요새화된 지대로 바뀌어 어느 누구도 감히 들어갈 생각조차 하지 못하게 되었다. 1961년에는 서쪽의 연방 공화국으로 도망가려는 동독인들을 막기 위해 베를린을 가로지르는 장벽이 세워졌다. 그러나 장벽은 독일의 분할뿐 아니라 유럽의 분할까지 기정사실화하는 결과를 가져왔다. 이제 중유럽은 사라졌고, 서유럽과 동유럽만이 존재하게 되었다. 일찍이 처칠은 발트 해의 슈테틴에서 아드리아 해의 트리에스테까지 철의 장막이 드리워질 것이라고 경고했다. 그러나 일단 그 장막이 쳐지자, 이 지정학적 장막에는 기대하지 않았던 이점이 있는 것으로 드러났다. 정치적 분리로 인해 중유럽과 동유럽은 전처럼 분쟁의 온상이 되지 않았다. 다시 말해 제국 내 분쟁 지역의 민족 갈등이 사라진 것이다. 케네디가 적절히 표현한 대로 "장벽은 전쟁보다 훨씬 나은 지옥이었다."

분쟁이 장소를 옮겨 발생한 두 번째 이유는 경제와 관련이 있다. 세계 대전은 경제적 변동성에 의해 촉발되었다. 세계 경제가 30년 동안 대변동을 겪은 이유는 1차 세계 대전에 의해 세계화가 크게 방해받았기 때문이다. 인플레이션, 디플레이션, 호황, 불황, 이 모든 경제적 변동은 유럽과 동아시아의 불안을 가중시켰고, 기존 제국들을 약화시켰다. 그리고 새로 들어선 민주주의 국가들을 위협했고, 인종 간의 반감을 고조시켰다. 또한 터키, 러시아, 일본, 독일 같은 제국 국가의 등장에 길을 열어 주었는데, 가국은 민족 동질성과 위계질서를 병적일 정도로 갈망했다. 자본의 국유화와 자유롭지 않은 노동을 기초로 한 일종의 신생 노예 국가였던 스탈린의 계획경제 체제에 정당성을 제공한 것도 경제적 변동성이었다. 무엇보다 '생활 공간', 즉 영토 확장을 통한 경제 회복이라는 매력적인 개념에 기초한, 새롭고 무자비한 제국주의가 발생한 것도 경제적 변동성 때문이었다.

1950~1960년대는 상당히 달랐다. 동서양을 막론하고, 경제 성장률이 유례 없이 치솟았다. 1950~1973년 1인당 평균 성장률은 인도를 제외한

거의 모든 주요 경제 국가에서 1913~1950년 성장률보다 훨씬 높았다. 스페인의 경우 성장률은 서른네 배 높아졌고, 독일과 오스트리아도 서른 배가량 높아졌다. 일본은 아홉 배, 이탈리아는 여섯 배가 높아졌다. 동구권 국가 경제도 순조롭게 성장했다. 스탈린식 계획경제는 전쟁으로 파괴된 경제를 재건하는 데 효과적인 방법임이 입증되었다. 1950~1960년대 헝가리의 성장률은 세계 대전과 공황기의 성장률보다 여덟 배 높았다. 동유럽 전체가 3.8퍼센트에 이르는 1인당 성장률을 기록했는데, 이는 1950년대 이전에 비해 네 배나 되는 수치였다. 소련은 3.4퍼센트 정도의 연간성장률을 달성했는데, 미국(2.4퍼센트)보다 1퍼센트가 높았다. 아이러니하게도 가장 높은 성장률은 전쟁에서 패한 추축국 국가들이 달성했다. 더욱이 주요 경제 국가들이 주기적인 경기 침체기에 보여 온 취약성 또한 현저히 감소했다. 1945~1971년에 세계 7대 경제 대국의 성장 변동성은 1919~1939년의 절반도 되지 않았다.

경제 분야의 경쟁이 전략적 충돌보다 더 중요해지기 시작했는데, 이러한 변화는 미국 부통령 리처드 닉슨이 1959년 7월 모스크바를 방문했을 때 생생히 입증되었다. 닉슨을 초청한 흐루시초프는 서양을 비웃길 좋아했다. 서양에 대한 그의 경고성 발언은 유명한데, 그는 "당신네들이 좋아하든 아니든, 역사는 우리 편이다. 우리는 당신들을 묻어 버릴 것이다."라고 말했다. 이에 닉슨은 모스크바 소콜니키 공원에서 열린 미국 박람회 개막식에 참가하는 것으로 소련의 경고에 답했다. 박람회의 하이라이트는 식기세척기와 전기 조리기, 미국 가정주부들이 가장 소중하게 생각하는 대형 냉장고 등 최신 설비가 갖추어진 부엌이었다. 거기에 있는 것이 보통 미국인들의 주택에 있는 부엌과 같다고 닉슨이 당당하게 밝히자 흐루시초프는 "우리에게도 그런 것들이 있다."라고 맞받아쳤다. 닉슨은 그의 말을 듣는 것 같지 않았다. 그러곤 이렇게 말했다. "이 부엌은 최신 모델로, 수천 세트가 주택에 직접 설치됩니다. 미국인은 여성의 생활을 편리하게 만들어 주는 데 관심이 많지요." 그러자 흐루시초프는 이렇게 응수했다. "공산주의 사회에는 여성들에 대한 자본주의적 태도 따윈 없소." 닉슨이 무엇을 보여 주든 흐루시초프는 절대로 감동받지 않았다. 미국 부엌이 소련 부엌보다 낫다면, 그것은 역사적인 우연의 문제에 불과했다.

흐루시초프: 미국이 생긴 지 얼마나 됐소? 300년?
닉슨: 150년이오.
흐루시초프: 150년이라고요? 그렇다면 미국이 생긴 지 150년 되었고, 이 정도가 미국이 도달한 수준이라고 말해도 되겠지요. 우리는 42년밖에 되지 않았지만, 7년 뒤엔 우리도 미국과 같은 수준이 될 거요. 우리는 당신네들을 추월하면서 당신네들에게 손을 흔들 것이오.

그의 얘기는 허세였다. 비좁은 공동주택의 원시적인 시설에 익숙해져 있던 러시아 국민들에게 그 전시관은 딴세상이었다. 매일 5만여 명이 전시관을 방문했으며, 모두 270만 명이 다녀갔다. 닉슨의 국내 비판가들은 이렇게 묻곤 했다. "이 사람에게 중고차를 사겠습니까?" 아마도 동유럽 사람들 대부분은 그에게서 중고 냉장고를 기꺼이 샀을 것이다.

닉슨의 냉장고는 냉전에서 승리를 거두는 무기처럼 보였다. 흐루시초프는 핵심을 정확히 짚었다. "우리가 정말로 논쟁을 벌인 것은 주방기구가 아니라 반대되는 두 체제, 즉 자본주의와 사회주의에 관한 문제였다." 미국인들도 이 사실을 알고 있었다. 미국 박람회에서 관심을 끈 또 다른 전시품은 최신형 IBM 라막(RAMAC)305 컴퓨터로, 미국 문화와 물질적 발전에 대한 관람객들의 질문에 답을 주었다. 박람회 개최 후 열흘간 컴퓨터가 처리한 질문 수는 1만 개 정도였다.

방문객: 아메리칸드림이 뭔가요?

IBM: 모든 사람이 자유로운 종교 생활과 사고, 집회, 사상의 표현, 그리고 보통선거권과 교육을 통해 더 나은 삶을 추구할 수 있게 된다는 의미입니다.

소련은 자국민에게 이러한 자유를 제공해 주지 못할 수도 있었으나 지도자들은 경제에 관한 한 서양 세계를 능가할 수 있다고 늘 주장했다. 스탈린은 공산주의 체제에서 생산할 내구 소비재를 진열하기 위해 모스크바에 '소련 경제 업적 공원'을 직접 만들었다. 어떤 선전 영화에서는 하늘을 나는 자동차가 나오는데, 일종의 소련판 치티치티뱅뱅(Chitty Chitty Bang Bang, 이언 플레밍의 소설에 나오는 마법의 자동차 — 옮긴이)이라 할 수 있었다. 그런데 미국 박람회를 계기로 소련이 그런 환상을 실현시킨다는 것은 너무 먼 이야기라는 사실이 극명히 드러나고 말았다.

하지만 냉전을 늘 미국이 이기게 되어 있는 1인 경마로 일축해 버리는 것은 냉전을 잘못 이해하는 것이다. 비록 경제적으로는 취약했지만, 소련에겐 마음대로 쓸 수 있는 만만찮은 무기가 있었다. 소련이 자기 지위를 고수할 수 있었던 분야는 문화와 스포츠만이 아니었으며, 자신들이 체스 시합이나 피아노 대회, 아이스하키 시합에서 늘 우승 후보라는 러시아인들의 자부심은 전혀 손상받지 않았다.[3] 루돌프 누레예프나 미하일 바리시니코프 등 유명한 러시아의 발레 스타들처럼 철의 장막 반대편으로 변절한 미국인들은 그다지 많지 않았다. 그러나 소련은 남몰래 킴 필비나 가이 버제스같이 날쌘 인물들을 영입하여 상대의 정보기

---

3) 미국인들은 스스로를 대담한 약자라고 생각하기 좋아했다. 그들은 텍사스 소년 반 클라이번이 1958년 모스크바에서 열린 국제 차이코프스키 피아노 콩쿠르에서 1위를 했을 때 기뻐 날뛰었다. 그들은 바비 피셔(Bobby Fischer)가 1972년에 러시아의 체스 왕 보리스 스파스키(Boris Spassky)를 물리쳤을 때에도 미친 듯이 기뻐했다. 그리고 9년 뒤, 미국 아이스하키 팀이 세계 챔피언인 소련 팀에 힘겨운 승리를 거두었을 때에도 기쁨을 참지 못해 어쩔 줄을 몰라 했다. 소련인들은 컨트리 뮤직이나 서핑, 야구에서 우월한 미국에 도전하고 싶어 하는 마음을 전혀 내보이지 않았다.

관에 침투시키는 데 성공했다. 또한 세계 전략 분야에서도 소련은 미국의 호적수였고, 때로는 미국이 감당할 수 없는 상대이기도 했다. 바로 그 때문에 40년이 넘는 세월 동안 냉전의 성과가 확실히 나타나지 않았던 것이다. 마찬가지 이유로 세계 여러 곳에서 벌어진 냉전은 전혀 냉랭하지 않았다. 세계 분쟁을 결정짓는 세 번째 요인, 즉 제국주의의 쇠퇴가 1950~1960년대에도 계속 작용했기 때문이다. 그러나 이제 세계 여러 곳에서 쇠퇴하고 있는 제국은 이전 제국들과는 달랐다. 대영 제국의 쇠퇴와 몰락에는 인도의 힌두교도와 이슬람교도 간의 격렬한 폭력이 수반되었다. 그리고 팔레스타인의 이스라엘인과 아랍인, 이라크의 수니파와 시아파, 아일랜드의 신교도와 구교도 간의 폭력 또한 뒤따랐다. 황급히 도망치는 방법(인도에서처럼)과 붙잡고 늘어지며 싸우는 방법(케냐에서처럼) 중에 어떤 것이 나은지는 분명치 않으며, 지금도 말하기 어려운 문제다. 유럽의 여러 제국들이 소멸할 때, 해피엔드가 거의 없었다고 말하면 충분할 듯싶은데, 독립 과정이 원만하게 진행된 곳에서도 머지않아 폭력 사태가 발생하곤 했다. 이런 현상은 사하라 사막 이남의 아프리카 전역에서 나타났다.

이런 여러 충돌을 야기한 쇠퇴하는 제국들로는 중앙아메리카와 카리브 해에 있었던, 다소 비공식적이라 할 수 있는 미국 제국을 들 수 있다. 1952년, 하코보 아르벤스 대통령이 이끌던 과테말라의 좌파 정부는 '법령 900'을 제정했다. 이는 과테말라 대지주의 토지를 몰수하여 가난한 농민들에게 다시 배분하는 개혁 조치였다. 이러한 사태 전개에 당황한 지주들 중에는 과테말라에서도 노른자위라 할 수 있는 농지의 10퍼센트 정도를 소유하고 있던 미국의 유나이티드 프루트 컴퍼니가 있었다. 1953년 2월, 아르벤스 정부는 100만 달러 가치의 정부 채권을 주는 대신, 회사 소유 토지의 25퍼센트를 몰수했다. 유나이티드 프루트 컴퍼니의 주장에 따르면, 그들이 받은 채권은 토지 가치의 20분의 1에 불과했다. 과테말라 대법원이 이 법령에 위헌 판결을 내리자, 정부는 판사들을 쫓아냈다. 한 노조 대표는 이렇게 선언했다. "사람은 재판소 없이 살 수는 있어도 땅 없이는 살 수 없다." 유나이티드 프루트의 지인들 중에는 미국 정부의 고위 인사들(미래의 국무장관 존 포스터 덜레스가 회사 변호사들 중의 한 사람이었고, 그의 형 앨런은 CIA 국장이었다.)이 있었지만, 정치인 치고 아르벤스 정부가 미국 뒷마당에 놓인 소련의 트로이 목마라는 사실을 모를 리 없었다. 과테말라 주재 미국 대사 제임스 푸에리포이는 미국의 공식 입장을 다음과 같이 요약 설명했다. "전 세계 공산주의자는 크렘린의 지시를 받고 있다. 이와 다르게 생각하는 사람은 자신이 무슨 얘기를 하고 있는지 모르는 사람이다." 국가안전보장회의 참석자는 "과테말라가 공산주의와 싸우는 방법과 수단을 시험하는 무대가 될 것"이라고 말했다. 이란에서도 비슷한 상황이 전개되는 듯했다. 두 가지 사례의 해답은 CIA가 지원하는 쿠데타였다. 아이젠하워는 1953년에 이란에서, 그리고 다음해에 과테말라에서 발생한 정권 교체를 공식 허가했다.

1954년 6월에 시작된 반공주의자들의 공격은 실패작에 가까웠다. 그러나 그로 인해 조성된 위기 덕분에 과테말라 군부는 아르벤스로부터 권력을 탈취할 기회를 얻었다. 새로 들어선 군사정권은 워싱턴, 특히 리처드 닉슨 부통령의 공식 축복을 받았다. 과테말라를 방문한 닉슨은, 소련이 사람들의 마음을 바꾸어 국제 공산주의를 지지하도록 수많은 인쇄물을 보냈다고 주장했다. 그는 아르벤스 정권이 국제 공산주의 음모단에 직접 지배를 받았다는 명백한 증거가 있다고 주장했다. 모스크바에 전해진 메시지는 분명했다. UN 주재 미국 대사는 이렇게 말했다. "이 반구에서 물러서 있어라. 그리고 이 지역에서 계획과 음모를 꾸미려 들지 마라." 그러나 소련은 라틴아메리카에 직접 개입할 필요가 없었다. 소련의 도움 없이도 자본주의를 전복할 수 있다고 느낀 마르크스주의자들이 라틴아메리카에 있었기 때문이다. 어떤 경우라도 소련은 과테말라를 전혀 지원하지 않았다. CIA의 은밀한 작전은 생각지 않은 결과를 가져왔는데, 이런 경우는 마지막이 아니었다. 군부 쿠데타 직전에 감수성 예민한 한 젊은 아르헨티나 의사가 과테말라에 도착했다. 그는 쿠데타 이후 멕시코로 몸을 피했다가, 거기서 또 다른 정치 망명자인 쿠바 출신 변호사를 만났다. 5년 뒤, 에르네스토 체 게바라라는 그 의사는 피델 카스트로라는 그 변호사를 도와 쿠바를 접수했다.

쿠바 혁명으로 과테말라의 쿠데타 성공이 단번에 빛이 바랬고 미국의 반공산주의 전략은 심각한 타격을 받았다. CIA는 아나바에서 동일한 수법을 거듭 시도했음에도 실패했다. 그러나 쿠바가 카리브 해의 소련 공산당 지부가 되었다는 미국의 생각은 여러 면에서 잘못된 것이었다. 나중에 소련이 인정했듯이, 그들은 카스트로에게 제한적인 영향력을 행사했을 뿐이다. 카스트로는 피노키오, 즉 줄 없는 꼭두각시였기 때문이다. 카스트로는 모스크바의 지원이 거의 없는 상태에서 자신만의 전략을 추구하며 제3세계로 불릴 지역 전체에 혁명의 불꽃을 일으켰다. 그와 게바라는 도미니카 공화국, 니카라과, 아이티에서 쿠바와 비슷한 혁명을 선동하려 했다. 이후 카스트로는 알제리에 쿠바의 무기를 보냈고, 콩고, 기니비사우, 에티오피아에 군대를 파견했다. 1975년, 카스트로는 당시로선 가장 큰 규모의 개입을 지시했는데, 신생 독립국 앙골라에 침략한 남아프리카 군대를 격퇴하기 위해 쿠바군을 파병했다. 그는 개입하지 말라는 소련의 명령을 무시하고 미국도 모르게 직접 앙골라 사태에 끼어들었다.

앙골라 사태는 냉전이 특이하게 뜨거웠던 지역을 대표하는 사례였다. 한쪽에는 앙골라해방인민운동(MPLA)이 있었는데, 이들은 1975년에 포르투갈로부터 독립한 이후 르완다에서 집권했다. 반대쪽에는 서로 경쟁하는 게릴라 조직인 UNITA와 FNLA가 있었다. 그리고 MPLA를 지원하는 대부분의 병력이 러시아 군대라기보다는 쿠바 군대였듯이, UNITA 역시 미국보다는 남아프리카공화국으로부터 많은 군사적 지원을 받았다. 1987년 9월, 앙골라전쟁이 나미비아 국경에서 멀지 않은 앙골라 남동부 지역의 외딴 군사기지 쿠이토 쿠아나발레(Cuito Cuanavale)에서 극도로 격렬해졌을 때, 앙골라 정부군은 소련제 T-55 전차와 미그 전투기로 무장했지만 전차 승무원과 조종사들은 대개 쿠바인들이었다. 한편, UNITA 병력은 8000명이었는데 3000명가량의 남아프리카군의 지원을 받았다. 이들은 거대한 G-5 야포 열여섯 문으로 무장한 중포대, 제32버팔로대대와 라텔 90 장갑차로 무장한 제61기계화대대 보병중대였다. 여기에 남아프리카 공군이 가세했는데, 이들은 롬바 강을 따라 자리 잡고 있던 MPLA의 진지를 향해 출격했다.

이렇게 먼 곳에서 전투가 벌어지고 있었다는 이유로 냉전을 단순히 평화롭고 안정된 시대로 기억하는 것은 터무니없다. 실제로 20세기 후반기는 전반기만큼이나 폭력적이었다. 1945년부터 1983년까지, 1900만~2000만 명이 100차례 정도의 대규모 전투에서 목숨을 잃었다. 변한 건 폭력이 발생하는 장소뿐이었다. 이제 초강대국들은 1962년 쿠바에서 그럴 뻔했던 것처럼 정면에서 싸우는 대신, 주변 전역(戰域)으로 간주되는 곳에서 대리전을 치렀다. 그러나 대리전에 휘말린 주변 전역의 사람들이 보기에 이 수많은 격렬한 전쟁에서 중요하지 않은 것은 없었다. 강대국의 지원 정도도 사례별로 달랐다. 베트남이나 아프가니스탄에서처럼, 가끔 미군과 소련군이 최전선에서 맞대결하기도 했다. 하지만 그들이 후방에서 그 지역 군대를 훈련시키거나 지원을 제공하는 경우가 더욱 흔했다. 아프리카와 중동에서처럼, 지원 자체를 다른 국가들에 하청 주기도 했다. 그런데 냉전기에 다른 부문에서와 마찬가지로, 미국은 그런 싸움이 자신들에게 근본적으로 불리하다는 사실을 알게 되었다.

트로츠키가 1917년 이후 세계 혁명을 요구했을 때, 결과는 상당히 실망스러웠다. 그러나 사회주의와 공산주의, 세계 혁명이 승리를 거둘 시대에 대해 활기차게 이야기한 흐루시초프의 경우는 사정이 다르다. 제

3세계 전역에서 서유럽 식민 지배의 마지막 흔적을 없애 버리고 인민을 기초로 한 자치 정부를 세우려는 민족주의 운동이 일어났다. 소련은 그런 운동가들을 여럿 설득하여 소련식 정치 경제 모델을 채택하게 만드는 데 상당히 뛰어났다. 소련은 탈식민화라는 추세를 능숙하게 이용했다. '인민 해방'은 소련이 어떻게 이용해야 하는지 제대로 알고 있는 표현이었기 때문이다. 물론 미국의 정치 제도 역시 제국주의에 대한 반란의 산물이었다. 그러나 1960~1970년대에 레닌과 스탈린, 마오는 워싱턴, 제퍼슨, 매디슨보다 더 많은 인기를 누렸다. 민주주의와 자본주의가 결합된 미국식 모델보다 일당지배와 사회주의가 결합된 소련식 대안을 받아들이는 사람들이 더 많았다. 이는 부분적으로 과테말라나 쿠바, 앙골라 같은 가난한 식민지에 러시아 혁명과 중국 혁명의 결정적인 지지 세력인 빈궁한 농민층이 많았던 반면, 미국 혁명을 일구어 낸 중산층은 소수였기 때문이다. 또한 제3세계의 야심 많은 '자유 투사'들이 자유롭지 않은 소련 체제가 제공하는 기회를 좋아했다는 점도 영향을 미쳤다. 일당체제에서는 승자가 모든 것을 가진다. 겨우 몇 년 뒤에 다른 경쟁자에게 권력을 넘겨주라는 요구를 받을 위험이 없는 것이다. 그리고 계획경제에서는 새로운 정치 지배자가 '국유화'라는 이름으로 마음에 드는 경제 자산은 뭐든지 손에 넣을 수 있다.

　소련은 그 외에도 유리한 점이 있었다. 그들은 누구보다 싸고, 믿을 수 있으며, 사용하기 편한 무기로 무식한 농민들을 무장시키는 법을 알고 있었다. 미하일 칼라슈니코프가 1947년에 처음으로 만든 소총에는 AK-47이라는 이름이 붙었다. 탈식민화 속도가 빨라지고 초강대국 관계가 악화되는 상황에서 그런 무기들은 나무 상자에 실려 제3세계 국가들로 보내졌다. 이는 신문에 대서특필되던 핵무기 경쟁과 동시에 진행되던 눈에 띄지 않는 소형 무기 경쟁이었다. 그리고 머지않아 AK-47은 마르크스주의 게릴라의 대표 무기가 되었다. 미국은 어떻게 대응할 수 있었을까? 단순히 남반구를 흐루시초프와 그의 후임자들에게 넘겨주는 것 외에 세 가지 가능성이 있었다. 미국은 레닌이 파괴하려고 작정한 제3세계의 오래된 식민 정권을 지지하거나 부흥시킬 수 있었다. 뿌리 깊은 반제국주의 성향을 지닌 미국 지도자들은 이 방법을 쉽게 받아들일 수 없었다. 그러나 그 방법을 적극 시도한 지역이 있다. 예를 들면, 영국이 말레이 반도의 공산주의자들을 물리쳤을 때, 워싱턴에서 불평한 사람은 아무도 없었다. 또한 미국은 영국이 페르시아 만의 여러 소국에서 비공식적인 영향력을 연장하길 원했다. 더 매력적인 대응책은 친미 성향의 자유 전사들을 찾아내는 것, 다시 말하면 자유시장은 물론, 다당제 선거를 선호하는 민주정당을 지지하는 것이다. 그러나 2차 세계 대전 직후 동유럽과 아시아에서의 경험에 비춰 보면, 후진적인 국가에서는 진정한 자유주의자들이 위험하리만치 세력이 약한 듯했다. 폴란드, 체코슬로바키아, 헝가리 등지의 사례는 미국의 정책 입안자들의 기억에 생생히 남아 있었다. 이들 국가의 반공산주의 정당들은 사실상 완전히 거세당했다. 그리고 이 기억이 사라지지 않도록 소련은 1953년에는 동베를린에서, 1956년에는 부다페스트에서, 1968년에는 프라하에서, 그리고 1981년에는 그단스크에서 일어난 폭동을 진압해 버렸다.

　미국이 선택할 수 있었던 세 번째 방법은 소련만큼 비열하게 싸우는 것이었다. 소련의 승리는 언제나 독재와 억압을 의미했다. 따라서 소련을 등에 업은 혁명가들을 물리칠 수 있는 능력이 있어 보이면, 설혹 자본주의 독재가 이루어진다 해도 그런 인사를 지원하는 것이 미국인들에겐 솔깃해 보였다. 이 방법의 문제점은 동유럽이나 아시아 최악의 공산주의 독재자만큼 사악한 정권을 지지하고 그들과 손을 잡음으로써 미국 역시 급속히 더럽혀진다는 점이었다. 더욱이 워싱턴의 지원을 받은 독재자들이 덜 사악하다는 사실은 좀처럼 명확히 드러나지 않았다. 대체로 독재자들이 진압한 인민 운동 세력이 권력을 잡아 자신들의 진상을 보여 줄

기회를 잡지 못했기 때문이다. CIA 지원을 받은 정권들에 의해 내쫓기거나 살해당한 좌파 지도자들은 소련의 선전뿐 아니라 서양 세계의 자유주의 언론에서도 즉각 순교자가 되었다. 경험상 마르크스주의자들도 일단 권좌에 오르면 인권을 거의 존중하지 않았다는 점을 알 수 있지만, 한 번도 권력을 잡지 못하거나 아주 짧은 기간 권좌에 올랐던 사람들은 항상 불확실의 이점을 누릴 수 있었다. 따라서 냉전 시대 미국의 대외 정책은 지킬과 하이드처럼 두 가지 모습을 갖는 듯했다. 즉, 낮에는 자유와 민주주의, 언덕 위의 빛나는 도시를 이야기하다가 밤에는 비열한 속임수로 소련의 보호를 받는 듯한 인사들을 억압하고 독재자를 우아하게 표현한 지역의 '강자'에 힘을 실어 주었다. 미국이 자신의 지정학적 세력권으로 간주한 중앙아메리카에서만큼 그런 이중성이 뚜렷이 나타난 곳은 없었다. "그가 개새끼라고 해도 우리의 개새끼라면 괜찮다."라는 말이 탄생한 곳도 바로 중앙아메리카로, 이 표현은 일부 시사비평가들이 현실주의라고 부른 대외 정책의 요체였다.

과테말라 공산주의자들은 정권 말기에 대량 체포와 고문, 처형 같은 수단에 의지했는데, 이제 상황은 역전되었다. 미국의 조장으로 군사 정권은 공산주의 동조자로 의심되는 시민 7만 2000명의 명단을 작성했다. 그러나 소련이 쿠바에서 느꼈듯이, 미국 역시 중앙아메리카와 남아메리카의 괴뢰 정권이 쉽게 조종되지 않는다는 사실을 깨달았다. 1960년대 중반에 마노 블랑카(Mano Blanca, 하얀 손) 같은 준군사적인 암살단은 과테말라 거리와 지방을 돌아다니며, 미국무부가 허가한 납치와 고문, 즉결 처형을 저질렀다. 곧 미국은 토머스 L. 휴스의 표현대로, 폭동 진압이 난폭해지고 있다는 사실을 인정해야 했다. 사태 진화를 위해 CIA 요원 존 론건이 파견되었지만, 그의 대청소 작전은 결코 깨끗하지 않았다. 1966년 3월 2~5일에 서른 명이 넘는 좌파 지도자들이 체포되어 마타마로스에 있는 과테말라 군사령부로 보내졌다. 이들 중에는 전 노조 지도자 빅토르 마누엘 구티에레스도 있었다. 거기서 그들은 고문받고 살해당했다. 과테말라 군부는 이들의 시체를 마대에 넣어 비행기에 실은 후 태평양에 떨어뜨렸다. 이 작전의 개요가 실린 CIA 비망록에는 다음과 같이 간단하게 적혀 있었다. "이 사람들을 처형했다는 사실은 발표되지 않을 것이며, 과테말라 정부는 이들을 잡아들였다는 사실까지 부인할 것이다." 바로 이것이 CIA가 생각한 대청소였다. 즉, 유죄를 드러내는 지문을 하나도 남기지 않는 비열한 전쟁이었던 것이다. 대청소 작전은 라틴아메리카 냉전의 주요 전술인 '실종' 수법을 처음 보여 준 작전이었다. 이후 30년 동안 4만 명이 넘는 사람들이 과테말라에서 사라졌다. 그리고 아르헨티나, 우루과이, 브라질, 칠레의 군사 정권 치하에서도 동일한 상황이 벌어졌다. '실종자'는 군부가 살해한 사람들을 가리키는 완곡한 표현이 되었다. 과테말라 주재 미국 대사관의 부사령관 바이런 베이키가 라틴아메리카에서 미국의 이미지가 더럽혀지고 있다고 한탄할 만도 했다.

그러나 정확히 누가 실종되고 있었는가? CIA 시각으로는, 모스크바가 이미 냉전기에 자기편으로 끌어들였을 법한 공산주의 동조자들, 즉 혁명을 일으킬 만한 사람들일 것이다. 그러나 냉전기 내내 제3세계를 괴롭힌 사회적 갈등은 종종 이데올로기적인 갈등일 뿐 아니라 민족 갈등이기도 했다. 이 점에서 제3세계의 전쟁은 세계 대전과 공통점이 많았는데, 새로운 장소에서 과거의 폭력이 되살아난 것이다. 앙골라 내전이 본질적으로 킴분도족 위주의 MPLA와 오빔분두족 위주의 UNITA 간에 벌어진 권력 탈취를 위한 부족 싸움이었듯이, 과테말라 정부군과 반군 간의 투쟁도 민족적인 특징을 띠고 있었다. 과테말라 계층 구조는 상대적으로 유복한 정복자들의 후손 라디노(Ladino, 라틴아메리카에서 백인과 인디언 사이의 혼혈을 가리키는 말—옮긴이)와 그들의 원주민 아내들이 맨 위에 있고, 토지에 목마른 토착민들이 맨 아래를 차지하는 형태였다. 따라서 CIA가 과테말라에서 지원한 대리전은 자본주의자와 공산주의자 간의 전쟁이 아니라 라디노 대토지 소유자와 마야족 농민들 간의 전쟁이었다. 공산주의 성향의 빈민 게릴라 군대에 동조했다는 혐의를 받은 익실(Ixil)이나 케크치(Kekchí) 등의 마야 부족은 대량 학살을 당했을 뿐 아니라 '전략 마을'로 강제 이동되어 감금당했다. '좌익'으로 확인된 수백 개 마을이 말 그대로 완전히 제거되었다. 그곳 주민들은 고문당하고, 강간당하고, 살해당했다. 그들의 집은 파괴되고 주변 숲은 불태워졌다. 1990년대에 내전이 종결되었을 때, 총사망자 수는 20만 명에 달했다. 피해자들 중 다수가 마야족이었기 때문에, UN이 지원하는 진상규명위원회는 과테말라 군부가 계획적으로 대량 학살을 저지른 것으로 판단했다.

따라서 소련이 해방을 위해 한 일이 거의 없었던 것처럼, 미국 역시 남반구에서 자유를 위해 한 일이 거의 없다는 것이 냉전의 진실이었다. 미국의 정책은 이탈리아, 프랑스, 서독 같은 서유럽 민주주의 국가의 방어에만 관련된 것이 아니었다. 그것은 공산주의와 맞서 싸우는 과테말라 같은 국가의 독재 정권을 유지하기 위한 것이었으며 민간인 대량 학살을 초래했다. 그 공산주의는 때로 실재했지만, 때로는 상상된 것이기도 했다. 결과적으로 냉전의 '오랜 평화'는 미소 양국을 비롯해 그들과 가까운 북반구 지역 사람들에게만 제공되었다는 얘기다. 나머지 숱한 사람들에게 그런 평화는 존재하지 않았으며, 실제로 제3세계의 전쟁은 1차 세계대전과 2차 세계 대전만큼 인종적인 갈등이 수반되었다. 그리고 1960년대 말까지 미국은 그 전쟁에서 패배하는 조짐을 보여 주었다.

중국의 닉슨

1969년 1월 20일 리처드 닉슨이 미국 대통령으로 취임했을 때, 미국인들이 냉전에 낙관적인 태도를 갖기는 점점 어려워지고 있었다. 10년 전

닉슨 스스로 모스크바에서 자랑스럽게 보여 주었던 자본주의 체제는 비틀거리고 있었다. 인플레이션이 증가하고 있었지만, 케인스의 1960년대 경제 법칙과는 반대로, 실업률 또한 내려갈 기미를 보이지 않았다. 수입은 수출보다 빠르게 증가했고, 달러의 인기가 추락하면서 재정 적자를 메우기가 더욱 어려워졌다. 또한 미국 사회는 분열되는 듯했다. 도시 내부에서는 인종 폭동이 발생했고, 대학에서는 학생 시위가 이어졌다. 신세대는 구세대와, 흑인은 백인과, 독실한 기독교 신자는 히피와, 학생은 경찰과 싸웠다. 인종은 핵심 논점 중의 하나였다. 1960년대에 교양 있는 흑인과 백인 자유주의자들은 서로 손잡고 남부 여러 주에서 여전히 적용되던 인종차별 제도를 철폐하는 데 성공했다. 1967년에도 여전히 미국 내 16개 주에서는 인종 간 결혼이 법률로 금지되어 있었다. 러빙 대 버지니아 주(Loving v. Virginia) 사건에 대한 대법원 판결을 계기로 인종 간 결혼을 금하는 법 조항이 미국 전역에서 위헌으로 판결되었는데, 이러한 판결에도 불구하고 테네시 주와 미시시피 주는 각각 1978년 3월과 1987년 12월이 돼서야 헌법의 관련 조항을 공식 폐지했다. 이러한 투쟁이 미친 정치적인 영향은 사회적인 영향보다 훨씬 컸다. 인종 간 결혼이 허락되었는데도 실제로는 비교적 더디게 증가했기 때문이다. 닉슨이 1968년 대선에서 승리를 거둔 데에는 민주당 표가 인권 문제를 둘러싸고 분산된 점이 크게 작용했다. 1000만 명에 이르는 유권자(총유권자의 13.5퍼센트에 해당)가 인종주의적 성향의 앨라배마 주지사 조지 월리스와 그의 미국독립당을 지지했다.

그러나 미국 내 갈등의 가장 큰 원인은 인종이 아니라 베트남 전쟁이었다. 군사적인 관점에서라면 이길 수 없는 전쟁이 아니었지만, 정치적인 관점에서는 대중의 지지 감소로 닉슨이 대통령직에 오르기도 전에 이미 패배한 전쟁이었다. 닉슨은 자신이 전쟁을 끝내야 한다는 점을 알고 있었다. 베트남 전쟁은 초기 단계부터 1972년 재선을 위한 닉슨의 전략에서 핵심이었다. 그러나 닉슨은 북베트남의 요구대로 전쟁을 끝내고 싶지는 않았기에 당근과 채찍이라는 정교한 전략을 채택했다. 당근은 미군 감축이었고, 채찍은 2차 대전의 모든 공군력을 합친 정도로 강력한 전략 폭격을 가하는 것이었다. 불행히도 닉슨이 당근을 줄수록, 북베트남은 설혹 닉슨이 채찍을 던진다 해도 끝까지 버틸 가치가 있다는 사실을 확신하게 되었다. 이제 냉전 전술을 바꿀 때가 되었다. 즉, 강대국 외교 수단으로서 대리전 전략을 버려야 할 때가 온 것이다.

1969년 봄과 여름 내내 미국 정부 관료들은 소련과 중화 인민 공화국 간의 이데올로기적, 정치적 불화가 만주 국경선에서의 전투로 번져 가는 과정을 지켜보았다. 이는 이 지역이 늘 전략적으로 몸살을 앓을 수 있는 곳이라는 증거였다. 여하튼 소련이 중국의 핵 시설에 공격을 개시할 가능성이 있었다. 하지만 닉슨과 그의 국가안보보좌관이던 헨리 키신저에게 이는 위기가 아니라 기회였다. 하버드의 역사가였던 키신저는 1945년 이래 세계가 서로 적대적인 두 진영으로 분할되었다는 생각을 전적으로 받아들인 적이 없다. 양극화된 모든 정치적 웅변에도 불구하고 20세기가 19세기와 전혀 다르다고 생각하지 않았다. 냉전을 조잡한 겁쟁이 게임이라고 본 사람들도 있었는데, 키신저에게 냉전은 고전적인 외교상의 체스 게임과 비슷했다. 비스마르크가 열강 간의 반목에서 어부지리로 독일의 힘을 키우려 애썼던 것처럼, 키신저는 중국과 소련의 적대 관계를 이용하여 미국의 입지를 강화하려 했다. 그는 1970년 9월, 다음과 같이 선언했다. "오늘날 세계에서 나타날 수 있는 가장 치열한 경쟁 관계는 소련과 중국 간에 존재한다." 유고슬라비아와 루마니아, 알바니아가 모스크바의 세력권에서 독립하는 것은 별개의 일이었다. 어떤 나라도 강대국으로 간주되지 않았고, 이 국가들의 독재자들이 일당지배와 계획경제 원칙을 고수하는 한 소련은 어깨를 으쓱할 수 있었다. 하지만 인구가 엄청난 중국은 다른 문제였다. 그렇다고 중국이 베트남에서 미국을 구출해 주리라고 키신저가 기대한 것은 아니었다. 그는 베이징의 문호 개방을 통해 소련을 전략무기제한 협상 테이블에 앉힐 수 있다고 믿었다. 데탕트(긴장 완화)는 키신저의 슬로건이었다. 강대국 간의 긴장을 줄임으로써 점점 더 부담스러워지는 핵무기 경쟁을 중지할 심산이었던 것이다. 이제 양측은 상대국 국민을 여러 번 몰살하고도 남을 핵탄두를 보유하고 있었다. 선제공격은 양측이 2차 보복 공격을 할 수 있기 때문에 실행이 불가능했다. 그렇다면 더욱 치명적인 미사일을 더 많이 만든다는 게 무슨 소용이 있겠는가?

문제는 이 계획이 1949년 이래로 어떤 미국 관료도 발을 디딘 적이 없는 중국과의 거래를 의미한다는 점이었다. 또한 당시는 중국과 외교 관계를 다시 수립하기에 적절한 시기로 보이지도 않았다. 1960년대 말, 중국은 마오쩌둥의 급진적 문화혁명의 물결에 휩싸여 있었다. 공식적으로 이는 관료주의적 성향을 격퇴하고 혁명의 열기를 되살리려는 시도였다. 이 혁명의 실체는 공산당 최고위층의 치명적인 권력 투쟁으로, 무시무시한 세대 간 충돌을 증폭시켰다. 마오쩌둥의 지시를 받은 젊은 투사들은 홍위병과 혁명위원회를 결성하여 교사와 권력자들을 구타하고 고문하고 각종 의식을 통해 모욕을 주었다. 1966년 여름, 베이징에서만 1700명이 넘는 사람들이 맞아 죽었다. 뜨거운 물을 뒤집어쓰고 목숨을 잃은 사람도 있었고, 강제로 못을 삼켜야 했던 사람들도 있었다. 8만 5000명이 넘는 사람들이 지방으로 추방되었는데, 그들은 '노동을 통한 개조' 수용소에서 일해야 했다. 1968년, '계급 청소(Cleansing the Class Ranks, 출신이나 경력이 무산 계급 혁명 체제에 속하지 않는다고 인정되는 사람을 처리함으로써 계급 진영을 깨끗이 한다는 뜻—옮긴이)' 운동이 전개되면서, 베이징 대학의 '수상한' 교수들은 사람들 앞에서 자기 문제를 고백하고 서로를 비난해야 했다. 반혁명분자로 확인된 사람들은 소위 조반파에게 조사받아야 했는데, 종종 이 과정에서 고문이 행해졌다. 교사들은 뉴펑(牛

棚, 외양간)으로 불리는 임시 감옥에 수감되었고, 뉴구이서셴(소귀신과 뱀귀신)(牛鬼蛇神, 소의 머리에 뱀의 몸을 가진 요괴 — 옮긴이)으로 불렸다. 많은 이들이 결국 자살을 택했다. 인류학 교수로 다윈의 작품을 번역했던 판광단(潘光旦)은 친구에게 이렇게 말했다. "나는 양보(surrender), 굴복(submit), 살아남기(survive), 이렇게 3S 전략을 추구했다. 그리고 이제 네 번째 S(succumb)인 죽음을 추가했다." 베이징 대학에서는 적어도 스물세 명의 교수들이 이런 식으로 박해를 당하다 목숨을 잃었다.(홍위병은 자살을 당과 인민으로부터 멀어지는 행위라고 비난했다.) 1970년에는 사구(四舊, 구습성·구사상·구관습·구문화) 타파 운동이 벌어진 결과, 28만 명이 '반혁명분자'나 '주자파(走資派)'로 분류되어 체포되었다. 이 모든 것이 마오의 이름으로, 마오의 지시로 행해졌는데, 그는 중국에서 신으로 추앙받았다. 사람들은 아침 저녁으로 그의 초상화 앞에 줄을 서서 "위대한 마오 주석 만세!"라고 외쳐야 했다. 그들은 「마오 주석은 지지 않은 태양」 같은 노래도 불렀다. 통틀어 40만 명에서 100만 명가량이 문화혁명의 무차별 폭력으로 사망했다고 여겨진다. 키신저와 가까운 공화당 저널리스트 윌리엄 버클리에 따르면, 베이징과의 국교 회복은 남미 독재자들을 무색케 할 살인자와 상대하는 것을 의미했다. 실제로 마오의 전체주의 정권은 자국 국민을 박해하는 점에서는 스탈린의 소련과 어깨를 나란히 했다.

　키신저에게 그러한 고려 사항은 부차적일 수밖에 없었다. 외교라는 대규모 체스게임에서는 희생당한 인질은 걱정하지 않고 왕을 저지하는 것이 규칙이었다. 닉슨은 자신의 국가안보 보좌관이 공들여 방중(訪中)의 길을 닦아 놓자, 1972년 2월 중국을 향해 떠났다. 이번에는 1959년 모스크바에서처럼 미국의 생활방식이 우월하다고 자랑을 늘어놓지는 않았다. 반대로 공산주의에 대한 자신의 뿌리 깊은 반감을 완벽히 감출 준비를 했다. 닉슨은 무심코 세일즈맨이 된 것처럼 이렇게 말했다. "당신은 나를 잘 모르겠지만, 나는 약속한 것은 무엇이든 가져다줄 것이다." 중국이 공산주의자들 손에 넘어간 사실을 여전히 한탄하고 있던 워싱턴의 인사들은 닉슨이 저우언라이(周恩來) 수상과 즐거운 표정으로 건배하는 모습에 놀라 그저 멍한 표정을 지을 수밖에 없었다. 마오 주석과 악수를 나누고, 만리장성에서 사진을 찍고, 인민대회당 연회에서 중국 군악대가 미국 국가를 연주하기까지 했으니, 닉슨은 꿈이라 해도 더 이상 바랄 게 없을 듯싶었다. 더욱이 중국과 미국의 국교 회복은 키신저가 바란 대로, 소련을 협상 테이블로 끌어내는 데 성공했다. 3개월 만에 닉슨과 브레즈네프는 두 건의 군축 협상에 합의했다. 이는 철저한 외교전의 승리였고, 닉슨의 재선 선거 운동에도 득이 되었다. 강대국 체스게임의 대가인 키신저는 당연히 국무장관으로 승진했다.

그러나 어떻게 보면, 그와 닉슨은 다른 누군가의 말(馬)이 아니었을까? 그들은 마오 주석이 중국의 국제적 위상을 높이고, 대만의 합병을 앞당기고, 미국을 아시아에서 내모는 등 세 가지를 원한다고 가정했다. 하지만 이는 상대를 과소평가한 생각이었다. 송별 만찬은 술과 미국의 호의로 흘러넘칠 정도였는데, 중국은 미국의 호의를 이용하여 온갖 양보를 얻어 냈다. 이제 국제연합의 의석을 중국에게 넘긴 대만은 서러운 처지에 놓였는데, 그게 전부가 아니었다. 미국이 중화 인민 공화국과 좋은 관계를 유지해야 한다는 생각을 너무 고집함에 따라, 중국은 아무런 비난도 받지 않고 협박만으로 이웃 국가들을 위성국으로 만들 수 있었다. 1951년에 중국에 합병된 티베트에서는 중국계 민족에 의한 강압적인 식민화가 진행되었고, 미국뿐 아니라 소련까지 인도차이나 반도에서 물러나야 했다. 이는 닉슨과 키신저가 염두에 두었던 것과는 완전히 다른 결과를 베트남에 안겼다.

이제 아무도, 심지어 헨리 키신저 같은 마키아벨리식 천재도, 베트남의 파멸로부터 미국의 명예를 지켜 낼 수 없다는 점이 판명되었다. 그러나 닉슨 대통령이 파멸한 것은 해외에서의 실패 때문이 아니었다. 그보다는 1959년 흐루시초프를 아주 지겹게 만든 가정용 전자제품에 대한 열렬한 애정 때문이었다고 할 수 있다. 물론 닉슨이 처음으로 전화를 도청하고 대화를 녹음한 대통령은 아니었다. 그러나 전임자들 중에는 그렇게 강박감에 사로잡혀 도청을 한 대통령은 없었다. 아이러니하게도 닉슨이 워터게이트 사건에 어느 선까지 연루되었는지는 자신이 요구해 만들어 놓은 육성 녹음테이프 때문에 밝혀졌다. 그런데도 그는 1974년 8월 9일 사임을 발표하는 순간까지 중국의 문호 개방 때문에 자신이 역사 속에서 잊히지 않을 것이라는 생각을 고수했다. 그는 TV 시청자들에게 다음과 같이 상기시켰다.

우리는 4반세기 동안 미국과 중화 인민 공화국 사이에 놓여 있던 문을 열었다. 우리는 이제 중화 인민 공화국에 살고 있는 전 세계 인구의 4분의 1이 우리의 적이 아니라 확실한 친구로 남도록 해야 한다.

그런데 닉슨은 베이징에서 어떤 친구를 사귀었을까? 중국 입장에서 보면, 미국의 우유부단함 덕분에 두 가지 해묵은 역사적 원한을 풀 기회를 얻었다. 중국은 공산주의 세계의 지휘권을 가진 소련에게 도전하고 싶어 했고, 미국과 전쟁을 벌이며 베이징이 아닌 모스크바에 지원을 요청한 북베트남에 앙심을 품고 있었다. 이 숙원 풀기라는 예리한 칼은 캄보디아라는 작은 국가가 정면으로 받게 된다.
북베트남인들이 베트콩 게릴라의 피난처이자 군수품 루트로 이용한 캄보디아는 닉슨이 지시한 비밀 폭격 작전의 표적이었다. 캄보디아 지배자 시아누크 국왕은 양측을 반목시켜 어부지리를 얻으려 했지만 실패하고 말았다. 1970년 3월 18일, 시아누크는 친미주의자인 론 놀이 주도한 쿠데타로 실각했다. 권력을 되찾으려고 결심한 시아누크는 캄보디아 공산당 크메르루주와 손을 잡았다. 1970년대 초반에 크메르루주에게 완벽한 기회가 찾아왔다. 북베트남 군대는 미국의 공격을 피할 수 있었을 뿐 아니라 론 놀의 열등한 군대를 압도했다. 미국은 폭격의 강도를 높였지만, 그로 인한 민간인 피해는 크메르루주의 신병(新兵) 확보를 도울 뿐이었다. 북베트남군이 철수한 뒤, 론 놀 정권에 남은 날은 그리 많지 않았다. 그를 몰아낸 사람은 파리에서 전자공학을 공부하다가 공산주의자가 되어 폴 포트라는 가명으로 돌아온 살로스 사(Saloth Sar)였다. 폴 포트의 냉정한 태도와 적에 대한 가차 없는 행동에 충격을 받은 동료는 그를 '3차원' 의식에 도달한 불교 승려에 비유했다. "너는 완벽히 중립적이다. 아무것도 너를 움직이지 못한다. 이는 최고의 차원이다." 폴 포트가 이 초월적인 상태에서 무엇을 할 수 있는지는 1975년 4월 17일, 캄보디아 수도 프놈펜이 크메르루주에 무너진 직후에 명백해졌다. 그와 그의 무표정한 군대는 도시 전체를 즉시 완전히 비워 버리라는 명령을 내렸다.

폴 포트 정권은 캄보디아를 산업자본주의와 상업자본주의 이전의 유토피아로 되돌리기 위해 경제 발전이란 개념 자체를 거부했다. '0년(零年)'이 선언되었고, 모든 마을을 비우기로 했다. 시장도 모두 폐지되고 화폐도 없어질 참이었다. 이제는 모두 농업협동조합에서 일해야 했는데, 사유재산은 인정되지 않았다. 모두들 검은 옷만 입어야 했고, 식사도 함께 했다. 캄푸치아(Kampuchea), 즉 순수한 공산주의 농업 국가를 만드는 게 목표였다. 서양에 오염된 것은 깨끗이 씻어 내야 했는데, 현대적 약품까지도 제거 대상에 포함되었다. 그 과정에서 얼마나 많은 사람이 죽었는지는 전혀 중요하지 않았다. 그들은 내전 중에 편을 들지 않은 소위 '새 인민', 즉 도시민들에게 이렇게 말했다. "너희 목숨을 지켜 줘도 아무런 이득이 없고, 너희를 파괴해도 아무런 손해가 없다." 실제로 파괴는 폴 포트의 유일한 특기였다. 앙코르와트 사원에 맞서기 위해 그가 유일하게 건설한 운하와 댐들이 결국엔 비참한 실패작이 되었기 때문이다. 이전 정권의 지지자들은 가족과 함께 즉결 처형되었다. 상부에 의문을 제기하는 자는 누구든 같은 방식으로 처리되었다. 심지어 몸이 아픈 것도 혁명 의식의 부족을 무심코 드러내는 것이었다. 중국의 문화혁명에서처럼 교사들이 의심받았는데, 심지어 학생과 대학 졸업자 들도 의심을 샀다. 크메르루주는 탄알이 부족했기 때문에 도끼와 칼, 대나무 막대기를 사용했다. 아이들의 경우, 반얀나무에 머리를 박아 처형되기도 했다. 종종 논에서 곡괭이로 처형이 이루어지면서 킬링필드라는 이름이 붙여졌다. 몰살의 중심지가 된 투얼 슬렝(Toul Sleng) 형무소에서는 대략 1만 4000명이 심한 고문에 목숨을 잃었다. 그들 대다수는 의심받은 크메르루주 간부들이었다. 처형자들은 사람들 앞에서 일부 희생자들의 배를 갈라 간을 요리해 먹기도 했다. 혁명이 아이들을 집어삼켜 버리는 경우가 흔히 발생하는데, 캄보디아에서만은 문자 그대로 아이들을 먹어 치웠다. 전체 인구 700만 명 중 150~200만 명이 처형과 학대, 기아로 사망했다.

캄보디아의 운명은 무너지는 제국과 대리전이 광신자들에게 기회를 준 지역에서 냉전이 얼마나 끔찍해질 수 있는지 보여 주는 예이다. 그러나 폴 포트의 전쟁은 단순히 계급 전쟁이 아니었다. 과테말라와 다른 지엽적인 냉전지에서처럼, 이 전쟁에는 인종 문제가 결부되어 있었다. 크메르루주는 공산주의 원리만큼이나 순수한 인종 개념을 신봉했다. 그들은 이렇게 선언했다. "캄푸치아에는 하나의 민족과 하나의 언어가 있다. 지금부터 캄푸치아에 여러 민족은 존재하지 않는다." 캄보디아 내 베트남 소수 민족에 대한 적개심은 이미 폴 포트가 권좌에 오르기도 전에 뚜렷이 나타났다. 그러나 크메르루주 정권하에서 폭력 행위는 체계적으로 이루어졌고, 캄보디아 내 모든 소수 민족에게 확대되었다. 베트남계 주민 10만여 명이 처형되었고, 각 집단의 절반 정도에 해당하는 중국계 22만 5000여 명과 이슬람 참(Cham)족 10만 명도 질병과 기아, 처형으로 목숨을 잃은 것으로 보인다. 또한 다른 민족과 결혼한 캄보디아인들도 공격받았는데, 이 경우에도 다른 집단과의 구분선이 결코 명확하지 않았기 때문이다. 또한 '순수한' 캄보디아인들도 안전하지 않았다. 크메르루주 정권은 불교 승려와 함께, 캄보디아 동쪽 지역에 거주하는 사람들도 박해했다. 이들은 내전 중에 편을 잘못 든 것으로 드러났는데 '베트남식 사고방식'을 갖고 있다고 비난받았다. 마치 20세기의 치명적인 집단 증오, 즉 계급적, 종교적, 인종적 증오가 야만적이고 잔인한 행동만을 일삼는 하나의 유독한 운동으로 모아진 듯했다.

결국 이 광기에 찬 정권은 1977년 베트남을 상대로 한 전쟁으로 무너졌다. 이는 대량 학살 의도가 뚜렷이 드러난 전쟁이었다. 1978년 5월 10일, 정부 라디오 방송은 다음과 같이 선언했다. "지금까지 우리는 목표물을 손에 넣었다. 캄푸치아 사람 한 명이 쓰러질 때마다 베트남 사람 서른 명이 죽었다. (중략) 따라서 우리는 베트남 사람 5000만 명을 몰살하기 위해 캄보디아 사람 200만 명을 희생시킬 수 있다. 그래도 우리에겐 600만 명이 남을 것이다." 기이하게도 미국은 여기서 공산주의 진영 내의 불화를 이용하려는 열망을 성취하게 되었다. 두 공산주의 정권과 두 민족이 서로 전쟁을 벌였다. 한쪽은 소련, 다른 한쪽(폴 포트 정권)은 중국의 지원을 받고 있었다. 그러나 정확히 닉슨이 만들어 낸 중미 관계의 회복이 냉전의 현실 정치를 부조리의 영역으로 끌고 들어갔다. 베트남이 캄보디아를 침략하자 미국은 크메르루주 편을 들었고, 이들은 다시 게릴라전을 감행하기 위해 후퇴했다.

그러므로 냉전은 부분적으로만 경쟁하는 두 경제 체제 간의 싸움이었고, 부분적으로만 미국과 소련의 전략군 사이에 벌어진 겁쟁이 게임이었다. 그리고 부분적으로만 강대국 간에 벌어진 키신저의 체스게임이었다. 현장에서 본 냉전은 여러 내전으로 구성돼 있으며, 이 내전들 중 다수가 초강대국들의 지원을 받았는데, 전적으로 그들이 통제할 수 있었던 경우는 거의 없었다. 가장 터무니없는 대량 학살이 벌어진 일부 내전의 경우 강대국 간의 갈등과 거의 관련이 없었다. 1971년의 파키스탄 내전이 그런 사례다. 모하메드 아유브 칸 군사 정권이 동파키스탄인을 대량 학살하기 위해 군사 작전을 감행했지만, 이들 다수 민족 집단을 소수 민족 집단으로 축소시켜 그들의 분리 독립을 막으려던 시도는 무위로 끝났다. 그리고 1988년 이라크 내전도 마찬가지였다. 사담 후세인이 마을 전체를 없애 버리기 위해 (다른 무기들 중에서도) 독가스를 동원하는 등 쿠르드족을 상대로 소위 안팔(Anfal, 전리품) 작전을 개시했다. 현실 정치는 아유브 칸이나 사담 후세인같이 비위에 거슬리는 지도자들과의 거래를 의미했다. 다시 말하면, 상대 강대국보다 조금이라도 유리한 위치를 점하기 위해 그들의 인권 유린 행위를 묵인하는 것이다.

결국 1970년대를 통틀어 확실히 미국이 승자가 되는 상황은 결코 아닌 듯했지만, 미국과 소련 간의 경제 부문 경쟁에서 승자는 한 국가일 수밖에 없었다. 겁쟁이 게임은 승자 없이 끝날 수도 있었다. 그러나 워싱턴, 모스크바, 베이징의 그랜드마스터들이 체스를 두는 동안 보이지 않는 곳에서 벌어진 제3세계 전쟁의 패자는 수백만 명이 될 수도 있었다.

새로이 적응한 세계

우리는 1989년의 혁명을 20세기의 대단원으로 생각하고 싶어 한다. 즉, 서양 세계의 승리와 이데올로기적 해피엔드 말이다. 동유럽에서 공산주의가 몰락하고 2년 뒤 소련이 해체되자, 사람들은 서양의 자본주의와 민주주의 모델이 승리를 거두었다고 결론지었다. 마치 그 세기의 모든 문제가 해결되고 있는 것 같았다. 국제 경제의 통합 과정은 멈출 수 없는 것처럼 보였고, 자유무역과 자유로운 자본 이동이 대세였다. 20세기 중반의 전쟁 국가와 복지 국가는 영국의 마거릿 대처 정부가 제창한 국제 경제 자유화 물결에 의해 무력해졌다. 종전 이후 서유럽은 경제적 통합이 여러 민족을 화해시키고 과거의 군사 경쟁을 없앤다는 점을 입증했다. 그러한 경제적 통합은 세계적인 규모로 이루어지고 있는 듯했다. 공산주의와 파시즘이라는 극단적인 이데올로기 역시 소멸했다. 한편, 유전학은 인종이 의미 없는 개념이라는 사실을 알려 주었으며, 미국과 영국 등은 진정한 인종적, 민족적 통합을 향해 나아가는 것처럼 보였다. 세계를 분열시킨 강대국 간의 충돌 또한 끝났다. 소련 제국은 갑작스레 사라졌고, 자기네들은 제국주의 국가가 아니라고 주장하던 미국은 냉전에서 승리를 거두었다. 낙관주의자들은 세계가 자발적으로 자본주의와 민주주의라는 서양식 모델을 채택할 것으로 기대했다. 한마디로 세계 전쟁이 드디어 끝난 듯했다.

그러나 곧바로 발칸 반도에서 벌어진 사건들이 역사의 이러한 해피엔드를 웃음거리로 만들었다. 유고슬라비아라는 이름으로 묶여 있던 민족들이 자유시장 자본주의의 멋진 신세계에 등을 돌리는 것처럼 보였기 때문이다. 여러 동유럽 국가에서 공산주의가 몰락한 지 몇 달 만에, 민간인을 학대하고 조직적으로 '지역 청소(ciscenje terena)'를 자행하는 분리 전쟁이 유고슬라비아를 헤집기 시작했다. 역사는 끝나기 싫은 듯, 다시 세기의 시작으로 되돌아가기를 원하는 듯했다.

1914년 6월 28일, 가브릴로 프린치프는 오스트리아 황태자 프란츠 페르디난트 공을 살해함으로써 발칸 반도를 타오르게 만들었다. 그의 목표는 유고슬라비아의 통일이었다. 그리고 75년 뒤, 세르비아의 공산주의자 대통령 슬로보단 밀로셰비치는 코소보 전투 600주년을 기념하는 자리에서 민중을 선동하는 연설로 그 지역을 다시 뜨겁게 달구었다. 그의 목표는 프린치프의 성과를 원상태로 돌리는 것이었다. 밀로셰비치는 세르비아에서 소수 민족, 특히 베오그라드로부터 자치권을 확보하려는 코보소의 이슬람교도에게 강경 노선을 취함으로써 정치적 명성을 쌓은 사람이었다. 그러나 인종 간의 증오가 처음으로 열매 맺은 곳은 보스니아였다.

프린치프의 유해가 보존된 사라예보의 무덤에서 길을 하나 건너면, 세르비아 민족주의의 또 다른 유물인 보스니아 내전의 희생자 무덤을 표시하는 수천 개의 십자가를 볼 수 있다. 그것들은 1984년 동계올림픽 경기장 그림자에 가려져 있다. 1991년 3월, 밀로셰비치 세르비아 대통령과 프라뇨 투지만 크로아티아 대통령이 수립한 보스니아 분할안은 줄곧 계획적 대량 학살의 의도를 감추고 있었다. 투지만 본인이 나중에 언급했듯이, 이슬람교도가 보스니아 인구의 거의 40퍼센트를 차지했음에도 분할 이후 이슬람 지역은 없어질 예정이었다. 1992년 10월 2일, 10만 명에 달하는 사람들이 사라예보 거리를 행진하며 평화를 기원하는 시위를 벌였다. 다음 날, 세르비아 주축의 유고슬라비아 연방군이 도시를 둘러싼 언덕에서 첫 번째 박격포를 발사했다. 이후 거의 4년 동안 세르비아군의 대포가 도시 중심지에 포탄을 빗발처럼 퍼붓는 동안, UN의 비행기들은 사라예보 공항에 원조 물자를 실어다 주었다. 세계가 지켜보는 가운데 1만 2000명이 1200일 동안 지속된 포위 공격 속에서 사라져 갔다. 그들은 시체를 묻기 위해 축구 경기장 그라운드를 파야 했다. 당시 영국 외교관과 정치인 들은 그 유혈 사태를 막기 위한 어떤 개입도 강하게 반대했으며, 보스니아 이슬람교도가 자신을 방어할 수 있도록 무기를 제공하는 것조차 반대했다. 그들은 냉전이 끝나면서 '오랜 원한'이 모두 풀어졌는데, 티토가 그 원한을 가사(假死) 상태로 유지시켜 놓았을 뿐이었다고 주장했다. 그래서 이제 발칸 반도는 평소대로 도살장으로 돌아간 것이다.

얼핏 보면 보스니아 내전은 20세기 초반에 발생한 대량 학살과 확연히 다른 것처럼 보인다. 유고슬라비아는 다른 지역보다 일찍 시작된 경제 개혁으로 동구권에서 가장 부유한 국가로 꼽힐 정도였다. 또한 유고슬라비아는 더 이상 제국들 사이에 그어진, 전략적으로 중요한 단층선이 아니었다. 티토가 스탈린의 제국에서 이탈한 후 유고슬라비아는 서유럽에서 휴양지와 이주 노동자의 공급처로 알려졌다. 1989년 이전에는 오랜 원한 같은 것이 남아 있는 것처럼 보이지 않았다. 비셰그라드 등지에서는 교회 옆에 회교 사원이 자리 잡고 있었다. 그리고 보스니아에서 결혼한 부부 중 12퍼센트 정도가 다른 민족과 결혼했으며, 1960년대 이후 그 비율은 거의 변하지 않았고 유고슬라비아 평균과도 엇비슷했다. 1989년에 결혼한 남자들을 보면, 보스니아 내 크로아티아인의 16퍼센트, 보스니아 내 세르비아인의 13퍼센트, 보스니아 내 이슬람교도의 6퍼센트가 공화국 내 다른 민족의 여자를 아내로 맞이했다. 사라예보와 모스타르 같은 도시의 경우, 이민족 간의 결혼 비율은 훨씬 높았다. 유고슬라비아 내 다른 지역(특히 코소보)의 이슬람교도와 비교해 볼 때, 보스니아 내 이슬람교도는 다른 민족과 결혼할 가능성이 더욱 높았다. 보스니아 주민은 서로 많이 뒤섞여 있었기에 가장 무자비한 폭력에 의해서만 분리할 수 있었을 것이다.

그런데 밀로셰비치가 대량 학살을 시도한 동기를 알아보는 한 가지 단서로, 유고슬라비아의 인구 동향을 지적할 수 있다. 이 나라 인구 동향이 세르비아가 원하는 대로 진행되지 않았다는 얘기인데, 당시 세르비아의 인구는 거의 증가하지 않았다. 반면, 1980년대에 보스니아와 코소보의 이슬람 인구는 각각 15퍼센트와 20퍼센트가 증가했다. 1961년부터 1981년까지, 보스니아 인구 중에 이슬람교도가 차지하는 비율은 26퍼센트에서 40퍼센트로 상승했고, 코소보 내 알바니아계 인구는 67퍼센트에서 77퍼센트로 증가했다. 또 다른 갈등의 원인은 경제적인 데서 찾을 수 있다. 1980년대에 유고슬라비아가 전체적으로 침체에 빠진 가운데, 일부 지역이 다른 지역들보다 훨씬 나은 성과를 올리고 있었다. 슬로베니아와 크로아티아는 훨씬 빠른 속도로 발전하고 있었는데 반해, 보스니아와 코소보는 나빠지고 있었다. 보스니아와 코소보의 1인당 사회 총생산물(gross social product, 일정한 기간 동안 사회의 모든 생산 부분에서 창조된 물질적 부를 전사회적 범위에서 개괄한 총량, 국민총생산과 대등한 개념 — 옮긴이)은

1955년의 경우 유고슬라비아 평균의 80퍼센트와 40퍼센트였던데 비해, 1988년에는 65퍼센트와 24퍼센트였다. 밀로셰비치 군사 작전의 슬로건은 보스니아와 코소보에 사는 세르비아인들이 '위험에' 처했다는 것이었다. 이는 이들이 정체된 경제권 내에서 소수 집단으로 줄어들고 있다는 점에서는 맞는 말이었다. 밀로셰비치와 그의 충복들은 소수 민족 집단이 된 세르비아계의 불안감을 이용한 것이다.

1992년 봄, 타이거즈나 화이트이글스 같은 준군사 조직인 세르비아 암살대가 동부 보스니아 지역을 휩쓸고 지나갔다. 4월 말, 이들은 비셰그라드에 도착했는데, 이곳은 이슬람교도가 60퍼센트를 넘는 도시였다. 화이트이글스 중에는 밀란 루키치라는 스물다섯 살 된 청년이 있었다. 비셰그라드에서 살았던 그의 지휘하에 2차 세계 대전 당시 벌어진 가장 섬뜩한 장면들이 재연되는 듯했다. 6월, 루키치와 그의 부하들은 이슬람교도들을 각자 집에 가둔 뒤 소이탄을 터뜨려 135명을 불태워 죽였다. 그리고 7월 11일, 루키치는 붉은색 폭스바겐 파사트 자동차를 훔쳐, 이보 안드리치의 소설 『드리나 강의 다리』로 불후의 명성을 얻은 그 다리로 차를 몰고 갔다. 그곳은 수백 년 동안 마을 사람들이 만나 이야기를 나누던 장소였다. 루키치가 몰던 차는 이슬람교도 여섯 명과 무장한 세르비아인 한 명으로 꽉 차 있었다. 그 다리 중간에서 여러 명의 세르비아인들이 그들을 기다리고 있었다. 그들의 지휘자는 확성기로 주변 숲에 숨어 있는 이슬람교도에게 이렇게 선언했다. "너희들은 발칸 스타일의 살벌한 휴일을 보낼 것이다. 그리고 이슬람교도를 숨겨 주는 세르비아인은 모두 그 자리에서 죽을 것이다. 이슬람교도가 세르비아인을 한 명 죽일 때마다, 우리는 이슬람교 1000명을 죽일 것이다." 그런 다음, 그들은 잡아두었던 이슬람교도 여섯 명의 목을 베고 시체를 드리나 강으로 던져 버렸다. 대략 30분 뒤, 밴 한 대가 이슬람교도 여덟 명을 데리고 도착했다. 이들도 똑같은 방식으로 죽임을 당했다. 저녁 7시경에 다리에 도착한 세 번째 그룹에는 여자와 아이 들도 있었다. 그리고 저녁 내내 살인이 지속되었다. 강을 따라 시체가 떠내려갔다. 이렇게 드리나 강은 이웃 마을에 대량 학살을 처음으로 알렸다. 이후 몇 달 동안 시체 여든두 구를 강에서 건져 냈다. 비셰그라드 이슬람교도 총 860명이 살해당했고, 738명은 2005년 8월 당시 여전히 실종 상태였다. 내전 전에 1만 3000명이 넘었던 이슬람교도 중에 100명 정도만이 살아남았다. 이러한 패턴은 보스니아 전역에서 반복되었다. 대량 학살의 목적은 이슬람교도를 모두 죽이는 것이 아니라 살아남은 사람들이 살던 곳을 떠나 다시는 돌아오지 못할 정도로 죽이는 것이었다. 모든 민족 집단의 주민들을 포함하여 사망자와 실종자 수는 (관련 자료들을 총망라했을 때) 9만 2000명이 넘었다.

 2001년 8월 5일, 대량 학살 생존자들은 공동묘지에서 발굴된 희생자 중에 DNA 테스트를 거쳐 어렵사리 신원을 확인한 희생자 180명의 시신을 묻기 위해 비셰그라드로 돌아왔다. 아이러니하게도 보스니아 내 여러 매장지에서 이용된 DNA 테스트는 이슬람교도, 세르비아인, 크로아티아인 간에 아무런 유전적 차이가 없음을 확인해 주었다. 보스니아 전쟁의 성격이 무엇이었든, 문자 그대로 민족 간의 차이가 전혀 없었기 때문에 이는 다른 민족을 추방하거나 살해한 전쟁이 될 수 없었다. 실제로 세르비아의 전술 하나는 유전학적인 이력을 혼란스럽게 만드는 결과를 가져왔다. 1915년의 아르메니아 사태, 1937년의 중국 사태, 1945년 독일의 경우에서 보듯이, 20세기의 폭력 사태에서 되풀이되는 특징은 대량 학살에 대량 강간이 동반된다는 점이었다. UN인권위원회는 보스니아의 강간 사건을 민족 집단 전체를 욕보이고 모욕하고 겁주기 위해 실행된 "조직적이고 체계적인 대규모" 행위였다고 지적했다. 여성 200명이 화이트이글스 부대원들에게 붙잡혀 근처 빌리나 블라스 요양소로 끌려갔다. 이 중에는 어린 소녀들도 있었는데 거기서 몇 번이고 강간당했다. 비슷한 범죄가 소방서와 비카바츠 호텔, 고등학교, 스포츠센터에서도 저질러졌다.

하지만 비셰그라드에서만 그랬던 게 아니었다. 유럽연합은 보스니아 전쟁 동안 여성 2만 명이 강간당했다고 추정했는데, 보스니아 관계 당국은 5만 명 정도로 추정했다. 얼마나 많은 여성들이 강간당했는지 아무도 모른다. 피해 여성들 중 일부는 살해됐고, 임신한 여성도 있었다. 강간당한 여성과 마찬가지로 임신한 여성의 수도 정확히 알 수 없다. 마치 그 범죄자들이 가장 조잡한 부족 행동으로 되돌아간 듯 보였다. 그들은 단순히 남성 이슬람교도를 죽이는 데 만족하지 못하고, 마치 보스니아 땅뿐만 아니라 보스니아의 유전자 풀(gene pool)에서 세르비아인의 몫을 증가시키려는 듯, 이슬람교도 여성들을 임신시키려고 했다. 그런데 그러한 원시적인 행동은 미묘한 정치적 계산과 묘하게 맞아떨어졌다. 왜냐하면 밀로셰비치가 세르비아 민족주의를 이용한 이유는 다른 동유럽 공산주의 지도자들에게 닥친 운명을 피하기 위한 것이라는 사실이 명백하기 때문이다. 다른 지도자들이 1989년 이후 불어온 민족주의 물결에 휩쓸려 버린 반면, 밀로셰비치는 그 물결을 이용할 수 있었고 실제로 일으키기까지 했다. 그리고 10년 동안 그의 전략은 제대로 먹혀들어 갔다.

보스니아에서 벌어진 일은 1989년 이후 신세계의 무질서라 불린 사태의 일부에 불과했다. 1990년대에 들어서면 국가 간 전쟁은 자주 발생하지 않지만 내전이 급증했다. 유고슬라비아의 해체는 이러한 갈등 중에서 가장 피비린내 나는 사례가 결코 아니었다. 르완다의 다수족인 후투족 출신의 극단주의자들은 대통령(과 부룬디의 신임 대통령까지)을 태운 비행기를 격추시킨 뒤, 100만 명에 이르는 투치족을 몰살하려고 했다. 1994년, 100일 동안 대부분 투치족이지만 협력을 거부한 후투족까지 포함하여 80만 명이 살해당했다. 우간다에 거점을 두었던 투치족 망명자들(르완다 애국전선)은 다시 르완다에 침입해 들어간 뒤, 후투족의 살인자들과 보복을 두려워한 다른 후투족 사람들을 국경 너머 콩고와 탄자니아로 내몰았다. 얼마 지나지 않아 콩고의 이웃 국가들은 소름 끼치는 폭력 사태에 휘말리고 말았다. 총 250만 명에서 300만 명이 중앙아프리카 대전쟁에서 목숨을 잃은 것으로 추정되는데, 대다수가 전근대적인 전쟁에 수반되는 기아나 질병에 희생되었다. 보스니아에서와 마찬가지로 성폭력이 만연했고, 기묘하게도 르완다의 강간은 아프리카의 에이즈 확산을 가속화시켰다. 이러한 무차별 폭력 사태 속에서 득을 본 사람들이 있었다. 정치인들은 진정한 대의민주주의에 대한 압력을 견뎌 낼 수 있었고, 조직적인 협박꾼들은 자신의 일당을 본격적인 민병대로 바꿀 수 있었다. 또한 '국제 사회'는 편리하게도 이 폭력 사태의 원인을 예로부터 내려오는 (그래서 고칠 수 없는) 부족 간의 원한에서 찾았다.

르완다의 유혈 사태를 인구 압박과 생태 위기의 결과로 이해해야 한다는 주장이 제기되어 왔다. 르완다는 이웃 국가인 부룬디와 마찬가지로, 1990년 무렵 인구밀도가 상당히 높았다. 그러나 원시적인 농업으로 지력 고갈과 침식이 나타났고, 평균 보유 토지는 살아가기 힘들 정도로 줄고 있었다. 폭력 사태가 누그러진 뒤, 일부 르완다인은 잉여 인구를 제거하고 이용 가능한 토지 자원에 맞게 인구수를 줄여야 했다고 말하기까지 했다. 그러나 토머스 맬서스는 1798년에 발표한 『인구론』에서 자급자족형 농업의 위기 때문에 인간이 칼로 서로를 난도질해서 죽이게 될 거라고 예측하지는 않았다. 그가 예측한 것은 대량 학살이 아니라 '고통'이나 '악덕'이었다. 대량 학살을 유발한 요인은 이제는 익숙해진, 인종 이데올로기와 민족이 서로 뒤섞인 사회 현실 간의 충돌에서 찾을 수 있다. 아프리카 대호수(Great Lakes) 지역의 여러 사회가 밝은 피부색의 투치 엘리트층(전원생활/교양 있고/귀족적)과 피부색이 짙은 일반 후투족(농민/문맹/노예)으로 양분되어 있다는 생각은 식민지 시대 열강이 이들 사회를 인류학적으로 단순화하는 과정에서 생겨났다. 그러한 개념은 양국의 독립 이후 생겨난 정권들에 의해 영구화되고 왜곡되었다. 다시 말해 부룬디에서 계속되는 소수 민족 지배를 정당화하고, 르완다에서 발생한 후투족의 사회 혁명을 정당화했다. 그러나 사회 현실은 이러한 이중 인종 체제와 상당히 달랐다. 봉건 씨족은 이 민족들보다 더 오랜 역사를 갖고 있었다. 또한 르완다와 부룬디에는 간와족이나 트와족, 피그미족 같은 집단들도 있었다. 가장 중요한 점은 보스니아에서와 마찬가지로, 후투족과 투치족이 사회적으로 격리된 상태가 전혀 아니었다는 점이다. 그들은 같은 말을 쓰고 같은 마을에 살았다. 당시 이 점이 간과되곤 했는데, 무엇보다 그들은 오래전부터 다른 부족들과 결혼을 해 왔다. 실제로 르완다 최초의 후투족 출신 대통령 그레고이레 케이반다의 아내는 투치족이었다. 후투족 아버지와 투치족 어머니의 자손의 경우 신분증에 후투족으로 분류되긴 했지만, 1994년 내전이 일어나기 전에 다른 부족 간의 결혼과 그 자손을 인정해 주지 않는 사례가 급증했다. 따라서 대량 학살은 오래전에 추방된 최하층민이 아니라 이웃 그리고 때로는 친척을 상대로 이루어졌다. 실제로 카나마 공동 부락에서는 후투족 살해자와 투치족 피해자가 명확히 구분되지 않았다. 후투족이 후투족을 죽이고, 아버지가 아들을 죽이는 상황이 벌어진 것이다. 유럽인들은 아프리카의 '부족주의'에 고개를 흔들었지만, 소수 민족 집단을 '바퀴벌레'라 부르고 가족 전체를 야만스럽게 학살하고 강간을 무기로 사용하는 등, 르완다에서 벌어진 일련의 사태는 겨우 50년 전 유럽의 '암흑 대륙(Dark Continent, 19세기 이전의 아프리카 — 옮긴이)'에서 벌어진 사건을 재연한 것이다. 르완다인들이 농지 몇 에이커를 얻기 위해 서로를 죽였다는 생각은, 독일 역시 만성적으로 생활 공간이 부족했기 때문에 소련을 침략했다는 생각과 같다.

보스니아와 르완다에서 발생한 대량 학살의 특징, 즉 1904~1953년에 연속 발생한 여러 건의 대량 학살과 이 두 사건의 차이는 이들이 지정학적으로 중요하지 않다는 점이다. 민족 갈등이 대량 학살보다는 테러의 형태로 나타나는 중동과 비교했을 때, 발칸 반도와 중앙아프리카는 전략적으로 그리 중요하지 않았다. 바로 그 때문에 보스니아에 대한 개입이 지연되었고 르완다에 대한 개입은 아예 이루어지지 않았던 것이다.[4] 또한 1990년대 내내 미국을 견제할 제국주의적 라이벌이 없었기 때문에, 다시 말하면 20세기 초반에는 존재하지 않았던 '일극 패권'의 질서가 유지되면서, (이라크가 쿠웨이트를 침략했을 때 발생한) 지역 분쟁이 전략적으로 중요한 페르시아 만에서 발발했을 때에도 판돈이 내려갔다. 이러한 이유들로 새로운 세계의 무질서는 결코 새로운 세계 대전의 징후를 보이지 않았던 것이다. 1999년 6월, 러시아 정부가 겉으로 보기에는 미국 주도 나토군의 코소보 진격을 제지하기 위해 다분히 충동적으로 프리슈티나 공항에 군대를 보냈으나 그 결과는 시시했다. 그렇다면 이제 마지막으로 "이런 상태가 지속될 것으로 기대할 수 있는가?"라는 의문이 든다. 달리 말하면, 21세기에는 새로운 세계 대전에 반대되는 국지적인 소요 사태만 일어날 것으로 기대해도 되는가? 이 글을 쓰고 있는 지금, 조심스럽게 낙관론을 펼 수 있는 몇 가지 근거가 있다. 최근 추정에 따르면, 전 세계에서 벌어지는 전쟁은 1980년대 중반 이래 60퍼센트 이상 감소했고, 이제는 1950년대 말 이래 가장 낮은 수준에 머물고 있다. 2003년 이후, 아시아의 인도네시아와 스리랑카로부터, 사하라 사막 이남 아프리카의 르완다, 시에라리온, 라이베리아에 이르기까지, 열한 건이나 되는 전쟁이 끝났다.

 1931년, 알베르트 아인슈타인은 지그문트 프로이트에게 반전 투쟁의 일환으로 지식인 단체를 함께 세워 종교 집단의 도움을 얻어 보자고 제안했다. 프로이트는 보존하고 통합하려는 '성애 본능'에 반대되는, 파괴

---

4) 룩셈부르크 외무장관 자크 푸는 마치 벨기에가 학살을 막을 수 있는 것처럼 "유럽의 시간"이 밝아 오기 시작했다고 선언했다. 실제로 유럽 외교가들은 인종 청소를 중지시키지 못했고, UN 후원하에 활동하고 있던 유럽군은 1995년 7월 스레브레니차(Srebrenica)에서 자행된 비무장 이슬람교도 8000명에 대한 학살을 돕고 부추겼을 뿐이다. 보스니아의 학살을 막는 데에는 미국의 화력과 크로아티아인들의 변절이 필요했다. 미국의 화력으로 밀로셰비치가 코소보에서 시도한 인종 청소가 중지된 경우와 마찬가지였다.

하고 죽이는 인간의 영원한 본능이 존재한다고 주장하면서 회의적으로 대답했다.

당신도 느끼다시피, 사랑과 증오라는 반대되는 개념은 이론적인 존재로 바뀌었습니다. 아마도 둘은 영원히 정반대되는 개념인 인력과 척력의 또 다른 모습일 것입니다. (중략) 각 본능은 서로 없어서는 안 되는 개념으로, 인생의 모든 현상은 두 개념이 서로 조화를 이루든 서로 부딪치든 두 개념의 작용으로부터 발생합니다. (중략) 우리는 조금도 사색해 보지 않고 그 (파괴) 본능이 살아 있는 모든 인간에게서 기능하여 인간의 삶을 원시적인 무력한 상태로 만들기 위해 애쓴다는 결론을 내립니다. 실제로 그것은 '죽음 본능'으로 불릴 수도 있지요. 반면, 성애 본능은 살아가려는 노력을 증명합니다. 죽음 본능은 특정 기관의 도움으로 외부 물체를 향해 행동하면 파괴 충동이 됩니다. 즉, 살아 있는 존재는 이질적인 집단을 파괴함으로써 자신의 존재를 지켜내는 것입니다. (중략) 요컨대 우리가 인간의 공격적인 성향을 억누를 수 없다는 것입니다. (중략) 왜 당신과 나, 그리고 다른 많은 이들이 전쟁을 단순히 인생의 가증스러운 요구로 받아들이지 않고 그것에 격렬하게 반대해야 합니까? 전쟁은 충분히 자연스러운 현상으로, 생물학적으로 건전하고 실제로 피할 수 없습니다.

프로이트는 이미 1차 세계 대전을 논하면서, 아인슈타인에게 제시한 냉혹한 사회진화론적인 결론은 아니더라도 이와 비슷한 주장을 한 적이 있다. 프로이트의 이론을 어떻게 생각하든, 인간에 대한 이러한 인식을 완전히 거부해 버리기는 어렵다. 왜냐하면 프로이트의 인식은 자신과 아인슈타인을 배출해 낸 중유럽 독일계 유대인 집단을 10년도 안 되는 시간에 완전히 절멸한 파괴 욕구를 완벽하게 포착해 내고 있기 때문이다. 프로이트의 분석은 비과학적인 데다 명백히 사색적인 특징을 갖고 있음에도, 에로스(Eros)와 타나토스(Thanatos, 그리스 신화에서 나오는 죽음의 의인(擬人) ─ 옮긴이)라는 증오심의 본질적인 양면성, 즉 성적인 면과 병적인 면의 결합을 포착해 냄으로써, 증오심 자체의 교묘한 성질을 짚어 냈다. 이 책에서도 여러 번 그런 결합을 설명했는데, 이민족 간의 결합이 빈번한 집단에서 대량 학살 행위가 발생하거나, 집단 강간 속에서도 욕망과 피에 대한 굶주림이 결합되어 나타났다. 또한 밀란 루키치와 그가 죽인 이슬람교도의 아내 이그발라 라페로비치의 관계에서 구체적으로 나타난, 지배 민족과 노예 민족 간의 관계에서도 에로스와 타나토스의 결합은 극명히 드러났다. 루키치는 그녀를 성적 파트너로 계속 붙잡아 두었다고 한다.

그런데 강간과 살해라는 한 쌍의 욕구는 문명화된 사회에서 억압된 상태로 남아 있다. 그리고 보스니아와 르완다에서처럼 문명이 무너지고 있거나 무너졌을 때에만 그 욕구가 분출된다. 그리고 특정한 상황에서만 그 욕구는 포그롬에서 대량 학살로 확대된다. 반복하자면, 경제적 불안정 때문에 민족 간의 차이가 정치적인 문제로 불거지는 경우가 아주 흔하다. 그리고 대개 제국 간의 경계선에서 그런 상황이 벌어지는데, 전략적으로 중요한 분쟁지에 얼마나 가까우냐에 따라 그 폭력이 전이되는 범위가 결정된다.

각기 1979년 무렵에 시작된 두 가지 무관한 사건이 신세계의 무질서 시대가 끝나 가고 있음을 암시하고 있다. 1991년 말, 소련의 몰락과 뒤이은 여진은 세계의 다른 편에서 벌어지던 여러 면에서 더욱 의미심장한 변화로부터 눈을 돌리게 만들었다. 그곳에서는 또 다른 공산주의 정권이자 오래전에 세워진 제국이 정치적으로 양보하지 않고도 경제 개혁을 이루는 법을 알아내고 있었다. 도대체 중국 공산주의자들은 독점한 권력을 희생하지 않고도 고속 성장과 개혁을 어떻게 달성했을까? 답은 간단하다. 1989년에 혁명이 발생할 수도 있는 상황이 전개되자, 중국 정부는 공

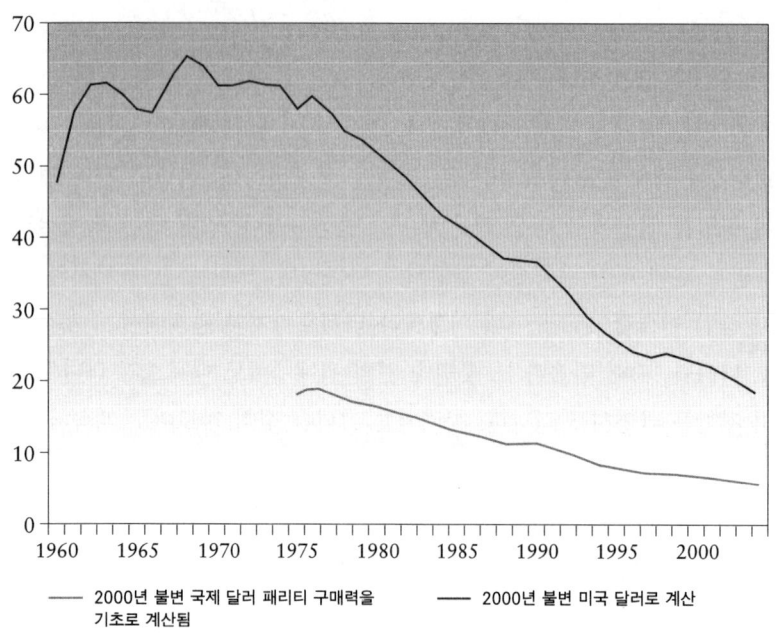

그림 E-1. 1960년~2004년, 유럽 대 동아시아의 1인당 GDP 비율

산주의 정권이 국내 반대자들을 다루던 식으로 대응했다. 그들은 전차를 보냈다. 1989년 6월 4일, 민주주의의 벽(西單民主牆) 운동은 가차 없이 진압되었다. 톈안먼 광장에 모였다 체포된 학생들의 수는 이루 헤아릴 수 없었다. 민주화 운동 지도자들은 공개재판 후에 투옥되었다. 중국 사태는 당시 같은 시기에 동유럽에서 벌어진 사건들과는 극명한 대조를 이루었다. 소련 지도부는 경제 재건과 정치 개혁을 동시에 이루려 했지만, 결국 정치 혁명과 경제 붕괴로 끝나고 말았다. 중국은 정치 개혁 없이 경제 재건을 달성하려 했고, 실제로 목표한 바를 얻었다. 1979년 이후, 중국 경제는 연평균 약 10퍼센트 비율로 성장하면서 서양과 아시아 간의 간격을 급속히 메우는 데 기여하고 있었다.(그림 E-1 참조) 이러한 성과는 우익 대처주의자들이 아니라 전형적인 공산주의자들이 달성했다. 실제로 중국의 경제 기적을 이룬 사람들이 바로 톈안먼 광장에 전차를 보낸 사람들이었다.

1979년 1월 28일 덩샤오핑이 워싱턴에 도착했는데, 그는 중국 공산당 지도자로는 처음으로 미국을 방문한 사람이었다. 당시 일흔네 살이던 덩샤오핑은 중국 혁명의 산증인이었다. 그는 마오와 함께 대장정을 마쳤고, 홍위병에 의해 주자파로 낙인찍히면서 문화혁명기에 힘든 시간을 견뎌야 했다. 마오쩌둥의 악처 장칭(江靑)이 주도한 4인방은 복권된 그를 두 번이나 제거하려 했지만 덩샤오핑은 정상에 오르는 데 성공했다. 그의 미국 방문은 중국 공산당 내부의 중요한 변동에 의해 추진되었다. 1978년 12월, 중국 공산당 제11기 3중전회는 덩샤오핑의 지시에 따라, 시장경제를 추구한다는 결정을 내렸다. 국가 주도 산업화를 추진한 마오쩌둥의 대약진 운동은 3000만 명의 목숨을 앗아간 대후진 운동이었다. 진정한 약진을 위한 덩샤오핑의 전략은 농업 집단화를 포기하고 향진기업(鄕鎭企業, 우리의 읍면에 해당하는 향진 소속 주민들이 세운 중소기업으로 이들은 경영과 생산, 판매를 자율적으로 결정한다.─옮긴이)의 발전을 도모하는 것이었다. 지방의 그러한 기업들은 불과 몇 년 만에 전체 산업 생산량의 3분의 1을 담당하게 되었다. 또 다른 중요한 요인은 마오쩌둥의 독재하에서 중국이 쇠약해질 때에도 자본주의 체제 내에서 계속 활동하던 해외 이주 중국인들의 도움이었다. 홍콩에서 쿠알라룸푸르, 싱가포르, 샌프란시스코에 이르기까지, 노련하고 부유한 자본주의적 엘리트층은 고향의 구애를 받을 준비가 되어 있었다.

덩샤오핑의 방미에서 결정적으로 중요한 점은 점차 산업화되던 중국이 이를 계기로 거대한 미국 시장에서 수출품 판로를 확보할 수 있었다는 점이다. 또한 덩샤오핑이 중국 해안을 따라 자유무역을 위한 경제특구를 조성하자, 미국 기업들은 선발 주자로 직접투자에 나섰고, 그와 함께 소중한 기술적 노하우가 유입되었다. 미국 기업 입장에서 중국의 자유화는 미국 가정의 소비재 생산을 아웃소싱할 수 있는 완벽한 기회였다. 심지어 경제특구가 동아시아의 미국 식민지처럼 될 거라고 예측한 분석가들도 있었는가 하면, 중국이 자유시장을 경험하면 정치적 자유에 대한 중국 공산당의 반감이 약해질 거라는 예측을 내놓은 분석가들도 있었다. 20세기가 미국의 세기가 된 마당에 그보다 더 나은 결론도 상상할 수 있었다. 하지만 상황은 그런 식으로 전개되지 않았다.

다른 아시아 국가들이 그랬듯이, 중국도 무역으로 기적을 달성했다. 1978년부터 1988년까지, 중국의 수출액은 달러 기준으로 네 배 증가했고, 그 이후에는 열 배 넘게 증가했다. 중국산 제품의 주요 목적지는 미국이었고 지금도 그러하다. 오늘날 미국 수입품 중 11퍼센트가 넘는 제품이 중국산이며, 그 비중은 더 커지고 있다. 미국 기업들이 중국 자회사에 대한 투자를 통해 수출 호황의 수혜자가 되길 바랐지만, 중국에 대한 외국 직접투자 중 미국의 비중은 10퍼센트도 되지 않았다. 대신 그 역할은 역전되었다. 미국의 무역적자가 국내총생산의 6퍼센트를 넘는 수준으로 상승하면서, 되레 중국이 미국에 돈을 빌려 주는 상황이 발생했다. 한편, 점점 더 많은 미국 제조업체가 중국과의 격렬한 경쟁에 직면하고 있는데, 임금이 미국에 비해 매우 낮을 뿐 아니라 중국이 달러 대비 위안화를 평가절상하지 않았기 때문이다. 그리고 그들은 더 이상 값싼 신발과 옷만을 미국에 수출하지 않는다. 대중 무역적자의 40퍼센트 이상이 전기기계와 발전 장비 때문에 발생하고 있다. 미국은 중국이 자국의 거대한 경제 자회사가 될 것으로 생각했다. 20세기 초반의 '문호 개방' 시대가 재연될 것으로 기대했으나 실제로는 새로운 경제 라이벌을 만나고 말았다. 일부 예측에 따르면, 중국의 국내총생산은 2041년에 미국의 국내총생산을 추월할 것으로 나타났다. 불안한 일부 관측자들은 이러한 경제 경쟁이 결국 충돌을 빚을지도 모른다고 생각하기 시작했다. 앞으로 무역 전쟁이 벌어질 수도 있다는, 어쩌면 무역 전쟁에 그치지 않을 수도 있다는 주장이 제기되기도 했다.

따라서 1989년에 서양 세계가 승리를 거뒀다는 생각은 착각으로 드러났다. 덩샤오핑이 1979년 방미와 함께 시작한 혁명은 대처 시대 영국에서 벌어진 그 어떤 사건보다 파급 효과가 컸다. 그리고 덩샤오핑이 1989년에 정치적 반대 세력을 가차 없이 진압한 사건은 미하일 고르바초프가 그런 세력에 결국 항복한 사건보다 훨씬 더 중요했다. 그러나 이 모든 사실에도 불구하고, 덩샤오핑의 혁명은 1979년에 벌어진 여러 혁명 가운데 가장 중요한 사건은 아니었다. 어쨌든 중국은 일당지배 국가가 계획, 감독하는 극동 스타일을 유지했지만 서양 문화로 간주되는 자유시장의 일부를 받아들이고 있었기 때문이다. **근동** 지역에서는 서양 세계의 가치를 완전히 거부하는 움직임이 나타났는데, 그곳에서 일어난 혁명은 이익이 아니라 예언자를 따르는 것이었다. 그리고 극동 지역은 제품을 수출한 반면, 근동 지역은 사람을 수출했다.

대처가 집권하고 덩샤오핑이 워싱턴을 방문한 1979년에 이란의 잿빛 도시 콤(Qom)에 위치한 마드라사(madrassa), 즉 종교학교는 자유시장경제의 세계화만큼 의미심장하게 세계를 변화시킬, 아주 특이한 혁명의 진원지가 되었다. 1979년, 영국에서는 자유시장에서 구원을 얻을 수 있다고 철저히 믿은 여성이 국가 수반의 자리에 올랐다. 그런데 같은 해인 1979년에 예언자 마호메트의 가르침에서 구원을 얻을 수 있다고 확신한 아야톨라 루홀라 무사비 호메이니라는 사람이 이란의 최고 권력자로 부상했다. 전자는 하이에크의 『노예의 길』을 읽었고, 후자는 코란을 읽었다. 전자의 혁명은 자유무역에 기초한 세계를 지향했고, 후자의 혁명은 코란을 기초로 한 세계를 지향했다. 물론 이란인들이, 미국을 줄곧 '거대한 사탄'으로 비난한 지도자를 지지한 이유는 여러 가지가 있다. 1953년, 국민에게 인기 있던 모하마드 모사데크 총리를 내쫓고 모하메드 레자 팔레비 왕을 권력자로 앉힌 것은 바로 CIA(와 MI6)였다. 팔레비 정권은 1960~1970년대에 미국이 자금을 댄 정권 중에 가장 사악한 정권은 아니었다. 그럼에도 그의 사치스러운 생활과 국민 억압은 그 공작 왕좌(Peacock Throne, 팔레비 왕조를 가리킴—옮긴이)의 화약고가 되기에 충분했다. 1979년 이란 혁명은 부분적으로 팔레비의 군부와 비밀경찰에 대한 해묵은 원한을 갚은 것이다. 그러나 호메이니의 지휘에 따라 혁명의 주요 목표는 시계를 거꾸로 돌리는 것이 되었다. 즉, 이란 사회에서 부패한 서양의 흔적을 깨끗이 없애는 것이었다. 동시에 이란 혁명은 중동 지역에서뿐 아니라 이슬람 세계 전역에서 미국의 권리에 도전하는 것이 목표였다.

이는 단순한 이슬람교의 부활을 넘어서는 것이었다. 물론 종교로서의 이슬람교는 한 덩어리로 묶을 수 없다. 이슬람교에도 분파가 있는데, 특히 이란(과 이라크)에서 주도권을 쥔 시아파와 아랍 국가들에서 주도권을 쥔 수니파는 확실히 구분된다. 그러나 '이슬람주의'는 서양에 반대하는 정치 이데올로기를 주장하는 호전적인 정치 운동으로서, 이슬람 세계 전체와 그 이상까지도 퍼져 나갈 잠재력을 갖고 있다. 아이러니하게도 미국은 이슬람주의의 확산에 관여했다. 소련이 아프가니스탄 점령을 지속하기가 불가능해진 이유는 결국 CIA가 적의 적은 아군이라는 원칙 위에 무기를 대 주고 훈련시킨 무자헤딘이라는 새로운 적과 싸워야 했기 때문이다. 그렇다면 1979년 이후, 이슬람 원리주의의 가르침을 보급하는 데 가장 크게 기여한 것은 어느 정권이었을까? 정답은 바로 아랍권에서 미국의 가장 중요한 동맹국인 사우디아라비아이다. 지하드에 뛰어든 사람들은 중동 지역의 가난한 사람들이 아니라 서양식 교육을 받은 사람들이었기 때문이다.

그러나 급진적인 이슬람교의 가장 큰 강점은 인구다. 이슬람교가 성전(聖戰)의 대상으로 선언한 서양 문화는 생식 면에서 전통적인 이슬람교 사회를 따라갈 수가 없다. 이슬람 혁명은 이란 여성의 서양화를 단번에 종식시켰다. 율법의 엄격한 해석에 따라 여성들은 모든 공공장소에서 히잡으로 몸을 가리고 다녀야 했다. 학교와 대중교통 수단에서도 엄격한 성별 분리가 도입되었다. 여성 뉴스 캐스터와 배우, 가수들은 라디오와 TV 출연이 금지되었고, 여성들은 공학, 농학, 재정학 공부를 할 수 없게 되었다. 또한 사법부뿐 아니라 정부의 모든 고위직에서도 여성들은 조직적으로 추방되었다. 1979년 12월, 전 교육부장관 파로흐루 파르사(Farrokhru Parsa)는 매춘을 조장하고 땅을 더럽히고 신에 맞서 싸웠다는 혐의로 기소되어 처형되었다. 피임과 낙태가 금지되었고 결혼 허가 연령이 열세 살로 낮춰졌다. 이 이슬람 공화국의 헌법은 새로운 신정(神政) 정체에서 여성의 역할을 분명히 규정했다.

> 가정은 사회의 기초이며, 인류의 발전과 향상의 진정한 중심점이다. (중략) 여성들은 가정에서 끌려 나와 소비주의와 착취의 단순한 도구로 전락했다. 인생의 활동 영역에서 함께 일하고 싸울 준비가 된, 신앙심 깊은 자녀를 키우는 임무를 다시 맡는 것은 어머니로서 지켜야 할 엄숙하고 소중한 의무이다.

이러한 태도는 이슬람권의 평균 임신율이 1970년대 이후 떨어졌음에도 왜 유럽 평균의 두 배 이상을 계속 유지하는지 설명하는 데 도움이 된다. 대처 자신은 결코 페미니스트가 아니지만, 20세기 말에 서양 경제의 자유화와 발맞춰 나타난 특별한 사회 변화를 구체적으로 보여 주었다. 전통적인 노조의 쇠퇴와 탄력성 있는 근무 제도의 도입으로 영국 여성들이 일터에서 활동하기는 그 어느 때보다 쉬워졌다. 성차별금지법 제정으로 예전에는 남자들이 지배한 모든 직업이 여성들에게 개방되었다. 시장의 여러 요인들은 여성의 노동을 격려했다. 이와 동시에 편리해진 피임과 낙태로 여성들은 전례 없을 정도로 임신 여부를 조절할 수 있게 되었다. 이 두 가지가 함께 작용했다. 여성들은 일하길 원했거나 어쩌면 경제적 압박 때문에 일하지 않을 수 없었는지도 모른다. 아이 세네 명을 돌보는 동시에 일까지 하기는 어려웠으므로 아이를 한 명이나 두 명만 낳기로 했다. 그리고 전문직에 종사하려는 경우엔 한 명도 낳지 않으려는 여성들이 많았다. 1970년대 말부터 서유럽 국가의 부부는 평균 두 명이 안 되는 아이들을 두었다. 1999년 그 수치는 1.3명을 겨우 넘었는데, 인구가 줄지 않으려면 두 명이 약간 넘어야 한다. 간단히 말해 유럽인들은 자식을 그만 낳았던 것이다. UN인구분과위원회 예측에 따르면 이런 추세가 지속될 경우, 50년 뒤엔 스페인은 인구가 340만 명, 이탈리아는 20퍼센트가 줄어들 것이라고 한다. 전체적으로 감소되는 '토착' 유럽인은 1400만 정도일 텐데, 두 차례의 세계 대전을 치르고도 그토록 많은 인구가 감소하지는 않았다.

이렇게 두 가지 정반대 추세의 결과는 극적이었다. 1950년 영국 인구는 이란의 세 배였다. 1995년, 이란 인구는 영국 인구를 따라잡았다. 2050년이 되면, 이란 인구가 50퍼센트 정도 더 많을 수 있다. 이 책을 쓰고 있는 지금, 이란의 연평균 인구증가율은 영국보다 일곱 배 더 높다. 유럽의 잉여 인구가 미국과 오스트레일리아에서 살기 위해 무리를 지어 대양을 건넜던 100년 전에, 현재 유럽연합을 구성하고 있는 국가들은 세계 인구의 14퍼센트 정도를 차지했다. 20세기 말, 그 수치는 6퍼센트로 떨어졌고, UN 조사에 따르면, 2050년에는 4퍼센트로 떨어질 것이다. 이러한 상황은 적어도 한 가지 거북한 의문을 제기한다. 과거 유럽의 관대했던 국가 연금을 유지하는 데 필요한 세금은 누가 낼 것인가? 2050년이 되면 그리스인, 이탈리아인, 스페인인의 중위 연령(median age)이 50세를 넘고 국민 세 명 중 한 명이 65세를 넘게 되므로, 2차 세계 대전 이후 형성된 복지 국가는 쇠퇴해 가는 것처럼 보인다. 새로 태어난 유럽인들은 75퍼센트의 세율을 준수하느라 허덕일 테고, 보조금이 지급되는 의료보호와 퇴직연금은 없어질 것이다. UN은 노동 인구 대 비노동 인구의 비율을 1995년 수준으로 유지하려면 유럽이 지금부터 2050년까지 1년에 140만 명의 이민자를 받아들여야 한다고 추정했다. 1990년대의 연간 순 이민자 수는 85만이었다.

그러나 새로운 이민자들은 어디에서 올 수 있을까? 분명 많은 이민자들이 인접한 국가에서 와야 하는데, 동유럽은 필요한 만큼 공급해 줄 수 없다. 실제로 UN은 동유럽 인구가 2050년까지 25퍼센트가 감소할 것으로 예측했다. 동유럽 출신 이민자들이 몰려올 것을 두려워한 사람들은 잘못된 방향, 즉 남쪽 대신 동쪽을 바라보고 있었다. 실제로 1990년대 말까지 유럽에서 가장 빠른 속도로 이주자가 증가한 이웃 국가들은 위에서 설명한 이유로 이슬람교도가 현저히 많은 국가들이었다. 모로코의 경우를 생각해 보자. 이 국가의 인구 증가율은 이웃한 스페인보다 일곱 배 높다. 지브롤터 맞은편, 모로코 북단에는 스페인의 고립 영토 세우타(Ceuta)가 있는데, 스페인 제국주의의 과거를 간직하고 있는 몇 안 되는 곳이다. 그러나 오늘날 세우타는 더 이상 공격적으로 팽창주의를 지향했던 유럽 제국의 전진기지가 아니라 포위된 한 대륙이 유지하는 방어용 성채이다. 세우타 외곽에는 마그레브 출신 모로코인 수천 명이 야영하고 있고, 그 너머 사라지는 분쟁 지역에는 더 나은 경제적 기회를 찾고 있는 사람들이 있다. 그들은 여러 날 동안 스페인 순찰대 몰래 국경을 넘어갈 기회만 엿보고 있다. 이에 유럽연합은 레이저 와이어, 망루, 적외선 카메라를 갖춘 국경 펜스를 설치하는 데 보조금을 지급해 주었다.

유럽의 정부 관료들은 얼마나 많은 사람이 불법적으로 유럽에 이민 오는지 모른다고 인정한다. 5만 명 정도의 불법 이민자들이 매년 유럽의 항구나 바다에서 붙잡히지만, 얼마나 많은 이들이 성공하거나 죽는지는 알 수 없다. 매주 아프리카와 유럽 사이 해역을 순찰하는 스페인 경찰들은 수십 명의 사람들을 붙잡는데, 그중 다수가 파테라스(pateras)라고 알려진 밀수선을 타고 남부 스페인과 카나리아 제도로 몰래 숨어들어 가려는 모로코 사람들이다. 그 여행에서 살아남은 사람들에게 엘에히도(El Ejido)는 유럽으로 들어가는 출입문이다. 이민자 2만여 명은 질식할 정도로 더운 그곳 온실에서 일하는데, 그런 환경을 견뎌 보려는 스페인 사람들은 거의 없다. 그리고 엘에히도는 소위 '유라비아(Eurabia, 유럽과 아라비아의 합성어—옮긴이)'를 명백히 보여 주는 한 예에 불과하다. 지중해의 북쪽과 서쪽은 노쇠하고 세속화된 대륙인데 반해, 지중해 남쪽과 동쪽의 젊은 사회는 로마 시대 고유의 말 뜻대로, 조용히 식민지로 변화하고 있다. 오늘날 이슬람교도 1500만 명이 유럽연합에서 살고 있는데, 이 수는 확실히 증가할 것으로 보인다. 이슬람교도가 21세기 말에 가면 유럽의 다수 민족이 될 거라고 했던 버나드 루이스(Bernard Lewis)의 예언은 지나치다고 할 수 있지만, 유럽의 교회 신도 수가 줄고 신앙이 무너지는 상황에서 기독교도보다 이슬람교도가 많아지는 것은 당연하다.

이슬람 공동체의 성장은 기존 유럽인들이라 할 수 있는 사람들의 화를 돋우었는데, 이는 예상할 수 있는 일이었다. 이민의 경제적 이익이 무엇이든, 그 지방 고유의 비숙련 노동자가 치르는 희생 또한 상당히 크다. 정기적으로 폭력 사태가 빚어지고, 이민자에 대한 공격이 발생한다. 때로는 이슬람 사원이 공격받기도 한다. 2005년 파리의 동쪽 외곽에서 이슬람 이민자 집단 출신 청소년들이 불만을 품고 난동을 부렸는데, 경찰을 피해 다니는 과정에서 두 명이 목숨을 잃었다. 유럽의 일부 이슬람 이민자들—모두가 이민 1세대는 아닌데—이 이슬람 극단주의 조직에 가담하고 있다는 사실은 서로에 대한 끓어오르는 반감에 기름을 붓고 있다. 스페인과 영국은 민족주의적 소수 집단에 의한 테러 행위를 똑같이 걱정해야 했다. 2004년 3월 마드리드 공격과 2005년 7월 런던 공격을 보면, 새로운 내부의 적이 생겼다는 점을 확연히 알 수 있다.

그러한 긴장감은 역사가에겐 익숙하다. 오늘날 경제의 낙관주의자들은 '지구가 평평하다.'라는 사실을 세상에 알리고 있다. 즉, 모든 국가가 똑같은 조건에서 세계 시장을 점유하기 위해 경쟁할 수 있는 동등한 경기장이 마련되어 있다는 것이다. 100년 전에도 상품과 자본, 노동이 영국으로부터 지구 끝까지 자유로이 이동하는 비슷한 방식의 세계화가 찬양받았다. 그러나 1900년경 대량 이민은 블라디보스토크로부터 비셰그라드에 이르기까지 민족 간의 긴장을 증가시키며 결국 폭발적인 결과를 가져왔다. 1914년, 세계화의 첫 시대는 오스트리아·헝가리 제국의 이슬람 지역에서 세르비아인의 과격한 테러로 깜짝 놀랄 충격을 안기며 끝났다. 독일이 또 다른 다민족 국가인 벨기에의 중립성을 짓밟으며 전쟁은 확대되었다. 세계 대전의 무차별 폭력 속에서 극단적인 반자본주의 분파가 러시아와 그 제국의 지배권을 얻었고, 제국 내 소수 민족의 자결권을 보장하겠다는 애초의 약속을 저버렸다. 그리고 이후 몇 십 년 동안, 극악무도한 독재자 스탈린, 히틀러, 마오쩌둥은 영국 해협으로부터 중국해까지 펼쳐진 거대한 유라시아 대륙을 지배했다. 그 전체주의 정권과 사이비 종교적인 제의는 어마어마한 고통을 안기고 수천만 명의 목숨을 앗아갔다. 그리고 제국 국가들 사이에 전략적으로 중요한 분쟁지에 살고 있던 여러 민족은 상대적인 관점에서 가장 많이 고통받았다. 그렇다면 우리가 살고 있는 세계화의 두 번째 시대에도 비슷한 운명이 닥칠 것인가?

오늘날 아시아에서 떠오르는 권력자는 일본이 아니라 중국이다. 그러나 100년 전의 러일 전쟁을 무색케 할 동서양의 충돌을 상상하기는 어렵지 않다. 만약 중국의 경제 성장에 차질이 생기면 어떻게 될까? 중국 공산주의자들은 권력 독점(과 엄청난 부패)에 대한 대중의 항의를 묵살하고, 애국주의에 호소할 것인가? 1914년 당시 영국과 독일 사이에서 벨기에가 그랬던 것처럼, 대만도 중국과 미국의 분쟁을 일으키는 원인이 될 수 있다. 중국은 언제나 대만을 반역자들의 소굴로 취급했고, 정식 독립을 선언하려는 대만의 시도는 군사 개입의 정당한 이유가 될 거라고 누누이 주장해 왔다. 한편 이 글을 쓰고 있는 지금, 이란의 핵무기 프로그램 개발 의혹이 제기되면서 이 문제가 UN안보리에 회부됨에 따라, 페르시아에서 전쟁이 다시 발생할 가능성이 커지고 있다. 이스라엘은 1967년 점령한 지역으로부터 벗어나 함께 공존할 수 있는 팔레스타인 국가를 세우려 하고 있다. 그러나 팔레스타인 국민들은 이스라엘 파괴에 전념하는 하마스를 지도자로 선택했다. 이라크가 평화롭고 번영하는 민주주의 국가가 되어 신보수주의 정책을 따르는 노선을 끈질기게 거부함에 따라, 중동 지역에서 패권을 잡으려는 미국의 입장은 불안해 보인다. 내전으로 치달을 가능성이 점점 더 커 보인다. 아시아의 급속한 경제 성장으로 세계 에너지 공급에 대한 압력이 증가하면서, 세계의 대규모 유전과 가스전을 확보한 비민주적인 정권의 영향력이 커지고 있다. 또한 부족한 원료 확보를 위한 제국주의적 쟁탈전이 벌어지는 시대가 등장할 개연성 역시 커지고 있다. 민족 갈등과 경제 변동성, 제국주의 국가들의 투쟁으로, 새로이 세계 대전이 발발할 위험성을 완전히 무시한 시나리오 제작자들은 팽글로스(Pangloss, 볼테르의 「캉디드」에 나오는 낭만적인 성격을 지닌 교사—옮긴이)가 될 수도 있다.

에드워드 기번은 『로마 제국 쇠망사』의 52장에서 역사적 사실과 반대되는 한 가지 질문을 제기했다. 만약 732년에 프랑스가 푸아티에 전투에서 이슬람 침략군을 물리치지 못했다면, 서유럽 전체가 이슬람교에 무릎을 꿇었을까? 기번은 특유의 빈정대는 표현으로 다음과 같이 추측했다. "만약 그랬다면, 지금 옥스퍼드 대학생들은 코란 해석본을 배우고 있을 것이고, 이슬람 성직자들은 할례받은 민족에게 마호메트 계시의 신성함과 진실을 입증하고 있을 것이다." 독자들은 그의 추측을 즐겁게 생각했을 것이고, 그는 자신이 다니던 대학을 놀려 먹는 재미를 느꼈을 것이다. 그런데 오늘날 새로이 설립된 옥스퍼드의 이슬람연구센터가 그의 예언을 거의 완벽에 가깝게 실현해 놓았다. 이 연구소는 옥스퍼드의 전통적인 4각형 건물 외에 돔과 첨탑으로 된 기도실이 특징인데, 의도하지 않았던 기번의 예언이 실현된 셈이다. 이는 20세기의 기초가 되고 있던, 세계의 근본적인 재조정을 상징한다. 서양 세계는 오스발트 슈펭글러가 1차 세계 대전 직후 『서구의 몰락』을 저술할 때 생각했던 대로 몰락하지 않았다. 그보다는 슈펭글러가 등장을 예측했던 '새로운 시저'들의 피 묻은 권력이 되살아나고 그들이 '거대 도시의 이성주의'를 공격하면서, 서양의 물질적, 그리고 더 중요하게는 도덕적 몰락이 가속화된 것이다.[5]

100년 전, 서양은 세계를 지배했다. 100년 동안 유럽 제국들끼리 서로 죽고 죽이는 전쟁을 거듭한 뒤, 서양은 더 이상 세계를 지배하지 못하게 되었다. 100년 전, 서양과 동양의 경계선은 보스니아헤르체고비나 근방에 위치했다. 이제 그 경계선은 유럽의 모든 도시를 관통하는 듯하다. 이는 이 새로운 단층선을 따라 충돌이 불가피하다는 얘기는 아니다. 그러나 만약 20세기의 역사가 지침이라면, 서로 다른 민족 집단이 같은 종교, 같은 유전자는 아닐지라도 같은 언어를 공유하며 상당히 잘 통합되어 있는 곳에서도 이 연약한 문명 체계가 급속히 무너질 수 있다는 얘기다. 또한 20세기는 경제적 불안정이 그러한 반발의 발생 가능성을 높인다는 점도 증명했는데, 20세기 전반기에 등장한 새로운 복지 국가에서 특히 그러하다. 그 이유는 살아가기 어렵거나 빈부의 차가 커지면 소수 민족 집단들을 적대적으로 바라볼 가능성이 크기 때문이다. 마지막으로, 20세기 중반 최악의 학살이 폴란드, 우크라이나, 발칸 반도, 만주 같은 곳에

---

5) 요즘엔 슈펭글러의 글을 읽는 사람이 별로 없다. 그가 니체와 바그너에 의존했으며, 글이 너무 과장되어 있고, 나치에 미친 영향력이 확연하기 때문이다. 그러나 슈펭글러는 문화의 흥망성쇠에 대한 특이한 이론으로 1914년 이전 서양 세계가 성취한 모든 것을 뒤집은 양차 대전의 격변을 누구보다도 잘 설명했다. 그는 이렇게 지적했다. "지난 세기는 서양 세계의 쇠퇴기였다. 물질주의와 무신론, 사회주의, 의회주의 그리고 돈이 승리를 거둔 세기였다. 그러나 이번 세기엔 피와 본능이 돈과 지성을 상대로 자신의 권리를 되찾을 것이다. 개인주의와 자유주의, 민주주의 시대, 인도주의와 자유의 시대가 끝나 가고 있다. 대중은 체념하고 강자인 시저의 승리를 받아들이고 그들에게 복종할 것이다." 이러한 예측은 틀리지 않았다. 특히 슈펭글러는 자신이 예측한 반발이, 쇠퇴기에 접어든 문명을 구체적으로 보여 주고 있는 대도시에서 전쟁으로 나타날 것이라고 생각했다.

서 발생한 것은 결코 우연이 아니다. 한편 20세기 후반에 발생한 과격한 폭력 사태는 더 다양한 지역으로 옮겨 갔는데, 과테말라에서 캄보디아까지, 앙골라에서 방글라데시까지, 보스니아에서 르완다까지, 그리고 최근에는 수단의 다르푸르 지역까지 확산되었다. 자주 되풀이하는 말이지만, 제국들이 쇠퇴하면서, 분쟁이 일어난 곳이나 권력의 공백 지대에서 대량 학살을 자행하는 정권이 기회를 잡을 가능성이 커졌다. 민족 통합과 경제적 변동성, 쇠퇴하는 제국, 이 세 요인은 치명적인 공식이었고 지금도 그러하다.

H. G. 웰스는 20세기를 목전에 두고, 화성인들이 침략하여 지구를 초토화하는 '우주 전쟁'을 상상했다. 이후 100년 동안, 인간은 외계인의 간섭 없이도 그에 필적할 만한 대대적인 파괴를 일으킬 수 있음을 증명했다. 자신의 동료 집단을 외계인으로 간주한 뒤 죽이기만 하면 되었다. 사람들은 때와 장소에 따라 다양한 잔인성을 드러냈다. 그러나 이제 20세기의 가장 피비린내 나는 사건들을 한데 묶는 공통 요인들을 분명히 짚어 내야 한다.

『우주 전쟁』은 공상 과학 소설로 남아 있다. 그러나 세계 전쟁은 역사적인 사실이다. 아마도 웰스의 소설처럼, 우리의 이야기도 1918년의 인플루엔자보다 더 지독한 변종과 전염병을 만들어 낼 조류 인플루엔자 바이러스 같은 미생물의 개입으로 갑자기 끝날지도 모른다. 하지만 그런 일이 발생할 때까지, 우리 인간은 같은 인간에게 최악의 적으로 남아 있을 것이다. 우리는 지난 세기의 전쟁을 야기했던 동인(動因)들을 이해할 때에만 다음 세기의 전쟁을 피할 수 있다. 경제 위기의 와중에서 인종 갈등과 제국들 간의 경쟁을 불러내고, 그 과정에서 모든 인간이 공유한 인간애를 부정한 어두운 세력은 여전히 우리 내부에서 꿈틀거리고 있다.

부록: 역사적 관점에서 본 세계 전쟁

서론에서 필자는 "1900년 이후 100년은 의심의 여지 없이 역사상 가장 잔인한 세기였고 절대적인 관점뿐 아니라 상대적 관점에서도 그 어떤 시대보다 폭력적이었다."라고 주장했다. 그 주장이 결코 논란의 여지 없이 확실치는 않기 때문에 실제로 필자의 주장을 입증하는 일이 가치 있을 듯싶다. 그러려면 통계적으로 엄청나게 혼란스러운 영역을 다루어야 할 것이다. 20세기 전쟁에서 희생된 사망자 추정치도 믿을 수가 없으며, 그 이전 전쟁들의 수치는 더더욱 믿기 어렵다. 그런 어림잡은 수치들로 전체 인구를 나누면 오류 범위가 넓어질 뿐이다.

경험상의 문제뿐 아니라 개념적인 문제도 있다. 자연사에 반대되는 사고사(violent death)라는 개념을 오늘날의 독자는 대수롭지 않게 여길 수 있다. 그러나 전쟁과 대량 학살, 기타 조직적인 폭력 행위에 희생된 수백만 명의 사람들 중 다수는 다른 사람의 무기에 죽임을 당하지 않았다. 그들은 이전의 '직접적인' 폭력 행위가 없었다면 발생하지 않았을 기근이나 전염병으로 사망했다. 따라서 역사가들이 계산한 사망자 수는 대개 뺄셈으로 얻어진 것이다. 즉 인구센서스 수치나 믿을 만한 추정치를 이용할 수 있는 경우, 전쟁이나 다른 폭력 사건 이전의 인구에서 이후의 인구를 빼서 계산하는 것이다. 그러나 이런 방식으로 얻은 수치에는 자연적인 원인으로 죽은 사람들도 포함되어 있다. 더욱이 전쟁에 의해 발생한 기근이나 질병 때문에 죽은 사망자라도 무기에 의한 사망자와 어느 정도까지 동일시해야 하는지도 논란의 여지가 있다. 그러한 간접 원인에 의한 사망률이 원래의 공격 행위로 인한 의도된 결과인지 여부가 불확실한 경우도 있다. 그리고 태어나지 않은 사람들은 어떻게 처리할 것인가? 때로 역사가들은 가정상의 인구, 즉 전쟁이 일어나지 않았을 경우의 인구를 추정함으로써 특정한 사건이 인구에 미친 순수한 영향을 계산한다. 그러나 여기에서도 희생자 가운데 실제로 태어나지도 않은 '사람들'을 계산하기 때문에 사망자 수가 부풀려지는 경향이 있다. 이런 식으로 얻은 수치를 군사 당국이 집계한 전사자 수 등을 기초로 한 수치와 나란히 놓는 것은 미덥지 않다. (죽은 게 아니라) 실종되거나 붙잡히거나 부상당한 사람 수를 더해 얻은 숫자를 전투 사망자 수치와 혼돈을 일으키면, 문제는 더욱더 복잡해진다. 전쟁에 따라 포로로 잡히거나 부상을 입는 것이 사형선고에 해당되는 경우도 있고, 더 위험한 전투에서 일시 구제된 것으로 간주되는 경우도 있다. 의학이 발달함에 따라, 병사들이 전쟁터의 부상으로부터 살아남을 확률 또한 높아졌다. 그러나 전쟁 포로를 다루는 방식은 나아지지 않았다. 마지막으로, 비조직적 폭력 문제가 있다. 전쟁과 혁명이 발생하는 시기에는 평화와 정치 질서가 구축된 시기보다 개인들이 살해 행위를 저지를 기회가 훨씬 더 많다. 그러나 일반적으로 이런 폭력은 현대 폭력을 방법론적으로 가장 꼼꼼히 다루는 통계학자라 할 수 있는 L. F. 리처드슨의 표현대로 "치명적인 불화(deadly quarrel)"의 또 다른 형태라기보다는 조직적인 폭력과는 별개 현상으로 취급된다.

인구 규모의 편차를 참작하기 위해 백분율 차원에서 비자연적 사망률을 나타낼 때, 분모를 무엇으로 택하느냐 또한 문제가 될 수 있다. 18, 19세기에 강대국 간에 벌어진 전쟁의 추정 사망자 수를 세계 인구에 대한 백분율로 표현하는 것이 의미가 있을까? 실제로 이러한 전쟁들 중 (7년 전쟁은 예외로 하고) 엄격하게 세계 전쟁이라고 할 수 있는 전쟁은 없었는데 말이다. 국가별 인구를 분모로 하는 것이 낫지 않은가? 그래야 30년 전쟁과 2차 세계 대전으로 인한 독일인 사망자 비율을 비교할 수 있기 때문이다. 하지만 이 경우에도 어려움은 있는데, 특히 독일이라고 불린 실체의 성격이 자꾸 변하기 때문이다. 신성로마제국은 제3제국과는 아주 달랐다. 제3제국 편에서 싸우다가 죽은 열세 명 중 한 명이 독일 국민이 아니라 독일군이나 나치 친위대, 또는 보조 기구가 모집한 다른 민족들의 구성원이었다. 그렇다면 우리는 정치나 지리적 단위를 더 낮춰 잡아 지역이나 도시의 사망률을 비교해야 하는가? 아마도 그래야겠지만, 실제 그렇게 하다 보면 헤레로(Herero)족 봉기 당시 독일령 남서아프리카의 한 마을에서 발생한 대량 학살이 2차 세계 대전 중 발생한 바르샤바에 대한 체계적인 파괴보다 더 폭력적이라는 결론을 내릴 수도 있다. 헤레로 봉기 중에 죽은 사람이 바르샤바에서 죽은 사람들보다 전체 인구 대비 비율이 더 높기 때문이다. 도시민 수십만 명을 죽이는 것보다 마을 사람 100명을 죽이는 게 더 쉽기 때문에 분모가 작으면 비율이 높아질 수 있다.

또한 이는 파괴적인 기술의 문제를 제기한다. 20세기의 무기가 들인 돈에 비해 더 많은 희생자를 낸다는 사실을 고려해야 하는가? 폭탄 대신 칼로 사람 100명을 죽이려면 더 많은 양의 폭력이 필요한가? 마지막으로 의도가 중요한가? 전략 목표를 달성하기 위해 사람들을 죽이는 것보다 인종 및 종교적 편견에 의해 사람을 죽이는 게 더 나쁜가? 조직된 폭력이 무력한 민간인들을 상대로 무자비하게 자행되기도 하는데, 때로는 무장한 군대끼리 서로 공격할 때가 있다는 점을 참작해야 하는가? 달리 말하면 '대량 학살'은 단순히 한쪽 편만 무장을 한 내전을 일컫는 용어일 뿐인가? 이 책에서 분명히 드러나듯이, 이러한 의문들 중 어느 것도 쉽게 대답할 수 없다.

20세기에 믿어지지 않을 정도로 많은 사망자가 조직적 폭력에 의해 발생했다는 사실은 의심의 여지가 없다. 철저히 무모한 게 아니라면 과감하다고밖에 할 수 없는 몇몇 가정에 기초하자면, 총 사망자 수는 1억 6700만에서 1억 8800만 명으로 추정된다. 일반에 발표된 이용 가능한 사망자 수를 조사해 보면, 20세기에 스물두 명의 사망자 중 한 명이 다른 사람의 행위로 죽은 것으로 결론이 난다. 그러나 이 책에서 필자가 증명하려 하는 것처럼, 치명적인 조직적 폭력은 특정 시간과 장소에 모두 집중되어 있었다. 실제로 서론에서 지적한 20세기 전투의 특징은 정확히 이전 세기들의 전투보다 (연간 전투 사망자라는 관점에서 볼 때) 훨씬 더 격렬했다. 따라서 "왜 20세기가 18세기나 19세기보다 더 폭력적이었는지?"가 아니라 "왜 격렬한 폭력이 영국이나 가나, 코스타리카보다는 폴란드, 세르비아, 캄보디아에서 발생했는지?" 또는 "왜 더욱더 격렬한 폭력이 1976년부터 1985년 사이가 아니라 1936년부터 1945년 사이에 발생했는지"가 흥미로운 질문이 된다. 이용 가능한 가장 훌륭한 추정치에 따르면, 5800만에서 5900만 명 정도가 2차 세계 대전의 결과 목숨을 잃었다. 1938년 당시 살던 사람들 중 다수가 1945년에 자연사했고 1938년 이후 태어난 아기들 중 일부가 전쟁 중에 죽었다는 점을 염두에 두어야 하지만, 그 추정치는 전쟁 전 세계 인구에 대한 백분율로 나타낼 수 있다. 그러나 군인과 민간인 사망자 수도 절대적인 관점이나 상대적인 관점에서 국가별로 상당히 차이가 났다. 절대적인 관점에서 볼 때, 1939년부터 1945년 사이에 다른 나라 국민들보다 소련 국민들이 더 많이 사고로 목숨을 잃었다. 더 많지는 않겠지만 2500만 명 정도가 희생되었다. 이는 소련 국민 열 명 중 한 명 이상이 전쟁에 희생되었음을 의미하는데, 실제로는 스탈린의 국내 정책에 목숨을 잃은 사람들 숫자를 고려해 보면, 1939년부터 1945년 사이에 열 명 중 한 명은 전체주의에 희생되었다고 말하는 게 더 정확할 수도 있다.[1] 백분율로 따지면, 폴란드가 전쟁으로 가장 큰 타격을 입은 국가였다. 폴란드의 사망률(전쟁 전 인구 대비 병사와 민간인 사망자 비율)은 19퍼센트에 달했는데, 이들 중에 홀로코스트로 목숨을 잃은 폴란드계 유대인이 높은 비율을 차지했다. 다른 국가들 중에서는 독일(오스트리아 포함)과 유고슬라비아만 10퍼센트에 근접한 사망률을 기록했다.[2] 그다음으로 높은 국가는 헝가리(8퍼센트), 루마니아(6퍼센트)였다. 체코슬로바키아(3퍼센트), 핀란드(2퍼센트), 불가리아(0.3퍼센트) 등 다수의 중동부 유럽 국가들을 포함하여 수치가 발표된 다른 국가들 중에서는 사망률이 전쟁 전 인구의 3퍼센트 이상인 경우는 없었다. 주요 교전국이었던 프랑스, 이탈리아, 영국, 미국 등 4개국의 경우, 전쟁 기간의 총 사망률은 전쟁 전 인구의 1퍼센트도 되지 않았다.[3] 프랑스, 이탈리아, 영국 등 서유럽 세 국가의 경우, 적어도 이 기준으로 따지면 1차 세계 대전에서 더 큰 피해를 입었다. 물론 터키는 2차 세계 대전 때에는 중립을 유지했기 때문에 1차 세계 대전에 의해 더 심각한 타격을 받았다.(아르메니아 대량 학살을 포함하여 총 사망률을 15퍼센트 이상으로 보는 사람도 있다.) 2차 세계 대전 중 일본의 사망률(2.9퍼센트)이 중국의 경우처럼(기껏해야 5퍼센트) 독일보다 상당히 낮았다는 점도 주목할 일이다. 이러한 차이는 전쟁의 두 가지 중요한 특징을 반영한다. 전쟁에서 다른 어느 지역보다 중

---

1) 소련의 수치는 미심쩍은 것으로 유명하다. 최근 일부 학자들에 따르면, 소련의 총인명 손실은 4300~4700만 명으로 엄청났다.(좌절된 정상적인 출산을 포함하여) 『타임스 세계사 지도(*Times Atlas of World History*)』가 집계한 총 2150만 명 중에는 굴락으로 추방되어 사망한 소련인 700만 명과 '의심스러운' 소수 민족 집단 출신이라고 추방된 100만 명이 포함되어 있다. 공식적인 초과 사망자 수는 2660만 명이지만, 여기에는 자연사한 사람들뿐 아니라 전시와 전후 이민자 270만 명도 포함되어 있을 수 있다. 한편, 이는 독일군에 잡혀 사망한 소련군 포로수를 과소평가한 것일 수도 있다.
2) 뤼디거 오베르만스(Rüdiger Overmans)는 독일군 피해 추정치를 상당히 높였다. 그는 사상자가 총 530만 명이라고 주장하는데 여기에는 1939년 당시 독일 국적을 지니지 않았지만 독일군이나 나치 친위대의 신병으로 보충되거나 징집된 40만 명이 포함되어 있다.
3) 프랑스와 이탈리아는 모두 0.9퍼센트, 영국은 0.7퍼센트, 미국은 0.2퍼센트였다.

동부 유럽에서 훨씬 많은 인명 피해가 발생했다. 독일인들은 죽이기 위해 싸웠다. 소련 지휘관들 또한 병사들의 목숨을 헛되이 낭비했다. 또한 이 지역에서는 민간인들을 상대로 체계적인 폭력이 저질러졌다.

1939~1945년에 중동부 유럽에서 사고사 발생률은 높았다. 하지만 다른 전쟁도 비슷한 수준이었다. 더욱 심각한 질병이 돌고 예비병력이 더 적었던 오스만 제국과 삼국협상 측 충돌에서 사망률이 더 높긴 했지만, 세르비아와 스코틀랜드가 가장 높은 사망률을 기록한 1차 세계 대전에서는 900만~1000만 명이 목숨을 잃었다. 마오쩌둥의 정책 때문에 발생한 것으로 추정되는 사망자 수는 크게 다르지만, 수천만 명에 도달했을 게 틀림없다. 스탈린주의에 희생된 소련 사람들도 2000만 명을 넘었을 것이다. 멕시코(1910~1920)와 적도기니(1972~1979)에서 발생한 내전과 1979년 소련 침공 이후 터진 아프간전쟁에서와 마찬가지로 캄보디아, 폴포트의 정권하에서도 사망률은 10퍼센트가 넘었던 것으로 추정된다. 전쟁, 내전, 대량 학살, 잡다한 대량 살인 등 20세기에 발생한 열여섯 차례 전쟁에서 각각 100만 명 이상이 목숨을 잃은 것으로 추정된다. 그리고 추가로 여섯 차례 전쟁에서 50만 명에서 100만 명이 희생됐고, 열네 차례 전쟁에서 25만 명에서 50만 명이 목숨을 잃었다. 전쟁관련변수연구소에 따르면, 1900~1990년에 국가 간 전쟁 또는 내전이 총 200건 발발했다. 그리고 약간 다른 기준을 사용해 볼 수도 있는데, 스톡홀름 국제평화문제연구소의 추정에 따르면, 20세기의 마지막 10년간 100건이 넘는 무장충돌이 있었으며, 이 중 스무 건 이상이 1999년에도 여전히 진행 중이었다.

인간의 역사에서 치명적인 조직적 폭력의 발생 비율이 그렇게 높았던 적이 또 있었다고 주장할 수도 있다. 선사 시대와 근대 이전의 부족 사회가 아주 폭력적이었다는 사실은 고고학적, 인류학적 연구에서 명확히 알 수 있다. 아마존 지바로(Jivaro) 인디언 중에 전쟁 때문에 죽은 남자의 비율은 그리 멀지 않은 과거에 60퍼센트에 이르렀던 것으로 알려져 있다. 기록을 보면 적어도 다른 다섯 부족에서도 20퍼센트가 넘었다.

두 번째로, 아시아 독재자 두세 명이 20세기 독재자들이 자행한 사건에 비견될 대량 학살을 범했다고 믿을 만한 이유가 있다. 13세기 몽골 제국의 지도자 칭기스칸의 정복 전쟁으로 중앙아시아와 중국의 인구가 3700만 명 이상 줄어들었다. 만약 이 수치가 정확하다면, 당시 세계 인구의 10퍼센트에 달한다.[4] 티무르 왕이 14세기 말에 중앙아시아와 북부 인도를 정벌할 때도 주목할 만한 유혈 사태가 벌어졌다. 당시 사망자가 1000만 명이 넘었다고 알려져 있다. 17세기 중국의 만주 정복 당시에도 2500만 명이나 되는 인명이 희생된 것으로 보인다. 그러나 이러한 정복자들에 희생된 사람 대다수는 파괴적인 침략으로 인한 기근과 전염병 때문에 죽은 게 거의 확실하다. 그 지역 사람들은 근근이 살아가는 정도로 위험한 생활을 하고 있었기 때문에, 관계 시스템을 파괴하거나 추수를 망칠 경우 도시 중심지들은 특히 엄청난 영향을 받았을 것이다. 그럼에도 불구하고 이러한 수치들은 일본이 북동부 중국을 정복할 당시 발생한 사망자 수(1100만 명이 넘었던 것으로 알려진)를 다소 장기적인 관점에서 볼 수 있게 해 준다. 1900년 이후 100년간은 절대적인 관점에서뿐 아니라 상대적인 관점에서도 유럽 역사상 가장 피비린내 나는 세기로 볼 수 있다. 같은 이야기를 아시아에 할 수 있을지는 확실치 않은데, 특히 일부러 기근을 일으키는 행위를 일종의 학살로 간주한다면 그러하다.

세 번째로, 1900년 이전에 중국에서 여러 차례 반란이 발생했는데 이를 진압하는 과정에서도 20세기 내전의 피해에 견주거나 그 수준을 초과할 정도의 인명 피해가 발생했다. 8세기에 발생한 안록산의 난으로

---

4) 몽골 제국은 진군하는 도중에 마주치는 도시 거주민 전원을 끊임없이 체계적으로 학살했다. 이슬람 역사가들에 따르면, 1221년 니샤푸르(Nishapur)에서 150만 명 이상이 학살당했다. 거의 비슷한 수의 사람들이 헤라트(Herat)와 메르브(Merv)에서 학살당했다.

3000만 명이 넘는 사람들이 희생된 것으로 보인다. 19세기 중반, 태평천국의 난(1851~1864)은 자칭 예수의 남동생이 청 왕조에 대항하여 일으킨 농민반란으로, 이들은 서양 세계의 시장 개방 압력에 굴복했다며 청 왕조를 비난했다. 당시 서양 측에서는 이 반란 중에 2000~4000만 명이 희생된 것으로 추정했다. 또한 대략 비슷한 시기에 발생한 염군(捻軍)의 난과 먀오족(苗族) 반란, 윈난성과 북서 중국에서 발생한 이슬람교도의 반란 역시 인근 지역에 치명적인 영향을 미쳤다. 여기서 반란 이전과 이후에 실시된 지방 및 지역 인구조사에서 사망자 총수를 추론해야 한다. 몇몇 사례에서는 인구 감소가 40~90퍼센트에 달하는 사망률을 의미하는 듯 보인다. 인구가 이토록 감소한 것은 부분적으로, 파괴된 지역을 떠나는 사람이 늘고 출산율이 떨어졌기 때문인 게 틀림없다. 그러나 청 왕조의 지휘관들은 폭도들을 체계적으로 진압하는 과정에서 대규모 조직적인 폭력을 저질렀다. 기근은 난징에 태평천국을 세우려던 반역자들을 상대로 한 '초토화 작전'의 직접적인 결과였다. 『증오의 세기』의 한 가지 가정은 인명 피해라는 관점에서 한 제국의 최악의 시간은 제국이 쇠퇴하기 시작할 때라는 것이다. 이 시기는 반란자들이 발생할 가능성이 가장 높지만 정부 당국이 잔인한 무력에 의지할 가능성이 가장 높은 때이기도 하다. 역사적인 증거에 따르면, 이는 전 세계에서 현실로 나타나기 100년 전에 이미 중국에서 명확히 밝혀졌다. 따라서 20세기를 생각하는 또 다른 방법은 청 왕조가 19세기에 겪은 단말마의 고통이 서양에서 나타났다고 보는 것이다.

마지막으로, 서유럽 정복의 일부 사례와 미주 및 아프리카 식민지화 과정에서 발생한 사망률이 20세기 사망률만큼 높다고 생각할 만한 이유가 있다. 유럽이 미주 지역을 정복하는 과정에서 엄청난 희생자가 발생했는데 그 원인은 물론 질병 때문이었다. 따라서 이를 '대량 학살'이라고 이야기하는 사람은 19세기의 기근을 인도의 '빅토리아 시대의 홀로코스트'라고 부르는 사람들만큼 역사적 용어의 신빙성을 떨어뜨린다. 1886년 이후 벨기에 왕이 콩고인들을 강제로 노예로 만들고 1904년에 독일의 식민 당국이 헤레로족의 반란을 억압한 사건은 20세기의 다른 조직적인 폭력 행위에 필적한다. 벨기에 지배하에서 살해된 것으로 추정되는 콩고인은 무려 인구의 20퍼센트 정도였다. 헤레로 전쟁에서 세 명 중 한 명 이상이 목숨을 잃었으므로 추정 사망률은 더 높았다. 사실 그 기준으로 따지면 20세기 전체에서 가장 살벌한 전쟁이었다.(하지만 1886년부터 1908년 사이에 콩고에서 700만 명이 사망한 것으로 추정되는 반면, 헤레로 전쟁의 순수 사망자 수는 7만 6000명이었다.) 역사가들은 지체 없이 이러한 '절멸' 행위와 홀로코스트의 연관 관계를 찾아냈는데, 영국이 마타벨레(Matabele) 같은 남부 아프리카 부족들을 상대로 저지른 전쟁들이 더 직접 연관돼 있긴 했다.

그렇다면 20세기에 인구가 급격히 팽창하고 치명적인 조직적 폭력이 어떤 지역이나 시기에 집중되었음을 고려하면, 20세기는 그렇게까지 잔인하지는 않았던 것 같다. 그러나 분명 20세기는 두 가지 면에서 독특했다. 첫 번째로, 20세기에 발전한 서양 국가들이 치른 전쟁의 종류가 변했다. 유럽 역사를 보면, 전쟁에 대한 기술적인 한계뿐 아니라 사회적, 제도적 한계도 있었다. 이로 인해 조직적인 폭력 때문에 발생하는 사망률이 일정 수준을 넘지 못했다. 가끔 대량 학살이 발생한 건 사실이지만, 그것이 군대의 관행이 되지는 않았다. 30년 전쟁과 나폴레옹 전쟁에서 동시대인들은 전쟁의 잔인성과 규모를 키우기도 했지만, 20세기 중반처럼 사망률이 높지는 않았다. 1914년 이후 벌어진 전쟁은 나폴레옹이 워털루에서 패한 이후 유럽이 누려 온 '긴 평화' 때문에 특히 주목할 만하다. 냉전에 '긴 평화'라는 이름이 잘못 붙여진 것처럼, 이 시기는 전쟁이 없던 시기가 아니라 대부분의 전쟁이 유럽에서 일어난 시기였다. 유럽 내에서 벌어진 전쟁들은 일반적으로 상당히 제한된 방식으로 치러졌는데, 프로이센이 독일 제국을 건설하기 위해 단시간에 격렬하게 치른 전쟁이 가장 두드러진 사례이다.

때때로 징벌이 번지수를 잘못 찾기도 했지만(폴란드인이 정복당한 아프리카인의 불행에 대해 책임질 일은 거의 없다.) 19세기 제국주의가 저지른 죄가 20세기의 유럽인들에게 내려졌다고 말할 수도 있다. 1차 세계 대전의 주요 관계자 다수는 식민지 전쟁에서 절멸 기술을 익혔다. 1914년에 전쟁상에 임명된 옴두르만의 학살자 키치너 경이 바로 떠오른다. 이와 동시에, 20세기에 중동부 유럽은 중국이 19세기에 겪은 일들을 경험했다. 즉, 내전을 양산하는 제국주의적 질서의 위기 말이다. 또한 20세기 초기에 새로운 몽골 유민에 대한 두려움이 현실로 나타났는데, 이 경우에는 그 유목민이 유럽인이었다는 점이 달랐다. 히틀러와 스탈린은 칭기스칸과 티무르의 후예임이 드러났다.

20세기를 의문의 여지 없이 독특한 세기로 만든 두 번째 특징은 겉으로 보기에 문명화된 사회의 지도자들이 이웃 나라 국민들에게 가장 원시적인 살해 본능을 폭발시켰다는 점이다. 이는 여전히 20세기의 역설로 남아 있다. 독일인들은 아마존의 인디언이 아니었다. 그런데 민주적으로 선출된 지도자 밑에서 발전된 무기로 무장한 그들이 선사 시대의 동기에 자극 받은 것처럼 동유럽에서 전쟁을 일으켰다. 웰스가 『우주 전쟁』에서 어렴풋하게나마 직관한 것이 바로 이러한 사태였다. 웰스의 화성인이 그토록 혐오스럽고 무서우면서도 놀라운 이유는 잔악함과 섬세한 기술이 결합되었기 때문이다. 그것은 마치 살인 광선검을 휘두르는 이기적인 유전자 같았다. 이것들이 바로 20세기의 사람들이 서로를 죽이는 세계 전쟁을 치르며 분명히 보여 준 특징이다.

자료와 참고문헌

이 책에는 원고 형태로 약 2000개의 각주가 포함되어 있었다. 이를 모두 책에 실었다면 부피가 너무 커질 것 같아서 아쉽게도 생략하기로 했다. 머지않아 필자의 웹사이트(www.niallferguson.org)에 참고문헌 목록 전체를 올릴 것이다.

Archivio Segreto Vaticano
Auswärtiges Amt, Berlin
Beinecke Rare Book and Manuscript Library, Yale University, New Haven
Bibliothèque de l'Alliance Israélite Universelle, Paris
Landeshauptarchiv, Koblenz
The Library of Congress, Washington D.C.
Memorial Research Centre, Moscow
National Archives, Washington D.C.
National Archives, Kew, London
National Archives at College Park, Maryland
Research and Documentation Centre, Sarajevo
Rothschild Archive, London
Russian State Archives, Moscow

Royal Archives, Windsor Castle

United States Holocaust Museum Library and Archives

Published works

Acemoglu, Daron, Simon Johnson and James A. Robinson, 'Reversal of Fortune: Geography and Institutions in the Making of the Modern World Income Distribution', NBER Working Paper, 8460 (September 2001)

Adam, Peter, *The Art of the Third Reich* (London, 1992)

Adamthwaite, Anthony, 'France and the Coming of War', in Patrick Finney (ed.), *The Origins of the Second World War* (London, 1997), 78-90.

____, 'The British Government and the Media, 1937-1938', *Journal of Contemporary History*, 18, 2 (April, 1983), 281-297.

Addison, Lucy, *Letters from Latvia* (London, 1986)

Aida, Yuji, transl. Hide Ishiguro and Louis Allen, *Prisoner of the British: A Japanese Soldier's Experience in Burma* (London, 1966)

Akira, Fujiwara, 'The Role of the Japanese Military', in Dorothy Borg and Shumpei Okamoto (eds.), *Pearl Harbor as History: Japanese- American Relations, 1931-1941* (New York, 1973), 189-196.

Alanbrooke, Field Marshal Lord, ed. Alex Danchev and Daniel Todman, *War Diaries, 1939-1945* (London, 2001)

Alba, R. D. and R. M. Golden, 'Patterns of Ethnic Marriage in the United States', *Social Forces*, 65 (Sept 1986), 202-223.

Albert, June True, 'The Sexual Basis of White Resistance to Racial Integration', unpublished PhD thesis (Rutgers University, 1972)

Alexander, Jeffrey C., 'Core Solidarity, Ethnic Outgroup and Social Differentiation: A Multidimensional Model of Inclusion in Modern Societies', in Jacques Dufny and Akinsola Akiwowo (eds.), *National and Ethnic Movements* (London, 1980)

Alexiev, Aleksander and S. Enders Wimbush, 'Non-Russians in the Red Army, 1941-1945', *Journal of Slavic Military Studies*, 6, 3 (1993)

Alice, Countess of Athlone, For *My Grandchildren: Some Reminiscences of Her Royal Highness Princess Alice* (London, 1966)

Allen, Louis and David Steeds, 'Burma: The Longest War, 1941-45', in Saki Dockrill (ed.), *From Pearl Harbour to Hiroshima: The Second World War in Asia and the Pacific, 1941-45*

(Basingstoke, 1994)

Almog, Shmuel, *Nationalism and Antisemitism in Modern Europe, 1815–1945* (Oxford / New York, 1990)

Allport, Richard, 'The Battle of Cuito Cuanavale: Cuba's Mythical Victory', http://www.rhodesia.nl/cuito.htm (n.d.)

Aly, Gotz, *'Final Solution': Nazi Population Policy and the Murder of the European Jews* (London, 1999)

Ambrose, Stephen E., *Band of Brothers: E Company, 506th Regiment, 101st Airborne from Normandy to Hitler's Eagle's Nest* (London, 2001 [1992])

____, 'The Last Barrier', in Robert Cowley (ed.), *No End Save Victory: New Second World War Writing* (London, 2002), 527–551.

____, 'D-Day Fails', in Robert Cowley (ed.), *More What If? Eminent Historians Imagine What Might Have Been* (Macmillan, 2002), 341–8.

____, 'The Secrets of Overlord', in Robert Cowley (ed.), *The Experience of War* (New York / London, 1992), 472–480.

Ames, Jessie Daniel, *The Changing Character of Lynching, 1931–1941* (Atlanta, 1942)

Anderson, George K., *The Legend of the Wandering Jew* (Providence, 1965)

Andrew, Christopher and Vasili Mitrokhin, *The Mitrokhin Archive: the KGB in Europe and the West* (London, 1999)

Andreyev, Catherine, *Vlasov and the Russian Liberation Movement: Soviet Reality and Emigré Theories* (London / New York / New Rochelle / Melbourne / Sydney, 1987)

Andricc, Ivo, transl. Lovett F. Edwards, *The Bridge on the Drina* (New York, 1959 [1945])

Angell, Norman, *The Great Illusion: A Study of the Relation of Military Power to National Advantage* (London, 1913 [1910])

Anon., *The Horrors of Aleppo, seen by a German Eyewitness* (London, 1916)

____, *Verité sur the mouvement revolutionnaire Arménien et les mesures gouvernementales* (Constantinople, 1916)

____, *Semi-Imperator 1888–1918,* (Munich, 1919)

____, *Eagle's Nest, Obsersalzburg, in a Historical View* (Bayreuth, n.d.)

____, *Ostjuden in Deutschland* (Berlin, 1921)

____ (ed.), *The Armenian Genocide: Documentation* (Munich, 1987)

____ (ed.), *Germany, Turkey and Armenia: A Selection of Documentary Evidence Relating to the Armenian Atrocities from German and other Sources* (London, 1917)

____ (ed.), *Dossier Kampuchea I* (Hanoi, 1978)

____ (ed.), *Documents sur les Atrocités Arméno-Russes* (Constantinople, 1917)

Antonov-Ovseyenko, Anton, *The Time of Stalin: Portrait of a Tyranny* (New York, 1981)

Applebaum, Anne, 'Gulag: Understanding the Magnitude of What Happened', *Heritage Lecture*, (October 16, 2003)

Ardenaes, Johs, O. Riste and M. Skodvin, *Norway and the Second World War* (Oslo, 1996)

Arendt, Hannah and Martin Heidegger, ed. *Ursula Ludz, Briefe 1925–1975* (Frankfurt, 1998)

Armstrong, John. A., 'Collaborationism in World War II: The Integral Nationalist Variant in Eastern Europe', *Journal of Modern History*, 40 (1968), 396–410.

Arnold, James R., 'Coral and Purple: The Lost Advantage', in Peter G. Tsouras (ed.), *Rising Sun Victorious: The Alternate History of How the Japanese Won the Pacific War* (London, 2001), 83–119.

Aron, Raymond, *The Imperial Republic: The United States and the World, 1945-1973* (London, 1975)

Aronson, I. M., 'The Prospects for the Emancipation of Russian Jewry during the 1880s', *Slavonic and East European Review*, (January 1977), 350–.

____, *Troubled Waters: The Origins of the 1881 Anti-Jewish Pogroms in Russia* (Pittsburg, 1990)

____, 'Geographical and Socioeconomic Factors in the 1881 Anti-Jewish Pogroms in Russia', *Russian Review*, 55, 1 (Jan., 1980), 18–31.

Arthur, Max, in association with the Imperial War Museum (ed.), *Forgotten Voices of the Second World War: A New History of World War Two in the Words of the Men and Women Who Were There* (London, 2004)

Asada, Teruhiko, transl. Ray Cowan, *The Night of a Thousand Suicides: The Japanese Outbreak at Cowra* (Sydney / London / Melbourne / Singapore, 1970)

Ashworth, T., *Trench Warfare 1914–18: The Live and Let Live System* (London, 1980)

Aster, Sidney, '"Guilty Men"': The Case for Neville Chamberlain', in Patrick Finney (ed.), *The Origins of the Second World War* (London, 1997), 62–78.

Aston, Frederick Alfred, *The Mence of Anti-Semitism in America Today* (New York, 1938)

Astor, David, 'Why the Revolt against Hitler was Ignored: On the British Reluctance to Deal with German Anti-Nazis', *Encounter*, 32, 6 (June, 1969), 3–13.

Baar, Jacob and Werner J. Cahnman, 'Interfaith Marriage in Switzerland', in Werner J. Cahnman (ed.), *Intermarriage and Jewish Life: A Symposium* (New York, 1963), 51–6.

Bacevich, Andrew, *American Empire: The Realites and Consequences of U.S. Diplomacy* (Cambridge, Mass. / London, 2002)

Bachi, Roberto, *Population Trends of World Jewry* (Jerusalem, 1976)

Bachmann, Gertraude, 'Coburg between England and Russia', in Paper presented at Russian

Academy of Sciences conference, European Monarchies in Past and Present (Moscow, May 26–28, 1998)

Bacque, James, *Other Losses: An Investigation into the Mass Deaths of German Prisoners at the Hands of the French and Americans after World War II* (Toronto, 1989)

Bagish, Martin and Hilary Conroy, 'Japanese Aggression against China: The Question of Responsibility', in Alvin D. Coox & Hilary Conroy (eds.), *China and Japan: The Search for Balance Since World War I* (Oxford, 1978), 323–335.

Bagley, Christopher, 'Interracial Marriage in England: Some Statistics', *New Community*, 1 (June 1972), 318–26.

Bairoch, Paul, transl. Christopher Braider, *Cities and Economic Development* (Chicago, 1988)

Balderston, Theo, 'War Finance and Inflation in Britain and Germany, 1914–1918', *Economic History Review*, 42 (1989), 222–44.

Barber, John and Mark Harrison, 'Patriotic War, 1941 to 1945', in Ronald Grigor Suny (ed.), *The Cambridge History of Russia, vol. III: The Twentieth Century* (Cambridge, forthcoming)

Barber, Laurie and Ken Henshall, *The Last War of Empires: Japan and the Pacific War* (Auckland, 1999)

Barbusse, Henri, transl. Robin Buss, *Under Fire* (London, 2003 [1916])

Barkawi, Tarak, 'Combat Motivation in the Colonies: The Indian Army in the Second World War', *Journal of Contemporary History* (forthcoming)

Barnard, Daniel, 'The Great Iraqi Revolt: The 1919–20 Insurrections against the British in Mesopotamia', Paper presented at the Harvard Graduate Student Conference in International History (April 23, 2004)

Barnhart, Michael A., 'Japanese Intelligence before the Second World War: "Best Case" Analysis', in Ernest R. May (ed.), *Knowing One's Enemies: Intelligence Assessment Before the Two World Wars* (Princeton, 1984), 424–456.

____, *Japan Prepares for Total War: The Search for Economic Security, 1919–1941* (Ithaca, 1987)

Bartov, Omer, *Hitler's Army: Soldiers, Nazis, and War in the Third Reich* (New York / Oxford, 1992)

____, *Mirrors of Destruction: War, Genocide and Modern Identity* (Oxford / New York, 2000)

____, *The Eastern Front, 1941–45: German Troops and the Barbarisation of Warfare* (Basingstoke, 1985)

Bastide, R, 'Dusky Venus, Black Apollo', *Race*, 3 (1961), 10–18.

Bateson, Patrick, 'Optimal Outbreeding', in Patrick Bateson (ed.), *Mate Choice* (Cambridge University Press, 1982), pp. 257–77.

____, 'Sexual Imprinting and Optimal Outbreeding', *Nature*, 273, 5664 (June 22, 1978), 659–60.

Battestin, Martin, *Henry Fielding: A Life* (London, 1989)

Baxter, John, *Not Much of a Picnic: Memoirs of a Conscript & Japanese Prisoner of War, 1941–1945* (Trowbridge, 1995)

Bayly, C. A., *The Birth of the Modern World, 1780–1914: Global Connections and Comparisons* (Oxford, 2003)

____ and Tim Harper, *Forgotten Armies: The Fall of British Asia, 194–1945* (London, 2004)

Bayur, Yusuf Hikmet, *Türk Inkilabi Tarihi* (Ankara, 1952)

Bean, Richard, 'War and the Birth of the Nation State', *Journal of Economic History*, 33, 1 (March 1973), 203–21.

Beatrice, Princess (ed.), *In Napoleonic Days: Extracts from the Private Diary of Augusta, Duchess of Saxe-Coburg-Saalfeld, Queen Victoria's Maternal Grandmother 1806-1821* (London, 1941)

Becker, Elizabeth, *When The War Was Over: The Voice of Cambodia's Revolution and Its People* (New York, c1986)

Beckman, Morris, *The Jewish Brigade: An Army with Two Masters, 1944–1945* (Staplehurst, 1998)

Beevor, Anthony, *Berlin: The Downfall, 1945* (London, 2002)

Begg, R.C. and Liddle, P.H. (eds.), *For Five Shillings A Day: Experiencing War, 1939–45* (London, 2000)

Bein, Alexander, 'Der jüdische Parasit', *Vierteljahreshefte für Zeitgeschichte*, 13 (1965), 121–49.

Bell, P. M. H., *The Origins of the Second World War in Europe* 2nd ed. (London, 1997 [1986])

Beller, Steven, *Vienna and the Jews 1867–1938: A Cultural History* (Cambridge / New York / Melbourne, 1997 [1989])

Belov, Fedor, *The History of the Soviet Collective Farm* (New York, 1955)

Belova, Olga, 'Anti-Jewish Violence in Folk Narratives of the Slavs', unpublished paper, Stockholm Conference on Pogroms (2005)

Ben-Israel, Hevda, 'Cross-Purposes: British Reactions to the German Anti-Nazi Opposition', *Journal of Contemporary History* 20, 3 (1985), 423–438.

Bendiner, Elmer, *The Fall of Fortresses* (Originally published: New York, Putnam, 1980) (London, 1981)

Bennathan, Esra, 'Die demographische und wirtschaftliche Struktur der Juden', in Werner Mosse (ed.), *Entscheidungsjahre 1932: Zur Judenfrage in der Endphase der Weimarer Republik* (Tübingen, 1966), 87–134.

Bentwich, Norman, *I Understand the Risks: The Story of the Refugees from Nazi Oppression who*

Fought in the British Forces in the World War (London, 1950)

Berg, A. Scott, *Lindbergh* (New York, 1998)

Berg, Alexander, *Juden-Bordelle: Enthüllungen aus dunklen Häusern* (Berlin, 1892)

Bergamini, David, Japan's *Imperial Conspiracy* (New York, 1972)

Bergen, Doris L., 'The Nazi Concept of 'Volksdeutsche' and the Exacerbation of Anti-Semitism in Eastern Europe, 1939–45', *Journal of Contemporary History,* 29, 4 (October 1994), 569–582.

Berghe, Pierre L. van den, *The Ethnic Phenomenon* (New York, 1981)

Bernstein, Herman (ed.), *The Willy-Nicky Correspondence, Being the Secret and Intimate Telegrams exchanged between the Kaiser and the Tsar* (New York, 1918)

Bertram, James, *The Shadow of a War: A New Zealander in the Far East 1939–1946* (London, 1947)

Beveridge, Sir William, *Social Insurance and Allied Services: Report ... Presented to Parliament by Command of His Majesty CMND 6404* (London, 1942)

Bickers, Robert, *Empire Made Me: An Englishman Adrift in Shanghai* (London, 2004)

Bidermann, Gottlob Herbert, transl. and ed. Derek S. Zumbro, *In Deadly Combat: A German Soldier's Memoir of the Eastern Front* (Lawrence, Kansas, 2000)

Biggs, Chester M. Jr., *Behind the Barbed Wire: Memoir of a World War II U.S. Marine Captured in North China in 1941 and Imprisoned by the Japanese until 1945* (Jefferson, NC / London, 1995)

Biglova, Katerina, Zdenek Matejcek and Zdenek Dytrych, *Remembering: Voices of Prague Jewish Women* (n.p., 1994)

Bikont, Anna, *My z Jedwabnego* (Warsaw, 2005)

Bilinksy, Yaroslav, 'Methodological Problems and Philosophical Issues in the Study of Jewish-Ukrainian Relations during the Second World War', in Howard Aster and Peter J. Potichnyj (eds.), *Ukrainian-Jewish Relations in Historical Perspective* (Edmonton, 1990), 373–407.

―――, 'Assimilation and Ethnic Assertiveness among Ukrainians of the Soviet Union', in Erich Goldhagen (ed.), *Ethnic Minorities in the Soviet Union* (New York / Washington / London, 1968), 147–84.

Bilyeu, Dick, *Lost in Action: A World War II Soldier's Account of Capture on Bataan and Imprisonment by the Japanese* (Jefferson, NC, 1991)

Bing, Edward J. (ed.), *The Letters of Tsar Nicholas and Empress Marie, Being the Confidential Correspondence between Nicholas II, last of the Tsars, and his Mother, Dowager Empress Marie*

Feodorovna (London, 1937)

Black, Conrad, *Franklin Delano Roosevelt* (London, 2004)

Black, George, *The Good Neighbor: How the United States Wrote the History of Central America and the Caribbean* (New York, 1988)

Blanke, Richard, *Orphans of Versailles: The Germans in Western Poland, 1918–1939* (Kentucky, 1993)

Blau, Peter M. and Joseph E. Schwartz, *Crosscutting Social Circles: Testing a Macroeconomic Theory of Intergroup Relations* (New York, 1984)

Bloch, Ivan S., *Is War Now Impossible? Being an Abridgment of 'The War of the Future in its Technical, Economic and Political Relations* (London, 1899)

Bloch, Marc, *Étrange Défaite: Témoignage écrit en 1940* (Paris, 1946)

Bloch, Michael, *Ribbentrop* (London / New York / Toronto / Sydney / Auckland, 1992)

Blumstein, Alexandre, *A Little House on Mount Carmel* (London, 2002)

Bobbitt, Philip, *The Shield of Achilles: War, Peace, and the Course of History* (New York, 2002)

Bokszanski, Zbigniew, 'The Representations of the Jews in Selected Polish Autobiographical Materials from the Period of the Second World War', in Marek S. Szczepanski (ed.), *Ethnic Minorities and Ethnic Majority: Sociological Studies of Ethnic Relations in Poland* (Katowice, 1997), 247–256.

Bond, Brian, *British Military Policy between the Two World Wars* (Oxford, 1980)

____ (ed.), *Chief of Staff: The Diaries of Lieutenant-General Sir Henry Pownall,* vol. I: 1933–1940 (London, 1972)

Bontemps, Alex, 'Startling New Attitudes on Interracial Marriage', Ebony, (July–Dec 1975), 144–51.

Borchardt, Knut, 'Constraints and Room for Manoeuvre in the Great Depression of the Early Thirties: Towards a Revision of the Received Historical Picture', in idem, *Perpectives in Modern German Economic History and Policy* (Cambridge, 1991)

Bordo, Michael, Alan Taylor and Jeffrey Williamson (eds.), *Globalization in Historical Perspective* (Chicago, 2003)

Bordo, Michael, Ehsan Choudhri and Anna Schwartz, 'Was Expansionary Monetary Policy Feasible During the Great Contraction? An Examination of the Gold Standard Constraint', NBER Working Paper, 1725 (May 1999)

Borys, Jurij, *The Sovietization of Ukraine 1917–1923: The Communist Doctrine and Practice of National Self-Determination* (Edmonton, 1980)

Botev, Nikolai, 'Where East Meets West: Ethnic Intermarriage in the Former Yugoslavia, 1962 to 1989', *American Sociological Review*, 59 (June 1994), 461–480.

Boua, Chanthou, 'Genocide of a Religious Group: Pol Pot and Cambodia's Buddhist Monks', in P. Timothy Bushnell, Vladimir Shlapentokh, Christopher K. Vanderpool and Jeyaratnam Sundram (eds.), *State Organized Terror: The Case of Violent Internal Repression* (Boulder, 1991), 227–240.

Bourke, Joanna, *An Intimate History of Killing: Face-to-face Killing in Twentieth-Century Warfare* (London, 1999)

Bowlby, Alex, *The Recollections of Rifleman Bowlby* (London, 1999)

Boyd, Carl, 'Japanese Military Effectiveness: The Interwar Period', in Allan R. Millett and Williamson Murray (eds.), *Military Effectiveness*, vol. II: *The Interwar Period* (Boston, 1988), 131–168.

Boyle, John Hunter, *China and Japan at War, 1937–1945: The Politics of Collaboration* (Stanford, 1972)

Bradley, James, 'The Boys Who Saved Australia, 1942', in Robert Cowley (ed.), *More What If? Eminent Historians Imagine What Might Have Been* (Macmillan, 2002), 291–304.

Brainerd, Elizabeth and Mark V. Siegler, 'The Economic Effects of the 1918 Influenza Epidemic', Centre for Economic Policy Research Discussion Paper, 3791 (February, 2003)

Brands, H. W., *The Devil We Knew: Americans and the Cold War* (Oxford, 1993)

Brass, Paul R. (ed.), *Riots and Pogroms* (New York, 1996)

Breitman, Richard, *Official Secrets: What the Nazis planned, What the British and Americans Knew* (London, 1999)

Broadbent, Gilbert, *Behind Enemy Lines* (Bognor Regis, 1985)

Broadberry, Stephen and Peter Howlett, 'The United Kingdom: "Victory at All Costs"', in Mark Harrison (ed.), *The Economics of World War II: Six Great Powers in International Comparison* (Cambridge, 1998), 43–80.

Brokaw, Tom, *The Greatest Generation* (London, 2002)

Bronsztejn, Szyja, 'Polish-Jewish Relations as Reflected in Memoirs of the Interwar Period', in Antony Polonsky, Ezra Mendelsohn and Jerzy Tomaszewski (eds.), *Jews in Independent Poland: 1918–1939* (London, Washington, 1994), 66–88.

Brook, Timothy (ed.), *Documents on the Rape of Nanking* (Ann Arbor, 1999)

Broscious, S. David, 'Longing for International Control, Banking on American Superiority: Harry S. Truman's Approach to Nuclear Weapons', in John Lewis Gaddis, Philip H. Gordon, Ernest R. May and Jonathan Rosenberg (eds.), *Cold War Statesmen Confront the*

Bomb: Nuclear Diplomacy Since 1945 (Oxford, 1999), 15–39.

Brown, Callum, *The Death of Christian Britain: Understanding Secularization, 1800–2000* (London / New York, 2001)

Brown, Malcolm, The Imperial War Museum book of the Western Front (London, 1993)

____, in association with the Imperial War Museum, Tommy Goes to War (London, 1999)

Brown, William O. Jr. and Richard C. K. Burdekin , 'German Debt Traded in London During the Second World War: A British Perspective on Hitler', *Economica,* 69 (2002), 655–69.

Browning, Christopher, *Ordinary Men: Reserve Police Battalion 101 and the Final Solution* (London, 2001)

____, *The Origins of the Final Solution: The Evolution of Nazi Jewish Policy, September 1939-March 1942* (London, 2004)

Brownmiller, Susan, *Against Our Will: Men, Women, and Rape* (Harmondsworth, 1976)

Bruntz, George. G., *Allied Propaganda and the Collapse of the German Empire in 1918* (Stanford, California, 1938)

Bry, Gerald, *Wages in Germany, 1871–1945* (Princeton, 1960)

Bryce, Viscount (ed.), *The Treatment of the Armenians in the Ottoman Empire, 1915–1916: Documents Presented to Viscount Grey of Falloden* (Beirut, 2nd edn. 1972)

Brüll, Adolf, *Die Mischehe im Judentum im Lichte der Geschichte* (Frankfurt, 1905)

Buchanan, Mark, *Ubiquity: The Science of History ... Or Why the World is Simpler than We Think* (London, 2000)

Buckle, George Earle (ed.), *The Letters of Queen Victoria: A Selection from Her Majesty's Correspondence and Journal between the Years 1886 and 1901,* 3rd Series (London, 1930, 1931, 1932)

Buckley, Gail, *American Patriots: The Story of Blacks in the Military from the Revolution to Desert Storm* (New York, 2001)

Buckley, Roger, *The United States in the Asia Pacific since 1945* (Cambridge, 2002)

Budnitskii, Oleg, 'What the Cause of a Pogrom Is, or of Gunshots from Behind', unpublished paper, Stockholm Conference on Pogroms (2005)

Budrass, Lutz, Jonas Scherner and Jochen Streb, 'Demystifying the German "Armament Miracle" during World War II: New Insights From The Annual Audits Of German Aircraft Producers', Yale University Economic Growth Center Discussion Paper, 905 (January 2005)

Buldakov, V. P., 'Freedom, Shortages, Violence: The Origins of the 'Revolutionary' Anti-Jewish Pogrom in Russia in 1917–1918', unpublished paper, Stockholm Conference on

Pogroms (2005)

Bulgakov, Mihkail, transl. Richard Pevear and Larissa Volokhonsky, *The Master and Margarita* (London, 1997 [1966])

____, transl. Michael Glenny, *The White Guard* (London, 1971)

Bull, Eric, *Go Right, Young Man* (Hornby, 2nd ed., 1997)

Bullock, Alan, *Hitler and Stalin: Parallel Lives* (London, 1991)

Burgdörfer, Friedrich, 'Die Juden in Deutschland und in der Welt: Ein statistischer Beitrag zur biologischen, beruflichen und sozialen Struktur des Judentums in Deutschland', *Forschungen zur Judenfrage*, 3 (1938)

Burk, Kathleen, *Britain, America and the Sinews of War, 1914–1918* (London, 1985)

Burleigh, Michael, *Death and Deliverance: 'Euthanasia' in Germany 1900–1945* (Cambridge, 1994?)

____, *Earthly Powers: Religion and Politics in Europe from the French Revolution to the Great War* (London, 2005)

____, *Germany Turns Eastwards: A Study of Ostforschung in the Third Reich* (Cambridge, 2000)

____, 'Nazi Europe: What If Nazi Germany Had Defeated the Soviet Union?', in Niall Ferguson (ed.), *Virtual History: Alternatives and Counterfactuals* (New York, 1999), 321–347.

____, 'The Racial State Revisited', in *idem, Ethics and Extermination: Reflections on Nazi Genocide* (Cambridge, 1997), 155–68.

____, *The Third Reich: A New History* (London, 2001)

____, and Wolfgang Wippermann, *The Racial State: Germany 1933–1945* (Cambridge, 1991)

Burtt, John D., 'Known Enemies and Forced Allies: The Battles of Sicily and Kursk', in Peter G. Tsouras (ed.), *Third Reich Victorious: The Alternate History of How the Germans Won the War* (London, 2002), 169–196.

Buruma, Ian, *Inventing Japan: From Empire to Economic Miracle, 1853–1964* (London, 2003)

Buruma, Ian and Avishai Margalit, *Occidentalism: The West in the Eyes of Its Enemies* (New York, 2004)

Bynum, Victoria E., '"White Negroes" in Segregated Mississippi: Miscegenation, Racial Identity and the Law', *Journal of Southern History*, 64, 2 (May 1998), 247–76.

Cain, P. J. and Hopkins, A. G., *British Imperialism, 1688–2000* 2nd ed. (Harlow, 2001)

Cala, Alina, 'The Social Consciousness of Young Jews in Interwar Poland', *Polin*, 8 (1994), 42–66.

Calvocoressi, Peter, Guy Wint and John Pritchard, *Total War: The Causes and Courses of the Second World War* (Harmondsworth, 2nd ed., 1989)

Campbell, Horace, 'Cuito Cuanavale', in *The Oxford Companion to Politics of the World*, Second

Edition (Oxford, 2001), 187.

Campbell, Kim H., 'Holding Patton: Seventh Panzer Army and the Battle of Luxembourg', in Peter G. Tsouras (ed.), *Battle of the Bulge: Hitler's Alternate Scenarios* (London, 2004), 205–231.

Camper, Carol (ed), *Miscegenation Blues: Voices of Mixed Race Women* (Toronto, 1994)

Cannadine, David, *Ornamentalism: How the British Saw Their Empire* (London, 2001)

Cantril, Hadley, 'America Faces the War: A Study in Public Opinion', *Public Opinion Quarterly*, 4, 4 (September 1940), 387–407.

Carlton, David, 'Against the Grain: In Defence of Appeasement', *Policy Review*, 13 (Summer 1980), 134–150.

Carpenter, Humphrey, *Tolkein: A Biography* (Boston, 1977)

Carpenter, W. S., *The Du Pont Company's Part in the National Security Progam, 1940–1945: Stockholder's Bulletin* (Wilmington, Delaware)

Carr, Caleb, 'VE Day - November 11, 1944', in Robert Cowley (ed.), *More What If? Eminent Historians Imagine What Might Have Been* (Macmillan, 2002), 333–345.

Carruthers, Bob and Simon Trew (eds.), *Servants of Evil: New First-hand Accounts of the Second World War from Survivors of Hitler's Armed Forces* (London, 2001)

Carson, Andrew. D., *My Time in Hell: Memoir of an American Soldier Imprisoned by the Japanese in World War II* (Jefferson, NC / London, 1997)

Casper, Bernard M., *With the Jewish Brigade* (London, 1947)

Castellan, Georges, 'Remarks on the Social Structure of the Jewish Community in Poland between the Two World Wars', in Bela Vago and George L. Mosse (eds.), *Jews and non-Jews in Eastern Europe, 1918–1945* (New York, 1974), 187–201.

____, 'The Germans of Rumania', *Journal of Contemporary History*, 6, 1 (1971), 52–75.

Caute, David, *The Dancer Defects: The Struggle for Cultural Supremacy during the Cold War* (Oxford, 2003)

Cavalli-Sforza, Luca, Paolo Menozzi and Alberto Piazza, *The History and Geography of Human Genes* (Princeton, 1994)

Cavalli-Sforza, Luigi Luca, transl. Mark Seielstad, *Genes, People, and Languages* (New York, 1999)

____, *The Highest Stage of White Supremacy: The Origins of Segregation in South Africa and the American South* (Cambridge, 1982)

____, 'Colonial Rule', in Judith M. Brown and Wm. Roger Louis (eds.), *Oxford History of British Empire, vol. IV: The Twentieth Century* (Oxford / New York, 1999), 232–254.

Chalker, Jack, *Burma Railway Artist: The War Drawings of Jack Chalker* (London, 1994)

Chamberlin, W. H., *The Russian Revolution*, 2 vols. (New York, 1965)

____, 'Soviet Taboos', *Foreign Affairs*, 13 (1934)

Chang, Iris, *The Rape of Nanking: The Forgotten Holocaust of World War II* (New York, 1997)

Chang, Jung and Jon Halliday, *Mao: The Unknown Story* (London, 2005)

Charmley, John, *Churchill: The End of Glory* (London, 1993)

____, *Chamberlain and the Lost Peace* (London, 1989)

Chenevix-Trench, Charles, *The Indian Army and the King's Enemies, 1900–1947* (London, 1988)

Chirac, Auguste, *Les rois de la République: Histoire des juiveries* (Paris, 1883)

____, *L'agiotage de 1870 à 1884* (Paris, 1887)

Chiswick, Barry R. and Timothy J. Hatton, 'International Migration and the Integration of Labor Markets', in Michael D. Bordo, Alan M. Taylor and Jeffrey G. Williamson (eds.), *Globalization in Historical Perspective* (Chicago / London, 2003), 65–120.

Chmerkine, N., *Les Consequences de l'Antisémitisme en Russie* (Paris, 1897)

Chrétien, Jean-Pierre, *Burundi: L'histoire retrouvée: 25 ans de métier d'historian en Afrique* (Paris, 1993)

____, Jean-François Dupaquier, Marcel Kabanda and Joseph Ngarambe, *Rwanda: Les médias du genocide* (Paris, c1995)

Christiano, Lawrence J., Roberto Motto and Massimo Rostagno, 'The Great Depression and the Friedman-Schwartz Hypothesis', NBER Working Paper, 10255 (January, 2004)

Chua, Amy, *World on Fire* (New York, to come)

Churchill, Winston S., *The Hinge of Fate: The Second World War* (Boston, 1950)

Clarke, I. F. (ed.), *Voices Prophesying War, 1763-1984* (London / New York, 1992)

Clayton, James D., 'American and Japanese Strategies in the Pacific War', in Peter Paret (ed.), *Makers of Modern Strategy from Machiavelli to the Nuclear Age* (Princeton, 1986), 703–732.

Coble, Parks M., *Facing Japan: Chinese Politics and Japanese Imperialism* (Cambridge: Mass., 1991)

Coetzee, M. S., *The German Army League: Popular Nationalism in Wilhelmine Germany* (Oxford/ New York, 1990)

Coghlan, F., 'Armaments, Economic Policy and Appeasement: The Background to British Foreign Policy, 1931–7', *History,* 57, 190 (June 1972), 205–216.

Cohen, Gary B., *The Politics of Ethnic Survival: Germans in Prague, 1861–1914* (Princeton, 1981)

Cohen, Israel, 'My Mission to Poland (1918–1919)', *Jewish Social Studies,* 13, 2 (April 1951), 149–172.

Cohen, Paul, *History in Three Keys: The Boxers as Event, Experience and Myth* (New York, 1998)

Cole, Harold L., Lee O. Ohanian and Ron Leung, 'Deflation and the International Great

Depression: A Productivity Puzzle', Federal Reserve Bank of Minneapolis Research Department Staff Report, 356 (February, 2005)

Cole, Margaret, *The Webbs and their Work* (New York, 1974)

Cole, Wayne S., 'America First and the South', *Journal of Southern History,* 22, 1 (February 1956), 44–.

Collier, Paul and Anke Hoeffler, 'On Economic Causes of Civil War', Oxford Economic Papers, 50 (1998), 563–73.

Colville, J. R., *Man of Valour: The Life of Field-Marshal the Viscount Gort* (London, 1972)

Colville, John, *The Fringes of Power: Downing Street Diaries, 1939–1955* (Dunton Green, 1986)

Colvin, Ian, *Vansittart in Office: An Historical Survey of the Origins of the Second World War based on the Papers of Sir Robert Vansittart* (London, 1965)

____, *The Chamberlain Cabinet: How the Meetings in 10 Downing Street, 1937–1939 led to the Second World War, Told for the First Time from the Cabinet Papers* (London, 1971)

Comision Para el Esclarecimiento Historico, *Guatemala Memoria del Silencio: Las Violaciones de los Derechos Humanos y los Hechos de Violencia Vol. II* (Guatemala, 1999)

____, *Guatemala Memoria Del Silencio: Conclusiones y Recomendaciones Vol. V* (Guatemala, 1999)

Conlen, Paul, The Historical Genesis and Material Basis of Racial Endogamy in Racist Societies, unpublished thesis (University of Lund, 1974)

Connaughton, R. M., *The War of the Rising Sun and Tumbling Bear: A Military History of the Russo-Japanese War, 1904-5* (London, 1988)

Conquest, Robert, *The Great Terror: A Reassessment* (London, 1992)

____, *The Harvest of Sorrow: Soviet Collectivization and the Terror-Famine* (London / Melbourne / Auckland / Johannesburg, 1986)

____, *The Nation Killers* (London, 1970)

Constantine, Stephen, 'Migrants and Settlers', in Judith M. Brown and Wm. Roger Louis (eds.), *The Oxford History of the British Empire, vol. IV: The Twentieth Century* (Oxford, 1999), 163–187.

Cook, Theodore F. Jr., 'Our Midway Disaster', in Robert Cowley (ed.), *What If?: The World's Foremost Military Historians Imagine What Might Have Been* (London, 2001), 311–339.

Cooper, Duff, ed. John Julius Norwich, *The Duff Cooper Diaries, 1915–1951* (London, 2005)

____, *Viscount of Norwich, Old Men Forget* (London, 1953)

Coox, Alvin, 'The Effectiveness of the Japanese Military Establishment in the Second World War', in Allan R. Millett and Williamson Murray (eds.), *Military Effectiveness, vol. III: The Second World War* (Boston, 1988), 1–44.

_____, 'The Pacific War', in Peter Duus (ed.), *The Cambridge History of Japan,* vol. VI: *The Twentieth Century* (Cambridge, 1988), 315–385.

_____, *Nomonhan: Japan Against Russia, 1939, vol. I* (Stanford, 1985)

_____, *Nomonhan: Japan Against Russia, 1939, vol. II* (Stanford, 1985)

Corti, Egon Caeser Conte, *The English Empress: A Study in the Relations between Queen Victoria and her Eldest Daughter, Empress Frederick of Germany* (London, 1957)

_____, *Alexander of Battenberg* (London, 1954)

Costello, John, *Days of Infamy: MacArthur, Roosevelt, Churchill* (New York, 1994)

Coyne, Jerry A. and H. Allen Orr, *Speciation* (Sunderland, MA, 2004)

Cozzens, James Gould, Guard of Honor (New York, 1948)

Crafts, Nicholas, 'Is the World A Riskier Place?', Merrill Lynch Global Securities Research and Economics Group (May 16, 2005)

_____, 'Globalisation and Growth in the Twentieth Century', International Monetary Fund Working Paper, 00/44 (March 2000)

Cray, Ed, *Chrome Colossus: General Motors and its Times* (Boston, 1980)

Creveld, Martin van, *Supplying War: Logistics from Wallenstein to Patton* (Cambridge, 1977)

Cripps, Stafford, *The Cripps Version: The Life of Sir Stafford Cripps, 1889–1952* (London, 2002)

Crowley, James B., *Japan's Quest for Autonomy: National Security and Foreign Policy, 1930–1938* (Princeton, 1966)

Crowson, N. J., *Facing Fascism: The Conservative Party and the European Dictators, 1935–1940* (London, 1997)

Cullather, Nick, *Secret History: The CIA's Classified Account of Its Operations in Guatemala, 1952–1954* (Stanford, CA, 1999)

Céline, Louis-Ferdinand, *Voyage au bout de la nuit* (Paris, 1956 [1932])

Dabney, Virginius, 'The South Looks Abroad', *Foreign Affairs,* 19, 1 (October 1940)

Dadrian Vahakn N., *German Responsibility in the Armenian Genocide: A Review of the Historical Evidence of German Complicity* (Watertown, Mass., c1996)

_____, 'The Armenian Question and the Wartime Fate of the Armenians as Documented by the Officials of the Ottoman Empire's World War I Allies: Germany and Austria-Hungary', *International Journal of Middle Eastern Studies,* 32 (2002), 59–85.

_____, *The History of the Armenian Genocide* (Providence, 1997)

_____, *The Key Elements in the Turkish Denial of the Armenian Genocide: A Case Study of Distortion and Falsification* (Cambridge, MA, 1999)

_____, 'The Signal Facts Surrounding the Armenian Genocide and the Turkish Denial

Syndrome', *Journal of Genocide Research*, 5 (2003)

Dairnvaell, Georges ['Satan' (pseud.)], *Histoire édifiante et curieuse de Rothschild Ier, roi des Juifs* (Paris, 1846)

Danchev, Alex, *Alchemist of War: The Life of Basil Liddell Hart* (London, 1998)

Davidson-Houston, J. V., *Yellow Creek: The Story of Shanghai* (London, 1962)

Davie, Maurice R., *Refugees in America: Report of the Committee for the Study of Recent Immigration from Europe* (Harper and Brothers, 1947)

Davies, Norman, *Europe: A History* (Oxford / New York, 1996)

____, *God's Playground: A History of Poland, vol. II* (New York, 1982)

____, *Rising '44: The Battle for Warsaw* (New York, 2004)

____, and Roger Moorhouse, *Microcosm: Portrait of a Central European City* (London, 2003)

Davis, Lance E. and R. A. Huttenback, *Mammon and the Pursuit of Empire: The Political Economy of British Imperialism, 1860-1912* (Cambridge, 1986)

Davis, Mike, *Late Victorian Holocausts: El Nino Famines and the Making of the Third World* (London, 2001)

Dawkins, Richard, *The Selfish Gene* 2nd ed. (Oxford / New York, 1989)

Deist, Wilhelm, 'The Military Collapse of the German Empire: The Reality behind the Stab-in-the-Back Myth', *War in History*, 3, 2 (1996), 186-207

Della Pergola, Sergio, *Jewish Mixed Marriages in Milan 1901-1968, with an Appendix: Frequency of Mixed Marriage Among Disporia Jews* (Jerusalem, 1972)

Diamond, Jared, *Collapse: How Societies Choose to Fail or Succeed* (New York, 2005)

Dibold, Hans, transl. by H. C. Stevens, *Doctor at Stalingrad: The Passion of a Captivity* (London, 1958)

Dilks, David, '"The Unnecessary War"? Military Advice and Foreign Policy in Great Britain, 1931-1939', in Adrian Preston (ed.), *General Staffs and Diplomacy before the Second World War* (London, 1978), 98-132.

____(ed.), *The Diaries of Sir Alexander Cadogan, 1938-1945* (London, 1971)

Dinter, Artur, *Die Sünde wider das Blut: Ein Zeitroman* (Leipzig, 1920)

Divine, Robert A., *The Illusion of Neutrality* (Chicago, 1962)

Djilas, Aelksa, *Contested Country: Yugoslav Unity and Communist Revolution, 1919-1953* (Cambridge, Mass. / London, 1991)

Dobkin, Marjorie Housepian, *Smyrna 1922: The Destruction of a City* (Kent, Ohio / London, c1988)

Dobson, Christopher, John Miller and Ronald Payne, *The Cruellest Night: Germany's Dunkirk and* the Sinking of the Wilhelm Gustloff (London, 1979)

Donovan, Tim (ed.), *The Hazy Red Hell: Fighting Experiences on the Western Front, 1914-1918* (Staplehurst, 1999)

____(ed.), *The Hazy Red Hell: Fighting Experiences on the Western Front, 1914-1918* (Staplehurst, 1999)

Dorril, Stephen, *MI6: Fifty Years of Special Operations* (London, 2000)

Dower, John W., *War without Mercy: Race and Power in the Pacific War* (London / Boston, 1986)

Doyle, Michael W., 'Liberalism and World Politics', *American Political Science Review*, 80, 4 (1986)), 1151–1167.

Dralle, Lothar, *Die Deutschen in Ostmittel- und Osteuropa: ein Jahrtausend europäischer Geschichte* (Darmstadt, 1991)

Draper, Alfred, *The Amritsar Massacre: Twilight of the Raj* (London, 1985)

Dreyer, Edward L., *China at War, 1901–1949* (London, 1995)

Drucker, Peter, *Die Judenfrage in Deutschland, 1936* (Vienna, 1936)

Drucker, Peter F., *Concept of the Corporation* (New York, 1946)

Drumont, Edouard, *La France juive: Essai d'histoire contemporaine*, 2 vols. (Paris, 1885)

____, *Les juifs contre la France* (Paris, 1899)

____, *Le testament d'un antisémite* (Paris, 1894)

Dubnow, S. M., transl. I. Friedlaender, *History of the Jews in Russia and Poland from the Earliest Times until the Present Day, vol. II: From the Death of Alexander I until the Death of Alexander III (1825–1894)* (New York, 1975)

Dudley, Wade G., 'Be Careful What You Wish For: The Plan Orange Disaster', in Peter G. Tsouras (ed.), *Rising Sun Victorious: The Alternate History of How the Japanese Won the Pacific War* (London, 2001), 39–61.

Dugdale, E.T.S. (ed.), *German Diplomatic Documents, 1871–1914*, 4 vols. (London, 1928)

Dunbabin, J. P. D., 'British Rearmament in the 1930s: A Chronology and Review', *Historical Journal*, 18, 3 (September, 1975), 587–609.

Dungan, Myles, *They Shall Not Grow Old: Irish Soldiers and the Great War* (Dublin, 1997)

Dunlop, E. E., *The War Diaries of Weary Dunlop: Java and the Burma-Thailand Railway, 1942-1945* (London, 1987)

Durand, Yves, *Des Prisonniers de Guerre dans les Stalags, les Oflags et les Kommandos, 1939–1945* (Paris, 1987)

Durham, W. H., *Coevolution: Genes, Culture, and Human Diversity* (Stanford, 1991)

Durschmied, Erik, *The Hinge Factor: How Chance and Stupidity Have Changed History* (London, 1999)

Duus, Peter, 'Japan's Informal Empire in China, 1895-1937: An Overview', in Peter Duus, Ramlon H. Myers and Mark R. Peattie (eds.), *The Japanese Informal Empire in China, 1895-1937* (Princeton, NJ, 1989), xi–xxix.

Echenberg, Myron, *Colonial Conscripts: The 'Tirailleurs Senegalais' in French West Africa, 1857–1960* (London, 1991)

Edelstein, Michael, 'Imperialism: Cost and Benefit', in Roderick Floud and Donald McCloskey (eds.), *The Economic History of Britain since 1700*, 2nd ed., vol. II (Cambridge, 1994), 173–216.

Edgar, Donald, *The Stalag Men: The Story of One of the 110,000 Other Ranks who were POWs of the Germans in the 1939–45 War* (London, 1982)

Edgerton, Robert B., *Warriors of the Rising Sun: A History of the Japanese Military* (London, 1997)

Edwardes, Allen, *Erotica Judaica* (New York, 1967)

Ehrenburg, Ilya, *Men, Years – Life, vol. V: The War, 1941–45* (London, 1964)

Ehrenburg, Ilya and Vasily Grossman, transl. David Patterson, *The Complete Black Book of Russian Jewry* (New Brunswick, NJ, 2002)

Eichengreen, Barry, *Golden Fetters: The Gold Standard and the Great Depression, 1919-1939* (New York / Oxford, 1992)

____, 'Still Fettered After All These Years', NBER Working Paper, 9726 (October 2002)

Einstein, Albert and Sigmund Freud, 'The Einstein-Freud Correspondence (1931–1932)', in Otto Nathan and Heinz Norden (eds.), *Einstein on Peace* (New York, 1960), 186–203.

Ekblom, Robert, 'Inbreeding Avoidance through Mate Choice', unpublished paper, Evolutionary Biology Centre, Department of Population Biology, Uppsala University, Norway

Eksteins, Modris, *Walking Since Daybreak: A Story of Eastern Europe, World War II, and the Heart of our Century* (Boston, 1999)

Elkins, Caroline, *Britain's Gulag: The Brutal End of Empire in Kenya* (London, 2005)

Ellis, John, *The World War I Databook: The Essential Facts and Figures for all the Combatants* (London, 1993)

Endicott, Stephen Lyon, *Diplomacy and Enterprise: British China Policy, 1933–1937* (Manchester, 1975)

Erickson, John, *The Road to Stalingrad: Stalin's War with Germany, vol. I* (London, 1975)

____, 'New Thinking about the Eastern Front in World War II', *Journal of Military History*, 56, 2 (April 1992), 283–292.

Erny, Pierre, *Rwanda 1994: Clés pour comprendre les calvaire d'un peuple* (Paris, c1994)

Errera, Leo, *The Russian Jews: Extermination or Emancipation* (New York / London, 1894)

Evans, Richard, *Rituals of Retribution: Capital Punishment in Germany 1600–1987* (Oxford, 1996)

____, *The Third Reich in Power* (New York, 2005)

____, *The Coming of the Third Reich* (London, 2003)

Falls, Cyril, *Caporetto 1917 Great Battles of History Series* (London, 1965)

____, *Caporetto 1917 Great Battles of History Series* (London, 1965)

Falter, Jurgen W., *Hitlers Wähler* (Munchen, c1991)

Fanon, Frantz, *Black Skin, White Masks* (London, 1952)

Farmer, Rhodes, *Shanghai Harvest: A Diary of Three Years in the China War* (London, 1945)

Farquhar, George, 'The Twin Rivals', in William Myers (ed.), *The Recruiting Officer and other Plays* (New York, 1995), 79–159.

Farrar-Hockley, Sir Anthony, 'The China Factor in the Korean War', in James Cotton and Ian Neary (eds.), *The Korean War in History* (Manchester, 1989), 4–11.

Fay, Peter Ward, *The Forgotten Army: India's Armed Struggle for Independence, 1942–1945* (Ann Arbor, 1993)

Feinstein, C. H., *National Income, Expenditure and Output of the United Kingdom, 1855-1965* (Cambridge, 1972)

Feldman, Eliyahu, 'British Diplomats and British Diplomacy and the 1905 Pogroms in Russia', *Slavonic and East European Review*, 65, 4 (Oct. 1987), 579–608.

Feldman, Gerald D., *The Great Disorder: Politics, Economics and Society in the German Inflation* (New York / Oxford, 1993)

Felsenstein, Frank, *Anti-Semitic Stereotypes: A Paradigm of Otherness in English Popular Culture, 1660-1830* (Baltimore, 1995)

Feltz, Gaetan, 'Ethnicité, Etat-nation et Démocratisation au Rwanda et au Burundi', in Manassé Esoavelomandroso and Gaetan Feltz (eds.), *Démocratie et Développement: Mirage ou espoir raisonnable?* (Paris / Antananarivo, 1995), 277–297.

Fenby, Jonathan, *Generalissimo: Chiang Kai-shek and the China he Lost* (London, 2003)

Ferguson, Niall, *Empire: How Britain Made the Modern World* (London, 2003)

____, *Paper and Iron: Hamburg Business and German Politics in the Era of Inflation, 1897-1927* (Cambridge, 1995)

____, 'Political Risk and the International Bond Market between the 1848 Revolution and the Outbreak of the First World War', *Economic History Review* (forthcoming).

____, 'Prisoner Taking and Prisoner Killing in the Age of Total War: Towards a Political Economy of Military Defeat', *War in History*, 11, 1 (2004), 34–78.

____, 'Sinking Globalization', *Foreign Affairs*, (March / April 2005)

____, *The Cash Nexus: Money and Power in the Modern World, 1700–2000* (London, 2001)

____, *The House of Rothschild, vol. I: Money's Prophets; vol. II: The World's Banker* (New York, 1999)

____, 'The Paradox of Diminishing Risk Perception in a Dangerous World', Drobny Associates Research Paper (July 2005).

____, *The Pity of War* (London, 1998)

____, 'The Unconscious Colossus: Limits of (and Alternatives to) American Empire', *Daedalus*, 134, 2 (2005), 18–33.

____, and Moritz Schularick, 'The Empire Effect: The Determinants of Country Risk in the First Age of Globalization, 1880–1913', *Journal of Economic History* (forthcoming)

Fermi, Laura, *Illustrious Immigrants: the Intellectual Migration from Europe, 1930–1941* (Chicago / London, 1968)

Fermor, Patrick Leigh, *A Time of Gifts: On Foot to Constantinople from the Hook of Holland to the Middle Danube* (London, 2005)

Feuerwerker, Albert, 'Japanese Imperialism in China: A Commentary', in Peter Duus, Ramlon H. Myers and Mark R. Peattie (eds.), *The Japanese Informal Empire in China, 1895–1937* (Princeton, NJ, 1989), 431–438.

Field, Alexander J., 'The Impact of World War II on U.S. Productivity Growth', unpublished paper, Santa Clara University (September 2005)

Figes, Orlando, *Peasant Russia, Civil War: The Volga Countryside in Revolution* ()

____, 'The Red Army and Mass Mobilization during the Russian Civil War, 1918–1920', *Past and Present*, 129 (Nov. 1990), 168–211.

____, *A People's Tragedy: The Russian Revolution, 1891-1924* (London, 1996)

Fink, Carol, 'The Minorities Question at the Paris Peace Conference: The Polish Minority Treaty, June 28, 1919', in Manfred F. Boemeke, Gerald D. Feldman and Elisabeth Glaser (eds.), *The Treaty of Versailles: A Reassessment after 75 Years* (Cambridge, 1998), 249–74.

Fisch, Harold, *The Dual Image: The Figure of the Jew in English and American Literature* (New York, 1971)

Fischer, Conan, *The German Communists and the Rise of Nazism* (London, 1991)

FitzPatrick, Bernard. T. and John. A. Sweetser III, *The Hike into the Sun: Memoir of an American Soldier Captured on Bataan in 1942 and Imprisoned by the Japanese until 1945*. (Jefferson, NC / London, 1993)

Fitzpatrick, Sheila, *Everyday Stalinism: Ordinary Life in Extraordinary Times – Soviet Russia in the 1930s* (Oxford, 1999)

Flandreau, Marc and Frédéric Zumer, *The Making of Global Finance, 1880-1913* (Paris, 2004)

Fleischhauer, Ingeborg and Benjamin Pinkus, ed. Edith Rogovin Frankel, *The Soviet Germans: Past and Present* (New York, 1986)

Fleming, Donald and Bernard Bailyn (eds.), *The Intellectual Migration: Europe and America, 1930–1960* (Cambridge, Mass., 1969)

Fleming, Thomas, 'Illusions and Realities in World War I', *Historically Speaking*, (September / October 2004), 7–9.

Flora, Peter et al. (eds.), *State, Economy and Society in Western Europe, 1815-1975: A Data Handbook*, 2 vols. (Frankfurt, 1983)

Fogel, Robert W., *The Escape from Hunger and Premature Death, 1700–2100: Europe, America, and the Third World* (Cambridge, 2003)

Folcher, Gustave, *Marching to Captivity: The War Diaries of a French Peasant, 1939–45* (London, Washington, 1996)

Fooks, Herbert. C., *Prisoners of War* (Federalsburg, Maryland, 1924)

Foot, Rosemary, *The Wrong War: American Policy and the Dimensions of the Korean Conflict, 1950–1953* (Ithaca, New York, 1985)

Forbes, Neil, 'London Banks, the German Standstill Agreements, and "Economic Appeasement" in the 1930s', *Economic History Review*, 2nd Series, 40, 4 (November 1987), 571–587.

Fordham, Benjamin O., '"Revisionism" Reconsidered: Exports and American Intervention in the First World War', unpublished paper, Department of Political Science, Binghamton University (SUNY) (2004)

Foreign Office, *Correspondence Relating to the Asiatic Provinces of Turkey: Part I: Events at Sassoon, and Commission of Inquiry at Moush* (London, 1895)

Forster, Jurgen, 'The German Army and the Ideological War against the Soviet Union', in Gerhard Hirschfeld (ed.), *The Policies of Genocide: Jews and Soviet Prisoners of War in Nazi Germany* (London / Boston / Sydney, 1986), 15–29.

Forsyth, James, *A History of the Peoples of Siberia: Russia's North Asian Colony, 1581-1990* (Cambridge / New York / Port Chester / Melbourne / Sydney, 1992)

Fort, Adrian, *'Prof': The Life and times of Frederick Lindemann* (London, 2004)

Fortune, Editors of, *Jews in America* (New York)

Foster, Alan, 'The Times and Appeasement: The Second Phase', *Journal of Contemporary History*, 16, 3 (July 1981), 441–465.

Fotiadis, Constantinos E. (ed.), *The Genocide of the Pontus Greeks* (Thessalonike, 2002)

Frank, Andre Gunder, *ReOrient: Global Economy in the Asian Age* (Berkeley / London, 1998)
Freud, Sigmund, 'Thoughts for the Time on War and Death' reprinted in John Rickman (ed.), *Civilization, War and Death* (London, 1939)
Friedman, Barton, 'Tolkein and David Jones: The Great War and the War of the Ring', *Clio*, 11, 2 (1982), 117–135.
Friedman, Benjamin M., *The Moral Consequences of Economic Growth* (New York, 2005)
Friedman, Milton and Anna J. Schwartz, *A Monetary History of the United States, 1867–1960* (Princeton, 1963)
Friedrich, Jörg, *Der Brand: Deutschland im Bombenkrieg, 1940–1945* (Berlin, 2003)
Fritz, Stephen G., *Frontsoldaten: The German Soldier in World War II* (Lexington, 1995)
Fromkin, David, *Europe's Last Summer: Why the World Went to War in 1914* (London, 2004)
Froschauer, Hermann, and Renate Geyer, *Quellen des Hasses: Aus dem Archiv des 'Stürmer' 1933-1945 Eine Ausstellung des Stadtarchivs Nürnberg Okt. 1988–Feb. 1989*(Nürnberg, 1988)
Frymann, Daniel [Heinrich Class], *Wenn ich der Kaiser wär' - Politische Wahrheiten und Notwendigkeiten* (Leipzig, 1912)
Fuchs, Edouard, *Die Juden in der Karikatur: Ein Beitrag zur Kulturgeschichte* (Berlin, 1985)
Fukuyama, Francis, 'Capitalism and Democracy: The Missing Link', *Journal of Democracy*, 3 (1992), 100–10.
____, *The End of History and the Last Man* (New York, 1992)
____, *The Great Disruption: Human Nature and the Reconstitution of Social Order* (London, 1999)
Fursenko, Aleksandr and Timothy Naftali, *One Hell of a Gamble: Khrushchev, Castro, Kennedy and the Cuban Missile Crisis, 1958–1964* (London, 1997)
Gabrielan M. C., *Armenia: A Martyr Nation* (New York / Chicago, 1918)
Gackenholz, Hermann, 'The Collapse of Army Group Centre in 1944', in Hans-Adolf Jacobsen and Jurgen Rohwer (eds.), transl. Edward Fitzgerald, *Decisive Battles of World War II: The German View* (London, 1965), 355–383.
Gaddis, John, *The Cold War: A New History* (London, 2006?)
____, 'Korea in American Politics, Strategy, and Diplomacy, 1945–1950', in Yonosuke Nagai and Akira Iriye (eds.), *The Origins of the Cold War in Asia* (Tokyo, 1977), 277–299.
____, *We Know Now: Rethinking Cold War History* (Oxford, 1997)
Gahama, Joseph, *Le Burundi sous Administration Belge: La Période du Mandat, 1919–1939* (Paris, c1983)
Gallup, George H., *The Gallup Poll: Public Opinion, 1935–1971* (New York, 1972)
Galton, Francis, *Hereditary Genius* (London, 1978)

Gantt, William Horsley, *Russian Medicine* (New York, 1937)

Garrett, Richard, *P.O.W.* (Newton Abbot / London, 1981)

Garrett, Stephen A., *Ethics and Airpower in World War II: The British Bombing of German Cities* (New York, 1993)

Gasiorowski, Mark J., 'The 1953 Coup d'État Against Mosaddeq', in Mark J. Gasiorowski and Malcolm Byrne (eds.), *Mohammad Mosaddeq and the 1953 Coup in Iran* (Syracuse, 2004)

Gatrell, Peter, *Government, Industry and Rearmament, 1900-1914: The Last Argument of Tsarism* (Cambridge, 1994)

Gay, Ruth, *The Jews of Germany: A Historical Portrait* (New Haven and London, 1992)

Gayler, Robert, *Private Prisons: An Astonishing Story of Survival under the Nazis* (Wellingborough, 1984)

Geiger, Jeffrey E., *German Prisoners of War at Camp Cooke, California: Personal Accounts of 14 Soldiers, 1944–1946* (Jefferson, North Carolina / London, 1996)

Geiss, Immanuel, *Der lange Weg in die Katastrophe: Die Vorgeschichte des Ersten Weltkrieges, 1815-1914* (Munich, 1990)

___, *July 1914: The Outbreak of the First World War - Selected Documents* (London, 1967)

Gellately, Robert, 'The Gestapo and German Society: Political Denunciation in the Gestapo Case Files', *Journal of Modern History,* 60, 4 (Dec. 1988), 654–694.

Germann, Holger, *Alfred Rosenberg: Sein politischer Weg bis zur Neu- (Wieder-) Gründung der NSDAP im Jahre 1925* (London, 1988)

Gerstenfeld-Maltiel, Jacob, *My Private War: One Man's Struggle to Survive the Soviets and the Nazis The Library of Holocaust Testimonies* (London, 1993)

Getty, J. Arch and Oleg V. Naumov, *The Road to Terror: Stalin and the Self-Destruction of the Bolsheviks, 1932–1939* (New Haven, 1999)

Geyl, Pieter, *Encounters in History* (London and Glasgow, 1963)

Gibbons, Herbert Adams, *Les Derniers Massacres d'Arménie: Les Responsabilités* (Paris / Nancy, 1916)

Gilbert, Martin, *The First World War* (London, 1994)

___, *Second World War* (London, 1989)

Gilbert, Martin and Richard Gott, *The Appeasers* (London, 1963)

Gill, John H., 'Into the Caucasus: The Turkish Attack on Russia, 1942', in Peter G. Tsouras (ed.) , *Third Reich Victorious: The Alternate History of How the Germans Won the War* (London, 2002), 146–168.

Gill, Lesley, *The School of the Americas: Military Training and Political Violence in the Americas*

(Durham, 2004)

Gilman, Sander, *The Jew's Body* (New York and London, 1991)

Gilmore, Allison. B., *You Can't Fight Tanks with Bayonets: Psychological Warfare against the Japanese Army in the Southwest Pacific* (Lincoln / London, 1998)

Gitelman, Zvi, *Jewish Nationality and Soviet Politics: The Jewish Sections of the CPSU, 1917-1930.* (Princeton, 1972)

Glenny, Misha, *The Balkans, 1804-1999: Nationalism, War and the Great Powers* (London, 2000)

Gobineau, Joseph Arthur, comte de, *Essai sur l'inégalité des races humaines* (Paris, 1967 [1853–1855])

Goeschel, Christian, 'Suicide at the End of the Third Reich', *Journal of Contemporary History*, 41, 1 (2006), 153–173.

Goetzmann, William N., Andrey D. Ukhov and Ning Zhu, 'China and the World Financial Markets', *Economic History Review* (forthcoming)

Goldberg, Mina, 'Die Jahre 1881–1882 in der Geschichte der russischen Juden', unpublished Ph.D. thesis, Friedrich-Wilhelms-Universität zu Berlin (1934)

Golden, Joseph, 'Patterns of Negro-White Intermarriage', *American Sociological Review*, 19 (1954), 144–7.

Goldhagen, Daniel Jonah, *Hitler's Willing Executioners* (London, 1997)

Goldsmith, Raymond, 'The Power of Victory', *Military Cultures*, 19 (Spring 1946), 69–81.

Goldstein, Erik, 'Great Britain: The Home Front', in Manfred F. Boemeke, Gerald D. Feldman and Elisabeth Glaser (eds.), *The Treaty of Versailles: A Reassessment after 75 Years* (Cambridge, 1998), 147–66.

____, 'Neville Chamberlain, The British Official Mind and the Munich Crisis', in Igor Lukes and Erik Goldstein (eds.), *The Munich Crisis, 1938: Prelude to World War II* (London, 1999), 276–293.

Golomstock, Igor, transl. Robert Chandler, *Totalitarian Art in the Soviet Union, the Third Reich, Fascist Italy and the People's Republic of China* (London, 1990)

Goltz, Colmar Freiherr von der, transl. G. F. Leverson, *The Conduct of War: A Short Treaties on its Most Important Branches and Guiding Rules* (London, 1899)

Gooch, G. P. and Harold Temperley (eds.), *British Documents on the Origins of the War, 1898-1914,* 11 vols. (London, 1927)

Gordon, Milton M., *Assimilation in American Life* (New York, 1964)

Gordon, Sarah, *Hitler, Germans and the Jewish Question* (Princeton NJ, 1984)

Gorky, Maxim, transl. Ronald Wilks, *My Universities* (Penguin, 1979 [1922])

Gorodetsky, Gabriel, *Grand Delusion: Stalin and the German Invasion of Russia* (New Haven, 1999)

Gorter-Gronvik, Waling T. and Mikhail N. Suprun, 'Ethnic Minorities and Warfare at the Arctic Front, 1939–1945', *Journal of Slavic Military Studies,* 13, 1 (March 2000), 127–142.

Gott, Richard, *Rural Guerillas in Latin America* (Harmondsworth, 1973 [1970])

Gould, Stephen Jay, *The Mismeasure of Man* (New York, 1996)

Graebner, Norman A., 'Introduction', in Richard Dean Burns and Edward M. Bennett (eds.), *Diplomats in Crisis: United States-Chinese-Japanese Relations, 1919–1941* (Oxford, 1974), ix–xvii.

Graml, Hermann, *Reichskristallnacht: Antisemitismus und Judenverfolgung im Dritten Reich* (Munich, 1988)

Grandin, Greg, *The Last Colonial Massacre: Latin America in the Cold War* (Chicago, 2004)

Greasley D. and L. Oxley, 'Discontinuities in Competitiveness: The Impact of the First World War on British Industry', *Economic History Review,* 99 (1996), 83–101

Green, Abigail, 'Anti-Jewish Violence and the Philanthropic Response', unpublished paper, Stockholm Conference on Pogroms (2005)

Greenberg, Louis, *The Jews in Russia, vol. I: The Struggle for Emancipation* (New Haven, 1944)

Griffith, Paddy, *Battle Tactics of the Western Front: The British Army's Art of Attack, 1916–18* (New Haven / London, 1994)

____, 'The Hinge: Alamein to Basra, 1942', in Peter G. Tsouras (ed.), *Third Reich Victorious: The Alternate History of How the Germans Won the War* (London, 2002), 126–145.

Grigg, John, *1943: The Victory that Never Was* (London, 1999 [1980])

Grill, Johnpeter Horst, *The Nazi Movement in Baden, 1920–1945* (Chapell Hill, c1983)

Gross, Jan, *Revolution from Abroad: The Soviet Conquest of Poland's Western Ukraine and Western Belorussia* (Princeton, 2002)

____, *Neighbours: The Destruction of the Jewish Community in Jedwabne, Poland, 1941* (London, 2003)

____, 'Themes for a Social History of War Experience and Collaboration ', in István Deák, Jan Gross and Tony Judt (eds.), *The Politics of Retribution in Europe: World War II and its Aftermath* (Princeton, NJ, 2000), 15–35.

____, *Polish Society under German Occupation: The Generalgouvernement, 1939–1944* (Princeton, NJ, 1979)

Gross, Natan, *Who are you, Mr Grymek? The Library of Holocaust Testmonies Series* (London, Portland, OR, 2001)

Grossman, Anita, 'A Question of Silence: the Rape of German Women by Occupation Soldiers', *October,* 72 (1995), 43–63.

Grossman, Herschel I. and Juan Mendoza, 'Annexation or Conquest? The Economics of Empire Building', NBER Working Paper, 8109 (February 2001)

Grossman, Vasily, transl. Robert Chandler, *Life and Fate: A Novel* (London, 1985)

Grotta, Daniel, *The Biography of J. R. R. Tolkein* (Philadelphia, 1976)

Guderian, Heinz, *Panzer Leader* (London, 2000)

___, transl. Christopher Duffy, *Achtung-Panzer! The Development of Armoured Forces, Their Tactics and Operational Potential* (London, 1992)

Gudmundsson, Bruce I., 'Okinawa', in Robert Cowley (ed.), *No End Save Victory: New Second World War Writing* (London, 2002), 625–638.

Gutman, Yisrael and Michael Berenbaum (eds.), *Anatomy of the Auschwitz Death Camp* (Bloomington, Ind., 1994)

Görlitz, Walter, 'The Battle for Stalingrad 1942–3', in Hans-Adolf Jacobsen and Jurgen Rohwer (eds.), transl. Edward Fitzgerald, *Decisive Battles of World War II: The German View* (London, 1965), 219–253.

Gürün, Kamuran, *The Armenian File: The Myth of Innocence Exposed* (London / Nicosia / Istanbul, 1985)

Hackett, David (ed.), *The Buchenwald Report* (Boulder / San Francisco / Oxford, 1995)

Haffner, Sebastian, *Defying Hitler* (London, 2002)

Hagen, William W., *Germans, Poles, and Jews: The Nationality Conflict in the Prussian East, 1772–1914* (Chicago / London, 1980)

___, 'Before the "Final Solution": Toward a Comparative Analysis of Political Anti-Semitism in Interwar Germany and Poland', *Journal of Modern History*, 68, 2 (June 1996), 351–381.

Haigh, R. H. and D. S. Morris, *Munich: Peace of Delusion* (Sheffield, 1998)

Haimson, Leopold, 'The Problem of Social Stability in Urban Russia, 1905–1914', *Slavic Review*, 23 (1964), 619–42 and 24 (1965), 1–22.

Halifax, The Earl of, *Fulness of Days* (London, 1957)

Halévy, Elie, ed. Henriette Guy-Lo *et al.*, *Correspondance, 1891–1937* (Paris, 1996)

Hamann, Brigitte, *Hitlers Wien: Lehrjahre eines Diktaturs* (Munich, 1997)

Hanauer, W., 'Die jüdisch-christliche Mischehe', *Allgemeines Statistisches Archiv*, 17 (1928), 513–37.

Handy, Jim, *Revolution in the Countryside: Rural Conflict and Agrarian Reform in Guatemala, 1944–1954* (Chapel Hill, 1994)

___, 'A Sea of Indians: Ethnic Conflict and the Guatemalan Revolution, 1944–1952', *The Americas*, 46, 2 (October 1989), 189–204.

Hanhimäki, Jussi M., *The Flawed Architect: Henry Kissinger and American Foreign Policy* (Oxford / New York, 2004)

Hardy, Henry, *Isaiah Berlin: Letters, 1928-1946* (Cambridge, 2005)

Hargrove, Hondon B., *Buffalo Soldiers in Italy: Black Americans in World War II* (Jefferson, North Carolina / London, 1985)

Harries, Meirion and Susie, *Soldiers of the Sun: The Rise and Fall of the Imperial Japanese Army, 1868–1945* (London, 1991)

Harrison, Kenneth, *The Brave Japanese* (Adelaide, 1967)

Harrison, Mark, *Medicine and Victory: British Military Medecine in the Second World War* (Oxford, 2004)

_____, 'The Economics of World War II: An Overview', in Mark Harrison (ed.), *The Economics of World War II: Six Great Powers in International Comparison* (Cambridge, 1998), 1–42.

_____, 'Resource Mobilization for World War II: The USA, UK, USSR and Germany, 1938–1945', *Economic History Review*, 2nd Series, 41, 2 (1981), 171–92.

_____(ed.), *The Economics of World War II: Six Great Powers in International Comparison* (Cambridge, 1998)

Hart, S., R. Hart and M. Hughes, *The German Soldier in World War II* (Staplehurst, 2000)

Harvey, A. D., *Collision of Empires: Britain in Three World Wars, 1792-1945* (London, 1992)

Hassell, Ulrich von, *The von Hassell diaries, 1938–1944: The Story of the Forces against Hitler inside Germany, as recorded by Ambassador Ulrich von Hassell, a Leader of the Movement* (London, 1948)

Hastings, Max, *Armageddon: The Battle for Germany, 1944–45* (London, 2004)

_____, *Bomber Command* (London, 1979)

Hata, Ikuhiko, 'Continental Expansion, 1905–1941', in Peter Duus (ed.), *The Cambridge History of Japan, vol. VI* (Cambridge, 1988), 271–314.

_____, 'From Consideration to Contempt: The Changing Nature of Japanese Military and Popular Perceptions of Prisoners of War Through the Ages', in Bob Moore and Fedorowich, Kent (eds.), *Prisoners of War and their Captors in World War II* (Oxford, Washington D.C., 1996)

Hatton, Timothy J. and Jeffrey G. Williamson, 'International Migration in the Long-Run: Positive Selection, Negative Selection and Policy', NBER Working Paper, 10529 (May, 2004)

Hauser, William L., 'The Will to Fight', in Sam C. Sarkesian (ed.), *Combat Effectiveness: Cohesion, Stress, and the Volunteer Military* (Beverly Hills / London, 1980), 186–211.

Hašek, Jaroslav, transl. Cecil Parrott, *The Good Soldier Švejk and his Fortunes in the Great War* (Harmondsworth, 1974)

Heller, Joseph, *Catch-22* (London, 1962)

Henderson, Sir Nevile, *Failure of a Mission, Berlin 1937–1939* (London, 1940)

Henriques, Fernandez, *Children of Caliban* (London, 1974)

Heppner, Ernest G., *Shanghai Refuge: A Memoir of the World War II Ghetto* (Lincoln, 1993)

Heppner, Rabbi Dr. A. and J. Herzberg, *Aus Vergangenheit und Gegenwart der Juden und der jüdischen Gemeinden in den Posener Landen*, vol. II (Breslau, 1929)

Herberg, Will, *Protestant, Catholic, Jew* (New York, 1960)

Herbert, Ulrich, transl. William Templer, *Hitler's Foreign Workers: Enforced Foreign Labor in Germany under the Third Reich*. (Cambridge / New York / Melbourne, 1997)

Herlihy, Patricia, *Odessa: A History, 1794-1914* (Cambridge, Mass., 1986)

Hermann, Georg, *Der doppelte Spiegel* (Berlin, 1926)

Hernton, Calvin C., *Sex and Racism* (New York, 1970 [1965])

Herrmann, David G., *The Arming of Europe and the Making of the First World War* (Princeton, 1996)

Hersey, John, *Into the Valley: A Skirmish of the Marines* (New York, 1943)

____, *A Bell for Adano* (New York, 1944)

Herzberg, J., *Geschichte der Juden in Bromberg, zugleich ein Beitrag zur Geschichte der Juden des Landes Posen* (Frankfurt am Main, 1903)

Hetzel, Marius, *Die Anfechtung der Rassenmischehe in den Jahren 1933–1939* (Tübingen, 1997)

Hevia, James L., 'Leaving a Brand on China: Missionary Discourse in the Wake of the Boxer Movement', *Modern China,* 18, 3 (Jul. 1992), 304–32.

Hewitt, Nicholas, *The Life of Céline: A Critical Biography* (Oxford, 1999)

Heyd, Uriel, *Foundations of Turkish Nationalism: The Life and Teachings of Ziya Gökalp* (London, 1950)

Heyman, Neil M., 'Leon Trotsky's Military Education: From the Russo-Japanese War to 1917', *The Journal of Modern History,* (June 1976), 71–98.

Heywood, Linda M., 'Unita and Ethnic Nationalism in Angola', *The Journal of Modern African Studies,* 27, 1 (March 1989), 47–66.

Hicks, George, *The Comfort Women: Sex Slaves of the Japanese Imperial Forces* (London, 1995)

Hiemer, Ernst, *Der Giftpilz: Ein Stürmerbuch für Jung und Alt. Erzählungen. Bilder von Fips* (Nürnberg, 1938)

Hinz, Berthold, transl. Robert and Rita Kimber, *Art in the Third Reich* (Oxford, 1980)

Hiroo Onoda, *No Surrender: My Thirty Year War* (London, 1975)

Hitler, Adolf, *Mein Kampf,* transl. Ralph Manheim (London, 1992)

Hobsbawm, Eric, *The Age of Extremes: The Short Twentieth Century, 1914–1991* (London, 1994)

Hobson, J. M., 'The Military-Extraction Gap and the Wary Titan: The Fiscal Sociology of British Defence Policy, 1870–1913', *Journal of European Economic History,* 22 (1993), 461–506.

Hobson, John, *The Eastern Origins of Western Civilization* (Cambridge, 2004)

Hoffman, Eva, *Shtetl: The Life and Death of a small town and the world of Polish Jews* (London, 1998)

Hoffman, Peter, *The History of the German Resistance, 1933-1945* 3rd ed. (London, 1977 [1969])

___, 'The Question of Western Allied Co-operation with German Anti-Nazi Conspiracy, 1938–1944', *The Historical Journal,* 34, 2 (1991), 437–464.

Holmes, Richard, *The Western Front* (London, 1999)

___, *The Western Front* (London, 1999)

Holquist, Peter, 'The Role of Personality in the First (1914–1915) Russian Occupation of Galicia and Bukovina', unpublished paper, Stockholm Conference on Pogroms (2005)

Holroyd, Michael, *George Bernard Shaw, vol. III: 1918–1950, The Lure of Fantasy* (London, 1993)

Horne, Alistair, *To Lose a Battle: France 1940* (London / Basingstoke / Oxford, 1990 [1969])

Horne, Charles F. (ed.), *Source Records of the Great War, vol. III* (New York, c1923)

Horne, John and Alan Kramer, 'German Atrocities and Franco-German Opinion, 1914: The Evidence of German Soldiers' Diaries', *Journal of Modern History,* 66, 1 (March 1994), 1–33.

Horton, George, *The Blight of Asia: An Account of the Systematic Extermination of Christian Populations by Mohammedans and of the Culpability of Certain Powers; with the True Story of the Burning of Smyrna* (Indianapolis, 1926)

Hosoya, Chihiro, with an introduction by Peter A. Berton, 'Northern Defense: The Japanese-Soviet Neutrality Pact', in James William Morley (ed.), *The Fateful Choice: Japan's Advance into Southeast Asia, 1939–1941* (New York, 1980), 3–115.

Hough, R.A. (ed.), *Advice to a Granddaughter: Letters to Princess Victoria of Hesse* (London, 1975)

Housden, Martyn, Hans Frank, *Lebenraum and the Holocaust* (New York, 2003)

Hovannisian, Richard G., 'Intervention and Shades of Altruism during the Armenian Genocide', in idem (ed.), *The Armenian Genocide: History, Politics, Ethics* (1992)

Howard, Michael, *The Continental Commitment: The Dilemma of British Defence Policy in the Era of Two World Wars* (London, 1972)

Howarth, Stephen, 'Germany and the Atlantic Sea-War: 1939–1943', in Kenneth Macksey (ed.), *The Hitler Options: Alternate Decisions of World War II* (London, 1995), 102–119.

Human Rights Watch, *Iraq's Crime of Genocide: The Anfal Campaign Against the Kurds* (New Haven, 1995)

Humphreys, Leonard A., *The Way of the Heavenly Sword: The Japanese Army in the 1920s* (Stanford, 1995)

Hunter, Edna. J., 'Prisoners of War: Readjustment and Rehabilitation', in Reuven Gal and David A. Mangelsdorff (eds.), *Handbook of Military Psychology* (Chichester, 1991), 741–758.

Hussey, John, 'Kiggell and the Prisoners: Was he Guilty of a War Crime?', *British Army Review* (1993)

Hyam, Ronald, *Empire and Sexuality* (Manchester, 1990)

Hynes, Samuel, *The Soldiers' Tale: Bearing Witness to Modern War* (London, 1998)

Ienaga, Saburo, transl. Frank Baldwin, *Japan's Last War: World War II and the Japanese, 1931–1945* (Oxford, 1979)

Ignatieff, Michael, *Empire Lite: Nation-building in Bosnia, Kosovo and Afghanistan* (London, 2003)

Ike, Nobutaka, *Japan's Decision for War: Records of the 1941 Policy Conferences* (Stanford, 1967)

Inkeles, Alex and Raymond A. Bauer, with the assistance of David Gleicher and Irving Ross, *The Soviet Citizen: Daily Life in a Totalitarian Society* (Cambridge, Mass., 1959)

Iriye, Akira, *Power and Culture: The Japanese-American War, 1941–1945* (Cambridge, 1981)

____, *The Origins of the Second World War in Asia and the Pacific* (Harlow, 1987)

Isby, David C., 'Luftwaffe Triumphant: The Defeat of the Bomber Offensive, 1944-45', in Peter G. Tsouras (ed.), *Third Reich Victorious: The Alternate History of How the Germans Won the War* (London, 2002), 197–215.

____, 'The Japanese Raj: The Conquest of India', in Peter G. Tsouras (ed.), *Rising Sun Victorious: The Alternate History of How the Japanese Won the Pacific War* (London, 2001), 166–185.

Ivone Kirkpatrick, *The Inner Circle: The Memoirs of Ivone Kirkpatrick* (London, 1959)

Jackson, William, 'Through the Soft Underbelly: January 1942–December 1945', in Kenneth Macksey (ed.), *The Hitler Options: Alternate Decisions of World War II* (London, 1995), 120–43.

Jacobsen, Hans-Adolf (ed.), *Dokumente zur Vorgeschichte des Westfeldzuges, 1939–1940* (Göttingen, 1956)

Jaggers, Keith and Ted Robert Gurr, *Polity III: Regime Type and Political Authority, 1800–1994*

[Computer file], 2nd ICPSR version Ann Arbor, MI: Inter-university Consortium for Political and Social Research [distributor] (Boulder, 1996)

Jahr, Christoph, *Gewöhnliche Soldaten: Desertion und Deserteure im deutschen und britischen Heer 1914-1918* (Göttingen, 1998)

James, Harold, *The German Slump: Politics and Economics 1924–1936* (Oxford, 1986)

____, 'Economic Reasons for the Collapse of Weimar', in Ian Kershaw (ed.), *Weimar: Why Did German Democracy Fail?* (London, 1990), 30–57.

____, The End of Globalization: Lessons from the Great Depression (Cambridge, Mass., 2001)

____, *The Roman Predicament* (forthcoming)

Janowitz, M. and E. A. Shils, 'Cohesion and Disintegration in the Wehrmacht in World War II', in M. Janowitz (ed.), *Military Conflict: Essays in the Institutional Analysis of War and Peace* (Beverly Hills / London, 1975), 177–220.

Jansen, Marius B., *Japan and China: From War to Peace 1894–1972* (Chicago, 1975)

Jasny, Naum, *The Socialized Agriculture of the USSR: Plans and Performance* (Stanford, 1949)

Jeffery, Keith, 'The Second World War', in Judith M. Brown and Wm. Roger Louis (eds.), *Oxford History of British Empire, vol. IV: The Twentieth Century* (Oxford / New York, 1999), 306–328.

Jesmanowa, Teresa et al. (eds.), *Stalin's Ethnic Cleansing in Eastern Poland: Tales of the Deported, 1940–1946* (London, 2000)

Johe, Werner, 'Die Beteiligung der Justiz an der nationalsozialistischen Judenverfolgung', in Ursula Büttner (ed.), *Die Deutschen und die Judenverfolgung im Dritten Reich* (Hamburg, 1992), 179–190.

John, Michael, 'Die Jüdische Bevölkerung in Wirtscaft und Gesellschaft Altösterreichs (1867–1918): Bestandsaufnahme, Überblick und Thesen', in Rudolf Kropf (ed.), *Juden im Grenzraum: Geschichte, Kultur und Lebenswelt der Juden im Bürgenländisch-Westungarischen Raum und in den angrenzenden Regionen vom Mittelalter bis zur Gegenwart* (Eisenstadt, 1993), 198–244.

Johnson, Eric, *The Nazi Terror: Gestapo, Jews and Ordinary Germans* (London, 1999)

Johnson, Paul, *A History of the Modern World, from 1917 to the 1990s* (London, revised edn. 1991)

Johnston, James Hugo, *Race Relations in Virginia and Miscegenation in the South* (Amherst, 1970)

Jonas, Susanne, *The Battle for Guatemala: Rebels, Death Squads, and U.S. Power* (Boulder, 1991)

Jones, James, *From Here to Eternity* (New York, 1951)

____, *The Thin Red Line* (New York, 1962)

Jones, Larry E., *German Liberalism and the Dissolution of the Weimar Party System, 1918–1933* (Chapel Hill, 1988)

Jones, Steve, *In the Blood: God, Genes and Destiny* (London, 1996)

Jordan, Nicole, 'The Cut Price War on the Peripheries: The French General Staff, the Rhineland and Czechoslovakia', in Robert Boyce and Esmonde M. Robertson (eds.), *Paths to War: New Essays on the Origins of the Second World War* (London, 1989), 128–166.

Jordan, Ulrike (ed.), *Conditions of Surrender: Britons and Germans Witness the End of the War* (London, New York, 1997)

Jordan, Winthrop D., *White over Black: American Attitudes toward the Negro, 1550-1812* (Baltimore, Maryland, 1969)

Kacel, Boris, *From Hell to Redemption: A Memoir of the Holocaust* (Colorado, 1998)

Kahn, David, 'Enigma Uncracked', in Robert Cowley (ed.), *More What If? Eminent Historians Imagine What Might Have Been* (Macmillan, 2002), 305–316.

Kalmijn, Matthijs, 'Trends in Black/White Intermarriage', *Social Forces,* 72 (Sept. 1993), 119–146.

____, 'Shifting Boundaries: Trends in Religious and Educational Homogamy', *American Sociological Review,* 56 (1991), 786–800.

Kamenetsky, Ihor, *Secret Nazi Plans for Eastern Europe: A Study of* Lebensraum *Policies* (New York, 1961)

Kang, Gay Elizabeth, *Marry-out or Die-out: A Cross Cultural examination of Exogamy and Survival Value Special Studies Series* (Buffalo, 1982)

Kaplan, Marion A., *Die jüdische Frauenbewegung in Deutschland: Organisation und Ziele des Jüdischen Frauenbundes, 1904–1938* (Hamburg, 1981)

Kaser, M. C. and E. A. Radice (eds.), *The Economic History of Eastern Europe, 1919–1975,* 2 vols. (Oxford, 1986)

Katsumi, Usui, with an introduction by David Lu, 'The Politics of War, 1937–1941', in James William Morley (ed.), *The China Quagmire: Japan's Expansion on the Asian Continent, 1933–1941* (New York, 1983), 289–435.

Katz, Jacob, *Richard Wagner: Vorbote des Antisemitismus* (Königstein am Taunus, 1985)

Keegan, John, 'How Hitler Could Have Won the War: The Drive for the Middle East, 1941', in Robert Cowley (ed.), *What If?: The World's Foremost Military Historians Imagine What Might Have Been* (London, 2001), 295–305.

____ (ed.), *The Times Atlas of the Second World War* (London, 1989)

____, *Waffen SS: The Asphalt Soldiers Purnell's History of the Second World War, Weapons Book No.*

16 (London, 1970)

____, and Richard Holmes, *Soldiers: A History of Men in Battle* (London , 1985)

Kelly, Alfred, *The Descent of Darwin: The Popularization of Darwinism in Germany, 1860-1914* (Chapel Hill, 1981)

Kennedy, David M., *Freedom from Fear: the American People in Depression and War, 1929–1945* (New York / Oxford, 1999)

Kennedy, Paul, 'Japanese Strategic Decisions, 1939–1945', in Paul Kennedy (ed.), *Strategy and Diplomacy, 1870–1945* (London, 1983), 179–195.

____, *The Realities Behind Diplomacy: Background Influences on British External Policy, 1865–1980* (Glasgow, 1981)

____, *The Rise and Fall of the Great Powers: Economic Change and Military Conflict from 1500 to 2000* (New York, 1989)

____, 'The Tradition of British Appeasement', *British Journal of International Studies*, 2, 3 (1976), 195–215.

Kennedy, Randall, *Interracial Intimacies: Sex, Marriage, Identity, and Adoption* (New York, 2003)

Kennedy, Ruby Jo Reeves, 'Single or Triple Melting Pot?', *American Journal of Sociology*, 58 (1950)

Kenneth Macksey, 'Operation Sea Lion: Germany Invades Britain, 1940', in Kenneth Macksey (ed.), *The Hitler Options: Alternate Decisions of World War II* (London, 1995), 13–34.

Kernholt, Otto, *Vom Ghetto zur Macht. Die Geschichte des Aufstiegs der Juden auf deutschem Boden* (Leipzig / Berlin, 1921)

Kershaw, Ian, *Hitler, 1889-1936: Hubris* (London, 1998)

____, *Hitler, 1936-45: Nemesis* (London, 2000)

____, *Making Friends with Hitler: Lord Londonderry, the Nazis and the Road to War* (London, 2004)

____, 'Nazi Foreign Policy: Hitler's "Programme" or "Expansion without Object"?', in Patrick Finney (ed.), *The Origins of the Second World War* (London, 1997), 121–148.

____, 'Reply to Smith', *Contemporary European History*, (2005), 131-4.

____, 'War and Political Violence in Twentieth-Century Europe', *Contemporary European History*, 14, 1 (2005), 107-123.

Kessler, Harry, Count, transl. Charles Kessler, *Berlin in Lights: The Diaries of Count Harry Kessler* (New York, 1999)

Keylor, W. R., 'Versailles and International Diplomacy', in Manfred F. Boemeke, Gerald D. Feldman and Elisabeth Glaser (eds.), *The Treaty of Versailles: A Reassessment after 75 Years* (Cambridge, 1998), 469–505.

Keynes, John Maynard, 'War and the Financial System, August 1914', *Economic Journal*, 24

(September, 1914), 460-86.

____, *How to Pay for the War* (London, 1940)

____, *The Economic Consequences of the Peace* (London, 1919)

____, *The General Theory of Employment, Interest and Money* (London, 1936)

Khiterer, Viktoriya, 'The October 1905 Pogrom in Kiev', *East European Jewish Affairs,* 22, 2 (Winter 1992), 21-37.

Khrushchev, Nikita, transl. and ed. Strobe Talbott, *Khrushchev Remembers: The Last Testament* (Boston, 1974)

Kibata, Yoichi, 'Japanese Treatment of British Prisoners: The Historical Context', in Philip Towle, Margaret Kosuge and Yoichi Kibata, *Japanese Prisoners of War* (London / New York, 2000), 135-148.

Kiernan, Ben, 'Genocidal Targeting: Two Groups of Victims in Pol Pot's Cambodia', in P. Timothy Bushnell, Vladimir Shlapentokh, Christopher K. Vanderpool and Jeyaratnam Sundram (eds.), *State Organized Terror: The Case of Violent Internal Repression* (Boulder, 1991), 207-226.

____, 'Kampuchea's Ethnic Chinese Under Pol Pot: A Case of Systematic Social Discrimination', *Journal of Contemporary Asia,* 16, 1 (1986), 18-29.

____, *Cambodia, The Eastern Zone Massacres: A Report on Social Conditions and Human Rights Violations in the Eastern Zone of Democratic Kampuchea Under the Rule of Pol Pot's (Khmer Rough) Communist Party of Kampuchea* (New York, n.d.)

Killingray, David, 'Africans and African Americans in Enemy Hands', in Bob Moore and Kent Fedorowich (eds.), *Prisoners of War and their Captors in World War II* (Oxford / Washington D.C., 1996), 181-204.

Kimitada, Miwa, 'Japanese Images of War with the United States', in Akira Iriye (ed.), *Mutual Images: Essays in American-Japanese Relations* (Cambridge, Mass., 1975), 115-138.

Kindersley, Philip, *For You the War is Over* (Tunbridge Wells, 1983)

King, James F., 'The Case of Jose Ponciano de Ayarza: A Document on Gracias al Sacar', *The Hispanic American Historical Review,* 31, 4 (Nov. 1951), 640-7.

King, Wunsz, *China and the League of Nations: The Sino-Japanese Controversy* (New York, 1965)

Kinhide, Mushakoji, 'The Structure of Japanese-American Relations in the 1930s', in Dorothy Borg and Shumpei Okamoto (eds.), *Pearl Harbor as History: Japanese-American Relations, 1931-1941* (New York, 1973), 595-607.

Kinvig, Clifford, 'Allied POWs and the Burma-Thailand Railway', in Philip Towle, Margaret Kosuge and Yoichi Kibata (eds.), *Japanese Prisoners of War* (London / New York, 2000),

17–57.

Kinzer, Stephen, *All the Shah's Men: An American Coup and the Roots of Middle East Terror* (New York, 2003)

Kirwin, Gerald, 'Allied Bombing and Nazi Domestic Propaganda', *European History Quarterly*, 15, 3 (1985)

Kissinger, Henry, *Diplomacy* (New York / London / Toronto / Sydney / Tokyo / Singapore, 1994)

____, *The White House Years* (London, 1979)

Kittel, Gerhard, *Die historische Voraussetzung der jüdischen Rassenmischung* (Hamburg, 1939)

Kiyoshi, Ikeda, 'Japanese Strategy and the Pacific War, 1941–1945', in Ian Nish (ed.), *Anglo-Japanese Alienation, 1919–1953: Papers of the Anglo-Japanese Conference on the History of the Second World War* (Bristol, 1982), 125–145.

Klemperer, Victor, transl. Martin Chalmers, *I Shall Bear Witness: The Diaries of Victor Klemperer 1933–41* (London, 1998)

____, transl. Martin Chalmers, *The Lesser Evil: The Diaries of Victor Klemperer, 1945–1959* (London, 2003)

____, transl. Martin Chalmers, *To the Bitter End: The Diaries of Victor Klemperer, 1942–45* (London, 1999)

Klier, John D., 'Solzhenitsyn and the Kishinev Pogrom: A Slander against Russia?', *East European Jewish Affairs*, 33, 1 (2003), 50–59.

____, 'The Blood Libel in the Russian Orthodox Tradition', unpublished paper (2005)

____, 'Were the Pogroms of 1881–2 a "Deadly Ethnic Riot"?', unpublished paper, Stockholm Conference on Pogroms (2005)

Klivert-Jones, Tim, 'Bloody Normandy: The German Controversy', in Kenneth Macksey (ed.), *The Hitler Options: Alternate Decisions of World War II* (London, 1995), 203–219.

Knapp, Grace H., *The Mission at Van: In Turkey in War Time* (n.p., 1916)

Knock, Thomas J., *To End All Wars: Woodrow Wilson and the Quest for a New World Order* (New York / Oxford, 1992)

Knox, MacGregor, *Mussolini Unleashed 1939–1941: Politics and Strategy in Fascist Italy's Last War* (Cambridge / London / New York / New Rochelle / Melbourne / Sydney, 1982)

Knox, Robert, *The Races of Men: A Fragment* (Philadelphia, 1850)

Koestler, Arthur, transl. Daphne Hardy, *Darkness at Noon* (London, 1964)

Koistinen, Paul A. C., *Arsenal of World War II: The Political Economy of American Warfare* (Lawrence,)

Komjathy, Anthony Tihamer and Rebecca Stockwell, *German Minorities and the Third Reich: Ethnic Germans of East Central Europe Between the Wars* (New York, 1980)

Kopczuk, Wojciech and Emmanuel Saez, 'Top Wealth Shares in the United States, 1916–2000: Evidence from the Estate Tax Returns', NBER Working Paper, 10399 (2004)

Korean Society for Solving the Problems of 'Japanese Comfort Women' (Hanguk Chongsindae Munje Taechaek Hyobuihoe, Chongsindae Yonguhoe pyon), *Enforced Sex Slaves in the Japanese Army (Kangje ro Kkullyogan Chosunin kun wianbudul)* (Seoul, 1993)

Korey, William, 'The Legal Position of Soviet Jewry: A Historical Enquiry', in Kochan, Lionel, *The Jews in Soviet Russia since 1917* (Oxford / London / New York, 1978), 78–105.

Koschorrek, Günter K., transl. Olav R. Crone-Aamot, *Blood Red Snow: The Memoirs of a German Soldier on the Eastern Front* (London, 2002)

Kosiek, Rolf, *Jenseits der Grenzen: 1000 Jahre Volks- und Auslandsdeutsche* (Tübingen, 1987)

Kotkin, Stephen, *Magnetic Mountain* (Berkeley, CA, 1995)

Kravchenko, Victor, *I Chose Freedom: The Personal and Political Life of a Soviet Official* (New York, 1946)

Krolik, Schlomo (ed.), *Arthur Ruppin: Briefe, Tagebücher, Erinnerungen* (Königstein am Taunus, 1985)

Kubica, Helena, *Zaglada w KL Auschwitz Polaków wysiedlonych z Zamojszczyzny w latach 1942-1943* (Oswiecim / Warsaw, 2004)

Kugelmann, Cilly and Fritz Backhaus (eds.), *Jüdische Figuren in Film und Karikatur: Die Rothschilds und Joseph Süß Oppenheimer* (Sigmaringen, 1996)

Kulka, Otto Dov, 'Die Nürnberger Rassengesetze und die deutsche Bevölkerung im Lichte geheimer NS-Lage- und Stimmungsberichte', *Vierteljahrshefte für Zeitgeschichte,* 32 (1984), 582–624.

Kydd, Sam, *For YOU the War is Over* (London, 1973)

Lal, Deepak, *In Praise of Empire: Globalization and Order* (New York, 2004)

Lamb, Richard, *The Drift to War, 1922–1939* (London, 1989)

Lammers, Donald N., *Explaining Munich: The Search for Motive in British Policy* (Standford, 1966)

Landau-Czajka, Anna, 'The Images of the Jew in the Catholic Press during the Second Republic', in Antony Plonsky, Ezra Mendelsohn and Jerzy Tomaszewski (eds.), *Jews in Independent Poland: 1918–1939* (London, Washington, 1994), 146–175.

Landwehr, Richard, *Lions of Flanders: Flemish volunteers of the Waffen-SS, 1941–1945* (Bradford, 1996)

Laqueur, Walter (ed.), *Fascism: A Reader's Guide, Analyses, Interpretations, Bibliography* (Aldershot,

1991)

Larsen, Stein Ugelvik, Bernt Hagtvet and Jan Peter Myklebust, *Who Were the Fascists? Social Roots of European Fascism* (Bergen / Oslo / Tromso, c1980)

Le Foll, C., 'The Byelorussian Case in the 1881–1882 Wave of Pogroms: Conditions and Motives of an Absence of Violence', unpublished paper, Stockholm Conference on Pogroms (2005)

Leavitt, G. C., 'Sociobiological Explanations of Incest Avoidance: A Critical Review of Evidential Claims', *American Anthropologist*, 92 (1990), 971–993.

Lebra, Joyce C., *Japanese-Trained Armies in Southeast Asia* (Hong Kong / Singapore / Kuala Lumpur, 1977)

____, (ed.), *Japan's Greater East Asia Co-Prosperity Sphere in World War II: Selected Readings and Documents* (Kuala Lumpur, 1975)

Lebzelter, Gisela, 'Die "Schwarze Schmach": Vorurteile - Propaganda - Mythos', *Geschichte und Gesellschaft*, 11 (1985), 37–58.

Ledig, transl. Michael Hofmann, *The Stalin Organ* (London, 2004 [1955])

Lee, Gerald Geunwook, '"I See Dead People": Air-raid Phobia and Britain's Behavior in the Munich Crisis', *Security Studies*, 13, 2 (2003), 230–272.

Leers, Johannes von, *14 Jahre Judenrepublik: Die Geschichte eines Rassenkampfes* (Berlin-Schöneberg, 1933)

Leggett, George, *The Cheka: Lenin's Political Police* (Oxford, 1981)

Leon, George P., *Greece and the Great Powers, 1914–1917* (Thessaloniki, 1974)

Lepsius, Johannes (ed.), *Deutschland und Armenien 1914–1918: Sammlung diplomatischer Aktenstücke* (Bremen, 1986 [1919])

Lerner, Daniel, *Psychological Warfare against Nazi Germany: The Sykewar Campaign, D-Day to VE-Day* (Cambridge, Massachsetts, 1971 [1949])

Levene, Mark, 'Frontiers of Genocide: Jews in the Eastern War Zones, 1914–1920 and 1941', in Panikos Panayi (ed.), *Minorities in Wartime: National and Racial Groupings in Europe, North America and Australia during the Two World Wars* (Oxford/Providence, 1993), 83–117.

Levi, Primo, transl. Stuart Woolf *If This is a Man* (London, 1959)

Levi, Trude, *A Cat Called Adolf The Library of Holocaust Testimonies* (Ilford, 1995)

Levine, Alan J., 'Was World War II a Near-run Thing?', *Journal of Strategic Studies*, 8, 1 (1985), 38–63.

Levine, Isaac Don (ed.), *The Kaiser's Letters to the Tsar* (London, 1920)

Levy, Jack S., *War in the Modern Great Power System* (Lexington, 1983)

Lewin, Moshe, 'Who Was the Soviet Kulak?', in *idem, The Making of the Soviet System: Essays in the Social History of Interwar Russia* (New York, 1985), 121–41.

Li, Lincoln, *The Japanese Army in North China, 1937–1941: Problems of Political and Economic Control* (Tokyo, 1975)

Lieberson, Stanley and Mary C. Waters, *From Many Strands: Ethnic and Racial Groups in Contemporary America. The population of the United States in the 1980s* (New York, 1988)

Lieven, D.C.B., (ed.), *British Documents on Foreign Affairs: Reports and Papers from the Foreign Office Confidential Print, Part I: From the Mid-Nineteenth Century to the First World War, Series A: Russia, 1859-1914,* vol. IV: *Russia, 1906-1907* (Frederick, Maryland, c1983)

―――, *Empire: The Russian Empire and Its Rivals* (London, 2000)

―――, *Russia and the Origins of the First World War* (New York, 1983)

Lin, Han-sheng, 'A New Look at Chinese Nationalist Appeasers', in Alvin D. Coox and Hilary Conroy (eds.), *China and Japan: A Search for Balance Since World War I* (Oxford, 1978), 211–243.

Lindbergh, Charles A., 'Aviation, Geography and Race', *The Reader's Digest,* 35, 211 (November 1939), 64–67.

Lindert, Peter H., *Growing Public: Social Spending and Economic Growth since the Eighteenth Century,* 2 vols. (Cambridge, 2004)

Lindqvist, Sven, *A History of Bombing* (London, 2002 [2001])

Lindsey, Forrest R., 'Hitler's Bomb, Target: London and Moscow', in Peter G. Tsouras (ed.), *Third Reich Victorious: The Alternate History of How the Germans Won the War* (London, 2002), 216–230.

―――, 'Nagumo's Luck: The Battles of Midway and California', in Peter G. Tsouras (ed.), *Rising Sun Victorious: The Alternate History of How the Japanese Won the Pacific War* (London, 2001), 120–143.

Lipman, V. D., *A History of the Jews in Britain since 1858* (Leicester, 1990)

Livezeanu, Irina, *Cultural Politics in Greater Romania: Regionalism, Nation Building & Ethnic Struggle* (Ithica, 1995)

Loewenstein, Rudolph M., *Christians and Jews, a Psychoanalytic study* (New York, 1951)

Lohr, Eric, *Nationalizing the Russian Empire: The Campaign against Enemy Aliens during World War I* (Cambridge, Mass., 2003)

Londonderry, Marquess of, *Ourselves and Germany* (London, 1938)

Longford, E. (ed.), *Darling Loosy* (London, 1991)

Loomis, Charles P and Allan Beegle, 'The Spread of German Nazism in Rural Areas',

American Sociological Review, 11, 6 (Dec. 1946), 724–734.

Loshak, David, *Pakistan Crisis* (London, 1971)

Lotnik, Waldemar, *Nine Lives: Ethnic Conflict in the Polish Ukrainian Borderlands* (London, 1999)

Louis, Wm. Roger and Ronald Robinson, 'Empire Preserv'd' [check title], *Journal of Imperial and Commonwealth History,* 22, 3 (1995)

Lowe, Peter, 'Great Britain and the Coming of the Pacific War, 1939–1941', *Transactions of the Royal Historical Society,* 5th Series, 24 (1974), 43–62.

____, *Great Britain and the Origins of the Pacific War: A Study of British Policy in East Asia, 1937–1941* (Oxford, 1977)

Lower, Robert Coke, *A Bloc of One: The Political Career of Hiram W. Johnson* (Stanford, 1993)

Lu, David J., *From the Marco Polo Bridge to Pearl Harbor: Japan's Entry into World War II* (Washington, D.C., 1961)

Luard, Evan, *War in International Society: A Study in International Sociology* (New Haven/ London, 1987)

Lubell, Samuel, 'Who Votes Isolationist and Why?', *Harper's Magazine,* 202, 1211 (April 1951)

Lucas, James, 'Operation WOTAN: The Panzer Thrust to Capture Moscow, October-November 1941', in Kenneth Macksey (ed.), *The Hitler Options: Alternate Decisions of World War II* (London, 1995), 54–81.

Lukacs, John, *The Last European War, September 1939–December 1941* (London and Henley, 1976)

Lukas, Richard C., *The Forgotten Holocaust: The Poles under German Occupation 1939–1944* (New York, 1997)

Lumans, Valdis. O., *Himmler's Auxiliaries: The Volksdeutsche Mittelstelle and the German National Minorities of Europe, 1933–1945* (Chapel Hill / London, 1993)

Lundin, Leonard. C., *Finland in the Second World War* (Bloomington, 1957)

Lussu, Emilio, transl. Mark Rawson, *Sardinian Brigade* (London, 2000)

Lyons, Eugene, *Assignment in Utopia* (London, 1938)

Lyttleton, Adrian, *The Seizure of Power* (1987)

M. G., *La défense héroïque de Van* (Arménie) (Geneva, 1916)

MacCoby, Hyam, 'Nietzsche's Love-Hate Affair', *Times Literary Supplement* (June 25, 1999)

MacDonald, C. A., 'Economic Appeasement and the German "Moderates", 1937-1939: An Introductory Essay', *Past and Present,* 56 (August, 1972), 105–135.

MacDonald, Lyn, *Somme* (London, 1983)

Mackenzie, S. P., 'On the Other Losses Debate', *International History Review,* 14, 4 (1992), 661–

731.

____, 'The Treatment of Prisoners of War in World War II', *The Journal of Modern History*, 66, 3 (Sept. 1994), 487–520.

Maclean, Fitzroy, *Eastern Approaches* (London, 1991 [1949])

MacMillan, Margaret, *Peacemakers: The Paris Conference of 1919 and its Attempt to End War* (London, 2001)

Maddison, Angus, *The World Economy: A Millennial Perspective* (Paris, 2001)

Magocsi, Paul Robert, *Historical Atlas of East Central Europe* (Seattle and London, 1993)

Maier, Charles S., *The Unmasterable Past: History, Holocaust, and German National Identity* (Cambridge, Mass., 1997)

____, *Among Empires* (Cambridge, Mass., forthcoming)

Mailer, Norman, *The Naked and the Dead* (New York / Toronto, 1998 [1949])

Maksudov, S., 'The Geography of the Soviet Famine of 1933', *Journal of Ukrainian Studies*, 15 (1983), 52–58.

Malaparte, Curzio, transl. Cesare Foligno, *Kaputt* (New York, 2005)

Malcolm, Noel, *Bosnia: A Short History* (Pan Books, 2001 [1994])

Malik, Amita, *The Year of the Vulture* (New Delhi, 1972)

Malkasian, Carter, *The Korean War, 1950–1953* (Chicago, 2001)

Manela, Erez, *The Wilsonian Moment: Self-Determination and the International Origins of Anticolonial Nationalism* (New York / Oxford, 2006)

____, 'A Man Ahead of His Time? Wilsonian Globalism and the Doctrine of Preemption', *International Journal* (Autumn 2005), 1115–24.

Mann, James, *About Face: A History of America's Curious Relationship with China from Nixon to Clinton* (New York, 1999)

Mann, Michael, *Incoherent Empire* (London / New York, 2003)

____, *The Sources of Social Power: vol. II: The Rise of Classes and Nation-States, 1760-1914* (Cambridge, 1993)

Manning, Frederic, *Middle Parts of Fortune: Somme and Ancre, 1916* (London, 2003 [1929])

Manning, Roberta Thompson, *The Crisis of the Old Order in Russia: Gentry and Government* (Princeton, 1982)

Mansfield, Edward D. and Jack Snyder, *Electing to Fight: Why Emerging Democracies Go to War* (Cambridge, Mass., 2005)

Manstein, Erich von, transl. by Anthony G. Powell, *Lost Victories* (London, 1958)

Marashlian, Levon, *Politics and Demography: Armenians, Turks, and Kurds in the Ottoman Empire*

(Cambridge, Mass. / Paris / Toronto, 1991)

Marcuse, Max, *Über die Fruchtbarkeit der christlich-jüdischen Mischehe* (Bonn, 1920)

Margalit, Avishai, 'On Compromise and Rotten Compromise', unpublished essay (n.d.)

Marie of Battenberg, *Reminiscences* (London, 1925)

Markoff, A., *Famine in Russia* (New York, 1934)

Marks, Frederick W. III, 'Six between Roosevelt and Hitler: America's Role in the Appeasement of Nazi Germany', *Historical Journal*, 28, 4 (1985), 969–982

Marshall, Monty G. and Ted Robert Gurr, *Peace and Conflict 2005: A Global Survey of Armed Conflicts, Self-Determination Movements, and Democracy* (College Park, Maryland, 2005)

Marshall, S. L. A., *Men against Fire: The Problem of Battle Command in Future War* (New York, 1966 [1947])

Martin, Terry, 'The Origins of Soviet Ethnic Cleansing', *The Journal of Modern History*, 70, 4 (December 1998), 813-861.

Marx, Karl, 'On the Jewish Question', in *idem* and Friedrich Engels (eds.), *Collected Works*, vol. III: *1843-1844* (London, 1975), 146–74.

Mascarenhas, Anthony, *The Rape of Bangla Desh* (Delhi, 1971)

Maschke, Erich, with Kurt W. Böhme, Diether Cartellieri, Werner Ratza, Hergard Robel, Emil Schieche and Helmut Wolff, *Die deutschen Kriegsgefangenen des Zweiten Weltkrieges: Eine Zusammenfassung* (Munich, 1974)

Massie, Robert K., *Castles of Steel: Britain, Germany and the Winning of the Great War at Sea* (New York, 2003)

Massing, Paul W., *Rehearsal for Destruction: A Study of Political Anti-Semitism in Imperial Germany* (New York, 1949)

Maupassant, Guy de, transl. Douglas Parmée, *Bel-Ami* (London, 1975 [1885])

Mauro, Paolo, Nathan Sussman and Yishay Yafeh, 'Emerging Market Spreads: Then Versus Now', Hebrew University of Jerusalem Working Paper (September 2000)

May, Ernest R., *Strange Victory: Hitler's Conquest of France* (New York, 2000)

May, R. E., *Mischehen und Ehescheidungen* (Munich / Leipzig, 1929)

Maylunas, A. and Mironenko S., *A Lifelong Passion* (London, 1996)

Mazower, Mark, *The Balkans* (London, 2000)

____, *Salonica, City of Ghosts: Christians, Muslims and Jews, 1430–1950* (London, 2004)

McCoy, Alfred W., 'Introduction', in Alfred W. McCoy, *Southeast Asia under the Japanese Occupation* (New Haven, 1980), 1–12.

McDonough, Frank, 'The Times, Norman Ebbut and the Nazis, 1927–37', *Journal of*

Contemporary History, 27, 3 (1992), 407–424.

McKee, A., *Dresden 1945: The Devil's Tinderbox* (London, 1982)

McKernan, Michael, *All In! Fighting the War at Home* (St. Leonards, 1995 [1983])

McQuaid, Kim, *Uneasy Partners: Big Business in American Politics, 1945–1990* (Baltimore / London, 1994)

Mehlinger, Kermit, 'That Black Man-White Woman Thing', *Ebony* (July-December 1970), 130–133.

Meinecke, Friedrich, *Die deutsche Katastrophe* (Wiesbaden, 1946)

Meiring, Kerstin, *Die christlich-jüdische Mischehe in Deutschland 1840–1933* (Hamburg, 1998)

Melosi, Martin V., *The Shadow of Pearl Harbor: Political Controversy over the Surprise Attack, 1941–1946* (College Station, 1977)

Melson, Robert, *Revolution and Genocide: On the Origins of the Armenian Genocide and Holocaust* (Chicago, 1992)

Menand, Louis, *The Metaphysical Club* (New York, 2001)

Mencke, John G, *Mulattoes and Race Mixture: American Attitudes and Images, 1865-1918* (Ann Arbor, c1979)

Mendelsohn, Ezra, *The Jews of East Central Europe between the World Wars* (Bloomington, 1983)

Messenger, Charles, 'The Battle of Britain: Triumph of the Luftwaffe', in Peter G. Tsouras (ed.), *Third Reich Victorious: The Alternate History of How the Germans Won the War* (London, 2002), 65–96.

Meyers, Reinhard, 'British Imperial Interests and the Policy of Appeasement', in Wolfgang J. Mommsen and Lothar Kettenacker (eds.), *The Fascist Challenge the Policy of Appeasement* (London, 1983), 339–352.

Michel, Wilhelm, *Verrat am Deutschtum: Eine Streitschrift zur Judenfrage* (Hanover / Leipzig, 1922)

Miguel, Edward and Shanker Satyanath, 'Economic Shocks and Civil Conflict: An Instrumental Variables Approach', New York University Working Paper (October, 2003)

Milward, Alan S., *War, Economy and Society 1939-1945* (London, 1987 [1977])

Minear, Richard H., *Victors' Justice: The Tokyo War Crimes Trial* (Princeton, 1971)

Ministère des Affaires Étrangères, *Documents Diplomatiques: Affaires Armeniennes: Projets de Réformes dans l'Empire Ottoman, 1893–1897* (Paris, 1897)

____, *Commission de Publication des Documents relatifs aux Origines de la Guerre de 1914, Documents diplomatiques français (1871–1914)*, 1st Series *(1871–1900)*, vol. XI (Paris, 1947)

Mirelman, Victor A., *Jewish Buenos Aires, 1890-1930: In Search of an Identity* (Detroit, 1990)

Mirsky N. D., 'Mixed Marriages in Anglo Indian and Indo Anglian Fiction', unpublished M.

Litt. thesis (Oxford, 1985)

Mitchell, B. R., *Abstract of British Historical Statistics* (Cambridge, 1976)

____, *International Historical Statistics: Europe, 1750–1993* (London, 1998)

____, *International Historical Statistics: Africa, Asia, Oceania, 1750–1993* (London, 1998)

____, *International Historical Statistics: The Americas, 1750–1993* (London, 1998)

____, and H. G. Jones, *Second Abstract of British Historical Statistics* (Cambridge, 1971)

Modder, Montague Frank, *The Jew in the Literature of England to the End of the Nineteenth Century* (New York, 1939)

Modelski, George and Gardner Perry III, 'Democratization in Long Perspective', *Technological Forecasting and Social Change*, 39 (1991), 23–34.

Moggridge, D. E., *Keynes: An Economist's Biography* (London, 1992)

Mokyr, Joel, *The Gifts of Athena: Historical Origins of the Knowledge Economy* (Princeton, 2002)

Mombauer, Annika, *Helmuth von Moltke and the Origins of the First World War* (Cambridge, 2001)

Mommsen, Hans, 'The Dissolution of the Third Reich: Crisis Management and Collapse, 1943–1945', *German Historical Institute Bulletin*, 27 (2000), 9–24.

Monahan, Thomas, 'Are Interracial Marriages Really Less Stable?', *Social Forces*, 37 (1970), 461–73.

____, 'The Occupational Class of Couples Entering into Interracial Marriages', *Journal of Contemporary Family Studies*, 7 (1976), 175–92.

Moore, Bob, 'Unruly Allies: British Problems with the French Treatment of Axis Prisoners of War, 1943-1945', *War in History*, 7, 2 (2000), 180–198.

Moran, Rachel F., *Interracial Intimacy: The Regulation of Race and Romance* (Chicago, 2001)

Morgan, E. V., *Studies in British Financial Policy, 1914-1925* (London, 1952)

Mosier, John, *The Myth of the Great War: A New Military History of World War One. How the Germans Won the Battles and How the Americans Saved the Allies* (London, 2001)

Moss, W. Stanley, *Ill Met by Moonlight* (London, 1950)

Motyl, Alexander J., 'Ukrainian Nationalist Political Violence in Inter-war Poland, 1921–1939', *East European Quarterly*, 19, 1 (March, 1985), 45–55.

Mowat, C. L., *Britain between the Wars, 1918–1940* (London, 1969)

Mueller, John E., *War, Presidents and Public Opinion* (New York, 1973)

Murdoch, J., *The Other Side: The story of Leo Dalderup as told to John Murdoch* (London, 1954)

Murfett, Malcolm H., John N. Miksic, Brian P. Farrell and Chiang Ming Shun, *Between Two Oceans: A Military History of Singapore from First Settlement to Final British Withdrawal* (Oxford / New York, 1999)

Murphy, David E., *What Stalin Knew: The Enigma of Barbarossa* (New Haven, 2005)

Murray, Williamson, 'The War of 1938: Chamberlain Fails to Sway Hitler at Munich', in Robert Crowley (ed.), *More What If?* (London, 2003), 255–278.

____, 'The War of 1938: Chamberlain fails to sway Hitler at Munich', in Robert Crowley (ed.), *More What If?* (London, 2003), 255–278.

Musil, Robert, transl. Eithne Wilkins and Ernst Kaiser, *The Man Without Qualities,* 3 vols. (London, 1979 [1930])

Myer, Dillon S., *Uprooted Americans: The Japanese Americans and the War Relocation Authority during World War II* (Tuscon, Arizona, 1971)

Myrdal, Gunnar, *An American Dilemma: The Negro Problem and Modern Democracy* (New York / London, 1944)

Müller, Arnd, 'Das Stürmer-Archiv im Stadtarchiv Nürnberg', *Vierteljahrshefte für Zeitgeschichte,* 32 (1984), 326–329.

Nagel, Joane, 'Political Competition and Ethnicity', in Susan Olzak and Joane Nagel (eds.), *Competitive Ethnic Relations* (Orlando, Florida, 1986), 17–44.

Naimark, Norman, *Fires of Hatred: Ethnic Cleansing in Twentieth-century Europe* (Cambridge, Mass. / London, 2001)

____, *The Russians in Germany: A History of the Soviet Zone of Occupation, 1945-1949* (Cambridge, Mass., 1995)

Nair, Parvati, 'Fire under Plastic: Immigration, or the Open Wounds of Late Capitalism', Unpublished MS, Queen Mary College, University of London

Nalty, Bernard C., 'Sources of Victory', in Bernard C. Nalty, *The Pacific War: The Story of the Bitter Struggle in the Pacific Theater of World War II* (London, 1999), 252–265.

Naman, Ann Aresty, *The Jew in the Victorian Novel* (New York, 1980)

Nassibian, Akaby, *Britain and the Armenian Question, 1915–1923* (London / Sydney / New York)

Nawratil, Heinz, *Die deutschen Nachkriegsverluste unter Vertriebenen, Gefangenen und Verschleppten. Mit einer Übersicht über die europäischen Nachkriegsverluste* (Munich / Berlin, 1988)

Neidpath, James, *The Singapore Naval Base and the Defence of Britain's Eastern Empire, 1919–1941* (Oxford, 1981)

Nelson, Donald M., *Arsenal of Democracy: The Story of American War Production* (New York, 1946)

Neustatter, Hannah, 'Demographic and other Statistical Aspects of Anglo-Jewry', in Maurice Freedman (ed.), *A Minority in Britain: Social Studies of the Anglo-Jewish Community* (London, 1955), 55–133.

Newland, Samuel. J., *Cossacks in the German Army, 1941–1945* (London, 1991)

Newton, Scott, *Profits of Peace: The Political Economy of Anglo-German Appeasement* (Oxford, 1996)

____, 'The "Anglo-German" Connection and the Political Economy of Appeasement', in Patrick Finney (ed.), *The Origins of the Second World War* (London, 1997), 293–316.

Nichol, John and Tony Rennell, *Tail-end Charlies: The Last Battles of the Bomber War, 1944–1945* (London, 2004)

Nicolson, Harold, ed. Nigel Nicolson, *Diaries and Letters, vol. II: 1939–1945* (London, 1967)

Nish, Ian, 'The Historical Significance of the Anglo-Japanese Alliance', Santory Centre, London School of Economics, Discussion Paper, IS/03/443 (January, 2003), 40–47.

Nitobe, Inazo, transl. Tokuhei Suchi, *Bushido: The Soul of Japan - An Exposition of Japanese Thought* (Tokyo, n.d. [1900])

Noakes, Jeremy, *The Nazi Party in Lower Saxony, 1921-1933* (London, 1971)

Noakes, Jeremy and Geoffrey Pridham (eds.), *Nazism, 1919–1945,* vol. II: State, *Economy and Society, 1933–1939* (Exeter, 1984)

____(eds.), *Nazism, 1919–1945,* vol. III: *Foreign Policy, War and Racial Extermination* (Exeter, 1988)

Nogales, Rafael de, *Four Years beneath the Cresent* (London, 1926)

Nossack, Hans Erich, *The End: Hamburg 1943* (Chicago, 2005)

Nove, Alec and J. A. Newth, 'The Jewish Population: Demographic Trends and Occupational Patterns', in Kochan, Lionel (ed.), *The Jews in Soviet Russia since 1917* (Oxford / London / New York, 1978), 132–67.

Novkov, Julie, 'Racial Constructions: The Legal Regulation of Miscegenation in Alabama, 1890–1934', *Law and History Review,* 20, 2 (Summer 2002)

Nye, John V. C., 'Killing Private Ryan: An Institutional Analysis of Military Decision Making in World War II', Washington University in St. Louis, draft prepared for the ISNIE conference in Boston (2002)

O'Brien, Patrick Karl and Armand Clesse (eds.), *Two Hegemonies: Britain 1846-1914 and the United States 1941-2001* (Aldershot / Burlington VT, 2002)

O'Loughlin, John, 'The Electoral Geography of Weimar Germany: Exploratory Spatial Data Analyses (ESDA) of Protestant Support for the Nazi Party', 10, 3 (2002), 217–243

____, Colin Flint and Luc Anselin, 'The Geography of the Nazi Vote: Context, Confession, and Class in the Reichstag Election of 1930', *Annals, Association of American Geographers,* 84 (1994), 351–380.

O'Rourke, Kevin H. and Jeffrey G. Williamson, *Globalization and History: The Evolution of a Nineteenth-Century Atlantic Economy* (Cambridge, Mass. / London, 1999)

Offer, Avner, 'Costs and Benefits, Prosperity and Security, 1870-1914', in Andrew Porter (ed.), *The Oxford History of the British Empire, vol. III: The Nineteenth Century* (Oxford/New York, 1999), 690-711.

Offner, Arnold A., 'The United States and National Socialist Germany', in Patrick Finney (ed.), *The Origins of the Second World War* (London, 1997), 245-261.

____, 'Appeasement Revisited: The United States, Great Britain and Germany, 1933-1940', *Journal of American History*, 64, 2 (September 1977), 373-393.

Ogan, Bernd and Wolfgang W. Weiss, *Faszination und Gewalt: Zur Politischen Ästhetik des Nationalsozialismus* (Nuremberg, 1992)

Ogata, Sadako N., *Defiance in Manchuria: The Making of Japanese Foreign Policy, 1931-1932* (Berkeley, 1964)

Ohandjanian, Artem, *Armenien: Der verschwiegene Völkermord* (Vienna / Cologne / Graz, c1989)

Olson, Steve, *Mapping Human History: Discovering the Past through Our Genes* (London, 2002)

Olsson, Andreas, Jeffrey P. Ebert, Mahzarin R. Banaji and Elizabeth A. Phelps, 'The Role of Social Groups in the Persistence of Learned Fear', *Science*, 309 (July 29, 2005), 785-787.

Olzak, Susan, *The Dynamics of Ethnic Competition and Conflict* (Stanford, 1992)

Oram, Gerald Christopher, *Military Executions during World War One* (London, 2003)

Ovendale, R., *'Appeasement' and the English Speaking World. Britain, The United States, the Dominions, and the Policy of Appeasement, 1937-1939* (Cardiff, 1975)

Overmans, Rüdiger, 'German Historiography, the War Losses and the Prisoners of War', in G. Bischof and S. Ambrose (eds.), *Eisenhower and the German POWs: Facts against Falsehood* (Baton Rouge / London, 1992), 127-169.

____, *Deutsche militärische Verluste im Zweiten Weltkrieg* (Munich, 1999)

Overy, Richard, 'Air Power and the Origins of Deterrence Theory before 1939', *Journal of Strategic Studies*, 14 (1992)

____, 'Germany and the Munich Crisis: A Mutilated Victory?', in Igor Lukes and Erik Goldstein (eds.), *The Munich Crisis, 1938: Prelude to World War II* (London, 1999), 191-216.

____, *Russia's War* (London, 1997)

____, *The Air War, 1939-1945* (London, c1980)

____, *The Dictators: Hitler's Germany and Stalin's Russia* (London, 2004)

____, *Why the Allies Won* (London, 1996)

Oxaal, Ivor, 'The Jews of Young Hitler's Vienna: Historical and Sociological Aspects', in Ivor

Oxaal, Michael Pollak and Gerhard Botz (eds.), *Jews, Antisemitism and Culture in Vienna* (London and New York, 1987), 11–39.

Padfield, Peter, *Himmler: Reichsführer SS* (London, 1990)

Padover, Saul K., *Psychologist in Germany: The Story of an American Intelligence Officer* (London, 1946)

Pagnini, Deanna L. and Morgan, S. Philip, 'Intermarriage and Social Distance among U.S. Immigrants at the Turn of the Century', 96, *American Journal of Sociology,* (1990), 405–432.

Paikert, G. C., 'Hungary's National Minority Policies, 1920–1945', *American Slavic and East European Review,* 12, 2 (April 1953), 201–218.

____, *The Danubian Swabians: German Populations in Hungary, Rumania and Yugoslavia and Hitler's Impact on their Patterns* (The Hague, 1967)

Paine, S. C. M., *Imperial Rivals: China, Russia and Their Disputed Frontier* (Armonk, NY / London, c1996)

Pallis, A. A., 'Racial Migrations in the Balkans during the Years 1912–1914', *Geographical Journal,* 66 (Oct. 1925), 315–31.

Pallud, Jean Paul, 'Crime in WWII: The Execution of Eddie Slovik', *After the Battle,* 32 (1981), 28–42.

Pappritz, Anna, *Der Mädchenhandel und seine Bekämpfung* (Schwelm, 1924).

Parker, R. A. C., 'British Rearmament 1936–9: Treasury, Trade Unions and Skilled Labour', *English Historical Review,* 96, 379 (April 1981)

____, *Chamberlain and Appeasement: British Policy and the Coming of the Second World War* (London, 1993)

____, *Churchill and Appeasement* (London, 2000)

____, 'Economics, Rearmament, and Foreign Policy: the UK before 1939 – A Preliminary Study', *Journal of Contemporary History,* 10, 4 (1975), 637–647.

Pascoe, Peggy, 'Miscegenation Law, Court Cases, and Ideologies of "Race" in Twentieth-Century America', *Journal of American History,* 83, 1 (Jun. 1996), 44–69.

Payne, Robert, *Massacre* (New York, 1973)

Peach, Ceri, 'Ethnic Segregation and Ethnic Intermarriage: A re-examination of Kennedy's Triple melting pot in New Haven, 1900-1950', in Ceri Peach, Vaughan Robinson and Susan Smith (eds.), *Ethnic Segregation in Cities* (London, 1981), 193−217.

Peattie, Mark R., 'Japanese Strategy and Campaigns in the Pacific War, 1941–1945', in Loyd E. Lee (ed.), *World War II in Asia and the Pacific and the War's Aftermath, with General Themes: A*

Handbook of Literature and Research (Westport, 1998), 56–72.

Peden, G. C., 'A Matter of Timing: The Economic Background to British Foreign Policy, 1938–1939', *History*, 69, 225 (Febuary, 1984), 15–28.

―――, 'Sir Warren Fisher and British Rearmament against Germany', *English Historical Review*, 94, 370 (January, 1979), 29–47.

Peeters, Benoit, *Hergé: Fils de Tintin* (Paris, c2002)

Perrett, Bryan, 'Operation SPHINX: Raeder's Mediterranean Strategy', in Kenneth Macksey (ed.), *The Hitler Options: Alternate Decisions of World War II* (London, 1995), 35–53.

Petropoulos, Jonathan, *The Faustian Bargain: The Art World In Nazi Germany* (London, 2000)

Petzina, Dietmar, *Werner Abelshauser und Anselm Faust, Sozialgeschichtliches Arbeitsbuch, vol. III: Materialien zur Statistik des Deutschen Reiches, 1914–1945* (Munich, 1978)

Piketty, Thomas and Emmanuel Saez, 'Income Inequality in the United States, 1913-1998', NBER Working Paper, 8467 (Sept. 2001)

Pinchuk, Ben-Cion, *Shtetl Jews under Soviet Rule: Eastern Poland on the Eve of the Holocaust Jewish Society and Culture??* (Oxford / Cambridge, Mass., 1990)

Piotrowski, Tadeusz, *Vengeance of the Swallows: Memoir of a Polish Family's Ordeal under Soviet Aggression, Ukrainian Ethnic Cleansing and Nazi Enslavement, and their Emigration to America* (Jefferson, NC / London, 1995)

Pipes, Richard, 'Assimilation and the Muslims: A Case Study', in Inkeles, Alex and Kent Geiger (eds.), *Soviet Society: A Book of Readings* (London, 1961), 588–607.

―――, *Russia under the Bolshevik Regime, 1919-1924* (New York / London, 1995)

Pleshakov, Constantine, *Stalin's Folly: The Tragic First Ten Days of World World War II on the Eastern Front* (Boston, 2005)

Pogge von Strandmann, Hartmut, 'Nationalisierungsdruck und königliche Namensänderung in England', in Gerhard A. Ritter and Peter Wende (eds.), *Rivalität und Partnerschaft: Studien zu den deutsch-britischen Beziehungen im 19. und 20. Jahrhundert. Festschrift für Anthony J. Nicholls* (Paderborn/Munich/Vienna/Zurich, 1999), 69–91.

Polish Ministry of Information, *The German Fifth Column in Poland* (Londo / Melbourne, 1941)

Pollock, James K., 'An Areal Study of the German Electorate, 1930–1933', *American Political Science Review*, 38, 1 (Feb, 1944), 89–95.

Polonsky, Antony and Riff, Michael, 'Poles, Czechoslovaks and the "Jewish Question", 1914–1921: A Comparative Study', in Volker R. Berghahn and Kitchen, Martin (eds.), *Germany in the Age of Total War* (London, 1981), 63–101.

Pomeranz, Kenneth, *The Great Divergence: China, Europe and the Making of the Modern World*

Economy (Princeton / Oxford, 2000)

Pomiankowski, Joseph, *Der Zusammenbruch des Ottomanischen Reiches: Erinnerungen an die Türkei aus der Zeit des Weltkrieges* (Zurich / Leipzig / Vienna, c1928)

Ponchaud, François, transl. Nancy Amphoux, *Cambodia Year Zero* (New York, 1978)

Porter, Bernard, *The Absent-minded Imperialists: What the British Really Thought about Empire* (Oxford, 2004)

Pottle, Mark (ed.), *Champion Redoubtable: The Diaries and Letters of Violet Bonham Carter, 1914–45* (London, 1998)

Poundstone, William, *Prisoner's Dilemma* (Oxford, 1993)

Power, Samantha, *'A Problem from Hell': America and the Age of Genocide* (London, 2003)

Prados, John, 'Operation Herbstnebel: Smoke over the Ardennes', in Peter G. Tsouras (ed.), *Battle of the Bulge: Hitler's Alternate Scenarios* (London, 2004), 181–205.

Praisman, Leonid, 'Pogroms and Jewish Self-Defence', *Journal of the Academic Proceedings of Soviet Jewry*, 1, 1 (19__), 65– .

Prasad, Sri Nandan and S.V. Desika Char, ed. Bisheshwar Prasad, *Expansion of the Armed Forces and Defence Organization, 1939–1945* (Calcutta, 1956)

Price, Alfred, 'The Jet Fighter Menace, 1943', in Kenneth Macksey (ed.), *The Hitler Options: Alternate Decisions of World War II* (London, 1995), 172–185.

Pridham, Geoffrey, *Hitler's Rise to Power: The Nazi Movement in Bavaria, 1923-1933* (London, 1973)

Pritsak, Omeljan, 'The Pogroms of 1881', *Harvard Ukrainian Studies*, 11, 1/2 (June 1987), 8–41.

Prysor, Glyn, 'The "Fifth Column" and the British Experience of Retreat, 1940', *War in History*, 12 (November 2005), 418–47

Przyrembel, Alexandra, *'Rassenschande': Reinheitsmythos und Vernichtungslegitimation in Nationalsozialismus* (Gottingen, c2003)

Pöppel, Martin, transl. Louise Willmot, *Heaven and Hell: The War Diary of a German Paratrooper* (Staplehurst, 2000 [1988])

Rabe, John, transl. by John E. Woods, *The Good Man of Nanking: The Diaries of John Rabe* (New York, 1998)

Rahden, Till van, 'Mingling, Marrying and Distancing: Jewish Integration in Wilhelminian Breslau and its Erosion in Early Weimar Germany', in Wolfgang Benz, Arnold Paucker and Peter Pulzer (eds.), *Jüdisches Leben in der Weimarer Republik / Jews in the Weimar Republic* (Tübingen, 1998), 197–221.

Rainey, Lawrence, 'Making History', *London Review of Books* (January 1, 1998), 18–20.

Rakowska-Harmstone, Teresa, 'Brotherhood in Arms', in Dreisziger (ed.), *The Ethnic Factor in the Soviet Armed Forces* (Waterloo, Ontario, 1990)

Ranke, Leopold von, 'The Great Powers', in R. Wines (ed.), *The Secret of World History: Selected Writings on the Art and Science of History* (New York, 1981 [1833]), 122–155.

Rasor, Eugene L. , 'The Japanese Attack on Pearl Harbor', in Loyd E. Lee (ed.), *World War II in Asia and the Pacific and the War's Aftermath, with General Themes: A Handbook of Literature and Research* (Westport, CT, 1998), 45–56.

Rauchway, Eric, *Murdering McKinley: The Making of Theodore Roosevelt's America* (New York, 2003)

Reck-Malleczewen, Friedrich Percyval, *Diary of a Man in Despair* (New York, 1970)

Redding, Robert and Bill Yenne, *Boeing: Planemaker to the World* (Hong Kong, 1983)

Reder, Rudolf, *Belzec* (Krakow, 1999)

Rees, Laurence, *War of the Century: When Hitler Fought Stalin* (London, 1999)

Reichswehrministerium, *Sanitätsbericht über das Deutsche Heer (deutsches Feld- und Besatzungsheer) im Weltkriege 1914–1918 (Deutscher Kreigssanitätsbericht, 1914-18),* 4 vols. (Berlin)

Reid, James J., 'Total War, the Annihilation Ethic and the Armenian Genocide, 1870–1918', in Richard Hovannisian (ed.), *The Armenian Genocide: History, Politics, Ethics* (Houndmills / Basingstroke / Hampshire, 1992), 21–349.

Remarque, Erich Maria, *All Quiet on the Western Front* (London, [1929])

Reuter, Edward Byron, *Race Mixture* (New York, 1931)

____, *The Mulatto in the United States* (Boston, 1918)

Reuth, Ralf Georg, *Goebbels* (London, 1993)

Reynolds, Nicholas, *Treason was No Crime: Ludwig Beck, Chief of the German General Staff* (London, 1976)

Rezzori, Gregor von, *The Snows of Yesteryear: Portraits for an Autobiography* (London, 1989)

Rhee, M. J., *The Doomed Empire: Japan in Colonial Korea* (Aldershot / Brookfield / Singapore / Sydney, 1997)

Rhodes, Richard, *The Making of the Atomic Bomb* (New York, 1986)

Richerson, Peter J. and Robert Boyd, *Not By Genes Alone: How Culture Transformed Human Evolution* (Chicago, 2005)

Rigg, Bryan Mark, *Hitler's Jewish Soldiers: The Untold Story of Nazi Racial Laws and Men of Jewish Descent in the German Military* (Kansas, 2002)

Ritschl, Albrecht, *Deutschlands Krise und Konjunktur: Binnenkonjunktur, Auslandsverschuldung und Reparationsproblem zwischen Dawes-Plan und Transfersperre 1924–1934* (Berlin, 2002)

____, 'Spurious Growth in German Output Data, 1913–1938', Centre for Economic Policy

Research Discussion Paper, 4429 (June, 2004)

Ritter, Gerhard, *Der Schlieffen Plan: Kritik eines Mythos* (Munich, 1956)

____, transl. R. T. Clark, *The German Resistance: Carl Goerdeler's Struggle Against Tyranny* (London, 1958)

Roberts, Andrew, 'The House of Windsor and Appeasement', in *idem, Eminent Churchillians* (London, 1994)

____, 'Prime Minister Halifax', in Robert Cowley (ed.), *More What If? Eminent Historians Imagine What Might Have Been* (Macmillan, 2002), 279–290.

____, *The Holy Fox: A Biography of Lord Halifax* (London, 1991)

Roberts, Marie, *Gothic Immortals* (London, 1990)

Robinsohn, Hans, *Justiz als politische Verfolgung: Die Rechtsprechung in 'Rassenschandefällen' beim Landgericht Hamburg 1936–1943* (Stuttgart, 1977)

Robinson, Charles F. II, *Dangerous Liaisons: Sex and Love in the Segregated South* (Fayetteville, 2003)

Rockoff, Hugh, 'The United States: From Ploughshares to Swords', in Mark Harrison (ed.), *The Economics of World War II: Six Great Powers in International Comparison* (Cambridge, 1998), 81–121.

Rodgers, Eugene, *The Story of Boeing and the Rise of the Jetliner Industry* (New York, 1996)

Rohwer, Jurgen, 'The U-Boat War Against the Allied Supply Lines', in Hans-Adolf Jacobsen and Jurgen Rohwer (eds.), transl. Edward Fitzgerald, *Decisive Battles of World War II: The German View* (London, 1965), 259–313.

Rolf, David, *Prisoners of the Reich: Germany's Captives 1939–1945* (Dunton Green, 1989)

Rolfe, M., *Looking Into Hell: Experiences of the Bomber Command War* (London, 2000)

Roman Hrabar, Zofia Tokarz and Jacek E. Wilczur, *The Fate of Polish Children During the Last War* (Warsaw, 1981)

Rose, Elihu, 'The Case of the Missing Carriers', in Robert Cowley (ed.), *What If?: The World's Foremost Military Historians Imagine What Might Have Been* (London, 2001), 340.

Rosefielde, Steven, 'Excess Deaths and Industrialization: A Realist Theory of Stalinist Economic Development in the 1930's', *Journal of Contemporary History*, 23, 2 (April 1988), 277–289.

Rosen, Sara, *My Lost World: A Survivor's Tale The Library of Holocaust Testimonies Series*(London, 1993)

Rosenberg, Edgar, *From Shylock to Svengali: Jewish Stereotypes in English Fiction* (London, 1960)

Rosenfeld, Gavriel, *The World Hitler Never Made: Alternate History and the Memory of Nazism*

(Cambridge, 2005)

Rosenthal, Erich, 'Some Recent Studies about the Extent of Jewish Out-Marriage in the USA', in Werner J. Cahnman (ed), *Intermarriage and Jewish Life: A Symposium* (New York, 1963), 82–91.

Roth, Joseph, transl. Joachim Neugroschel, *The Radetsky March* (Woodstock / New York, 1995 [1932])

Rothschild, Joseph, *East Central Europe between the Two World Wars* (Seattle / London, 1974)

Rozenblit, Marsha L., *The Jews of Vienna, 1867–1914* (Albany, 1983)

Rubenstein, William D., *The Myth of Rescue* (London, 1997)

Rubin, Abba, *Images in Transition: The English Jew in English Literature, 1660-1830* (Westport Connecticut, 1984)

Rubinstein, Hilary L., Dan Cohn-Sherbok, Abraham J. Edelheit and William D. Rubenstein, *The Jews in the Modern World: A History Since 1750* (London, 2002)

Rubinstein, W. D., 'Jewish Participation in National Economic Elites, 1860–1939, and Anti-Semitism: An International Comparison', paper presented at the Australian Association for Jewish Studies Conference, Sydney (1997)

Rudnicki, Szymon, 'Anti-Jewish Legislation in Interwar Poland', in Robert Blobaum (ed.), *Antisemitism and its Opponents in Modern Poland* (Ithaca, 2005), 148–170.

Rummel, Rudolph J., *Demoocide: Nazi Genocide and Mass Murder* (New Jersey, 1992)

____, *Lethal Politics: Genocide and Mass Murder Since 1917* (New Jersey, 1990)

Ruppin, Arthur, *Die Juden der Gegenwart: Eine sozialwissenschaftliche Studie* (Berlin, 1904)

____, *Soziologie der Juden, vol. I: Die soziale Struktur der Juden* (Berlin, 1930)

Rusbridger, James and Eric Nave, *Betrayal at Pearl Harbor* (New York, 1991)

Russett, Bruce, 'Counterfactuals about War and Its Absence', in Philip E. Tetlock and Aaron Belkin (eds), *Counterfactual Thought Experiments in World Politics: Logical, Methodological and Psychological Perspectives* (Princeton, 1996), 171–86.

Russo-Jewish Committee, *Russian Atrocities, 1881: Supplementary Statement issued by the Russo-Jewish Committee in Confrmation of the 'The Times' Narrative* (London, 1882)

Rutchford, R. U., 'The South's Stake in International Trade', *The Southern Economic Journal,* 14, 4 (April 1948)

Rytina, Steven, Peter Blau, Terry Blum and Joseph Schwartz, 'Inequality and Intermarriage: A Paradox of Motive and Constraint', *Social Forces,* 66 (1988), 645–675.

Röhl, John C. G., 'The Emperor's New Clothes', in, *The Corfu Papers* (Cambridge, 1992)

____, *The Kaiser and His Court: Wilhelm II and the Government of Germany* (Cambridge, 1994)

____, transl. Sheila de Bellaigue, *Wilhelm II: The Kaiser's Personal Monarchy,* 1888–1900 (Cambridge, 2004)

Röskau-Rydel, Isabel, 'Galizien', in Isabel Röskau-Rydel (ed.), *Deutsche Geschichte im Osten Europas: Galizien* (Berlin, 1999), 16–212.

Sainsbury, Keith, *Churchill and Roosevelt at War: The War They Fought and the Peace They Hoped to Make* (London, 1994)

Sakamoto, Pamela Rotner, *Japanese Diplomats and Jewish Refugees: A World War II Dilemma* (Westport, Connecticut / London, 1998)

Sapolsky, Robert M., 'A Natural History of Peace', *Foreign Affairs* (January / February 2006)

Sarafian, Ara (ed.), *United States Official Documents on the Armenian Genocide,* vol. II: *The Peripheries* (Watertown, Mass., 1993)

____ (ed.), *United States Official Documents on the Armenian Genocide,* vol. I: *The Lower Euphrates* (Watertown, Mass., 1993)

Saxon, Timothy D., 'Anglo-Japanese Naval Cooperation, 1914–1918', *Naval War College Review,* 53, 1 (Winter 2000), read online.

Scalapino, Robert A., 'Southern Advance: Introduction', in James William Morley (ed.), *The Fateful Choice: Japan's Advance into Southeast Asia, 1939–1941* (New York, 1980), 117–125.

Schechtman, Joseph B., *Postwar Population Transfers in Europe, 1945–1955* (Philadelphia, 1962)

Schell, Jonathan, *The Unconquerable World: Power, Nonviolence, and the Will of the People* (London, 2004)

Schiel, Juliane, 'Pillars of Democracy: A Study of the Democratisation Process in Europe after the First World War', unpublished BA thesis (Oxford University, 2000)

Schimmelpenninck van der Oye, David, *Toward the Rising Sun: Russian Ideologies of Empire and the Path to War with Japan* (DeKalb, Illinois, c. 2001)

Schirmer, Jennifer G., *The Guatemalan Military Project: A Violence Called Democracy* (Philadephia, c1998)

Schlesinger, Arthur, Jr., 'Hopeful Cynic', *Times Literary Supplement* (May 27, 2005), 12–13.

Schleunes, Karl A., *The Twisted Road to Auschwitz: Nazi Policy toward the Jews, 1933–39* (London, 1972)

Schmidt, Gustav, 'The Domestic Background to British Appeasement Policy', in Wolfgang J. Mommsen and Lothar Kettenacker (eds.), *The Fascist Challenge the Policy of Appeasement* (London, 1983), 101–124.

Schmidt, Sabine, Jan Blaszkowski, Izabela Darecka, Franz Dwertmann, Bogdan Krzykowski, Marcin Milancej, Hanna Olejnik and Danuta Schmidt, *In Gdansk unterwegs mit Günter*

Grass (Gdansk, 1993)

Schorske, Carl E., *Fin-de-Siècle Vienna: Politics and Culture* (London, 1980)

Schroeder, Paul W., 'Embedded Counterfactuals and World War I as an Unavoidable War', in Philip Tetlock, Richard Ned Lebow and Geoffrey Parker (eds.), *Unmaking the West: Counterfactual Thought Experiments in History* (forthcoming)

Schulman, Gary I., 'Race, Sex and Violence: A Laboratory Test of the Sexual Threat of the Black Male hypothesis', *American Journal of Sociology,* 79 (March 1974), 1260–77.

Scott, John, *Behind the Urals* (Bloomington and Indianapolis, 1989 [1942])

Scurr, John, *Germany's Spanish Volunteers 1941–45: The Blue Division in Russia Men-At-Arms* (London, 1980)

Seabright, Paul, *The Company of Strangers: A Natural History of Economic Life* (Princeton, 2004)

Sebag-Montefiore, *Simon, Stalin: The Court of the Red Tsar* (New York, 2004)

Sebastian, Mihail, *Journal, 1935–1944: The Fascist Years,* ed. Radu Ioanid and transl. Patrick Camiller (Chicago, 2001)

Segel, Harold B. (ed.), *Stranger in Our Midst: Respresentations of the Jew in Polish Literature* (Itacha / London, 1996)

Sellers, Leonard, *For God's Sake Shoot Straight! The Story of the Court Martial and Execution of Temporary Sub-Lieutenant Edwin Leopold Arthur Dyett Nelson Battalion 63rd (RN) Division during the First World War* (London, 1995)

Service, Robert, *Stalin: A Biography* (Cambridge, Mass., 2005)

____, *A History of Twentieth-Century Russia* (London, 1997)

____, *Lenin: A Biography* (London, 2000)

Seth, Ronald, *Caporetto: The Scapegoat Battle* (London, 1965)

Sethi, S. S., *The Decisive War: Emergence of a New Nation* (New Delhi, 1972)

Seton-Watson, Hugh, *Eastern Europe between the Wars, 1918-1941* (Cambridge, 1945)

Settle, Arthur, 'Model-T Anti-Semitism', *Protestant Digest* (August-September 1940), 21–27.

Shawcross, William, *Deliver Us From Evil: Warlords and Peacekeepers in a World of Endless Conflict* (London, 2000)

Shay, Robert Paul Jr., *British Rearmament in the Thirties: Politics and Profits* (Princeton, 1977)

Sheffield, Gary, *Forgotten Victory: The First World War, Myths and Realities* (London, 2001)

Shelden, Michael, *Orwell: The Authorized Biography* (London, 1991)

Sherman, A. J., *Mandate Days: British Lives in Palestine, 1918–1948* (New York, 1997)

Sherwin, Martin J., 'The Atomic Bomb and the Origins of the Cold War', in David S. Painter and Melvyn P. Leffler (eds.), *Origins of the Cold War: An International History* (London,

1994), 77–95.

Shillony, Ben-Ami, *Politics and Culture in Wartime Japan* (Oxford, 1981)

Shippey, T. A., *J. R. R. Tolkein: Author of the Century* (London, 2000)

Shirer, Frank R., 'Pearl Harbor: Irredeemable Defeat', in Peter G. Tsouras (ed.), *Rising Sun Victorious: The Alternate History of How the Japanese Won the Pacific War* (London, 2001), 62–82.

Shirer, William L., *The Collapse of the Third Republic: An Inquiry into the Fall of France in 1940* (London, 1972)

Shochat, Azriel, 'Jews, Lithuanians and Russians, 1939–1941', in Vago, V. and G. L. Mosse (eds.), *Jews and Non-Jews in Eastern Europe* (New York, 1974), 301–314.

Sieradszki, Mietek, *By a Twist of History: The Three Lives of a Polish Jew The Library of Holocaust Testimonies* (London, 2002 c. 2001)

Silber, William, 'Birth of the Federal Reserve: Crisis in the Womb', *Journal of Monetary Economics* (forthcoming)

____, *The Summer of 1914: Birth of a Financial Superpower* (forthcoming)

Silverstein, Josef, 'The Importance of the Japanese Occupation of Southeast Asia to the Political Scientist', in Josef Silverstein, *Southeast Asia in World War II: Four Essays* (New Haven, CT, 1966), 1–13.

Simmons, Robert R., 'The Korean Civil War', in Frank Baldwin (ed.), *Without Parallel: The American-Korean Relationship since 1945* (New York, 1973), 143–179.

Simms, Brendan, *Unfinest Hour: Britain and the Destruction of Bosnia* (London, 2001)

Singer, J. David and Melvin Small, *Correlates of War Database,* University of Michigan, www.umich.edu/~cowproj

Sington, Derrick and Arthur Weidenfeld, *The Goebbels Experiment: A Study of the Nazi Propaganda Machine* (London, 1942)

Sisson, Richard and Leo E. Rose, *War and Secession: Pakistan, India, and the Creation of Bangladesh* (Berkeley, c1990)

Slezkine, Yuri, *The Jewish Century* (Princeton, 2004)

Slusser, Robert M. , 'Soviet Far Eastern Policy, 1945-1950: Stalin's Goals in Korea', in Yonosuke Nagai and Akira Iriye (eds.), *The Origins of the Cold War in Asia* (Tokyo, 1977), 123–147.

Smal-Stocki, Roman, *The Captive Nations: Nationalism of the Non-Russian Nations in the Soviet Union* (New York, 1960)

Smelser, Ronald M., 'Nazi Dynamics, German Foreign Policy and Appeasement', in Wolfgang

J. Mommsen and Lothar Kettenacker (eds.), *The Fascist Challenge the Policy of Appeasement* (London, 1983), 31–48.

Smith, Elberton R., *The Army and Economic Mobilization War Department's United States Army in World War II series* (Washington D.C., 1991)

Smith, Lillian, *Killers of the Dream* (London, 1950)

Sodol, Petro. R., *UPA: They fought Hitler and Stalin: A Brief Overview of Military Aspects from the History of the Ukrainian Insurgent Army, 1942–1949* (New York, 1987)

Sollors, Werner, *Neither Black nor White yet Both* (New York, 1997)

Solzhenitsyn, Aleksandr I., transl. Thomas P. Whitney, *The Gulag Archipelago 1918–1956* (London, 1974)

____, transl. Anne Kichilov, Georges Philippenko and Nikita Struve, *Deux siècles ensemble (1917–1972)*, vol. II: *Juifs et Russe pendant la période soviétique* (Paris, 2003)

Spector, Ronald H., *Eagle against the Sun: The American War with Japan* (London, 1987)

Spector, Scott, 'Auf der Suche nach der Prager deutschen Kultur: Deutsch-jüdische Dichter in Prag von der Jahrhundertwende bis 1918', in Deutsches Historisches Museum (ed.), *Deutsche im Osten* (Berlin, 1995), 83–91.

Speer, Albert, transl. Richard and Clara Winston, *Inside the Third Reich* (London, 1970)

Spengler, Oswald, ed. Helmut Werner, transl. Charles Francis Atkinson, *The Decline of the West: An Abridged Edition* (London, 1961)

Spiller, Harry (ed.), *Prisoners of Nazis: Accounts by American POWs in World War II* (Jefferson, North Carolina / London, 1998)

Stanlislawski, Michael, *Tsar Nicholas I and the Jews: The Transformation of Jewish Society in Russia, 1825-1855* (Philadelphia, 1983)

Stanton, William, *The Leopard's Spots: Scientific Attitudes toward Race in America, 1815-59* (Chicago / London, 1960)

Stargardt, Nicholas, 'Victims of Bombing and Retaliation', *German Historical Institute, London, Bulletin,* 26, 2 (2004), 57–70.

Stedman, James, *Life of a British POW in Poland 31 May 1940 to 30 April 1945* (Braunton Devon, 1992)

Steigmann-Gall, Richard, *The Holy Reich: Nazi Conceptions of Christianity, 1919–1945* (Cambridge, 2003)

Steinberg, Mark D. and Vladimir M. Khrustalev, *The Fall of the Romanovs: Political Dreams and Personal Struggles in a Time of Revolution* (New Haven, 1995)

Stember, Charles Herbert, *Sexual Racism: The Emotional Barrier to an Integrated Society* (New York,

1976)

___, and Others, *Jews in the Mind of America* (Basic Books, 1966)

Stephan, John J., *The Russian Far East: A History* (Stanford, 1994)

Stevenson, David, *Armaments and the Coming of War: Europe 1904-1914* (Oxford, 1996)

___, *Catacylsm: The First World War as Political Tragedy* (New York, 2004)

Stewart, Graham, *Burying Caesar: Churchill, Chamberlain and the Battle for the Tory Party* (London, 1999)

Stockmar, Baron E. von, *Memoirs of Baron Stockmar,* 2 vols. (London, 1872)

Stoler, Ann, 'Making Empire Respectable: The Politics of Race and Sexual Morality in 20th Century Colonial Cultures', in Breman, Jan (ed.), *Imperial Monkey Business* (Amsterdam, 1990), 35–71.

Stoltzfus, Nathan, *Resistance of the Heart: Intermarriage and the Rosenstrasse Protest in Nazi Germany* (New York, 1996)

Strachan, Hew, *The First World War,* vol. I: *To Arms* (Oxford, 2001)

___, *The First World War: A New Illustrated History* (London / New York / Sydney / Tokyo / Singapore / Toronto / Dublin, 2003)

___, 'Training, Morale and Modern War', *Journal of Contemporary History* (forthcoming)

Strack, Hermann L., *Jüdische Geheimgesetze,* 1920.

Strik-Strikfeldt, Wilfried, *Against Stalin and Hitler: Memoir of the Russian Liberation Movement 1941–5* (London and Basingstoke, 1970)

Stromberg, Roland N., 'American Business and the Approach of War, 1935–1941', *Journal of Economic History,* 13, 1 (1953), 58–78.

Stueck, William, *The Korean War: An International History* (Princeton, New Jersey, 1995)

___, *The Korean War: An International History* (Princeton, NJ, 1995)

Sugihara, Kaoru, 'The Economic Motivations behind Japanese Aggression in the Late 1930s: Perspectives of Freda Utley and Nawa Toichi', *Journal of Contemporary History,* 32, 2 (April 1997), 259–280.

Surh, Gerald, 'The Jews of Ekaterinoslav in 1905 as Seen from the Town Hall: Ethnic Relations on an Imperial Frontier', *Ab Imperio: Theory and History of Nationalism and Empire in the Post-Soviet Space,* 4 (2003).

Suvorov, Viktor [Vladimir Rezun], *Icebreaker: Who Started the Second World War* (London, 1990)

Swain, Geoffrey, *Russia's Civil War* (Stroud, 2000)

Symons, Jack, *Hell in Five* (London, 1997)

Tachauer, D., 'Statistische Untersuchungen über die Neigung zu Mischehen', *Zeitschrift für die gesamte Staatswissenschaft*, 71, 1 (1915), 36–40.

Talaat Pasha, 'Posthumous Memoirs of Talaat Pasha', *New York Times Current History*, 15, 1 (October, 1921), 287–93.

Tang, Hua, Tom Quertermous, Beatriz Rodriguez, Sharon L. R. Kardia, Xiaofeng Zhu, Andrew Brown, James S. Pankow, Michael A. Province, Steven C. Hunt, Eric Boerwinkle, Nicholas J. Schork and Neil J. Risch, 'Genetic Structure, Self-Identified Race/Ethnicity, and Confounding in Case-Control Association Studies', *American Journal of Human Genetics*, 76 (2005), 268-75.

Tatar, Maria, *Lustmord: Sexual Murder in Weimar Germany* (Princeton, 1995)

Taylor, A. J. P., *English History, 1914–1945* (Oxford, 1965)

____, *The Course of German History: A Survey of the Development of Germany since 1815* (London, 1945)

____, *The Origins of the Second World War* (London, 1964 [1961])

____, *The Struggle for Mastery in Europe* (Oxford, 1954)

Taylor, Brandon, *Art and Literature under the Bolsheviks* (London, 1991)

Taylor, Christopher C., *Sacrifice as Terror: The Rwandan Genocide of 1994* (Oxford / New York, 1999)

Tehlirean, Soghomon (ed.), *Der Völkermord an den Armeniern vor Gericht: Der Prozess Talaat Pascha* (Göttingen, c1980)

Thatcher, Ian D., *Trotsky* (London, 2003)

Theilhaber, Felix A., *Der Untergang der deutschen Juden: Eine volkswirtschaftliche Studie* (Munich, 1911)

Theweleit, Klaus, *Male Fantasies, vol. I: Women, Floods, Bodies, History* (Minneapolis, 1987)

Thio, Eunice, 'The Syonan Years, 1942–1945', in Ernest C. T. Chew and Edwin Lee (eds.), *A History of Singapore* (Singapore, 1991)

Thomas, Mark, 'Rearmament and Economic Recovery in the Late 1930s', *Economic History Review*, New Series, 36, 4 (November 1983), 552–79.

Thompson, Neville, *The Anti-Appeasers: Conservative Opposition to Appeasement in the 1930s* (Oxford, 1971)

Thorne, Christopher, *The Far Eastern War: States and Societies, 1941–1945* (London, 1986)

Timasheff, Nicholas S., *The Great Retreat: The Growth and Decline of Communism in Russia* (New York, 1946)

Timms, Edward, *Karl Kraus, Apocalyptic Satirist: Culture and Catastrophe in Habsburg Vienna* (New Haven, 1986)

Tinker, Hugh, *A New System of Slavery: The Export of Indian Labour Overseas, 1830–1920* (London / New York / Bombay, 1974)

Todd, Emmanuel, *Après L'Empire: Essai sur la décomposition du système américain* (Paris, 2002)

Todorov, Tzvetan, *Facing the Extreme: Moral Life in the Concentration Camps* (London, 1999)

Tokaca, Mirsad, 'Violation of Norms of International Humanitarian Law during the War in Bosnia and Herzegovina', unpublished manuscript, Sarajevo (February 2005)

Tokayer, Marvin and Mary Swartz, *The Fugu Plan: The Untold Story of the Japanese and the Jews during World War II* (New York / London, 1979)

Toland, John, *The Rising Sun: The Decline and Fall of the Japanese Empire, 1936–1945* (London, 2001)

Tolkein, J. R. R., *The Lord of the Rings* (London, 1994 [1954, 1955])

Tooze, Adam J., *The Wages of War: The Rise and Fall of the Nazi Economy* (London, 2006)

____, *Statistics and the German State, 1900–1945: The Making of Modern Economic Knowledge* (New York, 2001)

Toussenel, Alphonse, *Les Juifs, rois de l' époque: Histoire de la féodalité financière* (Paris, 1847)

Towle, Philip, 'Introduction', in idem, Margaret Kosuge and Yoichi Kibata (eds.), *Japanese Prisoners of War* (London / New York, 2000), xi–xx.

____, 'The Japanese Army and Prisoners of War', in idem,, Margaret Kosuge and Yoichi Kibata (eds.), *Japanese Prisoners of War* (London / New York, 2000), 1–16.

Trachtenberg, Marc, 'A "Wasting Asset": American Strategy and the Shifting Nuclear Balance', *International Security*, 13, 3 (Winter 1988/89), 5–49.

Treue, Wilhelm, 'Hitlers Denkschrift zum Vierjahresplan 1936', *Vierteljahreshefte für Zeitgeschichte*, 3 (1955), 184–210.

Trevor-Roper, H. R. (ed.), *Hitler's Table Talk, 1941–44: His Private Conversations*, transl. Norman Cameron and R.H. Stevens (London, 1973 (2nd ed.) [1953])

Trexler, Robert, *Sex and Conquest: Gendered Violence, Political Order and the European Conquest of the Americas* (Cambridge, 1995)

Trilling, Lionel, 'The Changing Myth of the Jew', in Trilling, Diana (ed.), *Speaking of Literature and Society* (Oxford, 1982), 50-76.

Trubowitz, Peter, *Defining the National Interest: Conflict and Change in American Foreign Policy* (Chicago / London, 1998)

Trumpener, Ulrich, *Germany and the Ottoman Empire: 1914–1918* (Princeton, 1968)

Tsouras, Peter, *Disaster at D-Day: The Germans Defeat the Allies, June 1944* (London, 2nd edn. 2004 [1994])

____, 'Operation ORIENT: Joint Axis Strategy', in Kenneth Macksey (ed.), *The Hitler Options: Alternate Decisions of World War II* (London, 1995), 82–101.

____, 'Rommel versus Zhukov: Decision in the East, 1944-45', in Peter G. Tsouras (ed.), *Third Reich Victorious: The Alternate History of How the Germans Won the War* (London, 2002), 231–256.

Tsuyoshi Hasegawa, *Racing the Enemy: Stalin, Truman and the Surrender of Japan* (Cambridge, Mass., 2005)

Turczynski, Emanuel, 'Die Bukowina', in Isabel Röskau-Rydel (ed.), *Deutsche Geschichte im Osten Europas: Galizien* (Berlin, 1999), 218–328.

Turner, Henry Ashby, *German Big Business and the Rise of Hitler* (Oxford, 1985)

____, *Hitler's Thirty Days to Power: January 1933* (Reading, Mass., 1996)

United Nations Population Division of the Department of Economic and Social Affairs of the United Nations Secretariat, *World Population Prospects: The 2004 Revision and World Urbanization Prospects: The 2003 Revision* (http://esa.un.org/unpp, 14 July 2005)

United Nations War Crimes Commission, *Law-Reports of Trials of War Criminals, vol. I* (London, 1947)

Vago, Bela , *The Shadow of the Swastika: The Rise of Fascism and Anti-Semitism in the Danube Basin, 1936–1939* (London, 1975)

Vatter, Harold G., *The U.S. Economy in World War II* (New York, 1985)

Veen, H. R. S. van der, *Jewish Characters in Eighteenth Century English Fiction and Drama* (Groningen, Batavia, 1935)

Verney, John, *Going to the Wars* (London, 1955)

Vernon, J. R., 'World War II Fiscal Policies and the End of the Great Depression', *Journal of Economic History*, 54, 4 (December 1994), 850–68.

Vidal, Gore, *The Decline and Fall of the American Empire* (Berkeley, California, 1992)

Vishniak, Mark, 'Antisemitism in Tsarist Russia: A Study in Government-Fostered Antisemitism', in Koppel S. Pinson (ed.), *Essays on Antisemitism* (New York, 1946), 121–

Vital, David, *A People Apart: The Jews in Europe 1789-1930* (Oxford / New York, 1999)

Volkogonov, Dmitri, *Lenin: Life and Legacy* (London, 1994)

____, *Trotsky: The Eternal Revolutionary* (London, 1996)

Volkov, Solomon (ed.), *Testimony: The Memoirs of Dmitri Shostakovich* (New York, 1979)

Vonnegut, Kurt, *Slaughterhouse-five: or the Children's Crusade: A Duty-Dance with Death* (St Albans, 1992 [1970])

Waldeck, R.G., *Athene Palace, Bucharest: Hitler's 'New Order' comes to Rumania* (London, 1943)

Walker, Ernest, *The Price of Surrender: 1941 – The War in Crete* (London, 1992)

Walker, Martin, *The Cold War and the Making of the Modern World* (London, 1990)

Walker, S., 'Solving the Appeasement Puzzle: Contending Historical Interpretations of British Diplomacy during the 1930s', *British Journal of International Studies,* 6 (April 1980)

Wallenstein, Peter, *'Tell the Court I Love My Wife': Race, Marriage, and Law – An American History* (New York, 2004)

Wan-yao, Chou, 'The Kominka Movement', in Peter Duus, Ramon H. Myers and Mark R. Peattie (eds.), *The Japanese Wartime Empire, 1931–1945* (Princeton, 1996)

Wang, Youqin, 'The Second Wave of Violent Persecution of Teachers: the Revolution of 1968', http://www.chinese-memorial.org/ (n.d.)

＿＿, 'Student Attacks Against Teachers: The Revolution of 1966', http://www.chinese-memorial.org/ (n.d.)

War Office, *Statistics of the Military Effort of the British Empire during the Great War, 1914–20* (London, 1922)

Ward, Michael D. and Kristian Gleditsch, 'Democratizing for Peace', *American Political Science Review,* 92, 1 (1998), 51–61.

Wark, Wesley K., 'British Intelligence on the German Air Force and Aircraft Industry, 1933–1939', *Historical Journal,* 25, 3 (1982), 627–648.

Warmbrunn, Werner, *The Dutch under German Occupation, 1940–1945* (Stanford / London, 1993)

Warner, Denis and Peggy, *The Tide at Sunrise: A History of the Russo-Japanese War, 1904–1905* (London, 1975)

Warren, Charles, 'Troubles of a Neutral', *Foreign Affairs,* 12, 3 (April, 1934), 377–394.

Washington, Joseph R., *Marriage in Black and White* (Maryland, 1972)

Wassermann, Jacob, *My Life as German and Jew* (London, 1934)

Waterford, Van, *Prisoners of the Japanese in World War II: Statistical History, Personal Narratives and Memorials Concerning Prisoners of War in Camps and on Hellships, Civilian Internees, Asian Slave Laborers, and Others Captured in the Pacific Theater* (Jefferson, North Carolina, 1994)

Watt, D. C., 'British Intelligence and the Coming of the Second World War in Europe', in Ernest R. May (ed.), *Knowing One's Enemies: Intelligence Assessment before the Two World Wars* (Princeton, NJ, 1984), 237–270.

Waugh, Evelyn, *Sword of Honour* (London, 1999 [1965])

Weber, Eugen, *The Hollow Years: France in the 1930s* (London, 1995)

____, *Peasants into Frenchmen* (Stanford, 1976)

Weber, Frank, *Eagles on the Crescent: Germany, Austria, and the Diplomacy of the Turkish Alliance, 1914–1918* (Ithaca / London, 1970)

Weber, Marianne, *Max Weber: A Biography* (New York, 1975)

Weber, Thomas, *Lodz Ghetto Album: Photographs by Henryk Ross, selected by Martin Parr and Timothy Prus* (London, 2004)

Wegner, Bernd, 'The Ideology of Self-Destruction: Hitler and the Choreography of Defeat', *German Historical Institute, London, Bulletin*, 26, 2 (November 2004), 18–33.

Weihus, W., *Bordell-Juden und Mädchenhandel* (Berlin, 1899)

Weinberg, Gerhard, *A World at Arms: a Global History of World War II* (Cambridge, 1994)

____, 'Reflections on Munich after 60 Years', in Igor Lukes and Erik Goldstein (eds.), *The Munich Crisis, 1938: Prelude to World War II* (London, 1999), 1–13.

____, 'The French Role in the Least Unpleasant Solution', in Maya Latynski (eds.), *Reappraising the Munich Pact: Continental Perspectives* (Washington DC, 1992), 21–47.

____, 'The German Generals and the Outbreak of War, 1938–1939', in Adrian Preston (ed.), *General Staffs and Diplomacy before the Second World War* (London, 1978), 24–40.

Weindling, Paul, *Health, Race and German Politics between National Unification and Nazism, 1870-1945* (Cambridge, 1989)

____, *Epidemics and Genocide in Eastern Europe, 1890–1945* (Oxford, 2000)

Weingart, Peter, Doppel-Leben. *Ludwig Clauss: Zwischen Rassenforschung und Widerstand* (Frankfurt / New York, 1995)

Weiss, Aharon, 'Jewish-Ukrainian Relations in Western Ukraine during the Holocaust', in Howard Aster and Potichnyj, Peter J. (eds.), *Ukrainian-Jewish Relations in Historical Perspective* (Edmonton, 1990), 409–420.

Weiss, John, transl. Helmut Dierlamm and Norbert Juraschitz, *Der lange Weg zum Holocaust* (Berlin, 1998)

Weissman, Neil, 'Regular Police in Tsarist Russia, 1900-1914', *Russian Review*, 44, 1 (Jan. 1985), 45–68.

Welch, David, *Propaganda and the German Cinema, 1933–1945* (Oxford, 1983)

Wells, H. G., *The War of the Worlds* (London, 2005 [1898])

Wellum, Geoffrey, *First Light* (London, 2004)

Wendt, Bernd-Jurgen, *Economic Appeasement: Handel und Finanz in der britischen Deutschlandpolitik, 1933–1939* (Düsseldorf, 1971)

____, '"Economic Appeasement": A Crisis Strategy', in Wolfgang J. Mommsen and Lothar

Kettenacker (eds.), *The Fascist Challenge the Policy of Appeasement* (London, 1983), 157–172.

Werner T. Angress, 'Die "Judenfrage" im Spiegel amtlicher Berichte 1935', in Ursula Büttner (ed.), *Das Unrechtsregime: Internationale Forschung über den Nationalsozialismus* (Hamburg, 1986), 19–44.

Werner, Lothar Heinrich, 'Richard Walther Darré und der Hegehofgedanke', unpublished PhD thesis (University of Mainz, 1980)

Wessely, Simon, 'Twentieth-century Theories on Combat Motivation and Demotivation', *Journal of Contemporary History* (forthcoming)

Wheeler-Bennett, John W., *The Nemesis of Power: The German Army in Politics, 1918-1945* (London, 1953)

Whiteside, Andrew G., 'Nationaler Sozialismus in Österreich vor 1918', *Vierteljahrshefte für Zeitgeschichte,* 9 (1961), 333–359.

____, *The Socialism of Fools* (Berkeley, 1975)

Whymant, Robert, *Stalin's Spy: Richard Sorge and the Tokyo Espionage Ring* (London, 1996)

Wiener, Charles, 'A New Site for the Seminar: The Refugees and American Physics in the Thirties', in Donald Fleming and Bernard Bailyn (eds.), *The Intellectual Migration: Europe and America, 1930–1960* (Cambridge, Mass., 1969), .

Williamson, Jeffrey G., 'Land, Labor and Globalization in the Pre-Industrial Third World', *Journal Economic History,* 62 (2002), 55–.

Williamson, Joel, *New People* (New York, 1980)

Williamson, Samuel R. Jr., 'The Origins of the War', in Hew Strachan (ed.), *The Oxford Illustrated History of the First World War* (Oxford / New York, 1998), 9–25.

Willmott, H. P., *The Barrier and the Javelin: Japanese and Allied Pacific Strategies, February to June 1942* (Annapolis, Maryland, 1983)

Wilson, Dominic and Roopa Purushothaman, 'Dreaming with the BRICs: The Path to 2050', Goldman Sachs Global Economics Paper, 99 (October 1, 2003).

Winiewicz, J. M., *Aims and Failures of the German New Order* (London, 1943)

Winter, D., *Death's Men: Soldiers of the Great War* (London, 1978)

Wippermann, Wolfgang, 'Christine Lehmann and Mazurka Rose: Two "Gypsies" in the Grip of German Bureaucracy, 1933–60', in Michael Burleigh (ed.), *Confronting the Nazi Past: New Debates on Modern German History* (London, 1996)

Wiskemann, Elizabeth, *Czechs & Germans: A Study of the Struggle in the Historic Provinces of Bohemia and Moravia* (London / Melbourne / Toronto, 1967 [1938])

Wistrich, Robert S., *Socialism and the Jews* (London, Toronto, East Brunswick NJ, 1982)

____, *The Jews of Vienna in the Age of Franz Joseph* (Oxford, 1989)

Wohlstetter, Roberta, *Pearl Harbor: Warning and Decision* (Stanford, 1962)

Wood, Frances, *No Dogs and Not Many Chinese: Treaty Port Life in China, 1843–1943* (London, 1998)

Woodhouse, John, *Gabriele D'Annunzio: Defiant Archangel* (Oxford, 1998)

Woodward, E. L. and Rohan Butler (eds.), *Documents on British Foreign Policy, 1919–1939*, vol. I, 3rd Series (London, 1949)

____(eds.), with assistance from Margaret Lambert, *Documents on British Foreign Policy, 1919–1939*, vol. II, 3rd Series (London , 1949)

Wright, Jonathan, *Gustav Stresemann: Weimar's Greatest Statesman* (Oxford, 2003)

Wyman, David S, *The Abandonment of the Jews: America and the Holocaust 1941–1945* (New York, 1984)

Wynot Jnr., Edward D., '"A Necessary Cruelty": The Emergence of Official Anti-Semitism in Poland, 1936–39', *American Historical Review*, 76, 4 (October 1971), 1035–1058.

Yalman, Emin Ahmed, *Turkey in the World War* (New Haven, 1930)

Yasuba, Yasukichi, 'Did Japan ever Suffer from a Shortage of Natural Resources before World War II?', *Journal of Economic History*, 56, 3 (September, 1996), 543–560.

Ye'or, Bat, *Eurabia: The Euro-Arab Axis* (Madison N.J., 2005)

Yeghiayan, Vartkes (ed.), *British Foreign Office Dossiers on Turkish War Criminals* (La Verne, 1991)

Yergin, Daniel, *The Prize: The Epic Quest for Oil, Money and Power* (New York / London, 1991)

____, and Joseph Stanislaw, *The Commanding Heights: The Battle between Government and the Marketplace That is Remaking the Modern World* (New York, 1998)

Young, Louise, *Japan's Total Empire: Manchuria and the Culture of Wartime Imperialism.* (Berkelely / Los Angeles / London, 1998)

Young, Robert C., *Colonial Desire: Hybridity in Theory, Culture and Race* (London / New York, 1995)

Zabecki, David T., *World War II in Europe: An Encyclopedia* (New York / London, 1999)

Zahra, Tara, 'Reclaiming Children for the Nation: Germanization, National Ascription, and Democracy in the Bohemian Lands, 1900–1945', *Central European History*, 37, 4 (2004), 501–543.

Zayas, Alfred M. de, *Nemesis at Potsdam: The Anglo-Americans and the Expulsion of the Germans: Background, Execution, Consequences* (London, 1979)

Zeman, Z. A. B., *Pursued by a Bear: The Making of Eastern Europe* (London, 1989)

Zenner, Walter P., 'Middleman Minorities and Genocide', in Isidor Wallimann and Michael N.

Dobkowski (eds.), *Genocide and the Modern Age* (New York, 1987), 253-81.

Zhuravleva, Victoria, 'Anti-Jewish Violence in Russia and American Missionary Activity (1881-1917)', unpublished paper, Stockholm Conference on Pogroms (2005)

Zimmermann, Moshe, *Wilhelm Marr: The Patriarch of Anti-Semitism* (New York / Oxford, 1986)

Zionistische Hilfsfond in London, *Die Judenpogrome in Russland* (Cologne / Leipzig, 1910)

Zola, Emile, *Les Rougon Macquart, vol. V: Histoire naturelle et sociale d'une famille sous le second Empire: L'Argent Bibliothèque de la Pléiade* (Paris, 1967)

Zuber, Terence, 'The Schlieffen Plan Reconsidered', *War in History*, 6, 3 (1999)

Zubok, Vladislav M., 'Stalin and the Nuclear Age', in John Lewis Gaddis, Philip H. Gordon, Ernest R. May and Jonathan Rosenberg (eds.), *Cold War Statesmen Confront the Bomb: Nuclear Diplomacy Since 1945* (Oxford, 1999), 39–62.

감사의 글

이 책은 대체로 2차 자료에 의존하고 있지만, 필자는 몇 가지 문제들의 경우엔 1차 자료까지 찾아보기로 했다. 그러는 과정에서 나와 연구원들은 운 좋게도 다수의 공문서보관소와 개인 문서보관소의 도움을 받았다. 윈저 성의 왕립문서보관소 자료들은 여왕 폐하의 자비로운 허락 덕분에 인용할 수 있었다. 로스차일드 문서보관소의 자료들은 보관소 수탁자의 허가로 인용했다. 또한 나는 세그레토 바티카노 문서보관소(Archivio Segreto Vaticano), 베를린의 아우스베르티게스 암트(Auswärtiges Amt), 예일 대학의 바이네크 희귀서적 및 문서 도서관(Beinecke Rare Book and Document Library), 파리의 이스라엘 만국협회(L'Alliance Israélite Universelle) 도서관, 런던의 제국 전쟁 박물관(Imperial War Museum), 코블렌츠의 중앙문서보관소, 워싱턴 DC의 의회도서관, 모스크바의 기록연구센터, 워싱턴 DC의 국립문서보관소, 큐(Kew)의 국립문서보관소, 메릴랜드 주 칼리지 파크의 국립문서보관소, 워싱턴 DC 조지 워싱턴 대학의 국가안보기록보관소, 사라예보의 문서정보센터, 런던의 로스차일드 문서보관소, 모스크바의 러시아 문서보관소(Russian State Archives), 워싱턴 DC의 미국 홀로코스트 박물관 도서관 및 문서보관소(United State

Holocaust Museum Library and Archives) 직원들에게 깊이 감사한다.

이 책을 완성하는 데 10여 년이 걸렸는데, 많은 이들이 도움을 주었다. 학생들이 방학 동안 연구를 도왔는데, 샘 최(Sam Choe), 리지 에먼슨(Lizzy Emerson), 톰 플뢰리오(Tom Fleuriot), 베른하르트 풀다(Berhard Fulda), 이언 클라우스(Ian Klaus), 나오미 링(Naomi Ling), 찰스 스미스(Charles Smith), 앤드루 베레커(Andrew Vereker), 캐스린 워드(Kathryn Ward), 앨릭스 왓슨(Alex Watson)이다. 애미트 질(Ameet Gill)은 처음에는 파트타임으로 시작했다가 블레이크웨이 프로덕션(Blakeway Productions)의 전임 연구원이 되었고, 제이슨 로케트(Jason Rockett)는 내가 하버드 대학으로 옮겨 갔을 때, 나의 연구 보조가 되어 주었다. 두 사람은 훌륭하게 맡은 일을 해 주었다. 하지만 나는 모든 연구원들에게 큰 신세를 졌다. 그들은 자료를 찾아내는 일뿐 아니라 이론을 세워 가는 데도 도움을 주었다.

모든 관련 자료들이 내가 읽을 수 있는 언어로 되어 있었던 것은 아니었다. 그래서 나는 다음 번역자들에게 이 자리를 빌려 고마움을 표하고 싶다. 브라이언 패트릭 퀸(Brian Patrick Quinn, 이탈리아어), 히메트 타스코무르(Himmet Taskomur, 터키어), 교코 사토(Kyoko Sato, 일본어), 송재윤(Jaeyoon Song, 한국어), 후안 피안티노(Juan Piantino)와 로라 페레이라 프로벤자노(Laura Ferreira Provenzano, 스페인어)가 바로 그들이다.

많은 학자들이 필자나 연구원들의 도움 요청을 흔쾌히 받아 주었다. 나는 특히 상트페테르부르크 중앙해군박물관의 선임 연구원 아나톨리 벨릭(Anatoly Belik)과 이 책을 준비하는 처음 단계부터 조언을 제공하고 초고를 읽어 준 마이클 버레이(Michael Burleigh), 시카고 대학의 제리 코인(Jerry Coyne), 로드아일랜드 주 뉴포트의 해군전쟁대학의 브루스 A. 엘레만(Bruce A. Elleman), 옥스퍼드 울프슨 대학(Wolfson College)의 헨리 하디(Henry Hardy), 파리 이스라엘만국협회 도서관의 장 클로드 퀴페르맹크(Jean Claude Kuperminc), 예루살렘 히브리 대학(Hebrew University)의 세르지오 델라 페르골라(Sergio Della Pergola), 하와이 대학의 퍼트리셔 폴란스키(Patricia Polansky), 하버드 대학 인류학과의 데이비드 레이쉬린(David Raichlen), 하버드 대학 와이드너 도서관(Widner Library) 슬라브 분과의 브래들리 샤프너(Bradley Schaffner), 사라예보 문서와 정보센터의 미르사드 토카사(Mirsad Tokača), 라라 J. 네틀필드(Lara J. Nettelfield)에게 고맙다는 말을 전한다.

필자는 이 책이 펭귄북스에서 나온 책이라는 사실을 말할 수 있어서 기쁘다. 런던과 뉴욕 양쪽의 재능 있는 팀원들이 내 원고를 완성된 책으로 만드느라 촉박한 마감시간에 쫓겨 가며 일해 주었다. 일단 런던에서는 나의 편집자 사이먼 와인더(Simon Winder)를 언급해야 한다. 런던 쪽에서 사이먼, 뉴욕에서는 스콧 모이어스(Scott Moyers)가 전력을 다해 원고를 손보았다. 나는 이보다 더 훌륭한 편집상의 조언을 바랄 수 없었을 것이다. 마이클 페이지는 교열자로서 훌륭하게 일을 해 주었다. 런던의 사만타 보랜드(Samantha Borland), 사라 크리스티(Sarah Christie), 리처드 듀기드(Richard Duguid), 로지 글레이셔(Rosie Glaisher), 헬렌 프레이저(Helen Fraser), 스테판 맥그래스(Stefan McGrath)에게도 감사의 말을 전한다. 그리고 뉴욕의 앤 고도프(Ann Godoff)는 책의 외형과 방향을 잡아 나가는 데 큰 역할을 했다.

필자가 이미 발표한 책 두 권과 마찬가지로 『증오의 세기』도 TV시리즈 제작과 동시에 집필되었다. 책과 TV시리즈는 서로 독립적으로 존재할 수 없었다. 이 자리에서 블레이크웨이 프로덕션 채널4의 6부작 시리즈물 제작에 참여한 모든 분들에게 고마움을 표현하기는 불가능할 것이다. 그러나 시리즈물뿐 아니라 이 책의 탄생에 크게 기여한 TV팀 멤버들의 공을 밝히지 않는다면 잘못일 것이다. 제작에 참여한 재니스 해들로(Janice Hadlow)와 그녀의 후임자인 채널4의 해미시 마이쿠라(Hamish Mykura), 제작 책임 프로듀서, 데니스 블레이크웨이(Denys Blakeway), 시리즈 프로듀서 멜라니 폴(Melanie Fall), 에이드리언 페닝크(Adrian Pennink) 감독과 사이먼 추(Simon Chu) 감독, 사진감독 드월드 오크마(Dewald Aukema), 조감독 조안나 포츠(Joanna Potts), 문서보관서 연구원 로잘린드 벤틀리(Rosalind Bentley)에게 감사를 표하는 바이다. 필자는 또한 가이 크로스만(Guy Corssman), 조비 지(Joby Gee), 수지 고든(Susie Gordon), 케이트 매키(Kate Macky)에게도 고맙다는 말을 전한다. 우리가 시리즈를 제작하는 데 도움을 준 많은 사람들 중에는 이 책을 위한 조사까지 도와준 사람들이 있는데, 그들을 소개하면 다음과 같다. 파리스 도브라차(Faris Dobrach), 카를로스 뒤아르트(Carlos Duarte), 니콜레타 밀라세비치(Nikoleta Milasevic), 마리아 라즈모프스카야(Maria Razumovskaya), 쿨리카 소토(Kulikar Sotho), 마리나 에라스토바(Marina Erastova), 아그니에즈카 키크(Anieszka Kik), 타치아나 멜니추크(Tatsiana Melnichuk), 푼다 오데미스(Funda Odemis), 레벤트 오즈테킨(Levent Oztekin), 리우드밀라 샤스타크(Liudmila Shastak), 크리스티안 스톰스(Christian Storms), 조지 주(George Zhou)이다.

나는 세계 최고의 저작권 대리인인 앤드루 와일리(Andrew Wylie)와 영국 TV 부문의 저작권 대리인 수 에이튼(Sue Ayton)을 만나는 행운을 얻었다. 캐서린 마리노(Katherine Marino), 아멜리아 레스터(Amelia Lester) 등 와일리 에이전시의 런던과 뉴욕 사무소의 모든 직원들에게도 고맙다는 말을 전하고자 한다.

많은 역사가들이 고맙게도 초고 상태의 원고를 읽어 주었다. 나는 로버트 블로바움(Robert Blobaum), 존 코츠워스(John Coatsworth), 데이비드 딜크스(David Dilks), 올랜도 피지스(Orlando Figes), 그레그 미트로비치(Greg Mitrovich), 에머 오드와이어(Emer O'Dwyer), 스티븐 핑커(Steven Pinker), 자크 룹닉(Jacques Rupnik)에게 고마움을 전하고 싶다. 아직도 남아 있는 잘못된 역사적 사실과 해석은 모두 내 잘못이라는 점은 말할 필요도 없다.

이 책은 방랑하는 한 학자의 작품이기 때문에, 일반적인 경우보다 많은 대학들의 도움을 받았다. 옥스퍼드의 지저스 칼리지에서 출발했기 때문에 지저스 칼리지의 예전 동료들에게 사의를 표해야 한다. 특별히 당시 교장이셨던 피터 노스(Peter North) 경과 역사과 교수님인 펠리시티 힐(Felicity Heal)에게 감사하며, 전현직 특별 연구원인 데이비드 애치슨(David Acheson), 콜린 클라크(Colin Clarke), 존 그레이(John Gray), 니컬러스 제이컵스(Nicholas Jacobs), 데이비드 워머슬리(David Womersley)에게도 감사의 말을 전한다. 그들은 민족과 제국에 이르는 모든 문제에 대한 생각을 명확히 정리하는 데 도움을 주었다. 대학 회계원인 피터 미어필드(Peter Mirfield)와 피터 비어(Peter Beer)는 지저스 칼리지가 지적인 부분뿐 아니라 재정 면에서도 필자를 도울 수 있는 방법을 알고 있었고, 그들에게도 고맙다는 말을 전하고 싶다. 비비안 보우어(Vivien Bowyer)와 그녀의 후임자 소니아 튜어리(Sonia Thuery)는 비서로서 지극히 중요한 도움을 주었다. 오리엘 칼리지(Oriel College)의 마스터 펠로에게도 특별한 감사를 보내야 하는데, 제러미 카토(Jeremy Catto) 덕분에 지저스에서 교수직을 그만둔 뒤, 옥스퍼드에서 보금자리를 제공 받을 수 있었다.

뉴욕 대학에서도 나는 운이 좋았는데, 데이비드 바쿠스(David Backus), 애덤 브란덴버거(Adam Brandenburger), 빌 이스터리(Bill Easterly), 토니 주트(Tony Judt), 톰 사전트(Tom Sargent), 빌 실버(Bill Silber), 조지 스미스(George Smith), 리처드 실라(Richard Sylla), 버나드 영(Bernard Yeung), 래리 화이트(Larry White)와 의견을 나누며 아주 생산적인 2년을 보낼 수 있었다. 또한 나는 존과 다이애나 허조그(John and Diana Herzog)와 존 섹스턴(John Sexton), 윌리엄 버클리(William Berkeley)에게도 빚을 졌는데, 그들은 내게 경영대학원생들에게 역사를 가르쳐 보라고 조언해 주었다.

매년 스탠퍼드 대학의 후버연구소에 한 달씩 머물 수 있었는데, 이 기회를 통해 나는 읽고 생각하고 글을 쓰는 것 외에는 아무것도 하지 않았다. 그 기회가 없었다면, 나는 이 원고를 끝마치지 못했을 것이다. 따라서 연구소 소장인 존 레이지언(John Raisian)과 그의 뛰어난 직원들, 특히 제프 블리스(Jeff Bliss)와 윌리엄 보네트(William Bonnett), 노엘 콜락(Noel Kolak), 셀레스트 스제토(Celeste Szeto), 드보라 벤추라(Deborah Ventura), 댄 윌헬미(Dan Wilhelmi)에게 고마운 마음을 전해야 한다. 알게 모르게 나를 도와준 후버연구소 연구원들 중에는 마틴 앤더슨(Martin Anderson), 로버트 바로(Robert Barro), 로버트 콘퀘스트(Robert Conquest), 래리 다이아몬드(Larry Diamond), 제럴드 도프만(Gerald Dorfman), 티모시 가튼 애시(Timothy Garton Ash), 스티븐 하버(Stephen Haber), 케니스 조위트(Kenneth Jowitt), 노먼 나이마크(Norman Naimark), 앨빈 라부쉬카(Alvin Rabushka), 피터 로빈슨(Peter Robinson), 리처드 수자(Richard Sousa), 배리 와인가스트(Barry Weingast)가 있다.

그러나 이 책이 마침내 태어난 곳은 하버드였다. 그리고 내가 가장 큰 빚을 진 곳도 하버드이다. 특히 나를 설득하여 이곳 케임브리지로 옮기는 데 앞장선 래리 서머스(Larry Summers), 빌 커비(Bill Kirby), 로라 피셔(Laura Fisher)에게 감사한다. 하버드 역사학과는 함께 하기에 너무나도 훌륭한 학문 공동체이다. 역사학과 일원 모두 따뜻하게 나를 맞아주고 지원해 준 데 대해 감사한다. 특히 지금은 고인이 된 데이비드 블랙번(David Blackburn) 학장과 지금의 학장인 앤드루 고든(Andrew Gordon)에게 감사한다. 제안과 조언으로 이 책의 완성에 도움을 준 새로운 동료들은 너무 많아 모두 밝히기가 어려울 정도다. 역사학과는 관리직원들에 의해 아주 잘 운영되고 있는데, 특히 재닛 해치(Janet Hatch)와 코리 폴슨(Cory Paulsen), 웨스 친(Wes Chin)에게 감사한다. 이들은 해야 할 일을 잊거나 하지 말아야 할 일을 한 나의 행동을 너그럽게 용서해 주었다. 유럽연구센터(Center for European Studies)는 이상적인 안식처임이 입증되고 있다. 나는 연구센터 소장 피터 홀(Peter Hall)과 센터의 뛰어난 직원들, 특히 퍼트리셔 크레그(Patricia Craig) 실장과 필로메나 카브랄(Filomena Cabral), 조지 커밍(George Cumming), 안나 포필(Anna Popiel), 샌디 셀레츠키(Sandy Seletsky), 사라 슈메이커(Sarah Shoemaker)를 소리 높여 칭찬하지 않을 수 없다. 필자는 찰스 강 반대편에 있는 하버드 경영대학원에서 또 다른 자극을 주는 환경을 만날 수 있었다. 전 학장 킴 클라크(Kim Clark), 대리학장 제이 라이트(Jay Light)는 과감하게도 병임(倂任)을 제안해 주었는데, 정말로 고맙게 생각한다. 내게 사례연구법을 시작하게 해준 '국제 경제 비즈니스 및 정부(Business and Government in the International Economy)' 부서의 모든 직원들에게도 감사하는데, 특히 라위 압델랄(Rawi Abdelal), 레지나 아브라미(Regina Abrami), 로라 알파로(Laura Alfaro), 제프 피어(Jeff Fear), 라크쉬미 아이어(Lakshmi Iyer), 노엘 모러(Noel Maurer), 데이비드 모스(David Moss), 알도 무사치오(Aldo Musacchio), 포레스트 라이하르트(Forest Reinhardt), 드보라 스파(Deborah Spar), 거나 트럼벌(Gunnar Trumbull), 리처드 비터(Richard Vietor), 루이스 웰스(Louis Wells)에게 심심한 감사를 표한다. 마지막으로 나는 H섹션(Section H)에 속한 나의 모든 학생들에게도 고마움을 표하고 싶다. 그들은 때로 나를 앞지르기도 하면서 나와 학습 곡선을 함께 올라가 주었다. 그리고 내게 교수직을 제공해 준 티시(Tisch) 가문의 관대한 처우에도 고마울 뿐이다.

(내가 글을 쓰면서 깨달은 것인데) 나는 전방위에서의 자극 때문에 하버드에 중독된다. 내가 몸담은 학교 외에도, 내가 이 책에서 전개한 주장들을 가다듬고 향상시킬 수 있도록 도운 다양한 환경을 빼놓을 수 없다. 그레이엄 앨리슨(Graham Allison)의 벨퍼 국제 관계 센터(Belfer Center for Science and International Affairs), 마틴 펠드 스타인(Martin Feldstein)의 경제

및 안보 세미나, 하비 맨스필드(Harvey Mansfield)의 정치 세미나, 스티븐 로슨(Stephen Rosen)의 올린 전략 연구소(Olin Institute for Strategic Studies) 국제 안보 세미나, 호르헤 도밍게스(Jorge Domínguez)의 웨더헤드 국제 관계 센터(Weatherhead Center for International Affairs), 제프리 윌리엄슨(Jeffrey Williamson)의 경제사 워크숍, 그리고 로웰 하우스(Lowell House) 식당까지, 마지막으로 절대 잊어서는 안 되는 마티 페레츠(Marty Peretz)의 케임브리지 살롱도 내겐 너무나 소중한 곳이다.

그러나 대서양을 왔다 갔다 하는 일은 시차적응 외에도 힘든 부분이 없지 않다. 나의 아내 수전과 사랑스러운 아이들인 펠릭스(Felix), 프레야(Freya), 래클런(Lachlan)에게 이 책은 마음에 들지 않는 경쟁 상대였다. 이 책 때문에 내가 항상 멀리 떠나야 했고, 너무나 많은 주말과 휴일을 연구에만 신경 쓰느라 식구들을 챙겨 주지 못했기 때문이다. 이 자리를 빌려 식구들의 용서를 구하는 바이다. 우리 가족에게 『증오의 세기』를 바치면서 내가 가정의 평화를 지키는 데 조금이라도 도움이 되기를 희망한다.

2006년 2월, 매사추세츠 주 케임브리지에서
니얼 퍼거슨

증오의 세기
20세기는 왜 피로 물들었는가

1판 1쇄 펴냄 2010년 12월 17일
1판 2쇄 펴냄 2011년 2월 1일

지은이   니얼 퍼거슨
옮긴이   이현주
발행인   박근섭, 박상준
편집인   장은수
펴낸곳   (주)민음사

출판등록   1966. 5. 19. 제16-490호
주소   서울시 강남구 신사동 506 강남출판문화센터 5층 (135-887)
대표전화   515-2000 | 팩시밀리   515-2007
홈페이지   www.minumsa.com

한국어 판 ⓒ (주)민음사, 2010. Printed in Seoul, Korea

ISBN 978-89-374-8328-8 (03900)

증오의 세기
20세기는 왜 피로 물들었는가

1판 1쇄 펴냄 2010년 12월 17일
1판 2쇄 펴냄 2011년 2월 1일

지은이 니얼 퍼거슨
옮긴이 이현주
발행인 박근섭, 박상준
편집인 장은수
펴낸곳 (주)민음사

출판등록 1966. 5. 19. 제16-490호
주소   서울시 강남구 신사동 506 강남출판문화센터 5층 (135-887)
대표전화 515-2000 | 팩시밀리 515-2007
홈페이지 www.minumsa.com

한국어 판 ⓒ (주)민음사, 2010. Printed in Seoul, Korea

ISBN 978-89-374-8328-8 (03900)